RÉPERTOIRE ALPHABÉTIQUE

DE

LÉGISLATION & DE RÉGLEMENTATION

DE LA

COCHINCHINE

ARRÊTÉ AU PREMIER JANVIER 1889

PAR MM.

E. LAFFONT
Administrateur des Affaires indigènes en Cochinchine.
(De l'origine a 1886 inclus)

ET

J.-B. FONSSAGRIVES
Aide-commissaire colonial
(Pour les années 1887 et 1888)

TOME DEUXIÈME

C

PARIS
LIBRAIRIE NOUVELLE DE DROIT ET DE JURISPRUDENCE
ARTHUR ROUSSEAU
ÉDITEUR
14, rue Soufflot et rue Toullier, 13

1890

RÉPERTOIRE ALPHABÉTIQUE

DE

LÉGISLATION ET DE RÉGLEMENTATION

DE LA

COCHINCHINE

RÉPERTOIRE ALPHABÉTIQUE

DE

LÉGISLATION & DE RÉGLEMENTATION

DE LA

COCHINCHINE

ARRÊTÉ AU PREMIER JANVIER 1889

PAR MM.

E. LAFFONT
ADMINISTRATEUR DES AFFAIRES INDIGÈNES
EN COCHINCHINE.
(DE L'ORIGINE A 1886 INCLUS).

ET

J.-B. FONSSAGRIVES
AIDE-COMMISSAIRE COLONIAL.
(POUR LES ANNÉES 1887 ET 1888).

TOME DEUXIÈME

C

PARIS
LIBRAIRIE NOUVELLE DE DROIT ET DE JURISPRUDENCE
ARTHUR ROUSSEAU
ÉDITEUR
14, rue Soufflot et rue Toullier, 13
1890

RÉPERTOIRE ALPHABÉTIQUE

DE

LÉGISLATION & DE RÉGLEMENTATION

DE LA

COCHINCHINE

ARRÊTÉ AU PREMIER JANVIER 1889

PAR MM.

E. LAFFONT
ADMINISTRATEUR DES AFFAIRES INDIGÈNES
EN COCHINCHINE.
(DE L'ORIGINE A 1886 INCLUS).

ET

J.-B. FONSSAGRIVES
AIDE-COMMISSAIRE COLONIAL.
(POUR LES ANNÉES 1887 ET 1888).

TOME DEUXIÈME

C

PARIS
LIBRAIRIE NOUVELLE DE DROIT ET DE JURISPRUDENCE
ARTHUR ROUSSEAU
ÉDITEUR
14, rue Soufflot et rue Toullier, 13

1890

C

CABARETS

V. *Cafés et Cabarets.*

CABOTAGE

V. *Navigation.*

CACHETS

V. *Signatures.*
Fonctionnaires et agents indigènes

CADASTRE

I. ORGANISATION DU SERVICE ; — II. PERSONNEL.

I. — ORGANISATION DU SERVICE.

NATURE DES DOCUMENTS	DATES	RECUEILS A CONSULTER Bat.	B. C.	B D. I	J. C.	J. H.	B. M.	B Col	OBSERVATIONS
A. G.	13 mars 1867.		322						
A. G.	23 octobre 1869.		373						
D. G.	6 novembre 1869.		393						
D. G.	27 février 1871.	I-182	90						
A. G.	29 décembre 1871.	I-403	1872 2						
Dép. M.	9 février 1877.	I-450							
A. G.	28 avril 1877.	I-450	235						
D. G.	5 août 1877.	I-182	234						
D. G.	10 août 1877.	I-201	237						
D. D. I.	10 janvier 1878.	I-203		7					
Circ. D. I.	10 janvier 1878.	I-203		6					
Circ. D. I.	21 janvier 1878.	I-187		42					
D. G.	1er février 1878.	I-203	44						
Circ. D. I.	24 juin 1878.	I 204		106					
A. G.	13 janvier 1879.	I-205	9						
A. G.	22 mars 1882.		147						
A. G.	19 février 1883.		115						
Dép. M.	18 mars 1883.								

NATURE DES DOCUMENTS	DATES	RECUEILS A CONSULTER							OBSERVATIONS
		B.Lt.	B. C.	B.D.I	J. C.	J.H.	B. M.	B Col	
Dép. M.	13 juillet 1886.								
Circ. D. I.	18 janvier 1887.			7	81				
A. G.	24 mars 1887.			241	414				
Circ. CH. Cad.	26 mars 1887.				416				
Circ. D. I.	7 avril 1887.			416					
A. G.	25 mai 1887.		370		601				
A. G.	4 août 1887.		567		789				
Circ. D. I.	18 octobre 1887.				989				
A. L. G.	24 décembre 1887.		1888 7						
Circ. L. G.	22 février 1888.				187				
A. L. G.	6 février 1888.		71		127				

(13 mars 1867)

A. G. *Le service des ponts et chaussées prend la direction du cadastre de Saïgon.*

B. C. p. 322.

(23 octobre 1869)

A. G. *créant le service du cadastre extérieur et nommant M. B... chef de ce service.*

B. C. p. 373.

(6 novembre 1869)

D. G. *portant règlement des opérations du cadastre extérieur.*

B. C. p. 393.

(27 février 1871)

D. G. *Les géomètres devront se pourvoir à leurs frais des instruments nécessaires à leur service. — Allocation d'une première mise de 500 francs pour l'achat d'un théodolite. — Une commission sera chargée d'expertiser et d'évaluer les instruments d'arpentage appartenant au service du cadastre.*

BAT. I, p. 182.
B. C. p. 90.

Article premier. — Tous les géomètres du cadastre devront se pourvoir à leurs frais des instruments nécessaires à leur service, tels qu'ils sont désignés au tableau annexé au présent ordre.

Art. 2. — Il leur sera alloué à cet effet, à titre de première mise, une somme nette de *cinq cents francs*, une fois donnée ; cette somme ne sera définitivement acquise aux titulaires qu'au bout de trois ans de services effectifs dans le service du cadastre colonial.

Art. 3. — Les géomètres qui seront désignés par le Directeur de l'Intérieur, sur la proposition du chef du service du cadastre, pour remplir les fonctions spéciales de triangulateurs, après avoir fourni une triangulation de 500 hectares au moins, devront se munir à leurs frais d'un théodolite.

Art. 4. — Il leur sera accordé, pour subvenir aux frais de cet achat, une somme nette de *cinq cents francs* qui ne leur sera définitivement acquise qu'au bout de quatre années de services effectifs dans le service du cadastre colonial.

Art. 5. — Les agents qui, ayant joui des allocations ci-dessus mentionnées, quitteront le service avant l'expiration des termes fixés par les articles 2 et 4, devront rembourser la portion non acquise desdites allocations.

Art. 6. — *Transitoire.*

DE CORNULIER-LUCINIÈRE.

(29 décembre 1871)

A. G. *concernant la délimitation générale des cantons, villes et villages, la reconnaissance et l'aliénation des propriétés immobilières du domaine (art. 1 à 11)* (1).

BAT. I, p. 403.
B. C. (1872), p. 2.

(1) V. Domaine de l'État.

(9 février 1877)

DÉP. M. *Projet de réunion, entre les mains d'un même chef, des services de l'enregistrement, des contributions et des domaines* (1).

BAT. I, p. 450.

En rappelant, par un télégramme du 27 janvier, la communication que vous m'avez adressée le 5 septembre 1876, relativement au service du cadastre en Cochinchine, vous me priez de vous faire connaître, sur cette question, la décision du Département.

Si, comme vous l'indiquez, il doit être avantageux de réunir entre les mains d'un chef unique les services de l'enregistrement, des contributions et du cadastre, je ne ferais pas d'objections à ce que vous prissiez, dans ce but, les mesures nécessaires. Mais il est bien entendu, que M. le chef du service des contributions, qui centraliserait ces diverses attributions, ne serait investi du détail du cadastre qu'au point de vue fiscal, c'est-à-dire de ce qui touche exclusivement à la perception. Il me paraît indispensable, en effet, au point de vue technique, de maintenir à la tête du service topographique un fonctionnaire ayant les connaissances professionnelles nécessaires pour en assurer la marche.

MICHAUX.

(28 avril 1877)

A. G. *réunissant et plaçant sous une même direction le service de l'enregistrement et des domaines, le contrôle des contributions directes et le service du cadastre* (2).

BAT. I, p. 450.
B. C., p. 235.

Article premier. — Le service de l'enregistrement et des domaines, le contrôle des contributions directes et le service du cadastre, sont réunis et placés sous une même direction.

Art. 2. — Cette direction est confiée au chef du service de l'enregistrement, des domaines et des contributions directes.

Art. 3. — Le directeur des services réunis n'est investi du détail du cadastre qu'au point de vue fiscal et de la direction générale ; le chef actuel de ce service reste exclusivement chargé de la partie pratique, avec le titre de chef de la section du cadastre.

Art. 4. — Des décisions ultérieures détermineront l'étendue du ressort, les cadres du personnel et les attributions de chacune des divisions de la nouvelle direction, ainsi que les règles principales de sa discipline intérieure.

DUPERRÉ.

(5 août 1877)

D. G. *rendant exécutoire, à titre définitif, l'arrêté du 28 avril 1877.*

BAT. I, p. 182.
B. C., p. 234.

L'arrêté local du 28 avril 1877, réunissant provisoirement sous une même direction le service de l'enregistrement et des domaines, le contrôle des contributions directes et le service du cadastre, est rendu exécutoire à titre définitif.

DUPERRÉ.

(1) V. *infrà*, A. G., 28 avril et 5 août 1877.
(2) V. *infrà*, A. G., 5 août 1877.

(10 août 1877)

D. G. *Les géomètres attachés aux commissions de délibération dans les inspections seront rappelés à Saïgon chaque année, du 15 août au 15 novembre, pour y être employés à des travaux de cabinet.*

BAT. I, p. 201.
B. C., p. 237.

Article premier. — Chaque année, du 15 août au 15 novembre, les géomètres attachés aux commissions de délimitation dans les provinces seront rappelés à Saïgon, pour y être employés à des travaux de cabinet.

Art. 2. — Ces géomètres continueront néanmoins à recevoir, pendant ce laps de temps, l'indemnité annuelle de trois mille francs, qui leur est allouée par l'article premier, n° 1, de la décision du 10 décembre 1872.

Art. 3. — A la reprise des travaux sur le terrain, chaque géomètre sera, autant que possible, rattaché à la commission de délimitation dont il faisait partie.

DUPERRÉ.

(10 janvier 1878)

D. D. I. *prescrivant le renvoi au service du cadastre dans les dix premiers jours de chaque trimestre, des mutations immobilières survenues dans les centres cadastrés* (1).

BAT. I, p. 203.
B. D. I., p. 7.

Article premier. — Dans les dix premiers jours de chaque trimestre, et au moyen de formules conformes au modèle ci-annexé, MM. les administrateurs des affaires indigènes, dans l'arrondissement desquels les travaux du cadastre parcellaire ont été effectués, feront le renvoi au service du cadastre de toutes les mutations immobilières survenues dans ces centres et enregistrées à l'inspection pendant le trimestre précédent.

Art. 2. — Les premiers relevés à fournir remonteront à l'époque où les travaux parcellaires ont été exécutés ou revisés, savoir :

Pour Cholon (ville). . . . . . . au 1er janvier 1875
Pour la banlieue de Saïgon . . . au 1er janvier 1876
Pour Mytho . . . . au 1er janvier 1874
Pour Thudaumot . . . . au 1er janvier 1874
Pour Soctrang . . . . au 1er janvier 1877

PIQUET.

(10 janvier 1878)

CIRC. D. I. *Notification de la décision de ce jour prescrivant le renvoi au service du cadastre des mutations immobilières survenues dans les centres cadastrés.*

BAT. I, p. 203.
B. D. I. p. 6.

Les travaux de levé parcellaire ont été effectués dans plusieurs centres de l'intérieur de la colonie, et il est probable qu'avant peu tous les chefs-lieux d'arrondissement seront dotés de cet important travail.

(1) V. *infrà*, circ. D. I., 10 janvier 1878.

Dans cette prévision, et pour ne pas laisser perdre les lotissements déjà exécutés, j'ai cru devoir prendre une décision prescrivant le renvoi au service du cadastre, dans les dix premiers jours de chaque trimestre, au moyen de formules *ad hoc*, des mutations immobilières survenues dans les centres cadastrés.

Vous trouverez ci-après copie de la décision précitée, et vous recevrez incessamment des imprimés des formules à employer.

Vous reconnaîtrez vous-même l'importance de ces nouvelles dispositions, dont l'exécution rigoureuse aura pour résultat principal de ne rendre nécessaire la révision cadastrale des plans sur le terrain que tous les cinq ans.

Du reste, des relevés de cette nature sont fournis au cadastre par le service de l'enregistrement, en ce qui concerne toutes les mutations enregistrées dans ses bureaux, et c'est en connaissance de cause que j'en généralise la transmission.

PIQUET.

(21 février 1878)

CIRC. D. I. *au sujet des relations du service des administrations avec les géomètres du cadastre détachés dans l'intérieur.*

BAT. I, p. 187
B. D. I. p. 42.

Plusieurs d'entre vous ayant demandé des renseignements au sujet de leurs relations de service avec les géomètres du cadastre détachés à l'intérieur, j'ai cru devoir vous adresser les instructions suivantes, afin de prévenir tout malentendu, de quelque nature qu'il soit.

Le cadastre forme un service organisé et à part, comme le télégraphe, les travaux publics, etc. La situation des géomètres se trouve identiquement la même que celle des employés de ces divers services, c'est-à-dire qu'ils ne relèvent que de leur chef direct, qui seul a le droit, dans la limite de ses attributions, de leur accorder des permissions, de leur infliger des punitions, de leur donner les ordres et les instructions relatives au service spécial dont ils sont chargés.

De plus, lorsqu'ils font partie des sous-commissions de délimitation, les géomètres sont placés sous l'autorité du président de sous-commission, dans les limites indiquées par les instructions générales du 21 avril 1872 (1).

Leurs relations avec l'autorité (sauf en ce qui concerne les questions techniques pour lesquelles ils s'adressent directement à leur chef) ont lieu par l'intermédiaire de ce fonctionnaire, qui correspond avec le Directeur de l'Intérieur, président de la commission de délimitation générale. — S'ils sont géomètres de circonscription, ils sont placés, dans les mêmes conditions, sous la dépendance du 1er administrateur.

Il est bien entendu que, dans tous les cas, les agents du cadastre doivent se montrer pleins de déférence envers l'administrateur de l'arrondissement où ils opèrent.

Ce fonctionnaire, comme représentant de l'autorité civile, exerce une surveillance constante sur leur assiduité au travail, ainsi que sur leur conduite générale, publique ou privée, comme sur tous les autres agents du service local, et il rend compte au Directeur de l'Intérieur des abus qu'il croit avoir à signaler.

PIQUET.

(1er février 1878)

D. G. *Vérification des opérations des sous-commissions de délimitation générale et des levés. — Annexe.*

BAT. I, p. 203.
B. C. p. 44.

Article premier. — Chaque année, le Directeur de l'Intérieur, président de la commission supérieure de délimitation générale, déterminera, sur la proposition du chef du service du cadastre, les feuilles ou portions de feuilles du même canton sur les-

(1) V. Domaine de l'État, Circ. D. I. 9 décembre 1875.

quelles la vérification devra s'exercer, au point de vue soit de l'ensemble, soit des détails des travaux.

Art. 2. — Autant que possible, la vérification du canton sera effectuée aussitôt après l'achèvement du levé et avant le déplacement des géomètres.

Art. 3. — Les rétributions pour la vérification ne porteront que sur les contenances effectivement vérifiées, sans égard à la superficie totale du canton.

Art. 4. — Il n'est rien innové en ce qui concerne la vérification des travaux de cadastre parcellaires ; le chef du service émet à cet égard tous ordres nécessaires.

Art. 5. — Le tableau de la tolérance à appliquer aux plans est ci-annexé.

Art. 6. — Les géomètres, dont les travaux auront été jugés insuffisants ou inexacts, les referont à leurs frais. Ils n'auront droit, pendant ce temps, ni à l'indemnité supplémentaire de 3,000 francs, ni aux rétributions proportionnelles, ni aux frais de route et de journées passées sur le terrain. En cas de récidive, ils pourront être licenciés.

J. Lafont.

ANNEXE

(Tableau *de la tolérance à appliquer aux plans*).

INDICATION des DISTANCES.	TOLÉRANCE CONSTANTE à raison de 2/5 de millimètre.	TOLÉRANCE proportionnelle à raison de 1/500	TOTAL des deux tolérances accordées.	INDICATION des DISTANCES.	TOLÉRANCE CONSTANTE à raison de 2/5 de millimètre.	TOLÉRANCE proportionnelle à raison de 1/500	TOTAL des deux tolérances accordées.
ÉCHELLE AU 1/1,000.				ÉCHELLE AU 1/4,000.			
20m	0 40	0 04	0 44	20m	1 60	0 04	1 64
40	0 40	0 08	0 48	40	1 60	0 08	1 68
80	0 40	0 16	0 56	80	1 60	0 16	1 76
100	0 40	0 20	0 60	100	1 60	0 20	1 80
500	0 40	1 00	1 40	500	1 60	1 00	2 60
1,000	0 40	2 00	2 40	1,000	1 60	2 00	3 60
ÉCHELLE AU 1/2,000.				ÉCHELLE AU 1/10,000.			
20m	0 80	0 04	0 84	20m	4 00	0 04	4 04
40	0 80	0 08	0 88	40	4 00	0 08	4 08
80	0 80	0 16	0 96	80	4 00	0 16	4 16
100	0 80	0 20	1 00	100	4 00	0 20	4 20
500	0 80	1 00	1 80	500	4 00	1 00	5 00
1,000	0 80	2 00	2 80	1,000	4 00	2 00	6 00

J. Lafont.

(24 juin 1878)

CIRC. D. I. *au sujet de l'établissement des copies des procès-verbaux de délimitation.*

BAT. I, p. 204.
B. D. I. p. 106.

La circulaire, en date du 26 octobre 1877, relative à l'établissement des copies des procès-verbaux de délimitation, est due à une fausse interprétation de l'article 23 des instructions générales du 9 décembre 1875 (2e partie) (1). Il résulte, en effet, du 3e alinéa de l'article 9 de l'arrêté du 29 décembre 1871 sur les aliénations des immeubles domaniaux, que « la minute des procès-verbaux de délimita-

(1) V. Domaine de l'État.

« tion et des plans, après avoir été approuvée par le Gouverneur, est déposée aux archives du ser-
« vice du cadastre, qui en délivre des copies aux services intéressés, sur l'ordre du Directeur de
« l'Intérieur. »

MM. les administrateurs présidents des sous-commissions n'auront donc plus à faire établir dans leurs bureaux les copies des procès-verbaux de délimitation.

Ils devront me transmettre seulement les minutes de ces procès-verbaux et des plans.

BÉLIARD.

(13 janvier 1879)

A. G. *Conditions dans lesquelles les géomètres du cadastre peuvent être mis à la disposition des particuliers* (1).

BAT. I, p. 205.
B. C. p. 9.

Article premier. — Tant qu'il n'y aura dans la colonie aucun arpenteur-géomètre libre et patenté, l'Administration, si les exigences du service le permettent, pourra mettre les géomètres et les piqueurs du cadastre à la disposition des particuliers qui en feront la demande.

Art. 2. — Les particuliers pourront aussi, sur leur demande, obtenir la délivrance de copies conformes aux plans existants dans les archives du cadastre.

Cette faculté ne s'étend pas aux plans des terrains et bâtiments du domaine militaire, ni à ceux des terrains et édifices affectés aux services publics.

Elle ne s'étend pas non plus aux plans généraux du cadastre et de la topographie, et se trouve ainsi limitée aux plans partiels ou à des extraits de plans généraux, à moins d'autorisations exceptionnelles, ainsi qu'il sera dit ci-après.

Il ne sera pas fait pour le compte des particuliers, de réductions ni d'augmentations des plans levés par le service du cadastre.

Art. 3. — Toutes les demandes de travaux ou de copies seront faites par écrit et motivées.

Les autorisations ordinaires pour les travaux d'arpentage prévus en l'article premier et pour la délivrance des copies des plans partiels, seront délivrées par le chef du service du cadastre, et les demandes exceptionnelles, exigées au dernier alinéa de l'article précédent, par le Directeur de l'Intérieur.

Art. 4. — Les travaux d'arpentage entrepris pour le compte des particuliers seront payés au prix du tarif ci-annexé, calculé de manière à indemniser l'Administration de la dépense moyenne que lui occasionnent les géomètres ou les piqueurs pendant le temps consacré à ces travaux.

Il en sera de même du prix des copies des plans.

Art. 5. — Indépendamment de ces rétributions, les intéressés fourniront à leurs frais les moyens de transport nécessaires aux géomètres et aux piqueurs pour se rendre sur le terrain.

Art. 6. — Au vu des demandes et, s'il y a lieu, des autorisations exceptionnelles prévues par l'article 3, le chef du service du cadastre liquide les rétributions exigibles pour prix des travaux ou des copies de plans. En vertu de l'ordre de recette qu'il délivre, le versement en est effectué à la caisse du receveur des domaines de Saïgon ou, pour son compte, dans les perceptions de l'intérieur, et le service des domaines en passe écriture sous le titre : *Produits accidentels*, et la rubrique : *Produits du cadastre et de la topographie.*

(1) V. *infrà* A. G. 24 mars 1887.

Le prix des copies de plans sera toujours versé d'avance ; quant aux rétributions pour travaux, elles feront l'objet d'un dépôt provisoire fixé par le chef du service du cadastre et d'un décompte ou ordre de recette définitif après l'achèvement des travaux. La différence en trop sera immédiatement remboursée à l'intéressé, et la différence en plus exigée sans délai. En cas de retard, le paiement en sera poursuivi par simple contrainte, comme en matière de revenus domaniaux.

J. LAFONT.

(22 mars 1882)

A. G. *portant répartition des divers services de l'Enregistrement et des domaines, des domaines, des Contributions directes et du Cadastre* (1).

B. C. 147.

(19 février 1883)

A. G. *réunissant sous une direction unique les services de l'enregistrement et des domaines, des contributions directes et du cadastre.*

B. C. p. 115.

Article premier. — L'arrêté susvisé du 22 mars 1882 est et demeure rapporté. Les services de l'enregistrement, des domaines, des contributions directes et du cadastre sont réunis et placés sous une direction unique.

Art. 2. — Cette direction est confiée à M. Camouilly, sous-inspecteur de l'enregistrement, chef du service de l'enregistrement, des domaines et du cadastre.

CHARLES THOMSON.

(18 mars 1886)

DÉP. M. *prescrivant de transmettre au Département le 1er de chaque mois, un état présentant les mutations de toute nature qui auraient pu se produire dans le personnel du service du cadastre pendant le cours du mois précédent. S'il n'y a pas de changements, fournir un état néant.*

ARCH. GOUV.

J'ai l'honneur de vous prier de m'adresser, *par le retour du courrier*, et établi conformément au modèle que vous trouverez ci-joint (n° 1), un état nominatif de tous les agents comptant à l'effectif du service du cadastre.

Je vous serai également reconnaissant de vouloir bien transmettre au Département le 1er de chaque mois, un état présentant les mutations de *toute nature* qui auront pu se produire dans le personnel dudit service pendant le cours du mois précédent.

Cet état dont vous trouverez le modèle ci-annexé (n° 2) devra être fourni avec la mention *néant* quand aucune mutation n'aura eu lieu.

Je vous prie de tenir la main à ce que ces documents soient établis avec la plus scrupuleuse exactitude.

A. DE LA PORTE.

(13 juillet 1886)

DÉP. M. *Instructions concernant l'établissement des pièces périodiques du personnel du cadastre.*

ARCH. GOUV.

(1) V. *infrà*, A. G. 19 février 1883.

En vous accusant réception de l'état nominatif du personnel du cadastre réclamé par dépêche du 18 mars dernier, j'ai l'honneur de vous prier de vouloir bien donner les ordres les plus précis en vue de l'établissement et de l'envoi au Département le 1er de chaque mois de l'état (modèle n° 2) présentant les mutations de toute nature qui auront eu lieu dans le personnel dudit service.

Une matricule des agents du cadastre, devant désormais être tenue par le Département, ces états, qui seront fournis avec la mention néant, quand aucune mutation ne se sera produite, devront au contraire porter tous les renseignements de nature à permettre à mon administration d'établir ou de compléter les feuillets matriculaires des agents qui y seront inscrits.

C'est ainsi qu'il y aura lieu de faire figurer sur ledit état pour les agents nouvellement admis dans le service, qu'ils aient été nommés par l'administration de la colonie ou par le Département, tous les renseignements que comporte l'état n° 1.

Quand il s'agira d'une mutation (avancement en grade ou classe, changement de résidence, embarquement ou débarquement), concernant un agent déjà en fonctions dans la colonie où il y aura seulement de mentionner, selon le cas, la date de la nomination, l'autorité qui l'aura prononcée, le montant détaillé du nouveau traitement, la date d'embarquement ou de débarquement dans la colonie (en indiquant s'il est accompagné ou non de sa femme ou de ses enfants).

Vous voudrez bien tenir la main à ce que chaque état mensuel fasse l'objet d'une lettre spéciale adressée au Département sous le timbre de la présente dépêche.

J'appelle d'une façon toute particulière votre attention sur cette dernière recommandation.

DE LA PORTE.

(18 janvier 1887)

CIRC. D. I. *Il n'y a pas lieu de payer d'urgence aux géomètres du cadastre l'indemnité de journées de présence sur le terrain. Les dispositions de la Circ. D.I. du 30 juillet 1886 ne s'appliquent qu'aux chaîneurs.*

B. D. I., p. 7.
J. C., p. 81.

Je me suis aperçu que, dans certains arrondissements, MM. les percepteurs ont l'habitude de payer d'urgence aux géomètres du cadastre l'indemnité de journées de présence sur le terrain.

Je vous prie de vouloir bien faire remarquer à ces fonctionnaires que les dispositions de la circulaire en date du 10 juillet 1886 (1), s'appliquent exclusivement aux chaîneurs et qu'elles ne concernent en rien les géomètres. Il n'y a pas lieu, par conséquent, de leur payer d'urgence cette indemnité à l'avenir.

NOEL PARDON.

(24 mars 1887)

A. G. *créant dans la colonie un contrôle de l'impôt foncier et le confiant aux géomètres du cadastre. — Tarifs.*

B. C. p. 414.
J. C. p. 241.

Article premier. — Il est créé dans la colonie un service du contrôle de l'impôt foncier placé sous la direction du chef du service du cadastre.

Art. 2. — Dans chaque arrondissement, les géomètres du cadastre seront chargés de ce contrôle, sous l'autorité de l'administrateur. Ils porteront le titre de géomètres contrôleurs ; un secrétaire annamite leur sera adjoint à titre d'expéditionnaire.

Art. 3. — Les géomètres contrôleurs seront chargés de la conservation des diabo, de la transcription des mutations, de la vérification des dien-bo et de l'établissement des rôles, de la reconnaissance et levé des biens domaniaux et communaux, et généralement de tous les travaux d'arpentage et de bornage demandés par l'Administration.

(1) V. B. D. I. p. 24, Dépenses urgentes.

Art. 4. — MM. les administrateurs veilleront à ce qu'il soit fourni mensuellement aux géomètres contrôleurs un état des mutations survenues dans le mois précédent, afin de permettre à ces derniers de tenir à jour les registres de la propriété (dia-bo).

Art. 5. — Les dien-bo seront adressés par les villages à l'administrateur, qui les transmettra pour vérification au géomètre contrôleur de l'arrondissement. Les rôles établis en double expédition, d'après les dien-bo, et vérifiés, seront remis à l'adminis-trateur, qui les fera parvenir à la Direction de l'Intérieur pour être soumis à l'approbation du Gouverneur. Une expédition en sera remise ensuite au contrôle par l'administrateur, une autre sera déposée au trésor.

Art. 6. — Les géomètres contrôleurs seront appelés à donner leur avis sur toutes les réclamations en matière d'impôt foncier.

Art. 7. — Dans le cas où les réclamations seraient jugées mal fondées, les protestaires pourront être astreints à payer les frais occasionnés par leur requête.

Art. 8. — Les demandes de concession seront transmises, pour instruction, par l'administrateur au géomètre de l'arrondissement, qui devra en dresser un plan aux frais du pétitionnaire, et se prononcer, sous sa responsabilité, sur l'exactitude des déclarations relatives au terrain demandé, et contenues dans la requête. Les demandes de mise en vente, soit de gré à gré, soit par voie d'adjudication, seront instruites de la même manière, et le coût du plan sera dû en plus du prix principal.

Art. 9. — Les géomètres contrôleurs devront s'adresser à l'Administration, chaque fois qu'ils auront à faire venir à leur bureau soit des particuliers, soit des fonctionnaires indigènes.

Art. 10. — Les principaux travaux à exécuter par les géomètres contrôleurs sont les suivants, par ordre d'importance :

Levé par masse de culture et par village dans les arrondissements non déterminés ;

Vérification des contenances imposées, par comparaison avec celles existant d'après les calculs établis par le cadastre ;

Levé et reconnaissance des terrains domaniaux et communaux.

Art. 11. — Les plans de lotissement qui seront établis, ceux constatant les changements survenus dans la nature des cultures seront remis aux administrateurs qui les viseront et les transmettront ensuite à l'Administration centrale, pour être soumis à l'approbation du Gouverneur, après vérification faite par le chef du service du cadastre.

Art. 12. — Les différents plans qui seront établis seront dressés toujours en double, l'un pour le Conseil privé, l'autre pour le cadastre ; des copies certifiées seront en outre remises à la Direction de l'Intérieur, au contrôle et aux intéressés, s'il y a lieu.

Art. 13. — Le géomètre contrôleur pourra être requis par l'administrateur de procéder aux opérations suivantes : mise en possession des concessionnaires, expertises domaniales, descentes sur les lieux pour aliénations domaniales, études de plans de lotissements, revision des natures de cultures, copies de plan à joindre aux actes de concession ou de vente, expertises judiciaires.

Sauf pour les expertises judiciaires, l'administrateur pourra toujours requérir le géomètre de procéder d'urgence à celle de ces opérations qu'il lui désignera, encore qu'elle soit plus récente.

Art. 14. — Les géomètres ne pourront être distraits des opérations spéciales dont ils sont chargés, pour accomplir des travaux de la compétence des ponts et chaussées ou de la vicinalité.

Art. 15. — Les travaux d'arpentage et les copies de plans exécutés pour le compte des particuliers et d'administrations, autres que l'Administration centrale, seront rétribués conformément au tarif annexé au présent arrêté.

Art. 16. — Les sommes ayant cette provenance seront encaissées par le payeur ou le percepteur de l'arrondissement, sur un ordre de recette émis par l'administrateur, d'après l'état qui lui sera fourni par le géomètre.

Art. 17. — Une indemnité de 800 francs sera accordée, à titre de frais de transport, à tous les géomètres du service du contrôle chargé d'opérations diverses. Toutefois les géomètres de Saïgon (ville) et du 20e arrondissement ne recevront qu'une somme de 600 francs pour cet objet ; aucune autre somme ne pourra être mandatée pour location de voiture et de bateau.

Art. 18. — Les géomètres contrôleurs jouiront des indemnités et allocations prévues par l'article 1er, §§ 1 et 2, de la décision du 10 décembre 1872.

Art. 19. — Les dispositions de l'arrêté du 22 août 1882, contraires au présent arrêté, sont abrogées.

FILIPPINI.

TARIF DES CONTRIBUTIONS A PAYER PAR LES PARTICULIERS POUR TRAVAUX D'ARPENTAGE ET POUR COPIES DE PLANS EFFECTUÉS PAR LE SERVICE DU CADASTRE ET LES GÉOMÈTRES CONTROLEURS.

§ 1er. — *Rétribution pour travaux d'arpentage dans les villes de Saïgon, Cholon, le 20e arrondissement, et pour les expertises judiciaires dans toute la colonie.*

1° Journée de 4 à 5 heures d'un géomètre accompagné d'un piqueur et de deux chaîneurs (la dernière journée commencée est due en entier). . . . . 35 fr.

2° Journée d'un piqueur accompagné de deux chaîneurs (la dernière journée commencée est due en entier) . . . . 12 francs.

§ 2. — *Rétribution pour travaux d'arpentage exécutés dans les arrondissements.*

1° Levés de plans pour demandes de concessions de terrains d'une superficie inférieure à 10 hectares . . . . 5 francs.

2° Journée de 4 à 5 heures d'un géomètre accompagné d'un piqueur et de deux chaîneurs (la dernière journée commencée est due en entier) . . . . 20 fr.

3° Journée d'un piqueur accompagné de deux chaîneurs (la dernière journée commencée est due en entier) . . . . 7 francs.

§ 3. — *Rétribution pour copies de plans dans toute la colonie.*

1° Petits plans, grande échelle jusqu'à et y compris celle de 1/4000.

Copie contenant 1 hectare et au-dessous jusqu'à 10 hectares. . . . . 5 fr.

Copie contenant de 10 hectares à 20 hectares . . . . 10 fr.

Copie contenant plus de 20 hectares (les fractions comptant pour 20) pour chaque contenance de 20 hectares . . . . 10 francs

2° Grands plans, échelles comprises entre celle de 1/4000 et celle de 1/10000 inclusivement.

Copie contenant 500 hectares et au-dessous . . . . 25 fr.

Par 500 hectares au-dessus (sans fraction). . . . . 10 fr.

3° Grands plans, échelles comprises entre celle de 1/10000 et celle de 1/20000 inclusivement.

Copie contenant 1,000 hectares et au-dessous . . . . 25 fr.

Par chaque 1,000 hectares au-dessus (sans fraction). . . . . 10 fr.

A l'égard des plans en plusieurs feuilles, le calcul des rétributions s'établit sur la contenance de chaque feuille.

L'arrêté du 13 janvier 1879 est rapporté.

NOEL PARDON.

(26 mars 1887)

CIRC. CH. S. CAD. *déterminant les attributions des géomètres en vue de la mise à exécution de l'arrêté du 24 mars 1887.*

J. C. p. 416.

En vue de la mise à exécution de l'arrêté de ce jour portant réorganisation du service des géomètres contrôleurs de l'impôt foncier, j'ai cru utile de vous préciser quelles seraient désormais vos attributions.

A cet effet, j'ai préparé le projet de règlement intérieur ci-joint qui devra vous servir de guide :

Article premier. — Les géomètres contrôleurs sont divisés en deux catégories, savoir :

1° Ceux placés dans les arrondissements dont le levé topographique est complètement terminé ;

2° Ceux placés dans les arrondissements en cours d'exécution.

Art. 2. — Les attributions de ces derniers sont identiquement les mêmes que celles des premiers; ils auront en plus à continuer le levé par masse et par culture.

Le premier travail du géomètre consistera dans la vérification des contenances imposées ; il se basera pour ce travail sur les cahiers de calculs que lui transmettra le service du cadastre. Après leur installation dans les arrondissements, les différences seront signalées à l'administrateur et portées en augmentation lors de l'établissement des rôles en fin d'année.

Art. 3. — Les géomètres contrôleurs apporteront le plus grand soin dans l'établissement des rôles afin d'éviter toute erreur pouvant amener des contestations.

Art. 4. — Dans les arrondissements complètement terminés, le premier travail, après celui indiqué ci-dessus, consistera dans la reconnaissance et le levé des biens domaniaux et communaux ; dans les autres, ce travail se fera au fur et à mesure du levé des villages.

Art. 5. — Un calque des changements survenus dans les natures de culture sera expédié au chef de service avec les calculs rectifiés.

Art. 6. — Les géomètres classeront avec soin toutes les demandes de travaux et seront tenus de les produire à toute invitation du vérificateur ou du chef de service.

Art. 7. — Ils tiendront un registre conforme au modèle ci-joint, dans lequels ils inscriront, par ordre de date, toutes les demandes de travaux ou de copies de plans qui leur seraient transmises et dont ils adresseront, chaque mois un relevé au chef de service.

Art. 8. — Les géomètres conserveront minute de leurs lettres sur un registre *ad hoc.*

Art. 9. — Ils tiendront en outre, en conformité du règlement, un carnet indiquant, jour par jour, et avec détails, les opérations auxquelles ils se seront livrés. Un extrait de ce carnet sera adressé chaque mois au chef de service, conformément à la circulaire du 17 octobre 1885.

Art. 10. — La copie minute qui restera dans les archives du géomètre sera inscrite sur un registre inventaire, conforme au modèle ci-joint.

Registre A du service.

Art. 11. — Les échelles adoptées pour le rapport des plans seront :

1° Pour les plans de 1 hectare et au-dessous....	1/1000
2° Pour les plans au-dessus de 1 hectare........	1/4000
3° Pour les lotissements......................	1/1000

Art. 12. — Les géomètres auront à tenir à jour le cahier de description des champs sur lequel figureront les mutations qui leur seront adressées par l'administrateur.

BERTAUX.

(7 avril 1887)

CIRC. D. I. *au sujet de l'application de l'arrêté du 24 mars 1887 portant création du service du contrôle de l'impôt foncier.*

J. C. p. 416.

Vous trouverez au *Journal officiel* de ce jour un arrêté portant création du service des géomètres contrôleurs de l'impôt foncier.

Tous les arrondissements ne pourront dès à présent, en raison de l'insuffisance du nombre des agents dont la colonie dispose, être dotés d'un géomètre contrôleur ; mais le chef du service du cadastre a réparti son personnel suivant les besoins et suivant les nécessités que l'expérience a permis de constater.

C'est ainsi que des arrondissements, où le levé par masse de cultures et par village est à peine commencé, ont été dotés de deux géomètres, tandis qu'un seul agent est chargé quelquefois de deux arrondissements dont le levé est complètement terminé.

Il m'a paru nécessaire d'appeler votre attention sur le mode de fonctionnement de ce nouveau service et d'en déterminer nettement les détails d'exécution.

Dès leur installation vous aurez à leur remettre les nouveaux dia-bo qui doivent être actuellement terminés. Les anciens registres de la propriété là où ils existent, les anciens dien-bo, les nouveaux dien-bo, les états de mutations devront également leur être confiés. A ce propos, je dois vous rappeler qu'il ne doit y avoir sur les nouveaux dia-bo ni grattage ni surcharge, et s'il s'y en était glissé,vous devriez biffer les noms inscrits à cette place et les remplacer par ceux devant exister, en ayant soin d'approuver la rature et de signer.

Dans les arrondissements où provisoirement on ne pourra installer un agent à poste fixe, les dia-bo seront conservés à l'inspection et tenus à jour par le secrétaire d'arrondissement. Le géomètre établi dans l'arrondissement voisin n'aura plus dans celui où il n'habite pas que l'exécution des travaux techniques pour lesquels il s'entendra avec vous.

L'état des mutations annuelles (dénommé dien-bo aux articles 2 et 5 de l'arrêté sur les géomètres contrôleurs) fourni par les villages devra vous être parvenu le 1er septembre au plus tard. Il sera remis par vos soins au géomètre contrôleur qui vérifiera la sincérité des déclarations et préparera ensuite les rôles. Si la vérification donnait lieu à des rectifications concernant la substitution du nom d'un propriétaire à un autre, le contrôleur devrait vous en référer pour statuer. Aucune mutation ne pourra, du reste, être portée sur les dia-bo qu'après le visa par l'administrateur de l'acte qui la consacre. J'attire votre attention d'une façon toute spéciale sur cette clause importante, car vous n'ignorez pas que cette inscription a pour les propriétaires la valeur d'un titre de propriété.

Les projets de rôles et l'état des mutations annuelles ayant servi à les établir devront vous être retournés avec indication des modifications qu'il paraîtra utile au géomètre d'y rapporter.

Je dois vous rappeler que votre rôle devra être en quelque sorte celui d'un modérateur vis-à-vis des agents du cadastre qui envisageraient par trop exclusivement le côté fiscal de leur rôle dans les défrichements récents. Il faut, en effet, éviter que des surcharges trop grandes d'impôt provoquent le mécontentement de la population.

Les contestations auxquelles pourra donner lieu la répartition individuelle de l'impôt foncier entre les contribuables seront toutes portées devant l'administrateur, auquel le décret du 4 mai 1881 attribue la surveillance des actes administratifs des communes, et qui jugera s'il y a lieu ou non de faire le levé du plan des terrains. L'Administration supérieure n'aura à intervenir que quand il y aura contestation du village en masse, alléguant l'exagération de la valeur superficielle de ses cultures. Il ne sera, du reste, statué qu'après avis de l'administrateur.

Les géomètres pourront ne pas se déplacer spécialement pour chaque demande de concession, ils inscriront au fur et à mesure que vous les leur ferez parvenir les requêtes de cette nature sur un registre ad hoc, puis quand ils en auront une certaine quantité pour les mêmes cantons ou la même région, ou encore quand leurs autres travaux les appelleront dans le pays pour lequel ils ont des demandes, ils feront le levé des terrains demandés, en ayant soin de piqueter le terrain afin d'éviter aux pétitionnaires les frais d'une mise en possession ultérieure. Ils devront pour ces opérations être accompagnés du maire et de deux notables du village désignés par un trac qui leur aura été remis par vous à cet effet. Ces notables certifieront l'identité du terrain demandé.

Comme il pourra quelquefois s'écouler un certain délai entre la demande de concession et le levé des plans, vous pourrez continuer pour les concessions de votre compétence à procéder comme maintenant à l'aide des registres à souches fournis par le 5e bureau, sauf, par la suite, à annuler ou à confirmer la concession s'il y a lieu, selon les résultats de l'enquête et votre décision.

En délivrant ce titre essentiellement provisoire au pétitionnaire, vous aurez soin, lorsqu'il s'agira de terrains non reconnus, d'en prendre une copie que vous enverrez au village intéressé pour affichage, après l'avoir fait traduire en quôc-ngu et y avoir mentionné que « les réclamations contre l'aliénation projetée doivent être adressées, soit à vous, soit aux notables dans un délai de trois mois » (décision du 30 mars 1865). Les affiches devront être apposées à la maison commune du village et au chef-lieu de l'arrondissement; elles devront être renouvelées de façon que la publicité soit effectuée pendant trois mois. A l'expiration de ce délai, les notables devront vous faire parvenir un état des réclamations qui auront pu leur être présentées.

Les titres de concessions provisoires, pour être rendus définitifs, devront vous être remis accompagnés du plan ; après examen, vous supprimerez, s'il y a lieu, la clause de non garantie imprimée sur le volant détaché du registre à souches et remis au demandeur.

Il en sera ensuite établi par vos soins une copie certifiée conforme qui sera déposée aux archives du contrôle.

Il me paraît inutile de mentionner que le plan ne devra être remis à l'intéressé par le géomètre que sur le vu de la quittance constatant qu'il a payé le prix du levé. La contenance désignée primitivement sur la déclaration du pétitionnaire sera rectifiée d'après les constatations faites par le géomètre.

Si cette constatation faisait découvrir que la superficie totale de la concession excède celle que l'administrateur a le droit de concéder, le titre serait néanmoins régularisé pour la totalité, mais sous la condition résolutoire d'approbation de l'Administration supérieure. Pour chaque concession accordée dans ces conditions, vous auriez à m'en référer, et l'Administration jugerait si elle doit en proposer ou non la ratification au Conseil colonial pour l'excédent.

Les demandes de levés ou copies de plans vous seront adressées, elles seront visées par vous et transmises au géomètre pour exécution.

L'article 17 de l'arrêté accorde aux géomètres un abonnement pour frais de transport, vous n'aurez donc plus rien à leur fournir de ce chef. Il leur appartiendra de se procurer directement tous les moyens de locomotion nécessaires.

Avant de terminer la présente circulaire, je dois vous rappeler que le vote du Conseil colonial a supprimé le crédit alloué l'année dernière pour les chaineurs. L'administration, d'accord en cela avec l'assemblée locale, a jugé que les agents subalternes pourraient être détachés auprès des géomètres pour remplir ces fonctions. Je vous prie, en conséquence de vouloir bien mettre à la disposition de chacun des géomètres en résidence dans votre arrondissement, toutes les fois qu'il aura à opérer sur le terrain, *deux agents subalternes* qui devront être, autant que possible, toujours les mêmes. Les agents ainsi détachés recevront, outre leur solde, une indemnité égale à 10 cents par jour quand ils seront en service avec les géomètres. Si cela devenait nécessaire, vous pourriez porter à quatre le nombre des agents à mettre à la disposition des contrôleurs. Lorsque les géomètres rentreront au chef-lieu, les agents subalternes seront remis à la disposition de l'administrateur.

Aucun crédit n'ayant été prévu pour les secrétaires annamites qui doivent être adjoints aux contrôleurs, j'ai décidé que, pour cette année, ils seraient recrutés sur place par ces derniers, et seraient payés comme journaliers.

Je vous serai obligé de me rendre compte, dans les rapports mensuels, de la façon dont fonctionnera le nouveau service du contrôle de l'impôt foncier.

NOEL PARDON.

(25 mai 1887)

A. G. *rapportant les arrêtés des 28 avril et 5 août 1877, réunissant sous la même direction le service de l'enregistrement et du domaine, le contrôle des contributions directes et le service du cadastre.*

B. C., p. 370.
J. C., p. 661.

Article premier.— Sont rapportés les arrêtés locaux du 28 avril et du 5 août 1877, réunissant sous la même direction le service de l'enregistrement et des domaines, le contrôle des contributions directes et le service du cadastre.

Art. 2. — Le service du cadastre comprendra à l'avenir, dans les conditions de l'arrêté du 24 mars 1887, le contrôle des registres de l'impôt foncier, la vérification des déclarations de cultures ainsi que toutes autres opérations indiquées audit arrêté.

Art. 3. — Ce nouveau service sera provisoirement érigé en service distinct sous la direction d'un administrateur des affaires indigènes pour tout ce qui concerne la surveillance et la mise à jour des dia-bo, le contrôle des déclarations de cultures, le dressement et la vérification des rôles.

Art. 4. — Les diverses allocations et indemnités attribuées au chef de la section du cadastre par les arrêtés des 21 janvier et 6 mars 1887, s'élevant ensemble à la somme de 4,800 francs, seront réparties comme suit :

1° 1,000 francs à l'administrateur chef du service, à titre de frais de bureau ;

2° 3,800 francs au géomètre adjoint au chef du service.

Art. 5. — Toutes dispositions contraires au présent arrêté sont abrogées.

FILIPPINI.

(4 août 1887)

A. G. *allouant au géomètre contrôleur du 20° arrondissement une indemnité de 720 fr. pour location d'un local affecté à ses bureaux.*

B. C., p. 507.
J. C., p. 789.

Article premier. — Le géomètre contrôleur du 20° arrondissement jouira d'une indemnité de 720 francs pour location d'un local affecté à ses bureaux.

Art. 2. — Cette dépense sera imputée au chapitre X, article 2 : *Matériel et bâtiments*, et payée sur les disponibilités du crédit de 20,000 francs inscrit au budget.

FILIPPINI.

(18 octobre 1887)

CIRC. D. I. *Instruction modifiant celle du 7 avril dernier relative à la mise à exécution de l'arrêté du 24 mars 1887 créant un service du contrôle de l'impôt foncier.*

J. C. p. 989.

L'arrêté du 24 mars 1887, en créant un service du contrôle de l'impôt foncier, n'a eu d'autre but que de rendre le contrôle déjà existant plus effectif, en mettant à votre disposition des agents techniques, indispensables pour l'exercer efficacement. L'application de cet arrêté ne saurait donc avoir pour résultat de créer un nouveau service indépendant, ni de vous désintéresser, en quoi que ce soit, de l'établissement des rôles et de la conservation des dia-bo.

Une expérience de six mois permet aujourd'hui de déterminer, d'une façon précise, les détails du fonctionnement de la nouvelle organisation mieux que n'avait pu le faire la circulaire du 7 avril dernier.

Cette expérience a démontré que les géomètres contrôleurs, par suite des travaux sur le terrain dont ils sont chargés, ne sauraient exercer par eux-mêmes une surveillance constante et suivie sur leurs bureaux. Il importe donc, pour éviter l'emploi d'un personnel trop nombreux, de laisser ces derniers sous la surveillance directe des administrateurs. Les bureaux du contrôle seront en conséquence, à l'avenir, réunis à ceux de l'enregistrement dans les locaux de l'inspection. Les archives de toute nature concernant la propriété devront y être conservées. Vous aurez donc à prendre vos dispositions pour réaliser, dans le plus bref délai possible, le fonctionnement de ces bureaux dans les conditions que je viens de vous indiquer.

Par suite de ce changement, il ne sera plus nécessaire de mettre des logements à la disposition des géomètres ; néanmoins, dans les postes déjà installés, les locaux appartenant à l'État qu'ils occupent actuellement pourront leur être laissés, si vous n'y voyez pas d'inconvénient, aux conditions ordinaires imposées aux autres employés logés. Tous les baux concernant des locaux loués à des particuliers seront résiliés à partir du 1er janvier 1888.

Il est probable que le personnel, tant européen qu'indigène, actuellement en service dans vos bureaux sera suffisant dans la plupart des arrondissements pour assurer le fonctionnement du service du contrôle. Dans les arrondissements les plus importants et les plus surchargés, un secrétaire indigène pourra être ajouté à ce personnel.

Dans l'article 15 il n'est parlé que du mode de rétribution des travaux d'arpentage et des copies de plans exécutés pour le compte des particuliers ou d'administrations autres que l'administration centrale. Pour être assuré de l'exactitude des levés au point de vue de la propriété, j'ai décidé que ces travaux ne pourront être exécutés qu'avec l'autorisation préalable de l'administrateur, qui devra convoquer les voisins (particuliers ou représentants des communes) dont la présence sera une garantie contre les empiètements que l'arpentage pourrait faire commettre, à l'insu même du géomètre.

Le mode de paiement des frais de transport, institué par l'article 17 de l'arrêté du 24 mars dernier, présente de nombreux inconvénients. La somme de 800 francs prévue comme indemnité est, dans certains cas, insuffisante. A partir du 1er janvier prochain, vous aurez donc à fournir comme autrefois aux géomètres tous les moyens de transport.

Le nombre des agents subalternes mis à votre disposition a été augmenté dans des proportions suffisantes, pour qu'à partir de la même époque vous puissiez sans difficulté fournir les chaîneurs qui vous seront demandés. Il est bien entendu que les mêmes agents devront toujours être désignés pour ce service et qu'ils ne resteront à la disposition des géomètres que pendant leur service.

Telles sont les modifications essentielles que m'a paru nécessiter la circulaire n° 7 du 7 avril dernier, à laquelle vous devrez vous reporter pour tout ce qui n'est pas contraire aux présentes instructions.

NOEL PARDON.

(24 décembre 1887)

A. L. G. *rapportant l'arrêté du 24 mars 1887, instituant un service de géomètres contrôleurs de l'impôt foncier.*

B. C., 1888, p. 7.

Article premier. — Est et demeure rapporté l'arrêté du 23 mars 1887, instituant un service de géomètres contrôleurs de l'impôt foncier.

Art. 2. — La remise des dia-bo, rôles, matrices et de tous autres documents relatifs à l'impôt foncier sera faite par le service du cadastre, dans l'intérieur, aux Administrateurs chefs d'arrondissement, et pour les villes de Saïgon, Cholon et la banlieue, au contrôleur des contributions directes.

Art. 3. — Le texte de l'article 4 de l'arrêté du 30 juillet 1887 est modifié ainsi qu'il suit :

« L'Administrateur, aidé de deux notables du village intéressé, instruira toutes les réclamations dans chaque arrondissement. Il aura qualité pour trancher les différends existant entre les détenteurs de terrains non pourvus de titres réguliers. »

Art. 4. — Toutes dispositions contraires sont abrogées.

PIQUET.

(6 février 1888)

A. L. G. *accordant une indemnité annuelle de 200 piastres, à titre de frais de transport, aux géomètres du cadastre, et 150 piastres, pour les géomètres de la ville de Saïgon.*

B. C., p. 71.
J. C., p. 127.

Article premier. — Une indemnité annuelle de 200 piastres est accordée, à titre de frais de transport, aux géomètres du cadastre, quelle que soit leur résidence.

Toutefois, cette indemnité sera de 150 piastres pour les géomètres de la ville de Saïgon.

Art. 2. — Des moyens supplémentaires de transport pour les vivres seulement, mais jamais pour le personnel, pourront être, en outre, fournis en nature aux géomètres en opérations dans les arrondissements de Baria, Bienhoa et Tayninh.

Art. 3. — Les chaîneurs du cadastre seront recrutés directement par les géomètres. Leur solde sera payée par le trésor comme dépense urgente sur les justifications de droit.

Art. 4. — Il ne sera pas admis plus de trois chaîneurs par chaque géomètre.

NAVELLE.

(22 février 1888)

CIRC. L. G. *rappelant à l'observation des règlements pour la vérification et le contrôle de l'indemnité annuelle de 3000 fr. due aux géomètres membres des sous-commissions de délimitation.*

J. C. p. 187.

Aux termes de l'article 44 de l'arrêté du 9 décembre 1875, modifiant et complétant les instructions du 21 avril 1872, rendues pour l'exécution de l'arrêté du 29 décembre 1871, portant organisation du service du cadastre, il est stipulé que « l'indemnité annuelle de 3,000 francs est due à « compter du jour de la nomination du géomètre comme membre d'une sous-commission de délimitation, jusqu'à celui où ladite sous-commission a terminé ou suspendu ses travaux. »

Dans l'esprit du législateur, cette indemnité n'est donc applicable qu'aux géomètres qui se livrent véritablement aux opérations de délimitation dans les arrondissements, qui se rendent sur le terrain, et non à ceux qui occupent un poste sédentaire dans les bureaux.

L'inspection des services administratifs et financiers a eu l'occasion de relever, dans les derniers temps, plusieurs abus au sujet de l'extension de cette indemnité à des agents du cadastre qui ne se trouvaient pas dans les conditions prévues par l'arrêté précité, et il importe de veiller à ce que ces abus ne se renouvellent plus.

J'ai l'honneur de vous rappeler également qu'il est de votre devoir de suivre avec la plus grande attention les opérations des géomètres sur le terrain ; je ne parle pas ici de celles dont il a été question plus haut, mais de celles qui leur donnent droit au supplément de 10 francs par jour, prévu à l'article 45 du même arrêté.

Les certificats de présence servant de pièce justificative pour le mandatement de cette allocation ne doivent être délivrés qu'à bon escient, et après constatation de la parfaite exécution du service.

Les prévisions budgétaires pour 1888 ont été calculées avec le plus grand soin, aussi bien pour le cadastre que pour les autres services ; il importe, par conséquent, de vérifier et de contrôler scrupuleusement toutes les dépenses.

NAVELLE.

II. — PERSONNEL

NATURE DES DOCUMENTS	DATES	RECUEILS A CONSULTER							OBSERVATIONS
		Bat.	B. C.	B.D.I	J. C.	J.H.	B. M.	B.Col	
D. G.	23 janvier 1872.		32						
A. G.	25 octobre 1872.								
D. G.	10 décembre 1872.		343						
D. G.	10 décembre 1872.	t-187	346						
D. G.	10 juillet 1873.		233						
Dép. M.	31 octobre 1874.	t 182							
Circ. D. I.	19 juin 1875.	t-187		62					
A. G.	6 octobre 1877.	t-202	290						
D. G.	29 décembre 1877.	t-185	417						
A. G.	29 décembre 1877.	t-183	415						
D. G.	18 mai 1878.	t-204	163						
A. G.	13 septembre 1880.		469						
Circ. D. I.	9 mai 1887.			29					

(23 janvier 1872)

D. G. *Ouverture d'un concours pour les emplois de vérificateur et de triangulateur du cadastre. — Programme.*

B. C. p. 32.

(25 octobre 1872)

A. G. *allouant 1 fr. 50 centimes par jour aux piqueurs annamites du cadastre, qui accompagnent les géomètres dans leurs tournées.*

Non inséré au B. C.

(10 décembre 1872)

D. G. *Tarif des rétributions proportionnelles du cadastre, en vertu de l'arrêté du 2 février 1872* (1).

B. C. p. 343.

(10 décembre 1872)

D. G. *fixant les indemnités et suppléments divers alloués aux géomètres, fonctionnaires indigènes, membres des commissions de délimitation, chaîneurs, etc...* (2).

BAT. I, p. 187.
B. C. p. 346.

Article premier. — Les géomètres membres des commissions de délimitation générale recevront :

1° Une indemnité anuelle de 3,000 francs à dater du jour où ils auront été désignés pour faire partie desdites commissions ;

2° Un supplément de 10 francs par journée passée sur le terrain. Les suppléments et indemnités qui leur étaient alloués en vertu des décisions précitées cesseront de leur être payés.

Art. 2. — Les fonctionnaires indigènes, membres des commissions de délimitation générale et les miliciens qui sont chargés de concourir aux travaux de chaînage, bornage, etc., recevront : les premiers, une indemnité de 2 fr. 75 cent. ; les seconds, une indemnité de 1 franc par journée passée sur le terrain.

CH. D'ARBAUD.

(10 juillet 1873)

D. G. *allouant 800 francs pour frais de bureau au chef du service du cadastre.*

B. C. p. 233.

(31 octobre 1874)

DEP. M. *réglant la situation des géomètres du cadastre détachés du service topographique d'Algérie au service colonial.*

BAT. I, p. 182.

J'ai entretenu récemment M. le gouverneur général de l'Algérie des difficultés que présente le re-

(1) V. *infrà*, D. G. 6 octobre 1877.
(2) V. *infrà*, Circ. D. I. 19 juin 1875 ; A. G. 6 octobre 1877.

crutement, pour le service colonial, des géomètres relevant de son administration, en présence des dispositions d'une circulaire, en date du 17 novembre 1871, obligeant ces agents à donner leur démission dès qu'ils sont mis à la disposition de mon département.

Pour obvier à cet inconvénient, j'ai demandé si l'organisation du service topographique en Algérie ne pourrait pas se prêter à un roulement semblable à celui qui est adopté à l'égard du personnel de tous les autres services coloniaux (ponts et chaussées, instruction publique, télégraphe, etc., etc.) recruté dans la Métropole.

M. le gouverneur général de l'Algérie m'a fait connaître qu'il ne voyait aucun inconvénient à ce que des dispositions semblables fussent appliquées aux géomètres qui servent déjà ou qui désireront servir dans le service du cadastre aux colonies.

Ainsi que je vous l'avais proposé, le traitement de ces agents se composera de leur solde de grade, dégagée de tous frais accessoires ; le supplément colonial et les remises proportionnelles pour travaux effectués sur le terrain seront fixés par les administrations locales.

Pendant la durée de leurs services hors de l'Algérie, les géomètres ne cesseront pas de concourir à l'avancement avec leurs collègues algériens, et, dans ce but, ils seront l'objet de notes individuelles que vous aurez à m'adresser semestriellement, afin que je puisse les transmettre à l'administration de cette dernière colonie.

Toute proposition d'avancement faite en leur faveur sera soumise, par mon intermédiaire, au gouverneur général de l'Algérie, à qui il appartiendra d'en examiner le mérite, et, s'il y a lieu, d'y donner suite dans les conditions prescrites par les règlements en vigueur.

Toutefois, il demeure bien entendu que les bénéfices de ces mesures ne s'étendront absolument qu'aux géomètres titulaires ayant appartenu au service topographique de l'Algérie, et considérés comme simples détachés.

En ce qui concerne les agents qui, en cas de maladie grave contractée aux colonies, seront obligés de rentrer en France, j'ai informé M. le gouverneur général de l'Algérie qu'ils ne seront pas remis à sa disposition à partir du jour de leur débarquement, mais qu'il leur sera accordé, pour le rétablissement de leur santé, des congés de convalescence, dans les limites fixées à cet égard par les règlements.

Dans cette situation, la solde de grade des géomètres restera à la charge de la colonie jusqu'au jour où ils seront réintégrés dans le service de l'Algérie.

MICHAUX.

(19 juin 1875)

CIRC. D. I. *Instruction concernant l'indemnité annuelle de 3000 francs et le supplément de 10 francs par jour alloués aux géomètres qui font partie des commissions de délimitation.*

BAT. I., p. 187.
B. D. I., p. 62.

L'arrêté du 10 décembre 1872 a donné lieu à des interprétations différentes, en ce qui concerne l'indemnité annuelle de 3,000 francs et le supplément de dix francs par jour alloués aux géomètres qui font partie des commissions de délimitation.

Il en résulte de la part des agents du cadastre des réclamations fréquentes qu'il convient d'éviter à l'avenir.

J'ai l'honneur de vous faire connaître la marche à suivre à cet égard :

L'indemnité de 3,000 francs par an est due à compter du jour de la nomination du géomètre comme membre d'une commission de délimitation, jusqu'à celui où ladite commission a terminé ou suspendu ses travaux.

Quant au supplément de 10 francs, il est payé, non pas sur le pied de 30 ou 31 jours par mois, mais en raison des journées réellement passées sur le terrain. Les décomptes qui sont envoyés à la Direction de l'Intérieur, pour le paiement d'indemnités de cette nature, doivent, en conséquence, être accompagnés de certificats délivrés par les présidents des commissions, constatant le nombre de jours pendant lequel les géomètres ont opéré sur le terrain. Il en est de même pour les fonctionnaires indigènes, membres des commissions, ainsi que pour les miliciens chargés de concourir aux travaux de chaînage, bornage, etc.

Je vous prie, en ce qui vous concerne, de tenir la main à ce que ces règles soient rigoureusement observées.

PIQUET.

(6 octobre 1877)

A. G. *fixant les rétributions proportionnelles accordées aux agents du cadastre* (1).

BAT. I, p. 202.
B. C. p. 290.

Article premier. — Le chiffre des rétributions proportionnelles accordées aux agents du cadastre, en vertu de la décision du 10 décembre 1872, est fixé conformément au tableau ci-annexé.

DUPERRÉ.

ANNEXE

DÉSIGNATION des EMPLOIS.	NOMENCLATURE des TRAVAUX.	MONTANT de la RÉTRIBUTION par hectare.	MONTANT de la RÉTRIBUTION par parcelle.	OBSERVATIONS.
Chef de service Chef de section ou vérificateur.	Direction et surveillance générale	0 02	» »	Le chef de service et le chef de section, ou le vérificateur, jouissent, en outre, des indemnités de déplacement et de frais de route prévus par l'arrêté du 29 janvier 1876 (1).
	Contrôle des opérations trigonométriques	0 02	» »	
	Vérification des plans à l'échelle du 4,000e et aux échelles supérieures	0 06	0 06	
	Vérification des plans à l'échelle du 10,000e et aux échelles supérieures	0 03	0 03	
	Vérification des lotissements à l'échelle du 4,000e et aux échelles supérieures	0 06	0 06	
	Vérification des lotissements à l'échelle du 10,000e et aux échelles supérieures	0 03	0 03	
Triangulateurs	Délimitation des territoires	0 03	» »	
	Délimitation des sections	0 02	» »	
	Triangulation. Registre et canevas fournis en double.			Les géomètres attachés aux commissions de délimitation, ainsi que ceux distraits des levés généraux, jouiront des allocations fixées par la décision du 10 décembre 1872 (*Bulletin officiel*, pages 346 et 347). L'indemnité annuelle de 720 francs, pour frais de chaîneurs, et celle de 4 francs par jour, allouées aux géomètres chargés des travaux du domaine à Saïgon et à Cholon, sont supprimées. Ces agents toucheront les mêmes suppléments que les géomètres des commissions de délimitation. Des miliciens chaîneurs leur seront fournis. Les piqueurs et les interprètes annamites, accompagnant les géomètres dans leurs tournées, auront droit à une indemnité de déplacement de 1 fr. 50 cent. par jour.
	Calcul de 2 points par 100 hectares (échelle, 1/10,000e)	0 40	» »	
	Calcul de 4 points par 100 hectares (échelles du 4,000e, 2,000e et 1,000e)	0 70	» »	
Géomètres...	Levés à l'échelle du 1,000e	2 40	1 50	
	Levés à l'échelle du 2,000e	2 00	1 50	
	Levés à l'échelle du 4,000e	1 60	1 50	
	Levés à l'échelle du 10,000e	0 60	1 20	
	Étude des lotissements présentant en moyenne 15 hectares par lots et au-dessous	0 16	0 20	
	Exécution et piquetage des mêmes lotissements	0 40	1 00	
	Étude des lotissements présentant en moyenne plus de 15 hectares par lot	0 08	0 40	
	Exécution et piquetage des mêmes lotissements	0 20	1 50	

(1) Remplacé par A. G. 14 août 1878, qui rend exécutoire l'arrêté ministériel du 19 janvier 1878. — V. *Frais de conduite, de route et de séjour.*

(1) V. *infrà*, D. G. 18 mai 1878.

(29 décembre 1877)

D. G. *Programme des examens à subir par les élèves dessinateurs, les élèves géomètres et les élèves piqueurs de la section du cadastre.*

BAT. I, p. 185.
B. C. p. 417.

Article premier. — Le programme des examens qu'auront à subir les élèves dessinateurs, les élèves géomètres et les piqueurs de la section du cadastre, est fixé comme il suit :

1° Pour les candidats aux emplois d'élèves dessinateurs :

Langue française. — Une dictée qui sera appréciée tant au point de vue de l'orthographe que de l'écriture ; une page d'écriture (ronde, bâtarde, gothique).

Arithmétique. — Les quatre règles ; nombres entiers et décimaux ; fractions ; proportions ; système métrique.

Géométrie. — Lignes droites et parallèles ; mesures des surfaces.

Dessin et lavis. — Les candidats fourniront un spécimen de dessin.

2° Pour les candidats aux emplois d'élèves géomètres :

Langue française. — Une dictée qui sera appréciée tant au point de vue de l'orthographe que de l'écriture.

Arithmétique. — Numération décimale ; les quatre règles fondamentales, preuves de ces opérations ; nombres décimaux ; fractions ; extraction des racines carrées ; système légal des poids et mesures ; règles de trois simples et composées ; proportions et progressions.

Logarithmes. — Définition des logarithmes et usage des tables.

Algèbre. — Addition et soustraction des polynômes ; multiplication et division des monômes et des polynômes ; équations du premier degré à une ou plusieurs inconnues.

Géométrie. — Préliminaires ; égalité des triangles ; droites perpendiculaires, obliques, parallèles, parallélogrammes, polygones ; lignes proportionnelles ; triangles semblables. — Mesure des angles ; contact et intersection des cercles ; tangentes et sécantes du cercle ; polygones inscrits et circonscrits au cercle ; aires des polygones du cercle.

Trigonométrie rectiligne. — Lignes trigonométriques ; relations entre les lignes trigonométriques d'un arc ; principales formules trigonométriques. — Usage des tables de sinus ; relations entre les côtés et les angles des triangles ; résolution des triangles.

Dessin graphique et lavis. — Les candidats fourniront un spécimen. — Notions sur les levés de plans et l'usage des instruments.

Il est tenu compte, aux candidats, de la connaissance de la langue annamite.

3° Pour les candidats aux divers emplois de piqueurs :

1. Pour les piqueurs auxiliaires de 2e classe :

Épreuve écrite. — Dictée en quoc-ngu ; dictée en français.

Épreuve orale. — Traduction et interrogatoires faciles ; calculs et démonstrations au tableau sur l'arithmétique (quatre règles) ; nomenclature et description des instruments topographiques ; traduction d'un titre de propriété en caractères chinois.

Faire un dessin.

2. Pour les piqueurs de 2e classe :

Épreuve écrite. — Dictée en quoc-ngu ; dictée en français.

Épreuve orale. — Traduction d'interrogatoires ; dialogue en français soutenu avec un Européen ; usage des instruments topographiques ; démonstration au tableau sur l'arithmétique (quatre règles) ; système métrique ; mesure des surfaces ; traduction d'un titre de propriété en caractères chinois.

Un petit levé, un dessin.

3° Pour les piqueurs principaux de 2e classe :

Épreuve écrite. — Narration en français sur un sujet donné ; aire des polygones.

Épreuve orale. — Traduction d'interrogatoires ; dialogue en français soutenu avec un Européen ; traduction à livre ouvert de textes français et annamites ; traduction d'un titre de propriété en caractères chinois ; calculs et démonstrations sur l'arithmétique et sur les surfaces ; arpentage ; usage et emploi des instruments topographiques.

Levé d'un plan parcellaire d'environ 30 hectares, avec tableau indicatif.

Art. 2. — La commission d'examen, composée de cinq membres, sera désignée par le Directeur de l'Intérieur, au fur et à mesure des concours.

Les notes données aux candidats seront cotées de 0 à 20.

Art. 3. — Il sera attribué à chaque matière les coefficients suivants :

EXAMENS.

1° *Pour l'emploi d'élève dessinateur.*

Matière	Coefficient
Dictée	7
Arithmétique	6
Géométrie	8
Dessin et lavis	10

2° *Pour l'emploi d'élève géomètre.*

Matière	Coefficient
Langue française	7
Arithmétique	6
Logarithme	6
Algèbre	6
Géométrie	7
Trigonométrie	8
Dessin graphique et lavis	10
Levés de plan (notion sur les)	10

3° *Pour l'emploi de piqueur auxiliaire de 2° classe.*

		Matière	Coefficient
Épreuve	écrite	Dictée en quoc-ngu	5
		Dictée en français	7
	orale	Traductions	7
		Arithmétique et système métrique	5
		Description des instruments topographiques	5
Dessin linéaire			10
Notes du Directeur de l'Intérieur			7

4° *Pour l'emploi de piqueur de 2° classe.*

		Matière	Coefficient
Épreuve	écrite	Dictée en quoc-ngu	5
		Dictée en français	8
	orale	Traductions	8
		Usages des instruments topographiques	6
		Arithmétique et système métrique	6
Dessin graphique			10
Levé d'un plan			7
Notes du Directeur de l'Intérieur			7

5° *Pour l'emploi de piqueur principal.*

		Matière	Coefficient
Épreuve	écrite	Narration	8
		Aire des polygones	8
	orale	Traductions et dialogues	8
		Arithmétique et système métrique	7
		Arpentage, usage et emploi des instruments topographiques	8
Levé d'un plan parcellaire			10
Notes du Directeur de l'Intérieur			7

Art. 4. — Tout candidat qui aura obtenu une somme de points égale à la moitié du nombre de points fixé, sera déclaré admissible.

Art. 5. — Toutes dispositions antérieures, contraires à la présente décision, sont et demeurent abrogées.

J. LAFONT.

(29 décembre 1877)

A. G. *Réorganisation du personnel de la section du cadastre* (1).

BAT. I, p. 183.
B. C., p. 415.

TITRE PREMIER.

DE LA HIÉRARCHIE ET DE LA SOLDE.

Article premier. — La hiérarchie et la solde, dans le personnel européen et indigène de la section du cadastre, sont réglées ainsi qu'il suit :

1° Personnel européen.

Élèves dessinateurs	1,800f 00
Dessinateurs de 3e classe	2,400 00
— 2e classe	3,000 00
— 1re classe	3,600 00
Dessinateurs principaux	6,000 00
Élèves géomètres	1,800 00
Géomètres de 3e classe	2,400 00
— 2e classe	3,000 00
— 1re classe	3,600 00
Géomètres principaux	6,000 00
Chef de la section	8,000 00

Ils ont droit aux mêmes indemnités de vivres et de logement que les employés de la Direction de l'Intérieur.

2° Personnel indigène.

Piqueurs stagiaires		360f 00
Piqueurs auxiliaires	de 2e classe	600 00
	de 1re classe	1,000 00
Piqueurs	de 2e classe	1,400 00
	de 1re classe	1,800 00
Piqueurs principaux	de 2e classe	2,100 00
	de 1re classe	2,400 00

Art. 2. — Les cadres seront fixés chaque année lors de la discussion du budget.

TITRE II.

DE L'ADMISSION ET DE L'AVANCEMENT.

1° Personnel européen. — Art. 3. — Nul ne peut être nommé élève dessinateur ou élève géomètre, s'il n'a subi avec succès un examen dont le programme sera déterminé et s'il ne réunit les conditions suivantes :

1° Être Français ou naturalisé ;

2° Être âgé de vingt ans au moins et de trente au plus ; ceux que leur âge aurait appelés à satisfaire à la loi sur le recrutement, devront prouver qu'ils sont dégagés des obligations imposées par cette loi ;

3° Justifier de sa bonne conduite et de sa moralité.

Art. 4. — Les élèves dessinateurs ou élèves géomètres pourront être nommés géomètres ou dessinateurs de 3e classe après six mois de service ; ceux qui, un an

(1) V. *infrà*, A. G. 13 sept. 1880.

après leur entrée dans l'Administration, n'auront pas fait preuve d'aptitude, seront licenciés.

Art. 5. — L'avancement dans le personnel européen est donné en totalité au choix.

Art. 6. — Nul ne peut être nommé à un grade supérieur s'il ne compte au moins deux années de service dans le grade inférieur. En outre, les géomètres de 1re classe, avant de pouvoir passer au grade de géomètre principal, devront avoir fourni une triangulation satisfaisante d'au moins 500 hectares.

Art. 7. — Le chef de la section est choisi parmi les géomètres principaux, comptant au moins deux années de grade.

2° Personnel indigène. — Art. 8. — Nul ne peut être admis dans le personnel des piqueurs indigènes du cadastre s'il n'est âgé de vingt ans au moins et de vingt-cinq ans au plus, s'il ne justifie de sa conduite et de sa moralité, et enfin s'il n'a subi avec succès les épreuves d'un examen dont le programme sera fixé.

Art. 9. — Les candidats munis du brevet de capacité sont admis à débuter par l'emploi de piqueur auxiliaire de 1re classe, pourvu qu'ils passent l'examen exigé pour obtenir cet emploi.

Art. 10. — Les indigènes non munis de brevets doivent, avant d'être admis à subir leur examen, avoir servi pendant six mois au moins en qualité de stagiaire.

Art. 11. — Nul ne peut être promu au grade supérieur s'il n'a subi avec succès l'épreuve de l'examen exigé pour obtenir ce grade, conformément au programme adopté, et s'il ne compte au moins deux années de service dans le grade inférieur.

Art. 12. — L'avancement en classe est donné au choix, après deux années de service dans la classe inférieure.

TITRE III.

DU SERVICE ET DE LA DISCIPLINE.

Art. 13. — Le chef de la section peut, sur l'ordre du chef de service et à défaut de géomètres disponibles, être chargé des opérations qui incombent à ces agents.

Art. 14. — Les dispositions des articles 11, 12, 13, 15, 16 et 17 de l'arrêté du 21 avril 1875, portant organisation du personnel de la Direction de l'Intérieur, sont applicables aux employés du cadastre.

Art. 15. — Toutes dispositions antérieures, contraires au présent arrêté, sont et demeurent abrogées.

J. Lafont.

(18 mai 1878).

D. G. *fixant la rétribution à allouer pour la vérification des travaux de délimitation générale exécutés sur le terrain antérieurement à la promulgation de la décision et des tarifs du 6 octobre 1877.*

BAT. I. p. 204.
B. C. p. 163.

Article premier. — La vérification des travaux de délimitation générale, exécutés sur le terrain antérieurement à la promulgation de la décision et des tarifs du 6 octobre 1877, sera rétribuée à raison de 1 centime et demi par hectare.

Art. 2. — Les états dressés pour obtenir le mandatement de cette allocation feront connaître, dans des colonnes distinctes, la superficie totale de chaque canton vérifié, la portion de cette superficie déjà rétribuée à raison de 4 centimes par hectare, la différence levée postérieurement au 6 octobre 1877, et qui, seule, donnera lieu à l'application du nouveau tarif de vérification de 3 centimes par hectare.

J. Lafont.

(13 septembre 1880)

A. G. *modifiant l'article 10 de l'arrêté du 29 décembre 1877, relatif au personnel indigène du cadastre.*

B. C., p. 469.

L'article 10 de l'arrêté du 29 décembre 1877, susvisé, est modifié ainsi qu'il suit :

Les indigènes non munis de brevets doivent, avant d'être admis à subir leur examen, avoir servi pendant un mois au moins en qualité de stagiaire.

Le Myre de Vilers.

(9 mai 1887)

CIRC. D. I. *relative au nombre d'agents subalternes à mettre au service des géomètres du cadastre pour remplir les fonctions de chaîneurs.*

B. D. I., p. 29.

La circulaire n° 7, 4e bureau, insérée au *Journal officiel* du 11 avril dernier vous invite à mettre deux agents subalternes au service des géomètres pour remplir les fonctions de chaîneurs.

J'ai l'honneur de vous faire connaître que, sur la demande de M. le chef du service du cadastre, je désire que vous portiez ce nombre à quatre toutes les fois que cette mesure sera nécessaire et qu'elle n'entravera pas la marche du service de l'inspection.

Noel Pardon.

CAISSE DES INVALIDES DE LA MARINE.

V. *Invalides de la Marine.*

CAISSE ET COMPTE DE PRÉVOYANCE.

NATURE DES DOCUMENTS	DATES	RECUEILS A CONSULTER							OBSERVATIONS
		Bat.	B. C.	B.D.I	J. C.	J.H.	B. M.	B.Col	
Décret.	10 février 1873.		118				205		
Dép. M.	14 février 1873.	I-38							
Décret.	2 juin 1876.	I-44	174						
Décret.	4 juillet 1876.	I-208	178						
Dép. M.	10 avril 1877.	I-207							
Dép. M.	14 novembre 1878.	I-50							
Dép. M.	30 avril 1880.		316						
Rapp. M.	4 mai 1881.		281						
Décret.	4 mai 1881.		281						
Circ. D. I.	24 décembre 1881.			64					
Dép. M.	9 mars 1883.								
Circ. D. I.	22 août 1884.			35					
Dép. M.	15 janvier 1885.								
Délib. C. C.	6 février 1885.				409				
Rapp. M.	17 février 1885.				541				
Décret.	17 février 1885.				541				
Dép. M.	9 mars 1885.								
Circ. D. I.	avril 1885.				567				
Circ. D. I.	mai 1886.		175		568				
Dép. M.	7 octobre 1887.								
Rapp. M.	29 septembre 1887.		782		1058				

NATURE DES DOCUMENTS	DATES	RECUEILS A CONSULTER							OBSERVATIONS
		Bat.	R. G.	R.D I	J. C.	J.H.	B. M.	B Col	
Décret.	29 septembre 1887.		782		1058				
Dép. M.	16 décembre 1887.								
Dép. M.	7 avril 1888.								
A. G.	13 avril 1888.				386				
Dép. M.	21 août 1888.				874				
Dép. M.	1er avril 1889.				535				

(10 février 1873)

DÉCRET *organisant le service des affaires indigènes (art. 16 et suiv.)* (1).

(Promulg. A. G., 3 avril 1873).
B. C. p. 118.
B. M. p. 205.

(14 février 1873)

DÉP. M. *au sujet des inspecteurs des affaires indigènes au point de vue de la caisse de réserve.*

BAT. I, p. 38.

Par lettre du 5 janvier dernier, vous avez appelé mon attention sur la situation des inspecteurs des affaires indigènes actuellement en fonctions, au point de vue de la caisse de réserve prévue par le projet de décret organique qui était à l'étude au moment de votre départ de Paris. Vous estimez qu'il serait désirable de pouvoir assurer le bénéfice de cette institution à ceux des fonctionnaires qui, aux termes de l'article 31 du projet dont il s'agit, doivent passer, de droit, administrateurs de 1re classe, *s'ils renoncent à leur état d'officier.*

Je dois vous faire remarquer, tout d'abord, que le décret rendu le 10 février n'impose pas aux inspecteurs, qui se trouvent placés dans les conditions précitées, l'obligation de renoncer à leur grade. Ces officiers, tout en voyant leur position régularisée comme administrateurs, conservent donc, au point de vue de la retraite, les droits que leur assure la loi sur les pensions. Le même avantage est assuré aux inspecteurs de 3e et de 4e classe qui se mettent en mesure de devenir administrateurs de 2e et de 3e classe. Les uns et les autres jouissent évidemment du bénéfice de la caisse de réserve à compter du jour de la promulgation du décret. Aller au-delà serait consacrer en leur faveur un droit de rétroactivité contraire aux principes d'une saine administration et onéreux pour les finances locales.

POTHUAU.

(2 juin 1876)

DÉCRET *réorganisant le service des affaires indigènes en Cochinchine (art. 16 et suiv.).*

(Promulg. A. G., 14 juillet 1876).
BAT. I, p. 44.
B. C. p. 174.

(4 juillet 1876)

DÉCRET *instituant une caisse de prévoyance en faveur de fonctionnaires, employés et agents de l'administration locale.* (2)

(Promulg. A. G., 4 juin 1877).
BAT. I, p. 208.
B. C., p. 178.

Article premier. — Les dispositions inscrites aux articles 15, 16, 17, 18 et 19 du décret du 2 juin 1876, concernant la caisse de prévoyance instituée en faveur des inspecteurs et des administrateurs des affaires indigènes en Cochinchine, sont étendues aux fonctionnaires, employés et agents de cette colonie, rétribués par le budget local et désignés d'autre part.

(1) V. Affaires indigènes.
(2) V. *infra*, Dép. M. 10 avril 1877; Décret, 4 mai 1881.

Art. 2. — Les versements effectués chaque année par le budget local, dans les conditions prévues par l'article 16 du décret précité, ont lieu d'après le tarif suivant :

1re Catégorie.

Directeur de l'Intérieur	4,000f 00

2e Catégorie.

Secrétaire général à la direction de l'Intérieur	3,300 00

3e Catégorie.

Chef de bureau de 1re classe à la Direction de l'Intérieur Directeur du pénitencier de Poulo-Condore Chef du service télégraphique (s'il est inspecteur ou sous-inspecteur) Chef du service des travaux publics Directeur du jardin botanique et de la ferme des Mares Directeur de la prison et de l'hôpital indigène Commissaire général de police	2,650 00

4e Catégorie.

Chef de bureau de 2e classe Chef du service télégraphique (s'il est directeur de transmission et chef de station de 1re classe) Capitaine du port de commerce Chef du service du cadastre Chef du service des contributions Chef du service de l'enregistrement	2,300 00

5e Catégorie.

Sous-chef de bureau de la Direction de l'Intérieur Sous-chef du service des travaux publics Chef de l'imprimerie Directeur du collège indigène Commissaire de police de 1re classe	2,000 00

6e Catégorie.

Premier commis de la Direction de l'Intérieur Sous-directeur du pénitencier de Poulo-Condore Interprètes principaux Commissaire de police de 2e classe Conducteurs principaux des ponts et chaussées Employés principaux des lignes télégraphiques (cadre colonial)	1,700 00

Art. 3. — La période de 12 années, prévue par l'article 19 du décret du 2 juin 1876, courra, pour les fonctionnaires, employés et agents qui seront ultérieurement appelés aux fonctions ci-dessus dénommées, à partir de la date de leur nomination et du premier versement fait à leur compte individuel.

Pour ceux actuellement en fonctions, elle courra à partir de la date de leur nomination, sans qu'il puisse être fait, à leur compte individuel, aucun versement remontant à une date antérieure à celle de la mise en vigueur du présent décret.

Art. 4. — Les dispositions du présent décret auront leur effet à compter du 1er juillet 1876.

DE MAC-MAHON.

(10 avril 1877)

DÉP. M. *au sujet du décret du 4 juillet 1876.*

BAT. I, p. 207.

Par lettre du 1er janvier dernier, vous m'avez fait part des observations que vous a suggérées l'examen du décret du 4 juillet 1876, concernant l'extension du bénéfice de la caisse de prévoyance à de nouvelles catégories de fonctionnaires.

Ce décret vous a semblé renfermer des dispositions peu en harmonie avec le but que vous vous étiez proposé.

Ainsi que vous voudrez bien vous le rappeler, le projet que vous aviez soumis à mon approbation écartait catégoriquement du bénéfice de ladite caisse, et, par des raisons d'économie, tout le personnel inférieur, et n'admettait que les agents parvenus au grade de 1er commis ou à une situation équivalente.

Bien que cette exclusion m'ait semblé quelque peu rigoureuse, j'ai compris les motifs qui vous obligeaient à y recourir, et je me suis renfermé, dans le décret du 4 juillet 1876, dans les limites que vous aviez vous-même tracées.

Mais il ne m'a pas paru possible d'adopter le système qui consistait à constituer, au profit des intéressés, un capital au bout de 12 années de services, sans que les versements annuels exigés par l'acte constitutif de la caisse aient été effectués. Cette manière de procéder aurait eu pour résultat de traiter le 1er commis ayant 12 années de ce grade de la même manière que celui qui n'en eût compté qu'une seule. C'était, par suite, établir, en faveur de ces derniers agents, une sorte de rétroactivité contraire aux principes, et que je me suis toujours appliqué à repousser; l'exception admise, à cet égard, en faveur des inspecteurs et administrateurs, ne faisant à mes yeux que confirmer la règle.

La constitution du capital par versements annuels a, d'ailleurs, l'avantage d'être conforme au décret du 2 juin 1876, et de proportionner l'avoir de chacun aux services effectivement rendus.

Par ce moyen, il est vrai, il faudra, dans bon nombre de cas, 18 années de service (6 années au-dessous du grade de 1er commis qui ne compteront pas) pour parvenir à toucher le capital; mais cette situation est celle de tous les fonctionnaires ou agents appartenant au service antérieurement à l'application quelconque d'une disposition ayant pour objet d'améliorer la solde ou de créer des avantages nouveaux en faveur des employés pourvus de la même situation.

Le seul remède à cet état de choses, et alors la mesure serait équitable pour tous, consisterait à admettre au bénéfice de la caisse de prévoyance tout le personnel payé par le budget local.

Mais je crains que cette dispostion n'ait pour effet de grever, dans des proportions considérables, le budget local, auquel incombent déjà des charges fort lourdes.

Dans tous les cas, les services antérieurs au décret du 4 juillet 1876, et dont vous paraissez préoccupé de tenir compte, ne pourront bénéficier au nouveau personnel admis à participer à cette institution.

Je vous prie, en conséquence, de procéder à la promulgation, dans la colonie, du décret du 4 juillet 1876; je ne puis que vous laisser le soin de me fournir, si vous le croyez possible, les éléments d'un nouvel acte ayant pour but d'étendre à tous les agents locaux la faveur restreinte jusqu'ici à un certain nombre d'entre eux.

FOURICHON.

(14 novembre 1878)

DÉP. M. *Caisse de prévoyance; interprétation des décrets organiques des 10 février 1873 et 2 juin 1876.*

BAT. I, p. 50.

Par lettre du 4 septembre dernier, vous m'avez fait connaître que M. X..., administrateur des affaires indigènes, vous avait adressé une demande tendant à ce que ses services, comme administrateur auxiliaire, du 1er avril 1873 au 12 décembre 1876, soient considérés comme lui donnant droit, soit au bénéfice de la caisse de prévoyance, soit à l'allocation de 2,500 francs prévue par l'article 30 du décret du 2 juin 1876.

Les décrets organiques des 10 février 1873 et 2 juin 1876 stipulent que les versements à la caisse de prévoyance ne peuvent avoir lieu que pour les administrateurs titulaires, et la disposition transitoire (article 30) n'est relative qu'aux services antérieurs au 10 février 1873.

Cependant vous faites remarquer que les services rendus par les administrateurs auxiliaires ont été les mêmes que ceux des administrateurs titulaires, et vous proposez de faire bénéficier M. X... et ses collègues, placés dans la même situation, des dispositions bienveillantes de l'article 30 du décret du 2 juin 1876.

Je vous donne mon entière approbation à cette mesure, qui me paraît très équitable.

A. POTHUAU.

(30 avril 1880)

DÉP. M. *au sujet de la caisse de prévoyance des inspecteurs ou administrateurs des affaires indigènes en Cochinchine.*

B. C. p. 316.

A propos de la décision que vous avez prise en Conseil, à l'effet de conserver à M. N... son droit aux versements de la caisse de prévoyance après la liquidation de son compte à ladite caisse, M. l'inspecteur des services administratifs et financiers de la colonie a posé la question suivante : Un inspecteur ou administrateur des affaires indigènes, qui a fait liquider, au bout de 12 années exigées, son compte à la caisse de prévoyance, peut-il, s'il continue à rester en activité dans le même service, recevoir *directement* la somme qui eût été versée, chaque année, à son compte à ladite caisse, suivant le grade dont il est pourvu ?

Ce cas spécial ne s'étant pas présenté jusqu'alors, j'ai dû examiner la question d'une manière générale et par voie d'interprétation du décret du 2 juin 1876.

Le point à résoudre est celui-ci : un inspecteur ou administrateur ayant reçu son compte et restant en activité continue-t-il à avoir droit à la caisse de prévoyance ?

Je n'hésite pas à me prononcer pour la négative.

L'article 15 du décret du 2 juin 1876 dit que les sommes déposées à la caisse sont destinées à assurer aux inspecteurs et administrateurs, *au moment où ils quitteront la carrière*, un capital en proportion avec leurs services. Le compte peut être liquidé, soit d'office, soit sur la demande du titulaire, alors même qu'il resterait dans la colonie. Le contrat passé entre la colonie et l'assuré a donc reçu son exécution, et la colonie n'est plus tenue, même en conservant le fonctionnaire à son service, de lui constituer un nouveau capital. Quant à l'inspecteur ou administrateur qui, après ses 12 années de service, n'a pas demandé la liquidation de son compte, et dont les services continuent, j'admets qu'il soit appelé à bénéficier de nouveaux versements à la caisse ; son avoir reste, en effet, soumis aux éventualités prévues par le décret, c'est-à-dire le retour à la colonie en cas de révocation ou en cas de mort du titulaire sans héritiers (ascendants, femmes, enfants, etc.).

Cependant un certain nombre d'inspecteurs ou administrateurs, MM..., ont fait liquider et ont touché leur compte à la caisse de prévoyance. Ils ont continué leurs services, comptant sur la décision locale qui leur a assuré la continuation des versements en leur faveur. Si l'interprétation admise aujourd'hui leur eût été connue, ou ils n'eussent pas fait liquider leur compte, ou ils eussent peut-être hésité à continuer leurs services ; ils ont donc agi de bonne foi et je ne crois pas qu'il soit possible de leur appliquer, pour le passé, la présente décision.

J'admets donc le fait accompli, mais à partir du jour de la notification de la présente décision, le compte de ces fonctionnaires sera arrêté pour leur être remis en fin de carrière.

A l'avenir, tout inspecteur ou administrateur ayant fait liquider son compte, ne pourra plus bénéficier de nouveaux versements pour ses services postérieurs.

JAURÉGUIBERRY.

(4 mai 1881)

RAPPORT M. *précédant le décret du 4 mai 1881 ouvrant un compte de prévoyance au profit des fonctionnaires et employés de l'administration locale.*

B. C. p. 281.

Les décrets des 10 février 1873 et 2 juin 1876, qui ont pourvu à l'organisation administrative des affaires indigènes en Cochinchine, ont prévu, pour le personnel affecté à ce service, certains avantages spéciaux justifiés par les conditions particulières dans lesquelles se trouve cette colonie, tant au point de vue administratif qu'au point de vue climatologique.

Le plus important de ces avantages consiste dans la création d'une caisse de prévoyance alimentée par des versements effectués au compte du budget local, au nom de ces fonctionnaires, versements productifs d'intérêts et dont, après douze années de services effectifs, chacun des intéressés pouvait réclamer le montant.

Cet avantage est indépendant des droits à la pension de retraite que conserve tout le personnel servant aux colonies, et payé tant par le budget de l'État que par le budget local.

Cette faveur, limitée par les décrets précités aux seuls fonctionnaires des affaires indigènes, fut étendue, par le décret du 4 juillet 1876, à une partie du personnel payé par le budget de la colonie, le personnel inférieur, considéré comme servant à titre provisoire, étant exclu du bénéfice de cette mesure.

Cette manière de procéder, qui semble choquer le principe d'égalité et paraît en contradiction avec les sentiments de bienveillance qui ont présidé à l'institution elle-même, était motivée par la situation financière de la colonie, situation qui, aujourd'hui, s'est grandement améliorée.

L'organisation complète de l'Administration de la Cochinchine, en ce moment soumise, sous forme de décrets, à votre approbation, me paraît offrir l'occasion de généraliser ces dispositions bienveillantes. La nouvelle organisation donnera, en effet, aux positions administratives, plus d'assiette et de stabilité, en même temps qu'elle exigera des conditions d'admission et d'avancement plus rigoureuses.

Il paraît juste, par suite, d'étendre le bénéfice des institutions de prévoyance à tout le personnel payé par le budget local.

Mais les tarifs de solde se trouvent notablement augmentés ; on ne pourrait conserver concurremment les anciennes allocations de la caisse de prévoyance, qui eussent constitué pour le personnel des avantages exagérés.

Il était nécessaire, sous peine d'élever outre mesure les dépenses de la colonie, d'établir, avec un nouveau tarif, un nouveau mode de versement répondant mieux à la situation actuelle.

Telles sont les considérations qui ont inspiré le décret ci-joint, qui a pour objet d'admettre tout le personnel local à participer à un compte dit de prévoyance, et de fixer à 20 p. 100 de la solde coloniale les allocations annuelles de ce compte, dont la liquidation pourra être demandée au bout de six années consécutives de services, et sans qu'il soit tenu compte des intérêts.

Le laps de temps nécessaire pour cette liquidation étant abrégé, il me paraît que l'on devrait faire disparaître tout autre motif pour l'obtention de cette faveur, et notamment celui résultant de l'état de maladie.

La mort seule peut déterminer le règlement anticipé de ce compte, et alors les fonds acquis sont dévolus aux héritiers dans les conditions prévues par le Code.

J'ajoute que des mesures transitoires permettent de mettre en vigueur la nouvelle organisation, tout en respectant les situations acquises et les intérêts en cause.

Telle est l'économie du décret que j'ai l'honneur de soumettre à votre approbation. J'ai la confiance que sa mise en application permettra de récompenser un personnel méritant, et facilitera le recrutement des divers services de la Cochinchine.

G. Cloué.

(4 mai 1881)

DÉCRET *ouvrant un compte de prévoyance au profit des fonctionnaires et employés de l'administration locale.*

(Promulg. A. G., 14 juillet 1881).
B. C. p. 281.

TITRE PREMIER.

Article premier. — Il est ouvert, au profit des fonctionnaires et employés civils des services publics de Cochinchine, entretenus par le budget local et d'origine non asiatique, un compte de prévoyance non productif d'intérêts, égal à 20 p. 100 de leurs appointements.

Cet avantage n'est acquis que pour le temps de présence en service dans la colonie.

Les agents des services détachés des administrations métropolitaines, régies par des règlements spéciaux, ne sont pas appelés à bénéficier de ces dispositions.

Art. 2. — Il sera délivré à chaque fonctionnaire ou employé un livret portant la mention des sommes qui lui sont acquises annuellement.

Art. 3. — Tout fonctionnaire ou employé qui quittera la colonie après six années au minimum de services effectifs en Cochinchine, sauf le cas de révocation, aura droit à la liquidation de son compte.

Art. 4 — En cas d'absence de la colonie pendant plus de deux années consécutives, le fonctionnaire perd ses droits acquis au compte de prévoyance et ne saurait les faire rappeler par un nouveau séjour.

Art. 5. — Le fonctionnaire qui aurait fait liquider son compte à la suite de sa nomination à un poste en dehors de la colonie, s'il revient en Cochinchine, aura droit à l'ouverture d'un nouveau compte.

Art. 6. — En cas de décès, le montant du compte sera remis aux ayants droit à la succession.

Art. 7. — Une commission composée :

Du Directeur de l'Intérieur,

De l'inspecteur des services administratifs,

D'un administrateur,

D'un chef de bureau,

D'un commis principal,

donnera son avis sur les questions intéressant l'administration du compte de prévoyance, et le Gouverneur statuera en Conseil privé.

Art. 8. — Le service du compte de prévoyance constitue une dépense obligatoire, laquelle sera inscrite au budget local avant toute autre.

TITRE II.

Art. 9. — Les fonctionnaires de tout ordre qui participent à la caisse de prévoyance, en vertu des décrets des 10 février 1873, 2 juin et 4 juillet 1876, seront mis en demeure, dans les trois mois qui suivront la promulgation du présent décret, de faire connaître le régime auquels ils entendent être soumis.

Art. 10. — Ceux qui réclameront le maintien des versements annuels à la caisse de prévoyance continueront à être régis par les décrets des 2 juin et 4 juillet 1876, sans que le versement puisse dépasser le montant de celui dont ils bénéficient au jour de la promulgation du présent décret.

Art. 11. — Ceux qui demanderont à participer au compte de prévoyance conserveront la propriété des sommes versées en leur nom à l'ancienne caisse de prévoyance, lesquelles continueront à être productives d'intérêts jusqu'au jour de la liquidation. En ce qui touche la durée des services dans la colonie et les droits de leurs héritiers en cas de décès, ils seront soumis aux dispositions générales du présent décret.

Art. 12. — Les années passées dans la colonie avant la promulgation du présent décret compteront, pour les fonctionnaires et employés qui ne participaient pas à la caisse de prévoyance, dans la supputation des six années de service nécessaires pour la liquidation des comptes, mais elles ne donneront pas lieu à rappel.

JULES GRÉVY.

(24 décembre 1881)

CIRC. D. I. *au sujet de l'option entre le régime de la caisse et celui du compte de prévoyance.*

B. D. I., p. 64.

Aux termes du décret du 4 mai 1881 (art. 9), les fonctionnaires participant à la caisse de prévoyance, en vertu des décrets des 10 février 1873, 2 juin et 4 juillet 1876, ont été mis en demeure d'opter, dans les trois mois de la promulgation, pour le régime auquel ils entendent être soumis.

La circulaire du 6 juillet dernier a fixé au 7 octobre le terme de ce délai et a fait connaître à tous les intéressés que ceux qui n'auraient pas fait leur déclaration à cette date seraient, par ce fait même, placés sous l'empire du nouveau décret, qui constitue désormais le droit commun.

N'ayant reçu de vous aucun avis manifestant votre intention à cet égard, j'ai l'honneur de vous annoncer que j'ai fait arrêter votre compte à la caisse de prévoyance, et qu'il vous en a été ouvert un nouveau dans les conditions prévues au décret du 4 mai 1881.

BÉLIARD.

(9 mars 1883)

DÉP. M. *au sujet du compte de prévoyance. — Dispositions prises à l'égard des employés originaires des Indes.*

ARCH. GOUV.

Sous la date du 27 décembre dernier, votre prédécesseur m'a fait connaître les considérations qui ont déterminé l'administration de la Cochinchine à exclure les employés originaires des Indes du bénéfice du compte de prévoyance.

Ces considérations reposent sur la situation presque identique de Pondichéry et de Saïgon, au point de vue de la latitude et du climat et de la manière de vivre.

Les Indiens en Cochinchine vivent comme les Annamites et ne dépensent pas plus qu'eux. Il en résulte que les Indiens traités au point de vue de la solde, sur le même pied que les agents européens ou les créoles des autres colonies qui vivent à l'européenne se trouvent, en réalité, jouir d'avantages considérables ; les admettre au bénéfice du compte de prévoyance conduirait logiquement à y faire participer les agents indigènes ; il en résulterait pour la colonie une dépense considérable et non justifiée.

Ces considérations me semblent péremptoires, et je suis d'avis que la réclamation des Indiens ne peut être admise. Je vous prie de le faire connaître aux intéressés.

CH. BRUN.

(22 août 1884)

CIR. D. I. *relative au payement de la caisse de prévoyance, du compte de prévoyance et des services antérieurs.*

B. D. I. p. 35.

Les nombreux payements faits depuis quelque temps à divers fonctionnaires, employés et agents de l'Administration locale, de leur avoir à la caisse ou au compte de prévoyance et de leurs services antérieurs, ont donné lieu à des interprétations inexactes qui ont provoqué de la part de certains agents des demandes auxquelles l'Administration ne peut donner aucune suite.

Afin de mettre un terme à toutes ces réclamations, j'ai l'honneur de vous faire connaître :

1° Que les services antérieurs ne peuvent être payés qu'au moment de la liquidation de la caisse ou du compte de prévoyance ;

2° Que le compte de prévoyance pourra seulement être payé après une période de six années passées dans la colonie dans l'Administration locale, lorsque l'article 3 du décret du 4 mai 1881, actuellement en vigueur, aura été revisé par l'Autorité métropolitaine ;

3° Que la caisse de prévoyance peut être payée à tous les fonctionnaires qui, ayant opté pour le compte, réunissent six années de séjour dans la colonie au service de l'Administration locale, sous la condition de ne voir partir leur nouvelle période de six années que du jour de leur passage au compte de prévoyance;

4° Que les fonds votés par le Conseil colonial, pour le payement des services antérieurs des fonctionnaires et employés dans l'Administration locale, reçoivent exclusivement cette affectation, les administrateurs des affaires indigènes étant payés sur un autre crédit du budget local.

Je vous prie de vouloir bien porter ces dispositions à la connaissance du personnel placé sous vos ordres.

NOUET.

(15 janvier 1885)

DÉP. M. *Règlement de la situation de quatre fonctionnaires ayant opté pour la caisse de prévoyance.*

ARCH. GOUV.

Par lettre du 21 octobre dernier, vous avez fait connaître que M. M..., commis principal de la direction de l'Intérieur, ayant mal interprété le décret du 4 juillet 1876 sur la caisse de prévoyance, avait cru devoir, lors de la promulgation du décret du 4 mai 1881, opter pour le régime créé par le premier de ces actes. Il est résulté de cette option que M. M... se voit aujourd'hui refuser le montant de son compte à la caisse bien qu'il compte dix-neuf années de services dont douze en Cochinchine. M. M... n'avait pas remarqué que son droit au compte de prévoyance ne remontait qu'à l'année 1880, époque de sa nomination comme commis principal. Il devrait continuer jusqu'en 1892 ses services qui compteraient alors une durée de 31 ans quand le droit à la retraite est acquis après vingt-cinq années.

Dans cette situation, ce fonctionnaire sollicite l'annulation de son option, mesure qui aurait pour conséquence de l'appeler à participer aux avantages du décret du 4 mai 1881.

Ainsi que vous l'avez fait connaître, le Conseil d'Administration de la caisse loin de s'opposer à cette mesure, a été d'avis de provoquer une décision gracieuse, annulant l'option de M. M... et vous n'avez pas hésité, en vous faisant l'interprète de cet avis, à proposer d'appliquer la même mesure à MM. A..., L... et H..., collègues de M. M..., qui se trouvent dans le même cas.

Je ne m'oppose en aucune façon à ce qu'il soit fait application à ces quatre employés des avantages du décret du 4 mai 1881, surtout en présence des dispositions favorables du Conseil d'Administration de la Caisse de prévoyance. Leur option devra donc être annulée et ils seront compris, à partir de la date de la mise en vigueur du décret du 4 mai 1881, parmi les employés qui sont inscrits au compte de prévoyance.

Je vous prie de leur notifier cette décision et d'en assurer l'exécution.

FÉLIX FAURE.

(6 février 1885)

DÉLIB. C. C. *relative à la suppression du compte de prévoyance et à l'établissement d'une retraite après 15 années de services effectifs dans la colonie.*

J. C., p. 409.

(17 février 1885)

RAPPORT M. *précédant le décret du 17 février 1885 modifiant l'article 3 du décret du 4 mai 1881 ouvrant un compte de prévoyance au profit des fonctionnaires et employés de l'administration locale.*

J. C., p. 541.

Le décret du 4 mai 1881, portant réorganisation de la caisse de prévoyance du personnel du service local en Cochinchine, stipule dans son article 3 : « Que tout fonctionnaire ou employé *qui quittera la colonie*, après six années, au minimum de services effectifs en Cochinchine, sauf le cas de révocation, aura droit à la liquidation de son compte de prévoyance. »

Cette disposition présente dans son application de sérieux inconvénients. Elle a pour effet d'obliger les employés, désireux d'obtenir le paiement de leur compte de prévoyance, à quitter la colonie au moment où l'expérience qu'ils avaient acquise rendait leurs services plus utiles.

Pour remédier à cette situation, j'ai préparé, d'accord avec l'administration de la Cochinchine et après avis conforme du Conseil colonial, un décret aux termes duquel les fonctionnaires ou employés qui, après six années de séjour en Cochinchine, auront fait liquider leur compte, recevront successivement, après chaque nouvelle période de six années, et qu'ils aient ou non quitté la colonie, le montant d'un nouveau compte.

Quelle que soit la durée de la période en cours, les droits des intéressés ou de leurs héritiers seront, toutefois, maintenus en cas de mise à la retraite ou de décès.

J'ai l'honneur de vous prier de vouloir bien revêtir de votre signature le décret qui consacre ces dispositions, évidemment plus libérales que celles qu'avait édictées le décret du 4 mai 1881.

(17 février 1885)

DÉCRET *modifiant le décret du 4 mai 1881 ouvrant un compte de prévoyance au profit des fonctionnaires et employés de l'administration locale.*

(Promulg. A. G., 17 avril 1885).
J. C., p. 541.

Article premier. — L'article 3 du décret du 4 mai 1881, portant création du compte de prévoyance pour le personnel civil des services publics de Cochinchine, est modifié ainsi qu'il suit :

Tout fonctionnaire ou employé civil appartenant à l'un des services publics de Cochinchine entretenus par le budget local et visés par l'article premier du décret du 4 mai 1881, aura droit, sauf le cas de révocation, à la liquidation de son compte après six années de services effectifs en Cochinchine.

En cas de réintégration d'un agent révoqué, les services ayant précédé la révocation ne pourront pas entrer dans la supputation des six années donnant droit à la liquidation du compte de prévoyance.

Quand des fonctionnaires et employés, qui auront fait liquider leur compte, continueront ou reprendront leurs services en Cochinchine, un nouveau compte de prévoyance leur sera ouvert, mais le montant ne leur en sera remis qu'après l'accomplissement d'une nouvelle période de six années.

En cas de mise à la retraite ou de décès, les droits des intéressées ou de leurs héritiers seront maintenus, quelle que soit la durée de la période en cours.

Art. 2. — Le Ministre de la marine et des colonies est chargé de l'exécution du présent décret, qui sera inséré au *Bulletin des lois* et au *Bulletin officiel de la marine.*

JULES GRÉVY.

(9 mars 1885)

DÉP. M. *Notification d'un décret en date du 17 février 1885 modifiant l'art. 3 du décret du 4 mai 1881, portant création d'un compte de prévoyance pour le personnel civil des services publics en Cochinchine.*

ARCH. GOUV.

Un décret du 17 février 1885, dont vous trouverez ci-joint copie, a modifié, conformément aux propositions contenues dans votre lettre du 23 novembre dernier, l'article 3 du décret du 4 mai 1881, portant création d'un compte de prévoyance pour le personnel civil des services publics en Cochinchine.

Aux termes du nouveau décret, les fonctionnaires et agents qui, après six années de séjour en

Cochinchine, auront fait liquider leur compte, recevront successivement, après chaque période de six années, le montant d'un nouveau compte, sans être astreints à quitter la colonie.

Je vous prie de pourvoir à la promulgation de ce décret dans la colonie et d'en assurer l'exécution.

FÉLIX FAURE.

(Avril 1885).

CIRC. D. I. *invitant les intéressés à joindre à leur demande de liquidation et du compte et de l'indemnité accordée par un vote du conseil colonial, en date du 24 décembre 1883, pour les services antérieurs au décret de 1881.*

J. C., p. 567.

La promulgation du décret du 17 février 1885, modificatif de celui du 4 mai 1881, inséré au *Journal officiel* du 20 courant, va permettre à un grand nombre d'agents, réunissant plus de six années de services effectifs dans la colonie, de demander, en même temps que la liquidation de leur compte de prévoyance, celle de l'indemnité prévue par le vote du Conseil colonial du 24 décembre 1883, pour les services antérieurs au décret de 1881.

Afin de faciliter ces liquidations, les intéressés sont invités à joindre à leur demande de liquidation, un état de leurs services antérieurs au 4 juillet 1881, dans la forme ci-dessous :

M..	Emplois occupés pendant la période ci-contre :
Secrétaire auxiliaire de 2e classe à 1,800 francs, le 4 juin 1874.	
Arrivé dans la colonie le 27 juillet 1874.	Direction de l'intérieur du 27 juillet 1874.
Secrétaire auxiliaire de 1re classe à 2,400 francs, le 4 juin 1875.	
Secrétaire de 2e classe à 3,000 francs, le 1er juillet 1877.	Chaudoc du 30 octobre 1877.
En congé du 20 mars 1878. Rentré le 27 décembre 1878.	
Secrétaire de 1re classe à 3,600 francs, le 1er janvier 1879.	Rentré du 27 décembre 1878.
Inscrit au compte de prévoyance le 4 juillet 1881.	

De l'exactitude de ces renseignements dépendra, en partie, la célérité de la remise des sommes dues aux ayants droit.

(mai 1886)

CIRC. D. I. *concernant les renseignements à fournir par les intéressés, à l'appui de leur demande de liquidation.*

B. C., p. 175.
J. C., p. 658.

Lorsque les demandes de liquidation de comptes de prévoyance se produisent, la commission instituée par l'article 7 du décret du 4 mai 1881, appelée à donner son avis sur l'opportunité de ces demandes, ne peut se prononcer que si elle est mise en possession de tous les documents intéressant la liquidation.

Les renseignements possédés à la Direction de l'Intérieur ne permettent pas toujours d'éclairer suffisamment la commission sur l'état civil des demandeurs ; il importe de faire cesser cet état de choses.

A cet effet, toute demande de liquidation devra être appuyée de l'état civil de l'intéressé établi dans la forme suivante :

Nom prénoms
né le à
département
fils de (prénoms du père et indication du lieu d'origine) et de (nom et prénoms de la mère et même indication que dessus) domiciliés à

L'envoi de cette pièce n'exclut pas celui du relevé de service dont il est question dans la note insérée au *Journal officiel* de la colonie, no 33, du 23 avril 1885.

(7 octobre 1887)

DÉP. M. *Envoi du décret du 29 septembre 1887, qui porte suppression de la Caisse et du compte de prévoyance.*

ARCH. GOUV.

Vous trouverez au *Journal officiel* du 1er octobre courant un décret du 29 septembre dernier portant suppression de la *Caisse* et du *Compte* de prévoyance des agents de la Cochinchine.

Je n'ai pas à insister sur les considérations qui m'ont amené à soumettre cet acte à la sanction du chef de l'État et qui sont exposées dans le rapport qui précède le décret.

J'ai l'honneur de vous inviter à assurer la promulgation immédiate de ce décret dans la colonie.

Je vous prie de donner des ordres pour que les comptes de chacun des agents soient arrêtés au 1er janvier prochain ; vous aurez à me transmettre un état général du montant de ces comptes en indiquant les sommes à payer annuellement aux ayants-droit jusqu'à extinction complète de la dette de la colonie, telle qu'elle est fixée par l'article 3 du décret du 29 septembre dernier.

ETIENNE.

(29 septembre 1887)

RAPPORT M. *précédant le décret du 29 septembre 1887, portant suppression, à partir du 1er janvier 1888, de la caisse et du compte de prévoyance régis par les décrets des 10 février 1873, 2 juin et 4 juillet 1876, 4 mai 1881 et 17 février 1885.*

B. C., p. 782.
J. C., p. 1058.

Les actes qui ont successivement organisé l'administration intérieure de la Cochinchine ont assuré aux fonctionnaires de ce service certains avantages pécuniaires qui pouvaient paraître justifiés à cette époque.

C'est ainsi que, sous le nom d'abord de caisse de prévoyance, ensuite sous celui de compte de prévoyance, les décrets des 10 février 1873, 2 juin 1875 et 4 mai 1881 ont constitué un système d'après lequel, au bout d'un certain nombre d'années de service dans la colonie, les agents payés sur le budget local avaient droit à un capital formé par des versements annuels proportionnels à la solde qui leur était attribuée.

Limités au début aux administrateurs des affaires indigènes, ces avantages s'étendirent ensuite à d'autres catégories de fonctionnaires, et depuis le décret de 1881, tous les agents de formation locale payés par la colonie ont été appelés à en bénéficier. Dans la pratique même, certains services métropolitains qui auraient dû en être exclus, furent peu à peu grâce à la tolérance de l'Administration, admis à prendre leur part du compte de prévoyance et l'on peut déjà prévoir le moment où, par la force des choses, tous les agents en service en Cochinchine auraient eu la jouissance de cette faveur.

Il en résulte, dès maintenant que, par suite du nombre toujours plus considérable des ayants-droits, l'application régulière et constante du système que je viens d'exposer est de nature à créer un réel danger pour les finances de la colonie. Pour ce motif, j'ai été amené à me préoccuper de cette situation qui pourrait, avant peu, compromettre l'équilibre du budget local.

Au reste, il est permis de se demander si l'institution du compte de prévoyance n'a pas été détournée de son but et répond bien, dans les conditions actuelles, à un véritable besoin. On avait voulu, par le décret de 1881, constituer en faveur des fonctionnaires se consacrant uniquement à la Cochinchine une sorte de pécule d'une certaine importance, qui serait mis à leur disposition au bout de chaque période de six ans de services. Mais, des agents locaux proprement dits, ces avantages sont passés, ainsi que je l'ai expliqué plus haut, à des fonctionnaires métropolitains n'appartenant pas en propre à la Cochinchine, et s'empressant de la quitter après y avoir acquis leurs droits au compte de prévoyance.

D'un autre côté, grâce à la facilité avec laquelle se recrutent aujourd'hui les agents de tout ordre destinés à la colonie, où les traitements sont, du reste, bien supérieurs à ceux de toutes nos autres possessions, il ne semble plus nécessaire d'attribuer à ces agents des avantages spéciaux pour les attirer ou les retenir en Cochinchine.

J'estime donc que le moment semble venu de mettre un terme à une situation qui, d'une part, est de nature à compromettre les finances de la colonie, et qui, d'autre part, ne paraît pas nécessaire pour assurer le bon recrutement du personnel des services publics.

Tel est le but du projet de décret que j'ai l'honneur de vous soumettre et qui, tout en supprimant, à compter du 1er janvier 1888, la caisse et le compte de prévoyance régis par les décrets des 10 février 1873, 2 et 4 juillet 1876, 4 mai 1881 et 17 février 1885, en maintient cependant les bénéfices aux agents actuellement en service, jusqu'à concurrence des versements effectués en leur faveur, à la date précitée du 1er janvier prochain.

J'ai l'honneur de vous prier de vouloir bien revêtir de votre signature le projet de décret ci-joint.

(29 septembre 1887)

DÉCRET *portant suppression, à partir du 1er janvier 1888, de la caisse et du compte de prévoyance régis par les décrets des 10 février 1873, 2 juin et 4 juillet 1876, 4 mai 1881 et 17 février 1885.*

(Promulg. A. G., 12 novembre 1887).
B. C., p. 782.
J. C., p. 1058.

Article premier. — Les effets des décrets susvisés des 10 février 1873, 2 juin et 4 juillet 1876 sont supprimés, à compter du 1er janvier 1888, à l'égard de tous les fonctionnaires ou agents qui, en vertu des dispositions transitoires du décret du 4 mai 1881 (art. 9), ont opté pour le régime de la caisse de prévoyance.

Art. 2. — Le compte de prévoyance des agents du service local de la Cochinchine, institué par le décret précité du 4 mai 1881, est et demeure supprimé à partir du 1er janvier 1888, tant à l'égard des agents actuellement en service qu'à l'égard de ceux nommés après cette date.

Art. 3. — Les versements opérés jusqu'au 1er janvier 1888, tant sous le régime des décrets des 10 février 1873, 2 juin et 4 juillet 1876, que sous l'empire du décret du 4 mai 1881 resteront la propriété des agents. Le compte de chacun d'eux sera arrêté au 1er janvier 1888, mais ils ne seront appelés à toucher les sommes qui leur reviennent de ce chef qu'au bout de la période de temps imposée par les décrets précités pour la liquidation, soit de la caisse, soit du compte de prévoyance.

Art. 4. — Sont et demeurent abrogées les dispositions contraires au présent acte, et notamment le décret du 4 mai 1881.

JULES GRÉVY.

(10 décembre 1887)

DÉP. M. *Instructions au sujet de la liquidation de la caisse et du compte de prévoyance au 1er janvier 1888.*

ARCH. GOUV.

Le décret du 29 septembre 1887, portant suppression de la caisse et du compte de prévoyance des agents de la Cochinchine stipule à son article 3 que « les versements opérés jusqu'au 1er janvier « 1888 resteront la propriété des agents, que le compte de chacun d'eux sera arrêté à cette date, « mais que ces derniers ne pourront toucher les sommes qui leur reviennent de ce chef, qu'au bout « de la période de temps imposée par les règlements pour la liquidation soit de la caisse soit du « compte de prévoyance ».

Cette disposition a eu pour but, d'une part, de maintenir aux agents en service au 1er janvier 1888, les bénéfices de leurs versements antérieurs, et d'autre part d'éviter que tous les agents frappés par la mesure puissent demander le paiement en bloc des sommes qui leur reviennent, ce qui aurait entraîné une lourde charge pour le budget local du prochain exercice.

Mais la restriction que je viens de rappeler ne doit pas faire obstacle à la liquidation des droits acquis au 1er janvier 1888, en faveur des agents qui cesseront à cette époque ou postérieurement d'appartenir à l'Administration, autrement qu'à la suite d'une mesure disciplinaire. Ainsi que vous l'avez compris dans votre télégramme no 5, du 10 décembre, les agents qui seront licenciés pour cause de suppression d'emploi auront droit au paiement immédiat du montant de leur compte arrêté au 1er janvier. Tel est, du reste, le principe posé par le décret du 17 février 1885 qui stipule à l'article 1er, § 5 qu' « au cas de mise à la retraite ou de décés, les droits des intéressés ou de leurs héritiers se« ront maintenus, quelle que soit la durée de la période en cours ». Il résulte de la combinaison de ce texte et de la disposition précitée du décret du 29 septembre (art. 3) que tous les agents qui, sans attendre la fin de la période exigée par les règlements quitteront l'Administration de la Cochinchine pour une cause quelconque, (autre qu'une mesure disciplinaire), savoir, suppression d'emploi, démission, admission à la retraite, décès, pourront obtenir par eux-mêmes ou par leurs ayants cause, la liquidation et le paiement des sommes qui leur sont dues au 1er janvier 1888.

L'interprétation que je viens d'établir me paraît juste et de nature à sauvegarder les droits des intéressés sans créer de trop lourds sacrifices au budget local de la Cochinchine.

J'ai l'honneur de vous prier de vouloir bien régler par voie d'arrêté, dans le sens de cette interprétation, l'application dans la colonie des dispositions de l'article 3 du décret 29 du septembre 1887.

Je vous serai obligé, en m'accusant réception de la présente dépêche de vouloir me faire connaître les observations que pourrait vous suggérer les instructions qu'elle contient.

ETIENNE.

(7 avril 1888)

DÉP. M. *Instruction au sujet de la liquidation du compte de prévoyance des magistrats.*

ARCH. GOUV.

Par lettre du 28 janvier dernier, M. le Lieutenant Gouverneur de la Cochinchine a soumis à l'approbation du département la décision du conseil privé, en date du 24 décembre 1887, qui a maintenu au profit des magistrats de la colonie, le bénéfice du compte de prévoyance, et qui a approuvé, en conséquence, la demande formulée à ce sujet par M. D..., juge-président du Tribunal civil de Vinh-Long.

Ainsi que l'a fait justement observer au conseil privé M. le Procureur général, les magistrats de Cochinchine ne font pas, à proprement parler, partie des cadres de la magistrature de France et ils ne peuvent être assimilés aux agents du Trésor ou des postes et télégraphes qui passent sans formalité et avec avancement de l'administration locale dans l'administration métropolitaine, où ils ont conservé tous leurs droits.

Dans ces conditions, le paragraphe 3 de l'article 1er du décret du 4 mai 1881, ne me paraît pas applicable en l'espèce; j'estime au contraire que les magistrats de la colonie remplissent toutes les conditions voulues par le premier paragraphe de ce même article, qui stipule que « le compte de « prévoyance est ouvert au profit des fonctionnaires civils des services publics de Cochinchine en« tretenus par le budget local. » Et je suis d'avis que l'interprétation donnée par le conseil privé est conforme à l'esprit du décret précité.

Au surplus, plusieurs liquidations de comptes de prévoyance ont déjà été effectuées au profit de magistrats, et les errements suivis jusqu'à présent en cette matière constituent un précédent qui peut être invoqué avec raison par les intéressés;

En conséquence, j'approuve entièrement la décision prise à ce sujet par le conseil privé, et j'ai l'honneur de vous prier de vouloir bien prendre les dispositions nécessaires pour assurer la liquidation du compte de prévoyance de M. D...

A. DE LA PORTE.

(13 avril 1888)

A. G. *au sujet de la liquidation du compte de prévoyance pour certaines personnes quittant l'administration de la Cochinchine avant la période de séjour exigée par les règlements.*

J. C. p. 386.

Article premier. — Les employés et fonctionnaires ayant droit au compte de prévoyance, qui, avant la fin de la période de séjour exigée par les règlements, quitteront l'Administration de la Cochinchine pour une cause quelconque autre qu'une mesure disciplinaire, savoir: suppression d'emploi, démission, admission à la retraite, décès, pourront obtenir par eux-mêmes ou par leurs ayants-cause la liquidation et le paiement des sommes qui leur seront dues au 1er janvier 1888.

CONSTANS.

(21 août 1888)

DÉP. M. *Interprétation du décret du 4 mai 1881 au sujet de la caisse de prévoyance des fonctionnaires indiens.*

J. C. p. 874.

Mon attention a été appelée sur les difficultés qui auraient été soulevées par l'Administration de la colonie, relativement à la participation des fonctionnaires d'origine indienne au bénéfice du compte de prévoyance.

Votre Administration semblerait, paraît-il, disposée à classer ces fonctionnaires dans la catégorie des agents d'origine asiatique, auxquels le décret du 4 mai 1881 ne reconnaît aucun droit à la caisse de prévoyance.

J'ai l'honneur de vous faire connaître que cette interprétation ne saurait être admise: le décret de 1881, en visant les individus d'origine asiatique, a voulu seulement exclure les indigènes de la colonie et, par extension des autres pays de l'Indo-Chine proprement dite du bénéfice de la caisse de prévoyance qui, dans l'esprit des auteurs du décret, était réservée à certaines catégories de fonctionnaires français, sans distinction d'origine. Il en résulte que les agents du service local originaires de l'Inde française doivent, quoique *Asiatiques* au sens littéral du mot, être considérés comme pouvant être appelés à profiter des avantages de la caisse de prévoyance.

Je vous prie de vouloir bien donner à l'Administration de la Cochinchine des instructions dans ce sens.

A. DE LA PORTE.

(1er avril 1889)

DÉP. M. *au sujet du compte de prévoyance des Indiens. Les Indiens pourvus d'emplois asiatiques, ainsi que les Malais, Tagals, Japonais etc., ne peuvent être admis à jouir de ce bénéfice qui ne s'applique qu'aux fonctionnaires et agents des établissements français de l'Inde, servant en Cochinchine au même titre que les Européens.*

J. C. p. 535.

Par lettre du 25 janvier dernier, vous avez rendu compte à mon administration des difficultés qu'avait rencontrées, au sein de la commission du compte de prévoyance, l'application de la dépêche du 21 août 1888, relative au compte des fonctionnaires et employés non originaires de l'Indo-Chine proprement dite et notamment des Indiens.

Il n'est jamais entré dans les vues du pouvoir central de faire participer au bénéfice de ce compte des Indiens pourvus d'emplois asiatiques, ainsi que les Malais, Japonais, Tagals, etc., mais bien les fonctionnaires et agents originaires de nos Établissements de l'Inde, servant en Cochinchine au même titre que les Européens.

Je vous prie d'assurer l'exécution de ces dispositions.

E. ÉTIENNE.

CADEAUX ET PRÉSENTS.

NATURE DES DOCUMENTS	DATES	RECUEILS A CONSULTER								OBSERVATIONS
		Bat.	B. C.	B D.I	J.C.	J.H.	B. M.	B.Col		
D. G.	7 septembre 1864.	I-55	95							

(7 septembre 1864)

D. G. *Défense est faite aux employés d'accepter les présents offerts par les indigènes.*

BAT. I, p. 55.
B. C. p. 95.

Les commandants des provinces et des cercles, les inspecteurs, défendront aux employés rétribués par l'État d'accepter les cadeaux offerts par les indigènes.

. . . .
. . . .

DE LA GRANDIÈRE.

NATURE DES DOCUMENTS	DATES	RECUEILS A CONSULTER								OBSERVATIONS
		Bat.	B. C	B.D.I	J. C.	J.H.	B. M.	B.Col		
Décret.	29 décembre 1851.	ɪ-207	413							
O. G.	5 septembre 1866.	ɪ-206	151							
Décret.	30 août 1873.	ɪ-207								
A. Mun.	15 juillet 1874.	ɪ-207	269							
Loi.	17 juillet 1880.		1885 179		1885 709					
Loi.	17 juillet 1880.									
D. D. I.	15 février 1881.		109							
Dép. M.	28 janvier 1884.									
Décret.	9 mai 1884.		239							
Dép. M.	16 mai 1884.									

(29 décembre 1851)

DÉCRET *sur la police des cafés et cabarets* (1).

(Promulg. A. G. 19 novembre 1873).
BAT. I, p. 207.
B. C., p. 413.

Article premier. — Aucun café, cabaret ou autre débit de boissons à consommer sur place, ne pourra être ouvert, à l'avenir, sans la permission préalable de l'autorité administrative.

Art. 2. — La fermeture des établissements désignés en l'article premier, qui existent actuellement ou qui seront autorisés à l'avenir, pourra être ordonnée par arrêté du préfet, soit après une condamnation pour contravention aux lois et règlements qui concernent ces professions, soit par une mesure de sûreté publique.

Art. 3. — Tout individu qui ouvrira un café, cabaret ou débit de boissons à consommer sur place, sans autorisation préalable ou contrairement à un arrêté de fermeture pris en vertu de l'article précédent, sera poursuivi devant les tribunaux correctionnels et puni d'une amende de vingt-cinq à cinq cents francs, et d'un emprisonnement de six jours à six mois.

L'établissement sera fermé immédiatement.

LOUIS-NAPOLÉON BONAPARTE.

(5 septembre 1866)

O. G. *Modifications apportées à l'arrêté du 2 mai 1865, réglementant la police de la ville de Saïgon.*

BAT. I, p. 206.
B. C., p. 151.

L'article 13 du règlement de police de la ville de Saïgon, en date du 2 mai 1865 (2), sera modifié ainsi qu'il suit :

Les cafés ou restaurants payant patente de première classe devront être fermés à minuit.

Les cafés ou restaurants payant patente de deuxième classe devront être fermés à onze heures.

Les cabarets et débits de boissons devront être fermés à dix heures.

Le chef du bureau municipal pourra accorder à ces établissements, lorsqu'ils en feront la demande, la permission de rester ouverts au-delà de la limite fixée ; mais ces permissions ne pourront être accordées que pour un seul jour et devront être renouvelées lorsqu'il y aura lieu.

DE LA GRANDIÈRE.

(1) V. *infrà*, loi 17 juillet 1880.
(2) V. Police municipale.

(30 août 1873)

DÉCRET *rendant applicable aux colonies le décret du 29 décembre 1851, sur les cabarets et débits de boissons.*

(Promulg. A. G. 19 novembre 1873).
BAT. I, p. 207.

Le décret du 29 décembre 1851, sur les cabarets et débits de boissons, est déclaré applicable aux colonies.

DE MAC-MAHON.

(15 juillet 1874)

A. MUN. *Police des cafés et cabarets à Cholon.*

BAT. I, p. 207.
B. C., p. 269.

Les cafés devront être fermés à onze heures du soir et les cabarets à dix heures.

Des autorisations pourront être données pour reculer les heures de fermeture ; elles le seront sur la demande du maître du café et pour des cas particuliers. Ces autorisations seront valables pour un jour seulement.

Les contraventions au présent arrêté seront déférées aux tribunaux compétents et punies des peines de simple police édictées par la loi.

DELAFOSSE.

Approuvé.

(17 juillet 1880)

LOI, *abrogeant le décret du 29 décembre 1851 sur les cafés, cabarets et débits de boiss*

(Promulg. A. G. 30 juin 1884).
B. C. 1885, p. 179.
J. C. 1883, p. 709.

Article premier. — Le décret du 29 décembre 1851 sur les cafés, cabarets et débits de boissons à consommer sur place, est abrogé.

Art. 2. — A l'avenir toute personne qui voudra ouvrir un café, cabaret ou autre débit de boissons à consommer sur place, sera tenue de faire, quinze jours au moins à l'avance et par écrit, une déclaration indiquant :

1° Ses nom, prénoms, lieu de naissance, profession et domicile ;

2° La situation du débit ;

3° A quel titre elle doit gérer le débit et les nom, prénoms, profession et domicile du propriétaire, s'il y a lieu.

Cette déclaration sera faite à la mairie de la commune où le débit doit être établi.

A Paris, elle sera faite à la préfecture de police.

Il en sera donné immédiatement récépissé.

Dans les trois jours de cette déclaration, le maire de la commune où elle aura été faite, en transmettra copie intégrale au Procureur de la République de l'arrondissement.

Art. 3. — Toute mutation dans la personne du propriétaire ou du gérant devra être déclarée dans les quinze jours qui suivront.

La translation du débit d'un lieu à un autre devra être déclarée huit jours au moins à l'avance.

La transmission de ces déclarations sera faite aussi au Procureur de la République de l'arrondissement, conformément aux dispositions édictées dans le précédent article 2.

Art. 4. — L'infraction aux dispositions des deux précédents articles sera punie d'une amende de seize à cent francs (16 à 100 francs).

Art. 5. — Les mineurs non émancipés et les interdits ne peuvent exercer par eux-mêmes la profession de débitant de boisson.

Art. 6. — Ne peuvent non plus exploiter des débits de boissons à consommer sur place :

1° Tous les individus condamnés pour crimes de droit commun ;

2° Ceux qui auront été condamnés à un emprisonnement d'un mois au moins pour vol, recel, escroquerie, filouterie, abus de confiance, recel de malfaiteurs, outrage public à la pudeur, excitation de mineurs à la débauche, tenue d'une maison de jeu, vente de marchandises falsifiées et nuisibles à la santé, conformément aux articles 379, 401, 405, 406, 407, 408, 248, 330, 334, 410 du Code pénal et à l'article 2 de la loi du 27 mars 1851.

L'incapacité sera perpétuelle à l'égard de tous les individus condamnés pour crimes. Elle cessera cinq ans après l'expiration de leur peine à l'égard des condamnés pour délits si, pendant ces cinq années, ils n'ont encouru aucune condamnation correctionnelle à l'emprisonnement.

Art. 7. — Les mêmes condamnations, lorsqu'elles seront prononcées contre un débitant de boissons à consommer sur place, entraîneront de plein droit contre lui et pendant le même délai, l'interdiction d'exploiter un débit à partir du jour où lesdites condamnations seront devenues définitives.

La même interdiction atteindra aussi tout débitant qui viendrait à être condamné à un mois au moins d'emprisonnement en vertu des articles 1er et 2 de la loi du 23 janvier 1873, pour la répression de l'ivresse publique.

Le débitant interdit ne pourra être employé, à quelque titre que ce soit, dans l'établissement qu'il exploitait, comme attaché au service de celui auquel il aurait vendu ou loué ou par qui il ferait gérer ledit établissement, ni dans l'établissement qui serait exploité par son conjoint même séparé.

Art. 8. — Toute infraction aux dispositions des articles 5, 6 et 7 sera punie d'une amende de seize à deux cents francs (16 à 200 francs).

En cas de récidive, l'amende pourra être portée jusqu'au double, et le coupable pourra en outre être condamné à un emprisonnement de six jours à un mois.

Art. 9. — Les maires pourront, les conseils municipaux entendus, prendre des arrêtés pour déterminer, sans préjudice des droits acquis, les distances auxquelles les cafés et débits de boissons ne pourront être établis autour des édifices sacrés à un culte quelconque, des cimetières, des hospices, des écoles primaires, collèges ou autres établissements d'instruction publique.

Art. 10. — Les individus qui, à l'occasion d'une foire, d'une vente ou d'une fête publique, établiraient des cafés ou débit de boissons, ne seront pas tenus à la déclaration prescrite par l'article 2, mais ils devront obtenir l'autorisation de l'autorité municipale.

En cas d'infraction à la présente disposition, le débit sera immédiatement fermé et le contrevenant puni de la peine portée en l'article 4.

Art. 11. — Les infractions ou contraventions au règlement de police continueront à être punies des peines de simple police.

Art. 12. — L'article 463 du Code pénal sera applicable à tous les délits et contraventions prévus par les articles ci-dessus.

(15 février 1880)

D. D. I. *réglementant les cafés, cabarets et débits de boissons établis sur le territoire des villages du 20e arrondissement.*

B. C., p. 109.

Article premier. — Sur tout le territoire des villages du 20e arrondissement,

Les cafés ou restaurants payant patente de 1re classe devront être fermés à minuit;

Les cafés ou restaurants payant patente de 2e classe devront être fermés à onze heures ;

Les cabarets ou débits de boissons devront être fermés à dix heures.

Des permissions de dépasser la limite fixée pourront être accordées, mais pour un jour seulement, et devront être renouvelées à chaque fois.

Art. 2. — Toute contravention à la présente décision sera punie conformément aux articles 471, § 15, et 474 du Code pénal.

BÉLIARD.

(28 janvier 1884)

DÉP. M. *Notification d'un décret en date du 2 janvier rendant applicable dans certaines colonies la loi du 17 juillet 1880, abrogeant le décret du 29 décembre 1851 sur les cafés, cabarets et débits de boissons.*

ARCH. GOUV.

Vous trouverez au *Journal officiel* du 11 de ce mois un décret du 2 janvier, rendant applicable dans certaines colonies la loi du 17 juillet 1880 abrogeant le décret du 29 décembre 1851 sur les cafés, cabarets et débits de boissons.

Sous la date du 1er septembre 1880, l'administration de la Cochinchine avait été appelée, de même que les autres administrations coloniales, à faire connaître son avis sur l'opportunité de cette mesure. A défaut de renseignements émanant de la colonie, j'ai cru devoir surseoir, ainsi que vous le verrez, à l'application à la Cochinchine des dispositions édictées par le décret du 2 janvier. J'insiste d'autant plus vivement auprès de vous pour que la réponse de votre administration me soit adressée sans retard que dans une lettre qu'il vient de m'adresser, M. Blancsubé demande que la Cochinchine ne soit pas laissée en dehors de la mesure libérale qui vient d'être prise, et dont je suis tout disposé à provoquer l'application à cette colonie, si l'administration locale ne formule objection à cet égard.

FÉLIX FAURE.

(9 mai 1884)

DÉCRET *rendant applicable à la Cochinchine la loi du 17 juillet 1880.*

Promulg. A. G. 30 juin 1884.
B. C., p. 239.

Article premier. — Est rendue applicable à la Cochinchine la loi du 17 juillet 1880, qui abroge le décret du 29 décembre 1851 sur les cafés, cabarets et débits de boissons.

JULES GRÉVY.

(10 mai 1884)

DÉP. M. *Notification d'un décret du 9 mai 1884 rendant applicable à la Cochinchine la loi du 17 juillet 1880 qui abroge le décret du 29 décembre 1581 sur les cafés, cabarets et débits de boissons.*

ARCH. GOUV.

J'ai l'honneur de vous informer que, par décret du 9 mai 1884, rendu en conformité de l'avis émis par votre administration, la loi du 17 juilllet 1880 qui abroge le décret du 29 décembre 1851 sur les cafés, cabarets et débits de boissons, est rendue applicable à la Cochinchine.

J'ai l'honneur de vous transmettre ci-joint copie de cette acte que je vous prie de promulguer dans la colonie.

FÉLIX FAURE

CAHIER DES CHARGES.

V. *Marchés.*

CAIMANS.

V. *Animaux.*

CAISSE D'ÉPARGNE.

NATURE DES DOCUMENTS	DATES	RECUEILS A CONSULTER							OBSERVATIONS
		Bat.	B. C.	B.D.I	J.C	J.H.	B. M.	B.Col	
Dép. M.	1er septembre 1886.								
Rapp. M.	23 juillet 1887.				895				
Décret.	23 juillet 1887.				895				
Dép. M.	11 août 1887.								
A. L. G.	26 mai 1888.		269		507				
A. G.	13 avril 1889.				438				

(1er septembre 1886)

DÉP. M. *Observation au sujet du fonctionnement de la Caisse d'épargne à Saïgon.*

ARCH. GOUV.

Votre prédécesseur m'a transmis, le 12 mars dernier, un projet de décret portant création d'une caisse d'épargne à Saïgon en me priant de le soumettre à l'approbation du Président de la République.

D'après les statuts annexés à ce projet, les fonds de la caisse d'épargne seraient versés à la succursale de la Banque de l'Indo-Chine à Saïgon, qui remplirait, vis-à-vis de la caisse, le rôle attribué en France à la Caisse des Dépôts et Consignations, ces fonds produiraient un intérêt de 4 0/0 au minimum. Il convient de remarquer que la Banque de l'Indo-Chine n'est autorisée par ses statuts à accepter des dépôts ne produisant intérêt que jusqu'à concurrence du montant de son capital soit deux millions en ce moment, et que l'intérêt servi aux déposants ne doit pas être supérieur à la moitié du taux des prêts de la Banque (article 15, 6 0/0).

Il est donc à prévoir que la Banque pourrait se trouver à un moment donné, dans l'impossibité de recevoir les fonds que la Caisse d'épargne aurait à lui verser. Il faudrait, dès lors, placer ces fonds dans des conditions non prévues par les statuts sous peine de les conserver improductifs.

Il est donc indispensable d'organiser la Caisse d'épargne de Saïgon comme celles des autres colonies ou de la Métropole et de lui faire verser les fonds à la Caisse des Dépôts et Consignations. Il y a lieu d'examiner, à ce sujet, s'il conviendrait d'établir sa comptabilité en francs ou en piastres. L'adoption du premier système simplifierait les rapports de la Caisse des Dépôts et Consignation et lui éviterait les pertes du change qui pourraient résulter des fluctuations du cours de la piastre. Mais il serait peut-être difficilement accepté par la population locale qui, habituée à compter en piastres, verrait sans doute avec déplaisir son avoir à la Caisse représentée par une plus ou moins grande quantité d'espèces métalliques, suivant les variations du change. L'installation de la comptabilité en piastres entraînerait pour l'établissement d'assez graves inconvénients, puisque le rapport entre le chiffre de sa dette envers les déposants et celui de son avoir à la Caisse des Dépôts ne serait pas constant. Il faudrait donc que les Administrateurs veillassent avec la plus grande vigilance, à opérer les versements à la Caisse des Dépôts ou à effectuer les retraits, de manière à ne pas faire éprouver à la Caisse d'épargne des pertes du change importantes.

Je vous prie de vouloir bien faire examiner cette question et me transmettre un projet de décret analogue à celui du 15 décembre 1880 qui a autorisé la Caisse d'épargne de la Pointe-à-Pitre. Il y aura lieu de rendre, à cet effet, applicable dans la colonie les actes qui régissent les caisses d'épargne de la Métropole.

Pour répondre au désir exprimé dans la lettre de votre prédécesseur, en date du 12 mars dernier, je vous adresse quelques exemplaires des livrets en usage dans les caisses d'épargne de la Métropole.

A. DE LA PORTE.

(23 juillet 1887)

RAPPORT M. *précédant le décret du 23 juillet 1887 autorisant la ville de Saïgon à établir une Caisse d'épargne.*

J. C. p. 895.

Le Conseil colonial de la Cochinchine et le Conseil municipal de Saïgon avaient adopté, dans leurs séances des 14 janvier 1885 et 15 janvier 1886, un projet de création de caisse d'épargne municipale dans cette ville. Les statuts du projet contenaient (art. 2) une disposition en vertu de laquelle les fonds devaient être versés à la succursale de la Banque de l'Indo-Chine, à Saïgon, qui servirait un intérêt minimum de 4 p. 100 par an Le Département rappela à l'Administration locale que cette banque n'était autorisée à accepter des dépôts productifs d'intérêts que jusqu'à concurrence du montant du capital versé, que l'intérêt servi ne doit pas dépasser la moitié du taux des prêts de la banque, et qu'il était à prévoir que cet établissement pourrait se trouver, à un moment donné, dans l'impossibilité de recevoir les fonds de la caisse d'épargne, lesquels devraient, par suite, être placés dans des conditions non prévues par le règlement.

Le Gouverneur de la Cochinchine vient, en conséquence, de faire parvenir au Département d'un

NOTA. — Une annexe à l'instruction générale du 20 juin 1859, réglementant le service et la comptabilité des receveurs généraux et particuliers, etc., règle également la comptabilité de la Caisse d'épargne.

nouveau projet, dans la préparation duquel il a été tenu compte des observations rappelées ci-dessus, et dont les dispositions sont conformes, d'ailleurs, à celles qui régissent d'autres caisses coloniales.

C'est ce nouveau projet, portant institution d'une caisse d'épargne à Saïgon, que j'ai l'honneur de soumettre ci-joint à votre haute sanction.

(23 juillet 1887).

DÉCRET *autorisant la ville de Saïgon à établir une caisse d'épargne. — Statuts.*

J. C., p. 895.

Article premier. — La ville de Saïgon est autorisée à établir une caisse d'épargne.

Sont approuvés les statuts de ladite caisse, tels qu'ils sont annexés au présent décret.

Art. 2. — La présente autorisation sera révoquée en cas de violation ou de non exécution des statuts approuvés, sans préjudice des droits des tiers.

Art. 3. — La caisse d'épargne de Saïgon sera tenue de remettre, au commencement de chaque année, au Gouverneur de la Cochinchine, pour être transmis au Ministre de la marine et des colonies, un extrait en double expédition de son état de situation arrêté au 31 décembre précédent.

Art. 4. — Le service de la caisse d'épargne de Saïgon sera soumis aux formes d'administration et de comptabilité qui régissent les caisses d'épargne en France. Toutefois les attributions dévolues aux ministres de l'intérieur, du commerce et des finances seront exercées par le gouverneur; les attributions dévolues au préfet seront exercées par le Directeur de l'Intérieur.

JULES GRÉVY.

ANNEXE

(STATUTS)

Article premier. — Il est établi à Saïgon une caisse d'épargne et de prévoyance destinée à recevoir et à faire fructifier les sommes qui lui sont confiées.

Art. 2. — Il sera fait appel aux personnes bienfaisantes pour les inviter à concourir à cette institution philantropique. Les souscriptions, dons et legs recueillis en faveur de l'établissement sont employés à lui constituer un fonds de dotation. Le fonds de dotation s'accroît de l'excédent annuel des recettes sur les dépenses, conformément au paragraphe 1er de l'article 3 ci-après.

Le capital des fonds de dotation est placé, soit en immeubles, soit en rentes sur l'État, et ne peut être aliéné sans l'autorisation du Gouverneur en conseil privé.

Art. 3. — L'excédent annuel des recettes sur les dépenses est employé à constituer à l'établissement un fonds de réserve.

Le maximum de ce fonds est fixé à la somme moyenne des dépenses annuelles d'administration ; il est déterminé au mois de janvier de chaque année par une délibération du conseil des directeurs, qui établit la somme des dépenses annuelles d'après la moyenne des dépenses acquittées pendant les trois dernières années.

Lorsque le fonds de réserve a atteint son maximum, l'excédent des recettes est porté au fonds de dotation.

Art. 4. — La caisse pourvoit à ses dépenses annuelles au moyen de ses recettes ordinaires, qui se composent :

1° Des bonifications accordées à l'établissement sur les dépôts ;

2° Des intérêts des fonds de dotation et de réserve ;

3° Des subventions éventuelles du service local.

Jusqu'à ce que les bonifications, réunies aux intérêts du fonds de dotation suffisent aux frais d'administration, le Conseil colonial sera tenu de voter chaque année, sur la justification présentée par les directeurs de la caisse d'épargne les sommes nécessaires pour couvrir les dépenses.

En cas d'insuffisance des recettes ordinaires, la caisse est autorisée de plein droit à imputer l'excédent de ses dépenses sur le capital de réserve.

Une salle de la mairie de Saïgon sera affectée, sur la demande des directeurs, à l'administration de la caisse.

Art. 5. — La caisse est administrée gratuitement par un conseil composé du maire de la ville et de neuf directeurs, dont les fonctions durent trois ans, et qui sont renouvelés par tiers chaque année.

Les directeurs sortants sont indiqués par le sort pour les deux premières années, et ensuite par l'ancienneté.

Ils sont indéfiniment rééligibles.

Art. 6. — Les neuf directeurs sont choisis, savoir :

Un parmi les fonctionnaires de l'Administration centrale, à la désignation du Gouverneur ;

Deux nommés par le Conseil colonial et choisis parmi ses membres ;

Trois nommés par le Conseil privé et trois par le Conseil municipal, pris soit dans le sein de ces assemblées, soit parmi les personnes les plus recommandables de la ville et particulièrement parmi les souscripteurs.

Art. 7. — Le conseil des directeurs se réunit une fois par mois.

Le maire préside toutes les fois qu'il assiste aux séances ; il peut se faire remplacer par un adjoint.

Les délibérations du conseil sont prises à la majorité des membres présents. La présence de la majorité des membres qui composent ce conseil est nécessaire pour constituer les réunions.

Art. 8. — Le conseil des directeurs nomme parmi ses membres, au scrutin secret et à la majorité des suffrages, un vice-président et un secrétaire. La durée de leurs fonctions est d'une année, ils peuvent être réélus.

Art. 9. — Le Gouverneur, en Conseil privé, règle, sur les propositions du conseil des directeurs, la composition des bureaux, nomme et révoque les employés et fixe leur traitement.

Art. 10. — Le conseil arrête, pour l'administration intérieure de la caisse, un règlement qui est soumis à l'approbation du Gouverneur, en Conseil privé.

Il statue sur toutes les mesures à prendre dans l'intérêt de la caisse et, pour l'exécution des lois, statuts, règlements, instructions, etc. ; il agit en son nom et la représente, il assure la gestion de l'établissement, en vérifie les écritures et en arrête les comptes.

Art. 11. — Le conseil des directeurs peut nommer une commission permanente composée de trois membres pris dans son sein, pour trancher les questions courantes et surveiller le service. Un membre au moins de cette commission doit être conseiller colonial ou conseiller privé.

Art. 12. — La caisse ne reçoit pas moins de 1 franc pour versement du même déposant.

Art. 13. — L'intérêt est alloué par la caisse sur toute somme ronde de 1 franc.

Le taux de la retenue à prélever, conformément à la loi, sur cet intérêt, sera déterminé au mois de décembre de chaque année, pour l'année suivante, par le conseil des directeurs.

L'intérêt est réglé à la fin de chaque année ; il est capitalisé et produit des intérêts pour l'année suivante.

Art. 14. — Le livret remis à chaque déposant, conformément à la loi et aux règlements, est numéroté et contresigné par un directeur et le secrétaire.

On y reproduit, textuellement, les dispositions de la législation en vigueur sur la quotité des versements, le maximum des dépôts, les achats d'inscriptions de rente officieux et volontaires et la conservation par la caisse de ces inscriptions.

On y transcrit une instruction sommaire sur les règles auxquelles sont soumis les versements et les remboursements, et notamment sur les conditions essentielles pour la validité des uns et des autres. Le livret est retenu lors du remboursement intégral.

Art. 15. — La dissolution de la caisse arrivant pour quelque cause que ce soit, les valeurs qui resteront libres après le remboursement de tous les dépôts et le paiement de toutes les dettes, demeureront destinées à la prolongation et au renouvellement de l'établissement s'il y a lieu, sinon elles seront, d'après une délibération du conseil, employées à des œuvres de bienfaisance et d'utilité publique.

Art. 16. — Les modifications aux présents statuts seront délibérées par le conseil des directeurs et ne pourront être mises à exécution qu'après avoir été approuvées par le Gouvernement, en Conseil privé.

(11 août 1887)

DÉP. M. *Envoi d'un décret en date du 23 juillet 1887 autorisant la ville de Saïgon à établir une caisse d'épargne.*

ARCH. GOUV.

J'ai l'honneur de vous informer qu'à la date du 23 juillet dernier M. le Président de la République a signé, sur la proposition du Ministre de la marine et des colonies, un décret qui autorise la ville de Saïgon à établir une caisse d'épargne.

Je vous prie de promulguer en Cochinchine cet acte dont vous trouverez le texte au *Journal officiel* de la République du 31 juillet.

ÉTIENNE.

(26 mai 1888)

A. L. G. *donnant la composition du Conseil des Directeurs de la Caisse d'épargne.*

B. C., p. 209.
J. C., p. 507.

Article premier. — Le conseil des directeurs de la caisse d'épargne, prévu aux articles 5 et 6 des statuts annexés au décret précité, est composé ainsi qu'il suit :

MM. le Maire de la ville de Saïgon, *président ;*
X., conseiller colonial, désigné par le Conseil colonial, *membre ;*
X., conseiller colonial, *idem*, *membre ;*
X., négociant, désigné par le Conseil privé, *membre ;*
X., directeur de la banque de l'Indo-Chine, *idem*, *membre ;*
X., chef de comptabilité du trésor, *idem*, *membre ;*
X., conseiller municipal, désigné par le Conseil municipal, *membre ;*
X., négociant, *membre ;*
X., négociant, *membre ;*
X., commis rédacteur, désigné par le Lieutenant-Gouverneur, *membre.*

Art. 2. — La caisse d'épargne commencera ses opérations aussitôt qu'il aura été pourvu à l'organisation de son administration.

NAVELLE.

(13 avril 1889)

A. G. *portant approbation d'un règlement d'administration intérieure pour la caisse d'épargne de Saïgon.*

J. C., p. 438.

CAISSES PUBLIQUES.

NATURE DES DOCUMENTS	DATES	RECUEILS A CONSULTER							OBSERVATIONS
		Bat.	B. C.	B.D.I	J. C.	J.H	B. M.	P.Col	
A. Consul.	8 floréal an X.						B.I 191		
Circ. M.	23 avril 1842.						B.III 640		
Circ. M.	12 mars 1874.						360		
D. G.	2 mai 1874.	II-762	151						
Circ. M.	16 janvier 1877.						109		
Dép. M.	16 avril 1880.								
Circ.Trés.Pay.	26 avril 1880.			45					
D. G.	29 juin 1880.		350						
Circ. M.	20 janvier 1881.						31		
Circ.Trés.Pay.	24 août 1881.			101					
Dép. M.	24 novembre 1882.								
Dép. M.	10 janvier 1883.								
Circ. M.	22 janvier 1883						104		
Circ.Très.Pay.	19 juillet 1883.			51					
Circ. D. I.	25 juillet 1883.			52					
Circ. M.	31 juillet 1883.								
Instr. M.	17 août 1883.								
Circ. D. I.	22 septembre 1883			62					
Dép. M.	20 juillet 1885.								
Dép. M.	1er août 1885.								
A. G.	27 février 1887.			277					

NATURE DES DOCUMENTS	DATES	RECUEILS A CONSULTER							OBSERVATIONS
		Bat.	B. C.	B.D.I	J. C.	J. H	B. M.	B.Col	
Circ. D. I.	16 mars 1887.			17					
A. L. G.	24 décembre 1887.		876		1179				

(8 floréal an X)

A. CONSULAIRE *sur les précautions à prendre par les dépositaires des deniers publics pour la conservation de leurs fonds.*

B. M. R. I., p. 191.

(23 avril 1842)

CIR. M. *Précautions à prendre par les comptables de deniers publics. — Application de l'arrêté du 8 floréal an X.*

B. M. R. III, p. 640.

(12 mars 1874)

CIR. M. *au sujet de la troisième clef du coffre de sûreté du Trésor devenue disponible par suite de la suppression du contrôleur colonial* (1).

B. M., p. 360.

(2 mai 1874)

D. G. *fixant le chiffre des valeurs de toute espèce laissées à la disposition du trésorier payeur et des payeurs pour assurer les besoins du service courant. — Caisses de sûreté établies à Mytho et à Vinhlong; clefs des dites caisses.*

BAT. II, p. 762.
B. C., p. 151.

Article premier. — Le chiffre des valeurs de toute espèce qui seront désormais laissées à la disposition des trésoriers payeurs et particuliers pour assurer les besoins du service courant, est fixé comme suit :

1,000,000 de francs pour le chef-lieu ;
300,000 francs pour Mytho ;
300,000 francs pour Vinhlong.

Art. 2. — Sur l'avis qui en sera donné à l'Administration par les comptables, les fonds excédant les fixations ci-dessus déterminées devront être immédiatement versés dans le caveau de sûreté à Saïgon, et en ce qui concerne Mytho et Vinhlong, ils seront placés dans des caisses ou coffres spécialement affectés à cet usage et qui seront fournis aux comptables de ces localités.

Art. 3. — Les caisses de sûreté qui seront établies à Mytho et à Vinhlong seront pourvues de deux serrures dont l'une des clefs sera laissée au trésorier particulier et l'autre sera conservé par le chargé du service administratif, qui devra veiller à ce que le montant de l'encaisse soit constamment ramené au chiffre déterminé à l'article premier.

KRANTZ.

(16 janvier 1877)

CIR. M. *au sujet de l'installation qui doit être donnée aux caisses de sûreté chez les trésoriers payeurs et les trésoriers particuliers des colonies.*

B. M., p. 109.

(1) V. *infrà*, Circ. M. 20 janvier 1881.

(16 avril 1880)

DÉP. M. *Institution dans le service du Trésor en Cochinchine d'une caisse de réserve à deux clefs. Recommandations en matière de vérification de caisse.*

ARCH. GOUV.

M. l'inspecteur des services administratifs et financiers de la Cochinchine m'a rendu compte de la vérification inopinée de la caisse du trésorier payeur à Saïgon à laquelle il a procédé le 1er janvier, et dans une lettre relative à cette vérification, cet inspecteur avait proposé un moyen qui lui paraissait susceptible de rendre les vérifications suivantes plus faciles. Il aurait suffi à ses yeux d'apposer sur les sacs reconnus, des cachets et des étiquettes pour qu'il n'y eût plus à procéder à de nouveaux comptages.

M. le ministre des finances a examiné cette question, et il pense que les difficultés signalées par M. l'inspecteur peuvent être sensiblement aplanies par l'établissement d'une caisse de réserve munie de deux clefs. Il a donc décidé en principe, l'installation en Cochinchine d'une caisse de cette nature.

Je vous prie, en conséquence, de mettre à exécution, dès la réception de la présente dépêche, la décision de mon collègue des finances. Une des clefs de la caisse devra être remise à M. le chef du service administratif en raison de la nature des attributions qui leur sont dévolues par l'article 21 du décret du 15 mai 1874 ; la seconde devra être laissée suivant la règle, entre les mains du trésorier payeur.

Il va sans dire, que, dans tous les cas où le service de l'inspection voudra procéder à une vérification de caisse, il aura à s'entendre avec le chef du service administratif pour avoir la clef dont celui-ci se trouvera détenteur.

Comme conséquence de cette nouvelle mesure, il y aura lieu de déterminer le chiffre maximum des fonds à laisser dans la caisse courante, à la libre disposition du trésorier payeur. Il est indispensable que ce chiffre soit un peu élevé en raison des dépenses importantes qui s'acquittent journellement en Cochinchine. Autrement on courrait le risque ou d'occasionner de fréquents retards dans l'exécution du service ou de perdre les avantages que doit assurer la répartition officielle des clefs entre les mains d'agents différents.

En ce qui concerne la vérification faite le 1er janvier dernier, M. le ministre des finances a remarqué que M. l'inspecteur avait compté les sacs se réservant de faire le comptage des pièces elles-mêmes. Le comptage de toutes les pièces n'est pas toujours possible, mais, par contre, le comptage des sacs n'est pas suffisant. Il trouve donc nécessaire que, lors des vérifications, les sacs de numéraire soient non seulement comptés mais pesés au moins par épreuves, et enfin qu'un certain nombre de sacs soient ouverts.

Je vous prie de faire part à qui de droit de ces recommandations afin qu'à l'avenir il en soit tenu compte.

JAURÉGUIBERRY.

(26 avril 1880)

CIR. TRÉS. PAY. *au sujet des versements à effectuer au trésor et des sommes à conserver en caisse.*

B. D. I., p. 45.

J'ai remarqué que peu de percepteurs observaient le délai fixé par la circulaire du 28 janvier 1879, pour effectuer leurs versements au trésor.

Je vous prie de vouloir bien vous y conformer à l'avenir ou de m'informer officiellement des motifs qui s'y opposeraient.

En outre, quelques comptables continuent à conserver dans leurs caisses, en fin de mois, des sommes bien supérieures à la moyenne de leurs dépenses mensuelles. Cette manière d'opérer n'a pas sa raison d'être, surtout au moment où la rentrée des impôts vous procure chaque jour de nouvelles ressources.

Je vous invite donc à ne jamais conserver en caisse une somme supérieure à la moyenne de vos dépenses d'un mois.

En cas d'urgence et en attendant l'émission et l'envoi de fonds d'avances, vous aurez toujours la ressource de faire échanger chez le payeur de votre arrondissement, contre du numéraire, toutes vos pièces de dépenses déjà payées.

Je désire que ces recommandations soient observées à partir de la fin de ce mois.

PIÉTRESSON DE SAINT-AUBIN.

(29 juin 1880)

D. G. *fixant le maximum des fonds à laisser dans la caisse courante à la disposition du trésorier payeur.*

B. C., p. 350.

Article premier. — Le chiffre maximum des fonds à laisser dans la caisse courante, à la disposition du trésorier payeur, est fixé à deux millions, valeurs de portefeuille comprises.

LE MYRE DE VILERS.

(20 janvier 1881)

CIRC. M. *au sujet de la troisième clef du coffre de sûreté du trésorier payeur dont le dépôt doit être confié au chef du service de l'inspection dans les colonies* (1).

B. M., p. 31.

Messieurs, l'article 10 § 5 du décret du 23 juillet 1879, portant institution d'une inspection des services administratifs et financiers aux colonies, a manifestement conféré aux inspecteurs un droit attribué par les règlements à l'ancien contrôle colonial : celui de vérifier les caisses du Trésor.

Par suite, les directeurs de l'Intérieur ont dû restituer aux inspecteurs coloniaux la troisième clef du coffre de sûreté du trésorier payeur dont le dépôt leur avait été confié par la circulaire ministérielle du 12 mars 1874 (*B. M.*, p. 360). Des circonstances de diverses natures pouvant occasionner l'absence des fonctionnaires de l'inspection, il m'a paru utile de statuer qu'il y aurait à faire la remise de cette troisième clef, en pareil cas. J'ai décidé qu'elle serait rendue au trésorier payeur qui garderait ainsi, durant cette absence, deux clefs sur trois.

L'insertion de la présente circulaire au *Bulletin officiel* de la marine tiendra lieu de notification.

CLOUÉ.

(24 août 1881)

CIRC. TRÉS. PAY. *Mode de procéder pour l'établissement uniforme des situations de caisse. Instruction aux percepteurs* (2).

B. D. I., p. 101.

Les situations de caisse que vous me fournissez par dizaine ne sont pas établies d'une manière uniforme. En outre, elles présentent souvent des différences inexpliquées qui ne me permettent pas de suivre exactement vos mouvements de fonds.

Pour mettre fin à ces irrégularités, je vous donne ci-dessous quelques explications qui me paraissent nécessaires, et sur lesquelles j'appelle toute votre attention.

MODÈLE DE SITUATION DE CAISSE

Situation de la caisse du 21 au 31 août 1880 au soir.

Solde au 20 août, au soir, 1880	31,140	38
Recettes effectuées depuis ce jour (*Recettes de toute nature de la dizaine*)	7,408	15
Total	38,548	53
A déduire les dépenses s'élevant à (*Mandats payés pendant la dizaine, à l'exception des pièces de dépense à régulariser, payées sur réquisition*)	10,923	23
Reste en caisse un solde de	27,625	30

(1) V. *infrà*, Circ. M., 31 juillet 1883.
(1) V. *infrà*, Circ. D. I., 16 mars 1887.

Composition du solde en caisse ci-dessus.

		Caisse courante.		Réserve.		Total.	
Billets de la Banque de France		»	»	»	»	»	»
Monnaie d'or française (or monayé)		»	»	»	»	»	»
Monnaies d'argent (françaises).	Pièces de 5 francs	»	»	»	»	»	»
	Pièces de 2 francs	»	»	»	»	»	»
	Pièces de 1 franc	3	»	»	»	3	»
	Pièces de 50 centimes	0	50	»	»	0	50
Bronze	Pièces de 10 centimes	196	40	»	»	196	40
	Pièces de 5 centimes	56	90	»	»	56	90
Monnaies locales	Piastres mexicaines	19,169	05	»	»	16,169	05
	Billets de la banque de l'Indo-Chine 100 p.	1,605	»	»	»	1,605	»
	Billets de la banque de l'Indo-Chine 20 p.	4,387	»	»	»	4,387	»
	Billets de la banque de l'Indo-Chine 5 p.	214	»	»	»	214	»
	Pièces de 50 cents	2	67	»	»	2	67
	Pièces de 20 cents	1,018	64	»	»	1,018	64
	Pièces de 10 cents	535	»	»	»	535	»
Bronze	Cents	0	58	»	»	0	58
	Sapèques	»	»	»	»	»	»
Dépenses urgentes payées avant ordonnancement		436	56	»	»	436	56
Total général		27,625	30	»	»	27,625	30

De l'étude du modèle d'autre part se dégagent quelques points principaux sur lesquels j'appelle toute votre attention, car, bien compris, ils vous faciliteront l'établissement des situations et me permettront de suivre d'une manière exacte vos mouvements de caisse :

1° Vos situations doivent être établies par dizaine, du 1er au 10, du 11 au 20 et du 21 au 30 ou au 31 de chaque mois ;

2° Le solde au premier jour de la dizaine doit être le *reste en caisse* ressortant au dernier jour de la dizaine précédente, et par conséquent porté sur la situation précédente;

3° Sur la ligne : *Recettes effectuées depuis ce jour*, vous devrez porter le montant total des recettes de toute nature réalisées pendant la dizaine ;

4° Sur la ligne : *A déduire les dépenses s'élevant à...*, vous devrez faire figurer la somme totale de vos paiements de la dizaine, quelle qu'en soit la nature, à l'exception toutefois des *dépenses urgentes payées par vous sur réquisition*. Les paiements de l'espèce doivent être portés dans la composition du solde, au-dessous du bronze, sur une ligne manuscrite que vous ouvrirez sous la rubrique : *Dépenses urgentes payées avant ordonnancement;*

5° Le *reste en caisse* et le total de la composition du solde doivent toujours présenter une concordance parfaite, à la différence près de quelques centimes, différence résultant inévitablement de l'emploi des monnaies divisionnaires de la piastre.

J'ajoute à ce qui précède quelques instructions complémentaires :

Lorsque vous adresserez au Trésor des piastres fausses ou douteuses pour être vérifiées, votre caisse ne devra pas rester à découvert. Vous aurez à y verser, de vos propres deniers, le montant de la somme envoyée, jusqu'à ce que vous en soyez couvert soit par un mandat de trésorerie, soit par un mandat budgétaire.

Les dépenses urgentes que vous acquittez sur réquisition doivent être inscrites sur un registre spécial ouvert à cet effet. Si ce registre vous a été prescrit par la Direction de l'Intérieur, vous continuerez à le tenir en indiquant avec le plus grand soin, en regard des sommes payées, le numéro et la date des mandats de régularisation. Dans le cas où vous n'auriez reçu aucune instruction à cet égard, je vous en prescris la tenue immédiate à partir du 1er septembre.

Enfin, vos situations devront me parvenir les 4, 14 et 24 de chaque mois au plus tard.

FROTIER.

(24 novembre 1882)

DÉP. M. *au sujet de la proportion des billets de banque qui pourrait être conservée dans les caisses des trésoriers coloniaux.*

ARCH. GOUV.

(10 janvier 1883)

DÉP. M. *au sujet de la suppression des factionnaires préposés à la garde du Trésor, en Cochinchine. — Annexe.*

ARCH. GOUV.

J'ai l'honneur de vous faire connaître, en réponse à votre lettre du 9 novembre dernier, que, par décision du 27 décembre, j'ai approuvé la mesure par laquelle vous avez supprimé la sentinelle de nuit fournie au Trésor, à Saïgon.

Je vous invite à étendre la même mesure aux succursales établies dans l'intérieur de la colonie.

Je vous transmets ci-joint, à titre de renseignement, une copie de la réponse que j'adresse à M. le Ministre des Finances, relativement à une réclamation présentée par M. le trésorier payeur à Saïgon contre la suppression du factionnaire que fournissait l'infanterie de marine.

Je vous prie de donner des ordres dans le sens des intentions exprimées par moi dans cette dépêche.

JAURÉGUIBERRY.

ANNEXE.

(*Lettre au ministre des finances*)

Me référant à ma lettre du 27 décembre dernier, j'ai l'honneur de vous informer, en réponse à votre communication du 8 du même mois, que j'ai approuvé l'arrêté par lequel M. le Gouverneur de la Cochinchine a supprimé la sentinelle de nuit fournie au Trésor, à Saïgon, par l'infanterie de marine.

Aux considérations que je vous exposais dans ma lettre du 27 décembre et qui ont dicté ma décision, j'ajouterai ce fait que, récemment, à la suite du vol si important qui eut lieu au service central des postes à Paris, M. le Ministre des postes et télégraphes a demandé de lui-même la suppression du factionnaire qui stationnait à la porte d'entrée et dont la présence n'avait été d'aucune utilité dans la circonstance.

C'est surtout aux trésoriers des colonies qu'il appartient d'assurer par eux-mêmes et par leurs agents la conservation des fonds de leur caisse. Il me suffira de citer à ce propos, l'arrêté du 8 floréal an X, d'après lequel les receveurs des postes ne peuvent être déchargés de la responsabilité des valeurs soustraites par vol, que s'ils justifient que *la pièce où les fonds étaient déposés était gardée, solidement grillée et qu'enfin le vol a été commis avec violence.*

Par analogie, j'estime donc que de même que leurs collègues de France, de même que les trésoriers des Invalides de la marine, les trésoriers payeurs des colonies doivent non seulement être mis en possession de coffres-forts très solides, à système de fermeture compliquée, mais encore entretenir un ou plusieurs gardiens ou hommes de confiance qui, armés, passeraient la nuit dans la pièce où les fonds sont déposés et garantiraient la sécurité à l'intérieur. C'est, vous le savez, Monsieur le Ministre et cher collègue, le mode préventif employé contre les voleurs par les Compagnies de chemins de fer et par les plus grands établissements de Crédit. Il en résultera certainement une dépense peut-être élevée pour le Trésor surtout comme première organisation, mais en réalité c'est à lui seul de la supporter.

Par suite, j'ai décidé en outre que la mesure prise à Saïgon serait étendue aux succursales établies dans l'intérieur de la Cochinchine. Les administrateurs des affaires indigènes de cette colonie disposent dans ces localités d'une troupe de police recrutée avec soin parmi les Annamites, et qui est bien organisée.

Elle doit suffire avec les précautions que j'indique plus haut pour assurer la sécurité des caisses. Au pis aller et si dans quelques points très éloignés une sentinelle armée placée à l'extérieur pendant la nuit était jugée absolument indispensable, ce service pourrait être fait par les tirailleurs annamites et non par les militaires européens. — Vous trouverez sous ce pli la lettre de M. le trésorier payeur de Saïgon que vous m'avez communiquée.

(22 janvier 1883)

CIRC. M. *rappelant la circulaire du 16 septembre 1882 qui n'accorde de sentinelles aux Banques coloniales qu'à titre momentané et dans les cas extraordinaires dont les Gouverneurs sont juges et supprime les factionnaires préposés à la garde des caisses du trésor et de ses succursales.*

B. M. p. 104.

(19 juillet 1883)

CIRC. TRÉS. PAY. *relative à la rédaction des situations de caisse des payeurs et percepteurs.*

B. D. I. p. 51.

Par sa dépêche du 6 juin dernier, M. le Directeur du mouvement général des fonds appelle mon attention sur les situations de caisse que je lui fournis à la fin de chaque mois, et insiste sur la nécessité de distinguer soigneusement les différentes natures de monnaies qui sont au trésor : pièces de 5 francs, monnaies divisionnaires françaises, sous, piastres, monnaies de la piastre, cents et sapèques. C'est à l'aide des situations que vous-mêmes me remettez périodiquement que j'établis la situation générale destinée au Ministère ; pour répondre aux intentions de M. le Directeur du mouvement des fonds, il importe qu'à l'avenir vous vous conformiez strictement aux prescriptions suivantes :

J'envoie à MM. les payeurs un certain nombre d'exemplaires de la formule en usage chez MM. les percepteurs, en les invitant à y porter désormais la décomposition du numéraire en leur possession, qui figure dans un cadre séparé, à l'angle inférieur gauche de leurs situations actuelles ; ils m'enverront les deux pièces épinglées.

Cet imprimé, dont MM. les percepteurs continueront à se servir, doit être rempli avec toutes les indications qu'il comporte ; on doit y trouver à première vue la distinction parfaitement établie entre les différentes natures de monnaies, de manière à se rendre un compte exact du mouvement de la circulation dans les caisses publiques sur tous les points de la colonie.

Jusqu'ici, Messieurs, un grand nombre de comptables n'apportait pas tout le soin nécessaire à la confection de ces états ; on ne tenait généralement pas compte des monnaies d'argent françaises que l'on confondait avec les pièces divisionnaires de la piastre ; presque partout, on portait en bloc les sous français et les cents, sans les distinguer ; quelquefois même on y réunissait les sapèques sous la dénomination unique de « bronze » ou de « billon ». Je n'avais pas ainsi les renseignements suffisants pour éclairer le Département des finances sur le mouvement du numéraire en Cochinchine, dont ma situation générale ne donnait qu'une idée imparfaite et inexacte ; et même, en cas de mutation de comptables, par exemple, la manière d'établir la situation venant à changer, il se produisait dans la composition des encaisses des différences soudaines et inexplicables.

Vous comprendrez, Messieurs, combien il est important de remédier à cet état de choses et de rédiger les situations d'une manière uniforme, en suivant exactement les indications de la formule imprimée désormais, elles seront soigneusement examinées à ce point de vue lorsqu'elles me parviendront ; et, dans mes tournées de vérification, je porterai toute mon attention sur l'exactitude et la sincérité qui, je n'en doute pas, présideront partout à leur établissement.

E. Frotier.

(25 juillet 1883)

CIR. D. I. *au sujet de la vérification des caisses des percepteurs par les administrateurs.*

B. D. I., p. 52.

Mon attention a été récemment appelée sur les avantages qu'il y aurait à soumettre les caisses des percepteurs à des vérifications fréquentes et à confier ce soin à l'administrateur de l'arrondissement qui est le mieux en mesure d'y procéder.

Les comptables chargés des perceptions étant placés, en ce qui concerne leur service, sous les ordres directs de M. le trésorier payeur, j'ai dû me concerter à ce sujet avec ce haut fonctionnaire, qui estime qu'une surveillance active ne peut qu'exercer une heureuse influence sur la régularité du ser vice, et a manifesté le désir que des instructions dans ce sens soient données le plus tôt possible à tous les administrateurs chefs d'arrondissement.

Je vous prie en conséquence de vouloir bien procéder, aussi souvent qu'il sera nécessaire, à la vérification inopinée de la caisse et des écritures du percepteur de votre résidence, surtout lorsque vous aurez lieu de soupçonner de la négligence dans le service. Les résultats de ces vérifications seront consignés dans des procès-verbaux du modèle actuellement en usage, que vous devrez m'adresser directement. Je m'entendrai avec qui de droit pour la suite à leur donner.

BÉLIARD.

(31 juillet 1883)

CIRC. M. (*finances*).

ARCH. TRÉSOR.

Il a été décidé que deux clefs resteront désormais en la possession du comptable, la troisième clef sera remise au Directeur de l'Intérieur.

(17 août 1883)

DÉP. M. *Vérification des encaisses de payeurs. — Instruction.*

ARCH. GOUV.

Je suis informé par M. le Ministre des finances que plusieurs administrateurs dans les postes ont refusé d'assister au comptage des pièces composant les encaisses de payeurs et de certifier l'exactitude de chiffres arrêtés par ces comptables.

Ces refus seraient motivés par les ordres de l'administration locale qui aurait enjoint aux administrateurs de rester étrangers à toutes les opérations se rattachant à l'application des arrêtés qui modifient le taux de la piastre.

Je ne puis croire qu'à une erreur d'interprétation des ordres donnés à cet égard, attendu qu'il n'a pas été procédé partout de la même façon. Quoi qu'il en soit, il importe que les administrateurs dans les postes ou leurs délégués assistent à la reconnaissance des fonds composant les réserves des payeurs lorsqu'ils en sont requis par ces derniers, notamment lorsqu'il s'agit d'arrêter le chiffre des encaisses au moment où le taux de la piastre va subir une modification. Il est indispensable que les procès-verbaux où sont résumés les chiffres des valeurs existant entre les mains de ces comptables soient certifiés par un agent de contrôle, et j'estime que cette mission doit incomber aux administrateurs qui participent directement à la gestion des fonds du trésor local.

Cette disposition peut être rendue réglementaire en se conformant à l'esprit de l'article 199 du décret du 20 novembre 1882, qui n'est pas en opposition avec le décret du 15 mai 1874, spécial au service de la trésorerie en Cochinchine.

Je vous prie de me faire connaître les mesures que vous aurez prises à cet égard.

PEYRON.

(22 septembre 1883)

CIRC. D. I. *relative à la reconnaissance du numéraire existant dans les caisses de MM. les préposés payeurs, lors des changements du taux de la piastre.*

B. D. I., p. 62.

L'Administration locale a été récemment appelée à examiner la question de savoir si MM. les administrateurs chargés d'arrondissements chefs-lieux de payerie devaient participer à la reconnaissance du numéraire existant dans les caisses de MM. les préposés payeurs, lors des changements du taux de la piastre.

Après une certaine indécision causée par le silence des règlements sur la matière, il a été reconnu que, bien qu'il ne soit fait aucune mention, au décret du 20 novembre 1882 sur le service financier des colonies, d'opérations de cette nature (ce qui n'est pas étonnant, si l'on considère qu'elles sont spéciales à la Cochinchine), il était tout à fait conforme à son esprit de leur faire application de l'article 199 dudit décret, qui concerne les constatations à faire en clôture d'exercice; en outre et bien que, d'après la lettre du décret, ces dernières soient confiées à des fonctionnaires spécialement désignés par M. le Gouverneur, il a paru bon de considérer les chefs d'arrondissements comme les délégataires naturels et permanents de l'Administration, pour tout ce qui concerne les constatations qui font l'objet de la présente circulaire.

En conséquence, chaque fois que vous en serez requis par MM. les préposés payeurs pour vérifier l'état de leur encaisse (notamment au 30 juin et lors de changements de cours de la piastre), vous voudrez bien leur prêter votre concours et constater les résultats de l'opération dans la forme indiquée par l'article 199 du décret sus-relaté.

BÉLIARD.

(20 juillet 1885)

DÉP. M. *rappelant une circulaire du 22 janvier 1883 qui supprime les factionnaires à la porte des trésoriers coloniaux. C'est à eux qu'il appartient de faire garder leur caisse.*

ARCH. GOUV.

En réponse à votre lettre du 20 mai dernier n° 350, j'ai l'honneur de vous faire connaître que la suppression des factionnaires à la porte des trésoriers coloniaux a été prescrite par la circulaire du 22 janvier 1883, (B. M., p. 104).

Elle dispose que c'est à ces comptables qu'il appartient de prendre les mesures nécessaires pour garantir la sécurité des caisses, et leur responsabilité pécuniaire serait engagée s'ils auraient négligé de le faire.

Il est bien entendu, ainsi que le mentionne la circulaire précitée, qu'en cas d'événements graves dont vous auriez à me rendre compte, il vous serait loisible de faire garder par la force armée les bureaux des préposés du Trésor.

A. ROUSSEAU.

(1er août 1885)

DÉP. M. *Conformément aux prescriptions de l'art. 199 du décret du 20 novembre 1882 sur le service financier des colonies, la situation des caisses du Trésor doit être vérifiée rigoureusement chaque année le 30 juin, par un fonctionnaire désigné par le Gouverneur.*

ARCH. GOUV.

Conformément aux prescriptions de l'article 199 du décret du 20 novembre 1882 sur le service financier des colonies, la situation des caisses au Trésor doit être vérifiée rigoureusement chaque année le 30 juin, par un fonctionnaire désigné par le Gouverneur.

Cette disposition n'ayant pas été observée dans plusieurs colonies, je crois utile de la signaler à votre attention, afin de prévenir les difficultés qui pourraient résulter d'une omission de cette nature au point de vue du jugement des comptes.

ALBERT GRODET.

(27 février 1887)

A. G. *Il sera procédé, afin de constater la perte résultant de la réduction du taux de la piastre, à la vérification de la caisse de divers comptables.*

J. C., p. 277.

Article premier. — Afin de constater la perte résultant de la réduction du taux de la piastre, il sera procédé le 28 février à la vérification de la caisse de divers comptables désignés ci-après :

Les percepteurs ;
Les gérants des caisses de fonds d'avances ;
Le receveur de l'enregistrement ;
Le greffier comptable de la prison.

Art. 2. — Le tableau annexé au présent arrêté indique les fonctionnaires qui doivent procéder à cette vérification.

Art. 3. — Le procès-verbal de cette opération, établi en double expédition, fera ressortir la perte résultant du changement de taux d'après le numéraire en caisse, et une expédition en sera transmise immédiatement à la Direction de l'Intérieur.

Art. 4. — La différence ainsi constatée sera comblée au moyen d'un mandat budgétaire, et la dépense qui en résultera sera imputée au chapitre XVIII, à titre : *dépenses d'ordre.*

FILIPPINI.

(16 mars 1887)

CIRC. D. I. *relative au mode d'établissement pour l'exercice 1887, des procès-verbaux et des situations de caisse. — Modèle.*

B. D. I., p. 17.

Le budget de la colonie ayant été établi en francs à partir du 1er janvier 1887, le mode d'établissement des procès-verbaux et des situations de caisse n'étant pas uniforme, j'ai décidé qu'il serait procédé de la manière suivante :

Les procès-verbaux et les situations de caisse seront divisés en deux parties, conformément aux modèles ci-annexés.

1o Valeur en piastres.

2o Valeur en francs.

Le total de la première partie représentera les valeurs qui subissent les fluctuations de la piastre en cas de changement de taux, telles que numéraire et dépenses à régulariser dont les pièces sont établies en piastres.

Le total de la deuxième partie comprendra le numéraire français et les dépenses à régulariser dont les pièces sont établies en francs et dont le mandatement aura lieu en francs ; toutes ces valeurs ne sauraient être touchées par la variation du taux de la piastre.

Deux états pour les dépenses à régulariser devront être mis à l'appui des procès-verbaux ; ils présenteront par dates et par nature de dépenses l'un le montant des pièces de dépenses établies en piastres, l'autre le montant des pièces de dépenses établies en francs.

Tout en se conformant aux instructions qui précèdent, les payeurs, si le taux nouveau est inférieur au taux du mois précédent, passeront les derniers jours du mois après la clôture des opérations de la journée, à leur journal l'article suivant :

Envois aux trésoriers payeurs,

A caisse,

A dépenses à régulariser,

Et, dans le cas où le taux nouveau serait supérieur à l'ancien :

Caisse,

Dépenses à régulariser,

A remises du trésorier payeur.

Il est bien entendu que le compte *Dépenses à régulariser* ne jouera que pour les paiements de cette espèce dont les pièces sont établies en piastres.

Quant aux dépenses à régulariser dont les pièces sont établies en francs, elles doivent rester invariables, le nombre de francs passé en écriture étant définitif ; ce ne sont donc que les valeurs comprises dans la première partie du procès-verbal sous le no 1 qui subiront les fluctuations de la piastre.

Les percepteurs se serviront également pour établir leurs procès-verbaux et leurs situations de caisse des modèles annexés à la présente circulaire et aux instructions données plus haut pour le mode même d'établissement de ces pièces. Ils ne perdront pas de vue que les mandats des dépenses à régulariser devront être compris dans leurs versements au trésor au taux du jour de ce versement pour les opérations de l'exercice 1886 que celui-ci comporte, et en francs s'il s'agit d'opérations de 1887. En un mot, il ne doit y avoir aucune différence entre le chiffre des mandats admis en dépenses et reçu comme numéraire et celui des recettes auxquelles s'appliquent ces mandats, c'est-à-dire que le chiffre en francs de toutes les dépenses converties au taux du jour du versement devra être égal au montant en francs de toutes les recettes composant le versement.

Les comptables devront se conformer strictement à la présente circulaire ; ils auront, en outre, à me faire parvenir dans le plus bref délai possible, les états de dépenses à régulariser au 28 février dernier, pour les deux exercices 1886 et 1887.

PILLAS.

ANNEXE

PROCÈS-VERBAL *constatant la vérification occasionnée par le changement du taux de la piastre de la caisse de M. le payeur ou percepteur à*

Aujourd'hui, nous, administrateur, délégué de M. le Directeur de l'Intérieur, avons procédé à la vérification de la caisse et des écritures de M. le payeur ou percepteur à ,

Les valeurs qui nous ont été présentées et que nous avons comptées avec soins se composant de la manière suivante :

1° VALEURS EN PIASTRES.

	Piastres.	Francs
Billets de 100 piastres	900 00	
Billets de 20 piastres	160 00	
Billets de 5 piastres	240 00	
Piastres	8,655 00	
Pièces de 50 cents	12 00	
Pièces de 20 cents	221 12	
Pièces de 10 cents	206 70	
Pièces de 1 cent	95 30	
Sapèques	10 03	
Pièces de dépenses à régulariser dont les pièces sont établies en francs	1,063 60	
Total des valeurs en piastres à convertir au taux de 4 fr. 20 cent. par exemple	11,463 83	48,148 09 (1)
A reporter		48,148 09

(24 déc. 1887)

A. L. G. *Il sera procédé le 31 décembre 1887, à la vérification de la caisse et des écritures des comptables ci-après : gérants de caisses de fonds d'avances; entreposeurs des contributions indirectes, etc., etc.* (2).

B. C., p. 876.
J. C., p. 1179.

Consulter en outre : *Comptabilité aux colonies et notamment le décret du 20 novembre 1882 (Titre VI, chapitre 3).*
Enregistrement et des domaines (service de l'), § Comptabilité.

CAISSE DE RÉSERVE.

V. *Fonds de réserve.*

(1) C'est ce chiffre en piastres qui seul, en cas de changement de taux, doit supporter les fluctuations du cours de la piastre.
(2) Arrêté annuel.

CAISSE DE RETRAITE POUR LES EMPLOYÉS INDIGÈNES.

NATURE DES DOCUMENTS	DATES	RECUEILS A CONSULTER								OBSERVATIONS
		Bat.	B. G.	B D.I	J. C.	J.H.	B. M	B Col		
Dép. M.	8 août 1882.									
A. G.	11 juillet 1888.				346					

(8 août 1882)

DÉP. M. *au sujet d'un vœu exprimé par le conseil colonial dans sa séance du 11 janvier 1882, en faveur de la création d'une caisse de retraite pour les employés indigènes. — Instructions.*

ARCH. GOUV.

Vous m'avez fait connaître que, dans la séance du 11 janvier 1882, le conseil colonial avait émis un vœu en faveur de la création d'une caisse de retraite pour les employés indigènes.

Vous avez fait remarquer, à cette occasion, que déjà, dans divers services administratifs de la colonie, il existe un certain nombre d'indigènes comptant d'assez longs services, qui ont subi, depuis leur admision, la retenue de 3 0/0 au profit de la caisse des invalides, et qui seront fondés à revendiquer une pensoin lorsqu'ils réuniront les conditions exigées par la loi.

S'il s'agit, comme je suis autorisé à le penser, d'une pension sur la caisse des invalides de la marine, je vous rappellerai que la question a été résolue affirmativement par l'article 3 du décret du 13 juillet 1880, notifié aux colonies par la circulaire du 29 du même mois, dont vous trouverez ci-joint un exemplaire et par la décision ministérielle du 10 mars 1881, insérée au *Bulletin officiel*, page 375.

Le vœu du conseil colonial a peut-être une autre tendance. S'agirait-il, dans la pensée de cette assemblée, de substituer une caisse locale à la caisse des invalides ? S'il en était ainsi, le vœu émis par elle soulèverait de nouveau la question de savoir si l'on doit laisser à la caisse des invalides les ressources qu'elle tire des revenus locaux des colonies, à la charge par elle de pensionner les employés payés sur ces revenus, ou lui enlever à la fois ces ressources et cette charge. Cette question a toujours été résolue par la négative, et j'estime qu'il doit en être de même tant que sera maintenue l'unité administrative de la marine et des colonies.

Je vous prie de porter ces observations à la connaissance du conseil colonial.

JAURÉGUIBERRY.

(11 juillet 1888)

A. G. *nommant une commission à l'effet de déterminer les conditions à remplir par les employés indigènes pour l'obtention d'une pension de retraite.*

J. C., p. 646.

CAMBODGE.

I. TRAITÉS D'AMITIÉ, DE COMMERCE ET DE NAVIGATION ; — II. ORGANISATION GÉNÉRALE ; — III. ORGANISATION JUDICIAIRE ; — IV. CONTRIBUTIONS INDIRECTES ; — V. SERVICE DE TRÉSORERIE ; — VI. CONSTITUTION DE LA PROPRIÉTÉ.

I. — TRAITÉS D'AMITIÉ, DE COMMERCE ET DE NAVIGATION.

NATURE DES DOCUMENTS	DATES	RECUEILS A CONSULTER							OBSERVATIONS
		Bat.	B. C.	B D I	J. C.	J. H.	B. M.	B Col	
Traité.	11 août 1863.	I-22							
Convention.	17 juin 1884.				1886 / 413				
Loi.	17 juillet 1885.				1041				
Décret.	9 janvier 1886.				413				

(11 août 1863)

TRAITÉ *entre S. M. l'Empereur des Français et S. M. le Roi du Cambodge.*

BAT. I, p. 22.

Article premier. — S. M. l'Empereur des Français accorde sa protection à S. M. le Roi du Cambodge.

Art. 2. — S. M. l'Empereur des Français nommera un résident français auprès de S. M. le Roi du Cambodge, qui sera chargé, sous la haute autorité du Gouverneur de la Cochinchine, de veiller à la stricte exécution des présentes lettres de protectorat.

S. M. le Roi du Cambodge pourra nommer un résident cambodgien à Saïgon, pour communiquer directement avec le Gouverneur de la Cochinchine.

Art. 3.—Le résident français aura au Cambodge le rang de grand mandarin, et il lui sera rendu dans tout le royaume les honneurs dus à cette dignité.

Art. 4. — Aucun consul d'une autre nation que la France ne pourra résider auprès de S. M. le Roi du Cambodge ou dans aucun lieu de ses États, sans que le Gouverneur de la Cochinchine en ait été informé, et se soit entendu, à cet égard, avec le gouvernement cambodgien.

Art. 5. — Les sujets français jouiront, dans toute l'étendue du royaume du Cambodge, d'une pleine et entière liberté pour leurs personnes et leurs propriétés. Ils pourront circuler, posséder et s'établir librement dans toutes les provinces et dépendances de ce royaume, lorsqu'ils en auront informé un grand mandarin cambodgien, qui leur délivrera un permis.

Art. 6.— Les sujets Cambodgiens jouiront, dans toute l'étendue de l'Empire français, d'une pleine et entière liberté pour leurs personnes et leurs propriétés. Ils pourront circuler, posséder et s'établir librement dans toutes les provinces et dépendances de cet Empire, lorsqu'ils en auront informé un officier français compétent, qui leur délivrera un permis.

Art. 7.— Lorsqu'un Français établi ou de passage dans le royaume du Cambodge, aura quelque sujet de plainte ou quelque réclamation à formuler contre un Cambodgien, il devra d'abord exposer ses griefs au résident français qui, après avoir examiné l'affaire, s'efforcera de l'arranger à l'amiable. De même, quand un Cambodgien aura à se plaindre d'un Français, le résident écoutera sa réclamation avec intérêt et cherchera à ménager un arrangement amiable. Mais, dans l'un et l'autre cas, si la chose était impossible, le résident français requerrait l'assistance d'un fonctionnaire cambodgien compétent, et tous deux, après avoir examiné conjointement l'affaire, statueront suivant l'équité. Le résident français s'abstiendra de toute intervention dans les contestations des sujets cambodgiens entre eux ; de leur côté, les Français dépendront, pour toutes les difficultés qui pourraient s'élever entre eux, de la juridiction française, et l'autorité cambodgienne n'aura à s'en mêler en aucune manière, non plus que des différends qui surviendraient entre Français et Européens, qui seront jugés par le résident français. Les crimes commis par des sujets français, dans le royaume cambodgien, seront connus et jugés à Saïgon par les cours de justice compétentes. Dans ce cas, le gouvernement cambodgien donnera toute facilité au résident français pour saisir le coupable et le livrer au Gouverneur de la Cochinchine. En cas d'absence du résident français, le commandant des forces françaises le remplacera pour exercer la justice.

Art. 8. — Tous les Français qui voudront s'établir dans le royaume du Cambodge devront se faire inscrire à la chancellerie de la résidence française, et le résident en avisera le gouvernement cambodgien.

Art. 9. — Tous les Cambodgiens qui voudront s'établir dans les possessions de S. M. l'Empereur des Français, devront se faire inscrire auprès du résident cambodgien à Saïgon, qui en informera le Gouverneur de la Cochinchine.

Art. 10. — Les marchandises importées ou exportées par navires français dans le Cambodge, lorsque leurs propriétaires seront munis d'un permis du gouvernement de Saïgon, seront admises en franchise de tous droits dans tous les ports du Cambodge, excepté l'opium, qui sera soumis aux droits.

Art. 11.—Les navires chargés de marchandises cambodgiennes qui auront acquitté les droits au Cambodge, s'ils sont munis d'un permis du gouvernement cambodgien, visé par le résident français, seront admis en franchise de tous droits dans tous les ports ouverts de la Cochinchine.

Art. 12. — Les Français voyageant en qualité de savants, tels que naturalistes, géographes, etc., donneront avis de leur mission au gouvernement cambodgien, et ils en recevront tous les soins et bons offices de nature à les aider dans l'accomplissement de leur mission et à leur faciliter les voyages dans l'intérieur du pays.

Art. 13. — Dans le cas où des navires français seraient attaqués ou pillés par des pirates dans des parages dépendant du royaume du Cambodge, l'autorité locale du lieu le plus rapproché, dès qu'elle aura connaissance du fait, en poursuivra activement les auteurs et ne négligera rien pour qu'ils soient arrêtés et punis conformément aux lois. Les marchandises enlevées, en quelque lieu et en quelqu'état qu'elles se trouvent, seront remises à leurs propriétaires, ou, en leur absence, entre les mains d'une autorité française, qui se chargera de les restituer. Si l'on ne pouvait s'emparer des coupables ni recouvrer la totalité des objets volés, les fonctionnaires cambodgiens, après avoir prouvé qu'ils ont fait tous leurs efforts pour arriver à ce but, ne sauraient être rendus pécuniairement responsables. Il en sera de même pour les actes de pillage ou de vol qui auraient été commis sur les propriétés des Français établis dans le royaume du Cambodge : l'autorité cambodgienne, après avoir prouvé qu'elle a fait tous ses efforts pour saisir les coupables et recouvrer la totalité des objets volés, ne saurait être rendue pécuniairement responsable.

Art. 14. — Dans le cas où des navires cambodgiens seraient attaqués ou pillés par des pirates dans des parages dépendant de l'Empire français, l'autorité locale du lieu le plus rapproché, dès qu'elle aura connaissance du fait, en poursuivra activement les auteurs et ne négligera rien pour qu'ils soient arrêtés et punis conformément aux lois. Les marchandises enlevées, en quelque lieu et en quelqu'état qu'elles se trouvent, seront remises à leurs propriétaires ou, en leur absence, entre les mains de l'autorité cambodgienne qui se chargera de les restituer. Si l'on ne pouvait s'emparer des coupables ni recouvrer la totalité des objets volés, les fonctionnaires français, après avoir prouvé qu'ils ont fait tous leurs efforts pour arriver à ce but, ne sauraient être rendus pécuniairement responsables. Il en sera de même pour tous les actes de pillage et de vol qui auraient été commis sur des propriétés de Cambodgiens habitant sur le territoire français. L'autorité française, après avoir prouvé qu'elle a fait tous ses efforts pour saisir les coupables et recouvrer la totalité des objets volés, ne saurait être rendue pécuniairement responsable.

Art. 15. — Les missionnaires catholiques auront le droit de prêcher et d'enseigner. Ils pourront, avec l'autorisation du gouvernement cambodgien, construire des églises, des séminaires, des écoles, des hôpitaux, des couvents et autres édifices pieux sur tous les points du royaume du Cambodge.

Art. 16. — S. M. l'Empereur des Français, reconnaissant la souveraineté du Roi du Cambodge, Som Dac Pra Norodom Prom Boreraksa Pra Maha Abbarach, s'engage à maintenir dans ses États l'ordre et la tranquillité, à le protéger contre toute attaque extérieure, à l'aider dans la perception des droits de commerce et à lui donner toute facilité pour établir une communication entre le Cambodge et la mer.

Art. 17. — Pour faciliter l'exécution des articles précédents, le Gouverneur de la Cochinchine, désirant obtenir un terrain à l'endroit nommé *Chreuy-chang-va* ou les *Quatre-Bras*, pour y construire un dépôt de charbon et des magasins d'approvisionnements pour les navires français, S. M. le Roi du Cambodge consent à donner ce terrain, en amont de la partie réservées à l'extrême pointe, pour construire un fort, le terrain concédé devant avoir quinze *sons* ou cinq cents mètres environ sur les deux rives ; si, sur ce terrain, se trouvait une pagode ou lieu consacré, on le respecterait.

Si d'autres établissements devenaient nécessaires pour les besoins de la station française, le Roi examinerait la demande que lui en ferait le Gouverneur de la Cochinchine, et l'accorderait aux mêmes conditions que la concession précédente.

Art. 18. — En reconnaissance de la protection que lui accorde S. M. l'Empereur des Français, S. M. le Roi du Cambodge concède à la France le droit de choisir, abattre, débiter, exploiter, dans les forêts de son royaume, les bois propres aux constructions des vaisseaux de la marine impériale. Les agents français chargés de cette exploitation devront en donner avis au grand mandarin cambodgien, qui leur délivrera les lettres et autorisations nécessaires. Toutefois, les frais d'exploitation restent à la charge du gouvernement français.

Les Français qui commerceront au Cambodge devront débattre, à l'amiable, les prix d'achat avec les vendeurs.

Article additionnel. — S. M. l'Empereur des Français donne à S. M. le Roi du Cambodge un bâtiment à vapeur, dont le capitaine, les mécaniciens et les maîtres seront Français, à la solde de la France ; le reste de l'équipage, les consommations, approvisionnements et vivres de toutes espèces seront à la charge du Roi du Cambodge.

S. M. le Roi du Cambodge pourra disposer de ce bâtiment pour tous les services qu'Elle jugera convenables, et, au besoin, pour agir contre les rebelles désignés par le gouvernement cambodgien.

S. M. le Roi du Cambodge facilitera par tous les moyens le commerce des bestiaux.

(17 juin 1884)

CONVENTION *conclue entre la France et le Cambodge pour régler les rapports respectifs des deux pays* (1).

J. C., 1886, p. 413.

Entre Sa Majesté Norodom Ier, Roi du Cambodge, d'une part,

Et M. Charles Thomson, Gouverneur de la Cochinchine, agissant au nom du Gouvernement de la République française, en vertu des pleins pouvoirs qui lui ont été conférés, d'autre part ;

(1) Approuvée par loi du 17 juillet 1885 et rendue exécutoire par décret du 9 janvier 1886. — V. au J. C. pages 417, 461 à 464 le rapport fait au nom de la Commission chargée d'examiner le projet de loi ayant pour objet d'autoriser le Président de la République à ratifier la convention.

Il a été convenu ce qui suit :

Article premier. — S. M. le Roi du Cambodge accepte toutes les réformes administratives, judiciaires, financières et commerciales auxquelles le Gouvernement de la République française jugera à l'avenir utile de procéder pour faciliter l'accomplissement de son protectorat.

Art. 2. — S. M. le Roi du Cambodge continuera, comme par le passé, à gouverner ses États et à diriger leur administration, sauf les restrictions qui résultent de la présente convention.

Art. 3. — Les fonctionnaires cambodgiens continueront, sous le contrôle des autorités françaises, à administrer les provinces, sauf en ce qui concerne l'établissement et la perception des impôts, les douanes, les contributions indirectes, les travaux publics, et en général, les services qui exigent une direction unique ou l'emploi d'ingénieurs ou d'agents européens.

Art. 4. — Des résidents ou des résidents-adjoints, nommés par le Gouvernement français et préposés au maintien de l'ordre public et au contrôle des autorités locales, seront placés dans les chefs-lieux de provinces et dans tous les points où leur présence sera jugé nécessaire.

Ils seront sous les ordres du résident chargé, aux termes de l'article 2 du traité du 11 août 1863, d'assurer, sous la haute autorité du Gouvernement de la Cochinchine, l'exercice régulier du protectorat, et qui prendra le titre de Résident général.

Art. 5. — Le résident général aura droit d'audience privée et personnelle auprès de S. M. le Roi du Cambodge.

Art. 6. — Les dépenses d'administration du royaume et celles du protectorat seront à la charge du Cambodge.

Art. 7. — Un arrangement spécial interviendra, après l'établissement définitif du budget du royaume, pour fixer la liste civile du roi et les dotations des princes de la famille royale.

La liste civile du roi est provisoirement fixée à trois cent mille piastres ; la dotation des princes est provisoirement fixée à vingt-cinq mille piastres, dont la répartition sera arrêtée suivant accord entre S. M. le Roi du Cambodge et le Gouverneur de la Cochinchine.

S. M. le Roi du Cambodge s'interdit de contracter aucun emprunt sans l'autorisation du Gouvernement de la République.

Art. 8. — L'esclavage est aboli sur tout le territoire du Cambodge.

Art. 9. — Le sol du royaume, jusqu'à ce jour propriété exclusive de la couronne, cessera d'être inaliénable. Il sera procédé, par les autorités française et cambodgienne, à la constitution de la propriété au Cambodge.

Les chrétientés et les pagodes conserveront, en toute propriété, les terrains qu'elles occupent actuellement.

Art. 10. — La ville de Pnom-Penh sera administrée par une commission municipale composée du résident général ou de son délégué, *Président ;* six fonctionnaires ou négociants français nommés par le Gouverneur de la Cochinchine ; de trois Cambodgiens, un Annamite, deux Chinois, un Indien et un Malais, nommés par S. M. le Roi du Cambodge sur une liste présentée par le Gouverneur de la Cochinchine.

Art. 11. — La présente convention dont, en cas de contestations et conformément aux usages diplomatiques, le texte français seul fera foi, confirme et complète le traité du 11 août 1863, les ordonnances royales et les conventions passées entre les deux Gouvernements, en ce qu'ils n'ont pas de contraire aux dispositions qui précèdent.

Elle sera soumise à la ratification du Gouvernement de la République française, et l'instrument de ladite ratification sera remis à S. M. le Roi du Cambodge dans un délai aussi bref que possible.

En foi de quoi S. M. le Roi du Cambodge et le Gouverneur de la Cochinchine ont signé le présent acte et y ont apposé leurs sceaux.

CHARLES THOMSON. NORODOM.

(17 juillet 1885)

LOI *portant approbation de la convention conclue à Pnom-Penh, le 17 juin 1884, entre la République française et le royaume du Cambodge.*

(Promulg., A. G., 4 septembre 1885)
J. C., p. 1041.

Article unique. — Le Président de la République française est autorisé à ratifier et à faire exécuter la convention conclue le 17 juin 1884, entre la République française et le royaume du Cambodge, et dont une copie demeure annexée à la présente loi.

JULES GRÉVY.

(9 janvier 1886)

DÉCRET *portant que la convention conclue le 17 juin 1884 entre la France et le Cambodge, recevra sa pleine et entière exécution.*

J. C. p. 412.

Article premier. — Le Sénat et la Chambre des députés ayant approuvé la convention conclue le 17 juin 1884, entre la France et le Cambodge, pour régler les rapports respectifs des deux pays, et les ratifications de cet acte ayant été échangées à Pnom-Penh, le 2 octobre 1885, ladite convention, dont la teneur suit, recevra sa pleine et entière exécution.

JULES GRÉVY.

II. — ORGANISATION GÉNÉRALE.

NATURE DES DOCUMENTS	DATES	RECUEILS A CONSULTER Bat.	B. C.	B D I	J. C.	J. H.	B. M.	B Col	OBSERVATIONS
A. G.	1er avril 1873.	I-26	116						
D. G.	28 décembre 1876.	I-31	336						
D. G.	2 février 1880.		47						
A. G.	2 janvier 1882.		27						
Convention.	12 avril 1882.		173						
Convention.	26 mars 1882.		172						
Décret.	17 septembre 1882.		437						
Cir. D. I.	18 octobre 1884.			45					
D. G.	27 octobre 1884.				1319				
D. G.	28 octobre 1884.				1326				
A. G.	1er novembre 1884.				1319				
D. G.	1er novembre 1884.				1340				
D. G.	1er novembre 1884.				1340				
D. G.	1er novembre 1884.				1340				
D. G.	4 novembre 1884.				1341				
D. G.	4 novembre 1884.				1341				
D. G.	10 novembre 1884.				1342				
A. G.	19 novembre 1884.				1343				
Décret.	7 janvier 1886.							J RF. 123	

NATURE DES DOCUMENTS	DATES	RECUEILS A CONSULTER								OBSERVATIONS
		Bat.	B. C.	B.D I	J. C.	J.H.	B.M.	B Col		
A. G.	14 janvier 1886.		47							
A. G.	1er mars 1886.		88							
Décret.	6 avril 1886.				610					
Dép. M.	9 avril 1886.									
A. G.	13 mai 1886.				610					
Dép. M.	15 avril 1887.									
A. G. G.	1er janvier 1888.				30					
Décret.	12 avril 1888.		273		502					
A. G. G.	11 mai 1888.				457					
Décret.	28 janvier 1889.				326			40		
Décret.	2 mai 1889.				578					
Décret.	9 mai 1889.		516		598					
A. G. G.	20 septembre 1889.		529		873					
A. G. G.	20 septembre 1889.				875					
A. G. G.	3 octobre 1889.				958					

(1er avril 1873)

A. G. *attribuant au représentant du Protectorat français, pour les Français résidant ou de passage au Cambodge, les fonctions d'officier de l'état civil et de notaire.*

BAT., I, p. 26.
B. C., p. 116.

Article premier. — Le représentant du Protectorat français auprès de Sa Majesté remplira, à Pnom-Penh, pour les Français résidant ou de passage au Cambodge, les fonctions d'officier de l'état civil attribuées par l'article 48 du Code civil aux agents diplomatiques et aux consuls de France.

Art. 2. — Il pourra recevoir les actes emportant donation, les testaments, apposer les scellés après décès, dresser inventaire et faire tous actes attribués aux consuls, en se conformant aux prescriptions des ordonnances d'août 1681, titre IX, sur la marine ; des 3 mars 1781, 23 octobre, 12 novembre 1833, et de l'instruction ministérielle du 30 novembre 1833.

Art. 3. — Les actes de l'état civil, reçus par le représentant du Protectorat, seront portés sur trois registres clos et arrêtés chaque année. Deux registres nous seront transmis à Saïgon pour être déposés au greffe de la Cour.

Le troisième restera aux archives du Protectorat.

Art. 4. — En cas d'absence du représentant du Protectorat français, ses pouvoirs, comme officier de l'état civil et de notaire, seront délégués au commandant des forces françaises.

DUPRÉ.

(28 décembre 1876)

D. G. *Un administrateur des affaires indigènes sera adjoint au représentant du Protectorat français au Cambodge.*

BAT., I, p. 31.
B. C., p. 336.

Un administrateur des affaires indigènes sera, à l'avenir, adjoint à M. le représentant du Protectorat français au Cambodge, pour l'assister dans ses fonctions.

Il lui sera dévolu des attributions judiciaires en ce qui concerne les Asiatiques.

. . . .

DUPERRÉ.

(2 février 1880)

D. G. *portant qu'une indemnité mensuelle sera payée au représentant du Protectorat français au Cambodge et à l'administrateur-adjoint, pour frais de bureau.*

B. C., p. 47.

Article premier. — A l'avenir, M. le représentant du Protectorat français au Cambodge et M. l'administrateur-adjoint ne recevront plus les fournitures de bureau en nature, pour l'exécution des divers services qui leur sont confiés.

Art. 2. — Il leur sera payé, à titre d'abonnement pour frais de bureau, une indemnité mensuelle fixée ainsi qu'il suit :

M. le représentant du Protectorat. . . . . . 20 francs.

M. l'administrateur-adjoint . . . . 10 —

Art. 3. — Au moyen de ces allocations, M. le représentant du Protectorat et son adjoint pourvoiront à toutes les dépenses pour fournitures de bureau, en ce qui concerne leurs services respectifs, sauf les imprimés réglementaires qui continueront à leur être fournis en nature.

LE MYRE DE VILERS.

(2 janvier 1882)

A. G. *portant qu'il sera ouvert au Protectorat français au Cambodge un registre des résidents annamites.*

B. C., p. 27.

Article premier. — A partir du 15 janvier 1882, il est ouvert au Protectorat français au Cambodge un registre des résidents.

Art. 2. — Il sera délivré une carte d'inscription à chaque résident annamite qui en aura fait la demande et qui aura justifié de son identité.

Art. 3 — Il sera perçu un droit de 20 cents par inscription. La carte sera renouvelable chaque année, moyennant le paiement du droit.

Art. 4. — Tout Annamite non inscrit au Protectorat et non muni d'une carte d'inscription ne pourra, en cas de contestation avec des sujets cambodgiens, être justiciable du tribunal mixte ; il sera renvoyé devant les tribunaux cambodgiens. Au contraire, tout Annamite inscrit au Protectorat sera justiciable du tribunal de France dans les contestations qu'il pourra avoir avec un Européen ou sujet européen, et justiciable du tribunal mixte en cas de contestation avec un sujet cambodgien, ou en cas d'accusation portée contre lui par un mandarin cambodgien.

LE MYRE DE VILERS.

(12 avril 1882)

CONVENTION *entre S. M. le Roi du Cambodge et le Gouverneur de Cochinchine relativement à l'inscription au Protectorat du Cambodge des Annamites sujets français et à la suppression de l'impôt de capitation pour les inscrits.*

B. C., p. 173.

1° Les Annamites qui entendront conserver la qualité de sujets français et être régis, suivant les causes, soit par le tribunal de France, soit par le tribunal mixte, devront se faire inscrire au Protectorat de France.

2° Les Annamites inscrits au Protectorat de France seront dispensés de l'impôt de capitation.

3° Les Annamites qui ne se seront pas fait inscrire au Protectorat de France devront l'impôt de capitation pour l'année pendant laquelle leur non-inscription aura été constatée.

4° Les Annamites justifieront de leur inscription par une carte qui leur sera délivrée par le représentant du Protectorat et qu'ils devront représenter aux autorités locales, chaque fois qu'il en sera fait la demande.

LE MYRE DE VILERS. NORODOM.

(26 mars 1882)

CONVENTION *entre S. M. le Roi du Cambodge et le Gouverneur de la Cochinchine au sujet de la réglementation du commerce des armes et munitions au Cambodge.*

B. C., p. 172.

Sa Majesté Norodom Ier, roi du Cambodge, son conseil des ministres consulté, d'une part, et M. Le Myre de Vilers, Gouverneur de la Cochinchine française, d'autre part,;

Considérant que les actes de piraterie deviennent de plus en plus nombreux, et que, dans la plupart des cas, les pirates sont armés de fusils; que ces attaques répétées sont de nature à troubler la tranquillité des deux pays; que si les gens de mauvaise vie ont en leur possession des armes à feu et des munitions, cela tient à ce que le commerce des armes se fait au Cambodge sans surveillance et sans contrôle;

Considérant qu'il importe de réglementer ce commerce et de ne pas laisser subsister plus longtemps un état de choses qui peut devenir un jour aussi funeste à la Cochinchine qu'au Cambodge,

Sont convenus de ce qui suit :

Article premier. — Les ports du golfe de Siam, depuis la frontière de Cochinchine jusqu'à la frontière siamoise, sont fermés au commerce des armes et des munitions.

L'introduction des armes et des munitions au Cambodge ne pourra avoir lieu que par Saïgon et en vertu d'une autorisation délivrée par les autorités compétentes.

Art. 2. — En dehors des princes de la famille royale et des mandarins de toute classe de la couronne, nul Cambodgien ou Asiatique ne pourra posséder des armes à feu ou des munitions, s'il n'est pourvu d'un permis régulièrement délivré à Pnom-Penh par le mandarin chargé du service de la surveillance des armes.

Ces permis seront délivrés moyennant une redevance annuelle de deux piastres par armes à feu. Cette redevance sera payée chaque année au trésor royal.

Un registre spécial sera affecté à l'enregistrement des permis.

Art. 3. — Les Asiatiques sujets français ou sujets européens résidant au Cambodge devront se faire inscrire au Protectorat et recevront leur permis par les soins et sous la surveillance du représentant du Protectorat.

Les autorités cambodgiennes et françaises devront s'adresser réciproquement un extrait des autorisations qu'elles auront accordées.

Art. 4. — Les armes et les munitions en transit dans le Cambodge devront être déposées à la douane ou au Protectorat, ou chez les gouverneurs de provinces, pendant le temps de séjour dans le royaume.

Fait en francais et en cambodgien, les deux versions ayant la même teneur et le même sens, à Pnom-Penh, le vingt-six mars mil huit cent quatre-vingt-deux.

LE MYRE DE VILERS. NORODOM.

(17 septembre 1882)

DÉCRET *attribuant au Conseil du contentieux administratif de la Cochinchine le règlement des conflits survenus entre le Gouvernement cambodgien et les sujets européens ou américains.*

B. C., p. 437.

Article premier. — Le règlement des conflits survenus en matière de contentieux administratif entre le gouvernement cambodgien et les sujets européens ou américains, justiciables du tribunal de France, est attribué au conseil du contentieux de Cochinchine siégeant à Saïgon, qui statuera en premier et dernier ressort.

Art. 2. — Le tribunal se conformera, pour le jugement des affaires du contentieux administratif désignées à l'article premier, à la législation en vigueur en Cochinchine, laquelle sera promulguée dans le royaume du Cambodge.

Art. 3. — Les contrats passés avant la déclaration du 21 décembre 1881 ne profiteront pas des présentes dispositions, sauf le cas où les parties intéressées seraient d'accord pour en faire la demande.

JULES GRÉVY.

(18 octobre 1884)

CIRC. D. I. *Les résidents français au Cambodge auront droit à un détachement de cinquante gardes civils commandés par un quan, un doï et deux caïs. Ils toucheront 7 piastres par mois et formeront la garde personnelle des résidents.*

B. D. I., p. 45.

En raison de la prochaine installation de trois résidents français au Cambodge, M. le gouverneur a décidé que chacun de ces fonctionnaire aura près de lui un détachement composé de cinquante gardes civils, commandés par un quan, un doï et deux caïs.

J'ai, en conséquence, l'honneur de vous inviter à désigner ces gardes civils parmi les gardes civils de votre arrondissement qui accepteront de leur plein gré de continuer à servir l'administration française au Cambodge; ils devront être envoyés, quand j'en donnerai l'ordre, à Saïgon, Mytho et Vinhlong.

Il est entendu que ces hommes cesseront aussitôt de compter à leur village, qui devra les remplacer immédiatement en nombre égal pour le service de votre arrondissement; ils n'emporteront que leur vêtement et ils toucheront 7 piastres par mois pendant leur séjour au Cambodge. Afin d'enlever toutes les difficultés qui pourraient résulter de la mesure actuelle au point de vue de la prime des villages, ces derniers seront remboursés des sommes qui pourront leur être dues, à titre d'avance, par les gardes partant.

Je n'ai pas besoin d'insister sur le soin avec lequel ces hommes doivent être choisis par vous; ils forment la garde personnelle de ceux de vos collègues qui sont appelés à l'honneur d'étendre le pouvoir de la France dans ce pays nouveau, et il importe que l'on puisse compter sur le dévouement et la solidité de ces auxiliaires indispensables.

Quant aux gradés, chacun des résidents sera entièrement libre de les désigner.

Vous voudrez bien établir en double expédition la liste nominative des gardes volontaires que vous aurez choisis.

Une expédition sera envoyée à la Direction de l'intérieur, la deuxième à l'administrateur de...

NOUET.

(27 octobre 1884)

D. G. *concernant l'organisation politique et administrative du Cambodge.*

(Promulg. A. G. 1er novembre 1884).
J. C., p. 1319.

TITRE PREMIER

DIVISION POLITIQUE ET ADMINISTRATIVE.

Article premier. — Le territoire du royaume du Cambodge sera divisé en huit provinces, dont chacune, formée par deux ou plusieurs arrondissements, prendra le nom de son chef-lieu.

Art. 2. — Ces provinces sont :

Pnom-Penh,	Krattié,
Kampot,	Kompong-Thom,
Pursat,	Banam,
Kompong-Chnang,	Kompong-Cham.

La composition des provinces est réglée, conformément aux indications contenues dans la carte annexée à la présente décision, ainsi qu'il suit :

HUIT PROVINCES. . : { **57** arrondissements anciens. **32** arrondissements nouveaux.

Art. 3. — L'ancienne division de chaque arrondissement en deux cantons, canton de droite et canton de gauche, est maintenue.

Art. 4. — Les cantons seront divisés en communes, dans les conditions prévues au chapitre V du titre III : *De l'administration.*

Art. 5. — La ville de Pnom-Penh est et demeure la capitale du royaume.

ARRONDISSEMENTS NOUVEAUX.	ARRONDISSEMENTS ANCIENS.
Province de Pnom-Penh : *11 arrondissements anciens, 5 arrondissements nouveaux.*	
Pnom-Penh	Pnom-Penh.
Lovéa-Em	Muk-Kompul. Khsack-Kandal. Lovéa-Em.
Kien-Svai	Kien-Svai. Leuk-Dek.
Bati	Kandal-Stung. Bati. Saang.
Kathom	Kathom. Prey-Krebas.
Province de Kampot : *7 arrondissements anciens, 4 arrondissemants nouveaux.*	
Kampot	Kampot.
Kompong-Som	Kompong-Som.
Trang	Bunteay-Méas. Trang. Péam.
Kong-Pisey	Kong-Pisey. Pnôm-Sruoch.

ARRONDISSEMENTS NOUVEAUX.	ARRONDISSEMENTS ANCIENS.
Province de Pursat : *5 arrondissements anciens, 3 arrondissements nouveaux.*	
Pursat	Pursat.
Thépong	Thépong.
Krang	Krako.
	Krang.
	Babaur.
Province de Compong-Chnang : *6 arrondissements anciens, 5 arrondissements nouveaux.*	
Roléa-Pier	Roléa-Pier.
Lovek	Lovek.
Somrong-Tong	Somrong-Tong.
Pinhalu	Pinhalu.
	Anlong-Réach.
Krang-Samré	Krang-Samré.
Province de Krattié : *5 arrondissements anciens, 2 arrondissements nouveaux.*	
Sambor	Sambor.
	Samboc.
Krattié	Krattié.
	Kanchor.
	Chlaung.
Province de Kompong-Thom : *7 arrondissements anciens, 5 arrondissements nouveaux.*	
Kompong-Thom	Kompong-Thom.
	Kompong-Svai.
Kompong-Leng	Kompong-Leng.
Chikreng	Stoung.
	Chikreng.
Barai	Barai.
	Prey-Kedey.
Province de Banam : *8 arrondissements anciens, 4 arrondissements nouveaux.*	
Banam	Banam
	Svai-Romiet
Svai-Romiet	Srei-Santho (Sitho-Cheveng)
Prey-Veng	Prey-Veng.
	Peàm-Chor.
	Peà-Réang.
Rom-Duol	Rom-Duol.
	Svai-Téap.
Province de Kompong-Cham : *8 arrondissements anciens, 5 arrondissements nouveaux.*	
Krauchmar	Krauchmar.
Tothung-Thngay	Tothung-Thngay.
Kompong-Cham	Kompong-Cham.
	Stung-Trang.
Kang-Méas	Kang-Méas.
	Chœung-Prey.
Ka-Sutin	Ka-Sutin.
	Sitho-Kandal.

TITRE II

DU GOUVERNEMENT.

Art. 6.— S. M. le Roi du Cambodge continuera, comme par le passé, à gouverner ses États et à diriger leur administration, sauf les restrictions qui résultent de la Convention du 17 juin 1884.

Art. 7. — Il n'est rien modifié à la Composition du Conseil de Gouvernement institué par l'Ordonnance royale du 15 janvier 1877 (1).

Le Conseil continuera à assister le Roi dans l'administration supérieure et la garde des intérêts de l'État, sous la haute autorité du Gouverneur de la Cochinchine, et sous la direction et le contrôle du Résident général de France, dans les limites prévues par les articles 3 et 4 de la convention précitée.

TITRE III

DE L'ADMINISTRATION.

DU RÉSIDENT GÉNÉRAL.

Art. 8. — Le Résident général de France au Cambodge, nommé par le Président de la République française, est chargé d'assurer, sous l'autorité du Gouverneur de la Cochinchine, l'exercice régulier du Protectorat.

Son action s'étend sur tous les services publics du Royaume sans distinction.

Il veille à l'exécution des traités et ordonnances, ainsi qu'à l'application des décisions et règlements en vigueur ; il prend directement ou, dans certains cas déterminés, après en avoir référé au Gouverneur de la Cochinchine, les mesures nécessaires à la sauvegarde des intérêts généraux et particuliers, de la morale et de la sécurité publique ; il exerce les pouvoirs judiciaires qui lui sont conférés par la décision de ce jour, relative à l'organisation de la justice au Cambodge.

Il établit les comptes de chaque exercice, est chargé de la préparation du budget de l'État et de sa présentation au Gouverneur de la Cochinchine.

Art. 9. — Le Résident général a droit d'audience privée et personnelle auprès de S. M. le Roi du Cambodge.

Art. 10. — Tout arrêté pris par le Résident général dans la limite de ses attributions, mais ayant un caractère de réglementation, devra être soumis au Gouverneur de la Cochinchine et ne sera exécutoire qu'après son approbation.

Art. 11. — En cas d'urgence et dans les circonstances graves, le Résident général aura le droit de statuer provisoirement et sous sa responsabilité dans les matières qui sont de la compétence de l'autorité supérieure, et l'exécution préalable sera due à son arrêté.

Art. 12. — Le Résident général sera assisté d'un fonctionnaire choisi par le Gouverneur de la Cochinchine dans le personnel administratif de cette colonie, et qui prendra le titre de Secrétaire général du Protectorat.

Le Secrétaire général remplacera le Résident général en cas d'absence ou d'empêchement.

DE L'ADMINISTRATION PROVINCIALE.

Art. 13. — Il est institué une Résidence au chef-lieu de chaque province.

Les postes de Résidents seront confiés à des administrateurs faisant partie du personnel des affaires indigènes de la Cochinchine, qui seront nommés par le Gouverneur.

(1) Un conseil, composé des cinq plus grands mandarins, sera chargé de la haute surveillance de l'exécution des lois, ainsi que de l'étude des réformes et modifications dont elles pourraient devenir susceptibles.

Le conseil se compose de cinq ministres : le Chaufêa, le Yommo-rach, le Vêang, le Kralahom et le Chacrey.

Le conseil délibérera hors de la présence du Roi, et soumettra ensuite à Sa Majesté les mesures reconnues opportunes et utiles au pays (*Ordonnance royale du 15 janvier 1877*).

Art. 14. — Le Secrétaire général du Protectorat exercera les fonctions de Résident de la province de Pnom-Penh.

Art. 15. — Seront également pris dans le personnel des affaires indigènes de la Cochinchine et dans le personnel administratif de cette colonie, les fonctionnaires et agents qui devront être répartis auprès du Résident général et dans les Résidences; ils seront nommés par le Gouverneur.

Art. 16. — Il sera fait application au personnel administratif du Cambodge des dispositions du décret du 4 mai 1881, concernant la Cochinchine, en ce qui concerne le mode de recrutement, la solde et accessoires de solde, le compte de prévoyance et les congés.

Le budget du Royaume étant absolument séparé de celui de la Cochinchine, les dépenses d'administration et celles du Protectorat seront à la charge du Cambodge, ainsi qu'il est dit à l'article 6 de la convention du 17 juin 1884.

Art. 17. — L'article 34 du décret du 4 mai 1881 (discipline), est également applicable au personnel administratif du Cambodge.

Toutefois, en cas de faute grave et s'il y a urgence, la suspension des fonctionnaires et employés pourra être prononcée après enquête par le Résident général, sauf ratification par le Gouverneur de la Cochinchine, agissant en vertu des pouvoirs qui lui sont conférés.

DES RÉSIDENTS.

Art. 18. — Le Résident relève immédiatement du Résident général qui est son supérieur direct.

Il est chargé de la direction politique et administrative de la province, du contrôle des autorités cambodgiennes, du maintien de l'ordre, et de la surveillance de tous les services publics.

Il exerce, en matière judiciaire, les pouvoirs déterminés dans la décision de ce jour, relative à l'organisation de la justice au Cambodge ; il remplit les fonctions d'officier de l'état civil pour les Européens. Il est chargé, de concert avec les autorités cambodgiennes, du recrutement des miliciens indigènes, dont le nombre est provisoirement fixé à cinquante pour chaque résidence.

Art. 19. — Il est assisté par un fonctionnaire, qui aura le titre de Secrétaire de la Résidence et sera chargé de le remplacer en cas d'absence ou d'empêchement.

Art. 20. — Il a sous son autorité les fonctionnaires et employés des divers services de sa province, français et indigènes.

Art. 21. — Les fonctionnaires et employés français de toute catégorie ne communiqueront avec les autorités cambodgiennes, à moins d'autorisation spéciale, que par l'intermédiaire des Résidents.

DES AUTORITÉS INDIGÈNES.

Art. 22. — Les fonctionnaires cambodgiens continueront, sous le contrôle des autorités françaises, à administrer les provinces, sauf en ce qui concerne l'établissement et la perception des impôts, les douanes, les contributions indirectes, les travaux publics, et en général les services qui exigent une direction unique ou l'emploi d'ingénieurs ou d'agents européens.

Art. 23. — Chaque province est administrée par un chef de province cambodgien qui exerce son action dans les limites spécifiées à l'article précédent ; il est nommé par le Gouverneur de la Cochinchine, sur la proposition du Résident général.

Ce fonctionnaire dirige et surveille dans toutes ses parties le service des chefs d'arrondissement, qui relèvent directement de lui ; il est placé sous le contrôle du Résident provincial, auquel il rend compte de tous ses actes et dont il est tenu d'exécuter les instructions.

Les chefs de province forment une classe unique et reçoivent une solde annuelle de 900 piastres.

Art. 24. — Chaque chef de province est secondé par un chef adjoint qui le remplace en cas d'empêchement ou d'absence. Il est nommé par le Gouverneur de la Cochinchine, sur la proposition du Résident général.

Les chefs adjoints de province forment le second degré de la hiérarchie dans l'administration indigène ; ils touchent une solde annuelle de 700 piastres.

Art. 25. — Chaque arrondissement (à l'exception des arrondissements chefs-lieux de provinces, qui sont placés sous l'autorité directe des chefs de province) est administré par un chef d'arrondissement, nommé par le Résident général.

Ce fonctionnaire relève directement du chef de province, dont il est délégué en ce qui concerne l'arrondissement ; il a sous ses ordres immédiats les chefs de canton.

Les chefs d'arrondissement forment le troisième degré de la hiérarchie ; ils sont divisés en deux classes et reçoivent une solde annuelle : de 600 piastres s'ils sont de 1re classe, de 500 piastres s'ils sont de 2e classe.

Art. 26. — Chaque canton est administré par un chef de canton, relevant directement du chef d'arrondissement dont il est le délégué, et ayant sous ses ordres immédiats les autorités communales ; il est nommé par le Résident général.

Placés au quatrième degré de la hiérarchie, les chefs de canton forment deux classes et reçoivent une solde annuelle de 300 piastres lorsqu'ils sont de 1re classe, de 250 piastres s'ils sont de 2e classe.

Art. 27. — Les pouvoirs administratifs et judiciaires étant absolument séparés dans l'administration provinciale indigène, aucun des fonctionnaires énumérés ci-dessus n'a d'attributions judiciaires.

Ils n'interviennent dans les affaires de cette nature qu'en qualité d'officiers de police judiciaire, en cas de flagrant délit, à la requête des particuliers pour des constatations urgentes, en conformité des ordres du Résident, ou bien encore sur la réquisition des autorités judiciaires pour faciliter l'instruction des affaires ou assurer l'exécution des jugements.

DE LA COMMUNE.

Art. 28. — Le territoire du Cambodge sera divisé en communes, dont les limites et les chefs-lieux seront ultérieurement fixés par décisions du Résident général.

Chaque commune pourra être ultérieurement divisée en autant de sections, quartiers ou hameaux qu'il sera jugé nécessaire.

Art. 29. — La commune forme une individualité administrative distincte, ayant ses ressources et ses charges propres ; elle peut acquérir et posséder.

Art. 30. — La commune est responsable, tant vis à-vis du Gouvernement que des particuliers qui lui sont étrangers :

1° Des crimes et délits commis sur son territoire ;

2° De la rentrée des impôts dont le recouvrement lui est confié, des levées et réquisitions d'hommes, tant pour le service militaire que pour tout autre service commandé, de la conduite des hommes fournis par elle, de l'exécution par l'administration communale des ordres et décisions de l'autorité supérieure.

Art. 31. — Cette responsabilité entraîne la réparation pécuniaire du dommage causé, s'il y a lieu ; en outre, des amendes administratives pourront être infligées à la commune, à titre coercitif.

Ces amendes seront prononcées, savoir : si elles ne dépassent pas 50 piastres, par le Résident provincial, après avis des autorités indigènes ; au delà de 50 piastres, par le Résident général.

I. — *De l'administration de la commune.*

Art. 32. — La commune est administrée par un conseil de six notables, choisis par les habitants réunissant les conditions prévues à l'article 41 et parmi eux ; ce conseil est renouvelé en entier tous les trois ans. Immédiatement après son élection, il choisit dans son sein un maire et un adjoint.

La nomination des notables par les électeurs, du maire et de l'adjoint par les notables, devra être agréée par le Résident général si la commune est chef-lieu de province ou d'arrondissement, par le Résident provincial dans tous les autres cas.

Art. 33. — Le maire est, vis-à-vis de l'autorité supérieure avec laquelle il correspond et dont il reçoit les ordres, le représentant de la commune et le chef de l'administration communale ; il convoque et préside le conseil communal, veille au maintien de l'ordre public et à la bonne gestion des intérêts de la commune, qu'il représente en justice et dans tous les contrats ou transactions ; il pourvoit à l'exécution des ordres des autorités compétentes et à la tenue régulière du *Contrôle de la population* et des registres de l'état civil ; il est suppléé et au besoin remplacé par l'adjoint.

Les notables contrôlent l'administration communale dans son ensemble et, en général, toutes les opérations accomplies par les autorités de la commune ; ils peuvent, s'il en est besoin, être investis d'attributions spéciales en ce qui concerne l'administration active.

Art. 34. — Les fonctions communales sont, en principe, gratuites ; cependant, le maire, l'adjoint et les notables investis d'attributions spéciales pourront recevoir une indemnité de fonctions dont le quantum sera déterminé par le Résident général sur la proposition du Résident provincial, et après avis des autorités cambodgiennes.

Art. 35. — Le conseil des notables est solidairement et pécuniairement responsable envers la commune de l'ensemble de son administration ; chaque membre est individuellement et pécuniairement responsable de ses actes envers le conseil.

Les membres du conseil peuvent être individuellement révoqués ou le conseil dissous par l'autorité qui a ratifié leur élection ; les premiers peuvent être en outre frappés, pour fautes dans l'exercice de leurs fonctions, de punitions disciplinaires qui seront ordonnées par le Résident provincial.

II. — *De la population de la commune et de l'état civil.*

Art. 36. — Tout habitant de la commune doit être inscrit sur un registre dénommé *Contrôle de la population*, tenu par les autorités communales et dont le modèle sera ultérieurement arrêté. Nul ne pourra être inscrit simultanément dans deux ou plusieurs communes.

Après son premier établissement, qui suivra d'aussi près que possible l'organisation de la commune, le contrôle de la population sera constamment tenu à jour : 1° par l'inscription des enfants nés dans la commune de parents y domiciliés ; 2° par l'inscription des personnes provenant d'une autre commune ou de l'extérieur ; 3° par la radiation des décédés, des personnes disparues et de celles ayant élu domicile dans une autre commune.

Art. 37. — L'inscription des enfants nés dans la commune de parents domiciliés sera faite d'office par les autorités communales, immédiatement après l'établissement de l'acte de naissance dont il sera parlé ci-après.

L'inscription des personnes provenant d'une autre commune du territoire cambodgien ne pourra avoir lieu qu'au vu d'un certificat délivré par le maire de leur commune d'origine et contenant les indications suivantes :

1° Noms, prénoms, profession et état civil de l'individu auquel il a été délivré ;

2° Relevé, s'il y a lieu, des condamnations qu'il a subies ;

3° Attestation de radiation du contrôle de la commune dont il provient, et indication de celle où il a déclaré vouloir élire domicile.

Le certificat dont il vient d'être parlé devra, pour être admis, avoir été légalisé :

1° Par le chef de canton, si la commune d'origine et celle où il est fait élection de domicile font partie du même canton ;

2° Par le chef d'arrondissement, si elles appartiennent au même arrondissement ;

3° Par le chef de province, si elles font partie de la même province ;

4° Par les Résidents des deux provinces, si elles font partie de provinces différentes.

L'inscription des personnes provenant de l'extérieur du royaume et de toutes celles qui ne seraient pas en mesure de produire le certificat ci-dessus mentionné ne pourra avoir lieu qu'en vertu d'un ordre du Résident provincial.

L'inscription devra rappeler l'acte qui la motive (acte de naissance, certificat ou ordre du Résident) ; ces pièces seront conservées dans les archives communales.

Art. 38. — Tout habitant inscrit sur le contrôle d'une commune devra, pour obtenir sa radiation et la délivrance du certificat dont il a été parlé à l'article précédent, déclarer le lieu où il se propose de transférer son domicile et justifier qu'il a satisfait à toutes les charges ou obligations contractées pendant sa résidence dans la commune, tant vis-à-vis de cette dernière que de l'État et des particuliers.

La radiation sera refusée à tout individu interné dans la commune par décision de l'autorité.

La radiation des absents sera ordonnée par le Résident provincial, savoir : au bout d'une année, si leur nouvelle résidence n'est pas connue, et, dans le cas contraire, dès qu'elle le sera.

L'ordre de ce fonctionnaire sera mentionné en marge de la radiation et conservé aux archives communales.

La radiation des personnes décédées dans la commune a lieu d'office ; l'acte de décès est mentionné en marge.

Art. 39. — Nul ne pourra s'absenter pour plus de huit jours de la commune où est établi son domicile, s'il n'est porteur d'un permis de circulation délivré par le maire. Ce permis devra être visé par le chef de canton de son domicile s'il doit sortir de son canton ; par le chef d'arrondissement s'il se rend dans un autre arrondissement ;

par le chef de province s'il se rend dans une autre province ; par le Résident dans tous les autres cas. Ce dernier visera, en outre, tout permis d'une durée supérieure à six mois.

Toute personne provenant de l'extérieur devra être munie d'un passeport délivré par les autorités du pays d'origine, qu'elle échangera, dans le plus bref délai possible, contre un permis de circulation qui lui sera délivré par le Résident le plus voisin du point où elle aura franchi la frontière.

Art. 40. — Toute contravention aux dispositions qui précèdent constituera le délit de vagabondage et sera punie en conséquence.

Art. 41. — Tout individu inscrit au *Contrôle de la population* participe, dans la mesure de ses moyens et conformément aux règlements en vigueur, à toutes les charges communales ; il ne pourra toutefois participer aux avantages attachés à la qualité d'habitant domicilié (élection des notables, jouissance des biens communaux mis à la disposition des habitants, etc.), qu'autant que son inscription remontera à plus de deux années et qu'il sera cambodgien ou sujet français.

Outre les conditions exigées par le paragraphe précédent, il sera nécessaire, pour être admis à participer à l'élection des notables :

1° D'être âgé de 25 ans ;

2° De n'avoir subi aucune condamnation afflictive ou infamante ;

3° D'être propriétaire foncier dans la commune et d'y payer la contribution personnelle.

Les individus internés par mesure administrative seront exclus du vote.

Art. 42. — Les naissances et les décès survenus dans la commune seront constatés par des actes dressés par les soins du maire et libellés sur des registres tenus en double ; ces actes seront signés du maire et de deux notables. Le modèle des registres sera ultérieurement arrêté.

III. — *Dispositions transitoires.*

Art. 43. — Les conditions de domicile exigées par l'article 41 pour participer à l'élection des notables et autres prérogatives des habitants domiciliés, ne seront pas exigées pendant les deux années qui suivront la constitution de la commune.

TITRE IV

DE LA MUNICIPALITÉ DE PNOM-PENH.

Art. 44. — La ville de Pnom-Penh formera une commune dont les limites seront ultérieurement fixées, sur la proposition du Résident général, par arrêté du Gouverneur de la Cochinchine.

Art. 45. — Elle sera administrée par une commission municipale composée : d'un président nommé sur la proposition du Résident général par le Gouverneur de la Cochinchine ; de six fonctionnaires ou négociants français nommés suivant les mêmes formes ; de trois Cambodgiens, un Annamite, deux Chinois, un Indien et un Malais, nommés par S. M. le Roi du Cambodge, sur une liste présentée par le Gouverneur de la Cochinchine après propositions du Résident général.

Art. 46. — La durée des fonctions des membres de la commission municipale est de deux années ; elles peuvent leur être indéfiniment maintenues, de même qu'ils peuvent être relevés de leurs fonctions, même avant ce terme, par décision du Gouverneur de la Cochinchine, rendue sur la proposition du Résident général.

Art. 47. — La commission municipale s'assemblera sur la convocation de son président, au moins tous les trois mois.

Les convocations seront faites par écrit et à domicile trois jours au moins avant la réunion.

Le Secrétaire général du Protectorat, Résident de la province de Pnom-Penh, soit sur la demande du président de la commission municipale, soit d'office, peut convoquer extraordinairement cette assemblée ; en ce cas, les délais de convocation peuvent être abrégés.

La commission municipale ne pourra délibérer que lorsque la majorité des membres en exercice assistera à la séance.

Lorsqu'après deux convocations successives, à cinq jours d'intervalle, les membres de la commission ne seront pas en nombre suffisant, la délibération prise à la troisième convocation sera valable quel que soit le nombre des membres présents.

Les membres de la commission siègeront selon leur rang sur le tableau et dans l'ordre suivant :

Les membres français,
Les membres cambodgiens,
Le membre annamite,
Le membre malais,
Les membres chinois,
Le membre indien.

Les résolutions seront prises à la majorité absolue des suffrages.

Il pourra être voté au scrutin secret quand cinq membres présents le réclameront.

Le président aura voix prépondérante en cas de partage.

Art. 48. — Les attributions du président de la commission municipale, celles de cette commission, les dépenses, les recettes et le budget de la commune, les acquisitions, aliénations, baux, dons et legs, les actions judiciaires et les transactions, la comptabilité de la commune, les intérêts concernant plusieurs communes, l'action et le contrôle de l'autorité supérieure sur l'administration communale sont réglés par la loi française du 18 juillet 1837, appliquée en Cochinchine, sur l'organisation des communes, en ce qu'elle n'a rien de contraire aux présentes dispositions et à celles qui pourraient être ultérieurement prises en ce qui concerne la commune de Pnom-Penh.

Art. 49. — Le président de la commission remplit les fonctions de maire ; la commission municipale celle de conseil municipal ; les attributions dévolues en France au préfet et au conseil de préfecture sont exercées par le Résident général.

Art. 50. — Le président de la commission municipale est assisté d'un premier et d'un deuxième adjoint, pris dans le sein de cette commission et nommés par le Résident général.

Les adjoints remplacent le président, en cas d'empêchement ou d'absence, suivant l'ordre hiérarchique.

Art. 51. — Les frais de traitement, d'allocation et de logement du président de la commission municipale et du secrétaire de la mairie, pris dans le personnel administratif de la Cochinchine et nommés par le Gouverneur, sont portés aux dépenses obligatoires du budget de la commune.

Art. 52. — Les fonctions de membres de la commission municipale sont gratuites.

DISPOSITIONS GÉNÉRALES.

Art. 53. — Pour tous les cas non prévus au présent acte et sur la proposition du Résident général, il sera statué par décision du Gouverneur de la Cochinchine, le Conseil de Gouvernement du Cambodge entendu.

CHARLES THOMSON.

(Cachet du Premier Ministre).

(28 octobre 1884)

D. G. *Abolition de l'esclavage sur tout le territoire du Cambodge.*

(Promulg. A. G., 1er novembre 1884).
J. C. p. 1326.

Article premier. — L'esclavage est aboli sur tout le territoire du Cambodge.

Art. 2. — Nul ne pourra à l'avenir être privé de sa liberté pour les crimes ou délits commis par ses ancêtres ou des personnes de sa famille, non plus que pour les dettes qu'ils auraient pu contracter.

Art. 3. — Tous les esclaves existant actuellement sur le territoire du Cambodge sont libérés. Néanmoins, ils ne seront considérés comme dégagés de toute obligation envers leurs anciens maîtres que dans les conditions stipulées aux articles suivants.

Art. 4. — Dans les six mois qui suivront la publication du présent acte, chaque possesseur d'esclaves sera tenu de déposer entre les mains du Résident de sa province la liste de ses esclaves. Cette liste sera affirmée et certifiée par lui ; elle devra indiquer :

1° Le nom, l'âge et le sexe de chaque individu ;

2° Sa provenance ;

3° La date et le motif de sa mise en servitude.

Les autorités cambodgiennes seront chargées de l'établissement et de la certification de ladite liste, en ce qui concerne les *neacngear* et les *pol* (esclaves du Gouvernement).

Toute déclaration incomplète ou inexacte entraînera de plein droit la libération absolue et définitive de l'esclave, qui en aura été l'objet, sans que son ancien possesseur puisse élever à son sujet la moindre revendication ; il en sera de même pour ceux qui auront été omis.

Les fonctionnaires cambodgiens, rédacteurs des listes des neacngear et des pol, seront en pareil cas passibles de peines disciplinaires, qui seront prononcées par le Résident sous le contrôle duquel ils se trouvent placés.

Art. 5. — Les esclaves seront divisés en deux catégories, savoir :

1° Esclaves pour crimes ou délits ;

2° Esclaves pour dettes.

Chaque catégorie comporte deux subdivisions : la première, les esclaves pour crimes ou délits commis par leurs ancêtres ou les personnes de leur famille, et les esclaves pour crimes ou délits commis par eux-mêmes ; la deuxième, les esclaves pour dettes contractées par leurs ancêtres ou les personnes de leur famille, et les esclaves pour dettes personnelles.

Art. 6. — Le tribunal de la province statuera sur le sort des esclaves des deux catégories.

Il pourra être fait appel au tribunal supérieur du jugement du tribunal provincial.

Art. 7. — Les esclaves pour crimes ou délits commis par leurs ancêtres ou les personnes de leur famille seront libérés de plein droit.

Art. 8. — Les esclaves pour crimes ou délits commis par eux-mêmes seront traduits devant le tribunal provincial, qui, après avoir pris connaissance des jugements ou décisions qui les concernent et fixé la peine qu'ils ont encourue, déterminera celle qu'ils ont encore à subir ou prononcera, s'il y a lieu, leur libération définitive.

Le jugement décidera également s'il y a lieu de les mettre en surveillance après libération, fixera la durée de leur internement et la commune où ils devront être internés.

Art. 9. — Les esclaves pour dettes personnelles sont tenus de rembourser à leurs créanciers le montant des impenses et déboursés faits pour eux, en y comprenant la dette primitive et ses intérêts, déduction faite de la valeur de leur travail et des services par eux rendus.

La fixation du chiffre de leur dette sera faite par le tribunal provincial, qui déterminera également la valeur du travail par eux fourni et l'admettra en compensation.

Si ce travail n'est pas suffisant pour leur libération entière, ils seront constitués débiteurs de la différence, et le tribunal déterminera pendant combien de temps leur travail restera acquis à leur créancier pour le désintéresser entièrement.

Ce dernier restera, pendant cette période, chargé de pourvoir à ses frais à la nourriture et à l'entretien de ses engagés.

Art. 10. — Il sera fait application des mêmes règles aux esclaves pour dettes contractées par leurs ancêtres ou par des personnes de leur famille.

Toutefois, le tribunal aura à tenir compte de la condition particulière de ces esclaves et pourra, suivant l'espèce, prononcer la remise partielle ou même totale de leurs obligations.

Art. 11. — Le tribunal provincial appréciera s'il y a lieu de comprendre parmi les esclaves pour dettes les personnes dont la servitude aurait une origine autre que celles prévues à l'article 5.

Art. 12. — Le mode de libération dont il est question à l'article 9 n'est pas obligatoire, et les parties restent libres d'adopter par convention amiable tel autre qui leur conviendra.

Art. 13. — L'État et les communes auront toujours le droit de racheter, moyennant le payement de la partie de la dette non remboursée, les engagés qui se trouvent dans les conditions fixées aux articles 9, 10 et 11.

Des arrêtés du Résident général détermineront les rachats de cette nature qui devront être mis à la charge du budget de l'État ou imposés aux communes.

L'État ou les communes sont, en cas de rachat, subrogés aux droits de l'ancien créancier. Toutefois, ils ne sont pas tenus de pourvoir à l'entretien de leurs engagés, qui auront la faculté de travailler à leur profit et achèveront de se libérer soit par des versements en numéraire, soit par des prestations supplémentaires dont le chiffre sera fixé par le Résident provincial, sans qu'elles puissent en aucun cas dépasser quatre-vingt-dix journées de travail pour une année.

Art. 14. — Tout engagé qui sera maltraité par son créancier, insuffisamment nourri ou entretenu par lui, ou astreint à des travaux excessifs, sera en droit de demander sa libération immédiate, qui sera ordonnée par le tribunal provincial, sans préjudice des peines qui pourront être prononcées pour ce motif contre le créancier.

Art. 15. — Pour tous les cas non prévus au présent acte, et sur la proposition du

Résident général, il sera statué par décision du Gouverneur de la Cochinchine, le Conseil de Gouvernement du Cambodge entendu.

(Cachet du Premier Ministre). CHARLES THOMSON.

(1er novembre 1884)

A. G. *promulguant au Cambodge les décisions relatives à l'organisation judiciaire, à l'abolition de l'esclavage et à la constitution de la propriété*

J. C., p. 1319.

Article premier. — Avec la haute approbation de S. M. Norodom, et conformément aux délibérations du Conseil de Gouvernement du Cambodge en date des 26, 27, 28 et 29 octobre 1884, sont promulguées dans toute l'étendue du territoire cambodgien, et sous réserve de la ratification du Gouvernement de la République, les décisions relatives à l'organisation politique et administrative du Royaume, à l'organisation judiciaire, à l'abolition de l'esclavage et à la constitution de la propriété.

Art. 2. — Les décisions, revêtues du sceau de l'Akamahasena, premier Ministre, ne seront rendues exécutoires dans chaque province qu'après l'installation du Résident français à son chef-lieu.

Art. 3. — Les mesures d'exécution, nécessitées par la présente promulgation, feront l'objet d'actes ultérieurs.

CHARLES THOMSON.

(1er novembre 1884)

D. G. *nommant M. M... chef du bureau à la Direction de l'intérieur, président de la commission municipale de Pnom-Penh. Fixation du supplément de solde.*

J. C., p. 1340.

Article premier.— M. M..., chef de bureau à la Direction de l'intérieur, est nommé président de la commission municipale de Pnom-Penh.

Art. 2. — Il jouira, en cette qualité, d'un supplément de solde de 500 piastres par an.

Art. 3. — Ce supplément, ainsi que sa solde, lui seront payés provisoirement sur les fonds du budget du Protectorat, mais à charge de remboursement par la ville de Pnom-Penh.

CHARLES THOMSON.

(1er novembre 1884)

D. G. *disposant que dans toute province où l'autorité française ne sera pas représentée, l'ancienne organisation administrative et judiciaire sera maintenue.*

J. C., p. 1340.

Article premier. — Dans toute province du Royaume où l'autorité française ne sera pas immédiatement représentée, et jusqu'à l'installation du Résident au chef-lieu de la province, l'ancienne organisation administrative et judiciaire sera maintenue ; mais elle fonctionnera sous le contrôle effectif du Protectorat.

CHARLES THOMSON.

(1er novembre 1884)

D. G. *conférant au Representant* p. i. *du Protectorat français les pouvoirs attribués au Résident général de France au Cambodge.*

J. C., p. 1340.

Article unique. — A partir de ce jour, et jusqu'à nouvel ordre, les pouvoirs attribués par la décision susvisée au Résident général de France au Cambodge, sont conférés à M. Fourès (Julien), administrateur des affaires indigènes de Cochinchine, Représentant *p. i.* du Protectorat français.

CHARLES THOMSON.

(4 novembre 1884)

D. G. *Composition de la commission municipale de Pnom-Penh (membres français).*

J. C., p. 1341.

Article premier. — La liste des membres français de la commission municipale, chargée d'administrer la commune de Pnom-Penh, est composée ainsi qu'il suit :

MM. P.., lieutenant de juge au tribunal de France ;
P.., commis principal attaché au Protectorat :
G.., entreposeur des contributions indirectes ;
E.., commis des postes et des télégraphes ;
B.., négociant, agent de la compagnie des Messageries fluviales ;
M.., négociant.

CHARLES THOMSON.

(4 novembre 1884)

D. G. *Composition de la commission municipale de Pnom-Penh (membres indigènes).*

J. C., p. 1341.

Article premier. — La liste des membres indigènes et asiatiques étrangers, faisant partie de la commission municipale chargée d'administrer la commune de Pnom-Penh, est composée ainsi qu'il suit :

L'Oknha Sambat Thiban, *cambodgien ;*
Duch, *idem ;*
Chhun, *idem ;*
Nguyen-van-luu, *annamite ;*
L'Oknha Batés Changvang, *chef de la congrégation des Malais ;*
Luong-montrey-phéanich, *chef de la congrégation chinoise de Phuoc-kien ;*
Penh, *négociant chinois ;*
Pestonjee, *indien.*

CHARLES THOMSON.

(10 novembre 1884)

D. G. *nommant M. G. commissaire central de police à Pnom-Penh.*

J. C., p. 1342.

Article premier. — M. Girard (Élie), commissaire de police à Cholon, est nommé commissaire central de police à Pnom-Penh.

Art. 2. — Il jouira, en cette qualité, d'un traitement annuel de 2,568 piastres.

CHARLES THOMSON.

(19 novembre 1884)

A. G. *créant à Pnom-Penh un corps de police.*

J. C., p. 1343.

Article premier. — Il est créé à Pnom-Penh un corps de police composé ainsi qu'il suit :

Un commissaire central ;

Un officier de paix.

Les appointements du commissaire central sont fixés à 12,000 francs, ceux de l'officier de paix à 5,000 francs par an.

Ils seront rétribués sur le budget du Royaume.

		Piastres.
	Européens.	
1	Sous-brigadier à 700 piastres	700 00
1	Agent de 1re classe à 600 piastres	600 00
1	Agent de 2e classe à 540 piastres	540 00
1	Agent de 3e classe à 480 piastres	480 00
	Asiatiques.	
1	Brigadier à 300 piastres	300 00
1	Sous-brigadier de 1er classe à 240 piastres	240 00
1	Sous-brigadier de 2e classe à 216 piastres	216 00
4	Agents de 1re classe à 204 piastres	816 00
4	Agents de 2e classe à 192 piastres	768 00
4	Agents de 3e classe à 168 piastres	672 00
4	Agents de 4e classe à 144 piastres	576 00
10	Agents de 4e classe à 120 piastres	1,200 00
	SERVICE DE LA SURETÉ.	
1	Interprète chinois à 300 piastres	300 00
2	Agents chinois à 102 piastres	204 00
1	Agent chinois à 144 piastres	144 00
	Frais de bureau	120 00
	Éclairage des fanaux, entretien des armes	60 00
	Dépenses diverses, propriété du poste, réparations	60 00
	HABILLEMENT.	
33	Agents à 22 piastres l'un pour une tenue complète en flanelle et une tenue en toile blanche avec képi et salacco	726 00
	Total	8,722 00

La somme de huit mille sept cent vingt-deux piastres sera imputée au budget municipal de la ville de Pnom-Penh.

CHARLES THOMSON.

(7 janvier 1886)

DÉCRET *distrayant du ministère de la marine et des colonies les pays placés sous le protectorat de la France et les rattachant au ministère des affaires étrangères* (1).

J. R. F., p. 123.

(14 janvier 1886)

A. G. *relatif aux attributions du capitaine de port à Pnom-Penh.*

B. C., p. 47.

Article premier. — L'atelier et les navires prêtés par le Roi Norodom à l'Administration française sont aux ordres du Résident général, ainsi que tout le personnel qui en fera partie.

Art. 2. — Les fonctions du capitaine de port comprennent :

1° La désignation des mouillages des bâtiments non de guerre et celle des stationnements des barques de toute catégorie ;

2° La surveillance des quais et berges ;

3° L'établissement et l'entretien des corps-morts pour les avisos et les grands navires à vapeur ;

4° La garde de la flotille, et l'atelier et de toutes les constructions qui en dépendent ;

5° Le balisage et le dégagement des passes, la surveillance dans ce sens des pêcheries de tout le carrefour et de la naissance des quatre bras du fleuve ;

6° Le contrôle des papiers des bâtiments et des barques, et de l'observation des règles de chargement ;

7° La publication journalière des mouvements du fleuve et de tous les arrêtés et renseignements intéressant les bâtiments et les barques ;

8° Les réparations, ordonnées par le Résident général, des divers bâtiments en service ainsi que des chaloupes;

9° La responsabilité de l'exécution des ordres qui lui seront donnés par le Résident général.

Art. 3. — Un adjoint au capitaine de port sera placé auprès de ce dernier pour l'aider et le suppléer au besoin dans les différentes branches de son service.

Art. 4. — Le personnel européen détaché au service de la flotte sera fixé comme suit :

1° Atelier de réparation : 1 Second-maître mécanicien, 1 quartier-maître, 3 ouvriers (autant que possible 1 serrurier, 1 forgeron, 1 fondeur, ouvriers cambodgiens, chinois ou annamites) ;

2° A bord de chaque bâtiment : 1 quartier-maître ou un ouvrier mécanicien chargé du service spécial de la machine et remplissant les fonctions de capitaine ; il relèvera du Résident général et du capitaine de port pour les déplacements à faire à son bâtiment. En ce qui concerne les réparations de la machine, il s'adressera au second-maître, chef d'atelier.

(1) V. Annam et Tonkin.

Le second-maître mécanicien, chef d'atelier, sera chargé des réparations des bâtiments et de la mise en état des chaloupes à vapeur des divers services. Il exercera une surveillance attentive sur le bon état des machines des bâtiments. Il relèvera du Résident général et du capitaine de port.

Art. 5. — Recrutement. Les matelots cambodgiens seront pris parmi les volontaires qui s'engageront à rester au service pendant une période d'une année au moins ou à se faire remplacer en cas de départ.

Leur solde mensuelle sera de six piastres et une ration journalière d'un kilo de riz leur sera attribuée.

Quand les bateaux seront à Pnom-Penh les matelots ne seront pas tenus de coucher à bord, sauf ceux dont la présence aura été reconnue nécessaire.

Art. 6. — Le choix du personnel, tant européen qu'indigène, sera soumis à l'approbation du Résident général,

Art. 7. — Le commandant de la marine passera tous les six mois l'inspection de la marine cambodgienne et adressera à ce sujet un rapport au Gouverneur.

Il pourra se faire remplacer par un officier auquel il déléguera ses pouvoirs.

BÉGIN.

(1er mars 1886).

A. G. *accordant une indemnité annuelle de 150 piastres aux fonctionnaires de Cochinchine détachés au Cambodge et justifiant de la connaissance de la langue cambodgienne.*

B. C., p. 88.

Article premier. — Les fonctionnaires et employés de tout grade de l'administration civile de la Cochinchine détachés au Cambodge, les magistrats, les officiers et sous-officiers chargés du commandement des milices, qui justifieront devant un jury d'examen de la connaissance de la langue cambodgienne recevront, à titre de prime, durant leur séjour dans le Cambodge, une indemnité annuelle de cent cinquante piastres.

Art. 2. — Les titulaires des primes devront justifier tous les trois ans, par un nouvel examen, de leur connaissance de la langue cambodgienne.

Art. 3. — Un arrêté ultérieur fixera la composition du jury d'examen.

Art. 4. — Sont exceptés des dispositions du présent arrêté, MM. les résidents et les interprètes pour lesquels la connaissance de la langue cambodgienne est obligatoire.

BÉGIN.

(6 avril 1886).

DÉCRET *fixant la solde, les frais de représentation et indemnité de premier établissement du Résident général.*

J. C., p. 610.

Article premier. — La solde du Résident général au Cambodge est fixée ainsi qu'il suit :

	Piastres.
Solde coloniale.	7,000
Solde d'Europe.	2,000

Article 2. — Les frais de représentation du Résident général sont fixés à 5,000 piastres.

Il recevra, à titre d'indemnité de premier établissement, une allocation de 1,600 piastres.

JULES GRÉVY.

(9 avril 1886)

DÉP. M. *Notification d'un décret du 5 avril 1886 qui fixe la solde, les frais de représentation et indemnité de premier établissement du Résident général du Cambodge.*

ARCH. GOUV.

(13 mai 1886)

A. G. *Installation de M. Piquet, résident général au Cambodge.*

J. C., p. 610.

M. Piquet (George-Jules), nommé Résident général au Cambodge, prendra possession de ses fonctions à la date du 17 mai, en remplacement de M. le lieutenant-colonel Badens, Résident général provisoire, qui conservera le commandement supérieur des troupes du Cambodge.

BÉGIN.

(15 avril 1887)

DÉP. M. *au sujet du budget du Cambodge pour l'exercice 1887. Observations.*

ARCH. GOUV.

Par lettre du 14 janvier dernier, vous m'avez soumis le projet de budget du Cambodge, pour 1887, établi en tenant compte des concessions faites au roi Norodom.

J'ai déjà répondu à cette communication par un télégramme du 1er avril courant que j'ai l'honneur de vous confirmer :

« Budget adopté, sauf modifications suivantes : nombre éventuel résidents six, y compris secré-
« taire général : un de 1re classe, deux de deuxième. Traitements relevés au chiffre de l'an dernier.
« Crédit école cambodgienne porté à 60,000 fr... Réserve augmentée de 19,000 fr... »

La solde des résidents est fixée, par le projet de budget de 1887, de la manière suivante :

Secrétaire général, résident de Pnom-Penh...	3.790
Résident de 2e classe........................	2.600
Résident de 3e classe........................	2.000

Ces mêmes traitements étaient, d'après le budget de 1886, de 4.000, 2.782 et 2.440.

Je n'ignore pas que, par suite du décompte, les soldes prévues pour 1887 seraient sensiblement égales à celles allouées en 1886. Le maintien des anciens tarifs équivaudra donc pour les résidents à une amélioration de traitement qui m'a parue nécessitée par l'assimilation donnée à ces fonctionnaires par le décret du 23 novembre dernier. Il m'a semblé, par contre, inutile d'augmenter l'effectif de nos représentants au Cambodge en le portant à neuf; il restera donc fixé à six, comme en 1886, y compris le secrétaire général de la Résidence.

L'année dernière, l'allocation prévue pour l'école cambodgienne était de 12,000 piastres, qui, au cours moyen de 4 fr., ne donnaient que 48,000 fr.

Cette somme est trop faible pour permettre de faire face aux dépenses de l'école, d'autant plus que je désire donner de l'extension à cet établissement par l'augmentation du nombre des élèves. Je vous ai déjà prescrit d'en envoyer six nouveaux, le plus tôt possible. Il y a lieu, en conséquence, de porter à 60,000 fr. le crédit destiné à l'école.

L'augmentation de dépenses est compensée et au delà par l'économie réalisée sur les résidents. Le projet de budget que vous m'avez soumis portait, dans la colonne des piastres, un abondement de 16 p. 0/0 sur les dépenses de solde où la conversion de cette monnaie en francs avait été faite au taux de 5 fr. Si, comme j'ai tout lieu de le supposer, cet abondement a été opéré en vue d'obtenir l'équivalence des dépenses en piastres et en francs, il convient de remarquer que la même manière de procéder doit être appliquée à toutes les dépenses de personnel et même de matériel pour lesquelles le taux de conversion de la piastre a été fixé à 5 fr.

A. DE LA PORTE.

(1er janvier 1888)

A. G. G. *déterminant les nominations faites par le Résident général au Cambodge, par délégation spéciale du Gouverneur général.*

J. C., p. 30.

Article premier. — Par délégation spéciale du Gouverneur général, sont à la nomination de M. le Résident au Cambodge :

1° Tous les agents du personnel européen sous ses ordres dont la solde coloniale est inférieure à 4,000 francs ;

2° Tous les agents indigènes attachés au service du Protectorat.

CONSTANS.

(12 avril 1888)

ÉCRET *fixant le cadre et la solde du personnel politique et administratif de l'Indo-Chine* (1).

(Promulg. A. G., 29 mai 1888).
B. C., p. 273.
J. C., p. 502.

(11 mai 1888)

A. G. G. *allouant une indemnité, dite de résidence ou de logement, sur le pied de 500 fr. par an, à compter du 1er janvier 1888, à tous les agents européens en service au Cambodge jouissant d'un supplément ne dépassant pas 600 fr. auxquels le Protectorat ne pourra pas fournir de logement en nature.*

J. C., p. 457.

Article premier. — Une indemnité dite de résidence ou de logement, sur le pied de cinq cents francs par an, est allouée, à compter du 1er janvier 1888, à tous les agents européens en service au Cambodge jouissant d'un traitement de 6,000 francs et au-dessous, auxquels le Protectorat ne pourra pas fournir de logement en nature.

Art. 2. — La dépense résultant de cette concession suivra la même imputation budgétaire que la solde des agents qui sont appelés à en bénéficier.

RICHAUD.

(1) V. Indo-Chine.

(28 janvier 1889)

DÉCRET *fixant le cadre du personnel des résidents et vice-résidents au Cambodge.*

(Promulg. A. G. G., 19 mars 1889).
J. C., p. 326.
B. Col., p. 40.

Article premier. — Les cadres du personnel des résidents et vice-résidents du Protectorat du Cambodge sont fixés ainsi qu'il suit :

Résidents de 1re classe	1
— de 2e classe	2
Vice-résidents de 1re classe	1
— de 2e classe	2

Art. 2. — Il ne sera fait aucune nomination nouvelle dans chaque classe avant que le nombre des résidents et vice-résidents ait été ramené pour chacune d'elles aux chiffres déterminés à l'article premier.

CARNOT.

(2 mai 1889)

DÉCRET *réorganisant le personnel européen du secrétariat général et des affaires indigènes de Cochinchine ; des résidences de l'Annam, du Tonkin et du Cambodge.*

(Promulg. A.G.G., 5 juin 1889).
B. C., p. 516.
J. C., p. 578

(9 mai 1889)

DÉCRET *fixant les attributions, l'assimilation et les traitements du Lieutenant-Gouverneur de la Cochinchine et des Résidents supérieurs de Hué, de Hanoï et de Pnom-Penh.*

(Promulg. A. G. G., 13 juin 1889).
B. C., p. 529.
J. C., p. 598.

(20 septembre 1889)

A. G. G. *modifiant la composition du personnel européen du cabinet du Gouverneur général et déterminant la solde de ce personnel (art. 5).*

J. C., p. 873.

Art. 1er. — . . . .

. . . .

Art. 5. — Suivant les besoins du service, des fonctionnaires dépendant du secrétariat général de la Cochinchine ou des résidences du pays de Protectorat pourront être détachés au cabinet du Gouverneur général ; ils conserveront leur solde et grade, qui sera imputée sur le budget du service auquel ils appartiennent.

PIQUET.

(20 septembre 1889)

A. G. G. *portant que M. Hahn, résident de première classe, prend le titre de Résident de la province de Pnom-Penh et que M. de Lalande-Calan, administrateur des affaires indigènes, est mis à la disposition du Résident supérieur du Cambodge pour remplir les fonctions de chef de cabinet.*

J. C., p. 875.

(3 octobre 1889)

A. G. G. *déterminant les attributions politiques et administratives du Résident supérieur au Cambodge ; — de ses rapports avec le Gouverneur général, le Lieutenant-Gouverneur et les autres Résidents supérieurs.*

J. C. p. 958.

Nota. — Le budget du Protectorat du Cambodge a été approuvé par décret du 2 mai 1889, promulgué par A. G. G. du 13 juin 1889.

III. — ORGANISATION JUDICIAIRE.

NATURE DES DOCUMENTS	DATES	RECUEILS A CONSULTER							OBSERVATIONS
		Bat.	B C.	B D.I	J. C.	J.H.	B. M.	B.Col	
A. G.	29 novembre 1870.		326						
A. G.	26 avril 1871.	1-26	141						
Ordonnances	1873	1-27	112						
Ordonnance	1er mai 1877.	1-31							
Décret	24 février 1881.		176						
Dép. M.	4 mars 1881.								
A. G.	9 avril 1881.		176						
Décret	6 octobre 1882.		218						
Dép. M.	25 octobre 1882.								
A. G.	10 mai 1883.		230						
A. G.	17 mai 1883.		233						
A. G.	28 mai 1883.		239						
A. G.	7 juin 1883.		268						
Convention	13 mars 1884.		135						
A. G.	14 avril 1884.		133						
A. G.	8 octobre 1884.		407						
D. G.	27 octobre 1884.				1324				
Rapp. M.	15 novembre 1887.							905	
Décret	15 novembre 1887.							905	

(29 novembre 1870)

A. G. *concernant l'exécution des jugements civils ou correctionnels rendus par le Résident français au Cambodge dans les contestations entre Français et entre Français et Européens, et portant que ces jugements seront sujets à l'appel devant la Cour de Saïgon.*

B. C., p. 326.

(26 avril 1871)

A. G. *modifiant et complétant l'arrêté du 29 novembre 1870.*

BAT., I, p. 26.
B. C., p. 141.

L'arrêté du 29 novembre 1870 est modifié et complété comme suit :

Lorsqu'un jugement aura été prononcé par le Résident, condamnant un Français, un Européen protégé de la France, au Cambodge, il lui sera donné, conformément à nos lois, un délai de dix jours, à partir de la signification qui lui en sera faite, pour se pourvoir en appel. Passé ce délai, le versement de l'amende, des dommages-intérêts ou le paiement du montant des condamnations prononcées contre lui, à quelque titre que ce soit, deviendra immédiatement exigible, à peine d'expulsion du Cambodge.

DUPRÉ.

(1873)

ORDONNANCES *de S. M. le Roi du Cambodge, réglant les attributions judiciaires du Représentant du protectorat à l'égard des Européens résidant ou de passage au Cambodge.*

BAT., I, p. 27.
B. C., p. 112.

I

Article premier. — Les Européens qui désirent fixer leur résidence sur notre territoire, ceux qui, pour affaires de commerce ou autres, y veulent circuler, devront préalablement faire leur déclaration de résidence ou de séjour, à Pnom-Penh, à notre grand mandarin chargé de la justice, et dans les provinces aux mandarins gouverneurs.

Art. 2. — L'autorisation de résidence ou de séjour sera transmise, par notre grand mandarin ou par nos mandarins gouverneurs de provinces, au Représentant du protectorat français, qui l'inscrira dans ses archives et la fera parvenir aux intéressés.

Art. 3. — Les Européens devront se soumettre aux lois du royaume, observer nos ordonnances, règlements et usages.

Ils seront soumis à la juridiction exceptionnelle établie pour les Français par l'article 7 du traité du 11 août 1863, que nous réglons par une ordonnance.

Art. 4. — Notre grand mandarin justicier à Pnom-Penh, nos gouverneurs de provinces sont tenus de publier la présente ordonnance, de veiller, en ce qui les concerne, à sa stricte exécution.

II

Article premier. — Les procès en litiges, tant en matière civile qu'en matière commerciale, entre les Français résidant ou de passage au Cambodge, et nos sujets, entre les Européens résidant ou de passage au Cambodge et nos sujets, seront portés devant le Représentant du protectorat français accrédité près de nous.

Art. 2. — Les parties intéressées le saisiront de la connaissance des procès et litiges par voie de requête contenant énumération des griefs et demandes.

Art. 3. — Le Représentant du protectorat, ainsi saisi, entendra les parties et tentera de les concilier ; il dressera procès-verbal des dires et soutiens des parties, et, en cas de conciliation, y relatera les clauses et conditions de l'arrangement.

Le procès-verbal sera rédigé sur un registre spécial et signé du Représentant du protectorat, des parties, du secrétaire-greffier et des interprètes.

Art. 4. — En cas de non-conciliation, le Représentant du protectorat donnera avis du procès à notre grand mandarin chargé spécialement de la justice à Pnom-Penh, et lui communiquera la requête et le procès-verbal constatant que la conciliation n'a pu avoir lieu.

Art. 5. — Dans les trois jours, le Représentant du protectorat et notre grand mandarin justicier, constitués en tribunal, fixeront le jour et l'heure de la comparution des parties devant eux.

Les fonctions de secrétaire-greffier seront exercées par le secrétaire du Représentant du protectorat.

Art. 6. — Le tribunal se réunira au palais du Représentant du protectorat, si le demandeur est notre sujet ; au palais du grand mandarin, si le demandeur est Français ou Européen.

Art. 7. — Les citations à comparaître devant le tribunal, ainsi constitué, seront délivrées : aux Français et Européens par le Représentant du protectorat, à nos sujets par notre grand mandarin.

Art. 8. — Les parties comparaîtront en personne ou par fondé de procuration spéciale.

Il sera donné lecture du procès-verbal de non-conciliation ; puis, après audition des parties et de leurs conseils, les juges prononceront comme arbitres souverains. Leur décision sera sans recours et sans appel, quel que soit d'ailleurs le chiffre ou le taux de la demande.

Art. 9. — S'il y a partage d'opinion entre les deux juges sur le point en litige, ils nous exposeront l'affaire et nous prononcerons.

Art. 10. — Les décisions rendues par le tribunal seront inscrites, au moment même de leur prononcé, sur deux registres, et signées des juges, du secrétaire-greffier et des interprètes.

Ces registres seront cotés et paraphés par le Représentant du protectorat et par notre grand mandarin. L'un des deux sera déposé aux archives du protectorat, et l'autre sera confié à la garde de notre grand mandarin.

Art. 11. — Les juges fixeront dans leur décision le mode d'exécution. Ils pourront prononcer l'expulsion du territoire cambodgien contre l'étranger, Français ou Européen, qui n'aura pas exécuté les condamnations prononcées contre lui, à quelque titre que ce soit, dans les délais ci-après impartis.

Art. 12. — Le jugement ainsi prononcé et transcrit, s'il est rendu en présence des parties, sera exécutoire dans les dix jours de sa date, sans qu'il y ait lieu de le signifier.

Art. 13. — Des expéditions du jugement seront délivrées aux parties, sur leur demande, par le secrétaire-greffier ; elles seront signées du Représentant du protectorat, de notre grand mandarin, du secrétaire-greffier, et scellées de leurs sceaux.

Mention de la délivrance desdites expéditions sera faite sur chaque registre, en marge du jugement.

Art. 14. — Le défendeur qui, régulièrement cité, ne comparaîtra pas, sera condamné à une amende de deux à dix piastres au profit du demandeur.

Il sera cité de nouveau.

Art. 15. — Si le défendeur réassigné comparaît et justifie d'un empêchement légitime de se rendre à la première citation, il sera déchargé de la condamnation prononcée contre lui, et il sera procédé ainsi qu'il a été dit ci-dessus.

Art. 16. — Si le défendeur réassigné fait itératif défaut, il sera passé outre et le débat vidé.

Art. 17. — Le jugement ainsi rendu par défaut sera, dans les trois jours, notifié au défaillant par le Représentant du protectorat si le défaillant est Français ou Européen, par notre grand mandarin si le défaillant est notre sujet.

Art. 18. — Un délai de cinq jours francs, à partir de la notification, est accordé au défaillant pour former opposition au jugement.

Passé ce délai, l'opposition n'est plus recevable, et le jugement devra être exécuté dans sa forme et teneur.

Art. 19. — Les procès et litiges, tant en matière civile qu'en matière commerciale, entre Français, ceux entre Français et Européens et ceux entre Européens, seront portés devant le représentant du Protectorat et jugés par lui dans les formes ci-dessus établies. Le résident jugera en dernier ressort tous procès ou litiges dont l'intérêt est inférieur à mille cinq cents francs de valeur déterminée ou à soixante francs de revenu.

Les jugements rendus par lui, lorsque l'intérêt du litige dépassera quinze cents francs, seront susceptibles d'appel devant la cour de Saïgon.

Un délai de dix jours est accordé pour porter appel, et court du jour de la signification du jugement, si le jugement est par défaut, et du jour de la prononciation, s'il est rendu en présence des parties.

Le résident pourra prononcer l'expulsion du territoire cambodgien contre l'Étranger qui n'aura exécuté, dans les délais ci-dessus impartis, les condamnations prononcées contre lui à quelque titre que ce soit, tant en matière civile qu'en matière commerciale.

Art. 20. — Il sera perçu dans chaque affaire, comme droits de greffe, une somme qui ne sera pas inférieure à deux piastres ni supérieure à quatre piastres.

Cette somme sera déterminée par le tribunal, selon le cas, et mise à la charge de la partie qui succombe.

Le coût de l'expédition d'un jugement sera fixé par le tribunal et ne pourra s'élever au-dessus d'une piastre.

Art. 21. — Les crimes et délits commis sur notre territoire par des Français et des Européens, seront instruits et poursuivis à la diligence du représentant du Protectorat.

Notre grand mandarin, chargé de la justice, nos gouverneurs de provinces, sont tenus de lui prêter aide et concours pour rechercher les malfaiteurs.

Ils sont tenus également d'assurer l'exécution de toutes réquisitions, de tous mandats de justice décernés par le représentant du Protectorat ou par lui transmis à notre grand mandarin contre Français et Européens résidant ou en passage sur notre territoire.

Les délits sont jugés correctionnellement par le Résident. Appel peut être porté du jugement correctionnel devant la cour de Saïgon.

Un délai de dix jours est accordé au condamné pour se pourvoir en appel ; ce délai court du jour du jugement si le jugement est contradictoire, du jour de la signification du jugement si le jugement est par défaut.

L'expulsion du territoire pourra être prononcée contre le condamné qui aura refusé d'exécuter les condamnations pécuniaires portées contre lui.

Art. 22. — Les plaintes et dénonciations adressées à nos officiers, contre des Français et Européens, seront transmises à notre grand mandarin chargé de la justice, qui les fera parvenir sans délai au représentant du Protectorat.

Art. 23. — En cas d'arrestation, par nos officiers, des Français ou Européens au moment où ils ont commis un crime ou un délit, avis de l'arrestation sera aussitôt donné au représentant du Protectorat, et les inculpés lui seront immédiatement remis et déposés en la maison d'arrêt du Protectorat.

Notre grand mandarin devra, s'il en est requis, fournir des soldats pour la garde des prisonniers.

Art. 24. — Si, à raison de crimes ou délits commis par des Français ou Européens, il est dû des indemnités ou dommages-intérêts aux victimes ou représentants d'icelles, il sera ainsi procédé :

Si la partie lésée est un de nos sujets, la question sera portée, après jugement du crime ou du délit, devant le tribunal composé de notre grand mandarin et du représentant du Protectorat, conformément aux règles ci-dessus établies.

Si le délit a été commis au préjudice de Français ou d'Européens, le représentant du Protectorat, sur la demande de la partie civile, fixera l'indemnité due, en même temps qu'il statuera sur le délit.

En matière de crime, défini par l'article 7 du traité, à la cour de justice de Saïgon, la question sera portée, selon le cas, soit devant le tribunal de notre grand mandarin et du représentant du Protectorat s'il s'agit de Cambodgiens, soit devant la cour de justice saisie du crime s'il s'agit de Français ou d'Européens.

La partie lésée par un crime ou par un délit peut toujours agir directement, au civil, par voie d'instance principale et saisir la juridiction compétente sur notre territoire, sans préjudice de l'action publique.

Art. 25. — En cas d'absence du représentant du Protectorat, il sera remplacé, pour rendre la justice, par le Commandant des forces françaises.

Art. 26. — Le résident français s'abstiendra de toute intervention dans les contestations des sujets cambodgiens entre eux, c'est-à-dire des Asiatiques qui résident au Cambodge. Les affaires criminelles ou autres concernant ces gens-là seront jugées par les mandarins cambodgiens.

Art. 27. — Notre grand mandarin est chargé de publier la présente ordonnance, de veiller, en ce qui le concerne, à sa stricte exécution.

(Cachet royal).

(1er mai 1877)

ORDONNANCE *de S. M. le roi du Cambodge complétant les dispositions concernant l'administration de la justice dans le royaume du Cambodge.*

BAT. I, p. 31.

Article premier. — Les Asiatiques, sujets français, venus de la Cochinchine française au Cambodge pour faire du commerce ou voyager, et qui voudront jouir, pendant leur séjour dans le royaume, des privilèges que renferment le traité du Protectorat, ainsi que les ordonnances royales qui en ont été la conséquence, devront, dès leur arrivée sur notre territoire, faire au Protectorat français une déclaration de présence.

Les effets de cette déclaration auront une durée maximum d'une année, après laquelle ces Asiatiques seront désormais soumis aux lois du pays.

Art. 2. — Par suite de cette déclaration de présence, les Asiatiques, sujets français, se trouveront placés, au point de vue de la justice civile et criminelle, mais uniquement dans les différends qu'ils pourront avoir entre eux, dans les mêmes conditions que les Européens ou assimilés, en conservant toutefois le statut auquel ils étaient soumis dans la Cochinchine française.

Art. 3. — Le représentant du Protectorat français au Cambodge, ainsi que l'administrateur des affaires indigènes qui lui est adjoint, auront, à l'égard des Asiatiques, sujets français, les attributions judiciaires dont jouissent les administrateurs dans les provinces de la Cochinchine française, et ils feront appliquer les dispositions contenues dans le code annamite en vigueur.

Il pourra être fait appel des jugements prononcés en conformité des dispositions du présent article. Ces appels seront portés devant la commission d'appel qui siège à Saïgon.

Art. 4. — Les appels des jugements rendus par le représentant du Protectorat, dans les affaires entre les Asiatiques, sujets français, et des Européens, seront portés devant les tribunaux français de Saïgon.

Art. 5. — Tous les crimes ou délits commis sur notre territoire par des Asiatiques, sujets français, ou Européens, au préjudice d'un sujet cambodgien, seront jugés, sans appel et selon l'équité, par le tribunal mixte.

En cas de condamnation à mort, le recours en grâce devra être porté devant M. le Gouverneur de la Cochinchine.

Art. 6. — Tous les crimes ou délits commis par nos sujets au préjudice de Français, Européens ou Asiatiques, sujets français, seront jugés, sans appel et selon l'équité, par le tribunal mixte.

En cas de condamnation à mort, le recours en grâce devra être porté devant nous.

(24 février 1881)

DÉCRET *réglementant la justice française au Cambodge.*

(Promulg. A. G., 9 avril 1881).
B. C., p. 176.

Article premier. — Sur tout le territoire du Cambodge, la justice sera rendue aux Français, Européens et à tous sujets d'une puissance européenne ou américaine, à quelque nationalité qu'ils appartiennent, et dans tous les cas où il n'y a pas de sujets cambodgiens en cause, par le tribunal de France établi à Pnom-Penh, qui est entièrement assimilé, pour le présent et l'avenir, aux tribunaux de première instance siégeant dans l'intérieur de la Cochinchine.

Art. 2. — Ce tribunal se conformera, pour le jugement des affaires civiles, commerciales et criminelles, intéressant les justiciables désignés à l'article premier, à la législation en vigueur devant les tribunaux de Cochinchine, laquelle sera promulguée dans le royaume du Cambodge.

Art. 3. — Les fonctions du ministère public, de greffier, de notaire et d'huissier seront remplies par des fonctionnaires désignés par le Gouverneur de la Cochinchine.

Les fonctions de notaire et de greffier pourront être réunies.

Art. 4. — Il n'est rien modifié aux dispositions concernant les juridictions instituées pour le jugement des affaires civiles, commerciales et criminelles intéressant les sujets cambodgiens entre eux ou les sujets cambodgiens conjointement avec des Français, Européens ou des sujets d'une puissance européenne ou américaine.

JULES GRÉVY.

(4 mars 1881)

DÉP. M. *prescrivant la promulgation du décret du 24 février 1881 sur la juridiction française au Cambodge.*

ARCH. GOUV.

Vous trouverez au *Journal officiel* du 1er de ce mois un décret rendu sur ma propostition le 24 février dernier, et qui réglemente le fonctionnement de la justice française au Cambodge.

Je vous prie de faire promulguer cet acte dans la colonie.

Je vous serai obligé de me rendre compte des dispositions que vous aurez prises pour le prompt fonctionnement du nouveau tribunal institué à Pnom-Penh sur votre demande.

CLOUÉ.

(9 avril 1881)

A. G. *promulguant le décret du 24 février 1881 réglant le fonctionnement de la justice française au Cambodge et les décrets des 25 juillet 1864, — 7 mars 1868, — 25 juin 1879, — et 3 avril 1880, concernant l'administration judiciaire de Cochinchine.*

B. C., p. 176.

Article premier. — Est promulgué, dans toute l'étendue de la Cochinchine française, le décret susvisé du 24 février 1881, réglementant la justice française au Cambodge.

Art. 2. — Conformément aux prescriptions de son article 2, seront également promulgués dans le royaume du Cambodge : ledit décret du 24 février 1881 et les décrets des 25 juillet 1864, 7 mars 1868, 25 juin 1879 et 3 avril 1880, concernant l'administration judiciaire en Cochinchine.

A. DE TRENTINIAN.

(6 octobre 1882)

DÉCRET *réglant la composition du tribunal de première instance de Pnom-Penh et fixant la solde, la parité d'office et le costume des magistrats de cette juridiction.*

(Promulg. A. G. 1er mai 1883).
B. C., p. 218.

Article premier. — Le tribunal de France institué à Pnom-Penh est composé :

D'un juge-président ;

D'un lieutenant de juge ;

D'un procureur de la République,

Et d'un greffier.

Les fonctions de ces magistrats seront celles qui sont attribuées aux tribunaux de première instance de la Cochinchine par le décret du 25 mai 1881.

Le greffier remplira en même temps les fonctions de notaire et de commissaire-priseur. Il pourra lui être adjoint un ou plusieur commis greffiers, selon les besoins du service.

Art. 2. — Le traitement colonial des magistrats du tribunal de Pnom-Penh et leur parité d'office sont déterminés conformément au tarif fixé par le tableau annexé au décret du 25 mai 1881 et concernant les tribunaux de Vinhlong, de Chaudoc et de Soctrang.

Art. 3. — Les magistrats du tribunal de Pnom-Penh porteront, aux audiences ordinaires, aux audiences solennelles et dans les cérémonies publiques, le costume déterminé pour les membres de première instance de Saïgon.

JULES GRÉVY.

(25 octobre 1882)

DÉP. M. *notification d'un décret en date du 6 octobre 1882 réglant la composition du tribunal de France à Pnom-Penh, et fixant la solde et la parité d'office des magistrats de cette juridiction.*

ARCH. GOUV.

Vous trouverez au *Journal officiel* du 10 octobre courant un décret réglant la composition du tribunal de France à Pnom-Penh et fixant la solde et la parité d'office des magistrats de cette juridiction.

J'ai l'honneur de vous prier de vouloir bien pourvoir à sa promulgation.

Je vous ferai connaître ultérieurement les dispositions prises pour le recrutement du personnel nécessaire au fonctionnement de ce tribunal.

DISLÈRE.

(10 mai 1883)

A. G. *promulguant au Cambodge les Codes français et divers décrets sur l'organisation judiciaire en Cochinchine.*

B. C., p. 230.

Article premier. — Sont promulgués au Cambodge les Codes civil, de procédure civile, de commerce, d'instruction criminelle et pénal, sauf les modifications édictées par les décrets sur l'organisation judiciaire de la Cochinchine et sous la réserve d'apporter ultérieurement auxdits Codes toutes autres modifications qui seraient reconnues nécessaires.

Art. 2. — Conformément aux prescriptions de l'article 2 du décret sus-visé du 24 février 1881, sont également promulgués au Cambodge les décrets des 6 mars et 20 septembre 1877, 16 mars 1880 et 25 mai 1881.

Art. 3. — Un exemplaire imprimé et relié des susdits Codes sera déposé au Protectorat français au Cambodge et au greffe du tribunal de première instance de Pnom-Penh.

CHARLES THOMSON.

(17 mai 1883)

A. G. *fixant au 29 mai 1883 l'entrée en fonctions du tribunal de première instance de Pnom-Penh.*

B. C., p. 233.

Article premier. — Le tribunal de première instance de Pnom-Penh (Cambodge), créé par les décrets susvisés des 24 février 1881 et 6 octobre 1882, entrera en fonctions le mardi 29 mai 1883.

Art. 2. — Ce tribunal sera installé à Pnom-Penh (Cambodge), dans les bâtiments mis à la disposition du service judiciaire par l'Administration.

Art. 3. — Le ressort du tribunal de première instance de Pnom-Penh comprendra tout le territoire du royaume du Cambodge.

CHARLES THOMSON.

(28 mai 1883)

A. G. *fixant les audiences du tribunal de première instance en matière civile, commerciale, correctionnelle et de simple police.*

B. C., p 239.

Article premier. — Les audiences du tribunal de première instance de Pnom-Penh, soit en matière civile, commerciale, correctionnelle et de simple police, se tiendront le lundi et le vendredi de chaque semaine.

Art. 2. — Elles commenceront à sept heures du matin.

Art. 3. — Et ce sans préjudice du droit, pour le juge-président, d'accorder des audiences extraordinaires.

CHARLES THOMSON.

(7 juin 1883)

A. G. *fixant le nombre des employés Européens et Indigènes attachés au tribunal de Pnom-Penh* (1).

B. C. p. 268.

(13 mars 1884)

CONVENTION (*Extrait*) *au sujet de la répression de la fraude en matière de contributions directes au Cambodge* (*Titre I. De la juridiction*).

(Promulg. A. G. 1er avril 1884).
B. C., p. 135.

TITRE I. — DE LA JURIDICTION.

Article premier. — Les contraventions aux règlements et arrêtés en matière de contributions indirectes, lorsqu'elles auront été commises par des sujets cambodgiens, seront portées devant un tribunal mixte spécial composé comme il suit :

(1) V. Service judiciaire.

Du représentant du Protectorat ou de son délégué, *président*, avec voix prépondérante ; d'un fonctionnaire français désigné par le Gouverneur de la Cochinchine, et de deux mandarins cambodgiens désignés par Sa Majesté le Roi du Cambodge.

Si les contrevenants sont des Français, des Européens ou des sujets d'une puissance américaine, ils seront soumis à la juridiction du tribunal de France siégeant à Pnom-Penh.

TITRE II

. . . .

. . . .

(14 avril 1884)

A.G. *rendant applicables au tribunal de première instance de Pnom-Penh les dispositions de l'arrêté du 16 janvier 1882 sur le mode de perception des droits de greffe des tribunaux de première instance de l'intérieur de la Cochinchine. — Arrêté.*

B. C., p 153.

Article premier. — Les dispositions de l'arrêté du 16 janvier 1882, concernant le mode de perception des droits de greffe des tribunaux de première instance de l'intérieur de la Cochinchine, sont déclarées applicables au tribunal de première instance de Pnom-Penh (Cambodge).

CHARLES THOMSON.

(8 octobre 1884)

A. G. *portant organisation des commis-greffiers affectés au service judiciaire de la Cochinchine. Cadre, traitement, assimilation, peines disciplinaires*

B. C., p. 407.

. . . .

. . . .

Art. 14. — Le présent arrêté est applicable au tribunal de première instance de Pnom-Penh (Cambodge).

CHARLES THOMSON.

(27 octobre 1884)

D. G. *concernant l'administration de la justice au Cambodge.*

(Promulg. A. G. 1er novembre 1884).
J. C., p. 1324.

CHAPITRE PREMIER

DISPOSITIONS GÉNÉRALES.

Article premier. — La justice est rendue, dans le royaume du Cambodge, sans acception de rang ni de personne.

Les expéditions des arrêts, jugements et mandats de justice seront intitulés ainsi qu'il suit :

Protectorat Français du Cambodge,
Au nom du Roi du Cambodge.

Lesdits arrêts, jugements, mandats de justice seront terminés ainsi :

En conséquence, le Gouverneur de la Cochinchine mande et ordonne à tous huissiers, sur ce requis, de mettre ledit jugement ou arrêt à exécution, à toutes les autorités et à tous les fonctionnaires du Royaume d'y tenir la main, à tous les commandants et officiers de la force publique de prêter main-forte lorsqu'ils en seront requis.

Art. 2. — La justice est administrée au Cambodge par les tribunaux de paix, les tribunaux provinciaux et le tribunal supérieur siégeant à Pnom-Penh.

Art. 3. — Les juges statueront suivant l'équité, en respectant autant que possible les coutumes cambodgiennes et en s'inspirant des principes du Droit français.

Toutefois, en matière de contributions directes, de contributions indirectes et de douanes, et, d'une manière générale, pour la répression des contraventions aux décisions, arrêtés et règlements légalement promulgués au Cambodge, les juges devront strictement observer les prescriptions desdits actes, et se conformer, s'il y a lieu, pour la procédure à suivre, à leurs dispositions.

Art. 4. — La torture est abolie.

Art. 5. — Il ne sera ordonné pour la répression des crimes, délits et contraventions, que les peines suivantes :

La mort,— les travaux forcés à perpétuité, — la déportation, — les travaux forcés à temps, — la détention, — la réclusion, — le bannissement, — l'emprisonnement à temps dans un lieu de correction, — l'internement, — l'amende et la confiscation.

Art. 6. — Aucune exécution capitale ne pourra avoir lieu sans l'autorisation du Gouverneur de la Cochinchine.

Art. 7. — Tout condamné à mort aura la tête tranchée.

Art. 8. — Le droit de grâce appartient au Roi : tous les recours en grâce devront être adressés au Résident général qui, s'il y a lieu, les présentera au Roi.

Art. 9. — La justice est gratuite.

Les magistrats recevront un traitement qui sera déterminé ci-après, suivant leurs grades.

Ceux qui accepteraient des présents ou une rémunération quelconque, à l'occasion de l'exercice de leurs fonctions, seront révoqués, sans préjudice des poursuites à exercer devant les tribunaux de répression.

Art. 10. — Il n'est en rien dérogé par les présentes dispositions aux lois, décrets et ordonnances fixant la composition et les attributions du tribunal de France établi à Pnom-Penh, qui continuera à rendre la justice sur tout le territoire du Cambodge aux Français, Européens, et à tous sujets d'une d'une puissance européenne ou américaine à quelque nationalité qu'ils appartiennent, et dans tous les cas où il n'y a pas de sujets cambodgiens en cause.

CHAPITRE II

DES TRIBUNAUX DE PAIX.

Art. 11. — Il est institué dans chaque arrondissement un tribunal de paix, composé d'un juge cambodgien, d'un juge suppléant faisant aussi fonctions de secrétaire et d'un huissier indigène.

Ces fonctionnaires seront nommés par le Résident général.

Art. 12. — Un arrêté, rendu par le Gouverneur de la Cochinchine après avis du Résident général, déterminera ultérieurement le territoire de juridiction des tribunaux de paix.

Art. 13. — Tout juge de paix qui, après sa nomination, ne résidera pas au siège du tribunal, sera averti par le Résident de la province d'y fixer son domicile dans le mois d'avertissement ; passé ce délai et en cas d'inobservation de cette prescription, le Résident général pourvoiera au remplacement du juge de paix, considéré comme démissionnaire.

Art. 14. — On ne pourra considérer comme cessation de résidence d'un juge de paix les absences qui seront autorisées comme il suit : lorsqu'un juge de paix désirera s'absenter de son arrondissement, il se munira d'une autorisation du Résident ; lorsque son absence devra durer plus d'un mois, il s'adressera, par la voie hiérarchique, au Résident général pour obtenir un congé.

Art. 15. — Le juge de paix connaît de toutes les causes purement personnelles et mobilières, sans appel jusqu'à la valeur de *cinq piastres*, et à charge d'appel jusqu'à la valeur de *cinquante piastres*.

Art. 16. — Lorsque le taux de la demande sera supérieur à *cinquante piastres*, le juge de paix conciliera les parties si faire se peut, et, dans le cas contraire, adressera son rapport au Résident de la province.

Art. 17. — Lorsque plusieurs demandes formées par la même partie seront réunies dans une même instance, le juge de paix sera incompétent si la valeur totale des demandes est supérieure à *cinquante piastres*, alors même que quelqu'une de ces demandes serait inférieure à cette somme.

Art. 18. — Les juges de paix seront, en outre incompétents pour connaître des contestations entre Français, Européens, sujets d'une puissance européenne ou américaine, et des sujets cambodgiens ; elles devront, quelle que soit la valeur du litige, être portées directement devant le tribunal provincial.

Art. 19. — Le juge de paix connaîtra en dernier ressort jusqu'à la valeur de *cinq piastres*, et à charge d'appel à quelque valeur que la demande puisse s'élever :

1° Des actions pour dommages faits aux champs, fruits et récoltes, soit par l'homme, soit par les animaux, et de celles relatives à l'élagage des arbres et des haies, et au curage soit des fossés, soit des canaux servant à l'irrigation des propriétés, lorsque les droits de propriété ou de servitude ne sont pas contestés ;

2° Des réparations locatives des maisons ou des fermes qui sont à la charge du locataire.

3° Des contestations relatives aux engagements respectifs des gens de travail au jour, au mois, à l'année, et de ceux qui les emploient ; des maîtres et des domestiques ou gens de service à gages ; des maîtres et de leurs ouvriers ou apprentis ;

4° Des actions en bornage, lorsque la propriété ou les titres qui l'établissent ne sont pas contestés.

Art. 20. — En matière de simple police, le tribunal de paix pourra prononcer contre les sujets cambodgiens ou asiatiques jusqu'à huit jours de prison et cinq piastres d'amende au profit du trésor public ; mais lorsqu'il prononcera l'emprisonnement ou lorsque les amendes, restitutions et autres réparations civiles excèderont la somme de cinq piastres, son jugement sera susceptible d'appel.

Art. 21. — Le juge de paix remplira les fonctions d'officier de police judiciaire ; il pourra être aussi chargé de faire des instructions tant en matière civile que criminelle.

CHAPITRE III

DES TRIBUNAUX PROVINCIAUX.

Art. 22. — Il sera institué un tribunal provincial au chef-lieu de chaque province. Un arrêté du Gouverneur de la Cochinchine fixera ultérieurement l'étendue du ressort de ces tribunaux.

Art. 23. — Le tribunal provincial est composé du Résident ou de son délégué, président dudit tribunal, qui aura voix prépondérante, et d'un juge cambodgien nommé par le Résident général ; d'un juge cambodgien suppléant et d'un huissier nommés aussi par le Résident général.

Art. 24. — Les juges cambodgiens pourront être chargés par le président des enquêtes et des instructions tant au civil qu'au criminel.

Art. 25. — En matière civile et commerciale, le tribunal provincial connaîtra en premier et dernier ressort de toutes les actions personnelles et mobilières jusqu'à la valeur de *cent piastres*, et à charge d'appel de toutes les autres demandes, quelle qu'en soit la valeur.

Art. 26. — En matière criminelle et correctionnelle, le tribunal provincial connaîtra, à charge d'appel, de tous les crimes et délits commis dans son ressort.

Il connaîtra également des contraventions aux règlements et arrêtés légalement promulgués au Cambodge, en matière de contributions directes, de contributions indirectes, de douanes, etc.

Lorsque la condamnation excèdera deux années de prison, ou *deux cents piastres* d'amende, le jugement ne sera exécutoire qu'après homologation du tribunal supérieur qui pourra, s'il y a lieu, réduire la peine appliquée et même prononcer l'acquittement.

Art. 27. — Le tribunal provincial connaîtra en outre de l'appel des jugements des tribunaux de paix, tant en matière civile qu'en matière de simple police.

Art. 28. — Les litiges entre Français, Européens, sujets d'une puissance européenne ou américaine, et les sujets cambodgiens, en toute matière, seront directement portés devant le tribunal provincial, qui prononcera à charge d'appel.

CHAPITRE IV

DU TRIBUNAL SUPÉRIEUR.

Art. 29. — Le tribunal supérieur aura son siège à Pnom-Penh, capitale du royaume.

Art. 30. — Il sera composé du Résident général ou de son délégué, président, d'un fonctionnaire français désigné par le Gouverneur de la Cochinchine, et de deux juges cambodgiens nommés par le Gouverneur de la Cochinchine, sur la proposition du Résident général.

Il pourra être nommé des juges suppléants pour remplacer les juges titulaires, en cas d'absence ou d'empêchement.

Il sera adjoint au tribunal supérieur un greffier, un huissier et un ou plusieurs commis greffiers, selon les besoins du service.

Art. 31. — Les décisions seront prises à la simple majorité, et, en cas de partage, la voix du président sera prépondérante.

Art. 32. — En matière civile et commerciale, le tribunal supérieur connaît des appels formés contre les jugements rendus en premier ressort par les tribunaux provinciaux.

Art. 33. — En matière criminelle et correctionnelle, le tribunal supérieur connaît de l'appel de tous les jugements rendus par les tribunaux provinciaux.

Art. 34. — Le tribunal supérieur connaîtra en outre, lors même qu'aucune des parties n'aurait interjeté appel, des jugements qui lui seront déférés par le Résident général et des jugements rendus par les tribunaux provinciaux en matière criminelle ou correctionnelle, lorsque la condamnation sera supérieure à *deux années* de prison, ou à *deux cents piastres* d'amende.

Art. 35. — En cas de conflit entre les tribunaux cambodgiens ou entre les tribunaux des diverses provinces, le règlement de juges sera prononcé par le tribunal supérieur.

Art. 36. — Le tribunal supérieur connaîtra directement de tous les crimes et délits commis par les membres de la famille royale, les hautes autorités du royaume et les principaux fonctionnaires indigènes du gouvernement.

CHAPITRE V

DE LA PROCÉDURE.

Art. 37. — Le demandeur saisit le juge par une requête contenant l'exposé du litige, ainsi que les nom et demeure du défendeur.

Art. 38. — La demande doit être déposée au tribunal du défendeur.

Art. 39. — Le juge enregistrera la requête, à la date de sa réception, sur un registre coté et paraphé, et y inscrira sommairement l'objet du litige, les noms et demeures du demandeur et du défendeur.

Art. 40. — Dans les trois jours de la réception de la requête, le juge fixera le jour de l'audience en tenant compte des délais de distance, et adressera aux parties intéressées l'ordre de comparaître aux jour et heure indiqués.

Art. 41. — Si, au jour indiqué, le demandeur ne comparaît pas, ou ne fait parvenir au tribunal aucune excuse valable, le tribunal renverra le défendeur des fins de la demande et pourra même, suivant les circonstances, condamner le demandeur à lui payer, à titre de frais de déplacement, une somme qui ne pourra excéder *quatre piastres*.

Art. 42. — Si c'est le défendeur qui fait défaut, le tribunal, après avoir examiné le mérite de la demande, statuera par défaut.

Art. 43. — S'il y a plusieurs défendeurs en cause, et si quelques-uns seulement comparaissent, le tribunal pourra condamner les défaillants qui ne se seront pas fait excuser à des dommages-intérêts au profit des comparants, dans les conditions prévues par l'article 41.

Mais, avant de se prononcer sur le sort du litige, il devra ordonner la réassignation de toutes les parties.

Art. 44. — Si, sur cette nouvelle assignation, l'un des défendeurs fait encore défaut, le tribunal statuera alors sur le litige qui lui est soumis, et son jugement sera réputé contradictoire à l'égard de toutes les parties en cause.

Art. 45. — Le tribunal, après avoir entendu les expications des parties, reçoit les dépositions des témoins produits par elles et de ceux qu'il croit devoir faire appeler d'office.

Les témoins prêtent serment de dire la vérité dans les formes traditionnelles, et leur déposition, dans les affaires susceptibles d'appel, est conservée par écrit.

Art. 46. — Le juge peut aussi ordonner d'office toute vérification, toute expertise ou descente sur les lieux, qu'il jugera nécessaires pour former sa conviction.

Art. 47. — Le jugement est prononcé publiquement, en présence des parties ; il fixe le mode d'exécution.

Art. 48. — Les jugements, signés des juges, sont transcrits sur un registre spécial.

Il en sera délivré des expéditions aux parties sur leur demande ; le coût de l'expédition d'un jugement sera fixé par le tribunal, et ne pourra s'élever au-dessus d'une piastre.

Art. 49. — Le juge devra, d'urgence, adresser au président du tribunal d'appel une copie de tout jugement rendu par le tribunal, lors même qu'aucune des parties n'en aurait interjeté appel.

Il lui adressera également, à la fin de chaque mois, un état sommaire des affaires inscrites au rôle.

Art. 50. — Celui qui aura été condamné par défaut aura dix jours, à partir de la signification du jugement, pour faire opposition.

Art. 51. — Dans le cas où le jugement est susceptible d'appel, la partie qui a succombé a un délai de dix jours pour faire appel.

Art. 52. — L'opposition et le recours en appel se feront par une simple déclaration devant le juge qui a rendu le jugement.

Il en sera fait mention sur le registre du rôle, et le demandeur devra consigner une amende de deux piastres, qui sera acquise au trésor public s'il vient à succomber de nouveau en appel.

Art. 53. — Le juge, en cas d'appel, transmettra d'urgence toutes les pièces au président du tribunal compétent.

CHAPITRE VI

DISPOSITIONS SPÉCIALES.

Art. 54. — Le personnel indigène, spécialement attaché à la justice et dont les attributions sont réglées au présent acte, se compose de :

Juges du tribunal supérieur.

Classe unique : solde annuelle. . . . . 900 piastres.

Suppléants des juges du tribunal supérieur.

Classe unique : solde annuelle . . . . 700 piastres.

Juges des tribunaux provinciaux.

1re classe : solde annuelle . . . . 600 piastres.
2e classe : solde annuelle. . . . . 500 piastres.

Suppléants des juges des tribunaux provinciaux.

Classe unique : solde annuelle. 425 piastres.

Juges des tribunaux de paix.

1re classe : solde annuelle . . . . 400 piastres.
2e classe : solde annuelle. . . . . 360 piastres.

Suppléants des juges des tribunaux de paix.

Classe unique : solde annuelle . . . . 300 piastres.

Art. 55. — Sont et demeurent abrogées toutes les prescriptions relatives à l'organisation et à l'administration de la justice au Cambodge, qui seraient contraires aux dispositions du présent acte.

Art. 56. — Pour tous les cas non prévus et sur la proposition du Résident général, il sera statué par décision du Gouverneur de la Cochinchine, le Conseil de Gouvernement du Cambodge entendu.

CHARLES THOMSON.

(Cachet du Premier Ministre).

(15 novembre 1887)

RAPPORT M. *précédant le décret du 15 novembre 1887, relatif à la réorganisation de la juridiction au Cambodge.*

B. Col. p. 905.

J'ai l'honneur de soumettre à votre haute approbation un projet de décret qui a pour but de remplacer le tribunal de France à Pnom-Penh par une justice de paix à compétence étendue.

L'importance du tribunal de Pnom-Penh et les dépenses qu'il entraîne ne sont pas en rapport avec le petit nombre d'affaires qu'il a à juger.

Il m'a paru, en conséquence, qu'il y aurait avantage, au Cambodge comme en Cochinchine, à substituer à ce tribunal la juridiction plus simple et plus rapide d'une justice de paix à compétence étendue qui fonctionnerait dans les mêmes conditions que celles fixées par le décret en date de ce jour relatif à la Cochinchine.

M. le Garde des sceaux ministre de la justice ayant approuvé le projet de décret ci-joint, j'ai l'honneur de vous prier de vouloir bien le revêtir de votre signature.

E. Barbey.

(15 novembre 1887)

DÉCRET *relatif à la réorganisation de la juridiction française au Cambodge* (1).

B. Col. p. 905.

Article premier. — Le tribunal de première instance établi à Pnom-Penh est supprimé.

Art. 2. — Il est créé dans cette ville une justice de paix à compétence étendue entièrement assimilée aux justices de paix instituées dans l'intérieur de la Cochinchine.

Art. 3. — Les fonctions de juge suppléant près cette juridiction pourront être confiées par le Gouverneur général de l'Indo-Chine, sur la proposition du procureur général de Saïgon, soit à un fonctionnaire de l'ordre administratif, soit à un magistrat délégué.

Un fonctionnaire sera également désigné par le Gouverneur général pour remplir les fonctions de greffier et en même temps celles de notaire et de commissaire-priseur.

Il pourra lui être adjoint un ou plusieurs commis greffiers, suivant les besoins du service.

Art. 4. — Il n'est rien modifié aux dispositions concernant les juridictions instituées pour le jugement des affaires civiles, commerciales et criminelles intéressant les Cambodgiens entre eux ou les sujets cambodgiens conjointement avec les Français, Européens, ou les sujets d'une puissance européenne ou américaine.

Art. 5. — Le traitement colonial et la parité d'office devant servir de base à la pension de retraite des magistrats sont fixés conformément au tableau annexé au décret de ce jour portant modification à l'administration de la justice en Cochinchine.

Le traitement d'Europe est fixé à la moitié du traitement colonial.

Art. 6. — Sont spécialement abrogés les décrets susvisés des 24 février 1881 et 6 octobre 1882, ainsi que toutes les dispositions contraires au présent décret.

Jules Grévy.

(1) V. Service judiciaire.

IV. — CONTRIBUTIONS INDIRECTES.

NATURE DES DOCUMENTS	DATES	RECUEILS A CONSULTER							OBSERVATIONS
		Bat.	B. C.	B. D. I.	J. C.	J. H.	B. M.	B. Col.	
Dép. M.	11 janvier 1881.								
Convention	10 septembre 1883.		1884 64						
A. G.	19 septembre 1883.		397						
Convention	9 octobre 1883.		1884 64						
A. G.	21 décembre 1883.		446						
Décret	31 décembre 1883.		1884 64						
A. G.	28 février 1884.		64						
Convention	13 mars 1884.		135						
A. G.	1er avril 1884.		135						
A. G.	10 avril 1884.		152						
A. G.	18 novembre 1884.				1312				
A. G.	16 mars 1887.		197		355				

(11 janvier 1881)

DÉP. M. *au sujet de la concession faite à la colonie de la ferme de l'opium et des alcools du Cambodge moyennant une redevance de 13,000 barres d'argent.*

ARCH. GOUV.

(10 septembre 1883)

CONVENTION *conclue entre la France et le Cambodge au sujet de la perception des droits sur l'opium et les alcools dans tout le royaume du Cambodge.*

(Ratifiée, décret 31 décembre 1883).
B. C. 1884, p. 64.

Entre M. Charles Thomson, gouverneur de la Cochinchine, d'une part,

Et Sa Majesté Norodom Ier, roi du Cambodge, d'autre part :

Article premier. — A compter du premier janvier mil huit cent quatre-vingt-quatre et par application de l'article 5 du contrat du sept octobre mil huit cent quatre-vingt-un (1), la perception des droits sur l'opium et les alcools dans tout le royaume du Cambodge sera effectuée par les soins de l'Administration de la Cochinchine, qui restera redevable au trésor royal de la somme annuelle de onze mille barres d'argent et du montant des frais détaillés dans les tratang actuellement en vigueur.

Cette somme sera payée par fractions de deux mois échus, de manière à former la somme de onze mille barres en une année complète d'exploitation.

Un arrangement spécial, à intervenir entre l'Administration de la Cochinchine et Sa Majesté le second roi, déterminera le chiffre de la somme qui lui sera due pour l'exploitation des fermes d'opium et d'alcool des cinq provinces constituant son apanage, et qui ne pourra pas être moindre que la somme perçue actuellement.

Art. 2. — Sa Majesté s'engage à exécuter les clauses et conditions de la convention du vingt novembre mil huit cent quatre-vingt-un, relative aux dépenses du Protectorat, qui restent fixées à la somme annuelle de soixante-six mille piastres. Cette somme sera retenue mensuellement, par fractions de cinq mille cinq cents piastres, sur les versements que l'Administration française devra opérer au trésor royal pour la cession des fermes d'opium et des alcools.

Dans le cas où l'Administration française croirait devoir renoncer dans l'avenir à l'exploitation des fermes d'opium et des alcools, Sa Majesté s'engage à faire payer mensuellement au Protectorat, par les nouveaux fermiers qu'elle choisirait et avant tout versement au trésor royal, la somme de cinq mille cinq cents piastres.

Fait en français et en cambodgien, les deux versions ayant même teneur et même sens.

NORODOM. CHARLES THOMSON.

(19 septembre 1883)

A. G. *ouvrant un crédit de 20,000 piastres, pour frais de premier établissement de la régie au Cambodge.*

B. C., p. 397.

(1) A rechercher.

(9 octobre 1883)

CONVENTION *conclue entre la France et le Cambodge au sujet de la perception des droits sur l'opium et les alcools et fixant à six mille piastres la somme à payer en échange de cette cession.*

(Ratifiée, décret 31 décembre 1883).
B. C., 1884, p. 64.

Article premier. — Sa Majesté l'Obbaréach cède à l'Administration de la Cochinchine, à compter du premier janvier mil huit cent quatre-vingt-quatre, la perception des droits sur l'opium et les alcools dans les cinq provinces faisant partie de son apanage et qui sont : Lovea-Em, Peàrang, Khsach-Kandal, Kâ-Thôm, Kong-Piscy.

Art. 2. — En échange de cette cession, l'Administration de la Cochinchine s'engage à verser annuellement, au trésor de Sa Majesté le second roi, la somme de six mille piastres. Cette somme sera payée par fractions de deux mois échus.

SOMDACH PRÉA MAHA OBBARÉACH. CHARLES THOMSON.

(21 décembre 1883)

A. G. *Le payement de la solde des fonctionnaires, employés et agents des contributions indirectes au Cambodge est confié à un conseil d'administration ; — Composition et attributions dudit Conseil.*

B. C. p. 446.

Article premier. — Le payement de la solde des fonctionnaires, employés et agents des contributions indirectes au Cambodge est confié à un conseil d'administration.

Ce conseil sera composé :

Du sous-inspecteur chargé du service, *président;*

Du contrôleur en service, *membre;*

Du chef de la comptabilité, *secrétaire trésorier ;*

En cas d'absence ou d'empêchement, ces fonctionnaires seront respectivement remplacés dans l'ordre hiérarchique.

Art. 2. — Le conseil sera chargé d'établir les états de solde, de les certifier et d'acquitter les mandats correspondants. La répartition sera faite, sous la responsabilité du conseil, par les soins du trésorier, qui tiendra un livre-journal des versements qui lui seront faits et des payements par lui opérés.

Ce registre sera arrêté chaque mois par tous les membres du conseil. Une copie certifiée sera transmise mensuellement à la comptabilité générale.

Il sera ouvert, pour chaque partie prenante, un livret individuel où seront mentionnées les sommes acquises et celles payées ; chaque mention sera signée par le secrétaire trésorier et par l'intéressé.

Art. 3. — Le secrétaire-trésorier sera chargé en outre de payer, pour le compte des intéressés, les achats que ceux-ci auraient fait faire à Pnom-Penh ou à Saïgon. Ces sommes seront déduites du montant revenant à chaque employé ou agent lors de l'envoi de sa solde.

Art. 4. — Le patron de la chaloupe de la régie, qui ira ravitailler les entrepôts chaque mois, aura pour mission de remettre à chacun sa solde et d'en retirer quittance sur les livrets dont il sera porteur.

CHARLES THOMSON.

(31 décembre 1883)

DÉCRET *portant ratification et exécution d'une convention et d'une convention annexe conclues entre la France et le Cambodge, au sujet de la perception des droits sur l'opium et des alcools.*

(Promulg. A. G., 28 février 1884).
B. C., 1884, p. 64.

Article premier. — Une convention ayant été conclue, le 10 septembre 1883, entre la Cochinchine et le Cambodge, suivie d'une convention annexe en date du 9 octobre 1883, lesdites conventions, dont la teneur suit, sont approuvées et recevront leur pleine et entière exécution.

JULES GRÉVY.

(28 février 1884)

A. G. *Promulguant le décret du 30 décembre 1883 portant ratification et exécution d'une convention et d'une convention annexe conclues entre la France et le Cambodge, au sujet de la perception des droits sur l'opium et les alcools.*

B. C., p. 64.

(13 mars 1884)

CONVENTION *réglementant la répression de la fraude en matière de contributions indirectes au Cambodge.*

(Promulg., A. G., 1er avril 1884).
B. C., p. 135.

TITRE I. — DE LA JURIDICTION.

Article premier. — Les contraventions aux règlements et arrêtés en matière de contributions indirectes, lorsqu'elles auront été commises par des sujets cambodgiens, seront portées devant un tribunal mixte spécial composé comme il suit :

Du représentant du Protectorat ou de son délégué, *président,* avec voix prépondérante; d'un fonctionnaire français désigné par le Gouverneur de la Cochinchine, et deux mandarins cambodgiens désignés par Sa Majesté le Roi du Cambodge.

Si les contrevenants sont des Français, des Européens ou des sujets d'une puissance américaine, ils seront soumis à la juridiction du tribunal de France siégeant à Pnom-Penh.

TITRE II. — DE LA CONVENTION DES CONTRAVENTIONS.

Art. 2. — Les contraventions à la présente convention sur l'introduction et la vente de l'opium et des alcools au Cambodge, seront spécialement constatées par les préposés et agents de la régie, qui devront, sauf le cas de flagrant délit, être accompagnés d'un agent de l'autorité cambodgienne.

DES PRÉPOSÉS DE LA RÉGIE ; PROCÈS-VERBAUX, PERQUISITIONS, VISITES

Art. 3. — Les préposés de la régie seront citoyens français et âgés de vingt et un ans accomplis.

Ils seront tenus comme tous les autres fonctionnaires, avant d'entrer en fonctions, de prêter serment devant le tribunal de France.

Le serment des agents ou préposés de la régie sera enregistré au greffe du tribunal de France et du tribunal mixte ; il sera transcrit sur leurs commissions sans autres frais que ceux d'enregistrement.

Art. 4. — Les perquisitions et visites domiciliaires, ailleurs que chez les débitants, ne pourront être faites que par les fonctionnaires, agents et préposés de la régie, de cinq heures du matin à sept heures du soir. Ils devront y procéder, dans la ville de Pnom-Penh, avec l'assistance d'un délégué du tribunal mixte spécial faisant fonctions d'officier de police judiciaire.

Art. 5. — Il ne sera pas fait de perquisitions dans les palais du Roi, du second Roi et de la Reine mère.

Il ne pourra être fait de perquisitions au domicile des princes, ministres, gouverneurs de provinces et des mandarins à dix, neuf, huit et sept pahn, sans l'autorisation du Roi.

Art. 6. — Quel que soit le résultat de sa visite ou perquisition, celui qui y aura procédé devra en dresser procès-verbal et en laisser copie aux parties intéressées.

Le procès-verbal, rédigé en double expédition, sera transmis sans délai au directeur de la régie et suivant la nationalité du contrevenant, au président du tribunal mixte spécial ou au procureur de la République.

Art. 7. — Les fonctionnaires, préposés ou agents, lorsqu'ils opéreront une visite ou une perquisition, devront être porteurs de leur nomination ou commission ou d'une carte délivrée par M. le représentant du Protectorat et visée sans frais par l'Ocknha-nang, ministre des finances.

Ils devront, à la demande des intéressés, permettre que les Annamites ou Cambodgiens qui les accompagnent soient visités, pour écarter tout soupçon de malveillance.

Art. 8. — A défaut d'un signe extérieur révélant leurs fonctions, ils devront exhiber la pièce désignée en l'article précédent aux personnes intéressées ; s'ils ne sont porteurs ni de pièces officielles ni d'un signe extérieur indiquant leurs fonctions, ils ne pourront se livrer à aucune visite ou perquisition contre le gré des particuliers, à peine de tous dommages-intérêts, s'il y a lieu, et d'être poursuivis pour violation de domicile.

Art. 9. — Les procès-verbaux énonceront la date et la cause de la saisie, la déclaration qui en aura été faite au prévenu, les nom, qualité et demeure du saisissant ; l'espèce, poids et mesure des objets saisis ; la présence de la partie à leur description ou la sommation qui lui aura été faite d'y assister ; le nom et la qualité du gardien, s'il y a lieu ; le lieu de la rédaction du procès-verbal et l'heure de sa clôture.

Art. 10. — Dans les visite et perquisition faites au domicile des particuliers, il ne sera saisi que l'alcool et l'opium prohibés, ainsi que les vases les contenant et les ustensiles et matières servant à la fabrication.

Dans les cas d'introduction de l'opium ou des alcools par les frontières terrestres ou maritimes, comme dans le cas de colportage dans l'intérieur du territoire, les objets servant à leur transport, tels que : charrettes, voitures, bœufs, buffles, chevaux, etc., les barques, embarcations, bateaux, jonques de mer, navires, etc., seront saisis pour garantir le payement des condamnations pécuniaires lorsque la fraude sera imputable aux propriétaires desdits objets, aux conducteurs, gens de l'équipage, aux maîtres, patrons ou capitaines.

Art. 11. — Les voitures et les navires affectés à un service public de messageries ne sont pas compris dans les dispositions qui précèdent, mais leurs propriétaires n'en demeurent pas moins responsables des faits de leurs préposés.

Art. 12. — Il pourra être donné mainlevé sous caution solvable ou en consignant la valeur des navires, bateaux, barques et voitures, chevaux et équipages, ou tous autres objets saisis pour cause de fraude.

Art. 13. — Si le prévenu est présent, le procès-verbal énoncera qu'il lui en a été donné lecture et copie. En cas d'absence du prévenu, la copie sera affichée dans le jour à la porte de la maison commune du lieu de la saisie. Ces procès-verbaux ou affiches pourront être faits tous les jours indistinctement.

Art. 14. — Les procès-verbaux seront affirmés sans frais, dans les trois jours, devant le tribunal mixte spécial ou le tribunal de France, suivant la nationalité du contrevenant, si la contravention a été constatée à Pnom-Penh, et dans les huit jours si la contestation s'est faite en dehors du chef-lieu.

Art. 15. — Les procès-verbaux ainsi rédigés et affirmés par deux agents européens, seront crus jusqu'à inscription de faux. Les tribunaux ne pourront admettre contre lesdits procès-verbaux d'autres nullités que celles résultant de l'omission des formalités prescrites par les articles précédents. Le procès-verbal nul pour défaut de forme ou qui n'aurait été rédigé que par un seul agent, ne fera foi que jusqu'à preuve contraire.

Art. 16. — Les fonctionnaires, les préposés et employés assermentés de la régie pourront, en constatant la fraude et en procédant à la saisie des objets prohibés ou servant à leur fabrication, procéder à l'arrestation des fraudeurs et colporteurs.

Art. 17.— Lorsque, conformément à l'article précédent, les employés auront arrêté un fraudeur ou colporteur de matières prohibées, ils seront tenus de le conduire sur-le-champ devant le tribunal mixte spécial ou au procureur de la République, suivant sa nationalité, lequel statuera de suite, par une décision motivée, sur son emprisonnement ou sa mise en liberté sous caution.

Il pourra aussi hors du chef-lieu remettre, sur récépissé, le délinquant entre les mains des autorités cambodgiennes, qui en feront la conduite à Pnom-Penh sous leur responsabilité.

La caution devra être suffisante pour garantir la représentation en justice du prévenu et le payement de l'amende et des condamnations encourues.

Le prévenu sera admis à consigner lui-même le montant desdites condamnations et amendes.

Art. 18. — Les rébellions et voies de fait contre les employés ou agents seront poursuivies, suivant la nationalité du délinquant, devant le tribunal de France ou devant le tribunal mixte spécial, qui ordonnera l'application des peines prononcées par le Code pénal, indépendamment des amendes et confiscations qui pourraient être encourues par les contrevenants.

Quand les rébellions ou voies de fait auront été commises par un débitant, le tribunal ordonnera en outre la clôture du débit pendant un délai de trois mois au moins et de six mois au plus, sans préjudice du droit qu'aura l'Administration d'ordonner la fermeture desdits établissements, soit après toute condamnation, soit par mesure de sûreté publique.

DE LA PROCÉDURE JUDICIAIRE SUR LES PROCÈS-VERBAUX DE CONTRAVENTION.

Art. 19. — L'assignation à fin de condamnation sera donnée dans le mois au plus tard de la date du procès-verbal ; elle sera donnée : à Pnom-Penh, par un délégué du tribunal mixte spécial ; dans les provinces, par les agents assermentés de la régie, qui seront tenus d'en aviser les gouverneurs.

Art. 20. — La régie sera représentée devant le tribunal mixte spécial par les fonctionnaires désignés par un arrêté du Gouverneur, chaque fois que le tribunal en fera la demande.

Art. 21. — Si le tribunal juge la saisie mal fondée, il pourra condamner la régie, non seulement aux frais du procès et à ceux de fourrière et de gardiennage, le cas échéant, mais encore à une indemnité proportionnée à la valeur des objets dont le saisi aura été privé pendant le temps de la saisie jusqu'à leur remise, ou l'offre qui en aura été faite ; mais cette indemnité ne pourra excéder 1 p. 100 par mois de la valeur desdits objets.

Art. 22. — Si, par l'effet de la saisie et leur dépôt dans un lieu et à la garde d'un dépositaire qui n'aurait pas été choisi ou indiqué par le saisi, les objets saisis avaient dépéri avant leur remise ou l'offre valable de cette remise, la régie pourra être condamnée à en payer la valeur ou l'indemnité de leur dépérissement.

Art. 23. — Dans le cas où, la saisie n'étant pas déclarée valable, la régie interjetterait appel du jugement, les navires, bateaux, barques, voitures, chevaux et autres animaux saisis, et tous les objets à dépérissement ne seront remis que sous caution solvable, après estimation de leur valeur.

Art. 24.— L'appel devra être notifié dans le mois de la signification du jugement ; après ce délai, il ne sera point recevable.

La déclaration d'appel contiendra assignation à huitaine devant la cour d'appel ou la commission d'appel ; le délai de huit jours sera prorogé d'un jour par chaque deux myriamètres de distance du domicile du défendeur au chef-lieu.

Art. 25. — L'irrégularité du procès-verbal portant saisie d'objets prohibés n'empêchera pas les juges de prononcer la peine encourue et la confiscation desdits objets, si la contravention se trouve d'ailleurs suffisamment constatée par l'instruction.

Art. 26. — Les propriétaires des marchandises seront rendus responsables du fait de leurs facteurs, agents ou domestiques, en ce qui concerne les droits, confiscations, amendes et dépens, si, dans les six mois de la constatation de la contravention, ils n'ont pas fait abandon des objets et marchandises saisis.

Art. 27. — La confiscation des objets saisis pourra être poursuivie contre les conducteurs, colporteurs ou détenteurs, sans que la régie soit obligée de mettre en cause les propriétaires, quand même ils lui seraient indiqués, sauf, si les propriétaires intervenaient ou étaient appelés par ceux sur qui les saisies auraient été faites, à être statué ainsi que de droit sur leur intervention ou réclamation.

Art. 28. — Les condamnations pécuniaires contre plusieurs personnes pour un même fait de fraude seront solidaires.

Art. 29. — Les objets soit saisis pour fraudes et contraventions, soit confisqués, ne pourront être revendiqués par les propriétaires, ni le prix, qu'il soit consigné ou non, réclamé par aucun créancier, même privilégié, sauf le recours contre les auteurs de la fraude.

Art. 30. — Les juges ne pourront, sous aucun prétexte, modérer des confiscations ou amendes, ni en ordonner l'emploi au préjudice de la régie et du trésor royal.

Art. 31.— Les jugements portant condamnation du payement des droits, amendes et frais, seront exécutés même par corps. La durée de cette contrainte ne pourra excéder un an.

Art. 32. — Les jugements portant confiscation des objets saisis sur des particuliers inconnus et par eux abandonnés et non réclamés, ne seront exécutés qu'après le mois de l'affichage desdits jugements à la porte du bureau de la régie où ont été déposés les objets saisis.

Passé ce délai, aucune demande ou répétition ne sera valable et les objets saisis seront vendus au profit de la régie.

Art. 33. — La régie pourra, en tout état de cause, transiger avec les contrevenants. En cas de transaction avant tout jugement, les objets sujets à confiscation ne pourront être revendiqués par leurs propriétaires ; ils seront acquis de plein droit pour un tiers au trésor royal et les deux autres tiers à la régie, sans qu'il soit besoin de faire prononcer la confiscation par les tribunaux.

DE L'INSCRIPTION DE FAUX.

Art. 34. — Celui qui voudra s'inscrire en faux contre un procès-verbal sera tenu d'en faire la déclaration par écrit, en personne ou par un fondé de pouvoir spécial et authentique, au plus tard à l'audience indiquée dans l'assignation à fin de condamnation. Cette déclaration sera signée et reçue par le président du tribunal et le greffier, dans le cas où le déclarant ne saurait écrire ni signer. Cette déclaration indiquera les moyens de faux, le nom et la qualité des témoins qui devront être entendus, le tout à peine de déchéance de l'inscription de faux.

Art. 35. — Le délai pour l'inscription de faux contre le procès-verbal ne commencera à courir que du jour de la signification du jugement, s'il a été rendu par défaut.

Art. 36. — Les moyens de faux proposés contre les procès-verbaux des préposés de la régie ne seront admis qu'autant qu'ils tendront à justifier les prévenus de la fraude ou contravention qui leur sont imputées.

DES CONTRAINTES.

Art. 37. — La régie pourra employer contre les redevables en retard la voie de contrainte.

Art. 38. — La contrainte sera décernée par le directeur, elle sera visée et déclarée exécutoire sans frais par le président du tribunal dont relève le délinquant.

Ce magistrat ne pourra refuser de viser la contrainte pour être exécutée, à peine de répondre des valeurs pour lesquelles la contrainte aura été décernée.

Art. 39. — L'exécution de la contrainte ne pourra être supendue que par une opposition formée par le redevable. Cette opposition sera portée dans la huitaine devant le tribunal de l'opposant.

DISPOSITIONS GÉNÉRALES.

Art. 40. — La force publique sera tenue de prêter assistance aux préposés de la régie dans l'exercice de leurs fonctions.

Art. 41. — La prescription est acquise à la régie contre toutes demandes de restitution de droits, marchandises ou objets, et en dommages-intérêts, après un délai révolu d'une année.

Art. 42. — Les contraventions pour fraude et les infractions aux dispositions de la présente convention seront prescrites par l'absence de toute poursuite pendant un an, à compter du jour où elles auront été commises, conformément aux dispositions de l'article 640 du Code d'instruction criminelle.

Art. 43. — Les peines portées par les jugements rendus pour contravention à la présente convention seront prescrites après deux années révolues, du jour où la décision judiciaire aura acquis l'autorité de la chose jugée, conformément à l'article 339 du Code d'instruction criminelle.

Art. 44. — Les produits des amendes prononcées pour contravention en matière d'opium et des alcools seront, après prélèvement des frais de conduite, de nourriture, etc., etc., des condamnés, partagés entre le Roi et la caisse de la régie, dans la proportion de deux tiers pour le Roi et d'un tiers pour la régie. Le règlement en sera fait tous les trois mois.

Les produits des transactions faites avant jugement appartiendront pour un tiers au trésor royal et les deux autres tiers à la régie.

Art. 45. — Les produits des amendes versés dans la caisse de la régie seront distribués comme suit :

Un cinquième entre tous les agents ou préposés assermentés de la régie, à l'exclusion des fonctionnaires de cette même administration ;

Un cinquième au saisissant, plus le tiers des objets confisqués ;

Le surplus sera acquis à la caisse.

Art. 46. — Dans le cas où des contraventions de même nature auront été désignées à l'autorité par des personnes étrangères à la régie, il leur sera accordé les deux tiers du produit des confiscations. Un cinquième seulement du produit des confiscations sera attribué à l'agent ou préposé de la régie qui aura fait la saisie sur les indications du dénonciateur ; le surplus sera acquis à l'Administration.

Art. 47. — Tout préposé destitué ou démissionnaire sera tenu, sous peine d'y être contraint même par corps, de remettre à la régie, en quittant son emploi, sa commission ainsi que les registres et autres effets dont il aura été chargé par la régie, et de rendre ses comptes.

TITRE III. — DE LA REPRESSION,

DE L'IMPORTATION.

Art. 48. — La régie des contributions indirectes a seule le droit d'introduire de l'opium au Cambodge.

Art. 49. — Quiconque introduira de l'opium au Cambodge, sous quelle forme que ce soit, sera considéré comme contrebandier et puni d'une amende de vingt piastres par chaque taël d'opium saisi en fraude, sans qu'elle puisse être inférieure à vingt piastres, si faible que soit cette quantité.

Il sera de plus condamné à un emprisonnement qui ne pourra être inférieur à quinze jours ni supérieur à trois ans.

L'évaluation des dommages-intérêts dus à l'administration de la régie ne pourra être inférieure au montant de l'amende encourue.

En cas de récidive dans la même année, le minimum de l'emprisonnement ne pourra être inférieur à un an. Les opiums et leurs contenants seront confisqués ; les objets servant à leur transport seront saisis ainsi qu'il est dit à l'article 10 de la présente convention.

Art. 50. — Le transit de l'opium à travers le territoire du Cambodge est interdit, sauf les exceptions prévues par l'article additionnel de la convention.

DE LA FABRICATION ET DE LA VENTE DE L'OPIUM.

Art. 51. — La régie a le monopole de la fabrication et de la vente de l'opium au Cambodge.

L'Administration pourra délivrer à la consommation telle quantité d'opium bouilli qui lui conviendra et établir pour son débit autant d'entrepôts, de bureaux de vente et autant de fumeries qui lui paraîtront nécessaires.

Art. 52. — A Pnom-Penh, la régie devra demander au Roi les terrains qui seront nécessaires à son service ; dans l'intérieur, elle devra s'adresser aux gouverneurs de provinces.

Art. 53. — Tout colportage, toute vente ou cession à titre gratuit d'un opium autre que celui de la régie sera puni d'une amende de cent à cinq cents piastres et d'un emprisonnement de quinze jours à trois ans.

Quiconque en sera trouvé détenteur sera puni de la même peine ; le minimum de l'amende pourra toutefois être réduit jusqu'à vingt piastres et l'emprisonnement jusqu'à huit jours.

Art. 54. — Toute vente de l'opium de la régie par une personne non autorisée sera punie d'une amende de cent à cinq cents piastres et d'un emprisonnement de huit jours à trois ans, ou de l'une de ces deux peines seulement; mais, en cas de récidive dans la même année, la peine de l'emprisonnement devra être appliquée. Les opiums saisis en fraude, les ustensiles servant à la fabrication et les objets contenant l'opium seront confisqués.

Art. 55. — Il est interdit à tout individu d'avoir en sa possession plus de deux taëls de dross (détritus d'opium déjà fumé), sous peine d'une amende de cinquante à cent piastres et de cinq jours à un mois de prison, ou de l'une de ces deux peines seulement.

Art. 56. — Les entrepôts pourront être administrés directement par la régie ou établis chez des particuliers qu'elle aura choisis à cet effet.

Art. 57. — Les entreposeurs, à quel titre que ce soit, ne pourront détenir ni mettre en vente un opium autre que celui de la régie, à peine de révocation et d'être poursuivis comme contrebandiers. L'amende portée en l'article 49 sera doublée et le minimum de l'emprisonnement ne pourra être inférieur à un mois.

Les opiums et leurs contenants seront confisqués.

Art. 58. — Il est interdit aux entreposeurs, sous peine d'une amende de cent à cinq cents piastres, de vendre de l'opium au détail. L'opium devra être livré par eux au public en pots cachetés et revêtus des marques de la régie.

Art. 59. — Les entreposeurs non-fonctionnaires publics pourront être autorisés par l'administration à tenir un autre genre de commerce, en se conformant aux arrêtés en vigueur sur les patentes.

Art. 60. — Tout entreposeur qui aura décacheté les pots d'opium de la régie, mêlé à l'opium des substances de quelque nature qu'elles soient, ou contrefait les marques de la régie, sera puni d'une amende de cent à cinq cents piastres et d'un emprisonnement de trois mois à trois ans, sans préjudice des peines prévues par le Code pénal dans le cas de faux ou d'un mélange nuisible à la santé.

Art. 61. — Les entreposeurs devront, à peine d'une amende de cinq à vingt piastres pour chaque infraction, se conformer aux instructions prises par le directeur de la régie; dans l'intérêt du service, ces amendes seront prononcées administrativement par le directeur de la régie, sauf appel devant le Gouverneur.

Tout entreposeur qui sera convaincu d'avoir vendu l'opium au-dessus du prix fixé par l'administration, sera puni d'une amende de cent à cinq cents piastres et d'un emprisonnement de huit jours à six mois.

Art. 62. — Les personnes qui voudront se livrer à la vente au détail de l'opium ou ouvrir une fumerie devront se pourvoir d'une licence.

Art. 63. — Cette licence pourra être accordée à toute personne majeure dont la moralité aura été reconnue et qui pourra fournir des garanties acceptées par l'administration.

Art. 64. — En cas de condamnation contre le débitant, la régie aura, pour le recouvrement des amendes et des dommages-intérêts, son recours contre les cautions ou un privilège sur le cautionnement qui aura été déposé.

Art. 65. — Le débitant pourra vendre l'opium en pots revêtus des marques de la régie, ou au détail.

Lorsqu'il ouvrira un pot d'opium pour le détail, il devra laisser subsister sur le pot les marques de la régie.

Art. 66. — Tout opium de la régie qui sera trouvé chez un débitant dans des pots autres que ceux de la régie ou dans des pots dépouillés de la marque officielle, sera confisqué et le contrevenant puni d'une amende de vingt à cent piastres.

En cas de récidive dans la même année, il sera puni du maximum de la peine et sa licence pourra lui être retirée.

Art. 67. — Tout débitant qui aura vendu un opium autre que celui de la régie ou qui y aura mêlé quelque substance de quelque nature que ce soit, sera puni d'une amende de cent à cinq cents piastres et d'un emprisonnement de quinze jours à trois ans.

Les opiums de contrebande ou altérés seront confisqués, ainsi que leurs contenants.

Art. 68. — Le débitant qui aurait contrefait la marque de la régie sera puni des peines portées en l'article 60 ; la licence lui sera retirée.

Art. 69. — Le débitant qui s'opposerait aux visites ou vérifications de l'autorité sera puni d'une amende de cinquante à deux cents piastres.

Art. 70. — Tout débitant, à peine d'une amende de cinquante à cent piastres, ne pourra s'approvisionner qu'à l'entrepôt qui sera désigné par la régie.

Art. 71. — Il lui sera délivré à ses frais, par l'administration, un livret spécial sur lequel seront portées par l'entrepreneur, au fur et à mesure des livraisons, les quantités d'opium qui lui auront été vendues à l'entrepôt. Chaque mention sera signée de l'entreposeur.

Art. 72. — Ce livret restera en la possession du débitant et lui servira de permis de circulation. Il devra le représenter à toute réquisition de l'autorité, à peine d'une amende de cinquante à cent piastres.

Art. 73. — Chaque débitant devra, sous les mêmes peines, tenir un carnet indiquant jour par jour la quantité de pots consommés.

Art. 74. — Le débitant est responsable des contraventions à la présente convention commises par ses préposés ou par ceux qu'il emploie.

Art. 75. — Tout débitant aura le choix d'ouvrir une fumerie d'opium ; ceux qui useront de cette faculté devront en faire la déclaration à la régie.

Art. 76. — Ils ne pourront vendre que de l'opium dans l'intérieur de la fumerie. Le local affecté à la fumerie ne pourra servir à aucun autre usage.

Art. 77. — Il en défendra l'entrée à toute personne qui porterait des armes apparentes ou cachées.

Art. 78. — Il est expressément défendu au maître de maison d'opium de recevoir dans son établissement des femmes et des enfants au-dessous de vingt ans et des Européens.

Art. 79. — Toute infraction aux articles 76, 77 et 78 sera punie d'une amende de vingt-cinq à cinquante piastres.

Art. 80. — Le maître de la maison est personnellement responsable des contraventions à la présente convention commises dans son établissement.

Art. 81. — Il doit empêcher tout tumulte parmi les personnes qui fréquentent sa maison et faire expulser ou arrêter par la police toutes celles qui contreviennent aux règlements de la maison.

Art. 82. — Tout agent de la force publique, tout préposé de la régie pourra, à quelque moment du jour ou de la nuit que ce soit, entrer et circuler dans l'établissement et y faire toutes les visites qu'il jugera nécessaires.

Art. 83. — Les maîtres des maisons d'opium qui auraient refusé de se soumettre aux visites des agents susmentionnés ou qui tenteraient de soustraire à leur surveillance et vérification un fait contraire aux prescriptions de la présente convention, seront condamnés, nonobstant la suite à donner aux procès-verbaux, à une amende de cinquante à deux cents piastres.

DISPOSITIONS GÉNÉRALES.

Art. 83. — L'article 463 du Code pénal n'est pas applicable aux peines prévues par la présente convention.

Art. 85. — Les mandarins cambodgiens, les gouverneurs de provinces et leurs subordonnés, les agents de la force publique, devront, toutes les fois qu'ils en seront requis, donner aide et appui aux agents de la régie pour l'exécution de la présente convention.

Art. 86. — L'intervention des autorités cambodgiennes sera gratuite.

TITRE IV. — DES ALCOOLS.

Art. 87. — Quiconque, sans y avoir été autorisé, se livrera, au Cambodge, à la fabrication des eaux-de-vie ou de tous autres spiritueux, sera puni d'une amende de cinq cents à mille piastres et d'un emprisonnement de quinze jours à trois ans, ou de l'une des deux peines seulement.

En cas de récidive dans la même année, la peine de la prison sera toujours appliquée.

Les ustensiles servant à la fabrication, les substances en macération, les alcools et leurs contenants seront saisis et confisqués au profit de la régie.

Art. 88. — Quiconque voudra exercer la profession de débitant sera tenu de se munir d'une autorisation dont la classe et le droit seront déterminés par la régie.

Art. 89. — Tout individu qui aura débité de l'alcool sans être muni de la licence réglementaire sera puni d'une amende de cinquante à deux cents piastres et d'un emprisonnement de quinze jours à trois ans, ou de l'une de ces deux peines seulement.

Art. 90. — Les eaux-de-vie, les fruits confits à l'alcool, les spiritueux de toute nature fabriqués hors du Cambodge, seront, à leur introduction, soumis aux mêmes droits qu'en Cochinchine. Toutefois, les spiritueux qui justifieront de l'acquittement des droits en Cochinchine seront admis en franchise.

Art. 91. — Sauf le cas de fortune de mer, l'importation des eaux-de-vie et autres spiritueux ne pourra avoir lieu que par Kampot et Tanchao.

Art. 92. — Dans les vingt-quatre heures de l'arrivée et avant toute opération, le capitaine, maître ou patron, devra présenter son manifeste à la régie et y faire, entre les mains du préposé de la régie, une déclaration indiquant toutes les quantités d'alcools embarqués à son bord, avec désignation de leurs provenances et de leurs propriétaires ou destinataires.

Art. 93. — Les quantités embarquées à son bord, même par des passagers, ou qui n'auraient pas été portées sur le manifeste, devront être comprises dans la déclaration du capitaine.

Toutefois, si la quantité des alcools ou eaux-de-vie embarqués est inférieure à vingt-quatre litres et a été embarquée à son insu et à celui des agents de l'équipage, le capitaine pourra n'être pas responsable du défaut de déclaration.

Art. 94. — Aucun débarquement d'alcool ne pourra s'effectuer qu'en présence du préposé de la régie.

Les droits devront être acquittés sur-le-champ à la caisse de la régie, après vérification, sinon les alcools seront entreposés dans ses magasins.

Art. 95. — Si, pour la vérification, il y a lieu de déplacer les alcools, ces déplacements et autres opérations seront faits au compte du propriétaire ou destinataire de la marchandise.

Art. 96. — Dans le cas où il y aurait lieu d'entreposer la marchandise, un bulletin de dépôt, détaché d'un registre à souche, sera délivré au déposant.

Art. 97. — La conservation des liquides entreposés et tous les soins qu'ils peuvent exiger sont à la charge des entrepositaires. L'administration ne prend aucune part à la manutention des marchandises ; sa mission est seulement de maintenir le bon ordre dans l'entrepôt et de prendre toutes les précautions convenables pour la sûreté de l'établissement.

Elle n'est responsable, envers les entrepositaires, que des altérations ou avaries qui seraient provenues du fait de ses agents ou des mauvaises conditions des magasins.

Art. 98. — Le capitaine, maître ou patron, et toute personne qui aura introduit de l'alcool au Cambodge sans en avoir fait la déclaration, sera puni d'une amende de vingt-cinq à cent piastres si la quantité est inférieure à vingt-quatre litres, et de cinq cents à mille piastres si elle lui est supérieure. Le coupable pourra être, de plus, condamné à un emprisonnement de quinze jours à trois ans.

Les alcools et leurs contenants seront saisis et confisqués. Les barques, bateaux et navires seront saisis en garantie du payement des condamnations et dommages-intérêts.

Fait à Pnom-Penh, le treize mars mil huit cent quatre-vingt-quatre, en français et en cambodgien, les deux textes ayant même sens et même teneur.

NORODOM. CHARLES THOMSON.

Article additionnel. —Lorsque les fermiers des pays voisins qui s'approvisionnent à la régie voudront faire transporter leurs opiums à destination, ils devront se conformer aux dispositions qui leur seront indiquées par le service. Les caisses seront marquées, numérotées et scellées en présence des intéressés, qui recevront un permis de circulation extrait d'un registre à souche sur lequel seront reportées les mêmes indications.

Ce permis, qui devra être représenté, ainsi que les opiums, à toute réquisition, sera laissé au dernier poste de frontière de la régie, où les opiums transportés seront vérifiés dans leur état extérieur.

Si les colis ont été ouverts ou si les scellés ne sont pas intacts, le préposé en fera la saisie et en dressera procès-verbal.

Le transport ne pourra être effectué que par des bateaux des Messageries fluviales, où les opiums seront placés dans un magasin ou dans une soute fermant à clef.

Dans le cas où il serait employé une autre voie, la régie sera dûment prévenue. Elle se réserve de faire suivre la marchandise par ses agents aux frais du destinataire.

Toute contravention aux dispositions qui précèdent entraînera contre le propriétaire des opiums une amende de cent à quatre cents piastres, sans préjudice des poursuites applicables à l'introduction frauduleuse de l'opium, en cas de débarquement furtif de tout ou partie de l'envoi sur le territoire du Cambodge.

NORODOM. CHARLES THOMSON.

(1er avril 1884)

A. G. *promulguant dans toute l'étendue du territoire cambodgien la convention du 13 mars 1884 au sujet de la fraude en matière de contributions indirectes au Cambodge.*

B. C., p. 135.

Article premier. — La convention du 13 mars 1884 est promulguée dans toute l'étendue du territoire cambodgien, pour recevoir son exécution à compter du 15 avril prochain.

CHARLES THOMSON.

(10 avril 1884)

A. G. *désignant l'huissier assermenté près le tribunal de Pnom-Penh pour instrumenter au Cambodge, en matière de contributions indirectes, toutes les fois que le contrevenant sera Français, Européen ou sujet d'une puissance américaine.*

B. C., p. 152.

Article premier. — L'huissier assermenté près le tribunal de première instance de Pnom-Penh est désigné pour instrumenter près ledit tribunal, en matière de contributions indirectes, toutes les fois que le contrevenant sera Français, Européen ou sujet d'une puissance américaine.

Art. 2. — La procédure sera celle édictée par l'arrêté du 7 novembre 1881 (1) et suivie devant les tribunaux de la Cochinchine (chapitres II, III, IV et V).

CHARLES THOMSON.

(18 novembre 1884)

A. G. *supprimant l'impôt sur le paddy perçu par les Oknhaluong.*

J. C., p. 1342.

Article premier. — L'impôt sur le paddy perçu par les Oknhaluong est et demeure supprimé.

Art. 2. — La disposition qui précède est applicable à la récolte sur pied de 1884.

Art. 3. — Le paddy destiné à la fabrication des alcools continuera à être frappé de la taxe de 10 0/0.

CHARLES THOMSON.

(16 mars 1887)

A. G. *concernant les cessions d'opium et d'écorces faites par l'administration de Cochinchine au protectorat du Cambodge* (2).

B. C., p. 197.
J. C., p. 355.

(1) V. Opium.
(2) V. Opium.

V. — SERVICE DE TRÉSORERIE.

NATURE DES DOCUMENTS	DATES	RECUEILS A CONSULTER Bat.	B. C.	B.B.I	J.C	J.H.	B. M.	B.Col	OBSERVATIONS
A. G.	17 mai 1886.				670				
A. M.	6 décembre 1886.				177				
Dép. M.	31 décembre 1886.								
A. G. G.	18 janvier 1888.				114				
Dép. M.	20 janvier 1888.								

(17 mai 1886)

A. G. *portant création d'un service de trésorerie au Cambodge.*

J. C., p. 670.

Article premier. — Il est créé au Cambodge un service de trésorerie, géré par un payeur relevant directement du Résident général qui seul a droit de lui donner des ordres.

Art. 2. — Ce payeur réside à Pnom-Penh ; il est chargé, dans les conditions de service existant actuellement au Cambodge et jusqu'à décision contraire, de percevoir tous les produits et d'acquitter toutes les dépenses selon les instructions et règlements généraux de la comptabilité publique.

Il exercera également les fonctions de receveur municipal de la ville de Pnom-Penh.

Art. 3. — Le personnel se compose de :

Un payeur particulier du trésor, chef du service ;

Deux commis de trésorerie ;

Un interprète sonneur pour la langue cambodgienne (1) ;

Un interprète sonneur pour la langue chinoise (1) ;

Un gardien de caisse.

Les poursuites pour le recouvrement des impôts devront être effectuées par les soins du Protectorat.

Art. 4. — La situation du personnel détaché au Cambodge, au point de vue de la situation hiérarchique, de l'avancement et de la retraite, est réglée suivant les termes de l'article 2 de l'arrêté du Ministre des finances, en date du 11 mars 1886.

Art. 5. — Le budget du Protectorat du Cambodge pourvoit au paiement du traitement d'Europe et du supplément colonial attribué, suivant leur grade, au payeur particulier et aux deux commis de trésorerie désignés par l'article 3 du présent arrêté.

Il sera en outre alloué :

1° Au payeur, à titre d'indemnité de responsabilité, de frais de bureau et de service, une somme de 1,000 piastres, et comme indemnité de résidence une somme de 500 piastres ;

2° Aux commis de trésorerie une indemnité de résidence de 120 piastres chacun.

La solde attribuée aux sous-agents sera la même qu'en Cochinchine.

Art. 6. — Le Protectorat pourvoit également à l'installation et ameublement des bureaux, entretien des coffres, frais de transport de fonds, au logement en nature du personnel et aux autres dépenses de matériel, de frais d'hospitalisation, de rapatriement, de solde de congé, d'indemnité de route, etc.

Art. 7. — Le payeur entrera en fonction à partir du 20 mai 1886. La remise du service lui sera faite, à la même date, par M. le Résident général du Cambodge ou son représentant en ce qui le concerne. Il sera dressé procès-verbal en quadruple expédition de cette opération, une expédition restera dans les Archives du Protectorat, une dans celle de la trésorerie et deux autres seront adressées, l'une au Ministre finances, l'autre au Ministre de la marine et des colonies.

BÉGIN.

(1) L'un des deux devra connaître la langue annamite.

(6 décembre 1886)

A. M. *concernant l'exécution du service de la trésorerie au Cambodge.*

J. C., p. 177.

Article premier. — Le trésorier-payeur de la Cochinchine et le payeur du Cambodge sont en relations de service à titre de *correspondants administratifs.*

Chacun de ces comptables est, en conséquence, autorisé à effectuer des recettes et des dépenses pour le compte de l'autre ; ces opérations sont décrites dans leurs écritures au moyen de comptes courants réciproques, conformément aux dispositions ci-après :

I

Comptabilité du payeur au Cambodge.

1° Recettes pour le compte du trésorier-payeur de la Cochinchine.

Art. 2. — Le payeur du Cambodge encaisse, pour le compte du trésorier-payeur de la Cochinchine, le montant d'ordres de recettes établis par les chefs de service de la Cochinchine au profit, soit du budget métropolitain, soit du budget local, et qui lui sont transmis par l'intermédiaire du Résident général au Cambodge.

Il fait également recette, pour le compte du même trésorier-payeur, des versements concernant la caisse des dépôts et consignations, la grande chancellerie de la Légion d'honneur, la caisse des invalides de la marine, le service des successions vacantes, et, d'une manière générale, les divers comptes de trésorerie ouverts ou centralisés dans les écritures du trésorier-payeur de la Cochinchine. Ces versements sont appuyés de décomptes, certificats et autres pièces justificatives établis par les autorités desquelles relèvent les parties versantes, et visés par le Résident général à Pnom-Penh.

2° Émission de mandats sur le trésor.

Art. 3. — Le payeur du Cambodge est autorisé à émettre, pour les transmissions de fonds intéressant les services publics, des mandats sur le caissier payeur central du trésor, payables, au besoin, par les trésoriers-payeurs généraux des départements, les trésoriers-payeurs de l'Algérie et des colonies et les payeurs des armées.

Art. 4. — Il peut également délivrer des mandats sur le trésor pour les transmissions de fonds appartenant aux officiers et fonctionnaires français ; il se conforme, en ce qui concerne le montant de ces émissions de valeurs, aux règles tracées par le Département des finances au trésorier-payeur de la Cochinchine.

Art. 5. — Les livres de mandat sur le trésor sont fournis au payeur du Cambodge par le trésorier-payeur de la Cochinchine ; ils sont visés par premier et dernier par le Résident du Cambodge.

Lorsqu'un livre est épuisé, les souches doivent être renvoyées au trésorier-payeur de la Cochinchine pour être conservées dans les archives de la trésorerie.

3° Mandats sur le trésorier-payeur de la Cochinchine.

Art. 6. — Lorsque les sommes versées au payeur du Cambodge, dans les conditions énoncées aux articles précédents, sont payables en Cochinchine, il émet, au lieu de mandats sur le trésor, des mandats sur le trésorier-payeur de la Cochinchine, extraits d'un livre à souche et à talon, et payables à vue. Ce livre doit être visé et paraphé comme il est dit à l'article précédent.

A cet effet, le payeur du Cambodge ouvre dans ses écritures un compte spécial intitulé : *Mandats sur le trésorier-payeur de la Cochinchine.* Ce compte est crédité des émissions et débité du montant des mandats acquittés, lesquels sont renvoyés, après paiement, par le trésorier-payeur de la Cochinchine.

Art. 7. — Aucun mandat sur le trésor ou sur le trésorier-payeur de la Cochinchine ne peut être émis sans une autorisation spéciale du Résident général.

4° Service des articles d'argent (recette et dépense).

Art. 8. — Le payeur du Cambodge exécute le service des articles d'argent (recette et dépense) dans les conditions prévues par le décret du 26 juin 1878.

Le droit de 1 p. 100 perçu sur les mandats délivrés appartient au budget du Protectorat.

Dans le cas où une taxe additionnelle représentative du change serait établie, le produit en serait encaissé pour le compte du trésorier-payeur de la Cochinchine.

Art. 9. — Les mandats sur le trésor et les mandats d'articles d'argent sont établis en francs, d'après le cours de la piastre fixé par le Gouverneur de la Cochinchine au moment de leur émission.

Les mandats sur le trésorier-payeur de la Cochinchine sont délivrés en piastres ou en francs si le budget en piastres venait à être supprimé.

5° Paiement pour le compte du trésorier-payeur de la Cochinchine.

Art. 10. — Les ordonnances, mandats et ordres de paiement concernant, tant les services métropolitains que le service local et les comptes de trésorerie, délivrés sur la caisse du trésorier-payeur de la Cochinchine au profit de parties résidant au Cambodge, sont payés par le payeur de Pnom-Penh pour le compte du trésorier-payeur de la Cochinchine.

Art. 11. — Aucun paiement ne doit être fait sans que le titre ait été revêtu du *Vu bon à payer* du trésorier-payeur de la Cochinchine.

6° Dépenses urgentes concernant le service Marine.

Art. 12. — Toutefois, en cas d'urgence, les dépenses du service *Marine* peuvent, à défaut de mandat d'avance établi par le Chef du service administratif de la marine à Saïgon, être acquittées par le payeur du Cambodge sur la production d'une autorisation du Résident général accompagnée des pièces de liquidation.

7° Paiement d'arrérages de pensions et de traitements de la Légion d'honneur et de la médaille militaire.

Art. 13. — Les titulaires de pensions civiles ou militaires et de traitements de la Légion d'honneur et de la médaille militaire, résidant au Cambodge, peuvent également toucher leurs arrérages à échéance sur la production de leur titre et d'un certificat de vie sans visa préalable du trésorier-payeur de la Cochinchine, à condition d'avoir, en temps utile, informé ce comptable du lieu de leur résidence.

Toutefois, les décomptes d'arrérages, soit pour premier paiement, soit après décès, ne peuvent être payés que sur le visa du trésorier-payeur de la Cochinchine.

Le trésorier-payeur de la Cochinchine envoie au payeur du Cambodge une liste des pensions et traitements dont il l'autorise à payer les arrérages, et à la fin de chaque trimestre il lui fait connaître les changements qu'il y a lieu d'apporter à cette liste.

Art. 14. — Le payeur du Cambodge inscrit au dos des titres, dans les cases réservées à cet effet, une mention constatant le paiement des arrérages trimestriels.

8° Réduction des retenues portées sur les mandats de paiement.

Art. 15. — Les mandats concernant les services métropolitains et le service local ne sont portés en dépense par le payeur du Cambodge que pour la somme nette réellement payée aux parties prenantes, déduction faite des retenues de toute nature dont ces titres peuvent être frappés.

9° Paiement des mandats tirés par le receveur spécial du service local de la Cochinchine.

Art. 16. — Par analogie avec les dispositions de l'article 6 ci-dessus, et dans les mêmes conditions, des mandats de trésorerie sont tirés sur le payeur du Cambodge par le receveur spécial du service local, préposé du trésorier-payeur de la Cochinchine, pour transmission de fonds intéressant les services publics ou des officiers et fonctionnaires résidant au Cambodge.

Ces mandats sont payés par le payeur du Cambodge pour le compte du trésorier-payeur de la Cochinchine après réception des avis d'émission.

10° Envoi des pièces justificatives des recettes et des dépenses opérées pour le compte du trésorier-payeur de la Cochinchine.

Art. 17. — Le payeur du Cambodge adresse, *tous les dix jours*, au trésorier-payeur de la Cochinchine les pièces justificatives des recettes et des dépenses effectuées pour son compte, accompagnées de bordereaux détaillés.

Il lui envoie, *par tous les courriers*, également avec un bordereau détaillé, les avis d'émission des mandats de trésorerie qu'il a tirés sur la trésorerie de Saïgon.

Art. 18. — Il fait directement l'envoi au ministre des finances (direction du mouvement général des fonds), *par tous les courriers*, des talons-avis des mandats émis sur le trésor; ces avis sont détaillés sur un relevé du modèle en usage dans les trésoreries coloniales.

Deux expéditions de ce relevé sont en même temps envoyées au trésorier-payeur de la Cochinchine, qui en transmet une, revêtue de son visa pour conformation, à la direction du mouvement général des fonds, et conserve l'autre pour tenir lieu provisoirement des souches des mandats restées annexées au registre conservé par le payeur du Cambodge.

11° Ouverture des comptes; Trésorier-payeur de la Cochinchine, s/c courant. Recettes à classer et dépenses à régulariser (Cochinchine).

Art. 19. — Le payeur du Cambodge inscrit sur les ordres de recette et les mandats de paiement concernant les services métropolitains, lesquels sont établis en francs, le nombre de piastres qu'il a reçues ou payées en contre-valeur.

Le même renseignement est donné, en regard de chaque article, sur l'expédition du relevé des mandats sur le trésor, destinée à être conservée par le trésorier-payeur de la Cochinchine, ainsi que sur les bordereaux des articles d'argent reçus et payés.

Art. 20. — Les opérations effectuées pour le compte du trésorier-payeur de la Cochinchine sont portées dans les écritures du payeur du Cambodge, savoir : les recettes au crédit et les dépenses au débit d'un compte de trésorerie intitulé *Trésorier-payeur de la Cochinchine, s/c courant.*

Art. 21. — Les opérations rejetées, après vérification, par le trésorier-payeur de la Cochinchine, sont constatées par le payeur du Cambodge, savoir : les recettes au débit du compte *Trésorier-payeur de la Cochinchine, s/c courant*, et au crédit d'un compte intitulé *Recettes à classer (Cochinchine)*; les dépenses au crédit du compte du trésorier-payeur de la Cochinchine, et au débit d'un compte à ouvrir sous le titre de *Dépenses à régulariser (Cochinchine).*

Des écritures en sens inverse sont décrites lors du renvoi des pièces au trésorier-payeur de la Cochinchine, après régularisation.

12° Opérations à porter au compte : Colonie de la Cochinchine, s/c courant.

Art. 22. — A la fin de chaque mois, et sur l'avis qui lui en est donné par le trésorier-payeur de la Cochinchine, le payeur du Cambodge débite le compte *Trésorier-payeur de la Cochinchine, s/c courant* de l'excédent des recettes, ou le crédit de l'excédent des dépenses existant au moment du règlement de compte, par le crédit ou le débit d'un second compte de trésorerie intitulé : *Colonie de la Cochinchine, s/c courant.*

Art. 23. — Lorsque les recettes intéressant le Protectorat seront effectuées en Cochinchine, le payeur du Cambodge en prend charge en débitant directement le compte *Colonie de la Cochinchine s/c courant ;* les dépenses concernant le budget du Protectorat, aquittées en Cochinchine, ainsi que la réception des envois matériels de fonds faits par le trésorier-payeur de cette colonie, sont constatées au crédit du même compte.

Art. 24. — Les recettes du compte *Colonie de la Cochinchine, s/c courant,* donnent lieu à la délivrance de quittances extraites d'un livre à souche. Ces quittances, visées par le Résident général à Pnom-Penh, sont envoyées au trésorier-payeur de la Cochinchine pour justifier les dépenses correspondantes inscrites au compte *Protectorat du Cambodge, s/c courant,* dans la comptabilité du receveur spécial du service local, (art. 33).

Art. 25. — La solde du compte *Colonie de la Cochinchine, s/c courant,* représente, s'il est débiteur, le montant des sommes dues par la Cochinchine au budget du Protectorat, et, s'il est créditeur, la dette du Cambodge envers la colonie de la Cochinchine.

Art. 26. — En cas de règlement de compte entre la Cochinchine et le Cambodge, le payeur du Cambodge procède de la manière suivante :

Si le budget du Protectorat est créancier de la Cochinchine, il crédite directement le compte *Colonie de la Cochinchine, s/c courant,* des versements effectués par la Cochinchine en atténuation de sa dette.

Si, au contraire, le Cambodge est débiteur, il débite le compte *Colonie de la Cochinchine, s/c courant,* du montant des fonds envoyés au trésorier-payeur de la Cochinchine.

II

Comptabilité du trésorier-payeur de la Cochinchine.

1° Ouverture du compte-Payeur du Cambodge, s/c courant.

Art. 27. — Les recettes et les dépenses de toute nature concernant les services métropolitains, le service local et les comptes de trésorerie, effectuées par le payeur du Cambodge pour le compte du trésorier-payeur de la Cochinchine, sont constatées dans les écritures de ce dernier comptable au débit ou au crédit d'un compte ouvert dans la catégorie des correspondants administratifs sous le titre de *Payeur du Cambodge, s/c courant.*

Art. 28. — Les opérations relatives aux services métropolitains et aux comptes de trésorerie ouverts dans les écritures du trésorier-payeur de la Cochinchine sont immédiatement imputées aux comptes qu'elles concernent ; celles qui se rapportent au service local de la Cochinchine et aux comptes de trésorerie spéciaux à cette colonie sont portées au crédit et au débit du compte *Receveur spécial du service local, s/c intermédiaire.*

2° Règlement du compte : Payeur du Cambodge, s/c courant.

Art. 29. — A la fin de chaque mois, le trésorier-payeur de la Cochinchine solde le compte *Payeur du Cambodge, s/c courant* par le débit ou le crédit du compte *Receveur spécial du service local, s/c intermédiaire.*

Il avise de cette opération le payeur du Cambodge qui, de son côté, débite ou crédite le compte : *Trésorier-payeur de la Cochinchine, s/c courant*, par le crédit ou le débit du compte : *Colonie de la Cochinchine, son compte courant*, ainsi qu'il a été expliqué ci-dessus (art. 22).

3° Bénéfices et pertes de change.

Art. 30. — Les bénéfices et les pertes de change, résultant d'opérations faites au Cambodge pour le compte du trésorier-payeur de la Cochinchine, sont portés au crédit ou au débit du compte *Frais de négociation et de change.*

III

Comptabilité du receveur spécial du service local de la Cochinchine.

1° Recettes et dépenses pour le compte du payeur du Cambodge. — Opérations à porter au compte : Protectorat du Cambodge, s/c courant.

Art. 31. — Les recettes et les dépenses concernant le budget du Protectorat du Cambodge, opérées en Cochinchine, sont portées au crédit et au débit d'un compte de trésorerie ouvert sous le titre de *Protectorat du Cambodge, s/c courant*, dans les écritures du receveur spécial du service local, préposé du trésorier-payeur de la Cochinchine.

Art. 32. — Les recettes et les dépenses sont effectuées en vertu d'ordres de versement et de paiement délivrés par les autorités du Protectorat ; les ordres de paiement ne sont payés que s'ils sont revêtus du *Vu bon à payer* du payeur du Cambodge.

Art. 33. — Tous les dix jours, les ordres de recettes, accompagnés des récépissés ou de déclarations de versement en constatant l'encaissement, et les ordres de paiement dûment quittancés par les parties prenantes, sont transmis par le trésorier-payeur de la Cochinchine au payeur du Cambodge, avec des bordereaux détaillés établis en double expédition.

Le payeur du Cambodge renvoie au trésorier-payeur de la Cochinchine une expédition de ces bordereaux avec un accusé de réception ; il joint en outre au bordereau des dépenses une quittance à souche, visée par le Résident général à Pnom-Penh, constatant la recette portée en contre-valeur dans ses écritures au compte *Colonie de la Cochinchine, s/c courant* (art. 24).

Art. 34. — Le compte *Protectorat du Cambodge, s/c courant*, est débité du montant des envois matériels de fonds faits au payeur du Cambodge sur l'ordre du Gouverneur de la Cochinchine ; il est crédité des sommes versées par le Cambodge en atténuation des avances faites par la Cochinchine.

Art. 35. — Le résultat du règlement du compte *Payeur du Cambodge, s/c courant*, fait à la fin de chaque mois par le trésorier-payeur de la Cochinchine (article 29), est également porté dans les écritures du receveur spécial du service local au débit ou au crédit du compte *Protectorat du Cambodge, s/c courant*, par le crédit ou le débit du compte *Trésorier-payeur, s/c intermédiaire.*

2° Justification des recettes et des dépenses du compte : Protectorat du Cambodge, s/c courant.

Art. 36. — Les recettes du compte *Protectorat du Cambodge, s/c courant*, sont justifiées par les talons des récépissés délivrés, et les dépenses par les quittances à souche du payeur du Cambodge (articles 24 et 33).

Les dépenses résultant d'envois matériels de fonds sont, en outre, appuyées d'une expédition du procès-verbal d'envoi.

3° Mandats sur le payeur du Cambodge.

Art. 37. — Ainsi qu'il a été expliqué ci-dessus (article 16), le receveur spécial du service local émet des mandats de trésorerie payables à vue par le payeur du Cambodge, pour les transmissions de fonds intéressant les services publics, ou les officiers et fonctionnaires français.

Il suit à cet égard les règles tracées au trésorier-payeur pour la délivrance des mandats sur le trésor.

Les lettres d'avis d'émission de ces mandats sont adressées, par tous les courriers, au payeur du Cambodge.

Art. 38. — Un compte spécial est ouvert à cet effet dans les écritures du receveur spécial, sous le titre *Mandat sur le payeur du Cambodge.*

Ce compte est crédité des émissions et débité du montant des mandats acquittés, lesquels sont renvoyés, après paiement, par le payeur du Cambodge au trésorier-payeur de la Cochinchine.

4° Avances faites par la Cochinchine au Cambodge.

Art. 39. — Indépendamment des écritures destinées à décrire les recettes et les dépenses matériellement effectuées en Cochinchine pour le compte du payeur du Cambodge, ou par ce comptable pour le compte du trésorier-payeur de la Cochinchine, le receveur spécial tient, au moyen d'opérations d'ordre, le compte des avances faites au Cambodge par la colonie de la Cochinchine, en vertu de décisions du Conseil colonial. A cet effet, il débite du montant des avances le compte *Caisse de réserve du service local*, par le crédit d'un compte de correspondants administratifs intitulé *Protectorat du Cambodge, s/c de fonds avancés par la Cochinchine.*

Les remboursements desdites avances sont portés au débit du compte : *Protectorat du Cambodge, s/c de fonds avancés par la Cochinchine*, et au crédit du compte ; *Caisse de réserve du service local.*

Art. 40. — Le solde créditeur du compte *Protectorat du Cambodge, s/c de fonds avancés par la Cochinchine*, représente le montant des fonds mis à la disposition du Cambodge par la colonie de la Cochinchine ; il doit toujours être supérieur ou au moins égal au solde débiteur du compte *Protectorat du Cambodge, s/c courant,* qui exprime la dette du Cambodge envers la colonie.

IV

Contrôle de la situation des comptes courants ouverts dans les écritures des comptables.

Art. 41. — A la fin de chaque mois, le payeur du Cambodge remet au Résident général, en double expédition, une situation des comptes *Trésorier-payeur de la Cochinchine, s/c courant* et *Colonie de la Cochinchine, s/c courant.*

Le Résident général conserve une expédition et transmet l'autre au Gouverneur de la Cochinchine, qui en fait délivrer des copies au trésorier-payeur et à l'inspecteur des services administratifs et financiers de la marine et des colonies.

Art. 42. — A la même époque, le trésorier-payeur de le Cochinchine établit une situation des comptes *Payeur du Cambodge, s/c courant*, et *Protectorat du Cambodge, s/c courant*, qu'il remet en double expédition au Gouverneur. Une troisième expédition est, en outre, adressée à l'inspecteur des services administratifs et financiers.

Le Gouverneur de la Cochinchine conserve une expédition de cette situation et transmet l'autre au Résident général à Pnom-Penh, qui en délivre une copie au payeur du Cambodge.

Art. 43. — Les différences, provenant des opérations en cours de régularisation, qui existeraient entre les chiffres des comptes correspondants sur ces deux documents, feraient immédiatement l'objet de notes explicatives adressées par les comptables intéressés au Gouverneur de la Cochinchine et au Résident général du Cambodge.

Art. 44. — Deux expéditions des situations fournies les 30 juin et 31 décembre de chaque année par le payeur du Cambodge et par le trésorier-payeur de la Cochinchine, sont envoyées, avec les explications et renseignements nécessaires, par le Gouverneur de la Cochinchine au Ministère des finances (direction générale de la comptabilité publique et direction du mouvement général des fonds).

Art. 45. — Le présent arrêté, qui sera publié dans la Cochinchine et le Protectorat du Cambodge, sera exécutoire à partir du jour de sa promulgation dans la Cochinchine.

AUBE.

(31 décembre 1885)

DÉP. M. *Notification d'un arrêté en date du 6 décembre 1885, destiné à régler les rapports du service de Trésorerie au Cambodge avec celui de la Cochinchine.*

ARCH. GOUV.

J'ai l'honneur de vous adresser, ci-joint, dix exemplaires d'un arrêté pris, le 6 décembre 1886, par le Ministre des finances et par le Ministre de la marine et qui est destiné à régler les rapports du service de trésorerie au Cambodge avec celui de la Cochinchine.

Je vous prie de procéder à sa promulgation dans la colonie dès la réception de la présente dépêche.

Vous remarquerez que dans les articles 3, 4, 6 et 8 de cet arrêté, il a été tenu compte du désir exprimé dans votre lettre du 22 août dernier, relativement aux transmissions de fonds par l'intermédiaire du Trésor.

Aux termes de ces articles, les agents et fonctionnaires du protectorat recevront, comme leurs collègues des colonies, des mandats sur le Trésor, payables à la caisse centrale, à Paris, et aux caisses des trésoriers-payeurs généraux, dans les départements ; ils pourront aussi opérer, par la même voie, des envois à Saïgon. Les particuliers, de leur côté, recevront des mandats d'articles d'argent. Il est bien entendu que ces derniers mandats seront réservés, comme dans les autres possessions françaises, aux transmissions de peu d'importance et que leur émission devra faire l'objet d'une surveillance toute particulière pour éviter des abus.

A DE LA PORTE.

(18 janvier 1888)

A. G. G. *Les excédents des recettes sur les dépenses des budgets locaux du Cambodge et de l'Annam et du Tonkin seront versés au fonds de réserve du budget général.*

J. C., p. 114.

(20 janvier 1888)

DÉP. M. (*Extrait*). *Notification de deux décrets du 26 décembre 1887 réglant, le pré-*

mier, l'organisation du service financier du gouvernement général de l'Indo-Chine; le second le fonctionnement du service de trésorerie en Annam et au Tonkin.

ARCH. GOUV.

I. *Indo-Chine.*

II. *Annam et Tonkin.*

III. *Désignation du chef de service.*

1°......

3° Au Cambodge, M. Walche reste titulaire avec sa solde et les suppléments dont il jouit, de l'emploi de payeur, chef du service de la trésorerie du Protectorat.

. . . .

FÉLIX FAURE.

VI. — CONSTITUTION DE LA PROPRIÉTÉ.

NATURE DES DOCUMENTS	DATES	RECUEILS A CONSULTER								OBSERVATIONS
		Bat	B. C.	B D.I	J.C.	J.H.	B. M.	B.Col		
D. G.	28 octobre 1884.				1327					
Convention.	27 juin 1887.				1889 910					
Dép. M.	30 août 1887.									

(28 octobre 1884)

D. G. *relative à la constitution de la propriété.*

(Promulg. A. G., 1er novembre 1884).
J. C., p. 1327.

TITRE I. — DE LA CONSTITUTION DE LA PROPRIÉTÉ.

Article premier. — Le territoire du Cambodge, jusqu'à ce jour propriété exclusive de la Couronne, est déclaré propriété de l'État.

Art. 2. — Tous les détenteurs de terres, en vertu de titres portant location ou aliénation temporaire, seront tenus de les déposer, dans les six mois qui suivront la publication du présent acte, entre les mains du Résident de la province, qui en délivrera récépissé.

Après avoir été vérifiés par le Résident général, ces titres seront, si leur validité est démontrée, visés et remis aux intéressés.

Art. 3. — Faute de s'être conformés en temps utile aux obligations que leur impose l'article précédent, les détenteurs seront déchus de tous droits.

TITRE II. — DIVISION DU DOMAINE DE L'ÉTAT.

Art. 4. — Le domaine de l'État comprend :

La dotation immobilière de la Couronne,

Le domaine public,

Le domaine de réserve,

Et le domaine aliénable.

Font partie de la dotation de la Couronne tous les immeubles mis à la disposition de S. M. le Roi du Cambodge, pour en percevoir les revenus et en disposer à son gré, sous les réserves stipulées au présent acte.

Font partie du domaine public : les routes, chemins, voies ferrées et leurs accessoires ; cours d'eau navigables ou flottables, ainsi que leurs rives ou francs bords sur une largeur de huit mètres au-dessus du niveau moyen des hautes eaux ; toutes les voies de communication en général, les édifices, terrains et locaux affectés à un service public.

Art. 5. — La dotation de la Couronne et le domaine public sont inaliénables ; les immeubles qui les composent ne peuvent être ni engagés ni hypothéqués.

Art. 6. — Le domaine de réserve comprend les immeubles que l'Administration entend soustraire à une aliénation immédiate et réserver pour les besoins de l'avenir, bien qu'ils ne fassent partie ni de la dotation royale, ni du domaine public.

Ces immeubles sont inaliénables tant qu'ils restent rangés dans cette catégorie ; ils peuvent être toutefois engagés ou hypothéqués.

Art. 7. — Le domaine aliénable englobe toutes les terres dont l'aliénation est autorisée selon les besoins.

Il pourra être divisé, par commune, en différentes classes qui ne seront aliénées que successivement, de telle sorte que les terres de la deuxième classe ne seront aliénées qu'après épuisement de la première, celles de la troisième après aliénation totale de la seconde, et ainsi de suite.

Art. 8. — Les revenus de toutes sortes, les locations de tous les immeubles du domaine de l'État, à l'exception de la dotation de la Couronne, profitent au budget de l'État, qui bénéficie également du produit de la vente des immeubles aliénables.

Art. 9. — La répartition des immeubles domaniaux entre la dotation de la Couronne, le domaine public, le domaine de réserve et le domaine aliénable, sera faite et pourra être modifiée par décision du Résident général, sanctionnée par le Gouverneur de la Cochinchine, le Conseil de Gouvernement du Cambodge entendu.

La division par commune et en classes du domaine aliénable sera opérée par les Résidents provinciaux, après consultation des autorités indigènes, et sanctionnée par le Résident général.

TITRE III. — DE L'ADMINISTRATION DU DOMAINE DE L'ÉTAT.

Art. 10. — Le domaine de l'État est administré, sous la haute autorité du Roi et du Gouverneur de la Cochinchine, par le Résident général de France, représenté dans les provinces par les Résidents.

Le Résident général passe par lui-même ou par ses délégués tous les actes qui intéressent le domaine de l'État : acquisitions, ventes, concessions, adjudications, échanges, baux, transactions, et le représente en justice.

TITRE IV. — DES OCCUPANTS.

Art. 11. — Il sera fait aux occupants du sol des avantages particuliers.

Ceux qui sont établis sur des terres faisant partie du domaine aliénable seront admis, de préférence à tous autres, soit à en devenir propriétaires à titre gratuit, soit à les acquérir de gré à gré, moyennant un prix calculé sur la valeur intrinsèque du sol dégagée de la plus-value résultant des améliorations faites par leurs soins.

Art. 12. — Ceux qui sont établis sur les terres affectées au domaine public ou au domaine réservé devront les évacuer dans un délai dont la durée sera fixée par le Résident de la province ; mais ils recevront, à titre gratuit, s'ils le désirent, une concession territoriale suffisante pour les indemniser des pertes résultant du déplacement.

Lorsque les immeubles qu'il s'agira de faire évacuer seront chargés des récoltes pendantes par la racine, le délai ne pourra commencer que du jour de leur enlèvement.

Art. 13. — Toute personne qui occupera à l'avenir, sans autorisation de l'autorité compétente, un terrain appartenant à l'État, sera passible d'une amende quadruple de la valeur locative du terrain occupé.

TITRE V. — DE L'ALIÉNATION.

Art. 14. — Le domaine de l'État peut être aliéné par voie de concession gratuite, de vente de gré à gré et d'adjudication publique.

Art. 15. — Les concessions gratuites de cinquante hectares et au-dessous dans les campagnes, de mille mètres carrés et au-dessous dans les centres habités, sont accordées par les Résidents provinciaux, après avis des autorités indigènes ; mais, elles ne seront définitives qu'après homologation par le Résident général.

Art. 16. — Les concessions plus considérables sont accordées par le Résident général.

Lorsqu'elles dépassent trois cents hectares pour les immeubles ruraux et trois mille mètres carrés dans les centres, elles doivent être, en outre, ratifiées par le Gouverneur de la Cochinchine, le Conseil de Gouvernement du Cambodge entendu.

Art. 17. — Les ventes de gré à gré d'immeubles d'une valeur de deux cents piastres et au-dessous sont conclues par les Résidents provinciaux et homologuées par le Résident général ; au-dessus de deux cents piastres, elles sont conclues par le Résident général ; lorsqu'elles dépassent deux mille piastres, elles sont en outre soumises à l'approbation du Gouverneur de la Cochinchine, le Conseil de Gouvernement du Cambodge entendu.

Art. 18. — Toute mise en vente par voie d'adjudication doit être, au préalable, autorisée par le Résident général, qui homologue ensuite le procès-verbal d'adjudication. Ce procès-verbal est en outre approuvé par le Gouverneur de la Cochinchine, le Conseil de Gouvernement du Cambodge entendu, si le prix d'adjudication dépasse deux mille piastres.

Art. 19. — En cas de refus d'homologation par le Résident général ou d'approbation par le Gouverneur, les aliénations dont il est parlé aux articles 16, 17 et 18 sont annulées et demeurent sans effet.

Art. 20. — La minute des actes de concession gratuite et vente de gré à gré est établie sur la souche du registre des aliénations tenu à la Résidence de la province de la situation des biens ; un double est établi sur le volant du même registre et un extrait sur le talon y annexé. Ces trois pièces sont signées du résident provincial, de l'acquéreur ou concessionnaire, ou de deux témoins si ce dernier est illettré. Le volant et son talon sont ensuite détachés et adressés au Résident général, qui les transmettra, s'il y a lieu, au Gouverneur.

Après l'accomplissement de toutes les formalités règlementaires, le talon est détaché de son volant et conservé à la Résidence générale, tandis que ce dernier est remis à l'intéressé pour lui servir de titre de propriété.

Art. 21. — L'approbation du Gouverneur de la Cochinchine peut être donnée collectivement et par un arrêté distinct des actes pour plusieurs aliénations.

Art. 22. — Les articles 8, 9, 10, 11, 13, 14, 15 (les trois premiers paragraphes de ce dernier article), 16, 17, 18, 19 de l'arrêté du 22 août 1882 sur les aliénations domaniales en Cochinchine, dont le texte est relaté ci-dessous (1), sont applicables aux adjudications de biens domaniaux au Cambodge. Le Résident général remplit les fonctions dévolues en Cochinchine au Directeur de l'Intérieur.

Art. 23. — L'acte d'aliénation pourra stipuler une exemption d'impôt totale ou partielle, qui ne pourra jamais excéder quatre années.

Les prix de vente seront payables soit au comptant lors de la remise du titre, soit par annuités calculées de telle sorte que l'acquéreur se trouve entièrement libéré dans un délai maximum de dix années.

Art. 24. — Les frais de mise en possession sont entièrement à la charge des acquéreurs et concessionnaires.

Art. 25. — Les actes portant aliénation des terres domaniales sont exempts de tous droits d'enregistrement ou autres, sauf un droit fixe de 20 cents pour délivrance de titre, qui sera perçu lors de l'enregistrement au registre des aliénations sur lequel les ventes par adjudication seront mentionnées par extrait.

Art. 26. — L'aliénation des terrains domaniaux devient définitive, savoir : pour les concessions gratuites, par l'acquittement consécutif pendant quatre années de l'impôt foncier ; pour les aliénations à titre onéreux, par l'acquittement intégral du prix de vente.

Art. 27. — Le Résident général peut toujours provoquer la révocation des aliénations qui n'ont pas acquis un caractère définitif, soit pour inexécution des clauses du contrat, soit pour exploitation insuffisante ou vicieuse.

L'éviction de l'acquéreur ou concessionnaire est prononcée, après mise en demeure préalable, par l'autorité qui a décidé l'aliénation, sous l'homologation ou sanction

(1) V. *infra*, Annexe.

des pouvoirs supérieurs intervenus à cette dernière, le tout selon les règles de compétence établie par les articles 15, 16, 17, 18 et 19.

Art. 28. — Aucune location de terrains domaniaux ne pourra avoir lieu si elle n'a été préalablement autorisée par le Résident général ; elle sera conclue par le Résident provincial, constatée sur le registre spécial dit des locations, qui sera tenu de la manière indiquée par l'article 20 pour le registre des aliénations, et homologuée en la même forme que les ventes de gré à gré de moins de deux cents piastres par le Résident général, avant remise du volant au fermier. Ce dernier ne pourra en aucun cas être exempté du payement de l'impôt foncier.

Art. 29. — Les baux à ferme de biens du domaine de l'État donneront lieu à la perception d'un droit de 20 cents pour délivrance de titre. Ce droit sera perçu lors de l'enregistrement au registre des locations.

Art. 30. — Les chrétientés, les pagodes, les mosquées et autres établissements du culte conserveront en toute propriété les terrains qu'elles occupaient à la date du 17 juin 1884, jour de la signature de la convention de Pnom-Penh, c'est-à-dire l'emplacement des temples, cimetières, maisons d'école et du logement des desservants, avec leurs jardins et dépendances.

TITRE VI. — DE LA CONSERVATION DE LA PROPRIÉTÉ.

Art. 31. — Dans les six mois qui suivront la publication du présent acte, il sera ouvert pour chaque commune et, s'il y a lieu, pour chaque section de commune, quartier ou hameau, un registre de la propriété dont le modèle sera ultérieurement arrêté.

Ces registres seront établis en langue française par les Résidents provinciaux.

Art. 32. — Toute mutation de propriété immobilière devra, à peine de nullité, être déclarée aux chefs de cantons, qui recevront le dépôt de l'acte en vertu duquel la mutation est effectuée, en donneront récépissé et le transmettront sans retard, par la voie hiérarchique, au Résident provincial pour mention sur le registre de la propriété de la résidence.

La déclaration des parties intéressées est constatée par une relation signée du Résident et inscrite sur l'acte de vente.

Aucune mutation de propriété ne pourra avoir lieu en vertu d'un contrat verbal.

Art. 33. — Les registres de propriété seront refondus tous les cinq ans.

TITRE VII. — DE L'EXPROPRIATION.

Art. 34. — Nul ne peut désormais être obligé de céder sa propriété, si ce n'est pour cause d'utilité publique et moyennant une juste et préalable indemnité.

Art. 35. — Les biens expropriés pour cause d'utilité publique sont réunis au domaine de l'État et classés de droit dans le domaine public, sauf décision ultérieure contraire.

Art. 36. — Lorsqu'il y aura lieu à expropriation, l'utilité publique sera préalablement déclarée par une décision du Résident général. Cette décision désignera en outre les propriétés à exproprier, prononcera l'expropriation, déclarera, s'il y a lieu, l'urgence, en fixant la date de la prise de possession, et désignera les membres non fonctionnaires de la commission dont il est parlé à l'article suivant.

Art. 37. — Dans les trois mois au plus qui suivront la décision du Résident général, une commission composée de : 1° le Résident provincial, président, ou son délégué ; 2° le chef de l'arrondissement et le chef du canton de la situation des biens expropriés ; 3° deux membres non fonctionnaires, désignés par la décision prescrite par l'article 36, se transportera sur les lieux, examinera les immeubles expropriés, écoutera les réclamations des propriétaires et autres ayants-droit, préalablement convoqués au moins huit jours à l'avance, et fixera le chiffre des indemnités.

Elle dressera procès-verbal de ses opérations et le transmettra sans délai au Résident général, qui assurera, dans les trois mois de sa date, le payement desdites indemnités.

Art. 38. — Hors le cas d'urgence, la prise de possession ne pourra jamais précéder le payement de l'indemnité.

Elle devra avoir lieu au plus tard dans le mois qui suivra le versement de cette dernière.

Si l'urgence a été régulièrement déclarée, la prise de possession a lieu à la date indiquée par la décision du Résident général.

Elle est dans l'un et l'autre cas constatée par un procès-verbal du Résident provincial.

Art. 39. — Est déclarée nulle et de nul effet, sans préjudice de la responsabilité civile ou criminelle qui pourrait incomber aux fonctionnaires qui l'auraient ordonnée, suivie, exécutée, ou y auraient participé d'une manière quelconque, toute procédure d'expropriation non conforme aux règles qui précèdent.

DISPOSITIONS GÉNÉRALES.

Art. 40. — Pour tous les cas non prévus au présent acte et sur la proposition du Résident général, il sera statué par décision du Gouverneur de la Cochinchine, le Conseil de Gouvernement du Cambodge entendu.

(Cachet du Premier Ministre). CHARLES THOMSON.

ANNEXE

(*Arrêté du 22 août 1882 sur les aliénations domaniales en Cochinchine*).

Art. 8. — Les demandes de mise en vente sont instruites par le Directeur de l'Intérieur ou ses délégués. Elles doivent contenir les renseignements exigés pour les demandes de concessions gratuites; en outre, un croquis du terrain demandé doit y être annexé.

Art. 9. — Toute personne qui demandera la mise en vente d'un terrain de la deuxième catégorie sera tenue de souscrire au préalable une soumission par laquelle elle s'engagera à couvrir d'au moins une enchère la mise à prix fixée par l'Administration. Il lui sera donné connaissance de cette mise à prix, dont le chiffre sera indiqué dans la soumission souscrite.

Art. 10. — Le cahier des charges, clauses et conditions de toute vente aux enchères publiques, sera établi en double original. Chaque original sera accompagné d'un plan régulier du terrain. L'adjudication est annoncée au moins quinze jours à l'avance par les moyens ordinaires de publicité. Elle a lieu en séance publique.

Art. 11. — L'adjudication aura lieu aux enchères publiques et à l'extinction des feux. Elle ne peut être prononcée qu'autant que trois feux auront été allumés et se seront éteints sans qu'il ait été fait une nouvelle enchère.

. . . .

Art. 13. — Les enchères ne pourront être inférieure à une piastre; elles seront d'au moins deux piastres lorsque la mise à prix sera de plus de vingt piastres, de cinq piastres lorsqu'elle sera au-dessus de deux cents piastres, de dix piastres, de mille à deux mille piastres, et de vingt piastres lorsqu'elle dépassera deux mille piastres.

Art. 14. — Toute personne se présentant pour autrui doit justifier : 1° d'une procuration régulière qui est déposée sur le bureau après avoir été certifiée par le mandataire; 2° de la solvabilité du mandant.

Art. 15. — La faculté de déclarer ami ou command doit être réservée par l'acte même et ne peut être exercée que par l'adjudicataire direct, au profit d'un seul individu.

Nul ne peut être command s'il ne réunit les qualités requises pour être adjudicataire direct. Si le command n'est pas accepté, l'adjudication restera pour le compte de l'adjudicataire.

La déclaration de l'adjudicataire et l'acceptation du command auront lieu simultanément par acte passé dans les trois jours de l'adjudication devant le fonctionnaire qui aura présidé à la vente. Il sera fait en double original pour être annexé au procès-verbal d'adjudication.

. . . .

Art. 16. — L'adjudicataire et le command, s'il en est déclaré, sont tenus de faire, le premier dans l'acte d'adjudication, le second dans l'acte d'acceptation de la déclaration passée à son profit, élection de domicile dans l'arrondissement où se trouve l'immeuble vendu. Faute de ce faire, tous actes postérieurs leur seront valablement signifiés à la Direction de l'Intérieur ou dans les bureaux de l'administrateur, selon le lieu de la vente.

Art. 17. — Le fonctionnaire chargé de présider à l'adjudication peut requérir que l'adjudicataire ou le command élu fournissent bonne et valable caution, laquelle s'obligera solidairement.

Si la caution présentée par le command n'est pas reçue, l'adjudication reste pour le compte de l'adjudicataire direct, à moins que celui-ci ne consente à se porter caution solidaire du command déclaré.

Art. 18. — Toutes les contestations qui pourront s'élever pendant les opérations sur la qualité et sur la solvabilité des enchérisseurs, sur la validité des enchères, sur l'admission du command ou de la caution et sur tous autres incidents relatifs à l'adjudication, seront tranchées séance tenante par le fonctionnaire qui préside à la vente

Art. 19. — Le procès-verbal d'adjudication, établi en double original à la suite du cahier des charges, est signé sur-le-champ par les membres de la commission et par l'adjudicataire ou son fondé de pouvoir.

En l'absence de ces derniers, ou s'ils ne veulent ou ne peuvent signer, il en sera fait mention au procès-verbal.

(27 juin 1887)

CONVENTION *intervenue entre le représentant de la République française et Sa Majesté le roi Norodom, relativement à l'aliénation au profit des Européens et assimilés des terrains du domaine cambodgien.*

J. C., 1889, p. 910.

Article premier. — Les terrains du domaine cambodgien sont, au point de vue de l'aliénation au profit des Européens et assimilés, divisés en deux catégories, non compris, bien entendu, les immeubles réservés pour le service public ou dans un but d'utilité générale.

La première catégorie se compose des terrains urbains situés dans le périmètre de la ville de Pnom-Penh.

La deuxième catégorie comprend les biens ruraux incultes et inoccupés.

ALIÉNATION DES TERRAINS DE LA PREMIÈRE CATÉGORIE.

Art. 2. — Les terrains libres de toutes constructions en briques ayant été autorisées par le roi seront cotés et mis en vente aux enchères publiques au fur et à mesure des demandes.

Art. 3. — Celui qui demandera la mise en vente d'une parcelle devra joindre à sa requête le plan de la construction en briques qu'il s'engage à édifier dans le délai d'un an sur le terrain, s'il lui est adjugé.

Dans le cas où le terrain serait vendu à une autre personne, cette dernière devrait faire construire dans le même délai une maison, conformément au plan fourni par le demandeur ou, à son défaut, à un plan approuvé par le Protectorat.

Art. 4. — Toute personne qui demandera la mise en vente d'un terrain sera, en outre, tenue de souscrire au préalable une soumission par laquelle elle s'engagera à couvrir au moins d'une enchère la mise à prix fixée par le Protectorat. Il lui sera donné connaissance de cette mise à prix, dont le chiffre sera indiqué dans la soumission souscrite.

Art. 5. — La mise en vente sera annoncée un mois à l'avance par des affiches apposées à Pnom-Penh et des avis insérés au *Journal officiel* de la Cochinchine.

Art. 6. — Les terrains sur lesquels existent des constructions en briques élevées en vertu d'autorisation du roi pourront être vendus de gré à gré aux occupants, en prenant pour prix de base celui déterminé par les enchères publiques pour les lots vendus à proximité et placés dans des conditions à peu près analogues.

Art. 7. — Une bande longue d'au moins 50 mètres sera réservée tout le long du fleuve pour l'établissement des quais.

Les constructions qui se trouvent actuellement sur cette zone devront avoir disparu au plus tard le 1er janvier 1897.

Art. 8. — Le prix de vente sera payé en trois termes égaux, échelonnés chacun à une année d'intervalle ; le premier paiement devra être effectué un an après la date de l'adjudication, afin de laisser à l'acquéreur le temps et les moyens de construire. Si, à cette époque, l'acquéreur n'avait pas fait élever la construction dont le plan était joint à la demande d'achat, la vente serait annulée de plein droit, et l'administration serait libre d'adjuger le terrain à une autre personne.

Art. 9. — Les constructions devront être faites en se conformant au plan d'alignement et de nivellement général, sans qu'il puisse être réclamé par les propriétaires aucune indemnité à l'administration lorsqu'elle fera procéder aux travaux de remblais.

Art. 10. — A défaut de paiement du prix de vente aux époques fixées, l'administration se réserve le droit de remettre le lot du terrain en vente six mois après l'échéance à laquelle il n'a pas été satisfait.

Art. 11. — L'acquéreur déchu sera tenu de payer, par forme de dommages-intérêts, une amende égale au dixième du prix de vente, s'il n'a fait encore aucun paiement, au vingtième, s'il en a déjà soldé une partie ; il est, en outre, obligé à la restitution des fruits, dont la valeur est fixée à 12 p. 100 par an du prix d'adjudication.

Art. 12. — S'il résulte des décomptes à établir, par suite de la déchéance, que l'acquéreur est débiteur envers le trésor, il sera contraint au paiement par toutes les voies de droit. Les sommes versées par lui sont, dans tous les cas, irrévocablement acquises au domaine.

Art. 13. — Les baux consentis par l'acquéreur déchu ne pourront être opposés au domaine ; il en sera de même des ventes qu'il aurait pu consentir. Cependant, le nouvel acquéreur aura la faculté de se substituer à son vendeur déchu, en se conformant aux charges, clauses et conditions de la vente.

Art. 14. — Les terrains urbains sont soumis à l'impôt à dater du 1er janvier qui suit l'époque de la vente.

Art. 15. — Les demandes d'achat de terrains urbains devront être adressées au Résident général, qui les transmettra à S. M. le Roi du Cambodge, lequel décidera, s'il y a lieu, de mettre en vente les terrains demandés.

Art. 16. — Il sera ensuite procédé à l'adjudication par le Résident général ou son représentant, assisté de deux délégués du roi et d'un fonctionnaire français.

L'adjudication aura lieu, pour tout ce qui n'est pas réglé par la présente convention, dans les formes prescrites pour l'aliénation des immeubles domaniaux en Cochinchine par l'arrêté du 22 août 1882.

L'aliénation ne devient définitive qu'après l'approbation par le roi du procès-verbal d'adjudication.

ALIÉNATION DES TERRAINS DE LA DEUXIÈME CATÉGORIE.

Art. 17. — L'aliénation des terrains compris dans cette catégorie a lieu par voie de concession, à titre onéreux. Cependant il peut être accordé des concessions à titre gratuit dans les conditions dont il sera parlé ci-après :

§ 1er. — *Des concessions à titre onéreux.*

Art. 18. — Des concessions rurales pourront être accordées au prix de 10 francs l'hectare. Les demandes de cette nature faites par les Français et Européens doivent être adressées au Résident général.

Elles doivent contenir toutes les indications nécessaires à la reconnaissance des terrains et au levé sommaire du plan.

Art. 19. — Les lots ruraux bâtis, en culture ou complantés d'arbres en rapport seront exclus de la concession et réservés aux habitants qui les ont mis en valeur et y sont fixés.

Art. 20. — Le prix de vente est payé moitié comptant et le surplus en deux termes égaux d'année en année, à compter de la date de la vente.

Cependant, si le prix de vente est inférieur à 250 francs, il devra être versé intégralement avant la délivrance de l'acte.

Art. 21. — A défaut de paiement d'un terme du prix de vente et six mois après l'échéance à laquelle il n'a pas été satisfait, l'Administration reprend ses droits sur le terrain.

Art. 22. — Les immeubles domaniaux ainsi aliénés sont soumis à l'impôt à partir du 1er janvier qui suit la troisième année de l'aliénation.

§ 2. — *Des concessions à titre gratuit.*

Art. 23. — Les concessions gratuites ne pourront être accordées qu'aux personnes qui en feront la demande dans le but de créer des exploitations agricoles ou de s'adonner à l'élevage du bétail.

Art. 24. — Le demandeur prendra l'engagement de défricher ou mettre en culture au moins un dixième de la concession par an, de façon qu'au bout de dix années toute la concession soit cultivée, à l'exception : 1° des parties qui auraient été demandées pour servir de pâturage en vue de l'élevage du bétail ; 2° des parties qui, par la nature même du sol, ne seraient pas susceptibles d'être mises en culture.

Art. 25. — Les immeubles domaniaux aliénés dans les conditions stipulées au présent paragraphe seront soumis à l'impôt :

1° A partir du 1er janvier qui suivra la troisième année de l'aliénation pour les trois dixièmes des terrains concédés ; cette proportion s'augmentera ensuite chaque année d'un dixième, de façon qu'au bout de la dixième année, la totalité de la superficie de la concession soit entièrement imposée.

Art. 26. — Les terrains concédés à titre gratuit ne pourront être aliénés qu'après accomplissement par le cessionnaire de tous les engagements pris par lui envers l'administration, conformément à l'article 24 de la présente convention ou après un délai de douze ans à partir de l'aliénation.

Toutefois, en cas de force majeure, le concessionnaire pourra être autorisé par le Protectorat à céder son exploitation avant cette époque, à condition que le concessionnaire s'engage à remplir les engagements souscrits par son cédant.

Art. 27. — Si dans un délai de cinq ans après l'entrée en jouissance, un tiers au moins de la concession n'avait pas été défriché ou cultivé, l'Administration pourrait prononcer l'éviction du concessionnaire un an après une mise en demeure préalable.

Art. 28. — Comme pour les adjudications, l'aliénation par voie de concession ne deviendra définitive qu'après approbation du roi.

DISPOSITIONS COMMUNES A TOUTES LES ALIÉNATIONS.

Art. 29. — Tout acquéreur ou concessionnaire est censé bien connaître l'immeuble dont il sera devenu propriétaire ; il le prendra dans l'état où il se trouve au jour de la cession ou de la vente, sans pouvoir prétendre à une indemnité sous aucun prétexte.

Les ventes et concessions sont faites sans garantie de mesure, et il ne pourra être exercé aucun recours contre l'Administration, quelle que soit la différence existant entre la contenance réelle et la contenance exprimée.

Il y aura lieu à résiliation si l'on a compris dans la vente un bien non susceptible d'être vendu. Cette résiliation ne donnera ouverture à aucune demande en indemnité, dommages et intérêts, soit envers le domaine, soit envers l'acquéreur ou concessionnaire, sauf en cas d'amélioration ou de dégradation.

Art. 30. — L'acquéreur ou concessionnaire devra, pour obtenir la délivrance de son titre de propriété, acquitter, s'il y a lieu, les droits d'enregistrement, frais d'actes et autres quelconques.

Les frais de mise en possession et de levés de plans sont également à sa charge.

Art. 31. — Le produit de la vente des terrains sera affecté aux travaux publics par les soins du Résident général.

(30 août 1887)

DÉP. M. *Approbation d'une ordonnance du roi Norodom, en date du 27 juin, relative à l'aliénation des terrains domaniaux du Cambodge.*

ARCH. GOUV.

Par une lettre du 25 juillet dernier, vous avez transmis au département le texte d'une ordonnance du Roi, en date du 27 juin, relative à l'aliénation des terrains domaniaux du Cambodge.

J'ai l'honneur de vous confirmer l'approbation que j'ai donnée à cet acte par mon télégramme du 30 août courant, ainsi conçu : « Approuve convention terrains domaniaux Cambodge. Lettre suit « demandant renseignements complémentaires. »

Les dispositions édictées par cette ordonnance me paraissent de nature à faciliter l'établissement des Européens au Cambodge. A ce point de vue, mon attention s'est plus particulièrement portée sur les concessions à titre gratuit prévues par les articles 23 à 28.

Tout d'abord, je désirerais savoir si l'administration du protectorat a été déjà saisie de demandes de concessions de cette nature et quelles mesures elle a compté prendre pour y donner satisfaction.

Je vous prie de me renseigner également sur l'étendue des terres dont il serait possible de disposer pour cet objet, sur la nature des cultures qui pourraient y être plus spécialement tentées, en y ajoutant toutes les indications de détail de nature à intéresser les émigrants français.

Ces renseignements devraient être présentés sous la forme d'une note claire et précise que mon administration communiquerait au besoin aux personnes qui, sollicitant un passage pour se rendre en Cochinchine, demandent en même temps des concessions de terre.

Je tiendrais aussi à avoir quelques éclaircissements au sujet de l'article 31 qui porte que « le pro- « duit de la vente des terrains sera affecté aux travaux publics par les soins du Résident général ». Je me demande, en effet, à quel budget seront versées les sommes perçues en vertu de la nouvelle ordonnance. Les terrains à aliéner appartenant à la Couronne, il est probable que, dans la pensée du Roi, le produit des aliénations devra revenir au Trésor royal. Dans ce cas, les travaux publics dont il est question dans l'art. 31 précité ne sauraient être les mêmes que ceux auxquels le budget du protectorat aura à pourvoir. Je désirerais être fixé à cet égard, ainsi que sur le point de savoir si les recettes dont il s'agit entrant au contraire dans nos caisses, le Résident général se proposerait de constituer, avec les ressources de la vente des terrains, une caisse spéciale dont le montant serait uniquement affecté aux travaux publics du protectorat.

Si tel était le projet de M. Piquet, je vous prierais de vouloir bien, avant qu'il reçoive son exécution, me mettre en mesure de l'approuver en connaissance de cause.

En terminant, je vous demanderai de m'adresser un rapport sur la question de la propriété privée des indigènes au Cambodge, au sujet de laquelle le Département ne possède pas de renseignements émanant de la colonie.

ÉTIENNE.

CAMPAGNES DE GUERRE (BÉNÉFICE DE)

V. *Bénéfice de campagne de guerre.*

CAMPEMENT

V. *Couchage et campement.*

CANONNIERS — CONDUCTEURS

V. *Troupes.*

CANTONNIERS

V. *Voirie.*

CAPITAINES DU COMMERCE

V. *Marine marchande. — Ports et rades. — Postes et télégraphes.*

CARACTÈRES CHINOIS

V. *Langue annamite (Écriture de la)*

CARACTÈRES LATINS

V. *Langue annamite (Écriture de la)*

CARMÉLITES

V. *Congrégations religieuses.*

CARRIÈRES.

NATURE DES DOCUMENTS	DATES	RECUEILS A CONSULTER Bat.	B. G	B. D. I	J. C.	J. H.	B. M.	B. Col	OBSERVATIONS
A. G.	21 août 1886.		272		887				

(21 août 1886)

A. G. *déterminant les conditions de concession d'exploitation des carrières de pierre de Bienhoa et de granit dans divers arrondissements.*

B. C. p. 272.
J. C. p. 887.

Article premier. — L'exploitation des carrières de pierre et de granit des arrondissements de Giadinh, Bienhoa, Thudaumot, Baria et Tayninh pourra être concédée, pour un temps déterminé, aux entrepreneurs qui en feront la demande aux conditions suivantes :

Les entrepreneurs seront tenus de payer au budget local :

1° Une redevance fixe de 10 piastres par an ;

2° Une redevance proportionnelle de 10 cents par mètre cube de cailloutis de granit extrait, de 0,02 cents par mètre cube de pierre de Bienhoa. Ils devront, en outre, se soumettre à l'obligation de supporter tous les frais de réparation et d'entretien exceptionnels qu'entraîneraient les dégradations ou l'usure des chemins par lesquels s'effectueront leurs transports. Si plusieurs exploitants usaient du même chemin, la somme des réparations serait répartie entre eux au prorata de leurs transports.

FILIPPINI.

CARTES D'IMPOT

V. *Impôts.*

CARTES POSTALES

V. *Postes et télégraphes.*

CARTES DE SÉJOUR

V. *Émigration et Immigration.*

NATURE DES DOCUMENTS	DATES	RECUEILS A CONSULTER							OBSERVATIONS
		Dat.	B. C.	B.D I	J. C.	J. H	B. M.	P. Col	
D. G.	1er mai 1867.	I-82	409						
Circ. M.	1er juin 1870.	II-787							
A. G.	28 mars 1871.	II-781	112						
A. G.	2 mai 1871.		152						
Règl. M.	14 février 1879.						476		
Circ. M.	20 août 1879.						228		
Dép. M.	14 octobre 1879.	II-783							
Circ. M.	17 août 1880.						316		
Circ. M.	1er mars 1881.						289		
Circ. M.	2 novembre 1881.						936		
Circ. M.	14 mars 1883.						418		

(1er mai 1867)

D. G. *constituant le service des approvisionnements généraux de la flotte en détail distinct et y rattachant le service de l'habillement de la flotte et celui du casernement et du campement* (1).

BAT. I, p. 82.
B. C. p. 409.

(1er juin 1870)

CIRC. M. *Imputation des dépenses de transports d'effets d'habillement et de casernement aux colonies.*

BAT. II, p. 787.

L'imputation des dépenses faites pour transports d'effets d'habillement et objets appartenant aux corps de troupes de la marine, opérés aux colonies, ayant donné lieu à des divergences d'opinion, j'ai l'honneur de vous informer que les dépenses de cette nature doivent être imputées sur les fonds du service colonial, chapitre XXI, article 2, § *Accessoires de la solde.* Je vous prie de donner des ordres en conséquence.

(28 mars 1871)

A. G. *Classement des corps de garde au point de vue des dépenses de leur établissement et de leur ameublement* (2). — *Tableaux.*

BAT. II, p. 781.
B. C. p. 112.

Article premier. — Les corps de garde dans la place de Saïgon sont classés, relativement aux services qui doivent pourvoir aux dépenses de leur établissement et de leur ameublement, en corps de garde d'intérêt militaire et en corps de garde d'intérêt civil, conformément au table *A* ci-annexé.

Art. 2. — L'ameublement des corps de garde reste fixé pour la Cochinchine, en ce qui concerne le mobilier fixe, conformément aux déterminations de l'article 55 du règlement de la marine du 21 novembre 1854 (3) combiné avec l'article 59 du règlement de la guerre du 30 juin 1856, et pour les autres objets conformément au tableau *B* ci-annexé.

Dans les corps de garde d'intérêt militaire, le service du génie n'est chargé de pourvoir qu'à l'ameublement fixe, les autres objets restant à la charge de l'administration qui y pourvoit sur les fonds du casernement.

Dans les corps de garde d'intérêt civil, l'ameublement est fourni en entier par les services intéressés, suivant le classement établi au tableau *B* ci-annexé.

Les corps de garde dans les postes extérieurs entretenus par le service du génie, sont classés comme corps de garde d'intérêt militaire. Il est pourvu aux dépenses de leur ameublement suivant la distinction établie à l'article 2 ci-dessus.

Ceux des postes extérieurs non entretenus par le service du génie sont consi-

(1) V. Approvisionnements généraux et travaux (bureau des).

(2) D'après les documents particuliers de la direction d'artillerie, divers crédits ont été alloués par le budget local pour la confection du mobilier réglementaire de la troupe et des sous-officiers logés dans les postes secondaires dits postes obliques.

(3) V. Règ., 14 février 1870. B. M., p. 474.

dérés comme étant d'intérêt civil, et leur ameublement est fourni en totalité par le service local.

DE CORNULIER-LUCINIÈRE.

ANNEXES

I.

Tableau A présentant le classement des corps de garde au point de vue des dépenses de leur ameublement.

Sont classés comme étant d'intérêt exclusivement militaire :

Le corps de garde du Commandant supérieur des troupes ; le poste de police du quartier des Lettrés ; le poste de police du quartier des indigènes ; le corps de garde de l'hôpital militaire ; le corps de garde du magasin à poudre ; le corps de garde du quartier de l'artillerie.

Sont classés comme étant d'intérêt civil :

1° *Au compte du service marine* (travaux hydrauliques) :

Le corps de garde de l'arsenal ; celui de l'Avalanche.

2° *Au compte du service local :*

Le corps de garde de l'hôtel du Gouvernement ; le corps de garde de la caserne municipale ; le corps de garde de la prison civile.

JORE.

II.

Tableau B portant fixation des objets n'appartenant pas à l'ameublement fixe qui doivent entrer dans le mobilier des corps de garde.

1° CORPS DE GARDE D'OFFICIER.

Un fauteuil foncé en rotin.
Une chaise, *idem*.
Une verrine.
Un encrier.
Un pot à eau avec sa cuvette.
Un verre.

2° CORPS DE GARDE DE LA TROUPE.

Un fanal d'applique à suspension.
Un falot de ronde.
Un bidon.
Une boîte de ronde en fer-blanc.
Marrons de ronde.
Un arrosoir en fer-blanc.
Un balai.

JORE.

Vu et approuvé.

(2 mai 1871).

A. G. *Il sera pourvu à l'ameublement et aux diverses fournitures nécessaires pour l'entretien du nouveau corps de garde de l'artillerie par les soins de l'artillerie sur les fonds de sa dotation.*

B. C. p. 152.

(14 fév. 1879)

RÈG. M. *sur le service du casernement des équipages de la flotte et des troupes de la marine en France et dans les colonies. — Nomenclature des objets de casernement à fournir aux corps de troupes sous la dénomination de mobilier des casernes.*

B. M. p. 476.

(20 août 1879)

CIRC. M. *Fournitures des pavillons nationaux.*

B. M. p. 228.

(14 octobre 1879)

DÉP. M. *Il y a lieu de pourvoir la garnison coloniale de percolateurs et de moulins à café.*

BAT. II, p. 783.

(17 août 1880)

CIRC. M. *On délivrera désormais des tables et des bancs en bois aux chambres de marins et soldats au lieu de tables à tréteaux et de tabourets individuels en fer.*

B. M. p. 316.

Le Règlement du 14 février 1879, sur le service du casernement des équipages de la flotte et des corps de troupes de la marine en France et aux colonies, alloue aux chambres de marins et soldats des tables à tréteaux en fer et des tabourets individuels sur piéds également en fer.

Ce nouveau mobilier a donné lieu à diverses critiques, principalement en raison des dégradations qui résultent de son emploi pour le sol des chambres.

En conséquence, et conformément à la mesure déjà prise par le Département de la Guerre, j'ai décidé que dans toutes les chambres de casernes, le tabouret individuel serait supprimé et remplacé par des bancs de l'ancien modèle, mais ayant seulement 1m,50 de longueur. On reprendra également la table de l'ancien modèle en réduisant aussi sa longueur à 1m,50.

JAURÉGUIBERRY

(1er mars 1881)

CIRC. M. *Invitation d'ajouter un brûloir à café à la nomenclature des objets mobiliers délivrés aux troupes de la marine, conformément aux prescriptions du règlement du 14 février 1879.*

B. M. p. 289.

Par suite à ma circulaire du 9 septembre 1879, autorisant la délivrance d'un moulin à café aux corps de troupes de la marine, j'ai l'honneur de vous faire connaître que j'ai décidé qu'un brûloir serait également ajouté à la nomenclature annexe du règlement du 14 février 1879 sur le casernement.

L'insertion de la présente circulaire au *Bulletin officiel* tiendra lieu de notification, et je vous prie de vouloir bien donner des ordres pour que les exemplaires du règlement précité soient annotés en conséquence.

CLOUÉ.

(2 novembre 1881)

CIRC. M. *Les chambres de marins recevront désormais des tables de 2 mètres avec bancs de même longueur.*

B. M. p. 956.

La circulaire du 17 août 1880 (*Bulletin officiel*, p. 316) a prescrit de reprendre, pour les casernes, la table de l'ancien modèle, en réduisant sa longueur à 1m,50.

L'application de cette mesure au matériel de casernement des divisions des équipages de la flotte, où les rations doivent se faire par plats de huit hommes, en exécution de l'article 288 du décret du 3 décembre 1856, nécessiterait un changement dans le service des vivres et aurait l'inconvénient de faire perdre deux places par table.

J'ai décidé par suite, sur la demande unanime des administrations maritimes, que la disposition indiquée ci-dessus ne serait pas appliquée aux casernes des équipages de la flotte dont les chambres devront être garnies à l'avenir de tables de 2 mètres de longueur sur 0^m,80 de largeur, et de bancs de longueur correspondante.

CLOUÉ.

(14 mars 1883)

CIRC. M. *Adoption de chaises paillées pour les sous-officiers.*

B. M. p. 418.

Le paragraphe 2 de la nomenclature annexée au règlement du 14 février 1879 sur le service du casernement des équipages de la flotte et des troupes de la marine, en France et aux colonies, alloue aux chambres de sous-officiers des tabourets individuels conformes au modèle de la guerre.

Or, ces tabourets n'étant plus en usage au Département de la guerre, j'ai décidé qu'ils seraient remplacés par des chaises paillées du modèle adopté pour les sous-officiers des troupes de l'armée de terre. (Circulaire du 22 février 1877, J. M., partie réglementaire, p. 80.)

CH. BRUN.

Consulter en outre : *Bâtiments militaires.*

CASIER ADMINISTATIF ÉLECTORAL

V. *Législation électorale.*

CASIER JUDICIAIRE

NATURE DES DOCUMENTS	DATES	RECUEILS A CONSULTER Bat.	B. C	B.D.I	J. C.	J.H.	B. N.	B.Col	OBSERVATIONS
Circ. M.	6 novembre 1850.	I-223							
Circ. M.	1er juillet 1856.	I-232							
Dép. M.	24 juillet 1865.	I-222							
Circ. M.	30 décembre 1873.	I-236							
Circ. M.	3 novembre 1875.						489		
Circ. M.	23 décembre 1876.	I-241							

(6 novembre 1850)

CIRC. M. (*Justice*). *Au sujet de l'établissement des casiers judiciaires* (1).

BAT. II, p. 223.

L'un des premiers éléments d'une bonne administration de la justice, en matière criminelle, se rencontre dans la connaissance exacte que le juge peut avoir de la conduite, des mœurs et des antécédents de l'homme qu'il doit juger. De tout temps cette nécessité a été comprise, et tous les législateurs ont cherché à fournir à la justice les moyens de dresser, pour ainsi dire, la biographie de ceux qui comparaissaient devant elle. C'est en partie dans ce but que la loi du 12 nivôse an VI avait créé un ministère de la police.

I. *Leur but.* — C'est dans ce but aussi que le Code de 1808 (articles 600 et suivants) a prescrit l'envoi à mon ministère et à celui de l'intérieur de registres contenant l'énoncé de toutes les condamnations intervenues en matière criminelle et correctionnelle, afin, disait l'orateur du Gouvernement, que l'autorité pût toujours trouver, dans la biographie judiciaire de chaque malfaiteur, les éléments propres à éclairer la marche et les décisions de la justice. Cette pensée de concentrer tous les renseignements judiciaires aux deux départements ministériels qui sont spécialement chargés de l'administration de la justice et de la police dans toute l'étendue du territoire, pouvait, dans le principe, produire quelques bons résultats ; mais à mesure que les registres vinrent s'accumuler dans les archives, à mesure surtout que le nombre des condamnations constatées s'éleva dans d'immenses proportions, ces registres perdirent chaque jour de leur utilité pratique, jusqu'au moment où, par leur accumulation même, toute recherche y devint à peu près impossible. Il en résulte qu'aujourd'hui les magistrats éprouvent une extrême difficulté à obtenir des renseignements exacts et précis sur les individus traduits devant eux. La préfecture de police peut seule, à Paris, les fournir d'une manière plus ou moins complète ; mais ces demandes de renseignements, qui arrivent à chaque instant et de tous les points du territoire, commencent à créer, pour les bureaux de cette administration, un travail auquel il est impossible de suffire et qui, dans tous les cas, entraîne des lenteurs toujours très préjudiciables à l'administration de la justice.

Ces inconvénients étaient graves en tout temps, mais ils le deviennent bien davantage aujourd'hui qu'il serait si nécessaire de pouvoir constater légalement et facilement la situation morale et judiciaire de chaque individu. Jusqu'à présent, en effet, nous n'avions à nous préoccuper que de connaître les antécédents des coupables ; il nous faut aujourd'hui étudier très souvent les antécédents de ceux qui doivent les juger. Le suffrage universel, devenu la base de nos institutions politiques et judiciaires, a singulièrement accru le nombre des citoyens appelés à faire partie du jury ; toutefois, en augmentant le personnel de cette institution, le législateur a voulu conserver toutes les garanties de moralité, et il a maintenu dans leur rigueur les dispositions de l'article 381 du Code d'instruction criminelle, qui veut, à peine de nullité, que tout individu appelé à remplir les fonctions de juré soit âgé de 30 ans, et *ait la jouissance de ses droits civils et politiques*. Cette disposition, dont l'application avait déjà ses difficultés sous l'ancienne législation, alors cependant que l'on ne prenait le jury que parmi les électeurs censitaires et dans le cercle assez restreint des capacités, cette disposition est devenue aujourd'hui un véritable danger qui menace sans cesse la validité de nos procédures criminelles, et qui, comme conséquence, peut arriver à jeter la plus déplorable incertitude sur l'administration de la justice et exposer le trésor public à des frais ruineux. Déjà la Cour suprême, saisie de pourvois qui soulevaient des questions d'indignité dans les membres du jury, s'est émue des désordres que pouvait engendrer cet état de choses, et, dans son amour du bien public, s'est empressée de me signaler le péril. Il n'était qu'un seul moyen de le prévenir : c'était de développer et de rendre plus efficaces les mesures déjà adoptées par le législateur pour arriver à connaître les antécédents de tous ceux qui, non seulement seraient appelés à répondre de leurs actes devant la justice, mais qui pourraient, pour une part quelconque, être appelés à prendre part aux débats judiciaires.

II. *Du lieu où seront établis les casiers judiciaires.* — Tel était le but à atteindre. J'ai pensé que nous y arriverions en multipliant les centres de renseignements judiciaires, de façon à les mettre plus facilement et plus promptement à la portée de tous, de façon à les rendre aussi plus exacts et plus complets sur chaque individu, par cela même qu'ils en comprendraient un moins grand nombre.

Cette première pensée adoptée, j'ai dû me demander dans quel lieu je réunirais les renseignements judiciaires qui peuvent concerner chaque individu.

(1) V. *infrà*, Dép. M., 24 juillet 1865.

Le lieu du domicile se présentait tout d'abord : c'est là, en effet, que toute personne peut le plus souvent être poursuivie ; c'est là qu'elle peut être appelé à faire partie du jury ou à exercer tout autre droit politique ; c'est là, en un mot, qu'il semble tout d'abord qu'il y ait le plus d'intérêt à connaître sa conduite, ses mœurs, ses antécédents ; mais une grave objection s'élevait contre ce système. Le domicile résulte, d'après notre législation même, d'éléments assez vagues, assez divers, et il n'est pas toujours facile de bien déterminer quel est le lieu du domicile réel de chaque individu ; de plus, le domicile est essentiellement mobile et changeant. Si l'on s'était décidé à placer les renseignements judiciaires sur chaque individu au lieu de son domicile, il aurait fallu qu'ils le suivissent dans le lieu de sa résidence nouvelle, aussi souvent qu'il aurait voulu en changer.

Le lieu du domicile devait donc être écarté.

Je me suis rattaché alors au lieu de la naissance : pour celui-ci, il n'y avait rien de vague, rien d'incertain, rien de mobile ; c'était un fait qui saisissait l'homme à son entrée dans la société et qui l'y suivait jusqu'à sa mort ; le lieu de naissance est d'ailleurs réellement aussi celui du domicile pour la plus grande masse des individus, qui naissent, vivent et meurent sans être sortis souvent des limites de leur commune ; quant à ceux qui s'en éloignent, ils y conservent encore le plus souvent des relations de famille et d'intérêt qui les y rattachent toujours ; enfin, à l'égard de ces hommes, assez peu nombreux d'ailleurs, qui vivent dans un état de vagabondage continuel, la statistique démontre qu'il est presque toujours assez facile de retrouver leur lieu de naissance, quand les magistrats y apportent le soin nécessaire.

Le lieu de la naissance étant admis comme celui où l'on devait réunir les renseignements judiciaires relatifs à chaque individu, on arrivait tout naturellement à concentrer ces nouveaux renseignements au greffe du tribunal civil de chaque arrondissement : c'est là, en effet, que se trouve déposé l'acte de naissance de toutes les personnes nées dans cette circonscription ; il était logique de faire conserver à ce même dépôt tous les actes modificatifs de l'existence de ces mêmes individus, de façon que toute personne intéressée à connaître leurs antécédents pût les suivre dans leur carrière en remontant jusqu'à leur naissance. Il est facile, au point de vue judiciaire, au point de vue politique, au point de vue même des simples relations des citoyens entre eux, de comprendre les avantages qui résulteront de cette espèce de compte moral ouvert au nom de chaque individu, et qui, tenu sans cesse au courant, réfléchira avec une rigoureuse exactitude le passé de chaque citoyen : digne et noble encouragement pour les hommes de bien, salutaire avertissement pour ceux que leur conscience seule ne retiendrait pas suffisamment dans la voie du devoir ; terrible châtiment pour le coupable, qui cherchera vainement à échapper par le vagabondage à la réprobation qui doit le frapper.

III. *Mesure d'organisation.* — Je vous ai indiqué, M. le procureur général, les inconvénients graves auxquels il fallait remédier, le but qu'il fallait chercher à atteindre et les heureux résultats qui en seraient la conséquence au point de vue de la morale, comme à celui de la justice ; je vais maintenant appeler votre attention sur les mesures d'organisation. Elles seront peu compliquées dans la pratique, peu onéreuses pour le trésor, et, confiées dans leur accomplissement à la surveillance des magistrats et aux soins des greffiers, elles s'exécuteront bientôt avec ce zèle intelligent qui se remarque dans tous les actes des premiers, avec cette exactitude méthodique et consciencieuse que les seconds observent si bien dans la pratique de leur importante administration.

Voici les dispositions réglementaires que j'ai cru devoir adopter :

1° *Du casier.* — Il sera établi, au greffe de chaque tribunal civil, un casier destiné aux renseignements judiciaires. Ce casier sera divisé par compartiments suivant l'ordre alphabétique ; il sera fourni par les soins de l'autorité administrative, comme dépense départementale. Je me suis entendu, à cet égard, avec mon collègue du Département de l'intérieur.

2° *Du local.* — Ce casier sera placé dans un lieu non accessible au public, et autant que possible dans celui où sont conservés les actes de l'état civil.

3° *Du bulletin.* — Ce casier sera destiné à recevoir et à classer par ordre alphabétique des bulletins constatant à l'égard de tout individu né dans l'arrondissement :

(*A*) Tout jugement ou arrêt devenu définitif, rendu contre lui en matière correctionnelle ;

(*B*) Tout arrêt criminel rendu contre lui par la cour d'assises ou par les tribunaux militaires ;

(*C*) Toute mesure disciplinaire dont il aurait pu être l'objet ;

(*D*) Tout jugement déclarant sa faillite, s'il est négociant ;

(*E*) Toute réhabilitation qu'il aurait obtenue, soit comme condamné, soit comme failli.

4° *De l'uniformité des bulletins.* — Ces bulletins étant destinés à être répandus dans tout le territoire et à venir, souvent à des distances fort éloignées, se classer dans les casiers des différents greffes, il est de toute nécessité qu'un modèle uniforme, tant pour son format que pour ses énonciations, soit suivi dans toute la France. J'ai adopté la dimension de la feuille de papier timbré de 35 centimes ; je vous en adresse une certaine quantité pour les faire parvenir à chacun de vos substituts, et je vous prierai de veiller à ce qu'à l'avenir il ne soit employé dans votre ressort que des extraits conformes au modèle ci-joint.

5° *Des énonciations du bulletin n° 1.* — Vous remarquerez que je place en tête du bulletin, et en gros caractère, le nom de famille de l'individu que le bulletin concerne ; ce mode est utile pour faciliter les recherches.

J'indique ensuite toutes les énonciations qui peuvent le mieux individualiser le bulletin. Il sera nécessaire, à cet égard, que vous teniez exactement la main à ce que MM. les juges d'instruction apportent encore plus de soins qu'ils ne l'ont fait jusqu'à présent à rechercher et à bien constater l'individualité de tous ceux qui sont traduits devant eux. On remarque sur ce point des différences extrêmement tranchées d'un siège à un autre ; il faut les amener tous à la plus scrupuleuse exactitude. Vous parviendrez à ce but, si important pour la bonne administration de la justice, en exigeant que les bulletins ne soient classés qu'après avoir été remplis exactement de toutes les indications qui y sont portées, ou revêtus d'une note indiquant la cause de l'absence de certaines d'entre elles.

Je n'ai pas voulu remplir le corps du modèle de bulletin ; le même doit servir pour tous les cas, et la mention à y inscrire devra être tout à fait sommaire ; elle peut se résumer ainsi :

Condamné par jugement définitif du tribunal de ou par arrêt définitif de la Cour de en date du à la peine de par application de l'article pour crime ou délit de

Condamné à la peine de (peine disciplinaire) par décision définitive du en date du pour par application de l'article

(*A*) Dans le cas où le lieu de naissance est constaté par les registres.
(*B*) Dans le cas où le lieu de naissance est certain, mais la naissance non constatée par les registres.
(*C*) Dans le cas où aucun acte de naissance n'est applicable.
(*D*) Dans le cas où l'on ne peut découvrir le lieu de naissance, mais où l'on sait le lieu de domicile.
(*E*) Dans le cas où l'on ne sait ni le lieu de la naissance ni celui du domicile.
(*F*) Dans le cas où il s'agit d'un Étranger.
(*G*) Dans le cas où il s'agit d'un individu naturalisé.

Déclaré en état de faillite par jugement du tribunal de commerce de à la date du

Réhabilité en raison de la condamnation prononcée contre lui le par le tribunal ou par la Cour de pour crime ou délit de par décision du

Réhabilité en raison du jugement de déclaration de faillite rendu contre lui le par jugement du en exécution d'un arrêt de la Cour d'appel de en date du

6° *De la rédaction du bulletin.* — Chaque fois qu'un jugement correctionnel, qu'un arrêt correctionnel ou criminel, qu'une décision disciplinaire, qu'un jugement de faillite seront *définitifs*, le greffier du siège en dressera un bulletin conforme aux énonciations ci-dessus indiquées (*modèle n° 1*).

7° *De l'envoi du bulletin au parquet.* — Ces différents bulletins, réunis par quinzaine, seront tous adressés à votre parquet. Cet envoi, en ce qui touche les jugements correctionnels, pourra le plus souvent tenir lieu de celui de l'extrait prescrit par l'article 198 du Code d'instruction criminelle, et, pour toutes les autres décisions, il vous mettra à même d'exercer une surveillance et un contrôle qui ne peuvent tourner qu'à l'avantage de la bonne administration de la justice.

Ces bulletins, parvenus à votre parquet, y seront examinés avec soin et célérité, et après y avoir été visés, ils seront renvoyés par vous au parquet de l'arrondissement où est situé le lieu de naissance de l'individu que chaque bulletin concernera.

8° *Du classement du bulletin au greffe.* — (*A*) Ce bulletin, arrivé ainsi au lieu indiqué, comme celui de naissance, sera remis par le procureur de la République au greffier de son siège, qui vérifiera immédiatement sur les actes de l'état-civil si, en effet, l'individu désigné au bulletin est né au lieu et à l'époque indiqués ; si l'allégation est reconnue vraie, le bulletin sera classé au casier, suivant l'ordre alphabétique.

(*B*) Il arrivera quelquefois que la naissance d'un individu dans un lieu déterminé étant constaté en fait, elle ne se trouvera pas cependant légalement constatée par les registres de l'état-civil, soit que la déclaration de naissance n'ait pas été faite, soit que les registres aient disparu : dans ce cas, le bulletin n'en devra pas moins être classé, d'après les règles ci-dessus, au casier ordinaire ; seulement, le greffier, en le classant, aura soin d'indiquer le fait par une mention sommaire.

(*C*) Si, rien ne démontrant d'omission dans les registres des actes de naissance, le greffier n'en trouve aucun d'applicable à l'individu désigné au bulletin qui lui aura été remis, il le constatera par ces mots : *Pas d'acte de naissance applicable dans l'arrondissement de.......*, et le bulletin sera renvoyé au procureur général qui l'avait adressé, par le parquet qui l'avait reçu.

Dans ce dernier cas, les magistrats devront se livrer à des investigations nouvelles et ne rien négliger pour arriver à découvrir et à constater le lieu de naissance de l'individu qui aura donné de fausses indications.

Les statistiques criminelles établissent qu'il est fort peu de procédures dans lesquelles on n'ait pas constaté le lieu de naissance de l'individu poursuivi, et le plus souvent, quand cette constatation n'existe pas, il faut l'attribuer plus à la négligence qu'à l'impossibilité où l'on aurait été de le faire. Cependant, il peut se présenter des cas, fort rares, où l'inculpé ignore réellement le lieu de sa naissance; si cette déclaration était faite aux magistrats, ils chercheraient à s'éclairer à cet égard en faisant rendre compte à l'inculpé, d'une manière précise et détaillée, de tous les actes de sa vie, et en prenant de leur côté toutes les informations qu'ils jugeraient nécessaires, soit auprès de leurs collègues, soit auprès du préfet de police, soit même en s'adressant à mon Département, qui se ferait un devoir de les aider, autant qu'il serait en lui, pour la découverte de la vérité.

(*D*) Si, malgré tous leurs efforts, les magistrats ne pouvaient arriver à constater le lieu de naissance de l'inculpé, mais que leurs recherches leur eussent fait reconnaître son domicile, le bulletin devrait être classé au greffe de l'arrondissement de ce domicile, en ayant soin de mentionner cette circonstance.

(*E*) S'il s'agissait, enfin, et le cas sera extrêmement rare, d'un individu dont on n'aurait pu découvrir le lieu de naissance et qui n'eût non plus aucun domicile certain, le bulletin serait placé alors dans le casier du greffe où la condamnation serait intervenue, mais dans une case spéciale sur laquelle on inscrirait cette indication : *Bulletin concernant les individus condamnés dans l'arrondissement, et dont on n'a pu constater ni le lieu de naissance ni le domicile en France.*

(*F*) Il pourra arriver plus souvent que l'individu inculpé soit étranger d'origine. S'il n'est en France que passagèrement et par accident, le bulletin sera classé à la case indiquée ci-dessus pour les individus dont on n'a pu constater ni la naissance ni le domicile en France. Si, au contraire, cet Étranger est établi en France, s'il y a un centre d'affaires, un domicile, en un mot, le bulletin sera classé au greffe de l'arrondissement de ce domicile, dans une case spéciale portant cette indication : *Étrangers demeurant dans l'arrondissement*. Il est entendu que dans cette case, comme dans celle indiquée ci-dessus, les bulletins seront toujours classés par ordre alphabétique.

(*G*) Quant aux individus qui, étrangers d'origine, auront été naturalisés, les bulletins qui les concerneront devront être classés au greffe du lieu où leurs lettres de naturalisation auront été enregistrées.

IV. *Bulletin n° 2. – Renseignements.* — Une fois que les casiers judiciaires auront été établis partout, et que, grâce à la mesure rétrospective dont je vais vous parler tout à l'heure, de nombreux bulletins y auront été classés, des demandes de renseignements arriveront fréquemment aux greffes, soit de la part des magistrats, soit de la part des administrations publiques, soit même de la part des simples particuliers. Il y aura lieu alors de faire usage du bulletin n° 2, suivant les diverses hypothèses qui peuvent se présenter.

Ou bien, recherches faites aux registres des actes de naissance de l'arrondissement, il n'y sera trouvé aucun acte s'appliquant à l'individu désigné, et alors le greffier se bornera à inscrire dans le corps du bulletin cette mention : « *Un tel. — Aucun acte de naissance applicable dans l'arrondissement de.......* »

Ou bien, l'acte de naissance étant inscrit, il n'y aura dans le casier judiciaire aucun renseignement sur l'individu désigné, et alors le greffier, après avoir rempli les énonciations relatives à la naissance, conformément à celles de l'acte de naissance lui-même, inscrira dans le corps de l'acte et en gros caractères le mot : *Néant.*

Ou bien, l'acte de naissance existant, le casier judiciaire contiendra aussi des renseignements, et alors le greffier les indiquera tous d'une manière sommaire et par ordre de date.

A cet égard, et pour ce qui concerne la délivrance des renseignements contenus aux casiers judiciaires à d'autres qu'aux magistrats de l'ordre judiciaire, elle ne pourra jamais avoir lieu qu'après le visa du procureur de la République. Les bulletins recueillis aux casiers judiciaires ne sont, en effet, pour la plupart, que des extraits des procédures criminelles, et il appartient au ministère public d'examiner dans quel cas ils peuvent, sans inconvénient, être livrés à la publicité.

V. *Du prix du bulletin.* — Après ces observations sur l'organisation et sur l'ensemble des renseignements judiciaires que je veux établir dans chacun des greffes des tribunaux de première instance, je dois appeler votre attention sur les salaires à allouer aux greffiers.

Les bulletins qui sont à délivrer n'étant, pour ainsi dire, que la reproduction des énonciations exigées pour le registre de l'article 600 du Code d'instruction criminelle, on aurait pu peut-être se borner à allouer aux greffiers, par chaque extrait, le salaire de 10 centimes, fixé par l'article 49 du décret du 18 juin 1811; mais, dans le désir de voir apporter à cette institution nouvelle tout l'intérêt et tous les soins qu'elle réclame, notamment de la part des greffiers, je n'ai pas voulu limiter leur salaire à un taux qui aurait pu leur paraître insuffisant, et j'ai adopté celui de 25 centimes, que le décret du 7 avril 1813, art. 7, alloue pour les extraits à fournir à l'administration de l'enregistrement et qui sont à peu de chose près les mêmes que ceux que prescrit cette circulaire.

VI. *Conséquence de l'établissements des casiers judiciaires.* — L'introduction dans la pratique des bulletins qui font l'objet de cette circulaire, et leur classement dans les greffes des divers arrondissements, rend inutile à l'avenir l'envoi à mon ministère du registre qui y est adressé tous les trois mois par les greffiers des tribunaux, en vertu de l'article 601 du Code d'instruction criminelle. Au lieu de leur demander à l'avenir la constatation des condamnations par registres, je la leur demande par bulletins; et au lieu de concentrer ces renseignements à mon ministère, où ils sont rarement consultés, je les répartis dans chacun des greffes d'arrondissement où, classés suivant un ordre méthodique, ils seront d'une utilité beaucoup plus grande. Vous aurez donc à donner des instructions pour qu'à dater du premier trimestre de 1851, on cesse de dresser et de m'envoyer le registre des condamnations qu'on me transmettait pour chaque trimestre.

Vous ferez également cesser, à dater du 1er janvier 1851, l'envoi par quinzaine à votre parquet des extraits des jugements de condamnations criminelles. Cette mesure devient inutile, et vous n'aurez plus à demander des extraits complets, conformément à l'article 198 du Code d'instruction criminelle, que dans les cas, assez rares, où la lecture du bulletin ne vous aurait pas fixé d'une manière satisfaisante sur la nature de l'affaire et sur l'opportunité qu'il y aurait de votre part à user de votre droit d'appel.

VII. *Constatation des décisions antérieures à 1851.* — Je ne vous ai parlé jusqu'à présent, Monsieur le Procureur général, que de ce qui devra se faire pour l'avenir et à dater du 1er janvier 1851; mais vous aurez sans doute été frappé déjà de cette pensée que les casiers judiciaires seraient bien longtemps encore sans utilité pratique s'ils ne devaient se composer que des décisions qui sont à rendre; il faut, pour que cette utilité soit immédiate, qu'ils reproduisent dès leur établissement toutes les décisions intervenues depuis au moins vingt ans.

En conséquence, vous aurez à prescrire à tous les greffiers de votre ressort de dresser des bulletins, à dater du 1er janvier 1831, de toutes les condamnations correctionnelles (1), criminelles et disciplinaires, et de tous les jugements de faillites intervenus à leur siège, ainsi que de tous les arrêts ou décisions du gouvernement portant réhabilitation, soit en matière correctionnelle ou criminelle, soit en matière de faillite. Ces bulletins, pour les condamnations antérieures, devront naturellement être rédigés suivant le modèle que je vous adresse et avoir le même format. A mesure qu'une année sera complète, le greffier du tribunal civil classera dans son propre casier tous les bulletins relatifs à des individus nés dans son arrondissement; pour les autres, ils seront déposés au parquet, et les magistrats auront soin de les faire parvenir à leurs collègues des arrondissements où sont nés les condamnés, pour qu'ils y soient classés dans l'ordre alphabétique indiqué plus haut.

Cette opération rétrospective ne sera pas sans quelques difficultés. En effet, à l'avenir les magistrats et leurs greffiers, sachant que toute décision judiciaire doit aller s'inscrire au lieu de la naissance de l'individu qu'elle concerne, prendront un soin tout particulier à reconnaître et à bien constater ce lieu de naissance; mais dans les procédures antérieures, il n'en aura pas été ainsi : on se sera souvent beaucoup plus préoccupé du lieu de domicile que de celui de la naissance, et il pourra dès lors s'élever quelquefois des doutes assez sérieux sur le lieu vers lequel le bulletin devra être dirigé. Je ne puis, à cet égard, que m'en rapporter à vos soins et à votre active surveillance.

J'avais pensé que, pour les condamnations antérieures, il serait peut-être possible de réaliser une économie assez importante en utilisant les extraits des jugements correctionnels qui sont adressés au parquet de la cour, en exécution de l'article 198 du Code d'instruction criminelle. Il devait bien en résulter un peu moins de régularité dans l'ordre du casier; mais cet inconvénient ne me paraissait pas assez grave pour renoncer à l'économie qui pouvait être réalisée par l'emploi de ces extraits. C'est dans cette pensée que j'ai voulu être fixé sur l'état de leur collection dans chacun des parquets de cour d'appel. Le compte qui m'en a été rendu est assez peu satisfaisant : il en résulte qu'en général la collection est irrégulièrement conservée, et que surtout, dans la plupart des parquets, elle ne remonte qu'à fort peu d'années; de plus, aucuns de ces extraits ne se ressemblent : leurs formes, leurs énonciations varient sans cesse, non pas seulement de ressort à ressort, mais même d'arrondissement à arrondissement. Et enfin, ce qui est plus grave, il n'en est presque aucun qui fasse mention du lieu de naissance de l'individu qu'il concerne. Toutes ces considérations m'ont

(1) Il sera inutile cependant, pour le travail rétrospectif, de le faire porter sur les condamnations à l'amende prononcées à la requête des administrations publiques.

fait penser que l'on ne pourrait retirer qu'une utilité peu importante de ces extraits, et que leur emploi jetterait même de l'irrégularité et du désordre dans la mesure ; j'ai préféré la simplifier en demandant aux greffiers un bulletin de chacune des décisions de nature à figurer dans les casiers, et qui auront été rendues du 1er janvier 1831 au 31 décembre 1850.

Ce travail rétrospectif exigerait du trésor public une dépense extrêmement considérable, si chaque bulletin, pour les vingt années qui viennent de s'écouler, devait être payé 25 centimes ; il est évident qu'en raison du nombre de bulletins à fournir et de la facilité du travail, les greffiers pourront les faire faire à des conditions favorables. Je me suis, à cet égard, entouré de renseignements exacts, et j'ai reconnu qu'en allouant 10 centimes par bulletin, on accorderait aux greffiers une indemnité très satisfaisante.

VIII. *Constatation des condamnations prononcées par les tribunaux militaires.* — Pour que les casiers judiciaires atteignent toute l'exactitude désirable, il faut qu'ils contiennent aussi la constatation des condamnations militaires. J'aurai, à cet égard, à m'entendre avec mes collègues de la Guerre et de la Marine.

IX. *Avantages de la nouvelle institution.* — Tel est, Monsieur le Procureur général, l'ensemble des mesures que j'ai cru devoir adopter pour l'établissement des casiers judiciaires dans tous les arrondissements du territoire de la République. L'idée première de cette organisation avait depuis longtemps préoccupé les publicistes et d'honorables magistrats. Les mesures que je prescris aujourd'hui pourront être sans doute complétées et perfectionnées dans la suite ; mais, dès à présent, il est impossible d'en méconnaître les avantages. Une seule objection pouvait être faite : c'était celle résultant des frais assez considérables que ce système pouvait entraîner. Cette objection n'avait pas de portée quand il s'agissait d'un intérêt aussi grave que celui de la bonne administration de la justice ; elle n'avait pas d'importance en présence du danger qui menaçait nos procédures criminelles et qui exposait le trésor à des frais bien autrement considérables. Mais cette objection n'avait même pas de fondement ; car, en y réfléchissant davantage, on peut se convaincre que, dans l'avenir, l'établissement des casiers judiciaires, loin d'être onéreux pour le trésor, deviendra pour lui la source de produits qui ne sont pas sans importance. En effet, du moment que les casiers judiciaires auront été établis sur tout le territoire de la France et qu'ils y seront régulièrement tenus, il est évident qu'aucune inscription sur les listes électorales ne pourra être obtenue que sur la production d'un certificat du greffier, constatant que celui qui veut être électeur ne se trouve frappé par la justice d'aucune incapacité ; il est évident que cette condition sera également exigée de tout homme qui voudra être admis comme remplaçant dans l'armée, de tout individu qui sollicitera un emploi de l'État. De même, en un mot, que pour les actes importants de la vie on exige aujourd'hui des citoyens la production de leur acte de naissance, de même, à l'avenir, on leur demandera, en outre, la production du bulletin du casier judiciaire de l'arrondissement où ils sont nés. Combien aussi de simples particuliers ne tiendront-ils pas à recourir à cette salutaire précaution avant de conclure une affaire importante de famille ou d'argent, pour s'éviter les regrets si amers qui les menacent aujourd'hui, faute de pouvoir se renseigner *légalement* sur les antécédents de celui avec lequel ils contractent? Ces certificats, dont la délivrance deviendra chaque jour plus fréquente, une fois qu'ils auront passé dans les habitudes et dans les mœurs, ne pourront être produits que dans les formes légales, et seront soumis, par suite, à tous les droits établis par les lois fiscales.

Je n'ai pas besoin d'insister ici sur les avantages qui résulteront de cette institution nouvelle pour la formation des listes électorales, et sur les facilités qu'elle donnera aux administrations préfectorales et communales : ce point est en dehors du service judiciaire qui doit seul nous préoccuper, mais il a aussi sa haute importance.

X. *Vérification des casiers judiciaires.* — J'attache, Monsieur le Procureur général, un véritable intérêt à la mise en pratique des instructions que je vous adresse par cette circulaire. Comme tout ce qui est nouveau, ce système soulèvera sans doute des objections ; je compte, pour les lever, sur votre zèle et votre amour du bien public. Je ne compte pas moins sur le bon vouloir des magistrats et des officiers publics appelés à concourir à l'établissement de cette institution nouvelle. Je désire que toutes les mesures indiquées s'exécutent sur tous les points de la France avec une parfaite uniformité ; c'est dans ce but que je vous prie de prescrire à chacun de vos substituts de dresser, lors de la vérification mensuelle du greffe de leur siège, un procès-verbal spécial concernant le casier judiciaire, en indiquant mois par mois le nombre des bulletins classés et tout ce qui peut être relatif à cette nouvelle partie du service des greffes : ce procès-verbal mentionnera qu'il est fait en exécution de la circulaire du 6 novembre 1850, et devra porter en marge, pour la classification plus facile à mon Département, cette indication : *Direction des affaires criminelles et des grâces, 3e bureau.*

Je vous fais parvenir cette circulaire en plusieurs exemplaires, de manière que vous puissiez en adresser trois à chacun des sièges de votre ressort : l'un pour le parquet, l'autre pour le cabinet d'instruction, le troisième pour le greffe.

E. Rouher.

(1er juillet 1856)

CIRC. M. (*Justice*). *Instruction concernant l'établissement des casiers judiciaires* (1).

BAT. I, p. 232.

La vérification et le classement dans le casier central des 200,000 bulletins de condamnés d'origine étrangère et d'origine inconnue qui ont été transmis des divers arrondissements, en vertu de la circulaire du 30 août 1855, ont donné lieu de constater que, dans plusieurs tribunaux, l'institution des casiers judiciaires n'avait pas été jusqu'alors l'objet de tous les soins désirables. Les bulletins qui me sont transmis pour le casier central témoignent, en général, d'une amélioration sensible; cependant, l'état irrégulier ou incomplet de plusieurs d'entre eux atteste que cette partie du service doit être encore de votre part l'objet d'une surveillance soutenue.

C'est afin de rendre cette surveillance plus facile que je crois devoir résumer dans cette circulaire les principales instructions déjà données dans les précédentes (2), en y ajoutant quelques prescriptions nouvelles.

Les points sur lesquels j'appellerai votre attention toute spéciale, ainsi que celle de vos substituts, des juges d'instruction et des greffiers, sont :

(*A*) La réunion des éléments des bulletins no 1;

(*B*) La rédaction de ces bulletins ;

(*C*) Leur vérification à votre parquet ;

(*D*) Leur répartition dans les divers casiers;

(*E*) Leur classement dans chaque casier ;

(*F*) La délivrance des extraits du casier ou bulletins no 2 ;

(*G*) La vérification mensuelle des casiers et la rédaction des procès-verbaux de cette vérification;

(*H*) Le répertoire des bulletins contenus dans les casiers.

I. (*A*) *Réunion des éléments des bulletins no 1.* — C'est au ministère public qu'il incombe de réunir, avec le concours du juge d'instruction et des divers auxiliaires de la police judiciaire, les premiers éléments du bulletin no 1. Un des premiers soins des magistrats, lorsqu'un individu devient l'objet des investigations de la justice à l'occasion d'un crime ou d'un délit, doit être *de bien établir son individualité*. Il faut donc, s'il est arrêté ou appelé devant les magistrats ou officiers de police judiciaires, lui demander :

1º Ses nom, prénoms et surnoms ;

2º Ceux de ses père et mère ;

3º Son âge (date de sa naissance);

4º Les lieux de sa naissance et de son domicile;

5º Son état civil ou de famille (s'il est célibataire, marié ou veuf) ;

6º S'il est marié ou veuf, le lieu et la date du mariage, le nom de sa femme ;

7º Sa profession (ce renseignement, malgré son utilité évidente, n'a pas été toujours indiqué jusqu'ici).

II. — A l'aide de ces indications obtenues de l'inculpé lui-même ou par d'autres moyens d'information, il devient facile de se procurer très promptement, pour tous les individus originaires de France, un extrait du casier judiciaire ou bulletin no 2, qui a d'abord l'avantage de constater l'individualité de l'inculpé et qui fait connaître en même temps ses antécédents judiciaires.

III. — A l'égard des inculpés d'origine étrangère *et de ceux dont l'origine sera restée inconnue*, l'extrait du casier ou bulletin no 2 devra être demandé au casier central.

IV. — Pour les inculpés d'origine inconnue, la demande du bulletin no 2 aura souvent pour effet de faire découvrir les lieux de naissance, au moyen des états de récidives, qui sont toujours consultés. Jusqu'à présent on n'a demandé que très rarement au casier central des bulletins de cette catégorie.

V. — Ces extraits des casiers judiciaires ou bulletins no 2, doivent désormais être joints *à toutes les procédures criminelles ou correctionnelles, sans exception*, sauf en matière forestière.

(1) V. *infrà*, Dép. M., 24 juillet 1865.

(2) V. la circulaire du 6 novembre 1850, qui a prescrit l'organisation des casiers judiciaires ; celles du 30 décembre de la même année, des 4 juin et 1er juillet 1851 et 23 mai 1853, qui ont expliqué certains points de la première et ordonné quelques mesures nouvelles propres à faire produire à l'institution tous ses fruits ; enfin, celle du 30 août 1855, qui a prescrit la centralisation des bulletins de condamnés d'origine étrangère ou inconnue.

VI. — Ils remplaceront utilement, dans les procédures, les extraits de naissance qui devaient toujours être annexés à l'égard des jeunes délinquants, car ils constateront l'âge, comme le faisaient ces extraits.

VII. — Cette constatation de l'individualité des inculpés ne sauraient entraîner de longs retards toutes les fois que les inculpés ne chercheront pas à égarer la justice, parce qu'elle se fera pendant l'accomplissement des premiers actes de l'instruction ; et si des retards résultaient de fausses déclarations des inculpés, ils ne pourraient s'en prendre qu'à eux-mêmes.

VIII. — A l'égard des inculpés mariés ou veufs, l'indication du lieu et la date de leur mariage permettra d'arriver sûrement à la date de leur naissance et au lieu d'origine, quand ces derniers renseignements n'auront pas pu être obtenus.

IX. — La demande d'un bulletin n° 2, soit aux casiers d'arrondissement, soit au casier central, doit toujours être accompagnée de toutes les indications propres à faciliter les recherches. La lettre de demande devra présenter toutes les indications recueillies, conformément au paragraphe premier ci-dessus, et quand on connaîtra quelques condamnations antérieures, il faudra les signaler brièvement, en donnant la date du jugement et le nom du tribunal qui l'a rendu.

X. — Dans les recherches à faire aux casiers et sur les registres de l'état civil, il ne faut pas, d'ailleurs, trop s'arrêter aux prénoms indiqués par les inculpés, car ils peuvent avoir été de très bonne foi en trompant sur ce point, par suite de l'usage assez général dans les familles de donner aux enfants d'autres prénoms que ceux sous lesquels ils sont inscrits sur les registres de l'état civil.

XI. — Si les extraits du casier doivent être, en général, demandés dès le début des poursuites, il est bien évident cependant que, lorsque les magistrats ont lieu de soupçonner que l'inculpé cherche à égarer la justice sur son individualité, il devient nécessaire de vérifier et de contrôler ses déclarations avant de réclamer l'extrait du casier ; autrement, les recherches seraient le plus souvent infructueuses.

XII. (*B*) *Rédaction du bulletin.* — Par l'observation des prescriptions qui précèdent, les magistrats auront assuré la réunion d'une partie des éléments du bulletin n° 1, qui devra être rédigé dès que la condamnation sera devenue définitive, conformément au modèle ci-joint, page 10. (Voir les paragraphes V et IX de la circulaire du 30 décembre 1850, sur la nécessité de constater aux casiers les condamnations par contumace et par défaut, et les décisions concernant les jeunes délinquants envoyés en correction, conformément à l'article 66 du Code pénal).

XIII. — Quand il aura été constaté, soit par les déclarations des inculpés, soit par toute autre voie d'information, qu'ils ont subi des condamnations à l'étranger, ces condamnations antérieures devront être relevées avec soin sur le bulletin n° 1, qui sera rédigé à l'occasion de la condamnation prononcée en France ; et pour ces condamnés, comme pour ceux qui auront été antérieurement condamnés par les tribunaux français, le mot *Récidiviste* devra être inscrit en tête du bulletin, à droite.

XIV. (*C*) *Transmission et vérification des bulletins au parquet de la Cour.* — Après s'être assuré que les bulletins n° 1 ont été rédigés avec tout le soin et l'exactitude nécessaires, *et qu'ils sont datés*, le ministère public près de chaque tribunal doit, *à l'expiration de chaque quinzaine*, transmettre au parquet de la cour, pour qu'ils y soient vérifiés, les bulletins rédigés pendant cette quinzaine.

XV. — Au parquet de la cour, la révision de ces bulletins doit être faite très sérieusement, et, à l'avenir, les bulletins qui ne seront pas, *sous tous les rapports*, et notamment pour ce qui concerne le format et la force du papier, conformes aux circulaires et au modèle ci-joint, ne devront pas être visés au parquet de la cour, ni, par conséquent, reçus dans les casiers.

XVI. (*D*) *Répartition du bulletin entre les divers casiers.* — Aussitôt que les bulletins ont été vérifiés, complétés, s'il y a lieu, et visés au parquet de la cour, ce qui doit toujours être dans la quinzaine au plus tard, ils sont adressés, par les soins du même parquet, aux divers casiers où ils doivent être classés : les uns au casier d'origine, les autres au casier central. Le retard dans cette transmission aurait pour fâcheux résultat de faire délivrer des bulletins négatifs à l'égard d'individus qui auraient été condamnés récemment par défaut ou à des peines de courte durée.

XVII. — Les bulletins transmis au casier central doivent toujours y parvenir *par l'entremise du parquet de la Cour*, classés dans l'ordre alphabétique, en deux séries : l'une pour les condamnés étrangers, l'autre pour les condamnés d'origine inconnue.

XVIII. (*E*) *Classement des bulletins dans les casiers.* — Dès que les bulletins n° 1 arrivent au casier d'origine, après avoir été visés au parquet de la cour, le greffier doit les classer avec soin dans son casier, après s'être assuré que le condamné est bien originaire de son arrondissement et avoir indiqué sur le bulletin la date exacte de la naissance, et les nom et prénoms du condamné, ainsi que ceux des père et mère, si cela n'avait pas été fait lors de la délivrance du bulletin n° 2, qui a dû être demandé au début de la procédure.

XIX. — Si le bulletin portait la mention de *Récidiviste*, ou que la peine eût été prononcée pour rupture de ban, le greffier devrait aussi vérifier si son casier renferme bien les bulletins des condamnations antérieures ; car, s'il n'en contenait aucun, il faudrait en prévenir le parquet, qui réclamerait les bulletins manquants au casier central, en ayant bien soin de faire connaître quel est le tribunal qui a prononcé la dernière condamnation et sa date. Il devra être pris garde aussi s'il n'existe pas au casier de bulletin de condamnation par contumace ou par défaut, afin de se conformer au paragraphe IX de la circulaire du 30 décembre 1850, en donnant avis aux parquets des tribunaux qui ont rendu les décisions par contumace ou par défaut.

XX. — Les bulletins doivent être classés dans chaque casier *suivant l'ordre rigoureusement alphabétique*, et toutes les fois qu'il existe plusieurs bulletins concernant le même individu, ils doivent être réunis dans une chemise, en observant l'ordre des dates des condamnations, afin que les extraits qui seront délivrés présentent bien le relevé des condamnations antérieures, dans l'ordre chronologique.

XXI. — Les bulletins des femmes mariées ou veuves doivent être classés d'après leur nom de fille mais avec des bulletins de renvoi au nom du mari, autant que possible, pour le cas où, à l'occasion de nouvelles poursuites, elles ne donneraient que ce dernier nom.

XXII. — A l'égard des individus condamnés sous plusieurs noms, il importe aussi de faire des bulletins de renvoi pour rendre les recherches plus sûres et plus faciles.

XXIII. (*F*) *Délivrance des bulletins n° 2, ou extraits du casier.* — Les extraits du casier ou bulletins n° 2, demandés soit par le ministère public, soit par les administrations publiques, soit par les particuliers, doivent être délivrés *dans le plus bref délai possible*, et les demandes formées par les parquets, notamment, ne doivent jamais rester *plus de 48 heures sans réponse*, afin de ne pas ralentir le cours des procédures criminelles. Le modèle ci-joint de ces extraits fait connaître toutes les indications qu'ils doivent comprendre.

XXIV. — Si quelques-unes des condamnations antérieures à relever sur les bulletins n° 2 avaient été prononcées sous de faux noms ou prénoms, il ne faudrait pas manquer d'en faire mention.

XXV. — Lorsque, dans la série des condamnations relevées sur un bulletin n° 2, il se trouve des lacunes qui ne soient pas expliquées suffisamment par la déclaration du récidiviste ou par d'autres pièces, il peut être utilement demandé des extraits du casier central, où il aurait pu parvenir quelques bulletions de condamnations prononcées sous des noms différents, ou même sous les noms véritables, mais sans recherches préalables suffisantes pour constater l'origine et l'individualité.

XXVI. — Les bulletins n° 2 *doivent toujours être datés*, afin de bien fixer à quel moment ils constatent les antécédents judiciaires des individus qu'ils concernent.

XXVII. (*G*) *Vérification mensuelle des casiers et procès-verbaux de cette vérification.* — En demandant qu'il me fût transmis chaque mois des procès-verbaux de vérification des casiers, j'ai voulu faire comprendre aux magistrats toute l'importance de l'institution des casiers et la nécessité pour eux d'en faire l'objet de leur sollicitude toute spéciale. MM. les procureurs impériaux ne peuvent donc pas se borner à signer le procès-verbal qui leur est présenté, tout rédigé par les greffiers ; ils doivent s'assurer, chaque mois, par un examen sérieux, de la bonne tenue du casier. Il est joint à la circulaire un modèle du procès-verbal à dresser.

XXVIII. — L'utilité de l'institution des casiers n'a plus besoin d'être démontrée. Parmi ses avantages, il faut compter en première ligne l'abréviation de la durée des procédures criminelles par la facilité qu'elle offre pour constater les antécédents des inculpés, pourvu que les demandes d'extraits des casiers soient toujours répondues avec la célérité prescrite au paragraphe XXIII.

XXIX. — Une autre conséquence nécessaire de cette constatation doit être de rendre les tribunaux plus sévères envers ces récidivistes incorrigibles qui promènent par toute la France leur criminelle oisiveté. Aujourd'hui que les magistrats connaîtront bien les individus qui sont traduits devant eux, il est impossible qu'ils n'usent pas, à l'égard des récidivistes endurcis, de toute la sévérité de la loi. Prononcer contre ces hommes, qui vivent en état de guerre continuelle contre la société, des peines de longue durée sera, d'ailleurs, un moyen efficace de diminuer les travaux et les frais de justice, en évitant les nouvelles poursuites auxquelles ces individus ne manqueraient pas de s'exposer.

XXX. (*H*) *Répertoire des bulletins contenus dans les casiers.* — Dans la plupart des tribunaux, il existe des répertoires sur lesquels sont inscrits, par ordre alphabétique, les noms des condamnés dont les bulletins sont contenus dans les casiers, avec la date du jugement et le nom du tribunal qui l'a prononcé. Ces répertoires, qui servent de contrôle aux casiers et qui, au besoin, fourniraient les moyens de remplacer des bulletins égarés, devront être établis dans tous les greffes. L'extraction des casiers d'arrondissement des bulletins des condamnés d'origine étrangère et d'origine inconnue a rendu d'ailleurs beaucoup plus faciles la rédaction et la tenue de ces répertoires, qui sont indispensables pour le travail d'élimination périodique, des casiers, des bulletins concernant les condamnés décédés.

XXXI. *Décès.* — Plusieurs parquets m'ont exprimé le vœu, pour faciliter ces éliminations et par suite empêcher l'encombrement des casiers, que les directeurs des divers établissements où sont subies les peines fussent astreints à donner avis des décès qui ont lieu dans ces établissements. — Pour répondre à ce vœu, j'ai demandé à MM. les Ministres de la marine et de l'intérieur, de me fournir, à l'expiration de chaque trimestre, des bulletins de décès de tous les condamnés qui meurent pendant qu'ils subissent leur peine. Ces bulletins me seront transmis à partir de l'année courante, et je les ferai parvenir périodiquement aux casiers du lieu d'origine des condamnés décédés.

Cette circulaire, comme vous l'aurez remarqué, Monsieur le Procureur général, contient très peu de prescriptions nouvelles ; mais elle a surtout pour objet de bien déterminer les diverses mesures qui peuvent améliorer l'institution des casiers judiciaires, et d'indiquer nettement la part afférente à chacun dans cette œuvre commune.

Je vous adresse un nombre suffisant d'exemplaires pour les distribuer à tous ceux qui doivent en quelque façon concourir à son exécution, et je vous prie de vouloir bien donner vos bons soins à ce qu'elle la reçoive pleine entière dans votre ressort.

ABBATUCCI.

(24 juillet 1885)

DÉP. M. *instructions pour l'établissement des casiers judiciaires.— Envoi dun exemplaire des circulaires du 6 novembre 1850, — 1er juillet 1856 et des deux bulletins mentionnés dans lesdites communications.*

BAT. I, p. 222.

En vertu de l'article 601 du Code d'instruction criminelle métropolitain, les greffiers des tribunaux devaient adresser aux Ministres de la justice et de l'intérieur les copies des registres de condamnations, tenus conformément à l'article 600 du même Code.

Mais, en s'accumulant, ces registres perdirent chaque jour de leur utilité et les recherches y devinrent même à peu près impossibles.

Pour obvier à cet inconvénient, M. le Garde des sceaux, par une circulaire en date du 6 novembre 1850, remplaça l'envoi à son département des documents sus-désignés par des bulletins individuels, destinés à être classés au lieu de naissance du condamné, dans des casiers judiciaires dont la même circulaire prescrivait aussi l'établissement.

Sur la demande de M. le Ministre de la justice, le département de la marine ordonna l'application de cette mesure dans nos ports et nos colonies.

J'ai pensé qu'il y avait lieu d'en étendre aujourd'hui les dispositions à la Cochinchine.

J'ai l'honneur de vous transmettre :

1° Un exemplaire de la circulaire, en date du 6 novembre 1850, qui porte création des casiers judiciaires ;

2° Un exemplaire de celle, en date du 1er juillet 1856, qui résume les principales instructions contenues dans les diverses circulaires antérieures ;

3° Les spécimens des deux bulletins qui sont mentionnés dans lesdites communications.

Ces divers documents vous fourniront tous les renseignements nécessaires pour la colonie et l'envoi à mon département des bulletins individuels de condamnations destinés à être classés soit dans les casiers de la métropole, soit dans ceux de nos colonies.

Toutefois, bien que les indications contenues dans les pièces ci-jointes soient assez précises et assez détaillées, je crois devoir cependant vous adresser quelques observations, en vue de ne laisser subsister aucune incertitude sur l'exécution dans la colonie des mesures prescrites.

Ces circulaires sont, ainsi que vous le verrez, toutes spéciales à l'établissement des casiers judiciaires *dans la métropole*, et le concours de mon département est destiné à rendre complètement efficace l'institution dont il s'agit. Pour atteindre le but proposé, vous aurez soin de m'adresser tous les trois mois, établis conformément au modèle n° 1 et contenant les énonciations indiquées à la circulaire du 6 novembre 1850, les bulletins individuels qui concerneront :

1° Les individus nés en France ;

2° Les individus nés dans nos colonies françaises.

Mais là ne doit pas se borner la mission de l'Administration locale. — Indépendamment des dispositions relatives à la création des casiers métropolitains, il y aura lieu, pour M. le chef du service judiciaire, d'aviser aux moyens d'établir un casier judiciaire central à Saïgon, non seulement pour ce qui concerne les condamnés originaires de la Cochinchine, mais encore les condamnés d'origine étrangère ou inconnue.

Les mesures prescrites en France à ce sujet me paraissent pouvoir s'appliquer à la colonie.

Cette instruction aura pour conséquence de supprimer l'envoi qui doit être fait au *département de la justice*, conformément à l'article 601 du Code d'instruction criminelle, des copies des registres de condamnations. Cependant, cet envoi est formellement maintenu pour *le département de l'intérieur*, et vous aurez à me transmettre ces documents régulièrement chaque année. Ils ne devront contenir que les condamnations encourues par les individus *d'origine métropolitaine*.

Le paragraphe 7 de la circulaire du 6 novembre prescrit la constatation des décisions antérieures à cette circulaire.

Ce travail rétrospectif se lie d'une manière trop intime et trop utile à l'établissement des casiers judiciaires, pour qu'il n'y ait pas lieu d'y pourvoir dans la colonie que vous administrez. Du reste, il ne présentera pas les difficultés qui existaient en 1850 pour nos autres colonies, qui devaient alors combler un arriéré que vous ne pouvez avoir, eu égard à la récente création de notre établissement en Cochinchine.

Le prix des bulletins, tel qu'il y avait été déterminé par la circulaire du 6 novembre 1850, a subi une modification dans une circulaire du 30 décembre suivant. Il a été élevé à 15 centimes pour le travail dont il est question ci-dessus, mais il reste fixé à 25 centimes pour les autres bulletins à délivrer dorénavant.

J'appelle votre attention toute particulière sur la présente communication, et je vous prie de donner les instructions, en invitant M. le chef du service judiciaire à veiller à leur exécution, pour que le but que s'est proposé M. le Garde des sceaux soit exactement rempli.

(30 décembre 1873)

CIRC. M. (*justice*). *Instruction concernant les casiers judiciaires.*

BAT. I, p. 236.

Monsieur le Procureur général, M. le Ministre de la guerre a récemment appelé mon attention sur le prix des extraits de casiers judiciaires relatifs aux jeunes gens qui désirent s'engager dans les armées de terre et de mer, en me demandant si l'élévation de ce prix est conforme aux principes posés dans l'article 16 de la loi du 13 brumaire an VII et répond à l'idée d'ordre public qui a présidé à la loi du 27 juillet 1872.

I. *Bulletins n° 2, relatifs aux engagés volontaires.* — Les diverses circulaires sur les casiers judiciaires assujettissent, il est vrai, aux formalités du timbre et de l'enregistrement, les bulletins n° 2 délivrés dans un intérêt particulier ; mais l'article 46 de la loi du 27 juillet 1872 justifie une dérogation à cette règle. En effet, il impose à l'engagé volontaire l'obligation de produire, non pas un extrait du casier judiciaire, mais un certificat du maire constatant qu'il n'a jamais été condamné à une peine correctionnelle pour vol, escroquerie, abus de confiance ou attentat aux mœurs ; or ce certificat est rédigé sur papier libre, puisqu'aux termes de l'article 16 de la loi du 13 brumaire an VII, les *engagements*, enrôlements, certificats et autres pièces ou écritures concernant les gens de guerre, sont dispensés du timbre ; il n'est pas davantage enregistré, puisqu'aucune disposition ne l'astreint à cette formalité. Il est donc rationnel et légal de ne pas soumettre aux droits de timbre et d'enregistrement l'extrait nécessaire à sa rédaction, et qui est demandé moins dans un intérêt privé que dans un intérêt général.

M. le Ministre des finances, à qui j'ai communiqué mes observations, partage complètement ma manière de voir et se dispose à donner des instructions en ce sens aux agents de l'administration de l'enregistrement. Vous voudrez bien, de votre côté, Monsieur le Procureur général, porter à la connaissance de vos substituts et des greffiers cette décision, prise de concert avec les départements de la guerre et des finances, qu'à l'avenir les extraits délivrés *en vue d'engagements volontaires*, soit directement aux particuliers, soit aux maires, seront affranchis des formalités du timbre et de l'enregistrement. Il ne sera plus perçu, par les greffiers, que la somme de *un franc* qui leur est allouée par les circulaires sur les casiers judiciaires pour droits de recherches, de rédaction et d'inscription au répertoire. Mais, comme cette exception est exclusivement restreinte au cas dont il s'agit, les greffiers auront soin, dans l'espèce, d'indiquer sur le bulletin n° 2 qu'il est délivré en vue de l'engagement volontaire prévu par l'article 46 de la loi du 27 juillet 1872, et vos substituts, en visant cet extrait, devront vérifier si la mention a été faite.

II. *Sommier général des recherches.* — Un certain nombre de procureurs de la République ont l'habitude de saisir la préfecture de police des recherches ordonnées par leurs parquets à l'égard d'inculpés qu'ils croient s'être dirigés sur la capitale ou avoir pu prendre cette direction. Cette pratique a suggéré à M. le préfet de police l'idée de créer une sorte de *sommier général des recherches* qui assurera, avec unité et certitude, l'exécution des mandats décernés par la justice. Je dois signaler à votre attention et à celle de vos substituts cette nouvelle institution, dont les avantages peuvent être considérables pour l'action de la justice. Il ne s'agit pas, bien entendu, pour les magistrats, d'informer la préfecture de police de *toutes* les mises en recherche sans exception ; mais j'estime que cette mesure pourrait recevoir une plus large extension et qu'elle serait surtout utilement appliquée dans les affaires qui présentent un certain intérêt, notamment au point de vue de la sûreté publique.

III. *Alsaciens-Lorrains.* — Aux termes de l'article 6 de la convention additionnelle avec l'empire d'Allemagne, ratifiée par la loi du 9 janvier 1872, les extraits des casiers judiciaires d'Alsace Lorraine, conservés dans les territoires cédés, doivent être délivrés par les magistrats allemands au ministère public près nos cours et tribunaux, à nos administrations publiques et même aux particuliers originaires de ces territoires. L'exécution de cette convention rencontre parfois des obstacles de force majeure résultant particulièrement des incendies des greffes de Strasbourg et de Thionville, qui ont détruit plus de 50,000 bulletins n° 1 ; d'autre part, le délai qui s'écoule entre la demande des extraits et leur délivrance prolonge les instructions judiciaires, partant les détentions préventives, et cause un véritable préjudice aux particuliers, qui se voient quelquefois refuser l'accès des administrations (chemin de fer, etc.), faute de pouvoir produire cette pièce en temps utile. Il appartenait donc à mon administration de remédier à un état de choses de nature à compromettre les intérêts de la justice, en même temps que ceux des particuliers.

De concert avec M. le Ministre de l'intérieur, des mesures ont été prises pour que toutes les condamnations corporelles subies en France, par des Alsaciens-Lorrains, soient relevées sur les registres d'écrou des établissements pénitentiaires et que communication en soit faite au casier central ; d'un autre côté, un de mes prédécesseurs a prescrit le bulletinage, d'après les comptes d'assises, les états des récidives correctionnelles et les listes des libérés des maisons pénitentiaires d'Ensisheim, d'Haguenau, d'Ostwald, etc., des condamnations prononcées contre ces mêmes individus par les cours et tribunaux d'Alsace-Lorraine; enfin, vous savez que, depuis 1870, les bulletins n° 1 des condamnations prononcées par les juridictions criminelle et correctionnelle, contre des Alsaciens-Lorrains, ont été régulièrement transmis à la chancellerie, de sorte qu'aujourd'hui le casier central renferme, au nombre de plus de 100,000, les décisions judiciaires les plus utiles à constater contre les individus nés dans les parties de territoire annexées à l'empire d'Allemagne par le traité de 1871. Vous pouvez donc inviter vos substituts, pour le cas de poursuites à exercer contre un Alsacien-Lorrain, qu'il ait opté ou non pour la nationalité française, à demander d'abord à mon département un extrait du casier central, sauf à recourir, s'il y a lieu, à la convention de Francfort. Mais le soin avec lequel a été faite, tant dans mes bureaux que dans les greffes des établissements pénitentiaires, la reconstitution des antécédents judiciaires des Alsaciens-Lorrains, me donne lieu de penser que la nécessité d'invoquer cette convention ne se produira que bien rarement.

Cette circulaire me donne une occasion toute naturelle de vous entretenir des casiers judiciaires. Si cette institution, aujourd'hui complètement entrée dans les mœurs judiciaires et sociales, rend à l'administration de la justice, ainsi qu'aux particuliers, les plus grands services, c'est grâce aux soins persévérants que ne cessent d'y donner les magistrats et les greffiers. Ces casiers sont tenus partout avec une régularité que je me plais à reconnaître, et les améliorations que proposent souvent à leur égard les magistrats, attestent l'intérêt qu'ils y attachent. Aussi je n'hésite pas à leur signaler les observations que m'ont suggérées tant la reproduction du casier central faite en vue de la reconstitution des sommiers judiciaires, que la pratique journalière de cet important service.

BULLETIN N° 1.

IV. *Force du papier des bulletins n° 1.* — Les bulletins n° 1 sont partout, aujourd'hui, d'une dimension conforme au modèle prescrit par les circulaires relatives aux casiers judiciaires, mais ceux d'un certain nombre d'arrondissements sont encore rédigés sur du papier trop peu consistant. Cet inconvénient se fait surtout sentir pour le casier central, qui contient près de 500,000 bulletins. Malgré les précautions qu'on apporte à leur classement, il arrive quelquefois que les bulletins, dont le papier est trop faible, glissent au fond des boîtes et échappent aux recherches. Il est donc à désirer que l'uniformité s'établisse pour la solidité du papier des bulletins n° 1, comme elle s'est établie pour le format.

V. *Transmission des bulletins n° 1.*— Dans quelques ressorts, les bulletins n° 1 sont dressés par les greffiers et transmis au visa du procureur général beaucoup trop longtemps après la condamnation qu'ils constatent. Il s'écoule souvent trois mois entre la date de la rédaction du bulletin et celle de l'arrivée au casier central ; or, comme il faut compter un mois pour le classement des 1,500 bulletins qui sont adressés mensuellement à la chancellerie, il s'ensuit que ce n'est qu'au bout de quatre mois que l'on peut délivrer, avec la certitude qu'il est exact, un bulletin n° 2. Je rapppellerai donc ici, qu'aux termes des circulaires du 30 août 1855 et du 1er juillet 1856, les bulletins n° 1 doivent être rédigés dans les quinze jours de la condamnation, vérifiés au parquet de la cour dans la seconde quinzaine et transmis immédiatement aux casiers des arrondissements d'origine des condamnés ou au casier central.

VI. *Origine des Étrangers.* — Les lieux d'origine des condamnés étrangers sont généralement mal orthographiés sur les bulletins n° 1, ou n'y sont indiqués que par cette mention : *Né en Belgique, en Italie*, etc. Je conçois qu'il n'est pas toujours possible, surtout quand l'étranger a été condamné par contumace ou par défaut, de connaître d'une manière absolument exacte le lieu de sa naissance; cependant, je ne saurai trop insister sur la nécessité, pour les juges d'instruction, de s'éclairer, à cet égard, par tous les moyens en leur pouvoir. Car mon administration doit, en vertu de conventions diplomatiques, transmettre aux gouvernements belge, italien, bavarois, autrichien, etc., les bulletins des condamnations prononcées en France contre des sujets de ces pays, et ceux qui ne présentent que des indications insuffisantes lui sont envoyés comme étant tout à fait inutiles.

VII. *Pseudonymes.* — Malgré la recommandation faite au paragraphe 11 de la circulaire du 23 mai 1853, beaucoup de greffiers s'abstiennent de rappeler, sur les bulletins n° 1 des récidivistes, les pseudonymes sous lesquels ont déjà été condamnés ces individus ; de là une correspondance qui retarde le classement du bulletin dans le casier central. Et si, comme il arrive trop souvent, dans l'espèce, la mention *Récidiviste* n'a pas été inscrite sur le second bulletin, celui-ci est classé au nom nouveau, et les antécédents judiciaires du même individu se trouvent scindés.

Cette observation s'applique, d'ailleurs, à toutes les différences qui peuvent exister entre le bulletin n° 2 annexé à la procédure et le bulletin n° 1 subséquent. Les greffiers doivent s'attacher à porter sur ce dernier toutes les indications de nature à lui assurer, dans le casier central, sa véritable place. Il ne faut pas perdre de vue que ce casier renferme les bulletins relatifs aux condamnés d'origine étrangère ou inconnue et que les personnes préposées à sa tenue n'ont pas, comme les greffiers d'arrondissement, les registres de l'état civil pour faire rétablir l'harmonie juridique entre les faits, les peines prononcées et les articles de lois visés.

VIII. *Récidivistes.* — La mention *Récidiviste* est quelquefois omise, particulièrement sur les bulletins n° 1 émanant des greffes de cours d'appel ; c'est une lacune qu'il faut éviter avec soin. Mais, s'il importe de ne pas négliger cette mention, on doit veiller aussi à ce qu'elle ne soit faite qu'en parfaite connaissance de cause. En effet, le casier central ne contenant pas de bulletins concernant des condamnés indiqués comme récidivistes, il a été souvent répondu aux explications demandées que la mention avait été inscrite sur la simple déclaration du prévenu. Dans ce cas, et afin de ne pas provoquer une correspondance inutile, il serait bon de compléter le bulletin en énonçant que cette mention : *Récidiviste*, ne résulte pas du bulletin n° 2 joint au dossier, mais de l'aveu du condamné.

C'est à tort que quelques greffiers considèrent comme récidivistes des individus qui n'ont pour tout antécédent judiciaire que des condamnations de simple police. Si celles-ci ont été relevées sur des bulletins n° 1 et sur des extraits, c'est par suite d'un abus qu'on ne saurait tolérer ; elles ne doivent pas figurer dans les casiers judiciaires, quand bien même elles auraient été prononcées par des tribunaux correctionnels, soit par la dégénérescence d'un délit aux débats, soit sur appel de jugements de tribunaux de simple police.

IX. *Condamnés d'origine inconnue.* — Il est une formalité qui consiste, en ce qui concerne les condamnés d'origine inconnue, à relater, sur le bulletin n° 1, qu'il n'a pas été trouvé d'acte de naissance applicable au condamné sur les registres de l'état civil. Quelques greffiers se bornent à mettre devant le lieu d'origine : *Se disant né à*, ou bien : *A faire diriger le bulletin sur le casier central.* C'est avec raison que les circulaires du 6 novembre 1850 et du 8 décembre 1868 avaient formellement demandé que les mots : « pas d'acte de naissance applicable » fussent toujours apposés sur les bulletins, car la chancellerie n'a que ce moyen pour s'assurer que les recherches ont été réellement faites à l'état civil. En effet, dans un grand nombre de cas où les bulletins n° 1 concernaient des récidivistes et ne portaient pas l'énonciation ci-dessus, il a été reconnu que les condamnés étaient bien originaires des localités qu'ils avaient indiquées. D'ailleurs, la preuve de l'absence ou de l'insuffisance de vérification à l'état-civil se trouve dans ce fait que la reproduction des casiers judiciaires à laquelle il a été procédé récemment a fait rentrer au casier central 3,078 bulletins n° 1, qui avaient été mal à propos classés et conservés dans les casiers d'arrondissement. C'est à vous, monsieur le Procureur général, qu'il appartient, lors de la révision qui en est faite à votre parquet, de vous assurer que tous les bulletins n° 1, s'appliquant à des individus s'étant dits nés en France, ne sont adressés au casier central qu'après avoir fait l'objet de minutieuses investigations aux registres de l'état civil.

X. *Condamnations par défaut.* — Les bulletins n° 1 des condamnations par défaut doivent nécessairement présenter toutes les indications que le greffier a trouvées dans le dossier, et faire connaître surtout si le jugement a été signifié et, dans ce cas, à quelle date. L'importance de ce renseignement a été démontrée il y a quelques mois par des oppositions formées à des jugements par défaut prononcés avant l'incendie du palais de justice de Paris et dont les traces avaient disparu; elle découle également de l'article 187 du Code d'instruction criminelle, d'après lequel l'opposition peut être recevable jusqu'à la prescription de la peine.

XI. *Condamnation à la requête des administrations publiques.* — J'ai appris qu'il s'est produit, dans la pratique, des divergences regrettables au sujet des bulletins n° 1 relatifs aux condamnations prononcées à la requête des administrations publiques. Pour y mettre un terme, je crois devoir rappeler qu'il est inutile de rédiger des bulletins n° 1 pour les condamnations à l'amende prononcées sur les poursuites de ces administrations, mais qu'il doit toujours en être dressé pour les condamnations *corporelles*; tel est le principe posé par les circulaires des 6 novembre et 30 décembre 1850, et auquel il n'a été dérogé par une instruction ultérieure.

BULLETIN N° 2.

XII. *Format du bulletin n° 2.* — La feuille de timbre de 60 centimes a été adoptée comme type du format des bulletins n°s 1 et 2; cependant, j'ai eu l'occasion de constater que, dans quelques arrondissements, ces derniers excédaient la dimension légale, soit en hauteur, soit en largeur. Si cette irrégularité n'a pas de gravité lorsque les extraits sont destinés à être joint à des procédures criminelles ou correctionnelles, il n'en est pas de même quand ils sont délivrés à des particuliers dans un intérêt privé. Ces extraits devant être soumis aux droits de timbre et d'enregistrement, les impétrants se sont vus quelquefois obligés de payer un droit de timbre double de celui qui a été fixé par les circulaires. Il importe que vos substituts exercent sur ce point la surveillance nécessaire.

XIII. *Demandes de bulletins n° 2.* — Les demandes d'extraits de casiers judiciaires doivent toujours être accompagnées des indications propres à faciliter les recherches (Circulaire du 1er juillet 1856, § 9). Celles que reçoit le casier central sont souvent muettes sur l'état de récidive dans lequel se trouve l'individu poursuivi de nouveau, de sorte que, ainsi que je le disais plus haut, les bulletins n° 1 parvenant trop tardivement à la chancellerie pour être classés dans le mois de la condamnation, les investigations sont infructueuses et les extraits négatifs, faute de savoir qu'il peut exister, dans les bulletins non encore classés, une condamnation s'appliquant à l'inculpé dont il s'agit.

XIV. *Bulletins n° 2, négatifs.* — Dans l'espèce précédente, lorsque le parquet ou le juge d'instruction reçoit du casier central un extrait négatif concernant un individu déjà condamné, son premier devoir est de demander un nouveau bulletin n° 2, en faisant connaître les antécédents, afin de le substituer dans le dossier à l'extrait incomplet. L'omission de cette opération a eu cette conséquence que plusieurs centaines d'individus n'ont pas figuré sur les états des récidives correctionnelles de 1872.

XV. *Annexion des bulletins n° 2 aux procédures.* — Il est de principe qu'il doit être annexé à *toutes* les procédures criminelles et correctionnelles, sauf en matière forestière, un extrait du casier judiciaire. Aucune exception ne doit être apportée à cette règle. Il a été constaté en 1872, pour 271 récidivistes, que des extraits n'avaient pas été demandés à la chancellerie, qui a dû transmettre d'office des bulletins n° 2 pour que ces individus pussent être portés dans les états spéciaux des récidives, et plusieurs de ces bulletins contenaient des condamnations plaçant les individus en état de récidive légale, circonstance inconnue du dernier tribunal de répression. En matière de flagrant délit, si le prévenu est conduit immédiatement à la barre, il n'en faut pas moins demander le bulletin n° 2, afin que le ministère public puisse apprécier s'il est nécessaire d'user de son droit d'appel. S'il est cité d'urgence pour l'audience du lendemain ou du surlendemain, on peut recourir à la voie télégraphique pour connaître les antécédents, sans préjudice de l'extrait à annexer au dossier; dans tous les autres cas, il n'y a pas de difficultés. Seulement, il est à désirer que les greffiers répondent sur-le-champ aux communications télégraphiques, ce qui n'a pas toujours lieu; le moindre retard peut empêcher l'application de la loi du 20 mai 1863; quant aux demandes qui leur sont adressées par correspondance, le délai maximum pour la réponse doit être de quarante-huit heures (Circulaire du 1er juillet 1856, § 23).

XVI. *Condamnations par contumace ou par défaut.* — Des bulletins de condamnations par contumace ou par défaut sont constamment transmis au casier central, parce que, malgré les plus actives recherches, on n'a pu découvrir le lieu de naissance précis des condamnés d'origine française. Il arrive quelquefois que, poursuivis ultérieurement, ces individus font connaître d'une manière exacte leur commune de naissance; on demande alors au parquet du tribunal de l'arrondissement d'origine un extrait du casier, qui est nécessairement négatif sur la condamnation par contumace ou par défaut, et on néglige de s'adresser au casier central, ce qui laisse y subsister un grand nombre de bulletins inutiles. Par conséquent, lorsque le ministère public aura la certitude ou seulement de graves présomptions qu'un prévenu a déjà été condamné et que le casier de son arrondissement d'origine ne contient pas de bulletin n° 1 s'appliquant à lui, il doit en informer la chancellerie, afin que des recherches soient faites au casier central.

XVIII. *Prix des bulletins n° 2 délivrés aux particuliers.* — Il est venu à ma connaissance que des greffiers, indépendamment des 3 fr. 40 cent. qui leur sont alloués pour la délivrance des bulletins n° 2 aux particuliers (circulaire du 30 novembre 1872), percevaient encore les 10 centimes attribués à titre d'émoluments, pour l'inscription au répertoire, par le paragraphe 14 de l'article premier du décret du 24 mai 1854. Je tiens essentiellement à ce qu'il n'en soit pas ainsi. Le prix de ces bulletins n'était, au début, que de 2 fr. 20 cent., et les demandes étaient rares ; aujourd'hui, diverses lois de finances l'ont élevé à 3 fr. 40 cent., et les demandes, très nombreuses, le deviendront chaque jour davantage. Or, les greffiers perçoivent déjà 75 centimes à titre de droits de recherche et de rédaction pour ces extraits, presque toujours négatifs. Cette somme est amplement rémunératoire, et l'augmenter en y ajoutant encore 10 centimes pour l'inscription au répertoire serait faire peser sur les impétrants, généralement pauvres, un surcroît de frais qu'il importe de leur éviter. Si, pour me conformer à la lettre du décret de 1854, j'autorisais les greffiers à revendiquer ces 10 centimes supplémentaires, je n'hésiterais pas à réduire les droits de recherche et de rédaction, dont le taux élevé n'a pas aujourd'hui la même raison d'être que dans le principe.

Telles sont, M. le Procureur général, les diverses parties du service des casiers judiciaires sur lesquelles je devais appeler votre sollicitude. Les magistrats du ministère public doivent, avant de donner leur visa aux bulletins, s'assurer avec le plus grand soin qu'ils sont absolument conformes aux prescriptions des circulaires, et *ne pas laisser passer en taxe ceux qui présenteraient quelque irrégularité matérielle ou légale.* De son côté, mon administration, qui reçoit chaque année près de 18.000 bulletins destinés au casier central, ne se départira pas de la surveillance active et incessante qu'elle doit exercer. Ce n'est en effet que par une observation stricte et uniforme des instructions générales que l'institution des casiers judiciaires continuera à produire d'excellents résultats.

Je ne perds pas de vue la question du désencombrement des casiers, mais l'examen de la solution à lui donner exige une discussion approfondie et une longue correspondance avec d'autres administrations : ce n'est que dans quelque temps qu'il me sera possible de vous indiquer les mesures qui m'auront paru le plus propres à réaliser une amélioration désirable.

Octave Depeyre.

(3 novembre 1875)

CIRC. M. *Nouvelles instructions au sujet de la délivrance du bulletin individuel n° 1 du casier judiciaire.*

B. M. p. 489.

(23 décembre 1876)

CIRC. M. *Les prescriptions de la circulaire du 2 mars 1876 (casier administratif électoral) sont applicables aux bulletins du casier judiciaire.*

BAT. I, p. 241.

Aux termes de la circulaire du 20 juillet 1855, les colonies doivent adresser au département, tous les trois mois, les bulletins n° 1 du casier judiciaire concernant les individus d'origine européenne condamnés pendant le trimestre écoulé.

D'un autre côté, en vertu des instructions que je vous ai adressées par ma circulaire du 2 mars dernier, les bulletins n° 1 du casier administratif électoral doivent être transmis directement et d'urgence par l'autorité judiciaire aux sous-préfectures du lieu de naissance du condamné.

Il résulte de la différence de ces deux modes de procéder, que, dans la plupart des cas, le casier judiciaire du lieu d'origine est dépourvu, pendant un certain temps, des renseignements que possède le casier administratif, ce qui peut n'être pas sans inconvénient.

J'ai décidé en conséquence que les prescriptions de la circulaire du 2 mars dernier seraient appliquées aux bulletins du casier judiciaire, qui seront à l'avenir envoyés directement au parquet de l'arrondissement où se trouve le lieu de naissance du condamné européen.

Fourichon.

CASSATION (COUR DE)

V. *Cour de cassation.*

CAUTIONNEMENTS ET GARANTIES

I. CAUTIONNEMENT DES FONCTIONNAIRES; II. CAUTIONNEMENT DES FOURNISSEURS.

I. — CAUTIONNEMENT DES FONCTIONNAIRES.

NATURE DES DOCUMENTS	DATES	RECUEILS À CONSULTER								OBSERVATIONS
		Bat.	B. C.	B D 1	J. C.	J.H.	B. M.	B Col		
Décret.	8 mai 1873.	II-455					560			
Dép. M.	26 août 1874.	I-440								
Dép. M.	4 août 1886.									
Dép. M.	15 novembre 1886.									

(8 mai 1873)

DÉCRET *organisant le service de la perception en Cochinchine (Art. 2).*

BAT. II, p. 455.
B. M. p. 560.

Article premier. — . . . .

Art. 2.— Ils (les inspecteurs des affaires indigènes appelés à remplir les fonctions de percepteur) sont dispensés de fournir un cautionnement . . . (1) . . . .

A. THIERS.

(26 août 1874)

DÉP. M. *prescrivant d'établir chaque année un état par service de tous les agents auxquels des intérêts de cautionnements sont dus pour l'année précédente. — Modèle.*

BAT. I, p. 440.

Afin de faciliter au Ministère des finances le paiement des intérêts de cautionnements dus aux préposés de l'enregistrement, des contributions et des postes, en fonctions dans les colonies, je vous prie de faire établir, chaque année, un état par service de tous les agents auxquels des intérêts de cautionnements sont dus pour l'année précédente. Cet état, qui sera conforme au modèle ci-joint, devra m'être adressé de façon à me parvenir dans les premiers jours du mois de janvier.

(4 août 1886)

DÉP. M. *au sujet du paiement des intérêts de cautionnement. (Rappel aux instructions contenues dans la circulaire du 27 octobre 1882).*

ARCH. GOUV.

M. le Ministre des finances m'a fait remarquer, à l'occasion d'un retard survenu dans un paiement d'intérêts de cautionnement, que son département ne recevait pas, avec toute la régularité désirable, les états pour les intérêts de cautionnement à payer annuellement aux agents des diverses administrations financières des colonies. Il me prie par suite, de prescrire les mesures nécessaires pour que ces états lui parviennent en janvier au plus tard, afin que les sommes dues puissent être ordonnancées à l'époque réglementaire du 23 mars.

Je vous rappelle, à cette occasion, les instructions contenues dans la circulaire du 20 octobre 1882, à laquelle vous voudrez bien vous reporter.

(15 novembre 1886)

DÉP. M. *Rappel à l'exécution des prescriptions de l'article 183 du décret du 20 novembre 1882 relatives à la fixation des cautionnements des percepteurs.*

ARCH. GOUV.

Aux termes de l'article 183 du décret du 20 novembre 1882 (2), le montant des cautionnements fournis par les percepteurs dans les colonies est fixé, sur la proposition du trésorier payeur, par arrêté du Gouverneur.

Ces arrêtés sont soumis à l'approbation du Ministre de la marine et des colonies qui statue après avoir pris l'avis du Ministre des finances.

Or, depuis la mise à exécution de ce décret, les administrations coloniales ne m'ont fait parvenir aucune communication relative à la fixation de cautionnements de percepteurs, bien que des mutations aient certainement eu lieu dans le personnel de ces comptables.

J'ai l'honneur d'appeler votre attention sur les dispositions précitées qui semblent avoir été perdues de vue, et je vous prie de donner des ordres pour qu'il en soit tenu rigoureusement compte à chaque mutation de comptable.

A. DE LA PORTE.

(1) V. Percepteurs-Perceptions.
(2) V. Comptabilité des colonies.

II. — CAUTIONNEMENTS DES FOURNISSEURS

NATURE DES DOCUMENTS	DATES	RECUEILS A CONSULTER							OBSERVATIONS
		Bat.	B. C	B.D.I	J. C.	J.H.	B. M.	B.Col	
Dép. M.	3 mars 1868.	I-5							
Circ. M.	10 juin 1870.						1871 215		
Dép. M.	3 mars 1877.	I-155							
D. G.	2 juin 1877.	II-749	170						
Circ. M.	19 mars 1878.						468		
Dép. M.	24 juin 1879.	I-106							
Circ. Trés. Pay.	5 juin 1880.			53					
Décret	5 juillet 1881.		337						
Circ. D. I.	21 octobre 1881.			53					
Décret	18 novembre 1882.		1884 284						
A. G.	14 avril 1885.		150						
Circ. L. G.	16 avril 1888.				377				

(3 mars 1868)

DÉP. M. *Le montant des retenues de 1/6 opérées sur les paiements faits aux entrepreneurs peut être payé intégralement avec la solde de compte des travaux, c'est-à-dire aussitôt après la liquidation des comptes d'exercice. — Annexe.*

BAT. I, p. 5.

Sous la date du 29 décembre dernier, vous m'avez soumis un arrêté pris par vous, à la date du 23 du même mois, à l'effet de faire rembourser, en fin d'exercice, à l'entrepreneur chargé de la construction du magasin à poudre de Saïgon, le montant des retenues opérées sur les sommes qui lui ont été successivement payées pour les travaux exécutés pendant l'année 1867.

Vous me faites savoir en même temps que le directeur du génie avait appuyé une demande de l'entrepreneur tendant à obtenir que l'Administration cessât d'exercer des retenues sur les paiements à lui faire pour les travaux restant à exécuter; mais que le chef du service administratif avait exprimé l'opinion que, pour moins s'écarter de l'esprit des dispositions du cahier des charges, il convenait de continuer à effectuer ces retenues; mais que, d'autre part, et pour venir en aide à l'entrepreneur, on pouvait, avec le dernier paiement afférent à l'exercice 1867, lui rembourser le montant des retenues opérées dans le cours dudit exercice. — Cette manière de procéder présentant l'avantage de respecter la spécialité des exercices, vous a paru mériter la préférence et vous l'avez consacrée par l'arrêté dont il s'agit, arrêté dont vous demandez l'approbation.

La mesure que vous avez prise dans cette circonstance est tout à fait conforme aux instructions suivies à cet égard dans les autres colonies, d'après les dispositions contenues dans le devis général des travaux du génie militaire du 7 mai 1837, ainsi que dans l'article 60 des conditions générales imposées aux entrepreneurs des travaux hydrauliques et bâtiments civils de la marine (29 juin 1837). Ces dispositions se résument ainsi :

« Tout entrepreneur sur série de prix doit être payé intégralement, à la fin de l'année, des sommes qui lui sont dues, au moyen d'un solde final établi après la liquidation des comptes d'exercice, et elles se trouvent implicitement énoncées au § 3 de l'art. 10 de l'instruction du 26 janvier 1866, sur le service du génie aux colonies. »

Au surplus, vous trouverez dans l'extrait d'une dépêche à M. le Gouverneur de la Guadeloupe, que j'ai l'honneur de vous adresser ci-joint, des instructions complètes sur la matière, instructions que je vous prie de faire suivre dans la colonie par les divers services constructeurs.

RIGAULT DE GENOUILLY.

ANNEXE.

(*Extrait d'une lettre du Ministre à M. le Gouverneur de la Guadeloupe, en date du 9 août 1867*).

. . . .

La première observation est relative à la faculté que s'est attribuée M. le directeur du génie d'affranchir, en fin d'exercice, l'entrepreneur P..., de la retenue de garantie stipulée dans le marché.

. . . .

En ce qui regarde la première question, il est évident, ainsi que l'a fait observer l'ordonnateur et comme l'a admis le Conseil, que le directeur du génie ne peut, par sa seule volonté, déroger, même avec le consentement de la partie contractante, à une condition particulière d'un cahier des charges et d'un marché approuvés par le Chef de la colonie.

Dans le cas où il reconnaîtrait qu'il y a lieu d'introduire une modification aux clauses de ces actes, elle ne peut être opérée que dans les formes déterminées par la réglementation générale sur la matière, réglementation à laquelle l'instruction du 26 janvier 1866 n'a rien changé pour ce qui concerne les opérations du service du génie.

Ce principe établi, je crois devoir vous faire remarquer que la discussion qui s'est élevée à ce sujet fait ressortir que, dans les conditions spécifiées au marché P..., aussi bien que dans les observations présentées au sein du Conseil privé, l'administration de la Guadeloupe paraît ne pas s'être rendu un compte exact de ce qu'on entend par la retenue de garantie imposée aux entrepreneurs, ni de son véritable objet.

Cette retenue, qui est ordinairement de 1/6 des travaux effectués, est obligatoire et doit s'exercer sur les comptes à payer aux entrepreneurs pendant le cours de l'exercice; toutefois, elle n'a pas pour objet de garantir la bonne qualité des ouvrages, mais bien leur exécution, au moyen des sommes restées ainsi entre les mains de l'Administration, et qui pourraient, le cas échéant, être employées à solder les travaux qu'on serait dans l'obligation de faire effectuer en régie. La garantie de bonne exécution des travaux se trouve surtout dans le cautionnement déposé par l'entrepreneur, et qui ne doit être restitué qu'après l'expiration des délais de garantie stipulés dans les marchés ; d'où il suit que toutes les fois qu'on juge nécessaire d'imposer ces délais, on doit exiger le dépôt d'un cautionnement. Je crois d'ailleurs utile de rappeler que les règles du droit commun obligent, en outre, tout entrepreneur à garantir pendant dix ans les gros ouvrages qu'il fait exécuter et les autres pendant un an, à partir de la clôture des travaux de l'exercice.

Il ressort de ce qui précède que le montant des retenues du 6e peut être payé intégralement avec le solde de compte des travaux, c'est-à-dire aussitôt après la liquidation des comptes d'exercice.

Telles sont, Monsieur le Gouverneur, les règles suivies au département de la guerre (instructions du 7 mai 1857), celles qui ressortent explicitement des art. 3, 5, 60 et 61 des conditions générales du 29 juin 1857, imposées aux entrepreneurs des travaux hydrauliques et bâtiments civils dans les établissements de la marine, et celles aussi que devra suivre, à l'avenir, l'administration de la Guadeloupe. Il est toutefois bien entendu qu'on peut exceptionnellement introduire, au sujet de la garantie de la bonne exécution des travaux, une clause spéciale dans les marchés, ainsi qu'on l'avait fait probablement pour le marché P... ; mais il est, en général, préférable de s'en tenir aux règles habituelles exposées ci-dessus.

Ces règles devront être substituées à celles sur lesquelles étaient basées les considérations développées dans la circulaire du 15 juin 1857, citée par l'ordonnateur à l'appui de ses observations, considérations qui paraissent reposer sur une appréciation inexacte des faits relatifs aux retenues du 6e. Elles supposaient, en effet, que le montant de ces retenues étaient déposé au trésor, au fur et à mesure des paiements d'acomptes, pour être remboursé à l'entrepreneur à l'époque de la clôture de l'exercice, jusqu'à concurrence des retenues faites antérieurement au 1er octobre, c'est-à-dire six mois avant cette époque ; tandis que le montant de ces retenues, déduit des comptes partiels de travaux, ne doit être ordonnancé que lors du règlement définitif et du solde de l'exercice (art. 60 des conditions générales du 29 juin 1857).

. . . .

RIGAULT DE GENOUILLY.

(10 juin 1870)

CIRC. M. *Conditions générales pour les fournitures de toute espèce et pour toutes les entreprises autres que celles des travaux hydrauliques et des bâtiments civils, à exécuter en vertu des marchés passés en France et en Algérie.* (*Articles 6, 18, 64 et 67*) (1).

B. M. 1871, 1er sem., p. 215.

(3 mars 1877)

DÉP. M. *Le cautionnement à verser par les soumissionnaires ne peut être remplacé par un acte de cautionnement fourni par la banque.*

BAT. I, p. 155.

Dans le désir de faciliter le développement des travaux publics en Cochinchine, vous avez cru devoir accepter la garantie que la banque de Saïgon vous a offerte, à plusieurs reprises, du cautionnement d'adjudication des entrepreneurs de ces travaux.

M. le commissaire du Gouvernement auprès de l'établissement principal de Paris a cru devoir signaler cette nature d'opérations comme n'ayant pas été prévue par les statuts et se trouvant, par suite, frappée d'illégalité. M. le président du conseil d'administration de la banque m'a, en conséquence, saisi de la question, que j'ai renvoyée à l'examen de la commission instituée auprès du département pour surveiller nos établissements de crédit coloniaux.

Dans sa séance du 22 de ce mois, la commission, après un mûr examen, a exprimé l'avis que les opérations de garantie sur lesquelles elle était consultée, ne se trouvant pas comprises parmi celles qui sont énoncées dans l'article 15 des statuts de la banque de l'Indo-Chine, ne pouvaient être autorisées, et que la clause introduite par M. le chef des services administratifs de la Cochinchine, dans

(1) V. *infrà*, Circ. M. 19 mars 1878.

le cahier des charges, et en vertu de laquelle le cautionnement en numéraire à verser par les soumissionnaires de travaux pouvait être remplacé par un acte de cautionnement fourni par la banque, devait être révisée comme consacrant une opération interdite à cet établissement. D'autres considérations pratiques venaient d'ailleurs corroborer cette appréciation. En effet, l'engagement pris par la banque était indéterminé et soumis à tous les renouvellements nécessités par la durée des travaux à exécuter. Dans le cas où ceux-ci se trouveraient interrompus par la mort de l'entrepreneur, ou sa mise en régie, quelle serait la garantie de la banque?

Cette opération se rattache, en outre, indirectement à la demande de modification statutaire ayant pour but d'autoriser la banque à prêter aux entrepreneurs de travaux publics moyennant la garantie de délégation sur le trésor que j'avais soumise au département des finances, et que celui-ci a repoussée pour des raisons que je vous ai fait connaître par lettre du 18 décembre dernier.

Je vous prie d'informer M. M... de la décision de la commission de surveillance, que je ne puis que confirmer.

FOURICHON.

(2 juin 1877)

D. G. *les sommes versées par les particuliers, en garantie des travaux à exécuter, seront déposées, à titre de cautionnement, à la caisse des dépôts et consignations sur un ordre du Directeur de l'Intérieur et en sont retirées de même.*

BAT. II, p. 749.
B. C. p. 170.

Les sommes versées par les particuliers, en garantie des travaux qu'ils sont autorisés à faire exécuter par la section des ponts et chaussées, seront déposées, à titre de cautionnement, à la caisse des dépôts et consignations, sur un ordre du Directeur de l'Intérieur, et en seront retirées de même.

DUPERRÉ.

(19 mars 1878)

CIRC. M. *Nouvelles dispositions prescrites au sujet de l'application du § 2 de l'article 6 des conditions générales du 10 juin 1870, en ce qui concerne le délai dans lequel doit être effectuée la réalisation des cautionnements.*

B. M. p. 468.

(24 juin 1879)

DÉP. M. *au sujet des retenues de 1/6 sur les paiements faits aux entrepreneurs. — Nouvelle clause à insérer dans les cahiers des charges.*

BAT. I, p. 106.

Par lettre du 28 janvier dernier, vous m'avez rendu compte des difficultés que vous éprouvez relativement au paiement des retenues du 6e, opérées sur la valeur des ouvrages exécutés par le service des travaux hydrauliques de l'arsenal de Saïgon, en raison de la contradiction qui vous paraît exister entre l'article 60 des conditions générales du 29 juin 1837, aux termes duquel ces retenues doivent être remboursées au commencement de l'année qui suit celle où les travaux sont exécutés, et l'article 13, § 8, du règlement du 14 janvier 1869, d'après lequel les retenues de garantie se rapportent à l'année pendant laquelle le certificat de réception *définitive* ayant été délivré, le paiement en devient exigible.

En ce qui concerne les marchés en cours, il n'est pas douteux que les entrepreneurs soient fondés à réclamer leur paiement dans les conditions indiquées par ces marchés, et j'approuve entièrement les propositions que vous me soumettrez à ce sujet.

Quant aux marchés à passer ultérieurement, il y a évidemment des mesures à prendre pour éviter le retour des difficultés qui se sont produites.

Sans insister ici sur les différentes significations que l'on a pu donner à ces deux expressions *retenue du 6e sur les acomptes* et *retenue de garantie*, et les conséquences que l'on a cru devoir tirer de leur interprétation dans un sens ou dans un autre, je pense qu'il y aurait avantage, pour l'avenir, à stipuler une véritable garantie constituée par le cumul des 6es retenus sur chaque paiement d'acompte, *jusqu'à concurrence d'une certaine somme dont le chiffre serait déterminé suivant les circonstances, et en tenant compte des difficultés, des sujétions, des chances de malfaçon et d'insuccès inhérentes à chaque nature de travaux.*

Dans cet ordre d'idées, on introduira désormais dans les cahiers des charges une clause ainsi conçue :

« Le montant cumulé des retenues opérées sur les acomptes successivement délivrés à l'entrepre-« neur, cessera de s'accroître lorsqu'il aura atteint la somme de...

« Ces retenues resteront, concurremment avec le cautionnement, affectées à la garantie de la « bonne exécution et du bon état des ouvrages, jusqu'à l'expiration des délais stipulés par le mar-« ché, et ne seront remises à l'entrepreneur qu'après l'expiration des délais de garantie. »

Je vous ferai remarquer d'ailleurs que l'imputation de ces retenues de garantie à l'exercice pendant lequel le procès-verbal de la réception définitive des travaux aura été dressé (application du paragraphe 8 de l'article 13 du règlement du 14 janvier 1869), ne saurait être un obstacle à l'établissement méthodique des budgets, ainsi que vous en exprimez la crainte.

On doit, en effet, toujours connaître, avant l'ouverture de chaque exercice, la somme à réserver pour le solde des retenues afférentes aux ouvrages dont la réception définitive s'effectuera pendant le cours de cet exercice, lesdits ouvrages ayant dû, dans tous les cas, être terminés et reçus provisoirement pendant l'exercice précédent.

JAURÉGUIBERRY.

(5 juin 1880)

CIRC. TRÉS. PAY. *Envoi d'un nouveau registre de quittances à souche pour les opérations de trésorerie, y porter les dépôts de soumissionnaires. — Mode de procéder.*

B. D. I. p. 53.

J'ai l'honneur de vous informer que la Direction de l'Intérieur va vous faire l'envoi d'un nouveau registre de quittances à souche, dont vous ferez usage à partir du 1er juillet prochain.

Vous reporterez en tête de ce nouveau quittancier les totaux de l'ancien registre, que vous arrêterez en toutes lettres, en ayant soin de laisser à la souche toutes les quittances non employées.

Les modifications introduites s'expliquent d'elles-mêmes. Je n'appellerai votre attention que sur l'emploi de la colonne réservée aux opérations de trésorerie, dont la contexture de l'ancien registre ne vous permettait pas de donner quittance.

C'est dans cette colonne que vous les ferez figurer, et vous en délivrerez quittance au moment même de la recette.

Il n'est fait d'exception que pour les mandats télégraphiques qui sont déjà extraits d'un registre à souche particulier, dont le mandat vaut quittance.

Il y aurait évidemment double emploi si vous les reportiez encore à votre quittancier ordinaire.

Le total général de vos opérations de trésorerie se composera donc des totaux réunis de votre registre à souche et de votre registre des mandats télégraphiques.

Vous porterez également aux opérations de trésorerie la recette des dépôts de soumissionnaires qui, jusqu'à ce jour, n'étaient reçus que par les comptables directs du trésor.

A cet effet, vous ouvrirez un compte spécial à votre livre de détail. Vous le reproduirez également sur votre bordereau de versement, à la suite des opérations de trésorerie qui y figurent déjà.

Afin qu'il y ait uniformité dans la manière de procéder, je vais vous tracer les règles en usage au trésor.

Vous n'aurez pas d'ordre de recette à demander; les affiches ou insertions vous indiqueront suffisamment la somme à payer.

Vous délivrerez au soumissionnaire une quittance qu'il joindra à la soumission. S'il n'est pas déclaré adjudicataire, le président de l'adjudication lui rendra sa quittance, après y avoir mis la mention de : *Bon à rembourser au Sieur.........*, non-adjudicataire.

Au bas de cette mention, qui sera libellée au dos de la quittance, le soumissionnaire vous donnera son acquit, daté et signé.

Cette quittance deviendra alors une pièce de dépense publique que vous comprendrez dans votre plus prochain versement.

Il y aura lieu de procéder de la manière suivante, si le soumissionnaire est déclaré adjudicataire. Aussitôt après l'approbation du marché, le président de l'adjudication vous remettra : 1° un extrait de l'adjudication indicatif du cautionnement définitif à réaliser ; 2° la quittance à souche provisoire au dos de laquelle il mettra : *Bon à convertir en cautionnement définitif.*

Vous ferez acquitter cette quittance et vous la comprendrez dans vos dépenses ordinaires, comme il est dit ci-dessus, mais vous garderez les fonds pour les remettre, de la main à la main, au payeur de votre circonscription, avec le complément du cautionnement, s'il y a lieu.

Vous lui ferez cette remise, ainsi que celle de l'extrait d'adjudication, au premier versement qui suivra la notification de l'approbation du marché.

De son côté, le payeur me transmettra les fonds en un mandat de trésorerie, pour en faire l'application au compte de la caisse des dépôts et consignations.

Je vous enverrai ensuite le récépissé que vous vous chargerez de faire parvenir à l'intéressé, en le prévenant qu'il devra le reproduire à la caisse des dépôts pour pouvoir en obtenir le remboursement à la fin de son marché.

Je vous prie de remarquer que vous n'aurez aucune écriture à passer pour la réalisation du cautionnement définitif, c'est-à-dire pour la remise des fonds au payeur. Vous servirez tout simplement d'intermédiaire entre l'adjudicataire et la caisse de dépôts.

PIÉTRESSON DE SAINT-AUBIN.

(5 juillet 1881)

DÉCRET (*extrait*) *établissant l'usage exclusif de la piastre pour le budget local de la Cochinchine* (*art. 13*).

(Promulg., A. G., 31 août 1881).

B. C. p. 337.

. . . .

Art. 13. — Les cautionnements des adjudicataires de fournitures ou travaux concernant le service local sont, au choix des intéressés, conservés, à titre de dépôts administratifs non productifs d'intérêts, par le receveur spécial, ou remis par lui au trésorier payeur préposé de la caisse des dépôts et consignations.

Dans ce dernier cas, les versements, bien que faits en piastres, sont ramenés à leur valeur en francs au cours du jour ; les cautionnements sont ensuite remboursés pour la même valeur en francs convertie en piastres au cours du jour du remboursement.

. . . .

. . . .

(21 octobre 1881)

CIRC. D. I. *Suppression pour les personnes qui désirent obtenir des débits d'opium de l'obligation de fournir, soit des cautions solidaires, soit des cautionnements en numéraire. — Recommandations touchant la solvabilité et la moralité des pétitionnaires.*

B. D. I. p. 53.

Un avis qui sera publié au prochain numéro du *Journal Officiel* supprime, pour les personnes qui désirent obtenir des débits d'opium, l'obligation de fournir, soit des cautions solidaires, soit un cautionnement en numéraire.

En appelant votre attention sur ces nouvelles dispositions, que je vous prie de faire traduire en caractères et en (quoc-ngu) et afficher dans tous les villages désignés comme devant avoir des débits, je vous renouvelle les précédentes recommandations, touchant la vérification de la solvabilité et de la moralité des pétitionnaires.

Comme il importe que la régie soit tenue au courant du résultat de vos démarches, je vous prie d'adresser tous les dix jours, à M. le Directeur des contributions indirectes, une note faisant connaître le nombre de débits pour lesquels vous aurez reçu des demandes susceptibles d'être accueillies.

Je n'ai pas besoin de vous dire tout l'intérêt qui s'attache à ce que cette importante question soit réglée le plus tôt possible.

BÉLIARD.

(18 novembre 1882)

DÉCRET *déterminant les formalités à suivre dans tous les marchés passés au nom de l'État* (1).

(Promulg., A. G., 29 juillet 1884).
B. C. p. 284.

(14 avril 1885)

A. G. *rapportant l'arrêté du 29 juillet 1884 promulguant le décret du 18 novembre 1882 relatif aux formalités à suivre dans tous les marchés passés au nom de l'État.*

B. C. p. 150.

Article premier. — L'arrêté du 29 juillet 1884, promulguant en Cochinchine le décret du 18 novembre 1882, est rapporté.

CHARLES THOMSON.

(16 avril 1888)

CIRC. L. G. *au sujet des garanties à exiger des soumissionnaires pour fournitures au service régional.*

J. C. p. 377.

Mon attention ayant été appelée sur l'insuffisance de garantie offerte par le système des cautions, adopté généralement pour les marchés du service régional, j'ai décidé qu'à l'avenir, pour les fournitures et les travaux dont le montant approximatif dépasserait 300 piastres, il serait exigé un cautionnement provisoire fixé au 5 p. 100 du montant présumé de la fourniture. Ce cautionnement provisoire serait ensuite converti en cautionnement définitif par l'adjudicataire, après approbation de l'adjudication.

Comme auparavant, les soumissionnaires pourront être dispensés de verser un cautionnement provisoire ou définitif, lorsque la fourniture sera d'une importance de 300 piastres et au-dessous. Dans ce cas, la présentation de deux cautions solvables sera exigée : ces cautions devront s'engager, solidairement et conjointement avec le soumissionnaire, à exécuter le contrat de ce dernier dans le cas où l'entreprise lui serait adjugée. Il serait prudent toutefois d'exiger que les cautions se munissent d'un certificat de l'Administrateur de l'arrondissement, constatant qu'elles sont solvables et possesseurs de biens pouvant garantir l'exécution du marché.

Telles sont, Monsieur l'Administrateur, les instructions que j'ai cru devoir vous adresser, afin de sauvegarder les intérêts du budget régional, et je vous prie de vouloir bien vous y conformer à l'avenir.

NAVELLE.

(1) Non applicable à la Cochinchine (art. 28 dudit décret). — V. *infrà*, A. G., 14 avril 1885.

CAVALERIE

V. *Spahis*.

CAVALERIE INDIGÈNE.

NATURE DES DOCUMENTS	DATES	RECUEILS A CONSULTER							OBSERVATIONS
		Bat.	B. C.	B. D. I.	J. C.	J. H.	B. M.	B. Col.	
Rap. G.	28 octobre 1879.								
Dép. M.	11 février 1880.								

CAVALERIE INDIGÈNE

(28 octobre 1879).

RAPPORT G. *concluant à la négative au sujet d'un projet de création d'un corps de cavalerie indigène.*

ARCH. GOUV.

(11 février 1880).

DÉP. M. *concernant la création d'un corps de cavalerie indigène. — Réponse au rapport du 28 octobre 1879.*

ARCH. GOUV.

CENSURE LÉGALE DES BANQUES COLONIALES.

V. *Banques coloniales.*

CENTIÈMES ADDITIONNELS.

V. *Impôts.*

CERCLES CHINOIS.

NATURE DES DOCUMENTS	DATES	RECUEILS A CONSULTER Bat.	B. C.	B. O. I.	J. C.	J. H.	B. M.	B. Col.	OBSERVATIONS
A. G.	24 novembre 1879.	II-441	445						
A. G.	27 février 1882.		104						
A. G.	19 juin 1886.		195						
Circ. G. G.	10 avril 1888.		174		374				
A. L. G.	27 juin 1888.				629				
A. G.	13 juillet 1887.		489		754				
A. G.	22 juillet 1887.		494		754				
Dép. M.	7 décembre 1887.								
A. L. G.	18 avril 1888.				374				

(24 novembre 1879)

A. G. *Les cercles non européens institués dans les villes de Saïgon et de Cholon seront soumis à une patente annuelle de 1.000 francs.*

BAT. II, p. 441.
B. C., p. 445.

Article premier. — Les cercles non européens, institués dans les villes de Saïgon et de Cholon, seront soumis à une patente annuelle de mille francs, qui sera payée en entier dans le mois qui suivra la publication du rôle.

Art. 2. — Cette patente sera appliquée à partir du 1er janvier 1880.

LE MYRE DE VILERS.

(27 février 1882)

A. G. *réglementant les cerles chinois.*

B. C., p. 104.

Article premier. — *Autorisation d'ouverture.* — L'autorisation d'ouverture des cercles chinois en Cochinchine sera donnée, sur la demande des intéressés, par le Directeur de l'Intérieur.

Art. 2. — *Demande d'ouverture.* — La demande sera adressée au Directeur de l'Intérieur ; les pétitionnaires devront fournir à l'appui,

I. — Une liste comprenant :

Les noms des membres fondateurs du cercle,

Leurs professions.

La classe de leur patente, s'il y a lieu,

L'indication des présidents et du ou des vice-présidents choisis par les membres fondateurs parmi eux ;

II. — L'engagement conjoint et solidaire souscrit par tous les membres :

1° De verser au trésor, à titre de cautionnement, une somme de mille piastres ;

2° De verser, pour toute infraction aux dispositions fiscales du présent arrêté, un dédit de vingt piastres, qui sera prélevé sur le montant du cautionnement, lequel devra être, dans ce cas, complété dans les huit jours, faute de quoi les contractants s'engagent à fermer immédiatement le cercle et à abandonner à l'Administration, en toute propriété, le reliquat du cautionnement ;

3° De verser, pour toute infraction aux dispositions non fiscales du présent arrêté, un dédit dont la quotité sera déterminée par le Gouverneur, après avis du Conseil privé, jusqu'à concurrence du montant total du cautionnement, et qui sera recouvré comme ci-dessus ;

4° De payer tous les frais d'enregistrement auxquels pourraient donner lieu lesdites conventions.

III. — Un plan, en triple expédition, du local dans lequel sera établi le cercle.

IV. — Un procès-verbal de visite de ce local, dressé par l'autorité administrative compétente, en double expédition.

Art. 3. — *Composition du cercle.* — Aucun cercle ne devra comprendre moins de dix ni plus de quarante membres ;

Nul Chinois, sujet d'une nation étrangère, ne pourra en faire partie, à moins d'autorisation préalable.

Tout cercle pourra posséder un personnel domestique de six Asiatiques.

Art. 4. — *Local du cercle.* — Le local du cercle ne pourra avoir plus de deux issues, toutes deux donnant sur la voie publique, du côté de la façade principale : l'une réservée aux membres du cercle, l'autre aux gens de service.

Les dépendances seules seront situées au rez-de-chaussée.

La dénomination « *Cercle de...*, autorisé par décision administrative en date du... », sera inscrite sur la façade en lettres ayant au moins dix centimètres de hauteur.

Une des expéditions du plan et du procès-verbal de visite, mentionnés à l'article 2, seront affichés dans la salle principale.

Art. 5. — *Délivrance des cartes.* — Il sera délivré tous les ans, à chacun des membres du cercle, une carte signalétique et nominative, conforme aux indications de la carte de séjour, dont le numéro y sera mentionné.

Art. 6. — *Taxe sur les cercles.* — Il sera perçu sur les cercles, mensuellement et d'avance, une taxe fixe de 20 piastres.

Art. 7. — *Introduction des Étrangers.*— Les membres du cercle pourront y introduire des Étrangers chinois, et donner des repas ou fêtes après avoir donné préalablement avis à l'autorité.

Art. 8. — *Jeux autorisés.* — Sont autorisés, entre les membres du cercle et leurs invités, les jeux suivants :

Les dominos :

Les six dés ;

Les cent douze cartes en deux couleurs ;

Les cent douze cartes en quatre couleurs ;

Les enjeux seront déposés sur la table, en numéraire, à l'exclusion des bons ou jetons.

Art. 9. — *Affectation des taxes et produits.* — La taxe sur les cercles sera considérée comme taxe coloniale.

Art. 10. — *Remplacement des présidents et vice-présidents.* — En cas de décès ou démission des présidents ou vice-présidents, il sera immédiatement pourvu à leur remplacement par la voie de l'élection.

Le choix du cercle sera aussitôt porté à la connaissance de l'Administration.

Art. 11. — *Admission de nouveaux membres.* — L'admission de nouveaux membres devra toujours être notifiée à l'Administration.

Les membres nouvellement admis devront souscrire un engagement analogue à celui prescrit pour les membres fondateurs, à l'article 2.

Art. 12. — *Constatations des contraventions.* — L'autorité administrative aura pour elle et ses délégués, entrée au cercle à toute heure du jour ou de la nuit.

Elle dressera procès-verbal, dans la forme ordinaire, des contraventions constatées au cours de la visite.

Expédition en sera adressée, sans délai, au Directeur de l'Intérieur, chargé de la suite à donner.

LE MYRE DE VILERS.

(19 juin 1886)

A. G. *supprimant les divers cercles asiatiques existant à Cholon.*

B. C., p. 195.

Article premier. — Les décisions susvisées, portant autorisation d'ouverture de divers cercles asiatiques actuellement existant à Cholon, sont rapportées.

Art. 2. — Ces cercles sont supprimés ; ils seront fermés dans un délai de trois jours, à dater de la notification du présent arrêté.

Art. 3. — Les cautionnements déposés seront remboursés aux intéressés.

BÉGIN.

(10 avril 1888)

CIRC. G. G. *admettant en principe l'ouverture des cercles chinois à Cholon.*

B. C., p. 174.
J. C., p. 374.

Vous m'avez saisi de plusieurs demandes tendant à obtenir l'ouverture des cercles chinois à Cholon.

Je suis disposé à donner aux commerçants chinois établis en Cochinchine, et notamment à Cholon, toutes les facilités qui leur sont nécessaires pour qu'ils puissent retrouver, dans notre colonie, les habitudes d'existence qu'ils ont en Chine. Je ne vois donc aucun inconvénient à leur permettre de se réunir, en se conformant aux prescriptions légales, dans des locaux déterminés sur lesquels l'Administration peut toujours exercer un droit de surveillance.

Mais il importe que les cercles chinois ne soient pas, sous une autre forme, la reconstitution des maisons de jeux qui existaient il y a peu de temps en Cochinchine sous le nom de *Bourses de commerce*.

Aussi l'accès et la tenue de ces établissements devront être soumis à une réglementation rigoureuse, et vous aurez à me soumettre les statuts de chacun d'eux qui seront rédigés sur les bases du projet d'arrêté ci-joint que vous m'avez présenté.

Il demeure entendu que ces cercles ne seront pas une source de revenus pour la colonie et n'auront, par suite, à subir aucune taxe ou redevance spéciale. Vous veillerez à ce que, dans la pratique, le mode d'administration de ces établissements ne les fasse pas dévier du but de leur institution.

J'estime qu'il convient, au début, de n'accueillir que les deux demandes présentées les premières à votre examen.

Je vous autorise à agréer les autres demandes lorsque, après cette expérience, le moment vous semblera venu de le faire sans inconvénient.

CONSTANS.

(27 juin 1888)

A. L. G. *Est et demeure abrogé l'arrêté en date du 18 avril 1888 portant réglementation des cercles chinois.*

J. C., p. 629.

Article premier. — L'arrêté, en date du 18 avril 1888, portant réglementation des cercles chinois, est et demeure abrogé.

Art. 2. — Des cercles chinois pourront être de nouveau créés dans les villes de Cholon et de Saïgon. Le nombre de ces établissements est en principe fixé à huit. Chaque cercle aura son autonomie complète.

Art. 3. — Les demandes d'ouverture signées du président et des deux vice-présidents seront adressées au Secrétaire général du Gouvernement de la Cochinchine, qui délivrera les autorisations. Les commerçants chinois patentés et les compradors des maisons de commerce pourront seuls faire partie d'un cercle.

Art. 4. — Les pétitionnaires devront fournir à l'appui de leurs requêtes :

1° Une liste indiquant les noms des membres du cercle, leurs professions, la classe de leur patente, leur demeure. (Cette liste servira à l'établissement d'un contrôle tenu dans chaque cercle).

2° L'engagement souscrit par le président et les deux vice-présidents : I. de verser à la caisse centrale du trésor à Saïgon, à titre de cautionnement, une somme de deux mille piastres ; — II. de verser pour toute infraction aux dispositions du présent arrêté le montant de l'amende qui pourrait être infligée, suivant arrêté pris par le Lieutenant-Gouverneur, après avis du Conseil privé. En cas de non-paiement immédiat, la quotité de l'amende infligée serait prélevée sur le montant du cautionnement, lequel devra être complété dans les huit jours qui suivront. Faute de ce faire, le cercle sera immédiatement fermé et le reliquat du cautionnement confisqué ; — III. de payer un droit de patente de 1re classe ;

3° Un plan, en triple expédition, du local dans lequel sera établi le cercle ;

4° Un procès-verbal de visite de ce local dressé en triple expédition par l'autorité administrative compétente.

Art. 5. — Tout immeuble affecté à un cercle devra être complètement isolé. Le local ne devra avoir au rez-de-chaussée plus de deux issues donnant toutes deux sur la voie publique, du côté de la façade principale. Les dépendances feront partie de l'immeuble sans en être séparées. La dénomination du cercle sera inscrite sur la façade de l'établissement en lettres apparentes.

Art. 6. — Aucun cercle ne devra comprendre moins de 30 ni plus de 100 membres.

L'effectif maximum du personnel domestique affecté à chaque établissement est fixé à 12. Les noms de ces domestiques figureront sur un registre spécial tenu dans chaque cercle. Aucun d'eux ne devra être Annamite.

Art. 7. — Tous les ans, au mois de janvier, il sera délivré par les soins de l'Administration à chaque membre du cercle une carte signalétique et nominative conforme aux indications de sa carte de séjour, et sur laquelle sera mentionné le numéro de cette carte. Les frais nécessités par la confection de ces imprimés seront remboursés à l'Administration par chaque cercle intéressé.

Art. 8. — Les membres des cercles pourront y introduire des invités, sous cette réserve que chaque invitant devra inscrire sur un registre *ad hoc*, à son entrée au cercle, les noms de ses invités qui, en dehors des Chinois de passage, ne pourront être choisis que par les Chinois patentés ou compradors des maisons de commerce. Le nombre des invités ne pourra dépasser le quart de celui des membres.

Des repas ou fêtes pourront être donnés dans ces établissements après avis transmis par le président du cercle intéressé à l'Administration, qui se réserve le droit d'interdire la réunion.

Art. 9. — En cas de décès ou de démission d'un président ou d'un vice-président, il sera immédiatement pourvu à leur remplacement par la voie de l'élection. Avis de la mutation survenue sera de suite donné à l'Administration. L'admission de tout nouveau membre du cercle sera mentionnée sur le contrôle prévu à l'article 4, § 1er. Cette admission aura lieu sur la présentation de deux des membres du cercle.

Art. 10. — L'accès des cercles chinois est formellement interdit aux Européens et aux Annamites. La présence dûment constatée d'un seul Européen ou d'un Annamite dans un cercle entraînera la fermeture immédiate du cercle et la saisie du cautionnement.

Art. 11. — Sont autorisés entre les membres des cercles et leurs invités les jeux suivants : les dominos, les 6 dés, les 112 cartes en deux couleurs, les 112 cartes en quatre couleurs, les cartes européennes. Les enjeux seront déposés sur la table en numéraire, à l'exclusion de bons ou jetons.

Art. 12. — L'autorité administrative aura pour elle et ses délégués entrée au cercle à toute heure du jour et de la nuit. Elle dressera procès-verbal dans la forme ordinaire des contraventions constatées au cours de la visite. Une expédition de ce procès-verbal sera immédiatement adressée au Secrétariat général de la Cochinchine. Toute infraction constatée donnera lieu au paiement d'une amende dont le minimum sera de 300 piastres.

Art. 13. — Dans le cas où il serait établi qu'un cercle reçoit des Chinois non invités régulièrement, l'établissement sera immédiatement fermé et le cautionnement saisi au profit du trésor.

Art. 14. — Tout cercle devra dresser ses statuts qui seront rédigés sur les bases du présent règlement et approuvés par l'Administration.

Art. 15. — Un agent français assermenté, présenté par les présidents et vice-présidents des cercles et agréé par l'Administration, sera chargé de la tenue des registres prescrits par ledit arrêté. Ces registres seront tenus à la disposition de la police dans le local de chaque cercle. L'agent assermenté servira, le cas échéant, d'intermédiaire entre les présidents des cercles et l'autorité pour toute question d'administration non prévue au présent règlement.

Art. 16. — Le présent arrêté, portant ouverture du cercle autorisé à fonctionner, sera affiché dans la salle principale et à l'entrée du cercle. Une expédition du plan de l'immeuble, approuvé par l'autorité, sera également placardée dans la salle en question, ainsi qu'une copie du procès-verbal de visite.

Art. 17. — Toutes les contestations relatives à l'exécution des clauses du présent règlement seront jugées administrativement par le Lieutenant-Gouverneur, en Conseil privé.

Art. 18. — Sont abrogés tous arrêtés et décisions antérieurs au présent règlement.

NAVELLE.

(13 juillet 1887)

A. G. *autorisant l'ouverture à Saïgon des deux cercles de Trieu-Chau et Phuoc-kien.*

B. C., p. 489.
J. C., p. 754.

Article premier. — Est autorisée l'ouverture à Saïgon de deux cercles : l'un rue aux Fleurs, n° 18, sous le nom de *Cercle de Trieu-chau;* le second, rue d'Adran, n° 85, intitulé *Cercle de Phuoc-kien.*

Ces deux cercles, composés à l'origine de commerçants pétitionnaires comme membres fondateurs, pourront admettre d'autres personnes de nationalité chinoise, à condition toutefois d'en communiquer préalablement les noms, professions et domiciles à l'Administration.

Art. 2. — Toutes les dispositions de police édictées par l'arrêté du 27 février 1881 sont applicables à ces établissements, qui pourront, en outre, être soumis à telle réglementation que la surveillance de leur fonctionnement nécessitera.

Art. 3. — Chacun de ces établissements sera soumis à une patente de 1re classe, qui sera délivrée au nom du président.

FILIPPINI.

(22 juillet 1887)

A. G. *autorisant l'ouverture de cercles chinois à Cholon.*

B. C., p. 494.
J. C., p. 754.

Article premier. — Est autorisée l'ouverture à Cholon de six cercles portant les noms et établis aux adresses dont l'énumération suit :

Cercle de Phuoc-chau, rue des Marins, n° 133 ;
Cercle de Trieu-chau, rue de Paris, n° 66 ;
Cercle de Phuoc-kien, rue de Paris, n° 70 ;
Cercle d'Amoy, rue de Paris, n° 72 ;
Cercle de Swatow, rue des Marins, n° 97 ;
Cercle de Chau-chau, rue de Paris, n° 68.

Ces six cercles, composés à l'origine des commerçants pétitionnaires comme membres fondateurs, pourront admettre d'autres personnes de nationalité chinoise, à condition toutefois d'en communiquer préalablement les noms, professions et domiciles à l'Administration.

Ces établissements ne pourront être ouverts qu'après la condamnation, ou la clôture au moyen de grillages ou de murailles, suivant les indications de l'Administration, de toutes les issues ou fenêtres ne donnant pas sur la rue leur servant communément d'adresse.

Art. 2. — Toutes les dispositions de police édictées par l'arrêté du 27 février 1882 sont applicables à ces établissements qui pourront, en outre, être soumis à telle réglementation que la surveillance de leur fonctionnement nécessitera.

Art. 3. — Chacun de ces établissements sera soumis à une patente de 1re classe, qui sera délivrée au nom du président.

FILIPPINI.

(7 décembre 1887)

DÉP. M. *Instruction au sujet de l'ouverture et de la surveillance des cercles chinois.*

ARCH. GOUV.

A la suite de la fermeture des « bourses de commerce » établies en Cochinchine, l'administration locale autorisa par arrêtés des 13 et 22 juillet 1887 l'ouverture de « cercles chinois » à Saïgon, à Cholon et à Mytho. Avisé de cette situation qu'il jugea être un retour déguisé à l'état de choses auquel il avait mis fin, le Département demanda, dès le 23 septembre, des explications au Gouverneur de la Cochinchine ; et, à la date du 14 octobre, adoptant les conclusions d'un rapport de M. de Lanessan qui venait de me parvenir, j'adressai à M. Filippini le télégramme suivant :]

« Prescrivez fermeture cercles chinois autorisés par arrêtés 25 juillet signalés comme donnant « lieu aux mêmes abus que bourses commerce. »

M. Filippini me répondit le lendemain dans les termes ci-après :

« Recevrez bientôt rapport parti 15 septembre sur cercles chinois, ne jugez-vous pas utile attendre « avant statuer définitivement. »

Je ne pouvais que donner satisfaction au désir qui m'était ainsi exprimé et je prescrivis de surseoir à l'exécution des instructions contenues dans mon télégramme du 14 octobre.

J'ai reçu depuis lors le rapport dont M. Filippini m'avait annoncé l'envoi : il résulte des indications qu'il contient que l'Administration locale n'avait accordé l'autorisation d'ouvrir les cercles chinois qu'en vue d'obtenir des adjudicataires des bourses de commerce la résiliation pure et simple de leur contrat.

J'ai constaté également que les marchés passés avec ces industriels prenaient fin le 10 février prochain. Dans ces conditions, j'ai cru qu'il était préférable de maintenir le *statu quo* jusqu'à cette date rapprochée, me réservant de vous laisser juge de la situation.

Je vous prie, en conséquence, de vouloir bien vous rendre un compte exact du fonctionnement de ces établissements et examiner s'il ne convient pas d'en prescrire la fermeture définitive dès le 10 février 1888. Je vous recommande d'une manière toute spéciale de veiller scrupuleusement à ce que des maisons de jeux publics de quelque titre qu'on les décore, « bourses de commerce » ou « cercles chinois », ne soient pas établies en Cochinchine, où elles constituent un aliment à la funeste passion de l'annamite pour tous les jeux de hasard.

Je vous serai obligé de vouloir bien faire connaître au Département les mesures que vous aurez prises à l'égard des cercles chinois.

ÉTIENNE.

(18 avril 1888)

A. L. G. *portant que des cercles chinois pourront être de nouveau créés dans les villes de Cholon et de Saïgon. — Formalités à remplir.*

J. C., p. 374.

Article premier. — Des cercles chinois pourront être de nouveau créés dans les villes de Cholon et de Saïgon.

Art. 2. — Le nombre de ces établissements est en principe fixé à 8. Chaque cercle aura son autonomie complète.

Art. 3. — Les demandes d'ouverture signées du président et des deux vice-présidents seront adressées au Secrétaire général du Gouvernement de la Cochinchine, qui délivrera les autorisations. Les commerçants chinois patentés et les compradors des maisons de commerce pourront seuls faire partie d'un cercle.

Art. 4. — Les pétitionnaires devront fournir à l'appui de leurs requêtes :

1° Une liste indiquant les noms des membres du cercle, leurs professions, la classe de leur patente, leur demeure (cette liste servira à l'établissement d'un contrôle tenu dans chaque cercle) ;

2° L'engagement souscrit par le président et les deux vice-présidents : I. de verser à la caisse centrale du trésor à Saïgon, à titre de cautionnement, une somme de deux mille piastres ; — II. de verser pour toute infraction aux dispositions du présent arrêté le montant de l'amende qui pourrait être infligée, suivant arrêté pris par le Lieutenant-Gouverneur, après avis du Conseil privé. En cas de non-paiement immédiat, la quotité de l'amende infligée serait prélevée sur le montant du cautionnement, lequel devra être complété dans les huit jours qui suivront. Faute de ce faire, le cercle sera immédiatement fermé et le reliquat du cautionnement confisqué ; — III. de payer un droit de patente de 1re classe ;

3° Un plan, en triple expédition, du local dans lequel sera établi le cercle ;

4° Un procès-verbal de visite de ce local dressé en triple expédition par l'autorité administrative compétente.

Art. 5. — Tout immeuble affecté à un cercle devra être complètement isolé. Le local ne devra avoir au rez-de-chaussée plus de deux issues et donnant toutes deux sur la voie publique, du côté de la façade principale. Les dépendances feront partie de l'immeuble sans en être séparées. La dénomination du cercle sera inscrite sur la façade de l'établissement en lettres apparentes.

Art. 6. — Aucun cercle ne devra comprendre moins de 30 ni plus de 100 membres.

L'effectif maximum du personnel domestique affecté à chaque établissement est fixé à 12 Asiatiques. Les noms de ces domestiques figureront sur un registre spécial tenu dans chaque cercle.

Art. 7. — Tous les ans, au mois de janvier, il sera délivré par les soins de l'Administration à chaque membre de cercle une carte signalétique et nominative conforme aux indications de sa carte de séjour, et sur laquelle sera mentionné le numéro de cette carte. Les frais nécessités par la confection de ces imprimés seront remboursés à l'Administration par chaque cercle intéressé.

Art. 8. — Les membres des cercles pourront y introduire des invités, sous cette réserve que chaque invitant devra inscrire sur un registre *ad hoc*, à son entrée au cercle, les noms de ses invités.

Des repas ou fêtes pourront être donnés dans ces établissements après avis transmis à l'autorité par le président du cercle intéressé.

Art. 9. — En cas de décès ou de démission d'un président ou d'un vice-président, il sera immédiatement pourvu à leur remplacement par la voie de l'élection. Avis de la mutation survenue sera de suite donné à l'Administration. L'admission de tout nouveau membre du cercle sera mentionnée sur le contrôle prévu à l'article 4, § 1. Cette admission aura lieu sur la présentation de deux des membres du cercle.

Art. 10. — L'accès des cercles chinois est formellement interdit aux Européens et aux Annamites.

Art. 11. — Sont autorisés entre les membres des cercles et leurs invités les jeux suivants : les dominos, les 6 dés, les 112 cartes en deux couleurs, les 112 cartes en quatre couleurs, les cartes européennes. Les enjeux seront déposés sur la table en numéraire, à l'exclusion de bons ou jetons.

Art. 12. — L'autorité administrative aura pour elle et ses délégués entrée au cercle à toute heure du jour et de la nuit. Elle dressera procès-verbal dans la forme ordinaire des contraventions constatées au cours de la visite. Une expédition de ce procès-verbal sera immédiatement adressée au Secrétariat général de la Cochinchine. Toute infraction constatée donnera lieu au paiement d'une amende dont le minimum sera de 300 piastres.

Art. 13. — Dans le cas où il serait établi qu'un cercle reçoit des joueurs de passage non invités régulièrement, l'établissement serait immédiatement fermé et le cautionnement saisi au profit du trésor.

Art. 14. — Tout cercle devra dresser ses statuts qui seront rédigés sur les bases du présent règlement et approuvés par l'Administration.

Art. 15. — Un agent français assermenté, présenté par les présidents et vice-présidents de cercles et agréé par l'Administration, sera chargé de la tenue des registres prescrits par ledit arrêté. Ces registres seront tenus à la disposition de la police dans le local de chaque cercle. L'agent assermenté servira, le cas échéant, d'intermédiaire entre les présidents des cercles et l'autorité pour toute question d'administration non prévue au présent règlement.

Art. 16. — Le présent arrêté, portant ouverture du cercle autorisé à fonctionner, sera affiché dans la salle principale et à l'entrée du cercle. Une expédition du plan de l'immeuble, approuvé par l'autorité, sera également placardée dans la salle en question, ainsi qu'une copie du procès-verbal de visite.

Art. 17. — Toutes les contestations relatives à l'exécution des clauses du présent règlement seront jugées administrativement par le Lieutenant-Gouverneur, en Conseil privé.

Art. 18. — Sont abrogés tous arrêtés et décisions antérieurs au présent règlement.

NAVELLE.

CERCLE DES OFFICIERS.

NATURE DES DOCUMENTS	DATES	RECUEILS A CONSULTER							OBSERVATIONS
		Bat.	B. C.	B.D.I	J. C.	J.H.	B.M.	B.Col	
A. G. G.	21 mai 1888.		260		478				

(21 mai 1888)

A. G. G. *allouant pour l'année 1888 une somme de 6,000 fr. au cercle des officiers de la garnison de Saïgon, payable sur les fonds du budget général de l'Indo-Chine* (1).

B. C., p. 260.
J. C. p. 478.

Article premier. — Une subvention de six mille francs (6,000 francs) est allouée, pour l'année 1888, au cercle des officiers de la garnison de Saïgon (2).

Art. 2. — Cette dépense sera prélevée sur les crédits inscrits à la cinquième division, sous la rubrique : *Dépenses extraordinaires, diverses et imprévues.*

Richaud.

(1) Supprimé. V. Indo-Chine.
(2) Subvention annuelle votée par le Conseil colonial.

CÉRÉMONIES RELIGIEUSES.

NATURE DES DOCUMENTS	DATES	RECUEILS A CONSULTER Bat.	B. C	B.D.I	J. C.	J.H.	B. M.	B.Col	OBSERVATIONS
Circ. M.	9 mai 1878.	I-500							
Circ. M.	2 juillet 1881.						11		

(9 mai 1878)

CIRC. M. *Convocations ou invitations officielles faites en vue de cérémonies religieuses.*

BAT. I, p. 500.

L'attention du Gouvernement a été bien souvent appelée sur les inconvénients graves que présente l'usage suivi, aujourd'hui encore, dans plusieurs ports, de convoquer officiellement les corps constitués pour assister à certaines cérémonies religieuses et, notamment, pour suivre les processions de la Fête-Dieu.

Dans tout ce qui touche au culte, chacun doit rester libre de n'obéir qu'aux inspirations de sa conscience. Tel est le principe d'après lequel toutes les autorités doivent régler leur conduite.

En conséquence, Monsieur le Gouverneur, les officiers, fonctionnaires et agents sous vos ordres demeurent complètement libres d'assister *individuellement*, en habit de ville ou en uniforme, comme ils le jugeront convenable, aux diverses solennités religieuses; mais vous voudrez bien vous abstenir, désormais, d'adresser des convocations ou des invitations officielles pour ces cérémonies.

JAURÉGUIBERRY.

(2 juillet 1881)

CIRC. M. *Célébration des fêtes religieuses. Instructions complémentaires.*

B. M., p. 11.

Afin d'éviter à l'avenir tout malentendu au sujet de la part que la marine doit prendre aux cérémonies religieuses, je crois utile de vous adresser les instructions suivantes pour compléter celles contenues dans la circulaire ministérielle du 9 mai 1879, cabinet.

La faculté accordée aux officiers, fonctionnaires et agents des différents corps de la marine d'assister ou non, soit en habit de ville, soit en uniforme, aux cérémonies religieuses, s'étend à toute personne relevant du Département.

Les troupes ne doivent donc être ni convoquées, ni formées en bataille, et la marine n'aurait à prêter son concours, pour maintenir l'ordre autour du dais, qu'autant que le Ministère de la Guerre ne serait pas en mesure de fournir les deux compagnies d'escorte, en ce moment, réglementaires.

Vous vous abstiendrez de faire élever des reposoirs, de faire tirer des salves d'artillerie et de pavoiser les bâtiments de la flotte.

Toutefois, en attendant que le nouveau décret sur le service dans les places de guerre et les villes de garnison, soumis aux délibérations du Conseil d'État, ait été mis en vigueur, vous continuerez à faire observer les prescriptions de l'article 327 du décret du 13 octobre 1863, en ce qui concerne les honneurs à rendre par les postes de garde.

CLOUÉ.

CÉRÉMONIES PUBLIQUES.

V. *Honneurs et préséances.*

CERTIFICATION CONFORME.

V. *Secrétaire-archiviste du conseil privé.*

CERTIFICATS D'OUVRIERS.

V. *Arsenal.*

CERTIFICATS DE VIE.

NATURE DES DOCUMENTS	DATES	RECUEILS A CONSULTER							OBSERVATIONS
		Bat.	B. C.	B P.I	J. C	J. H.	B. M.	B.Co.l	
Circ. M.	25 mars 1880.		315						

(25 mars 1880).

CIRC. M. *Envoi d'un modèle de certificat de vie pour les pensionnaires de la marine. — Modèle.*

B. C. p. 315.

Monsieur le ministre de l'Intérieur a, sur ma demande, fait insérer, dans le *Recueil des actes administratifs* de chaque département, un modèle de certificat de vie pour les pensionnaires de la caisse des invalides de la marine.

Il m'a paru utile que pareille insertion fût faite dans le *Bulletin officiel* de chacune de nos colonies, et à cet effet, j'ai l'honneur de vous adresser le modèle dont il s'agit, qui a été approprié aux besoins du service colonial.

Je vous prie de donner des ordres pour qu'on l'adopte désormais chaque fois qu'un certificat de vie devra être délivré à un pensionnaire de la caisse des invalides.

L'insertion de la présente circulaire au *Bulletin officiel de la marine* tiendra lieu de notification.

JAURÉGUIBERRY.

MODÈLE

CERTIFICAT DE VIE
NON SUJET AU TIMBRE.

PENSIONS
SUR LA CAISSE DES INVALIDES DE LA MARINE

Circulaire du 25 mars 1880. (*Bull. off.*, p. 626.)

NOUS soussigné, maire de la commune d colonie de , certifions que (1)
demeurant à
né à le
jouissant d'une pension de
inscrite sous le n° , suivant son brevet de pension qu' nous a représenté est vivant, , pour s'être présenté aujourd'hui devant nous.

L quel nous a déclaré qu' ne jouit d'aucun traitement, sous quelque dénomination que ce soit, ni d'aucune autre pension, soit à la charge de l'État, soit sur la caisse des invalides de la marine, soit sur les fonds des départements ou du service colonial, ou sur ceux des communes ou du service local, soit sur l'ancienne liste civile (A).

En foi de quoi, nous avons délivré le présent qu' a signé avec nous.

Fait à , le (2)
mil huit cent

Signature du requérant.

(3) *Le Maire,*

Vu pour légalisation (B) de la signature du maire de

Le Directeur de l'Intérieur,

(1) Énoncer les noms, prénoms et domicile de la partie. S'il s'agit d'une veuve, mentionner l'état de viduité ou, en cas de convol, déclarer qu'elle est remariée à un Français.

(2) La date en toutes lettres.

(3) Apposer ici le timbre de la mairie.

(A) Les exceptions admises sont déterminées par les articles 271, 273 et 274 du décret du 31 mai 1862. Il doit, d'ailleurs, être fait mention dans le certificat de vie des traitements ou indemnités sur les fonds de l'État des départements ou des communes, que le pensionnaire reçoit, mais en indiquant le décret qui accorde la faculté du cumul avec la pension, ainsi que la date de la décision ministérielle qui l'a autorisé, conformément à la règle posée dans le dernier paragraphe de la circulaire du 17 juillet 1852, insérée au B. M., p. 53.

(B) Cette légalisation n'est exigible que lorsque le titulaire d'une pension voudra faire usage de son certificat de vie hors de la commune.

Consulter en outre : *Pensions de retraite.*

CESSIONS ET PRÊTS.

NATURE DES DOCUMENTS	DATES	RECUEILS A CONSULTER Bat.	R. C.	B. D. I.	J. C.	J. H.	B. M.	P. Col.	OBSERVATIONS
Circ. M.	1er octobre 1854.						R VII 227		
A. G.	8 février 1866.		21						
O. G.	22 février 1866.	1-242	31						
Dép. M.	4 juin 1866.	1-251							
Circ. D. I.	2 décembre 1866.			48					
Circ. M.	9 avril 1873.						316		
D. G.	15 septembre 1873.	1-242	318						
Dép. M.	24 avril 1874.	1-243							
A. G.	17 décembre 1874.	1-244	439						
Circ. G.	3 janvier 1878.	1-246	11						
Dép. M.	19 septembre 1879.								
O. Cat. Sup. T.	29 janvier 1880.								
Dép. M.	9 avril 1880.								
Circ. Ch. S. Ad.	11 janvier 1881.								
Dép. M.	17 mars 1881.								
Dép. M.	14 août 1882.								
Circ. M.	28 novembre 1882.		1883 2.						
Dép. M.	16 mars 1883.								
Dép. M.	31 mars 1883.								
Dép. M.	8 août 1883.								
Circ. Ch. S. Ad.	21 mai 1884.								

NATURE DES DOCUMENTS	DATES	RECUEILS A CONSULTER							OBSERVATIONS
		Bat.	R. C.	B D. I	J. C.	J. H.	B M	B. Col	
Dép. M.	5 juin 1884.								
Circ. M.	5 juillet 1884.		360						
Dép. M.	25 février 1885.								
Dép. M.	23 novembre 1885.		1886 5.						
Dép. M.	28 avril 1887.								
A. G.	13 août 1887.				570				
Dép. M.	16 juillet 1888.								
Dép. M.	30 juillet. 1888.								

(1er octobre 1854)

CIRC. M. *Instruction générale sur la comptabilité du matériel des services des approvisionnements généraux de la flotte et des travaux hydrauliques dans les arsenaux maritimes. (Art. 58 à 64, 135 à 145 et 595 à 598).*

B. M. R. VII. p. 227.

(8 février 1866)

A. G. *réglementant les cessions de vivres ou d'objets de matériel provenant, soit de la Métropole, soit d'acquisitions en Cochinchine, et effectuées par les magasins de la marine aux différents services étrangers au département ou à des particuliers. — Quotité du forcement des prix de base* (1).

B. C. p. 21.

(22 février 1866)

D. G. *Formalités à remplir en ce qui concerne les cessions de matériel et de vivres à des particuliers.*

BAT. I, p. 242.
B. C. p. 31.

Les cessions de matériel et de vivres aux particuliers ne seront autorisées désormais que sur la production d'un certificat du président ou d'un des membres du tribunal de commerce (2) constatant qu'il n'existe pas dans le commerce d'objets de l'espèce de ceux qui sont demandés au magasin général ou à tout autre service.

(4 juin 1866)

DÉP. M. *Approbation de l'arrêté du 8 février 1866 pris à l'effet de régulariser le remboursement des cessions faites par les magasins de la marine* (3).

BAT. I, p. 251.

Vous m'avez transmis, le 8 février dernier, la copie d'un arrêté (2) que vous avez pris le même jour, à l'effet de régulariser le remboursement des cessions qui sont faites, par les magasins de la marine en Cochinchine, aux services étrangers au département ou aux particuliers.

J'ai approuvé cet arrêté par dépêche du 17 avril, timbrée : *Subsistances*, en ce qui concerne le service des vivres.

Pour ce qui est relatif au matériel, je donne également mon adhésion aux mesures que vous avez prises, sauf en ce qui concerne le charbon.

En n'augmentant que de 40 p. 100 le prix d'achat en France, on resterait bien au-dessous de la vérité ; ce prix, en effet, se trouve plus que doublé par le fret et les frais de manutention, puisque la valeur réelle du charbon est aujourd'hui, en moyenne, de 76 francs pour Saïgon.

Voici donc comment on devra procéder jusqu'à nouvel ordre :

Lorsque des cessions seront faites à des particuliers (les messageries exceptées), le prix du charbon rendu en Cochinchine (achat, transport et manutention), soit 76 francs, sera abondé de 25 p. 100, conformément à l'article 596 de l'instruction sur la comptabilité des matières ; celles effectuées à

(1) V. *infrà*, Dép. M., 4 juin 1866 ; Abr. A. G. 17 décembre 1874.
(2) Aujourd'hui de la Chambre de commerce créée le 30 septembre 1868.
(3) V. *infrà*, A. G., 17 décembre 1874.

des gouvernements étrangers ou au service colonial seront remboursées sur le pied de 76 francs, sans forcement.

Enfin, une augmentation de 15 p. 100 seulement sera demandée aux messageries impériales, selon la faveur exceptionnelle qui leur a été accordée par décision ministérielle du 8 juin 1863.

J'ai l'honneur de vous prier de donner des ordres pour que les demandes en remboursement des cessions de charbons soient établies d'après ces bases.

Je vous ferai remarquer, au surplus, que vous n'avez pas à poursuivre le remboursement des cessions faites aux gouvernements étrangers et aux messageries impériales, cette opération étant laissée à la charge de l'Administration centrale ; vous continuerez donc à m'adresser purement et simplement, revêtues du récépissé des parties cessionnaires, les pièces nécessaires pour réclamer la réintégration au trésor du montant desdites cessions.

DE CHASSELOUP-LAUBAT.

(2 décembre 1866)

CIRC. D. I. *au sujet du remboursement des vivres, médicaments et objets divers cédés par la marine au service local.*

B. D. I. p. 48.

(9 avril 1873)

CIRC. M. *au sujet des prêts de matériel effectués dans les ports pour les fêtes et solennités publiques.*

B. M. p. 346.

(15 septembre 1873)

D. G. *réglementant la forme dans laquelle doivent être établies les cessions de matières et de main-d'œuvre que se font réciproquement les divers services de la colonie.*

BAT. I, p. 242.
B. C. p. 318.

Article premier. — Les cessions de matières et de main-d'œuvre que se font réciproquement les divers services de la colonie, seront effectuées à l'avenir sur la production de demandes signées du chef du service cessionnaire, et visées pour leur exécution par le directeur ou le chef du service cédant.

Art. 2. — Ces demandes ne seront revêtues de l'approbation du chef de la colonie que lorsqu'elles concerneront des cessions à faire à des particuliers, et à des services étrangers à la marine ou à la colonie.

Art. 3. — Il n'est rien changé d'ailleurs au système aujourd'hui en vigueur pour la régularisation de ces diverses cessions, qui continueront d'être remboursées régulièrement d'après les états appréciés par les soins du service cédant, et revêtus de la certification du chef du service cessionnaire.

Art. 4. — La présente décision, qui abroge toutes les dispositions antérieures sur la matière, sera enregistrée partout où besoin sera.

DUPRÉ.

(24 avril 1874)

DÉP. M. *Nouvelles bases adoptées pour l'évaluation des cessions de denrées, de matériel de toute espèce et de main-d'œuvre pour réparations faites aux bâtiments de guerre anglais. — Quotité du forcement des prix de base.*

BAT. I, p. 243.

Aux termes des articles 143 et 596 de l'instruction générale du 1er octobre 1854, le montant des cessions effectuées aux bâtiments de guerre des puissances étrangères n'est pas soumis à la majoration de 25 p. 100 appliquée aux cessions faites à des particuliers.

Conformément à cette règle, également observée jusqu'à ces dernières années par le gouvernement anglais, les cessions réciproques opérées sur les différents points du globe, avaient toujours été évaluées, comme taux de remboursement, au prix de revient dans la localité de délivrance.

Mais l'amirauté britannique ayant modifié les bases de l'évaluation des cessions de toute nature effectuées, tant en Angleterre qu'à l'extérieur, aux bâtiments des puissances amies, j'ai cru devoir, par dérogation aux articles précités de l'instruction générale du 1er octobre 1854, arrêter les règles suivantes, en ce qui concerne l'évaluation des cessions de denrées, de matériel de toute espèce et de main-d'œuvre pour réparations que le département de la marine aurait occasion de faire aux bâtiments de la marine royale anglaise :

Dans les cas de l'espèce, on augmentera :

De 5 p. 100 la valeur des rations, des denrées et de leurs récipients, que la cession ait lieu en France ou à l'étranger ;

De 10 p. 100 la valeur des charbons cédés en France ;

De 15 p. 100 la valeur des charbons cédés à l'extérieur ;

Enfin, de 20 p. 100 la valeur de toutes les autres matières ou objets de matériel cédés, soit en France, soit à l'étranger, ainsi que la valeur de la main-d'œuvre pour les réparations.

Le prix initial de chaque objet cédé sera déterminé :

Pour les rations, les denrées et leurs récipients, suivant les règles tracées dans le tableau des prix publié annuellement dans le *Bulletin officiel de la marine*, et qui restera en vigueur jusqu'au moment de l'arrivée du nouveau tableau de prix, dans la localité où se sera effectuée la cession ; on aura soin d'indiquer le millésime du tarif dont on aura fait usage ;

Pour les charbons, matières ou objets de matériel *cédés en France*, d'après les règles tracées dans la circulaire du 23 juin 1857, insérée au B. M., p. 520.

Quant aux cessions de même espèce, faites en dehors du territoire continental, le prix initial de revient sera fixé :

Pour les charbons, matières ou objets *achetés dans la localité*, d'après le prix d'achat résultant du marché le plus récent ;

Pour les charbons *expédiés de France*, en ajoutant la valeur du fret et des frais de manutention à destination, au prix de revient du combustible dans le port expéditeur, tel qu'il ressort des indications données par la dépêche notificative du départ de chaque navire ;

Pour les matières et objets de matériel *expédiés de France*, en ajoutant aux prix de la nomenclature officielle, *25 p. 100*, représentant la valeur des frais de transport de la métropole au lieu de destination.

Telles sont les dispositions spéciales qu'il y aura lieu d'appliquer dorénavant aux cessions de toute nature effectuées aux bâtiments de guerre anglais.

J'ai décidé, en outre, que les mesures à prendre, en vue du remboursement de ces cessions, aussi bien que de celles qui seraient effectuées aux marines militaires des autres puissances, seront centralisées, à l'avenir, dans mes bureaux, au Ministère de la marine.

Votre administration devra donc se borner à établir les pièces comptables constatant la valeur de la cession effectuée, et revêtues ou accompagnées de la prise en charge du cessionnaire. Ces pièces me seront adressées sous le timbre de la direction compétente, et je prendrai alors, après examen et vérification, les dispositions nécessaires pour poursuivre le remboursement des cessions par la voie diplomatique.

D'HORNOY.

(17 décembre 1874)

A. G. *fixant les bases d'après lesquelles seront remboursées les cessions de vivres, d'objets de matériel ou de main-d'œuvre, effectuées par les divers services de la marine, aux services étrangers au Département* (1).

BAT. I, p. 244.
B. C. p. 449.

Article premier. — Le prix des cessions de vivres, d'objets de matériel ou de travaux effectués des magasins ou ateliers des divers services de la marine en Cochinchine, aux services étrangers, sera remboursé d'après les bases suivantes :

(1) V. *infrà*, A. G. 13 août 1887.

1° Main-d'œuvre.

Le montant de la main-d'œuvre employée aux travaux cédés sera déterminé à l'aide des casernets tenus par les services cédants, et s'augmentera des frais accessoires de fabrication fixés par la feuille d'ouvrage spéciale à l'objet de la cession.

2° Matières.

La valeur des matières cédées isolément ou employées aux travaux sera remboursée au prix d'achat résultant des marchés en vigueur ou, à défaut, des marchés antérieurs les plus récents, si l'acquisition de ces matières a été faite dans la colonie même par le service cédant.

Si au contraire, les objets ou matières proviennent d'envois effectués par la métropole, leur valeur sera déterminée d'après les prix de la nomenclature officielle ; dans ce dernier cas, le prix de base sera forcé de 20 p. 100 pour tenir lieu des frais de transport, d'entretien, de déchet ou autres.

Toutefois, en ce qui concerne les cessions de charbon de terre, provenant d'envois effectués de France, le prix de base sera fixé d'après les indications régulièrement fournies par le Département dans les dépêches annonçant l'envoi du combustible. Il sera augmenté ensuite de la valeur du fret et des autres frais accessoires qui sont réglés par l'administration, après l'arrivée de chaque chargement.

La valeur des rations, denrées, récipients, etc., cédés aux mêmes services et provenant d'envois de France, sera évaluée d'après le tableau des prix de revient établi annuellement par le Département et inséré au *Bulletin officiel de la marine.*

Ce prix de base sera augmenté du montant du fret, des frais de débarquement et de déchets de route. Quant aux denrées et objets cédés sur les approvisionnements réalisés dans la colonie, ils seront appréciés suivant les prix d'achat résultant des marchés en vigueur dans la colonie.

Art. 2. — Les divers prix établis suivant les bases ci-dessus déterminées, soit pour la main-d'œuvre, soit pour les matières ou les vivres, seront, en outre, forcés de 25 p. 100 lorsque la cession des travaux, des matières ou des denrées sera faite à des particuliers.

Art. 3. — Toutes dispositions antérieures sont et demeurent abrogées.

DUPERRÉ.

(3 janvier 1878)

CIRC. G. *La dénomination de « Services étrangers à la marine » s'applique aux seuls services dont les dépenses ne sont imputables à aucun des chapitres du budget de la marine.*

BAT. I, p. 246.
B. C. p. 11.

Le Gouverneur a l'honneur de faire connaître à MM. les chefs d'administration et de service intéressés que la dénomination de *Services étrangers à la marine*, employée dans l'arrêté précité (1), s'applique aux seuls services dont les dépenses ne sont imputables à aucun des chapitres du budget de la marine.

J. LAFONT.

(1) V. *suprà*, 17 décembre 1874.

(19 septembre 1879)

DÉP. M. *Rappel aux prescriptions de la circulaire du 27 septembre 1878 et de la dépêche du 24 février 1879, en ce qui concerne les cessions de vivres. Sauf en ce qui concerne ceux des officiers ou assimilés qui sont employés dans les postes, et qui n'ont à leur disposition aucun moyen d'alimentation, l'administration doit s'abstenir formellement de faire des cessions, mais cette interdiction doit être rigoureusement prescrite lorsqu'il s'agit de particuliers.*

ARCH. S. AD.

(29 janvier 1880)

O. Cnt. SUP.T. *A compter du 1er février 1880, il ne sera plus fait de cession de pain ou de viande aux officiers en résidence à Mytho, et cela sur la demande du boulanger de la localité.*

ARCH. Cnt. SUP. T.

(9 avril 1880)

DÉP. M. *Observation faite par le bureau des fortifications au sujet des cessions remboursables faites par le génie en Cochinchine.*

ARCH. GOUV.

(11 janvier 1881)

CIRC. CH. S. AD. *Les états de transports seront établis aux prix du tarif; l'abonnement des 3 0/0 s'effectuera par les soins du service cessionnaire lors de la liquidation de la dépense.*

ARCH. S. AD.

(17 mars 1881)

DÉP. M. *Autant que possible, la colonie ne doit pas transmettre au Département des avis de dettes concernant des cessions faites à des officiers ou fonctionnaires. Ces cessions peuvent, dans la plupart des cas, être régularisées sur place.*

ARCH. S. AD.

(14 août 1882)

DÉP. M. *Rappel des prescriptions réglementaires en ce qui concerne le remboursement des cessions faites aux bâtiments de guerre étrangers.*

B. C. p.

Par une circulaire du 24 avril 1874, insérée au B. M., p. 531, en notifiant les nouvelles bases adoptées pour l'évaluation des cessions faites aux bâtiments de guerre de S. M. Britannique, l'un de mes prédécesseurs a décidé que les mesures à prendre en vue du remboursement de ces cessions, aussi bien que de celles qui seraient effectuées aux marines militaires des autres puissances, seront centralisées dans les bureaux du Ministère de la marine.

Ces prescriptions ayant été perdues de vue, j'ai l'honneur de vous les rappeler en vous priant d'adresser des instructions afin que l'on s'y conforme à l'avenir.

J'ajouterai que si, par exception, et dans le cas où, sur les instances du commandant d'un bâtiment de guerre étranger, vous croyiez devoir l'autoriser à effectuer directement dans votre colonie le versement au trésor de la valeur d'une cession, vous auriez à me faire parvenir immédiatement, sous le timbre de la direction administrative compétente, le récépissé constatant ledit versement, afin que je puisse en faire réintégrer le montant au crédit du chapitre cédant.

Ces recommandations s'appliquent particulièrement aux cessions de combustible. Pour ces dernières, je désire qu'en me transmettant les pièces comptables ou les récépissés de versement, vous m'indiquiez la décomposition du prix auquel a été évalué le charbon.

(28 novembre 1882)

CIRC. M. *La valeur des cessions faites au service local des colonies, aux équipages de la flotte et aux corps de troupe de la guerre et de la marine ne doit pas être majorée du quart en sus.*

B. C. 1883, p. 2.

Le 7 septembre dernier, vous m'avez adressé un dossier renfermant diverses correspondances échangées entre les différents chefs de service de la colonie, et relative à la majoration de 25 p. 100 du montant des cessions faites par le service marine au service local.

Il résulte des pièces que vous m'avez communiquées, en les examinant par ordre de date, que, le 15 juin 1882, l'attention de M. le chef du service administratif de la Cochinchine ayant été appelée sur l'augmentation du quart que subissait la valeur des matières et objets cédés par l'arsenal au service local, ce fonctionnaire a cru devoir vous signaler l'anomalie qu'il y avait à traiter ainsi plus défavorablement un service public relevant de la marine, que ne le sont, en vertu du deuxième paragraphe de l'article 143 de l'instruction générale du 1er octobre 1854, les bâtiments de guerre des puissances étrangères de relâche dans nos ports.

Il appert également de ce dossier que, le 21 août suivant, se basant sur une note du 4 juin 1880, portant le timbre du bureau de la comptabilité des matières, dont les termes avaient été invoqués auprès de vous par M. le chef du service administratif, M. l'inspecteur des services administratifs et financiers demandait que la règle précédemment adoptée par l'arsenal fût étendue à la direction d'artillerie, dont les cessions au service local n'étaient pas abondées de 25 p. 100, et qu'en présence de cette réclamation, M. le chef d'escadron, commandant de l'artillerie, tout en émettant le vœu que la question fût portée devant l'Autorité supérieure de la colonie, faisait remarquer, à son tour, combien il paraissait peu logique d'exiger d'une colonie française une augmentation de dépense dont les navires de guerre des puissances étrangères sont exonérés.

C'est cette question que votre lettre précitée du 7 septembre a pour but de faire trancher par le Département.

Bien qu'aucune disposition n'ait statué explicitement sur ce point, il n'est pas douteux, suivant l'interprétation constante de tous les ports de la Métropole, que le service local des colonies, de même que les équipages de la flotte et les troupes de la marine, ne saurait être traité plus désavantageusement que ne le sont les bâtiments des puissances étrangères.

La valeur des cessions faites par le service marine au service local des colonies ne doit donc pas être majorée des 25 p. 100 dont sont abondées les cessions effectuées aux simples particuliers.

Mais on n'en saurait inférer, avec les services administratifs de la Cochinchine, que cette exonération du quart en sus doit déterminer le classement de ces sortes d'opérations, dans les écritures des magasins, au même article de compte que les cessions effectuées aux services étrangers à la marine, c'est-à-dire aux divers départements ministériels, cessions dont le remboursement est opéré par des ordonnances de virements de comptes.

Les cessions faites par le service marine au service local de la Cochinchine doivent être classées, dans la comptabilité du magasin de cette colonie, comme le sont les cessions de l'espèce dans tous les ports de la Métropole, au titre III (sorties réelles), chapitre premier (sorties à charge de remboursement), article 2 (cessions faites à des particuliers), et cela en raison du mode de remboursement déterminé par les circulaires des 2 mai 1856 et 25 avril 1867, c'est-à-dire par voie de reversement direct au trésor, comme sont régularisées les cessions faites aux simples particuliers. Le même classement a été adopté, par le même motif, pour les cessions effectuées par les magasins de la marine aux bâtiments de guerre des puissances étrangères (articles 141 et 143 de l'instruction générale du 1er octobre 1854), ainsi que pour les cessions de toute nature imputables sur la masse individuelle ou sur la masse générale d'entretien des corps de troupes de la marine et des divisions des équipages de la flotte. Ces règles ont été rappelées de la manière la plus explicite dans les notes de redressement des opérations du magasin de Saïgon, en date des 24 février et 14 août 1877, auxquelles se réfère purement et simplement la note du 4 juin 1880, adressée à la Cochinchine par dépêche du même jour, sous le timbre de la direction de la comptabilité générale.

La question soulevée par votre lettre du 7 septembre tient donc à une fausse interprétation des recommandations adressées à la colonie par la direction compétente, et cette question n'eût sans doute pas été agitée si, au lieu de s'en tenir aux termes d'une note de rappel, MM. le chef du service administratif et l'inspecteur des services administratifs et financiers se fussent reportés aux notes originales précitées des 24 février et 14 août 1877.

Je vous prie d'en faire l'observation à ces deux fonctionnaires.

Je saisis l'occasion pour vous rappeler qu'en raison des bases d'évaluation arrêtées par l'amirauté britannique, pour les cessions de toute espèce effectuées, tant en Angleterre qu'à l'extérieur, aux bâtiments des puissances amies, la valeur des cessions faites par le Département de la marine royale anglaise doit, par dérogation aux dispositions des articles 143 et 596 de l'instruction générale précitée du 1er octobre 1854, être augmentée dans les proportions indiquées, suivant la nature des objets cédés, par la circulaire du 24 avril 1874 (B. M., p. 531).

Il est un autre point abordé dans votre lettre que je ne puis laisser passer sans réponse : je veux parler de la limite dans laquelle doit s'exercer l'action du contrôle.

Je vous prie de remarquer d'abord, qu'en fait, M. l'inspecteur des services administratifs et financiers à Saïgon n'a fait que produire, le 21 août, une observation qui vous avait été présentée le 15 juin par M. le chef du service administratif, lequel avait exprimé le vœu que le Département fût consulté sur la question de savoir si l'augmentation du quart devait être appliquée à toutes les cessions faites par le service marine au service local.

D'autre part, et d'une manière générale, l'inspection a non seulement le droit, mais le devoir de présenter les observations à l'Administration toutes les fois qu'elle juge qu'il y a utilité à le faire au point de vue soit de la règle, soit des intérêts de l'État. Sa liberté qui, à cet égard, est entière, n'enlève rien d'ailleurs au droit qu'a toujours l'Administration responsable de passer outre à ses observations. Le Ministre saisi, s'il y a lieu, du différend par l'un ou l'autre service, reste juge et statue.

Tels sont les principes de l'institution du contrôle aux colonies, comme dans la Métropole. Je vous prie de veiller à ce qu'aucune atteinte n'y soit portée dans la colonie de la Cochinchine.

JAURÉGUIBERRY.

(16 mars 1883)

DÉP. M. *relative aux cessions du service colonial. Rappel à l'exécution de la circulaire du 11 juillet 1881 qui a rendu réglementaire la production mensuelle de l'état des cessions remboursables en argent effectuées par le service des subsistances aux colonies.*

ARCH. S. AD.

(31 mars 1883)

DÉP. M. *La valeur des cessions faites au service local ne doit pas être majorée du quart en sus.*

ARCH. GOUV.

L'examen des procès-verbaux du conseil colonial de la Cochinchine m'a permis de constater que dans sa séance du 2 décembre 1882, cette assemblée s'était préoccupée de la majoration de 25 0/0 dont était frappée la valeur des cessions faites par l'arsenal de Saïgon au service local.

J'ai l'honneur de vous faire remarquer qu'aux termes de la circulaire du 28 novembre 1882, insérée au *Bulletin Officiel de la Marine*, 2e semestre, page 815, la valeur des cessions au service local des colonies ne doit pas être majorée du quart en sus.

Cette mesure a donné satisfaction par avance à la réclamation formulée par le conseil colonial de la Cochinchine.

(8 août 1883)

DÉP. M. *rappelant à l'exécution de la circulaire du 16 mars 1883 relative aux cessions du service colonial.*

ARCH. GOUV.

(21 mai 1884)

CIRC. CH. S. AD. *à partir du 1er juin, les chefs de détail devront faire régulariser mensuellement toutes les cessions que les divers services seront appelés à se faire entre eux. Instructions.*

ARCH. S. AD.

(5 juin 1884)

DÉP. M. *rappelant que les annulations de dépenses, par suite de remboursement de cessions, ne peuvent être opérées dans les colonies que si les objets cédés ont été payés sur les ressources locales.*

ARCH. S. AD.

(5 juillet 1884)

CIRC. M. *Le remboursement des cessions du service colonial devra avoir lieu d'après le prix de revient dans la colonie du matériel ou des vivres cédés, avec augmentation du quart en sus pour les particuliers et sans augmentation si l'avance a été faite au service local et aux masses d'entretien des corps. — Etablissement du prix de revient.*

B. C. p. 360.

Conformément aux instructions contenues dans les dépêches des 13 septembre et 15 décembre 1876 (1), les cessions de médicaments faites par le service des hôpitaux militaires coloniaux aux bâtiments de la flotte sont remboursées d'après les bases suivantes :

1° Aux prix des marchés en France, avec augmentation de 25 p. 100 pour les médicaments provenant d'envois de la Métropole ;

2° Au prix des achats sur place, pour les articles d'acquisition locale.

Ces dispositions ayant donné lieu, dans une de nos colonies, à une divergence d'opinion entre les services administratifs et l'inspection, il m'a paru nécessaire d'indiquer de nouveau aux administrations coloniales les règles d'après lesquelles doit être déterminé le taux du remboursement des cessions de matériel et de vivres appartenant au service colonial.

La majoration du quart en sus, prévue par l'instruction du 1er octobre 1854, est applicable par analogie aux cessions faites par le service colonial aux particuliers, afin de couvrir les frais résultant, pour ce service, de l'entretien, de la surveillance et des déchets de son approvisionnement en magasin.

Cette majoration ne s'étend pas aux cessions faites au service marine et au service local, ni aux cessions imputables sur la masse individuelle ou sur la masse générale d'entretien des divisions des équipages de la flotte, des corps de troupes de la marine et de la guerre.

Par analogie, le remboursement des cessions du service colonial devra avoir lieu d'après le prix de revient dans la colonie du matériel ou des vivres cédés, avec augmentation du quart en sus, s'il s'agit de cessions aux particuliers, et sans augmentation du quart en sus si l'avance a été faite au service marine, au service local et aux masses d'entretien des corps.

Pour établissement du prix de revient, les administrations coloniales auront à se conformer à l'avenir aux prescriptions suivantes :

1° Le prix d'acquisition locale représente le prix de revient du matériel et des vivres achetés dans la colonie ;

2° On obtiendra le prix de revient du matériel et des vivres provenant d'envois de la Métropole en ajoutant au prix indiqué sur l'avis l'expédition, c'est-à-dire au prix des marchés ou des factures en France, 25 p. 100 pour tenir lieu des frais accessoires de transport, de douane, d'octroi et des pertes de traversées.

Toutefois, et en ce qui concerne seulement les envois de vivres destinés aux rationnaires militaires,

1. V. Bat. I, p. 244.

le service cédant obtiendra le prix de revient en ajoutant au prix de l'avis d'expédition les frais de douane, d'octroi, de transport, et en tenant compte des pertes de traversées. Dans la pratique, ce mode exceptionnel de procéder ne devra être employé que si les frais accessoires relatifs aux envois de vivres peuvent être déterminés et répartis facilement. Dans le cas contraire, il y aura toujours lieu d'augmenter de 25 p. 100 la valeur des vivres cédés.

Vous remarquerez cependant que l'augmentation de 25 p. 100 n'est pas une base qui doive être considérée comme absolue, et qu'elle est réductible par le Département, suivant les conditions locales de fret, les tarifs de douane et d'octroi, etc.

Dans cet ordre d'idées, je vous prie de faire examiner si cette augmentation n'est pas trop élevée et de me donner votre avis au sujet du taux qui pourrait être adopté, dans la colonie que vous administrez, pour déterminer l'augmentation tenant lieu de frais accessoires et servant à établir le prix exact de revient du matériel et des vivres du service colonial.

A. Peyron.

(25 février 1885)

DÉP. M. *M. H... est exonéré de la majoration de 5 °/₀ pour le remboursement descessions qui lui seront faites par la colonie.*

ARCH. GOUV.

Vous m'avez transmis, le 13 janvier dernier, une demande formulée par M. B., ingénieur chargé de l'exécution des travaux du bassin de radoub soumissionnés par M. H. (marché du 4 décembre 1883), à l'effet d'être exonéré de la majoration du 1/4 en sus de la valeur des cessions de matières explosibles qui lui sont faites par la marine, conformément à ma dépêche du 31 octobre 1884.

J'ai l'honneur de vous informer que les cessions dont il s'agit étant faites pour des travaux de l'État, j'ai décidé qu'il y avait lieu d'accueillir cette demande ; mais il est bien entendu que l'entrepreneur devra supporter la majoration de 20 p. 0/0 représentant les frais de transport, etc., des matières qui lui sont cédées.

(23 novembre 1885)

DÉP. M. *portant demande de renseignements sur le produit des cessions de transports de l'artillerie aux colonies.*

B. C. 1886, p. 5.

Aux termes de la circulaire ministérielle du 5 septembre 1883, les états de remboursement des cessions effectuées par le service des transports de l'artillerie dans les colonies doivent présenter deux chiffres distincts, savoir :

1° La part contributive du service cessionnaire dans les dépenses d'entretien, de réparation et de renouvellement des voitures et harnais, ainsi que la solde de travail du personnel employé aux transports ; cette part, justifiée par une feuille d'ouvrage, doit être versée au trésor en atténuation des dépenses de la direction d'artillerie ;

2° La part relative à l'entretien des animaux employés, laquelle doit faire retour au trésor, au compte des produits divers du budget.

Le Département des finances a adressé aux trésoriers payeurs des colonies, le 3 décembre 1884, des instructions sur les mesures à prendre pour la constatation de ces dernières recettes dans un compte spécial. Mais il est indispensable que le Département de la marine en connaisse l'importance afin de pouvoir évaluer avec une précision suffisante la somme qui doit être inscrite à ce titre parmi les produits divers du budget.

J'ai l'honneur de vous prier, en conséquence, de me faire savoir, le plus tôt possible, quel est le montant de la somme qui a été versée au trésor, par application de la circulaire du 5 septembre 1883, sur le produit des cessions effectuées par le service des transports de l'artillerie, en 1885.

Le même renseignement devra, à l'avenir, m'être adressé chaque année en fin d'exercice.

Galiber.

(1) V. Arrêté annuel.

(28 avril 1887)

DÉP. M. *rappelant qu'aux termes de la dépêche du 28 novembre 1882 les cessions faites par l'arsenal de Saïgon au service local ne doivent par être majorées de 20 °/₀.*

ARCH. GOUV.

Il résulterait d'un passage de votre lettre du 16 mars dernier, que les cessions faites par l'arsenal de Saïgon au service local seraient majorées de 20 pour 100 en sus.

J'ai l'honneur de vous rappeler qu'aux termes de la dépêche du 28 novembre 1882 (*B. O.* page 815) la valeur des cessions faites au service local des colonies ne doit pas subir de majoration.

Il en est de même pour les prêts d'apparaux, engins, etc., appartenant à la marine (dépêche ministérielle du 12 mars 1885, *B. M.* p. 496).

Si réellement une pratique contraire était suivie par l'arsenal de Saïgon, il conviendrait de rappeler celui-ci à l'observation des dispositions réglementaires visées ci-dessus.

AUBE.

(13 août 1887)

A. G. *Application des circulaires ministérielles du 5 juillet 1884 fixant le taux de remboursement des cessions faites par le service marine et du 12 mars 1885, prescrivant l'adoption d'un nouveau tarif applicable dans les arsenaux de la métropole ainsi que dans ceux des colonies, et concernant : 1° les prêts d'apparaux et d'engins ; 2° les frais de séjour des bâtiments dans les bassins de radoub, docks flottants.., etc... — Circulaires et tarifs.*

J. C. p. 570.

Article premier. — Les circulaires ministérielles susvisées des 5 juillet 1884 et 12 mars 1885, ainsi que les tarifs annexés à cette dernière, seront appliqués dans la colonie à partir du jour de leur insertion au *Journal officiel*.

Art. 2. — Sont et demeurent rapportées toutes les décisions locales contraires, et notamment les arrêtés des 25 juin 1868 et 17 décembre 1874 et la décision du 21 novembre 1883.

FILIPPINI.

(16 juillet 1888)

DÉP. M. *Instructions au sujet du mode de régularisation des cessions de matériel et de main-d'œuvre faites au service de l'Indo-Chine.*

ARCH. DIV. NAV.

(30 juillet 1888)

DÉP. M. *au sujet du mode de remboursement des cessions d'effets d'habillement faites à des bâtiments de l'Annam et du Tonkin.*

ARCH. DIV. NAV.

Consulter en outre les titres principaux de la présente table.

CHALOUPES ET CANOTS A VAPEUR (SERVICE LOCAL).

NATURE DES DOCUMENTS	DATES	RECUEILS A CONSULTER							OBSERVATIONS
		Bat.	B. C.	B.D.I	J. C.	J.H.	B.M.	B.Col	
D. G.	24 avril 1863.		326						
D. G.	18 juillet 1867.		225						
D. G.	21 août 1867.		245						
Circ. D. I.	12 juin 1874.	1-276							
D. G.	11 septembre 1875.	1-276	332						
Circ. D. I.	16 septembre 1875.	1-276							
Circ. D. I.	9 novembre 1875.	1-277							
Circ. D. I.	3 août 1876.			128					
Circ. D. I.	9 mars 1877.	1-63		19					
Dép. M.	9 août 1881.								
A. G.	10 décembre 1881.		468						
Circ. D. I.	1er août 1882.			50					
Circ. D. I.	6 octobre 1882.			65					
Circ. D. I.	28 octobre 1882.			69					
Circ. D. I.	29 mars 1884.			11					
Circ. M.	14 août 1884.								
D. G.	15 mai 1886.		161						
Circ. D. I.	29 mars 1887.				366				
A. G.	25 mai 1887.		388		603				
A. L. G.	23 janvier 1888.		34		99				
Circ. L. G.	23 janvier 1888.				104				

NATURE DES DOCUMENTS	DATES	RECUEILS A CONSULTER							OBSERVATIONS
		Bat.	B. C.	B.D.I	J. C.	J.H	B N.	B.Col	
A. L. G.	1888.		62		143				

(24 avril 1863)

D. G. *Équipage de la jonque du gouverneur. Nombre de bateliers, — recrutement, — habillement, — solde.*

B. C. p. 326.

(18 juillet 1867)

D. G. *réglant le service des embarcations à vapeur du service local (transport des dépêches et ravitaillement des inspections et des postes éloignés; remorque).*

B. C. p. 223.

(21 août 1867)

D. G. *réglant l'effectif des équipages des chaloupes à vapeur du service marine et du service local* (1).

B. C. p. 245.

(12 juin 1874)

CIRC. D. I. *Substitution du bois à brûler au charbon de terre pour le service des chaloupes à vapeur.*

BAT. I, p. 276.

Par suite des dépenses considérables qu'occasionne la consommation du charbon de terre destiné à alimenter les chaloupes à vapeur, j'ai décidé qu'à l'avenir il ne serait employé que du bois à brûler pour chauffer les chaloupes à vapeur. Je vous autorise à passer des marchés de gré à gré.

PIQUET.

(11 septembre 1875)

D. G. *chargeant le mécanicien principal de la division navale de la surveillance du matériel naval appartenant au service local. — Supplément annuel de 2,000 francs* (2).

BAT. I, p. 276.
B. C. p. 332.

Le mécanicien principal de la division navale de l'Indo-Chine sera chargé de la surveillance du matériel naval appartenant au service local, et mis, à cet effet, à la disposition de M. le Directeur de l'Intérieur, quand ses services seront reconnus nécessaires.

Il présidera les commissions de recette et de visite des chaloupes et canots à vapeur.

Il proposera les travaux de réparations et en surveillera l'exécution; il vérifiera les comptes présentés par les entrepreneurs de ces travaux.

Il passera périodiquement l'inspection du matériel naval, et s'assurera de la manière dont le personnel mécanicien satisfait à toutes les exigences du service.

Un supplément annuel de 2,000 francs lui sera alloué.

Cette somme de 2,000 francs sera imputable sur les fonds du budget local.

DUPERRÉ.

(1) V. *infrà*, Circ. D. I. 9 novembre 1875.
(2) V. *infrà*, Circ. D. I. 16 septembre 1875.

(16 septembre 1875)

CIRC. D. I. *Notification de la décision du 11 septembre chargeant le mécanicien principal de la division navale de la surveillance du matériel naval appartenant au service local. — Des gratifications pourront être accordées aux mécaniciens pour la bonne tenue de leur machine.*

BAT. I, p. 276.

J'ai l'honneur de vous informer que, par décision du 11 septembre courant, M. le Gouverneur a chargé le mécanicien principal de la division navale de la surveillance du matériel appartenant au service local.

Cet officier fera des tournées périodiques dans l'intérieur, et vous serez prévenu de son arrivée assez longtemps à l'avance pour que l'embarcation à vapeur que vous possédez puisse lui être présentée sans retard.

Vous voudrez bien lui fournir tous les renseignements de nature à faciliter sa mission.

Je suis tout disposé à accorder, en fin d'année, des gratifications aux mécaniciens qui se seraient signalés pour la bonne tenue de leurs machines.

PIQUET.

(9 novembre 1875)

CIRC. D. I. *Fixation du personnel salarié des chaloupes; — l'huile de castor sera remplacé par l'huile de coco; — le chauffage se fera au moyen de bois à brûler et non avec du charbon de terre.*

BAT. I, p. 277.

Pour faire suite à ma circulaire du 16 septembre, j'ai l'honneur de vous informer que, sur la proposition de M. le mécanicien principal, j'ai décidé qu'à l'avenir le personnel salarié des chaloupes à vapeur se composerait : *d'un mécanicien, d'un seul chauffeur et d'un patron.*

L'huile de castor, dont le prix est fort élevé et dont l'approvisionnement n'est pas toujours facile, sera remplacée par l'huile de coco, qui remplit du reste à peu près les mêmes conditions. Le chauffage, ainsi que le prescrivait une précédente circulaire du 12 juin 1874, se fera au moyen de bois à brûler et non avec du carbon de terre.

Je ne saurais trop vous recommander de tenir rigoureusement la main à ce que l'embarcation à vapeur qui a été mise à votre disposition soit toujours entretenue avec le plus grand soin, aussi bien dans la machine que dans la coque, extérieurement et intérieurement.

Ainsi que je vous le disais, dans ma circulaire précitée, je suis tout disposé à accorder, en fin d'année, des gratifications aux mécaniciens qui me seraient signalés pour la bonne tenue de leur machine, ainsi qu'aux patrons, pour la propreté et l'entretien de l'embarcation.

PIQUET.

(3 août 1876)

CIRC. D. I. *Envoi d'un modèle de bulletin à fournir mensuellement à la direction de l'intérieur. Ces bulletins indiqueront les voyages effectués par les embarcations à vapeur des inspections avec la consommation du combustible et des matières grasses.*

B. D. I. p. 128.

(9 mars 1877)

CIRC. D. I. *établissant que les administrateurs ne doivent pas se servir de jonques pour venir à Saïgon.*

BAT. I, p. 63.
B. D. I. p. 19.

J'ai remarqué que, dans les inspections non pourvues d'une chaloupe à vapeur, MM. les administrateurs se servent de jonques pour venir à Saïgon, soit en permission, soit en service.

Ces embarcations sont montées par des miliciens qui, la plupart du temps, font des séjours assez longs au chef-lieu ; il en résulte pour eux des dépenses qu'ils ne sont pas en état de supporter, et, de plus, ces déplacements sont préjudiciables au bien du service.

Les jonques étant, comme les chaloupes à vapeur, exclusivement destinées à faire le service dans l'arrondissement, je vous prie de vouloir bien à l'avenir profiter, autant que possible, des bateaux de la compagnie Roque pour les voyages en dehors de votre circonscription ; lorsque les circonstances ne le permettront pas et que vous serez obligé de vous servir de jonques, vous voudrez bien m'en demander préalablement l'autorisation, en indiquant les motifs.

PIQUET.

(9 août 1881)

DÉP. M. *plaçant l'entretien de la flottille locale dans les attributions de l'ingénieur de la marine chargé des fonctions de Directeur des travaux de l'arsenal de Saïgon. — Traitement à lui allouer.*

ARCH. GOUV.

L'état d'entretien de la flottille locale de la Cochinchine m'a été signalé comme laissant à désirer. En vue de remédier à cette situation, j'ai résolu de placer l'entretien de cette flottille dans les attributions de l'ingénieur de la marine, chargé des fonctions de Directeur des travaux de l'arsenal de Saïgon. Cette mesure sera consacrée par une modification à l'article 14 de l'arrêté du 8 avril 1875 sur l'administration de l'arsenal, article à libeller de la manière suivante :

« Le Directeur des Travaux est chargé des travaux de toute nature ainsi que des divers ateliers tant pour le service local que pour le service marine, dont la direction est dévolue dans les ports métropolitains aux trois directions des constructions navales, des mouvements du port et des travaux hydrauliques. »

Mais, en étendant ainsi les attributions de l'ingénieur de 2e classe, directeur des travaux de l'arsenal, il est juste d'augmenter son traitement qui me paraît devoir être porté au même taux que celui qui est alloué à l'ingénieur en chef des ponts et chaussées, directeur des travaux publics de la colonie (30,000 francs par an).

D'un autre côté, ce surcroît de travail pour le Directeur des travaux de l'arsenal devant profiter spécialement à la colonie, l'augmentation de traitement à lui attribuer, qui sera de 14.000 francs par an, devra être supportée par le budget local.

J'ai, en conséquence, l'honneur de vous prier de prendre les dispositions nécessaires pour l'inscription de cette somme de 14.000 francs audit budget, comme complément du traitement du Directeur des travaux de l'arsenal.

Je vous prie de me faire connaître le plus promptement possible les mesures qui auront été prises en exécution des prescriptions de la présente dépêche.

G. CLOUÉ.

(10 décembre 1881)

A. G. *Les embarcations de toute nature, même appartenant aux services publics, devront se garer pour laisser passer le service de la poste effectué par les bateaux des messageries fluviales.* (1) *— Réquisition en cas d'échouage. — Salaire.*

B. C. p. 468.

(1er août 1882)

CIRC. D. I. *au sujet des chaloupes à vapeur des inspections (envoi des bulletins de voyage).*

B. D. I. p. 30.

Par circulaire, en date du 3 août 1876, j'avais l'honneur de porter à votre connaissance que, dans le but de rendre plus facile le contrôle de l'emploi des chaloupes à vapeur dans les inspections, et

(1) V Messageries fluviales.

d'éviter ainsi toute dépense inutile, MM. les Administrateurs remettraient mensuellement, à la Direction de l'Intérieur, des bulletins de voyage du modèle que je vous adressais.

En vous rappelant aujourd'hui la circulaire précitée, dont plusieurs d'entre vous semblent avoir oublié les prescriptions, je vous prie de vouloir bien prendre les mesures nécessaires pour que les bulletins de voyage soient régulièrement fournis du 1er au 5 de chaque mois, avec les états de dépenses du mois écoulé.

BÉLIARD.

(6 octobre 1882)

CIRC. D. I. *au sujet du prêt des chaloupes à vapeur des arrondissements.*

B. D. I. p. 65.

A plusieurs reprises, notamment par la circulaire du 30 janvier 1877 (*B. D. I.* p. 8), il a été recommandé aux administrateurs des arrondissements pourvus de chaloupes à vapeur de ne jamais prêter ces embarcations sans mon autorisation préalable.

Ces prescriptions semblent avoir été perdues de vue, et il me revient que les prêts de chaloupe se font assez souvent à divers fonctionnaires.

De tels errements, que l'on pouvait tolérer dans une certaine mesure alors que les communications étaient rares et difficiles, ne sauraient être continués, aujourd'hui surtout que la colonie est dans l'obligation de payer une forte subvention aux messageries fluviales dont, du reste, les steamers desservent la plupart des postes deux ou trois fois par semaine.

L'embarcation à vapeur mise à votre disposition est surtout destinée à la police de l'arrondissement que vous dirigez et à faciliter les tournées administratives, et vous ne devez vous en démunir que dans les cas urgents et avec mon autorisation.

Je me verrai dans l'obligation, dans le cas d'infraction à mes instructions, d'imputer à qui de droit le prix de location des chaloupes à vapeur ainsi prêtées contrairement aux règlements.

BÉLIARD.

(28 octobre 1882)

CIRC. D. I. *relative à l'affectation des chaloupes à vapeur des arrondissements.*

B. D. I. p. 69.

Les chaloupes à vapeur des arrondissements sont exclusivement affectées au service administratif; elles ne peuvent être détournées de cette destination sous quelque prétexte que ce soit, sauf les cas de péril public et d'humanité.

Elles doivent être constamment en bon état d'entretien ; si elles ont besoin de réparation, elles seront remplacées par les embarcations de réserve et renvoyées aux ateliers de Saïgon.

Lorsque vous vous absentez de votre arrondissement, vous devez laisser la chaloupe à la disposition de votre intérimaire.

J'espère ne plus avoir à revenir sur ces instructions étroites, à l'exécution desquelles vous êtes plus intéressé que personne, puisque vous êtes responsable de la sécurité de votre arrondissement.

M. le Gouverneur considère comme indispensable que les administrateurs disposent toujours de leurs moyens de transport.

BÉLIARD.

(29 mars 1884)

CIRC. D. I. *Rappel aux prescriptions des circulaires des 3 août 1876 et 1er août 1882, relatives à l'envoi mensuel du bulletin des voyages effectués par les chaloupes.*

B. D. I. p. 11.

J'ai l'honneur de vous rappeler les prescriptions contenues dans mes circulaires des 3 août 1876 et 1er août 1882, relatives à l'envoi mensuel à la Direction de l'Intérieur du bulletin des voyages effectués par votre chaloupe dans le courant du mois écoulé. Cette pièce a pour but de rendre plus facile le contrôle de l'emploi des chaloupes à vapeur dans les inspections et d'éviter ainsi toute dépense inutile.

Je vous prie, à l'avenir, de vous conformer en tous points aux circulaires précitées.

Aucune facture de combustible et de matières grasses ne sera mandatée si elle n'est pas accompagnée d'un bulletin de voyages justifiant la dépense.

NOUET.

(14 août 1884)

CIRC. M. *Renseignements sur les navires appartenant au service local.*

ARCH. GOUV.

La plupart de nos colonies possèdent des navires ou des embarcations appartenant au service local et sur lesquels le Département n'a aucun renseignement, malgré tout l'intérêt qu'il aurait à être fixé à cet égard.

J'ai l'honneur de vous prier, en conséquence, de m'adresser un état des bâtiments affectés au service local de la colonie. en faisant connaître pour chacun d'eux : le nom, l'espèce, le tonnage, le nombre d'hommes d'équipage, le service auquel il est affecté, les conditions dans lesquelles il est armé.

J'attacherai du prix à recevoir cet état le plus tôt possible et à être régulièrement tenu au courant, à l'avenir, des changements qui devraient y être apportés.

FÉLIX FAURE.

(15 mai 1886)

D. G. *allouant, à titre de supplément de solde, une indemnité aux hommes composant l'équipage de la chaloupe affectée au service de la vaccination.*

B. C. p. 161.

Article premier. — Les indemnités suivantes sont allouées, à titre de supplément de solde, aux hommes composant l'équipage de la chaloupe affectée au service de la vaccination :

Un patron, 60 piastres par an ;

Un mécanicien, 60 piastres par an ;

Deux chauffeurs, 36 piastres, l'un, par an ;

Trois matelots, 24 piastres, l'un, par an.

Art. 2. — Cette dépense, qui s'élève à deux cent soixante-quatre piastres (264 piastres) par an, sera imputable sur le crédit inscrit au budget de l'exercice courant, chapitre XVIII, première section, sous la rubrique : *Dépenses imprévues*.

BÉGIN.

(29 mars 1887)

CIRC. D. I. *Jusqu'à nouvel ordre, les réparations à exécuter aux chaloupes des inspections seront exécutées par les travaux publics. A cet effet, les chaloupes doivent être envoyées annuellement à Saïgon.*

J. C. p. 366.

J'ai l'honneur de vous faire connaître que, jusqu'à nouvel ordre, les réparations à exécuter aux chaloupes des inspections seront faites dans les chantiers des travaux publics et assurés par les soins de ce service.

J'ai, en outre, décidé que ces chaloupes seront envoyées chaque année à Saïgon, à l'effet d'y être visitées et de recevoir, s'il y a lieu, les réparations nécessaires. Cette mesure aura l'avantage de permettre un examen complet des diverses pièces de la machine et de la coque et d'éviter, par la réparation de celles d'entre elles qui seraient usées ou défectueuses, des dégradations qui deviennent par la suite très onéreuses.

Afin de prévenir tout encombrement dans les ateliers des travaux publics, vous serez avisé en temps opportun de la date d'envoi à Saïgon de votre chaloupe ; vous voudrez bien me faire connaître dans ce but le moment de l'année où ce voyage est le moins préjudiciable à vos tournées.

NOEL PARDON.

(25 mai 1887)

A. G. *Les travaux de réparations de la flottille locale cessent d'être faites par les soins de l'arsenal, et sont confiés au service des travaux publics* (1).

B. C., p. 388.
J. C., p. 603.

Article premier. — L'arsenal cesse d'être chargé, à partir du 1er mai 1887, des travaux de réparations à la flottille locale, qui seront désormais exécutés sous la surveillance du service des travaux publics.

FILIPPINI.

(23 janvier 1888)

A. L. G. *rapportant celui du 25 mai 1887 relatif à l'entretien des chaloupes du service local.*

B. C. p. 34.
J. C. p. 99.

Article premier. — Les prescriptions de l'arrêté du 25 mai 1887, confiant aux travaux publics le soin d'entretenir et de réparer les chaloupes du service local, sont rapportées.

Art. 2. — Toutes les chaloupes appartenant au service local, en séjour à Saïgon et réparties entre les divers services, seront versées, à dater de ce jour, à l'arsenal qui sera chargé de leur entretien et de leur réparation.

Art. 3. — Chaque fois qu'un chef de service aura besoin d'une chaloupe, il devra en faire la demande au Secrétariat général de la Cochinchine, en indiquant exactement la date et l'heure auxquelles la chaloupe devra lui être livrée, le nombre de jours qu'il comptera la conserver et le nombre d'heures de chauffe qu'il jugera nécessaires.

NAVELLE.

(23 janvier 1888)

CIRC. L. G. *Notification de l'arrêté du 23 janvier 1888 au sujet de l'entretien des chaloupes du service local.*

J. C. p. 104.

J'ai l'honneur de porter à votre connaissance que, par arrêté en date de ce jour, M. le Lieutenant-Gouverneur a décidé que toutes les chaloupes relevant du service local et stationnées à Saïgon seraient versées, avant la date du 15 février prochain, à l'arsenal maritime qui sera chargé désormais de les entretenir et de les réparer, conformément aux instructions contenues dans la dépêche ministérielle du 9 août 1881.

Je vous prie de vouloir bien, en conséquence, prendre les dispositions nécessaires pour que la remise des chaloupes, dont votre service dispose à Saïgon, soit faite à l'arsenal dans les formes régulières avant le terme fixé.

Toutes les fois qu'une embarcation vous sera nécessaire, vous aurez à m'adresser en temps oppor-

(1) V. *infrà*, A. L. G., 23 janvier 1888.

tun une demande indiquant la date et l'heure exactes à laquelle elle devra être prête à partir, le nombre de jours que vous devrez la conserver, ainsi que le nombre d'heures de chauffe que vous compterez dépenser.

NAVELLE.

(1888)

A. L. G. *allouant une allocation supplémentaire au Directeur de l'arsenal et au second-maître chargés de l'entretien et de la réparation des chaloupes du service local.*

B. C. p. 62.
J. C. p. 143.

Article premier.— Une allocation supplémentaire de trois mille six cent quarante-cinq piastres est allouée à M. le Directeur de l'arsenal, et une autre de deux cent quarante-deux piastres cinquante cents au second maître, chargés de l'entretien et de la réparation des chaloupes du service local.

Art. 2. — Le montant de ces deux allocations sera prélevé sur le crédit inscrit, à cet effet, au budget de l'exercice 1888 (chap. II, 2e section, art. unique).

NAVELLE.

CHAMBRE DE COMMERCE.

NATURE DES DOCUMENTS	DATES	RECUEILS A CONSULTER							OBSERVATIONS
		Bat.	B. C.	B.D.I	J. C.	J.H.	B. M.	B.Col	
A. G.	30 septembre 1868.	1-246	189						
A. G.	4 juin 1877.	1-247	172						
A. G.	23 janvier 1878.	1-251	23						
A. G.	21 juin 1880.		342						
A. G.	19 juillet 1880.		384						
Dép. M.	20 octobre 1881.								
A. G.	28 juillet 1883.		307						
A. G.	30 août 1883.		331						
Dép. M.	7 juillet 1884.								
A. G.	31 mars 1885.				605				
Circ. D. I.	17 mars 1886.			7					
Dép. M.	27 septembre 1886.								
Circ. D. I.	2 mars 1887.			14	279				

(30 septembre 1868)

A. G. *Création d'une Chambre de commerce à Saïgon. —Attributions* (1).

BAT. I, p. 246.
B. C. p. 189.

Article premier. —Il sera établi à Saïgon une Chambre de commerce dont la circonscription comprendra tout le territoire de la colonie et qui aura pour principales attributions :

§ 1er. De donner au Gouvernement les avis et renseignements qu'il demandera sur les faits et les intérêts industriels et commerciaux, notamment :

Sur les changements projetés dans la législation commerciale ;

Sur les établissements et règlements des Chambres de commerce ;

Sur la création des tribunaux de commerce ;

Sur la réglementation des services à l'usage du commerce ;

Sur les établissements des banques locales ;

Sur les projets des travaux publics relatifs au commerce.

§ 2. D'administrer les établissements créés pour l'usage du commerce : magasins de sauvetage, entrepôts, bourse, etc., lorsqu'ils auront été fournis au moyen d'une contribution spéciale sur les négociants, ou lorsque, fondés par l'autorité, leur administration aura été déléguée à la Chambre.

§ 3. De présenter ses vues et ses observations sur l'état du commerce et de l'industrie et les moyens d'en accroître la prospérité, et sur tous les objets à l'occasion desquels elle peut être consultée, ainsi qu'il est dit ci-dessus.

Art. 2. — Toutes les délibérations de la Chambre seront communiquées au Gouverneur, et celles qui concernent les actes d'administration définis par le paragraphe second de l'article premier, doivent l'être avant qu'il y ait eu commencement d'exécution.

La Chambre correspond directement et sans intermédiaire avec le Gouverneur.

Art. 3, 4, 5, 6 et 7. — *Abr. A. G., 4 juin 1877.*

Art. 8. — La Chambre établira elle-même son budget, mais il ne sera exécutoire qu'après l'approbation du Gouverneur.

En cas d'insuffisance des recettes, il pourra lui être alloué une subvention sur les fonds du budget local.

Art. 9. — Est abrogé l'article 4 de l'arrêté du 15 mars 1867, créant une commission spéciale destinée à suppléer les corps désignés dans les lois du 21 mai 1858 et le décret du 12 mars 1859 sur les négociations concernant les marchandises déposées dans les magasins généraux et sur les ventes publiques de marchandises en gros.

G. Ohier.

(4 juin 1877)

A. G. *Réorganisation de la Chambre de commerce* (2).

BAT. I, p. 247.
B. C. p. 172.

Dispositions générales.

Article premier. — Les attributions de la Chambre de commerce de Saïgon, telles qu'elles sont définies par les articles 1 et 2 de l'arrêté du 30 septembre 1868, sont maintenues.

(1) V. *infrà*, A. G., 4 juin 1877.
(2) V. *infrà*, A. G., 28 juillet 1883.

De la formation de la Chambre de commerce.

Art. 2. — La Chambre de commerce est composée d'un président et de dix membres, parmi lesquels six membres français, quatre membres annamites ou étrangers.

Le Directeur de l'Intérieur est président d'honneur de ladite Chambre.

Art. 3. — Les membres de la Chambre de commerce sont élus :

1° Par les commerçants français de la colonie, âgés de 21 ans accomplis et patentés par eux-mêmes ou par la société dont ils sont membres responsables ;

2° Par les indigènes annamites, âgés de 25 ans accomplis, payant une patente de 4e classe et au-dessus ;

3° Par les Étrangers de toutes les nationalités, âgés de 25 ans accomplis, payant une patente de 1re ou de 2e classe, par eux-mêmes ou par la société dont ils sont membres responsables ;

4° Par les représentants d'une compagnie ou maison de commerce, remplissant les conditions d'âge et de patente exigées pour la nationalité à laquelle ils appartiennent.

Art. 4. — Ne doivent pas être inscrits sur les listes électorales :

1° Les individus privés de leurs droits civils et politiques par suite de condamnation soit à des peines afflictives et infamantes, soit infamantes seulement ;

2° Ceux à qui les tribunaux, jugeant correctionnellement, ont interdit le droit de vote et d'élection, par application des lois qui autorisent cette interdiction ;

3° Les condamnés pour crimes à l'emprisonnement, par application de l'article 463 du Code pénal ;

4° Ceux qui ont été condamnés à trois mois de prison, par application des articles 318 et 423 ;

5° Les condamnés pour vol, escroquerie, abus de confiance, soustraction commises par les dépositaires de deniers publics, ou attentat aux mœurs, prévus par les articles 330 et 334 du Code pénal, quelle que soit la durée de l'emprisonnement auquel ils ont été condamnés ;

6° Les individus qui, par application de l'article 8 de la loi du 17 mai 1859 et de l'article 3 du décret du 11 août 1848, auront été condamnés pour outrages à la morale publique et religieuse ou aux bonnes mœurs, et pour attaque contre le principe de la propriété et les droits de la famille ;

7° Les notaires, greffiers et officiers ministériels, destitués en vertu de jugements ou décisions judiciaires ;

8° Les condamnés pour vagabondage ou mendicité ;

9° Ceux qui auront été condamnés à trois mois de prison au moins, par application des articles 439, 443, 444, 445, 446, 447 et 452 du Code pénal;

10° Les militaires condamnés aux boulets ou aux travaux publics ;

11° Les individus condamnés à l'emprisonnement, par application des articles 38, 41, 43 et 45 de la loi du 21 mars 1832 sur le recrutement de l'armée ;

12° Les individus condamnés à l'emprisonnement, par application de l'article 1er de la loi du 27 mars 1851 ;

13° Les interdits ;

14° Les faillis non réhabilités ;

15° Les individus condamnés à plus de trois mois d'emprisonnement, en vertu des articles 31, 33, 34, 35, 36, 38, 39, 40, 41, 42, 45 et 46 du décret du 2 février 1852.

Art. 5. — Sont éligibles aux fonctions de membres de la Chambre de commerce tous les électeurs qui habitent Saïgon et qui ont 25 ans accomplis.

Toutefois, deux ou plusieurs associés de la même maison ne pourront faire en même temps partie de la Chambre.

Art. 6. — Tout membre de ladite Chambre qui, par une cause survenue postérieurement à sa nomination, se trouve dans les cas prévus par l'article 4, est déclaré démissionnaire de plein droit.

Art. 7. — Les membres de la Chambre de commerce sont maintenus en fonctions pendant deux ans. Leur mandat est renouvelable indéfiniment.

Art. 8. — Sont déclarés membres de la Chambre de commerce les onze éligibles qui, au premier tour de scrutin, auront réuni un nombre de voix au moins égal à la moitié des votants, plus un. La majorité relative ne sera admise comme suffisante pour déterminer l'élection des candidats qu'au second tour de scrutin seulement.

Si, dans les onze premiers élus, il arrivait qu'il y eût plus de quatre Annamites ou Étrangers, l'élection de celui ou de ceux de ces catégories qui seraient en excédant de ce nombre, serait nulle de plein droit, et les candidats français qui auront obtenu le plus de voix après eux seront appelés à faire partie de la Chambre en leurs lieu et place.

Art. 9.— Le président de la Chambre sera élu à la majorité des voix des membres présents à la première séance, présidée par le Directeur de l'Intérieur ou par le plus âgé des membres présents. Il ne pourra être choisi que parmi les membres de nationalité française.

Art. 10. — En cas de vacance accidentelle, il sera pourvu au remplacement, par la Chambre elle-même, à l'élection et à la majorité des membres présents, dans la plus prochaine réunion. Dans ce cas, la nomination du membre élu sera soumise à l'approbation du Gouverneur.

Art. 11. — La liste électorale sera dressée du 1er au 10 décembre 1878. Elle sera permanente et sera révisée tous les ans du 1er au 10 décembre.

La liste sera dressée par une commission composée du maire ou de l'un des adjoints, d'un délégué de l'Administration désigné par le Directeur de l'Intérieur et d'un délégué choisi par le conseil municipal parmi les électeurs.

Cette liste sera affichée à la mairie pendant quinze jours, à compter du 15 janvier, et durant ces quinze jours toutes les réclamations, à raison des omissions ou des inscriptions erronées qu'elle contiendra, seront reçues au secrétariat de la mairie, sur un registre à ce destiné.

Passé le 31 janvier, aucune réclamation ne sera reçue.

Les réclamations seront jugées par la commission indiquée par le paragraphe 2 cidessus, à laquelle seront adjoints deux autres membres désignés par le conseil municipal et pris parmi les électeurs.

Les décisions de la commission seront notifiées dans les trois jours aux parties intéressées.

L'appel en sera porté sans frais, dans les trois jours de la notification, devant le juge de paix.

La décision du juge de paix est en dernier ressort et ne pourra être déférée même à la Cour de cassation.

Le 25 février, le maire opère toutes les rectifications régulièrement ordonnées, et la liste électorale ainsi arrêtée reste la liste définitive jusqu'au 25 février de l'année suivante.

Elle restera déposée en minute au secrétariat de la mairie.

Une expédition conforme, certifiée par le maire, sera envoyée à la Direction de l'Intérieur pour y rester déposée au secrétariat.

Art. 12. — Les élections auront lieu au scrutin de liste.

Art. 13. — L'assemblée des électeurs est convoquée par arrêté du Gouverneur pris en Conseil privé, et présidée par le maire.

L'intervalle entre la promulgation de l'arrêté et l'ouverture des élections est de vingt jours francs.

Art. 14. — Le président a seul la police de l'assemblée.

Cette assemblée ne peut s'occuper d'autres objets que des élections qui lui sont attribuées. Toute discussion, toute délibération lui est interdite.

Art. 15. — Les deux plus âgés et les deux plus jeunes des électeurs présents à l'ouverture de la séance, sachant lire et écrire, remplissent les fonctions de scrutateurs.

Le secrétaire est désigné par le président et les scrutateurs. Dans les délibérations du bureau, il n'a que voix consultative.

Trois membres du bureau, au moins, doivent être présents pendant tout le cours des opérations.

Art. 16. — Le scrutin ne durera qu'un seul jour. Il sera ouvert, autant que possible, un dimanche ou un jour férié, à 7 heures du matin et clos à 5 heures du soir. Le dépouillement a lieu immédiatement.

Art. 17. — Le bureau juge provisoirement les difficultés qui s'élèvent sur les opérations de l'assemblée.

Ses décisions sont motivées.

Toutes les réclamations et décisions sont insérées au procès-verbal ; les pièces et les bulletins qui s'y rapportent y sont annexés, après avoir été paraphés par le bureau.

Art. 18. — Pendant toute la durée des opérations, une copie de la liste des électeurs, certifiée par le maire, contenant les noms, domicile, qualification de chacun des inscrits, reste déposée sur la table autour de laquelle siége le bureau.

Art. 19. — Nul ne peut être admis à voter s'il n'est inscrit sur cette liste.

Toutefois, seront admis à voter, quoique non inscrits, les électeurs porteurs d'une décision du juge de paix ordonnant leur inscription.

Art. 20. — Nul électeur ne peut entrer dans l'assemblée s'il est porteur d'armes quelconques.

Les électeurs apportent leur bulletin préparé en dehors de l'assemblée.

Le papier du bulletin doit être blanc et sans signe extérieur.

L'électeur remet au président son bulletin fermé.

Le président le dépose dans la boîte du scrutin, laquelle doit, avant le commencement du vote, avoir été fermée à deux serrures, dont les clefs restent : l'une entre les mains du président, l'autre entre les mains du scrutateur le plus âgé.

Le vote de chaque électeur est constaté sur la liste, en marge de son nom, par la signature ou le paragraphe d'un des membres du bureau.

Art. 21. — Le président doit constater, au commencement de l'opération, l'heure à laquelle le scrutin est ouvert.

Le scrutin ne peut être fermé qu'après être resté ouvert pendant trois heures au moins.

Le président constate l'heure à laquelle il déclare le scrutin clos, et, après cette déclaration, aucun vote ne peut être reçu.

Art. 22. — Après la clôture du scrutin, il est procédé au dépouillement de la manière suivante : le bureau désigne, parmi les personnes présentes, un certain nombre de scrutateurs supplémentaires, et la boîte est ouverte ; le nombre de bulletins est vérifié au moyen de la liste émargée par les scrutateurs. Si ce nombre n'est point égal à celui des votants, il en est fait mention au procès-verbal. Les bulletins blancs et illisibles n'entrent point en compte dans le résultat du dépouillement, mais ils sont annexés au procès-verbal.

Il en est de même pour ceux qui contiennent des qualifications insuffisantes, ou dans lesquels les votants se font connaître.

Art. 23. — Les bulletins sont valables, bien qu'ils portent plus ou moins de noms qu'il n'y a de membres à élire.

Les derniers noms inscrits au-delà de ce nombre ne sont pas comptés.

Art. 24. — Immédiatement après le dépouillement, le président proclame le résultat du scrutin.

Le procès-verbal des opérations électorales est dressé par le secrétaire; il est signé par lui et les autres membres du bureau. Une copie, également signée du secrétaire et des membres du bureau, en est aussitôt envoyée au Gouverneur, par l'intermédiaire du Directeur de l'Intérieur.

Les bulletins autres que ceux qui doivent être annexés au procès-verbal, sont brûlés en présence des électeurs.

S'il y a lieu de procéder à un nouveau tour de scrutin, l'assemblée est de droit convoquée pour le dimanche suivant.

Si plusieurs candidats obtiennent le même nombre de suffrages, l'élection est acquise au plus âgé.

Art. 25. — Tout électeur a le droit d'arguer de nullité les opérations de l'assemblée dont il fait partie.

Les observations faites à ce sujet doivent être consignées au procès-verbal, et sinon être, dans les quarante-huit heures, sous peine de nullité, déposées au secrétariat de la mairie. Le maire est, dans ce cas, tenu de les transmettre immédiatement au Directeur de l'Intérieur, qui donne son avis. Le Gouverneur prononce en dernier ressort.

Art. 26. — Dans le cas où l'annulation de tout ou partie des élections est devenue définitive, l'assemblée des électeurs est convoquée dans le délai le plus rapproché.

Dispositions transitoires.

Art. 27. — Le mandat des membres de la Chambre de commerce, proclamés par la décision du 7 mars 1877, expirera le 7 mars 1879. D'ici là, il sera pourvu aux vacances qui se produiront conformément aux dispositions des articles 2, 3, 5 et 10 ci-dessus.

Art. 28. — Sont et demeurent abrogées toutes les dispostions antérieures au présent arrêté.

DUPERRÉ.

(23 janvier 1878)

A. G. *Il sera pourvu, en principe, aux dépenses de la Chambre de commerce de Saïgon, au moyen d'une contribution spéciale sur tous les patentés de la colonie* (1).

BAT. I, p. 251.
B. C. p. 23.

Article premier. — Il sera pourvu, en principe, aux dépenses de la Chambre de commerce, au moyen d'une contribution spéciale sur tous les patentés commerçants de la colonie, et portant sur le droit fixe de la patente seulement.

Art. 2. — Un arrêté fixera chaque année le montant de cette contribution qui s'ajoutera au principal de la patente et sera recouvré en même temps et sur le même rôle.

(1) Non encore appliqué.

Cette contribution sera de 1 centime par franc pour l'année 1878.

Art. 3. — Le produit de ladite contribution sera mis trimestriellement, sur mandat du Directeur de l'Intérieur, à la disposition de la Chambre de commerce.

Art. 4. — Toutes les dispositions antérieures, contraires au présent arrêté, sont abrogées.

J. LAFONT.

(21 juin 1880)

A. G. *fixant la date de la réunion de la commission chargée de reviser la liste électorale.*

B. C. p. 342.

Article premier. — La commission instituée par l'article 11 de l'arrêté du 4 juin 1877 se réunira le 28 juin 1880 et jours suivants, pour procéder à la revision de la liste électorale.

Art. 2. — Les opérations de la commission devront être terminées le 4 juillet 1880.

Le tableau, contenant les additions et les retranchements faits à la liste électorale, sera déposé le 8 dudit mois, au plus tard, au secrétariat de la mairie. Avis en sera donné le même jour aux lieux accoutumés.

La copie du tableau et du procès-verbal constatant l'accomplissement des formalités réglementaires sera transmise en même temps par le Maire au Directeur de l'Intérieur.

Art. 3. — Les rectifications régulièrement ordonnées seront opérées le 8 août par le Maire, qui transmettra le même jour au Directeur de l'Intérieur le tableau de ces rectifications et arrêtera définitivement la liste électorale.

Art. 4. — Des élections générales pour la Chambre auront lieu le dimanche 29 août, à l'hôtel de la mairie, et dans les formes prescrites par l'arrêté du 4 juin 1877.

Le scrutin sera ouvert de 7 à 11 heures du matin et de 2 à 5 heures du soir.

LE MYRE DE VILERS.

(19 juillet 1880).

A. G. *créant deux sections de vote pour les élections à la Chambre de commerce.*

B. C. p. 384.

Article premier. — La circonscription électorale de Saïgon est divisée en deux sections de vote, savoir :

Saïgon (ville) : pour Saïgon (ville) et les arrondissements autres que celui de Cholon.

Cholon (ville) : pour Cholon (ville) et l'arrondissement de Cholon.

Art. 2. — Les cartes des électeurs établies par M. le maire de Saïgon seront adressées, pour les arrondissements, à M. le Directeur de l'Intérieur.

Art. 3. — Le résultat du scrutin sera transmis par le télégraphe, aussitôt après le dépouillement des votes, au président de la circonscription, qui opérera le recensement général.

LE MYRE DE VILERS.

(20 octobre 1881)

DÉP. M. *Certaines pièces dont l'envoi était prescrit auparavant ne seront plus désormais transmises au Département, savoir : états mensuels de la navigation et du commerce qui font double emploi avec les documents trimestriels.*

ARCH. GOUV.

(28 juillet 1883)

A. G. *portant réorganisation de la Chambre de commerce de Saïgon* (1).

B. C. p. 307.

Dispositions générales.

Article premier.— Les attributions de la Chambre de commerce de Saïgon, telles qu'elles sont définies par les articles premier et 2 de l'arrêté du 30 septembre 1868, sont maintenues.

De la formation de la Chambre de commerce.

Art. 2. — La Chambre de commerce est composée de quatorze membres, parmi lesquels neuf membres citoyens français, un membre annamite, deux membres Étrangers européens ou américains, deux membres Étrangers asiatiques. Tous les membres étrangers doivent avoir une connaissance suffisante de la langue française.

Pour que l'élection soit valable, il est nécessaire que le nombre des éligibles soit quintuple du nombre des membres à nommer.

Dans le cas où le nombre prescrit de membres non citoyens français ne pourrait être élu, la Chambre n'en sera pas moins considérée comme étant régulièrement constituée.

Art. 3. — Les membres de la Chambre de commerce sont élus :

1° Les neuf membres français, par les commerçants français de la colonie âgés de 21 ans accomplis et patentés par eux-mêmes ou par la société dont ils sont membres responsables;

2° Le membre annamite, par les commerçants électeurs français et par les Annamites âgés de 25 ans accomplis et payant patente de 4e classe et au-dessus ;

3° Les deux membres Étrangers européens ou américains et les deux membres étrangers asiatiques, par les Étrangers de toute nationalité payant une patente de 1re et 2e classe par eux-mêmes ou par la société dont ils sont représentants.

Ne seront inscrits sur les listes électorales que les commerçants patentés depuis six mois.

Art. 4. — Sont éligibles aux fonctions de membre de la Chambre de commerce tous les électeurs qui habitent Saïgon, Cholon et le 20e arrondissement, et qui ont 25 ans accomplis.

Toutefois, deux ou plusieurs associés de la même maison ne pourront faire en même temps partie de la Chambre.

Art. 5. — Les membres de la Chambre de commerce sont élus pour quatre ans. Leur mandat est renouvelable indéfiniment.

Art. 6. — Les élections auront lieu au scrutin de liste.

(1) V. *infrà*, A. G. 30 août 1883 ; A. G. 31 mars 1885.

Seront déclarés membres de la Chambre de commerce les éligibles qui, au premier tour de scrutin, auront obtenu un nombre de voix au moins égal à la moitié plus un des électeurs inscrits.

Quand un deuxième tour de scrutin sera nécessaire, la majorité relative suffira.

Art. 7. — Le président de la Chambre sera élu à la majorité des membres présents à la première séance présidée par le Directeur de l'Intérieur ou par le plus âgé des membres présents.

Le Directeur de l'Intérieur est président d'honneur de ladite Chambre.

Le président de la Chambre et le secrétaire seront exclusivement choisis parmi les membres français.

Art. 8. — En cas de vacance, il sera procédé au remplacement des membres français quand cette fraction de la Chambre sera réduite d'un tiers, et des membres étrangers quand leur nombre sera réduit de moitié.

Il sera pourvu immédiatement au remplacement du membre annamite quand cette vacance se produira.

Art. 9. — Sont applicables aux élections pour la Chambre de commerce les lois réglementant l'électorat municipal de la ville de Saïgon, sauf les modifications prévues au présent arrêté.

Art. 10. — L'élection des membres français et annamite et des membres étrangers aura lieu le même jour, à la mairie de Saïgon, dans trois salles distinctes.

Chaque bureau sera présidé par un membre du conseil municipal désigné à cet effet par le maire de Saïgon.

Une section de vote pour les Étrangers qui résident à Cholon sera établie à la mairie de cette ville ; les électeurs pourront voter pour les quatre membres étrangers. Le résultat sera immédiatement transmis au maire de Saïgon.

Art. 11. — Le scrutin ne durera qu'un seul jour. Il sera ouvert autant que possible un dimanche ou un jour férié, de 7 heures à 10 heures du matin et de 2 heures à 5 heures du soir. Le dépouillement aura lieu immédiatement.

Art. 12. — Il sera procédé immédiatement à la confection des listes électorales, et le renouvellement intégral de la Chambre de commerce aura lieu aussitôt que les formalités réglementaires auront été accomplies.

Dispositions spéciales.

Art. 13. — Le mandat des membres de la Chambre de commerce actuellement en exercice prendra fin à compter du jour de l'élection des nouveaux titulaires.

Art. 14. — Les membres citoyens français de la Chambre prendront seuls part au vote lorsque la Chambre sera appelée à nommer, en vertu des dispositions contenues dans le décret du 8 février 1880, ses délégués au Conseil colonial.

Les vacances de cette fraction de l'assemblée devront être remplies avant l'élection.

Art. 15. — La durée du mandat des délégués de la Chambre de commerce est fixée à quatre ans.

Art. 16. — Sont et demeurent abrogées toutes les dispositions contraires au présent arrêté.

CHARLES THOMSON.

(30 août 1883)

A. G. *modifiant le paragraphe premier de l'article 3 de l'arrêté du 28 juillet 1883 portant réorganisation de la Chambre de commerce.*

B. C. p. 331.

Article premier. — Le paragraphe 1er de l'article 3 de l'arrêté du 28 juillet 1883, portant réorganisation de la Chambre de commerce, est ainsi modifié :

Les membres de la Chambre de commerce sont élus :

1° Les neuf membres français, par les commerçants français de la colonie âgés de vingt-et-un ans accomplis et patentés par eux-mêmes ou par la société dont ils sont membres responsables *ou représentants.* »

CHARLES THOMSON.

(7 juillet 1884)

DÉP. M. *Demande d'un rapport sur les travaux de la Chambre de commerce de Saïgon pendant le 1er semestre 1884.*

ARCH. GOUV.

Pour faire suite à ma dépêche du 20 décembre 1883, j'ai l'honneur de vous prier de vouloir bien demander à la Chambre de commerce de Saïgon, un rapport détaillé sur ses travaux pendant le premier semestre de l'année courante.

Ce rapport auquel vous aurez soin de joindre vos observations personnelles, devra me parvenir avant le 1er novembre prochain.

Je viens d'écrire au président de cette Chambre pour le prier de m'adresser directement, à l'avenir, copie de chacune de ses délibérations.

FÉLIX FAURE.

(31 mars 1885)

A. G. *modifiant les dispositions de l'arrêté du 28 juillet 1883 réorganisant la Chambre de commerce de Saïgon.*

J. C. p. 605.

Article premier. — L'article 3 de l'arrêté du 28 juillet 1883 est modifié comme suit :

Les membres de la Chambre de commerce sont élus :

1° Les neuf membres français par les commerçants français de la colonie âgés de vingt-un ans accomplis et patentés par eux-mêmes ou par la société dont ils sont membres responsables ou représentants ;

2° Les deux membres Étrangers européens ou américains par les commerçants français de la colonie, ainsi que par les commerçants européens ou américains âgés de vingt-un ans accomplis et patentés par eux-mêmes ou par la société dont ils sont membres responsables ou représentants ;

3° Le membre annamite par les commerçants électeurs français et par les Annamites âgés de vingt-cinq ans accomplis et payant une patente de 4e classe et au-dessus ;

4° Les deux membres asiatiques par tous les Étrangers asiatiques de toute nationalité ayant une patente de 1re et 2e classe par eux-mêmes ou par la société dont ils sont représentants.

Ne seront inscrits sur les listes que les commerçants patentés depuis six mois.

CHARLES THOMSON.

(17 mars 1886)

CIRC. D. I. *demandant l'envoi des listes séparées des trois catégories de commerçants réunissant les conditions exigées par l'article 3 de l'arrêté du 28 juillet 1883 portant réorganisation de la Chambre de commerce.*

B. D. I. p. 7.

(27 septembre 1886)

DÉP. M. *A l'avenir les procès-verbaux des délibérations des Chambres de commerce envoyés au Département en vertu des circulaires des 4, 7 et 11 juillet 1884 devront être d'abord transmis au Gouverneur qui donnera son avis sur les questions qui y sont traitées.*

ARCH. GOUV.

Par une circulaire des 4, 7 et 11 juillet 1884, le Département a autorisé les présidents des Chambres de commerce des colonies à lui adresser directement les procès-verbaux des délibérations de ces Chambres.

J'ai été amené à constater que ce mode d'envoi entraîne une perte de temps souvent considérable; le Département ne peut, en effet, statuer sur les questions qui lui sont soumises qu'après avoir demandé l'avis des Administrations locales.

Pour éviter les retards causés par ces échanges de correspondance, j'ai l'honneur de vous prier de vouloir bien inviter les présidents des Chambres de commerce à vous donner désormais connaissance des lettres qu'ils adressent au Département. Vous voudrez bien, de votre côté, me faire savoir votre appréciation sur les questions qui seraient traitées dans ces lettres.

(2 mars 1887)

CIRC. D. I. *relative à l'établissement des listes électorales consulaires.*

B. D. I. p. 14.
J. C. p. 279.

La revision annuelle des listes électorales consulaires devant avoir lieu du 1er au 20 avril prochain, j'ai l'honneur de vous prier de vouloir bien faire établir, et me transmettre pour le 25 de ce mois au plus tard, les listes séparées des quatre catégories de commerçants et fondés de pouvoirs patentés de votre arrondissement, réunissant les conditions exigées par l'article 3 de l'arrêté du 28 juillet 1883, modifié par les arrêtés des 30 août 1883 et 31 mars 1885.

Ces listes devront être dressées conformément au modèle ci-dessous.

NOM ET PRÉNOMS.	PROFESSION.	AGE	CLASSE de la PATENTE.	DATE de la PATENTE.	LIEU de RÉSIDENCE.	OBSERVATIONS.

1re Liste: Commerçants français.

2e Liste: Commerçants européens ou américains.

3e Liste: Commerçants annamites.

4e Liste: Commerçants étrangers asiatiques.

Dans le cas où aucun commerçant de votre arrondissement ne réunirait les conditions stipulées à l'article 3 de l'arrêté organique, vous auriez à m'adresser quand même des états *NÉANT*.

J'appelle votre attention sur l'article 1er de l'arrêté du 31 mars 1885, modificatif de l'article 3 de l'arrêté du 28 juillet 1883, qui porte que les commerçants patentés depuis *six mois*, ou qui acquerront cette condition au 30 juin prochain, seront seuls inscrits sur lesdites listes.

NOEL PARDON.

CHANGEMENT DE NOM.

V. *Naturalisation.*

CHARBON DE TERRE.

V. *Parcs à charbon.*
Chartes-parties et connaissements.

CHARGEMENT ET DÉCHARGEMENT.

V. *Bâtiments de la flotte et navires affrétés.*

CHARTES-PARTIES ET CONNAISSEMENTS.

NATURE DES DOCUMENTS	DATES	RECUEILS A CONSULTER								OBSERVATIONS
		Bat.	B. C.	B. D I	J. C.	J H.	B. M.	B. Col		
Circ. M.	23 octobre 1849.						RV. 259			
Circ. M.	30 mars 1850.						RV. 331			
Circ. M.	11 mai 1850.						RV. 340			
Circ. M.	8 décembre 1863.						600			
Circ. M.	4 février 1864.						81			
Circ. M.	11 octobre 1869.						227			
Circ. M.	12 mai 1882.									
Dép. M.	28 novembre 1883.		1884 6.							
Circ. M.	3 avril 1887.									

(23 octobre 1849)

CIRC. M. *Les chartes-parties, connaissements et factures relatifs à des envois aux colonies devront contenir les clauses indiquant le mode et le lieu du paiement du fret.*

B. M. R. V. p. 259

(30 mars 1850)

CIRC. M. *Recommandation de mentionner dans les contrats d'affrètement tous les cas de relâche qui peuvent être prévus.*

B. M. R. V. p. 331

(11 mai 1850)

CIRC. M. *Les connaissements doivent indiquer à l'avenir le nombre et la nature des pièces relatives au chargement remises au capitaine chargé du transport.*

B. M. R. V. p. 340.

(8 décembre 1863)

CIRC. M. *Mentionner expressément sur les connaissements que la somme payée à titre d'avances sur le fret est brute.*

B. M. p. 600.

(4 février 1864)

CIRC. M. *Modifications apportées aux chartes-parties pour transport de charbon de terre. — Modèles.*

B. M. p. 81.

(11 octobre 1869)

CIRC. M. *au sujet des jours de staries alloués par les chartes-parties.*

B. M. p. 227.

(12 mai 1882)

CIRC. M. *au sujet de la durée de déchargement des navires affrétés pour transport de charbon (Instructions).*

ARCH. GOUV.

Aux termes des chartes-parties, adoptées comme types pour les affrètements de navires destinés aux transports de charbon dans les dépôts d'outre-mer, les capitaines de navires peuvent être tenus à ne commencer le déchargement que cinq ou sept jours après leur arrivée, cette opération ne devant avoir lieu que par contingent quotidien, variant de vingt à trente tonnes suivant la colonie.

Ces clauses, arrêtées à une époque à laquelle la marine ne pouvait songer à accepter que des navires voiliers, en raison de la surélévation du prix de fret demandé par les bâtiments à vapeur, sem-

NOTA. — Un avis informe le public qu'à partir du 1er juillet 1887 le service des contributions indirectes est seul chargé du visa des connaissements et des manifestes.

blant devoir être modifiées, aujourd'hui que les premiers deviennent de plus en plus rares, et qu'au contraire les steamers, qui tendent à les remplacer, seraient peut-être disposés à offrir de se charger de ces transports à des conditions plus modérées, s'ils pouvaient les combiner avec des voyages de retour déjà assurés.

Mais, afin de permettre à tous les armateurs, de navires voiliers comme de navires à vapeur, de soumissionner à des prix suffisamment rémunérateurs, et qui ne soient pas cependant onéreux pour la marine, il paraît indispensable de leur faciliter les opérations de chargement et de déchargement, en réduisant le plus possible la durée, en vue de diminuer les frais généraux.

J'invite les administrations des ports secondaires de la Métropole à examiner la question relative à l'augmentation, dans la mesure des moyens d'action dont ils disposent, du chiffre du tonnage de combustible pouvant être embarqué chaque jour.

De votre côté, je désire que vous la fassiez mettre à l'étude, et j'ai l'honneur de vous prier de me faire connaître dans quelle limite il serait possible de réduire le temps, entre le jour de l'arrivée des navires et celui où doit commencer le déchargement.

Vous aurez, en outre, à me renseigner sur les ressources de votre colonie pour le transport par chalands et l'arrimage des houilles, et à m'indiquer la quantité maxima de tonnes qui pourrait être stipulée, comme devant être déchargée, par jour, ordinairement, pour les navires à voiles, et extraordinairement, pour les bâtiments à vapeur.

JAURÉGUIBERRY.

P. S. — La présente circulaire fait suite à la dépêche que je vous ai adressée le 27 février dernier.

(28 novembre 1883)

DÉP. M. *Modifications apportées aux chartes-parties pour les envois de houille à Saïgon, en ce qui concerne les opérations de déchargement à destination.*

B. C. 1884, p. 6.

J'ai l'honneur de vous informer que, d'après les renseignements fournis par l'Administration de votre colonie et en vue de faciliter les affrétements pour les transports de charbon de terre au dépôt d'outre-mer, j'ai cru devoir apporter des modifications à l'article 5 de la charte-partie arrêtée comme type pour les envois de houille à Saïgon, en ce qui concerne les opérations de déchargement à destination.

Par suite, ledit article a été libellé comme suit, les nouvelles dispositions devant être appliquées à partir du 1er janvier 1884 :

« A son arrivée à Saïgon, le capitaine prendra les ordres de l'autorité maritime qui lui indiquera, dans les vingt-quatre heures, l'endroit où il devra placer son navire pour opérer son déchargement.

Cette opération devra commencer le lendemain du jour où le navire aura été mis à la disposition de la marine, à moins que ce lendemain ne soit un dimanche ou un jour férié.

L'obligation de décharger incombe au capitaine seul, et celui-ci délivrera son chargement *sous palan*, à raison de 60 tonnes au minimum à 80 tonnes au maximum (pour les navires à voiles), ou de 100 tonnes au minimum à 150 tonnes au maximum pour les navires à vapeur), par jour ouvrable, le temps le permettant.

Le capitaine pourra être astreint à décharger par jour la quantité de charbon indiquée ci-dessus comme minimum, et la marine sera tenue de la recevoir. L'écart entre le minimum et le maximum, dans le cas où le capitaine demanderait que le minimum fût dépassé, sera fixé par l'administration maritime locale.

La marine n'est astreinte, de son côté, qu'à recevoir le charbon *sous palan*, soit dans ses chalands le long du bord du navire, soit sur les quais lorsque le navire peut y accoster.

A cette effet, le capitaine fournira le personnel nécessaire pour assurer le déchargement.

En vue d'accélérer cette opération, il devra se servir des treuils dont le bâtiment serait muni.

Le charbon devra être déchargé avec toutes les précautions nécessaires pour le briser le moins possible, les manutentions des agglomérés devant se faire à la main toutes les fois que l'Administration le jugera utile.

Le pesage du charbon sera opéré contradictoirement, s'il y a lieu, par les soins et aux frais de la marine. »

Veuillez donner des ordres afin qu'on se conforme exactement, à l'avenir, aux prescription ci-dessus visées.

Vous me rendrez compte, sous le timbre de la présente circulaire, des mesures que vous aurez prescrites à cet égard.

Comme il est à prévoir, en raison de la diminution des navires à voiles qui ne sont pas remplacés, que, dans un temps peu éloigné, la marine ne pourra trouver à affréter que des steamers pour le transport de ses charbons, il est de nécessité absolue que l'administration recherche les moyens d'augmenter, dans la plus forte proportion possible, le tonnage pouvant être débarqué par jour, ce contingent quotidien devant pouvoir atteindre au minimum le chiffre de deux cents tonneaux.

Je vous prie de m'accuser réception de la présente circulaire.

A. Peyron.

(3 avril 1887)

CIRC. M. *Modification apportées aux chartes-parties pour transport de charbon (circ. du 28 novembre 1883). Suppression d'un maximum en ce qui concerne les quantités à charger et à décharger par jour.*

ARCH. GOUV. (bur. mil.).

CHAUDIÈRES.

V. *Machines à vapeur.*

CHAUFFEURS.

V. *Mécaniciens et chauffeurs.*

CHEFS D'ADMINISTRATION ET DE SERVICE.

NATURE DES DOCUMENTS	DATES	RECUEILS A CONSULTER Bat.	B. G.	B. D. I.	J. C.	J. H.	B. M.	B. Col.	OBSERVATIONS
D. G.	29 novembre 1861.		1862 2						
D. G.	11 décembre 1862.	II-542	247						
A. G.	8 octobre 1868.	II-361	208						

(29 novembre 1861)

D. G. *concernant les différents chefs de service et leurs rapports avec le commandant en chef.*

B. C. p. 2.

(11 décembre 1862)

D. G. *interdisant aux personnes chargées des divers services, hors de Saïgon, de se servir du titre de* « Chef de service. » — *Leur titre officiel est* : « Chargé de tel service dans telle localité. » — *Leurs rapports avec les commandants militaires.*

BAT. II, p. 542.
B. C. p. 247.

Article premier. — Il est interdit aux personnes chargées des divers services hors de Saïgon, de se servir du titre de *chef de service*. Leur titre officiel est : *chargé de tel service dans telle localité.*

(1) Art. 2.— Toutes les personnes chargées d'un service dans les diverses localités sont tenues de communiquer aux commandants des postes les ordres qu'elles reçoivent de leur chef de service.

(2) Art. 3. — Les commandants de postes seuls peuvent, dans des circonstances imprévues, modifier provisoirement un ordre donné, en en rendant compte immétement au Gouverneur.

BONARD.

(8 octobre 1868)

A. G. *portant suppression de la place de chef d'état-major général en Cochinchine et disposant que les chefs d'administration et de service travailleront et correspondront directement et indépendamment les uns des autres avec le Gouverneur.*

BAT. II p. 361.
B. C. p. 208.

Article premier. — La place de chef d'état-major général en Cochinchine est supprimée.

Art. 2. — MM. le général commandant supérieur des troupes, les chefs d'administration et les chefs de service, chacun dans leur spécialité, travailleront sans intermédiaire, et indépendamment les uns des autres, avec le Gouverneur.

. . . .

G. OHIER.

Consulter en outre : *Chaque titre principal de la présente table pour ce qui concerne les attributions spéciales.*

CHEFS ET SOUS-CHEFS DE CANTON.

V. *Fonctionnaires et agents indigènes.*

(1) V. Service administratif de la marine, A. G. 15 mai 1875 ; Service et corps de santé, A. G. 15 février 1878.
(2) V. Commandant de cercle, A. G. 21 août 1869.

CHEMIN DE FER DE SAIGON A MYTHO.

NATURE DES DOCUMENTS	DATES	RECUEILS A CONSULTER							OBSERVATIONS
		Bat.	B. C.	B.D.I	J. C.	J.H.	B.M.	B.Col	
Délib. C. C.	22 novembre 1880.								
Traité	18 août 1881.				685				
Décret.	24 août 1881.				685				
Décret.	17 novembre 1883.		1884 13						
Dép. M.	20 décembre 1883.		1884 12						
A. G.	25 mai 1885.				727				
A. G.	18 juillet 1885.				913				
A. G.	18 juillet 1885.		265		930				
A. G.	18 juillet 1885.				930				
A. G.	18 juillet 1885.				930				
Circ. D. I.	4 août 1885.				966				
A. G.	14 octobre 1885.				1477				
Délib. C. P.	8 décembre 1885.				1483				
A. G.	26 mai 1886.		172		702				
A. G.	25 mai 1887.		343		594				
A. G. G.	30 septembre 1888.				850				

(22 novembre 1880)

DÉLIB. C. C. *concernant la construction d'un chemin de fer, accordant sur le fonds du budget local une garantie d'intérêt du capital de premier établissement et donnant mission au Gouverneur de traiter pour la réalisation de cette entreprise.*

ARCH. C. C.

(18 août 1881)

TRAITÉ *passé entre le Gouverneur et M. Joret, ingénieur à Paris, pour la construction et l'exploitation du chemin de fer. — Cahier des charges de ladite entreprise* (1).

J. C. p. 685.

Entre le Gouverneur de la Cochinchine, dûment autorisé par le Conseil colonial, d'une part,

Et M. Pierre-François-Henri Joret, ingénieur-constructeur, demeurant à Paris, 80, rue Taitbout, qui, à l'adjudication publique du 8 août 1881, a soumissionné le prix le moins élevé, d'autre part;

Il a été convenu ce qui suit :

Article premier. — Le Gouverneur de la Cochinchine concède à M. Joret, qui l'accepte, un chemin de fer de Saïgon à Mytho, passant par ou près Cholon et Tanan; la voie ferrée sera établie sur la route aujourd'hui en construction de Saïgon à Mytho.

M. Joret s'engage à exécuter le chemin de fer ci-dessus désigné à ses frais, risques et périls, en se conformant, pour la construction et l'exploitation, aux clauses et conditions du cahier des charges annexé à la présente convention.

M. Joret s'engage en outre à constituer, dans un délai de trois mois après la date de l'approbation de la convention, une compagnie pour la construction et l'exploitation de la nouvelle ligne.

La durée de la concession est fixée à quatre-vingt-dix-neuf ans (99 ans).

Art. 2. — Le Gouverneur de la Cochinchine garantit, au nom du Conseil colonial, pendant la durée de la concession, par kilomètre exploité de la ligne de Saïgon à Mytho, un revenu minimum net annuel de trois mille huit cent cinquante-deux francs cinquante centimes (3,852 fr. 50 cent.), lequel représente l'intérêt à cinq francs soixante-quinze centimes (5 fr. 75 cent.) par cent francs de capital de premier établissement évalué à forfait à soixante-sept mille francs (67,000 francs).

Art. 3. — La compagnie sera tenue de constituer, pour l'exécution des premiers travaux, l'achat du matériel et les approvisionnements, un capital actions égal au moins à la moitié du montant des dépenses de premier établissement, évaluées à forfait à soixante-sept mille francs (67,000 francs) par kilomètre, comme il est dit ci-dessus; ce capital actions devra être effectivement versé en numéraire, en bons du trésor, ou autres effets publics.

Pour le surplus des dépenses, la compagnie sera autorisée à émettre des obligations, mais aucune émission d'obligations ne pourra avoir lieu qu'en vertu d'une autorisation du Ministre de la marine et des colonies, sur la proposition du Gouverneur de la colonie.

Art. 4. — Pour l'évaluation de la garantie d'intérêt stipulée à l'article 2 ci-dessus, et dont le montant est fixé à forfait à la somme de 3,852 fr. 50 cent. par kilomètre, on ajoutera à cette somme le montant des frais d'entretien et d'exploitation, puis on déduira du total de ces deux sommes le montant du revenu brut; la différence représentera le montant de la somme à allouer à la compagnie pour couvrir l'insuffisance des produits du chemin de fer.

Un arrêté du Gouverneur déterminera, la compagnie entendue, les formes suivant lesquelles le concessionnaire sera tenu de justifier, vis-à-vis de la colonie et sous le contrôle de l'Administration coloniale, des recettes brutes du chemin de fer concédé, ainsi que des frais d'entretien et d'exploitation.

Il est entendu que, dans les dépenses, seront comptés les frais généraux de la compagnie, ainsi que les intérêts des avances de fonds auxquelles le concessionnaire aurait dû recourir pour faire face au service de l'exploitation.

Il est entendu en outre qu'un tarif à forfait des frais d'entretien et d'exploitation sera établi, d'un commun accord, entre les deux parties contractantes et que ces conditions de l'exploitation seront suffisamment définies, et au plus tard dans un délai de deux ans après l'ouverture de la ligne.

(1) V. dans le Recueil des procès-verbaux du Conseil colonial, année 1881, p. 49.

En cas de désaccord, le tarif sera réglé par trois arbitres choisis : l'un par le Gouverneur de la colonie, le second par le concessionnaire et le troisième ou tiers arbitre par le tribunal de Saïgon.

Ce tarif pourra d'ailleurs être modifié tous les cinq ans, sur la demande de l'une des deux parties.

Art. 5. — La garantie d'intérêt stipulée à l'article 2 constituera une avance de fonds qui devra être remboursée par la compagnie à la colonie, avec intérêt de quatre pour cent (4 p. 100), au moyen de prélèvements opérés sur le revenu net de l'exploitation, toutes les fois que ce revenu net dépassera le montant de la garantie d'intérêt fixé à 3,852 fr. 50 cent. par kilomètre, comme il est dit à l'article 2 ; la compagnie ne sera tenue néanmoins d'affecter à ce remboursement que la moitié des bénéfices représentant l'excédent du revenu net sur le montant de la garantie.

Il est stipulé en outre qu'après le remboursement des avances de fonds pour garantie d'intérêt, et lorsque le revenu net dépassera la somme de 4,500 francs par kilomètre, la compagnie partagera avec la colonie l'excédent des bénéfices sur cette somme de 4,500 francs. Cette clause resterait d'ailleurs en vigueur dans le cas où le concessionnaire aurait renoncé à réclamer de la colonie la garantie d'un minimum d'intérêt.

Art. 6. — Le Gouverneur de la colonie se réserve la faculté d'ouvrir un concours pour la concession de toute nouvelle ligne à établir dans le prolongement du chemin de fer de Saïgon à Mytho ; mais un droit de préférence serait alors accordé à la compagnie concessionnaire de ce chemin de fer et la concession de la nouvelle ligne lui serait réservée, à l'exclusion de tout autre concurrent, si elle jugeait à propos d'user de ce droit de préférence, aux conditions de la soumission reconnue la plus avantageuse pour la colonie.

De son côté, le concessionnaire s'engage à construire et à exploiter, aux conditions de la présente convention et du cahier des charges qui y est annexé, toutes les voies ferrées sur routes que la colonie jugerait à propos de faire établir dans le prolongement de la ligne de Saïgon à Mytho, mais à la condition expresse que les routes sur lesquelles devront être placées les nouvelles voies, auront été construites au préalable par la colonie, avec tous les ouvrages d'art à établir à la traversée des cours d'eau.

Art. 7. — Tous les matériaux de construction destinés à l'exécution des travaux, ainsi que tous les objets de matériel fixe et roulant, seront exemptés des frais de douane et d'octroi de mer.

Art. 8. — Comme garantie des engagements pris pour la construction et l'exploitation du chemin de fer de Saïgon à Mytho, M. Joret versera aussitôt après l'approbation de la concession, à titre de cautionnement, une somme de cent mille francs (100,000 francs) en numéraire, rentes sur l'État, en bons du trésor ou autres effets publics, avec transfert, au profit de la caisse des dépôts et consignations, de celles de ces valeurs qui seraient nominatives ou à ordre.

H. Joret. Le Myre de Vilers.

(24 août 1881)

DÉCRET *approuvant la convention du 18 août 1881 pour la construction et l'exploitation du chemin de fer.*

J. C. p. 685.

Article premier. — Est approuvée la convention susvisée du 18 août 1881 passée conformément à la délibération du conseil colonial de la Cochinchine, en date du 22 novembre 1880.

Jules Grévy.

(17 novembre 1883)

DÉCRET *modifiant la convention du chemin de fer de Saïgon à Mytho et le cahier des charges y annexé.*

B. C. 1884 p. 13.

Article premier. — L'article 2 de la convention du 18 août 1885, relative à la concession du chemin de fer de Saïgon à Mytho, est modifiée ainsi qu'il suit :

Le revenu minimum net garanti par la colonie, pendant la durée de la concession, par kilomètre exploité de la ligne de Saïgon à Mytho est porté de la somme de trois mille huit cent cinquante-deux francs cinquante centimes (3,852 fr. 50 cent.) à la somme de quatre mille vingt-cinq francs (4,025 francs), laquelle représente l'intérêt à cinq francs soixante-quinze centimes (5 fr. 75 cent.) par cent francs du capital de premier établissement évalué à forfait à soixante-dix mille francs (70,000 fr.).

Art. 2. — Les rails seront du poids de vingt kilogrammes le mètre courant (20 kilogrammes) au lieu d'être du poids de quinze kilogrammes (15 kilogrammes) indiqué à l'article 14 du cahier des charges annexé à la convention du 18 août 1881.

Art. 3. — Par rectification à l'article 9 du cahier des charges précité, le ballast, qui devait être exclusivement composé de pierre cassée et de gravier, pourra être fait en sable de yung ou d'arroyo.

JULES GRÉVY.

(20 décembre 1883).

DÉP. M. *Notification d'un décret qui modifie la convention du chemin de fer de Saïgon à Mytho et le cahier des charges y annexé.*

B. C. 1884, p. 12.

Par lettre du 27 août dernier, vous m'avez fait connaître que, dans les séances des 27 décembre 1881, 16 et 19 décembre 1882, le Conseil colonial de Cochinchine avait voté :

1° La substitution du rail de 20 kilogrammes à celui de 15 kilogrammes prévu au cahier des charges de la concession du chemin de fer de Saïgon à Mytho, moyennant un supplément de garantie kilométrique annuelle de 172 fr. 50 cent., ce qui porte la garantie totale, prévue à l'article 2 de la convention du 18 août 1881, à la somme de 4,025 francs ;

2° L'autorisation pour la compagnie concessionnaire d'employer, pour confection du ballast, du sable de yung ou d'arroyo au lieu de la pierre cassée et du gravier prévus à l'article 9 du cahier des charges précité.

J'ai l'honneur de vous informer que la compagnie concessionnaire ayant accepté ces modifications, elles ont été sanctionnées par un décret rendu sur ma proposition le 17 novembre 1883 et qui est inséré au *Bulletin officiel de la marine* (année 1883, n° 445).

Vous trouverez ci-joint une ampliation de ce décret, que je vous autorise à promulguer dans la colonie.

FÉLIX FAURE.

(25 mai 1885)

A. G. *portant que la circulation sera établie sur le chemin de fer au moyen d'un pont provisoire à Tanan et d'un transbordement en bac à Ben-luc.*

J. C. p. 727.

Article premier. — Un pont provisoire sera établi à Tanan pour assurer la circulation des trains, en attendant les grosses réparations à effectuer au pont du Vaïco occidental.

Art. 2. — Dans le même but, il sera installé à Ben-luc un bac pour permettre le transbordement des voyageurs et des marchandises, et deux raccordements provisoires sur chaque rive du grand Vaïco pour conduire les voyageurs audit bac.

Art. 3.— Les dépenses occasionnées par ces travaux seront supportées par le chapitre XVI, deuxième section, article unique, paragraphe 2 : *Garantie d'intérêts de la compagnie du chemin de fer de Saïgon à Mytho.*

Art. 4. — Aussitôt que les travaux provisoires ci-dessus énoncés seront achevés, ils seront examinés par une commission, qui se prononcera sur la sécurité qu'offrira la circulation provisoire ainsi assurée. La même commission fera la réception de la voie ferrée entre Ben-luc et Tanan.

Art. 5. — Il sera ensuite procédé, s'il y a lieu, à l'ouverture de l'exploitation de la ligne entière du chemin de fer de Saïgon à Mytho. Des dispositions seront prises par le service intéressé pour que l'ouverture de la ligne ait lieu dans les quarante jours qui suivront la date de la présente décision.

CHARLES THOMSON.

(18 juillet 1885)

A. G. *portant ouverture de la ligne ferrée de Saïgon à Mytho.*

J. C. p. 913.

Article premier. — La ligne ferrée de Saïgon-Mytho est ouverte à l'exploitation régulière à partir du lundi 20 juillet 1885.

CHARLES THOMSON.

(18 juillet 1885)

A. G. *approuvant : 1° le tableau des distances entre les stations et haltes du chemin de fer de Saïgon à Mytho ; 2° les tarifs et conditions relatives au transport des voyageurs, bagages et marchandises. — Tableaux* (1).

B. C. p. 265.
J. C. p. 930.

Article premier. — Est approuvé le tableau présenté par la compagnie, à la date du 3 juillet 1885, et donnant les distances exactes entre les stations et haltes du chemin de fer de Saïgon à Mytho et les distances à appliquer pour le calcul des taxes. — Tableau annexé au présent arrêté.

Art. 2.— Sont approuvés et homologués les tarifs et conditions relatives au transport des voyageurs, bagages et marchandises, conformément à l'état présenté par la compagnie, en date du 3 juillet 1885, et annexé au présent arrêté.

CHARLES THOMSON.

(18 juillet 1885)

A. G. *concernant l'expédition en petite vitesse et la livraison des animaux, denrées, marchandises et objets quelconques.*

J. C. p. 930.

Article premier. — Les animaux, denrées, marchandises et objets quelconques, transportés en petite vitesse, seront expédiés dans le jour qui suivra celui de la remise.

Le maximum de durée du trajet sera de vingt-quatre heures (de minuit à minuit).

Les colis seront mis à la disposition des destinataires dans le jour qui suivra celui de leur arrivée en gare.

Art. 2. — Les stations de voyageurs seront chaque jour ouvertes au public une heure avant le départ ou le passage du premier train, et elles ne seront fermées qu'après le service public du dernier train terminé.

Les gares à marchandises seront chaque jour ouvertes au public :

En toute saison, de six heures à onze heures du matin, et pendant les mois de mars, avril, mai, juin, juillet, août : pour les expéditions, de deux heures après-midi

(1) Non publiés.

à cinq heures du soir ; pour les livraisons, de deux heures après-midi à six heures du soir.

Pendant les mois de septembre, octobre, novembre, décembre, janvier, février : pour les expéditions, de deux heures après-midi à quatre heures du soir ; pour les livraisons, de deux heures après-midi à cinq heures du soir.

Les dimanches et jours de fêtes légales reconnues, les gares à marchandises fermeront à onze heures du matin.

CHARLES THOMSON.

(18 juillet 1885)

A. G. *augmentant les délais de transport et de livraison des marchandises et animaux par suite du transbordement à effectuer à Ben-luc.*

J. C. p. 930.

Article premier. — Pendant la période d'exploitation de la ligne de Saïgon à Mytho, avec transbordement au Ben-luc,et pour les transports ayant à franchir le Vaïco, le délai stipulé au § 1er de l'article 47 du cahier des charges pour la remise des animaux, denrées, marchandises et objets quelconques expédiés en grande vitesse, sera modifié et établi de la façon suivante :

Ils (les animaux, denrées, etc.) seront mis à la disposition des destinaires, à la gare, dans le délai de deux heures de gare après l'arrivée du premier ou du deuxième train, suivant celui par lequel ils auront été expédiés.

Art. 2. — Pendant la même période et également pour les transports ayant à franchir le Vaïco, le maximum de la durée du trajet, pour les transports en petite vitesse, sera porté à quarante heures.

CHARLES THOMSON.

(4 août 1885)

CIRC. D. I. *Nouvelles dispositions concernant le transport des employés du service local, voyageant par ordre, et de leurs bagages sur le parcours de Saïgon à Mytho. — Des réquisitions leur seront délivrées pour accomplir cette partie du voyage en chemin de fer* (1).

J. C. p. 966.

(14 octobre 1885)

A. G. *portant versement par la compagnie du chemin de fer de la somme annuelle de 7,100 fr. et répartition de ladite somme entre le personnel chargé du service du contrôle.*

J. C. p. 1177.

Article premier. — La Compagnie concessionnaire du chemin de fer de Saïgon à Mytho versera au trésor la somme annuelle de sept mille cent francs (7,100 francs) par acompte de 1,775 francs.

Art. 2. — Les versements auront lieu les 31 mars, 30 juin, 30 septembre et 31 décembre, en piastres, au taux officiel.

(1) V. Passagers et frais de passage, § IV.

Art. 3. — Un crédit de 7,100 francs sera inscrit au chapitre XVI, 2e section, § 2, de l'exercice 1885, sous la rubrique : *Frais de contrôle.*

Art. 4.—Le service du contrôle sera organisé et rémunéré de la manière suivante :

	Francs.
L'ingénieur, chef du service des ponts et chaussées, chef du service du contrôle	2.500
L'ingénieur du contrôle	2.000
Le conducteur de l'arrondissement de Cholon (section comprise entre Saïgon et le pont de Ben-luc, longueur 42 kil.).	1.036
Le conducteur de l'arrondissement de Tanan (section comprise entre et y compris le pont de Ben-luc et le rach Dap-ong-dau, longueur 21 kilomètres 500)	696
Le conducteur de l'arrondissement de Mytho (section comprise entre le rach Dap-ong-dau et Mytho, longueur 17 kil. 500)	568
Le chef de comptabilité des travaux publics	300
Ensemble	7.100

Les paiements se feront au moyen de mandats individuels, payables à la caisse du receveur spécial.

Art. 5.—Le présent arrêté, qui sera notifié au représentant de la Compagnie concessionnaire à Saïgon, par les soins du Directeur des travaux publics, aura son effet à dater du 1er janvier 1886.

BÉGIN.

(3 décembre 1885)

DÉLIB. C. P. *approuvant la réception générale et définitive de la ligne ferrée de Saïgon-Mytho.*

(ARCH. C. P.).

J. C. 1885, p. 1483.

(26 mai 1886)

A. G. *modifiant l'article 66 du cahier des charges de la concession du chemin de fer de Saïgon à Mytho.*

B. C. p. 172.

J. C.p. 702.

Article premier. — L'article 66 du cahier des charges de la concession du chemin de fer de Saïgon à Mytho est modifié ainsi qu'il suit :

Le concessionnaire devra adresser, à la fin de chaque mois, au Gouverneur le compte rendu des résultats de l'exploitation comprenant les dépenses d'exploitation et les recettes brutes; ce compte rendu sera établi dans la forme qui sera prescrite ultérieurement.

En fin d'année le concessionnaire adressera, en outre, un état récapitulatif des recettes et des dépenses de l'exploitation faisant connaître, par la comparaison avec les acomptes mensuels, la situation exacte de la colonie à l'égard du concessionnaire ; s'il résulte que les avances de la colonie ont été trop considérables, la compagnie sera tenue de rembourser immédiatement l'excédent au trésor local avec les intérêts au taux fixé par l'article 5 de la convention du 18 août 1881.

BÉGIN.

(25 mai 1887)

A. G. *chargeant une commission de procéder à la vérification des recettes et des dépenses du service du chemin de fer de Saïgon à Mytho.*

B. C. p. 343.
J. C. p. 594.

Article premier. — Une commission composée de :

MM. Le Directeur des travaux publics, *président ;*
L'ingénieur, chef du contrôle du chemin de fer, *membre ;*
Un ingénieur du contrôle désigné par le Directeur des travaux publics, *idem ;*
Un payeur-adjoint désigné par M. le Trésorier-payeur, *idem ;*
Le chef ou sous-chef du 4e bureau, *idem ;*
Le chef de la comptabilité ou un comptable des travaux publics, *idem ;*
Un commis rédacteur au 4e bureau, *secrétaire*,

est chargée de procéder à la vérification des recettes et dépenses du service d'exploitation du chemin de fer de Saïgon à Mytho, pendant l'exercice 1886 ; elle signalera dans son rapport les dépenses qui, dans son opinion, ne doivent pas figurer parmi les frais d'entretien et généraux du service de l'exploitation.

Ladite commission s'occupera aussi, dès à présent, de déterminer le tarif à forfait des frais d'entretien et d'exploitation, qui doit être établi d'après l'article 4, § 4, de la convention du 18 août 1881, ainsi que de rechercher à quelle époque on doit faire remonter l'ouverture effective de la ligne pour pouvoir servir de point de départ au délai de deux ans fixé audit article pour déterminer le barème de l'exploitation.

La réunion de cette commission sera provoquée par le président, et la commission devra avoir terminé ses opérations dans un délai de *trois mois*.

FILIPPINI.

(30 septembre 1888)

A. G. G. *L'exploitation du chemin de fer de Saïgon à Mytho sera assurée en régie par la colonie à partir du 1er octobre 1888.*

J. C. p. 850.

Article premier. — L'exploitation du chemin de fer sera assurée en régie par la colonie à partir du 1er octobre 1888. M. Chanavat, ingénieur, chef du service des ponts et chaussées *p. i.*, est nommé directeur de cette régie.

Il procédera, contradictoirement avec le mandataire de la Compagnie des chemins de fer garantis, à la remise à la colonie des immeubles, meubles, matériel et approvisionnements dépendant de la ligne de Saïgon à Mytho.

Art. 2. — Le Directeur de la régie d'exploitation recrutera le personnel qui lui est nécessaire et en déterminera la solde, qui sera soumise par le Directeur des travaux publics à l'approbation de l'Administration supérieure.

Art. 3. — Les recettes d'exploitation seront centralisées par le caissier du chemin de fer, qui sera également chargé d'effectuer les paiements d'urgence concernant l'exploitation. Les excédents disponibles en caisse feront l'objet de versements effectués par ses soins tous les cinq jours, ou plus souvent s'il est nécessaire, à un compte de trésorerie ouvert dans les écritures de la recette spéciale du service local, sous la rubrique : *Régie d'exploitation du chemin de fer de Saïgon à Mytho, son compte courant.* Ce compte devra toujours être créditeur ; il lui est affecté dès à présent une première dotation de 1,000 piastres prélevées sur le crédit de 118,750 piastres, inscrit au budget de la Cochinchine, chapitre XIII, 1re section, paragraphe 5, sous la rubrique : *Garantie d'intérêts du chemin de fer de Saïgon à Mytho et insuffisance de recettes*. Le reliquat de ce crédit, après règlement des dépenses d'exploitation de la Compagnie des chemins de fer garantis, sera également versé au compte courant de la régie.

Les dépenses d'exploitation sont imputées sur le compte courant et ordonnancées dans la forme ordinaire.

Les dépenses de main-d'œuvre pourront être payées d'urgence et seront régularisées alors dans le délai d'un mois.

Les avances nécessaires à ce mode de paiement, ainsi que celles qui doivent rester dans les caisses des stations et dont le maximum est fixé à 500 piastres, seront prélevées sur le compte courant et versées au caissier du chemin de fer sur réquisition du directeur de la régie visée par le Directeur du service local.

Il sera produit chaque mois au trésor une situation de la caisse.

Art. 4. — Le directeur des travaux publics prendra les mesures de service intérieur nécessaires pour concilier les fonctions de chef de service des ponts et chaussées avec celles de directeur de la régie d'exploitation que remplira M. Chanavat.

Ce fonctionnaire recevra, à raison de ses nouvelles fonctions, une allocation mensuelle de 100 piastres pour frais de service.

Consulter en outre : *Bagages. Passagers et frais de passage.*

NOTA. — Circ. Dép. M. du 12 mai 1889, a ordonné le versement d'une somme de 40,000 francs à la succursale de la « Hong-Kong-Schangaibonk » pour la liquidation des comptes de la Colonie avec la compagnie concessionnaire du chemin de fer de Saïgon à Mytho.

CHEMINS VICINAUX.

V. *Voirie*.

CHÈQUES.

NATURE DES DOCUMENTS	DATES	RECUEILS A CONSULTER								OBSERVATIONS
		Bat	B. C.	B D. I	J. C.	J. H.	B. M.	B. Col		
Loi.	14 juin 1865.	I-255	350							
Décret.	9 janvier 1867.	I-255	350							

(14 juin 1865)

LOI *concernant les chèques.*

(Promulg. A. G., 1er avril 1867).
BAT. I. p. 255.
B. C. p. 350.

Article premier. — Le chèque est l'écrit qui, sous la forme d'un mandat de paiement, sert au tireur à effectuer le retrait, à son profit ou au profit d'un tiers, de tout ou partie de fonds porté au crédit de son compte chez le tiré, et disponible.

Il est signé par le tireur et porte la date du jour où il est tiré.

Il ne peut être tiré qu'à vue.

Il peut être souscrit au porteur ou au profit d'une personne dénommée.

Il peut être souscrit à ordre et transmis même par voie d'endossement en blanc.

Art. 2. — Le chèque ne peut être tiré que sur un tiers ayant provision préalable ; il est payable à présentation.

Art. 3. — Le chèque peut être tiré d'un lieu sur un autre ou sur la même place.

Art. 4. — L'émission d'un chèque, même lorsqu'il est tiré d'un lieu sur un autre, ne constitue pas, par sa nature, un acte de commerce.

Toutefois, les dispositions du Code de commerce relatives à la garantie solidaire du tireur et des endosseurs, au protêt et à l'exercice de l'action en garantie, en matière de lettres de change, sont applicables aux chèques.

Art. 5. — Le porteur d'un chèque doit en réclamer le paiement dans le délai de cinq jours, y compris le jour de la date, si le chèque est tiré de la place sur laquelle il est payable, et dans le délai de huit jours, y compris le jour de la date, s'il est tiré d'un autre lieu.

Le porteur d'un chèque qui n'en réclame pas le paiement dans les délais ci-dessus perd son recours contre les endosseurs ; il perd aussi son recours contre le tireur, si la provision a péri par le fait du tiré, après lesdits délais.

Art. 6. — Le tireur qui émet un chèque sans date ou qui le revêt d'une fausse date est passible d'une amende égale à 6 p. 100 de la somme pour laquelle le chèque est tiré.

L'émission d'un chèque sans provision préalable est passible de la même amende, sans préjudice de l'application des lois pénales, s'il y a lieu.

Art. 7. — Les chèques sont exempts de tout droit de timbre pendant dix ans, à dater de la promulgation de la présente loi.

(9 janvier 1867)

DÉCRET *rendant applicable aux colonies la loi du 14 juin 1865 sur les chèques.*

(Pomulg. A. G., 1er avril 1867).
BAT. I. p. 255.
B. C. p. 350.

Article premier.—La loi du 14 juin 1865 sur les chèques est applicable aux colonies.

NAPOLÉON.

CHEVAUX DES CORPS DE TROUPE.

NATURE DES DOCUMENTS	DATES	RECUEILS A CONSULTER Bat.	B. C.	B. D. I	J. C.	J. H.	B. M.	B. Col	OBSERVATIONS
A. G.	24 novembre 1868.	I-118	273						
A. G.	8 décembre 1868.	II-793	317						
A. G.	21 mai 1870.	I-123	145						
Dép. M.	6 janvier 1872.	II-770							
Circ. M.	4 juillet 1874.						9		
Dép. M.	15 juillet 1874.	I-536							
A. G.	15 janvier 1875.	I-124	22						
Dép. M.	13 décembre 1877.	I-520							
Circ. M.	17 juillet 1879.						110		
Dép. M.	28 juillet 1879.	I-521							
Circ. M.	23 août 1880.						326		
Dép. M.	24 août 1880.								
Dép. M.	14 décembre 1880.								
Circ. M.	17 mars 1881.						376		
Circ. M.	8 février 1882.						140		
Circ. M.	28 juillet 1882.						156		
Circ. M.	26 janvier 1883.						108		
Dép. M.	29 mars 1883.								
Dép. M.	23 octobre 1883								
D. G.	29 décembre 1883.		449						
Dép. M.	25 juin 1885.								

NATURE DES DOCUMENTS	DATES	RECUEILS A CONSULTER							OBSERVATIONS
		Bat.	B. C.	B.D.I	J. C.	J. H.	B. M.	B.Col	
Dép. M.	24 décembre 1886.		1887 6						
A. G.	22 juillet 1887.		558		770				

(24 novembre 1868).

A. G. *portant que les chevaux et mulets du service de l'artillerie seront versés à la compagnie bis de canonniers-conducteurs* (*art. 1*).

BAT. I. p. 118.
B. C. p. 273.

Article premier. — Les chevaux et mulets à la disposition du service de l'artillerie seront versés à la compagnie *bis* de canonniers-conducteurs, qui en comptera seule et directement à partir du 1er janvier 1869.

. . . .
. . . .

G. Ohier.

(8 décembre 1868)

A. G. *Médicaments nécessaires aux corps montés pour la médication des chevaux.*

BAT. II. p. 794.
B. C. p. 317.

Articles premier et 2. — Transitoires.

Art. 3. — A l'avenir, les corps montés pourvus de vétérinaires pourvoiront eux-mêmes directement à leur approvisionnement en médicaments, soit par voies de demandes à titre de cession à la pharmacie de l'hôpital, soit, à défaut, par des achats sur place, au compte de leur masse de harnachement et de ferrage. Les autres corps montés recevront, à titre de cession, des corps pourvus de vétérinaires, les médicaments nécessaires pour la médication de leurs chevaux.

G. Ohier.

(21 mai 1870)

A. G. *Dispositions concernant l'administration de la compagnie bis de canonniers-conducteurs* (*art. 1 et 2*) (1).

BAT. I, p. 123.
B. C. p. 145.

(6 janvier 1872)

DÉP. M. *Remonte des officiers montés n'appartenant pas aux corps de troupe à cheval. — Manière d'opérer.*

BAT. II. p. 770.

Dans les colonies, les officiers montés n'appartenant pas aux corps de troupe à cheval ne peuvent se pourvoir dans les écoles de dressage ou dans les établissements de remonte, conformément aux règlements et à la décision ministérielle du 13 juin 1860, et prennent, soit dans la compagnie du détachement de gendarmerie, soit dans les corps montés stationnés dans la colonie où ils sont employés, les chevaux dont ils ont besoin, moyennant remboursement *de leur valeur au prix d'achat.*

Mon attention a été appelée sur cette manière d'opérer qui semble, dans certaines circonstances, devoir être préjudiciable à l'officier intéressé. Le cheval cédé peut, en effet, avoir perdu de sa valeur d'acquisition par plusieurs années de service. Il serait donc plus équitable que la cession en fût faite à prix d'estimation, ainsi que cela a lieu pour la réintégration de ces animaux au corps auquel ils ont été pris.

(1) V. *infrà*, A. G., 15 janvier 1875.

J'ai décidé qu'il serait procédé ainsi à l'avenir, mais seulement pour les cas où le choix d'un cheval ne s'effectuerait pas au moment d'une remonte, et s'appliquerait à un cheval ayant déjà été mis en service.

Dans ce dernier cas, et dans l'intérêt du trésor, l'estimation des chevaux pris soit à la gendarmerie, soit à tout autre corps monté, devra être entourée de garanties sérieuses et confiée à une commission spéciale dont devra faire partie le commissaire aux revues et qui ne comprendra aucun des officiers intéressés.

A. POTHUAU.

(4 juillet 1874)

CIRC. M. *Les officiers supérieurs des portions de corps d'infanterie de la marine doivent être pourvus de leurs chevaux réglementaires dans les trente jours qui suivent leur arrivée dans toutes les colonies. — Règlement des droits au fourrage.*

B. M. p. 9.

(15 juillet 1874)

DÉP. M. *au sujet des chevaux à entretenir pour le service de la direction du génie. — Maintien à ce service du cheval cédé par la gendarmerie. — Imputation de la dépense. — L'impossibilité de monter les officiers de l'arme continue à subsister.*

BAT. I, p. 536.

Par lettre du 16 mai, n° 371, vous m'avez rendu compte que vous aviez fait rentrer à la gendarmerie un certain nombre de chevaux cédés gratuitement à divers services de la Cochinchine, mais que vous aviez cru devoir autoriser la direction du génie à conserver celui qui lui avait été remis au même titre. Les raisons présentées par le chef de ce service, et qui vous ont déterminé, sont que l'emploi de cette monture par les deux officiers de la circonscription de Saïgon permet de réaliser sur leurs frais de déplacement une économie assez forte.

D'un autre côté, vous me demandez de prendre en considération le désir exprimé par les prédécesseurs de M. le commandant V..., et qu'il exprime lui-même, de voir, comme en France, les officiers du génie montés au frais de l'État.

En raison de l'avantage qu'il y a à entretenir un cheval à la direction du génie, j'approuve le maintien à ce service de celui cédé par la gendarmerie, et puisque cette mesure profite au service des travaux qui supporte les frais de déplacement du personnel, il y a lieu d'imputer sur les fonds du matériel les dépenses qu'occasionne cet animal. Je considère d'ailleurs qu'il serait avantageux soit de le verser au train, en vue du service des officiers de la circonscription de Saïgon, et moyennant un abonnement d'entretien, soit de le placer en subsistance dans ce corps.

Quant à la demande de pourvoir de montures tous les officiers du génie servant en Cochinchine, il ne m'est pas plus possible de l'accueillir maintenant que n'a pu le faire mon prédécesseur en 1872, car les raisons qui s'y opposaient alors n'ont pas cessé de subsister. Toutefois, et en admettant que cela dût procurer un supplément d'économies sur les frais de déplacement, je ne verrais pas d'inconvénients à affecter au service de la direction du génie un second cheval, dans les mêmes conditions d'entretien que celles indiquées plus haut.

MONTAIGNAC.

(15 janvier 1875)

A. G. *modifiant celui du 31 mai 1870 concernant l'allocation destinée à alimenter la masse de remonte de la compagnie* bis *des canonniers-conducteurs.*

BAT. I. p. 124.
B. C. p. 22.

Article premier. — Est modifié ainsi qu'il suit l'article 2 de l'arrêté susvisé du 21 mai 1870 ;

L'allocation destinée à alimenter la masse de remonte de la compagnie *bis* des canonniers-conducteurs est fixée, savoir :

A 200 francs par cheval et par an, sur le pied d'un effectif de 18 chevaux.

A 100 francs par bête et par an pour les mulets, sur le pied d'un effectif de 42 mulets.

DUPERRÉ.

(13 décembre 1877)

DÉP. M. *au sujet de la destination donnée dans les corps montés aux colonies au produit de la vente des chevaux réformés. — Intervention des fonctionnaires du commissariat et des préposés des domaines.*

BAT. I, p. 520.

Jusqu'à présent, aux termes de la circulaire du 21 juillet 1852 (marine), appliquant à la gendarmerie coloniale, en les étendant à tous les militaires de l'arme, les prescriptions d'une circulaire du 3 octobre 1851 (guerre), le produit de la vente des chevaux réformés de la gendarmerie coloniale a été versé aux masses de remonte des compagnies ou détachements.

Cette faculté a été supprimée en France par une circulaire du Ministre de la guerre, en date du 23 mai 1853, qui a prescrit la remise immédiate aux domaines des produits de cette nature, mais cette circulaire n'a pas été notifiée aux administrations coloniales, en sorte que, dans les colonies, les masses de remonte des compagnies ou détachements de gendarmerie n'ont pas cessé de bénéficier des ressources dont il s'agit.

Cette situation ne saurait être maintenue plus longtemps sans constituer, d'ailleurs, une dérogation aux prescriptions du décret du 31 mai 1862, sur la comptabilité publique.

En conséquence, je vous prie de vouloir bien donner des ordres pour que désormais la vente des chevaux réformés, dans les corps montés aux colonies, soit faite au profit du trésor, avec l'intervention des fonctionnaires du commissariat et des préposés des domaines, d'après les règles tracées par les articles 211 à 217 du règlement du 14 janvier 1869, pour l'application à la marine du décret de 1862.

A. ROUSSIN.

(17 juillet 1879)

CIRC. M. *Modifications apportées au descriptif du 10 janvier 1873, en ce qui concerne le harnachement des chevaux des officiers.*

B. M. p. 110.

(28 juillet 1879)

DÉP. M. *Mode de procéder pour la réforme des chevaux de la gendarmerie, dans l'intervalle des inspections générales.*

BAT. I. p. 521.

J'ai été consulté sur la manière dont il devait être procédé, dans l'intervalle des inspections générales, pour la réforme des chevaux de la gendarmerie.

J'ai l'honneur de vous informer qu'après entente avec M. le Ministre de la guerre, et considérant que, dans la gendarmerie coloniale, les chevaux appartiennent à l'État et non à l'homme, j'ai décidé que, contrairement aux prescriptions de l'article 625 du décret du 1er mars 1854, qui laisse au chef de légion la faculté d'autoriser en cas d'urgence la vente des chevaux appartenant aux gendarmes et impropres à tout service, il y avait lieu, en dehors des inspections générales, d'appliquer aux chevaux de la gendarmerie coloniale, reconnus impropres au service, les dispositions qui règlent, dans l'armée, la réforme des chevaux de troupe, c'est-à-dire de laisser le soin à l'autorité militaire supérieure de prononcer directement ou par délégation la réforme des animaux, sur la proposition du chef de corps. Quant au fonctionnaire administratif, il ne devra intervenir qu'après la décision prononçant la réforme, c'est-à-dire pour faire procéder à la vente des animaux dans les conditions réglementaires.

JAURÉGUIBERRY.

(23 août 1880)

CIRC. M. *Modifications apportées au harnachement des chevaux des officiers d'infanterie de marine.*

B. M. p. 326.

Une note ministérielle du 5 juillet 1888 (*Journal militaire*, partie réglementaire, p. 6) a apporté de nouvelles modifications dans le harnachement des chevaux des officiers d'infanterie.

J'ai décidé que ces modifications seront rendues applicables aux troupes d'infanterie de marine, et que le texte des articles 244, 245, 246, 246 *bis* et 247 du règlement du 10 janvier 1873, portant description de l'uniforme de cette arme, sera remplacé par le suivant :

Art. 244. — Bride. — *La bride en cuir jaune, du modèle de la cavalerie de ligne avec boucles doubles en cuivre doré.*

Elle se compose de plusieurs parties qui sont : le dessus de tête, le montant, le frontal, la sous-gorge, les rênes de bride et les rênes de filets.

Dessus de tête. — *A cette pièce se rattachent les montants et le frontal. Il est fixé au milieu du dessus de tête par un bouton double en cuivre doré qui sert à recevoir la patte à boutonnière du licol.*

Le dessus de tête ne comporte pas de gourmette de rechange.

Montants. — *Ils sont au nombre de deux, garnis en haut d'une boucle double en cuivre avec un passant fixe pour recevoir l'extrémité du dessus de tête ; en bas ils ont une boucle en cuivre enclapée à plat entre le montant et le porte-mors avec deux passants fixés qui encadre au D en cuivre dans lequel s'engage le T de la chaînette du filet.*

Frontal. — *Largeur, 25 millimètres. Il est disposé de manière à empêcher la bride d'aller trop en arrière ; il se joint au dessus de tête par deux gaînes mobiles garnies de chaque côté d'un fleuron en cuivre ne portant ni attribut ni numéro.*

Sous-gorge. — *Elle est formée de deux parties qui sont cousues obliquement au frontal, au-dessous du fleuron et qui se bouclent sous la ganache vers le milieu de la gorge. La sous-gorge n'a que 17 millimètres de large et 15 centimètres de long.*

Rênes de bride. — *Elles se composent des pièces suivantes : les porte-rênes qui se bouclent dans les anneaux du mors ; les rênes proprement dites ; le passant coulant ; les boucles fixes et le fouet.*

Art. 245. — Mors de bride. — *En fer poli, branches droites du modèle de la cavalerie de ligne.*

Art. 246. — *Les rênes de filet se bouclent dans les anneaux du filet, comme les rênes de bride aux anneaux du mors.*

Art. 246 bis. — Mors de filet. — *Il est formé de deux canons s'articulant à trois brisures ; deux anneaux fixés aux extrémités des canons reçoivent chacun quatre maillons et un T qui s'engage dans le D demi-rond des montants de bride.*

Art. 247. — Licol de parade. — *Le licol de parade est en cuir jaune et se compose des pièces ci-après :*

Le grand montant, le petit montant, le dessus du nez et la sous-barbe doublés, qui constituent la muserolle, la sous-gorge, l'alliance et la longe.

Le grand montant soutient la muserolle du côté droit et vient, en passant sur la nuque, se boucler au petit montant qui supporte la muserolle du côté gauche ; la sous-barbe plate passe dans le gros anneau de l'alliance et vient se fixer aux D carrés ; ces derniers reçoivent également le dessus de nez.

La sous-gorge est en forme de collier ; elle se passe dans la ganse formant patte à boutonnière et se boucle à la hauteur des autres boucles de la bride ; cette sous-gorge est plate dans toute sa longueur et passe dans le petit anneau de l'alliance, afin de soutenir la sous-barbe et supporter une partie de la tête du cheval. La sous-gorge peut se détacher du licol et s'engager dans les gaînes mobiles du frontal, si l'on reconnaît la nécessité de se servir de la bride sans licol, de même que ce dernier peut être transformé au besoin en bribon et engageant le T du mors du filet dans les anneaux carrés du licol.

Les boucles doubles du montant et de la sous-gorge sont en cuivre comme celle de la bride.

La longe se compose d'une longue blande de cuir jaune dont une extrémité est terminée par le porte-longe et vient se boucler à l'anneau du licol ; l'autre se termine en pointe et sert à former le nœud d'attache.

L'anneau d'attache du licol doit glisser librement dans la sous-barbe afin de permettre au cheval de tourner facilement la tête.

Il demeure entendu que les officiers pourvus des harnachements de l'ancien modèle pourront les employer jusqu'à usure complète.

JAURÉGUIBERRY.

(24 août 1880)

DÉP. M. *au sujet des masses de remonte et de fourrages du détachement de conducteurs d'artillerie.*

ARCH. GOUV.

Vous m'avez rendu compte de l'exécution des prescriptions contenues dans ma dépêche du 11 février dernier, relative à la suppression de la gendarmerie coloniale à cheval, au versement des chevaux et des fonds des masses de remonte et de fourrages provenant de ce corps au détachement de conducteurs d'artillerie de la marine.

Les indemnités de remonte, de fourrages, ainsi que de harnachement et de ferrage à allouer pour l'année courante au détachement de conducteurs, sont exactement celles indiquées dans votre lettre du 16 avril dernier, mais j'ai décidé d'une part, qu'à partir de l'année 1881, la masse de remonte resterait fixée à 200 fr. par cheval et à 100 fr. par mulet; d'autre part, que l'allocation pour la nourriture des chevaux serait uniformément portée à 1 fr. 70 par jour et celle pour les mulets maintenue à 1 fr. 10. Ces indemnités seront perçues pour l'effectif normal des animaux dudit détachement.

En ce qui concerne l'abonnement de remonte pour les chevaux à céder aux six officiers de l'état-major qui ont droit à des montures à titre gratuit, le versement à raison de 200 fr. ne sera effectué au détachement de conducteurs qu'à partir du 1er janvier 1881.

Il ne m'a pas échappé qu'il serait avantageux de faire passer du chapitre 21 au chapitre 18, dans le but de ne former que deux masses, les fonds prévus pour le harnachement et le ferrage, mais il ne m'a pas paru possible d'apporter cette modification au budget de 1881, par suite, le détachement de conducteurs continue à percevoir, jusqu'à nouvel ordre, au titre du chapitre 21 l'allocation dont il est question.

J'approuve la mesure que vous me proposez, ayant pour objet d'affecter un certain nombre de palefreniers annamites au détachement de conducteurs, d'autant plus qu'il n'est pas possible d'augmenter l'effectif du personnel européen, mais cette disposition ne devra pas avoir pour conséquence d'accroître les charges du Trésor. Vous voudrez bien me rendre compte de ce que vous aurez fait à cet égard.

JAURÉGUIBERRY.

(14 décembre 1880)

DÉP. M. *au sujet de l'effectif et de la remonte du détachement des conducteurs d'artillerie en Cochinchine. — Autorisation d'opérer une remonte de chevaux à Manille et de mulets en Chine.*

ARCH. GOUV.

Dans les rapports qu'il m'a adressés à la suite de son inspection générale, M. le général chargé de l'inspection générale des troupes de toutes armes en Cochinchine en 1880, propose de porter l'effectif du détachement de conducteurs d'artillerie de la marine à 2 officiers et 60 hommes de troupe; d'opérer une remonte de chevaux à Manille et de mulets en Chine.

Ainsi que je vous l'ai fait connaître par dépêche du 24 août dernier, les crédits dont dispose le département ne permettent pas d'augmenter, quant à présent, l'effectif du détachement de conducteurs; je vous ai autorisé par ladite dépêche, afin de ménager le personnel européen, à affecter au détachement de conducteurs un certain nombre de palefreniers annamites, sous la réserve que cette mesure n'entraînerait aucune dépense au compte du budget; la solde de ces auxiliaires doit être supportée par la masse de remonte et de fourrages du détachement.

J'accueille la proposition d'opérer une remonte de chevaux et mulets, et je ne puis que vous inviter à y procéder directement, comme cela se pratique d'ailleurs, pour les corps dont les animaux ne sont pas demandés à titre de cessions remboursables au Département de la guerre.

M. le général de Trentinian m'a également adressé un rapport sur les diverses masses de ce détachement, mais les questions qui y sont soulevées ont été résolues par ma dépêche précitée du 24 août dernier.

J'ai l'honneur de vous prier de notifier ces dispositions à qui de droit et d'en assurer l'exécution en ce qui vous concerne.

CLOUÉ.

(17 mars 1881)

CIRC. M. *Remonte des officiers des corps de troupes de la marine. — Instructions.*

B. M. p. 376.

Un décret en date du 24 octobre 1871 (*Journal militaire*, édition refondue, tome XIII, p. 373) a supprimé aux officiers remontés gratuitement le droit qui leur avait été concédé par l'article 8 du règlement du 3 juillet 1853 sur la remonte de devenir propriétaires de leur monture après sept années de possession continue.

Mais, par une circulaire du 16 novembre suivant (*Journal militaire*, même volume, p. 103), M. le ministre de la guerre a décidé que les capitaines promus chefs d'escadron ou chefs de bataillon conserveront la faculté de racheter, à prix réduit, les chevaux de l'État dont ils sont détenteurs au moment de leur promotion.

Le prix d'achat subit, dans ce cas, une diminution d'autant de septièmes que le cheval est resté d'années entre les mains de l'officier, sous la réserve, toutefois, que cette réduction ne pourra excéder les 4/7 de la valeur de la monture (*Instruction du 18 janvier 1875, Journal militaire, partie réglementaire*, p. 30).

En outre si, par suite de mutation de l'officier au moment de sa promotion au grade d'officier supérieur, le cheval dont il est pourvu à titre gratuit ne peut convenir au nouveau service auquel il est affecté, cet officier peut le remettre à la commission régimentaire de son ancien corps, et, si l'animal est reconnu en bon état, les annuités de possession sont reportées sur la nouvelle monture que l'officier a choisie (*Note ministérielle du 15 novembre 1879, Journal militaire*, p. 329.

D'un autre côté, en vue de seconder l'initiative individuelle des officiers montés, en leur assurant la livraison de chevaux qu'ils auraient préalablement trouvés dans le commerce, l'article 9 de la décision ministérielle du 1er septembre 1878 (*Journal militaire*, p. 235) leur accorde la faculté de présenter ces chevaux aux commissisns de remonte de leur régiment, qui peuvent les acheter à prix d'estimation, suivant la valeur réelle des animaux au point de vue du service.

J'ai l'honneur de vous faire connaître que j'ai rendu applicables aux troupes de la marine ces diverses dispositions dont vous aurez à assurer l'exécution, le cas échéant.

Toutefois, comme il n'existe pas de commissions de remonte dans les corps de troupe de la marine, les chevaux achetés directement au commerce par des officiers montés à titre gratuit devront être présentés à une commission composée du chef de corps, d'un officier supérieur de l'armée et d'un vétérinaire militaire ou civil. Cette commission appréciera si l'animal présenté est propre au service auquel il est destiné, et en fixera le prix sans que le montant de l'estimation puisse être supérieur au chiffre arrêté par le ministre de la guerre, pour l'achat des chevaux de même espèce par les commissions de remonte de son département.

CLOUÉ.

(8 février 1882)

CIRC. M. *Les capitaines d'infanterie de la marine montés seront autorisés à faire ferrer et soigner, au compte de l'État, le cheval qu'ils possèdent et pour lequel, ils recevront, à titre gratuit, une ration de fourrages.*

B. M. p. 140.

Aux termes d'une décision du Ministre de la guerre, en date du 22 août 1881 (*Journal militaire*, partie réglementaire, p. 154) une ration de fourrages est allouée, à titre gratuit, à tout capitaine des compagnies des corps de troupe d'infanterie qui justifie de la possession d'un cheval.

Une autre décision du 7 septembre 1881 (*Journal militaire*, partie réglementaire, p. 176) autorise les mêmes officiers à faire ferrer et soigner, au compte de l'État, le cheval qu'ils possèdent.

J'ai l'honneur de vous informer qu'il doit être fait application de ces dispositions aux capitaines d'infanterie de marine.

La dépense qui résultera de l'allocation de la ration de fourrages, sera imputée sur les fonds du chapitre : « vivres. » Quant à celle afférente à la ferrure et aux médicaments nécessaires aux chevaux, elle devra être supportée par la 2e portion de la masse générale d'entretien du corps, conformément à la circulaire du 13 décembre 1875 (B. M., p. 635).

JAURÉGUIBERRY.

(28 juillet 1882)

CIRC. M. *au sujet du ferrage des chevaux d'officiers des corps de troupes aux colonies.*

B. M. p. 156.

J'ai été consulté par l'administration de l'une de nos colonies sur la question de savoir s'il y a lieu d'abonder du quart en sus le montant des frais de ferrage par l'artillerie, des chevaux appartenant aux officiers des corps de troupe montés régulièrement.

Aux termes de l'article 109 du règlement du 16 mars 1877 sur le service des directions d'artillerie coloniales, article qui reproduit d'ailleurs les dispositions de l'instruction du 1er octobre 1854, l'abondement du quart en sus n'est applicable qu'aux cessions faites à des particuliers. Il me paraîtrait rigoureux de considérer comme des particuliers les officiers qui demandent à faire ferrer les chevaux dont les règlements les obligent à se pourvoir.

J'ai décidé, par ce motif, que désormais les cessions faites aux officiers de troupes régulièrement montés, pour le ferrage de leurs chevaux, seraient exonérées de l'abondement de 25 0/0.

JAURÉGUIBERRY.

(26 janvier 1883)

CIRC. M. *Création d'une masse dite du harnachement et du ferrage, dans les régiments d'infanterie de marine et dépenses auxquelles cette masse doit pourvoir.*

B. M. p. 108.

(29 mars 1883)

DÉP. M. *Le produit de la vente des chevaux réformés qui ont été achetés par la masse de remonte, doit faire retour à cette masse.*

ARCH. GOUV.

Les chevaux de gendarmes, de spahis et de tous les corps coloniaux sont achetés par la masse de remonte, au moyen d'un abonnement qui, non seulement permet à cette masse de faire face au remplacement des chevaux morts ou condamnés, mais lui sert encore à acquitter les menues dépenses, telles qu'achats de médicaments, salaires de palfreniers, etc..., qui sont de nécessité absolue dans les corps de cavalerie.

M. l'Inspecteur général Brière de l'Isle m'a signalé que, dans certaines colonies, cette masse de remonte ne tarderait pas à devenir insuffisante, à moins de rapporter la décision du 13 décembre 1877, qui a retiré à ces masses le droit de bénéficier des produits de la vente de chevaux réformés.

Je suis d'autant plus disposé à accueillir la proposition de cette officier général, que récemment l'attention de mon prédécesseur a été attirée sur une question identique et qu'il a été prescrit à l'administration de l'une de nos colonies de ne pas faire vendre au profit de l'État, mais bien au profit de la masse de remonte, les ustensiles qui étaient achetés par cette masse.

Il ne saurait être procédé autrement à l'égard des chevaux qui sont remplacés au compte de la masse entretenue par un abonnement annuel.

J'ai donc l'honneur de vous prier de donner des instructions pour que l'on revienne au système qui a été en vigueur de 1852 à 1877, c'est-à-dire, pour que les produits de la vente des chevaux réformés et de tous objets achetés sur les fonds des masses fassent retour au crédit de ces masses.

CH. BRUN.

(23 octobre 1883)

DÉP. M. *au sujet des objets de harnachement du détachement de conducteurs d'artillerie; l'entretien des effets de harnachement proprement dits, doit être au compte de la masse.*

ARCH. S. AD.

(29 décembre 1883)

D. G. *portant que les sept mulets du service du génie seront versés à la direction d'artillerie.*

B. C. p. 449.

Les sept mulets appartenant au service du génie seront versés le 31 décembre à la direction d'artillerie et compteront à cet établissement à partir du 1er janvier 1884.

CHARLES THOMSON.

(25 juin 1885)

DÉP. M. *rappel aux prescriptions la circulaire du 13 septembre 1884 au sujet des demandes de harnachement.*

ARCH. S. AD.

(24 décembre 1886)

DÉP. M. *Le cheval annamite devra être considéré comme la monture réglementaire des officiers en Cochinchine. — Fixation des indemnités.*

B. C. 1887, p. 6.

Dans un rapport spécial en date du 1er décembre 1885, M. le Général de brigade, inspecteur général des troupes de toutes armes en Cochinchine, a appelé l'attention du Département sur les mauvais résultats obtenus dans la colonie avec les chevaux dits de grande taille, français, arabes, australiens ou même manillais, qui subissent l'influence pernicieuse du climat et sont absolument inaptes à un service actif.

Il estime que toutes les qualités requises pour un cheval de guerre, santé, résistance à la fatigue, facilité à se nourrir, se trouvent dans le cheval annamite, et il propose de rendre cette monture réglementaire pour tous les officiers qui ont droit à la remonte à titre gratuit ou à titre onéreux. L'indemnité à allouer aux officiers possesseurs de ces animaux et, en général, de tout cheval ayant moins de 1 mètre 25 de hauteur, serait fixée à un franc par jour, soit trente francs par mois.

J'ai l'honneur de vous faire connaître que, sur l'avis conforme du comité technique des inspecteurs généraux des troupes de la marine, j'ai donné mon approbation à ces propositions, et j'ai décidé que l'emploi du cheval annamite d'une taille de 1 mètre 22 au minimum serait autorisé en Cochinchine.

AUBE.

(22 juillet 1887)

A. G. *envoyant M. W..., vétérinaire, en tournée de remonte en Cochinchine, au Cambodge et au Binh-thuan en cas de besoin à l'effet d'acheter pour le service de l'artillerie huit chevaux entiers de race annamite ou cambodgienne. — Dispositions concernant les indemnités, avances, frais d'achat, de conduite et de nourriture.*

B. C. p. 558.
J. C. p. 770.

Article premier. — M. le vétérinaire en premier W..., attaché au service de l'artillerie de la Cochinchine, est envoyé en tournée de remonte en Cochinchine et au Cambodge, à l'effet d'acheter pour le service de l'artillerie, et au compte de la remonte de la compagnie de conducteurs, huit chevaux entiers de race annamite ou cambodgienne et d'une taille minima de 1 mèt. 20 cent. mesure prise au garrot.

Art. 2. — M. le vétérinaire en premier W..., recevra pendant toute la durée de sa mission les indemnités prévues par les règlements des 19 janvier et 14 août 1878. Il pourra recevoir des avances sur ces indemnités. Le conducteur annamite qui doit l'accompagner touchera une solde journalière de 1 fr. 50 cent. pendant toute la durée de son absence.

Art. 3.— Les animaux achetés seront, autant que possible, conduits à Saïgon dans les écuries de l'artillerie par les soins des vendeurs, avec lesquels M. W..., devra s'entendre au sujet du prix de conduite et de nourriture pendant la route.

Art. 4.— Les frais d'achat, de conduite et de nourriture seront soldés par les soins de MM. les Administrateurs locaux, sur la présentation d'un reçu de l'animal vendu signé du lieutenant-colonel commandant les troupes d'artillerie, ou pour les animaux qui ne pourraient être conduits à Saïgon par les vendeurs, en échange d'un reçu de somme pareille délivrée par M. W...

Art. 5. — Toutes les dépenses résultant des trois articles précédents seront supportées par la caisse de remonte de l'artillerie, qui remboursera le service local de ses avances.

Art. 6. — La moyenne du prix de revient des chevaux comprendra toutes les dépenses, et sera établie sur l'ensemble des animaux achetés pour le remboursement à faire par qui de droit.

Art. 7. — MM. les Administrateurs prêteront leurs concours à M. W..., pour la bonne exécution de sa mission, et lui fourniront tous les renseignements qui pourraient lui être utiles.

Ils préviendront notamment les propriétaires de chevaux des villages de leur circonscription de l'arrivée de M. le vétérinaire W...

Art. 8. — M. W..., suivra l'itinéraire suivant : Tayninh, Bienhoa et Baria. Il pourra, au besoin, se rendre au Binh-thuan. A son retour à Saïgon, cet officier remettra au chef de corps un rapport en double expédition sur l'accomplissement de sa mission.

FILIPPINI.

Consulter le rapport manuscrit du capitaine de spahis, M. Villiers, du 6 mars 1886, sur la remonte en chevaux originaires des îles de la Sonde, *Arch. Gouv.*

CHIENS.

V. *Animaux.*

CHINOIS.

V. *Congrégations asiatiques.*
Émigration et immigration.

CHRONOMÈTRES ET COMPTEURS

V. *Hydrographie.*

CIMETIÈRES.

NATURE DES DOCUMENTS	DATES	RECUEILS A CONSULTER							OBSERVATIONS
		Bat.	B. C.	B.D.I	J. C.	J.H.	B. M.	B.Col	
A. G.	7 mars 1864.	1-256	37						
Circ. D. I.	2 janvier 1869.	1-256	278	2					
A. G.	14 août 1873.		309						
A. G.	12 septembre 1873.			48					
Circ. D. I.	10 mai 1880.								
Dép. M.	30 décembre 1881.								
Circ. D. I.	31 décembre 1881.			64					

(7 mars 1864)

A. G. *Des concessions de terrains perpétuelles et temporaires peuvent être faites dans le cimetière de Saïgon. — Prix.*

BAT. I. p. 256.
B. C. p. 37.

Article premier. — Il sera fait, dans le cimetière de Saïgon, des concessions de terrains perpétuelles, trentenaires et temporaires, en se conformant au décret du 23 prairial an XII et à l'ordonnance royale du 26 décembre 1843.

Article 2 — Le prix des concessions variera suivant la superficie du terrain concédé ; il sera compris dans les limites suivantes :

	Minimum.	Maximum.
Concession perpétuelle..........	1.500f 00	3.000f 00
— trentenaire..........	500 00	1.000 00
— temporaire..........	200 00	400 00

DE LA GRANDIÈRE.

(2 janvier 1869)

CIRC. D. I. *Appropriation, au chef-lieu d'arrondissement, d'un terrain destiné à servir de cimetière pour les Européens.*

BAT. I. p. 256.
B. D. I. p. 2.

La loi du 3 juillet 1861 a fait disparaître, pour les Antilles et la Réunion, les dispositions prohibitives inscrites dans l'acte de navigation du 21 septembre 1793, et en vertu desquelles l'emploi du pavillon étranger était interdit pour les relations des colonies, soit avec l'étranger, soit avec la métropole et les autres établissements coloniaux français. Les mêmes restrictions ont été supprimées à la Guyane et au Sénégal par la loi du 11 juillet 1868, dans les dépendances de Gorée par le décret du 19 février de la même année, et enfin dans les établissements français de la côte d'Or et du Gabon, par le décret du 12 septembre 1868.

Dans l'état actuel de notre législation commerciale, et au moment où les surtaxes de pavillon établies en vue de protéger la navigation étrangère viennent de disparaître, j'ai pensé qu'aucune considération n'était de nature à faire maintenir pour ceux de nos établissements d'outre-mer non dénommés ci-dessus, la situation d'exception résultant de la non-abrogation expresse de l'acte de navigation de 1793. D'accord avec M. le Ministre de l'agriculture, du commerce et des travaux publics, comme avec M. le Ministre des finances, j'ai présenté, en conséquence, à l'empereur, qui a bien voulu le revêtir de sa signature, le 9 juillet 1869, un décret ci-joint, en ampliation, portant suppression, dans les établissements français d'outre-mer où l'acte de navigation du 21 septembre 1793 est encore en vigueur, des dispositions prohibitives qui y sont inscrites.

RIGAULT DE GENOUILLY.

(14 août 1873)

A. G. *Cession d'un terrain à la commune de An-hoaxa pour l'établissement d'un cimetière*

B. C. p. 278.

(12 septembre 1873)

A. G. *Concession de trois lots de terrain à la ville de Saïgon pour l'agrandissement du cimetière.*

B. C. p. 309.

(10 mai 1880)

CIRC. D. I. *Demande de renseignements à fournir à la commission chargée d'élaborer un projet d'arrêté sur l'établissement et la réglementation des cimetières.*

B. D. I. p. 48.

M. le Gouverneur a chargé une commission d'élaborer un projet d'arrêté sur l'établissement et la réglementation des cimetières, en tenant compte des mœurs et coutumes du pays.

M. l'inspecteur Labussière, président de cette commission, désirerait savoir :

S'il existe dans tous les villages un emplacement spécialement affecté aux sépultures ;

Quel est le mode suivi par les indigènes pour les inhumations ;

Si, à votre avis, il y a lieu d'affecter les emplacements déjà existants à l'usage des cimetières ;

Et dans les villages où il n'y en aurait point, s'il convient d'en consacrer à l'usage dont il s'agit.

Je vous prie de m'adresser le plus tôt possible, les renseignements demandés, en ce qui concerne votre arrondissement.

NOUET.

(30 décembre 1881)

DÉP. M. *Notification d'un décret rendant applicable à certaines colonies la loi du 15 novembre 1881 qui abroge l'article 15 du décret du 23 prairial an XII relatif aux cimetières. — Observations relatives à l'application de ladite loi à la Cochinchine.*

ARCH. GOUV.

Vous trouverez au *Journal officiel* du 16 de ce mois un décret du Président de la République qui rend applicable, à certaines de nos colonies, la loi du 15 novembre précédent abrogeant l'article 15 du décret du 23 prairial an XII, relatif aux cimetières.

Vous remarquerez que la mesure ne vise pas la Cochinchine.

J'ai pensé qu'il y avait lieu de faire une réserve à l'égard de cette colonie, en considération des mœurs des populations soumises à notre autorité et qu'il importe de ne pas blesser. Cependant, comme il est désirable que nous nous rapprochions du droit commun, je vous laisse le soin de faire application de la législation nouvelle dans la mesure où elle vous paraîtra compatible avec les mœurs et coutumes du pays, chaque fois qu'il sera possible de le faire sans inconvénient.

ROUVIER.

(17 décembre 1874)

CIRC. D. I. *relative à l'emplacement destiné à servir de lieu de sépulture aux Européens.*

B. D. I. p. 64.

une circulaire du 2 janvier 1879, n° 58, vous avez été priés de faire réserver et enclore, dans chaque arrondissement, un emplacement destiné à servir de lieu de sépulture pour les Européens.

L'Administration s'est aperçue que quelques-uns de ces cimetières étaient très négligés; elle regrette qu'on n'ait pas apporté plus de soin à les entretenir d'une manière convenable, dans un pays où l'indigène a, pour ainsi dire, comme seul culte le respect des tombeaux.

Vous voudrez bien, à l'avenir, veiller d'une façon toute particulière à ce que l'endroit où reposent nos compatriotes soit tenu avec sollicitude et décence.

Je vous prie de m'adresser à ce sujet vos propositions et les demandes de crédits que vous croirez nécessaires.

BÉLIARD.

NATURE DES DOCUMENTS	DATES	RECUEILS A CONSULTER							OBSERVATIONS
		Bat.	B. C.	B.D.I	J. C.	J.H.	B.M.	B.Col	
A. G.	24 mars 1877.	II-221	230						
A. G.	2 avril 1877.	II-221	231						
Décret.	16 mars 1880.		153						

(24 mars 1877)

A. G. *transformation des peines prononcées par le Code annamite suivant le tableau annexé au présent arrêté.— Tarif des amendes ou rachats de peines.* (1)

BAT. II. p. 221.
B. C. p. 230.

Article premier. — A l'avenir, les peines prononcées par le Code annamite seront transformées suivant le tableau annexé au présent arrêté.

Art. 2. — Les amendes ou rachats de peines seront à l'avenir prononcées suivant les tarifs compris dans le tableau annexé au présent arrêté.

DUPERRÉ.

(2 avril 1877)

A. G. *Modification du tableau annexé à l'arrêté du 22 mars 1877, portant transformation des peines prononcées par le Code annamite* (2).

BAT. II. p. 221.
B. C. p. 231.

Le tableau annexé à l'arrêté susvisé est modifié comme suit :

PEINE DE MORT.

Strangulation avec exécution...............	Transformées en exécution par la décapitation.
Décapitation avec exécution...............	
Mort lente avec exécution.................	

DUPERRÉ.

(16 mars 1880)

DÉCRET *rendant applicables, en ce qui concerne les crimes et délits commis par les Indigènes ou Asiatiques, les dispositions du Code pénal métropolitain, sous les modifications y insérées* (3).

B. C. p. 153.

Consulter l'ouvrage de M. Philastre, comprenant : *Les commentaires officiels du Code; de nombreuses annotations extraites des commentaires du Code chinois; des renseignements relatifs à l'histoire du droit; des explications et des renvois.*

(1) V. *infrà*, A. G. 2 avril 1877; Décret 16 mars 1880.

(2) Il existe deux traductions françaises du Code annamite : l'une par M. Aubaret, capitaine de frégate (1865); l'autre, plus complète, par M. Philastre, lieutenant de vaisseau, inspecteur des affaires indigènes en Cochinchine (1876).

Consulter en outre une étude sur le droit civil annamite par M. Villard, administrateur principal des affaires indigènes de la Cochinchine (Excursions et reconnaissances).

(3) V. Codes français.

CONVERSION DES PEINES ET AMENDES.

RÈGLE GÉNÉRALE.

Le Code autorise la conversion des peines en amende ou rachat des peines quand la culpabilité est dite relative et dans certains cas seulement (le rachat n'est jamais obligatoire pour le condamné). Le rachat n'est jamais permis, en cas de culpabilité absolue, au principal coupable, quand il y a des complices. — Au reste, consulter le Code pour l'application du rachat et des différents tarifs.

NOMBRE DE COUPS

		DIX.	VINGT.	TRENTE.	QUARANTE.	CINQUANTE	SOIXANTE	SOIXANTE-DIX.	[illegible]	[illegible]	CENT.
Hommes.	Verser le rachat. — Personnes pourvues de ressources.	de 2 f. 50 c. à 125 fr.	de 5 fr. à 250 fr.	de 7 f. 50 c. à 375 fr.	de 10 fr. à 500 fr.	de 12 f. 50 à 625 fr.	de 30 fr. à 1,500 fr.	de 35 fr. à 1,750 fr.	[illegible]	[illegible]	de 50 fr. à 2,500 fr.
	— Personnes pourvues de peu de ressources.	de 2 fr. à 120 fr.	de 4 f. 50 c. à 225 fr.	de 6 f. à 300 fr.	de 7 f. 50 c. à 375 fr.	de 9 fr. à 450 fr.	de 12 fr. à 600 fr.	de 13 f. 50 c. à 675 fr.	[illegible]	[illegible]	de 18 fr. à 900 fr.
Enfants, vieillards, infirmes.	Recevoir le prix du rachat.	de 0,075 m. à 3 fr. 75 c.	de 15 c. à 7 fr. 50 c.	de 0 f. 225m. à 11 f. 25 c.	de 30 c. à 15 fr.	de 0 f. 375m. à 18 fr. 75 c.	de 45 c. à 22 fr. 50 c.	de 0 f. 525m. à 26 fr. 25 c.	[illegible]	[illegible]	de 0 f. 75 c. à 37 f. 50 c.
Femmes.	Racheter la faute.	de 1 fr. à 50 fr.	de 2 fr. à 100 fr.	de 3 fr. à 150 fr.	de 4 fr. à 200 fr.	de 5 fr. à 250 fr.	de 6 fr. à 300 fr.	de 7 fr. à 350 fr.	[illegible]	[illegible]	de 10 fr. à 500 fr.
Femmes.	Rachat de la cangue	»	20 jours de cangue. — de 1 f. 05 c. à 52 f. 50 c.	25 jours de cangue. — de 1 f. 35 c. à 67 f. 50 c.	30 jours de cangue. — de 1 f. 65 c. à 82 f. 50 c.	35 jours de cangue. — de 1 f. 95 c. à 97 fr. 50 c.	40 jours de cangue. — de 2 f. 25 c. à 112 f. 50 c.	45 jours de cangue. — de 2 f. 55 c. à 127 f. 50 c.	[illegible]	[illegible]	60 jours de cangue. — de 3 f. 75 c. à 187 f. 50 c.
Pour les deux sexes	Meurtre et blessures commis par mégarde.	»	de 3 f. 54 c. à 177 fr.	de 5 f. 32 c. à 266 fr.	de 7 f. 09 c. à 354 f. 50 c.	de 8 f. 87 c. à 443 fr.	»	»	[illegible]	[illegible]	de 17 f. 74 c. à 887 fr.

TRAVAIL PÉNIBLE — EXIL — MORT

		UN AN.	UN AN ET DEMI	DEUX ANS	DEUX ANS ET DEMI	TROIS ANS	CULPABILITÉ RELATIVE — QUATRE ANS	CULPABILITÉ RELATIVE — CINQ ANS	EXIL 2,000 LIS.	EXIL 2,500 LIS.	EXIL 3,000 LIS.	MORT
Hommes.	Verser le rachat. — Personnes pourvues de ressources.	de 75 fr. à 3,750 fr.	de 100 fr. à 5,000 fr.	de 125 fr. à 6,250 fr.	de 150 fr. à 7,500 fr.	de 175 fr. à 8,750 fr.	de 200 fr. à 10,000 fr.	de 250 fr. à 12,500 fr.	»	»	»	»
	— Personnes pourvues de peu de ressources.	de 36 fr. à 1,800 fr.	de 54 fr. à 2.700 fr.	de 72 fr. à 3,600 fr.	de 90 fr. à 4,500 fr.	de 108 fr. à 5,400 fr.	de 144 fr. à 7,200 fr.	de 180 fr. à 9,000 fr.	»	»	»	»
Enfants, vieillards, infirmes.	Recevoir le prix du rachat.	de 1 f. 50 c. à 75 fr.	de 1 fr. 875 m. à 92 fr. 75 c.	de 2 fr. 25 à 112 fr. 50	de 2 fr. 625 à 131 fr. 25	de 3 fr. à 150 francs	*Transportation.* de 4 fr. 50 à 225 fr.		de 3 fr. 75 à 187 fr. 50	de 4 f. 125m. à 206 fr.	de 4 f. 50 c. à 225 fr.	de 5 f. 25 c. à 262 fr. 50 c.
Femmes.	Racheter la faute.	10 fr. 75 c. à 537 f. 50 c.	de 11 fr. 125 à 556 fr. 25 c.	de 11 fr. 50 à 575 fr.	de 11 fr. 875 à 593 fr. 75	de 12 fr. 25 à 612 fr. 50	»	»	de 13 fr. à 650 francs	de 13 f. 375m. à 668 f. 75 c.	de 13 f. 75 c. à 687 f. 50 c.	de 14 f. 50 c. à 725 fr.
Femmes.	Rachat de la cangue	»	»	»	»	»	»	»	»	»	»	»
Pour les deux sexes	Meurtre et blessures commis par mégarde.	de 35 f. 48 c. à 1,774 fr.	»	de 53 f. 22 c. à 2661 fr.	»	de 70 fr. 97 à 3,548 fr. 50	»	»	de 106 fr. 45 à 5,322 fr. 50	»	»	de 124 f. 50 c. à 6,210 fr.

Atteignant l'âge de 70 ans. — Travail pénible. Condamnés devenus vieux ou infirmes pendant la durée de leur peine.

Les coups n'ayant pas été administrés, il suffit de diviser le prix total du [illegible] rachat par le nombre total de mois de la peine, et de multiplier ce quotient par le nombre de coups restant à faire. Cette opération se fait, dans tous les cas, aussi bien pour la prison que pour [illegible] temps, prononcée en changement de la peine édictée par le Code pour le fait qui a motivé la condamnation.

Si le calomnié n'a pas subi encore sa condamnation. — Recevoir le prix du rachat. — Calomniateurs présentant une faute légère comme un fait grave.

La peine du travail pénible et de l'exil se convertit toujours en coups par [illegible] rachat, d'après les règles indiquées dans le tableau inséré à cet effet dans le texte du Code : Chaque degré de l'exil se décompose [illegible] quand il s'agit de différencier les peines de l'exil entre elles, ainsi *100 coups et exil à 2,000 lis = 240 coups ; 100 coups* [illegible] *2,500 lis = 260 coups ; 100 coups et exil à 3,000 lis = 280 coups.*

Dans tous les autres cas, les trois degrés d'exil sont considérés comme équivalents à [illegible] ans de travail pénible, ce qui fait 240 coups pour une peine d'exil quelconque.

La peine de mort non exécutée est considérée comme équivalente à 5 ans de travail [illegible] coups.

Conversion en amende par degré de 10 coups de rotin ou de truong. { de 0 fr. 075 mill. à 3 fr. 75 cent.

NOTA. — Les termes employés : *Verser* (le rachat), *recevoir* (le prix du rachat), *racheter* (la faute), *rachat* (de la cangue) [illegible] traduction exacte des termes employés par le Code annamite pour désigner les différents tarifs du rachat des fautes ; les sommes d'argent désignées doivent, dans chaque cas, être versées au trésor, sauf dans le cas du tarif : *Meurtre et blessures commis* [illegible] les sommes désignées dans ce tarif doivent être versées entre les mains de la victime. (*Voir le Code*).

TRANSFORMATION DES PEINES

Peine du rotin.

10 coups, de 1 jour de prison à 2 mois de prison.
20 coups, de 2 jours de prison à 3 mois de prison.
30 coups, de 3 jours de prison à 4 mois de prison.
40 coups, de 4 jours de prison à 5 mois de prison.
50 coups, de 5 jours de prison à 6 mois de prison.

Peine du truong.

60 coups, de 6 jours de prison à 7 mois de prison.
70 coups, de 7 jours de prison à 8 mois de prison.
80 coups, de 8 jours de prison à 9 mois de prison.
90 coups, de 8 mois de prison à 10 mois de prison.
100 coups, de 9 mois de prison à 11 mois de prison.

Peine de la marque.

Première marque, de 1 jour de prison à 2 mois de prison [illegible] travaux forcés (1).
Marque en récidive, 2 mois de prison.

Peine de la cangue (1).

20 jours de cangue, 20 jours de prison ou de travaux forcés.
25 jours de cangue, 25 jours de prison ou de travaux forcés.
30 jours de cangue, 30 jours de prison ou de travaux forcés.
35 jours de cangue, 35 jours de prison ou de travaux forcés.
40 jours de cangue, 40 jours de prison ou de travaux forcés.
45 jours de cangue, 45 jours de prison ou de travaux forcés.
50 jours de cangue, 50 jours de prison ou de travaux forcés.
55 jours de cangue, 55 jours de prison ou de travaux forcés.
60 jours de cangue, 60 jours de prison ou de travaux forcés.

(1) Suivant que la peine principale qu'accompagne la cangue [illegible] marque est changée en prison ou en travaux forcés.

Peine du travail pénible.

[illegible] coups et un an, prison de 11 à 13 mois ou travaux forcés de 12 à 18 mois.
[illegible] coups et un an et demi, prison de 15 à 21 mois ou travaux forcés de 15 à 24 mois.
[illegible] coups et deux ans, travaux forcés de 18 à 30 mois.
[illegible] coups et deux ans et demi, travaux forcés de 21 à 36 mois.
[illegible] coups et trois ans, travaux forcés de 24 à 48 mois.

Peine de l'exil (culpabilité absolue).

[illegible] coups et exil à 2,000 lis, travaux forcés de 3 ans à 5 ans.
[illegible] coups et exil à 2,500 lis, travaux forcés de 5 ans à 10 ans.
[illegible] coups et exil à 3,000 lis, travaux forcés de 7 ans à 12 ans.

Peine de l'exil (culpabilité relative).

[illegible] coups et exil à 2,000 lis. }
[illegible] coups et exil à 2,500 lis. } Transformation ordonnée par le Code en 4 ans de travaux forcés.
[illegible] coups et exil à 3,000 lis. }

Servitude militaire.

Premier degré, en travaux forcés de 10 ans à 15 ans.
Deuxième degré, en travaux forcés de 12 à 18 ans.
Troisième degré, en travaux forcés de 15 à 20 ans.

Peine de mort.

Strangulation avec sursis	Culpabilité absolue.	Travaux forcés de 5 ans à perpétuité.
Décapitation avec sursis		Travaux forcés de 6 ans à perpétuité.
Strangulation avec sursis	Culpabilité relative.	Transformation prescrite par par le Code en 5 ans de travaux forcés.
Décapitation avec sursis		

Strangulation avec exécution, travaux forcés de 10 ans à perpétuité. }
Décapitation avec exécution, travaux forcés de 12 ans à perpétuité. } En exécution par la décapitation.
Mort lente avec exécution, décapitation avec exécution. }

CODES FRANÇAIS.

NATURE DES DOCUMENTS	DATES	RECUEILS A CONSULTER							OBSERVATIONS
		Bat.	B. C.	B.D.I	J.C	J.H.	B. M.	B.Col	
Décret.	25 juillet 1864.	II-139	100						
A. G.	21 décembre 1864.		170						
A. G.	7 mars 1865.	II-148	193						
Loi.	27 juin 1866.	II-198	200						
Décret.	27 novembre 1870.	II-199	292						
Décret.	6 mars 1877.	II-201	158						
Dép. M.	18 avril 1877.								
Dép. M.	10 mars 1880.		151						
Décret.	16 mars 1880.		153						
Cir. J. I.	20 avril 1880.			44					
Dép. M.	23 juillet 1880.								
Décret.	6 mars 1883.						412		
Dép. M.	18 mai 1883.								
D. G.	20 juillet 1884.		280						
Dép. M.	21 mai 1885.								
D. G.	10 juillet 1885.				913				
Circ. M.	25 août 1885.								
Loi	18 avril 1886.				1888 24				
Décret.	28 février 1887.		254		441				
Dép. M.	7 mars 1887.								
Dép. M.	6 août 1887.								

NATURE DES DOCUMENTS	DATES	RECUEILS A CONSULTER								OBSERVATIONS
		Bat.	B. C.	B.D.I	J. C.	J. H.	B. M.	B.Col		
Rapp. M.	2 septembre 1887.									
Décret.	2 septembre 1887.									
A. G. G.	26 octobre 1888.				685					
A. G. G.	30 décembre 1888.					1889 19				

(25 juillet 1864)

DÉCRET *sur l'organisation de la justice dans les possessions françaises en Cochinchine (art. 8, 18, 20, 25 et 37).* (1)

(Promulg. A. G. 24 septembre 1864).
BAT. II. p. 139.
B. C. p. 100.

(21 décembre 1864)

A. G. *promulguant les Codes Napoléon, de procédure civile, de commerce, d'instruction criminelle et pénal, sauf les modifications édictées par le décret du 25 juillet 1864 et sous la réserve d'apporter ultérieurement auxdits codes toutes autres modifications.*

B. C. p. 170.

(7 mars 1865)

A. G. *fixant le délai d'exécution des lois, décrets, arrêtés et règlements promulgués en Cochinchine et prescrivant le dépôt dans chacun des greffes des tribunaux de Saïgon et dans chacun des tribunaux des inspecteurs des affaires indigènes d'un exemplaire des codes (art. 2).*

BAT. II. p. 148.
B. C. p. 193.

Article premier. — . . . .

Art. 2. — Un exemplaire des codes déjà promulgués sera déposé dans chacun des greffes des tribunaux de Saïgon, et dans chacun des bureaux des inspecteurs des affaires indigènes, chargés de la justice dans les provinces.

Les procès-verbaux constatant le dépôt seront réunis au greffe du tribunal supérieur.

Art. 3. — . . . .

DE LA GRANDIÈRE.

(27 juin 1866)

LOI *concernant les crimes, les délits et les contraventions commis à l'étranger par des français modification des articles 5, 6, 7 et 187 du Code d'instruction criminelle.*

(Promulg. A. G., 12 juin 1871).
BAT. II. p. 198.
B. C. p. 200.

Article premier. — Les articles 5, 6, 7 et 187 du Code d'instruction criminelle sont abrogés et seront remplacés ainsi qu'il suit :

Art. 5. — Tout Français qui, hors du territoire de la France, s'est rendu coupable d'un crime puni par la loi française, peut être poursuivi et jugé en France.

Tout Français qui, hors du territoire de la France, s'est rendu coupable d'un fait qualifié délit par la loi française, peut être poursuivi et jugé en France, si le fait est puni par la législation du pays où il a été commis.

Toutefois, qu'il s'agisse d'un crime ou d'un délit, aucune poursuite n'a lieu si l'inculpé prouve qu'il a été jugé définitivement à l'étranger.

En cas de délit commis contre un particulier français ou étranger, la poursuite ne

(1) V. *Service judiciaire.*

peut être intentée qu'à la requête du ministère public ; elle doit être précédée d'une plainte de la partie offensée ou d'une dénonciation officielle à l'autorité française par l'autorité du pays où le délit a été commis.

Aucune poursuite n'a lieu avant le retour de l'inculpé en France, si ce n'est pour les crimes énoncés à l'article 7 ci-après :

Art. 6. — La poursuite est intentée à la requête du ministère public du lieu où réside le prévenu ou du lieu où il peut être trouvé.

Néanmoins, la Cour de cassation peut, sur la demande du ministère public ou des parties, renvoyer la connaissance de l'affaire devant une cour ou un tribunal plus voisin du lieu du crime ou du délit.

Art. 7. — Tout Étranger qui, hors du territoire de France, se sera rendu coupable, soit comme auteur, soit comme complice, d'un crime attentatoire à la sûreté de l'État, ou de contrefaçon du sceau de l'État, de monnaies nationales ayant cours, de papiers nationaux, de billets de banque autorisés par la loi, pourra être poursuivi et jugé d'après les dispositions des lois françaises, s'il est arrêté en France ou si le Gouvernement obtient son extradition.

Art. 187. — La condamnation par défaut sera comme non avenue si, dans les cinq jours de la signification qui en aura été faite au prévenu ou à son domicile, outre un jour par cinq myriamètres, celui-ci forme opposition à l'exécution du jugement et notifie son opposition tant au ministère public qu'à la partie civile.

Les frais de l'expédition de la signification du jugement par défaut et de l'opposition pourront être laissés à la charge du prévenu.

Toutefois, si la signification n'a pas été faite à personne ou s'il ne résulte pas d'acte d'exécution du jugement que le prévenu en a eu connaissance, l'opposition sera recevable jusqu'à l'expiration des délais de la prescription de la peine.

Tout Français qui s'est rendu coupable de délits et contraventions en matière forestière, rurale, de pêche, de douanes ou de contributions indirectes, sur le territoire de l'un des États limitrophes, peut être poursuivi et jugé en France, d'après la loi française, si cet État autorise la poursuite de ses regnicoles pour les mêmes faits commis en France.

La réciprocité sera légalement constatée par des conventions internationales ou par un décret publié au *Bulletin des lois*.

(27 novembre 1870)

DÉCRET *modifiant les trois derniers paragraphes de l'article 463 du Code pénal.*

(Promulg. A. G., 5 septembre 1871).
BAT. II. p. 199.
B. C. p. 292.

Les trois derniers paragraphes de l'article 463 du Code pénal sont abrogés et remplacés par les dispositions suivantes :

Dans tous les cas où la peine de l'emprisonnement et celle de l'amende sont prononcées par le Code pénal, si les circonstances paraissent atténuantes, les tribunaux correctionnels sont autorisés, même en cas de récidive, à réduire l'emprisonnement même au-dessous de six jours et l'amende même au-dessous de 16 francs ; ils pourront aussi prononcer séparément l'une ou l'autre de ces peines et même substituer l'amende à l'emprisonnement, sans qu'en aucun cas elle puisse être au-dessous des peines de simple police.

(6 mars 1877)

DÉCRET *rendant le Code pénal applicable dans les colonies du Sénégal et dépendances, de Saint-Pierre et Miquelon, de Mayotte et Nossi-Bé, de la Cochinchine, de la Nouvelle-Calédonie, des établissements français de l'Océanie.*

(Promulg. A. G. 31 mai 1877).
BAT. II. p. 201.
B. C. p. 158.

Article premier. — Les dispositions du Code pénal, actuellement en vigueur dans la métropole, sont rendues applicables dans les colonies du Sénégal et dépendances, de Saint-Pierre et Miquelon, de Mayotte et Nossi-bé, de la Cochinchine, de la Nouvelle-Calédonie, des établissements français de l'Océanie.

Art. 2. — Les dispositions de l'article 121 du Code pénal sont complétées ainsi qu'il suit pour lesdites colonies :

Art. 121. — Seront, comme coupables de forfaiture, punis de la dégradation civique, tous officiers de police judiciaire, tous procureurs généraux et de la République, tous substituts, tous juges qui auront provoqué, donné ou signé un jugement, une ordonnance ou un mandat tendant à la poursuite personnelle ou accusation soit d'un ministre, soit d'un membre de la Chambre des pairs, de la Chambre des députés ou du Conseil d'État, sans les autorisations prescrites par les lois de l'État, ou qui, hors les cas de flagrant délit ou de rumeur publique, auront, sans les mêmes autorisations, donné ou signé l'ordre ou le mandat de saisir ou arrêter un ou plusieurs ministres, ou membres de la Chambre des pairs, de la Chambre des députés ou du Conseil d'État.

Seront punis de la même peine tous officiers de police judiciaire, tous procureurs généraux, tous substituts, tous juges, qui auront provoqué, donné ou signé des mandats, ordonnances ou jugements, contre le Gouverneur, ou qui auront autorisé contre lui un acte de cette nature sans les autorisations prescrites par les lois de l'État.

Cette peine sera également encourue par les officiers ministériels qui auront mis à exécution de pareils actes.

Art. 3. — Les faits prévus par les règlements de police, émanés de l'autorité locale, sont considérés comme contraventions de police simple et punis des mêmes peines.

Le Gouverneur, néanmoins, pour régler les matières d'administration et pour l'exécution des lois, décrets et règlements promulgués dans la colonie, conserve exceptionnellement le droit de rendre des arrêtés et décisions, avec pouvoir de les sanctionner par quinze jours de prison et cent francs (100 fr.) d'amende au maximum.

Dans ce cas, et toutes les fois que les peines pécuniaires ou corporelles excéderont celles du droit commun en matière de contraventions, les règlements dans lesquels ils seront prévus devront, dans un délai de quatre mois, passé lequel ils seront caducs, être convertis en décrets par la Chef de l'État.

Art. 4. — Les juges de paix connaîtront des infractions aux règlements, décrets et arrêtés mentionnés dans l'article 3, pourvu que les peines qui les sanctionnent ne dépassent pas quinze jours de prison et cent francs d'amende.

Mal DE MAC-MAHON.

(18 avril 1877)

DEP. M. *Notification du décret du 6 mars 1877 rendant applicable à la Cochinchine le Code pénal.*

ARCH. GOUV.

Vous trouverez ci-joint deux ampliations d'un décret rendu sur ma proposition le 6 mars 1877 et qui rend applicable à la Cochinchine le Code pénal actuellement en vigueur dans la métropole.

Je vous prie de donner des ordres pour la promulgation de ce décret et du Code avec les changements introduits dans ce Code depuis 1864.

Ainsi que je vous l'ai fait connaître par ma dépêche du 29 mars dernier (1), ce décret comble, par son article 3, la lacune qui existait dans la législation de la Colonie, en vous donnant le droit de sanctionner vos arrêtés d'administration et de police par des pénalités pouvant s'élever jusqu'à 15 jours de prison et 100 francs d'amende. Toutefois, lorsque les peines excéderont celles de simple police déterminées par le Code, les arrêtés qui les édicteront devront être approuvés par le Chef de l'État dans un délai de 4 mois.

Vous aurez soin, dès lors, de m'adresser le plus promptement possible les arrêtés qui devront être soumis à cette formalité.

Il est bien entendu que le nouveau décret ne déroge en rien à celles des dispositions du décret organique du 25 juillet 1864 qui concèdent aux Indigènes habitant en dehors du ressort des tribunaux de Saïgon, le droit d'être jugés conformément à la loi annamite.

FOURICHON.

(16 mars 1880)

DÉP. M. *Notification du décret du 16 mars 1880 rendant applicable aux Annamites et aux Asiatiques étrangers le Code pénal, sauf certaines modifications.*

B. C. p. 151.

Vous trouverez au *Journal officiel* du 18 de ce mois le décret du 16 mars courant, rendu sur ma proposition, et portant application aux Annamites et aux Asiatiques étrangers du Code pénal français, sauf certaines modifications nécessitées par la situation particulière de ces populations.

Je vous prie de promulguer cet acte dans la colonie.

L'article 1er pose le principe de l'application du Code pénal métropolitain.

L'article 2 énumère les articles de ce Code que les mœurs locales ou la constitution de la famille annamite ne permettent pas d'appliquer. Je n'ai modifié sur ce point vos propositions qu'en maintenant le § 4 de l'article 386, punissant le vol commis par des aubergistes, hôteliers et voituriers qui auront détourné tout ou partie des objets à eux confiés.

D'autre part, j'ai pensé comme vous que l'on pouvait provisoirement supprimer pour le vol la circonstance aggravante de l'effraction, afin de tenir compte de la différence fondamentale qui existe à cet égard entre la législation française et la législation annamite. J'espère qu'avec le temps on pourra faire pénétrer dans l'esprit des populations la notion des circonstances aggravantes, d'après lesquelles la loi française a échelonné les peines, et que, dès lors, il sera possible de rentrer dans le droit commun en cette matière.

L'article 3 énonce les articles qu'il s'agit de modifier en raison soit des mœurs ou des règles constitutives de la famille annamite, soit de la nécessité de ménager, en ce qui touche la répression du vol, une transition entre la loi annamite et la loi française. Les articles 20, 71 et 355 méritent particulièrement de fixer votre attention.

La modification que vous avez introduite dans le texte de l'article 20 consiste en ce que l'invidu condamné à la *détention* est renfermé dans un des établissements pénitentiaires de la colonie et qu'il est assujetti aux *règlements intérieurs* concernant la police de ces établissements. Sans doute, en l'absence de forteresses pouvant servir de lieu de détention dans les conditions prévues par la loi française, les condamnés à cette peine devront être renfermés dans un établissement pénitentiaire ; mais en disant que ces condamnés seront assujettis au règlement intérieur de l'établissement, vous vous êtes servi d'une formule qui peut prêter à l'ambiguïté, et faire perdre son véritable caractère à la détention, peine essentiellement politique. La rédaction du décret ne s'écarte du texte métropolitain que de l'injonction de séparer absolument les détentionnaires des condamnés de droit commun.

En modifiant l'article 71 vous avez perdu de vue que l'article 70 prévoit non-seulement des peines de droit commun, telles que les travaux forcés, mais encore une peine politique, celle de la déportation. Pour rester fidèle au principe de la division de ces peines, le décret conserve le texte de l'article métropolitain qui substitue pour les sexagénaires la peine de la détention à celle de la déportation.

L'article 355 applique la peine des travaux forcés à temps en cas de détournement d'une fille mineure de seize ans accomplis. J'ai pensé que, dans un pays où la femme atteint rapidement l'état nubile, il serait trop rigoureux d'appliquer cette disposition du Code, surtout si l'on considère que

(1) V. Gouverneur.

l'article 356 prononce la peine des travaux forcés à temps, même en cas où la fille mineure de seize ans aura volontairement suivi son ravisseur.

Pour ces motifs, le décret modifie cet article, en fixant la limite d'âge à quatorze ans.

J'appelle surtout votre attention sur l'article 4 du décret qui laisse subsister dans certains cas des peines annamites. Bien que cette disposition déroge à notre principe d'assimilation pénale, je l'ai maintenue provisoirement parce que mon département n'est pas suffisamment fixé sur ces infractions spéciales pour établir un rapport exact entre elles et les peines du droit français qu'il conviendrait de leur appliquer. Je vous prie, dès lors, de donner des ordres pour qu'une classification de ces infractions et des peines applicables soit faite sans retard ; ce travail devra servir de base à un projet de décret pour la substitution de peines françaises à toutes les infractions de cette catégorie et qui ne sont pas prévues par le Code pénal métropolitain.

Je vous prie de me rendre compte des mesures que vous aurez prescrites en exécution de la présente dépêche.

JAURÉGUIBERRY.

(16 mars 1880)

DÉCRET *rendant applicables en Cochinchine, en ce qui concerne les crimes et délits commis par les Indigènes ou Asiatiques, les dispositions du code pénal sous les modifications y insérées* (1).

(Promulg. A. G. 22 avril 1880).
B. C. p. 153.

Article premier. — Sont rendues applicables en Cochinchine, en ce qui concerne les crimes et délits commis par les Indigènes ou Asiatiques, les dispositions du Code pénal métropolitain sous les modifications portées ci-après.

Art. 2. — Sont supprimés les articles suivants : 115, 116, 339, 384, 386, §§ 1er, 2 et 3, 390, 391, 392, 393, 394, 395, 396, 397, 398 et 399.

Art. 3. — Les articles ci-après sont modifiés ainsi qu'il suit :

Art. 13. — Le coupable condamné à mort pour parricide sera conduit sur le lieu de l'exécution en chemise, nu-pieds et la tête couverte d'un voile blanc.

Il sera exposé sur l'échafaud pendant qu'un huissier fera au peuple lecture de l'arrêt de condamnation, et il sera immédiatement exécuté à mort.

Art. 17. — La peine de la déportation consistera à être transporté et à demeurer à perpétuité dans un lieu déterminé par la loi ou les règlements, hors du territoire continental de la colonie. Si le déporté rentre sur le territoire de la colonie, il sera, sur la preuve de son identité, condamné aux travaux forcés à perpétuité.

Le déporté qui ne sera pas rentré sur le territoire de la colonie, mais qui sera saisi dans les pays occupés par les armées françaises, sera conduit dans le lieu de sa déportation.

Art. 20. — Quiconque aura été condamné à la détention sera renfermé dans l'un des établissements de la colonie, déterminés par un arrêté du Gouverneur en conseil privé. Il devra être séparé absolument des condamnés de droit commun.

Il communiquera avec les personnes placées dans l'intérieur du lieu de détention ou avec celles du dehors, conformément aux règlements de police établis par un arrêté du Gouverneur.

La détention ne peut être prononcée pour moins de cinq ans, ni pour plus de vingt ans, sauf le cas prévu par l'article 33.

Art. 29. — Quiconque aura été condamné à la peine des travaux forcés à temps, de la détention ou de la réclusion, sera, de plus, pendant la durée de sa peine, en état d'interdiction légale ; il lui sera donné comme tuteur le chef de famille (en langue annamite : *truong toé*) pour gérer et administrer ses biens.

Art. 32. — Quiconque aura été condamné au bannissement sera transporté par ordre du gouvernement hors du territoire de la colonie.

La durée du bannissement sera au moins de cinq années, et de dix ans au plus.

Art. 33. — Si le banni, avant l'expiration de sa peine, rentre sur le territoire de la colonie, il sera, sur la seule preuve de son identité, condamné à la détention pour un temps au moins égal à celui qui restait à courir jusqu'à l'expiration du bannissement et qui ne pourra excéder le double de ce temps.

Art. 35. — Toutes les fois que la dégradation civique sera prononcée comme peine principale, elle

(1) V. *infrà*, J. I. 20 avril 1880.

pourra être accompagnée d'un emprisonnement dont la durée, fixée par l'arrêt de condamnation, n'excédera pas cinq ans.

Si le coupable est un Étranger ou un sujet français ayant perdu l'exercice de ses droits civiques, la peine de l'emprisonnement devra toujours être prononcée.

Art. 44. — L'effet du renvoi sous la surveillance de la haute police sera de donner au Gouverneur le droit de déterminer certains lieux dans lesquels il sera interdit au condamné de paraître après qu'il aura subi sa peine.

Le condamné devra déclarer, au moins quinze jours avant sa mise en liberté, le lieu où il veut fixer sa résidence ; à défaut de cette déclaration, le gouvernement la fixera lui-même.

Le condamné à la surveillance ne pourra quitter la résidence qu'il aura choisie ou qui lui aura été assignée, avant l'expiration d'un délai de six mois, sauf l'autorisation du Directeur de l'Intérieur.

Néanmoins, les administrateurs pourront donner cette autorisation :

1° Dans les cas de simples déplacements dans les limites mêmes de leurs arrondissements ;

2° Dans les cas d'urgence, mais à titre provisoire seulement.

Après l'expiration du délai de six mois ou avant même l'expiration de ce délai, si l'autorisation nécessaire a été obtenue, le condamné pourra se transporter dans toute résidence non interdite, à la charge de prévenir l'administration huit jours à l'avance. Le séjour de six mois est obligatoire pour le condamné dans chacune des résidences qu'il choisira successivement pendant tout le temps qu'il sera soumis à la surveillance, à moins d'autorisation spéciale donnée, conformément aux dispositions précédentes, soit par le Directeur de l'Intérieur, soit par les administrateurs.

Tout condamné qui se rendra à sa résidence recevra une feuille de route réglant l'itinéraire dont il ne pourra s'écarter et la durée de son séjour dans chaque lieu de passage.

Il sera tenu de se présenter dans les vingt-quatre heures de son arrivée devant le maire de la commune qu'il devra habiter.

Art. 70. — Les peines des travaux forcés à perpétuité, de la déportation et des travaux forcés à temps ne seront prononcées contre aucun individu âgé de 60 ans accomplis au moment du jugement.

Art. 71. — Ces peines seront remplacées à leur égard, savoir : celle de la déportation par la détention à perpétuité, et les autres par celle de la réclusion soit à temps, soit à perpétuité, selon la durée de la peine qu'elle remplacera.

Art. 73. — Les aubergistes et hôteliers convaincus d'avoir logé plus de vingt-quatre heures quelqu'un qui, pendant son séjour, aurait commis un crime ou un délit, seront civilement responsables des restitutions, des indemnités et des frais adjugés à ceux à qui ce crime ou ce délit aurait causé quelque dommage, faute par eux d'avoir inscrit sur leurs registres le nom, la profession et le domicile du coupable, sans préjudice de leur responsabilité dans le cas des articles 1952 et 1953 du Code civil français (1).

Art. 74. — Dans les autres cas de responsabilité civile qui pourront se présenter dans les affaires criminelles, correctionnelles ou de police, les cours et tribunaux, devant qui ces affaires seront portées, se conformeront aux dispositions des lois civiles annamites.

Art. 75. — Tout sujet français qui aura porté les armes contre la France sera puni de mort.

Art. 110. — Si le crime a été commis par suite d'un plan concerté pour être exécuté soit dans toute la colonie, soit dans un ou plusieurs arrondissements, la peine sera le bannissement.

Art. 117. — Les dommages-intérêts qui pourraient être prononcés, à raison des attentats exprimés dans l'article 114, seront demandés soit sur la poursuite criminelle, soit par la voie civile, et seront réglés, eu égard aux personnes, aux circonstances et au préjudice souffert.

Art. 153. — Quiconque fabriquera un faux passeport, un faux permis d'armes ou un faux permis de séjour, ou falsifiera un passeport, un permis d'armes ou un permis de séjour originairement véritable, ou fera usage d'un passeport, d'un permis d'armes ou d'un permis de séjour fabriqué ou falsifié, sera puni d'un emprisonnement de six mois au moins et de trois ans au plus.

Art. 154. — Quiconque prendra dans un passeport, dans un permis d'armes ou dans un permis de séjour, un nom supposé, ou aura concouru, comme témoin, à faire délivrer le passeport sous le nom supposé, sera puni d'un emprisonnement de trois mois à un an.

La même peine sera applicable à tout individu qui aurait fait usage d'un passeport, d'un permis d'armes ou d'un permis de séjour délivré sous un autre nom que le sien.

(1) Art. 1952. — Les aubergistes ou hôteliers sont responsables, comme dépositaires des effets apportés par le voyageur qui loge chez eux ; le dépôt de ces sortes d'effets doit être regardé comme un dépôt nécessaire.

Art. 1953. — Ils sont responsables du vol ou du dommage des effets du voyageur, soit que le vol ait été fait ou que le dommage ait été causé par les domestiques et préposés de l'hôtellerie, ou par des Étrangers allant et venant dans l'hôtellerie.

Les logeurs et aubergistes qui, sciemment, inscriront sur leurs registres, sous des noms faux ou supposés, les personnes logées chez eux, ou qui, de connivence avec elles, auront omis de les inscrire, seront punis d'un emprisonnement de six jours au moins et de trois mois au plus.

Art. 194. — L'officier de l'état civil sera aussi puni de seize francs à trois cents francs d'amende lorsqu'il aura reçu, avant le temps prescrit par la loi annamite, l'acte de mariage d'une femme ayant déjà été mariée.

Art. 273. — Les vagabonds nés dans la colonie pourront, après un jugement même passé en force de chose jugée, être réclamés par délibération du conseil municipal de la commune où ils sont nés, ou cautionnés par un citoyen solvable.

Si le gouvernement accueille la réclamation ou agrée la caution, les individus ainsi réclamés ou cautionnés seront, par ses ordres, renvoyés ou conduits dans la commune qui les aura réclamés, ou dans celle qui leur sera assignée pour résidence sur la demande de la caution.

Art. 340. — Celui qui, du vivant de la première épouse (en langue annamite *Vo' lo'n*), contractera une autre union du même degré, sera puni des peines portées en l'article 401.

L'officier public qui aura prêté son ministère à ce mariage, connaissant l'existence du précédent, sera puni d'une amende de seize francs à deux cents francs.

Art. 344. — Dans chacun des cas suivants :

1° Si l'arrestation a été exécutée avec le faux costume, sous un faux nom, ou sur un faux ordre de l'autorité publique ;

2° Si l'individu arrêté, détenu ou séquestré, a été menacé de mort,

Les coupables seront punis des travaux forcés à perpétuité.

Mais la peine sera celle de la mort si les personnes arrêtées, détenues ou séquestrées ont été soumises à des tortures corporelles.

Seront punis des peines prévues par la présente section et selon les distinctions établies dans les articles 341, 342, 343 et 344, §§ 1, 2 et 3, ceux qui auront enlevé des personnes quelconques pour les vendre comme esclaves ou auront disposé des personnes placées sous leur autorité dans le même but.

Art. 346. — Ceux qui, tenus par les règlements de faire la déclaration d'un accouchement, ne l'auront point faite dans les délais fixés par lesdits règlements, seront punis d'un emprisonnement de six jours à six mois et d'une amende de seize francs à trois cents francs.

Art. 347. — Toute personne qui, ayant trouvé un enfant nouveau-né, ne l'aura pas remis à l'officier de l'état civil, sera punie des peines portées au précédent article.

La présente disposition n'est point applicable à celui qui aurait consenti à se charger de l'enfant et aurait fait sa déclaration à cet égard devant la municipalité du lieu où l'enfant a été trouvé.

Art. 355. — Si la personne ainsi enlevée ou détournée est une fille au-dessous de quatorze ans accomplis, la peine sera celle des travaux forcés à temps.

Art. 356. — Quand la fille au-dessous de quatorze ans aurait consenti à son enlèvement ou suivi volontairement le ravisseur, si celui-ci était majeur de vingt-un ans, il sera condamné aux travaux forcés à temps. Si le ravisseur n'avait pas vingt-un ans, il sera puni d'un emprisonnement de deux à cinq ans.

Art. 380. — Les soustractions commises par les maris au préjudice de leurs femmes, par un veuf ou une veuve, quant aux choses qui avaient appartenu à l'époux décédé, par des pères ou mères ou autres ascendants, au préjudice de leurs enfants ou autres descendants, ne pourront donner lieu qu'à des réparations civiles.

Les soustractions commises par des femmes au préjudice de leurs maris, par des enfants ou autres descendants au préjudice de leurs pères et mères ou autres ascendants, pourront, indépendamment des réparations civiles, donner lieu aux mesures de correction suivantes :

Le mari, le père, la mère, l'ascendant, au préjudice duquel la soustraction a été commise, pourront requérir la détention du délinquant, pendant six mois au moins, et ce, quel que soit son âge. Ils s'adresseront au juge qui délivrera l'ordre d'arrestation ou le refusera, et pourra, dans le premier cas, abréger le temps de la détention requis par le plaignant. Ce dernier est toujours maître d'abréger la durée de la détention par lui requise.

A l'égard de tous autres individus qui auraient recélé ou appliqué à leur profit, tout ou partie des objets volés, ils seront punis comme coupables de vol.

Art. 381. — Seront punis des travaux forcés à perpétuité, les individus coupables de vol commis avec la réunion des cinq circonstances suivantes :

1° Si le vol a été commis la nuit ;

2° S'il a été commis par deux ou plusieurs personnes ;

3° Si les coupables ou l'un d'eux étaient porteurs d'armes apparentes ou cachées ;

4° Si les coupables ont commis le crime en prenant le titre d'un fonctionnaire public ou d'un officier civil ou militaire ou après s'être revêtus de l'uniforme ou du costume du fonctionnaire ou de l'officier, ou en alléguant un faux ordre de l'autorité civile ou militaire;

5° S'ils ont commis le crime avec violence ou menace de faire usage de leurs armes.

Art. 385. — Seront punis de la peine des travaux forcés à temps, tous individus coupables de vol commis avec les trois circonstances :

1° La nuit;

2° S'il a été commis par deux ou plusieurs personnes;

3° Si un ou plusieurs des coupables étaient porteurs d'armes apparentes ou cachées.

Art. 4. — Pour tous les crimes, délits et contraventions des Indigènes ou Asiatiques, non prévus par le présent Code, les tribunaux continueront d'appliquer les lois, règlements et coutumes annamites, jusqu'à ce qu'il en soit autrement ordonné.

Art. 5. — Le Code pénal, tel qu'il a été promulgué en Cochinchine en vertu du décret du 6 mars 1877, continuera à régir les Européens et tous autres justiciables des tribunaux français.

Art. 6. — Est déclarée applicable aux Annamites la loi du 17 mai 1819 sur la répression des crimes et délits commis par la voie de la presse ou par tout autre moyen de publication, déjà promulguée dans la colonie le 20 février 1874.

JULES GRÉVY.

(20 avril 1880)

CIRC. J. I. *au sujet de l'application en Cochinchine du Code pénal.*

B. D. I. p. 44.

Le n° 54 du *Journal officiel* de la colonie vous a fait connaître que, par décret en date du 16 mars dernier, rendu sur le rapport du Ministre de la marine et des colonies, et du garde des sceaux, Ministre de la justice, le Président de la République a prescrit l'application, en Cochinchine, des dispositions du Code pénal métropolitain, en ce qui concerne les crimes et délits commis par les Indigènes ou Asiatiques, sous les modifications apportées aux articles 13, 17, 29, 32, 35, 44, 70, 71, 74, 75, 110, 115, 116, 117, 153, 154, 194, 273, 339, 340, 344, 346, 347, 355, 356, 380, 381, 384, 385, 386, § 1, 2 et 3, 390, 391, 392, 393, 394, 395, 396, 397, 398 et 399.

Ainsi que vous le remarquerez, les prescriptions comprises dans cet important décret n'atteignent pas seulement la loi pénale indigène, mais encore des arrêtés locaux : les règlements sur l'état civil, par exemple.

Une commission a été nommée par M. le Gouverneur pour assurer la traduction et la publication du Code pénal en langue annamite, à un nombre tel d'exemplaires qu'on le puisse répandre partout et arriver à ce que la connaissance de la loi par les justiciables ne soit plus une fiction. Mais, en attendant, vous n'en devez pas moins, à partir du jour où le décret est tenu pour promulgué dans votre ressort (article 109 de l'arrêté du 20 novembre 1877), arrêter toute application des dispositions pénales du Code annamite, et leur substituer celles de notre Code métropolitain, sous le bénéfice des prescriptions de l'article 109 précité, touchant les faits antérieurs à la promulgation. Cette substitution ne présente, du reste, pas le moindre inconvénient, puisqu'elle est déjà opérée, au moins en ce qui regarde les pénalités, en fait depuis les premiers jours de l'occupation française, et en droit depuis le 24 mars 1877.

Je vous recommande de vous inspirer, dans l'application de cette législation pénale, des instructions ministérielles, en date du 10 mars 1880, qui précèdent le décret, lesquelles établissent ce principe essentiel que le législateur a entendu respecter les mœurs locales et notamment la constitution de la famille, autant qu'elles sont compatibles avec les nécessités sociales, les progrès accomplis et les aspirations des populations.

Dans tous les cas non prévus par le Code métropolitain modifié et qui constituent des actes réprouvés par les lois, les règlements, les coutumes annamites, et punis par le Code indigène, vous continuerez à appliquer les dispositions édictées par ce dernier, jusqu'à nouvelle réglementation. Je n'ai pas besoin d'ajouter qu'en aucun cas il ne peut être infligé aucunes peines autres que des peines françaises.

Rien n'est changé, présentement, dans les formes de la procédure en vigueur.

Approuvé : LE MYRE DE VILERS.

J. SILVESTRE.

(23 juillet 1880)

DÉP. M. *ordonnant la promulgation en Cochinchine de la loi du 18 juillet 1880 portant application aux colonies de la loi du 2 août 1868, portant abrogation de l'art. 1781 du Code civil.*

ARCH. GOUV.

Vous trouverez au *Journal officiel* du 18 juillet courant une loi portant application aux colonies de la loi du 2 août 1868, portant abrogation de l'art. 1781 du Code civil.

Je vous prie de promulguer cet acte dans la colonie et de prescrire la mesure nécessaire pour en assurer l'exécution.

JAURÉGUIBERRY.

(6 mars 1883)

DÉCRET *rendant applicable aux colonies la loi du 2 août 1882 ayant pour objet la répression des outrages aux bonnes mœurs.*

B. M. p. 413.

Article premier. — La loi du 2 août 1882 ayant pour objet la répression des outrages aux bonnes mœurs est rendue applicable aux colonies françaises.

Art. 2. — Le Ministre de la marine et des colonies et le Garde des Sceaux sont chargés, etc.

JULES GRÉVY.

(18 mai 1883)

DÉCR. M. *au sujet du vœu demandant la promulgation de l'article 3 du Code civil.*

ARCH. GOUV.

Dans sa séance du 19 décembre dernier, le Conseil colonial a renouvelé le vœu qu'il avait émis dans sa session de 1880 et tendant à la promulgation dans toute la colonie de l'art. 3 du Code civil.

Le Conseil colonial en émettant ce vœu s'est inspiré du désir de prévenir les contestations absolument inextricables qui naissent de ce que la propriété immobilière est régie par deux législations entièrement différentes, selon que les transactions sur ces propriétés interviennent entre Asiatiques ou entre Asiatiques et Européens.

L'adoption du vœu du Conseil général aurait pour conséquence de faire passer la propriété immobilière annamite sous le régime de la loi française.

Je reconnais l'importance de cette mesure au point de vue de l'assimilation des Indigènes et de la facilité des transactions, mais avant de prendre une décision sur ce point, je désirerais connaître les résultats des travaux de la commission chargé de préparer un Code civil pour les Annamites et qui s'occupe en ce moment du livre II traitant précisément des biens et des différentes modifications de la propriété.

Par suite, j'ai l'honneur de vous prier d'appeler sur ce point, l'attention de la commission qui devra vous adresser un rapport spécial sur cette question.

CH. BRUN.

(20 juillet 1884)

D. G. *nommant une commission à l'effet d'étudier le vœu relatif à l'application du Code de commerce aux Indigènes et Asiatiques.*

B. C. p. 280.

Par décision du Gouverneur, en date du 20 juillet 1884, rendue sur la proposition du Directeur de l'Intérieur et du Procureur général,

Une commission composée de :

MM. . . . .

se réunira sur la convocation de son président à l'effet d'étudier le vœu relatif à l'application du Code de commerce aux Annamites et aux Asiatiques.

(21 mai 1885)

DÉP. M. *Observations sur le Code d'instruction criminelle.— Demande d'un projet de décret.*

ARCH. GOUV.

(10 juillet 1885)

D. G. *chargeant la commission nommée par décision du 10 juin 1885 de l'étude d'un projet de Code d'instruction criminelle spécial à la colonie.*

J. C. p. 913.

La commission nommée par la décision du 10 juin 1885, à l'effet de préparer les projets d'organisation pour la mise en pratique des vœux sus-visés, émis par le Conseil colonial à la date des 4 et 6 février dernier, est également chargée de l'étude d'un projet d'instruction criminelle spécial à la colonie, demandé par la dépêche ministérielle sus-visée.

Sont adjoints à ladite commission pour tous les travaux qu'elle est chargée d'élaborer :

MM. . . . .

CHARLES THOMSON.

(25 août 1885)

CIRC. M. *Notification de la loi du 12 août 1885, ayant pour objet de modifier plusieurs articles du Livre II du Code de commerce.*

ARCH. GOUV.

(18 avril 1886)

LOI *sur la procédure du divorce et de la séparation de corps. — Modifications aux articles 234 à 252 et 307 du Code civil* (1).

(Promulg. décret, 11 novembre 1887).
J. C. 1888, p. 21.

(28 février 1887)

DÉCRET *portant addition à l'article 383 du Code pénal rendu applicable par décret du 16 mars 1880 aux Annamites et aux Asiatiques étrangers domiciliés en Cochinchine.*

(Promulg. A. G., 15 avril 1887).
B. C. p. 254.
J. C. p. 441.

Article premier. — L'article 383 du Code pénal, rendu applicable aux Annamites et aux Asiatiques étrangers domiciliés en Cochinchine, par le décret du 16 mars 1880, est abrogé et remplacé ainsi qu'il suit :

Art. 383. — Les vols commis sur les chemins publics ainsi que sur les fleuves, rivières, canaux et arroyos navigables emporteront la peine des travaux forcés à perpétuité lorsqu'ils auront été commis avec deux des circonstances prévues à l'article 381.

(1) V. Divorce.

Ils emporteront la peine des travaux forcés à temps lorsqu'ils auront été commis avec une seule de ces circonstances.

Dans les autres cas, la peine sera celle de la réclusion.

JULES GRÉVY.

(7 mars 1887)

DÉP. M. *Notification d'un décret en date du 28 février 1887 portant addition à l'art. 383 du Code pénal de la colonie.*

ARCH. GOUV.

Vous trouverez au journal officiel de la République française du 2 mars courant, un décret du 27 février 1887, portant addition à l'article 383 du Code pénal de la colonie.

Cet acte donne satisfaction aux propositions que vous avez formulées dans votre lettre du 13 octobre dernier.

Je vous prie de vouloir bien le promulguer sans retard en Cochinchine.

A. DE LA PORTE.

(6 août 1887)

DÉP. M. *au sujet de l'application des livres II et III du Code civil français.*

ARCH. GOUV.

(2 septembre 1887)

RAPPORT M. *précédant le décret du 2 septembre 1887 rendant applicable aux colonies la loi du 12 août 1885, modifiant plusieurs articles du titre II du Code de commerce.*

ARCH. GOUV.

La loi du 12 août 1885 a modifié certains articles du livre II du Code de commerce, qui ont trait aux relations de l'armement et de l'équipage des navires en cas de naufrage, ainsi qu'à l'emprunt à la grosse et à l'assurance.

Il y a intérêt à faire bénéficier des dispositions de cette loi nos colonies, où le Code de commerce est aujourd'hui partout en vigueur.

Dans ces conditions, et conformément aux articles 8 et 18 du sénatus-consulte du 3 mai 1854, j'ai l'honneur de soumettre à votre signature le projet de décret ci-joint, qui rend applicable aux colonies les dispositions récemment adoptées pour la métropole.

E. BARBEY.

(2 septembre 1887)

DÉCRET *rendant applicable aux colonies la loi du 12 août 1885 modifiant plusieurs articles du titre II du Code de commerce.*

Article premier. — La loi du 12 août 1885 modifiant plusieurs articles du titre II du Code de commerce, est rendue applicable aux colonies.

JULES GRÉVY.

(26 octobre 1888)

LOI *ayant pour objet d'ajouter un paragraphe à l'article 463 du Code pénal.* (1)

(Promulg. A. G. G., 10 juillet 1889)
J. C. p. 685.

Article premier. — Le paragraphe suivant est ajouté à l'article 463 du Code pénal :

Dans le cas où l'amende est substituée à l'emprisonnement, si la peine de l'emprisonnement est seule prononcée par l'article dont il est fait application, le maximum de cet amende sera de 3,000 francs.

(1) Rendue applicable à l'Indo-Chine et aux autres colonies par décret du 10 mai 1889 (J. C. p. 680).

Art. 2. — La présente loi est applicable aux colonies de la Martinique, de la Guadeloupe et de la Réunion.

(30 décembre 1888)

A. G. G. *rendant applicable dans toute l'étendue du Tonkin, le Code civil, le Code de procédure civile, le Code de commerce, le Code d'instruction criminelle et le Code pénal et divers décrets relatifs à l'organisation de la justice en Cochinchine.*

J. H. 1889, p. 19.

Consulter en outre : *Législation appliquée aux Annamites et Asiatiques.*

CODE INTERNATIONAL.

V. *Navigation.*

CODE DE JUSTICE MILITAIRE.

V. *Justice militaire.*

COLLÈGE DES ADMINISTRATEURS STAGIAIRES.

NATURE DES DOCUMENTS	DATES	RECUEILS A CONSULTER							OBSERVATIONS
		Bat	B. C.	B D I	J. C.	J. H.	B. M.	B. Col	
Décret.	10 février 1873.		118						
A. G.	29 août 1873.		297						
A. G.	25 janvier 1875.	I-38	38						
A. G.	10 mars 1875.	I-40	93						
Décret.	2 juin 1876.	I-44	174						
Circ. G. G.	2 octobre 1889.	917							

(10 février 1873)

DÉCRET *organisant le service des affaires indigènes.* — *(Art. 5 et 15)* (1).

(Promulg. A. G., 3 avril 1873).
B. C. p. 118.

(29 août 1873).

A. G. *portant organisation du collège des stagiaires. — Programme des examens à subir par les candidats aux diverses classes d'administrateur des affaires indigènes. — Programme transitoire des examens à subir par les inspecteurs de 3e et 4e cl. entrés en fonctions avant le décret du 10 février 1873 et devenus administrateurs auxiliaires de 2e et 3e cl. par le fait de la promulgation dudit décret.*

B. C. p. 297.

(25 janvier 1875)

A. G. *modifiant l'arrêté du 29 août 1873 organisant le collège des stagiaires* (2).

BAT. I. p. 38.
B. C. p. 38.

(10 mars 1875)

A. G. *modifiant les articles 3, 18 et 19 de l'arrêté du 25 janvier 1875 organique du collèg des stagiaires.*

BAT. I. p. 40.
B. C. p. 93.

(2 juin 1876)

DÉCRET *portant réorganisation du service des affaires indigènes (art. 7).*

(Promulg. A. G., 14 juillet 1876).
BAT. I. p. 44.
B. C. p. 174.

(2 octobre 1889).

CIRC. G. G. *Notification d'une dépêche ministérielle en date du 29 août 1889, portant rétablissement d'un collège pour le recrutement des administrateurs des affaires indigènes de Constantine.*

J. C. p. 917.

(1) V. *Infrà*, Décret, 2 juin 1875.
(2) V. *Infrà*, A. G., 25 janvier 1875.
(3) *Infrà*, A. G., 10 mars 1875.

COLIS POSTAUX.

V. *Postes et Télégraphes.*

COLLÈGE DES INTERPRÈTES.

NATURE DES DOCUMENTS	DATES	RECUEILS A CONSULTER Bat.	B. C.	B.D.I	J. C.	J.H.	B.M.	B.Col	OBSERVATIONS
A. G.	9 mars 1885.		85		362				
A. G.	9 mars 1885.				363				
D. G.	13 mars 1885.				365				
A. G.	13 mai 1885.				710				
A. G.	8 septembre 1887.		667		896				

(9 mars 1885)

A. G. *portant création d'un collège destiné à former des interprètes pour les langues annamite, chinoise, cambodgienne et siamoise. — Tableau des soldes et autres dépenses.*

B. C. p. 85.
J. C. p. 362.

Article premier. — Il est créé à Saïgon un collège destiné à former des interprètes pour les langues annamite, chinoise, cambodgienne et siamoise (1). Il recevra des élèves européens et des élèves indigènes ou Asiatiques étrangers.

Les cours dureront deux années et se renouvelleront après cette période. Ils seront ouverts du 1er mars au 31 décembre de chaque année.

Art. 2. — L'admission aux places d'élève interprète sera prononcée à la suite d'un concours dont le programme sera fixé par un arrêté spécial. Ne pourront prendre part à ce concours que les candidats européens autorisés par M. le Gouverneur et les candidats indigènes autorisés par M. le Directeur de l'Intérieur.

Les candidats à l'emploi d'élève interprète européen devront être Français, âgés de 20 ans au moins et de 30 ans au plus et avoir satisfait à la loi sur le recrutement. Ils devront être pourvus d'un diplôme de bachelier, ou du brevet supérieur de l'enseignement primaire, ou du diplôme de l'enseignement spécial.

Des élèves libres qui n'auront à justifier ni des conditions d'âge ni des conditions de capacité requises dans le précédent paragraphe pourront être admis par décision de M. le Gouverneur à suivre les cours du collège. Ils seront soumis aux mêmes examens que les élèves titulaires. S'ils sont reçus en fin de seconde année il leur sera délivré un diplôme d'interprète qui ne leur donnera droit à aucun emploi dans l'Administration. Si toutefois, étant à l'origine dans les conditions d'âge voulues, ils produisaient ultérieurement un des diplômes requis, ils pourraient être nommés à des emplois d'interprète de 4e classe.

Les candidats à l'emploi d'élève interprète indigène devront être âgés de 17 ans au moins et de 24 ans au plus et être pourvus du brevet élémentaire.

Les Asiatiques étrangers pourront être dispensés de la production de ce brevet.

Les candidats à l'emploi d'élève interprète européen devront joindre à leur demande un engagement de servir au moins cinq ans dans l'Administration après la sortie du collège. Si avant l'expiration de ce délai ils donnaient leur démission et s'établissaient dans la colonie ou dans l'un des pays voisins (Singapore, Siam, Laos, Cambodge, Annam, Tonkin, Chine et colonies européennes en Chine), ils resteraient redevables à la colonie du montant de leur solde pendant les deux années d'étude.

Art. 3. — Les élèves interprètes sont divisés en deux classes dont la solde est fixé ainsi qu'il suit :

A. — Européens 1re classe, 900 piastres ; 2e classe, 800 piastres.
B. — Indigènes 1re classe, 240 piastres ; 2e classe, 200 piastres.

Les places de première classe ne formeront qu'un cinquième de l'effectif réglementaire au moment de l'admission des élèves. Elles seront attribuées de droit à ceux d'entre eux qui auront obtenu les premières places à l'examen de fin d'année.

Art. 4. — Les élèves interprètes ne seront pas admis à concourir pour les primes instituées par l'arrêté du 23 juillet 1879. Cependant, si au moment de leur admis-

(1) Lire au J. C. 1885, p. 674 et 688 l'historique de cette institution.

sion au collège ils avaient la jouissance d'une ou plusieurs de ces primes, elle leur sera conservée jusqu'à leur nomination à l'emploi d'interprète.

Art. 5. — Les cours seront divisés en deux sections de chinois et de cambodgien. La section de chinois comprendra : l'enseignement du français, de l'annamite, du chinois écrit et du dialecte cantonnais. La section de cambodgien comprendra : l'enseignement du français, de l'annamite, du cambodgien et du siamois. Les cours de de siamois ne commenceront qu'au second semestre de la première année.

Art. 6. — Le nombre d'élèves à admettre dans chaque section au commencement de chaque période d'instruction sera déterminé par M. le Gouverneur.

Art. 7. — Les candidats pourront faire connaître dans leur demande s'ils entendent se destiner exclusivement à l'une des branches d'étude ; dans le cas où ils n'auraient pas témoigné cette préférence, ils seraient répartis par l'Administration suivant les besoins du service.

Art. 8. — Aux cours ordinaires seront jointes des conférences qui se feront le jeudi, et qui auront pour objet l'histoire, la géographie, l'histoire naturelle de l'Extrême-Orient, l'ethnologie, les mœurs des populations de l'Indo-Chine, l'histoire des colonies françaises, des colonies européennes de l'Extrême-Orient, le commerce, l'agriculture, les sciences appliquées, l'industrie au point de vue des applications possibles en Indo-Chine, etc.

Les professeurs et les auteurs de conférences seront tenus de remettre les manuscrits de leurs cours ou de leurs conférences au directeur de l'école, qui les fera autographier.

Ces conférences seront rétribuées.

Art. 9. — Chaque samedi, en présence du directeur du collège et d'un délégué du Directeur de l'Intérieur assistés de tous les professeurs et répétiteurs, il sera fait une revue générale du travail des semaines antérieures. Chaque élève devra être interrogé au moins deux fois par mois, sur l'une des matières qui font le sujet de l'enseignement.

Un relevé mensuel des notes indiquant la moyenne obtenue dans le mois sera transmis au Directeur de l'Intérieur. Si pendant trois mois de suite la moyenne mensuelle des notes d'un élève est inférieure à la moitié du maximum des points, il pourra être licencié par décision de M. le Gouverneur, s'il appartient au cadre européen ; par M. le Directeur de l'Intérieur, s'il appartient au cadre indigène.

Art. 10. — A l'expiration de la première année classique, les élèves subissent un examen sur toutes les matières de l'enseignement, les conférences exceptées.

Tout élève qui, à cet examen, n'aura pas obtenu la moitié du maximum des points, sera licencié.

Les notes mensuelles seront cumulées avec les notes obtenues à cet examen de fin d'année, et le résultat de cette opération donnera lieu à un classement des élèves qui seront promus à la première classe de leur grade dans l'ordre ainsi déterminé. Aucune vacance ouverte au cours de l'année ne donnera droit à cette première classe.

Art. 11. — A l'expiration de la deuxième année classique, les élèves subiront un examen définitif. Les candidats qui n'obtiendront pas les trois cinquièmes du maximum des points seront éliminés ; il en sera de même de tout candidat dont les compositions ou les réponses auront été évaluées comme nulles dans une des matières du programme. Toutefois, les candidats éliminés qui auraient obtenu les deux cinquièmes du maximum des points seront admis à passer un nouvel examen dans un délai de trois mois, après quoi, s'ils échouent, ils seront définitivement écartés.

Les candidats admis seront nommés interprètes européens de 4e classe, aux appointements annuels de 1,200 piastres, ou interprètes indigènes de 4e classe à 300 piastres s'ils ont 21 ans, et interprètes auxiliaires à 260 piastres s'ils n'ont pas encore cet âge.

Les programmes des cours et des examens seront fixés par un arrêté ultérieur.

Art. 12. — Les lundi, mardi, mercredi et vendredi, il sera fait quatre heures de cours, le jeudi une conférence, le samedi six heures d'examen hebdomadaire.

Des devoirs écrits seront donnés aux élèves et corrigés par les professeurs, qui les transmettront mensuellement au directeur du collège.

Le tableau de l'emploi du temps sera dressé chaque semestre par le directeur du collège et soumis à l'approbation de M. le Directeur de l'Intérieur.

Si un élève s'absente sans motif deux fois dans le même mois, il lui sera donné un avertissement par le directeur du collège ; au second avertissement, il sera rendu compte au Directeur de l'Intérieur, et au troisième, l'exclusion pourra être prononcée.

L'arrivée en retard sera assimilée à l'absence.

Art. 13. — Le collège des interprètes sera placé sous l'autorité d'un directeur.

Le directeur assurera le maintien de la discipline parmi les élèves, veillera à ce que les professeurs fassent leurs cours régulièrement et en conformité avec les programmes arrêtés. Il procédera, avec le concours des professeurs, aux examens hebdomadaires et présidera les examens de fin de première année.

Il pourra être chargé de l'un des cours.

Art. 14. — Le personnel enseignant comprendra des professeurs et des répétiteurs.

Les professeurs seront au nombre de cinq, savoir :

Un professeur d'annamite, un professeur de chinois, un professeur de français, un professeur de cambodgien, un professeur de siamois.

Les répétiteurs seront au nombre de sept, savoir :

Un répétiteur pour le cours d'annamite, un lettré annamite pour le cours de chinois, un interprète cantonnais *idem*, deux répétiteurs indigènes, pour le cours de français ; un répétiteur cambodgien, un répétiteur siamois.

La solde et l'assimilation de ces professeurs seront déterminées par des arrêtés ultérieurs.

CHARLES THOMSON.

ANNEXE.

	Piastres	Piastres
Solde des professeurs et répétiteurs (pour 10 mois)	6,234 90	6,234 90
Solde des élèves.		
10 élèves européens à 8,000 piastres ; pour dix mois	6,666 00	
40 élèves indigènes à 8000 piastres ; pour dix mois	6,666 00	
		13,332 00
ART. 3.		
Solde des plantons et autographistes (10 mois)	880 00	880 00
ART. 4.		
Location d'une maison (10 mois)	800 00	
Achat de mobilier	500 00	
Presse autographique et accessoires	300 00	
Bibliothèque	500 00	
Frais de bureau (10 mois)	100 00	
Fournitures pour l'autographie	600 00	
40 conférences à 40 piastres	1,600 00	
		4,400 00
Dépenses imprévues	153 10	153 10
Arrêté à la somme de vingt-cinq mille piastres		25,000 00

(9 mars 1885)

A. G. *fixant le programme des concours d'admission au collège des interprètes, ainsi que le programme des cours et des examens de sortie.*

J. C. p. 363.

Article premier. — Le programme des concours d'admission du collège des interprètes est fixé ainsi qu'il suit :

MATIÈRES D'EXAMEN POUR LES CANDIDATS EUROPÉENS.	COEFFICIENTS.	MAXIMUM des points.
Écrit.		
Dictée en français	10	200
Compositions en français	8	160
Problèmes d'arithmétique et de géométrie	10	200
Oral.		
Arithmétique	8	160
Géographie de l'Asie. — Colonies européennes de Extrême-Orient, notions générales	10	200
Total des points		920

Il sera accordé un quart d'heure pour revoir la dictée, deux heures pour la narration, deux heures pour les problèmes. L'épreuve orale durera dix minutes. Les candidats qui n'auront pas obtenu à l'épreuve écrite la moitié du maximum des points ne seront pas admis à l'épreuve orale.

Les candidats qui auront obtenu aux épreuves moins de 528 points seront refusés.

MATIÈRES D'EXAMEN POUR LES CANDIDATS EUROPÉENS	COEFFICIENTS.	MAXIMUM des points.
Écrit.		
Dictée en français	10	200
Dictée en annamite	10	200
Problèmes d'arithmétique et de géométrie	8	160
Narration en français	12	240
Oral.		
Lecture et explication d'un texte en français	12	240
Géographie de la France et des colonies	8	160
Arithmétique, système métrique	8	160
Total des points		1,360

Il sera accordé un quart d'heure pour revoir chaque dictée, deux heures pour les problèmes, trois heures pour la narration. L'épreuve orale pourra durer un quart d'heure.

Les candidats qui à l'épreuve écrite n'auront pas obtenu 400 points seront éliminés. Il en sera de même de ceux qui sur l'ensemble de l'examen n'auront pas obtenu 816 points.

Art. 2. — Le programme des cours du collège des interprètes est fixé ainsi qu'il suit :

1. SECTION DE CHINOIS.

EUROPÉENS.

ANNAMITE. — *Première année.* — Explication des chuyên doi xua et du Luc vân tiên, ou de textes gradués de difficulté analogue, traductions orales, thèmes, versions, conversations en annamite.

Deuxième année.— Explication du Kim vân kiêu, pièce de théâtre, poésies diverses, thèmes et rédactions en annamite, versions, traductions orales, conversations.

CHINOIS. — *Première année.* — Explication d'un texte en langue vulgaire, versions, thèmes et compositions en chinois, conversations en cantonnais.

Deuxième année. — Explication des quatre livres, textes administratifs, versions, thèmes et compositions en chinois, conversations, compositions en français.

INDIGÈNES.

FRANÇAIS. — *Programmes des deux années.* — Explication d'auteurs modermes, traductions orales, versions, thèmes, conversations et compositions en français.

ANNAMITE. — *Première année.* — Explication du Kim vân kiêu, compositions en annamite.

Deuxième année. — Pièces de théâtre, poésies lyriques, etc., composition en annamite.

CHINOIS. — *Première année.* — Explication du Mencius, thèmes, versions, composition en chinois, conversations en cantonnais.

Deuxième année. — Explication des quatre livres complets, textes vulgaires et textes administratifs, thèmes, versions et compositions en chinois, conversations en cantonnais.

2. SECTION DE CAMBODGIEN.

EUROPÉENS.

ANNAMITE. — Cours de la section de chinois.

CAMBODGIEN. — Explication d'auteurs gradués, thèmes, versions, traductions orales, compositions, conversations en cambodgien.

SIAMOIS. — Explication d'auteurs chinois, thèmes, versions, traductions orales, compositions, conversations en siamois.

INDIGÈNES.

FRANÇAIS. — Cours de la section de chinois.

CAMBODGIEN.—Explication d'auteurs choisis, thèmes, versions, traductions orales, compositions, conversations en cambodgien.

SIAMOIS. — Explication d'auteurs choisis, thèmes, versions, traductions orales, compositions, conversations en siamois.

Les cours de siamois ne commenceront qu'au second semestre de la première année.

Art. 3. — Le programme des examens de sortie du collège des interprètes est fixé ainsi qu'il suit :

NATURE DE LA COMPOSITION.	COEFFICIENTS	MAXIMUM des POINTS	TEMPS ACCORDÉ pour LA COMPOSITION
1° SECTION DE CHINOIS			
Européens.			
Ecrit.			
Thème annamite	10	200	3 heures.
Version annamite	8	160	1 —
Composition en annamite	9	180	2 —
Thème chinois	12	240	2 —
Version chinoise	9	180	2 —
Composition en chinois	10	200	3 —
Total des points de l'écrit		1,160	

NATURE DE LA COMPOSITION	COEFFICIENTS	MAXIMUM des POINTS	TEMPS ACCORDÉ pour LA COMPOSITION
Oral.			
Explication d'un texte annamite pris dans les poëmes en distiques réguliers ou les pièces de théâtre	8	160	L'examen oral pourra durer 3 quarts d'heure.
Traduction orale d'un texte français en annamite	12	240	
Conversation en annamite	10	200	
Explication d'un texte chinois	9	180	
Conversation en cantonnais	11	220	
Total des points de l'oral		1,000	
2° SECTION D'ANNAMITE. **Élèves indigènes.**			
Écrit.			
Thème français	12	240	3 heures.
Composition en français	10	200	3 —
Version française	8	160	2 —
Composition en annamite	10	200	2 —
Composition en chinois	11	220	3 —
Thème chinois (texte donné en français)	12	240	3 —
Version du chinois en français	11	220	2 —
Total des points de l'écrit		1, 480	
Oral.			
Explication d'un texte français moderne	10	200	L'épreuve orale pourra durer trois quarts d'heure.
Traduction orale d'un texte annamite en français	12	240	
Explication d'un texte annamite en français	10	200	
Conversation en français	12	240	
Explication des Quatre Livres	10	200	
Conversation en cantonnais	12	240	
Total des points de l'oral		1, 320	
3° SECTION DE CAMBODGIEN. **Élèves européens.**			
Écrit.			
Thème annamite	10	200	3 heures.
Version annamite	8	160	1 —
Composition en annamite	9	180	2 —
Thème cambodgien	10	200	3 —
Version cambodgienne	8	160	1 —
Composition en cambodgien	9	180	2 —
Thème siamois	10	200	3 —
Version siamoise	8	160	1 —
Composition en siamois	9	180	2 —
Maximum des points de l'écrit		1, 620	
Oral.			
Explication d'un texte annamite pris dans les poëmes en distiques réguliers ou les pièces du théâtre	8	160	L'épreuve orale pourra durer trois quarts d'heure.
Traduction orale d'un texte français en annamite	12	240	
Conversation en annamite	10	200	
Explication d'un texte cambodgien	8	160	
Traduction d'un texte français en cambodgien	12	240	
Conversation en cambodgien	10	200	
Explication d'un texte siamois	8	160	
Traduction orale d'un texte français en siamois	12	240	
Conversation en siamois	10	200	
Maximum des points de l'oral		1, 800	

NATURE DE LA COMPOSITION	COEFFICIENTS	MAXIMUM des POINTS	TEMPS ACCORDÉ pour LA COMPOSITION
4° SECTION DE CAMBODGIEN			
Élèves indigènes.			
Écrit.			
Thème français (texte annamite)	12	240	3 heures.
Version française (rendue en annamite)	10	200	2 —
Composition en français	10	200	3 —
Version du cambodgien en français	8	160	3 —
Composition en cambodgien	10	200	2 —
Composition en siamois	10	200	3 —
Version du siamois en français	8	160	2 —
Thème siamois (texte français)	12	240	3 —
Maximum des points de l'écrit		1,600	
Oral.			
Explication d'un texte français moderne en annamite	12	240	
Id — en cambodgien	10	200	
Id — en siamois	12	240	
Traduction orale en français d'un texte en annamite	12	240	
Id — en cambodgien	10	200	
Id — en siamois	12	240	
Conversation en français	12	240	
Conversation en cambodgien	10	200	
Conversation en siamois	12	240	
Maximum des points de l'oral		2,040	
Total des points		3,640	

Art. 4. — *Règles générales pour les examens* :

Les notes seront cotées de 1 à 20.

Les candidats qui n'auront pas obtenu à l'écrit, la moitié du maximum des points, ne seront pas admis à l'épreuve orale.

Les candidats qui, sur l'ensemble des deux épreuves, n'auront pas obtenu à l'examen de première année la moitié et à l'examen de deuxième année les trois cinquièmes du maximum des points seront éliminés. Il en sera de même, quel que soit le nombre de leurs points, de ceux qui auraient eu la note zéro pour une des matières du programme.

Ne seront admis à tenter une nouvelle épreuve au bout de trois mois que les candidats qui auront obtenu au moins les deux cinquièmes du maximum des points.

Les sujets de composition seront choisis par le Directeur de l'Intérieur, sur la proposition du directeur du collège.

Le jury d'examen se composera de cinq membres désignés par le Directeur de l'Intérieur.

Les examens hebdomadaires ne comprendront que la partie orale des programmes.

CHARLES THOMSON.

(13 mars 1885)

D. G. *portant ouverture du cours, fixant la date du concours d'admission des élèves et le nombre d'élèves à admettre dans chaque section.*

J. C., p. 365.

(13 mai 1885)

A. G. *créant une 3e classe d'élèves interprètes pour le service du Cambodge et celui de certaines provinces de la Cochinchine.*

J. C. p. 710.

Article premier. — Il est créé une troisième classe d'élèves interprètes à la solde de 120 piastres par an. Ces élèves seront pris parmi les cambodgiens ou métis cambodgiens du royaume du Cambodge et de nos provinces.

Ils devront remplir les conditions d'âge exigées par l'article 2 de l'arrêté du 9 mars 1885. Ils seront dispensés de la production du brevet élémentaire et de l'examen d'entrée.

Art. 2. — Il pourra être nommé seize élèves interprètes de 3e classe.

CHARLES THOMSON.

(8 septembre 1887)

A. G. *portant suppression du collège des interprètes. — Disposition concernant le licenciement des élèves et du personnel enseignant.*

B. C. p. 667.
J. C. p. 896.

Article premier. — Le collège des interprètes, créé à Saïgon, est supprimé.

Art. 2. — Les examens de sortie pour les élèves européens actuellement au collège auront lieu dans le courant du mois de septembre.

Art. 3. — Les élèves interprètes annamites seront renvoyés au collège Chasseloup-Laubat pour compléter leurs études ; les élèves cambodgiens, dont l'insuffisance a été établie, seront licenciés.

Art. 4. — Le personnel enseignant sera reversé dans les cadres de l'Administration. Les agents indigènes inutiles seront licenciés.

FILIPPINI.

COLONEL, COMMANDANT LE RÉGIMENT DE MARCHE.

V. *Troupes. Infanterie de marine.*

COLONIES.

Consulter le *Bulletin de la marine et des colonies* depuis sa création jusqu'au 31 décembre 1886, et le *Bulletin des colonies* à partir de cette date.

Consulter en outre : *le Traité de Législation coloniale par Paul Dislère.*

COMBUSTIBLE ET MATIÈRES GRASSES.

V. *Chaloupes et canots à vapeur du service local.*

COMICES ET COMITÉS AGRICOLES ET INDUSTRIELS.

V. *Agriculture, commerce, industrie.*

COMMANDANT DE LA MARINE.

NATURE DES DOCUMENTS	DATES	RECUEILS A CONSULTER Bat.	B. C.	B.D.I	J. C.	J.H.	B. M.	B.Col	OBSERVATIONS
A. G.	28 janvier 1865.		11						
D. G.	10 mars 1865.		42						
D. G.	7 août 1866.	ii-321	122						
A. G.	21 juillet 1869.		259						
A. G.	2 décembre 1869.		501						
D. G.	31 janvier 1872.	i-252	43						
D. G.	1er octobre 1872.		267						
Décret.	14 octobre 1874.	ii-283	376						
Dép. M.	23 octobre 1874.	ii-283							
Dép. M.	13 septembre 1879.	ii-283							
Dép. M.	31 octobre 1881.								
Dép. M.	5 juin 1884.								
Décret.	5 juin 1884.				773				
Dép. M.	4 juillet 1884.								

(28 janvier 1865)

A. G. *concernant les attributions du commandant de la marine.*

B. C. p. 11.

(10 mars 1865)

D. G. *accordant une indemnité annuelle de 500 francs, à titre de frais de bureau au commandant de la marine.*

B. C., p. 42.

(7 août 1866)

D. G. *La navigation de la rivière de Saïgon est placée sous la haute surveillance du commandant de la marine.*

BAT. II, p. 321.
B. C. p. 122.

La navigation de la rivière de Saïgon est placée sous la haute surveillance du commandant de la marine.

Le capitaine du port de commerce devra donc, à l'avenir, rendre compte à cet officier supérieur de tous les événements et mouvements qui peuvent intéresser cette navigation et dont il doit être informé par les pilotes (1) et par les capitaines de navires. Le commandant de la marine en informera le Gouverneur par l'intermédiaire du chef d'état-major général.

CH. DE MAUDUIT.

(21 juillet 1869)

A. G. *relatif au traitement de table du commandant de la marine en Cochinchine et de la solde du chef d'état-major de la division navale.*

B C. p. 259.

(2 décembre 1869)

D. G. *réglant le rang, la position et la fonction du commandant de la marine comme commandant supérieur, ou comme commandant en sous-ordre.*

B. C. p. 501.

(31 janvier 1872)

D. G. *Le commandant de la marine est chargé des mouvements de charbon s'effectuant dans le port de Saïgon.*

BAT. I, p. 252.
B. C., p. 43.

(1) V. Pilotage A. G., 3 janvier 1875.

M. le Commandant de la marine aura dorénavant dans ses attributions les chargements, déchargements et délivrance de charbon qui s'effectuent dans le port de Saïgon.

DUPRÉ.

(1er octobre 1872)

D. G. *Application des dispositions de la dép. m. du 12 août 1872 confiant la haute direction de l'arsenal au commandant de la marine.*

B. C. p. 267.

(14 octobre 1874)

DÉCRET. *Le commandant de la marine est membre de droit du conseil privé. — Il prend rang après le commandant supérieur des troupes.*

BAT. II, p. 283.
B. C. p. 376.

Article premier. — Le commandant de la marine en Cochinchine est nommé membre de droit du Conseil privé.

Il prendra rang après le commandant supérieur des troupes.

Art. 2. — Sont abrogées les dispositions contraires au présent décret.

Mal DE MAC-MAHON.

(23 octobre 1874)

DÉP. M. *Notification du décret du 14 courant nommant le commandant de la marine membre du Conseil privé.*

BAT. II, p. 283.

Par suite de l'importance croissante du service de la flotte en Cochinchine, j'ai dû me préoccuper de créer une administration spéciale pour la marine et d'élever aux fonctions de chef d'administration le commandant de la marine qui, jusqu'alors, était chef de service.

Cette mesure a été consacrée par le décret du 14 de ce mois, qui nomme le commandant de la marine membre de droit du Conseil privé, en sa qualité de chef d'administration.

Le nouveau titulaire prendra rang après le commandant supérieur des troupes.

MONTAIGNAC.

(13 septembre 1879)

DÉP. M. *Du Commandant de la Marine; — Attributions; — Honneurs et préséances.*

BAT. II, p. 283.

. . . .

Il est bien entendu que M. le capitaine de vaisseau de...., en qualité de commandant de la marine, conserve toutes les attributions inhérentes à cette position. Par suite, il est membre du Conseil privé et prend place, suivant son grade et son ancienneté, après ou avant le commandant des troupes; dans les mêmes conditions, il peut être appelé à remplacer le Gouverneur en cas de mort, d'absence prolongée, etc. Il fait partie du conseil de défense et, dans les cérémonies officielles à terre, il marche à son rang avec le Conseil privé.

Cet officier supérieur a la direction et la surveillance de l'arsenal (arrêté du 8 avril 1875); c'est également de lui que relèvent la direction du port, la police de la rade, le service du pilotage, l'établissement et l'entretien des feux flottants, balises, bouées, l'entretien des corps morts, et il a sous ses ordres tout le personnel attaché à ces différents services.

En cas de mort ou simplement d'absence prolongée, il est remplacé provisoirement par *l'officier de la station* présent sur les lieux, le plus élevé en grade.

(31 octobre 1881)

DÉP. M. *concernant les établissements entretenus par le Département de la marine et modifiant la composition de la division navale de Cochinchine* (1). — *Suppression des fonctions de commandant de la marine* (2).

(5 juin 1884)

DÉP. M. *Création d'un emploi de commandant de la marine en Cochinchine. — Notification du décret de ce jour.*

J'ai l'honneur de vous accuser réception de votre lettre du 20 avril, par laquelle vous m'avez signalé les inconvénients que présente l'organisation actuelle des services maritimes en Cochinchine.

Afin de porter remède à cette situation, et de donner ainsi satisfaction à votre désir, j'ai présenté à la signature de M. le Président de la République un décret portant création de l'emploi de commandant de la marine en Cochinchine. Je vous envoie ci-jointe une ampliation de ce décret en date de ce jour.

Un arrêté ministériel, que je fais préparer et qui vous sera adressé à bref délai, réglera les détails du fonctionnement du service de l'arsenal de Saïgon.

Il sera pourvu prochainement à la nomination d'un capitaine de vaisseau à l'emploi de commandant de la marine en Cochinchine. — En attendant l'arrivée à Saïgon de cet officier supérieur, les services maritimes de la Colonie continueront, à titre provisoire, de fonctionner dans les conditions actuelles.

Comme vous le verrez, le décret dont copie est ci-jointe n'apporte aucune modification aux attributions du Directeur de l'Intérieur, en ce qui touche les ports de commerce, le balisage, l'éclairage, le pilotage, etc...; je vous prie de faire apporter le plus grand soin à ces diverses branches du service, qui intéressent la sécurité de la navigation.

A. PEYRON.

(5 juin 1884)

DÉCRET *portant création d'un emploi de commandant de la marine en Cochinchine.*

J. C. p. 773.

Article premier. — Un officier de marine, ayant le grade de capitaine de vaisseau, occupe en Cochinchine, sous les ordres du Gouverneur, l'emploi de commandant de la marine.

Il est nommé par décision du Chef de l'État.

Il est membre du Conseil privé, où il prend place avant ou après le commandant supérieur des troupes, selon son grade ou son ancienneté à grade égal.

Il fait partie du conseil de défense prévu par les ordonnances organiques des colonies.

Dans les cérémonies et réunions officielles, il marche à son rang avec le Conseil privé.

Il réside à terre, mais sa marque distinctive est toujours arborée sur un des bâtiments de la station locale.

(1) V. Service marine (établissements du).
(2) Fonctions rétablies par décret du 5 juin 1884.

En cas de mort ou d'absence du Gouverneur, il est appelé à le remplacer, d'après son grade et son rang d'ancienneté.

Art. 2. — Les attributions du commandant de la marine comprennent :

A. — Le commandement supérieur de la station locale de la Cochinchine qui se compose de tous les bâtiments affectés au service de la colonie ;

B. — Le commandement supérieur du port de guerre de Saïgon, des arsenaux, ateliers à terre et flottants, parcs à charbon et établissements divers dépendant du service de la flotte, existant ou à créer dans la colonie et dont l'organisation est réglée par des arrêtés spéciaux.

Art. 3. — Le commandant de la marine a sous ses ordres :

A. — Tout le personnel embarqué sur les bâtiments de la station locale ;

B. — Tout le personnel affecté au port de guerre de Saïgon, aux arsenaux et établissements divers dépendant du service de la flotte;

C. — Il exerce en outre sur le personnel des ports de commerce, l'autorité dévolue dans la métropole aux autorités maritimes, suivant l'article 20 du décret du 15 juillet 1854.

Art. 4. — Il propose au Gouverneur :

A. — Les mouvements et mutations qu'il jugerait utile de faire dans le personnel placé sous ses ordres, ainsi que toutes les mesures concernant l'organisation de son service.

B. — La nomination des membres des conseils de guerre, de revision et de justice appelés à siéger à bord des bâtiments.

Art. 5. — Il désigne les bâtiments qui doivent remplir les missions ordonnées par le Gouverneur.

Il donne aux capitaines les instructions relatives à leur navigation et à tous les détails étrangers aux affaires purement coloniales ; il leur remet également celles qu'il a reçues du Gouverneur, relatives aux missions qui leur sont confiées.

Quelles que soient les missions dont ils sont chargés, les capitaines doivent la dernière visite au commandant de la marine à leur départ, et la première à leur arrivée.

Art. 6. — Il se conforme aux dispositions contenues dans le décret sur le service à bord des bâtiments de la flotte, en ce qui touche à l'administration et à la tenue des navires de la station locale.

Art. 7. — Il prépare la correspondance du Gouverneur avec le Ministre, en ce qui concerne les services qui lui sont confiés.

Il contresigne les arrêtés, règlements, ordres généraux du service, décisions du Gouverneur en Conseil et autres actes de l'autorité locale qui ont rapport à son service, et veille à leur enregistrement partout où besoin est.

Art. 8. — Il adresse trimestriellement au Gouverneur un rapport sur la situation du personnel et du matériel des bâtiments et établissements placés sous son commandement, ainsi qu'un rapport détaillé sur l'ensemble des services qui lui sont confiés.

Ces rapports sont transmis au Ministre par le Gouverneur, qui les accompagne de ses appréciations.

Art. 9. — Il remet au Gouverneur, qui leur donne la suite que de droit, les états de besoins, demandes de matériel, de subsistances, de rechanges, etc., dressés, suivant les règlements, par les chefs des services placés sous son commandement.

Art. 10. — Il adresse au Gouverneur les notes annuelles et les propositions d'avancement pour les officiers et pour le personnel des bâtiments et des services placés sous ses ordres.

Un double de ces notes est remis à l'officier désigné chaque année par le Ministre pour passer l'inspection générale de la station locale et des divers établissements relevant du service de la flotte.

Art. 11. — Sont et demeurent abrogées toutes les dispositions contraires au présent décret.

JULES GRÉVY.

(4 juillet 1884)

DÉP. M. *rappelant qu'en exécution des prescriptions de l'art. 8 du décret du 5 juin 1884, le commandant de la marine doit adresser, chaque trimestre, au Gouverneur un rapport sur la situation du personnel et du matériel des bâtiments et établissements placés sous son commandement.*

ARCH. DIV. NAV.

COMMANDANT SUPÉRIEUR DES TROUPES.

I. ATTRIBUTIONS. — II. SOLDE ET ALLOCATIONS DIVERSES.

I. ATTRIBUTIONS.

NATURE DES DOCUMENTS	DATES	RECUEILS A CONSULTER							OBSERVATIONS
		Bat.	B. C.	B D. I	J. C.	J. H.	B. M.	B Col	
O. G.	9 mars 1862.	II-766	110						
Décret.	10 janvier 1863.	II-357	366						
D. G.	5 janvier 1864.	II-767	11						
Dép. M.	17 août 1866.	II 767							
Décret.	21 août 1869.	I-335	407						
Dép. M.	17 avril 1885.								
Circ. M.	21 janvier 1886.		16						
Dép. M.	20 juillet 1887.				849				

(9 mars 1862)

O. G. *Attributions du général commandant les troupes.*

BAT. II, p. 766.
B. C. p. 110.

Le général de brigade commandant des troupes centralisera, sous la direction du commandant en chef, le service des troupes de toutes armes débarquées, faisant partie de l'expédition.

Il prendra toutes les mesures nécessaires pour assurer la discipline, la tenue et l'hygiène des troupes et pour activer leurs mouvements; il correspondra, à cet effet, avec les commandants des provinces, des postes et des détachements, mais les rapports de ces officiers sur les faits de guerre et de politique continueront à être adressées au commandant en chef exclusivement.

Le général commandant les troupes rendra compte au commandant en chef des mesures qu'il aura prises dans l'intérêt du service.

Il sera particulièrement chargé de veiller à la sûreté du territoire de Saïgon et de ses avant-postes.

Sur l'ordre du commandant en chef, le commandant des troupes fera des inspections dans les citadelles et les postes occupés militairement.

Il étudiera les mesures à prendre pour réaliser dans son service diverses modifications recommandées dans les instructions ministérielles.

Il recevra tous les mois des commandants supérieurs des provinces et des commandants des postes militaires de Gia-Dinh un rapport sur l'ensemble des services militaires qui leur sont confiés.

Il rendra compte immédiatement au commandant en chef de tout fait militaire ayant un caractère politique qui arriverait à sa connaissance.

Lorsque le commandant des troupes s'absentera, l'intérim sera rempli par le plus ancien officier militaire présent.

Il aura, pour assurer la transmission et l'exécution de ses ordres, un état-major particulier composé d'un aide-de-camp et d'un officier d'ordonnance.

Il correspondra directement avec les chefs des différents services pour assurer les mouvements, la subsistance et en général tous les détails du service ordinaire des troupes.

BONARD.

(10 janvier 1863)

DÉCRET *sur le régime administratif de la Cochinchine (art. 9 et 10)* (1).

(Promulg. 1er juillet 1863).

BAT. II, p. 357.
B. C., p. 366.

(1) V. *infrà*, décret 21 août 1869.

(5 janvier 1864)

D. G. *Les fonctions, droits et honneurs attribués au commandant supérieur des troupes sont définis par les ordonnances sur l'instruction des commandants militaires (19 mars 1826, B. M. R., II, p. 148; 15 octobre 1836, A. M., p. 1131). L'ordre du 9 mars 1862 est maintenu.*

BAT. II. p. 767.
B. C. p. 11.

Les fonctions, droits et honneurs attribués à M. le colonel C..., commandant les troupes, sont définis par les ordonnances sur l'instruction des commandants militaires (15 octobre 1836 et 19 mars 1826).

L'ordre n° 57 (9 mars 1862), est d'ailleurs maintenu.

DE LA GRANDIÈRE.

(17 août 1866)

DÉP. M. *Rétablissement des fonctions de commandant supérieur des troupes.*

BAT. II, p. 767.

. . . .

Indépendamment des mesures qui précèdent, j'ai cru devoir décider le rétablissement des fonctions de commandant supérieur des troupes, précédemment occupé par M. le général C... J'ai confié ces fonctions à M. le colonel R..., qui a toutes les qualités nécessaires pour les exercer utilement et qui a d'ailleurs déjà servi en Cochinchine.

Vous aurez à faire payer à M. le colonel R..., son traitement colonial sur le pied de 20,000 francs par an. Il aura droit en outre à une indemnité annuelle de 2,000 francs pour frais de bureau, et il lui sera fourni, pour lui et l'officier attaché à son état-major, un logement en nature.

Les attributions seront déterminées par votre arrêté du 5 janvier 1864 et par celui de M. votre prédécesseur, du 9 mars 1862, c'est-à-dire conformément aux dispositions contenues dans les ordonnances organiques de nos diverses colonies en ce qui regarde les commandants militaires.

. . . .

(21 août 1869)

DÉCRET. *Création d'un conseil privé en Cochinchine (art. 1er)* (1).

(Promulg. A G., 20 novembre 1869).

BAT. I, p. 325.
B. C. p. 407.

(17 avril 1885)

DÉP. M. *(Extrait) réglant les attributions du commandant supérieur des troupes en Cochinchine.* (2)

ARCH. GOUV.

. . . .

Comme les chefs d'administration, le commandant supérieur des troupes doit diriger son service sous votre autorité, et il est responsable de ses actes, tant que vous n'avez pas passé outre à ses propositions.

(1) V. Conseil privé.
(2) V. *Infrà*. Dép. M., 20 juillet 1887.

La situation du commandant supérieur des troupes a été réglementée à diverses reprises. Par un ordre du jour du 9 mars 1862, M. le contre-amiral Bonnard fixait les attributions du général commandant les troupes. Une décision du Gouverneur de la Cochinchine en date du 5 janvier 1864, tout en maintenant la décision qui précède, appliquait au commandant des troupes en Cochinchine les dispositions des ordonnances des 19 mars 1826, sur les honneurs et préséances, et 15 octobre 1836, sur les attributions du commandant militaire aux colonies.

Ces dispositions n'ont pas été modifiées lors du rétablissement du commandant supérieur des troupes par dépêche ministérielle du 17 août 1866. Elles subsistent encore aujourd'hui ; elles ont d'ailleurs été consacrées à différentes reprises par le décret du 10 janvier 1863 sur l'organisation de la Cochinchine et par la décision du 12 janvier 1864 qui a fait entrer le commandant supérieur des troupes dans le conseil consultatif de la Cochinchine, enfin, par le décret du 21 août 1869, qui a placé le commandant supérieur des troupes au premier rang après le gouverneur au sein du Conseil privé, et qui a, d'ailleurs, appliqué à la Cochinchine l'organisation du Conseil privé des Antilles.

Il ressort donc clairement de ce qui précède que le commandant supérieur des troupes est placé vis-à-vis de vous dans la même situation que le commandant militaire de la Nouvelle-Calédonie vis-à-vis du gouverneur. Il a droit aux mêmes prérogatives que les chefs d'administration et vous ne devez prendre aucune mesure relative au service militaire sans son intervention préalable.

. . . .

L'officier général revêtu des fonctions de commandant supérieur des troupes a le commandement supérieur de toutes armes et généralement de toute force armée existant dans la Colonie.

Il est chargé :

1° Du commandement, de l'armement, de l'organisation de toute réunion de citoyens ou individus dûment autorisés par vous, sur sa proposition, à concourir à la défense de la Colonie ;

2° De l'inspection du personnel militaire et des troupes de toutes armes, en ce qui concerne la tenue, la discipline, le service et l'instruction.

3° De l'étude et de la préparation des travaux de défense ;

4° De la visite et de l'inspection des places, des forts, batteries, casernes, des arsenaux, des directions et établissements de l'artillerie, des approvisionnements de guerre, des hôpitaux et autres établissements militaires ;

5° De la police militaire ;

6° Des fonctions d'officier général, commandant une division territoriale à l'égard du service du recrutement et de la mobilisation dans la colonie, ainsi que du service des places au lieu de sa résidence ;

7° Enfin, de toutes les parties du service militaire sauf en ce qui concerne les attributions dévolues au chef du service administratif.

En cette qualité, il reçoit les rapports des chefs de corps et des commandants d'armes sur toutes les parties de leur service et doit vous en donner communication s'il y a lieu.

Il vous adresse également les rapports concernant les crimes et délits commis par les militaires et pourvoit à l'exécution de vos ordres pour la poursuite des prévenus et pour la réunion des conseils de guerre, conformément aux prescriptions contenues dans les décrets du 21 juin 1858 et 23 mars 1864.

Il doit contresigner les commissions provisoires ou définitives, les congés et les ordres émanant de vous lorsqu'ils sont relatifs aux officiers et aux agents militaires dépendant de son service.

Il prépare les projets de décrets, d'arrêtés et de règlement concernant le service militaire. Ces projets peuvent être soumis, bien entendu, à l'examen du Conseil privé.

Il prépare et propose, en ce qui concerne son service, votre correspondance générale avec le Département, ainsi que les ordres généraux de service.

Il tient enregistrement de cette correspondance.

Le commandant supérieur des troupes est personnellement responsable de tous les actes de son service, hors le cas où il justifie d'avoir agi en vertu d'ordres formels du gouverneur, et lui avoir fait sur ces ordres des représentations qui n'ont pas été accueillies, soit d'avoir proposé au gouverneur des mesures qui n'ont pas été adoptées.

Dans ce cas, il doit adresser directement au ministre copie des représentations et des propositions qu'il vous a faites ainsi que de la décision intervenue. Il doit, toutefois, vous en donner avis et vous remettre copie de sa lettre.

Il adresse au Département, par votre intermédiaire, à la fin de chaque année, un rapport détaillé sur toutes les parties de son service et sur la situation militaire de la colonie.

. . . .

Il importe aussi que ce soit sur la proposition du commandant supérieur que vous fixiez la répartition normale des troupes sur le territoire de la colonie.

. . . .

GALIBER.

(21 janvier 1886)

CIRC. M. *déterminant les attributions respectives du commandant supérieur des troupes et du directeur d'artillerie pour l'établissement du plan de campagne et du projet de budget du service des constructions militaires.*

B. C. p. 16 et 82.

Une divergence d'opinions s'est produite dans une de nos colonies entre le commandant supérieur des troupes et le directeur d'artillerie au sujet de leurs attributions respectives pour l'établissement du plan de campagne et du projet de budget du service des constructions militaires en 1886.

J'ai l'honneur de vous faire connaître que le directeur d'artillerie, faisant fonctions de chef du génie, doit, pour l'inscription au plan de campagne des travaux neufs à exécuter, prendre les ordres du Gouverneur, chef militaire de la colonie, ou, le cas échéant, de son délégué, le commandant supérieur des troupes, qui ont seuls qualité pour apprécier les besoins des corps de toutes armes et à qui incombe la responsabilité de la défense.

Le directeur d'artillerie conserve, néanmoins, avec toute latitude quant à l'établissement des projets et à leur exécution technique, le droit de présenter des observations sur la possibilité de leur mise en œuvre d'après les ressources locales et celles de la direction. Il établit ensuite le projet de budget et le transmet conformément aux prescriptions sur la comptabilité administrative du règlement du 16 mars 1877 concernant le service des directions d'artillerie coloniales.

C'est dans le sens des dispositions qui précèdent que doivent être interprétés, dans toutes les colonies où il existe un commandant militaire, un commandant supérieur des troupes ou un officier investi par délégation des pouvoirs militaires du Gouverneur, les alinéas numérotés 3° et 6° du 3e paragraphe de la décision ministérielle du 15 juin 1885 combinés avec les articles 110 et 111 du règlement précité du 16 mars 1877.

AUBE.

(20 juillet 1887)

DÉP. M. *Instructions réglant les attributions du général de brigade, commandant supérieur des troupes.*

J. C. p. 849.

En principe, le Général, commandant supérieur des troupes en Cochinchine, relève hiérarchiquement du Gouverneur; il occupe, dans l'ordre des préséances, le premier rang après le Gouverneur titulaire ou intérimaire, il est chargé, par délégation du Chef de la colonie, de la défense intérieure et extérieure du pays. Par suite, il a le devoir de se préparer à cette défense et de provoquer les mesures qui lui paraissent de nature à l'assurer.

Le Commandant supérieur des troupes arrête, d'accord avec le Gouverneur, la répartition normale des troupes sur le territoire de la colonie ainsi que tous les mouvements, toutes les concentrations jugées utiles pour la sécurité et la tranquillité du pays, et il a le droit de faire, dans les conditions spécifiées au décret du 2 août 1877, modifié le 23 novembre 1886, les réquisitions prévues par la loi du 3 juillet 1877.

Il est chargé, en outre :

1° Du commandement, de l'armement et de l'organisation de toute réunion de citoyens ou individus dûment autorisés à concourir à la défense de la colonie;

2° De l'inspection du personnel militaire de toutes armes, en ce qui concerne la tenue, la discipline, le service et l'instruction ;

3° De l'étude et de la préparation des travaux de défense ; de l'examen des projets de constructions, de réparations et d'entretien courant des forts et bâtiments militaires, préparés par le directeur d'artillerie ;

4° De la visite et de l'inspection des places, forts, batteries, casernes, arsenaux, directions et établissements de l'artillerie, approvisionnements de guerre, munitions et vivres, hôpitaux et autres établissements militaires ;

5° De la police militaire ;

6° Enfin, de toutes les parties du service militaire, sauf en ce qui concerne les attributions, en dehors du service militaire, dévolues au chef du service administratif par les actes organiques.

En cette qualité, il reçoit les rapports des chefs de corps et les communique, s'il y a lieu, au Gouverneur.

Les correspondances, entre le Département et le Général, commandant supérieur des troupes ou réciproquement, sont échangées *directement*, lorsqu'elles ont pour objet des questions techniques.

Il y a lieu de comprendre, sous cette dénomination, les questions suivantes, et en général toutes celles qui concernent le service intérieur des troupes :

Les ordres généraux de service ;

Les demandes de personnel ;

Les rapports, états et situations concernant les troupes ;

Les notes confidentielles et les feuillets du personnel des officiers ;

Les congédiements, retraites des sous-officiers et soldats ;

Les congés de convalescence accordés aux militaires ;

Les rapatriements ;

Les propositions régulières pour l'avancement, la Légion d'honneur, la médaille militaire, les palmes académiques, les médailles d'honneur et les témoignages de satisfaction. Toute proposition extraordinaire devra passer par l'intermédiaire du Gouverneur ;

Les mesures disciplinaires ;

Les questions d'état civil concernant les militaires de tout grade ;

La recherche des déserteurs, l'envoi de signalements ;

Les mutations parmi les hommes de troupe (toutefois, le Gouverneur devra être informé de tous les mouvements de personnel qui auraient pour résultat d'augmenter ou de diminuer l'effectif des troupes sur un point quelconque du territoire de la colonie) ;

Les questions relatives à la nourriture des troupes, ainsi qu'au traitement des malades dans les hôpitaux militaires ;

Le service du recrutement et de la réserve ;

L'administration des hommes soumis à la loi de recrutement.

Afin d'éviter tout retard dans la transmission des correspondances, les documents d'un caractère technique doivent porter en tête le mot « technique » inscrit d'une manière bien apparente, et l'enveloppe destinée à les renfermer doit être revêtue de la même mention.

Lorsqu'il est remplacé dans ses fonctions, le Général, commandant supérieur des troupes, remet à son successeur un mémoire détaillé sur les différentes parties du service et lui fournit, par écrit, des renseignements sur le personnel.

Sont maintenues en vigueur toutes les dispositions des circulaires et arrêtés ministériels qui ne sont pas contraires aux prescriptions édictées ci-dessus. Les présentes instructions seront insérées au *Bulletin officiel de la Marine*, au *Journal officiel* et au *Bulletin officiel de la Cochinchine.*

BARREY.

II. — SOLDE ET ALLOCATIONS DIVERSES.

NATURE DES DOCUMENTS	DATES	RECUEILS À CONSULTER							OBSERVATIONS
		Bat.	B. G.	B D.I	J.C	J.H.	B. M.	B.Col	
D. G.	9 janvier 1864.	II-767	16						
D. G.	31 janvier 1865.		182						
Dép. M.	19 mars 1869.	II-768							
A. G.	3 mai 1869.	II-768	175						
Dép. M.	18 juin 1870	II-769							
Dép. M.	19 juillet 1870.	II-769							
D. G.	6 avril 1881.		209						
Dép. M.	19 mai 1881.		237						
Dép. M.	20 mai 1881.		237						
Dép. M.	2 janvier 1886.		9 S3						
Dép. M.	28 août 1888.								

(9 janvier 1864)

D. G. *Traitement à allouer au commandant des troupes en Cochinchine.*

BAT. II, p. 737.
B. C. p. 16.

Le traitement spécial à allouer à M. C..., colonel d'infanterie de marine, commandant des troupes en Cochinchine, est fixé à *vingt mille francs* par an.

DE LA GRANDIÈRE.

(31 janvier 1865)

D. G. *Accordant une indemnité annuelle de 2500 francs, à titre de frais de bureau et de secrétariat au colonel, commandant les troupes en Cochinchine.*

B. C. p. 182.

(19 mars 1869)

DÉP. M. *Frais de représentation demandés par le commandant supérieur des troupes* (1).

BAT. II, p. 768.

Au retour de son inspection générale en Cochinchine, M. le général M... a appelé mon attention sur la situation qui avait été faite à M. le général commandant supérieur des troupes, au point de vue de ses émoluments.

Il a fait remarquer que cet officier général n'a pas moins de 200 officiers sous ses ordres, qu'il est astreint à une certaine représentation, et qu'en présence du prix élevé de toutes choses en Cochinchine, il lui est impossible de satisfaire d'une manière convenable à ses obligations.

Le traitement du commandant supérieur des troupes a été fixé à 20,000 francs, et il est porté pour ce chiffre au budget de l'État, chapitre XXI, article 2. Cet officier général reçoit en outre, sur les mêmes fonds, 2,000 francs pour frais de bureau. Il ne me paraît pas possible, en ce moment du moins, d'accroître les charges qui incombent à cette partie du budget. Mais je vous invite à examiner avec soin les observations de M. l'inspecteur général, et, dans le cas où elles vous paraîtraient fondées, de rechercher s'il ne serait pas possible d'allouer à M. le commandant supérieur des troupes, sur les fonds du budget local, à titre d'indemnité de frais de représentation, une somme dont je vous laisse le soin de déterminer le chiffre.

RIGAULT DE GENOUILLY.

(3 mai 1869)

A. G. *allouant au commandant supérieur des troupes une indemniété de 10.000 francs par an, à titre de frais de représentation* (2).

BAT. II. p. 768.
B. C. p. 175.

Une indemnité de 10,000 francs par an, à titre de frais de représentation, est allouée à M. le général commandant supérieur des troupes.

G. OHIER.

(18 juin 1870)

DEP. M. *L'officier supérieur remplissant les fonctions de général de brigade, commandant les troupes, conserve le commandement du régiment de marche en Cochinchine.*

BAT. II. p. 768.

Il m'a été rendu compte que le commandement du régiment de marche en Cochinchine, par suite des intérims qui se produisent dans les fonctions de commandant des troupes, passe de mains en mains, et est aujourd'hui exercé par un chef de bataillon.

(1) V. *infrà*, A. G., 3 mai 1869; D. M., 19 mai 1881.
(2) V. *infrà*, D. M. 19 mai 1881.

La mesure adoptée en Cochinchine de faire quitter le commandement du régiment au colonel par cela seul qu'il exerce par intérim ou provisoirement le commandement des troupes, est tout à fait contraire à l'esprit de l'ordonnance du 22 juin 1847 et de l'arrêté du président de la République du 22 janvier 1849. Il résulte de cet arrêté et de l'article 151 de l'ordonnance précitée que le colonel, appelé à exercer temporairement les fonctions de commandant militaire, reçoit seulement une indemnité spéciale de représentation qu'il ne peut cumuler avec celle de son grade, et l'article 153, quatrième paragraphe, spécifie qu'aucune indemnité à titre de commandant de corps ou de portion de corps n'est due lorsque l'officier supérieur commandant, tout en conservant son commandement, remplit simultanément les fonctions de commandant militaire. C'est d'ailleurs la jurisprudence du Département de la guerre ; en effet, les articles 167 et 171 de l'ordonnance du 25 décembre 1837 sont identiquement semblables aux articles 151 et 153 de l'ordonnance du 22 juin 1847. Ce même article est expliqué par une ordonnance du 11 février 1840 et une instruction de M. le Ministre de la guerre du 19 février, suivant, insérées au *Journal militaire*, pages 33 et 49 : un colonel remplissant les fonctions de général de brigade conserve le commandement de son régiment.

Dans la circonstance, il n'y a aucune incompatibilité entre les fonctions de général de brigade commandant les troupes et celles de colonel commandant le régiment de marche. Ces fonctions s'assimilent parfaitement, et il n'y a aucun inconvénient à les réunir dans la même main. Je vois, au contraire, de graves inconvénients à procéder ainsi qu'on l'a fait en Cochinchine.

J'ai l'honneur de vous prier de donner des ordres pour qu'à l'avenir l'officier supérieur remplissant les fonctions de général de brigade commandant les troupes, conserve le commandement du régiment de marche en Cochinchine.

RIGAULT DE GENOUILLY.

(19 juillet 1870)

DÉP. M. *Solde à allouer au colonel N. pendant son intérim de commandant supérieur des troupes en Cochinchine* (1).

BAT., II, p 769.

Vous m'avez fait l'honneur de me consulter sur la suite à donner à une réclamation formée par M. le colonel d'infanterie de marine N.., au sujet des allocations auxquelles il pouvait avoir droit pendant qu'il remplissait, *par intérim*, les fonctions de commandant supérieur des troupes en Cochinchine.

Cet officier semble penser que la désignation dont il a été l'objet de ma part pour remplir ces fonctions constitue des titres à l'allocation entière prévue au budget.

Cette prétention ne saurait être admise.

Les dispositions de l'article 15 de l'ordonnance du 22 juin 1847 doivent être appliquées à cet officier supérieur qui, en sa qualité d'intérimaire, ne doit recevoir, en outre de sa solde de grade, que la moitié du traitement du titulaire.

(6 avril 1881)

D. G. *réglant la solde de M. L. colonel, d'infanterie de marine, remplissant intérimairement les fonctions de commandant supérieur des troupes.* (2)

B. C. p. 209.

La solde à allouer à M. le colonel L.., commandant du régiment de marche, pendant qu'il remplira intérimairement les fonctions de commandant supérieur des troupes, sera réglée comme suit :

A payer par le corps,	
Solde de grade (solde brute)	11,633f 68
Indemnité pour frais de bureau	630 93
Indemnité de fourrages (2 chevaux, à raison de 2 francs nets par jour) soit brut	1,505 15
Au compte du chapitre XVIII : *Personnel des services militaires aux colonies :*	
Indemnité pour frais de service	6,977 31
Total brut	20,747f 07

La présente décision sera soumise à l'approbation de M. le Ministre de la marine et des colonies.

A. DE TRENTINIAN.

(1) V. *infrà*, D. G., 6 avril 1881 ; M. 2 janvier 1886.
(2) V. *infrà*, D. m. 2 janvier 1886.

(19 mai 1881)

D. M. *fixant la solde coloniale et l'indemnité de frais de service du général, commandant supérieur des troupes. — Tarif* (1).

B. C. p. 237.

Les tarifs actuellement en vigueur n'ont pas prévu la solde coloniale et l'indemnité de frais de service du général de brigade, commandant supérieur des troupes en Cochinchine.

Pour combler cette lacune, j'ai l'honneur de vous proposer, Monsieur le Président, de vouloir bien approuver les tarifs ci-joints, préparés en conséquence.

Le budget colonial possède les fonds nécessaires pour supporter l'augmentation de dépense qui résultera de l'adoption de ces tarifs. L'indemnité pour frais de service accordée aux généraux de l'armée de terre est réglée, pour le général commandant supérieur des troupes en Cochinchine, dans les mêmes conditions que toutes les allocations de ce genre attribuées aux colonies, aux officiers des corps de troupes.

Approuvé : Jules Grévy. G. Cloué.

ANNEXE

SOLDE ET INDEMNITÉ pour frais de service du général commandant supérieur des troupes en Cochinchine.

DÉSIGNATION du GRADE.	SOLDE EN COCHINCHINE						INDEMNITÉS POUR FRAIS DE SERVICE				
	ALLOCATION budgétaire par an.	A DÉDUIRE 5 p. 100 au profit de la caisse des invalides de la marine	SOLDE NETTE DE PRÉSENCE			SOLDE nette d'absence par jour.	ALLOCATION budgétaire par an.	A DÉDUIRE 3 p. 100 au profit de la caisse des invalides de la marine.	SOMME NETTE		
			par an.	par mois	par jour				par an.	par mois	par jour
Général de brigade.	23,115f 78	1,155f 78	21,960 f 00	1,830f 00	61 f 00	30 f 50	6,977f 31	209 f 31	6,768f 00	564 f 00	18 f 80

(20 mai 1881)

DÉP. M. *Notification d'une décision présidentielle du 19 mai 1881 fixant la solde coloniale et l'indemnité de frais de service du général commandant supérieur des troupes. — Suppression des frais de représentation alloués à cet officier général sur les fonds du budget local.*

B. C. p. 237.

J'ai l'honneur de vous informer qu'une décision présidentielle, en date du 19 mai 1881, a déterminé la quotité de la solde coloniale, ainsi que le taux de l'indemnité pour frais de service du général de brigade commandant supérieur des troupes en Cochinchine.

Cette décision sera mise en vigueur à compter du 1er avril dernier, et les frais de représentation accordés à cet officier général, sur les fonds du budget local, cesseront de lui être alloués.

Il lui sera fait un rappel de la différence existant entre la solde nouvelle et le traitement de fonctions qui lui était attribué précédemment ; toutefois, il ne sera pas fait reprise des sommes payées au compte du budget local.

(1) V. *infrà*, Dép. M., 20 mai 1881.

En cas d'absence du général commandant supérieur des troupes, il y aura lieu de se conformer aux prescriptions du décret du 20 janvier 1880, rendues applicables aux troupes de la marine par la circulaire du 18 mai suivant (B. M., p. 1,002), pour l'allocation des frais de service à l'officier supérieur appelé à en remplir intérimairement les fonctions.

Conformément à l'article 259 de l'ordonnance du 22 juin 1847, cet officier général recevra les rations de fourrages pour le nombre de chevaux auxquels il a droit.

Je vous prie d'assurer, en ce qui vous concerne, l'exécution de ces dispositions.

(2 janvier 1886)

DÉP. M. *au sujet du traitement du colonel remplissant par intérim les fonctions de commandant supérieur des troupes en Cochinchine, tout en conservant le commandement du régiment de marche de l'infanterie de marine. (La décision locale du 6 avril 1881 ne peut être appliquée ; la question est tranchée conformément aux dispositions de l'article 12 § 3 du décret du 20 janvier 1880 ;* B. M. p. 1003.

B. C., p. 9 et 83.

Vous m'avez consulté sur la question de savoir quelles sont les allocations de soldes et autres auxquelles peut prétendre M. le colonel X..., en sa double qualité de commandant du régiment de marche d'infanterie de la marine et de commandant supérieur, par intérim, des troupes stationnées en Cochinchine.

. . . .

Il est certain que l'arrêté local du 6 avril 1881, qui n'a pas reçu la sanction ministérielle, ne peut être appliqué au commandant supérieur des troupes par intérim. Or, aux termes de l'article 12, § 3 du décret précité, l'officier remplissant plusieurs fonctions distinctes cumule les indemnités pour frais de service affectées à ces fonctions. Si les fonctions exercées par intérim sont celles d'officiers généraux ou de colonels chefs de corps, et tel est le cas, l'officier reçoit l'indemnité pour frais de service la plus élevée et seulement le cinquième des autres.

Le traitement annuel de M. le colonel X... doit donc être fixé comme suit, savoir :

	Francs
Solde de grade de colonel (net).	11,052 00
Frais de service du commandant supérieur des troupes titulaires (net).	6,768 00
1/5 des frais de représentation de colonel	590 40
1/5 des frais de bureau de colonel.	122 40
Total.	18,532 80

. . . .

GALIBER.

(28 août 1888)

DÉP. M. *Solde et indemnités à allouer au colonel commandant la 4e brigade de l'Indo-Chine à Saïgon.*

ARCH. GOUV.

Par un ordre no 46 en date du 25 juin 1888, M. le général de division, commandant chef des troupes de l'Indo-Chine a décidé que M. le général Chanu, commandant la 4e brigade à Saïgon prendrait le commandement de la première brigade à Sontay (Tonkin) et serait remplacé à Saïgon par M. le colonel Voyron, de l'infanterie.

J'ai l'honneur de vous faire connaître que, dans cette nouvelle situation, M. le général Chanu recevra la solde de 29,970 francs fixée par la décision présidentielle du 30 novembre 1887. Quant au colonel Voyron, il ne saurait avor droit au traitement prévu au budget colonial pour le commandant supérieur des troupes en Cochinchine et dont la quotité a été déterminée, pour un général de brigade, par la décision présidentielle du 19 mai 1881.

J'ai décidé, en conséquence, que cet officier supérieur toucherait sa solde de colonel à l'état-major aux colonies, soit net 12,780 francs par an, à laquelle viendront s'ajouter les frais de service attribués à la fonction qu'il remplit et que percevait son prédécesseur, M. le général de brigade Chanu.

Je vous prie de vouloir bien donner des ordres dans ce sens à M. le chef du service administratif de la Cochinchine.

COMMANDANT CHEF DE POSTE ET COMMANDANT D'ARMES.

NATURE DES DOCUMENTS	DATES	RECUEILS A CONSULTER Bat.	B. O.	B.D.I	J. C.	J.M.	B.M.	B.Col		OBSERVATIONS
D. G.	8 septembre 1862.		233							
D. G.	17 mars 1868.		57							
A. G.	21 août 1889.	II-543	205							
Circ. Ch. S. Ad.	14 janvier 1880.									
Circ. G.	19 avril 1880.		200							
Circ. M.	26 avril 1884.									
O. C^{nt} Sup. T.	15 juillet 1885.									
Circ. C^{nt}. Sup. T.	14 avril 1887.		443							
Circ. C^{nt}. Sup. T.	8 juin 1887.				634					

(8 septembre 1862)

D. G. *Attributions des commandants détachés.*

B. C. p. 233.

(17 mars 1868)

D. G. *supprimant les frais de représentation alloués aux commandants des cercles de Tayninh et d'Hatien et fixant l'indemnité à allouer aux capitaines commandant ces deux postes, lorsqu'ils recevront des officiers de service.*

B. C. p. 57.

(21 août 1869)

A. G. *Attributions des commandants des postes militaires. — Allocation d'une indemnité de 1,200 francs, à titre de frais de représentation, aux commandants de certains postes.—Réquisitions d'escorte adressées par les inspecteurs.*

BAT. II, p. 543.
B. C., p. 295.

Les fonctions de commandant de cercle sont supprimées.

Dans tous les postes militaires, le plus ancien officier de la garnison prendra le titre de commandant militaire du poste.

Les commandants des postes correspondront directement avec le général commandant supérieur des troupes . . . .

. . . .

Les commandants des postes militaires des villes de Bienhoa, Baria, Mytho, Vinhlong et Chaudoc, ayant fréquemment chez eux des officiers de passage, recevront, à titre de frais de représentation, une indemnité de 1,200 francs par an, payable par le budget local.

L'autorité des commandants des postes est absolument militaire et ne peut s'étendre en dehors de leur poste. Si des conflits s'élèvent entre des officiers et employés de la résidence, chacun des représentants des services en dissidence en réfère immédiatement à son chef de service à Saïgon, et le gouvernement avise.

La sûreté militaire, comme toutes les dispositions qui en sont la conséquence, reste sous la responsabilité des commandants des postes, dont l'initiative doit se borner aux mesures défensives. Ils ne peuvent ni former, ni mettre en marche une colonne sans un ordre du Gouverneur transmis, par le général commandant supérieur des troupes.

. . . .

Sur une réquisition écrite des inspecteurs, portant qu'il y a urgence d'agir immédiatement, les commandants des postes militaires leur fourniront une escorte dont la force ne pourra dépasser six hommes, commandés par un caporal ou un sergent, si faire se peut sans gêner le service.

G. Ohier.

(14 janvier 1880)

CIRC. CH. S. AD. *Les chargés du service administratif et les commandants des postes ne doivent demander le concours de l'Administration que lorsqu'ils ne peuvent assurer la bonne exécution du service par eux-mêmes.*

ARCH. S. AD.

(19 avril 1880)

CIRC. G. *Instructions relatives au service et aux rapports entre les autorités locales indigènes et les chefs de postes détachés occupés par les tirailleurs.*

B. C., p. 200.

1° Les tirailleurs ne reçoivent d'ordres que de l'officier ou sous-officier chef de poste.

2° Le chef de poste est exclusivement chargé de la discipline, du service intérieur et du service des rondes et sentinelles.

3° En cas de troubles ou de danger imminent, il obtempérera aux réquisitions du phu ou huyen, mais en se maintenant, pour le chiffre de l'escorte à fournir, dans les limites prescrites par la circulaire du Gouverneur, en date du 13 avril 1865. — Le phu ou huyen et le chef de poste préviendront sur-le-champ leurs chefs hiérarchiques respectifs.

4° Pour les consignes particulières et de détail, l'administrateur de l'arrondissement et l'officier des tirailleurs du chef-lieu se concerteront ensemble, ce dernier après avoir pris les ordres de M. le général, commandant supérieur des troupes.

5° Les tirailleurs indigènes, sans armes, gradés ou non, doivent le salut individuel aux fonctionnaires de l'administration locale revêtus de leurs insignes, jusqu'au grade de chef de canton inclusivement.

6° En cas de désertion d'un tirailleur, le chef de poste prévient aussitôt le phu, huyen ou chef de canton, qui doit prendre toutes les mesures usitées en pareil cas.

7° Il est interdit au chef de poste d'envoyer de lui-même des hommes en service, en dehors du poste, pour s'occuper de la police, sauf les cas de force majeure, tels que : incendie, assassinat ou arrestation de malfaiteur poursuivi par la clameur publique. Dans ce cas, il en réfère sur-le-champ au huyen ou chef de canton.

8° Un exemplaire de ces instructions, en français et en quoc-ngu, sera affiché dans chaque poste détaché.

Approuvé : LE MYRE DE VILERS. A. DE TRENTINIAN.

(26 avril 1884)

CIRC. M. *Les commandants d'armes ont droit à une indemnité pour frais de bureau, à l'exclusion de tous autres suppléments payés dans certaines colonies à titre d'indemnité de fonctions* (1).

ARCH. GOUV.

(15 juillet 1885)

O. C^nt. SUP. T. *réglant les attributions du commandant d'armes dans les localités où se trouvent à la fois des hommes d'infanterie de marine et des tirailleurs.*

ARCH. C. SUP. T.

(14 avril 1887)

CIRC. C^nt. SUP. T. *invitant les chefs de poste et surtout des postes frontières à insister dans les rapports mensuels sur la situation politique et militaire de toute la région avoisinant leur poste.*

J. C. p. 443.

Le Colonel, commandant supérieur des troupes, a l'honneur de prier MM. les chefs de poste, et surtout des postes frontières, d'insister, dans les rapports mensuels qui lui sont adressés, sur la situation politique et militaire de toute la région avoisinant leur poste et aussi loin que leur service de renseignements, très réduit il est vrai, leur permettra d'avoir des nouvelles.

(1) V. Troupes.

Ils doivent remarquer, en effet, qu'un bruit qui semble n'avoir aucune importance devient un fait de nature à exciter l'attention du commandement, quand il est reproduit sur cinq ou six rapports, et c'est à l'état-major seul qu'il est possible, en contrôlant l'un par l'autre tous ces renseignements, de porter une apprécation raisonnée sur chacun d'eux.

MM. les chefs de poste ne doivent pas, en un mot, se borner à mettre sur les rapports mensuels : *Situation calme, rien à signaler.*

BILLÈS.

(8 juin 1887).

CIRC. C^{nt}. SUP. T. *invitant les chefs de poste à indiquer sur leur rapport mensuel l'armement du poste, l'approvisionnement en munitions et en vivres. — Suite à la circulaire du 14 avril dernier.*

J. C. p. 634.

A l'avenir les chefs de poste indiqueront sur leur rapport mensuel, sous la rubrique : *Situation du poste.*

L'armement du poste en fusils ou carabines, canons de divers modèles, canons-revolvers ;

L'approvisionnement en munitions d'infanterie (cartouches d'exercice, cartouches de sûreté et de réserve), munitions d'artillerie, vivres.

BILLÈS.

COMMANDANTS SUPÉRIEURS DE PROVINCE ET COMMANDANTS DE CERCLE.

NATURE DES DOCUMENTS	DATES	RECUEILS A CONSULTER Bat.	B. C.	B. D. I	J. C.	J. H.	B. M.	B. Col	OBSERVATIONS
Ordre.	8 septembre 1862.		233						
Ordre.	11 décembre 1862.		248						
D. G.	17 mars 1868.		57						
D. G.	10 août 1868.		163						
A. G.	13 août 1868.		164						
A. G.	16 septembre 1868.		182						
A.	16 septembre 1868.		184						
A. G.	21 août 1869.	11-543	295						
D. G.	29 novembre 1869.		484						
A. G.	8 juillet 1885.		1042						
A. G.	3 septembre 1885.		1046						
D. G.	6 septembre 1885.		1059						
D. G.	22 septembre 1885.				1106				
D. G.	23 septembre 1885.				1198				
D. G.	24 septembre 1885.				1117				
D. G.	9 décembre 1885.				1444				
A. G.	28 février 1887.				261				

(8 septembre 1862)

ORDRE. *Constitution des divers commandements de provinces, places et postes détachés de la Cochinchine* (1).

B. C. p. 233.

(11 décembre 1862)

ORDRE *relatif aux relations des commandants de provinces et localités où il y a des inspecteurs des affaires indigènes.*

B. C. p. 248.

(17 mars 1868)

D. G. *supprimant les frais de représentation alloués aux commandants des cercles de Tayninh et d'Hatien.* (2)

B. C. p. 57.

(10 août 1868)

D. G. *déterminant l'étendue du commandement supérieur des provinces de Vinh-Long et de Chaudoc.*

B. C. p. 163.

(13 août 1868)

A. G. *fixant les relations qui doivent exister entre les commandants supérieurs, les inspecteurs et agents des divers services employés dans les commandements.*

B. C. p. 164.

(16 septembre 1868)

A. G. *réglant les pouvoirs des commandants de cercle* (3).

B. C. p. 182.

(16 septembre 1868)

ARRÊTÉ *déterminant les postes sur lesquels s'étend l'action des commandants de cercle* (4).

B. C. p. 184.

(21 août 1869)

A. G. *Suppression des fonctions de commandant de cercle. — Attributions des commandants des postes militaires. — Allocation d'une indemnité de 1,200 fr., à titre de frais de représentation, aux commandants de certains postes. — Réquisitions d'escorte adressées par les inspecteurs.* (5)

BAT. II. p. 543.
B. C. p. 295.

(1) Les commandements supérieurs de province sont des créations du temps de guerre ou de siége, ou tout au moins des organisations correspondant à une situation troublée, inquiétante.

(2) V. commandant chef de poste et commandant d'armes.

(3) Les cercles sont des créations du temps de paix, conservatoire d'un état de choses qui vient d'être établi (A. G. 16 septembre 1868), ou préservatrice en vue d'éventualités pouvant se produire (A. G. 6 et 22 septembre 1885).

(4) Sans objet.

(29 novembre 1869)

D. G. *supprimant les fonctions de commandant supérieur Vinh-Long.*

B. C., p. 484.

(8 juillet 1885)

A. G. *réglant les relations entre les commandants supérieurs et les administrateurs des arrondissements situés des ces commandements au point de vue du déplacement et de l'emploi de toute troupe armée de miliciens ou de partisans.*

J. C., p. 1042.

Article premier. — Dans les territoires où il aura été pourvu à la nomination d'un commandant supérieur, les administrateurs seront subordonnés à l'autorité militaire au point de vue du déplacement et de l'emploi de toute troupe armée de miliciens ou de partisans.

Art. 2. — Ils devront fournir à l'autorité militaire tous les renseignements propres à l'éclairer sur la conduite des opérations et la défense des postes.

Art. 2. — Ils continueront à être chargés de la police de leurs arrondissements.

CHARLES THOMSON.

(3 septembre 1885)

A. G. *créant provisoirement trois commandements de cercle (Chaudoc, Tayninh et Sadec).*

J. C. p. 1046.

Il est créé provisoirement en Cochinchine trois commandements de cercle, qui seront confiés à des officiers supérieurs.

Les cercles comprendront les arrondissements et les postes suivants :

NUMÉROS D'ORDRE	CHEFS-LIEUX DE CERCLE.	ARRONDISSEMENTS.	POSTES.
1	Chaudoc......	Chaudoc, Hatien, Longxuyen, Rachgia, et au Cambodge une bande de territoire allant de Takeo à Kampot......	Chaudoc, Hatien, Longxuyen, Rachgia, Takeo, Kampot.
2	Tayninh.......	Tayninh, la partie nord de Tanan et le territoire cambodgien compris entre les deux Vaïcos......................	Tayninh, Long-phu, Trang-bang, Hungnguyen.
3	Sadec.........	Sadec, Cantho, Soctrang, Travinh, Vinh-long et Bentré..........................	Sadec, Canlo, Cantho, Soc-trang, Daï-ngoï, Baclieu, Travinh, Bactrang, Vinhlong, Vungliem, Bentré, Mocay.

Saïgon sera considéré comme chef-lieu d'un 4e cercle comprenant les arrondissements de Mytho, Gocong, la partie sud de Tanan, Cholon, Saïgon, Thu-dau-mot, Bienhoa et Baria, et sera placé sous les ordres du Commandant supérieur des troupes.

BÉGIN.

(6 septembre 1885)

D. G. *créant provisoirement à Baria un commandement de cercle.*

J. C. p. 1059.

Article premier.—Il est créé provisoirement à Baria un commandement de cercle, qui sera confié à un officier supérieur.

Ce cercle comprendra l'arrondissement de Baria et les postes de Baria et du cap Saint-Jacques.

BÉGIN.

(22 septembre 1885)

D. G. *créant provisoirement à Bienhoa un commandement de cercle.*

J. C. p. 1106.

Il est créé provisoirement à Bienhoa un commandement de cercle qui sera confié à un officier supérieur.

Ce cercle comprendra l'arrondissement de Bienhoa et les postes de Bienhoa, Longtanh, Tan-nuyen, Thu-dau-mot et Thi-tinh.

BÉGIN.

(23 septembre 1885)

D. G. *allouant une somme de 300 piastres au commandant du cercle de Chaudoc.*

J. C. p. 1198.

Article premier. — Une allocation annuelle de trois cents piastres (300 piastres) est attribuée, pour frais de service et de représentation, à M. le chef de bataillon G..., commandant du cercle de Chaudoc.

Art. 2. — Cette dépense sera imputée au chapitre XVIII, deuxième section, du budget local.

BÉGIN.

(24 septembre 1885)

D. G. *modifiant la décision du 22 septembre dernier créant un commandement de cercle à Bienhoa.*

J. C. p. 1117.

La décision du 22 septembre dernier, relative à la création d'un 5e commandement de cercle à Bienhoa, est modifiée de la façon suivante :

Ce cercle comprendra les arrondissements de Bienhoa et de Thu-dau-mot et les postes de Bienhoa et de Long-thanh.

BÉGIN.

(9 décembre 1885)

D. G. *portant que les deux postes de Takeo et de Kampot cessent de faire partie du cercle de Chaudoc.*

J. C. p. 1444.

Les deux postes de Takeo et de Kampot cessent de faire partie du cercle de Chaudoc, et relèvent désormais directement de M. le Commandant supérieur des troupes au Cambodge.

BÉGIN.

(28 février 1887)

A. G. *rattachant les cercles de Tayninh, de Baria et de Bienhoa au cercle de Saïgon.*

J. C. p. 261.

Le cercle de Tayninh et ceux de Baria et de Bienhoa sont rattachés à celui de Saïgon et placés sous le commandement direct de M. le Commandant supérieur des troupes.

FILIPPINI.

COMMISSARIAT DE LA MARINE.

NATURE DES DOCUMENTS	DATES	RECUEILS A CONSULTER Bat.	B. O.	B.D.I	J.C	J.H.	B. M.	B.Col		OBSERVATIONS
Décret.	20 avril 1875.						456			
Décret.	20 avril 1875.						459			
Dép. M.	18 avril 1878.	II-628	50							
Rap. M.	24 octobre 1881.						986			
Décret.	24 octobre 1881.						986			
Dép. M.	3 octobre 1882.									
Circ. M.	4 mai 1883.		252							
Décret.	14 mars 1884.		179							
A. M.	22 mars 1884.		182							
Circ. M.	10 avril 1884.		177							
Dép. M.	13 mars 1885.									
Dép. M.	15 mai 1885.									
Circ. M.	9 septembre 1885.				1169					
Décret.	11 octobre 1887.									
Régl.	3 novembre 1887.							860		
Circ. M.	23 novembre 1887.							962		
Circ. M.	30 novembre 1887.							967		
Dép. M.	4 août 1888.									
A. M.	14 juin 1889.									
Décret.	5 octobre 1889.									

(20 avril 1875)

DÉCRET *modifiant le mode de recrutement du personnel du commissariat de la marine affecté au service des colonies* (1).

B. M. p. 456.

(20 avril 1875)

DÉCRET *concernant le personnel affecté au service des écritures aux colonies* (2).

B. M. p. 459.

(18 avril 1878)

DÉP. M. *Répartition du personnel du commissariat de la marine en Cochinchine* (3).

BAT. II, p. 628.
B. C. p. 50.

J'ai l'honneur de vous informer que j'ai réparti comme suit le personnel du commissariat de la marine en Cochinchine, savoir :

CHAPITRE XV.

ARTICLE PREMIER. — § *Administration.*

1 Commissaire, chef du service administratif.
1 Commissaire.
2 Commissaires-adjoints.
4 Sous-commissaires de 1re classe.
4 Sous-commissaires de 2e classe.
11 Aides-commissaires.
13 Commis de marine.
13 Écrivains.

ARTICLE 2. — § *Hôpitaux.*

1 Commissaire-adjoint.
1 Sous-commissaire de 2e classe.
2 Aides-commissaires.
2 Commis de marine.

CHAPITRE XVIII. — DÉPENSES DU TONKIN

GRADES	DANS LES BUREAUX du SERVICE ADMINISTRATIF.	AU TONKIN.
Sous-commissaire de 1re classe	»	1
Sous-commissaire de 2e classe	1	»
Aide-commissaire	»	1
Commis de marine	»	1
Commis aux écritures de 2e classe	»	1
Écrivain auxiliaire	»	1

SERVICE LOCAL.

1. Commissaire adjoint, chef du secrétariat du Gouvernement, secrétaire archiviste (4).

. . . .

. . . .

MICHAUX.

(1) V. *infrà*, Décret, 24 octobre 1881.
(2) V. *infrà*, Décret, 14 mars 1884.
(3) V. *infrà*, Circ. M., 4 mai 1883.
(4) Depuis 1880, les fonctions de secrétaire archiviste sont confiées à un fonctionnaire de l'administration locale.

(24 octobre 1881)

RAPPORT M. *précédant le décret du 24 octobre 1881 concernant le recrutement et l'avancement de la portion du corps du commissariat de la marine affecté au service des colonies.*

B. M. p. 986.

Un décret du 20 avril 1875 a prescrit de recruter la portion du corps du commissariat affectée au service des colonies, d'après les dispositions du décret du 7 octobre 1863. Toutefois, les dispositions transitoires prises par bienveillance et en vue de sauvegarder les intérêts des anciens commis et écrivains, leur attribuaient les trois quarts des vacances d'aide-commissaire, sous la condition d'avoir satifait aux épreuves d'un concours.

Depuis cette époque, le Département a fait procéder à six concours et un septième aura lieu en décembre prochain. Les candidats capables et désireux d'obtenir la grade d'officier ont donc eu toute facilité pour subir les épreuves exigées. Le nombre des candidats devient, d'ailleurs, insignifiant puisque cinq commis de marine ont concouru en 1880.

Enfin, il importe de remarquer que les employés actuellement en service aux colonies ne seraient nullement fondés à revendiquer, comme autrefois leurs collègues des ports, le droit de concourir pour le grade d'aide-commissaire.

En effet, une circulaire du 26 novembre 1863 avait prévenu les administrations coloniales qu'il fallait s'attendre à voir appliquer aux colonies les dispositions du décret du 7 octobre 1863 qui prescrivait le recrutement de cadre métropolitain par les élèves commissaires.

Les commis de marine nommés depuis cette époque ont donc, en ne déclinant cette nomination, implicitement accepté les modifications que le département se proposait d'apporter à la législation de 1853.

Or, le plus ancien commis de marine a été nommé en juillet 1865. La suppression du concours ne lèsera donc aucun droit acquis.

Dans ces conditions, je crois devoir proposer l'abrogation des dispositions transitoires précitées.

Les considérations développées dans la circulaire du 30 avril 1875 n'ont plus de valeur aujourd'hui.

En 1875, en effet, un certain nombre d'officiers du cadre colonial avaient obtenu le grade d'aide-commissaire au tour de l'ancienneté. Il importait de réserver au département un plus grand choix pour la nomination aux grades supérieurs. Actuellement, tous les aides-commissaires en service aux colonies ont acquis leur grade par le concours et, parmi les sous-commissaires, il n'y a que dix qui n'aient pas cette origine.

Telles sont, M. le Président, les modifications que comportent le projet de décret que j'ai l'honneur de soumettre à votre signature.

CLOUÉ.

(24 octobre 1881)

DÉCRET *concernant le recrutement et l'avancement de la portion du corps du commissariat de la marine affecté au service des colonies.* (1)

B. M. p. 986.

(1) V. *infrà* le décret du 5 octobre 1889 qui règle à nouveau la situation des officiers du commissariat des colonies sous le nom de *Commissariat colonial*.

Article premier. — Les dispositions transitoires du décret du 20 avril 1875 sont abrogées.

Cette mesure aura son effet aussitôt après la nomination au grade d'aide-commissaire des candidats qui seront reconnus admissibles à la suite du concours de 1881.

Art. 2. — A compter de la promulgation du présent décret, l'avancement dans le cadre du commissariat de la marine affectée au service des colonies sera régi par les dispositions en vigueur pour le service des ports.

Art. 3. — Le Ministre de la marine et des colonies est chargé de l'exécution du présent décret.

JULES GRÉVY.

(3 octobre 1882)

DÉP. M. *fixant les cadres des officiers du commissariat en service en Cochinchine.*

ARCH. S. AD.

(4 mai 1883)

CIRC. M. *au sujet de la constitution du cadre du commissariat de la marine au Tonkin. — Nouvelle fixation de l'effectif de ce corps en Cochinchine.*

B. C. p. 252.

J'ai l'honneur de vous informer que, dans l'hypothèse d'une action militaire au Tonkin, j'ai fixé comme suit le cadre du commissariat de la marine chargé de l'organisation du service administratif:

1 Commissaire chef de service, 1 commisssaire-adjoint, 5 sous-commissaires, 5 aides-commissaires.

Le sous-commissaire et l'aide-commissaire, qui sont actuellement en service au Tonkin, seront attachés à ce nouveau cadre, ainsi que M. le commissaire-adjoint G... et 2 sous-commissaires et 2 aides-commissaires du cadre actuel de la Cochinchine.

Vous voudrez bien me faire connaître les noms des deux officiers au Tonkin et des quatre officiers que vous aurez désignés dans ce but.

J'enverrai directement au Tonkin le personnel nécessaire pour compléter l'effectif.

Le cadre normal de la Cochinchine est actuellement composé de :

1 Commissaire, 2 commissaires-adjoints, 5 sous-commissaires, 7 aides-commissaires.

A ces chiffres sont ajoutés 2 sous-commissaires et 2 aides-commissaires en supplément.

Le cadre du Tonkin étant dorénavant distinct de celui de la Cochinchine, celui de cette dernière colonie sera composé de la manière suivante :

1 Commissaire, 2 commissaires-adjoints, 4 sous-commissaires, 5 aides-commissaires.

En outre, il y aura un sous-commissaire et 1 aide-commissaire en supplément, pour parer aux vacances qui pourraient se produire par suite de congé, de mutation, etc.

Il ne manque donc, pour compléter ce personnel, qu'un aide-commissaire que je vous enverrai dès que le Parlement aura voté les crédits demandés pour le Tonkin.

DISLÈRE.

(14 mars 1884)

DÉCRET *concernant le personnel affecté aux écritures des bureaux du commissariat de la marine aux colonies.*

B. C. p. 179.

TITRE PREMIER. — CONSTITUTION DU PERSONNEL DES AGENTS DU COMMISSARIAT DE LA MARINE AFFECTÉ AU SERVICE DES COLONIES.

Article premier. — Le personnel affecté aux écritures des bureaux du commissariat de la marine aux colonies est composé :

D'agents principaux,

D'agents de 1re et de 2e classe,

De sous-agents,

De commis de 1re, 2e et 3e classe.

Ces employés forment un corps d'agents civils placés sous l'autorité des officiers du commissariat de la marine affecté au service des colonies, quel que soit le grade de ces derniers.

Art. 2. — Le cadre des agents principaux, agents, sous-agents et commis est fixé par le Ministre.

TITRE II. — NOMINATION. — AVANCEMENT.

Art. 3. — Les agents principaux du commissariat de la marine affecté au service des colonies sont nommés par décret du Président de la République, sur la proposition du Ministre de la marine et des colonies.

Les agents, les sous-agents et les commis sont nommés par le Sous-Secrétaire d'État de la marine et des colonies.

Art. 4.— Les agents principaux sont choisis parmi les agents ayant au moins trois années de service effectif dans cet emploi.

Les agents sont pris : un tiers à l'ancienneté et deux tiers au choix, parmi les sous-agents comptant au moins trois années de service effectif dans ce dernier emploi.

Le passage de la 2e à la 1re cl. dans l'emploi d'agent a lieu à l'ancienneté.

Les sous-agents sont pris : un tiers à l'ancienneté parmi les commis de 1re classe, et deux tiers au choix parmi les commis de 1re et de 2e classe comptant au moins trois ans de service effectif dans leur emploi, et ayant satisfait aux épreuves d'un concours dont les conditions et les formes sont déterminées par le Ministre de la marine et des colonies.

Le concours a lieu tous les deux ans, et les candidats reconnus admissibles sont inscrits à la suite de ceux portés sur la liste des concours précédents.

Art. 5. — L'emploi de commis de 1re classe est conféré, moitié à l'ancienneté et moitié au choix, aux commis de 2e classe réunissant au moins deux années de service dans leur classe.

L'emploi de commis de 2e classe est également attribué, moitié à l'ancienneté et moitié au choix, aux commis de 3e classe ayant au moins deux années de service dans leur classe.

Art. 6. — L'avancement au choix dans les divers grades porte sur les candidats qui figurent sur un tableau d'avancement arrêté par une commission composée comme suit :

Un sous-directeur désigné par le Sous-Secrétaire d'État de la marine et des colonies, *président ;*

Deux officiers supérieurs du commissariat de la marine.

Les fonctions de secrétaire sont remplies par un sous-commissaire et un aide-commissaire ou par un commis de l'administration centrale.

Le tableau d'avancement est établi chaque année.

La commission statue sur le maintien des employés qui y figurent depuis trois ans.

Le Ministre a le droit d'inscrire ou de rayer d'office un candidat.

Art. 7. — Les commis de 3e classe sont recrutés, dans la colonie où se produit la vacance, à l'aide d'un concours dont les conditions et les formes sont déterminées par le Ministre.

Pourront prendre part à ce concours :

1° Les employés servant dans les bureaux du commissariat de la marine affecté au service des colonies, dans les conditions prévues par l'article 1er du décret du 20 avril 1875;

2° Les officiers mariniers et les sous-officiers des corps de troupes de la marine libérés du service;

3° Les sous-officiers de l'armée de terre libérés du service.

Les candidats devront être âgés de 18 ans au moins et de 30 ans au plus, à moins qu'ils ne comptent des services antérieurs qui leur permettent de réunir à 56 ans le nombre d'années de service exigé pour l'obtention d'une pension de retraite.

Art. 8. — A défaut de candidat reconnu admissible dans la colonie où se produit une vacance de commis de 3e classe, le remplacement a lieu par un des candidats reconnus admissibles à la suite des concours ouverts en France dans les cinq ports et à Paris.

Pourront prendre part au concours ouvert en France, sous les conditions d'âge prévues par l'article 7 :

1° Les écrivains du commissariat, des directions de travaux et de comptabilité;

2° Les officiers mariniers et sous-officiers désignés en l'article précédent et qui réuniront les conditions exigées par les règlements pour l'obtention de l'emploi de commis de 3e classe du service des ports.

Art. 9. — Le Ministre peut refuser le droit de concourir à tout candidat dont les notes ne seraient pas reconnues satisfaisantes.

Ce pouvoir est dévolu aux gouverneurs, en ce qui concerne les candidats aux concours ouverts dans les colonies, mais sous la réserve d'en rendre spécialement compte au Ministre.

TITRE III. — SOLDE, INDEMNITÉS, FRAIS DE PASSAGE.

Art. 10. — La solde coloniale des employés du commissariat est fixée conformément au tarif annexé au présent décret.

Les autres allocations à attribuer à ce personnel sont déterminées par les tarifs en vigueur pour les employés similaires du service des ports.

TITRE IV. — RETRAITE.

Art. 11. — Les employés des différentes catégories qui composent le personnel des agents du commissariat de la marine aux colonies reçoivent la pension de retraite allouée par les tarifs annexés aux lois des 5 août 1879 et 8 août 1883, pour le personnel des agents du commissariat en service dans les ports de la Métropole.

TITRE V. — DISPOSITIONS TRANSITOIRES.

Art. 12.— Pour la première formation, il ne sera nommé ni agents principaux, ni agents, ni sous-agents.

Les commis de 1re classe seront recrutés :

1° Parmi les commis de marine en service dans les colonies;

2° Parmi les auxiliaires civils reconnus, après concours, aptes à occuper cet emploi.

Les commis de 2e classe seront choisis, sur la proposition spéciale et motivée de l'Administration coloniale, parmi les auxiliaires civils nommés par le Ministre.

Les commis de 3e classe seront choisis par le Ministre parmi les auxiliaires qui n'auront pas été jugés aptes à remplir l'emploi de 1re ou de 2e classe, et parmi les employés de formation locale nommés avant la promulgation du décret du 20 avril 1875 aux colonies. Le Ministre prononcera le licenciement de ceux de ces employés qui n'auront pas été jugés aptes à être nommés commis du commissariat.

Les commis de marine et les autres employés nommés commis de 1re, 2e et 3e classe prendront rang entre eux, d'après l'ancienneté dans leur dernier emploi, et compteront pour l'avancement le temps de service qu'ils y auront accompli.

Art. 13. — Les employés aux écritures en Cochinchine admis, à quelque titre que ce soit, à faire partie du personnel des agents du commissariat, continueront, tant qu'ils serviront dans la colonie, de recevoir le traitement dont ils jouissaient antérieurement.

Cette disposition cessera d'avoir son effet au fur et à mesure de l'extinction des employés dont il s'agit, qui devront être remplacés par des agents et commis du commissariat de la marine.

Art. 14. — Toutes dispositions contraires à celles du présent décret sont et demeurent abrogées.

Jules Grévy.

TARIF DE SOLDE.

(*Annexe à l'article 10*)

EMPLOIS.	SOLDE D'EUROPE.	SUPPLÉMENT COLONIAL.	SOLDE COLONIALE	OBSERVATIONS.
Agent principal........	5,608f 42	1,781f 08	7,389f 50	Traitement d'un commissaire adjoint, dégagé de l'indemnité de logement.
Agent de 1re classe......	3,486 32	1,856 83	5,343 15	Traitement d'un sous-commissaire de 1re classe, dégagé de l'indemnité de logement.
Agent de 2e classe.......	3,069 47	1,477 88	4,547 37	Traitement d'un sous-commissaire de 2e classe, dégagé de l'indemnité de logement.
Sous-agent............	2,539 00	1,515 74	4,054 74	Traitement d'un aide-commissaire, dégagé de l'indemnité de logement.
Commis. de 1re classe.	2,000 00	1,500 00	3,500 00	Assimilation avec les commis du commissariat.
Commis. de 2e classe.	1,700 00	1,300 00	3,000 00	
Commis. de 3e classe.	1,400 00	1,100 00	2,500 00	

(22 mars 1884)

A. M. *portant règlement sur les dispositions à suivre dans le concours pour l'emploi de commis de 3e classe du commissariat de la marine affecté au service des colonies.*

B. C. p. 182.

Article premier. — Un concours pour l'emploi de commis de 3e classe sera ouvert tous les deux ans, le second lundi du mois de janvier, dans les colonies, dans les ports et à Paris.

Art. 2. — Les candidats se font inscrire sur une liste ouverte à cet effet, dans les colonies, au secrétariat du chef du service administratif ; dans les ports, à celui du commissaire général ; à Paris, au service central des colonies.

Les candidats doivent produire les justifications constatant qu'ils sont Français ou naturalisés et qu'ils réunissent les conditions d'âge exigées par l'article 7 du décret du 14 mars 1884. Ils déposent les pièces suivantes :

1° Une expédition de leur acte de naissance ;

2° Un certificat constatant les services qu'ils auraient rendus dans l'une des carrières publiques ;

3° Un certificat de bonne vie et mœurs délivré par le maire de la commmune où est située leur résidence ;

4° Un certificat du conseil de santé constatant qu'ils sont propres au service ;

5° Les diplômes universitaires dont ils pourraient être pourvus.

La liste est close quinze jours avant la date du concours.

Dans les ports, le préfet maritime peut, sur le rapport du commissaire général, proposer au Ministre d'en exclure ceux des candidats qui lui sont signalés par leur négligence dans le service, leur inexactitude, l'irrégularité de leur conduite ou tout autre motif grave.

A Paris, l'exclusion est prononcée par le Sous-Secrétaire d'État de la marine et des colonies.

Art. 3.— Les candidats sont réunis au chef-lieu où se fait le concours et reçoivent au besoin l'indemnité de route réglementaire.

Art. 4. — Le concours ne comprend que des épreuves écrites, savoir :

1° Une dictée d'au moins deux pages qui, après avoir été écrite rapidement, devra être recopiée à main posée, de manière que le jury puisse apprécier, dans l'une et l'autre de ces conditions, l'écriture des candidats et leur orhtographe ;

2° Une composition sous forme de réponse à diverses interrogations portant sur les principes élémentaires de la grammaire française ;

3° Un problème d'arithmétique ;

4° Une composition sous forme de réponse à diverses interrogations portant sur les principes élémentaires de l'arithmétique, sur le mesurage, le cubage et sur le système métrique ;

5° Une épreuve semblable en ce qui concerne la géographie.

Les sujets de composition seront déterminés, en séance secrète, par une commission spéciale réunie à Paris et composée d'un commissaire ou commissaire-adjoint de la marine, *président*, et de deux sous-commissaires ou aides-commissaires.

Ils sont ensuite renfermés dans deux paquets distincts, cachetés et scellés, sur chacun desquels sont indiqués le jour et l'heure auxquels la composition doit être faite.

Ces paquets, adressés au Sous-Secrétaire d'État, sont transmis aux colonies et dans les ports où l'ouverture en est faite, au jour indiqué par la suscription, par un officier du commissariat délégué à cet effet et assisté de deux autres officiers ou fonctionnaires, et en présence des candidats, au fur et à mesure qu'ils sont appelés à traiter les diverses questions du concours.

Ces deux officiers ou fonctionnaires sont chargés, alternativement, de la surveillance des candidats pendant la durée des compositions.

Il est accordé aux candidats deux heures pour écrire la dictée et la copier, deux heures pour le problème d'arithmétique ainsi que pour la géographie, et trois heures, non compris le temps nécessaire pour la dictée, pour les deux autres compositions.

Il leur est interdit, sous peine d'être exclus du concours, d'avoir aucune communication, soit entre eux, soit avec le dehors, et de consulter aucun livre et aucun cahier.

Les compositions sont écrites, autant que possible, sur papier tellière ; elles ne portent ni nom ni signature.

Chaque candidat inscrit, en tête de la composition, une devise et un signe quelconques ; il les reproduit sur un bulletin qui porte ses nom et prénoms ainsi que sa signature.

La composition et le bulletin, placés dans deux enveloppes distinctes et fermées avec un même cachet mis à la disposition des candidats, sont remis l'une et l'autre par chacun d'eux à l'officier ou fonctionnaire surveillant.

Les paquets contenant les compositions sont remis dans une même enveloppe qui est cachetée et scellée.

Les officiers ou fonctionnaires surveillants écrivent sur cette enveloppe les mots :

Port ou colonie de . . . . . ou Paris.

Concours pour l'emploi de commis de 3e classe du commissariat de la marine affecté au service des colonies,

Compositions,

et ils signent.

Les paquets contenant les bulletins sont remis dans une autre enveloppe, également cachetée et scellée, sur laquelle les mêmes officiers écrivent :

Port ou colonie de . . . . . ou Paris.

Concours pour l'emploi de commis de 3e classe du commissariat de la marine affecté au services des colonies,

Bulletins,

et ils signent.

Ces enveloppes, cachetées, scellées et visées, sont remises, après chaque séance, à l'officier délégué, par les officiers ou fonctionnaires surveillants, avec le procès-verbal de la séance, dûment visé par eux.

Art. 5. — A la dernière séance, l'officier délégué réunit en un seul paquet fermé, cacheté et visé par lui et les deux surveillants, toutes les compositions ainsi que les bulletins signés des candidats. La suscription de ce paquet, qui est immédiatement adressé au gouverneur, au préfet maritime ou au service central des colonies, porte les mots :

Port ou colonie de . . . . . ou Paris.

Concours pour l'emploi de commis de 3e classe du commissariat de la marine affecté au service des colonies.

Compositions et bulletins.

Art. 6. — Le paquet des compositions et bulletins, désigné en l'article précédent, ainsi que les procès-verbaux des séances du concours, sont immédiatement transmis au Sous-Secrétaire d'État de la marine et des colonies sous le timbre de la 1re sous-direction.

Art. 7. — Un jury central est chargé du classement des candidats ; il est composé comme suit :

Un commissaire de marine, *président ;*

Deux commissaires-adjoints ;

Un officier du commissariat remplit les fonctions de secrétaire.

Ce jury se réunit au Ministère de la marine et des colonies.

Art. 8. — Le jury procède d'abord à l'ouverture du paquet contenant les compositions, que chaque membre examine et apprécie en chiffres de 0 à 20, qu'il inscrit sur un tableau. Cette appréciation doit être formulée comme suit :

0.	*Nul,*
1 2.	*Très mal,*
3 4 5.	*Mal,*
6 7 8.	*Médiocre,*
9 10 11.	*Passable,*
12 13 14.	*Assez bien,*
15 16 17.	*Bien,*
18 19	*Très bien,*
20.	*Parfaitement.*

La moyenne des trois chiffres ainsi donnés constitue la valeur de chaque partie du concours, qu'il y a lieu de multiplier par les coefficients indiqués dans l'article 9 ci-après.

Cette opération terminée, le paquet contenant les bulletins des candidats est ouvert par le président du jury ; le secrétaire inscrit les nom et prénoms de chacun des candidats sur la composition.

Le jury procède alors au classement des candidats d'après le nombre de points obtenus par chacun d'eux.

Une liste indiquant les points et dressée par ordre de priorité est remise au Sous-Secrétaire d'État avec le dossier des pièces du concours.

Art. 9. — Les coefficients indiquant la valeur relative de chaque partie du programme sont fixés comme suit :

Écriture	8
Orthographe	10
Éléments de grammaire	6
Problème d'arithmétique sur le cubage et le mesurage	5
Éléments d'arithmétique et système métrique	5
Rédaction (à juger sur l'ensemble des compositions)	6
Géographie	5

Art. 10. — Nul candidat n'est admis si la somme des points qu'il a obtenus est inférieure à 585, et s'il obtient, pour une matière quelconque de l'examen, un chiffre inférieur à 8. Il est attribué un bénéfice de 50 points à ceux des candidats qui produiront l'un des diplômes de bachelier ès lettres ou ès sciences et un bénéfice de 100 points à ceux qui produiront ces deux diplômes.

Art. 11. — Les candidats qui ont concouru en France et qui sont reconnus admissibles sont inscrits, d'après le nombre de leurs points, sur deux listes, dont l'une comprend les employés des ports, et l'autre, les officiers mariniers et les sous-officiers des armées de terre et de mer, libérés du service et réunissant les conditions exigées par les règlements en vigueur.

Deux listes semblables sont établies pour chaque colonie.

Lorsqu'une vacance se produit dans une colonie, elle est remplie par le candidat qui figure sur celle des deux listes qui doit fournir le remplaçant, en tenant compte de la quotité des emplois réservés aux officiers mariniers et aux sous-officiers.

La première nomination dans chaque colonie est attribuée au candidat qui figure en tête de la liste des admissibles.

A défaut de candidat admissible dans l'une des deux catégories, le remplacement a lieu par la nomination du premier des admissibles de l'autre liste.

Dans le cas où les listes des admissibles d'une colonie seraient épuisées, il serait pourvu aux vacances par des candidats ayant concouru en France.

Art. 12. — Les listes d'admissibilité seront valables pendant deux années, à compter de la date à laquelle elles auront été arrêtées par le Sous-Secrétaire d'État.

Les admissibles qui n'auront pas été nommés pendant cette période devront, s'ils veulent maintenir leur candidature, prendre part de nouveau au concours.

Félix Faure.

(10 avril 1884)

CIRC. M. *relative à l'organisation du personnel affecté aux écritures des bureaux du commissariat de la marine aux colonies. — Notification du décret du 14 mars 1884.*

B. C. p. 177.

J'ai l'honneur de vous informer que, par un décret du 14 mars 1884, dont vous trouverez ci-joint un certain nombre d'exemplaires, le Président de la République a bien voulu constituer le personnel des agents du commissariat de la marine affecté au service des colonies.

Ce décret est accompagné :

1° D'un état présentant le cadre réglementaire de la colonie et, en regard, celui que j'ai cru devoir fixer pour la première formation et jusqu'à ce que la situation des crédits me permette de le compléter ;

2° D'un règlement, en date du 22 du même mois, fixant les conditions dans lesquelles devra avoir lieu le concours pour l'emploi de commis de 3e classe.

Conformément aux dispositions de l'article 12 du décret précité, les emplois de commis de 1re classe seront attribués pour la première formation : 1° aux commis de marine ; 2° aux auxiliaires civils qui auront satisfait aux épreuves d'un concours, jusqu'à concurrence du nombre des places vacantes.

Les prescriptions du règlement du 22 mars 1884 seront observées pour ce concours, à l'exception de celles contenues dans les articles 2 et 11.

Les auxiliaires civils qui seraient présents en France à l'époque fixée pour le concours seront autorisés à le subir soit dans les ports, soit à Paris.

La nomination aux emplois de commis de 2e et 3e classe étant soumise, pour la première formation, au choix du Département, qui devra procéder à l'organisation du nouveau service au plus tard le 1er janvier 1885, il est indispensable que je sois renseigné le plus promptement possible sur le compte de *tous les employés* appelés à participer à cette organisation.

Vous aurez donc à me fournir sur ce personnel les renseignements suivants :

1° Date et lieu de naissance, en produisant, s'il y a lieu, la preuve de la naturalisation ou le certificat d'option ;

2° Relevé de tous les services antérieurs donnant droit à une pension de retraite ;

3° Poste actuellement occupé par l'employé ;

4° Appréciation sur sa valeur, ses aptitudes et sa moralité ;

5° Proposition pour la nomination à la 2e ou à la 3e classe, ou bien pour le licenciement du service, suivant le cas.

Je n'ai pas besoin d'appeler votre attention sur la nécessité d'apporter un soin tout particulier à l'établissement des propositions que vous aurez à m'adresser.

Au moment où la situation des employés aux écritures va se trouver sensiblement améliorée, il convient d'exiger d'eux des garanties de capacité plus sérieuses que par le passé, et aussi de *n'admettre dans le nouveau corps que les sujets réellement méritants.*

Ceux des employés de formation locale nommés antérieurement à la promulgation du décret du 20 avril 1875 et qui, par conséquent, sont susceptibles d'acquérir une pension de retraite, devront, s'ils ne trouvent pas place dans le cadre des commis de 3e classe, être maintenus dans leur emploi actuel et rétribués sur les fonds laissés à votre disposition pour frais d'employés auxiliaires, de préférence à tous autres, à moins cependant que, par leur manière de servir, ils n'aient mérité d'être licenciés.

FÉLIX FAURE.

(13 mars 1885)

DÉP. M. *Instructions au sujet de l'organisation du personnel des agents du commissariat.*

ARCH. S. AD.

(15 mai 1885)

DÉP. M. *Notification d'un décret du 12 avril 1885 réglant l'assimilation judiciaire du personnel des agents du commissariat de la marine affecté au service des colonies.*

ARCH. GOUV.

J'ai l'honneur de vous informer qu'un décret du 12 avril 1885 a réglé l'assimilation judiciaire du personnel des agents du commissariat de la marine affecté au service des colonies.

Vous trouverez le texte de ce décret dans le *Bulletin officiel* de la marine.

(9 septembre 1885)

CIRC. M. *notifiant l'ouverture d'un concours pour l'obtention de l'emploi de commis de 3e classe du commissariat de la marine affecté au service des colonies.*

J. C. p. 1169.

J'ai l'honneur de vous informer qu'un concours pour l'obtention de l'emploi de commis de 3e classe du commissariat de la marine affecté au service des colonies, sera ouvert exceptionnellement dans les cinq ports militaires et aux colonies, le lundi 11 janvier 1886.

Je vous prie de donner les ordres nécessaires pour que les prescriptions des articles 7 et 8 du décret du 14 mars 1885 et celles du règlement du 22 du même mois soient strictement appliquées.

A ce sujet, je crois devoir vous rappeler que les sous-officiers qui ne sont pas écrivains dans les ports ou employés recrutés conformément à l'article 1er du décret du 20 avril 1875, doivent, pour être admis au concours, être libérés du service.

Dès que la liste des candidats aura été arrêtée conformément aux dispositions de l'article 2 de l'arrêté du 22 mars 1884, vous voudrez bien me l'adresser sous le présent timbre en y joignant les pièces produites par les candidats.

Je n'ai pas besoin de vous recommander d'exclure du concours tout candidat qui ne présenterait pas les garanties voulues.

Outre les pièces exigées par l'article 2 précité, les candidats devront fournir un extrait de leur casier judiciaire sur papier libre, et leur certificat de bonne conduite s'ils réunissent des services militaires.

Je vous prie de vouloir bien donner à ce concours la plus grande publicité à l'aide d'affiches qui devront mentionner notamment les conditions exigées pour y être admis, les épreuves que doivent subir les candidats, la date à laquelle les listes d'inscription seront closes, la nature des pièces à produire et les traitements d'Europe et colonial attribués à un commis de 3e classe.

Je vous adresserai prochainement les sujets de composition qui devront être traités par les candidats.

(11 octobre 1887)

DÉCRET *modifiant l'art. 8 du décret du 14 mars 1884 portant organisation du personne des agents du commissariat de la marine affecté au service des colonies.*

B. Col.

Article premier. — Le deuxième paragraphe de l'article 8 du décret du 14 mars 1884 est modifié comme suit :

Pourront prendre part au concours ouvert en France, sous les conditions d'âge prévues à l'article 7:

1° Les écrivains du commissariat, des directions de travaux et de comptabilité ;

2° Les officiers mariniers et sous-officiers désignés en l'article précédent et qui réuniront les conditions exigées par les règlements pour l'obtention de l'emploi de commis de 3e classe du service des ports ;

3° Les candidats reconnus admissibles aux emplois d'écrivain du personnel administratif secondaire des ports ;

4° Les anciens écrivains de ce même personnel, démissionnaires ou licenciés (pour tout autre cause que par mesure de discipline) depuis moins de deux ans.

JULES GRÉVY.

(3 novembre 1887)

RÈGLEMENT *sur les dispositions à suivre dans les concours pour l'emploi de sous-agent du commissariat de la marine affecté au service des colonies.*

B. Col. p. 860.

(23 novembre 1887) (1)

CIRC. M. *Répartition numérique des officiers du commissariat de la marine en service dans les colonies (Tableau).*

B. Col. p. 962.

J'ai l'honneur de vous informer que le Ministre, sur ma proposition et par décision du 18 novembre

(1) Modif. par Circ. m. du 1888 (inséré au B. Col.)

1887, a arrêté, comme suit, la répartition numérique des officiers du commissariat de la marine, en service aux colonies.

COLONIES.	Commissaires généraux.	Commissaires.	Commissaires adjoints.	Sous-commissaires.	Aides commissaires.	Total par colonies.
Martinique	1	»	2	4	3	10
Guadeloupe	»	1	2	4	3	10
Réunion	»	1	2	4	2	9
Guyane	»	1	1	3	2	7
Sénégal	»	1	3	9	10	23
Gabon et Congo	»	»	1	1	3	5
St-Pierre-et-Miquelon	»	»	1	2	1	4
Nossi-Bé	»	»	»	2	1	3
Mayotte	»	»	»	2	1	3
Tahiti	»	»	1	2	1	4
Nouvelle-Calédonie	»	1	2	4	2	9
Inde	»	»	1	2	»	3
Indochine française	1	2	5	14	21	43
Madagascar	»	»	»	1	1	2
Obock	»	»	»	1	»	1
Service commun	»	1	»	2	»	3
TOTAUX par grade	2	8	21	57	51	139

Des mesures vont être prises pour ramener, dans le plus bref délai possible, les effectifs actuels des officiers du Commissariat en service au Colonies aux chiffres ci-dessus indiqués.

ÉTIENNE.

(30 novembre 1887)

CIRC. M. *Fixation des cadres des agents du commissariat coloniale et répartition de ses employés entre les diverses colonies.*

B. Col. p. 967.

Messieurs, j'ai l'honneur de vous informer que le Ministre a, sur ma proposition et par une décision du 22 novembre courant, fixé ainsi qu'il suit la répartition numérique des agents du Commissariat de la marine en service aux colonies.

COLONIES.	Sous-agents	COMMIS. de 1re classe.	de 2e classe	de 3e classe	Total des colonies.
Martinique	1	2	2	3	8
Guadeloupe	1	1	2	3	7
Réunion	1	1	2	3	7
Guyane	1	1	2	2	6
Sénégal	2	3	6	9	20
Gabon et Congon	»	1	2	3	6
St-Pierre et Miquelon	»	»	1	2	3
Nossi-Bé	»	»	1	»	1
Mayotte	»	»	1	»	1
Tahiti	»	»	1	3	4
Nouvelle-Calédonie	1	1	2	3	7
Inde	»	»	»	1	1
Indo-Chine française	4	7	15	26	52
Madagascar	»	»	1	2	3
Obock	»	»	»	2	2
Total	11	17	38	62	128

La comparaison de ce tableau avec les cadres actuels, qui s'élèvent à 103 commis de toutes classes, fait ressortir un déficit de 25 employés qu'il ne sera possible de combler qu'à la suite du concours du 9 janvier prochain.

Quant aux sous-agents prévus à l'effectif, ils ne pourront être nommés qu'au milieu de l'année 1888, lorsque les résultats du concours qui doit avoir lieu le deuxième lundi du mois de mai auront été connus.

Enfin les vides existant, soit dans la 1re classe, soit dans la 2e classe des commis, seront remplis ultérieurement par la nomination à l'emploi supérieur des employés de 2e ou 3e classe inscrits sur le tableau d'avancement dressé par une commission spéciale, le 18 octobre dernier.

ÉTIENNE.

(4 août 1888)

DÉP. M. *Fixation des effectifs des agents du commissariat constituant les cadres du service administratif en Indo-Chine.*

ARCH. GOUV.

J'ai reçu, avec votre lettre du 24 juin dernier, n° 1371, la liste nominative des officiers des commis du commissariat actuellement employés en Indo-Chine et la répartition de ce personnel entre les deux cadres de la Cochichine et du Cambodge, d'une part, de l'Annam et du Tonkin, d'autre part.

J'ai l'honneur de vous informer que j'ai adopté vos propositions et que des mesures vont être prises pour compléter les effectifs de chaque grade.

Le service sera constitué de la manière suivante :

ANNAM ET TONKIN

Un commissaire général.
Un commissaire.
Trois commissaires-adjoints.
Sept sous-commissaires.
Douze aides-commissaires.

COCHINCHINE

Un commissaire.
Deux commissaires-adjoints.
Sept sous-commissaires.
Neuf aides-commissaires.

En ce qui concerne les commis, les effectifs ont été fixés de la manière suivante :

ANNAM ET TONKIN

	2	sous-agents.
	4	commis de 1re classe.
	9	commis de 2e classe.
	16	commis de 3e classe.
Total. . . .	31	

COCHINCHINE ET CAMBODGE

	2	sous-agents.
	3	Commis de 1re classe.
	4	id. 2e classe.
	6	id. 3e classe.
Total. . . .	15	

Les sous-agents seront nommés dès que la commission spéciale chargée de corriger les compositions du concours qui a eu lieu le 14 mai 1888 aura terminé ses travaux. Il n'existe, en ce moment, en Annam et au Tonkin que 11 commis des diverses classes, soit un déficit de 17 qui sera comblé aussitôt que possible.

Quant à la Cochinchine et au Cambodge, ils possèdent les 13 commis qui leur reviennent.

Je vous prie de vouloir bien porter ces dispositions à la connaissance des services intéressés.

BILLECOCQ.

(14 juin 1889)

A. M. *modifiant provisoirement le tour de roulement des officiers et agents du commissariat du cadre colonial* (1).

J. C. 22 août 1889,

(5 octobre 1889)

DÉCRET *portant constitution du corps du commissariat colonial* (*tarifs*).

J. O. R. F., n° 272.

TITRE Ier. — CONSTITUTION ET SERVICE DU COMMISSARIAT COLONIAL.

Article premier. — La portion du corps du commissariat de la marine affectée au service des colonies prend la dénomination de commissariat colonial et relève exclusivement du ministre chargé des colonies.

Art. 2. — Les officiers du commissariat colonial conservent les attributions qu'ils exerçaient antérieurement dans les possessions et établissements d'outre-mer.

Art. 3. — Les officiers du commissariat colonial demeurent placés sous le régime de la loi du 19 mai 1834.

TITRE II. — DES GRADES.

Art. 4. — Les grades du commissariat colonial sont :

Commissaire général de 1re et de 2e classe ;

Commissaire ;

Commissaire-adjoint ;

Sous-commissaire de 1re et de 2e classe ;

Aide-commissaire.

Art. 5. — Les différents grades sont conférés par décret sur la proposition du ministre chargé des colonies.

Art. 6. — L'assimilation de ces grades est établie comme suit :

Les commissaires généraux prennent rang après les généraux de brigade ;

Les commissaires avec les colonels ;

Les commissaires-adjoints avec les chefs de bataillon ;

Les sous-commissaires avec les capitaines ;

Les aides-commissaires avec les lieutenants.

Art. 7. — Pour la première formation le nouveau corps se composera exclusivement des officiers provenant de la portion du commissariat de la marine affectée au service des colonies.

Art. 8. — Le cadre du corps sera déterminé, selon les besoins du service, par décision du ministre chargé des colonies.

Art. 9. — Les nominations au grade d'aide-commissaire ont lieu exclusivement au concours.

Trois places, non reversibles d'une année sur l'autre, seront réservées, par concours, aux sous-agents du commissariat colonial ainsi qu'aux commis de 1re classe de la même administration. Ces derniers devront être âgés de vingt-cinq ans au moins et de trente-cinq ans au plus, être pourvus du diplôme de bachelier ès lettres ou ès sciences et compter trois ans de service dans leur emploi.

(1) V. Tour de départ pour les colonies et séjour colonial.

TITRE III. — DU RECRUTEMENT.

Art. 10. — Le commissariat colonial se recrute, sauf l'exception mentionnée à l'article précédent, parmi les élèves-commissaires à la nomination du ministre chargé des colonies.

Pour être nommé élève-commissaire, il faut :

1° Être âgé de moins de vingt-trois ans ;

2° Être reconnu propre au service militaire et au service des colonies.

3° Avoir satisfait aux épreuves d'un concours, à la sortie d'une école spéciale qui sera ultérieurement instituée, et dans laquelle les candidats auront suivi pendant trois années des cours répartis comme suit :

1re année : cours généraux indiqués par le règlement constitutif de l'école ;

2e et 3e année : cumulativement, cours spécial d'administration militaire et maritime fait par un officier supérieur du commissariat colonial, en activité ou en retraite.

4° Être pourvu du diplôme de licencié en droit ; les élèves pourront obtenir ce diplôme pendant la durée de leurs trois années d'école.

Art. 11. — Après leur nomination, les élèves-commissaires seront dirigés sur les colonies, où ils feront, dans les divers détails du service administratif, un stage de dix-huit mois, à l'expiration duquel ils devront se présenter à un examen portant sur les connaissances administratives pratiques qu'ils auront acquises.

Les élèves-commissaires qui, pour raison de santé, n'auront pu prendre part à cet examen, conserveront le droit de se présenter à l'examen suivant.

Il en sera de même de ceux qui auront été déclarés inadmissibles à la suite de leur premier examen.

En cas de nouvel insuccès, ils seront licenciés, et, s'ils se trouvent aux colonies, rapatriés aux frais de l'État.

Art. 12. — Les élèves-commissaires déclarés admissibles à la suite des examens précités seront nommés au grade d'aide-commissaire.

Art. 13. — Au point de vue de la loi sur le recrutement de l'armée, les élèves-commissaires sont considérés comme présents sous les drapeaux pendant la durée de leur stage, et immatriculés à cet effet dans l'un des corps de troupe en service dans la colonie où ils résident.

Art. 14. — Un arrêté ministériel déterminera le programme et le mode de concours et d'examen pour l'obtention de l'emploi d'élève-commissaire et du grade d'aide-commissaire.

TITRE IV. — DE L'AVANCEMENT.

Art. 15. — Le grade de sous-commissaire de 2e classe sera conféré aux aides-commissaires, deux tiers à l'ancienneté et un tiers au choix.

Nul ne sera promu au grade de sous-commissaire de 2e classe s'il ne réunit trois ans de grade comme aide-commissaire, dont deux ans au moins aux colonies ou à la mer.

Le grade de commissaire-adjoint sera conféré aux sous-commissaires des deux classes, moitié à l'ancienneté et moitié au choix.

Le grade de commissaire sera conféré au choix aux commissaires-adjoints.

Le grade de commissaire général sera conféré au choix aux commissaires.

Art. 16. — Le passage à la 1re classe dans le grade de commissaire général aura lieu au choix et par décret, après deux ans de services dans la 2e classe ; il s'effectuera à l'ancienneté, par décision du ministre chargé des colonies et du jour où la vacance se sera produite, de la 2e classe à la 1re classe du grade de sous-commissaire. L'effectif de ces deux classes sera partagé entre deux portions contenant le même nombre d'officiers.

Art. 17. — Nul officier du commissariat colonial ne pourra être promu à un grade supérieur, s'il n'a servi pendant trois ans au moins dans le grade inférieur, sauf les cas déterminés à l'article 15 du présent décret.

Le temps de service aux colonies ou à la mer comptera, au point de vue de l'avancement, pour la moitié en sus de sa durée effective.

Art. 18. — Le choix pour les grades de commissaire colonial, de commissaire-adjoint et de sous-commissaire de 2e classe, porte sur les officiers inscrits sur un tableau d'avancement par une commission supérieure réunie, chaque année, par le ministre chargé des colonies et dont la composition sera ultérieurement déterminée.

Ce tableau devra être arrêté à la date du 1er janvier.

TITRE V. — DES TRAITEMENTS ET SUPPLÉMENTS.

Art. 19. — Le traitement des officiers du commissariat colonial et les diverses allocations qui peuvent leur être attribuées sont fixés par les tableaux annexés au présent décret.

TITRE VI. — DE LA DISCIPLINE.

Art. 20. — L'autorité disciplinaire est confiée, dans les colonies et pays de protectorat, au chef du service administratif, chef du corps. Elle s'exerce dans toutes les parties du service, par les officiers placés sous ses ordres selon leur rang hiérarchique.

Les officiers du commissariat colonial ne sont punis directement que par leurs supérieurs dans le corps.

Les plaintes dont ils peuvent être l'objet, de la part des officiers des autres corps, sont adressées au chef du service administratif qui statue.

Art. 21. — Les peines disciplinaires qui leur sont applicables, à l'exception du chef du service administratif, et sans préjudice des pouvoirs réservés au gouverneur par l'article 25 du présent décret, sont :

Les arrêts simples pendant un mois au plus ;

Les arrêts de rigueur pendant le même temps.

Art. 22. — Les officiers du commissariat colonial ne peuvent infliger à leurs subordonnés dans le corps que les arrêts simples pendant huit jours au plus. Les autres peines sont réservées à l'action du chef du service administratif, à qui il est immédiatement rendu compte de toutes les punitions infligées.

Art. 23. — Ces punitions s'exécutent dans les conditions définies à l'article 5 du décret du 21 juin 1858 sur la police et la discipline dans les ports, arsenaux et autres établissements de la marine, dans les colonies et à bord des bâtiments de l'État.

Art. 24. — Le gouverneur exerce, à l'égard des officiers du commissariat colonial, les pouvoirs disciplinaires qui lui sont conférés par l'article 8 du décret de 1858 sus-visé.

Art. 25. — En cas de manquement grave, commis par le chef du service administratif, le gouverneur le suspend de ses fonctions et lui offre, dans les conditions déterminées par les ordonnances organiques, les moyens de rentrer en France pour rendre compte de sa conduite au ministre.

Art. 26. — Les dispositions des décrets des 21 juin 1858 et 3 janvier 1884 sur la composition des conseils de guerre et d'enquête, appelés à statuer selon leur gravité sur les infractions commises par les officiers du commissariat de la marine sont applicables au corps du commissariat colonial.

TITRE VII. — DU RANG, DES HONNEURS ET DES PRÉSÉANCES.

Art. 27. — Dans les cérémonies publiques aux colonies, le corps du commissariat colonial occupe le rang attribué au corps du commissariat de la marine par le décret du 23 octobre 1883 sur le service dans les places de guerre et villes de garnison.

Dans toutes les circonstances de service, ses membres prennent place parmi les officiers des armées de terre ou de mer, suivant leur grade ou leur ancienneté dans le grade, ou la classe dont ils sont titulaires.

TITRE VIII. — DISPOSITIONS TRANSITOIRES.

Art. 28. — Il sera pourvu aux promotions pour le grade d'aide-commissaire, pendant les années 1889 et 1890, au moyen des élèves-commissaires de la marine actuellement entretenus, en vue des besoins coloniaux, à l'école de Brest.

En cas d'insuffisance numérique, le complément des places sera attribué, à partir de la fin de 1890, après concours, aux candidats licenciés en droit, qui auront suivi pendant un an au moins le cours d'administration mentionné à l'article 10 et auront fait un stage de six mois au moins dans les colonies.

Art. 29. — Sont abrogées toutes dispositions contraires au présent décret.

Art. 30. — Le président du conseil, ministre du commerce, de l'industrie et des colonies, est chargé de l'exécution du présent décret.

Fait à Paris, le 5 octobre 1889. CARNOT.

Tarifs de solde annexés au décret du 5 octobre 1889 portant constitution du corps du commissariat colonial.

TARIF N° 1. — **Solde de présence.**

GRADES	EN EUROPE ou en cours de traversée			A PARIS			AUX COLONIES		
	par an.	par mois.	par jour.	par an.	par mois.	par jour.	par an.	par mois.	par jour.
Commissaire général, 1re classe	13.226 40	1.102 20	36 74	13.813 20	1.151 10	38 37	19.422 »	1.618 50	53 95
Commissaire général, 2e classe	11.217 60	924 80	31 16	11.801 40	983 70	32 79	16.426 80	1.368 90	45 63
Commissaire	9.151 50	762 60	25 42	9.626 40	802 20	26 74	12.621 60	1.051 80	35 06
Commissaire-adjoint	6.328 80	527 40	17 58	6.688 80	557 40	18 58	8.830 80	735 90	24 53
Sous-commissaire, 1re classe	3.848 40	320 70	10 69	4.035 68	335 30	11 21	6.066 »	505 50	16 85
Sous-commissaire, 2e classe	3.430 80	285 90	9 53	3.621 60	301 80	10 06	5.270 40	489 20	14 64
Aide-commissaire	2.786 40	232 20	7 74	2.919 60	243 30	8 11	4.550 40	379 20	12 64
Supplément aux sous-commissaires ayant douze ans de grade	532 80	44 40	1 48	»	»	»	»	»	»
Elève-commissaire	2.066 40	172 20	5 74	2.199 60	183 30	6 11	3.045 60	253 80	8 46

TARIF N° 2. — **Solde d'absence.**

GRADES	CONGÉ À DEMI-SOLDE.	EN CAPTIVITÉ.	EN NON-ACTIVITÉ — PIED D'EUROPE — Infirmités temporaires, etc.			Par suite de retrait ou de suspension, etc.			PIED COLONIAL — Infirmité temporaire	Retrait d'emploi.
	par jour.	par jour.	par an	par mois.	par jour.	par an	par mois.	par jour.	par jour.	par jour.
Commissaire général, 1re classe	(a) 33 37	20 »	7.200 »	600 »	20 »	5.760 »	480 »	16 »	23 63	18 91
Commissaire général, 2e classe	(a) 27 79	16 69	6.008 40	500 70	16 69	4.806 »	400 50	13 35	19 48	15 58
Commissaire	12 71	13 63	4.906 80	408 90	13 63	3.927 60	327 30	10 91	12 85	11 88
Commissaire-adjoint	8 79	9 37	3.373 20	281 10	9 39	2.700 »	225 »	7 50	10 27	8 21
Sous-commissaire, 1re classe	5 35	5 79	1.839 60	153 30	5 11	1.472 40	122 70	4 09	6 32	5 06
Sous-commissaire, 2e classe	4 77	5 11								
Aide-commissaire	3 87	4 21	1.818 »	151 50	5 05	1.213 20	101 10	3 37	5 63	4 51
Supplément aux sous-commissaires n'ayant pas douze ans de grade	0 74	0 74	»	»	»	»	»	»	»	»
Elève-commissaire	2 87	3 20	1.090 80	90 90	3 03	727 20	60 60	2 02	»	»

(a) Solde d'Europe dégagée de tous accessoires (art. 26 et 93 du décret du 1er juin 1875.

TARIF N° 3. — Agents du Commissariat.

GRADES	SOLDE D'EUROPE OU DE TRAVERSÉE			SOLDE COLONIALE			OBSERVATIONS
	par an.	par mois.	par jour.	par an.	par mois.	par jour.	
Agent principal	5.608 80	467 40	15 58	7.390 80	615 90	20 53	Traitement d'un commissaire adjoint dégagé de l'indemnité de logement.
Agent de 1re classe	3.488 40	290 70	9 60	5.346 »	445 50	14 85	Traitement d'un sous-commis. de 1re cl. dégagé de l'indemnité de log.
Agent de 2e classe.....	3.070 80	255 90	8 53	4.850 »	430 20	12 64	Traitement d'un sous-commis. de 2e cl. dégagé de l'indemnité de log.
Sous-agent...........	2.541 60	211 80	7 06	4.058 20	338 10	11 27	Traitement d'un aide-commissaire dégagé de l'indemnité de logement.
Commis de 1re classe..	2.001 60	166 80	5 56	3.499 20	291 60	9 72	
Commis de 2e classe...	1.702 80	141 90	4 73	2.998 80	249 90	8 33	
Commis de 3e classe...	1.400 40	116 70	3 89	2.502 »	208 50	6 95	

TARIF N° 4. — Supplément de résidence dans Paris.

GRADES.	PAR AN.	PAR MOIS.	PAR JOUR.
Commissaire général	1.515 60	126 30	4 21
Commissaire	1.213 20	101 10	3 37
Commissaire-adjoint	1.080 »	90 »	3 »
Sous-commissaire	756 »	63 »	2 10
Aide-commissaire	741 60	61 80	2 06
Elève-commissaire	626 40	52 20	1 74
Agent principal	1.080 »	90 »	3 »
Agent	756 »	63 »	2 10
Sous-agent	741 60	61 80	2 06
Commis	601 20	50 10	1 67

TARIF N° 5. — Indemnité extraordinaire de rassemblement.

GRADES.	PAR MOIS	PAR JOURS.
Commissaire	60 »	2 »
Commissaire-adjoint	60 »	2 »
Sous-commissaire	41 10	1 37
Aide-commissaire	31 80	1 06
Elève-commissaire	31 80	1 06

TARIF N° 6. — Fixation de retenus.

GRADES	EN CAS DE LOGEMENT								
	EN EUROPE			A PARIS			AUX COLONIES		
	par an.	par mois	par jour.	par an.	par mois	par jour.	par an.	par mois	par jour.
Commissaire général	1.213 20	101 10	3 37	1.800 »	150 »	5 »	2.401 80	200 40	6 68
Commissaire	964 80	80 40	2 68	1.440 »	120 »	4 »	1.933 20	161 10	5 37
Commissaire-adjoint	720 »	60 »	2 »	1.080 »	90 »	3 »	1.440 »	120 »	4 »
Sous-commissaire	360 »	30 »	1 »	547 20	45 60	1 35	720 »	60 »	2 »
Aide-commissaire Elève-commissaire	244 80	20 40	0 68	377 »	31 50	1 05	420 20	41 10	1 37

GRADES	EN CAS D'AMEUBLEMENT								
	EN EUROPE			A PARIS			AUX COLONIES		
	par an.	par mois	par jour.	par an.	par mois	par jour.	par an	par mois	par jour.
Commissaire-général	417 60	34 80	1 16	608 40	50 70	1 69	817 20	68 10	2 27
Commissaire	324 »	27 »	0 90	493 20	41 10	1 37	644 40	53 70	1 79
Commissaire-adjoint	248 40	20 70	0 69	360 »	30 »	1 »	493 20	41 10	1 37
Sous-commissaire	190 80	15 90	0 52	284 40	23 70	0 79	360 »	30 »	1 »
Aide-commissaire Elève-commissaire	133 20	11 10	0 37	190 80	15 90	0 53	248 40	20 70	0 69

Le Président de la République française, CARNOT.

Consulter en outre : *Service administratif de la marine.*

COMMERÇANTS.

V. *Actes de société.*
Faillites.
Livres de commerce.
Magasins généraux
Ventes publiques.

COMMIS AUX ÉCRITURES.

V. *Service administratif de la marine.*

COMMIS GREFFIERS.

V. *Service judiciaire.*

COMMISSION D'APPEL OU D'EXAMEN (AFFAIRES INDIGÈNES).

V. *Justice indigène.*

COMMISSAIRES PRISEURS

NATURE DES DOCUMENTS	DATES	RECUEILS A CONSULTER								OBSERVATIONS
		Bat.	B. G.	B D. I	J. C.	J. H.	B. M.	B Col		
A. G.	11 juillet 1865.	I-272	271							
A. G.	11 juillet 1865.	II-153	253							
A. G.	15 mars 1867.	II-702	337							

(11 juillet 1865)

A. G. *Réglementation des attributions, droits et obligations des commissaires-priseurs* (1).

(App. Dép. M., 5 décembre 1865).
BAT. I. p. 272.
B. C. p. 271.

Article premier. — Nul ne pourra être admis aux fonctions de commissaire-priseur :

1° S'il n'est Français ou domicilié dans la colonie depuis plus d'une année ;

2° S'il n'est âgé de vingt-cinq ans accomplis ;

3° S'il ne justifie de sa moralité.

Avant d'entrer en fonctions et après s'être pourvus d'une patente, les commissaires-priseurs prêtent, devant le tribunal civil, le serment prescrit par le décret du 5 avril 1852.

Art. 2. — Les commissaires-priseurs qui seront institués à Saïgon y procéderont exclusivement aux prisées et à la vente aux enchères publiques de tous les biens meubles et marchandises neuves ou d'occasion, à l'exception des droits mobiliers incorporels dont la vente s'effectuera par le ministère du notaire.

Art. 3. — Le Gouvernement fera procéder à la vente aux enchères publiques des meubles ou effets mobiliers lui appartenant, soit par ses préposés, soit par les commissaires-priseurs, aux conditions spécifiées dans le tarif concernant ces officiers publics.

Art. 4. — Il est interdit à tous particuliers et à tous autres officiers publics de s'immiscer dans les prisées et ventes attribuées aux commissaires-priseurs, à peine d'une amende qui ne pourra excéder la moitié du prix des objets prisés ou vendus, ni être au-dessous de cent francs, sans préjudice de tels dommages-intérêts qu'il appartiendra.

Art. 5. — Les ventes seront faites au comptant. Le commissaire-priseur sera responsables de la réalisation immédiate du prix, à moins qu'il n'y ait terme accordé ou consenti par les propriétaires des objets vendus.

Art. 6. — Les commissaires-priseurs pourront recevoir toutes déclarations concernant les ventes, recevoir et viser toutes les oppositions qui y seront formées, introduire devant les autorités compétentes tous référés auxquels leurs opérations donneraient lieu, et, à cet effet, ajourner, par le procès-verbal, les parties intéressées devant lesdites autorités.

Art. 7. — Toute opposition, toute saisie-arrêt formée entre les mains des commissaires-priseurs, toute signification de jugements qui en prononceront la validité, seront sans effet, à moins que l'original desdites oppositions, saisie-arrêt ou significations de jugements n'ait été visé par le commissaire-priseur, ou, en cas d'absence ou de refus, par le chef du bureau municipal.

Art. 8. — Les commissaires-priseurs auront la police dans les ventes ; ils pourront faire toute réquisition aux dépositaires de la force publique pour y maintenir l'ordre, et dresser tous procès-verbaux de rébellion.

Art. 9. — Tout traité direct ou indirect pour la cession, transmission ou exploitation en commun de titre ou clientèle de commissaire-priseur est interdit, à peine de destitution.

(1) V. *infrà*, A. G., 15 mars 1867.

La destitution sera même prononcée contre le successeur régulièrement nommé, à quelque époque que soit constatée l'existence d'accords ou de conventions quelconques avec le précédent titulaire.

Art. 10. — Des permissions d'absence de la colonie pourront être accordées aux commissaires-priseurs. Il sera pourvu à leur remplacement par l'administration. — Toute absence prolongée au delà de douze mois les ferait considérer comme démissionnaires.

Art. 11. — L'administration pourra toujours retirer les commissions par elle données, à la seule condition d'un avis signifié deux mois avant le retrait.

Art. 12. — Il est interdit aux commissaires-priseurs, à peine de destitution, de se rendre directement ou indirectement adjudicataires d'objets qu'ils sont chargés de priser ou vendre; d'exercer par eux-mêmes, par personnes interposées ou par prête-noms, la profession de marchands de meubles et autres analogues, et même d'être associés à aucun commerce de cette nature; de vendre de gré à gré et autrement qu'aux enchères publiques; de comprendre, dans les ventes, des meubles, objets mobiliers ou marchandises non appartenant aux personnes dénommées dans les déclarations ci-après prescrites.

Art. 13. — Aucun commissaire-priseur ne pourra procéder à une vente sans en avoir fait préalablement la déclaration au bureau de l'enregistrement. Cette déclaration sera inscrite, à sa date, sur un registre spécial. Elle contiendra les noms, qualité et domicile de l'officier public, du requérant et de la personne dont les meubles seront mis en vente, avec l'indication du jour de l'ouverture de la vente et de l'endroit où elle se fera.

Les copies des déclarations seront transcrites en tête des procès-verbaux de vente. Chaque objet adjugé sera porté de suite au procès-verbal; le prix y sera inscrit en toutes lettres et en chiffres. Chaque séance sera close et signée par l'officier public et deux témoins domiciliés.

Art. 14. — Les commissaires-priseurs tiendront un répertoire sur lequel ils inscriront leurs opérations jour par jour, et qui sera préalablement coté et paraphé à chaque page par le juge impérial.

Ce répertoire, qui énoncera le nom des propriétaires, la nature des objets vendus, la date et le produit de la vente, la quotité des droits d'enregistrement perçus, le montant des autres déboursés et le chiffre des allocations, sera arrêté, tous les trois mois, par le receveur de l'enregistrement. Une expédition en sera déposée chaque année, avant le 1er mars, au greffe du tribunal civil.

Art. 15. — Toute contravention aux articles 13 et 14 sera punie d'une amende de vingt-cinq francs, sans préjudice des dommages-intérêts aux parties, s'il y a lieu. Les amendes seront recouvrées comme en matière d'enregistrement.

Art. 16. — Le receveur de l'enregistrement pourra se transporter dans les lieux où se font les ventes, à l'effet d'y vérifier les procès-verbaux et les copies des déclarations préalables. Il constatera les contraventions qu'il aurait reconnues.

Art. 17. — Les procès-verbaux des commissaires-priseurs seront enregistrés, pour chaque vacation, dans les huit jours de sa date.

Art. 18. — Les commissaires-priseurs se conformeront aux lois, décrets, arrêtés et règlements sur la vente de certaines marchandises, telles que : armes, poudre, munitions, équipements militaires et autres, à l'égard desquelles les précautions ou formalités particulières sont ou seront prescrites.

Art. 19. — Ces officiers publics sont placés sous la surveillance du procureur impérial, qui leur adresse au besoin les avertissements et les injonctions qu'il juge nécessaires. Lorsqu'il y a lieu à suspension ou à révocation, il est statué par le Gouverneur, sur le rapport du procureur impérial, qui provoque et transmet les explications de l'inculpé.

Art. 20. — Les commissaires-priseurs se conformeront aux lois générales ou spéciales sur les patentes, les tarifs, l'enregistrement, la tenue des répertoires et leur vérification, en tout ce qui n'a pas été prévu par le présent.

Art. 21. — Tout commissaire-priseur qui cessera ses fonctions sera tenu de remettre ses minutes à son successeur ou à tel officier public qui sera désigné par le juge impérial.

Art. 22. — Les commissaires-priseurs sont assujettis à la patente de première classe, fixée par décision du 26 janvier 1865.

Art. 23. — Il ne sera actuellement institué qu'un commissaire-priseur à Saïgon. Le nombre de ces officiers publics pourra, toutefois, être augmenté par la suite : dans le cas où plusieurs commissaires-priseurs seraient institués, il serait établi une bourse commune, dans des conditions qui seraient ultérieurement déterminées.

Art. 24. — Il sera pourvu aux dispositions de détail, en ce qui concerne la fixation des jours de vente, des jours et heures de dépôt des marchandises à vendre et d'enlèvement de ces marchandises par les acheteurs, etc., etc., au moyen d'un règlement particulier qui sera affiché dans la salle de vente. Ce règlement particulier, établi par le commissaire-priseur, sera préalablement soumis à l'approbation du Directeur de l'intérieur.

Art. 25. — Les dispositions du présent arrêté seront exécutées, sauf l'approbation ultérieure du Ministre, à partir du 1er septembre 1865.

G. Roze.

(11 juillet 1865)

A. G. *Fixation des droits de greffe, le tarif des frais et dépens en matière civile, commerciale, criminelle, de police correctionnelle, de simple police et des actes publics.* (*Art. 44, 45 et 46*). (1).

(App. Dép. M., 5 décembre 1865)
BAT. II. p. 153.
B. C., p. 255.

(15 mars 1867)

A. G. *réglementant les ventes à l'encan ; — Courtiers.* (2).

BAT. II. p. 792.
B. C. p. 337.

(1) V. *infrà* A. G. 15 mars 1867

(2) L'art. 17 § 2 abroge les dispositions des articles 44, 45 et 46 de l'arrêté du 11 juillet 1865 fixant les tarifs, frais de vacation etc, et l'arrêté du 11 juillet 1865 réglementant les attributions, droits et obligations des commissaires-priseurs.

COMMISSIONS DE RECETTE.

V. *Comptabilité du matériel et des vivres (service colonial et marine).*

COMMISSIONS ROGATOIRES.

V. *Fonctions administratives et judiciaires.*

Consulter : AUBARET, *Histoire et description de la Basse-Cochinchine.*
PHILASTRE, *Code annamite.*
LURO, *Le pays d'Annam, Cours d'administration annamite.*
LAUDE, *Commune annamite,* (*Excursions et reconnaissances n° 5*).

COMMUTATION DE PEINES.

V. *Grâces et commutation de peines.*

COMMUNES.

I. DISPOSITIONS GÉNÉRALES. — II. SAIGON. — III. CHOLON.

I. — DISPOSITIONS GÉNÉRALES.

NATURE DES DOCUMENTS	DATES	RECUEILS A CONSULTER							OBSERVATIONS
		Bat.	R. C.	B.D I	J. C.	J.H.	B. M.	B Col	
Loi.	18 juillet 1837.	II-364	57						
O. R.	18 décembre 1838.	II-376	57						
Loi.	24 juillet 1867.	II-376	57						
Arr. C. de Cass.	4 juillet 1871.	II-479							
Loi.	12 août 1876.		274						
Dép. M.	6 septembre 1876.	II-578							
Loi.	28 mars 1882.		274						
Dép. M.	3 avril 1882.				849				
Loi.	5 avril 1882.		276						
Décret.	14 avril 1882.		276						
Dép. M.	24 avril 1882.								
Circ. M.	13 mai 1884.								
Dép. M.	27 mars 1885.								
Dép. M.	28 mars 1885.								
Dép. M.	1er septembre 1885.								

(18 juillet 1837)

LOI *sur l'administration municipale : des réunions, divisions et formations des communes ; — des attributions des maires et des Conseils municipaux ; — des dépenses et recettes et du budget des communes ; — des acquisitions, aliénations, baux, dons et legs ; — des actions judiciaires et des transactions ; — comptabilité des communes; — des intérêts qui concernent plusieurs communes.*

(Promulg. A. G. 22 février 1871).
BAT. II. p. 364.
B. C. p. 57.

TITRE PREMIER. — DES RÉUNIONS, DIVISIONS ET FORMATIONS DE COMMUNES.

Art. premier. — Aucune réunion, divison ou formation de commune ne pourra avoir lieu que conformément aux règles ci-après.

Art. 2. — Toutes les fois qu'il s'agira de réunir plusieurs communes en une seule ou de distraire une section d'une commune, soit pour la réunir à une autre, soit pour l'ériger en commune séparée, le préfet prescrira préalablement, dans les communes intéressées, une enquête tant sur le projet en lui-même que sur ses conditions.

Les conseils municipaux, assistés des plus imposés en nombre égal à celui de leurs membres, les conseils d'arrondissement et le conseil général donneront leur avis.

Art. 3. — Si le projet concerne une section de commune, il sera créé pour cette section une commission syndicale. Un arrêté du préfet déterminera le nombre des membres de la commission.

Ils seront élus par les électeurs municipaux domiciliés dans la section, et si le nombre des électeurs n'est pas double de celui des membres à élire, la commission sera composée des plus imposés de la section.

La commission nommera son président. Elle sera chargée de donner son avis sur le projet.

Art. 4. — Les réunions et distractions de communes, qui modifieront la composition d'un département, d'un arrondissement ou d'un canton, ne pourront être prononcées que par une loi.

Toutes autres réunions et distractions de communes pourront être prononcées par ordonnance du roi, en cas de consentement des conseils municipaux, délibérant avec les plus imposés, conformément à l'article 2 ci-dessus, et, à défaut de consentement, pour les communes qui n'ont pas trois cents habitants, sur l'avis affirmatif du conseil général du département.

Dans tous les autres cas, il ne pourra être statué que par une loi.

Art. 5. — Les habitants de la commune réunie à une autre commune conserveront la jouissance exclusive des biens dont les fruits étaient perçus en nature.

Les édifices et autres immeubles servant à usage public deviendront propriété de la commune à laquelle sera faite la réunion.

Art. 6. — La section de commune érigée en commune séparée ou réunie à une autre commune emportera la propriété qui lui appartenait exclusivement.

Les édifices et autres immeubles servant à usage public, et situés sur son territoire, deviendront propriétés de la nouvelle commune ou de la commune à laquelle sera faite la réunion.

Art. 7. — Les autres conditions de la réunion ou de la distraction seront fixées par l'acte qui la prononcera. Lorsqu'elle sera prononcée par une loi, cette fixation pourra être renvoyée à une ordonnance royale ultérieure, sauf réserve, dans tous les cas, de toutes les questions de propriété.

Art. 8. — Dans tous les cas de réunion ou de fractionnement de communes, les conseils municipaux seront dissous. Il sera procédé immédiatement à des élections nouvelles.

TITRE II. — DES ATTRIBUTIONS DES MAIRES ET DES CONSEILS MUNICIPAUX.

CHAPITRE PREMIER

DES ATTRIBUTIONS DES MAIRES

Art. 9. — Le maire est chargé, sous l'autorité de l'administration supérieure :

1° De la publication et de l'exécution des lois et règlements ;

2° Des fonctions spéciales qui lui sont attribuées par les lois ;

3° De l'exécution des mesures de sûreté générale.

Art. 10.—Le maire est chargé, sous la surveillance de l'administration supérieure :

1° De la police municipale, de la police rurale et de la voirie municipale, et de pourvoir à l'exécution des actes de l'autorité supérieure qui y sont relatifs ;

2° De la conservation et de l'administration des propriétés de la commune, et de faire en conséquence tous actes conservatoires de ses droits ;

3° De la gestion des revenus, de la surveillance des établissements communaux et de la comptabilité communale ;

4° De la proposition du budget et de l'ordonnancement des dépenses ;

5° De la direction des travaux communaux ;

6° De souscrire les marchés, de passer les baux des biens et les adjudications des travaux communaux, dans les formes établies par les lois et règlements ;

7° De souscrire dans les mêmes formes les actes de vente, échange, partage, acceptation de dons ou legs, acquisition, transaction, lorsque ces actes ont été autorisés, conformément à la présente loi ;

8° De représenter la commune en justice, soit en demandant, soit en défendant.

Art. 11. — Le maire prend des arrêtés à l'effet :

1° D'ordonner les mesures locales sur les objets confiés par les lois à sa vigilance et à son autorité ;

2° De publier de nouveau les lois et règlements de police, et de rappeler les citoyens à leur observation.

Les arrêtés pris par le maire sont immédiatement adressés au sous-préfet. Le préfet peut les annuler ou en suspendre l'exécution.

Ceux de ces arrêtés qui portent règlement permanent ne seront exécutoires qu'un mois après la remise de l'application constatée par les récépissés donnés par le sous-préfet.

Art. 12. — Le maire nomme à tous les emplois communaux pour lesquels la loi ne prescrit pas un mode spécial de nomination. Il suspend et révoque les titulaires de ces emplois.

Art. 13. — Le maire nomme les gardes champêtres, sauf l'approbation du conseil municipal. Ils doivent être agréés et commissionnés par le sous-préfet ; ils peuvent être suspendus par le maire, mais le préfet peut seul les révoquer.

Le maire nomme également les pâtres communs, sauf l'approbation du conseil municipal. Il peut prononcer leur révocation.

Art. 14.— Le maire est chargé seul de l'administration, mais il peut déléguer une partie de ses fonctions à un ou à plusieurs de ses adjoints, et, en l'absence de ses adjoints, à ceux des conseillers municipaux qui sont appelés à en faire les fonctions.

Art. 15. — Dans le cas où le maire refuserait ou négligerait de faire un des actes qui lui sont prescrits par la loi, le préfet, après l'en avoir requis, pourra y procéder d'office par lui-même ou par un délégué spécial.

Art. 16. — Lorsque le maire procède à une adjudication publique pour le compte de la commune, il est assisté de deux membres du conseil municipal désignés d'avance par le conseil, ou, à défaut, appelés dans l'ordre du tableau.

Le receveur municipal est appelé à toutes les adjudications.

Toutes les difficultés qui peuvent s'élever sur les opérations préparatoires de l'adjudication sont résolues séance tenante, par le maire et les deux conseillers assistants, à la majorité des voix, sauf le recours de droit.

CHAPITRE II.

DES ATTRIBUTIONS DES CONSEILS MUNICIPAUX.

Art. 17. — Les conseils municipaux règlent par leurs délibérations les objets suivants :

1° Le mode d'administration des biens communaux ;

2° Les conditions des baux à ferme ou à loyer dont la durée n'excède pas dix-huit ans pour les biens ruraux, et neuf ans pour les autres biens ;

3° Le mode de jouissance et la répartition des pâturages et fruits communaux, autres que les bois, ainsi que les conditions à imposer aux parties prenantes ;

4° Les affouages, en se conformant aux lois forestières.

Art. 18. — Expédition de toute délibération sur un des objets énoncés en l'article précédent est immédiatement adressée par le maire au sous-préfet, qui en délivre ou fait délivrer récépissé. La délibération est exécutoire si, dans les trente jours qui suivent la date du récépissé, le préfet ne l'a pas annulée, soit d'office, pour violation d'une disposition de loi ou d'un règlement d'administration publique, soit sur la réclamation de toute partie intéressée.

Toutefois, le préfet peut suspendre l'exécution de la délibération pendant un autre délai de trente jours.

Art. 19. — Le Conseil municipal délibère sur les objets suivants :

1° Le budget de la commune et, en général, toutes les recettes et dépenses soit ordinaires, soit extraordinaires ;

2° Les tarifs et règlements de perception de tous les revenus communaux ;

3° Les acquisitions, aliénations et échanges des propriétés communales, leur affectation aux différents services publics, et, en général, tout ce qui intéresse leur conservation et leur amélioration ;

4° La délimitation ou le partage des biens indivis entre deux ou plusieurs communes ou sections de commune ;

5° Les conditions des baux à ferme ou à loyer dont la durée excède dix-huit ans pour les biens ruraux, et neuf ans pour les autres biens, ainsi que celles des baux des biens pris à loyer par la commune, quelle qu'en soit la durée ;

6° Les projets de constructions, de grosses réparations et de démolitions, et, en général, tous les travaux à entreprendre ;

7° L'ouverture des rues et places publiques et les projets d'alignement de voirie municipale :

8° Le parcours et la vaine pâture ;

9° L'acceptation des dons et legs faits à la commune et aux établissements communaux ;

10° Les actions judiciaires et transactions,

Et tous les autres objets sur lesquels les lois et règlements appellent les conseils municipaux à délibérer.

Art. 20.— Les délibérations des conseils municipaux sur les objets énoncés à l'article précédent sont adressées au sous-préfet.

Elles sont exécutoires sur l'approbation du préfet, sauf le cas où l'approbation par le ministre compétent, ou par ordonnance royale, est prescrite par les lois ou par les règlements d'administration publique.

Art. 21. — Le conseil municipal est toujours appelé à donner son avis sur les objets suivants :

1° Les circonscriptions relatives au culte ;

2° Les circonscriptions relatives à la distribution des secours publics ;

3° Les projets d'alignement de grande voirie dans l'intérieur des villes, bourgs et villages ;

4° L'acceptation des dons et legs faits aux établissements de charité et de bienfaisance ;

5° Les autorisations d'emprunter, d'acquérir, d'échanger, d'aliéner, de plaider ou de transiger, demandées par les mêmes établissements et par les fabriques des églises et autres administrations préposées à l'entretien des cultes dont les ministres sont salariés par l'État ;

6° Les budgets et les comptes des établissements de charité et de bienfaisance ;

7° Les budgets et les comptes des fabriques et autres administrations préposées à l'entretien des cultes dont les ministres sont salariés par l'État, lorsqu'elles reçoivent des secours sur les fonds communaux ;

8° Enfin, tous les objets sur lesquels les conseils municipaux sont appelés, par les lois et règlements, à donner leur avis ou seront consultés par le préfet.

Art. 22. — Le conseil municipal réclame, s'il y a lieu, contre le contingent assigné à la commune dans l'établissement des impôts de répartition.

Art. 23. — Le conseil municipal délibère sur les comptes présentés annuellement par le maire.

Il entend, débat et arrête les comptes de deniers des receveurs, sauf règlement définitif, conformément à l'article 66 de la présente loi.

Art. 24. — Le conseil municipal peut exprimer son vœu sur tous les objets d'intérêt local.

Il ne peut faire ni publier aucune protestation, proclamation ou adresse.

Art. 25. — Dans les séances où les comptes d'administration du maire sont débattus, le conseil municipal désigne au scrutin celui de ses membres qui exerce la présidence.

Le maire peut assister à la délibération ; il doit se retirer au moment où le conseil municipal va émettre son vote. Le président adresse directement la délibération au sous-préfet.

Art. 26. — Lorsque, après deux convocations successives faites par le maire, à huit jours d'intervalle et dûment constatées, les membres du conseil municipal ne se sont pas réunis en nombre suffisant, la délibération prise après la troisième convocation est valable, quel que soit le nombre des membres présents.

Art. 27. — Les délibérations des conseils municipaux se prennent à la majorité des voix. En cas de partage, la voix du président est prépondérante.

Art. 28. — Les délibérations seront inscrites, par ordre de date, sur un registre coté et paraphé par le sous-préfet. Elles sont signées par tous les membres présents à la séance, ou mention sera faite de la cause qui les aura empêchés de signer.

Art. 29. — Les séances des conseils municipaux ne sont pas publiques; leurs débats ne peuvent être publiés officiellement qu'avec l'approbation de l'autorité supérieure.

Il est voté au scrutin secret toutes les fois que trois des membres le réclament.

TITRE III. — DES DÉPENSES ET RECETTES ET DES BUDGETS DES COMMUNES.

Art. 30. — Les dépenses des communes sont obligatoires ou facultatives.

Sont obligatoires les dépenses suivantes :

1° L'entretien, s'il y a lieu, de l'hôtel de ville ou du local affecté à la mairie ;

2° Les frais de bureau et d'impression pour le service de la commune ;

3° L'abonnement au *Bulletin des lois* ;

4° Les frais de recensement de la population ;

5° Les frais de registre de l'état civil et la portion des tables décennales à la charge de la commune ;

6° Le traitement du receveur municipal, du préposé en chef de l'octroi et les frais de perception ;

7° Le traitement des gardes des bois de la commune et des gardes champêtres ;

8° Le traitement et les frais de bureau des commissaires de police, régulièrement liquidés et approuvés ;

9° Les frais de loyer et de réparation du local de la justice de paix, ainsi que ceux d'achat et d'entretien de son mobilier, dans les communes chefs-lieux de canton ;

10° Les dépenses de la garde nationale, telles qu'elles sont déterminées par les lois;

11° Les dépenses relatives à l'instruction primaire, conformément aux lois ;

12° L'indemnité de logement aux curés et desservants et autres ministres des cultes salariés par l'État, lorsqu'il n'existe pas de bâtiment affecté à leur logement;

13° Les secours aux fabriques des églises et autres administrations préposées aux cultes dont les ministres sont salariés par l'État, en cas d'insuffisance de leurs revenus, justifiée par leurs comptes et budgets ;

14° Le contingent assigné à la commune, conformément aux lois, dans la dépense des enfants trouvés et abandonnés ;

15° Les grosses réparations aux édifices communaux, sauf l'exécution des lois spéciales concernant les bâtiments militaires et les édifices consacrés au culte ;

16° La clôture des cimetières, leur entretien et leur translation dans les cas déterminés par les lois et règlements d'administration publique ;

17° Les frais des plans d'alignement ;

18° Les frais et dépenses des conseils de prud'hommes, pour les communes où ils siégent ; les menus frais des Chambres consultatives des arts et manufactures, pour les communes où elles existent ;

19° Les contributions et les prélèvements établis par les lois sur les biens et revenus communaux ;

20° L'acquittement des dettes exigibles,

Et généralement toutes les autres dépenses mises à la charge des communes par une disposition des lois.

Toutes dépenses autres que les précédentes sont facultatives.

Art. 31. — Les recettes des communes sont ordinaires ou extraordinaires.

Les recettes ordinaires des communes se composent :

1° Des revenus de tous biens dont les habitants n'ont pas la jouissance en nature ;

2° Des cotisations imposées annuellement sur les ayants droit aux fruits qui se perçoivent en nature ;

3° Du produit des centimes ordinaires affectés aux communes par les lois des finances ;

4° Du produit de la portion accordée aux communes dans l'impôt des communes ;

5° Du produit des octrois municipaux ;

6° Du produit des droits de place perçus dans les halles, foires, marchés, abattoirs, d'après les tarifs dûment autorisés ;

7° Du produit des permis de stationnement et des locations sur la voie publique, sur les ports et rivières et autres lieux publics ;

9° Du prix des concessions dans les cimetières ;

10° Du produit des concessions d'eau, de l'enlèvement des boues et immondices de la voie publique, et autres concessions autorisées pour les services communaux ;

11° Du produit des expéditions des actes administratifs et des actes de l'état civil ;

12° De la portion que les lois accordent aux communes dans le produit des amendes prononcées par les tribunaux de simple police, par ceux de police correctionnelle et par les conseils de discipline de la garde nationale,

Et généralement du produit de toutes les taxes de ville et de police dont la perception est autorisée par la loi.

Art. 32. — Les recettes extraordinaires se composent :

1° Des contributions extraordinaires dûment autorisées ;

2° Du prix des biens aliénés ;

3° Les dons et legs ;

4° Du remboursement des capitaux exigibles et de rentes rachetées ;

5° Du produit des coupes extraordinaires de bois ;

6° Du produit des emprunts,

Et de toutes autres recettes extraordinaires.

Art. 33. — Le budget de chaque commune, proposé par le maire et voté par le conseil municipal, est définitivement réglé par arrêté du préfet.

Toutefois, le budget des villes dont le revenu est de cent mille francs ou plus, est réglé par une ordonnance du roi.

Le revenu d'une commune est réputé atteindre cent mille francs lorsque les recettes ordinaires, constatées dans les comptes, se sont élevées à cette somme pendant les trois dernières années.

Il n'est réputé être descendu au-dessous de cent mille francs que lorsque, pendant les trois dernières années, les recettes ordinaires sont restées inférieures à cette somme.

Art. 34. — Les crédits qui pourraient être reconnus nécessaires après le règlement du budget sont délibérés conformément aux articles précédents et autorisés par le préfet dans les communes dont il est appelé à régler le budget, et par le Ministre dans les autres communes.

Toutefois, dans ces dernières communes, les crédits supplémentaires pour dépenses urgentes pourront être approuvés par le préfet.

Art. 35. — Dans le cas où, pour une cause quelconque, le budget d'une commune n'aurait pas été approuvé avant le commencement de l'exercice, les recettes et les dépenses ordinaires continueront, jusqu'à l'approbation de ce budget, à être faites conformément à celui de l'année précédente.

Art. 36. — Les dépenses proposées au budget d'une commune peuvent être rejetées ou réduites par l'ordonnance du roi ou par l'arrêté du préfet qui règle ce budget.

Art. 37. — Les conseils municipaux peuvent porter au budget un crédit pour dépenses imprévues.

La somme inscrite pour ce crédit ne pourra être réduite ou rejetée qu'autant que les revenus ordinaires, après avoir satisfait à toutes les dépenses obligatoires, ne permettraient pas d'y faire face, ou qu'elles excéderaient le dixième des recettes ordinaires.

Le crédit pour dépenses imprévues sera employé par le maire, avec approbation du préfet ou du sous-préfet.

Dans les communes autres que les chefs-lieux de département ou d'arrondissement, le maire pourra employer le montant de ces crédits aux dépenses urgentes, sans approbation préalable, à la charge d'en informer immédiatement le sous-préfet et d'en rendre compte au conseil municipal dans la première session ordinaire qui suivra la dépense effectuée.

Art. 38. — Les dépenses proposées au budget ne peuvent être augmentées, et il ne peut y en être introduit de nouvelles, par l'arrêté du préfet ou l'ordonnance du roi, qu'autant qu'elles sont obligatoires.

Art. 39. — Si un conseil municipal n'allouait pas les fonds exigés pour une dépense obligatoire, ou n'allouait qu'une somme insuffisante, l'allocation nécessaire serait inscrite au budget par ordonnance du roi, pour les communes dont le revenu est de cent mille francs et au-dessus, et par arrêté du préfet, en conseil de préfecture, pour celles dont le revenu est inférieur.

Dans tous les cas, le conseil municipal sera appelé préalablement à en délibérer.

S'il s'agit d'une dépense annuelle et variable, elle sera inscrite pour sa quotité moyenne pendant les trois dernières années. S'il s'agit d'une dépense annuelle et fixe de sa nature ou d'une dépense extraordinaire, elle sera inscrite pour sa quotité réelle.

Si les ressources de la commune sont insuffisantes pour subvenir aux dépenses obligatoires inscrites d'office en vertu du présent article, il y sera pourvu par le conseil municipal, ou, en cas de refus de sa part, au moyen d'une contribution extraordinaire qui sera établie par une ordonnance du roi, dans les limites du maximum fixé annuellement par la loi de finances, et par une loi spéciale si la contribution doit excéder ce maximum.

Art. 40. — Les délibérations du conseil municipal concernant une contribution extraordinaire destinée à subvenir aux dépenses obligatoires, ne seront exécutoires qu'en vertu d'un arrêté du préfet, s'il s'agit d'une commune ayant moins de cent mille francs de revenu, et d'une ordonnance du roi, s'il s'agit d'une commune ayant un revenu supérieur.

Dans le cas où la contribution extraordinaire aurait pour but de subvenir à d'autres dépenses obligatoires, elle ne pourra être autorisée que par ordonnance du roi, s'il s'agit d'une commune ayant moins de cent mille francs de revenu, et par une loi, s'il s'agit d'une commune ayant un revenu supérieur.

Art. 41. — Aucun emprunt ne pourra être autorisé que par ordonnance du roi, rendue dans les formes des règlements d'administration publique, pour les communes ayant moins de cent mille francs de revenu, et par une loi, s'il s'agit d'une commune ayant un revenu supérieur.

Néanmoins, en cas d'urgence et dans l'intervalle des sessions, une ordonnance du roi, qui sera rendue dans la forme des règlements d'administration publique, pourra autoriser les communes, dont le revenu est de cent mille francs et au-dessus, à contracter un emprunt jusqu'à concurrence du quart de leurs revenus.

Art. 42. — Dans les communes dont les revenus sont inférieurs à cent mille francs, toutes les fois qu'il s'agira de contributions extraordinaires ou d'emprunts, les plus imposés au rôle de la commune seront appelés à délibérer avec le conseil municipal, en nombre égal à celui des membres en exercice.

Ces plus imposés seront convoqués individuellement par le maire, au moins dix jours avant celui de la réunion.

Lorsque les plus imposés appelés seront absents, ils seront remplacés en nombre égal par les plus imposés portés après eux sur le rôle.

Art. 43. — Les tarifs de droit de voirie sont réglés par ordonnance du roi, rendue dans la forme des règlements d'administration publique.

Art. 44. — Les taxes particulières dues par les habitants ou propriétaires, en vertu des lois et usages locaux, sont réparties par délibération du conseil municipal approuvée par le préfet.

Ces taxes seront perçues suivant les formes établies pour le recouvrement des contributions publiques.

Art. 45. — Aucune construction nouvelle, ou reconstruction entière ou partielle, ne pourra être autorisée que sur la production des projets et devis.

Ces projets et devis seront soumis à l'approbation préalable du Ministre compétent quand la dépense excédera trente mille francs, et à celle du préfet quand elle sera moindre.

TITRE IV. — DES ACQUISITIONS, ALIÉNATIONS, BAUX, DONS ET LEGS.

Art. 56. — Les délibérations des conseils municipaux ayant pour objet des acquisitions, des ventes ou échanges d'immeubles, le partage de biens indivis, sont exécutoires sur arrêté du préfet, en conseil de préfecture, quand il s'agit d'une valeur n'excédant pas trois mille francs, pour les communes dont le revenu est au-dessous de cent mille francs, et vingt mille francs pour les autres communes.

S'il s'agit d'une valeur supérieure, il est statué par ordonnance du roi.

La vente des biens mobiliers et immobiliers des communes, autres que ceux qui servent à un usage public, pourra, sur la demande de tout créancier porteur de titres exécutoires, être autorisée par ordonnance du roi, qui déterminera les formes de la vente.

Art. 47. — Les délibérations des conseils municipaux ayant pour objet des baux dont la durée devra excéder dix-huit ans ne sont exécutoires qu'en vertu d'une ordonnance royale.

Quelle que soit la durée du bail, l'acte passé par le maire n'est exécutoire qu'après l'approbation du préfet.

Art. 48. — Les délibérations ayant pour objet l'acceptation des dons et legs d'objets mobiliers ou de sommes d'argent, faits à la commune et aux établissements communaux, sont exécutoires en vertu d'un arrêté du préfet lorsque leur valeur n'excède pas trois mille francs, et en vertu d'une ordonnance du roi lorsque leur valeur est supérieure ou qu'il y a réclamation des prétendants droit à la succession.

Les délibérations qui porteraient refus de dons et legs et toutes celles qui concerneraient des dons et legs d'objets immobiliers, ne sont exécutoires qu'en vertu d'une ordonnance du roi.

Le maire peut toujours, à titre conservatoire, accepter les dons et legs, en vertu de la délibération du conseil municipal; l'ordonnance du roi ou l'arrêté du préfet qui intervient ensuite, a effet du jour de cette acceptation.

TITRE V. — DES ACTIONS JUDICIAIRES ET DES TRANSACTIONS.

Art. 49. — Nulle commune ou section de commune ne peut introduire une action en justice sans être autorisée par le conseil de préfecture.

Après tout jugement intervenu, la commune ne peut se pourvoir devant un autre degré de juridiction qu'en vertu d'une nouvelle autorisation du conseil de préfecture.

Cependant, tout contribuable inscrit au rôle de la commune a le droit d'exercer, à ses frais et risques, avec l'autorisation du conseil de préfecture, les actions qu'il croirait appartenir à la commune ou section et que la commune ou section, préalablement appelée à en délibérer, aurait refusé ou négligé d'exercer.

La commune ou section sera mise en cause, et la décision qui interviendra aura effet à son égard.

Art. 50. — La commune, section de commune ou le contribuable auquel l'autorisation aura été refusée, pourra se pourvoir devant le roi, en conseil d'État. Le pourvoi sera introduit et jugé en la forme administrative. Il devra, à peine de déchéance, avoir lieu dans le délai de trois mois, à dater de la notification de l'arrêté du conseil de préfecture.

Art. 51. — Quiconque voudra intenter une action contre une commune ou section de commune sera tenu d'adresser préalablement au préfet un mémoire exposant les motifs de sa réclamation. Il lui en sera donné récépissé.

La présentation du mémoire interrompra la prescription et toutes déchéances.

Le préfet transmettra le mémoire au maire, avec l'autorisation de convoquer immédiatement le conseil municipal pour en délibérer.

Art. 52. — La délibération du conseil municipal sera, dans tous les cas, transmise au conseil de préfecture, qui décidera si la commune doit être autorisée à ester en jugement.

La décision du conseil de préfecture devra être rendue dans le délai de deux mois, à partir de la date du récépissé énoncé en l'article précédent.

Art. 53. — Toute décision du conseil de préfecture portant refus d'autorisation devra être motivée.

En cas de refus de l'autorisation, le maire pourra, en vertu d'une délibération du conseil municipal, se pourvoir devant le roi, en son conseil d'État, conformément à l'article 50 ci-dessus.

Il devra être statué sur le pourvoi dans le délai de deux mois, à partir du jour de son enregistrement au secrétariat du Conseil d'État.

Art. 54. — L'action ne pourra être intentée qu'après la décision du conseil de préfecture, et, à défaut de décision dans le délai fixé par l'article 52, qu'après l'expiration de ce délai.

En cas de pourvoi contre la décision du conseil de préfecture, l'instance sera suspendue jusqu'à ce qu'il ait été statué sur le pourvoi, et, à défaut de décision dans le délai fixé par l'article précédent, jusqu'à l'expiration de ce délai.

En aucun cas, la commune ne pourra défendre à l'action qu'autant qu'elle y aura été expressément autorisée.

Art. 55. — Le maire peut toutefois, sans autorisation préalable, intenter toute action possessoire ou y défendre, et faire tous autres actes conservatoires ou interruptifs des déchéances.

Art. 56. — Lorsqu'une section est dans le cas d'intenter ou de soutenir une action judiciaire contre la commune elle-même, il est formé, pour cette section, une commission syndicale de trois ou cinq membres que le préfet choisit parmi les électeurs municipaux, et, à leur défaut, parmi les citoyens les plus imposés.

Les membres du corps municipal qui seraient intéressés à la jouissance des biens ou droits revendiqués par la section ne devront point participer aux délibérations du conseil municipal relatives au litige.

Ils seront remplacés, dans toutes ces délibérations, par un nombre égal d'électeurs municipaux de la commune que le préfet choisira parmi les habitants ou propriétaires étrangers à la section.

L'action est suivie par celui de ses membres que la commission syndicale désigne à cet effet.

Art. 57. — Lorsqu'une section est dans le cas d'intenter ou de soutenir une action judiciaire contre une autre section de la même commune, il sera formé, pour chacune des sections intéressées, une commission syndicale, conformément à l'article précédent.

Art. 58. — La section qui aura obtenu une condamnation contre la commune ou contre une autre section, ne sera point passible des charges ou contributions imposées pour l'acquittement des frais et dommages-intérêts qui résulteraient du fait du procès.

Il en sera de même à l'égard de toute partie qui aurait plaidé contre une commune ou une section de commune.

Art. 59. — Toute transaction consentie par un conseil municipal ne peut être exécutée qu'après l'homologation par ordonnance royale, s'il s'agit d'objets immobiliers ou d'objets mobiliers d'une valeur supérieure à trois mille francs, et par arrêté du préfet en conseil de préfecture, dans les autres cas.

TITRE VI. — COMPTABILITÉ DES COMMUNES.

Art. 60. — Les comptes du maire, pour l'exercice clos, sont présentés au conseil municipal avant la délibération du budget. Ils sont définitivement approuvés par les préfets pour les communes dont le revenu est inférieur à cent mille francs, et par le Ministre compétent pour les autres communes.

Art. 61. — Le maire peut seul délivrer des mandats. S'il refusait d'ordonnancer une dépense régulièrement autorisée et liquidée, il serait prononcé par le préfet en conseil de préfecture.

Art. 62. — Les recettes et dépenses communales s'effectuent par un comptable chargé seul, et sous sa responsabilité, de poursuivre la rentrée de tous revenus de la commune et de toutes sommes qui lui seraient dues, ainsi que d'acquitter les dépenses ordonnancées par le maire, jusqu'à concurrence des crédits régulièrement accordés.

Tous les rôles de taxe, de sous-répartitions et de prestations locales devront être remis à ce comptable.

Art. 63. — Toutes les recettes municipales pour lesquelles les lois et règlements n'ont pas prescrit un mode spécial de recouvrement s'effectuent sur des états dressés par le maire. Ces états sont exécutoires après qu'ils ont été visés par le sous-préfet.

Les oppositions, lorsque la matière est de la compétence des tribunaux ordinaires, sont jugées comme affaires sommaires, et la commune peut y défendre sans autorisation du conseil de préfecture.

Art. 64. — Toute personne autre que le receveur municipal qui, sans autorisation légale, se serait ingérée dans le maniement des deniers de la commune, sera, par ce seul fait, constituée comptable ; elle pourra en outre être poursuivie en vertu de l'article 258 du Code pénal, comme s'étant immiscée sans titre dans des fonctions publiques.

Art. 65. — Le percepteur remplit les fonctions de receveur municipal.

Néanmoins, dans les communes dont le revenu excède trente mille francs, ces fonctions sont confiées, si le conseil municipal le demande, à un receveur municipal spécial. Il est nommé par le roi, sur trois candidats que le conseil municipal présente.

Les dispositions du premier paragraphe ci-dessus ne seront applicables aux communes ayant actuellement un receveur municipal que sur la demande du conseil municipal, ou en cas de vacance.

Art. 66. — Les comptes du receveur municipal sont définitivement apurés par le conseil de préfecture, pour les communes dont le revenu n'excède pas trente mille francs, sauf recours à la Cour des comptes.

Les comptes des receveurs des communes dont le revenu excède trente mille francs sont réglés et apurés par ladite Cour.

Les dispositions ci-dessus, concernant la juridiction des conseils de préfecture et de la Cour des comptes sur les comptes des receveurs municipaux, sont applicables aux comptes des trésoriers des hôpitaux et autres établissements de bienfaisance.

Art. 67. — La responsabilité des receveurs municipaux et les formes de la comptabilité des communes seront déterminées par des règlements d'administration publique. Les receveurs municipaux seront assujettis, pour l'exécution de ces règlements, à la surveillance des receveurs des finances.

Dans les communes où les fonctions de receveur municipal et de percepteur sont réunies, la gestion du comptable est placée sous la responsabilité du receveur des finances de l'arrondissement.

Art. 68. — Les comptables qui n'auront pas présenté leurs comptes dans les délais prescrits par les règlements pourront être condamnés, par l'autorité chargée de les juger, à une amende de dix francs à cent francs, également par mois de retard, pour ceux qui sont justiciables de la Cour des comptes.

Ces amendes seront attribuées aux communes ou aux établissements que concernent les comptes en retard.

Elles seront assimilées aux débets des comptables, et le recouvrement pourra en être suivi par le corps, conformément aux articles 8 et 9 de la loi du 17 avril 1832.

Art. 69. — Les budgets et les comptes des communes restent déposés à la mairie, où toute personne imposée aux rôles de la commune a droit d'en prendre connaissance.

Ils seront rendus publics, par la voie de l'impression, dans les communes dont le revenu est de cent mille francs ou plus, et dans les autres, quand le conseil municipal a voté la dépense de l'impression.

TITRE VII. — DES INTÉRÊTS QUI CONCERNENT PLUSIEURS COMMUNES.

Art. 70. — Lorsque plusieurs communes possèdent des biens ou des droits par indivis, une ordonnance du roi instituera, si l'une d'elles le réclame, une commission syndicale composée de délégués des conseils municipaux des communes intéressées.

Chacun des conseils élira dans son sein, au scrutin secret et à la majorité des voix, le nombre de délégués qui aura été déterminé par l'ordonnance du roi.

La commission syndicale sera renouvelée tous les trois ans, après le renouvellement partiel des conseils municipaux.

Les délibérations prises par la commission ne sont exécutoires que sur l'approbation du préfet, et demeurent d'ailleurs soumises à toutes les règles établies pour les délibérations des conseils municipaux.

Art. 71. — La commission syndicale sera présidée par un syndic qui sera nommé par le préfet et choisi par les membres qui la composent.

Les attributions de la commission syndicale et du syndic, en ce qui touche les biens et les droits indivis, seront les mêmes que celles des conseils municipaux et des maires pour l'administration des propriétés communales.

Art. 72. — Lorsqu'un même travail intéressera plusieurs communes, les conseils municipaux seront spécialement appelés à délibérer sur leurs intérêts respectifs et sur la part de la dépense que chacune d'elles devra supporter. Ces délibérations seront soumises à l'approbation du préfet.

En cas de désaccord entre les conseils municipaux, le préfet prononcera, après avoir entendu les conseils d'arrondissement et le conseil général. Si les conseils municipaux appartiennent à des départements différents, il sera statué par ordonnance royale.

La part de la dépense définitivement assignée à chaque commune sera portée d'office aux budgets respectifs, conformément à l'article 39 de la présente loi.

Art. 73. — En cas d'urgence, un arrêté du préfet suffira pour ordonner les travaux, et pourvoira à la dépense à l'aide d'un rôle provisoire. Il sera procédé ultérieurement à sa répartition définitive, dans la forme déterminée par l'article précédent.

TITRE VIII. — DISPOSITIONS SPÉCIALES.

Art. 74. — Il sera statué par une loi spéciale sur l'administration municipale de la ville de Paris.

LOUIS-PHILIPPE.

(18 décembre 1838).

ORDONNANCE *relative à la publication des délibérations des conseils municipaux.*

(Promulg. A. G., 22 février 1871).
BAT. II. p. 376.
B. C. p. 57.

Article premier. — Toutes les fois que les conseils municipaux auront pris une délibération réglant l'un des objets énoncés dans l'article 17 de la loi du 18 juillet 1837, le maire devra, avant de la soumettre au sous-préfet, avertir les habitants, par la voie des annonces et publications usitées dans la commune, qu'ils peuvent se présenter à la mairie pour prendre connaissance de ladite délibération, conformément à l'article 25 de la loi du 21 mars 1831.

Art. 2. — L'accomplissement de cette formalité devra être constaté par un certificat du maire, qui sera joint à la délibération transmise au sous-préfet.

LOUIS-PHILIPPE.

(24 juillet 1867)

LOI *sur les conseils municipaux ; — des attributions des conseils municipaux ; — dispositions concernant les villes ayant trois millions de revenus ; — renouvellement des conseils municipaux ; — dispositions diverses.*

(Promulg. A. G., 22 février 1871).
BAT. II, p. 376.
B. C. p. 57.

TITRE PREMIER. — DES ATTRIBUTIONS DES CONSEILS MUNICIPAUX.

Article premier. — Les conseils municipaux règlent, par leurs délibérations, les affaires ci-après désignées, savoir :

1° Les acquisitions d'immeubles, lorsque la dépense, totalisée avec celle des autres acquisitions déjà votées dans le même exercice, ne dépasse pas le dixième des revenus ordinaires de la commune ;

2° Les conditions des baux à loyers des maisons et bâtiments appartenant à la commune, pourvu que la durée du bail ne dépasse pas dix-huit ans ;

3° Les projets, plans et devis de grosses réparations et d'entretien, lorsque la dépense totale afférente à ces projets et aux autres projets de la même nature, adoptés dans le même exercice, ne dépasse pas le cinquième des revenus ordinaires de la commune, ni, en aucun cas, une somme de cinquante mille francs ;

4° Le tarif des droits de place à percevoir dans les halles, foires et marchés ;

5° Les droits à percevoir pour permis de stationnement et de locations sur les rues, places et autres lieux dépendant du domaine public communal ;

6° Le tarif des concessions dans les cimetières ;

7° Les assurances des bâtiments communaux ;

8° L'affectation d'une propriété communale à un service communal, lorsque cette propriété n'est encore affectée à aucun service public, sauf les règles prescrites par des lois particulières ;

9° L'acceptation ou le refus de dons ou legs faits à la commune sans charges, conditions ni affectation immobilière, lorsque ces dons et legs ne donnent pas lieu à réclamation.

En cas de désaccord entre le maire et le conseil municipal, la délibération ne sera exécutoire qu'après l'approbation du préfet.

Art. 2. — Lorsque le budget communal pourvoit à toutes les dépenses obligatoires et qu'il n'applique aucune recette extraordinaire aux dépenses, soit obligatoires, soit facultatives, les allocations portées audit budget par le conseil municipal pour des dépenses facultatives ne peuvent être ni changées ni modifiées par l'arrêté du préfet ou par le décret impérial qui règle le budget.

Art. 3. — Les conseils municipaux peuvent voter, dans la limite du maximum fixé chaque année par le conseil général, des contributions extraordinaires n'excédant pas cinq centimes, pendant cinq années, pour en affecter le produit à des dépenses extraordinaires d'utilité communale.

Ils peuvent aussi voter trois centimes extraordinaires, exclusivement affectés aux chemins vicinaux ordinaires.

Les conseils municipaux votent et règlent, par leurs délibérations, les emprunts communaux remboursables sur les centimes extraordinaires votés comme il vient d'être dit au premier paragraphe du présent article, ou sur les ressources ordinaires, quand l'amortissement, en ce dernier cas, ne dépasse pas douze années.

En cas de désaccord entre le maire et le conseil municipal, la délibération ne sera exécutoire qu'après approbation du préfet.

Art. 4. — A l'avenir, les forêts et les bois de l'État acquitteront les centimes additionnels ordinaires et extraordinaires affectés aux dépenses des communes, dans la proportion de la moitié de leur valeur imposable, le tout sans préjudice des dispositions de l'article 13 de la loi du 21 mai 1836, de l'article 3 de la loi du 12 juillet 1865 et du paragraphe 2 de l'article 3 de la présente loi.

Art. 5. — Les conseils municipaux votent, sauf approbation du préfet :

1° Les contributions extraordinaires qui dépasseraient cinq centimes sans excéder le maximum fixé par le conseil général, et dont la durée ne serait pas supérieure à douze années ;

2° Les emprunts remboursables sur ces mêmes contributions extraordinaires ou sur les revenus ordinaires, dans un délai excédant douze années.

Art. 6. — L'article 18 de la loi du 18 juillet 1837 est applicable aux délibérations prises par les conseils municipaux en exécution des articles 1, 2 et 3 qui précèdent.

L'article 43 de la même loi est applicable aux contributions extraordinaires et aux emprunts votés par les conseils municipaux, en exécution des articles 3 et 5.

Art. 7. — Toute contribution extraordinaire dépassant le maximum fixé par le conseil général et tout emprunt remboursable sur ressources extraordinaires, dans un délai excédant douze années, sont autorisés par décret impérial.

Le décret est rendu en Conseil d'État, s'il s'agit d'une commune ayant un revenu supérieur à cent mille francs.

Il est statué par une loi, si la somme à emprunter dépasse un million ou si ladite somme, réunie au chiffre d'autres emprunts non encore remboursés, dépasse un million.

Art. 8. — L'établissement des taxes d'octroi votées par les conseils municipaux, ainsi que les règlements relatifs à leur perception, sont autorisés par décrets impériaux rendus sur l'avis du Conseil d'État.

Il en sera de même en ce qui concerne :

1° Les modifications aux règlements ou aux périmètres existants ;

2° L'assujettissement à la taxe d'objets non encore imposés dans le tarif local ;

3° L'établissement ou le renouvellement d'une taxe sur des objets non compris dans le tarif général indiqué ci-après :

4° L'établissement ou le renouvellement d'une taxe excédant le maximum fixé par ledit tarif général.

Art. 9. — Sont exécutoires, dans les conditions déterminées par l'article 18 de la loi du 18 juillet 1837, les délibérations prises par les conseils municipaux, concernant :

1° La suppression ou la diminution des taxes d'octroi ;

2° La prorogation des taxes principales d'octroi pour cinq ans au plus ;

3° L'augmentation des taxes jusqu'à concurrence d'un décime, pour cinq ans au plus ;

Sous la condition, toutefois, qu'aucune des taxes ainsi maintenues ou modifiées n'excèdera le maximum déterminé dans un tarif général qui sera établi, après avis des conseils généraux, par un règlement d'administration publique, ou qu'aucune desdites taxes ne portera sur des objets non compris dans ce tarif.

En cas de désaccord entre le maire et le conseil municipal, la délibération ne sera exécutoire qu'après approbation du préfet.

Art. 10. — Sont exécutoires, sur l'approbation du traité, lesdites délibérations ayant pour but :

La prorogation des taxes additionnelles actuellement existantes ;

L'augmentation des taxes principales au-delà d'un décime ;

Dans les limites du maximum des droits et de la nomenclature des objets fixés par le tarif général.

Art. 11. — Les conseils municipaux délibèrent sur l'établissement des marchés d'approvisionnement dans leur commune.

Le paragraphe 3 de l'article 6 et le paragraphe 3 de l'article 41 de la loi du 10 mai 1838 sont abrogés en ce qui concerne lesdits marchés.

Art. 12.—Les délibérations des commissions administratives des hospices, hôpitaux et autres établissements charitables communaux, concernant un emprunt, sont exécutoires en vertu d'un arrêté du préfet, sur avis conforme du conseil municipal, lorsque la somme à emprunter ne dépasse pas le chiffre des revenus ordinaires de l'établissement et que le remboursement doit être effectué dans un délai de douze années.

Si la somme à emprunter dépasse ledit chiffre, ou si le délai de remboursement est supérieur à douze années, l'emprunt ne peut être autorisé que par un décret de l'empereur.

Le décret d'autorisation est rendu dans la forme des règlements d'administration publique, si l'avis du conseil municipal est contraire ou s'il s'agit d'un établissement ayant plus de cent mille francs de revenus.

L'emprunt ne peut être autorisé que par une loi lorsque la somme à emprunter dépasse cinq cent mille francs, ou lorsque ladite somme, réunie au chiffre d'autres emprunts non encore remboursés, dépasse cinq cent mille francs.

Art. 13. — Les changements dans la circonscription territoriale des communes faisant partie du même canton sont définitivement approuvés par les préfets, après accomplissement des formalités prévues au titre premier de la loi du 18 juillet 1837, en cas de consentement des conseils municipaux et sur avis conforme du conseil général.

Si l'avis du conseil général est contraire, ou si les changements proposés dans le circonscriptions communales modifient la composition d'un département, d'un arrondissement ou d'un canton, il est statué par une loi.

Tous autres changements dans la circonscription territoriale des communes sont autorisés par des décrets rendus dans la forme des règlements d'administration publique.

Art. 14. — La création des bureaux de bienfaisance est autorisée par les préfets, sur l'avis des conseils municipaux.

TITRE II. — DISPOSITIONS CONCERNANT LES VILLES AYANT TROIS MILLIONS DE REVENU.

Art. 15. — Les budgets des villes et des établissements de bienfaisance ayant trois millions au moins de revenu sont soumis à l'approbation de l'empereur, sur la proposition du ministre de l'Intérieur.

Art. 16. — Les traités à passer pour l'exécution, par entreprises, des travaux d'ouverture des nouvelles voies publiques et de tous autres travaux communaux déclarés d'utilité publique, dans lesdites villes, sont approuvés par décrets rendus en Conseil d'État.

Il en est de même des traités portant concession, à titre exclusif ou pour une durée de plus de trente années, des grands services municipaux desdites villes, ainsi que des tarifs et traités relatifs aux pompes funèbres.

Art. 17. — Les dispositions de la présente loi et celles de la loi du 18 juillet 1837 et du décret du 25 mars 1852, qui sont encore en vigueur, sont applicables à l'administration de la ville de Paris et de la ville de Lyon.

Les délibérations prises par les conseils municipaux desdites villes, sur les objets énumérés dans les articles 1er et 9 de la présente loi, ne sont exécutoires, en cas de désaccord entre le préfet et le conseil municipal, qu'en vertu d'une approbation par décret impérial.

Aucune imposition extraordinaire ne peut être établie dans ces villes, aucun emprunt ne peut être contracté par elles, sans qu'elles y soient autorisées par une loi.

Il n'est pas dérogé aux dispositions spéciales concernant l'organisation des administrations de l'assistance publique, du mont de piété et de l'octroi de Paris.

TITRE III. — RENOUVELLEMENT DES CONSEILS MUNICIPAUX.

Art. 18. — A l'avenir, les conseils municipaux sont élus pour sept ans.

TITRE IV. — DISPOSITIONS DIVERSES.

Art. 19. — Dans le cas où une commune sera divisée en sections pour l'élection des conseillers municipaux, conformément à l'article 7 de la loi du 5 mai 1855, la réunion de électeurs ne pourra avoir lieu avant le dixième jour, à compter de l'arrêté du préfet.

Art. 20. — Les gardes champêtres sont chargés de rechercher, chacun dans le territoire pour lequel il est assermenté, les contraventions aux règlements de police municipale. Ils dressent des procès-verbaux pour constater ces contraventions.

Art. 21. — Nul ne peut être maire ou adjoint dans une commune et conseiller municipal dans une autre commune.

Art. 22. — La commission nommée en cas de dissolution d'un conseil municipal, conformément à l'article 13 de la loi du 5 mai 1855, peut être maintenue en fonctions pendant trois ans.

Art. 23. — L'article 50 de la loi du 5 mai 1855 est abrogé.

Toutefois, dans les villes chefs-lieux de département, ayant plus de quarante mille âmes de population, l'organisation du personnel chargé des services de la police est réglée, sur l'avis du conseil municipal, par un décret impérial, le Conseil d'État entendu.

Les inspecteurs de police, les brigadiers, les sous-brigadiers et agents de police sont nommés par le préfet, sur la présentation du maire.

Si un conseil municipal n'allouait pas les fonds exigés pour la dépense, ou n'allouait qu'une somme insuffisante, l'allocation nécessaire serait inscrite au budget par décret impérial, le Conseil d'État entendu.

Art. 24. — Toutes les dispositions des lois antérieures demeurent abrogées en ce qu'elles ont de contraire à la présente loi.

(4 juillet 1871)

ARRÊT C. CASS. *Les fonctions d'adjoint au maire ne sont pas compatibles avec celles d'assesseur* (1).

BAT. II. p. 179.

(12 août 1876)

LOI *relative à la nomination des maires et des adjoints (art. 2).*

(Promulg. A. G. 12 juin 1882).
B. C. p. 274.

Art. 2.— Provisoirement, et jusqu'au vote de la loi organique municipale, il sera procédé à la nomination des maires et adjoints conformément aux règles suivantes :

Le conseil municipal élit le maire et les adjoints parmi ses membres, au scrutin secret et à la majorité absolue.

Si, après deux scrutins, aucun candidat n'a obtenu la majorité, il est procédé à un scrutin de ballottage entre les deux candidats qui ont obtenu le plus de suffrages. En cas d'égalité de suffrages, le plus âgé est nommé.

La séance dans laquelle il est procédé à l'élection du maire est présidée par le plus âgé des membres du conseil municipal.

Dans les communes chefs-lieux de département, d'arrondissement et de canton, les maires et adjoints sont nommés parmi les membres du conseil municipal, par décret du Président de la République.

(6 septembre 1876)

DÉP. M. *prescrivant l'envoi de quelques exemplaires du budget de la commune de Saïgon. — Il serait utile que ce budget figurât dans l'Annuaire de la colonie.*

BAT. II. p. 578.

(28 mars 1882)

LOI *abrogeant le dernier paragraphe de l'article 2 de la loi du 12 août 1876 et attribuant aux conseils municipaux la nomination des maires et des adjoints.*

(Promulg. A. G. 12 juin 1882).
B. C. p. 274.

Article premier. — Le dernier paragraphe de l'article 2 de la loi du 12 août 1876 est abrogé.

(1) V. Cour de cassation, § arrêts.

Art. 2. — Les conseils municipaux appelés à élire des maires et des adjoints seront convoqués à cet effet dans le délai de deux mois, à partir de la promulgation de la loi.

Avant de procéder à cette élection, il sera pourvu aux vacances existant dans le conseil municipal.

Art. 3. — La présente loi est applicable à l'Algérie, sous réserve des dispositions du décret du 27 décembre 1866, concernant les adjoints indigènes.

L'article 2 de la loi du 2 août 1876 et la présente loi sont applicables aux colonies pourvues de conseils municipaux.

(3 avril 1882)

DÉP. M. *prescrivant la promulgation de la loi du 28 mars 1882 concernant l'élection des maires et adjoints par les conseillers municipaux. — Instructions.*

ARCH. GOUV.

Vous trouverez au *Journal officiel* du 29 de ce mois la loi du 28 mars 1882 ayant pour objet d'abroger les dispositions de la législation de France relative à la nomination des maires et adjoints des chefs-lieux de département, d'arrondissement et de canton.

Ladite loi ayant été rendue applicable aux colonies en vertu de son article 3, § 2, vous voudrez bien pourvoir, sans délai, à sa promulgation dans la Cochinchine.

En conséquence, sont abrogées, dans ce qu'elles ont de contraire au présent acte, les dispositions des décrets des 8 janvier 1877 (article 31) et 29 avril 1881, concernant la commune de Saïgon.

Vous voudrez bien, conformément à l'article 2 de ladite loi, convoquer dans les délais stipulés, les conseils municipaux appelés à élire leur maire et leur adjoint.

Vous aurez également à pourvoir aux vacances existant dans lesdits conseils; à cet effet, vous réunirez les électeurs le 3e dimanche qui suivra la promulgation de la loi dans la colonie.

BERLET.

(5 avril 1882)

LOI *abrogeant les dispositions législatives concernant l'adjonction des plus imposés aux délibérations des conseils municipaux.*

(Promulg. A. G. 12 juin 1887).
B. C. p. 276.

Article unique. — Sont abrogées les diverses dispositions législatives et réglementaires exigeant l'adjonction des plus imposés, soit en matières d'impositions extraordinaires ou d'emprunts à voter par le conseil municipal, soit en toutes autres matières.

(14 avril 1882)

DÉCRET *rendant applicable aux colonies la loi du 5 avril 1882. — Rapport.*

(Promulg. A. G. 12 juin 1882).
B. C. p. 276.

Article premier. — Est rendue applicable aux colonies de la Martinique, de la Guadeloupe et dépendances, de Saint-Pierre et Miquelon, du Sénégal et dépendances, de la Cochinchine, de la Nouvelle-Calédonie et de la Guyane française, la loi du 5 avril 1882, portant abrogation des dispositions législatives et réglementaires concernant l'adjonction aux conseils municipaux des plus imposés de chaque commune.

JULES GRÉVY.

(24 avril 1882)

DÉP. M. *portant promulgation dans la colonie de la loi du 5 avril concernant les plus imposés, et du décret du 14 avril 1882 qui la rend applicable à la Cochinchine. (Adjonction aux conseils municipaux des plus imposés de chaque commune)* (1).

ARCH. GOUV.

(13 mai 1884)

CIRC. M. *au sujet du classement dans les dépenses obligatoires de certains frais occasionnés par les opérations électorales (frais de conservation des archives communales, ceux des assemblées électorales qui se tiennent dans les communes et ceux des cartes électorales). — Demande d'avis* (2).

(27 mars 1885)

DÉP. M. *au sujet des comptes de gestion des receveurs des communes.*

ARCH. GOUV.

Dans un rapport qu'il a adressé au ministre, le 26 janvier dernier, M. l'Inspecteur en chef des services administratifs et financiers de la marine et des colonies a formulé l'observation suivante :

Depuis 1879 jusqu'en 1882 inclus, un seul compte de gestion de la commune de Saïgon a été établi, d'une façon très fantaisiste d'ailleurs, par le sieur P..., pour l'exercice 1881. Ce compte est signé par l'ex-trésorier-payeur Frotier, qui était en même temps receveur municipal.

Bien qu'il fût faux d'un bout à l'autre, ce compte fut soumis à l'examen du conseil municipal qui l'approuva dans sa séance du 20 novembre 1882, mais il n'a jamais été porté devant le conseil privé.

A Cholon, les comptes de gestion de la commune ont été régulièrement établis et soumis au conseil municipal. Mais le conseil privé n'en a jamais été saisi non plus.

J'ai l'honneur de vous faire remarquer qu'aux termes des articles 129 et 143 du décret du 20 novembre 1882, les comptes de gestion annuels des receveurs des communes doivent, après avoir été soumis aux délibérations des conseils municipaux, être présentés au conseil privé qui est le seul tribunal financier appelé à juger les comptes de tous les comptables autres que les trésoriers coloniaux.

Je n'ai pas besoin d'insister aux graves inconvénients qui peuvent résulter de l'état de chose signalé par M. l'Inspecteur en chef P.., tant au point de vue du bon ordre des travaux que de la libération des comptables, et je m'étonne que les dispositions rappelées ci-dessus aient été perdues de vue par la Direction de l'Intérieur à qui il appartenait de veiller à l'exécution des règlements.

Il importe que des mesures soient prises sans aucun retard pour ramener la régularité dans ce service, et, je vous prie de m'adresser dans le plus bref délai les copies des délibérations du conseil privé statuant sur les comptes non encore assurés.

Vous voudrez bien, en outre, par analogie avec les dispositions en usage dans la Métropole, donner des ordres pour que ces comptes soient dressée par les comptables et soumis à l'examen des conseils municipaux avant la fin du 1er trimestre de l'année qui suit celle pour laquelle le compte est rendu, de façon à pouvoir être présentés au conseil privé avant le 1er juillet de la même année.

Afin de permettre au Département de suivre les travaux qui ont trait à cette partie de la comptabilité, vous devez me transmettre dans le courant du second semestre de l'année, avec les extraits de procès-verbaux des délibérations du conseil privé, un état constatant la situation au 30 juin de l'apurement des comptes jugés et celui des comptes restant à juger.

FÉLIX FAURE.

(1) V. Législation électorale, § conseil municipal.
(2) V. Budget local.

(28 mars 1885)

DÉP. M. *au sujet des comptes de gestion des receveurs des communes. — Application des art. 129 et 143 du décret du 20 novembre 1882 sur le régime financier des colonies.*

ARCH. GOUV.

Aux termes des articles 129 et 143 combinés du décret du 20 novembre 1882, les comptes de gestion annuels des receveurs des communes doivent, après avoir été soumis aux délibérations des conseils municipaux, être présentés au conseil privé, qui est le seul tribunal financier appelé à juger les comptes de tous les comptables, autres que les trésoriers coloniaux.

J'ai l'honneur de vous prier de vouloir bien tenir la main à ce que l'administration de la colonie se conforme rigoureusement à ces prescriptions, dont l'omission pourrait occasionner les plus grands inconvénients, tant au point de vue du bon ordre des travaux que de la libération des comptables.

Dans ce but vous voudrez bien, par analogie avec les dispositions en usage dans la Métropole, donner des ordres pour que ces comptes soient établis par les comptables et soumis chaque année à l'examen des conseils municipaux avant la fin du 1er trimestre de l'année qui suit celle pour laquelle le compte est rendu, de façon à pouvoir être présentés au conseil privé avant le 1er juillet de la même année.

Afin de permettre au Département de suivre les travaux qui ont trait à cette partie du service, vous devez nous transmettre dans le courant de l'année, avec les extraits des procès-verbaux des délibérations du conseil privé relatifs à l'apurement des comptes, un état constatant la situation au 30 juin de l'apurement des comptes des receveurs municipaux et indiquant, pour les trois dernières années écoulées, le nombre des comptes présentés, celui des comptes jugés et celui des comptes restant à juger.

FÉLIX FAURE.

(1er septembre 1885)

DÉP. M. *Rappel de la dépêche du 28 mars 1885 relative à l'apurement des comptes des receveurs des communes.*

En appelant votre attention, le 28 mars dernier, sur les lacunes relevées par M. l'Inspecteur en chef P..., dans le service de l'apurement des comptes des receveurs des communes en Cochinchine, je vous ai prié de m'adresser, dans le plus bref délai possible, les extraits des délibérations du conseil privé statuant sur les comptes déjà établis et qui n'avaient pas encore été soumis à l'examen de ce conseil. Je vous ai invité également à me faire parvenir chaque année un état constatant la situation au 30 juin de l'apurement des comptes des receveurs municipaux et indiquant, pour les trois dernières années écoulées, le nombre des comptes présentés, celui des comptes jugés et celui des comptes restant à juger. Je n'ai reçu de veus aucune communication susceptible de me permettre de constater la suite donnée par l'administration locale à cette affaire.

J'ai eu l'honneur de vous faire connaître toute l'importance que j'attachais à ce que des dispositions fussent promptement prises pour ramener dans cette partie du service la régularité désirable. J'insiste donc pour que vous m'adressiez le plus tôt possible les résultats des travaux qui ont dû être entrepris à cet égard par le conseil privé, et pour que vous me fassiez savoir, en même temps, quelle pourra être encore l'étendue du travail restant à accomplir. Vous voudrez bien, d'ailleurs, vous conformer, pour ces dernières indications, aux prescriptions que je viens de rappeler (1).

ROUSSEAU.

Consulter en outre : *Comptabilité des colonies.*

(1) V. *suprà*, Dép. M., 28 mars 1885.

II. SAIGON. *a.* — ADMINISTRATION MUNICIPALE.

NATURE DES DOCUMENTS	DATES	RECUEILS A CONSULTER							OBSERVATIONS
		Bat.	B. C	B.D.I	J. C.	J.H.	B. M.	B.Col	
D. G.	3 octobre 1865.		188						
A. G.	4 avril 1867.		359						
A. G.	8 juillet 1869.		232						
A. G.	15 mars 1871.		104						
A. G.	23 février 1872.		63						
A. G.	17 septembre 1872.		243						
A. G.	17 septembre 1872.		245						
D. G.	28 juillet 1874.		277						
Dép. M.	9 novembre 1874.	II-381							
D. G.	15 janvier 1875.	II-381	23						
Décret.	8 janvier 1877.	II-382	128						
Dép. M.	6 avril 1877.	II-382							
Décret.	15 décembre 1877.	II-406	56						
Dép. M.	10 juin 1881.								
A. G.	12 juin 1882.		276						
A. G.	12 juin 1882.		274						
Dép. M.	7 juillet 1882.								
A. G.	7 septembre 1882.		416						
A. G.	19 mars 1888.				309				

(3 octobre 1865)

D. G. *restreignant les limites imposées à la ville de Saïgon par le plan cadastral primitif et modifiant les dimensions arrêtées dans le principe pour les quais et les rues des quartiers éloignés du centre.*

B. C. p. 188.

(4 avril 1867)

A. G. *sur l'organisation municipale de Saïgon.*

B. C. p. 359.

(8 juillet 1869)

A. G. *modifiant l'arrêté du 4 avril 1867 sur l'organisation municipale de Saïgon.*

B. C. p. 232.

(15 mars 1871)

A. G. *fixant les nouvelles limites du territoire de la ville de Saïgon. — Plan annexé*

B. C. p 104.

(23 février 1872)

A. G. *déterminant la nouvelle circonscription du territoire de la ville de Saïgon.—Plan annexé.*

B. C. p. 63.

(17 septembre 1872)

A. G. *sur l'organisation municipale. Nouvelles dispositions.*

B. C. p. 243.

(17 septembre 1872)

A. G. *portant règlement pour l'application de la nouvelle organisation municipale.*

B. C. p. 245.

(28 juillet 1874)

D. G. *nommant M. A. receveur municipal de la ville de Saïgon ; — traitement ; — Remise de services par le trésorier-payeur faisant fonctions de receveur municipal ; — Cautionnement.* (1)

B. C. p. 277.

(9 novembre 1874).

DÉP. M. *Finances au sujet des fonctions de receveur municipal de la ville de Saïgon.*

BAT. II. p. 381.

(1) V. *Infrà*, D. G., 15 janvier 1875.

J'ai pris connaissance de votre dépêche du 24 septembre dernier relative à la trésorerie de Cochinchine et à la recette municipale de Saïgon, et je viens y répondre.

. . . .

J'aborde donc de suite l'examen de la demande de rétribution formée par M. le Trésorier-payeur de Cochinchine pour la conservation des fonds libres de la commune de Saïgon et la surveillance du receveur municipal spécial.

Cette demande ne me paraît pas entièrement dénuée de fondement et ne peut, dans tous les cas, être repoussée par les arguments que lui oppose M. le Directeur de l'Intérieur de la Cochinchine.

C'est à tort, en effet, que ce fonctionnaire invoque contre elle l'article 11 du décret organique de la trésorerie de Cochinchine,qui supprime dans cette colonie les allocations prévues aux articles 200 et 206 du décret de septembre 1855.

Ces deux derniers articles ne concernent que les remises dues par le budget local et non celles que réclame M. de R... à la commune de Saïgon pour la centralisation et la surveillance que lui impose la création imprévue d'un receveur municipal spécial.

Il me paraît inutile au surplus de développer les raisons pour ou contre cette réclamation. Dans l'état actuel de la législation coloniale, il ne peut pas y avoir de receveurs municipaux spéciaux dans les colonies. Par suite, aucun des textes que l'on invoque ne peut être appliqué à la situation irrégulière qui vient d'être faite à la Cochinchine, et il n'y a pas lieu de continuer la discussion engagée sur la question de savoir si la centralisation des fonds libres de la commune de Saïgon constitue un des services spéciaux mentionnés à l'article 11 du décret du 15 mai 1874. A mon avis, cette centralisation n'en fait pas partie, par la raison bien simple qu'elle ne peut pas exister régulièrement et doit être remplacée le plus tôt possible par la *gestion même* du budget qui, incontestablement, fait partie de ces services spéciaux ou accessoires (voir les articles 211, 213 et 214 du décret de septembre 1855).

En définitive, la demande de M. de R... tombe d'elle-même en présence de l'article 210 du décret du 26 septembre 1855, qui ne permet pas de séparer les fonctions de receveur municipal de celles de percepteur, et de l'article 3 du décret spécial du 8 mai 1873 qui charge le trésorier-payeur et les trésoriers particuliers de la Cochinchine des fonctions de percepteur dans les circonscriptions de leur résidence. Le trésorier-payeur est donc de droit, percepteur et receveur municipal de Saïgon. Dans cette situation, il n'a aucune raison de maintenir sa demande de rétribution pour la conservation des fonds libres de la commune, et il n'y a qu'à le rémunérer en vertu de l'article 214 du décret de septembre 1855, que l'organisation récente de la trésorerie de Cochinchine a laissé intact.

Ainsi, il est bien établi que le trésorier-payeur de la Cochinchine est de droit receveur municipal de Saïgon et qu'il doit être rétribué pour ce service spécial ou accessoire. Il ne reste donc plus qu'à déterminer la somme annuelle qu'il convient de lui allouer. Vous me proposez de fixer cette somme à six ou huit mille francs. J'estime que le chiffre de six mille francs est suffisant, attendu que, dans l'évaluation des émoluments de toute nature revenant à ce fonctionnaire, je n'avais compté cette ressource que pour une somme de cinq à six mille francs.

. . . .

MATHIEU BODET.

(15 janvier 1875)

D. G. *rapportant celle du 28 juillet 1874. Le trésorier-payeur est de droit receveur municipal de la ville de Saïgon ; — Supplément.*

BAT. II. p. 381.
B. C. p. 23.

Article premier. — La décision du 28 juillet 1874, créant un receveur municipal spécial à Saïgon......, est et demeure rapportée.

Art. 2. — Le trésorier-payeur de la Cochinchine est de droit receveur municipal de la ville de Saïgon ; une somme de six mille francs par an lui est allouée en cette qualité sur les fonds de la commune.

Art. 3. — *Transitoire.*

DUPERRÉ.

(8 janvier 1877)

DÉCRET *concernant l'organisation municipale de la ville de Saïgon ; formation du corps municipal ; — Assemblées du conseil municipal ; — De la nomination du maire et des adjoints ; —*

Des attributions du maire ; — Des attributions du conseil municipal ; — Des dépenses et recettes du budget de la commune ; — Des actions judiciaires et des transactions; — Comptabilité communale ; — Dispositions diverses (1).

(Promulg. A. G., 16 mai 1877).
BAT. II. p. 382.
B. C. p. 128.

CHAPITRE PREMIER

DISPOSITIONS GÉNÉRALES.

Article premier. — La ville de Saïgon est érigée en commune.

Un décret (2) fixera la circonscription de cette commune, dont les limites seront déterminées provisoirement par un arrêté du Gouverneur, en Conseil privé.

CHAPITRE II

DE LA FORMATION DU CORPS MUNICIPAL

Art. 2. — Le corps municipal de Saïgon se compose du maire, de deux adjoints et de douze conseillers municipaux, parmi lesquels huit membres français ou naturalisés, deux membres indigènes, un membre étranger non asiatique, un membre asiatique (3).

Art. 3. — Les fonctions de maire, d'adjoints et de conseillers municipaux sont essentiellement gratuites.

Art. 4. — Ne peuvent être élus membres du conseil municipal :

1° Le Gouverneur, les membres du Conseil privé ;

2° Le commissaire général de police, les commissaires et agents de police ;

3° Les militaires ou employés de armées de terre et de mer en activité de service;

4° Les ministres des divers cultes en exercice dans la commune ;

5° Les juges de paix titulaires à Saïgon ;

6° Les membres du tribunal de première instance à Saïgon ;

7° Les comptables des deniers communaux et les agents salariés de la commune;

8° Les entrepreneurs de service communaux;

9° Les domestiques attachés à la personne;

10° Les individus dispensés de subvenir aux charges communales et ceux qui sont sécourus par les bureaux de bienfaisance.

Ne peuvent être élus ceux qui ne savent parler, lire, ni écrire le français.

Art. 5. — Les parents au degré de père, de fils, de frère, et les alliés au même degré, ne peuvent être en même temps membres du conseil municipal.

Art. 6. — Tout conseiller municipal qui, par une cause survenue postérieurement à sa nomination, se trouve dans un des cas prévus par les articles 4 et 5, est déclaré démissionnaire par le Gouverneur, sauf recours au Conseil privé.

Art. 7. — Les conseillers municipaux sont maintenus en fonctions pendant trois ans. Leur mandat est renouvelable indéfiniment.

Art. 8. — Les membres non français du conseil municipal sont nommés par un arrêté du Gouverneur, en Conseil privé.

Art. 9. — Les conseillers municipaux français ou naturalisés sont élus par l'assemblée des électeurs inscrits sur la liste communale, dressée en vertu des titres II et IV du décret organique du 2 février 1852, du titre Ier du décret réglementaire du 2 février 1852 et du décret du 13 janvier 1866, sauf les modifications ci-après.

(1) V. *infrà*, Dép. M. 6 avril 1877.
(2) V. *infrà*, Décret 15 décembre 1877.
(3) V. *infrà*, Décret 29 avril 1883.

Les époques d'ouverture et de revision de la liste, celles de sa clôture et de sa publication, sont fixées par des arrêtés rendus par le Gouverneur, en Conseil privé.

La liste est dressée par une commission composée du maire, d'un délégué de l'Administration désigné par le Directeur de l'Intérieur, et d'un délégué choisi par le conseil municipal.

Les réclamations seront jugées par la commission indiquée dans le paragraphe précédent, à laquelle seront adjoints deux autres délégués du conseil municipal.

L'appel des décisions de cette commission sera porté devant le juge de paix.

La décision du juge de paix est en dernier ressort ; elle ne peut être déférée à la Cour de cassation.

Art. 10. — Sont éligibles au conseil municipal tous les électeurs âgés de vingt-cinq ans, sauf les cas d'incapacité et d'incompatibilité prévus par les lois et règlements en vigueur et les articles 4 et 5 du présent décret.

Art. 11. — Les élections auront lieu au scrutin de liste pour toute la commune. Néanmoins, la commune pourra être divisée en sections dont chacune élira au moins deux conseillers municipaux.

Le fractionnement sera fait par arrêté du Gouverneur, en Conseil privé.

Art. 12. — Sont rendues applicables les dispositions contenues dans la section III de la loi du 5 mai 1855, sur l'organisation municipale, sauf les modifications ci-après :

Art. 13. — Les collèges électoraux sont convoqués par arrêté du Gouverneur pris en Conseil privé.

L'intervalle entre la promulgation de l'arrêté et l'ouverture des collèges est de vingt jours francs.

Art. 10.— Le scrutin ne durera qu'un seul jour. Il sera ouvert, autant que possible, un dimanche ou un jour férié, à 7 heures du matin et clos à 5 heures du soir. Le dépouillement a lieu immédiatement.

Art. 15. — En tout ce qui n'est pas prévu par le présent décret, les attributions conférées dans la métropole aux préfets et aux conseils de préfecture sont exercées par le Gouverneur et le Conseil privé.

Art. 16. — En cas de vacances dans l'intervalle des élections triennales, il est procédé au remplacement quand le conseil municipal se trouve réduit à quatre membres élus. Toutefois, si la commune est divisée en sections, il y a lieu de faire des élections partielles, quand, par suite des décès ou pertes des droits politiques, la section n'aurait plus aucun représentant dans le conseil.

Les conseillers municipaux nommés par le Gouverneur seront immédiatement remplacés au fur et à mesure des vacances.

Art. 17.— La suspension et la dissolution du conseil municipal peuvent être prononcées par arrêté du Gouverneur en Conseil privé. Le Gouverneur en rend compte immédiatement au Ministre de la marine et des colonies.

Dans l'un et l'autre cas, le Gouverneur désigne, pour remplir les fonctions du conseil municipal, une commission dont le nombre des membres ne peut être inférieur à la moitié des conseillers municipaux.

La commission nommée en cas de dissolution peut être maintenue en fonctions pendant trois ans.

CHAPITRE III

ASSEMBLÉE DU CONSEIL MUNICIPAL.

Art. 18. — Le conseil municipal s'assemble en session ordinaire quatre fois l'année, au commencement de février, mai, août et novembre ; chaque session peut durer dix jours.

Le Gouverneur prescrit d'office la convocation extraordinaire du conseil municipal ou l'autorise, sur la demande du maire, toutes les fois que les intérêts de la commune l'exigent.

Art. 19. — La convocation se fait par écrit et à domicile.

Quand le conseil municipal se réunit en session ordinaire, la convocation se fait cinq jours au moins avant celui de la réunion.

Quand le conseil municipal est convoqué extraordinairement, la convocation se fait trois jours au moins avant celui de la réunion. Elle contient l'indication des objets spéciaux et déterminés pour lesquels le conseil doit s'assembler.

Dans les sessions ordinaires, le conseil peut s'occuper de toutes les matières qui rentrent dans ses attributions.

En cas de réunion extraordinaire, le conseil ne peut s'occuper que des objets pour lesquels il a été spécialement convoqué.

En cas d'urgence, le Gouverneur peut abréger les délais de convocation.

Art. 20. — Le conseil municipal ne peut délibérer que lorsque la majorité des membres en exercice assiste à la séance.

Lorsque après deux convocations successives, à huit jours d'intervalle, dûment constatées, les membres du conseil municipal ne se sont pas réunis en nombre suffisant, la délibération prise après la troisième convocation est valable, quel que soit le nombre des membres présents.

Art. 21. — Les conseillers siègent dans l'ordre du tableau. Les conseillers nommés prennent rang après les conseillers élus et dans l'ordre suivant :

Le conseiller étranger non asiatique ;

Les conseillers indigènes ;

Le conseiller asiatique.

Les résolutions sont prises à la majorité absolue des suffrages.

Il est voté au scrutin secret toutes les fois que trois membres présents le réclament.

Art. 22. — Le maire préside le conseil municipal et a voix prépondérante en cas de partage.

Les mêmes droits appartiennent à l'adjoint qui le remplace.

Les fonctions de secrétaire sont remplies par un des membres du conseil nommé au scrutin secret et à la majorité des membres présents. Le secrétaire est nommé pour chaque session.

Art. 23. — Dans les séances où les comptes d'administration du maire sont débattus, le conseil municipal désigne au scrutin celui de ses membres qui exerce la présidence.

Le maire peut assister à la délibération ; il doit se retirer au moment où le conseil municipal va émettre son vote. Le président adresse directement la délibération au Directeur de l'Intérieur.

Art. 24. — Tout membre du conseil municipal qui, sans motifs légitimes, a manqué à trois convocations consécutives, peut être déclaré démissionnaire par le Gouverneur, sauf recours, dans les dix jours de la notification, devant le Conseil privé.

Art. 25. — Les membres du conseil municipal ne peuvent prendre part aux délibérations relatives aux affaires dans lesquelles ils ont un intérêt, soit en leur nom personnel, soit comme mandataires.

Art. 26. — Les séances du conseil municipal ne sont pas publiques.

Les délibérations rédigées en français sont inscrites, par ordre de date, sur un registre coté et paraphé par le Directeur de l'Intérieur ; elles sont signées par tous les membres présents à la séance, ou mention est faite de la cause qui les a empêchés de signer ; copie en est adressée au Directeur de l'Intérieur dans la huitaine.

Tout habitant ou contribuable de la commune a droit de demander communication sans déplacement et de prendre copie des délibérations du conseil municipal.

Art. 27. — Toute délibération du conseil municipal, portant sur un objet étranger à ses attributions, est nulle de plein droit.

Le Gouverneur, en Conseil privé, en déclare la nullité. En cas de réclamation du conseil municipal, il est statué par un décret portant règlement d'administration publique.

Art. 28. — Sont également nulles de plein droit toutes les délibérations prises par le conseil municipal hors de sa réunion légale.

Le Gouverneur, en Conseil privé, déclare l'illégalité de la réunion et la nullité des délibérations.

Art. 29. — Si le conseil municipal public des proclamations ou adresses, il sera immédiatement suspendu par le Gouverneur.

Art. 30. — Tout éditeur, imprimeur, journaliste ou autre, qui rendra publics les actes interdits au conseil municipal par les articles 28 et 29 du présent décret, sera passible des peines portées en l'article 123 du Code pénal.

CHAPITRE IV.

DE LA NOMINATION DU MAIRE ET DES ADJOINTS.

Art. 31. — La nomination du maire et des adjoints aura lieu par arrêté du Gouverneur. Ils seront pris parmi les membres élus dans le conseil municipal.

Le maire et les adjoints sont nommés pour trois ans ; ils peuvent être suspendus ou révoqués par arrêtés de Gouverneur pris en Conseil privé.

Art. 32. — En cas d'absence ou d'empêchement, le maire est remplacé par un de ses adjoints dans l'ordre des nominations.

En cas d'absence ou d'empêchement du maire et des adjoints, le maire est remplacé par un conseiller municipal désigné par le Gouverneur, ou, à défaut de cette désignation, par le conseiller municipal le premier dans l'ordre du tableau.

Ce tableau est dressé d'après le nombre des suffrages obtenus, en suivant l'ordre des scrutins.

Art. 32. — Ne peuvent être ni maire ni adjoints :

1° Les membres des cours, des tribunaux de première instance et des justices de paix ;

2° Les ministres des cultes ;

3° Les militaires et employés des armées de terre et de mer en disponibilité ;

4° Les fonctionnaires et agents payés par le budget local.

Les agents salariés du maire ne peuvent être ses adjoints.

Il y a incompatibilité entre les fonctions de maire et d'adjoints et le service des milices.

CHAPITRE V.

DES ATTRIBUTIONS DES MAIRES.

Art. 34. — Le maire est chargé, sous l'autorité de l'administration supérieure :

1° De la publication et de l'exécution des lois et règlements ;

2° De l'exécution des mesures de sûreté générale ;

3° De la conservation et de l'administration des propriétés de la commune, et de faire, en conséquence, tous actes conservatoires de ses droits ;

4° De la gestion des revenus, de la surveillance des établissements communaux et de la comptabilité communale ;

5° De la proposition du budget et de l'ordonnancement des dépenses ;

6° De tout ce qui concerne l'établissement, l'entretien, la conservation des édifices communaux, cimetières, promenades, places, rues et voies publiques, ne dépendant pas de la grande voirie; l'établissement et la réparation des fontaines, aqueducs, pompes et égouts, lorsque ces travaux sont à la charge du budget communal;

7° De la police municipale, en tout ce qui a rapport à la sûreté et à la liberté du passage sur la voie publique, à l'éclairage, au balayage, aux arrosements, à la solidité et à la salubrité des constructions privées;

Aux mesures propres à prévenir et à arrêter les accidents et fléaux calamiteux, tels que les incendies, les épidémies, les épizooties, les débordements;

Aux secours à donner aux noyés;

A l'inspection de la salubrité des denrées, boissons, comestibles et autres marchandises mises en vente publique, et de la fidélité de leur débit;

8° Des fonctions de l'état civil;

9° De la fixation des mercuriales;

10° Des adjudications, marchés et baux;

11° De la direction des travaux communaux;

12° De souscrire les marchés, de passer les baux des biens et les adjudications des travaux communaux, dans les formes établies par les lois et règlements;

13° De souscrire dans les mêmes formes les actes de vente, échange, partage, acceptation de dons ou de legs, acquisitions, transactions, lorsque ces actes ont été régulièrement autorisés;

14° De représenter la commune en justice, soit en demandant, soit en défendant;

15° Et de toutes les fonctions spéciales qui lui sont attribuées par les lois et règlements.

Art. 35. — Le maire rend des arrêtés à l'effet:

1° D'ordonner les mesures locales sur les objets confiés par les lois et règlements à sa vigilance et à son autorité;

2° De publier de nouveau les lois et règlements de police et de rappeler les citoyens à leur observation.

Les arrêtés pris par le maire sont immédiatement soumis à l'approbation du Gouverneur, qui peut les annuler ou en suspendre l'exécution.

Ceux de ces arrêtés qui portent règlement permanent ne seront exécutoires qu'un mois après la remise de l'ampliation, constatée par les récépissés donnés par le chef du service de l'Intérieur.

Art. 36. — Le maire nomme à tous les emplois communaux pour lesquels il n'est pas prescrit un mode spécial de nomination. Il suspend et révoque les titulaires de ces emplois.

Art. 37. — Le maire est chargé seul de l'administration, mais il peut déléguer une partie de ses fonctions à un ou plusieurs de ses adjoints, et, en l'absence des adjoints, à ceux des conseillers municipaux qui sont appelés à en faire les fonctions, conformément à l'article 32.

Art. 38. — Dans le cas où le maire refuserait ou négligerait de faire un des actes qui lui sont prescrits par la loi ou les règlements, le Gouverneur, après l'en avoir requis, pourra y procéder d'office par lui-même ou par un délégué spécial.

Art. 39. — Lorsque le maire procède à une adjudication publique pour le compte de la commune, il est assisté de deux membres du conseil municipal désignés d'avance par le conseil, ou, à défaut, appelés dans l'ordre du tableau.

Le receveur municipal est appelé à toutes les adjudications.

Toutes les difficultés qui peuvent s'élever sur les opérations préparatoires de l'adjudication sont résolues, séance tenante, par le maire et les deux conseillers assistants, à la majorité des voix, sauf le recours de droit.

CHAPITRE VI.

DES ATTRIBUTIONS DU CONSEIL MUNICIPAL.

Art. 40. — Le conseil municipal règle par ses délibérations les objets suivants :

1° Le mode d'administration des biens communaux ;

2° Les conditions des baux à ferme ou à loyer des biens communaux, dont la durée n'excède pas dix-huit ans ;

3° Les acquisitions d'immeubles, lorsque la dépense, totalisée avec celle des autres acquisitions déjà votées dans le même exercice, ne dépasse pas le dixième des revenus ordinaires de la commune ;

4° Les projets, plans et devis de grosses réparations et d'entretien, lorsque la dépense totale, afférente à ces projets et aux autres projets de la même nature, adoptés dans le même exercice, ne dépasse pas le cinquième des revenus ordinaires de la commune ;

5° Le tarif des droits de place à percevoir dans les halles, foires et marchés ;

6° Les droits à percevoir pour permis de stationnement et de location sur les rues, places et autres lieux dépendant du domaine public communal ;

7° Le tarif des concessions dans les cimetières ;

8° Les assurances des bâtiments communaux ;

9° L'affectation d'une propriété communale à un service communal, lorsque cette propriété n'est encore affectée à aucun service public, sauf les dispositions prescrites par des règlements particuliers ;

10° L'acceptation ou le refus de dons ou legs faits à la commune sans charges, conditions ni affectation immobilière, lorsque ces dons et legs ne donnent pas lieu à réclamation.

En cas de désaccord entre le maire et le conseil municipal, la délibération ne sera exécutoire qu'après approbation du Gouverneur, en Conseil privé.

Art. 41. — Expédition de toute délibération sur un des objets énoncés en l'article précédent est immédiatement adressée par le maire au Directeur de l'Intérieur, qui en délivre ou fait délivrer récépissé. La délibération est exécutoire si, dans les trente jours qui suivent la date du récépissé, le Gouverneur ne l'a pas annulée, soit d'office pour violation d'une disposition de la loi ou d'un règlement, soit sur la réclamation de toute partie intéressée.

Toutefois, le Gouverneur peut suspendre l'exécution de la délibération pendant un autre délai de trente jours.

Art. 42. — Le conseil municipal délibère sur les objets suivants :

1° Le budget de la commune et, en général, toutes les recettes et dépenses soit ordinaires, soit extraordinaires ;

2° Le mode d'assiette, les tarifs et les règles de perception de tous les revenus communaux, sauf l'octroi de mer ;

3° Les acquisitions, aliénations et échanges des propriétés communales, leur affectation aux différents services publics et, en général, tout ce qui intéresse leur conservation et leur amélioration ;

4° La délimitation ou le partage des biens indivis entre des communes ou des sections de communes ;

5° Les conditions des baux à ferme ou à loyer des biens communaux dont la durée excède dix-huit ans, ainsi que celles des baux des biens pris à loyer par la commune, quelle que soit la durée ;

6° Les projets de constructions, de grosses réparations et de démolitions, et, en général, tous les travaux à entreprendre ;

7° L'ouverture des rues et places publiques et les projets d'alignement de voirie municipale, quand les travaux seront exécutés au compte du budget municipal;

8° L'acceptation des dons et legs faits à la commune et aux établissements communaux, lorsqu'ils donnent lieu à réclamation ;

9° Les actions judiciaires et transactions ;

10° L'établissement des marchés d'approvisionnement dans la commune et tous les autres objets sur lesquels les lois et règlements appellent le conseil municipal à délibérer.

Art. 43. — Les délibérations du conseil municipal sur les objets énoncés en l'article précédent, sont exécutoires sur l'approbation du Gouverneur.

Art. 44. — Le conseil municipal est toujours appelé à donner son avis sur les objets suivants :

1° Les circonscriptions relatives à la distribution des secours publics ;

2° Les projets d'alignement de grande voirie dans l'intérieur de la commune ;

3° L'acceptation des dons et legs faits aux établissements de charité et de bienfaisance ;

4° Les autorisations d'emprunter, d'acquérir, d'échanger, d'aliéner, de plaider ou de transiger, demandées par les mêmes établissements ;

5° Les budgets et les comptes des établissements de charité et de bienfaisance, lorsqu'ils reçoivent des secours sur les fonds communaux ;

6° Le mode d'assiette, les tarifs et les règles de perception de l'octroi de mer ;

7° Enfin, tous les objets sur lesquels le conseil municipal est appelé, par les lois et règlements, à donner son avis ou sera consulté par l'Administration coloniale.

Art. 45. — Le conseil municipal peut exprimer son vœu sur tous les objets d'intérêt local.

Il ne peut faire publier aucune protestation, proclamation ou adresse.

Art. 46. — Le conseil municipal délibère sur les comptes présentés annuellement par le maire. Il entend, débat, arrête les comptes de deniers des receveurs, sauf règlement définitif, conformément au décret du 26 septembre 1855 sur le régime financier des colonies.

CHAPITRE VII

DES DÉPENSES ET RECETTES ET DES BUDGETS DE LA COMMUNE.

Art. 47. — Les dépenses de la commune sont obligatoires ou facultatives. Sont obligatoires les dépenses suivantes :

1° L'entretien, s'il y a lieu, de l'hôtel de ville ou du local affecté à la mairie ;

2° Les frais de bureau et d'impression pour le service de la commune ;

3° L'abonnement au *Bulletin des lois ;*

4° Les frais de recensement de la population ;

5° Les frais des registres de l'état civil et la portion des tables décennales à la charge de la commune ;

6° Les frais de perception des recettes municipales ;

7° Les frais de loyer et de réparation du local de la justice de paix, ainsi que ceux d'achat et d'entretien de son mobilier ;

8° Les dépenses des milices, telles qu'elles sont déterminées par des règlements ;

9° Les dépenses de l'instruction publique, conformément aux règlements ;

10° Les grosses réparations aux édifices communaux ;

11° La clôture des cimetières, leur entretien et leur translation dans les cas déterminés par les lois et règlements ;

12° Les frais de plans d'alignement;

13° Les contributions et prélèvements établis par les règlements sur les biens et revenus communaux ;

14° L'acquittement des dettes exigibles et généralement toutes les autres dépenses mises à la charge de la commune par une disposition spéciale.

Toutes dépenses autres que les précédentes sont facultatives.

Art. 48. — Les recettes de la commune sont ordinaires ou extraordinaires.

Les recettes ordinaires de la commune se composent :

1° Des revenus de tous les biens communaux dont les habitants n'ont pas la jouissance en nature ;

2° Des cotisations imposées annuellement sur les ayants droit aux fruits qui se perçoivent en nature ;

3° Du produit des centimes ordinaires affectés à la commune par les règlements et arrêtés locaux, sans que le maximum puisse dépasser 5 centimes ;

4° Du produit de la portion accordée à la commune dans l'impôt des patentes ;

5° Du produit net des octrois de mer ou autres ;

6° Du produits des droits de place perçus dans les halles, foires, marchés, abattoirs, d'après les tarifs dûment autorisés ;

7° Du produit des permis de stationnement et des locations sur la voie publique, sur les ports et rivières et autres lieux publics ;

8° Du produit des péages communaux, des droits de pesage, mesurage et jaugeage, des droits de voirie et autres droits légalement établis ;

9° Du prix des concessions dans les cimetières ;

10° Du produit des concessions d'eau, de l'enlèvement des boues et immondices de la voie publique et autres concessions autorisées pour les services communaux ;

11° Du produit des expéditions des actes administratifs et des actes de l'état civil ;

12° De la portion que les lois et règlements métropolitains accordent aux communes dans le produit des amendes prononcées par les tribunaux de simple police, par ceux de police correctionnelle, par le Conseil privé jugeant au contentieux et par les conseils de discipline de la milice.

Et généralement du produit de toutes les taxes de ville et de police dont la perception est autorisée par les règlements.

Art. 49. — Les recettes extraordinaire se composent :

1° Des contributions extraordinaires dûment autorisées ;

2° Du prix des biens aliénés ;

3° Des dons et legs ;

4° Du remboursement des capitaux exigibles et des rentes rachetées ;

5° Du produit des emprunts et de toutes autres recettes accidentelles.

Art. 50. — Le budget de la commune, proposé par le maire et voté par le conseil municipal, est définitivement approuvé par arrêté du Gouverneur, en Conseil privé.

Art. 51. — Les crédits qui pourraient être reconnus nécessaires après le règlement du budget, sont délibérés conformément aux articles précédents et autorisés par le Gouverneur, en Conseil privé.

Art. 52. — Dans le cas où, par une cause quelconque, le budget de la commune n'aurait pas été éprouvé avant le commencement de l'exercice, les recettes et dépenses ordinaires continueront, jusqu'à l'approbation de ce budget, à être faites conformément à celui de l'année précédente.

Art. 53. — Lorsque le budget communal pourvoit à toutes les dépenses obligatoires et qu'il n'applique aucune recette extraordinaire aux dépenses soit obligatoires soit facultatives, les allocations portées audit budget par le conseil municipal pour les dépenses facultatives ne peuvent être ni changées, ni modifiées par l'arrêté du Gouverneur.

Art. 54. — Le conseil municipal peut porter au budget un crédit pour dépenses imprévues.

La somme inscrite pour ce crédit ne pourra être réduite ou rejetée qu'autant que les revenus ordinaires, après avoir satisfait à toutes les dépenses obligatoires, ne permettraient pas d'y faire face ou qu'elles excéderaient le dixième des recettes ordinaires.

Le crédit pour dépenses imprévues sera employé par le maire avec l'approbation du Gouverneur. Le maire pourra employer le montant de ce crédit aux dépenses urgentes sans approbation préalable, à la charge d'en informer immédiatement le Gouverneur et d'en rendre compte au conseil municipal dans la première session ordinaire qui suivra la dépense effectuée.

Art. 55. — Si le conseil municipal n'allouait qu'une somme insuffisante, l'allocation nécessaire serait inscrite au budget par arrêté du Gouverneur, en Conseil privé.

Dans tous les cas, le conseil municipal sera préalablement appelé à en délibérer.

S'il s'agit d'une dépense annuelle et variable, elle sera inscrite pour sa quotité moyenne pendant les trois dernières années. S'il s'agit d'une dépense annuelle et fixe de sa nature ou d'une dépense extraordinaire, elle sera inscrite pour sa quotité réelle.

Si les ressources de la commune sont insuffisantes pour subvenir aux dépenses obligatoires inscrites d'office en vertu du présent article, il y sera pourvu par le conseil municipal ou, en cas de refus de sa part, au moyen d'une contribution extraordinaire établie par un arrêté du Gouverneur, en Conseil privé. Le Gouverneur devra en rendre compte immédiatement au Ministre de la marine et des colonies.

Art. 56. — Le conseil municipal vote, sauf approbation du Gouverneur, en Conseil privé :

Les contributions extraordinaires qui dépasseraient 5 centimes, sans excéder le maximum fixé par le Gouverneur et dont la durée ne serait pas supérieure à douze années.

Art. 57. — Toute contribution extraordinaire dépassant le maximum fixé par le Gouverneur, sans excéder un délai de douze années, et tout emprunt de quelque nature qu'il soit, sont autorisés par arrêté du Gouverneur, en Conseil privé, et sur l'avis du conseil municipal.

Art. 58. — Toutes les fois qu'il s'agira de contributions extraordinaires ou d'emprunts, les plus imposés aux rôles de la commune seront appelés à délibérer avec le conseil municipal, en nombre égal à celui des membres en exercice.

Ces plus imposés seront convoqués individuellement par le maire, au moins dix jours avant celui de la réunion.

Lorsque les plus imposés appelés seront absents, ils seront remplacés, en nombre égal, par les plus imposés portés après eux sur le rôle.

Art. 59. — Les tarifs des droits de voirie sont réglés par arrêté du Gouverneur, en Conseil privé.

Art. 60. — Les taxes particulières dues par les habitants ou propriétaires, en vertu des règlements ou des usages locaux, sont réparties par délibération du conseil municipal approuvée par le Gouverneur.

Ces taxes sont perçues suivant les formes établies pour le recouvrement des contributions publiques.

Art. 61. — Aucune construction nouvelle ou reconstruction entière ou partielle ne pourra être autorisée que sur la production des projets et devis.

Ces projets et devis seront soumis à l'approbation préalable de l'Administration coloniale.

CHAPITRE VIII.

DES ACTIONS JUDICIAIRES ET DES TRANSACTIONS.

Art. 62. — La commune ou toute section de la commune ne peut introduire une action en justice sans être autorisée par le Conseil privé jugeant au contentieux.

Après tout jugement intervenu, la commune ne peut se pourvoir devant un autre degré de juridiction qu'en vertu d'une nouvelle autorisation du Conseil privé jugeant au contentieux.

Cependant, tout contribuable inscrit au rôle de la commune a le droit d'exercer à ses frais et risques, avec l'autorisation du Conseil privé jugeant au contentieux, les actions qu'il croirait appartenir à la commune ou section, et que la commune ou section, préalablement appelée à en délibérer, aurait refusé ou négligé d'exercer.

La commnne ou section sera mise en cause, et la décision qui interviendra aura effet à son égard.

Art. 63. — La commune, section de commune ou le contribuable auquel l'autorisation aura été refusée, pourra se pourvoir devant le Conseil d'État. Le pourvoi sera introduit et jugé en la forme administrative. Il devra, à peine de déchéance, avoir lieu dans le délai de trois mois, à dater de la notification de la décision du Conseil privé.

Art. 64. — Quiconque voudra intenter une action contre la commune ou une section de la commune, sera tenu d'adresser préalablement au Gouverneur un mémoire exposant les motifs de sa réclamation. Il lui en sera donné récépissé. La présentation du mémoire interrompra la prescription et toutes déchéances.

Le Gouverneur transmettra le mémoire au maire avec l'autorisation de convoquer immédiatement le conseil municipal pour en délibérer.

Art. 65. — La délibération du conseil municipal sera, dans tous les cas, transmise au Conseil privé jugeant au contentieux, qui décidera si la commune doit être autorisée à ester en jugement.

La décision du Conseil privé devra être rendue dans le délai de deux mois, à partir de la date du récépissé énoncé en l'article précédent.

Art. 66. — Toute décision du Conseil privé portant refus d'autorisation devra être motivée.

En cas de refus de l'autorisation, le maire pourra, en vertu d'une délibération du conseil municipal, se pourvoir devant le Conseil d'État, conformément à l'article 63 ci-dessus.

Il devra être statué sur le pourvoi dans le délai de deux mois, à partir du jour de son enregistrement au secrétariat général du Conseil d'État.

Art. 67. — L'action ne pourra être intentée qu'après la décision du Conseil privé, et, à défaut de décision dans le délai fixé par l'article 65, qu'après l'expiration de ce délai.

En cas de pourvoi contre la décision du Conseil privé, l'instance sera suspendue jusqu'à ce qu'il ait été statué sur le pourvoi, et, à défaut de décision dans le délai fixé par l'article précédent, jusqu'à l'expiration de ce délai.

En aucun cas la commune ne pourra défendre à l'action qu'autant qu'elle y aura été expressément autorisée.

Art. 68. — Le maire peut toutefois, sans autorisation préalable, intenter toute action possessoire ou y défendre, et faire tous autres actes conservatoires ou interruptifs des déchéances.

Art. 69. — Lorsqu'une section est dans le cas d'intenter ou de soutenir une action judiciaire contre la commune elle-même, il est formé pour cette section une commission syndicale de trois ou cinq membres que le Gouverneur choisit parmi les électeurs municipaux.

Les membres du corps municipal qui seraient intéressés à la jouissance des biens ou droits revendiqués par la section, ne devront point participer aux délibérations du conseil municipal relatives au litige.

Ils seront remplacés dans toutes ces délibérations par un nombre égal d'électeurs municipaux de la commune que le Gouverneur choisira parmi les habitants ou propriétaires étrangers à la section.

L'action est suivie par celui de ses membres que la commission syndicale désigne à cet effet.

Art. 70. — Lorsqu'une section est dans le cas d'intenter ou de soutenir une action judiciaire contre une autre section de la même commune, il sera formé, pour chacune des sections intéressées, une commission syndicale, conformément à l'article précédent.

Art. 71. — La section qui aura obtenue une condamnation contre la commune ou contre une autre section, ne sera point passible des charges ou contributions imposées pour l'acquittement des frais et dommages-intérêts qui résulteraient du fait du procès.

Il en sera de même à l'égard de toute partie qui aurait plaidé contre la commune ou une section de la commune.

Art. 72. — Toute transaction consentie par le conseil municipal ne peut être exécutée qu'après l'homologation par arrêté du Gouverneur, en Conseil privé.

CHAPITRE IX.

COMPTABILITÉ DE LA COMMUNE.

Art. 73. — Les comptes du maire pour l'exercice clos sont présentés au conseil municipal avant la délibération du budget. Ils sont définitivement approuvés par le Gouverneur, en Conseil privé.

Art. 74. — Le Maire peut seul délivrer des mandats. S'il refusait d'ordonnancer une dépense régulièrement autorisée et liquidée, il serait prononcé par le Gouverneur en conseil privé.

L'arrêté du Gouverneur tiendra lieu du mandat du maire.

Art. 75. — Le budget et les comptes de la commune restent déposés à la mairie, où toute personne imposée au rôle de la commune a droit d'en prendre connaissance.

Ils sont rendus publics par la voie de l'impression quand le conseil municipal en a voté la dépense.

Art. 76. — Les dispositions du décret du 26 septembre 1855, sur le régime financier des colonies, continueront d'être appliquées à la comptabilité communale et au receveur municipal, en tout ce qui n'est pas contraire au présent décret.

CHAPITRE X.

DISPOSITIONS DIVERSES.

Art. 77. — Dans le mois qui suivra la promulgation du présent décret, il sera procédé à l'élection des conseillers municipaux français et à la nomination des conseillers municipaux indigènes et étrangers. Dans les huit jours qui suivront, le Gouverneur procédera à la nomination du maire et des adjoints.

Le maire et les adjoints, actuellement en exercice, conserveront leurs fonctions jusqu'à l'installation de leurs successeurs.

M[al] DE MAC-MAHON.

(6 avril 1877)

DÉP. M. *Instruction pour l'exécution du décret du 8 janvier 1877 sur l'organisation municipale de la ville de Saïgon.*

BAT. II. p. 382.

J'ai soumis à un sérieux examen les propositions que vous m'avez adressées pour l'organisation municipale de Saïgon et je me suis efforcé de tenir compte, dans la limite du possible, des considérations qui ont inspiré votre projet ; je ne pouvais oublier, en effet, l'empressement que vous avez mis à vous conformer au désir de mon Département sur le principe du maintien du régime municipal qui existe dans la colonie depuis 1867.

Les modifications que j'ai cru devoir introduire dans ce travail ont eu principalement pour objet de rapprocher le régime municipal de Saïgon du système en vigueur dans la métropole et dans nos principales colonies, et de vous faciliter la tâche, en vous permettant de prendre généralement pour guide la jurisprudence française, sauf dans les cas particuliers qui sont expressément spécifiés.

J'ai donc tout lieu de penser que le décret du 8 janvier 1877, qui a pour but de donner une organisation définitive à la municipalité de la ville de Saïgon, sera accepté avec satisfaction par tous les intéressés. Car si, d'une part, il assure aux habitants des institutions libérales de la Mère-Patrie, d'autre part, il donne à l'autorité du Gouverneur des garanties désirables de contrôle et de surveillance.

En vous adressant dix exemplaires de cet acte, je vous prie de le promulguer et de prendre les dispositions nécessaires pour en assurer la prompte exécution.

Je ne saurais prétendre résoudre, à l'avance, toutes les questions de détail que peut soulever l'application de ce décret ; il est d'ailleurs rédigé avec clarté et son interprétation sera facile. Je me bornerai donc à vous tracer quelques règles générales, me réservant de vous adresser ultérieurement s'il y a lieu, mes instructions sur les points particuliers qui, dans la pratique, vous paraîtraient devoir être plus nettement précisés.

CHAPITRE PREMIER. — DISPOSITIONS GÉNÉRALES.

Le premier des dix chapitres du décret traite de la délimitation de la commune. Bien que ces limites doivent être établies par le Président de la République, vous pourrez, par un arrêté local, les fixer provisoirement, et il n'y aura lieu de recourir à l'approbation du chef de l'État que lorsqu'une expérience d'une certaine durée vous aura permis de reconnaître que votre délimitation doit être maintenue.

CHAPITRE II. — DE LA FORMATION DU CORPS MUNICIPAL.

J'ai adopté tel que vous l'avez proposé le mode de formation du conseil municipal; cette composition assure, suivant vos intentions, la majorité à l'élément français, tout en donnant satisfaction à l'ensemble de la population de Saïgon. Les Étrangers seront donc représentés au conseil municipal, et les conseillers de cette catégorie seront nommés par vous, dans la proportion que vous avez vous-même indiquée. Quant aux conseillers français qui seront élus par leurs compatriotes, j'ai pensé qu'étant admis le principe de l'élection, il était préférable d'adopter, autant que possible, sur ce point, les règles métropolitaines.

En raison du chiffre minime de la population française, il m'a semblé inopportun d'exiger une condition de cens des électeurs et des éligibles, d'autant plus que cette condition eût été difficile à établir, étant donné le régime spécial appliqué dans la colonie en matière de contributions. Il m'a paru préférable, dans l'origine, d'admettre pour l'électorat et l'éligibilité celles de nos dispositions législatives qui sont les plus larges et les plus libérales, et d'écarter les restrictions contenues dans la loi des 1er et 12 juin et 7 juillet 1874. Mais, d'un autre côté, j'ai dû me préoccuper d'assurer le maintien des incapacités telles qu'elles résultent du décret de 1852 ; c'est un minimum qu'il importe de ne pas dépasser sous peine de compromettre la dignité du conseil municipal, qu'il s'agisse des membres élus ou des membres laissés à votre nomination.

Conformément à l'article 11, la commune peut être divisée en section dont chacune élira au moins deux conseillers municipaux. Ce système a présenté en France de meilleurs résultats que le scrutin de liste exercé dans sa plénitude. Toutefois, comme l'article 11 ne vous en fait pas une obligation, vous pourrez l'adopter ou le rejeter, suivant les circonstances.

Aux termes de l'article 12, vous devez promulguer la section III de la loi du 5 juin 1855 qui régit les opérations électorales et le mode de recours contre les élections. Contrairement à votre proposition, le scrutin ne devra durer qu'un jour. Cette modification m'a paru bonne pour prévenir tout soupçon de fraude dans les opérations électorales.

Les réclamations énoncées dans les articles 45 à 47 de la loi de 1855 sont portées en France devant le conseil de préfecture, sauf recours au Conseil d'État. Ce mode de procéder sera suivi dans la colonie, conformément à l'article 15 du décret ; c'est le Conseil privé, constitué en conseil contentieux, qui devra connaître, comme première juridiction, des réclamations introduites en matière électorale.

Le droit de dissolution des conseils municipaux n'appartient en France qu'au Chef de l'État; les préfets peuvent seulement suspendre ces assemblées (article 13 de la loi de 1855).

En raison de la situation particulière de nos colonies, il est de tradition de laisser aux gouverneurs le pouvoir de suspendre et de dissoudre les assemblées communales. J'ai la conviction que vous ne ferez usage de ce pouvoir que dans des cas extrêmes et pour des motifs graves. Vous aurez d'ailleurs à m'en rendre compte immédiatement.

CHAPITRE III. — ASSEMBLÉES DU CONSEIL MUNICIPAL.

Les règles concernant la tenue des sessions sont empruntées à la loi du 18 juillet 1837 et à celle du 5 mai 1855 (section II). Vous remarquerez, toutefois, que le décret vous réserve le droit de convoquer le conseil municipal en session extraordinaire. Vous êtes seul juge de l'opportunité de ces convocations ; elles devront être limitées aux cas où les intérêts de la commune exigeront véritablement que le conseil municipal soit réuni pour discuter sur les objets spéciaux pour lesquels son vote sera reconnu nécessaire.

Contrairement à l'opinion du Conseil privé, j'ai maintenu les termes de la loi française en ce qui concerne le conseiller qui a manqué à trois séances consécutives sans motifs légitimes. Vous apprécierez, dans ce cas, si le conseiller doit être déclaré démissionnaire, en tenant compte de la durée de son absence et des intentions qu'il vous aura manifestées à cet égard, avant son départ, s'il s'éloignait de la colonie.

Le conseil municipal doit être maintenu dans les limites de ses attributions; vous trouverez à cet égard, dans les articles 27 a 29, des pouvoirs suffisants.

CHAPITRE IV. — DE LA NOMINATION DU MAIRE ET DES ADJOINTS.

Comme dans nos autres colonies, le maire et les adjoints de Saïgon sont nommés par vous ; mais ils sont pris parmi les membres élus du conseil municipal. Votre choix devra naturellement se porter sur les membres du conseil qui vous seront plus particulièrement désignés par l'estime de leurs concitoyens, l'honorabilité de leur conduite et la modération de leur caractère. Il est bien entendu qu'ils ne pourront continuer leurs fonctions s'ils cessent de faire partie du conseil municipal.

CHAPITRE V. — DES ATTRIBUTIONS DU MAIRE.

Les articles 34 à 39 sont empruntés à la loi du 18 juillet 1837 et à celle du 5 mai 1855. La situation particulière de Saïgon ne m'a pas semblé comporter une exception dans la nomenclature de ces attributions, qui existent aussi dans la législation municipale de Saint-Pierre et Miquelon et du Sénégal, et n'ont donné lieu à aucune difficulté. D'ailleurs, comme dans ces colonies, vous avez un pouvoir souverain de contrôle et de surveillance, et, dès lors, vous n'aurez pas à redouter une opposition dans les décisions du maire, qui demeurent toujours, avant leur mise en vigueur, soumises à votre approbation. Toutefois, le décret spécifie que le maire ne peut s'occuper que des travaux qui sont à la charge du budget municipal. Quant au surplus, vous devez vous pénétrer de la législation métropolitaine et des instructions du Ministre de l'intérieur sur l'étendue des droits de l'autorité municipale.

CHAPITRE VI. — DES ATTRIBUTIONS DU CONSEIL MUNICIPAL.

En France, les attributions du conseil municipal sont déterminées par la loi de 1837, modifiée par celle du 24 juin 1867. Ces mêmes règles sont inscrites, sous certaines réserves, au chapitre VI.

Suivant vos propositions, le conseil municipal est, comme dans la métropole, appelé, suivant le cas, à régler, à délibérer et à donner son avis. Il en résulte que les délibérations devront reproduire avec soin ces trois catégories d'attributions.

Dans les matières qu'il est appelé à régler (article 40), son vote ne peut être annulé d'office que pour violation d'une disposition de la loi ou d'un règlement.

Pour être exécutoire dans le délai légal, le vote pour lequel le conseil municipal a un pouvoir de décision devra simplement être revêtu de votre visa (article 41).

Votre approbation n'est nécessaire que dans le cas de désaccord entre le maire et le conseil municipal (article 40).

Lorsque le conseil municipal est appelé à délibérer (article 42), ses délibérations ne sont exécutoires que sous votre approbation (article 43), et doivent en porter la mention.

De même que le maire n'a pouvoir de réglementation que sur les travaux à la charge du budget communal, le conseil municipal ne peut délibérer que sur les travaux qui rentreraient dans cette catégorie. Les autres échappent à ses attributions, bien qu'ils puissent intéresser la municipalité ; le conseil communal ne peut avoir à leur égard que la faculté d'émettre un vœu ou de donner son avis, si vous jugez utile de le consulter.

Quant à la troisième forme des attributions du conseil municipal, l'Administration coloniale a le devoir de consulter cette assemblée sur les matières énumérées en l'article 44; mais, d'autre part, ce conseil ne peut en être saisi que par vous, et, avant d'émettre un avis, il doit attendre une communication régulière. Vous remarquerez que, suivant votre proposition, le décret écarte les questions relatives au culte et n'admet l'avis du conseil municipal sur le budget et les comptes des établissements de charité et de bienfaisance que lorsque ces établissements sont subventionnés sur les fonds communaux.

Parmi les objets sur lesquels le conseil municipal a un pouvoir de délibération, l'article 42 place le mode d'assiette, les tarifs et les règles de perception des revenus communaux. Il est naturel de laisser aux représentants de la municipalité le droit d'initiative et la responsabilité dans l'application des ressources destinées à faire face aux obligations communales. Mais, d'un autre côté, il importe que l'autorité supérieure soit mise à même de se prémunir contre toute exagération ou toute faiblesse de la part du conseil municipal.

Toutefois, le décret a établi une exception pour l'octroi de mer. Vous n'ignorez pas que, dans nos colonies, et notamment à la Martinique, à la Guadeloupe et à la Réunion, l'octroi, au lieu d'être perçu à l'entrée des communes, est perçu aux ports de mer ; de là l'appellation d'octroi de mer qui existe également en Algérie.

Dans nos possessions ci-dessus énoncées, le mode d'assiette délibéré par le conseil général est soumis à l'approbation du Chef de l'État ; tandis que les tarifs sont votés souverainement par le conseil général. Dans nos autres colonies, le pouvoir de déterminer l'assiette et le mode de perception, de même que les tarifs, est placé dans les attributions du Gouverneur en vertu du décret du 30 janvier 1867. Cette faculté vous appartient dès lors, sous la réserve de mon approbation ; mais, ainsi qu'il est prescrit par l'article 44 du décret, vous devez, au préalable, demander l'avis du conseil municipal. A défaut de cette formalité, vos arrêtés seront entachés de nullité.

Dans nos différentes colonies, la perception de l'octroi de mer est confiée au service des douanes ou à des agents qui sont chargés de la perception des droits d'importation et des droits accessoires de navigation au profit du service local. Je dois vous faire remarquer qu'aux Antilles et à la Réunion, où les droits de douane sont supprimés, le service des douanes ne perçoit, au compte du service local, que les taxes accessoires de navigation ; la partie la plus importante de ses perceptions comprend l'octroi de mer. Pour indemniser le budget local à qui incombe la dépense de ce personnel, il est prélevé à son profit un dixième sur le produit de l'octroi de mer, et le produit net est réparti entre les communes.

Les droits de douane n'existent pas en Cochinchine ; mais comme vous avez l'intention d'assujettir désormais le commerce à faire des déclarations afin que vous puissiez fournir les éléments statistiques des quantités et des valeurs des marchandises importées et exportées, j'estime que les agents qui seront chargées de ce travail pourront établir les liquidations destinées à servir de base au versement des droits d'octroi.

Comme dans nos autres colonies, vous pouvez prélever sur les recettes un dixième ou tout autre chiffre que vous fixerez, afin de faire participer le budget local aux frais d'entretien du service.

En vous expliquant le mode d'établissement de l'octroi de mer, je n'ai pas l'intention de vous imposer l'obligation d'instituer cette contribution. Je vous laisse le soin d'examiner, dans votre sagesse, s'il convient, dans l'intérêt des recettes municipales de Saïgon, de créer ce nouvel impôt, dont vous m'avez d'ailleurs entretenu dans votre lettre du 17 décembre dernier. Vous pourrez examiner également s'il est nécessaire d'assujettir à l'octroi les denrées de l'intérieur de la colonie qui sont introduites à Saïgon.

Dans tous les cas, j'estime que la tarification de cet impôt devrait être très modérée, afin de ne pas entraver la franchise du port qui est encore aujourd'hui une des conditions indispensables pour le développement de notre colonie de Cochinchine.

En Nouvelle-Calédonie, où le service municipal a été organisé pour la ville de Nouméa, l'octroi de mer établi par un arrêté de 1875, à raison de 1 pour 100 de la valeur sur toutes les marchandises introduites dans la colonie, produit environ 80,000 francs qui forment un des revenus les plus importants et les plus sûrs de cette municipalité.

Vous examinerez si l'on ne pourrait instituer à Saïgon l'octroi dans ces mêmes conditions.

L'article 46 laisse subsister les dispositions prescrites par le décret du 26 septembre 1855 et notamment par l'article 129 de ce décret.

CHAPITRE VII. — DES DÉPENSES ET RECETTES DU BUDGET DE LA COMMUNE.

Suivant votre proposition, le décret n'a pas rangé parmi les dépenses communales tout ce qui est relatif à la police, aux cultes, aux enfants assistés, au conseil des prud'hommes, à la Chambre de commerce et à la pension des agents municipaux. Les ressources municipales ne permettraient pas de faire face à ces dépenses, et, d'un autre côté, les services qu'elles concernent ont un caractère d'utilité générale qui ne permet pas à l'Administration de la colonie d'en abandonner, quant à présent, la surveillance directe ; il importe, dès lors, que le service local en supporte les frais.

Vous voudrez bien veiller à ce que les dépenses municipales soient divisées en deux chapitres : le premier comprenant les dépenses obligatoires et le deuxième les dépenses facultatives. Les dépenses de la première catégorie sont seules limitées à la nomenclature énumérée par l'article 47 du décret. La division que je vous indique n'est pas suivie en France, mais elle me paraît conforme au décret et, de plus, elle est analogue à la division adoptée dans la formation du budget local.

Quant aux recettes, elles sont à peu près les mêmes que dans la métropole et dans nos autres colonies ; elles suffiront, je l'espère, pour permettre à la municipalité de remplir exactement ses obligations.

Je n'ai pas besoin de vous faire ressortir combien il est important de maintenir la division des recettes en *recettes ordinaires* et en *recettes extraordinaires*, telle qu'elle est prescrite par les articles 48 et 49. Comme mon intention est de mettre franchement en pratique le régime municipal dans la colonie, je vous prie de fournir à l'administration communale des ressources aussi larges que possible pour faire face aux charges qui vont leur incomber, et leur permettre de remplir convenablement leur mandat dans la limite de leurs attributions légales.

Outre les centimes additionnels dont vous déterminerez le montant, vous êtes investi également du droit de fixer, en Conseil privé, la portion allouée à la commune de Saïgon dans le principal de la contribution des patentes.

Je pense qu'il convient de leur assurer, surtout dans le principe, une part assez large dans ces impôts et dans tous ceux que vous pourrez établir en leur faveur. La municipalité a besoin d'être encouragée et aidée principalement à son début, afin qu'elle puisse se développer et vivre à l'avenir de sa propre existence.

Le budget de la commune est approuvé par vous, en Conseil privé (art. 50) ; mais vous ne pourrez y introduire de changements que lorsque le conseil municipal aurait omis d'y comprendre des dépenses obligatoires ou n'aurait voté que des allocations insuffisantes pour ces dépenses. Dans ce cas, vous êtes autorisé à inscrire l'allocation nécessaire au budget, après délibération préalable du conseil municipal, et, à défaut, y pourvoir au moyen d'une contribution extraordinaire, sauf à m'en rendre compte immédiatement (article 55).

Je me plais à penser, d'ailleurs, que cette situation ne se présentera pas, et que le conseil municipal s'efforcera de pourvoir régulièrement aux dépenses de la ville de Saïgon.

Quant aux dépenses facultatives, vous ne devez pas les modifier si elles ne dépassent pas les ressources ordinaires du budget et s'il est pourvu convenablement aux dépenses obligatoires (article 53).

En ce qui concerne le vote des contributions extraordinaires, le décret distingue entre celles qui n'excèdent pas le maximum fixé par le Gouverneur et celles qui dépassent ce maximum. L'article 56 attribue, pour les premières, un pouvoir de délibération au conseil municipal, tandis que les autres sont soumises à l'autorisation du Gouverneur, et le conseil municipal n'a qu'un avis à émettre ; cette dernière règle s'applique également aux emprunts, quelle qu'en soit l'importance. On continuera, dans ce cas, de se conformer aux prescriptions de l'article 126 du décret du 26 septembre 1855.

CHAPITRE VIII. — DES ACTIONS JUDICIAIRES ET DES TRANSACTIONS.

Les articles 62 à 72 sont empruntés à la loi du 18 juillet 1837 ; ils ne donnent lieu à aucune observation. Contrairement à votre proposition, le décret a maintenu l'hypothèse où la commune de Saïgon renfermerait des sections ayant des intérêts contraires. Il est à espérer que la situation ne se présentera pas, mais il importait cependant de la prévoir, afin d'obvier aux difficultés qui pourraient en résulter.

CHAPITRE IX. — COMPTABILITÉ COMMUNALE.

Conformément à l'article 76, vous aurez soin de suivre les règles tracées par le décret du 26 septembre 1855 sur le régime financier des colonies.

Ainsi que je vous l'ai fait connaître dans mes précédentes instructions (dépêche du 2 décembre 1874), concertée avec le département des finances), le trésorier-payeur continuera d'exercer les fonctions de receveurs municipal, en vertu des prescriptions contenues dans les articles 130, 176, 199 et 210 du décret de 1855, il il aura droit, en cette qualité, à des remises sur ses recettes de la commune.

Aux termes de l'article 36 du même décret de 1855, vous aurez à examiner quelles sont les règles de la comptabilité municipale de France qu'il sera nécessaire de rendre applicables dans la colonie.

CHAPITRE X. — DISPOSITIONS GÉNÉRALES.

Pour l'exécution de l'article 77, vous devrez, dans le mois qui suivra la promulgation du décret, procéder à la formation des listes électorales, conformément aux décrets du 2 février 1852.

Vous aurez donc à promulguer la partie de ces actes dont il est fait mention dans le décret du 8 janvier 1877. Vous remarquerez toutefois que, contrairement à ce qui a lieu en France, les époques d'ouverture et de revision des listes électorales, celles de leur clôture et de leur publication, sont fixées par des arrêtés que vous rendrez en Conseil privé.

Quant à la fixation des délais, vous vous inspirerez, autant que possible, des prescriptions des décrets de 1852.

Le conseil municipal formé en vertu de la nouvelle législation devra, à moins que vous n'y voyiez des obstacles, se réunir dès cette année, dans les sessions réglementaires, pour voter le budget de l'année prochaine et discuter sur les questions que vous jugerez opportun de lui soumettre.

Je me borne à vous adresser ces instructions pour la mise en vigueur du décret du 8 janvier ; si, dans la pratique, des difficultés d'interprétation venaient à surgir, vous trouverez une solution soit en consultant la jurisprudence métropolitaine, soit en me demandant des éclaircissements que je m'empresserai de vous adresser.

L'acte à l'exécution duquel vous avez à pourvoir accordera, je pense, à la population de Saïgon, des franchises municipales suffisantes pour sauvegarder à la fois les intérêts légitimes de nos nationaux et ceux des étrangers. Mon département pense en effet que, partout où la population demande le régime municipal et se trouve en état de pourvoir aux dépenses occasionnées par ce régime, il importe de satisfaire à ses aspirations et de lui permettre de veiller à l'administration de ses affaires, sous le contrôle légal de l'Autorité supérieure.

Il appartient désormais aux représentants municipaux de faire une sage application des pouvoirs qui leur sont confiés. Ils comprendront que la prospérité du pays dépendra de leur esprit de conciliation et de la bonne harmonie qu'ils entretiendront avec le chef de la colonie.

Je n'ai pas besoin, d'ailleurs, de vous tracer la ligne de conduite que vous aurez à tenir. Représentant de l'autorité métropolitaine, vous abandonnerez sans regret une partie de vos prérogatives en faveur des fonctionnaires légalement institués. Vous trouverez dans les attributions supérieures dont vous être investi les moyens de les seconder activement dans la mission qu'ils sont appelés à remplir, et votre intelligente intervention, dans cette circonstance, vous donnera un nouveau titre à la confiance du Gouvernement de la métropole et à la reconnaissance de la population de notre jeune colonie de l'Extrême-Orient.

FOURICHON.

(15 décembre 1877)

DÉCRET *fixant les limites de la commune de Saïgon* (1).

(Promulg. A. G., 15 février 1878).
BAT. II. p. 406.
B. C. p. 56.

La ville de Saïgon conservera ses limites fluviales comprises entre le premier pont de l'Avalanche et le canal de l'Abattoir.

Les limites du côté de la terre, indiquées sur le plan joint au présent décret par un liséré rose, seront les suivantes :

Le canal de l'Abattoir (y compris l'abattoir) et prolongé jusqu'à la rue La Grandière ; celle-ci jusqu'à la rue de Thuan-kieu ;

La rue de Thuan-kieu jusqu'au boulevard Chasseloup-Laubat ;

Le boulevard Chasseloup-Laubat jusqu'à la rue Mac-Mahon ; celle-ci jusqu'à la rue des Moïs ; la rue des Moïs jusqu'à la rue Catinat prolongée ; la rue Catinat prolongée jusqu'à sa rencontre avec la rue n° 29 (rue de Baria), et cette dernière jusqu'à la rue Nationale.

A partir de là, la limite suivra la rue Nationale et contournera les cimetières européens et asiatiques, puis remontera en suivant la rue de Bang-kok, reprendra la

(1) V. A. G. 13 décembre 1880 créant un 20e arrondissement.

rue des Moïs jusqu'à la rue de Tayninh, et cette dernière jusqu'au boulevard Chasseloup-Laubat ; enfin, le boulevard Chasseloup-Laubat jusqu'au premier pont de l'Avalanche.

M[al] DE MAC-MAHON.

(10 juin 1881)

DÉP. M. *Notification d'un décret du 29 avril 1881 qui modifie la composition du conseil municipal de Saïgon* (1).

ARCH. GOUV.

(12 juin 1882)

A. G. *promulguant la loi du 5 avril 1882 abrogeant les dispositions législatives concernant l'adjonction des plus imposés aux délibérations des conseils municipaux. — Conséquences.*

B. C. p. 276.

Article premier. — Est promulguée en Cochinchine la loi précitée du 5 avril 1882.

Art. 2. Sont abrogées, en conséquence :

L'article 53 du décret du 8 janvier 1877 concernant l'organisation municipale de la ville de Saïgon.

L'article 9 de l'arrêté local du 20 octobre 1879 sur l'administration municipale de la ville de Cholon, en tant qu'il se réfère dans ses dispositions générales à l'article 42 de la loi du 18 juillet 1837 sur l'administration municipale.

LE MYRE DE VILERS.

(12 juin 1882)

A. G. *promulgation des lois du 12 août 1876 (art. 2) relative à la nomination des maires, et du 28 mars 1882 abrogeant le dernier paragraphe de l'article 2 de la loi précitée des conseils municipaux, la nomination des maires et des adjoints. — Conséquences.*

B. C. p. 274.

Article premier. — Sont promulguées dans la colonie l'article 2 de la loi du 12 août 1876 et la loi du 28 mars 1882 précitées.

Art. 2. — Sont abrogées, en ce qu'elles ont de contraire à ces deux lois, les dispositions des décrets du 8 janvier 1877 et 29 avril 1881, concernant l'organisation municipale de Saïgon.

LE MYRE DE VILERS.

(7 juillet 1882)

DÉP. M. *au sujet d'une interprétation donnée par le conseil municipal de Saïgon au décret du 29 avril 1881, concernant l'organisation de cette assemblée. (Le conseil municipal avait émis l'avis que les maires et les adjoints ne devaient pas être soumis au renouvellement. Réfutation de cette argumentation)* (1).

ARCH. GOUV.

(1) V. législation électorale, § conseil municipal.

(7 septembre 1882)

A. G. *déléguant au Directeur de l'Intérieur la signature du Gouverneur pour les affaires communales et municipales de la ville de Saïgon.*

B. C. p. 416.

Article premier. — La signature du Gouverneur, pour les affaires communales et municipales de la ville de Saïgon, est déléguée au Directeur de l'Intérieur, dans tous les cas où il n'y a pas lieu à intervention du Conseil privé.

LE MYRE DE VILERS.

(19 mars 1888)

A. L. G. *autorisant la municipalité de Saïgon à établir à son profit, une taxe mensuelle de quarante cents sur les charrettes à bras servant au transport des marchandises et matériaux dans l'intérieur de la ville* (1).

J. C. p. 309.

Article premier. — La Municipalité de Saïgon est autorisée à établir, à son profit, une taxe mensuelle de quarante cents sur les charrettes à bras servant au transport des marchandises et des matériaux dans l'intérieur de la ville.

Art. 2. — Cette taxe sera acquittée trimestriellement et d'avance entre les mains du receveur municipal.

NAVELLE.

(1) Cet arrêté aura son effet à compter du 1er janvier 1888.

II. — SAIGON : *b*. REVENUS COMMUNAUX.

NATURE DES DOCUMENTS	DATES	Bat.	B. C.	B.D.i	J. C.	J.H.	B.M.	B.Col	OBSERVATIONS
		RECUEILS A CONSULTER							
A. G.	6 juillet 1867.		477						
A. G.	7 juillet 1873.	II-380	227						
A. G.	3 mars 1877.	II-280	79						
A. G.	16 octobre 1879.	II-407	405						
Dép. M.	16 janvier 1880.								
A. G.	31 mai 1880.		290						
A. G.	28 décembre 1882.		505						
Décret.	2 mai 1883.		276						

(6 juillet 1867)

A. G. *attribuant à la municipalité de Saïgon, à titre de subvention, une somme de 131240 francs à prélever sur les fonds du budget local.*

B. C. p. 477.

(7 juillet 1873)

A. G. *Mode de recouvrement des taxes, cotisations et contributions municipales.*

BAT. II, p. 380.
B. C. p. 227.

Article premier. — Sont assimilées aux contributions directes, soumises aux mêmes privilèges et susceptibles d'être recouvrées sur les débiteurs, quelle que soit leur nationalité, selon le mode réglé par l'arrêté du 22 janvier 1873, toutes les taxes, cotisations et contributions municipales, établies conformément aux lois, arrêtés et usages locaux et constatées sur des rôles dûment rendus exécutoires.

Art. 2. — Pour le recouvrement des revenus communaux autres que ceux désignés en l'article précédent, les règles ordinaires de la procédure seront observées ; en conséquence, les receveurs municipaux porteurs des titres exécutoires poursuivront à la requête du maire, par le ministère d'huissiers et par voie de commandement et de saisie, en suivant les formalités prescrites par le Code de procédure civile.

Art. 3. — Les receveurs municipaux feront l'avance de tous les frais que nécessiteront les poursuites, sauf recouvrement ultérieur sur les redevables, ou admission en non-valeur sur les fonds du budget municipal, en cas d'insolvabilité des débiteurs régulièrement poursuivis.

DUPRÉ.

(3 mars 1877)

A. G. (*Extrait*). *Le produit des taxes payées par les maisons publiques de Saïgon (600 francs pour les maisons chinoises et 100 francs pour les maisons annamites) appartiendra au budget municipal.*

BAT. II, p. 280.
B. C. p. 79.

(16 octobre 1879)

A. G. *Recettes opérées par la municipalité de Saïgon.*

BAT. II, p. 407.
B. C. p. 405.

Article premier. — Le commis chargé des recettes à la mairie est autorisé à faire les recettes suivantes :

Passeports, permis d'armes, droits de fouille au cimetière, taxes sur les filles publiques, certificats d'origine, expédition d'actes de l'état civil, livrets pour voitures, charrettes et barques, fourrière, buffles, chevaux, bœufs, chèvres, porcs, chiens, volailles, voitures suspendues et non suspendues.

Art. 2. — Le produit des :

Passeports	10 fr. 70
Permis d'armes	10 fr. 00
Taxes sur les filles publiques	1 fr. 50

sera versé, par le commis des recettes, le lendemain du jour où ces recettes auront été faites.

Art. 3. — Le produit des:

Certificats d'origine	1 fr. 00
Expédition d'actes de l'état civil (mariages)	1 fr. 50
Expédition d'actes de l'état civil (naissances et décès)	0 fr. 75
Livrets pour voitures, charrettes et barques	2 fr. 00
Droits de fouille au cimetière	5 fr. 35

sera versé le 1er et le 15 de chaque mois.

Art. 4. — Le gardien de la fourrière est autorisé à percevoir le produit des fourrières ; il fera la remise des sommes reçues, le mercredi et le samedi de chaque semaine, au commis chargé des recettes ; ce dernier vérifiera l'exactitude du registre du gardien de la fourrière, et lui donnera décharge en inscrivant les sommes reçues sur les souches du registre.

Art. 5. — Le commis des recettes fera, le 1er et le 15 de chaque mois, le versement au trésor des recettes de la fourrière.

Art. 6. — Toutes dispositions antérieures, contraires au présent arrêté, sont et demeurent abrogées.

LE MYRE DE VILERS.

(16 janvier 1880).

DÉP. *approuvant un arrêté en date du 24 novembre 1879 autorisant le conseil municipal de la ville de Saïgon à établir à son profit une taxe sur les chiens.*

ARCH. GOUV.

Par lettre du 29 novembre 1879, vous avez soumis à mon approbation un projet d'arrêté, pris en Conseil privé, le 24 novembre dernier, à l'effet d'autoriser le conseil municipal de la ville de Saïgon, à établir, à son profit, une taxe sur les chiens.

Je n'ai aucune objection à présenter contre les dispositions de cet arrêté auquel je donne mon approbation.

JAURÉGUIBERRY.

(31 mai 1880)

A. G. *fixant à 12 piastres la taxe annuelle à payer à la commune par les Asiatiques autorisés à circuler la nuit sans fanal dans la ville de Saïgon* (1).

B. C. p. 290.

(28 décembre 1882)

A. G. *portant abandon à la ville de Saïgon par le budget local de nouvelles ressources destinées à constituer son autonomie financière* (2).

B. C. p. 505.

Article premier. — La colonie abandonne à la ville de Saïgon, qui est autorisée à les percevoir à ses frais et à son profit (3) :

(1) V. Police municipale.

(2) V. *infrà*, décret 2 mai 1883.

(3) Jusqu'au 28 décembre 1882, date de l'arrêté local faisant abandon à la ville de Saïgon de la totalité de la contribution des patentes, de la totalité de l'impôt foncier et d'une part proportionnelle sur le produit de l'impôt de capitation des Asiatiques étrangers, le budget local attribuait à la municipalité de Saïgon une somme de , à titre de subvention.

1° La totalité de la contribution des patentes assise dans les limites du territoire de la commune Saïgon ;

2° La totalité de l'impôt foncier des centres assis sur les terrains composant le territoire de la commune de Saïgon.

Art. 2. — La colonie abandonne à la ville de Saïgon, sur le produit de l'impôt personnel de capitation des Asiatiques étrangers, perçu par les soins du service local, une part proportionnelle fixée à forfait à la somme annuelle de vingt-cinq mille piastres.

Art. 3 — La colonie s'engage à prendre à sa charge :

1° Une partie des dépenses de voirie municipale de Saïgon, en fournissant, à titre de part contributive annuelle, une somme fixée à forfait à vingt-trois mille cent vingt-cinq piastres ;

2° Une partie des dépenses du service municipal des eaux de Saïgon, en fournissant à ce titre un forfait annuel de la somme de dix mille piastres, à charge pour la ville de Saïgon de desservir d'eau tous les établissements publics généralement quelconques, construits ou entretenus sur les fonds du budget local dans la ville de Saïgon, et y compris le collège Chasseloup-Laubat ;

3° Les frais de perception des recettes municipales de la ville de Saïgon, pour une somme de mille deux cents piastres.

Art. 4. — (Voirie). LE MYRE DE VILERS.

(2 mai 1883)

DÉCRET *portant abandon à la ville de Saïgon par le budget local de nouvelles ressources destinées à constituer son autonomie financière.*

(Promulg. A. G., 26 juin 1883).
B. C. p. 276.

Article premier. — Est approuvée la délibération du Conseil colonial de la Cochinchine, en date du 23 novembre 1882, en ce qui concerne l'abandon à la ville de Saïgon, qui est autorisée à les percevoir à ses frais et à son profit :

1° De la totalité de la contribution des patentes assise dans les limites du territoire de la commune de Saïgon ;

2° De la totalité de l'impôt foncier des centres assis sur les terrains composant le territoire de ladite commune ;

3° D'une part proportionnelle fixée à forfait à la somme annuelle de vingt-cinq mille piastres, sur le produit de l'impôt personnel de capitation des Asiatiques étrangers, perçu par les soins du service local.

Art. 2. — Est également approuvée ladite délibération, en ce qui concerne la mise à la charge de la colonie :

1° D'une partie des dépenses de voirie municipale de Saïgon, en fournissant, à titre de part contributive annuelle, une somme fixée à forfait à vingt-trois mille cent vingt-cinq piastres ;

2° D'une partie des dépenses du service municipal des eaux de Saïgon, en fournissant à ce titre un forfait annuel de la somme de dix mille piastres, à charge par la ville de Saïgon de desservir d'eau tous les établissements publics généralement quelconques, construits ou entretenus sur les fonds du budget local dans la ville de Saïgon, et y compris le collège Chasseloup-Laubat ;

3° Des frais de perception des recettes municipales de la ville de Saïgon, pour une somme de mille deux cents piastres.

JULES GRÉVY.

Consulter en outre : *Voirie ; impôts, § centièmes additionnels.*

III. — CHOLON : *a*. ADMINISTRATION MUNICIPALE.

NATURE DES DOCUMENTS	DATES	RECUEILS A CONSULTER							OBSERVATIONS
		Bat.	B. C.	B. D. I	J. C.	J. H.	B. M.	B. Col	
A. G.	9 juin 1865.		242						
A. G.	14 mai 1872.		130						
A. G.	22 janvier 1873.		20						
A. G.	20 octobre 1879.	II-408	406						
A. G.	27 octobre 1879.	II-410	410						
A. G.	27 octobre 1879.	II-411	411						
A. G.	22 décembre 1879.	II-411	513						
A. G.	25 juillet 1881.		332						
A. G.	12 juin 1882.		276						

(9 juin 1865)

A. G *Organisation municipale de Cholon.*

B. C. p. 242.

(14 mai 1872)

A. G. *constituant une délégation municipale* (1).

B. C. p. 130.

(22 janvier 1873)

A. G. *modifiant l'arrêté local du 14 mai 1872 portant création d'une délégation municipale.*

B. C. p. 20.

(20 octobre 1879)

A. G. *sur l'administration municipale de la ville de Cholon : Institution d'un conseil municipal : — Conditions relatives aux élections.*

BAT. II, p. 408.
B. C. p. 406.

Article premier. — La ville de Cholon sera administrée par un conseil municipal.

Art. 2. — Le conseil est composé ainsi qu'il suit :

Un président nommé par le Gouverneur et dont les pouvoirs ne peuvent excéder trois ans, remplissant les fonctions de maire ;

Trois membres européens présentés par la Chambre de commerce, pris autant que possible parmi ceux qui dirigent une industrie ou un commerce à Cholon, et nommés par le Gouverneur ;

Quatre membres annamites nommés à l'élection ;

Quatre membres chinois nommés à l'élection.

Le président sera assisté de trois adjoints : un Européen, un Annamite et un Chinois, nommés par le Gouverneur sur la présentation du maire.

Les fonctions des membres du conseil municipal et celles des adjoints seront gratuites.

Le Directeur de l'Intérieur aura les attributions d'un préfet vis-à-vis du conseil municipal, telles qu'elles sont définies dans la loi de 1837, en ce qui concerne les communes ordinaires.

CONDITIONS RELATIVES AUX ÉLECTIONS.

Électeurs. — Éligibles. — Art. 3. — Les électeurs annamites devront être âgés de 21 ans, ils devront payer cent francs de contributions directes ; les habitants régulièrement portés sur les rôles d'inscrits dans les communes annexées et les divers quartiers de la ville seront également considérés comme électeurs.

Les électeurs chinois devront être âgés de 21 ans, être domiciliés à Cholon et payer deux cents francs de contributions directes.

(1) V. *infrà*, A. G. 22 janvier 1873.

Les candidats indigènes devront être âgés de 27 ans et payer deux cents francs de contributions directes. Dans le cas où leur nombre serait inférieur à 40, il serait dressé une liste des quarante premiers plus imposés, parmi lesquels les électeurs devraient choisir leurs conseillers.

Les candidats de nationalité chinoise devront être âgés de 27 ans et payer quatre cents francs de contributions directes.

Art. 4. — Les membres du conseil municipal seront élus pour trois ans ; ils pourront être réélus à l'expiration de leur mandat.

En cas de vacances dans l'intervalle des élections triennales, il est procédé au remplacement quand le nombre des membres de chaque nationalité se trouve réduit de moitié.

Les membres du conseil nommés par le Gouverneur seront remplacés au fur et à mesure des besoins.

Art. 5. — Aucun membre du conseil municipal, aucun de ses associés, ne pourra être admis à soumissionner aux divers marchés en adjudication que pourra conclure la municipalité, en vue des travaux qu'elle jugera nécessaires.

Ne pourront être élus membres dudit conseil municipal :

1° Les parents au degré de père, de fils, de frère et les alliés au même degré ;

2° Les comptables des deniers communaux, les agents salariés de la municipalité.

Art. 6. — Les élections auront lieu au scrutin de liste par nationalité, par toute l'étendue de la circonscription communale.

Les collèges électoraux seront convoqués par arrêté du Gouverneur pris en Conseil privé.

L'intervalle entre la promulgation dudit arrêté et l'ouverture des collèges sera de vingt jours francs.

Le scrutin ne durera qu'un seul jour ; le dépouillement en aura lieu immédiatement.

La liste électorale est dressée par une commission composée du président et de deux membres choisis par le conseil municipal.

Les époques d'ouverture et de révision de cette liste seront fixées par un arrêté du Gouverneur, en Conseil privé.

Les réclamations au sujet des inscriptions sur la liste électorale seront reçues, pendant les vingt jours qui suivront le dépôt de cette liste, au secrétariat de la mairie ; elles seront jugées par la commission désignée. L'appel de ses décisions sera porté devant le juge de paix, qui décidera en dernier ressort.

La liste ainsi dressée sera permanente et revisée chaque année du 1er au 10 janvier. Le dépôt en sera fait au secrétariat de la commission le 20 du même mois ; avis en sera donné par affiches. Cette liste devra être communiquée à tout requérant. Elle sera close au 1er avril, sauf les restrictions prévues par la loi du 2 février 1852.

En ce qui concerne les dispositions pénales, la revision annuelle de la liste, l'assemblée des électeurs et les voies de recours contre les opérations électorales, il sera procédé conformément au titre IV du décret organique du 2 février 1852, au titre Ier du décret réglementaire du 2 février 1852, et la section III de la loi du 5 mai 1855.

Pour tous les cas non prévus par les décrets précités, il en sera référé au Gouverneur, en Conseil privé.

Art. 7. — Le conseil municipal s'assemblera, sur la convocation de son président, au moins tous les trois mois.

Les convocations seront faites par écrit et à domicile, trois jours au moins avant la réunion.

Le Directeur de l'Intérieur, soit sur la demande du président du conseil, soi d'office, peut convoquer extraordinairement le conseil ; en ce cas, les délais de convocation peuvent être abrégés.

Le conseil municipal ne pourra délibérer que lorsque la majorité des membres en exercice assistera à la séance.

Lorsqu'après deux convocations successives, à huit jours d'intervalle dûment constatés, les membres du conseil ne seront pas en nombre suffisant, la délibération prise par la troisième convocation sera valable, quel que soit le nombre des membres présents.

Les membres du conseil siégeront selon leur rang sur le tableau et dans l'ordre suivant :

Les membres français ;

Les membres européens et étrangers non asiatiques ;

Les membres indigènes ;

Les membres asiatiques.

Les résolutions seront prises à la majorité absolue des suffrages.

Il pourra être voté au scrutin secret quand trois membres présents le réclameront.

Le président du conseil aura voix prépondérante en cas de partage.

Art. 8. — La dissolution ou la suspension du conseil municipal pourront être prononcées par le Gouverneur, en Conseil privé.

Dans l'un et l'autre cas, le Gouverneur nomme, pour remplir les fonctions de conseiller municipal, une commission composée de cinq membres, dont deux au moins européens. La commission nommée en cas de dissolution peut être maintenue en fonctions pendant trois ans.

Art. 9. — Les attributions du président du conseil municipal, celles dudit conseil, les dépenses, les recettes et le budget de la commune, les acquisitions, aliénations, baux, dons et legs, les actions judiciaires et les transactions, la comptabilité de la commune, les intérêts concernant plusieurs communes, sont réglés par la loi du 18 juillet 1837, sur l'administration municipale.

Art. 10. — Les frais de traitement et de logement du président du conseil municipal, ainsi que les dépenses de l'instruction publique, sont portés aux dépenses obligatoires.

DISPOSITIONS TRANSITOIRES.

Art. 11. — Dans le mois qui suivra la publication du présent arrêté, il sera procédé à la nomination des conseillers européens et à l'élection des conseillers asiatiques.

Les listes électorales seront dressées par les soins de l'administrateur.

Un arrêté du Gouverneur fixera la date de l'établissement de ces listes, ainsi que celle des élections.

Quant au mode d'élection, on se conformera aux dispositions de l'article 6 du présent arrêté.

Le Myre de Vilers.

(27 octobre 1879)

A. G. *Annexion de six villages au territoire de la commune de Cholon* (1).

BAT. II, p. 410.
B. C. p. 410.

Article premier. — Les villages de An-binh, Minh-phung, Phu-lam, Binh-tien, Binh-tai, Phong-phu, et la portion du village de Binh-dong, comprise au nord de l'Arroyo chinois, sont annexés au territoire de la commune de Cholon.

(1) V. Division administrative et territoriale et *infrà*, A. G., 25 juillet 1881.

Par suite de cette annexion, les nouvelles limites de la ville sont celles indiquées sur le plan ci-joint par un liséré rouge du côté de l'arrondissement de Saïgon et par un liséré jaune du côté de l'arrondissement de Cholon.

Art. 2. — Les villages sus-désignés formeront chacun un quartier. Ils seront soumis à tous les règlements municipaux de police, de voirie ou autres en vigueur dans la commune de Cholon ; mais ils continueront, jusqu'à nouvel ordre, de payer l'impôt foncier et les impôts personnels suivant les tarifs appliqués aux communes annamites.

Art. 3. — Les conseils de notables sont maintenus et conservent, sous l'autorité du président du conseil municipal, leurs attributions en tout ce qui n'est pas contraire aux règlements municipaux.

Art. 4. — Les cahiers d'état civil de chaque village seront remis au président du conseil municipal, officier d'état civil, pour toute l'étendue de la commune de Cholon.

Art. 5. — Les terrains affectés au service de l'administration des affaires indigènes, pour l'arrondissement, seront distraits du territoire de la ville et du ressort des tribunaux français. Ils y formeront une enclave qui sera indiquée sur le plan par une teinte spéciale.

LE MYRE DE VILERS.

(27 octobre 1879).

A. G. *attributions dévolues au président du conseil municipal de la ville de Cholon* (1).

BAT. II, p. 411.
B. C. p. 411.

Article premier. — Le président du conseil municipal de Cholon exercera, dans l'étendue du territoire de la ville et sous l'autorité du Directeur de l'Intérieur, en outre de ses fonctions municipales, les attributions dévolues aux administrateurs des affaires indigènes, sauf en ce qui concerne la justice en matière civile ou commerciale, qui restera entre les mains de l'administrateur de l'arrondissement, et la poste, qui rentre dans les attributions du préposé payeur.

Art. 2. — Il sera de plus chargé de recevoir et d'enregistrer les déclarations de l'état civil des Asiatiques, d'après les règles prescrites par les arrêtés des 25 juillet 1871 et 15 janvier 1872.

LE MYRE DE VILERS.

(22 décembre 1879)

A. G. *concernant le terrain occupé par le service des affaires indigènes. — La portion est et nord conserve son affectation primitive et ne fera pas partie du territoire de la ville et du ressort des tribunaux français ; — la portion ouest et sud demeure réservée pour le service de la municipalité.*

BAT. II, p. 411.
B. C. p. 513.

Le terrain occupé jusqu'à ce jour par le service des affaires indigènes de l'arrondissement de Cholon, est affecté aux destinations suivantes ;

La portion est et nord, limitée par un liséré rose sur le plan annexé au présent arrêté, conserve son affectation primitive et forme une enclave qui ne fera pas partie du territoire de la ville et du ressort des tribunaux français.

La portion ouest et sud, bordée par un liséré jaune audit plan, demeure réservée pour le service de la municipalité de Cholon.

LE MYRE DE VILERS.

(1) V. Division administrative et territoriale.

(25 juillet 1881)

A. G. *complétant l'arrêté du 27 octobre 1879 relatif à l'annexion d'un certain nombre de villages au territoire de la commune de Cholon.*

B. C. p. 332.

Article premier. — L'article premier de l'arrêté du 27 octobre 1879 est ainsi remplacé :

Les villages de An-dinh, Tan-thanh, Binh-tay, Long-vinh, Un-long, An-binh, Minh-phung, Phu-lam, Binh-tien, Binh-tai, Phong-phu et la portion du village de Binh-dong, comprise au nord de l'Arroyo chinois, sont annexés au territoire de la commune de Cholon.

Par suite de cette annexion, les limites de la ville sont celles indiquées au nouveau plan ci-joint par un liséré rouge du côté de l'arrondissement de Saïgon et par un liséré jaune du côté de l'arrondissement de Cholon.

DE TRENTINIAN.

(12 juin 1882)

A. G. *promulguant la loi du 5 avril 1882 abrogeant les dispositions législatives concernant l'adjonction des plus imposés aux délibérations des conseils municipaux. — Conséquences.*

B. C. p. 276.

Article premier. — Est promulguée en Cochinchine la loi précitée du 5 avril 1882.

Art. 2. — Sont abrogés, en conséquence :

L'article 58 du décret du 8 janvier 1877, concernant l'organisation municipale de la ville de Saïgon ;

L'article 9 de l'arrêté local du 20 octobre 1879, sur l'administration municipale de la ville de Cholon, en tant qu'il se réfère, dans ses dispositions générales, à l'article 42 de la loi du 18 juillet 1837 sur l'administration municipale.

LE MYRE DE VILERS.

NATURE DES DOCUMENTS	DATES	RECUEILS A CONSULTER							OBSERVATIONS
		Bat.	B. C	B.D.I	J. C.	J.H.	B. M.	B.Col	
A. G.	5 novembre 1873.		373						
A. mun.	22 novembre 1879.	II 801	471						
A. G.	26 janvier 1880.		28						
A. G.	17 mai 1880.		264						
A. G.	17 mai 1880.			73					
A. G.	6 septembre 1880.		462						
A. G.	10 janvier 1881.		17						
A. G.	10 janvier 1881.		18						
A. G.	27 avril 1882.		178						
A. G.	29 janvier 1883.		71						
A. G.	26 mai 1887.		346						

(5 novembre 1873)

A. G. *supprimant la subvention accordée par le budget local à la municipalité de Cholon et lui attribuant de nouvelles ressources pour servir de base à l'établissement du budget des recettes et des dépenses.*

B. C. p. 373.

(22 novembre 1879)

A. MUN. *relatif aux voitures publiques de Cholon (art. 18)* (1).

BAT. II, p. 801.
B. C. p. 471.

(26 janvier 1880)

A. G. *déterminant les taxes à percevoir au profit de la municipalité de Cholon pour la visite des filles publiques, pour la location des quais et pour la délivrance de permis de circulation, la nuit, sans fanal.*

B. C. p. 28.

Les taxes suivantes seront perçues au profit de la municipalité de Cholon :

1° Taxe de visite des filles publiques:

Les filles appartenant aux maisons de tolérance paieront 75 centimes et les filles libres 1 franc par visite.

2° Droit de location des quais :

Les quais pourront être loués pour dépôt de matériaux, à raison de 25 centimes par mètre courant, pour cinq jours. Cette taxe sera réduite à 1 franc par mètre et par mois pour les constructeurs de bateaux établis à demeure sur le quai des Jonques, le quai des Chantiers, le quai de Phu-gia, et à 50 centimes pour les briquetiers établis sur les bords du canal de ceinture. La perception de ce droit sera faite par le secrétaire de la mairie, qui en versera chaque jour le montant à la caisse du receveur municipal. Les administrations publiques pourront y déposer gratuitement leurs matériaux.

3° Les Chinois présentés par leur congrégation et les Annamites notables pourront recevoir un permis de circuler la nuit sans fanal, moyennant le paiement de douze piastres par an. Ils recevront une carte qui sera enregistrée à la police et qu'ils devront présenter à toute réquisition.

Les membres du conseil municipal, les chefs de quartiers, les chefs de congrégations recevront une carte gratuite.

LE MYRE DE VILERS.

(17 mai 1880)

A. G. *fixant la taxe mensuelle à percevoir au profit de la municipalité de Cholon sur les barques de passage faisant le service de la rade.*

B. C. p. 264.

Article premier. — Le conseil municipal de la ville de Cholon est autorisé à établir à son profit, une taxe mensuelle de deux francs sur les barques de passage faisant le service de la rade.

(1) V. *infrà* A. G. 17 avril 1882.

Art. 2. — Cette taxe sera acquittée trimestriellement et d'avance à la caisse du préposé payeur à Cholon.

LE MYRE DE VILERS.

(17 mai 1880)

A. G. *accordant à la ville de Cholon une remise de 25 p. 100 sur les amendes et confiscation encourues par les cercles chinois.*

B. D. I, p. 73.

Article premier. — Une remise de 25 p. 100 sur les amendes et confiscations encourues par les cercles chinois sera faite à la ville de Cholon.

LE MYRE DE VILERS.

(6 septembre 1880)

A. G. *Fixation d'une taxe spéciale perçue sur les maisons construites dans la 1re zone et destinée à payer les dépenses du service des bouages et vidanges à Cholon* (1).

B. C. p. 462.

(10 janvier 1881)

A. G. *fixant à 6 piastres la taxe à payer par les Chinois patentés des quatre premières classes et par les Annamites patentés des cinq premières pour la délivrance d'un permis de circulation la nuit sans fanal dans les rues de Cholon* (2).

B. C. p. 17.

(10 janvier 1881)

A. G. *fixant la redevance à payer pour le dépôt des matériaux sur les quais et trottoirs, pour les appontements et pour les auvents* (3).

B C p. 18.

(17 avril 1882)

A. G. *établissant diverses taxes au profit de la ville de Cholon, savoir : sur les matériaux abandonnés ou saisis sur la voie publique, sur les barques en fourrière et sur les livrets délivrés aux propriétaires des barques de Cholon. — Réduction en piastres des taxes municipales de ladite ville.*

B. C. p. 178.

Article premier. — Une taxe de vingt cents par mètre cube et par jour est établie à Cholon, à dater de ce jour, pour tous les matériaux abandonnés ou saisis sur la voie publique, qui seront conduits en fourrière.

Art. 2. — Une taxe de dix cents par pièce et par jour est établie également sur toutes les barques en fourrière.

Art. 3. — Les conditions de réglementation, de dépôt, et toutes les règles prescrites par l'arrêté du 14 juillet 1873, pour le service des fourrières, seront applicables aux matériaux et aux barques.

(1) V. Bouages et vidanges.
(2) V. Police municipale.
(3) V. Voirie.

Art. 4. — Par analogie des dispositions contenues dans l'arrêté du 22 novembre 1879, relatif aux voitures publiques de Cholon, une taxe de quarante cents sera établie, à dater de ce jour, au profit de la municipalité de Cholon, sur les livrets délivrés aux propriétaires des barques de Cholon, faisant le service des transports entre Cholon et Saïgon.

Art. 5. — Les tarifs des diverses taxes payées à la municipalité de Cholon seront établis dorénavant en piastres, conformément aux prix et indications portés au tableau ci-après :

DATES DES ARRÊTÉS ou décisions en vertu desquelles les taxes sont appliquées.	DÉSIGNATION DES TAXES.		UNITÉ à laquelle s'applique la taxe	TAXES adoptées EN PIASTRES et cents.
Arrêté du 14 juillet 1873.	Fourrières.	Buffles	Par tête ou par pièce et par jour	1 00
		Chevaux	—	0 60
		Bœufs	—	0 60
		Porcs et chèvres	—	0 20
		Volailles	—	0 20
		Voitures	—	0 10
Arrêté du 26 janvier 1880.	Taxes des visites des filles publiques	Filles appartenant à des maisons de tolérance	—	0 15
		Filles libres	—	0 20
Arrêté du 10 janvier 1881.	Locations des quais	Dépôts de matériaux.	Par mètre et par jour	«
		Occupation temporaire	Décomptée par 5 jours	0 01
Arrêté du 10 janvier 1881.	Occupation permanente	Constructeurs et scieurs de long	Par mètre et par mois	0 08
		Briquetiers et marchands de bambous	—	0 02
Arrêté du 10 janvier 1881.	Auvents		—	0 04
	Appontements	Couverts	Par an, payées par trimestre	2 40
		Non couverts	Par an	1 20
Arrêté du 7 novembre 1864.	Permis de circulation pour les voitures		Par mois	Réduit à 0 50
Arrêté du 17 mai 1880.	Taxes sur les barques de passage faisant le service de la rade		Par mois	0 40
Arrêté du 22 novembre 1879.	Livrets des voitures		—	0 40

LE MYRE DE VILERS.

(29 janvier 1883)

A. G. *fixant à nouveau diverses taxes municipales de la ville de Cholon et le nombre de centièmes additionnels que ladite ville est autorisée à percevoir en 1883.*

B. C. p. 71.

Article premier. — Les taxes municipales énumérées ci-après, sont fixées à nouveau comme suit :

		Piastres.
Taxe des licences des maisons de tolérance.	Chinoises	60 00
	Annamites	10 00
Taxe de location de quais (occupation permanente), constructeurs de bateaux et scieurs de long		0 04
Taxe des expéditions des actes de l'état civil, par expédition		0 20
Taxe des permis de circulation la nuit sans fanal		3 00

CHARLES THOMSON.

(26 mai 1887)

A. G. *autorisant la compagnie nantaise de navigation* (1) *à établir un appontement en bois pour l'accostage des bateaux sur la rive droite de la rivière de Saïgon.*

B. C. p. 346.

Consulter en outre : *Impôts*, § *centièmes additionnels ;— Voirie.*

COMPLOTS.

V. *Peines administratives. — Rebelles. — Rébellion.*

(1) Par rapport du 6 novembre 1886, (v. Livre vert), l'administration a proposé au Conseil colonial la création d'un service de steamer entre Saïgon et Bangkok (Siam) moyennant une subvention de 130,000 francs. — Un marché a été conclu à cet effet en février 1887.

COMPTABILITÉ DES COLONIES.

NATURE DES DOCUMENTS	DATES	RECUEILS A CONSULTER							OBSERVATIONS
		Bat.	B. C.	B.D.I.	J.C.	J.H.	B. M.	B.Col	
Décret.	26 septembre 1855.						R. VII 783		
Décret.	31 mai 1862.								
Dép. M.	14 décembre 1868.	1-289							
Règl.	14 janvier 1869.	1-289	270						
Circ. M.	4 octobre 1869.	1-268							
Dép. M.	19 juillet 1872.	1-290							
Décret.	15 avril 1873.	1-361	200						
Dép. M.	1er septembre 1877	1-290							
Dép. M.	13 octobre 1877.	1-290							
Dép. M.	9 mai 1879.	1-291							
Circ. M.	3 juin 1881.		289						
Circ. M.	10 juillet 1881.		350						
Dép. M.	3 mars 1882.								
Décret.	15 septembre 1882.						571		
Décret.	3 octobre 1882.		1883 29		1883 141				
Dép. M.	3 novembre 1882.								
Décret.	20 novembre 1882.		1883 31		1883 141				
Circ. M.	12 décembre 1882.						842		
Dép. M.	18 avril 1883.								
Dép. M.	29 juin 1883.								
Dép. M.	30 juin 1883.						921		

NATURE DES DOCUMENTS	DATES	RECUEILS A CONSULTER							OBSERVATIONS
		Bat.	B. C.	B. D. I	J. C.	J. H.	B. M.	B. Col	
Circ. M.	30 juillet 1883.		344						
Circ. M.	18 décembre 1883.		1884 11						
Circ. M.	13 mai 1884.								
Dép. M.	23 mai 1884.								
Circ. M.	1er août 1884.		362						
Dép. M.	4 octobre 1884.								
Circ. M.	8 octobre 1884.		453						
Circ. M.	27 juillet 1886.								
Dép. M.	20 novembre 1886.								
Circ. M.	8 janvier 1887.								

(26 septembre 1855)

DÉCRET *sur le service financier des colonies* (1).

B. M. R. VII, p. 783.

(31 mai 1862)

DÉCRET *portant règlement général sur la comptabilité publique* (2).

(publié à part)

(14 décembre 1868)

DÉP. M. *invitant à satisfaire aux prescriptions de la circ. m. du 14 mai 1858 exigeant l'envoi mensuel d'un bordereau des opérations financières accomplies sur les différents chapitres du budget (service colonial).*

BAT. I, p. 289.

Aux termes d'une circulaire de mon Département en date du 14 mai 1858, les administrations coloniales doivent m'adresser tous les mois, un bordereau des opérations financières accomplies sur les différents chapitres du budget (service colonial).

L'Administration de la Cochinchine devra, à compter du 1er janvier 1869, satisfaire à ces prescriptions. Je vous prie de veiller à ce que ce document me soit adressé tous les mois, et par la voie la plus rapide.

(14 janvier 1869)

RÈGLEMENT *financier sur la comptabilité des dépenses du ministère de la marine et des colonies pour servir à l'exécution du décret du 31 mai 1862 sur la comptabilité publique.*

(Promulg., A. G., 28 juillet 1869).

BAT. I, p. 289.
B. C. p. 270.
(publié à part)

(4 octobre 1869)

CIRC. M. *rappelant l'obligation de régulariser et de rattacher aux budgets locaux les recettes et les paiements effectués hors des colonies au fur et à mesure de l'arrivée des pièces dans la colonie. — Le trésorier-payeur passera immédiatement écriture des recettes et des paiements effectués pour le compte de la colonie.*

BAT. I, p. 289.

Mon Département a rappelé à plusieurs reprises aux administrations coloniales l'obligation qui leur est faite de régulariser et de rattacher aux budgets locaux les recettes et les paiements effectués hors des colonies, au fur et à mesure de l'arrivée des pièces dont l'envoi leur est fait chaque

(1) V. *infrà*, Décret 20 novembre 1882.

(2) Un règlement a été établi par chaque ministère pour servir à l'exécution du décret du 31 mai 1862 et donner la nomenclature des pièces à produire aux comptables du trésor à l'appui des paiements.

Le règlement pour le ministère de la marine et des colonies a été fixé par arrêté du 14 janvier 1869, promulgué en Cochinchine par arrêté du 28 juillet 1869.

Celui des finances est du 26 décembre 1866.

mois ou de celles qui leur parviennent directement des diverses administrations coloniales. Ces instructions, qui n'ont pas toujours été régulièrement suivies, étaient commandées par la nécessité de couvrir les comptables intéressés de leurs avances et devaient avoir pour effet, en prévenant tout ajournement dans la régularisation des dépenses, d'enlever aux colonies les moyens de se constituer des ressources irrégulières en entretenant des découverts vis-à-vis le trésor.

Il importe de faire cesser au plus tôt un état de choses qui a causé, dans certaines colonies de regrettables situations.

Je tiens donc à ce que, conformément aux instructions qui vous ont été adressées, le trésorier-payeur passe immédiatement écritures des recettes et des paiements effectués pour le compte de la colonie. Les mandats émis à cet effet, par le Directeur de l'Intérieur, doivent non seulement être délivrés pour chaque transmission de mon Département, mais aussi comprendre des sommes identiques aux paiements ou aux recettes effectués par les comptables de la métropole.

Je dois vous faire remarquer à ce sujet qu'une circulaire du Ministère des finances, en date du 31 octobre 1869, avisant les trésoriers-payeurs des colonies des nouvelles dispositions réglées à l'égard des opérations dont il s'agit, a eu pour objet, tout en respectant le système créé par le décret du 26 septembre 1855, de substituer aux récépissés à talon que les comptables étaient tenus de délivrer au nom des trésoriers généraux qui effectuent des dépenses, des mandats à souche au nom des mêmes comptables.

Vous devrez veiller, en conséquence, à ce que les mandats dont il est parlé au paragraphe 2 de la susdite circulaire, et qui doivent remplacer les récépissés, soient délivrés en conformité des ordonnancements de régularisation faits par le Directeur de l'Intérieur. Ces mandats, avec les récépissés qui continuent à être délivrés pour les opérations effectuées par le caissier payeur central du trésor public, devront m'être adressés sans délais.

Je vous prie de donner communication de la présente dépêche à M. le contrôleur colonial, qui aura, à l'avenir, à surveiller la stricte exécution des dispositions qu'elle contient. Afin de lui faciliter cette surveillance, il lui sera adressé un double des bordereaux qui accompagnent les ordres de recette et de paiement ; il devra me renvoyer ces bordereaux avec la certification de la régularisation.

RIGAULT DE GENOUILLY.

(19 juillet 1872)

DÉP. M. *au sujet de l'imputation des dépenses des exercices clos. — Les paiements à effectuer pour solder les dépenses des exercices clos sont mandatés sur les crédits ouverts dans le budget de l'exercice courant aux différents chapitres que ces dépenses concernent. (Art. 97 du 26 septembre 1855.)*

BAT. I, p. 290.

M. le contrôleur colonial m'a adressé la copie d'une délibération du Conseil privé en date du 9 février 1872, relative à l'ouverture de crédits au service local, sur l'exercice 1871, pour régulariser des paiements faits hors de la colonie au titre des exercices clos 1868, 1869 et 1870.

En m'adressant cette pièce, M. le contrôleur m'informe qu'il a fait remarquer au Conseil privé que cette mesure n'était pas conforme à l'article 97 du décret du 26 septembre 1855 ; que c'était sur l'exercice courant 1872 qu'il y avait lieu d'imputer ces dépenses ; néanmoins le Conseil a passé outre à ses observations.

Cette opinion est fondée. En effet, l'article dont il s'agit est ainsi conçu : « Les paiements à effectuer pour solder les dépenses des exercices clos sont mandatés sur les crédits ouverts dans le budget de l'exercice courant, aux différents chapitres que ces dépenses concernent. Ils forment, etc. »

Or, on ne saurait admettre qu'à la date du 9 février 1872, l'exercice 1871 devait recevoir l'imputation des susdites dépenses, attendu que cet exercice était arrivé à sa dernière année et que la période de cinq mois et vingt jours qui suit l'expiration de l'année qui donne son nom à l'exercice doit être exclusivement consacrée à la liquidation et au mandatement des dépenses engagées dans l'année précédente. C'est d'ailleurs ce qui ressort clairement de l'article 92 du décret, en ce qui concerne la clôture des crédits du service local. Et il y a lieu de remarquer que l'article 97, sur lequel s'appuyait le contrôleur colonial pour motiver ses observations, n'est qu'une conséquence de l'article 92 qui le précède.

Vous reconnaîtrez, Monsieur le Gouverneur, qu'en général l'imputation sur l'exercice courant des dépenses des exercices clos, assurée au moyen des ressources de cet exercice, doit nécessairement conduire à ce résultat de maintenir intact le versement à la caisse de réserve des excédants de crédits laissés par le règlement de l'exercice antérieur.

Je vous prie donc de vouloir bien veiller à ce qu'à l'avenir les règles tracées par le décret du 26 septembre 1855, à cet égard, soient exactement observées.

BENOIST-D'AZY.

(15 avril 1873)

DÉCRET *faisant répartition des attributions qui étaient dévolues aux contrôleurs coloniaux (Art. 4).* (1)

BAT. II, p. 361.
B. C., p. 200.

(1er septembre 1877)

DÉP. M. *Invitation de presser la régularisation des paiements effectués en France pour le compte du service local. — Les paiements de l'espèce doivent être classés dans les dépenses obligatoires et le montant en doit être inscrit en tête du budget comme dette exigible de la colonie envers le trésor.* (2)

BAT. I, p. 190.

Le budget local de la Cochinchine se trouvait, à la date du 1er juillet dernier à découvert vis-à-vis les trésoriers-payeurs généraux de France et d'Algérie de la somme de... qu'il est urgent de régulariser dans le plus bref délai possible.

. . . .

Dans le cas ou les ressources disponibles du budget local ne seraient pas suffisantes, vous auriez à réduire les dépenses ou à adopter tel autre moyen dont vous aurez à me rendre compte. Il est de toute nécessité de rentrer dans la règle, c'est-à-dire de pouvoir régulariser les transmissions aussitôt leur arrivée dans la colonie. Je dois enfin vous faire remarquer que les paiements effectués en France pour le compte des colonies doivent être classés dans les dépenses *obligatoires* et le montant en doit être inscrit en tête du budget comme dette exigible de la colonie envers le trésor public.

GICQUEL DES TOUCHES.

(13 octobre 1877)

DÉP. M. *Rappelant la recommandation concernant la régularisation des paiements effectués en France pour le compte du service local ; — Dispositions complémentaires. — Le montant des dépenses dont la Cochinchine pourra rester à découvert ne pourra pas passer un maximum fixé à 630.000 francs* (3).

BAT. I, p. 290.

Malgré les nombreuses recommandations que mon Département a faites aux administrations coloniales, en vue de presser la régularisation des paiements effectués en France pour le compte du service local, certaines colonies ont continué à entretenir, dans les écritures du trésor, des découverts sur l'importance desquels j'ai dû appeler votre attention. J'ai lieu de croire qu'à la réception des instructions très précises que contenait à ce sujet ma dépêche circulaire du 1er septembre dernier, la colonie de la Cochinchine aura fait procéder au remboursement de tous les paiements restés en souffrance.

La lacune que je vous ai signalée dans les régularisations dont il s'agit, me donne à penser que l'Administration locale n'est pas suffisamment pénétrée des obligations qu'impose le concours de la métropole dans l'acquittement des dépenses de la colonie.

Le remboursement immédiat par le service local de ces dépenses a un double but : mettre les colonies en garde contre leur tendance à compter sur l'aide du trésor public ; les habituer, en outre à ménager leurs ressources budgétaires, de manière à faire face à tous les besoins de chaque exercice.

(1) V. Inspection des services administratifs et financiers.
(2) V. *infra*, D. M. 13 octobre 1877.
(3) V. *infrà*, D. M. 18 avril 1883.

Afin de prévenir, dans la suite, les difficultés que pourrait occasionner tout ajournement dans ces remboursements, voici les dispositions auxquelles je me suis arrêté :

Les colonies devront procéder aux régularisations d'usage aussitôt la réception des envois d'acquits qui leur sont faits mensuellement.

De son côté, mon département tiendra un contrôle de toutes les dépenses à régulariser par la colonie. Le montant des dépenses dont la Cochinchine pourra rester à découvert ne pourra pas passer un maximum que j'ai fixé à 630,000 francs. Ce chiffre a été calculé sur la moyenne des dépenses acquittées habituellement pour le compte de la colonie, pendant une période de quatre mois.

Si ce maximum venait à être dépassé, je me trouverais dans la nécessité d'ajourner ou de suspendre les achats de matériel demandés pour le service local jusqu'au moment où j'aurai reçu de la colonie une somme suffisante de mandats pour ramener, au-dessous du maximum déterminé, les avances à faire par le trésor public.

GICQUEL DES TOUCHES.

(9 mai 1879)

DÉP. M. *Mandatement des paiements collectifs. Les mandats concernant une collectivité quelconque doivent être distincts et délivrés au nom d'un individu, mandataire accepté par les autres.*

BAT. I, p. 291.

L'inspection coloniale a constaté le procédé irrégulier employé par la plupart des administrations coloniales pour le mandatement des paiements collectifs.

Il m'a paru utile, après m'être concerté avec mon collègue des finances, de leur tracer la règle qu'il convient de suivre à cet égard, en leur signalant les points critiqués.

Ainsi, il a été constaté que l'état collectif et le mandat de paiement ne font souvent qu'une seule et même chose. Cette manière de procéder a pour inconvénient d'obliger parfois les trésoriers-payeurs à faire des paiements dans des conditions irrégulières, à moins que ceux-ci ne réunissent simultanément tous les dénommés dans cette seule et unique pièce comptable, ce qui est inadmissible.

Dans d'autres cas, les mandats de paiement ne portent la mention d'aucune partie prenante. Il en résulte que les comptables sont obligés de se référer pour les acquits aux états d'émargement dont il sont accompagnés, ce qui n'est pas moins irrégulier.

Les mandats concernant une collectivité quelconque doivent être distincts et délivrés au nom d'un individu, mandataire accepté par les autres. La personne accréditée doit être le greffier pour les magistrats ; pour les autres services, ce doit être l'économe ou le caissier. Le comptable qui effectue le paiement est ainsi libéré par l'acquit de cet intermédiaire auquel incombe la répartition des sommes touchées par ses soins entre les ayants droit, en s'assurant de leur identité.

MICHAUX.

(3 juin 1881)

CIRC. M. *au sujet des modifications apportées dans le mandatement des dépens et concernant le service local des colonies.*

ARCH. GOUV.

Sur la proposition de M. le Ministre des finances, et après entente entre les deux départements deux modifications ont été apportées dans le mandatement des dépenses concernant le service local des colonies:

1° Suppression du duplicata pour l'ordre de paiement comme pour l'ordre de recette; les ordres ne devant plus être établis désormais qu'en simple expédition, par suite, le bordereau d'envoi au trésorier-payeur devra être plus explicite que par le passé.

2° De plus, les ordres de paiement émis pour le compte d'une colonie autre que celle d'émission et que les payeurs du trésor faisaient entrer dans leurs écritures pour la somme brute, n'y entreront plus que pour la somme nette réellement payée par eux. Par conséquent, le bordereau et la lettre d'envoi aux payeurs devront être totalisés à la somme nette, mais les ordres continueront à être libellés et arrêtés à la somme brute, comme par le passé.

3° Il résulte de la disposition précédente que les mandats de régularisation émis par les trésoriers-payeurs des colonies débitrices, pour couvrir les trésoriers généraux de France ou les trésoriers, payeurs des autres colonies, des avances qu'il ont faites, seront établis pour la somme nette qui d'ailleurs, apparaîtra seule dorénavant dans les bordereaux de transmission.

Néanmoins, le trésorier-payeur portera en dépense, dans ses écritures, le total brut des ordres de paiement, mais il encaissera soit au profit des invalides, soit pour le compte du service des pensions civiles, la différence constituant l'ensemble des retenues. Les trésoriers-payeurs sont avisés, par une circulaire des finances du 5 mai dernier, que les dispositions qui précèdent seront applicables aux paiements effectués dans une colonie pour le compte d'une autre colonie, à partir du 1er juillet 1881.

Il y aura lieu, désormais, de faire parvenir au département, par le premier courrier de chaque mois, l'état des ordres de paiement émis dans la colonie pour le compte d'une autre colonie, pendant le mois précédent.

G. Cloué.

(10 juillet 1881)

CIRC. M. *au sujet du compte à fournir sur l'emploi des fonds attribués au chapitre « Loyers et ameublements ».*

B. C. p. 350.

Lors de l'examen du budget des dépenses du service colonial, pour l'exercice 1882, l'attention de la commission du budget s'est portée sur les dotations inscrites à l'article 3 du chapitre *Matériel civil et militaire*, au titre de « *Loyers et ameublements* ».

J'aurais désiré pouvoir justifier d'une manière bien précise l'emploi des crédits attribués annuellement sur ces fonds à chaque colonie, mais je n'ai pas trouvé, à l'appui des projets de budget qui me sont habituellement transmis, non plus que dans les comptes d'exercice, un détail suffisant des dépenses acquittées au titre dont il s'agit.

D'un autre côté, j'ai constaté moi-même que certaines colonies avaient été jusqu'ici trop largement dotées, tandis que d'autres ne recevaient que des allocations insuffisantes; il me paraîtrait donc essentiel de procéder à une plus équitable répartition, entre les colonies du crédit accordé pour l'exécution du service en question.

A ces différents points de vue, je désire que l'Administration locale me fournisse à l'avenir, à l'appui de chaque compte financier, un état détaillé de la dépense effectuée sous la rubrique : *Loyers et ameublements.* L'Adminisiration devra, dans ce travail, établir la distinction des dépenses faites sous ces deux titres ; elle devra en outre, en ce qui concerne spécialement les loyers, indiquer les dépenses acquittées en vertu des conventions soit verbales, soit écrites, et enfin, le service auquel est affectée chaque location.

Mais, en attendant, je vous prie de m'adresser cette répartition par les voies rapides pour l'année 1881. Ce document me permettra, lors de la publication du budget détaillé de 1882, de procéder à une répartition nouvelle du crédit.

G. Cloué.

(3 mars 1882)

DÉP. M. *au sujet du visa de pièces comptables.* (*Interprétation des art. 88 du décret du 31 mai 1862 et 114 du règlement financier du 14 janvier 1869.*)

Par une lettre du 18 février 1880 no 240, vous avez rendu compte à mon Département du différend qui s'est élevé entre le chef du service administratif et le trésorier-payeur de la colonie, au sujet de l'interprétation à donner à divers articles du règlement financier.

Ce différend portait sur la question de savoir si toutes les pièces appuyant les mandats délivrés par le chef du service administratif de la colonie devaient être indistinctement revêtues de la signature du chef d'administration, ou si celui-ci n'était tenu de mettre son visa que sur celles qui sont énoncées dans l'article 88 du décret du 31 mai 1862, et produites en conformité de l'article 114 du règlement de la marine du 14 janvier 1869.

Cette dernière opinion, qu'a émise M. le chef du service administratif, est seule fondée. Le visa, en effet, n'est exigible que sur les pièces constituant la justification fondamentale du paiement. Ces pièces étant positivement énoncées dans le règlement de comptabilité publique, toutes les autres productions ne sauraient avoir le même degré d'importance et être soumises à la même formalité.

M. le Ministre des finances, que j'ai consulté à ce sujet, avait cru devoir différer son avis jusqu'à la réception des pièces comptables visées dans le refus de paiement du trésorier-payeur; après leur examen, il s'est rangé complètement à la manière de voir que j'ai exprimée, et il a fait écrire dans le même sens à M. le trésorier-payeur F...

(15 septembre 1882)

DÉCRET *modifiant l'organisation administrative des colonies de la Martinique, de la Guadeloupe et de la Réunion.*

B. M. p. 571.

(3 octobre 1882)

DÉCRET *modifiant l'organisation administrative des colonies de la Guyane, du Sénégal, de la Nouvelle-Calédonie, de Taïti, de Mayotte, de Nossi-Bé et de Saint-Pierre et Miquelon.* (1)

(Promulg., A. G. 22 janv. 1883).
B. C. 1883, p. 29.
J. C. 1883, p. 141.

Article premier. — L'emploi d'ordonnateur est supprimé dans les colonies de la Guyane française, le Sénégal, la Nouvelle-Calédonie, les établissement français de l'Océanie, Mayotte, Nossi-Bé et Saint-Pierre et Miquelon.

Art. 2. — Les fonctions précédemment attribuées à l'ordonnateur, en ce qui concerne l'administration et la comptabilité des services militaires et maritimes, sont exercées par l'officier du commissariat le plus élevé en grade, qui prend le titre de chef du service administratif de la marine.

Art. 3. — Les fonctions précédemment attribuées à l'ordonnateur, en ce qui concerne l'administration et la comptabilité des dépenses des servives civils compris dans le budget de l'État, sont exercées par le chef du service de l'intérieur.

Art. 4. — Le trésorier-payeur est soumis à l'autorité du Ministre de la marine et des colonies et du Ministre des finances. Dans la colonie, il ne relève que du Gouverneur, qui lui adresse directement ses ordres et ses communications.

Il dirige seul, sous sa responsabilité, son service et celui des payeurs particuliers, préposés ou percepteurs, dans toutes leurs parties.

Toutefois, en ce qui concerne le service des Invalides de la marine, le trésorier-payeur est soumis à la direction et à la surveillance du chef du service administratif de la marine, conformément aux règlements sur la matière.

Art. 5. — Le chef du service administratif fait partie du Conseil de défense.

Art. 6. — Le Conseil privé ou d'administration reste composé des éléments autres que l'ordonnateur qui entrent dans sa composition aux termes des actes en vigueur dans chacune des colonies en cause.

Le chef du service administratif est appelé de droit au Conseil lorsqu'il y est traité des matières de ses attributions. Il y a voix consultative.

Art. 7. — En cas d'absence ou d'empêchement, et alors qu'il n'y a pas été pourvu d'avance par un décret, le Gouverneur est remplacé par l'officier ou le fonctionnaire qui, à défaut de l'ordonnateur, est désigné à cet effet par les actes actuellement en vigueur dans chacune des colonies en cause.

Art. 8. — Indépendamment des colonies dénommées à l'article premier, les dispositions qui précédent sont applicables à la Cochinchine française, dans l'Inde et au Gabon.

Art. 9. — Sont abrogées toutes dispositions des ordonnances, décrets et actes organiques susvisés, contraires au présent décret.

(1) Dispositions applicables à la Cochinchine (art. 8 dudit décret).

Les dispositions des ordonnances, décrets et actes organiques précités, qui concernent l'ordonnateur, sont applicables au chef du service administratif de la marine, sauf les exceptions prévues au présent décret.

JULES GRÉVY.

(3 novembre 1882)

DÉP. M. *Documents dont la production doit être faite très régulièrement. (Comptes du service local, bordereaux financiers, etc., etc.)*

ARCH. GOUV.

(20 novembre 1882)

DÉCRET *sur le service financier des colonies. — Rapport.*

(Promulg. A G. 22 janvier 1883).
B. C. 1883, p. 31.
J. C. 1883, p. 141.

TITRE PREMIER. — SERVICES COMPRIS DANS LE BUDGET DE L'ÉTAT ET EXÉCUTÉS AU COLONIES.

CHAPITRE PREMIER

SERVICES DONT LES DÉPENSES SONT ACQUITTÉS AU MOYEN D'ORDONNANCES DE DÉLÉGATION.

Article premier. — Les recettes faites aux colonies pour le compte du budget de l'État sont les suivantes :

1° Le contingent à fournir, s'il y a lieu, au trésor public par les colonies, en exécution de l'article 6 du sénatus-consulte du 4 juillet 1866 et des lois annuelles de finances ;

2° Le produit de la rente de l'Inde ;

3° Les retenues exercées en vertu de la loi du 9 juin 1853 sur le service des pensions civiles ;

4° Les produits de vente et cession d'objets appartenant à l'État ; les restitutions de sommes indûment payées et, en général, tous les autres produits perçus dans les colonies pour le compte de l'État.

Art. 2. — La perception des recettes comprises dans le budget de l'État est faite, sous la direction du Ministre des finances, par les trésoriers-payeurs ou, pour leur compte, par les autres comptables du trésor dans les colonies.

Art. 3. — Les dépenses acquittées aux colonies à la charge de l'État sont :

Les dépenses de Gouvernement et de protection ;

Les subventions à l'instruction publique ;

Les subventions accordées, s'il y a lieu, au service local en exécution de l'article 6 du sénatus-consulte du 4 juillet 1866, et généralement toutes les dépenses dans lesquelles l'État a un intérêt direct, et qui sont mises à la charge de la Métropole par les lois annuelles des finances ou par des lois spéciales.

Art. 4. — Sont ordonnateurs secondaires aux colonies :

L'officier du commissariat, chef du service administratif, pour les dépenses des services militaires et maritimes ;

Le Directeur de l'Intérieur, pour les dépenses des services civils compris dans le budget de l'État ;

Le Directeur de l'administration pénitentiaire, pour les dépense du service pénitentiaire.

Art. 5. — Les ordonnances par lesquelles le Ministre de la marine et des colonies délègue aux ordonnateurs secondaires les crédits afférents aux dépenses comprises dans le budget de l'État, dont le montant doit être acquitté aux colonies, peuvent être émises avant l'ouverture de l'exercice.

Avis de ces ordonnances est adressé par le Ministre de la marine et des colonies aux ordonnateurs secondaires ; notification en est faite par le Ministre des finances aux trésoriers-payeurs.

Art. 6. — En cas de retard dans l'arrivée des avis d'ordonnances de délégation annoncée par le Ministre de la marine et des colonies ou des extraits adressés aux trésoriers-payeurs par le Ministre des finances, les gouverneurs peuvent, s'il y a urgence, ouvrir aux ordonnateurs secondaires les crédits nécessaires pour l'acquittement des dépenses.

Les arrêtés portant ouverture de crédits sont délibérés en conseil et notifiés aux trésoriers-payeurs. Copie en est immédiatement adressée au Ministre de la marine et des colonies et au Ministre des finances.

Art. 7. — Les ordonnateurs secondaires peuvent sous-déléguer une portion des crédits qui leur sont délégués, sur une autorisation spéciale et motivée du gouverneur en Conseil, et seulement lorsqu'il est reconnu que des distances considérables les mettent dans l'impossibilité de mandater les dépenses des établissements éloignés.

Art. 8. — La clôture de l'exercice est fixée, pour les recettes et les dépenses qui se perçoivent et s'acquittent pour le compte de l'État aux colonies, savoir :

1° Au 28 février de la seconde année, pour achever, dans la limite des crédits ouverts, les services du matériel dont l'exécution commencée n'aurait pu être terminée avant le 31 décembre pour des causes de force majeure ou d'intérêt public qui doivent être énoncées dans une déclaration de l'ordonnateur ;

2° Au 20 mars de la seconde année, pour compléter les opérations relatives à la liquidation et au mandatement des dépenses ;

3° Au 31 mars de la seconde année, pour compléter les opérations relatives au recouvrement des produits et au paiement des dépenses.

Art. 9. — Lorsqu'il y a lieu de dégrever l'un des chapitres du budget de l'État du montant des sommes remboursées dans une colonie, pendant la durée d'un exercice, sur les paiements effectués dans cette colonie, l'ordonnateur secondaire en dresse un état détaillé qu'il remet au trésorier-payeur.

Cet état est appuyé des récépissés constatant le remboursement ; il est établi par exercice et par chapitre, et indique la date et le numéro des mandats sur lesquels portent les annulations des dépenses.

Art. 10. — Lorsqu'une dépense a reçu une imputation qui ne peut être régulièrement maintenue, il est remis au trésorier-payeur, par l'ordonnateur secondaire, un certificat de réimputation, au moyen duquel le comptable augmente les dépenses d'un chapitre et atténue d'une somme égale celles d'un autre chapitre ; ce certificat est réuni aux pièces justificatives de la gestion du comptable.

Lorsqu'une dépense régulièrement imputée par les ordonnateurs secondaires a été mal classée dans les écritures du trésorier-payeur, celui-ci établit un certificat de faux classement dont il fait emploi de la manière qui vient d'être indiquée pour le certificat de réimputation.

Art. 11. — Au vu des pièces justificatives mentionnées aux deux articles précédents, le trésorier-payeur constate dans sa comptabilité les augmentations ou les diminutions de dépenses qui lui sont demandées. Il en donne immédiatement avis à l'ordonnateur secondaire. Au moyen de ces opérations, les crédits sur lesquels les dépenses annulées avaient été originairement imputées redeviennent disponibles.

Ces opérations s'effectuent aux colonies, tant sur la gestion expirée que sur la gestion courante.

Art. 12. — Les ordonnateurs secondaires émettent, en ce qui concerne leur service, les ordres de recette et de reversement dont le recouvrement doit être opéré par le trésorier-payeur, et en tiennent enregistrement.

Ces fonctionnaires sont tenus de remettre, dans les cinq premiers jours de chaque mois, au comptable chargé de l'encaissement, un bordereau détaillé des ordres de recette ou de reversement qu'ils ont émis dans le mois précédent.

Art. 13. — Les livres de la comptabilité administrative des ordonnateurs secondaires des dépenses sont au nombre de quatre, indépendamment des carnets de détail et des livres et comptes auxiliaires qu'ils peuvent ouvrir selon les besoins de leurs services respectifs, savoir :

1° Un livre-journal des crédits délégués (modèle n° 34 du règlement du 14 janvier 1869) ;

2° Un livre d'enregistrement des droits des créanciers (modèle n° 35 du règlement du 14 janvier 1869) ;

3° Un livre-journal des mandats délivrés (modèle n° 36 du règlement du 14 janvier 1869) ;

4° Un livre de comptes par chapitre de dépense (modèle n° 37 du règlement du 14 janvier 1869).

Ces livres, qui sont tenus par exercice, sont destinés à recevoir l'enregistrement successif des crédits ouverts, des droit constatés sur les services faits, des mandats délivrés, ainsi que l'inscription, par chapitre seulement, des paiements effectués.

Art. 14. — Le livre-journal des crédits délégués reçoit l'enregistrement sommaire et par chapitre du montant des ordonnances, dans l'ordre d'arrivée des lettres d'envoi portant avis de la délégation des crédits.

Il est également fait mention sur le livre-journal des crédits ou portions de crédits dont les ordonnateurs secondaires cessent d'avoir la faculté de disposer.

Art. 15. — Le livre d'enregistrement des créanciers contient l'indication sommaire, par chapitre, du montant des liquidations opérées pendant le mois, qu'elles soient ou non mandatées.

Il présente d'une manière distincte, en ce qui touche les dépenses du matériel, celles de ces dépenses qui sont payables dans la colonie et celles qui sont payables hors de la circonscription de l'ordonnateur secondaire, au moyen d'ordonnances ministérielles délivrées à Paris sur certificats comptables dressés dans la colonie.

Art. 16. — Le livre-journal des mandats délivrés est consacré à l'enregistrement immédiat et successif, par ordre numérique, de tous les mandats individuels ou collectifs émis par l'ordonnateur secondaire.

Art. 17. — Le livre des comptes ouverts par chapitre de dépense est destiné à rapprocher et à présenter sous un seul aspect, pour chaque chapitre de la nomenclature détaillée du budget, les crédits délégués, les mandats délivrés et les paiements effectués.

Il est procédé, à cet effet, pour les crédits et les mandats, au dépouillement : 1° du livre-journal des crédits ; 2° du livre-journal des mandats. Quant aux paiements, les ordonnateurs secondaires les constatent sur le livre des comptes, à la fin de chaque mois, d'après le relevé des mandats acquittés qu'ils reçoivent des comptables du Trésor, dans les premiers jours du mois suivant.

Art. 18. — Dans les premiers jours de chaque mois, et jusqu'à l'époque de la clôture de l'exercice, les ordonnateurs secondaires établissent une situation (modèle n° 38 du règlement du 14 janvier 1869), arrêtée au dernier jour du mois précédent.

Cette situation est relevée sur les livres officiels mentionnés à l'article 13 qui précède.

Elle présente par chapitre du budget :

1° Les crédits délégués ;

2° Les droits constatés et liquidés dont le montant doit être mandaté par l'ordonnateur secondaire ;

3° Les mandats délivrés ;

4° Les paiements effectués.

Elle rappelle, en outre, pour ordre, le montant des sommes liquidées et dont l'ordonnancement aura lieu à Paris.

Art. 19. — Un relevé général et définitif des dépenses comprises dans le budget de l'État est adressé au Ministre de la marine et des colonies par les ordonnateurs secondaires, aux termes fixés pour la clôture du paiement des dépenses de chaque exercice.

Art. 20. — Les livres de comptabilité administrative tenus par les ordonnateurs secondaires, conformément aux articles qui précèdent, sont clos et arrêtés à l'époque fixée pour la clôture de chaque exercice.

Art. 21. — Le Ministre de la marine et des colonies décrit distinctement dans sa comptabilité centrale toutes les opérations relatives à la fixation des crédits, à la liquidation, à l'ordonnancement et au paiement des dépenses des services exécutés aux colonies et compris dans le budget de l'État.

Les résultats de ces opérations sont rattachés successivement aux écritures qui doivent servir de base au règlement définitif du budget.

Art. 22. — Dans les premiers jours de chaque mois, les trésoriers-payeurs remettent aux ordonnateurs secondaires, en ce qui concerne les dépenses comprises dans le budget de l'État, le bordereau sommaire de leurs paiements par exercice et par chapitres et articles. Les ordonnateurs secondaires revêtent ces bordereaux de leur visa et les adressent au Ministre de la marine et des colonies à l'appui des situations mentionnées dans l'article 18 précité.

Au moyen de ces bordereaux et de ceux fournis par le caissier du trésor à Paris et les trésoriers généraux dans les départements, le Ministre établit le rapprochement des paiements effectués pour les dépenses des services exécutés aux colonies et compris dans le budget de l'État avec les revues, décomptes et autres éléments qui ont servi de base à la liquidation des dépenses comprises dans le compte de chaque exercice.

Art. 23. — Le Ministre de la marine et des colonies rend, pour chaque exercice, le compte des dépenses des services exécutés aux colonies et compris dans le budget de l'État.

A l'appui de ce compte et des développements qui accompagnent la loi de règlement définitif de l'exercice, sont produits des tableaux faisant connaître le détail, par colonie, des résultats que contiennent ces comptes et ces développements.

Art. 24. — Les recettes appartenant à l'État sont comprises dans le compte définitif des recettes de chaque exercice publié par le Ministre des finances.

Le détail des recettes par colonie est également donné à l'appui de ce compte.

Art. 25. — Le règlement législatif de tous les services de recette et de dépense accomplis pour le compte de l'État aux colonies a lieu en même temps que le règlement des autres services métropolitains concernant le même exercice, et prend place dans la même loi.

Art. 26. — Les recettes et les dépenses effectuées par les trésoriers-payeurs pour le comptes de l'État sont centralisées successivement dans les écritures annuelles et les compte généraux de l'administration des finances, suivant le mode en usage pour les opérations effectuées par les comptables métropolitains.

Art. 27. — La gestion des agents financiers aux colonies se compose des opérations accomplies du 1er juillet d'une année au 30 juin de l'année suivante.

Art. 28. — Les services exécutés aux colonies et compris dans le budget de l'État sont, en tout ce qui n'est pas contraire aux dispositions qui précèdent, soumis aux règles générales de la comptabilité publique.

CHAPITRE II

DÉPENSES EFFECTUÉES AUX COLONIES ET ACQUITTÉES AU MOYEN DE TRAITES.

Art. 29. — Les dépenses faites aux colonies, au titre du « service marine » et les dépenses payables sur revues pourront être acquittées en traites sur le Trésor public, dites « Traites de la marine ». Ces traites ne peuvent être négociées.

Art. 30. — Ces traites sont émises sous toutes responsabilités de droit par le trésorier-payeur, avec l'attache de l'officier du commissariat remplissant les fonctions de chef du service administratif. Dans les colonies où il existe un inspecteur des services administratifs et financiers, les traites sont soumises au visa de ce fonctionnaire.

Elles ne sont payables qu'après avoir été revêtues du visa d'acceptation du Ministre de la marine et des colonies.

Art. 31. — Aux colonies, les bâtiments de guerre pourvoient directement à leurs propres besoins et liquident eux-mêmes leurs dépenses, suivant les règles applicables aux dépenses faites en pays étrangers.

Toutefois, le chef du service administratif demeure chargé de l'acquittement de ces dépenses et établit les mandats d'avances nécessaires à cet effet. Les bâtiments lui remettent les pièces de liquidation qui doivent être mise au soutien de ces mandats.

Art. 32. — Les chefs du service administratif de la marine ne peuvent, sans engager leur responsabilité, admettre à la justification des dépenses des bâtiments que des pièces exactes en elle-même et dont la nature et la forme sont déterminées par les règlements en vigueur.

Art. 33. — A l'expiration de chaque mois, les trésoriers-payeurs remettent aux chefs du service administratif, pour être transmises au Ministre de la marine et des colonies, les pièces justificatives des dépenses pour lesquels il a été tiré des traites.

Art. 34. — Toute avance faite dans une colonie à des chapitres du budget sur lesquels il n'a pas été ouvert de crédits de délégation, est remboursée soit au chapitre cédant, soit au service local, suivant le cas, par des traites émises dans les formes tracées par les articles 29 et suivants du présent décret.

Ces avances motivent les annulations de dépenses autorisées par l'article 9 et les rétablissements de crédits au service local spécifiés à l'article 81.

Art. 35. — Toute avance faite sur des chapitres du budget pour lesquels il n'a pas été délégué de crédits, à des chapitres pour lesquels il en a été ouvert et au service local, est immédiatement remboursée par le chapitre ou service cessionnaire. Ces remboursements sont constatés à titre de produits divers appartenant à l'État.

Ils donnent lieu en France, au profit du service cédant, aux rétablissements de crédits autorisés par les règlements.

CHAPITRE III

DÉPENSES A RÉGULARISER POUR LE COMPTE DES DIVERS MINISTÈRES.

Art. 36. — Les dépenses à effectuer aux colonies, pour le compte des ministères autres que le ministère de la marine et des colonies, sont acquittées soit sur ordonnances de paiement émises par le Ministre compétent, soit, à titres d'avances à régulariser, en vertu d'ordres de paiement délivrés par l'un des ordonnateurs secondaires de la colonie, suivant la nature de la dépense et conformément aux instructions du Ministre des finances.

TITRE II. — SERVICE LOCAL DES COLONIES.

CHAPITRE PREMIER.

BUDGETS LOCAUX.

Art. 37. — Les recettes et les dépenses d'intérêt local à effectuer pour le service de chaque exercice forment, dans chaque colonie, le budget local de cet exercice.

Art. 38. — Sont seuls considérés comme appartenant à un même budget et à l'exercice pour lequel ce budget a statué, les services faits et les droits acquis à la colonie ou à ses créanciers du 1er janvier au 31 décembre de l'année qui donne son nom au budget et à l'exercice.

Art. 39. — La durée de la période pendant laquelle doivent se consommer tous les faits de recettes et de dépenses de chaque exercice se prolonge :

1° Jusqu'au 28 février de la seconde année, pour achever, dans la limite des crédits ouverts, les services du matériel dont l'exécution n'aurait pu, d'après une déclaration du Directeur de l'Intérieur énonçant les motifs de ces cas spéciaux, être terminée avant le 31 décembre ;

2° Jusqu'au 20 juin de la seconde année, pour compléter les opérations relatives à la liquidation et au mandatement des dépenses ;

3° Jusqu'au 30 juin de la seconde année, pour compléter les opérations relatives au recouvrement des produits et au paiement des dépenses.

Art. 40.— Les budgets sont préparés par les Directeurs de l'Intérieur et délibérés par le conseil général ou, dans les colonies où il n'existe pas de conseil général, par le conseil privé, le conseil de gouvernement ou le conseil d'administration.

Ils sont arrêtés et rendus exécutoires par les gouverneurs en conseil, avant l'ouverture de chaque exercice ;

Ils sont rendus publics par la voie de l'impression ;

Ils sont notifiés aux trésoriers-payeurs.

Si le conseil général ne se réunissait pas ou s'il se séparait avant d'avoir voté le budget, le Ministre de la marine et des colonies l'établirait d'office sur la proposition du gouverneur en conseil.

Art. 41. — Les budgets se divisent comme il suit :

Recettes ordinaires ;

Recettes extraordinaires ;

Dépenses ordinaires ;

Dépenses extraordinaires.

CHAPITRE II.

DES RECETTES ET DES DÉPENSES ORDINAIRES.

Art. 42. — Les recettes ordinaires sont :

1° Les taxes et contributions de toute nature votées par les conseils compétents ;

2° Les droits de douane dont les tarifs sont rendus exécutoires par décrets sous forme de règlements d'administration publique ;

3° Les revenus des propriétés coloniales ;

4° Les produits divers dévolus au service local ;

5° Les subventions accordées, s'il y a lieu, par la Métropole, en exécution de l'article 6 du sénatus-consulte du 4 juillet 1866.

Art. 43. — La perception des deniers locaux ne peut être effectuée que par un comptable régulièrement institué et en vertu d'un titre légalement établi.

Tous les produits sont centralisés à la caisse des trésoriers-payeurs.

Art. 44. — Toutes contributions directes ou indirectes autres que celles qui sont approuvées par les autorités compétentes — à quelque titre et sous quelque dénomination qu'elles se perçoivent — sont formellement interdites, à peine contre les autorités qui les ordonneraient, contre les employés qui confectionneraient les rôles et tarifs et ceux qui en feraient le recouvrement, d'être poursuivis comme concussionnaires, sans préjudice de l'action en répétition pendant trois années contre tous receveurs, percepteurs ou individus qui auraient fait la perception.

Art. 45. — Jusqu'à la promulgation des décrets qui, aux termes de l'article 1er du décret du 11 août 1866, doivent statuer sur le mode d'assiette et les règles de perception des taxes locales, les taxes actuellement existantes dans chaque colonie et dont la perception aura été légalement autorisée continueront à être recouvrées suivant les dispositions en vigueur.

Art. 46. — Les dépenses locales ordinaires se divisent en deux sections : la première comprend les dépenses obligatoires, et la seconde, les dépenses facultatives.

Les dépenses obligatoires sont déterminées par les actes organiques en vigueur dans chaque colonie.

Art. 47. — Chacune de ces deux sections se divise en chapitres spéciaux qui peuvent être subdivisés en articles.

Le budget est voté par chapitre.

Chaque chapitre ne contient que des services corrélatifs de même nature.

Art. 48. — Les crédits nécessaires à l'acquittement des dépenses locales ordinaires sont inscrits au budget. Le conseil général détermine les voies et moyens applicables à la réalisation de ces crédits, et il autorise éventuellement les prélèvements à faire sur les fonds de réserve en cas de non-réalisation des recettes prévues.

Art. 49. — Les crédits qui pourraient être reconnus nécessaires après la fixation du budget sont votés par le conseil général et approuvés par le Gouverneur.

En cas d'urgence, et si le conseil général ne peut être réuni en session extraordinaire, ces crédits sont autorisés par le gouverneur en conseil privé et soumis au vote du conseil général dans sa plus prochaine session.

Les arrêtés par lesquels ces crédits sont ouverts doivent indiquer les voies et moyens affectés au paiement des dépenses ainsi autorisées.

Les crédits ouverts aux Directeurs de l'Intérieur, en dehors du budget des dépenses de chaque exercice, sont notifiés aux trésoriers-payeurs, qui produisent à la cour des comptes, avec les budgets locaux, la copie des arrêtés des gouverneurs concernant ces crédits.

Avis de ces mêmes arrêtés est immédiatement donné au Ministre de la marine et des colonies.

Art. 50. — Des arrêtés des gouverneurs, rendus en conseil privé, fixent ou modifient, dans la limite des crédits votés par le conseil général, les cadres des divers services publics de la colonie, ainsi que les traitements et allocations auxquels ont droit les agents désignés dans ces cadres.

CHAPITRE III.

DES RECETTES ET DES DÉPENSES EXTRAORDINAIRES.

Art. 51. — Les recettes extraordinaires sont les contributions extraordinaires, les prélèvements sur les fonds de réserve, le produit des emprunts et autres ressources extraordinaires spécialement affectées à des travaux ou entreprises d'utilité publique.

Art. 52. — Les contributions locales extraordinaires sont autorisées, votées, approuvées et perçues dans les mêmes formes, par les mêmes autorités et sous les mêmes conditions que les contributions ordinaires.

Art. 53. — Le conseil général délibère sur les emprunts à contracter et les garanties pécuniaires à consentir dans l'intérêt de la colonie.

Les délibérations sont approuvées par décrets rendus sous forme de règlements d'administration publique.

Art. 54. — Les dépenses extraordinaires sont celles à l'acquittement desquelles il est pourvu au moyen des ressources spéciales énumérées dans l'article 51 du présent décret.

CHAPITRE IV.

DISPOSITIONS GÉNÉRALES RELATIVES A L'EMPLOI DES CRÉDITS LOCAUX.

Art. 55.— Les Directeurs de l'Intérieur disposent seuls et sous leur responsabilité des crédits ouverts par le budget local ou par les autorisations supplémentaires dont il est fait mention à l'article 49.

Ils ne peuvent également, sous leur responsabilité, dépenser au delà de ces crédits.

Art. 56. — Les virements de crédits d'un chapitre à un autre ne peuvent être opérés que sur les dépenses obligatoires et doivent être autorisés par des arrêtés des gouverneurs délibérés en conseil privé.

Ces arrêtés sont notifiés aux trésoriers-payeurs, qui les produisent à la cour des comptes avec les copies du budget local.

Ils sont régularisés par le conseil général.

Art. 57. — Les trésoriers-payeurs ne peuvent constater de dépenses dans leur comptabilité, pour le service local, que sur mandats délivrés par le Directeur de l'Intérieur dans la limite des crédits régulièrement ouverts.

Art. 58.— Les Directeurs de l'Intérieur ne peuvent accroître, par aucune ressource particulière. le montant des crédits dont ils sont titulaires.

Art. 59. — Lorsque des objets mobiliers ou immobiliers appartenant au service local ne peuvent être réemployés et sont susceptibles d'être vendus, la vente doit en être faite dans les formes prescrites pour les ventes d'objets appartenant à l'État. Le produit brut de ces ventes est porté en recette au budget local de l'exercice courant.

Art. 60. — Les dispositions concernant les ventes d'objets mobiliers ne sont point applicables aux matériaux dont il aura été fait un remploi dûment justifié pour les besoins du service même d'où ils proviennent.

Le remploi peut s'effectuer même par voie de transformation.

Art. 61. — Il est également fait recette au budget local de la restitution des sommes qui auraient été payées indûment ou par erreur et que les parties prenantes n'auraient restituées qu'après la clôture de l'exercice, et généralement de tous les fonds qui proviendraient d'une source étrangère aux prévisions budgétaires.

Art. 62. — Les Directeurs de l'Intérieur ordonnancent, au profit du Trésor public ou de tout autre service créancier, sur les crédits du budget local, les prix de cession ou de loyer de tous les objets qui sont mis à la disposition du service local par les services métropolitains ou autres.

Ils ordonnancent de même le montant des avances qui, ayant été faites au service local par les services métropolitains ou autres, doivent leur être remboursées.

Les remboursements que les services métropolitains ou autres peuvent avoir à faire au service local sont mandatés au profit de ce dernier service et sont constatés dans la comptabilité du Directeur de l'Intérieur et du trésorier-payeur comme produits divers de ce même service, et sauf réintégration de crédits, s'il y a lieu.

CHAPIPRE V.

RÉPARTITION DES CRÉDITS LOCAUX

Art. 63. — Avant de faire aucune disposition sur les crédits ouverts pour chaque exercice, les Directeurs de l'Intérieur répartissent, lorsqu'il y a lieu, entre les divers articles du budget, les crédits qui ont été votés par chapitre.

Cette répartition est soumise à l'approbation du gouverneur en conseil privé. Elle n'établit que des subdivisions administratives et la spécialité des crédits demeure exclusivement renfermée dans la limite des chapitres ouverts au budget.

CHAPITRE VI.

DISTRIBUTIONS MENSUELLES DES FONDS

Art. 64. — Chaque mois, les gouverneurs, en conseil privé, règlent, tant pour les dépenses ordinaires que pour les dépenses extraordinaires, la distribution par chapitre des fonds dont le directeur de l'intérieur peut disposer pour le mois suivant.

Avis de ces distributions mensuelles est donné au trésorier payeur.

CHAPITRE VII.

LIQUIDATION DES DÉPENSES LOCALES

Art. 65. — Aucune créance ne peut être définitivement liquidée à la charge du service local que par les Directeurs de l'Intérieur.

Art. 66. — Les titres de chaque liquidation doivent offrir la preuve des droits acquis aux créanciers de la colonie et être redigés dans la forme déterminée par les règlements.

Art. 67. — Aucune stipulation d'intérêts ou de commission de banque ne peut être consentie par les Directeurs de l'Intérieur au profit d'entrepreneurs, fournisseurs ou régisseurs, à raison d'emprunts temporaires ou d'avances de fonds, pour l'exécution et le paiement des services locaux.

Toutefois, cette disposition n'exclut pas les allocations de frais et d'indemnités qui ne peuvent être prévus dans les devis et ne sont pas susceptibles d'être supportées par les entrepreneurs ou autres créanciers des services.

Art. 68. — Aucun marché, aucune convention pour travaux et fournitures ne doit stipuler d'acompte que pour un service fait.

Les acomptes ne doivent, en aucun cas, excéder les cinq sixièmes des droits constatés par pièces régulières présentant le décompte, en quantités et en deniers, du service fait.

Art. 69. — Les formes et conditions des marchés publics aux colonies sont déterminées par des arrêtés des gouverneurs délibérés en conseil privé.

CHAPITRE VIII.

MANDATEMENT DES DÉPENSES LOCALES

Art. 70. — Les dépenses du service local sont mandatées par les Directeurs de l'Intérieur et acquittées par les trésoriers-payeurs.

Néanmoins, les dépenses à faire hors des colonies auxquelles elles appartiennent sont autorisées, à titre d'opérations de trésorerie, en France, par le Ministre de la marine et des colonies ou d'après ses ordres, par ses ordonnateurs secondaires, et, dans les colonies, par les Directeurs de l'Intérieur.

Elles sont successivement rattachées à la comptabilité de la colonie qu'elles concernent au moyen de mandats du Directeur de l'Intérienr.

Art. 71. — Tous mandats émis par les Directeurs de l'Intérieur sur les caisses des trésoriers-payeurs doivent, pour être admis par ces comptables, porter sur des crédits régulièrement ouverts et se renfermer dans les distributions mensuelles de fonds prescrites par l'article 64.

Art. 72. — Les Directeurs de l'Intérieur ne peuvent déléguer les crédits dont ils sont titulaires sans une autorisation spéciale et motivée du Gouverneur en conseil privé.

Art. 73. — Chaque mandat énonce l'exercice et le chapitre auxquels il s'applique.

Art. 74. — Les Directeurs de l'Intérieur font parvenir chaque soir aux trésoriers-payeurs des bordereaux, par exercice, des mandats qu'ils ont délivrés sur leurs caisses dans la journée.

Art. 75. — Les mandats délivrés sur la caisse des trésoriers-payeurs sont communiqués à ces comptables par les Directeurs de l'Intérieur, avec le bordereau d'émission et les pièces justificatives.

Les trésoriers-payeurs conservent les pièces et, en renvoyant les mandats revêtus de leur visa aux Directeurs de l'Intérieur chargés d'en assurer la remise aux ayants droit, y joignent le bordereau d'émission sur lequel ils mentionnent cette remise et le nombre de mandats visés par eux.

Les Directeurs de l'Intérieur, après avoir constaté la réception desdites pièces au bas des bordereaux d'émission transmettent de nouveau ces bordereaux aux comptables chargés du paiement.

Art. 76. — Les dispositions de l'article précédent ne sont pas applicables aux mandats concernant la solde et les accessoires de solde, payables sur revues, et dont le montant doit être touché à la caisse même des trésoriers-payeurs.

Art. 77. — Les pièces justificatives des dépenses sont déterminées d'après les bases suivantes :

Pour les dépenses du personnel :

Solde, traitement, salaires, indemnités, vacations et secours.	États d'effectif ou nominatifs énonçant : Le grade ou l'emploi ; La position de présence ou d'absence ; Le service fait ; La somme due en vertu des lois, règlements et décisions.

Pour les dépenses du materiel :

Achats et loyers d'immeubles et d'effets mobiliers ; Achats de denrées et matières ; Travaux de construction, d'entretien et de réparation de bâtiments, de routes. de ponts et de canaux ; Travaux de confection, d'entretien et de réparation d'effets mobiliers ; Frais de procédure, primes, subventions, bourses, dépenses diverses, etc., etc.	1° Copies ou extraits dûment certifiés des arrêtés des gouverneurs, des décisions des Directeurs de l'Intérieur, des contrats de vente, soumissions et procès-verbaux d'adjudication, des baux, conventions ou marchés ; 2° Décomptes de livraisons, de règlements et de liquidations énonçant le service fait et la somme due pour à-compte ou pour solde.

CHAPITRE IX

PAIEMENT DES DÉPENSES LOCALES.

Art. 78. — Le paiement d'un mandat délivré par le Directeur de l'Intérieur ne peut être suspendu par le trésorier-payeur que lorsque ce mandat excède la limite de crédit sur lequel il doit être imputé ou les distributions mensuelles de fonds ; qu'il dépasse le montant des fonds disponibles appartenant au service local ; qu'il y a omission ou irrégularité matérielle dans les pièces justificatives qui sont produites.

Il y a irrégularité matérielle toutes les fois que la somme portée dans le mandat n'est pas d'accord avec celle qui résulte des pièces justificatives annexées au mandat, ou lorsque ces pièces ne sont pas conformes aux instructions.

En cas de refus de paiement, le trésorier-payeur est tenu d'adresser immédiatement au Directeur de l'Intérieur la déclaration écrite et motivée de son refus et d'en remettre, le cas échéant, copie au porteur du mandat.

Si, malgré cette déclaration, le Directeur de l'Intérieur requiert par écrit et sous sa responsabilité qu'il soit passé outre, et si, d'ailleurs, le refus du trésorier-payeur n'est motivé que par l'omission ou l'irrégularité matérielle des pièces, ce comptable procède au paiement sans autre délai, et il annexe au mandat, avec une copie de sa déclaration, l'original de l'acte de réquisition qu'il a reçu.

S'il se produisait des réquisitions qui eussent pour effet soit de faire acquitter une dépense sans qu'il y eût disponibilité de crédit chez le trésorier-payeur ou justification du service fait, soit de faire effectuer un paiement suspendu par des motifs touchant à la validité de la quittance, le trésorier-payeur, avant d'y obtempérer, devrait en référer au Gouverneur, qui statuerait immédiatement.

Les Gouverneurs, les Directeurs de l'Interieur et les trésoriers-payeurs, chacun en ce qui le concerne, sont tenus de rendre compte de ces refus de paiement au Ministre de la marine et des colonies et au Ministre des finances.

Art. 79. — Toutes saisies-arrêts ou oppositions sur des sommes dues par une colonie, toutes significations de cessions ou de transport desdites sommes et toutes autres ayant pour objet d'en arrêter le paiement, doivent être faites entre les mains du trésorier-payeur de cette colonie.

Néanmoins, et pour les dépenses effectuées hors des colonies selon les dispositions des article 85 et suivants, elles sont faites entre les mains des comptables qui doivent les acquitter.

Sont considérées comme nulles et non avenues toutes oppositions ou significations faites à toutes autres personnes que celles ci-dessus indiquées.

Art. 80. — En cas de refus de paiement pour opposition ou saisie-arrêt, le trésorier-payeur est tenu de remettre au porteur du mandat une déclaration écrite et motivée énonçant les noms et domicile élus de l'opposant ou saisissant et les causes de l'opposition ou saisie.

La portion saisissable des appointements ou traitements arrêtée par des saisies-arrêts ou oppositions entre les mains des trésoriers-payeurs, agents ou préposés, sur la caisse desquels les ordonnances ou mandats ont été délivrés, est versée d'office et à la fin de chaque mois par lesdits trésoriers, agents ou préposés, à la caisse des dépôts et consignations.

Le dépôt de toutes les autres sommes frappées de saisies-arrêts ou oppositions ne peut être effectué à la caisse des dépôts et consignations qu'autant qu'il a été autorisé par la loi, par justice ou par un acte passé entre l'administration et les créanciers.

Ces dépôts libèrent définitivement la colonie, de même si le paiement avait été directement fait entre les mains des ayants droit.

Art. 81. — Pour faciliter l'exploitation des services locaux régis par économie, il peut être fait aux agents spéciaux de ces services, sur les mandats des Directeurs de l'Intérieur, des avances dont le total ne doit pas excéder dix mille francs (10,000 francs), sauf à ces agents à produire au trésorier-payeur, dans le délai d'un mois, les quittances des créanciers réels.

Il ne peut être fait de nouvelles avances avant l'entière justification des précédentes, qu'autant que les sommes dont l'emploi resterait à justifier, réunies au montant des nouvelles avances, n'excéderaient pas dix mille francs (10,000 francs).

CHAPITRE X

RÉINTÉGRATION DES CRÉDITS APPARTENANT AU SERVICE LOCAL.

Art. 82. — Lorsqu'il y a lieu de rétablir, au crédit d'un des chapitres du service local, le montant des sommes remboursées pendant la durée d'un exercice, sur les paiements effectués, le Directeur de l'Intérieur en dresse un état détaillé qu'il remet au trésorier-payeur.

Cet état est appuyé des récépissés constatant le remboursement ; il est établi par exercice et par chapitre, et indique la date et le numéro des mandats sur lesquels portent les annulations.

Art. 83. — Lorsqu'une dépense a reçu une imputation qui ne peut être régulièrement maintenue, il est remis au trésorier-payeur, par le Directeur de l'Intérieur, un certificat de réimputation au moyen duquel le comptable augmente la dépense d'un chapitre et atténue d'une somme égale celle d'un autre chapitre. Ce certificat est réuni aux pièces justificatives de la gestion des comptables.

Lorsqu'une dépense, régulièrement imputée par le Directeur de l'Intérieur, a été mal classée dans les écritures du trésorier-payeur, celui-ci établit un certificat de faux classement, dont il fait emploi de la manière qui vient d'être indiquée pour le certificat de réimputation.

Art. 84. — Au vu des pièces justificatives mentionnées aux deux articles précédents, le trésorier-payeur constate dans sa comptabilité les diminutions de recettes et les augmentations et diminutions de dépenses qui lui sont demandées. Il en donne immédiatement avis au Directeur de l'Intérieur.

Au moyen de ces opérations, les crédits sur lesquels les dépenses annulées avaient été originairement imputées redeviennent disponibles.

Les opérations spécifiées aux articles 82 et 83 s'effectuent aux colonies, tant sur la gestion expirée que sur la gestion courante.

CHAPITRE XI.

RECETTES ET DÉPENSES FAITES HORS DES COLONIES QU'ELLES CONCERNENT.

Art. 85. — Les recettes à effectuer hors des colonies auxquelles elles appartiennent sont réalisées par les comptables du trésor, qui en tiennent compte au trésorier-payeur de l'établissement créancier au moyen d'un récépissé ou d'un mandat sur le trésor qui est envoyé par l'intermédiaire du Ministre de la marine et des colonies.

Ces recettes font l'objet d'ordres de recette délivrés en France par le Ministre de la marine et des colonies ou par ses ordonnateurs secondaires, et aux colonies, par les Directeurs de l'Intérieur.

Art. 86.—Le Directeur de l'Intérieur délivre un titre de perception en vertu duquel le trésorier payeur de la colonie créancière se charge en recette de la remise qui lui est faite.

Il l'impute au compte de l'exercice qu'elle concerne, et si cet exercice est clos, au compte de l'exercice courant.

Art. 87. — Les dépenses à faire hors d'une colonie, pour le service local de cette colonie, sont autorisées, lorsqu'elles doivent être acquittées en France, par le Ministre de la marine et des colonies ou par ses ordonnateurs secondaires, et, lorsqu'elles doivent avoir lieu dans les colonies, par les Directeurs de l'Intérieur.

Ces dépenses sont effectuées, en dehors des crédits, en vertu d'ordres de paiement; elles sont acquittées, savoir :

A Paris, par le caissier-payeur central du Trésor public;

Dans les départements, par les trésoriers payeurs-généraux;

En Algérie et dans les colonies, par les trésoriers-payeurs.

Art. 88. — Dès que les pièces justificatives de ces dépenses parviennent au Directeur de l'Intérieur de la colonie qu'elles concernent, ce fonctionnaire en mandate le montant sur les crédits du service local.

Lorsque le mandatement de ces dépenses ne peut avoir lieu avant la clôture de l'exercice auquel elles s'appliquent, il est effectué à titre de dépenses des exercices clos.

Art. 89. — Les trésoriers-payeurs qui effectuent aux colonies des opérations de recettes et de dépenses pour le compte d'autres colonies, les constatent dans leurs écritures, à titre d'opérations de trésorerie.

Art. 90. — Lorsque des recettes ou des dépenses ont eu lieu dans une colonie pour le compte d'une autre colonie, le Directeur de l'Intérieur qui les a autorisées en donne directement avis au Ministre de la marine et des colonies, et, de plus, au Gouverneur de la colonie pour le compte de laquelle elles ont été faites. Les pièces justificatives sont jointes à l'un ou l'autre de ces deux avis, selon ce qui sera réglé pour chaque colonie.

Le Ministre de la marine et des colonies donne avis au Gouverneur de chaque colonie des recettes et des dépenses faites pour le compte de cette colonie, tant en France que dans les autres colonies. Il joint, s'il y a lieu, à cet avis les pièces justificatives.

Art. 91.—Le Gouverneur de chaque colonie transmet au Directeur de l'Intérieur les avis qu'il a reçus des recettes et des dépenses faites pour le compte de cette colonie, ainsi que les pièces justificatives qui s'y trouvent jointes. Le Directeur de l'Intérieur fait immédiatement connaître les recettes et les dépenses au trésorier-payeur.

CHAPITRE XII.

CLOTURE DES EXERCICES POUR LE SERVICE LOCAL.

Art. 92. — Toutes les dépenses concernant le service local d'un exercice doivent être liquidées et mandatées au plus tard le 20 juin de la seconde année de l'exercice.

Art. 93. — L'époque de la clôture du paiement à faire sur les mandats des Directeurs de l'Intérieur est fixée au 30 juin de la seconde année de l'exercice.

Art. 94. — Faute par les créanciers de réclamer leur paiement avant le 30 juin de la seconde année, les mandats délivrés à leur profit sont annulés, sans préjudice des droits de ces créanciers et sauf réordonnancement, jusqu'au terme de déchéance, qui est fixé à cinq années à partir de l'ouverture de l'exercice pour les créanciers domiciliés dans la colonie, et à six années pour les créanciers résidant hors du territoire de la colonie.

Art. 95. — Les crédits ou portions de crédits qui n'ont pas été employés à ladite époque du 30 juin, par des paiements effectifs, sont définitivement annulés dans la comptabilité des Directeurs de l'Intérieur.

Art. 96. — Les recettes appartenant à un exercice doivent, pour faire partie des ressources de cet exercice, être recouvrées avant l'époque de sa clôture.

Dès que cette époque est arrivée, les restes à recouvrer appartiennent à l'exercice courant, et les recouvrements auxquels ils donnent lieu sont portés en recette au compte de ce même exercice.

Art. 97. — Les paiements à effectuer pour solder les dépenses des exercices clos sont mandatés sur les crédits ouverts dans le budget de l'exercice courant, aux différents chapitres que ces dépenses concernent.

Ils forment des articles distincts de ces chapitres et sont totalisés par exercice.

CHAPITRE XIII.

FONDS DE RÉSERVE DU SERVICE LOCAL.

Art. 98. — Les excédents de recette que le règlement de chaque exercice fait ressortir sur les produits du service local forment un fonds de réserve et de prévoyance. Le maximum du fonds de réserve est fixé ainsi qu'il suit, savoir :

Martinique	1,500,000f 00
Guadeloupe	1,500,000 00
Réunion	1,500,000 00
Guyane	1,000,000 00
Sénégal et dépendances	1,300,000 00
Gabon	500,000 00
Saint-Pierre et Miquelon	400,000 00
Sainte-Marie de Madagascar	100,000 00
Nossi-Bé	200,000 00
Mayotte	200,000 00
Établissements français en Océanie (Taïti)	400,000 00
Nouvelle-Calédonie	400,000 00
Établissements français de l'Inde	1,000,000 00
Cochinchine	9,000,000 00

Art. 99. — Les prélèvements sur le fonds de réserve ont pour objet de subvenir à l'insuffisance des recettes de l'exercice et de faire face aux dépenses extraordinaires que des événements imprévus peuvent nécessiter.

Art. 100. — Il ne peut être fait emploi des fonds de réserve qu'en rentes sur l'État ou en valeurs du trésor exclusivement. Tous prêts à des particuliers ou à des établissements publics, sur le fonds de réserve, sont interdits.

CHAPITRE XIV.

COMPTABILITÉ DU SERVICE LOCAL DES COLONIES.

Art. 101. — La comptabilité établie dans chaque direction de l'Intérieur décrit toutes les opérations relatives :

1° A la constatation des droits mis à la charge des débiteurs des colonies et aux recettes réalisées au profit de ces établissements ;

2° A la liquidation, au mandatement et au paiement des dépenses du service local;

3° Au compte du fonds de réserve.

Art. 102. — A cet effet, il est tenu, dans chaque direction de l'Intérieur un journal général dans lequel sont consignées sommairement, à leur date et suivant les divisions du budget, toutes les opérations concernant, pour les recettes, la constatation des droits acquis à la colonie et la réalisation des produits; pour les dépenses, la fixation des crédits, la liquidation, le mandatement et le paiement. Ces mêmes opérations sont décrites en outre, et avec détail, sur des livres auxiliaires, dont le nombre et la forme sont déterminés suivant la nature des services.

Art. 103. — Chacun des articles de ce journal est successivement reporté sur un sommier ou grand-livre des comptes ouverts, par ordre de matières et suivant les divisions du budget.

Ce sommier ou grand-livre, ainsi que le journal et les livres auxiliaires, sont rrêtés au terme fixé pour la clôture de chaque exercice.

Art. 104. — Tous les trois mois, les Directeurs de l'Intérieur, après s'être assurés de la concordance des résultats du grand-livre ou sommier général avec ceux du journal, adressent au Ministre de la marine et des colonies des relevés sommaires de toutes les opérations de recettes et de dépenses constatées dans cette comptabilité.

L'envoi de ces relevés a lieu, pour chaque exercice, dans les premiers jours de chaque trimestre et jusqu'à l'époque fixée pour la clôture de l'exercice.

Art. 105. — Ces relevés comprennent pour les recettes et par chapitres :

Les droits constatés au profit de la colonie,

Les recettes effectuées,

Les restes à recouvrer ;

et pour les dépenses, le montant total :

Des crédits ouverts,

Des droits constatés,

Des mandats émis,

Des paiements effectués,

Et des restes à payer.

Ils présentent en outre, et séparément, la situation du fonds de réserve avec le détail des opérations faites pendant le trimestre au compte de ce fonds.

Art. 106. — Au moyen des documents dont il est fait mention aux articles 104 et 105 du présent décret, le Ministre de la marine et des colonies suit les opérations de recettes et de dépenses des budgets locaux.

Art. 107. — Les Directeurs de l'Intérieur préparent le compte de chaque exercice et le présentent aux Gouverneurs, en conseil, dans les trois mois qui suivent l'expiration de cet exercice.

Art. 108. — Ce compte est examiné par une commission composée comme il est dit à l'article 141 du présent décret. D'après le rapport de la commission, les conseils privés déclarent la conformité des chiffres contenus dans les comptes de gestion des trésoriers-payeurs et dans le compte administratif. Ces déclarations sont jointes aux comptes d'exercice à présenter au conseil général.

Art. 109. — Les Directeurs de l'Intérieur présentent aux conseils généraux, dans leur session ordinaire, le compte de l'exercice expiré le 30 juin précédent.

Ce compte doit toujours être établi d'une manière conforme au budget du même exercice, sauf les dépenses imprévues qui n'y auraient pas été mentionnées, et pour lesquelles il est ouvert des chapitres ou des articles additionnels et séparés.

Art. 110. — Le compte d'exercice se compose :

1° D'un tableau général présentant, par nature de produits pour les recettes et par chapitre pour les dépenses, tous les résultats de la situation définitive de l'exercice expiré, lesquels servent de base au règlement définitif du budget dudit exercice,

2° D'un tableau de l'origine des crédits ;

3° De développements destinés à faire connaître, avec les détails propres à chaque nature de service ;

Pour les recettes :

Les prévisions du budget,

Les droits acquis à la colonie,

Les recouvrements effectués,

Les restes a recouvrer.

Pour les dépenses :

Les crédits résultant soit du budget soit des autorisations supplémentaires.

Les dépenses liquidées,

Les paiements effectués,

Les créances restant à payer ;

4° De la comparaison des dépenses avec les prévisions du budget ;

5° De la situation du fonds de réserve ;

6° De la situation des emprunts et autres services se rattachant directement ou indirectement à l'exécution des services locaux ;

7° Enfin, de tous les développements de nature à éclairer l'examen des faits relatifs à la gestion administrative et financière de l'exercice et à en compléter la justification.

Art. 111. — Les conseils généraux entendent et débattent les comptes d'exercice du service local.

Les observations que ces comptes peuvent motiver sont directement adressées aux Gouverneurs par les Présidents de ces conseils.

Art. 112. — Les Gouverneurs, en conseil privé, statuent définitivement sur les comptes des Directeurs de l'Intérieur.

Néanmoins, les arrêtés portant rejet d'une dépense comprise dans ces comptes ne sont exécutoires qu'après avoir été approuvés par le Ministre de la marine et des colonies.

Les Directeurs de l'Intérieur peuvent se pourvoir contre ces décisions au Conseil d'État, jugeant au contentieux.

Art. 113. — Les comptes d'exercice du service local, définitivement réglés par les Gouverneurs en conseil privé, sont rendus publics par la voie de l'impression. Des exemplaires de ces comptes sont remis aux trésoriers-payeurs et adressés au Département de la marine et des colonies.

TITRE III. — SERVICE DES COMMUNES ET DES ÉTABLISSEMENTS PUBLICS.

CHAPITRE PREMIER

SERVICE DES COMMUNES.

Art. 114. Les recettes et les dépenses des communes sont faites conformément au budget de chaque exercice ou aux autorisations extraordinaires données dans les formes indiquées ci-après.

Art. 115.— L'exercice commence au 1er janvier et finit au 31 décembre de l'année qui lui donne son nom.

Néanmoins, un délai est accordé pour en compléter les opérations, et l'époque de clôture de l'exercice, pour toutes les opérations qui s'y rattachent, est fixée au 31 mars de la deuxième année de l'exercice.

Art. 116. — Les dépenses portées au budget de chaque commune se divisent en dépenses obligatoires et en dépenses facultatives.

Les dépenses obligatoires des communes sont fixées par les décrets relatifs au service municipal et, à défaut, par des arrêtés des Gouverneurs pris en conseil privé.

Art. 117. — Les conseils municipaux délibèrent sur le budget de la commune. Ces budgets ne sont exécutoires qu'après avoir été arrêtés par les Directeurs de l'Intérieur et définitivement approuvés par les Gouverneurs en conseil privé.

Art. 118. — Lorsque les budgets votés par les conseils municipaux sont susceptibles de modifications, ces modifications sont prononcées par des arrêtés du Gouverneur en conseil privé.

Elles ne peuvent avoir pour objet l'augmentation des dépenses facultatives.

Art. 119. — Les crédits qui pourraient être reconnus nécessaires après le règlement du budget sont délibérés par le conseil municipal et autorisés par le Gouverneur en conseil privé.

Art. 120. — Les conseils municipaux peuvent porter au budget un crédit pour dépenses imprévues.

Le maire peut employer le montant de ce crédit aux dépenses urgentes, sans approbation préalable, à la charge d'en informer immédiatement le Directeur de l'Intérieur et d'en rendre compte au conseil municipal dans la première session ordinaire qui suit la dépense effectuée.

Art. 121. — Aucun emprunt ne peut être autorisé au profit des communes que par un arrêté du Gouverneur en conseil privé. Le mode de réalisation et d'amortissement de ces emprunts est déterminé par les arrêtés qui les autorisent.

Art. 122. Dans le cas où le maire négligerait de dresser et de soumettre au conseil municipal le budget de la commune, le Directeur de l'Intérieur peut préparer ce budget et convoquer d'office le conseil municipal.

Dans le cas où un conseil municipal ne se réunirait pas ou se séparerait sans avoir voté le budget de la commune, ce budget serait arrêté d'office par le Directeur de l'Intérieur et mis à exécution après avoir été approuvé par le Gouverneur en conseil privé.

Art. 123.—Le maire tient la comptabilité des recettes et des dépenses communales.

Il présente, par exercice, le compte administratif du service municipal et le soumet aux délibérations des conseils municipaux dans la première session ordinaire que tiennent ces conseils après la clôture de l'exercice.

Ce compte est arrêté par le Directeur de l'Intérieur et définitivement approuvé par le Gouverneur en conseil privé.

Art. 124. — Les recettes et les dépenses communales s'effectuent par un receveur municipal chargé, sous sa responsabilité, de poursuivre la rentrée de tous les revenus de la commune et de toutes les sommes qui lui sont dues, ainsi que d'acquitter les dépenses mandatées par le maire jusqu'à concurrence de crédits régulièrement accordés.

Toutefois, les droits d'octroi sont perçus, dans les ports de débarquement, par le trésorier-payeur, pour être répartis ultérieurement entre les diverses communes par les soins du Directeur de l'Intérieur.

Art. 125. — Les rôles d'impositions, taxes et cotisations communales doivent être remis au receveur municipal après qu'ils ont été rendus exécutoires.

Le receveur municipal doit également recevoir une expédition en forme de tous les baux, contrats, jugements, déclarations, titres nouveaux et autres, concernant les revenus dont la perception lui est confiée, et il est autorisé à demander, au besoin, que les originaux de ces divers actes lui soient remis sur son récépissé.

Art. 126. — Les rôles d'impositions, baux et autres actes dont il est question dans l'article précédent sont adressés par le Directeur de l'Intérieur au trésorier-payeur, qui les fait parvenir aux receveurs municipaux.

Le Directeur de l'Intérieur donne avis aux maires des communes de l'envoi de ces documents.

Art. 127. — Toutes les recettes municipales pour lesquelles les règlements n'ont pas prescrit un mode spécial de recouvrement s'effectuent sur des états dressés par le maire. Ces états sont exécutoires après qu'ils ont été visés par le Directeur de l'Intérieur.

Art. 128. — Le receveur municipal est tenu de faire, sous sa responsabilité personnelle, toutes les diligences nécessaires pour la perception des revenus, legs, donations et autres ressources affectées aux services des communes ; de faire contre les débiteurs en retard, à la requête des maires, les exploits, significations, poursuites et commandements nécessaires ; d'avertir les administrateurs de l'expiration des baux ; d'empêcher les prescriptions; de veiller à la conservation des domaines, droits, privilèges et hypothèques ; de requérir, à cet effet, l'inscription au bureau des hypothèques de tous les titres qui en sont susceptibles ; enfin, de tenir registre de ces inscriptions et autres poursuites et diligences.

Les certificats de *quitus* ne sont délivrés aux comptables, à l'effet de remboursement de cautionnement, qu'après qu'il a été reconnu par l'autorité qui juge les comptes qu'ils ont satisfait aux obligations imposées par le présent article pour la conservation des biens et des créances appartenant aux communes dont ils gèrent la recette.

Art. 129. — Les comptes de gestion annuels des receveurs des communes, visés par le comptable supérieur de l'arrondissement, sont soumis aux délibérations des conseils municipaux avant d'être adressés au conseil privé chargé de les juger.

Art. 130.— Des arrêtés du Gouverneur, en conseil privé, font l'application au service des communes dans les colonies, en ce qui n'aura pas été prévu par le présent décret, des règles de la comptabilité municipale en vigueur en France.

CHAPITRE II.

SERVICE DES HOSPICES, DES ÉTABLISSEMENTS DE BIENFAISANCE ET DES AUTRES ÉTABLISSEMENTS PUBLICS.

Art. 131.— Des arrêtés du Gouverneur en conseil privé font, dans chaque colonie, l'application des règles du présent décret et des règles de la comptabilité en usage en France au service des hospices, à celui des établissements de bienfaisance, et, en général, au service de tous les établissements publics.

TITRE IV. — SERVICE DE TRÉSORERIE.

CHAPITRE PREMIER

SERVICE DES MOUVEMENTS DE FONDS.

Art. 132. — Les trésoriers-payeurs exécutent dans chaque colonie le service des mouvements de fonds d'après les ordres du Ministre des finances.

Art. 133. — La caisse du trésor est alimenté d'après les instructions du Ministre des finances, qui reçoit, chaque mois, une situation de cette caisse et un aperçu des besoins présumés pour la période des trois mois qui suivent.

L'alimentation de cette caisse est faite soit en numéraire, soit au moyen des traites dont l'émission est exclusivement subordonnée aux instructions du Ministre des finances.

Le Gouverneur détermine, sur la proposition du trésorier-payeur, soit la prime, soit la moins-value qu'il convient d'attacher aux traites pour en accroître ou en diminuer l'émission, selon la situation de la caisse.

Les profits et pertes résultant de l'émission des traites au-dessus et au-dessous du pair sont au compte du budget des finances.

Art. 134. — Les expéditions d'espèces et autres valeurs à faire aux colonies s'exécutent par les soins du Ministre des finances, qui s'entend avec le Ministre de la marine lorsque les expéditions doivent avoir lieu par des bâtiments de l'État.

Les opérations d'envoi, de transport et de réception des espèces et valeurs s'exécutent, pour les colonies, conformément aux dispositions réglementaires en France et en Algérie.

Le procès-verbal qui constate la nature et la quantité de ces valeurs est, suivant le cas, dressé par le préfet du département, le Directeur de l'Intérieur ou leur délégué.

Art. 135. — Les frais de transport de fonds dans l'intérieur de la colonie sont à la charge du budget local.

CHAPITRE II

SERVICES SPÉCIAUX DU TRÉSOR.

Art. 136. — Sont classées dans la comptabilité des trésorier-payeurs, sous le titre collectif de « Services spéciaux du trésor », les recettes et les dépenses effectuées pour le compte du service local, pour le service des cautionnements inscrits au trésor, et toutes autres opérations qui seront déterminées par les instructions du Ministre des finances.

CHAPITRE III.

CORRESPONDANTS DU TRÉSOR.

Art. 137. — Sont classées dans la comptabilité des trésoriers-payeurs, sous le titre de « Correspondants du trésor », les opérations de recettes et de dépenses effectuées pour le compte de la caisse des dépôts et consignations, de la Légion d'honneur, de l'établissement des Invalides, du service des mandats d'articles d'argent échangés entre la France et les colonies, et toutes autres qui seront déterminées par le Ministre des finances.

CHAPITRE IV.

CORRESPONDANTS ADMINISTRATIFS.

Art. 138. — Les opérations effectuées par les trésoriers-payeurs pour le compte des correspondants administratifs sont suivies au moyen de comptes réunis en une catégorie spéciale et ouverte suivant les besoins du service.

L'ouverture des comptes de cette catégorie doit être autorisée par le Ministre des finances.

En cas d'urgence, il peut être suppléé à cette autorisation par un arrêté du Gouverneur, dont une copie doit être immédiatement transmise par le trésorier-payeur au Ministre des finances.

Art. 139. — Toutefois, le Gouverneur ne peut faire effectuer à titre de paiement à régulariser que les dépenses pour lesquelles il existe des crédits aux budgets des différents départements ministériels.

Lorsqu'il s'agit de dépenses nouvelles non prévues par les lois de finances, le paiement ne peut être autorisé qu'après entente entre le Ministre de la marine et des colonies et le Ministre des finances.

TITRE V. — EXAMEN ET CONTROLE ADMINISTRATIFS ET JUDICIAIRES DES COMPTABILITÉS COLONIALES.

CHAPITRE PREMIER.

EXAMEN ET CONTROLE ADMINISTRATIFS.

Art. 140. — Les comptabilités administratives tenues par les ordonnateurs secondaires et par le Directeur de l'Intérieur sont contrôlées par le rapprochement de leurs résultats avec ceux des écritures du trésorier-payeur de la colonie.

Art. 141. — Chaque année, les Gouverneurs nomment une commission composée de trois membres pris dans le sein du conseil privé.

Cette commission est chargée de constater la concordance des résultats compris dans le compte d'exercice rendu par les ordonnateurs secondaires et par le Directeur de l'Intérieur avec les écritures du trésorier-payeur.

La vérification des comptes des services compris au budget de l'État est faite dans le courant du mois d'avril ; la vérification des comptes du service local, dans le courant du mois d'octobre.

Les procès-verbaux de la commission énoncent le résultat des comparaisons qu'elle a dû établir.

Art. 142. — Ces procès-verbaux sont communiqués, avec les observations qu'ils ont pu motiver de la part du conseil privé, au Ministre de la marine et des colonies et au Ministre des finances.

CHAPITRE II.

CONTROLE JUDICIAIRE DE LA COUR DES COMPTES.

Art. 143. — La Cour des comptes juge les comptes des recettes et des dépenses qui lui sont présentés chaque année par les trésoriers-payeurs.

Le conseil privé juge les comptes des autres comptables jusqu'à ce qu'il en soit autrement ordonné.

Art. 144. — La Cour des comptes statue, en outre, sur les pourvois qui lui sont présentés contre les jugements prononcés par le conseil privé, à l'égard des comptes annuels des comptables soumis à la juridiction de ce conseil.

Ces pourvois sont soumis aux mêmes règles que les pourvois formés devant la même Cour contre les arrêtés des conseils de préfecture métropolitains, sauf application de l'article 73 du Code de procédure civile, modifié par la loi du 3 mai 1862, et de l'article 143 de l'ordonnance du 31 août 1828.

Art. 145. — Les comptables des deniers publics aux colonies sont tenus de remettre leurs comptes aux autorités compétentes dans les délais prescrits par les lois et règlements.

Art. 146. — La Cour des comptes constate et certifie, en ce qui concerne les services exécutés aux colonies et compris dans le budget de l'État, l'exactitude des comptes publiés par le Ministre des finances et par le Ministre de la marine et des colonies.

Art. 147. — La Cour des comptes présente, dans ses rapports annuels, les observations qui résultent de la comparaison des dépenses avec les crédits.

Elle consigne, dans ces mêmes rapports, ses vues de réforme et d'amélioration sur toutes les parties du service financier des colonies.

TITRE VI. — SERVICE DES AGENTS ET DES COMPTABLES CHARGÉS DE L'ASSIETTE ET DE LA PERCEPTION DES PRODUITS ET DU PAIEMENT DES DÉPENSES, AINSI QUE DES SERVICES EXÉCUTÉS EN DEHORS DES BUDGETS.

CHAPITRE PREMIER.

DISPOSITIONS GÉNÉRALES RELATIVES AUX AGENTS CHARGÉS DE L'ASSIETTE ET DE LA PERCEPTION DES PRODUITS LOCAUX.

Art. 148. — Des chefs de service dirigent dans chaque colonie, sous les ordres du Directeur de l'Intérieur :

Le service de l'enregistrement, du timbre et des domaines, et, en général, tous les services attribués, en France, à l'administration de l'enregistrement ;

Le service de la curatelle aux successions vacantes ;

Le service des eaux et forêts ;

Le service du recouvrement des amendes ;

Le service des contributions directes, de la poste aux lettres et des produits indirects ;

Le service des douanes.

Art. 149. — Ces chefs de service ont sous leurs ordres des comptables spéciaux et des agents chargés du contrôle ou du service actif.

Les attributions de ces comptables et agents sont déterminées par les règlements.

Art. 150. — Ces chefs de service, agents et comptables sont choisis dans le personnel des administrations financières en France et mis par le Ministre des finances à la disposition du Ministre de la marine et des colonies, ou nommés dans les colonies par les autorités locales.

Art. 151. — Les chefs de service, agents et comptables mis, en vertu de l'article précédent, à la disposition du Ministre de la marine et des colonies, continuent de faire partie des administrations financières auxquelles ils appartiennent.

Ils ont droit à rentrer en France dans les conditions déterminées par les règlements.

Le Ministre de la marine et des colonies remet à la disposition du Ministre des finances ceux d'entre eux qu'il ne juge plus aptes à faire partie du service colonial.

Art. 152. — L'agent chargé du service des contributions est en outre chargé de diriger et de surveiller l'assiette de toutes les taxes, dont le recouvrement au profit des communes a été autorisé.

Art. 153. — L'organisation administrative du service des contributions est déterminée, en tout ce qui n'est pas prévu par le présent décret, par des règlements particuliers, rendus sur la proposition du Ministre de la marine et des colonies et sur l'avis du Ministre des finances.

Jusqu'à ce que ces règlements aient été rendus, le service des contributions sera régi par des arrêtés du Gouverneur pris en conseil privé.

CHAPITRE II.

SERVICE DES COMPTABLES DES DENIERS PUBLICS.

§ 1er. — *Trésoriers-payeurs et trésoriers particuliers.*

Art. 154. — Il y a dans chaque colonie un trésorier-payeur chargé de la recette et de la dépense tant des services de l'État que du service local.

Les trésoriers-payeurs perçoivent ou font percevoir pour leur compte et centralisent tous les produits réalisés soit au profit de l'État, soit au profit de la colonie, et pourvoient au paiement de toutes les dépenses publiques. Ils justifient des paiements conformément aux dispositions des règlements.

Ils sont chargés du service des mouvements de fonds et des autres services exécutés en dehors du budget.

Dans les grandes colonies, il peut exister un ou plusieurs trésoriers particuliers, selon l'importance et la division du territoire de la colonie. Ces comptables sont placés sous les ordres et la surveillance des trésoriers-payeurs qui répondent de leur gestion.

Art. 155. — Les trésoriers-payeurs sont nommés par décret du Président de la République, rendu sur la proposition du Ministre des finances.

Les trésoriers particuliers sont nommés par arrêté du Ministre des finances.

Le Ministre de la marine et des colonies est préalablement appelé à donner son avis sur la nomination de ces comptables.

Art. 156. — Les cautionnements des trésoriers-payeurs et ceux des trésoriers particuliers sont fixés ainsi qu'il suit :

Trésoriers-payeurs.

Martinique	100.000f 00
Guadeloupe et dépendances	
Réunion	
Guyane	20.000 00
Sénégal et dépendances	15.000 00
Gabon	4.000 00
Saint-Pierre et Miquelon	6.000 00
Nossi-Bé	6.000 00
Mayotte	6.000 00
Établissements français en Océanie (Taïti)	12.000 00
Nouvelle-Calédonie	12.000 00
Établissements français dans l'Inde	20.000 00

Trésoriers particuliers.

Saint-Pierre (Martinique)	20.000 00
La Pointe-à-Pitre (Guadeloupe)	20.000 00
Saint-Paul (Réunion)	20.000 00
Dakar (Sénégal)	6.000 00

En Cochinchine, les trésoriers-payeurs et les trésoriers particuliers fournissent des cautionnements dont le montant est fixé par arrêté du Ministre des finances.

Art. 157. — Aucun titulaire de l'emploi de trésorier-payeur et de trésorier particulier ne peut être installé, ni entrer en exercice, qu'après avoir justifié, dans la forme et devant le Directeur de l'Intérieur, de l'acte de sa prestation de serment et du versement de son cautionnement.

Néanmoins, en cas de vacance inopinée et de remplacement provisoire par urgence, les gouverneurs sont autorisés à dispenser les intérimaires de l'obligation de fournir un cautionnement.

Art. 158. — Les trésoriers-payeurs sont dépositaires des titres, créances et valeurs appartenant aux colonies, et ils en prennent charge dans leur comptabilité. Ils sont également dépositaires des fonds libres des communes et des établissements publics dont la gestion financière est confiée aux percepteurs, toutes les fois que ces fonds dépassent les besoins du service courant.

Art. 159. — Avant de procéder au paiement des mandats délivrés sur leurs caisses, ou de les viser pour être payés par d'autres comptables, les trésoriers-payeurs doivent s'assurer, sous leur responsabilité :

Que la dépense porte, savoir : pour les services métropolitains, soit sur des ordonnances qui leur ont été transmises par le Trésor en original ou en extrait, et dont le montant n'a pas été dépassé, soit sur des crédits ouverts par le gouverneur, conformément à l'article 5 du présent décret, et pour le service local, sur un crédit disponible, régulièrement ouvert et renfermé dans la limite des distributions mensuelles de fonds et dans celle des budgets ou des autorisations supplémentaires de dépenses;

Que l'avis de l'émission des mandats leur a été donné par l'ordonnateur secondaire ou par le Directeur de l'Intérieur, selon qu'il s'agit des services métropolitains ou du service local ;

Que toutes les pièces justificatives ont été produites à l'appui de la dépense ;

Que la délivrance des mandats pour indemnité de route a été mentionnée sur la feuille de route de la partie prenante.

Les comptables qui font les paiements doivent s'assurer que les mandats sont quittancés par les ayants droit.

Art. 160. — Si les parties prenantes sont illettrées, la déclaration en est faite aux comptables chargés du paiement, qui la transcrivent sur le mandat, la signent et la font signer par deux témoins présents au paiement, pour toutes les sommes au-dessous de 150 francs.

Il doit être exigé une quittance notariée pour les paiements de 150 francs et au-dessus, excepté pour les allocations de secours, à l'égard desquelles la preuve testimoniale est admise.

Art. 161. — Les trésoriers-payeurs doivent également, sous leur responsabilité, enregistrer ou faire enregistrer par ceux qui paient en leurs lieu et place, sur les livrets de paiement des officiers sans troupes, employés militaires, corps de troupes, détachements, agents ou comptables du département de la marine et des colonies, toutes les sommes qui leur sont payées, à quelque titre que ce soit.

Art. 162. — Les paiements faits par d'autres comptables pour le compte des trésoriers-payeurs ne peuvent être valablement effectués que sur la présentation soit des lettres d'avis ou des mandats délivrés au nom des créanciers, soit de toute autre pièce en tenant lieu et revêtue du « vu bon à payer » des trésoriers-payeurs.

L'accomplissement de ces formalités et conditions et la quittance régulière et datée de chaque partie prenante suffisent pour dégager la responsabilité du comptable subordonné qui a effectué des paiements de cette nature.

Art. 163. — Les acquits constatant les paiements faits par d'autres comptables pour le compte du trésorier-payeur, doivent être compris dans leur plus prochain versement à ce trésorier, qui en délivre récépissé à talon.

Art. 164. — En cas de rejet de la part de la Cour des comptes de paiements faits sur des pièces qui ne constatent pas régulièrement une dette de l'État ou de la colonie, l'Administration statue sur le recours à exercer contre la partie prenante ou le signataire du mandat et sur les mesures à prendre à l'égard du comptable, sauf pourvoi au Conseil d'État.

Art. 165. — Les trésoriers-payeurs et les trésoriers-particuliers doivent faire, sur les fonds de leurs recettes, tous les paiements pour lesquels leur concours est jugé nécessaire.

Les autres receveurs des revenus publics peuvent être appelés à concourir de la même manière au paiement des dépenses pour le compte du trésorier-payeur.

Art. 166. — Les trésoriers-payeurs sont chargés du service de la caisse des invalides, de la caisse des gens de mer, de la caisse des prises et de tous autres services dont la gestion leur est confiée par les lois, décrets ou arrêtés.

Ils sont, comme les trésoriers payeurs généraux en France, préposés de la caisse des dépôts et consignations.

Art. 167. — Les trésoriers-particuliers gèrent sous la surveillance et la direction du trésorier-payeur de la colonie, auquel ils rendent compte de leurs opérations. Ils sont valablement et définitivement déchargés de leurs recettes par les avis de crédit du trésorier payeur, comptable de leur gestion envers l'Administration et la Cour des comptes.

Art. 168. — Les trésoriers-payeurs sont responsables de la gestion des trésoriers particuliers placés sous leurs ordres.

Chaque trésorier-payeur est, à cet effet, chargé de surveiller les opérations du trésorier particulier de la colonie, d'assurer l'ordre de sa comptabilité, de contrôler ses recettes et ses dépenses.

Les trésoriers-payeurs disposent, également sous leur responsabilité, des fonds reçus par les trésoriers particuliers, soit qu'ils les fasssent verser à leur caisse, soit qu'ils les emploient sur les lieux, soit qu'ils en autorisent la réserve en leurs mains ou qu'ils leur donnent toute autre direction commandée par les besoins du service.

Art. 169. — En cas de débet d'un trésorier particulier, le trésorier payeur est tenu d'en couvrir immédiatement le trésor ou le service local ; en conséquence, il demeure subrogé à leurs droits sur le cautionnement ou les biens du comptable.

Le trésorier-payeur peut toutefois se pourvoir auprès du Ministre des finances pour obtenir, s'il y a lieu, la décharge de sa responsabilité. Le Ministre statue après avoir pris l'avis de la section des finances du Conseil d'État et sauf l'appel au même Conseil jugeant au contentieux.

Le Ministre des finances prend, au préalable, l'avis du Ministre de la marine et des colonies quand le débet porte sur le service local.

Art. 170. — Des arrêtés des gouverneurs, rendus sur l'avis des conseils privés déterminent les circonscriptions dans lesquelles s'exercent respectivement l'action directe du trésorier-payeur et celle du trésorier particulier.

Ces arrêtés sont soumis à l'approbation du Ministre de la marine et des colonies et du Ministre des finances.

Art. 171. — Les écritures des trésoriers-payeurs sont tenues en parties doubles; elles se composent de livres élémentaires ou de première écriture, d'un journal général, d'un grand-livre, de livres auxiliaires et de détail, de carnets d'ordonnances, présentant par chapitre et, lorsqu'il y a lieu, par article du budget, le montant des crédits dont l'avis est parvenu, les distributions mensuelles de fonds l'émission des mandats de paiement et les paiements effectués sur ces mandats.

Art. 172. — Les opérations de toute nature sont d'abord consignées en détail, au moment même de leur exécution, sur les livres élémentaires ; elles sont à la fin de la journée, résumées au journal et classées dans les comptes ouverts au grand-livre ; enfin, les développements de ces comptes sont établis sur des livres auxiliaires.

Art. 173. — Les trésoriers particuliers sont tenus de transmettre, à la fin de chaque mois, tant aux trésoriers-payeurs qu'au Ministre des finances, la balance de leur grand-livre, la copie de leur journal et tous autres documents déterminés par les instructions.

De leur côté, les trésoriers-payeurs transmettent au Ministre des finances, et aux mêmes époques, de semblables éléments de comptes.

Art. 174. — Ces éléments de comptes sont accompagnés :

1° Des relevés sommaires et de développement de leurs opérations de recettes et des pièces justificatives à l'appui ;

2° Des relevés sommaires et de développement de leurs opérations de dépenses, et des bordereaux de détail des acquits, avec les pièces justificatives qui les appuient ;

3° De bordereaux présentant, par nature de recette et par exercice, pour le mois qui vient de finir et pour les mois antérieurs :

Les sommes à recouvrer,

Les sommes recouvrées,

Les restes à recouvrer.

Art. 175. — Tout versement ou envoi soit en numéraire, soit en toutes autres valeurs, fait aux caisses des trésoriers-payeurs et des trésoriers particuliers, pour un service public, donne lieu à la délivrance immédiate d'un récépissé à talon.

Ce récépissé est libératoire et forme titre envers le trésor public, à la charge toutefois par la partie versante de le faire viser et séparer de son talon, dans les vingt-quatre heures de sa date, par le Directeur de l'Intérieur ou par son délégué.

A l'égard des envois faits par les comptables qui n'habitent pas le chef-lieu, le visa à apposer sur les récépissés est requis par le trésorier-payeur.

Art. 176. — Les Directeurs de l'Intérieur rendent immédiatement aux parties des récépissés revêtus de leur visa, après en avoir détaché le talon qu'ils adressent tous mois aux trésoriers-payeurs chargés de les transmettre, après vérification, au Minis- des finances.

Art. 177. — Ces récépissés sont enregistrés sur des livres tenus, à cet effet, par les Directeurs de l'Intérieur. Les résultats de ces enregistrements sont comparés chaque mois avec les bordereaux détaillés de récépissés que les trésoriers-payeurs sont tenus d'établir et que les Directeurs de l'Intérieur adressent au Ministre des finances après les avoir dûment certifiés.

Art. 178. — Le trésorier-payeur est chargé, dans chaque colonie, de la perception des produits directs et des droits de douane, de celle des produits divers et, en général, du recouvrement de tous les droits, produits et impôts appartenant au service local, toutes les fois que ce recouvrement n'a pas été attribué à d'autres comptables.

Les attributions conférées par le présent article au trésorier-payeur dans chaque colonie sont dévolues, en Cochinchine, à un payeur particulier qui prend le titre de « receveur spécial du service local. »

Art. 179. — Indépendamment des émoluments fixes qui leur sont alloués sur le budget de l'État, les trésoriers-payeurs et les trésoriers particuliers reçoivent des remises proportionnelles pour la perception directe et pour la centralisation des produits du service local.

Art. 180. — Les trésoriers-payeurs et les trésoriers particuliers demeurent responsables de la gestion des percepteurs des contributions directes, et ils sont tenus de couvrir immédiatement le trésor des déficits ou des débets constatés à la charge de ces préposés.

Art. 181. — Les trésoriers-payeurs remettent en double expédition aux ordonnateurs secondaires et au Directeur de l'Intérieur, dans les premiers jours du mois, par exercice et par nature de recettes, un état comparatif présentant, pour le mois expiré et pour les mois antérieurs, savoir :

1° Les sommes à recouvrer,

2° Les sommes recouvrées,

3° Les restes à recouvrer,

Une de ces expéditions leur est rendue revêtue du visa du fonctionnaire compétent

§ 2. — *Percepteurs.*

Art. 182. — Les percepteurs sont chargés, sous la surveillance et la responsabilité des trésoriers-payeurs et des trésoriers particuliers, de la perception des contributions directes.

Ils peuvent être chargés, en outre, du recouvrement de divers autres produits locaux.

Art. 183. — Les percepteurs sont nommés par les gouverneurs, sur la proposition des trésoriers-payeurs.

Ils doivent être agréés par les trésoriers particuliers de l'arrondissement auquel ils sont rattachés.

Ils fournissent des cautionnements en numéraire. Le montant de ces cautionnements est fixé sur la proposition du trésorier-payeur et par arrêté du gouverneur. Ces arrêtés sont soumis à l'approbation du Ministre de la marine et des colonies, qui statue après avoir pris l'avis du Ministre des finances.

Art. 184. — Les percepteurs reçoivent des remises proportionnelles, dont la quotité est fixée par des arrêtés du gouverneur.

Dans les colonies où il n'existe pas de conseil général, ces arrêtés devront être soumis à l'approbation du Ministre de la marine et des colonies. Cette approbation est donnée sur l'avis du Ministre des finances.

Art. 185. — Les percepteurs font leur versement entre les mais des trésoriers-payeurs et dans celles des trésoriers particuliers, selon la circonscription dans laquelle se trouve placé leur arrondissement de perception.

Art. 186. — Les fonctions de trésorier-payeur et de trésorier particulier, ainsi que celles de percepteur de l'arrondissement de perception où ces trésoriers particuliers ont leur résidence, pourront être réunies par des arrêtés des gouverneurs.

Ces arrêtés seront soumis à l'approbation du Ministre de la marine et des colonies, qui prendra l'avis du Ministre des finances.

§ 3. — *Receveurs des communes, hospices, établissements de bienfaisance, etc.*

Art. 187. — Les fonctions de receveurs des communes, d'hospices et d'établissements de bienfaisance sont de droit réunies à celles de percepteurs.

Les percepteurs sont assujettis, pour chacune des comptabilités spéciales dont ils sont chargés, à des cautionnements particuliers. Ils sont, à ce titre, justiciables du conseil privé.

Art. 188. — Les percepteurs exercent les fonctions accessoires qui leur ont été confiées en vertu de l'article précédent, sous l'autorité et la responsabilité des trésoriers-payeurs et des trésoriers particuliers.

Art. 189. — En cas de déficit ou de débet de la part d'un receveur municipal, d'hospice, d'établissement de bienfaisance, et constaté par des arrêtés d'apurement de comptes, soit par des vérifications de caisse, le trésorier de l'arrondissement financier est tenu d'en couvrir le montant avec ses fonds personnels, suivant le mode prescrit pour les déficits sur les contributions indirectes.

Le trésorier-payeur est, en outre, astreint à la même obligation en ce qui concerne les débets que les trésoriers particuliers ne seraient pas en mesure de combler.

Ces comptables demeurent alors subrogés à tous les droits des communes et établissements sur les cautionnements et les biens des comptables reliquataires.

Néanmoins, si le déficit provient de force majeure ou de circonstances indépendantes de la surveillance qu'ils sont tenus d'exercer, les trésoriers peuvent obtenir la décharge de leur responsabilité. Dans ce cas, ils ont droit au remboursement des sommes dont ils auraient fait l'avance.

Le Ministre des finances prononce sur les demandes en décharge de responsabilité, après avoir pris avis du Ministre du la marine et des colonies et celui de la section des finances au Conseil d'État, sauf appel au Conseil d'État jugeant au contentieux.

Art. 190. — Des arrêtés des gouverneurs en conseil privé fixent le montant des prélèvements à opérer, à titre de frais de gestion, sur les recettes appartenant aux communes, hospices, établissements de bienfaisance et autres services accessoirement confiés aux percepteurs.

§ 4. — *Receveurs comptables des postes.*

Art. 191. — Un comptable centralise, dans chaque colonie, la comptabilité de tous les receveurs des postes de la colonie.

Ce comptable fait ses versements entre les mains du trésorier-payeur; il est justiciable du conseil privé.

Art. 192. — Les receveurs comptables des postes établissent, en double expédition, dans les premiers jours de chaque mois, le bordereau des opérations effectuées pendant le mois précédent, par eux ou par les autres receveurs de la colonie.

Une de ces expéditions, avec les pièces à l'appui, est destinée à être produite au conseil privé, à l'appui du compte de gestion du comptable; l'autre expédition reste entre les mains du Directeur de l'Intérieur, pour servir de base et de justification à sa comptabilité administrative.

§ 5. — *Receveurs de l'enregistrement.*

Art. 193. — Les receveurs de l'enregistrement aux colonies sont exclusivement chargés de toutes les recettes, perceptions et attributions appartenant, en France, aux receveurs de l'enregistrement et des domaines. Ils sont, en outre, chargés du recouvrement des amendes et condamnations pécuniaires.

Art. 194. — Ces receveurs sont justiciables du conseil privé. Ils font leurs versements entre les mains des trésoriers-payeurs et des trésoriers particuliers ou de tou-autre agent ayant qualité pour leur en donner reçu.

Art. 195. — Chaque receveur remet en double expédition, au commencement de chaque mois, au chef du service de l'enregistrement, le bordereau des droits constatés et des opérations effectuées par lui pendant le mois précédent. Il y joint les pièces justificatives.

Le chef du service de l'enregistement dresse, au moyen de ces bordereaux partiels, le bordereau général de toutes les opérations concernant le service de l'enregistrement de la colonie.

Art. 196. — Une des expéditions des bordereaux prescrits par l'article qui précède est remise au Directeur de l'Intérieur pour servir de base et de justification à sa comptabilité.

CHAPITRE III

DISPOSITIONS COMMUNES A TOUS LES COMPTABLES.

Art. 197. — Chaque comptable ne doit avoir qu'une seule caisse, dans laquelle sont réunis tous les fonds appartenant à ses divers services. Il est responsable des deniers publics qui y sont déposés ; au cas de vol ou de perte de fonds résultant de force majeure, il ne peut obtenir sa décharge qu'en produisant les justifications exigées par les règlements de son service, et en vertu d'une décision spéciale du Ministre des finances rendue sur l'avis du Ministre de la marine et des colonies, sauf recours au Conseil d'État.

Art. 198. — Les écritures et les livres des comptables des deniers publics sont arrêtés chaque année, le 30 juin pour les trésoriers-payeurs, les trésoriers particuliers et les percepteurs, et le 31 décembre pour les autres comptables. Ils le sont également à l'époque de la cessation des fonctions des comptables.

Art. 199. — La situation de leurs caisses et leurs portefeuilles est vérifiée aux mêmes époques par un fonctionnaire désigné par le gouverneur et constatée par un procès-verbal.

Une expédition du procès-verbal de vérification des caisses des trésoriers particuliers et des percepteurs est remise au trésorier-payeur et produite par lui à l'appui de son compte de gestion.

Indépendamment de ces vérifications, le trésorier-payeur est tenu de vérifier inopinément aussi souvent que possible, et au moins un fois par an, soit par lui-même, soit par un de ses délégués, les caisses et les écritures des trésoriers particuliers et des percepteurs de la colonie. Les procès-verbaux de ces vérifications sont transmis par le gouverneur au Ministre des finances avec les observations auxquelles la vérification a donné lieu.

Art. 200. — Les comptables, tant ceux qui sont justiciables de la Cour des comptes que ceux qui le sont du conseil privé, rendent annuellement des comptes qui comprennent tous les actes de leur gestion et de celle de leurs subordonnés ; la forme de ces comptes et les justifications à fournir par les comptables sont déterminées par les règlements et instructions.

Art. 201. — Ces comptes sont divisés en deux parties : la première applicable aux opérations complémentaires de l'exercice clos; la deuxième comprenant, dans les formes prescrites par les règlements et instructions, et avec les totaux de la première partie qui y sont rappelés, toutes les autres opérations de la gestion effectuées par le comptable.

Art. 202. — Les comptes de gestion des comptables doivent présenter :

1° La situation des comptables au commencement de la gestion;

2° Les recettes et les dépenses de toute nature effectuées dans le cours de cette gestion;

3° La situation des comptables à la fin de la gestion, avec l'indication des valeurs en caisse et en portefeuille composant leur reliquat.

Art. 203. — Chaque comptable n'est responsable que de sa gestion personnelle.

En cas de mutation, le compte de l'année est divisé suivant la durée de la gestion des différents titulaires et chacun d'eux rend séparément à l'autorité compétente le compte des opérations qui le concernent.

Art. 204. — Les trésoriers-payeurs transmettent directement — dans les trois mois qui suivent soit la clôture de l'exercice applicable au budget de l'État, soit celle de la gestion — leurs comptes de gestion au Ministère des finances, qui les envoie à la Cour des comptes.

Les comptes de gestion des autres comptables sont remis au Directeur de l'Intérieur, qui les soumet au conseil privé.

Art. 205. — Tout comptable chargé de la perception des droits et revenus publics est tenu d'enregistrer les faits de sa gestion sur les livres ci-après :

1° Un livre-journal de caisse et de portefeuille, où sont consignés les entrées et les sorties des espèces et valeurs et le solde de chaque journée;

2° Des registres auxiliaires, destinés à présenter les développements propres à chaque nature de service;

3° Un sommier récapitulatif résumant ses opérations selon leur nature et présentant sa situation complète et à jour.

Art. 206. — Tout préposé à la perception des deniers publics est tenu de procéder :

1° A l'enregistrement en toutes lettres au rôle, état de produit ou tout autre titre légal, quelle que soit sa dénomination ou sa forme, de la somme reçue et de la date du recouvrement;

2° A son inscription immédiate en chiffres sur son journal;

3° Et, sauf les exceptions prévues par les règlements, à la délivrance d'une quittance.

Art. 207. — Les comptables chargés de la perception des revenus publics sont tenus de se libérer aux époques et dans les formes prescrites par les règlements.

Art. 208. — Tous les comptables sont responsables du recouvrement des droits liquidés sur les redevables et dont la perception leur est confiée.

Ils sont chargés, dans leurs écritures et dans leurs comptes annuels, de la totalité des rôles ou des états de profits qui constatent le montant de ces droits et ils doivent justifier de leur entière réalisation dans les délais déterminés par les articles suivants :

Art. 209. — Un délai de deux ans et demi est accordé au trésorier-payeur et aux trésoriers particuliers pour l'apurement des rôles des contributions directes.

A la date du 30 juin, les trésoriers-payeurs dressent — par arrondissement financier — un état des recettes à recouvrer de l'exercice arrivé au terme de sa clôture. Ils soumettent cet état au visa du Directeur de l'Intérieur pour servir de titre de perception à la nouvelle prise en charge de ces sommes sur l'exercice courant.

Lorsque l'exercice a atteint le terme de la deuxième année, le trésorier-payeur, à la date du 31 décembre, et le trésorier particulier, à celle du 20 du même mois, font recette — au profit de l'exercice courant — des sommes non encore recouvrées à ces époques, au moyen d'une dépense égale à un compte de trésorerie. Ces opérations sont justifiées par un état visé par le Directeur de l'Intérieur et représentant le montant total des sommes restant à recouvrer par arrondissement financier.

Au 30 juin de la troisième année, le trésorier-payeur et le trésorier particulier — pour leur arrondissement respectif — sont tenus de solder de leurs deniers personnels les sommes qui n'auraient pas été recouvrées ou admises régulièrement en non valeurs, sauf leur recours contre les percepteurs.

A partir du 30 juin de la troisième année, il est accordé aux percepteurs un délai d'un an pour faire rentrer les sommes que le trésorier-payeur et le trésorier particulier auraient été dans le cas de verser au Trésor.

Art. 210. — A l'égard de perceptions autres que les contributions directes, chaque comptable dresse, avant l'expiration de l'exercice, le relevé des articles non recouvrés, indiquant pour chaque article les motifs du défaut de recouvrement. Il joint, s'il y a lieu, les pièces à l'appui.

Au moyen des relevés et pièces susmentionnés, les chefs du service établissent, par comptable, un bordereau des sommes dont le comptable devra être déchargé ; un autre de celles qui devront être mises à sa charge ; un troisième de celles qui seront susceptibles d'un recouvrement ultérieur.

Le bordereau des sommes à admettre en non-valeurs et celui des sommes mises à la charge des comptables sont soumis aux gouverneurs en conseil privé.

Le Ministre de la marine et des colonies, après avoir pris l'avis du Ministre des finances, statue sur les cas de responsabilité, sauf pourvoi au Conseil d'État.

Art. 211. — En ce qui concerne les divers produits à encaisser par le Trésor tant au profit de l'État qu'à celui du service local, en vertu d'ordres de recette ou de reversement, le recouvrement en est suivi à la diligence des liquidateurs ou ordonnateurs des dépenses, qui demeurent chargés des poursuites qu'il peut être nécessaire d'exercer contre les débiteurs.

Au moyen des bordereaux dont la production est prescrite par l'article 12 du présent décret et dont les dispositions sont également applicables au Directeur de l'Intérieur, agissant comme ordonnateur des dépenses locales, les comptables établissent chaque mois un état détaillé des ordres restant à exécuter au dernier jour du mois précédent. Cet état est remis aux liquidateurs ou ordonnateurs des dépenses dans les trois jours qui suivent celui de la réception par les comptables du bordereau détaillé des ordres émis.

En clôture d'exercice, il est procédé à l'épurement des restes à recouvrer de cette catégorie, comme il est dit à l'article 210 du présent décret. Toutefois, les relevés mentionnés à ces articles sont dressés par les liquidateurs ou ordonnateurs des dépenses, qui les soumettent au gouverneur en conseil privé, avec l'avis, s'il y a lieu, des comptables intéressés.

Le Ministre des finances statue sur les cas de responsabilité, sauf pourvoi au Conseil d'État.

Il prend au préalable l'avis du Ministre de la marine et des colonies lorsqu'il s'agit de produits appartenant au service local.

Art. 212. — Les comptables en exercice versent dans leurs caisses le montant des droits dont ils ont été déclarés responsables.

S'ils sont hors de fonctions, le recouvrement en est poursuivi contre eux à la diligence de chacun des ordonnateurs secondaires ou à celle du Directeur de l'Intérieur, suivant le cas, sans préjudice de l'action de l'agent judiciaire du trésor.

Art. 213. — Lorsque les comptables ont soldé de leurs deniers personnels les droits dus par les redevables ou débiteurs, ils demeurent subrogés dans tous les droits du trésor ou dans ceux de la colonie.

Art. 214. — Le mode de poursuites relatif à chaque nature d'impôt, le tarif des frais et l'organisation des agents de poursuites sont déterminés par des arrêtés du gouverneur en conseil privé.

Les arrêtés à intervenir après la promulgation du présent décret ne seront exécutoires qu'après avoir été soumis à l'approbation du Ministre de la marine, qui statue après avoir pris l'avis du Ministre des finances.

Art. 215. — Le contrôle des comptables supérieurs sur les agents qui leur sont subordonnés s'exerce par le visa des registres, la vérification de la caisse, l'appel des valeurs, les pièces justificatives et des divers éléments de leur comptabilité, et par tous les autres moyens indiqués par les règlements de chaque service.

La libération des comptables subordonnés s'opère par la représentation des récépissés du comptable supérieur, qui justifient le versement intégral des sommes qu'ils étaient tenus de recouvrer.

Art. 216. — Chaque comptable principal est responsable des recettes et des dépenses qu'il est tenu, par les règlements, de rattacher à sa gestion personnelle.

Toutefois, cette responsabilité ne s'étend pas à la portion des recettes des comptables inférieurs dont il n'a pas dépendu du comptable principal de faire effectuer le versement ou l'emploi.

Art. 217. — Lorsque des irrégularités sont constatées dans le service d'un comptable subordonné, le comptable supérieur prend ou provoque envers lui les mesures prescrites par les règlements. Il est même autorisé à le suspendre immédiatement de ses fonctions à le remplacer par un gérant provisoire, en donnant avis de ces dispositions au gouverneur de la colonie.

L'application de ces mesures aux comptables des produits indirects appartient à leurs chefs de service.

Art. 218. — Lorsqu'un comptable a couvert de ses deniers le déficit de ses subordonnés, il demeure subrogé à tous droits du Trésor public ou du trésor local sur le cautionnement et les biens du comptable reliquataire.

TITRE VII. — ATTRIBUTIONS DE L'INSPECTION DES SERVICES ADMINISTRATIFS ET FINANCIERS, EN CE QUI TOUCHE LE SERVICE FINANCIER DES COLONIES.

Art. 219. — L'inspection mobile et l'inspection permanente des services administratifs et financiers de la marine et des colonies exercent aux colonies, en ce qui concerne le service financier, les attributions qui leur sont conférées par le décret du 23 juillet 1879.

Art. 220. — Comme les inspecteurs en chef envoyés en mission, les inspecteurs permanents attachés aux colonies reçoivent du Ministre des finances des instructions en ce qui touche au service financier des colonies.

Art. 221. — Dans les colonies où il n'y a pas d'inspecteurs permanents, le Directeur de l'Intérieur ou, à défaut, un fonctionnaire désigné par le gouverneur, exerce les attributions dévolues à l'inspection par les articles 10, paragraphe 5, et 12 du décret du 23 juillet 1879.

TITRE VIII. — CORRESPONDANCE DU MINISTRE DE LA MARINE ET DES COLONIES ET DU MINISTRE DES FINANCES AVEC LES AGENTS DU SERVICE FINANCIER DES COLONIES.

Art. 222. — Le Ministre des finances correspond directement avec les trésoriers-payeurs des colonies.

Lorsqu'il s'agit d'affaires ayant un caractère général ou de dispositions réglementaires intéressant le régime financier des colonies, le Ministre de la marine et le Ministre des finances doivent se concerter avant d'adresser leurs instructions aux administrations coloniales et au trésorier-payeur.

Art. 223. — Les trésoriers-payeurs des colonies correspondent directement avec le Ministre des finances pour tout ce qui concerne leur service.

TITRE IX. — DISPOSITIONS DIVERSES.

Art. 224. — Le Ministre des finances est consulté sur tous les règlements relatifs au service de la perception des droits et produits appartenant aux colonies et, en général, sur tous les règlements relatifs à l'organisation et à l'exécution des services financiers des colonies.

Art. 225. — Des arrêtés des gouverneurs détermineront celles d'entre les fonctions spécifiées au présent décret qui, selon l'importance relative des services, pourraient être réunies dans les mêmes mains.

Art. 226. — Dans les colonies où il n'existe pas de conseil général, les attributions de ce conseil seront confiées au conseil privé, ou au conseil de gouvernement, ou au conseil d'administration.

Art. 227. — Sont expressément maintenues les dispositions des décrets des 15 mai 1874, 5 juillet 1881 et 7 octobre 1881 (1), relatifs au régime financier de la Cochinchine, qui ne se trouvent pas modifiées par le présent décret.

Art. 228. — Le présent décret est applicable à tous les établissements coloniaux, à partir du 1er janvier 1883.

Art. 229. — Toutes dispositions contraires au présent décret sont abrogées.

JULES GRÉVY.

(12 décembre 1882)

CIRC. M. *Instruction concernant l'application du décret du 20 novembre 1882 sur le régime financier des colonies.* (2)

B. M. p. 842.

Le décret en date du 15 septembre 1881, rendu en forme de règlement d'administration publique, et celui du 3 octobre, qui en a été la conséquence, ont eu pour but :

1° De ramener les attributions exercées par le Commissariat de la Marine aux Colonies à celles qui sont exercées en France par le même corps ;

2° De concentrer, entre les mains du Directeur de l'Intérieur, l'action dévolue aux ordonnateurs, en ce qui touche les services civils compris dans le budget de l'État ;

3° Enfin de donner aux trésoriers-payeurs plus d'initiative et de responsabilité au point de vue de la direction même du service du trésor. Mais ces dispositions ne faisaient qu'établir en principe le rôle qui devait revenir désormais à chacun des fonctionnaires visés dans les actes dont il s'agit, et il restait à les pourvoir de moyens d'exécution en revisant dans le même sens la réglementation financière des colonies.

La commission, qui a été chargée de ce travail a reconnu que la plupart des articles du décret du 26 septembre 1855 comportaient des modifications, au moins de forme ; que de nombreuses modifications étaient également à apporter au décret du 31 mai 1862, sur la comptabilité publique, ainsi qu'au règlement arrêté le 14 janvier 1869 pour servir à l'exécution de ce décret en ce qui concerne le département de la marine, au décret du 15 mai 1874, sur le service de la trésorerie de Cochinchine, et, enfin, à ceux des 12 décembre 1874 et 16 février 1878, sur le service de l'administration pénitentiaire.

(1) Décret 15 mai 1874, organisation de la trésorerie en Cochinchine ; décret 5 juillet 1881, établissement du budget local en piastres ; décret 7 octobre 1881, séparation du service des postes de celui du Trésor.

(2) V. *infrà*, Circ. M. 31 juillet 1883.

Elle a jugé plus utile de fondre, dans un même document, l'ensemble des dispositions qui devront régir à l'avenir le service financier des colonies, que d'obliger les administrations à rechercher ces règles dans des actes divers et en partie abrogés.

Tel est l'objet du décret qui a été signé le 20 novembre 1882 et que j'ai l'honneur de vous notifier avec la présente instruction.

Je me bornerai, d'ailleurs, ici à appeler votre attention sur les principales dispositions du nouveau décret et les considérations qui les ont fait adopter.

TITRE Ier. — SERVICES COMPRIS DANS LE BUDGET DE L'ÉTAT ET EXÉCUTÉS AUX COLONIES.

Le décret du 26 septembre 1855 avait distingué ceux dont le caractère est permanent de ceux qui ne sont qu'accidentels.

Les premiers s'appellent services coloniaux compris au budget de l'État, les autres services métropolitains exécutés aux colonies.

Cette distinction est de pure forme et a parfois amené à confondre les services dits coloniaux avec les services locaux.

Elle serait, d'ailleurs, essentiellement variable dans le nouvel ordre de choses, et on ne voit plus de division réelle pour ces services que celle qui résulte du mode d'acquittement des dépenses par délégation de crédits ou par traites. En conséquence, le nouveau décret les a englobés tous sous un seul titre « services compris dans le budget de l'État et exécutés aux colonies », et a subdivisé ce titre en « services dont les dépenses sont acquittées au moyen d'ordonnances de délégation » et « dépenses acquittées au moyen de traites. »

CHAPITRE Ier. — SERVICES DONT LES DÉPENSES SONT ACQUITTÉES AU MOYEN D'ORDONNANCES DE DÉLÉGATION.

Le nouveau décret présente d'une façon plus sommaire l'énumération des recettes de l'État et surtout celles des dépenses à la charge de l'État.

Il a eu principalement en vue d'approprier cette énumération à l'ordre de choses établi dans les différentes colonies, ainsi qu'à la suppression de la division obligatoire des services en service colonial et service marine.

Le décret du 15 septembre 1882 institue dans les colonies à législature deux ordonnateurs secondaires pour les dépenses comprises au budget de l'État.

Le nouveau décret (art. 4) constitue un troisième ordonnateur à la Guyane et à la Nouvelle-Calédonie, en attribuant ces fonctions au directeur de l'administration pénitentiaire. Si cette solution n'avait pas été adoptée, la suppression de l'emploi d'ordonnateur aurait conduit à donner au Directeur de l'Intérieur l'ordonnancement du service pénitentiaire, et les difficultés que l'intervention du premier de ces deux chefs d'administration a fait naître jusqu'ici se seraient certainement continuées.

En conséquence de cette attribution et de la suppression de l'emploi d'ordonnateur, le directeur de l'administration pénitentiaire dirigera l'ensemble des services de cette administration (personnel, matériel, vivres et hôpitaux), sous le seul contrôle de l'inspecteur des services administratifs et financiers de la colonie. Par suite de ces dispositions, il sera délégué à chacun des ordonnateurs des crédits dont ils feront l'emploi et rendront le compte dans la forme tracée par les règlements.

Le décret maintient la faculté accordée aux gouverneurs d'ouvrir des crédits en cas de retard dans l'arrivée des avis d'ordonnances de délégation, mais il demeure entendu que le pouvoir des gouverneurs d'ouvrir des crédits provisoires exclut tout autre moyen d'acquittement, hors le cas exceptionnel où les règlements financiers attribuent aux ordonnateurs secondaires le droit de réquisition.

L'article 596 du décret du 31 mai 1862, sur la comptabilité publique, avait ramené au 31 janvier la durée de la période de chaque exercice pendant laquelle doivent être achevés les services du matériel dont l'exécution commencée n'aurait pu être terminée avant le 31 décembre précédent. Mais l'expérience a démontré que cette règle dont l'application est déjà difficile dans la métropole, cause de grands embarras aux colonies et l'ancienne date a été rétablie.

CHAPITRE II. — DÉPENSES EFFECTUÉES AUX COLONIES ET ACQUITTÉES AU MOYEN DE TRAITES.

Aux termes de l'article 1er de l'ordonnance du 13 mai 1838, reproduit par les articles 95 du décret du 31 mai 1862 et 238 du règlement financier du 14 janvier 1869, les traites émises dans les colonies pour les dépenses du service marine devaient porter l'attache du gouverneur. Le décret du 20 novembre supprime cette formalité. Il a semblé que l'intervention du gouverneur dans l'émission des traites n'aurait sa raison d'être que s'il pouvait examiner les pièces de dépense, travail qui ne saurait être imposé au chef de la colonie.

La signature de l'ordonnateur est remplacée par celle du chef du service administratif, à qui les décrets des 15 septembre et 3 octobre 1882 ont confié les attributions relatives à l'administration et à la comptabilité des services militaires et maritimes aux colonies.

Dans les colonies où il existe un inspecteur des services administratifs et financiers de la marine, les traites continueront d'être soumises au visa de ce fonctionnaire.

Dans le cas où il serait absent du chef-lieu de la colonie, les traites seront valablement tirées sans son concours. Il y aura lieu, toutefois, comme l'a prescrit l'instruction du 12 août 1880, de suppléer à sa signature par l'apposition du timbre de l'inspection.

Suivant les prescriptions des articles 31 et 32, les bâtiments procéderont à l'avenir dans les colonies, comme ils le font à l'étrangeren ce qui touche la passation des marchés, l'achat et la recette des denrées et matières qui leur sont nécessaires. Mais ils n'effectueront pas de payement aux fournisseurs : ce soin incombera au chef du service administratif.

Les autorités de bord devront s'entourer, pour leurs achats et opérations diverses, de tous les renseignements que pourra leur procurer l'administration locale. Les marchés seront passés dans les bureaux de ladite administration, mais sans que celle-ci intervienne dans le contrat ni le signe.

Les pièces de liquidation à fournir au chef du service administratif, en vue du mandatement des dépenses, seront conformes aux modèles joints à l'instruction du 12 août 1880,sauf en ce qui touche les mentions relatives à l'acquit des fournisseurs, ainsi qu'à l'émission des traites, que les bords n'auront point à consigner. Mais ces pièces devront être exactes par elles-mêmes et porter toutes les certifications exigées, principalement celles de prise en charge par le comptable intéressé du bâtiment.

Le chef du service ne sera, d'ailleurs, responsable de la régularité des pièces qui lui seront ainsi remises qu'au point de vue de leur nature, de leur forme et de leur exactitude matérielle, et il n'aura pas à pénétrer dans le fond même des opérations.

Quant aux paiements de solde, d'accessoires de solde, des frais de passage, etc., les administrations de bord remettront au chef du service administratif les états réglementaires dont le montant sera mandaté aux époques régulières et perçu chez le trésorier-payeur par le capitaine comptable ou le conseil d'administration. La responsabilité du chef de service administratif sera, en ce qui touche les mandats émis pour les dépenses de l'espèce, semblable à celle qui a éte définie plus haut, pour le payement des achats de matériel.

Le chef du service administratif devra tenir la main à l'exécution ponctuelle des prescriptions de l'article 33 et veiller à ce que les pièces justificatives des dépenses remboursées au moyen de traites soient transmises au Département dans le délai le plus court possible, après l'expiration du mois dans la comptabilité duquel ces dépenses auront été comprises.

Pour ce qui regarde les dépôts du service marine établis aux colonies, aucune modification n'est apportée aux dispositions du règlement du 30 octobre 1860, qui régissent actuellement la comptabilité de ces établissements.

CHAPITRE III. — DÉPENSES A RÉGULARISER POUR LE COMPTE DES DIVERS MINISTÈRES.

Les dépenses à régulariser pour le compte des divers ministères font l'objet d'un chapitre spécial et l'article 36 ne fait que reproduire les dispositions adoptées à leur égard sous la réserve des modifications imposées par l'organisation nouvelle des services coloniaux.

On doit faire observer toutefois que les dépenses que les administrations coloniales sont appelées à faire à ce titre, engagent la responsabilité du ministre des finances, qui est chargé de veiller à ce que les ministres ne dépensent pas au delà des crédits qui leur sont ouverts. Par conséquent, ces dépenses ne pourront être effectuées qu'avec son autorisation expresse et des instructions seront dès lors adressées aux comptables en vue de prévenir les cas où il peut être exceptionnellement procédé par voie « d'avances à régulariser. »

TITRE II. — SERVICE LOCAL DES COLONIES.

CHAPITRE Ier. — BUDGETS LOCAUX.

Le sénatus-consulte du 4 juillet 1866 n'a pas maintenu la distinction faite par le décret du 26 septembre 1855 en « budget ordinaire et extraordinaire ». On a donc dû se borner dans le nouveau décret à classer les recettes et les dépenses, ainsi que l'avait déjà fait le règlement du 14 janvier 1869, en recettes et dépenses ordinaires et en recettes et dépenses extraordinaires.

CHAPITRE II. — DES RECETTES ET DES DÉPENSES ORDINAIRES.

En ce qui concerne les recettes ordinaires on a dû maintenir les dispositions de l'article 42 du décret du 26 septembre 1855, car il existe dans beaucoup de colonies des taxes dont la perception a été autorisée par des arrêtés qui ont force de loi et pour lesquelles les décrets rendus en forme de règlements d'administration publique prévue par l'article 1er du décret du 11 août 1856 ne sont pas encore intervenus.

Pour les dépenses, il importait, afin de prévenir toute difficulté et de mettre les administrations locales à l'abri, sur ce point, des critiques des conseils élus, de rappeler que le budget doit être voté par chapitre et qu'il appartient aux gouverneurs de fixer ou de modifier dans la limite des crédits votés par chapitres les cadres des divers services de la colonie.

J'ajouterai, toutefois, qu'en dehors des cas spécialement déterminés, dans lesquels l'autorité locale est armée en vertu de l'article 8 du sénatus-consulte du 4 juillet 1866, du droit de réduire les dépenses facultatives, il ne peut être rien changé, ni rien modifié en ce qui concerne les services facultatifs dans les dépenses votées par les conseils élus.

Cette doctrine a été confirmée par un arrêt du Conseil d'État statuant au contentieux, en date du 3 novemdre 1882.

CHAPITRE III. — DES RECETTES ET DES DÉPENSES EXTRAORDINAIRES.

Le chapitre relatif aux recettes et aux dépenses extraordinaires comporte six articles dont les dispositions ont été tirées à la fois du règlement du 14 janvier 1869 (art. 286, 290, et 295), et du sénatus-consulte du 4 juillet 1866 en ce qui touche le service des emprunts.

L'article 49 du décret du 26 septembre 1855 a d'ailleurs été supprimé, car l'article 53 nouveau indique que le conseil général délibère en même temps et sur les emprunts à contracter et sur « les garanties pécuniaires à consentir ».

CHAPITRE IV. — DISPOSITIONS GÉNÉRALES RELATIVES A L'EMPLOI DES CRÉDITS LOCAUX.

Les articles qui composent le chapitre IV du décret et qui correspondent aux articles 51, 52, 53, 54, 55, 56 et 57 du décret du 26 septembre 1855 sont tirés de ce décret, avec quelques changements de forme, ou du règlement financier du 14 janvier 1869. En ce qui touche les virements de crédits d'un chapitre à un autre, il était nécessaire de maintenir aux administrations locales le droit inscrit pour elles dans l'article du décret sus-visé de 1855.

Le sénatus-consulte du 4 juillet 1866 n'a interdit de changer ou de modifier les allocations votées par le conseil général qu'en ce qui concerne les dé penses facultatives ; et comme l'administration a pour mission de veiller à ce que le service obligatoire ne reste pas en souffrance, il s'ensuit qu'elle a incontestablement le pouvoir de faire, dans ce but, subir aux crédits de ce service les remaniements nécessaires, sauf à en rendre compte au conseil général dans sa plus prochaine session. Ce sont d'ailleurs les errement pratiqués dans la métropole, où les préfets ont le droit de virement sur les dépenses obligatoires, bien que ce droit ne soit explicitement reconnu ni par la législation de 1838, ni par celle du 18 juillet 1866.

CHAPITRE VIII. — MANDATEMENT DES DÉPENSES LOCALES.

Les Directeurs de l'Intérieur, étant constitués ordonnateurs secondaires des dépenses civiles comprises au budget de l'État, se trouvaient indiqués pour remplir le rôle attribué à l'ordonnateur en ce qui touche les dépenses à faire hors des colonies auxquelles elles appartiennent.

D'autre part, il a paru qu'il n'y avait aucun inconvénient, relativement au service de la solde, à dispenser de la communication préalable aux trésoriers-payeurs les mandats payables à la caisse de ces trésoriers.

CHAPITRE IX. — PAYEMENT DES DÉPENSES LOCALES.

Le nouveau décret maintient les règles posées par le décret du 26 septembre 1855, relativement au payement des dépenses locales. Toutefois l'ancien article 75 est complété des dispositions puisées dans le règlement du 14 janvier 1869 pour le cas où le trésorier-payeur recevrait des réquisitions ayant pour effet, soit de faire acquitter une dépense sans qu'il y eût chez le comptable disponibilité de crédits, soit de faire effectuer un payement suspendu pour des motifs touchant à la validité de la quittance.

Il a, d'ailleurs, paru nécessaire, étant donné l'éloignement des colonies, d'accorder aux gouverneurs le droit de statuer immédiatement dans le cas de l'espèce, sauf pour ces fonctionnaires à rendre compte sur-le-champ au ministre de la marine et, pour les trésoriers-payeurs, à aviser de leur côté le ministre des finances.

Enfin il a semblé rationnel de compléter l'ancien article 77 par les dispositions de l'article 167 du règlement du 14 janvier 1869, relatives à la remise à la caisse des dépôts et consignations des sommes frappées de saisies-arrêts ou oppositions.

CHAPITRE X. — RECETTES ET DÉPENSES FAITES HORS DES COLONIES QU'ELLES CONCERNENT.

Le nouveau décret n'a apporté aucune modification aux errements actuels de la direction des colonies en ce qui concerne la constatation des recettes et des dépenses faites hors des colonies qu'elles concernent.

Mon Département se borne donc à tenir un enregistrement des dépenses et des recettes qu'il opère en vue de garantir la régularisation des opérations faites en dehors des colonies qu'elles concernent, c'est-à-dire le rattachement des dépenses et l'envoi en temps utile des mandats destinés à couvrir les comptables de leurs avances.

Mais, d'autre part, il lui importe d'être tenu au courant de la situation financière des établissements d'outre-mer, de façon à pouvoir, au besoin, prévenir tout désordre et être en même temps en mesure de donner aux commissions de finances les renseignements qui lui sont demandés sur les ressources de chaque établissement ainsi que sur le règlement des exercices.

Les articles 104, 105 du décret prescrivent l'envoi, sous une forme sommaire, de documents périodiques établis par trimestre. J'attache un grand intérêt à ce que ces documents me parviennent très régulièrement.

Aux termes de l'article 105, ils doivent présenter, en outre, et séparément, la situation des fonds de réserve avec le détail des opérations faites pendant le trimestre au compte de ce fonds.

CHAPITRE XII. — CLOTURE DES EXERCICES POUR LE SERVICE LOCAL.

Des difficultés se sont élevées à différentes reprises au sujet du terme de déchéance des créances non réclamées. L'article 94 du décret a pour objet de rappeler les dispositions de l'article 45 de l'ordonnance du 22 novembre 1841, dispositions qui ont été confirmées par un arrêt récent du Conseil d'État.

CHAPITRE XIII. — FONDS DE RÉSERVE DU SERVICE LOCAL.

Il n'est rien changé quant à la fixation de l'avoir des fonds de réserve des colonies. L'article 98 ne contient qu'une nomenclature en harmonie avec l'état de choses actuel et fixe le fonds de réserve de la Cochinchine au chiffre de 9 millions.

CHAPITRE XIV. — COMPTABILITÉ DU SERIVCE LOCAL DES COLONIES.

Les articles de ce chapitre retracent les dispositions arrêtées à l'égard des écritures à suivre par l'administration centrale pour le service local.

Ainsi qu'on le remarquera, les Directeurs de l'Intérieur sont dispensés d'établir les relevés généraux qui étaient autrefois réclamés par l'article 106 du décret du 26 septembre 1855, puisque les relevés trimestriels fournis en vertu des articles 104 et 105 doivent présenter nécessairement les résultats des opérations antérieures et donner à la clôture de l'exercice la situation qu'avaient pour objet d'indiquer les relevés généraux dont il est question.

Le même chapitre indique, en outre, les livres qui doivent être tenus par les Directeurs de l'Intérieur, en rappelant que ces livres seront arrêtés au terme fixé pour la clôture de chaque exercice. Mais, en même temps, on a porté à trois mois le délai dans lequel doivent être présentés les comptes d'exercice produits par les Directeurs de l'Intérieur, celui d'un mois qui était assigné anciennement ayant été reconnu insuffisant.

Enfin, par suite de la suppression de l'intervention qui avait été dévolue jusqu'ici à l'ordonnateur dans la comptabilité du service local, le nouveau décret a remis à la commission, composée comme il est dit à l'article 141, le soin d'examiner le compte des Directeurs de l'Intérieur et aux conseils privés celui de déclarer, d'après le rapport de cette commission, la conformité des chiffres contenus dans le compte administratif et dans le compte de gestion des trésoriers-payeurs.

TITRE III. — SERVICE DES COMMUNES ET DES ÉTABLISSEMENTS PUBLICS.

CHAPITRE Ier ET CHAPITRE II. — SERVICE DES COMMUNES ET DES ÉTABLISSEMENTS DE BIENFAISANCE.

Comme conséquence de l'article 4 du décret du 15 septembre 1882, le maire n'a plus à exercer de surveillance sur la comptabilité des receveurs municipaux.

Aux termes de cet article et par application des principes qui confient obligatoirement ces fonctions aux percepteurs, cette surveillance est dévolue au trésorier-payeur qui dirige seul, et sous sa responsabilité, son service et celui des payeurs particuliers, préposés ou percepteurs dans toutes leurs parties. Pour prévenir toute difficulté sur ce point, l'article 123 du décret spécifie la part d'action revenant aux maires, en ce qui concerne les opérations communales.

Ces dispositions sont conformes aux règles adoptées à cet égard dans la métropole.

Par contre, il était inutile d'insérer dans ce titre le droit de surveillance du trésorier payeur et trésoriers particuliers sur les dépenses communales, ce droit devant être mentionné au chapitre II du titre VI du décret où il est parlé spécialement de ces deux comptables.

Enfin, l'article 129 nouveau stipule que le comptable supérieur, qui est responsable, devra désormais apposer son visa sur les comptes des receveurs municipaux.

TITRE IV. — SERVICE DE TRÉSORERIE.

CHAPITRE Ier. — SERVICE DES MOUVEMENTS DE FONDS.

Le service des mouvements de fonds a subi une modification profonde. Il y avait à prononcer entre deux systèmes en vigueur : celui qui a été adopté par le décret du 26 septembre 1855 et qui rendait obligatoire l'intervention du Ministre de la marine, et celui qui fonctionne en Cochinchine en vertu du décret du 15 mai 1874 et qui rend indépendante l'action du Ministre des finances.

Le Département des finances n'a pas hésité à réclamer l'entière responsabilité de l'alimentation des caisses et il a insisté pour qu'on étendît à toutes les colonies — en ce qui touche les mouvements de fonds — les règles formulées pour la Cochinchine dans le décret du 15 mai 1874. C'est cette manière de voir qui a prévalu.

En fait, le système est appliqué depuis huit ans en Cochinchine sans le moindre inconvénient, et il se trouve aujourd'hui plus en harmonie avec les dispositions du décret du 15 septembre 1882. D'autre part, il est évident que le concert entre les deux Ministres est superflu en temps normal, et que la force même des choses l'établira dans les circonstances exceptionnelles.

Le nouvel article 133 a donc été tiré de l'article 13 du décret du 15 mai 1874.

Le Ministre des finances n'aura à s'entendre avec le Ministre de la marine que lorsque les expéditions devront avoir lieu par bâtiments de l'État.

CHAPITRE II. — SERVICES SPÉCIAUX.

Pour les mêmes raisons, il n'y avait plus à faire intervenir les agents du Département de la marine dans les formalités d'envoi et de réception des fonds et la commission a dû adopter pour cette partie du service les règles tracées pour la France et pour l'Algérie, les Directeurs de l'Intérieur devant exercer dans les colonies les attributions qui sont confiées aux préfets des départements pour les opérations de l'espèce.

CHAPITRE III. — CORRESPONDANTS DU TRÉSOR.

Deux modifications de détail ont été introduites dans ces trois chapitres. Conformément à des instructions déjà données, les opérations effectuées pour le compte de l'établissement des Invalides devront être classées aux « correspondants du Trésor ». Par contre, on n'a pas eu à faire mention des opérations effectuées pour le compte de la Caisse des dépôts et consignations, cet établissement ayant aujourd'hui des préposés dans toutes les colonies.

CHAPITRE IV. — CORRESPONDANTS ADMINISTRATIFS, ETC.

Une disposition de principe a été ajoutée aux règles tracées pour l'ouverture des comptes à des correspondants administratifs. Il a été reconnu qu'il a été fait abus de ce moyen de trésorerie, et que des avances ainsi engagées depuis longtemps n'ont pu être encore régularisées. Il a paru, par suite, indispensable de soumettre l'ouverture des comptes dont il s'agit à l'autorisation du Ministre des finances, ou, en cas d'urgence, à celle du Gouverneur. Cette faculté n'est d'ailleurs accordée au chef de la colonie que pour les dépenses pour lesquelles il existe des crédits aux budgets des différents départements ministériels. Lorsqu'il s'agira de dépenses nouvelles non prévues par les lois de finances, le paiement ne pourra en être autorisé qu'après entente entre le Ministre de la marine et des colonies et le Ministre des finances.

TITRE V. — EXAMEN ET CONTROLE ADMINISTRATIF ET JUDICIAIRE DES COMPTABILITÉS COLONIALES.

CHAPITRE Ier. — EXAMEN ET CONTROLE ADMINISTRATIF.

La seule modification qui soit à mentionner ici est relative au remplacement du contrôleur par un membre du conseil privé dans la commission qui est chargée de rapprocher les comptes administratifs des écritures des trésoriers payeurs.

CHAPITRE II. — CONTROLE JUDICIAIRE DE LA COUR DES COMPTES.

L'inspecteur des services administratifs et financiers ne pouvait être désigné pour cette fonction, le caractère de ses attributions s'opposant à ce qu'il fît partie de ces commissions, aux réunions desquelles il a d'ailleurs le droit d'assister quand il le juge convenable.

TITRE VI. — SERVICES DES AGENTS ET COMPTABLES CHARGÉS DE DIRIGER L'ASSIETTE ET LA PERCEPTION DES PRODUITS LOCAUX.

CHAPITRE Ier. — DISPOSITIONS GÉNÉRALES RELATIVES AUX AGENTS CHARGÉS DE L'ASSIETTE ET DE LA PERCEPTION DES PRODUITS LOCAUX.

La constitution des chefs de service et la division des attributions entre eux ne sont pas établies d'une manière uniforme dans toutes les colonies et la variété des exigences de chacune d'elles ne permet pas d'ailleurs de créer cette uniformité. Le nouveau décret ne pouvait donc que tenir compte de cet état de choses. A l'énumération des produits figure distinctement le recouvrement des amendes qui, en France, a été enlevé à l'administration de l'enregistrement pour être confié aux percepteurs.

CHAPITRE II. — SERVICE DES COMPTABLES DES DENIERS PUBLICS.

§ 1er. — *Trésoriers-payeurs et trésoriers particuliers.* — L'article 155 du décret laisse au Ministre des finances le soin de pourvoir à la nomination des trésoriers payeurs et des trésoriers particuliers. Mais il conserve au Ministre de la marine le droit de donner son avis sur la nomination de ces comptables.

Les cautionnements n'ont varié qu'en ce qui concerne les trésoriers-payeurs et les trésoriers particuliers des colonies de la Martinique, de la Guadeloupe et de la Réunion.

En raison de l'élévation des budgets de ces colonies, le cautionnement des trésoriers-payeurs a paru devoir être porté à 100,000 francs, et celui des trésoriers particuliers a été élevé à 20,000 fr.

Il n'est point déterminé de cautionnement pour les comptables de Cochinchine. Le décret maintient les dispositions du paragraphe 1er de l'article 20 du décret du 15 mai 1874, qui laissent au Ministre des finances le soin de fixer par arrêté le chiffre de ces cautionnements.

En ce qui touche l'obligation imposée au trésorier-payeur en cas de débet d'un trésorier particulier, le décret se borne à appliquer les règles édictées pour la métropole par l'article 329 du décret du 31 mai 1862 et laisse, par suite, le Ministre des finances statuer dans tous les cas, sous la réserve que le Ministre de la marine et des colonies devra être consulté quand le débet portera sur le service local.

Par analogie également avec les règles adoptées dans la métropole, le soin de procéder à l'installation de ces comptables et le visa des récépissés à talon ont été confiés au Directeur de l'Intérieur.

Les remises qui sont allouées aux trésoriers en dehors de leurs émoluments figurant à la section des dépenses facultatives d'après le sénatus-consulte du 4 juillet 1866, il n'y avait plus lieu de reproduire le dernier paragraphe de l'article 200 du décret du 26 septembre 1855 qui classait les crédits nécessaires parmi les dépenses obligatoires.

§ 2 à 5. — *Percepteurs et receveurs des communes, etc., receveurs comptables des postes, receveurs de l'Enregistrement.* — Le Département des finances étant chargés de diriger la comptabilité des produits, et leur centralisation entre les mains du trésorier-payeur rendu indépendant, et la responsabilité du comptable supérieur étant engagée vis-à-vis des percepteurs, le nouveau décret ne pouvait — sans compromettre le principe de cette responsabilité — continuer à laisser aux Directeurs de l'Intérieur le soin de la présentation des percepteurs. En conséquence, il dispose que ces comptables seront nommés par le gouverneur, sur la proposition du trésorier-payeur et sous la seule condition de l'agrément préalable du trésorier particulier duquel ils devront relever. Pour la même raison, il supprime l'intervention du Directeur l'Intérieur en ce qui touche la fixation du cautionnement des percepteurs. Les cautionnements seront déterminés par des arrêtés du Gouverneur pris sur la proposition du trésorier-payeur ; ce comptable n'ayant pas accès au Conseil privé, la commission a supprimé la condition que les arrêtés dont il s'agit dussent être pris en conseil, mais ils continueront à être soumis à l'approbation du Ministre de la marine, qui statuera après avoir demandé l'avis du Ministre des finances.

Mais si l'initiative des propositions à ces différents titres appartient au trésorier-payeur, rien n'interdit au Gouverneur de consulter le Directeur de l'Intérieur sur les nominations qui lui sont proposées par le comptable comme aussi sur le chiffre des cautionnements à imposer.

Je ne puis que le répéter, l'indépendance du trésorier-payeur relativement au Directeur de l'Intérieur ne permettait pas de subordonner ses présentations à l'avis de ce dernier fonctionnaire.

En ce qui touche la fixation des allocations des percepteurs, l'approbation des arrêtés du Gouverneur par le Ministre de la marine a paru pouvoir être supprimée dans les établissements qui ont un Conseil général, mais vous remarquerez que le mot « allocations » a été remplacé par ceux de remises proportionnelles », afin de prévenir toute distribution arbitraire.

La rédaction de l'article 212 du décret du 26 septembre 1855 avait fait naître la question de savoir si, en cas de déficit ou de débet d'un receveur municipal, la responsabilité du trésorier particulier de l'arrondissement était seule engagée ou si le trésorier-payeur devait contribuer à en couvrir le montant dans le cas où les ressources du trésorier particulier n'y suffiraient pas. Un débat s'était récemment élevé sur ce point entre le Ministère des finances et le Ministère de la marine, à l'occasion d'un débet de l'espèce constaté à la Réunion.

Le décret contient une rédaction de nature à prévenir le retour de ces difficultés et a posé en principe la double garantie de la responsabilité des deux comptables ; seulement, par analogie avec les dispositions adoptées dans la métropole, il attribue au ministère des finances le droit de statuer sur les demandes en décharge, après avis du ministre de la marine et des colonies et celui de la section des finances du Conseil d'État.

L'article 190 détermine les conditions dans lesquelles est fixé le montant des prélèvements à opérer à titre de frais de gestion sur les recettes appartenant aux communes, hospices, etc.

Les arrêtés pris au sujet de ces opérations essentiellement communales ne sont pas soumis à l'approbation du ministre de la marine et des colonies.

CHAPITRE III. — Dispositions communes a tous les comptables.

Étant donnée la nouvelle organisation, il fallait déterminer par quelle autorité la situation des caisses et des portefeuilles serait constatée. Le décret contient à cet égard une rédaction conforme à l'état de choses créé en Cochinchine par le décret du 15 mai 1874.

La situation des caisses et des portefeuilles des comptables sera donc vérifiée aux époques voulues par un fonctionnaire délégué par le gouverneur et sera constatée par un procès-verbal.

L'article 209 décrit, relativement au service des contributions directes, les opérations d'apurement des rôles.

Rien n'a été changé, sous ce rapport, aux règles définies par les circulaires des 4 juillet et 30 septembre 1873 émanant des Départements de la marine et des finances.

L'article 214 dispose que les arrêtés à intervenir, après la promulgation du présent décret, au sujet du mode de poursuites relatif à chaque nature d'impôt, ne seront exécutoires, à l'avenir qu'après approbation du ministre de la marine.

TITRE VII. — Attributions de l'inspection des services administratifs et financiers de la marine et des colonies, en ce qui touche le service financier des colonies.

Le décret se borne à rappeler sous ce titre que l'inspection mobile et l'inspection permanente des services administratifs et financiers de la marine et des colonies exercent aux colonies les attributions qui leur sont conférées par le décret du 23 juillet 1879.

Dans les colonies où il n'y a pas d'inspecteurs permanents, le Directeur de l'Intérieur et, à défaut, un officier ou fonctionnaire désigné par le gouverneur exercera les attributions dévolues à l'inspection par les articles 10 § 5 et 12 du décret sus-visé.

TITRE VIII. — Correspondance du ministre de la marine et des colonies et du ministre des finances avec les agents du service financier des colonies.

Dorénavant, les trésoriers-payeurs correspondront directement avec le ministre des finances pour tout ce qui concerne leur service. Ils n'auront donc plus à soumettre cette corespondance aux gouverneurs ni à leur en donner des copies.

Le ministre des finances et le ministre de la marine et des colonies ont réservé aux affaires ayant un caractère général ou aux questions intéressant le régime financier des colonies, l'entente réciproque qui doit exister entre eux pour assurer l'unité de vues dans les instructions à adresser aux administrations coloniales et au trésorier-payeur.

Les dispositions du présent décret étant applicables à partir du 1er janvier 1883, je vous prie de faire promulguer cet acte dès sa réception et de lui donner la publicité qu'il comporte.

Je vous en envoie un certain nombre d'exemplaires en vous priant de les répartir entre les différents services publics de la colonie.

Vous voudrez bien me saisir de toutes les difficultés qui pourraient surgir dans son application afin que je puisse les résoudre par des instructions complémentaires.

Jauréguiberry.

(18 avril 1883)

DÉP. M. *au sujet de la régularisation des avances faites par la métropole au service local des colonies.*

ARCH. GOUV.

Malgré les recommandations adressées à différentes reprises aux administrations coloniales dans le but de les engager à activer le plus possible la régularisation des avances faites par la Métropole au service local des colonies, j'ai eu lieu de constater que certaines d'entre elles laissaient accumuler le montant de ces avances dans une proportion s'écartant sensiblement de celle admise par la circulaire ministérielle du 13 octobre 1877.

Actuellement le découvert afférent à la colonie de la Cochinchine qui s'élève à 885.576 fr. 07, comprenant les paiements effectués en France depuis le 1er juillet 1882, porte sur 8 mois, alors que la circulaire en question a fixé à 4 mois la période nécessaire à la colonie pour recevoir les pièces de paiement et pour laisser ensuite à l'administration locale le temps de faire parvenir en France les mandats de régularisation.

Il peut se faire que le chiffre des avances fixé par la circulaire du 13 octobre 1877 ne se trouve plus en rapport avec les besoins des colonies, et, par suite, ce chiffre ne saurait être considéré comme une base absolue. Mais il m'est impossible de consentir à augmenter la période de temps qui a été déterminée pour la régularisation des avances et je vous prie, en conséquence, d'inviter le Directeur de l'Intérieur à rentrer dans la règle le plus tôt possible. Je vous prierai, en outre, de veiller personnellement à ce que tous les mandats qui pourraient se trouver en retard me soient adressés dans le plus bref délai.

DISLÈRE.

(29 juin 1883)

DÉP. M. *prescrivant d'envoyer régulièrement à l'appui des comptabilités des trésoriers-payeurs, le compte administratif du service local ainsi que l'arrêté du chef de la colonie portant règlement définitif de ce compte.*

ARCH. GOUV.

La Cour des comptes a constaté que depuis plusieurs années les comptabilités des trésoriers-payeurs n'étaient pas toujours très régulièrement appuyées du compte administratif du service local ainsi que de l'arrêté du chef de la colonie, portant règlement définitif de ce compte.

Il importe de remarquer que l'absence de ce document nécessaire au contrôle judiciaire laisse une lacune regrettable et a pour conséquence de perpétuer des injonctions qui retardent forcément la libération des comptables.

Afin d'éviter les inconvénients qui peuvent se produire sous ce rapport, je vous rappelle qu'il est indispensable que l'on se conforme très exactement aux prescriptions imposées pour la reddition des comptes de manière à pouvoir en hâter la publication et en joindre, soit un exemplaire, soit une copie, à l'appui de la comptabilité du trésorier-payeur.

BRUN.

(30 juin 1883)

DÉP. M. *au sujet des cessions de chapitre à chapitre. — Instructions relatives à leur régularisation.*

B. M. p. 951.

(31 juillet 1883)

CIRC. M. (*finances*) *Instructions complémentaires concernant l'exécution du décret du 20 novembre 1882 sur le régime financier des colonies.*

B. C. p. 344.

L'organisation administrative des colonies a été modifiée par les décrets des 15 septembre et 3 octobre 1882 ; les attributions de direction et de surveillance de tous les services administratifs et financiers des colonies, précédemment exercées par l'ordonnateur, sont supprimées ; l'administration des services militaires et maritimes est dévolue, comme en France, à un officier du commissariat qui prend le titre de chef du service administratif de la marine, et celle des services civils ressortissant au budget de l'État est confiée au Directeur de l'Intérieur. Enfin, le trésorier-payeur dirige seul, sous sa responsabilité, son service et celui de ses préposés, et ne relève dans la colonie que du Gouverneur.

Un changement aussi considérable dans la situation respective des fonctionnaires coloniaux a eu pour conséquence la révison du décret du 26 septembre 1855 sur le régime financier des colonies, dont un grand nombre de dispositions se trouvaient abrogées. Le décret du 20 novembre 1882 a pourvu aux moyens d'exécution du nouveau mode d'administration adopté pour les colonies, et a tracé les règles qui devront désormais être suivies tant par les administrateurs que par les comptables. Les principales innovations consacrées par ce décret ont été l'objet d'explications contenues dans l'instruction du Ministre de la marine du 12 décembre 1882, mais quelques modifications portant sur des points de détail restent encore à déterminer. J'invite en conséquence les trésoriers coloniaux à se conformer aux dispositions ci-après :

Les crédits concernant les dépenses du budget du Ministre de la marine acquittées aux colonies étant délégués à plusieurs ordonnateurs secondaires (article 6 du décret du 20 novembre 1882), les trésoriers payeurs tiendront, pour chaque ordonnateur, un carnet spécial des crédits reçus et des payements effectués sur ces crédits. Ils porteront néanmoins dans leurs écritures toutes les dépenses faites sur mandat de payement des divers ordonnateurs à un compte collectif par exercice, intitulé: *Ordonnances de délégation du Ministère de la marine et des colonies (exercice)*. Ce compte figurera sur la balance parmi les comptes de dépenses publiques, aux lieu et place du compte *Mandat de payement de l'ordonnateur (exercice)*, qui est supprimé.

L'inscription des mandats payés continuera d'être faite sur un livre de détail unique, comprenant toutes les dépenses du Ministère de la marine et des colonies pour chaque exercice en cours d'exécution ; mais les trésoriers-payeurs auront soin de présenter sur ce livre, distinctement par ordonnateur, le total des payements faits chaque jour sur chaque article de dépense. Ces totaux seront ensuite rapportés sur le carnet des crédits et des payements, spécial à l'ordonnateur qui aura émis les mandats de payement.

Dans le cas où des crédits seraient délégués à plusieurs ordonnateurs sur un même chapitre ou article de dépense, les trésoriers-payeurs devraient, en fin de mois, faire une récapitulation des payements concernant ces chapitres et articles, d'après le carnet spécial à chaque ordonnateur, afin d'établir le bordereau de développement des dépenses du Ministère de la marine et des colonies, qui devra présenter comme par le passé, en un seul chiffre, le montant par chapitre des payements effectués pendant le mois.

Les bordereaux de détail des payements continueront d'être établis, et les acquits d'être classés par chapitre et article de dépense, sans aucune distinction par ordonnateur.

Aux termes de l'article 12 du décret, les ordonnateurs délivrent, chacun en ce qui concerne son service, les ordres de recette et de reversement dont le recouvrement doit être opéré au profit de l'État, et ils en remettent à la fin du mois un bordereau détaillé au trésorier-payeur. L'émission simultanée par les différents ordonnateurs de titres concernant la même nature de recette, nécessite la tenue par le trésorier-payeur de carnets de situations de recouvrements distincts par ordonnateur et l'établissement d'un nombre égal de bordereaux mensuels comparatifs des titres mis en recouvrement avec les réalisations opérées (modèles nos 1 et 3 de la circulaire du 28 octobre 1869).

Afin de permettre de s'assurer de l'accord qui doit exister entre le montant des recettes portées sur ces bordereaux (colonnes 11 et 14) et le chiffre figurant sur la balance au crédit de chaque compte intéressé, les trésoriers-payeurs dresseront chaque mois une fiche récapitulative conforme au modèle no 1 ci-après, dans laquelle ils renfermeront les bordereaux comparatifs. 50 exemplaires de cette fiche récapitulative sont envoyés d'office aux comptables, qui devront ensuite s'approvisionner eux-mêmes selon les besoins de leur service.

Aux termes de la circulaire de la Direction générale de la comptabilité publique du 30 avril 1874 et du *Bulletin mensuel de l'administration des postes*, no 60 complémentaire, les ordonnateurs aux colonies étaient chargés de remplir les fonctions attribuées aux directeurs des postes dans les départements, en ce qui concerne le service des mandats d'articles d'argent.

Désormais, les trésoriers payeurs exerceront seuls la direction et la surveillance de ce service ; ils adresseront en conséquence directement, au Département des postes et des télégraphes, les demandes d'approvisionnement des registres de mandats ou d'imprimés qui leur seront nécessaires. A la fin de chaque quinzaine, lors de la réception des pièces justificatives des recettes et des dépenses effectuées par le trésorier particulier et par les percepteurs, ils procéderont à la vérification indiquée

(1) Une dépêche ministérielle du 6 octobre 1833 recommande la transmission régulière, chaque mois, du bordereau financier (V. Arch. Gouv.).

aux articles 1,404, 1,405 et 1,472 de l'instruction générale des postes, et ils enverront ensuite directement, au Ministère des postes et des télégraphes (bureau des articles d'argent), ces justifications accompagnées de leur propre comptabilité : ils y joindront des certificats nº 263 pour la recette et nº 275 pour la dépense, conformément à l'article 1,406 de la même instruction ; ces certificats ne seront établis qu'en simple expédition.

Les augmentations et les diminutions de recette et de dépense qu'il y aura lieu de constater dans leurs écritures, par suite des arrêtés de vérification du Département des postes et télégraphes, seront notifiées aux trésoriers-payeurs, qui en tiendront compte dans leur prochain envoi et en aviseront les préposés dont ces arrêtés concerneraient les opérations.

Les certificats destinés à justifier à la Cour des comptes les recettes et les dépenses, les mandats d'articles d'argent, seront remis à la fin de chaque gestion, par le Ministère des postes et télégraphes, à la Direction générale de la comptabilité publique, qui les annexera aux comptes de gestion des trésoriers coloniaux. Afin que le montant de ces certificats concorde avec le total des opérations inscrites sur le compte final, je rappelle aux trésoriers payeurs qu'ils doivent passer écriture, sur le journal supplémentaire de la gestion expirée, de toutes les opérations effectuées jusqu'au 30 juin tant par le trésorier particulier que par les percepteurs.

Bien que les décrets des 15 septembre et 3 octobre 1882 aient confié aux trésoriers-payeurs la direction exclusive du service du trésor, l'importance des encaisses des trésoriers-payeurs et des trésoriers particuliers des colonies exige, tant dans l'intérêt de l'État que dans celui des comptables eux-mêmes, le maintien de caisses ou caveaux de sûreté munis de plusieurs serrures différentes ; mais il a paru qu'on pouvait sans inconvénient réduire à deux le nombre des détenteurs des clefs qui, jusqu'à présent, était fixé à trois. A la suite d'une correspondance échangée entre les deux Départements de la marine et des colonies et des finances, il a été décidé que deux clefs resteront désormais en la possession du comptable. La troisième clef de la caisse de sûreté du trésorier payeur sera remise au Directeur de l'Intérieur, déjà chargé du contrôle des opérations de mouvements de fonds et du visa des récépissés à talon (articles 134 et 175 du décret du 20 novembre 1882). En ce qui concerne le service du trésorier particulier, le détenteur de la troisième clef sera le fonctionnaire délégué par le Directeur de l'Intérieur ou, à défaut, le chef du service de la marine dans la localité.

Enfin, il a été reconnu que les raisons qui ont motivé la création de caisses de sûreté chez les comptables supérieurs n'avaient pas lieu d'être invoquées pour le service des percepteurs. L'encaisse des percepteurs est généralement peu considérable, et il appartient d'ailleurs au trésorier-payeur et au trésorier particulier, responsables de la gestion et chargés de la surveillance de ces comptables subordonnés, de leur imposer, s'ils le jugent convenable, l'obligation de faire des versements plus fréquents. Les caisses de sûreté qui existeraient chez les percepteurs devront donc être supprimées.

Les circulaires des 23 janvier 1872, paragraphe 11, et 3 avril 1873, paragraphe 8, avaient autorisé les trésoriers-payeurs des colonies desservies par les paquebots français à correspondre directement avec le Ministre des finances ; mais les éléments de compte mensuels ainsi que les comptes de gestion et leurs annexes devaient continuer d'être transmis au Département de la marine par l'intermédiaire de l'ordonnateur. Ces restrictions sont abrogées par l'article 223 du décret du 20 novembre 1882, qui confère d'une manière générale aux trésoriers-payeurs des colonies le droit de correspondre directement avec le Ministre des finances pour tout ce qui concerne leur service.

Les comptables adresseront en conséquence, désormais, au Département des finances les divers documents de comptabilité mensuelle, accompagnés des pièces justificatives des recettes et des dépenses, ainsi que les comptes de gestion et leurs annexes. Ces pièces ne seront plus renfermées dans des caisses, on en formera des liasses en aussi grand nombre que l'importance de l'envoi le comportera, qui seront confiées au service des postes et soumises à la formalité du chargement. Chaque liasse sera renfermée dans une double enveloppe de papier fort et ficelée intérieurement et extérieurement.

Sur l'enveloppe intérieure sera collée une étiquette (modèle nº 2 ci-après) énonçant le nombre total des liasses composant l'envoi, le numéro d'ordre de la liasse et le détail des pièces et documents qui y sont contenus. J'invite les trésoriers-payeurs à se conformer rigoureusement, en envoyant leur comptabilité mensuelle, aux prescriptions de la circulaire du 30 septembre 1873, paragraphe 6, tant pour le classement des pièces dans chaque liasse que pour l'ordre des liasses elles-mêmes.

L'enveloppe extérieure sera revêtue d'une étiquette (modèle nº 3) sur papier rouge, contenant les mêmes indications que l'étiquette intérieure, relativement au numéro d'ordre de la liasse et à l'importance de l'envoi, et mentionnant en outre le numéro du chargement à la poste.

J'adresse à chaque trésorier-payeur, à titre de premier approvisionnement, cent étiquettes de chaque modèle.

Je recommande aux comptables, dans l'intérêt de leur responsabilité, de surveiller avec beaucoup de soin la confection des liasses, afin d'éviter que des pièces soient détériorées ou perdues pendant le transport.

Le contrôle des opérations des trésoriers-payeurs et leur centralisation dans les écritures de la comptabilité publique exigent que les envois des éléments de compte mensuels et des comptes de gestion soient faits avec la plus grande régularité ; les trésoriers se renfermeront en conséquence dans les délais indiqués ci-après :

1° Les éléments de compte mensuels seront envoyés par le premier courrier partant après le 15 du mois qui suivra celui auquel les documents se rapporteront ; un délai supplémentaire, qui ne pourra dépasser un mois, est accordé pour l'envoi des opérations du mois de juin, afin de permettre la centralisation par le trésorier-payeur, dans les écritures de la gestion expirée, des recettes et des dépenses effectuées jusqu'au 30 juin par le trésorier particulier et par les percepteurs ;

2° Quant aux comptes de gestion, ils seront transmis dans les trois mois qui suivent soit la clôture de l'exercice applicable au budget de l'État pour la première partie, soit la clôture de la gestion pour la deuxième partie (article 204 du décret du 20 novembre 1882). Toutefois, je renouvelle l'autorisation accordée aux trésorierspayeurs -par la circulaire du 31 décembre 1865, paragraphe 3, de surseoir à l'envoi de la deuxième partie du compte final jusqu'à la réception des avis de débit et de crédit établis par la caisse des dépôts et consignations pour le dernier mois de la gestion, à la condition que, même pour les colonies les plus éloignées, le compte me parvienne avant la fin du mois de janvier ; cette autorisation s'applique également pour le compte de la Légion d'honneur. Les trésoriers auront donc soin d'établir leur compte et ses annexes dans les délais réglementaires, afin de pouvoir m'en faire l'envoi dès qu'ils connaîtront les chiffres admis par la caisse des dépôts et consignations et par la grande chancellerie.

J'invite les trésoriers-payeurs à ne pas s'écarter des limites qui viennent d'être fixées, et je les préviens que je n'hésiterai pas à signaler au Ministre les comptables qui seraient en retard et entraveraient ainsi, par leur négligence, les travaux de l'administration des finances.

La présente circulaire est adressée aux trésoriers-payeurs au nombre de trois exemplaires pour leurs bureaux et de deux pour chaque trésorerie particulière.

C. Couder.

(18 décembre 1883)

CIRC. M. (*Extrait*). *Envoi du rapport de M. Arthur Leroy, député, sur le budget des colonies. — Rappel des instructions ministérielles des 3 et 4 novembre 1882 sur l'établissement du budget (service colonial). — Recommandations au sujet de l'envoi au Département du budget local et des bordereaux financiers.* (1)

B. C. 1884, p. 11.

J'ai l'honneur de vous transmettre ci-inclus cinq exemplaires du rapport. . . . .

. . . .

D'un autre côté, malgré les recommandations plusieurs fois répétées du Ministre, le budget local de l'exercice courant, le règlement de l'exercice précédent, la situation de la caisse de réserve parviennent souvent au Ministère de la marine avec des retards justement critiqués par la Chambre. J'invite MM. les gouverneurs à m'envoyer ces documents avec plus de diligence, pour que je sois moi-même en mesure de satisfaire en temps utile aux demandes de la commission de budget. En particulier, le budget local doit m'être transmis dès qu'il est imprimé. Vous porterez à trente le nombre des exemplaires qui seront fournis au Département pour chaque exercice. Tout envoi de documents fera l'objet d'une lettre spéciale.

J'ajouterai que le Ministère ne reçoit pas régulièrement les bordereaux financiers du service local. Je désire qu'ils me soient adressés mensuellement et qu'ils comprennent toujours les opérations concernant la caisse de réserve.

Je vous prie de m'accuser réception de la présente circulaire.

Félix Faure.

(1) V. *infrà*, Dép. M. 23 mai 1884.

(13 mai 1884)

CIRC. M. *au sujet du classement dans les dépenses obligatoires du budget local de certains frais occasionnés par les opérations électorales (frais d'impression des cadres pour la formation des listes électorales et des listes des assesseurs). — Demande d'avis.*

ARCH. GOUV.

Vous trouverez au *Journal officiel* du 25 avril dernier un décret du 22 du même mois aux termes duquel les frais d'impression des cadres pour la formation des listes électorales et des listes des assesseurs sont compris au nombre des dépenses obligatoires du budget local ; en vertu du même acte, les frais de conservation des archives communales, ceux des assemblées électorales qui se tiennent dans les communes et ceux des cartes électorales ont été déclarés obligatoires pour les communes.

Avant de provoquer un décret étendant à l'ensemble de nos établissements d'outre-mer les dispositions qui précèdent et qui sont empruntées à la législation de France, je vous serai obligé de me faire connaître l'avis de votre administration au sujet de cette mesure.

FÉLIX FAURE.

(23 mai 1884)

DÉP. M. *Production des bordereaux d'opérations concernant le service local des colonies.*

ARCH. GOUV.

J'ai été consulté par plusieurs administrations coloniales sur le point de savoir si, en exécution des prescriptions de la circulaire du 18 décembre 1883, il y avait lieu de transmettre chaque mois les bordereaux relatifs aux opérations accomplies sur le service local des colonies.

J'ai l'honneur de vous faire connaître qu'aucune modification n'a été apportée à cet égard aux dispositions des articles 104 et 105 du décret du 20 novembre 1882. En conséquence, les bordereaux dont la production est prescrite par lesdits articles doivent m'être adressés pour chaque trimestre.

ALBERT GRODET.

(1er août 1884)

CIRC. M. *prescrivant de faire parvenir au département l'état de développement des dépenses du service colonial, le 1er septembre au plus tard de la deuxième année de l'exercice.*

B. C. p. 362.

Une circulaire, en date du 21 mars 1864, a fait connaître aux administrations coloniales qu'elles devaient faire parvenir au Département de la marine l'état de développement des dépenses du service colonial, le 1er septembre au plus tard de la deuxième année de l'exercice.

En raison de l'obligation qui est faite aux différents départements ministériels de présenter leurs comptes dans les délais réglementaires, il importe que les prescriptions que je viens de rappeler soient rigoureusement observées. Ainsi que vous le savez, les documents que les administrations locales me transmettent doivent servir à compléter les comptes du Département de la marine ; par suite, le retard d'une seule colonie peut compromettre le travail dans son ensemble. Les administrations ne doivent donc rien négliger pour éviter au Département de la marine toute difficulté à cet égard.

Comme vous le remarquerez d'ailleurs, aux colonies, les écritures d'un exercice doivent être arrêtées définitivement le 31 mars de la deuxième année ; il reste par conséquent, jusqu'au 1er septembre, une période de six mois, qui est largement suffisante pour l'établissement du compte financier et son envoi.

J'attacherai un grand intérêt à ce que la présente recommandation soit constamment observée, et je vous prie d'y veiller personnellement.

ALBERT GRODET.

(4 octobre 1884)

DÉP. M. *Envoi au service des colonies du bordereau des opérations accomplies chaque mois sur les crédits délégués au Directeur de l'Intérieur.*

ARCH. GOUV.

En répondant le 16 août dernier à ma dépêche circulaire du 5 juillet, n° 9, vous avez cru devoir me fournir quelques explications au sujet du mode de procéder qui est suivi par l'administration locale pour l'envoi au Département de la marine et des colonies des bordereaux concernant les opérations accomplies chaque mois sur les crédits délégués au Directeur de l'Intérieur.

J'ai l'honneur de vous faire connaître que j'ai constaté, en effet, que l'administration de la Cochinchine fournissait très régulièrement pour le service de l'Intérieur le bordereau prescrit par l'article 18 du décret du 20 novembre 1882, mais je dois vous faire remarquer que cette pièce, que la direction de la comptabilité générale a intérêt à recevoir, ne contient qu'un exposé sommaire des opérations, tandis que le bordereau qui doit être fourni au service des colonies est celui qui est réclamé par une circulaire du 14 mai 1858 et que produit très régulièrement le chef du service administratif. Ce bordereau doit présenter les opérations par subdivision de chapitre, d'article et de paragraphe, conformément aux détails du budget.

Veuillez, je vous prie, tenir compte de ces recommandations et veiller à ce qu'à l'avenir ce document me parvienne régulièrement. En raison de l'époque avancée de l'exercice 1884, il me suffira d'avoir un bordereau résumant les opérations accomplies jusqu'au 1er septembre, les suivants devront être établis par mois.

FÉLIX FAURE.

(8 octobre 1884)

CIRC. M. *Les prestations de 3. p. 100 dévolues à la caisse des Invalides, sur les dépenses à la charge des budgets locaux des colonies, ne peuvent être ordonnancées que par les Directeurs de l'Intérieur, seuls odonnateurs desdits budgets.*

B. C. p. 453.

Je suis informé que quelques ordonnateurs de la Métropole, s'appuyant sur les termes de l'avant-dernier paragraphe de ma circulaire du 31 mai dernier, effectuent eux-mêmes le versement trimestriel, à la caisse des Invalides, des retenues du 3 p. 100 à l'infini sur les dépenses qu'ils liquident au net pour le compte des budgets locaux des colonies.

J'ai l'honneur de vous faire remarquer que, d'après les articles 55, 65 et 70 du décret du 20 novembre 1882 sur le régime financier dans nos possessions d'outre-mer, les dépenses effectuées hors des colonies auxquelles elles appartiennent ne constituent que des opérations de trésorerie et ne peuvent être considérées comme définitivement liquidées qu'autant que le Directeur de l'Intérieur, unique ordonnateur des dépenses du service local de la colonie, a émis un mandat spécial pour les rattacher à sa comptabilité.

A titre d'opérations de trésorerie, les mandats émis hors de la colonie comptable de la dépense ne peuvent engager les budgets locaux que pour le montant net de la créance, et c'est au Directeur de l'Intérieur intéressé qu'il appartient d'effectuer le versement des prestations dévolues à la caisse des Invalides.

Je n'ai pas besoin d'ajouter, en ce qui concerne les dépenses de matériel, que les relevés trimestriels à mettre à l'appui des mandats de versements de prestations dont il s'agit, devront être établis avec la plus rigoureuse exactitude, afin de ne priver la caisse des Invalides d'aucune de ses ressources. Ce résultat sera, d'ailleurs, obtenu sans difficulté si l'on a soin, en enregistrant les articles de dépense sur le journal dont la tenue est prescrite par l'article 102 du décret du 20 novembre 1882, de mentionner, en regard et en marge, les sommes revenant à ladite caisse.

Je vous prie d'assurer, chacun en ce qui vous concerne, l'exécution des instructions contenues dans la présente circulaire, dont l'insertion au *Bulletin officiel de la marine* tiendra lieu de notification.

A. PEYRON.

(27 juillet 1886)

CIRC. M. *Les dépenses acquittées hors des colonies qu'elles concernent pour le compte du budget local ont le caractère d'une dette exigible et sont, par suite, rangées dans la catégorie des dépenses obligatoires.*

ARCH. GOUV.

J'ai été consulté sur la question de savoir comment les administrations des colonies devaient procéder pour le remboursement des dépenses qui s'effectuent en France ou généralement en dehors de la colonie, pour le compte du budget local, et dont les pièces ne leur parviennent qu'après la clôture de l'exercice.

Ordinairement, aucun crédit n'est inscrit au budget local de chacune de nos colonies pour les dépenses des exercices clos ; ces dépenses n'y figurent que pour mémoire et, par suite, il ne peut être procédé à leur acquittement qu'au moyen d'ouvertures de crédits spéciaux dans les formes indiquées par l'article 49 du décret du 20 novembre 1882.

A cette occasion, on a demandé comment l'application de cette règle pouvait se concilier avec les pouvoirs qui appartiennent aux conseils généraux dans la plupart de nos établissements d'outre-mer, au point de vue du vote des dépenses du service local. En effet, si l'administration supérieure a un droit de contrôle sur le vote des dépenses obligatoires, elle ne peut changer ni modifier les dépenses facultatives telles qu'elles sont votées par l'assemblée locale.

La question est donc de savoir si pour le remboursement des dépenses effectuées hors de la colonie au compte du budget local, après la clôture de l'exercice, le Gouverneur peut ouvrir des crédits spéciaux pendant l'intervalle des sessions du conseil général ou passer outre, pendant les sessions, au vote par lequel un conseil général aurait refusé l'allocation d'un crédit pour cet objet.

De concert avec M. le Ministre des finances, je vous informe que l'affirmative n'est pas douteuse. Les dépenses faites hors des colonies qu'elles concernent, en exécution du chapitre 11 du décret du 20 novembre 1882, sont acquittées à titre d'avance au service local de ces colonies et constituent ainsi une dette exigible dont le montant est naturellement classé parmi les dépenses obligatoires.

En conséquence, vous voudrez bien veiller à ce que leur rattachement au service local soit effectué d'une manière régulière par le Directeur de l'Intérieur et, pour assurer ce service, vous devrez user des pouvoirs qui vous sont conférés par les actes organiques pour l'inscription des dépenses obligatoires au budget local de la colonie.

Je vous prie de m'accuser réception de la présente dépêche.

DE LA PORTE.

(20 novembre 1886)

DÉP. M. *Observations au sujet de l'ordonnancement des créances sur exercices clos et périmés.*

ARCH. GOUV.

Par lettre du 12 septembre dernier, vous appelez mon attention sur les créances portant sur exercices clos ou périmés dont les pièces sont adressées au Département à fin d'ordonnancement. Vous exposez la nécessité de donner suite le plus promptement possible à ces créances qui motivent des réclamations incessantes de la part des intéressés.

J'ai l'honneur de vous faire connaître que les bureaux suivent avec le plus grand soin le règlement des dépenses de cette nature. Mais leur ordonnancement comporte toujours certains délais, soit parce que le Département se trouve souvent dans l'obligation de demander au Parlement des crédits supplémentaires au titre des chapitres qu'elles concernent, soit parce que leur ordonnancement dépend d'un ordre de travaux dont la centralisation est faite par le Ministère des finances.

En ce qui concerne plus particulièrement la créance de 118 fr. 45 rappelée par votre lettre précitée, on ne trouve aucune trace de la réception de votre communication du 20 avril 1882. Je vous prie, en conséquence, de m'adresser des copies des justifications se rapportant à l'avance de cette somme par le service local.

A. DE LA PORTE.

(8 janvier 1887)

CIRC. M. *Notification d'un décret du 8 janvier 1887, modifiant les articles 101 et 111 du règlement financier de la marine et des colonies ; instruction au sujet du mode d'établissement des mandats de paiement. Ils devront être délivrés par chapitres et non plus par articles de la nomenclature budgétaire.*

ARCH. GOUV.

COMPTABILITÉ DU MATÉLIEL ET DES VIVRES (SERVICE COLONIAL ET SERVICE MARINE).

I. RÈGLES GÉNÉRALES. — II. SERVICE MARINE. — III. SERVICE COLONIAL.

I. — RÈGLES GÉNÉRALES.

NATURE DES DOCUMENTS	DATES	RECUEILS A CONSULTER Bat.	B. C.	B. D. I	J. C.	J. H.	B. M.	B. Col	OBSERVATIONS
A. G.	26 décembre 1877.	11-626	410						
A. G.	8 février 1878.	11-628							
Dép. M.	30 septembre 1879.								
Dép. M.	5 mai 1880.								
Dép. M.	17 avril 1883.								
Dép. M.	23 avril 1884.								
Circ. M.	3 juin 1884.		249						
Circ. M.	27 juin 1884.		317						
Dép. M.	6 juillet 1884.								
Circ. M.	5 décembre 1884.								
Dép. M.	15 juillet 1885.								
Dép. M.	5 septembre 1885.								
Dép. M.	22 avril 1886.								
Dép. M.	27 septembre 1886.								
Dép. M.	1er octobre 1886.								
Dép. M.	8 décembre 1886.								
Dép. M.	8 décembre 1886.								
Dép. M.	29 décembre 1886.								

NATURE DES DOCUMENTS	DATES	RECUEILS A CONSULTER							OBSERVATIONS
		Bat.	B. C.	B.D.I	J. C.	J.H.	B. M.	R Col	
Dép. M.	17 janvier 1887.								
Circ. M.	17 janvier 1887.							53	
Dép. M.	12 octobre 1887.								
Dép. M.	18 janvier 1888.								
Dép. M.	23 mai 1888.								
Dép. M.	25 août 1888.								
D. G.	8 novembre 1888.								
Dép. M.	15 décembre 1888.				1889 90				

(26 décembre 1877)

A. G. *Composition et attributions des commissions ordinaires de recette d'objets de matériel ou de denrées* (1).

BAT. II, p. 626.
B. C. p. 410.

Article premier. — A l'avenir, les commissions ordinaires de recette d'objets de matériel ou de denrées destinés au service des subsistances, des approvisionnements ou des hôpitaux, seront composées de la manière suivante :

Service marine.

Un lieutenant de vaisseau, désigné par le chef d'état-major ;

Un médecin de 2e classe ou un aide-médecin, désigné par le chef du service de santé ;

Un officier du commissariat du détail intéressé ou, à défaut, un commis de marine.

Service colonial.

Un capitaine de l'un des corps de troupes de la garnison, désigné par le major ;

Un médecin de 2e classe ou un aide-médecin, désigné par le chef du service de santé ;

Un officier du commissariat du détail intéressé ou, à défaut, un commis de marine.

Les commissions fonctionneront en présence des comptables ou de leurs délégués et des fournisseurs dûment prévenus.

Elles ne peuvent procéder que lorsque les trois membres sont présents.

Art. 2. — Les demandes de désignation d'officiers pour les commissions indiqueront le jour, l'heure, le motif et le lieu de la réunion ; elles seront transmises par le chef de détail, vingt-quatre heures à l'avance, aux fonctionnaires ci-dessus mentionnés.

La commission réunie, la présidence appartiendra à l'officier le plus élevé en grade ; à grade égal, au plus ancien.

Art. 3. — Les procès-verbaux seront rédigés par l'officier du commissariat, sous la direction du président.

Chacun des membres et le comptable ont droit d'y faire mentionner leurs observations personnelles.

Les réserves des fournisseurs sont également indiquées.

Art. 4. — Les commissions de recette se conforment, en outre, aux clauses des cahiers des charges et des marchés, ainsi qu'aux dispositions des articles 42, 43, 45, 46, 47, 51, 52, 53 et 55 des conditions générales, dont un exemplaire sera mis à leur disposition.

Art. 5. — La décision est prise à la majorité des membres composant la commission.

Si les fournisseurs sont présents à l'opération, le président leur fait connaître verbalement et séance tenante l'acceptation ou le refus des denrées ou des objets examinés.

Dans ce dernier cas, il est tenu de faire connaître à l'intéressé les motifs de la décision prise (article 42, § 4, des conditions générales).

Si les fournisseurs n'ont pas assisté à la commission, la notification de la décision est faite par le chef de détail, dans les vingt-quatre heures du dépôt du procès-verbal.

(1) V. *infrà*, A. G., 8 février 1878.

Art. 6. — Les procès-verbaux sont remis au chef du détail, et soumis immédiatement au visa du chef du service administratif.

Art. 7. — Sont et demeurent maintenues les commissions particulières prévues par des règlements spéciaux ou par des dispositions locales non contraires au présent arrêté. (Service du casernement et de literie militaire. — Service de la remonte. — Mobiliers des hôtels. — Ventes d'objets hors de service, etc.).

J. Lafont.

(8 février 1878)

A. G. *Modification à l'arrêté du 26 décembre 1877, relatif à la composition et aux attributions des commissions ordinaires de recette d'objets de matériel ou de denrées.*

BAT. II. p. 628.

L'arrêté en date du 26 décembre 1877, relatif à la composition des commissions de recette, est modifié ainsi qu'il suit :

TEXTE DE L'ARRÊTÉ DU 26 DÉCEMBRE 1878.	TEXTE NOUVEAU
Service	*marine.*
Un médecin de 2e classe ou un aide-médecin désigné par le chef du service de santé.	Un médecin de 2e classe, ou à défaut, un pharmacien de 2e classe désigné par le chef du service de santé.
Service	*colonial.*
Un médecin de 2e classe ou un aide-médecin désigné par le chef de service de santé.	Un médecin de 2e classe ou, à défaut, un pharmacien de 2e classe désigné par le chef du service du santé.

(30 septembre 1879)

DÉP. M. *Les procès-verbaux de recettes des vins envoyés de France doivent indiquer les quantités perdues dans le transport ou employées pour l'acillage des pièces, ainsi que les noms des mavires transporteurs et les numéros des caisses renfermant les objets de matériel.*

ARCH. S. AD.

(5 mai 1880).

DÉP. M. *portant recommandations au sujet des procès-verbaux de recette et rappelant les circulaires du 16 juin 1875 et 30 septembre 1879 qui prescrivent de mentionner sur les procès-verbaux les noms des navires sur lesquels les approvisionnements ont été expédiés de France, et les numéros des caisses qui les renferment.*

ARCH. GOUV.

(17 avril 1883)

DÉP. M. *rappelant à l'envoi régulier au Département de procès-verbaux de recensement de matériel et de vivres et des inventaires. (Service colonial, vivres et hôpitaux).*

ARCH. S. AD.

(23 avril 1884).

DÉP. M. *rappelant que chaque année, après la vérification en Conseil d'administration des comptes d'application des matières et de la main-d'œuvre aux travaux, ainsi que des comptes généraux de matériel et des inventaires mis à l'appui, ces documents doivent être adressés au Département, avec l'extrait y relatif de la délibération du Conseil d'administration.*

ARCH. S. AD.

(3 juin 1884).

CIRC. M. *Justifications à produire, lors des différences constatées par recensement, lors des condamnations de matières ou d'objets, de remise aux domaines, etc., et sur l'arrangement du matériel dans les magasins.*

B.C. p. 249.

Le récolement général du matériel du service colonial, que l'administration de la Cochinchine vient d'opérer dans le but d'établir l'inventaire au 1er avril 1884, a dû faire ressortir des excédents et des déficits dans les approvisionnements coloniaux. Je crois utile, en conséquence, de vous adresser des instructions particulières sur les justifications à produire lors des différences constatées par recensement, lors des condamnations de matières et d'objets ou de remises aux domaines, soit enfin en cas de pertes par force majeure.

1° Des différences constatées par recensement et de leurs justifications.

L'officier du commissariat ou l'agent d'administration qui a procédé à un recensement devra constater dans un procès-verbal, établi par service et par section ou dépôt de magasin, les résultats de ces opérations. Lorsque le recensement à fait ressortir des excédents et des déficits, le procès-verbal est dressé en double expédition; l'une des deux expéditions ne comprend que les articles qui ont présenté des excédents ou des déficits. Quand il a été statué sur les différences constatées, cette expédition est conservée au Ministère, l'autre est renvoyée à la colonie pour être annexée au relevé des opérations du comptable.

Le procès-verbal est arrêté au nombre des articles recensés et, lorsqu'il y a lieu, à la valeur des excédents et des déficits. Il est signé par le recenseur, par le comptable, par le représentant de l'inspection,si possible,et,quand il y a lieu,par l'officier ou agent technique qui a suivi le recencement.

Immédiatement après le récolement, les écritures élémentaires en quantités sont mises en concordance avec les résultats de cette opération. Le comptable inscrit également les excédents et les déficits sur son journal et son grand-livre, en valeurs,sauf classification de la sortie après la décision de la Métropole sur la question de responsabilité.

Le recenseur consigne, dans un rapport mis à l'appui du procès-verbal de recensement, toutes les observations qu'il a été dans le cas de faire pendant cette opération, et indique son opinion sur les causes des excédents et des déficits, quelque minimes que soient les différences constatées. Il mentionne, s'il est besoin, le taux pour cent des déficits par comparaison au total de l'existant et des mouvements. Ce rapprochement est obligatoire pour les déchets reconnus dans le service des vivres, lorsque ces déchets sont présentés comme une conséquence naturelle du séjour des denrées en magasin.

Le comptable a le droit de faire insérer ses observations personnelles dans le rapport dont il lui est donné lecture et qu'il doit signer. Dans le cas où ces observations n'auraient pas été reproduites, il a le droit de les consigner avant sa signature. Le même droit appartient à l'officier ou agent technique, ainsi qu'à l'officier de l'inspection qui ont suivi le recensement.

Le rapport est annoté de l'avis du fonctionnaire chargé de lasurveillance administrative du service.

Le procès verbal et le rapport dressés par le recenseur sont soumis au Conseil privé de la colonie, alors même que ces documents ne font ressortir ni excédent ni déficit. Toutes les fois que les résultats constatés sont de nature à engager la responsabilité du comptable, le conseil émet un avis sur la question de responsabilité.

Un extrait de sa délibération, accompagné des documents indiqués ci-dessus, et de tous les autres qui seraient jugés nécessaires, est adressé sous le timbre du *service des colonies, 2e sous-direction (section de la comptabilité matières coloniales)*, au Ministère, où il est statué sur les cas de responsabilité et décidé si les déficits sont admis en sortie à la décharge du comptable ou s'il y a lieu à remboursement par qui de droit, de la valeur des quantités manquantes.

Dans ce dernier cas, il est transmis à la Métropole, aussitôt après le remboursement, une déclaration de versement qui est annexée à l'expédition du pocès-verbal de recensement déposé au service des colonies. Cette déclaration est indépendante du récépissé à produire au soutien du compte du comptable.

L'extrait de la délibération du Conseil privé relate les noms des membres présents à la séance dans laquelle le procès-verbal et le rapport dressés par le recenseur ont été soumis à l'examen du Conseil.

2° Justifications à produire lors des condamnations du matériel.

Lorsqu'il a été constaté que des matières, denrées ou objets en approvisionnement ne peuvent plus servir sous la désignation pour laquelle ils figurent dans les écritures, il en est dressé un état par les soins du comptable responsable. Cet état est remis au fonctionnaire chargé de la surveillance administrative.

Une commission, nommée par le Gouverneur, est chargée d'examiner si les matières, denrées, drogues ou objets ne peuvent plus être utilisés, de déterminer les catégories ou les classes dans lesquelles on doit les porter en recette ou de proposer, s'il y a lieu, leur démolition, leur destruction ou leur vente.

Les matières, denrées, drogues et objets à examiner par cette commission doivent être préalablement classés par les soins du garde-magasin sous les catégories suivantes, savoir :

A réparer ;

A déclasser avec indication du nouveau classement ;

Hors de service.... { à démolir ; à vendre ; à détruire ;

En bon état (en ce qui concerne les récipients, etc.).

La commission vérifie ce classement ; elle propose le déclassement, la démolition, la vente ou la destruction des matières et des objets qu'elle a reconnus hors de service. Elle consigne dans son procès-verbal toutes les particularités qui peuvent servir à apprécier la valeur de ses propositions et mentionne, en outre, ses observations relativement à la responsabilité encourue. Le procès-verbal, dressé en double expédition, accompagné d'un rapport particulier contenant l'opinion de la commission sur les causes qui motivent la condamnation, est soumis à l'examen du conseil d'administration et à l'approbation du Ministre.

Toutefois, dans le cas où les objets reconnus hors de service peuvent être utilisés immédiatement sous le classement proposé par la commission de visite, le Gouverneur, en Conseil privé, approuve les dispositions proposées par cette commission et rend compte au Ministre de l'autorisation qu'il a donnée.

Les boites ou bouteilles de conserves qui présentent, par leurs défauts de fermeture ou de soudure, leurs fissures, leur convexité ou autrement des signes de détérioration, sont soumises à l'examen de la commission, qui en propose la condamnation dans la forme indiquée ci-dessus.

Les récipients contenant des denrées classées à détruire ne sont compris dans les procès-verbaux de condamnation que quand il est indispensable d'enterrer ou de jeter tout ensemble à la mer pour prévenir les mauvais effets d'émanations putrides.

La nécessité de la destruction des récipients est établie dans le rapport annexé au procès-verbal de condamnation. Dans le cas contraire, les sacs, les barils, les boites, les bouteilles, etc., sont remises en magasin après nettoyage.

La destruction des objets condamnés est opérée, après l'approbation du Ministre, en présence d'un délégué du fonctionnaire chargé de la surveillance administrative du service et du garde-magasin comptable responsable des objets. Il est dressé procès-verbal de l'opération au pied du procès-verbal de condamnation.

Les objets à démolir sont remis, suivant leur nature ou le service auquel ils appartiennent, aux ateliers ou aux salles de dépôt. Un procès-verbal constate l'opération ainsi que la quantité de chaque espèce de matières provenant de la démolition. Les produits en sont versés sans délai en magasin.

La sortie des matières, denrées et objets démolis ou détruits est justifiée dans la comptabilité du garde-magasin par le procès-verbal de condamnation approuvé par le Ministre et par le procès-verbal de destruction dressé au verso du procès-verbal de démolition.

Le procès-verbal de condamnation est revêtu de l'ordre de porter en sortie, donné par le fonctionnaire chargé de la surveillance administrative du service et, lorsqu'il y a lieu, de la déclaration de prise en charge des matières provenant de la démolition. Dans ce cas, la déclaration du comptable indique le numéro du procès-verbal qui constate la démolition des objets condamnés et justifie l'entrée en magasin des produits de la démolition

3° Justifications à produire lors des remises de matériel aux domaines.

Les matières, denrées et objets hors de service provenant soit de remises effectuées par des bâtiments ou par les différents services de la colonie, soit de démolitions, etc., sont versés, suivant le service auquel ils appartiennent, au magasin des vivres, des hôpitaux ou au magasin général, lorsque, par suite des décisions des commissions de visite, approuvées s'il y a lieu par le Gouverneur, ces matières, denrées ou objets sont destinés à être vendus. Ils sont déposés autant que possible dans un local spécial.

L'examen de ces objets est fait par une commission composée conformément aux règles en vigueur à l'égard des commissions de recette. Lorsque les matières classées à vendre concernent plusieurs services, un délégué de chacun de ces services est appelé à faire partie de la commission d'examen.

La commission constate dans un procès-verbal les résultats de ses opérations, et elle propose la vente des objets qu'elle a reconnus impropres à tout usage.

Le procès-verbal, après communication à chacun des chefs de service représentés dans la commission, et après examen en Conseil privé, est transmis au Ministre en double expédition.

Lorsque le Ministre ou, en cas d'urgence, le Gouverneur, en Conseil privé, a autorisé la vente des objets en approvisionnement ou des objets provenant de remise définitive, le fonctionnaire chargé de la surveillance administrative du service en donne avis aux domaines.

La remise des objets à vendre est opérée par le garde-magasin comptable, sous la surveillance du chef du service, après avertissement donné à l'inspection. Elle est justifiée par l'ordre du chef de service compétent, donné au pied du procès-verbal de condamnation, revêtue du récépissé de l'agent des domaines. (V. circulaire du 23 novembre 1864, *Bull. off.*, page 326.)

La vente a lieu dans les formes prescrites par les articles 211 à 216 du règlement financier du 14 janvier 1869, rendu applicable en l'espèce, aux colonies, par celui du 20 novembre 1882.

Lorsque des objets provenant de remise et classés par la commission de visite sont reconnus par la commission d'examen pouvoir être utilisés dans le service auquel ils appartiennent, il en est rendu compte au Gouverneur qui statue après avoir pris l'avis d'une nouvelle commission, s'il juge qu'il y ait lieu.

Si les objets sont réintégrés en magasin, ils sont portés en recette sous la désignation indiquée par la commission d'examen. Le changement de classification qui en résulte est justifié en la forme ordinaire.

4° Des pertes par force majeure et de leurs justifications.

Les pertes par force majeure donnent lieu, à peu près, aux mêmes justifications que celles à produire pour les différences constatées par recensement ; vous trouverez donc, sous le titre précédent, tous les renseignements qui vous seront nécessaires et qu'il est, par suite, inutile de relater de nouveau ci-après. Je ne mentionnerai que les quelques justifications spéciales aux cas de pertes par force majeure.

Lorsqu'une circonstance de force majeure a occasionné la perte de matières, de denrées, de drogues ou d'objets, le comptable doit informer sur-le-champ le fonctionnaire chargé de la surveillance administrative, qui en rend compte immédiatement au chef du service administratif ou au Directeur de l'Intérieur, suivant le cas. Le fait et l'importance de la perte sont constatés, suivant la circonstance, soit judiciairement, en cas de vol par exemple, soit dans les cas ordinaires, par une commission nommée à cet effet par le Gouverneur, sur la proposition du Chef du service administratif ou du Directeur de l'Intérieur. Le procès-verbal qui est dressé présente des indications précises sur la cause de l'événement, il constate si cet événement ne peut être imputé ni au comptable ni aux agents sous ses ordres; il fait connaître la valeur des matières, des denrées, des drogues ou des objets perdus; il est soumis au Conseil privé et transmis ensuite, en double expédition, au Ministre, sous le timbre du *service des colonies, 2e sous-direction (section de la comptabilité matières coloniales)*. Le procès-verbal de la commission est toujours accompagné d'un extrait de la délibération du Conseil privé.

Telles sont, Monsieur le Gouverneur, les justifications à produire à l'appui des procès-verbaux de recensement, de condamnation de matériel, de remises aux domaines et de pertes par force majeure. A ce sujet, je crois devoir vous faire observer que les pertes et les déficits peuvent facilement être évités par une bonne gestion du matériel en approvisionnement. Je vous adresse donc également, à cet effet, des instructions particulières sur l'arrangement du matériel dans les magasins, afin de faciliter en outre, pour l'avenir, les opérations de recette, de délivrance et de recensement.

Arrangement du matériel dans les magasins.

Les matières et les objets en approvisionnement peuvent être divisés en deux catégories : les uns sont renfermés dans des caisses, fûts, sacs, paquets ; les autres sont *conservés en grenier*. Il conviendra, lors de la première opération de recensement, de faire jauger, cuber et rouanner les soutes, tonneaux, barriques ; de déterminer exactement et de marquer en caractères indélébiles la contenance des sacs de légumes, des quarts de farine et de salaisons, des jarres en terre et caisses en tôle à joints étanches pour les huiles et les matières grasses et autres récipients, de porter sur les paquets de vis à bois, pointes, pitons et autres objets, l'indication des quantités qui y sont contenues.

A l'égard des matières et des objets qui ne sont pas susceptibles d'être empaquetés ou enfermés dans des caisses et futailles, l'approvisionnement devra, toutes les fois qu'il y aura possibilité de le faire, être fractionné en diverses parties d'une quantité connue et déterminée, lesquelles ne seraient mises en consommation, au fur et à mesure des besoins du service, qu'après leur épuisement successif. Une étiquette placée au-dessus de chaque partie indiquerait sommairement les mouvements d'entrée et de sortie et le restant. Dans ce cas se trouvent notamment les charbons de terre qui devront être arrimés, au fur et à mesure des chargements reçus, en tas réguliers surmontés d'une étiquette indiquant, en outre des renseignements généraux à mentionner sur toutes les étiquettes, l'espèce, la quantité, la provenance et la date de l'arrivée du combustible.

Lorsque ces dispositions auront été prises partout, les recensements, qui autrement exigeraient tant de temps et de soins et présenteraient de si grandes difficultés, deviendront aussi sûrs que faciles. Les recenseurs n'auront qu'à vérifier l'exactitude des indications portées sur quelques-unes des étiquettes, caisses, paquets, etc., pour acquérir la conviction que les autres indications sont exactes ; et ils pourront ne faire peser, compter ou mesurer la totalité d'une espèce de matières que lorsqu'ils auront reconnu quelque inexactitude et voudront alors procéder d'une manière complète et approfondie.

Les quantités obtenues par le moyen ci-dessus indiqué ne pourront, en outre, jamais être contestées par les comptables, puisqu'elles seront le résultat soit des pesées, mesurages ou énumérations réelles, soit des annotations apposées sur les caisses, futailles, paquets, dont ces comptables auront pu et dû vérifier eux-mêmes l'exactitude.

Je vous prie de faire étudier d'une façon sérieuse les améliorations qu'il y aurait lieu d'introduire dans les procédés de pesage, de mesurage, ainsi que de transport de matières et d'objets en vue de faciliter les recensements et les délivrances. A cet effet, le personnel administratif devra s'entendre avec les agents techniques pour déterminer les points sur lesquels il serait utile d'établir soit des balances à bascule, soit des grues pour les embarquements, débarquements et pesages, soit enfin tous les autres moyens mécaniques propres à faciliter les mouvements de matières.

J'ai l'honneur de vous prier de vouloir bien donner les instructions nécessaires pour que l'administration placée sous vos ordres se conforme désormais aux instructions que je viens de vous adresser et dont je vous prie, en outre, de faire donner communication à tous les administrateurs et comptables intéressés.

FÉLIX FAURE.

(27 juin 1884)

CIRC. M. *portant rappel aux prescriptions réglementaires sur les réceptions de matériel. Justifications immédiates à produire au Département.*

B. C. p. 317.

La tenue, au service central des colonies, de la comptabilité des objets en cours de transport, a donné lieu de reconnaître que les prescriptions réglementaires concernant cette comptabilité ont été complètement perdues de vue par les administrations coloniales. Le plus souvent, ces administrations ne produisent aucune pièce justificative de la réception du matériel expédié de la Métropole, ou celles qu'elles transmettent ne contiennent que des renseignements insuffisants. D'autres part, la visite du matériel reçu n'est pas toujours faite avec tout le soin désirable, surtout en ce qui concerne les denrées et les médicaments. Je crois utile, par suite, de vous rappeler succinctement les principales règles en vigueur sur les réceptions de matériel et sur les justifications à produire à leur occasion.

Le matériel expédié de la Métropole aux colonies doit, à son arrivée, être l'objet d'un examen minutieux sous le double rapport de la qualité et des quantités reçues.

Lorsque les objets sont emballés, un délégué de l'ordonnateur secondaire doit, l'inspection préalablement avertie, examiner l'état des caisses et colis en présence du capitaine chargé du transport ou de son représentant, quand l'envoi a eu lieu par navire de commerce, ou, si le transport a été effectué par un bâtiment de l'État, en présence d'un officier ou aspirant délégué par le commandant du bâtiment. Le délégué de l'ordonnateur constate si les caisses et colis n'ont éprouvé aucune avarie, si les plombs n'ont point été brisés et si le poids est conforme aux indications présentées par les factures. Il dresse procès-cerbal de cet examen.

L'état des caisses et colis ainsi constaté, il est procédé à leur ouverture, et les matières et objets qui y sont contenus sont examinés, sous le rapport de la qualité, par une commission composée suivant les règles relatives aux commissions de recette du matériel acheté. L'inspection est informée de la convocation de cette commission. Le comptable ou celui de ses préposés qui doit prendre charge du matériel assiste aux opérations. Les mêmes commissaires vérifient également les quantités reçues, à moins que, par des considérations de service, l'ordonnateur ait reconnu qu'ils doivent être déchargés de l'obligation de surveiller les opérations de pesage, de mesurage et d'énumération de la totalité du matériel reçu. Dans ce cas, la reconnaissance des quantités est faite, l'inspection et le capitaine transporteur avertis, par un agent de l'ordre administratif, avec l'assistance d'un représentant du comptable sous la surveillance immédiate du délégué de l'ordonnateur qui a fait partie de la commission de visite. Toutefois, lorsque les caisses et colis ont éte reconnus avariés ou les plombs brisés, la constatation des quantités doit toujours être faite par la commission elle-même, en présence de l'agent chargé du transport, ou de l'officier ou aspirant délégué par le commandant.

La réception des matières et des objets non renfermés dans des caisses et colis est soumise aux mêmes formalités que celles qui sont rappelées dans le précédent paragraphe. Cependant, si les scellés apposés au départ sur les panneaux des navires chargés de charbon de terre sont reconnus intacts à l'arrivée, l'administration de la colonie destinataire, afin d'éviter une manutention nuisible au charbon et d'abréger l'opération du débarquement, peut recevoir sans pesage le chargement pour la quantité porté au connaissement.

Dans les dix premiers jours qui suivent la constatation de la recette, un certificat de réception doit être adressé au Ministère. Ce document indique le numéro et la date de la facture, du procès-verbal de visite, celle de la prise en charge ainsi que le numéro de la pièce justificative constatant l'entrée des objets en magasin.

Il doit être établi autant de certificats de réception qu'il y a d'avis d'expédition ou de factures d'envoi, et, comme ceux-ci, les certificats ne doivent comprendre que celle du matériel ressortissant au même service.

Si des différences ont été reconnues entre les quantités reçues, ou si, pour une cause quelconque, des pertes ou des avaries ont eu lieu pendant le transport, un extrait du procès-verbal de visite, ne mentionnant que les quantités présentant des différences et celles qui auraient nécessité des changements de classification par suite d'avaries ou d'erreurs commises au port expéditeur, est joint au certificat de réception. Cet extrait indique, d'une façon précise et suffisamment détaillée, les causes présumées des différences constatées ; il fait ressortir toutes les circonstances du transport et de la recette propres à éclairer le Département et à lui permettre de statuer sur les responsabilités encourues ; il fait en outre connaître notamment :

1° L'évaluation du dommage d'après la facture d'expédition ou, à défaut, d'après estimation amiable et, au besoin, à dire d'expert;

2° Les propositions de l'administration relativement à l'imputation, à qui de droit, de la valeur du dommage.

A l'extrait du procès-verbal de visite sont annexés, s'il y a lieu, les pièces justificatives des pertes ou des avaries, ainsi que le récépissé de versement au trésor des sommes imputées aux officiers ou aux agents qui ont effectué le transport. A l'égard des déficits reconnus dans les envois effectués par le navire de commerce et dont l'administration locale aurait poursuivi le remboursement, il est nécessaire de joindre au dossier, dans les cas de précompte sur le prix du fret, aux lieu et place du récépissé de versement, un certificat administratif attestant que le montant du déficit a été retenu sur la somme due au capitaine.

Enfin, en cas de contestation sur l'importance des pertes ou des avaries, les explications et justifications que les commandants de bâtiments de l'État ou les capitaines de navires de commerce ont dû être mis en demeure de fournir, sont annexées à l'extrait du procès-verbal de visite.

J'ai l'honneur de vous prier de donner les instructions nécessaires pour que les prescriptions que je viens de rappeler ne soient plus perdues de vue à l'avenir.

FÉLIX FAURE.

(6 juillet 1884)

DÉP. M. *Instructions sur les justifications à produire lors des différences constatées par recensement, et lors des condamnations.*

ARCH. S. AD.

(5 septembre 1884)

CIRC. M. *Modifications apportées à la nomenclature générale des matières appartenant au service des approvisionnements généraux de la flotte et des travaux hydrauliques.*

ARCH. GOUV.

Le tableau annuel des modifications apportées à la nomenclature générale des matières, qui va être incessamment publié, comprend parmi les suppressions adoptées celle du numéro collectif 177 (*Matières et objets divers non réglementaires*) de la nomenclature spéciale au service des approvisionnements généraux de la flotte.

Sous ce numéro sont actuellement inscrits dans les écritures tous les objets non classés, notamment le matériel des torpilles et presque tout le nouveau matériel d'artillerie.

Ces articles doivent, il est vrai, trouver un classement régulier dans nomenclature en cours de préparation. Sans attendre la mise en pratique de ce document, il convient de mettre à profit, dès maintenant, pour le service des approvisionnements les avantages qu'une supression analogue a procurés au point de vue de la clarté des comptes, dans les services de l'habillement des équipages de la flotte, de l'habillement des troupes, des hôpitaux et des vivres.

Les objets qui figurent au n° 177 seront en conséquence inscrits, à l'avenir, dans les écritures, les inventaires et les comptes, par ordre alphabétique avec leur prix réel, sans recevoir de numéros d'unités simples, à la fin de l'unité collective à laquelle ils appartiendraient s'ils étaient classés.

Par cette combinaison, l'énorme masse d'objets divers groupés aujourd'hui sous un seul numéro sera à l'avenir répartie entre les différentes catégories du matériel en approvisionnement.

Afin de permettre le classement provisoire de tout le matériel des torpilles inscrit au n° 177, qui serait sans analogie avec les autres articles du service des approvisonnements généraux de la flotte, un numéro collectif spécial (130 bis) est introduit dans la nomenclature de ce service. Ces diverses mesures seront mises en application à la fin de l'année courante ; l'amélioration qu'elles apporteront au mode d'énumération des matières et objets, apparaîtra ainsi dès la formation des comptes de 1884.

Il conviendra, par suite, de faire sortie complète, à la date du 31 décembre, de tout le matériel existant en approvisionnement sous l'unité supprimée, et de le reprendre en charge à la même date, sous les classifications rectifiées, de façon que toutes les valeurs, sans exception, ressortissant actuellement au n° 177, n'apparaissent dans les inventaires au 1er janvier, qui serviront de point de départ à la comptabilité de 1885, que sous les nouvelles classifications adoptées.

Les mêmes mesures seront mises en pratique à l'égard des matières et objets figurant aujourd'hui, dans les écritures, sous le numéro d'unité collective 42 de la nomenclature du service des travaux hydrauliques et bâtiments civils, numéro également supprimé.

Les redressements prescrits par la présente circulaire devront être opérés non seulement dans les écritures des gardes-magasins comptables mais encore dans celles des dépositaires de valeurs mobilières et permanentes.

Vous voudrez bien adresser à qui de droit les recommandations les plus expresses pour que le classement provisoire des articles inscrits sous les deux numéros supprimés soit fait avec tout le soin désirable.

Les administrations locales devront notamment veiller à ce qu'il ne soit porté dans les écritures, sous une même unité collective, que des unités simples de même espèce ; il ne peut être fait exception à cette règle que pour les matières et objets auxquels la nomenclature assigne le *franc* pour unité collective.

A. Peyron.

(15 juillet 1885)

DÉP. M. *Observations relatives à l'établissement des certificats de réception. Il faut prendre en recette les caisses et emballages figurant sur les factures d'envoi.*

ARCH. S. AD.

(5 septembre 1885)

DÉP. M. *Observations sur le mode d'établissement des pièces de comptabilité des objets en cours de transports. (Rappel aux prescriptions de la dépêche du 15 juillet 1885.)*

ARCH. S. AD.

(22 avril 1886)

DÉP. M. *Aux termes de la circulaire du 2 novembre 1865, rappelée par dépêche du 12 novembre 1879, l'une des expéditions des procès-verbaux de recensement comprenant la totalité des articles recensés, doit immédiatement après l'opération être transmise au Département accompagnée d'un extrait de la délibération du conseil privé de la colonie et du rapport de l'officier ou agent recenseur; l'autre expédition ne mentionnant que les articles sur lesquels des différences ont été reconnues, doit être placés à l'appui des comptes du garde-magasin.*

ARCH. S. AD.

(27 septembre 1886)

DÉP. M. *A l'avenir la présidence de toutes les commissions à bord sera dévolue à l'officier de marine, quel que soit son grade et son ancienneté. A terre elle est dévolue à grade égal à l'officier de marine ou à l'officier des corps de troupes le plus ancien.*

ARCH. GOUV.

J'ai décidé qu'à l'avenir la présidence de toutes les commissions, composées d'officiers des différents corps de la marine, serait réglée de la manière suivante :

A bord, l'officier de marine quelque soit son grade et quelle que soit son ancienneté, préside toujours ;

A terre, la présidence est dévolue, à grade égal, à l'officier de marine ou à l'officier des corps de troupes le plus ancien.

Les présentes dispositions n'infirment en rien celles contenues dans ma circulaire du 2 septembre 1886, touchant les prérogatives du major général intérimaire.

AUBE.

(1er octobre 1886)

DÉP. M. *Le matériel et plus particulièrement les denrées et liquides appartenant au service colonial seront désormais soumis à des recensements trimestriels* (1).

ARCH. GOUV.

(8 décembre 1886)

DÉP. M. *rappelant les prescriptions de la circulaire du 24 mai dernier aux termes desquelles il devait être établi pour chaque service du matériel un compte général et un résumé général distincts. — Il y aura lieu, à l'avenir, d'envelopper les dossiers dans une couverture en toile pour les garantir.*

ARCH. GOUV.

(1) V. § III.

(8 décembre 1886)

DÉP. M. *Instructions pour servir à l'établissement des comptes d'emploi aux travaux. Imputation aux chapitres de matériel, des salaires des manœuvres de magasins, ouvriers, etc.*

ARCH. GOUV.

(29 décembre 1886)

DÉP. M. *au sujet des dépenses à imputer au compte du protectorat de l'Annam et du Tonkin.*

ARCH. GOUV.

(17 janvier 1887)

DÉP. M. *Rappel aux prescriptions de la circulaire du 3 juin 1884 prescrivant d'adresser en temps voulu les procès-verbaux de recensement du Département. (V. infrà).*

ARCH. S. AD.

(17 janvier 1887)

CIRC. M. *Application aux colonies d'une circulaire ministérielle du 9 mai 1882 relative à l'adoption d'une formule unique comprenant la liquidation, la prise en charge et l'ordonnancement des dépenses du matériel.*

B. C. p. 53.

Mon attention a été appelée sur les avantages que présenterait l'application au colonies des prescriptions de la circulaire ministérielle du 9 mai 1882 (B. O. p. 616), en vertu desquelles les modèles de certificat comptable et de mandat en usage pour la liquidation et le payement, dans les ports, des fournitures effectuées à la marine, ont été remplacés par un document unique intitulé : *Mandat de payement sur liquidation de fournitures.*

Bien que les administrations coloniales n'établissent plus de certificats comptables en vertu d'une circulaire du 26 octobre 1858, ces administrations n'en sont pas moins tenues à des écritures multiples pour la liquidation et le mandatement des dépenses de matériel. Aussi, l'adoption du mode de procéder suivi aujourd'hui dans les ports, et dont les résultats ont été appréciés par une expérience de plusieurs années, me paraît devoir apporter une simplification notable. J'ai donc décidé, après m'être entendu à ce sujet avec M. le Ministre des finances, que les dispositions de la circulaire précitée du 9 mai 1882 seraient étendues au service des colonies. Je vous autorise, par suite, à les faire mettre en pratique dès que l'administration locale aura pu s'approvisionner des formules nécessaires (voir modèle annexé à ladite circulaire).

A. DE LA PORTE.

(12 octobre 1887)

DÉP. M. *prescrivant d'apporter tout le soin désirable à la tenue de la comptabilité et à la surveillance des mouvements d'entrée et de sortie. — Rappel aux prescriptions des circulaires des 2 novembre 1865, 8 septembre 1884 et 22 avril 1886.*

ARCH. GOUV.

Vous m'avez adressé, par lettre du 8 avril dernier, trois procès-verbaux présentant les résultats de recensements effectués dans les services de l'habillement et du couchage des équipages de la flotte, de l'habillement, du couchage et du campement des troupes de la marine et des approvisionnements généraux de la flotte, au magasin général de Saïgon.

La plupart des excédents et des déficits signalés ont été attribués à des erreurs ou à des confusions dans les recettes, les délivrances et les écritures. Je vous prie d'adresser à qui de droit des recommandations, afin d'éviter le retour de ces différences qui, malgré la situation difficile dans laquelle s'est trouvée l'administration de la colonie, en 1886, n'auraient été ni aussi nombreuses, ni aussi considérables si l'on avait apporté tout le soin désirable à la tenue de la comptabilité et à la surveillance des mouvements d'entrée et de sortie.

Je crois devoir vous faire remarquer, en outre, que contrairement aux prescriptions de la circulaire du 2 novembre 1865 (B. O. p. 263), qui ont été déjà rappelées à la colonie par dépêches des 8 septembre 1884 et 22 avril 1886, lesdits procès-verbaux me sont parvenus en double expédition.

Aux termes de la circulaire précitée, une seule expédition de chacun des procès-verbaux, comprenant la totalité des articles recensés, aurait dû être transmise à mon Département; l'autre devait être gardée et placée à l'appui des comptes du garde-magasin.

Sous la réserve de ces observations, dont il devra être tenu compte à l'avenir, j'ai l'honneur de vous informer que j'ai décidé d'admettre en compte les différences constatées.

E. Barbey.

(18 janvier 1888)

DÉP. M. *Approbation d'un procès-verbal de recensement et rappel aux prescriptions de la circulaire du 3 juin 1884 aux termes de laquelle les procès-verbaux doivent être dressés en double expédition.*

ARCH. GOUV.

Par bordereau en date du 3 décembre dernier, j'ai reçu de l'administration de la Cochinchine un procès-verbal relatif au recensement opéré pendant les mois de mai et juin 1887 dans le magasin de l'hôpital de Saïgon.

Ce recensement a donné lieu de constater que sur soixante articles de matériel, sept articles présentaient des excédents d'une valeur totale de 202 fr. 58 et quinze autres des déficits montant ensemble à 192 fr. 60.

Ces différences sont attribuées par l'officier recenseur à des erreurs de délivrances ou d'écritures qui n'engagent pas la responsabilité du comptable dont les magasins sont bien entretenus et les livres à jour.

Conformément aux conclusions du rapport soumis au conseil privé par le chef du service administratif, vous avez prononcé la décharge du comptable et la régularisation des écritures.

J'ai l'honneur de vous faire connaître que j'approuve ces mesures.

Je vous ferai cependant remarquer que si la gestion du garde-magasin J... paraît satisfaisante dans son ensemble, la tenue des écritures dénote une certaine négligence de sa part. En effet, la balance n'est obtenue qu'en appliquant au montant des *déficits* constatés sur certains articles la valeur des *excédents* réalisés sur d'autres, ce qui est irrégulier. En outre, les erreurs de pesées, qu'elles se produisent en plus ou en moins, occasionnent toujours un préjudice regrettable, soit à l'État, soit aux services consommateurs. Il y aura lieu à apporter plus de soin à l'avenir dans l'exécution de ses obligations.

J'appelle également votre attention sur la forme des documents qui sont transmis au Département pour la constatation des recensements; le procès-verbal, quand il existe des différences entre l'existant réel et celui accusé par les écritures du comptable, doit être, conformément aux prescriptions de la circulaire du 3 juin 1884, dressé *en double expédition.*

L'une de ces expéditions, portant l'ensemble des articles recensés, est destinée à être renvoyée à la colonie; l'autre, qui ne comprend que les articles présentant des excédents ou des déficits, est conservée au ministère à l'appui du compte général des mouvements du matériel.

Je vous prie de vouloir bien donner des ordres à qui de droit pour qu'à l'avenir il soit tenu compte de ces observations.

Félix Faure.

(23 mai 1888)

DÉP. M. *Renseignements que doivent contenir les procès-verbaux des commissions de recette aux colonies pour le matériel et les vivres envoyés de France. La commission devra apprécier les causes et l'origine des pertes ou déficits constatés.*

ARCH. GOUV.

J'ai lieu de remarquer journellement que les commissions chargées, aux colonies, de reconnaître le matériel et les vivres expédiés de France, et de procéder à leur recette, se contentent, le plus souvent, de constater les pertes et les déficits par l'inscription dans la colonne à ce destinée, des quantités perdues ou trouvées en moins, sans se préoccuper des motifs qui ont pu occasionner les avaries et des circonstances dans lesquelles elles se sont produites.

Cette manière de faire, contraire aux règles d'une bonne administration, crée de sérieuses difficultés aux services de l'administration des colonies chargés de la centralisation de l'expédition du matériel, de la liquidation et de toutes les opérations qui s'y rattachent, sans parler du préjudice considérable qui peut en résulter pour le Trésor si, faute de renseignements, le Département ne peut faire une juste répartition des responsabilités encourues par chacun.

En conséquence, je vous serai obligé de vouloir bien donner des ordres pour que les commissions de recettes, chaque fois qu'elles auront à constater des pertes ou déficits, consignent dans une note inscrite en marge du procès-verbal ou dans un rapport spécial, leur appréciation sur les causes et l'origine de ces pertes ou de ces déficits. Elles doivent toujours être en mesure, soit en consultant le capitaine du navire transporteur, soit les rapports de mer, connaissements, etc., de déterminer la provenance exacte des avaries constatées, qu'elles soient dues à la négligence des comptables expéditeurs, des comptables destinataires ou à des circonstances de force majeure dûment justifiées.

Je vous prie de communiquer la présente circulaire aux divers services intéressés de la colonie et de tenir la main à la rigoureuse exécution des prescriptions qui y sont contenues.

BILLECOCQ.

(25 août 1888)

DÉP. M. *Rappel aux prescriptions des circulaires ministérielles des 3 juin 1884 et 1er octobre 1886 relatives aux recensements annuels et trimestriels de denrées et de matériel.*

ARCH. S. AD.

(8 novembre 1888)

D. G. *Les officiers de marine ou des corps de troupes désignés pour présider les commissions devront toujours avoir le grade de lieutenant de vaisseau ou de capitaine.*

ARCH. S. AD.

(15 décembre 1888)

DÉP. M. *au sujet de la présidence des commissions. — Interprétation à donner à la circulaire ministérielle du 27 septembre 1886.*

J. C. 1889, p. 90.

Des divergences s'étant produites, en Indo-Chine, dans l'interprétation à donner à la circulaire ministérielle du 27 septembre 1886 (B. M. p. 409), relative à la présidence des commissions composées d'officiers des différents corps de la marine, vous avez, par une lettre du 6 novembre dernier, nº 207, demandé au Département de fixer votre administration sur le point controversé.

La circulaire précitée établit, comme vous le rappelez, en ce qui concerne les commissions fonctionnant à terre, que la présidence est dévolue, à grade égal, à l'officier de marine ou à l'officier de troupes le plus ancien.

Ce texte, à mon sens, ne porte aucune atteinte à la supériorité du grade qui, dans les commissions comme dans toutes les autres circonstances de service, conserve les droits qui y sont attachés; la décision de 1886 a eu simplement pour but de réserver à l'officier militaire la présidence d'une commission dans laquelle ne se trouvent que des officiers de grade correspondant.

Je vous prie de donner des instructions conformes à MM. les chefs de service de la colonie.

KRANTZ.

NATURE DES DOCUMENTS	DATES	RECUEILS A CONSULTER							OBSERVATIONS
		Bat.	B. C.	B D. I	J. C.	J. H.	B. M.	B. Col	
Instr. M.	1er octobre 1854.						R VII 227		
Dép. M.	1er octobre 1854.						R VII 215		
Décret.	30 novembre 1857.						1027		
A. M.	12 octobre 1859.								
Règl. M.	30 octobre 1860.						383		
Circ. M.	2 novembre 1865.						263		
A. G.	30 mars 1869.	II-623	94						
Dép. M.	29 mai 1872.						520		
Circ. M.	1er octobre 1873.						354		
A. M.	7 août 1879.						308		
Dép. M.	11 mars 1880.								
Circ. M.	2 février 1881.						136		
Circ. M.	3 juin 1881.						840		
Circ. M.	21 mars 1882.						361		
Circ. M.	17 juin 1882.						815		
Dép. M.	19 janvier 1883.								
Dép. M.	13 mars 1883.								
Circ. M.	17 mars 1883.						424		
Dép. M.	24 août 1884.		186						
Circ. Ch. S. Ad.	29 novembre 1884.		443						
Circ. M.	21 avril 1887.								

NATURE DES DOCUMENTS	DATES	RECUEILS A CONSULTER								OBSERVATIONS
		Bat.	B. O.	B.D.I	J. C.	J.H	B. M.	B.Col		
Dép. M.	16 janvier 1888.									
Dép. M.	30 septembre 1888.									
Circ. Cdt.div.N.	16 décembre 1888.									

(1er octobre 1854)

INSTR. M. *Instruction générale sur la comptabilité du matériel des services d'approvisionnements généraux de la flotte et des travaux hydrauliques dans les arsenaux maritimes. — Nomenclatures et tableaux* (1).

B. M. R. VII, p. 227

(1er octobre 1854)

DÉP. M. *Envoi de l'instruction. — Explications.*

B. M. R. VII. p. 215.

(30 novembre 1857)

DÉCRET *sur la comptabilité des matières appartenant au Département de la marine et des colonies. — Nomenclature des pièces à produire par les comptables.*

B. M. p. 1027.

(12 octobre 1859)

A. M. *modifiant l'instruction générale du 1er octobre 1854 (art. 585 à 593 ter.)*

(publié à part)

(30 octobre 1860)

RÈGLEMENT *ministériel relatif à la comptabilité du matériel existant dans les dépôts établis hors du territoire continental.*

B. M. p. 383.

(2 novembre 1865)

CIRC. M. *au sujet des recensements à opérer dans les dépôts de matériel du service marine.*

B. M. p. 263.

(30 mars 1869)

A. G. *Les services des « vivres » et des « hôpitaux » seront séparés du service marine en ce qui concerne les dépenses du personnel colonial. Le service colonial devra pourvoir à toutes les dépenses à faire dans la colonie pour le ravitaillement et l'hospitalisation du personnel colonial.* (2)

BAT. II, p. 623.
B. C. p. 94.

(29 mai 1872)

CIRC. M. *Les documents de comptabilité doivent être transmis au Département par les dépôts d'outre-mer sous le timbre de la direction de la comptabilité générale, bureau de la comptabilité des matières.*

B. M. p. 520.

(1) Publiée à part.
(2) V. *Service administratif de la marine.*

(1er octobre 1873)

CIRC. M. *au sujet des remises d'objets hors de service faites par les bâtiments en cours de campagne.*

B. M. p. 354.

(7 août 1879)

A. M. *portant modification à l'instruction générale du 1er octobre 1854 et aux arrêtés des 2 décembre 1857 et 12 octobre 1859 sur la comptabilité du matériel dans les arsenaux maritimes.*

B. M. p. 308.

(11 mars 1880)

DÉP. M. *Renvoi de procès-verbaux de condamnation d'objets et de matières reconnus inutiles. — Observations.*

ARCH. GOUV.

Vous m'avez transmis le 2 décembre dernier, sous le timbre de la direction de comptabilité générale, sept procès-verbaux proposant la condamnation pour être démolis ou pour être vendus au profit du trésor public, d'objets et de matières existant dans les magasins de l'arsenal de Saïgon, et reconnus impropres au service.

Lors de l'examen de ces propositions en séance du Conseil d'administration de la colonie, M. l'inspecteur des services administratifs et financiers a fait remarquer qu'en soumettant ces procès-verbaux à la sanction du Ministre, la notification de son approbation ne pourra être reçue que dans un délai assez long, par suite de l'éloignement de la colonie, ce qui peut avoir pour conséquence de laisser se détériorer encore davantage en magasin des matières, déjà en mauvais état, et dont pour ce motif la condamnation a été jugée nécessaire.

M. l'inspecteur a par suite exprimé le vœu qu'à l'avenir les ventes et démolitions soient autorisées immédiatement par le gouverneur, sans en référer préalablement au Ministre.

Je reconnais que, dans certaines circonstances, il y a un intérêt majeur à débarrasser très promptement les magasins des matières devant être condamnées lorsqu'elles sont dans un état qui peut amener une rapide décomposition, ou contribuer à la détérioration d'autres objets en approvisionnement, et à plus forte raison quand un séjour prolongé de ces matières en magasin serait une cause de danger pour l'arsenal ou pour la santé publique.

Mais, je dois faire observer, ainsi que l'a rappelé d'ailleurs M. le commissaire de l'arsenal au sein du Conseil d'administration, que d'après les prescriptions de l'instruction générale du 1er octobre 1854 sur la comptabilité des matières, les gouverneurs des colonies, au même titre que les préfets maritimes dans les arsenaux métropolitains, ont la faculté, dans les cas d'urgence qu'ils sont à même d'apprécier, d'approuver directement, en conseil d'administration, les procès-verbaux de condamnation, sauf à rendre compte au Ministre des décisions qu'ils ont cru devoir prendre à cet égard, en lui transmettant les procès-verbaux et l'extrait de la délibération du conseil.

L'application de cette disposition réglementaire permet donc toujours de prévenir les inconvénients signalés plus haut.

A l'appui de sa motion, M. l'inspecteur L. C... a ajouté que, dans son opinion, le gouvernement de la Cochinchine doit être considéré, par rapport au Conseil d'administration de l'arsenal, comme ayant les mêmes attributions que le Ministre à l'égard de ces conseils dans les ports militaires de la métropole.

Cette doctrine est beaucoup trop absolue. En effet, et si pour les actes généraux de l'administration coloniale ainsi que du service local, le gouverneur de la colonie a des pouvoirs spéciaux comme représentant direct du chef de l'État, il n'en relève pas moins du Ministre de la marine, dont il est le délégué, et il doit soumettre à sa sanction toutes les décisions qui sont de nature à engager la responsabilité du département, ou à affecter, comme dans l'espèce, les dépenses du service marine alimenté par les ressources du budget métropolitain.

J'ai l'honneur de vous prier de vouloir bien donner communication à M. l'inspecteur de la présente dépêche.

Vous trouverez ci-joint une expédition de chacun des sept procès-verbaux que vous m'avez transmis, et que j'ai approuvés.

JAURÉGUIBERRY.

(2 février 1881)

CIRC. M. *Instruction relative à la formation des états destinés à établir la concordance entre le compte du matériel et les comptes financiers.*

B. M. p. 136.

Pour permettre à la Cour des comptes de certifier la concordance du compte général du matériel en approvisionnement avec les comptes financiers, conformément au vœu de l'article 301 de l'arrêté ministériel du 3 décembre 1857, modificatif de l'instruction générale sur la comptabilité des matières appartenant à la marine, mon prédécesseur a prescrit, le 7 août 1879, d'indiquer, sur les tableaux (modèles nos 83 et 84), en regard des ordres de recette des objets provenant d'achats ou de cessions, les dates et les numéros des ordonnances et mandats de payement émis sur le trésor public. La première exécution de cette disposition a rencontré des difficultés, qui n'ont pu être surmontées qu'à l'aide de patientes recherches dans les écritures de la comptabilité financière.

Ces difficultés proviennent de ce que les états dits de concordance (modèle no 83) donnent non le montant des certificats comptables, comme l'indique l'en-tête de la treizième colonne de ces documents, mais le montant des ordres de recette évalués au prix des marchés, et ces deux termes ne sont pas toujours identiques. Il est arrivé, en effet, que sur une fourniture pour laquelle il n'avait été établi qu'un procès-verbal de recette il avait été payé des acomptes ; que certaines dépenses accessoires inscrites sur les factures des fournisseurs ne formaient pas articles d'inventaire; que des livraisons comprises sur plusieurs ordres de recette ont été réunies sur un même certificat comptable. Il s'est enfin présenté que des objets non nomenclaturés, pris en charge dans la comptabilité des valeurs mobilières du service des hôpitaux, ont été payés sur un certificat comprenant, en outre, des articles fournis pour l'approvisionnement de la pharmacie centrale.

Les renseignements consignés sur les états 1884 n'ont pas permis à mes bureaux d'indiquer avec plus de sûreté la date et le numéro des ordonnances de virement de comptes. Le matériel cédé au Département est le plus souvent réparti entre les différents arsenaux, et aucun rapprochement n'est possible entre le montant de l'ordonnance de remboursement, qui comprend l'ensemble de la cession, et les sommes partielles inscrites sur les états des ports. La même observation concerne les cessions faites par la marine à des services étrangers.

Pour obvier à ces difficultés, j'ai arrêté les dispositions qui suivent et dont vous voudrez bien prescrire l'application immédiate :

§ 1er. Lorsque la livraison aura été payée par acomptes sucessifs, chaque acompte sera indiqué distinctement dans la colonne du montant des certificats comptables, et la valeur des avances, liquidées pendant un trimestre autre que celui auquel se rapporte l'état 1883 ou imputées sur un précédent exercice, sera porté en déduction à l'arrêté dudit état.

§ 2. Lorsqu'un certificat comptable comprendra des livraisons justifiées par plusieurs ordres de recette ou des dépenses accessoires résultant de l'achat des articles pris en charge dans les écritures du magasin, une apostille sommaire, fera connaître le montrnt du certificat comptable.

§ 3. Les fournitures destinées à être inscrites directement sur les inventaires des valeurs mobilières et permanentes, dans les cas prévus par les règlements, feront l'objet de certificars comptables distincts. Ces pièces, par analogie avec ce que prescrit l'article 450 de l'instruction générale du 1er octobre 1854 pour les apparaux en service, et afin de permettre à la Cour de les distinguer de celles concernant des livraisons destinées à l'approvisionnement des magasins, devront en outre de la mention du service, être timbrées de la formule : *Valeurs mobilières et permanentes.* La déclaration donné par le dépositaire comptable indiquera au bas du certificat l'inventaire sur lequel aura été opéré la prise en charge.

§ 4. Les entrées provenant de cessions faites par des services étrangers à la marine seront dorénavant *sans exception*, même lorsque l'opération aura lieu sur place, classées, dans les écritures des ports, sous le titre : *Mouvements de comptable à comptable du même service*, conformément aux prescriptions de la circulaire du 31 mai 1848 et de l'article 124 de l'instruction générale du 1er octobre 1854 relatives aux envois faits par les poudreries et les manufactures d'armes du Département de la guerre.

La recette à titre de cession sera opérée dans les écritures du comptable d'ordre institué au ministère de la marine, qui se déchargera au vu du certificat de réception (modèle no 29).

§ 5. Des procédés analogues seront employés dans les cas de cessions à des services étrangers à la marine.

Le comptable du port portera les objets cédés en sortie sous le titre : *Mouvements de comptable à comptable du même service.* Il établira les avis d'expédition, les factures d'envoi et les états de cession en se conformant aux dispositions en vigueur.

Une ampliation de la facture (modèle n° 58), adressée au ministère, servira de pièce d'entrée au comptable d'ordre, dans les écritures duquel sera opérée la sortie à charge de remboursement.

§ 6. Par exception aux prescriptions du paragraphe précédent, les cessions de bandages herniaires, béquilles, etc., aux sous-officiers et soldats de l'armée de terre en traitement dans les hôpitaux maritimes, seront portées aux sorties à charge de remboursement dans les écritures de l'agent comptable du port.

La valeur des cessions de l'espèce continuera par application de la circulaire manuscrite du 27 septembre 1875 (*hôpitaux*), à être ajoutée à la feuille nominale trimestrielle des militaires admis dans les hôpitaux de la marine. Cette feuille devra, selon l'usage être appuyée des pièces justificatives de ces sortes de dépenses.

Je vous prie de tenir la main à la stricte exécution des procédés de comptabilité qui font l'objet de la présente circulaire.

Vous voudrez aussi adresser des recommandations à qui de droit pour que l'exactitude la plus rigoureuse soit apportée dans l'indication, sur les états 83 et 84, des renseignements exigés par l'article 294 de l'arrêté du 7 août 1879, afin d'éviter à la Cour des comptes des recherches infructueuses dans les comptabilités du trésor.

CLOUÉ.

(3 juin 1881)

CIRC. M. *Abrogation des articles 329 et 379 de l'instruction générale du 1er octobre 1854 sur la comptabilité des matières.*

B. M. p. 840.

En vue de se rendre compte des lenteurs qui pouvaient résulter, dans les opérations d'armement et de désarmement de l'application des règlements sur la comptabilité du matériel, l'un de mes prédécesseurs, M. le duc de Montebello, prescrivit, par une circulaire du 23 septembre 1847, de faire examiner soigneusement, par les commandants chargés de suivre ces opérations, le jeu et les résultats des nouvelles dispositions, et d'inviter ces officiers à consigner, dans un rapport circonstancié, les difficultés rencontrées, ainsi que les mesures qu'il conviendrait de prendre pour mieux concilier la promptitude dans l'action avec les garanties administratives.

Ces dispositions, rappelées par la circulaire du 6 mai 1852, ont été reproduites aux articles 329 et 379 de l'instruction générale du 1er octobre 1854.

Suivant la remarque qui m'en est faite par M. le vice-amiral préfet maritime du cinquième arrondissement, ce règlement a aujourd'hui vingt-sept ans de date, nous ne sommes plus dans la période d'hésitation, l'expérience n'est plus à faire, et l'administration ne trouve depuis longtemps aucun renseignement utile dans les rapports des capitaines d'armement et de désarmement; c'est pourquoi j'ai décidé l'abrogation des dispositions règlementaires sus-visées.

L'insertion de la présente circulaire au *Bulletin officiel de la marine* tiendra lieu de notification.

CLOUÉ.

(21 mars 1882)

CIRC. M. *Nouveau modèle d'inventaire-balance pour le mobilier en service dans les bureaux et autres établissements.*

B. M. p. 361.

La formule en usage pour les inventaires du mobilier en service dans les bureaux et autres établissements du matériel des forts et batteries, etc. (modèle n° 104 de l'arrêté du 12 octobre 1859), a été reconnue peu appropriée à son but. Elle oblige les dépositaires comptables à tenir une *balance-volume*, reliée, et à consacrer un quart de page aux entrées et aux sorties de chaque article, alors que dans la plupart des localités ces opérations sont rares et presque nulles. Afin de remédier à ces inconvénients, j'ai fait préparer un inventaire-balance plus commode à consulter, plus synoptique, où il ne sera réservé, pour chaque espèce d'objet, que le nombre de lignes nécessaire à l'inscription des mouvements annuels.

La nouvelle formule, dont le modèle est ci-joint, aura en outre l'avantage de présenter au 31 décembre la situation des valeurs à la disposition des agents responsables, et de faciliter ainsi l'accomplissement de leur tâche aux officiers du commissariat chargés de dresser les inventaires de fin d'année. Elle sera mise en usage à l'épuisement des registres (modèle nº 104) existant en magasin.

JAURÉGUIBERRY.

(17 juin 1882)

CIRC. M. *au sujet de l'envoi au Ministère du compte d'emploi des matières et de la main-d'œuvre aux travaux exécutés dans chaque direction ou par les soins du détail des approvisionnements.*

B. M. p. 815.

Aux termes des articles 572 et 574 de l'arrêté ministériel du 12 octobre 1859, un relevé du compte d'emploi des matières et de la main-d'œuvre aux travaux exécutés dans chaque direction ou par les soins du détail des approvisionnements (modèles nos 121 et 121 *bis*), appuyé de l'état (modèle nº 122) des confections faites pour l'approvisionnement des magasins et pour le service des apparaux, doit être remis au commissaire aux travaux avant la fin du mois de mars de chaque année, et le compte général de l'arsenal (modèle nº 123 modifié) m'être adressé dans le courant du mois suivant.

Ces délais sont presque toujours dépassés, cependant le Département a le plus grand intérêt, pour satisfaire aux demandes de justification de la commission du budget, à connaître, avant le 1er avril de chaque année, le montant des dépenses faites pendant l'année précédente.

J'ai décidé, pour obvier aux inconvénients graves qui résultent de cet état de choses, que, dorénavant, chaque direction, après l'arrêté du compte d'emploi, et avant de passer à la formation des relevés (modèles nos 121 et 122) procédera à l'établissement de la récapitulation (modèle nº 121 *bis*) des dépenses en matières et en main-d'œuvre, occasionnées par les travaux exécutés dans ses chantiers et ateliers.

Cette récapitulation devra être remise le 10 mars au plus tard, avec un état sommaire des dépenses faites, par bâtiment, pour les constructions neuves et les réparations, au commissaire aux travaux, qui, après un examen rapide, dressera, au moyen des documents de l'espèce, le compte général des dépenses de l'arsenal (modèle nº 123). Si, ultérieurement, lors de la vérification sur pièces des états 121 et 122, des redressements étaient reconnus nécessaires dans la récapitulation du compte par direction (modèle nº 121 *bis*), ou dans le compte général de l'arsenal (modèle nº 123 modifié), il m'en serait donné avis, dans la forme habituelle, au moyen de documents rectificatifs.

Les dispositions qui précèdent seront rigoureusement observées ; et si, pour atteindre le but indiqué, il est nécessaire de faire travailler en dehors des heures de bureau, pendant quelques jours ou quelques semaines, le personnel administratif des directions de travaux, vous n'hésiterez pas à prendre cette mesure.

Il est entendu que les époques fixées par l'arrêté du 12 octobre 1859, pour la production des relevés nos 121 et 122, ne sont point modifiées par la présente circulaire.

Dans les colonies et les ports secondaires, où les travaux sont peu importants et les délais rappelés ci-dessus beaucoup plus que suffisants, le compte d'emploi (modèles nos 121 et 121 *bis*) sera expédié en temps voulu pour me parvenir avant le 1er avril de chaque année pour les dépenses de l'année précédente.

L'état sommaire par bâtiment, dont l'établissement est prescrit par le 4e paragraphe de la présente circulaire, sera conforme au modèle annexé. Il ne comportera aucune subdivision par atelier, et me sera adressé avec le compte général avant le 1er avril.

JAURÉGUIBERRY.

(19 janvier 1883)

DÉP. M. *au sujet de la production des comptes d'emploi aux travaux de l'année 1882.*

ARCH. GOUV.

Aux termes de la circulaire du 17 juin 1882 (B. M., page 815), les administrations locales doivent établir en temps voulu, pour qu'ils puissent me parvenir avant le 1er avril de chaque année, les comptes modèles (nos 121 et 121 *bis*) des dépenses en matières et en main-d'œuvre faites pendant l'année précédente, ainsi que les états présentant, par bâtiment, le montant des réparations de la flotte.

Les justifications réclamées par la commission du budget imposent au Département la nécessité d'être mis, le plus tôt possible, en possession de ces documents, et je vous prie de donner des ordres formels pour que les délais de production fixés par la circulaire précitée ne soient pas dépassés.

JAURÉGUIBERRY.

(13 mars 1883)

DÉP. M. *Rappel aux prescriptions relatives aux remises faites dans les dépôts du service marine aux colonies par des bâtiments en cours de campagne.*

ARCH. GOUV.

Le rapport sommaire que vient de m'adresser M. le commandant de la division navale de Cochinchine sur la vérification, pendant le 4e trimestre 1882, de la comptabilité du matériel des bâtiments, a été annoté, par M. le sous-commissaire de division, de la manière suivante :

« Les duplicata des billets de remise à l'arsenal de Saïgon n'étant jamais renvoyés aux bâtiments qui effectuent les remises, il n'est pas possible d'indiquer s'ils sont ou non soumis au visa du commissaire aux travaux (circulaire du 12 mars 1880). On remplace dans les comptabilités de bord le billet de remise par l'état de versement dont la production est prescrite par la circulaire du 1er octobre 1873. »

Je ferai remarquer, tout d'abord, que la circulaire du 1er octobre 1873, en rappelant les dispositions applicables aux remises d'objets hors de service effectuées, par les bâtiments en cours de campagne, dans l'un des dépôts de matériel du service marine établis hors du territoire continental (colonies, Alger, etc.), n'a fait que confirmer les règles existantes, et n'a nullement porté atteinte au mode de comptabilité adopté pour les dépôts du service marine aux colonies.

La circulaire précitée n'a donc eu pour but, et c'est l'interprétation constante qui a été donnée à cet acte depuis 1873, que de rappeler les administrations locales à l'exécution des dispositions qui régissent les remises d'objets hors de service faites par les bâtiments en cours de campagne.

Les remises de l'espèce sont soumises, dans tous les dépôts (article 12 du règlement du 30 octobre 1860) aux prescriptions des articles 78 et suivants de l'instruction générale du 1er octobre 1854 et des arrêtés modificatifs des 2 décembre 1857 et 12 octobre 1859, autant toutefois que le permet l'organisation du service.

Je vous prie de me fournir des explications sur les motifs qui auraient porté l'administration de Saïgon à s'écarter de ces dispositions et dans tous les cas, d'inviter les services sous vos ordres à rentrer dans la règle.

CH. BRUN.

(17 mars 1883)

CIRC. M. *Comptes à produire par les colonies pour le matériel du service marine. — États appréciatifs, comptes d'emploi aux travaux, inventaires, etc.*

B. M. p. 424.

En vous adressant l'arrêté du 29 décembre dernier, relatif à la comptabilité du matériel appartenant au service colonial, je vous ai rappelé que les administrations des colonies ont à me transmettre, pour le service marine, indépendamment les relevés trimestriels des mouvements survenus dans les approvisionnements des dépôts, les comptes et inventaires annuels de tous les biens meubles et immeubles ressortissant à ce dernier service.

Jusqu'à présent, les dispositions des règlements et vigueur concernant la comptabilité des valeurs mobilières et permanentes des bâtiments servitudes et des immeubles appartenant à la marine, n'ont pas partout été appliquées aux colonies avec la régularité désirable. Les lacunes qui existent à cet égard dans le compte général du matériel sont de nature à attirer au Département de justes critiques de la part des pouvoirs extérieurs, et il importe de les combler le plus tôt possible.

Je vous prie, en conséquence, de donner des ordres à M. le chef du service administratif, afin qu'il fasse, pour chacun des services du matériel de la marine, tenir les comptabilités et dresser les inventaires dont le détail suit :

I. — Comptabilité des bâtiments de servitude et du matériel flottant.

(Articles 443 à 447 de l'instruction générale du 1er octobre 1854 et circulaire du 6 octobre 1882).

Inventaires des coques, des accessoires de coques et du matériel en service du bord.

(Articles 585 et suivant de l'arrêté du 12 octobre 1859 et circulaire précitée du 6 octobre 1882).

II. — Comptabilité des apparaux, machines, ustensiles et outils en service dans les chantiers, ateliers et magasins.

(Articles 448 à 478 de l'instruction du 1er octobre 1854 modifiés par les arrêtés ministériels des 12 octobre 1859 et 7 août 1879).

III. — Comptabilité du mobilier en service dans les hôtels, bureaux et autres établissements de la marine.

(Articles 479 à 487 de l'arrêté du 12 octobre 1859 modifié par l'arrêté du 15 août 1879).

IV. — Inventaire évalué des matières et des objets de casernement à la disposition des troupes de la marine.

(Article 59 du règlement du 27 novembre 1854, sur le service de lits militaires, et circulaire du 20 septembre 1887.

V. — Comptabilité du matériel en service dans les forts et batteries.

(Articles 490 à 495 de l'arrêté du 12 octobre 1859 modifié par l'arrêté du 7 août 1879).

VI. — Comptabilité des objets de sciences et arts.

(Instruction du 10 décembre 1879).

VII. — Comptabilité de l'emploi des matières et de la main-d'œuvre aux travaux.

(Articles 507 et suivants et l'instruction générale du 1er octobre 1854 modifiée par les arrêtés des 2 décembre 1857 et 12 octobre 1859 et par la circulaire du 24 décembre 1881.

VIII. — Inventaire des immeubles.

(Articles 593 *bis* et 593 *ter* de l'arrêté du 12 octobre 1859).

Les états appréciatifs, comptes et inventaires, dont la production est prescrite par les dispositions sus-visées, devront être adressés au Ministère, sous le timbre de la présente circulaire, dans le courant du quatrième mois qui suivra chaque année expirée. Toutefois, et par exception, les comptes de l'année 1882 pourront ne m'être transmis que dans les derniers mois de l'année courante.

Je crois devoir vous faire remarquer et les quantités et valeurs qui serviront de point de départ aux comptes et inventaires à produire pour le matériel qui n'aurait pas encore fait l'objet d'une comptabilité régulière, devront être portées en recette à titre d'excédents constatés par recensement.

Les registres et imprimés nécessaires à l'établissement de ces diverses comptabilités du service marine seront demandés au Département sous le timbre de la direction de la comptabilité générale, bureau du service intérieur et des bibliothèques. Les administrations coloniales indiqueront, dans leur demande, les numéros des formules et les quantités dont elles auront besoin.

CH. BRUN.

(24 avril 1884)

DÉP. M. *relative aux comptes à produire pour le matériel du service marine.*

B. C. p. 186.

Une dépêche du 17 mars 1883, insérée au *B. M.* page 424, a rappelé aux administrations coloniales qu'indépendamment des relevés trimestriels des mouvements survenus dans les approvisionnements des dépôts, elles devaient, aux termes des règlements en vigueur, adresser au Département, dans le courant du mois d'avril de chaque année, les comptes et inventaires des immeubles, des bâtiments de servitude et des valeurs mobilières ou permanentes existant dans les colonies au titre du service marine.

Par la même circulaire, en raison des lacunes reconnues dans les envois de quelques-unes de nos colonies, les administrations locales avaient été autorisées à ne transmettre, par exception, leurs comptes et inventaires de matériel, pour l'année 1882, que dans les derniers mois de 1883.

L'administration placée sous vos ordres n'a fait jusqu'à ce jour parvenir à la direction compétente que les comptabilités des bâtiments de servitude et du matériel flottant; des apparaux, machines, ustensiles et outils; du mobilier des hôtels, bureaux et autres établissements. et de l'emploi des matières et de la main-d'œuvre des travaux exécutés en 1882.

Cependant, il résulte des recherches faites dans la comptabilité du dépôt du service marine, que les délivrances ont été effectuées, à charge d'inventaire, au titre des *corps de troupes de la marine* (*objets de casernement*); *des forts et batteries, des sciences et arts maritimes.*

Je vous prie de donner des ordres à M. le chef du service administratif de Saïgon pour qu'il soit complètement satisfait, dans le plus bref délai possible, aux dispositions visées dans la circulaire précitée du 17 mars 1883, non seulement en ce qui concerne les comptes et inventaires de 1882, mais encore pour ceux relatifs à l'année 1883.

Vous voudrez m'accuser réception de la présente dépêche.

A. PEYRON.

(29 novembre 1884)

CIRC. CH. S. AD. *relative à l'envoi en France des comptes des dépenses, en matière et en main-d'œuvre, occasionnées par les travaux exécutés en 1884. — Rappel de la circ. m. du 17 juin 1882 (B. M. p, 815), de la dép. m. du 19 janv. 1883, des circ. m. des 22 juin 1883, 9 janvier 1884 et de la dép. m. du 3 mai 1884.*

B. C. p. 443.

(21 avril 1887)

CIRC. M. *Les dépenses de charbon et de matières grasses faites par les bâtiments de la division chargés du ravitaillement des postes de l'Annam restent à la charge du protectorat.*

ARCH. DIV. NAVALE.

(16 janvier 1888)

DÉP. M. *Rappel à l'exécution des prescriptions réglementaires sur les réceptions de matériel. (Art. 122 de l'Instruction du 1er octobre 1854).*

ARCH. GOUV.

Les certificats de réception de matériel produits en exécution de l'article 122 de l'instruction du 1er octobre 1854, par l'Administration de la Cochinchine, ne sont pas toujours accompagnés de l'extrait du procès-verbal de recette lorsque des différences entre les quantités annoncées et celles reçues ont été constatées par la commission ordinaire des recettes.

L'inobservation de cette formalité place le Département dans l'impossibilité de connaître en temps opportun les motifs de ces différences et ne lui permet pas, en outre, de statuer en toute connaissance de cause sur les responsabilités encourues.

J'ai, en conséquence, l'honneur de vous prier de rappeler à qui de droit les termes formels des circulaires des 8 juillet 1856, *B. O.* page 594; 10 août 1871, *B. O.* page 92, et 27 juin 1884, *B. O.* page 1148.

FÉLIX FAURE.

(30 septembre 1888)

DÉP. M. *Envoi du décret du 23 novembre 1887 sur l'organisation de la comptabilité des magasins de la marine, ainsi que de l'arrêté ministériel du 30 septembre 1888 fixant au 1er janvier 1889 la mise en vigueur des prescriptions du décret précité. — Instructions.*

ARCH. S. AD.

(16 décembre 1888)

CIRC. C. DIV. N. — *Comptabilité des dépôts de matériel établis en Cochinchine.*

ARCH. DIV. NAVALE.

III. — SERVICE COLONIAL.

NATURE DES DOCUMENTS	DATES	RECUEILS A CONSULTER								OBSERVATIONS
		Bat.	B. C.	B D.I	J.C.	J.H.	B. M.	B.Col		
A. G.	30 mars 1869.	II-623	94							
Dép. M.	5 mai 1880.									
Circ. M.	12 avril 1881.		205							
Dép. M.	11 juillet 1881.									
A. M.	29 décembre 1882.						1117			
Circ. M.	29 décembre 1882.						1117			
Circ. M.	19 janvier 1883.						101			
Dép. M.	29 janvier 1883.									
Dép. M.	12 avril 1883.									
Dép. M.	15 octobre 1883.		399							
Circ. M.	8 décembre 1883.						809			
Rap.	21 janvier 1884.						104			
A. M.	21 janvier 1884.						104			
Circ. M.	28 janvier 1884.		76							
Circ. M.	2 février 1884.		77							
Circ. M.	15 février 1884.		78							
Circ. M.	24 mars 1884.		133							
Circ. M.	29 mars 1884.									
Dép. M.	24 avril 1884.									
Circ. M.	31 mai 1884.		240							
Dép. M.	13 janvier 1885.									

NATURE DES DOCUMENTS	DATES	RECUEILS A CONSULTER Bat.	B. C.	B.D.I.	J.C.	J.H.	B.M.	B Col.	OBSERVATIONS
D. G.	23 février 1885.		62						
Circ. Ch. S. Ad.	15 février 1886.				223				
Circ. Ch. S. Ad.	15 avril 1886.				461				
Dép. M.	12 juillet 1886.								
Circ. M.	22 juillet 1886.						126		
Dép. M.	3 août 1886.								
Dép. M.	1er octobre 1886.								
Dép. M.	20 novembre 1886.								
Dép. M.	13 janvier 1887.								
Dép. M.	21 avril 1887.								
Circ. M.	27 juin 1887.							407	
Circ. M.	25 juillet 1887.							515	
Dép. M.	13 août 1887.								
Dép. M.	19 octobre 1887.								
Circ. M.	23 novembre 1887.							959	
Dép. M.	24 février 1888.								

(30 mars 1869)

A. G. *Les services des « vivres » et des « hôpitaux » seront séparés du service marine, en ce qui concerne les dépenses du personnel colonial. — Le service colonial devra pourvoir à toutes les dépenses à faire dans la colonie pour le ravitaillement et l'hospitalisation du personnel colonial* (1).

BAT. II. p. 623.
B. C. p. 94.

(5 mai 1880)

DÉP. M. *rappelant à l'exécution de la circ. min. du 29 mars 1879 qui a indiqué la forme dans laquelle doivent à l'avenir être établies les demandes de vivres tant pour les rationnaires militaires que pour les hôpitaux, les situations, cessions de denrées, relevés des marchés passés sur place etc., etc.*

ARCH. GOUV.

Une circulaire ministérielle du 29 mars 1879, accompagnée d'un certain nombre d'états imprimés, à tracé aux administrations coloniales la forme dans laquelle doivent à l'avenir être établies les demandes de vivre, tant pour rationnaires militaires que pour les hôpitaux, les situations, les cessions de denrées, le relevé des marchés passés sur place, etc.

Quelques-unes de nos colonies seulement ont fait parvenir à mon Département ces documents qui sont indispensables pour suivre d'une manière exacte cette partie importante du service et encore, les états reçus jusqu'à ce jour n'ont-ils pas été expédiés avec toute la régularité désirable. Je vous prie de veiller à la stricte observation des instructions contenues dans ma circulaire précitée.

JAURÉGUIBERRY.

(12 avril 1881)

CIRC. M. *Les soldes de fret doivent être imputés sur l'exercice portant le millésime de l'année pendant laquelle le déchargement des navires est terminé. — Recommandations à ce sujet.*

B. C. p. 205.

Dans sa déclaration générale, sur les comptes de l'exercice 1876, la Cour des comptes a signalé qu'un mandat, émis en vue du paiement du solde de fret d'un chargement de charbon de terre, expédié de la métropole en 1876 et parvenu dans la colonie destinataire en 1877, a été imputé à tort sur l'exercice 1876.

Je dois rappeler qu'aux termes du règlement du 14 janvier 1869, articles 13 et 14, en matière d'affrétements de navire de commerce, les soldes de fret doivent être imputés sur l'exercice portant le millésime de l'année pendant laquelle le déchargement des navires est terminé.

Il est donc important que les procès-verbaux de réception des chargements de houille indiquent exactement l'époque de la clôture des opérations du déchargement, et que la prise en charge du comptable, mentionnée sur ces procès-verbaux, soit autant que possible établie à la même date.

Dans tous les cas, il est indispensable, lorsque les déchargements sont terminés

(1) V. Service administratif de la marine.

en fin d'année, que les procès-verbaux de réception soient dressés avant le 31 décembre de la même année.

J'ai l'honneur de vous adresser des recommandations, afin que ces dispositions soient observées.

(11 juillet 1881)

DÉP. M. *Demande de documents concernant le service des vivres.*

B. C. p. 328.

Les administrations coloniales ont été invitées à différentes reprises, à faire parvenir *mois par mois*, au Département, des états distincts indiquant :

La situation des vivres pendant le mois de...... ;

L'état des cessions remboursables en argent, faites pendant le mois de... ;

L'état des marchés passés pendant le mois de... ;

Et à transmettre chaque année en temps opportun :

Une demande de vivres pour l'année 188... ;

Un état présentant le prix de revient pour 188... de la ration de... (avec état spécial pour chaque catégorie de rationnaires recevant une ration différente).

Toutes les colonies ne se conforment pas à ces instructions, qui doivent cependant être observées très régulièrement. Je vous prie donc de veiller à ce que tous les documents énoncés ci-dessus me soient envoyés exactement et comme il vient d'être indiqué, à partir de la présente circulaire ; vous voudrez bien, en même temps, joindre au premier envoi qui sera effectué les trois états mensuels se rapportant à chacun des mois écoulés depuis le 1er janvier 1881.

Il est de toute importance que le service de l'ordonnateur se conforme scrupuleusement aux prescriptions qui précèdent et qu'il ne me mette pas dans la nécessité de les lui rappeler.

G. Cloué.

(29 décembre 1882)

A. M. *portant instruction pour servir à la formation du compte général du matériel appartenant au service colonial.*

B. M. p. 1117.

§ 1er. — *Objet et direction de la comptabilité.*

Article premier. — La responsabilité et l'emploi du matériel acquis sur les fonds du budget colonial de l'État font l'objet d'une comptabilité centralisée à Paris.

Ce matériel comprend :

Les matières, denrées, drogues et objets en approvisionnement dont la dépense d'achat ou de confection a été imputée sur les fonds alloués pour ce service par le budget de l'État ;

Les apparaux, machines, outils et ustensiles d'exploitation des chantiers, ateliers, voies ferrées et autres ; les mobiliers et effets garnissant les hôtels, casernes, chapelles, hôpitaux, bagnes, prisons et autres établissements coloniaux ; les gabarits, échantillons, modèles, bibliothèques, et toutes autres valeurs mobilières et permanentes appartenant à l'État dans les colonies, autres que celles ressortissant au service marine.

Les bâtiments de servitude et le matériel flottant achetés ou construits sur les crédits du service colonial ;

Les immeubles dont les dépenses d'acquisition ou de construction ont été supportées par le budget colonial.

Les édifices et ouvrages, les bâtiments de servitude, le matériel flottant et les objets d'approvisionnement et autres en cours de construction ou de confection dans les chantiers et ateliers dépendant du service colonial.

Art. 2. — Les ordonnateurs secondaires des dépenses imputées sur les crédits du budget du service colonial sont chargés, chacun en ce qui le concerne, de diriger et de surveiller la comptabilité du matériel appartenant à ce service, et d'en contrôler et centraliser les résultats.

§ 2. — *De la comptabilité des approvisionnements et des valeurs mobilières et permanentes.*

Art. 3. — Sont constitués comptables responsables,

Des approvisionnements : les agents préposés à la garde et à la conservation des matières, denrées, drogues et objets en magasin ou en dépôt.

Des valeurs mobilières et permanentes : les fonctionnaires ou agents auxquels des apparaux, machines, meubles ou effets quelconques ont été confiés, soit pour leur usage personnel, soit pour les besoins du service.

Lorsque les objets en service sont d'un usage commun, le dépositaire comptable responsable est désigné d'office par l'autorité compétente.

Art. 4. — Chaque dépositaire tient un livre-journal en quantités (modèle A) et, suivant la nature des objets qui lui sont confiés, un registre-balance ou un inventaire-balance (modèle B ou B *bis*), ou un catalogue-inventaire (modèle C).

Il inscrit sur ces livres les mouvements d'entrée et de sortie au fur et à mesure qu'ils se produisent.

Art. 5. — Les matières, denrées et objets d'approvisionnement et les valeurs mobilières et permanentes de toute espèce sont classés, par service, dans les écritures des dépositaires, d'après les indications de la nomenclature sommaire du matériel appartenant au service colonial insérée à la suite du présent arrêté, et, par ordre alphabétique, sous chacune des divisions de cette nomenclature.

Chaque article est annoté, sur la balance ou sur le catalogue, du prix d'achat, de revient, ou destination lorsque le prix d'achat ou de revient n'est pas connu, à moins que l'inventaire dans lequel il est reçu ne contienne déjà des objets de même espèce. Dans ce cas, il est fait application du prix précédemment arrêté ; la différence en plus ou en moins qui en résulte entre la valeur réelle et celle portée en compte dans les écritures du dépositaire, est portée aux *rectifications d'évaluations* sur le grand-livre dont la tenue est prescrite par l'article suivant.

Art. 6. — Outre le journal en quantités et la balance ou le catalogue-inventaire mentionnés en l'article 4, chaque détenteur de matières et objets du service colonial tient un grand-livre en valeurs (modèle D), sur lequel il inscrit, pour chacun des services du matériel, et par division de la nomenclature sommaire, le montant de toutes les opérations d'entrée et de sortie qui affectent la situation, en valeurs, des matières, denrées et objets dont il est comptable.

Les mouvements sont décrits et résumés, sur le grand-livre, sous les titres, chapitres et articles de la nomenclature des opérations à charge et des opérations à décharge, jointe au présent arrêté.

Art. 7. — A la fin de l'année, chaque dépositaire dresse, au moyen des livres de comptabilité (art. 4 et 6), par service, et pour chaque catégorie de matériel (approvisionnements) valeurs mobilières, bâtiments de servitude), un état appréciatif (modèle E) présentant les opérations par division de la nomenclature sommaire et par origine des entrées et destination des sorties.

Art. 8. — Les recettes et les dépenses, classées dans les états appréciatifs suivant la nomenclature des opérations à charge et des opérations à décharge, sont totalisées par article et par chapitre de ladite nomenclature. Une récapitulation, établie à la fin de ces documents, fait connaître, par division sommaire, la situation en valeurs au premier et au dernier jour de l'année.

Les états dont il s'agit sont soumis au visa du chef du détail compétent. Ils sont ensuite remis à l'ordonnateur secondaire chargé de la direction et du contrôle de la comptabilité (art. 2), qui les fait vérifier sur place avec les livres et les pièces justificatives.

En cas de différences ou d'irrégularités reconnues, il en est donné avis au chef du détail dont relève le dépositaire comptable. L'application de la responsabilité encourue est provoquée, s'il y a lieu.

Art. 9.— Les résultats accusés par les états appréciatifs (modèle E) sont appuyés d'inventaires détaillés (modèle F), faisant connaître, en quantités et en valeurs, pour chaque division de la nomenclature sommaire, les matières, denrées et objets de toute espèce ou valeurs mobilières et permanentes entrant dans la composition de ces divisions et restant à la charge des positaires à la date du 31 décembre.

Les totaux, par division sommaire, inscrits sur les inventaires (modèle F) soit en concordance avec les valeurs dont l'existant est constaté par les états appréciatifs.

Les documents dont il s'agit sont préparés par les dépositaires, chacun en ce qui le concerne; le délégué de l'ordonnateur secondaire qui a procédé à la constatation des existants, soit par recensement, soit d'après les écritures, y inscrit les quantités et établit les évaluations. Ils sont certifiés par ce délégué, visés par l'ordonnateur secondaire, et revêtus de la déclaration de prise en charge par le dépositaire comptable.

Art. 10. — L'ordonnateur secondaire chargé de la surveillance administrative du service dans l'ordre de la comptabilité (art. 2) dirige les recensements, tant des matières, denrées, drogues et objets en approvisionnement, que des valeurs mobilières et permanentes, de façon qu'aucun article ne reste plus de deux ans sans avoir été vérifié.

La date du dernier récolement est indiquée, dans la colonne à ce réservée, sur les inventaires de fin d'année (modèle F).

Art. 11. — Les résultats des états appréciatifs (modèle E) sont reportés, par l'ordonnateur secondaire, sur un compte récapitulatif par service (modèle G). Ce compte est divisé en trois parties : approvisionnements en magasin, valeurs mobilières et permanentes, bâtiments de servitude et matériel flottant. Dans chacune des ces parties principales, les opérations, par détenteur, sont classées sous les divisions sommaires de la nomenclature du matériel.

Le compte récapitulatif présente distinctement, pour chaque division sommaire, les mouvements survenus pendant l'année et l'existant, en valeurs au 1er janvier et au 31 décembre.

Art. 12. — Au moyen des états appréciatifs (modèle E), il est dressé, par les soins de l'ordonnateur secondaire, pour chaque service du matériel, en outre du compte récapitulatif mentionné en l'article précédent, un résumé général (modèle H), par origine des entrées et par destination des sorties, de toutes les opérations à charge et à décharge qui se sont produites pendant l'année.

Ce résumé présente les opérations par détenteur classées sous les trois groupes principaux de la nomenclature sommaire : approvisionnements, valeurs mobilières, bâtiments de servitude.

Art. 13. — Les totaux par division des comptes récapitulatifs sont reportés, par service et par catégorie de matériel, sur un compte général (modèle 1) présentant, par chapitre de la nomenclature des mouvements, l'ensemble des opérations à charge et des opérations à décharge effectuées, dans le service colonial, pendant l'année. Les entrées et les sorties d'ordre qui proviennent de mouvements réciproques opérés dans la colonie entre gardes-magasins ou entre dépositaires comptables de valeurs mobilières appartenant au même service, constituant de simples déplacements de matériel, se balancent et se justifient les unes par les autres.

Les comptes récapitulatifs, les résumés généraux et le compte général, après avoir été signés par l'ordonnateur secondaire et visés par le Gouverneur ou le Commandant de la colonie, sont adressés au Ministre de la marine et des colonies, sous le timbre de la Direction de la comptabilité générale, dans le courant du mois d'avril de l'année qui suit celle à laquelle ils se rapportent. Ces documents sont accompagnés des états appréciatifs dressés par les dépositaires comptables et des inventaires détaillés.

§ 3. — *Des mutations des comptables.*

Art. 14. — Dans le cas de mutation de dépositaires comptables de matériel, la remise et la prise de service sont constatées par un procès-verbal dressé par l'ordonnateur secondaire ou son délégué ; ce procès-verbal est signé par les deux agents entrant et sortant.

Lorsque ce procès-verbal est accepté sans réserve par les parties intéressées, il tient lieu d'inventaire, et est considéré, pour le comptable sortant, comme la constatation de l'existant entre ses mains au moment de la remise du service ; pour le comptable entrant, comme sa déclaration formelle de prise en charge du matériel dont l'existence est constatée à cette même date par les écritures.

Art. 15. — Le comptable en exercice au 31 décembre établit l'état appréciatif des opérations de l'année, et prépare l'inventaire détaillé des matières et objets dont il est détenteur à cette date.

§ 4. — *De la comptabilité des bâtiments de servitude et du matériel flottant.*

Art. 16. — La comptabilité du matériel à bord des bâtiments de servitude armés, appartenant au service colonial, et employés aux navigations de long cours, est soumise aux règles édictées par l'instruction générale du 1er octobre 1854, pour la comptabilité des bâtiments de la flotte armés. Chaque article est annoté sur l'inventaire, balance du prix d'achat, de revient ou destination.

Art. 17. — Lorsque des bâtiments de servitude sont affectés aux mouvements intérieurs des fleuves, des ports et des rades, l'ordonnateur secondaire désigne un ou plusieurs agents responsables des bâtiments de son ressort. Ces agents tiennent un livre journal en quantités (modèle A, sur lequel ils inscrivent toutes les recettes et toutes les dépenses concernant les bâtiments dont la comptabilité leur est confiée. Ils tiennent, en outre, pour chacun de ces bâtiments, un inventaire spécial (modèle B *bis*) sur lequel ils suivent la situation du matériel en service à bord.

Art. 18. — A la fin de chaque année ou à l'époque du changement de position, l'ordonnateur secondaire fait procéder, au moyen de pièces justificatives, à la vérification des inventaires-balances des bâtiments de servitude de son ressort. En cas de différences ou d'irrégularités il est statué, dans la forme réglementaire, sur la comptabilité du comptable en cause.

Art. 19. — Les dispositions des articles 17 et 18 sont applicables à la comptabilité du matériel flottant appartenant au service colonial.

Art. 20. — Chaque ordonnateur secondaire tient une matricule (modèle J) des bâtiments de servitude et du matériel flottant de son ressort.

Les unités flottantes sont classées sur cette matricule d'après l'ordre indiqué dans la troisième partie de la nomenclature sommaire.

Chaque unité flottante est annotée sur cette matricule du prix d'achat, de revient ou d'estimation.

Le prix de l'unité comprend la valeur de la coque, des accessoires de coque, de l'appareil moteur, de l'appareil évaporatoire et du matériel en service à bord.

Art. 21. — L'ordonnateur secondaire fait tenir dans ses bureaux un grand livre en valeur (modèle D) sur lequel est inscrit, par division de la nomenclature sommaire, le montant de toutes les recettes et de toutes les dépenses (achats, cessions, délivrances par les magasins, remises en magasin, etc.,) concernant les bâtiments de servitude et le matériel flottant.

Les opérations sont décrites et résumées, sur ce livre, sous les titres, chapitres et articles de la nomenclature des mouvements à charge et à décharge insérée à la suite du présent arrêté.

Art. 22. — A la fin de l'année, il est dressé, par les soins de l'ordonnateur secondaire, au moyen de la matricule et du grand-livre en valeurs mentionnés aux articles 20 et 21, pour tous les bâtiments de servitude et le matériel flottant de son ressort, un état appréciatif (modèle E) présentant les opérations par division sommaire et par origine des entrées et destination des sorties.

Les recettes et les dépenses, classées dans ledit état suivant les indications de la nomenclature des mouvements à charge et à décharge, sont totalisées par article et chapitre de cette nomenclature. Une récapitulation fait connaître, par division sommaire, la valeur des unités flottantes.

L'état appréciatif des bâtiments de servitude et du matériel flottant est certifié par l'ordonnateur secondaire.

Art. 23. — Les résultats accusés par le document mentionné en l'article précédent d'un inventaire (modèle F) faisant connaître le nom ou, à défaut de nom, le numéro matriculaire et la valeur de chacune des unités flottantes entrant dans la composition de chaque division sommaire.

L'inventaire détaillé (modèle F) est dressé et signé par le fonctionnaire qui a procédé, par délégation de l'ordonnateur secondaire, à la constatation des existants, soit par le recensement, soit d'après les écritures. Il est visé par cet ordonnateur.

La date du dernier récolement du matériel en service à bord des unités flottantes, est indiquée sur ce document dans la colonne à ce destinée.

Art. 24. — Les résultats accusés par l'état appréciatif des bâtiments de servitude et du matériel flottant sont rattachés, par l'ordonnateur secondaire, au compte général dont la transmission au Département de la marine et des colonies est prescrite par l'article 13 du présent arrêté.

§ 5. — *De l'inventaire des immeubles.*

Art. 25. — L'ordonnateur secondaire tient, en ce qui concerne les édifices terminés et les autres propriétés immobilières dépendant de son service, une matricule (modèle K) faisant connaître, pour chaque édifice, ouvrage, propriété, l'origine de la construction ou de l'acquisition et la destination spéciale.

La matricule des immeubles est annotée de la valeur des édifices et ouvrages. Cette valeur est établie d'après le prix de revient ou le prix du marché, sans avoir égard au dépérissement. Si le prix de revient ne peut être retrouvé, il est déterminé par approximation.

La valeur ainsi établie demeure invariable jusqu'au moment de la démolition des édifices ou autres ouvrages, quels que soient, d'ailleurs, les travaux d'entretien ou de réparation qui leur ont été faits, lorsque ces travaux n'ont pas eu pour effet la transformation ou l'accroissement des édifices.

Art. 26. — A la fin de l'année, l'ordonnateur secondaire dresse, au moyen de la matricule mentionnée en l'article précédent, l'inventaire (modèle L) des immeubles dépendant de son service. Ce document présente la valeur des édifices et ouvrages au 1er janvier et au 31 décembre. Il fait connaître les causes des augmentations et des diminutions survenues pendant l'année. Il est signé par l'ordonnateur, visé par le gouverneur ou commandant de la colonie, et adressé au ministre dans le courant du quatrième mois de l'année qui suit celle à laquelle il se rapporte.

§ 6. — *De l'inventaire des immeubles, des bâtiments de servitude, du matériel flottant et des objets d'approvisionnement et autres, en cours de construction ou de confection à la date du 31 décembre.*

Art. 27. — Dans chaque chantier et atelier dépendant du service colonial, il est tenu sous la surveillance de l'officier ou de l'agent chargé de la direction des travaux, un compte de toutes les dépenses en matières et en main-d'œuvre occasionnées par les ouvrages de construction ou de confection entrepris sur les crédits du service colonial.

Art. 28. — A la fin de l'année, chaque directeur de travaux remet à l'ordonnateur secondaire chargé de la surveillance administrative dans l'ordre de la comptabilité, un inventaire appréciatif des immeubles, des bâtiments de servitude, du matériel flottant et des objets d'approvisionnement et autres en cours de construction ou de confection à la date du 31 décembre.

L'exactitude de ce document, qui est établi dans la forme indiquée par le modèle M ci-annexé, est certifiée par le directeur des travaux.

Art. 29. — L'ordonnateur secondaire classe, par service, les éléments de compte qui lui sont fournis en exécution de l'article précédent, et les résume dans un inventaire (modèle M) présentant distinctement, pour chaque édifice, navire ou engin flottant, les dépenses en matières et en main-d'œuvre faites depuis le commencement du travail, et pour les confections de matériel, les dépenses de même nature groupées par division sommaire.

Le document dont il s'agit est signé par l'ordonnateur, visé par le gouverneur ou le commandant de la colonie, et dressé au Département de la même époque que le compte général dont la production est prescrite par l'article 13.

§ 7. — *Dispositions spéciales.*

Art. 30. — La comptabilité des directions d'artillerie coloniales continue à être tenue conformément aux prescriptions du règlement du 16 mars 1877.

Toutefois, le directeur d'artillerie fait résumer, sur un grand-livre en valeurs (modèle D) par division sommaire de la nomenclature du service colonial, les opérations à charge et à décharge de chacun des dépositaires comptables de son service ; il remet, en temps opportun, à l'ordonnatur secondaire chef du service administratif, qui les fait vérifier sur place, les états appréciatifs et inventaires dont la formation est prescrite par le présent arrêté.

Les résultats accusés par ces documents sont compris dans les comptes, le résumé général (modèles G, H, I et M) du service colonial, établis par l'ordonnateur secondaire et transmis au ministre.

Art. 31. — Sont et demeurent abrogées les dispositions des règlements et instructions contraires à celles qui précèdent.

Art. 32.— Les règles édictées par le présent arrêté sont applicables au compte du matériel de l'année 1883 et des gestions suivantes.

JAURÉGUIBERRY.

(29 décembre 1882)

CIRC. M. *Notification d'un arrêté ministériel du 29 décembre 1882 portant instruction pour servir à la formation du compte général du matériel appartenant au service colonial* (1).

B. M. p. 1117.

Aux termes des ordonnances et décrets constitutifs du régime administratif aux colonies, les gouverneurs devaient adresser, chaque année, au ministre, des comptes généraux de matériel, appuyés d'inventaire et de compte d'emploi des matières et de la main-d'œuvre aux travaux.

Ces prescriptions n'ont jamais été complètement appliquées. Le compte général des opérations financières effectuées dans chaque colonie a seul, jusqu'à ce jour, été régulièrement transmis à la métropole. Cependant l'article 10 de la loi du 24 avril 1833, dont les dispositions fondamentales ont été reproduites dans le décret du 31 mai 1862 sur la comptabilité publique, a créé depuis longtemps à la marine, comme à chacun des autres Départements ministériels, l'obligation de publier et de distribuer aux Chambres législatives le compte annuel des matières achetées sur tous les fonds, sans distinction, du budget de l'État.

La lacune qui existe à cet égard dans les comptes généraux du Département est d'autant plus regrettable qu'étant donnée la possibilité d'une séparation prochaine de la marine et des colonies, il y aurait urgence à connaître, d'une façon précise, ce qui appartient exactement à chacun de ces deux services.

A un autre point de vue, il importe de mettre, le plus promptement possible, l'administration centrale des colonies, quelle que soit son organisation future, à même de rendre compte de l'emploi des crédits mis à sa disposition pour les besoins des services du matériel dans nos possessions d'outre-mer.

Afin d'obtenir ce double résultat, j'ai pris les dispositions qui font l'objet de l'arrêté ci-joint, dont vous voudrez bien prescrire et surveiller l'exécution ponctuelle.

La gestion des comptables en matières du service colonial continuera d'être jugée, par vous, en conseil; mais, au commencement de chaque année, il sera établi des états appréciatifs, par détenteur de matériel, et des relevés généraux, par service, de toutes les opérations de l'année précédente. Ces documents devront être dressés d'une façon uniforme dans toutes les colonies, afin que les résultats en puissent être centralisés, publiés et soumis au Parlement, conformément aux vœux de la loi de 1833.

Il est de principe en comptabilité, ainsi que vous le savez, que le matériel acheté et entretenu sur les crédits d'un chapitre budgétaire reste la propriété exclusive de ce chapitre; les comptes que vous aurez à transmettre à la métropole devront en conséquence être établis d'après des divisions empruntées au budget du service colonial. Ces divisions prendront pour titre, en raison de la spécialité des crédits, les désignations suivantes :

Habillement des troupes coloniales ;

Hôpitaux et vivres ;

Service général du matériel civil et militaire ;

Service pénitentiaire ;

Service des chemins de fer de l'État aux colonies.

Lorsqu'un même chapitre du budget pourvoit à des besoins de nature très distincte, comme, par exemple, les hôpitaux et les vivres, la première partie de la nomenclature des matières et objets appartenant au service colonial, annexée à l'arrêté de ce jour, relative aux approvisionnements en magasin, a été subdivisée en sections comprenant : la première, les matières et objets d'un emploi commun; les autres, les articles spéciaux. L'unité comptable de chacun des services du matériel, par rapport au chapitre budgétaire correspondant, a donc toujours été respectée. Les sections et articles de la nomenclature ont été, à leur tour, subdivisés en groupes ou unités sommaires. Ces unités ont été empruntées, autant que possible, pour plus d'uniformité dans les comptes, aux nomenclatures en usage dans les services similaires de la métropole. Les opérations, par nature d'objets, devront être classées avec soin, dans les écritures et les comptes, d'après ces divisions et subdivisions.

La deuxième partie de la nomenclature du service colonial donne lieu à une autre remarque. Les valeurs mobilières et permanentes n'y ont pas été classées par service, mais seulement par catégories de matériel, et plusieurs de ces catégories, notamment les apparaux, s'appliquent à diffé-

(1) V. *infrà*, Dép. M. 29 janvier 1883.

rents services. La division par service n'en doit pas moins régir l'ensemble de la comptabilité et être observée dans les comptes. La même recommandation s'applique aux opérations concernant les bâtiments de servitude et le matériel flottant.

Les redressements que nécessitera dans la comptabilité la mise en pratique du nouvel arrêté, devront être effectués dans les écritures de l'année 1883, et le plus tôt possible. A cet effet, il sera immédiatement procédé, pour avoir un point de départ régulier, au recensement des objets d'approvisionnement et de matériel en service qui ne figureraient dans aucune comptabilité. Les existants constatés seront pris en charge à la date de l'opération et à titre d'excédents reconnus par recensement. Les changements d'inventaire et les rectifications d'évaluation qui seraient jugés nécessaires seront également passés en écritures dans le plus bref délai possible. Il sera enfin procédé, sans aucun retard, à la formation des matricules des immeubles et des bâtiments de servitude, dans le cas où les registres de l'espèce n'existeraient pas.

Vous voudrez bien adresser à MM. les ordonnateurs secondaires les recommandations les plus expresses pour que tout le soin désirable soit apporté à l'établissement et à la tenue de la comptabilité du service colonial, ainsi qu'à la reconnaissance des propriétés mobilières et immobilières appartenant à l'État qui ne figureraient sur aucun inventaire.

Les dispositions édictées par le règlement du 13 septembre 1882 pour la comptabilité des matières des divers services du haut Sénégal, continueront à être appliquées en ce qu'elles n'ont pas de contraire à l'arrêté de ce jour.

Je saisis l'occasion de la présente circulaire pour vous rappeler qu'en ce qui concerne le service marine, l'administration coloniale ne doit pas se borner à me transmettre tous les trimestres les comptes des mouvements survenus dans les approvisionnements des dépôts, mais qu'elle a encore l'obligation de produire les comptes et inventaires annuels de tous les biens meubles et immeubles appartenant à la marine. Ces comptes et inventaires, dressés dans les formes déterminées par l'instruction générale du 1er octobre 1854 et les arrêtés modificatifs des 2 décembre 1857, 12 octobre 1859 et 7 août 1879 devront m'être expédiés pour la gestion courante avant la fin du mois d'avril 1883.

Les registres et imprimés nécessaires à l'établissement de la nouvelle comptabilité du service colonial vous seront expédiés, le plus tôt possible, par les soins du bureau du service Intérieur.

JAURÉGUIBERRY.

(19 janvier 1883)

CIRC. M. *au sujet du compte du matériel appartenant au service colonial. Instructions sur la manière de dresser ce compte et des livres à tenir à ce sujet.*

B. M. p. 101.

(29 janvier 1883)

DÉP. M. *Notification de l'arrêté du 29 décembre 1882 relatif au compte général du matériel du service colonial.*

ARCH. GOUV.

J'ai l'honneur de vous adresser un arrêté en date du 29 décembre dernier portant instruction pour servir à la formation du compte général du matériel appartenant au service colonial.

Je vous prie de faire répartir les exemplaires de ce document d'après les indications de l'état ci-joint, et de donner des ordres pour la mise à exécution, à partir de l'année 1883, des prescriptions qu'il renferme.

Ainsi qu'il est dit au dernier paragraphe de la circulaire d'envoi de l'arrêté du 29 décembre précité, les registres et formules nécessaires à l'établissement de la nouvelle comptabilité du service colonial vous seront expédiés par les soins du bureau du service intérieur, aussitôt après l'achèvement du travail d'impression et de reliure. Mais bien que les quantités aient été calculées avec le plus grand soin par rapport aux besoins présumés du service, je crois devoir vous autoriser à faire autographier ou imprimer tous les documents de l'espèce qui pourraient vous faire défaut.

J'estime néanmoins que la répartition qui vous est faite suffira à assurer la marche régulière de la nouvelle comptabilité, surtout si, je n'en doute pas, l'on apporte dans l'usage des formules toute l'économie nécessaire. Dans cet ordre d'idées et afin d'éviter toute difficulté et perte de temps, il conviendra de diviser, en autant de parties que de services, les registres qui paraîtraient trop volumineux s'ils étaient affectés à l'inscription des opérations d'un service unique.

(12 avril 1883)

DÉP. M. *au sujet du paiement des soldes de fret des navires charbonniers décidant que l'administration de la colonie devra transmettre au chef du service de la marine dans le port où le chargement aura été effectué, immédiatement après la réception du combustible une expédition du connaissement revêtue de la prise en charge du comptable destinée à servir de justification pour le paiement.*

ARCH. GOUV.

Aux termes des chartes-parties passées pour transport de charbon, en Cochinchine, la deuxième moitié du fret acquis pour chaque navire doit être payée, en France, au port d'embarquement, au vu des pièces constatant la réception du chargement à Saïgon.

Afin d'éviter des retards dans ce second paiement, j'ai l'honneur de vous prier de donner des ordres pour que l'administration de votre colonie transmette au chef du service de la marine dans le port où le chargement aura été effectué, immédiatement après la réception du combustible, une expédition du connaissement portant prise en charge par le comptable, et sur laquelle on indiquera, à l'encre rouge, en tête de l'imprimé : *Expédition du connaissement destinée à servir de justification pour le paiement du solde de fret et à être annexé au certificat comptable pour la liquidation de ce solde de fret.*

BRUN.

(15 octobre 1883)

DÉP. M. *au sujet de l'imputation des frais de transport du matériel d'artillerie et des munitions de guerre expédiés aux colonies.*

B. C. p. 399.

Le Département vient d'être consulté par une administration coloniale sur la question de savoir à quel service incombent les frais de transport du matériel d'artillerie et des munitions de guerre expédiés de France aux colonies, lorsque la voie des bâtiments de l'État n'est pas employée pour tout ou partie du trajet.

J'ai l'honneur de vous faire connaître que ce matériel, demeurant la propriété du service marine, le budget colonial doit pourvoir uniquement à son entretien et à sa réparation.

En conséquence, j'ai décidé que, dans tous les cas, les frais de transport resteraient à la charge du budget de la marine.

A. PEYRON.

(8 décembre 1883)

CIRC. M. *La comptabilité du mobilier des hôtels aux colonies doit être tenue conformément aux dispositions de l'arrêté du 29 décembre 1882.*

B. M. p. 809.

J'ai été consulté sur la question de savoir si les prescriptions de l'arrêté ministériel du 29 décembre 1882 portant instruction pour servir à la formation du compte général du matériel appartenant au service colonial, doivent être appliquées à la comptabilité du mobilier des hôtels affectés, dans les colonies, au logement des fonctionnaires de l'État.

Les articles 1, 3 et 5 dudit règlement, dont le dernier se réfère à la nomenclature annexe, dans la deuxième partie de laquelle se trouve classé le mobilier des hôtels et autres bâtiments occupés par les officiers et fonctionnaires logés et meublés aux frais du service colonial, ne laissent aucun doute à cet égard ; mais de ce que la comptabilité du mobilier des hôtels doit être tenue d'après les règles tracées par l'arrêté précité du 29 décembre 1882, il ne s'ensuit pas que toutes les dispositions antérieures relatives à l'ameublement des fonctionnaires et agents du service colonial auxquels le logement est accordé, doivent être considérés comme abrogés. Bien au contraire, les prescriptions de la circulaire ministérielle du 16 août 1847, reproduites le 17 mai 1879 (B. O. p. 931), concernant : la composition du mobilier; le récolement des inventaires des hôtels, par des agents des domaines, à la fin de chaque année et à chaque mutation des fonctionnaires responsables ; les modes d'achat, de recette, de remplacement et de condamnation des meubles, demeurent en vigueur. Les formes seules de la comptabilité et des comptes à rendre ont été modifiées.

Vous voudrez bien donner à qui de droit des instructions dans le sens des explications qui précèdent.

A. Peyron.

(21 janvier 1884)

RAPPORT *précédant l'arrêté ministériel du 21 janvier 1884 créant une section spéciale de contrôle et de centralisation spécialement affectée au matériel des colonies.*

B. M. p. 104.

Le 29 décembre 1882, un de vos prédécesseurs, l'amiral Jauréguiberry, prit un arrêté portant instruction poar servir à la formation du compte général du matériel appartenant au service colonial. Jusqu'alors, en effet, malgré les prescriptions formelles des ordonnances et décrets constitutifs du régime administratif aux colonies, les gouverneurs n'avaient jamais adressé au Ministre leurs comptes généraux de matériel, et le Département ne pouvait, par suite, justifier de l'emploi des fonds qui lui étaient accordés, chaque année, pour l'achat ou l'entretien du matériel du service colonial.

Cette lacune était d'autant plus regrettable que l'article 10 de la loi du 24 avril 1833, dont les dispositions fondamentales ont été reproduites dans le décret du 31 mai 1862, sur la comptabilité publique, avait imposé depuis longtemps au Ministère de la marine et des colonies, comme à chacun des autres Départements ministériels, l'obligation de publier et de distribuer aux Chambres législatives le compte annuel des matières achetées sur tous les fonds, sans distinction, du budget de l'État.

Un pareil état de choses, s'il se fût prolongé, eût donc été de nature à attirer au Département, de la part des Chambres ou de la Cour des comptes, les critiques les plus fondées. Aussi, l'arrêté du 29 décembre précité, en prescrivant aux administrations coloniales de transmettre désormais au Ministère, à partir de 1883, leurs comptes annuels de matériel, eut-il pour principal objectif, comme le rappelle la circulaire qui le précède, « de mettre l'administration centrale des colonies à même de « rendre compte de l'emploi des crédits mis à sa disposition pour les besoins des services du matériel « dans nos possessions d'outre-mer. »

Mais ce but ne serait que très imparfaitement atteint, si l'on ne constituait immédiatement à l'administration des colonies un service destiné à contrôler, à centraliser et à publier les résultats des comptabilités que les gouverneurs vont incessamment adresser à la métropole. On a pu, par économie et à titre transitoire, attendre jusqu'ici pour constituer au Ministère un service de contrôle et de centralisation, mais cette mesure est devenue indispensable. Il ne semble pas que la comptabilité du matériel colonial doive continuer à être tenue, comme elle l'est depuis quelque mois, par le bureau qui est chargé de la comptabilité-matières de la marine. Le Ministre sait, en effet, que ce n'est point seulement aux colonies qu'il existe du matériel acheté sur le budget colonial : la plus grande partie des matières destinées à l'approvisionnement de nos possessions d'outre-mer sont achetées en France, donnant ainsi lieu, avant même leur départ de la Métropole, à plusieurs opérations de comptabilité décrites et résumées dans des relevés trimestriels que les nombreux comptables du service colonial en France ont, depuis le commencement de l'année 1883, régulièrement transmis au ministère et qu'il est urgent de vérifier au plus tôt. D'autre part, la comptabilité des objets en cours de transport, combinée avec certains documents à produire au départ et à l'arrivée, permet de suivre le matériel pendant son trajet aux colonies et de savoir exactement si la totalité en est parvenue à destination. Or, cette comptabilité qui donne au Ministre la possibilité de saisir les responsabilités qui pourraient se trouver engagées par suite de vols ou de pertes non justifiées n'a jamais été suivie, faute d'employés affectés à ce travail.

Dans ces conditions, le Ministre pensera certainement avec moi qu'on ne saurait plus tarder, dans l'intérêt de l'État, à créer, au service central des colonies, une section spéciale de contrôle et de centralisation spécialement affectée au matériel des colonies. . . . .

. . . .

La section nouvelle serait rattachée provisoirement au 4e bureau et placée sous les ordres du Sous Directeur chargé de la deuxième sous-direction.

En approuvant le présent rapport et en signant le projet d'arrêté ci-joint, le Ministre dotera le Département d'un rouage indispensable qui permettra au service central des colonies d'exercer, au point de vue de la comptabilité des matières, un contrôle dont, eu égard à son importance et à la nature des opérations mêmes, il ne peut point se décharger plus longtemps sur le service marine.

FÉLIX FAURE.

(21 janvier 1884)

A. M. *portant que la comptabilité des matières des colonies sera centralisée par une section créée à la deuxième sous-direction du service colonial.*

B. M. p. 104.

Article premier. — La comptabilité centrale des matières du service colonial sera désormais tenue au service des colonies du Département.

A cet effet, il est créé à la seconde sous-direction dudit service une section de la comptabilité-matières des colonies.

Jusqu'à nouvel ordre, et à titre provisoire, cette section sera rattachée au 4e bureau et placée sous l'autorité directe du sous-directeur.

Art. 2. — La section de la comptabilité-matières des colonies aura les attributions suivantes :

Questions générales de la comptabilité-matières, — préparation des décrets, règlements, instructions et nomenclatures concernant cette comptabilité, — questions relatives aux nominations, avancements et mutations de comptables, aux réalisations de cautionnements, — prises de services, — vérification et centralisation de la comptabilité des mouvements de magasin, de la comptabilité des valeurs mobilières et permanentes, ainsi que des comptes de l'emploi des matières et de la main-d'œuvre aux travaux exécutés dans tous les services coloniaux, — examen des procès-verbaux de recensement, de perte et de tous autres documents produits à la charge et à la décharge des détenteurs de matériel, — comptabilité des objets en cours de transport, — arrêtés de comptes, débets, dégrèvements, mainlevées de cautionnements et payements des indemnités de responsabilité, — tenue de la comptabilité centrale, — formation et publication des comptes généraux du service des colonies, la Cour des comptes et les services divers du ministère, — surveillance de l'agent comptable chargé du magasin central en ce qui concerne la comptabilité des matières du service colonial.

Art. 3. — Le présent arrêté, qui aura son effet à dater de ce jour, sera publié au *Bulletin officiel de la Marine.*

A. PEYRON.

(28 janvier 1884)

CIRC. M. (*Extrait*). *Il est recommandé de ne procéder au règlement et à la liquidation des sommes dues pour fret qu'après avoir fait connaître les déficits constatés et assurer le remboursement de la valeur des pertes.*

B. C. p. 76.

. . . .

Mais il convient de prévenir le retour de semblable fait, et je vous prie, en conséquence, d'inviter l'Administration placée sous vos ordres à ne procéder au règlement et à la liquidation des frets acquis qu'après avoir fait reconnaître par qui de droit les déficits constatés et d'assurer le remboursement de la valeur des pertes par voie de précompte sur le montant des sommes dues aux armateurs.

A. PEYRON

(2 février 1884)

CIRC. M. *au sujet de la création, au service central des colonies, d'une section de comptabilité-matières.*

B. C. p. 77.

Par arrêté du 21 du mois dernier, publié au *Journal officiel* du 27 suivant, et que vous trouverez à sa date au *Bulletin officiel* du Département, le Ministre, sur ma proposition, a créé au service central des colonies une section de comptabilité-matières, provisoirement rattachée au 4e bureau de la 2e sous-direction. En conséquence, la vérification et la centralisation des comptabilités des mouvements de magasin, des valeurs mobilières et permanentes, des objets en cours de transport, des bâtiments de servitude et du matériel flottant, ainsi que des comptes de l'emploi des matières et de la main-d'œuvre aux travaux exécutés dans tous les services coloniaux; l'examen des procès-verbaux de recensement, de perte et de tous autres documents produits à la charge et à la décharge des détenteurs de matériel, etc., etc.; rentreront, à l'avenir, dans les attributions du nouveau service.

Je vous prie, par suite, de vouloir bien adresser désormais les bordereaux d'envoi des pièces et documents concernant le service colonial sous le timbre : *Service des colonies, 2e sous-direction, section de la comptabilité-matières coloniale.*

Je vous serai, d'ailleurs, obligé de donner des ordres les plus formels pour que les prescriptions des règlements concernant la comptabilité-matières coloniale et particulièrement des instructions des 16 mars et 27 septembre 1877, ainsi que l'arrêté ministériel du 29 décembre 1882, soient strictement observées dans la colonie de la Cochinchine. Il faut que le Département soit à même de rendre compte de l'emploi des crédits mis à sa disposition pour les besoins des services du matériel dans nos possessions d'outre-mer.

FÉLIX FAURE.

(15 février 1884)

CIRC. M. *relative à l'inventaire du matériel du service colonial à établir au 1er avril 1884.*

B. C. p. 78.

L'arrêté du 29 décembre 1882 a donné aux colonies toutes les instructions nécessaires à la formation des comptes matières du service colonial. Il a dû par suite être dressé en Cochinchine, à la date du 1er janvier 1884, un inventaire général des services du matériel. Il est probable cependant qu'à raison de la lourdeur de la tâche, on n'a pu constater par recensement l'existence de la totalité du matériel de la colonie.

Prenant en considération les difficultés qu'a dû présenter la première application du nouveau mode de comptabilité, je me contenterai, pour l'année 1883, des résultats que vous pourrez me fournir et je vous signalerai simplement, pour les comptes et inventaires qui vont m'arriver, les irrégularités qui y auront été trouvées. Je n'en poursuivrai point le redressement, mais je tiens essentiellement à ce que, pour l'année 1884, l'Administration de votre colonie se mette en mesure de me transmettre des comptes et inventaires établis conformément aux règlements en vigueur et qui aient un caractère de certitude indiscutable qui permette de les publier. A cet effet, il est nécessaire que, cette année, l'existence de la totalité du matériel soit constatée de *visu*. Je vous prie en conséquence de faire établir, à la date du 1er avril prochain, un nouvel inventaire par service. Aussitôt après la réception de la présente dépêche, vous affecterez aux opérations de récolement tout le personnel dont vous pourrez disposer et vous tiendrez la main à ce qu'il soit recensé le plus grand nombre d'articles possible. L'existence des unités qui, pour le moment, resteront en dehors de l'action des recenseurs, sera constatée lors de l'établissement de l'inventaire du 1er janvier 1885; mais, en procédant ainsi qu'il vient d'être dit, vous pourrez déjà produire, au commencement de juin 1884, un inventaire sérieux dont les résultats serviront de point de départ à la nouvelle comptabilité.

Cet inventaire sera immédiatement imprimé, parce que je veux être en mesure de le faire distribuer aux Chambres au début de leur session extraordinaire de la fin de l'année courante. Les dispositions législatives qui régissent la matière seront ainsi, pour la première fois, observées en ce qui concerne le service colonial. Vous savez, en effet, que la loi du 24 avril 1883 prescrit à tous les services de l'État de publier et de distribuer aux Chambres les comptes matières. Rien ne justifiant, en faveur des colonies, une exception à la règle posée par la législation de 1883, je veux apporter un terme à une situation qui, un jour ou l'autre, pourrait attirer au Département les critiques les plus vives et les plus fondées.

Déjà, ainsi que je vous l'ai annoncé par dépêche du 2 de ce mois, le Ministre, sur ma proposition, a créé au service central des colonies une section de comptabilité-matières chargée de vérifier, de centraliser et de publier les comptes généraux de matériel. La constitution de cette section montre l'importance qu'attache le Département à l'exécution ponctuelle des règlements sur la comptabilité-matières coloniale. Aussi, je ne doute pas que, de votre côté, vous ne fassiez tous vos efforts pour seconder ses vues.

En ce qui touche l'inventaire à dresser à la date du 1er avril 1884, j'entends qu'il soit terminé et expédié au Ministre avant la fin de mai. Dès que cette lettre vous parviendra, vous m'en accuserez réception et vous m'indiquerez les instructions que vous aurez données pour assurer la confection et l'envoi de l'inventaire dans le délai que je viens de vous indiquer. J'ai pris l'engagement de faire distribuer aux Chambres cet inventaire avant la fin de l'année ; je me suis rendu compte que je n'impose pas ainsi aux colonies une charge qui soit au-dessus de leurs forces ; c'est pourquoi, dans le cas où ma circulaire ne serait pas exécutée, je n'accepterais point les raisons qui pourront m'être données, et je punirai disciplinairement, quels qu'ils soient, les fonctionnaires ou agents qui auront fait preuve d'indifférence ou de mauvaise volonté.

Félix Faure.

(24 mars 1884)

CIRC. M. *portant que les modèles nécessaires à la comptabilité du matériel du service colonial doivent être compris dans les demandes d'imprimés.*

B. C. p. 133.

(29 mars 1884)

CIRC. M. *Classement dans les écritures de la comptabilité-matières coloniale, des envois de matériel effectués à la métropole par les colonies.*

ARCH. GOUV.

J'ai été consulté sur la question de savoir à quel article de la nomenclature des titres, chapitres et articles de la comptabilité des mouvements doivent être classés les envois de matériel effectués à la métropole par les Colonies.

Les opérations de l'espèce n'ayant pas été prévues par l'arrêté du 29 décembre 1882, j'ai décidé que la nomenclature des mouvements de matières qui fait suite à cet arrêté serait complétée comme il suit :

TITRE PREMIER. — **Entrées réelles.**

Chapitre II.

Article premier. — Entrées provenant d'envois faits par la métropole.
Art. 2. — Entrées provenant d'envois faits par les colonies.

TITRE III. — **Sorties réelles.**

Chapitre II.

Article premier. — Envois de la métropole aux colonies.
Art. 2. — Envois des colonies à la métropole.

Les modèles en usage seront, jusqu'à la réimpression de nouvelles formules, modifiés à la main.

Félix Faure.

(24 avril 1884)

DÉP. M. *rappelant aux formalités à remplir lors de la réception des denrées, matières et objets provenant d'envoi de la métropole.*

ARCH. S. AD.

(31 mai 1884)

CIRC. M. *Recommandations afin d'éviter des retards dans le paiement des sommes dues pour fret des chargements de charbon expédiés aux colonies, lorsque la liquidation et l'ordonnancement doivent en être effectués en France.*

B. C. p. 249.

Il arrive fréquemment que des retards se produisent dans le payement des sommes dues aux armateurs pour solde de fret des chargements de charbons expédiés aux colonies, *lorsque ces soldes de fret doivent être liquidées et ordonnancées en France.*

J'ai l'honneur de vous prier d'adresser de nouvelles instructions à l'administration placée sous vos ordres, afin qu'elle se conforme exactement aux prescriptions de la dépêche du 12 avril 1883, n° 273, aux termes de laquelle on doit, dans ce cas, transmettre au chef du service de la marine, dans le port où le chargement a été effectué, et *immédiatement après la réception du combustible,* une expédition du connaissement *portant prise en charge par le comptable*, et sur laquelle la mention suivante aura été inscrite, à l'encre rouge, en tête de l'imprimé : *Expédition de connaissement destiné à servir de justification pour le payement du solde de fret, et à être annexée au certificat comptable pour la liquidation de ce solde de fret.*

(13 janvier 1885)

DÉP. M. *Rappel à l'exécution de l'article 13 de l'arrêté du 29 décembre 1882 prescrivant aux colonies d'adresser leurs comptes généraux de matériel au Gouvernement dans le courant du mois d'avril de l'année qui suit celle à laquelle ils se rapportent.*

ARCH. GOUV.

L'article 13 de l'arrêté du 29 décembre 1882, portant instructions pour servir à la formation du compte général du matériel appartenant au service colonial, prescrit aux colonies d'adresser au ministère leurs comptes généraux de matériel dans le courant du mois d'avril de l'année qui suit celle à laquelle ils se rapportent.

Le Département a intérêt à recevoir, le plus rapidement possible, les documents de comptabilité-matières afin de se trouver en mesure de fournir, en temps opportun, aux commissions parlementaires, tous les renseignements désirables sur l'emploi des crédits mis à sa disposition pour les besoins des services de matériel dans nos possessions d'outre-mer. L'article 867 du décret du 31 mai 1862 sur la comptabilité publique, qui fait loi en la matière, impose du reste à chaque comptable l'obligation de faire parvenir au ministre, *dans les trois premiers mois de l'année,* le compte de sa gestion de l'année précédente.

J'ai l'honneur de vous rappeler ces prescriptions et je vous prie de prendre les mesures nécessaires pour que les comptes généraux de matériel, appuyés de toutes les justifications réglementaires, soient adressés à la métropole, sous le timbre de la seconde sous-direction des colonies, par les courriers du mois d'avril au plus tard.

Je compte sur votre fermeté pour assurer l'exécution ponctuelle des présentes instructions.

FÉLIX FAURE.

(23 février 1885)

D. G. *concernant la transmission des comptes généraux du matériel en exécution de la dép. m. du 13 janvier 1885.*

B. C. p. 62.

Les comptes généraux de matériel appuyés de toutes les justifications réglementaires devront être adressés au Département par les courriers du mois d'avril au plus tard, et seront envoyés au Chef du service administratif de la marine, dans le courant du mois de mars, pour être approuvés par nous en Conseil privé, avant leur transmission.

CHARLES THOMSON.

(15 février 1886)

CIRC. CH. S. AD. *rappelant les dispositions de l'arrêté local du 7 février 1874 relatives à la distribution de biscuit.*

J. C. p. 223.

La vérification des comptabilités des postes a, dans ces derniers temps, souvent fait constater des pertes de biscuit, par suite de la condamnation d'une partie de l'approvisionnement de prévoyance.

Ces condamnations, presque toujours motivées par un séjour trop long en magasin, ont pu se produire du fait de la non-exécution des dispositions réglementaires en matière de délivrance de la denrée dont il s'agit.

Les comptables des postes paraissent avoir perdu de vue l'arrêté local du 7 février 1874 (1) qui prescrit par semaine une distribution de 275 grammes de biscuit toutes les fois que l'approvisionnement de cette denrée a atteint deux mois de séjour en magasin.

J'ai l'honneur de prier MM. les Commandants de poste et Comptables des services administratifs de vouloir bien se reporter au texte précité, dont les dispositions, toujours en vigueur, doivent être strictement exécutées pour diminuer l'importance des pertes par suite de condamnation de biscuit.

Une entente préalable entre le Commandant de poste et les Comptables déterminera le jour de la délivrance de biscuits, en remplacement de pain.

ROUGON.

(15 avril 1886)

CIRC. CH. S. AD. *Recommandation concernant la justification du vin de quinquina distribué au lieu et place du tafia.*

J. C. p. 461.

J'ai remarqué que les comptabilités mensuelles des denrées existant dans votre poste, ne présentent aucune justification du vin de quinquina qui vous est expédié par le service des hôpitaux, pour être distribué aux lieu et place du tafia, en conformité de la décision locale du 12 août 1876 (2).

Cette absence de justification d'emploi a donné lieu, dans plusieurs postes, à des dépenses abusives du vin de quinquina qu'il importe de faire cesser le plus tôt possible.

Je vous prie de remarquer que le vin de quinquina est délivré en remplacement du tafia ; qu'il est, par suite, un élément ordinaire de la ration dont il doit être justifié dans les formes ordinaires.

Vous aurez, par suite, à porter en recette les quantités de vin de quinquina qui vous seront expédiées pour les rationnaires par le service des hôpitaux, et vous justifierez de l'emploi de cette denrée dans la même forme que pour toutes les autres.

Au 1er du mois, vous porterez l'existant du vin de quinquina dans la colonne tafia en rectifiant l'imprimé,

Je vous prie de m'accuser réception de cette circulaire.

ROUGON.

(1) V. Subsistances.
(2) V. Subsistances.

(12 juillet 1886)

DÉP. M. *Instructions et observations au sujet du matériel évacué des Pescadores et transporté à Saïgon par le Cachar.*

ARCH. S. AD.

(22 juillet 1886)

CIRC. M. *au sujet de l'établissement des relevés trimestriels destinés à suivre les mouvements du matériel appartenant au service local des colonies.*

B. M. p. 126.

Dans un but d'uniformité et afin de permettre au service central de suivre les mouvements du matériel appartenant au service local des colonies, j'ai décidé que ces mouvements, résumés jusqu'alors conformément aux prescriptions de la circulaire ministérielle du 31 novembre 1882 sur un seul relevé modèle D, seraient, à l'avenir, décrits sur des relevés distincts établis au titre du service local des différentes colonies ayant donné lieu à des opérations de l'espèce pendant le trimestre écoulé.

Les présentes dispositions sont applicables aux relevés à produire pour le 2e trimestre de cette année.

A. DE LA PORTE.

(3 août 1886)

DÉP. M. *Les ampliations des factures d'envoi et les certificats de réception doivent être envoyés au Département sous les timbres du 7e bureau, administration centrale des colonies (approvisionnements et transports).*

ARCH. GOUV.

J'ai l'honneur de vous faire savoir que l'arrêté ministériel du 21 janvier 1884 et la circulaire du 2 février suivant n'ont rien changé aux dispositions de rigueur sur la destination des documents de l'espèce.

Je vous prie, par suite, de m'adresser dorénavant les ampliations des factures d'envois et les certificats de réception relatifs aux services *colonial-local* sous le timbre du 7e bureau de l'administration centrale des colonies (approvisionnement et transport) qui a dans ses attributions la passation, les marchés des envois de matériel et de vivres aux colonies, et qui transmettra ultérieurement les pièces dont il s'agit au 6e bureau de la même administration (section de la comptabilité-matières coloniale).

A. DE LA PORTE.

(1er octobre 1886).

DÉP. M. *A l'avenir, le matériel et plus particulièrement les denrées et liquides appartenant au service colonial seront désormais soumis à des recensements trimestriels.*

ARCH. GOUV.

Certaines colonies n'adressent pas à l'Administration centrale à Paris les procès-verbaux relatifs aux recensements du matériel appartenant au service colonial ; d'autres n'établissent, le plus souvent, ces procès-verbaux qu'à la suite de mutations de comptables.

Il importe d'adopter un mode uniforme de procéder, et, dans ce but, j'ai décidé qu'indépendamment des recensements généraux qui doivent être faits à la fin de chaque année et à chaque changement de gestion, on devra procéder trimestriellement à des recensements partiels ne portant que sur un certain nombre d'articles désignés au hasard par l'officier recenseur.

J'attache une grande importance à ce que cette prescription soit exécutée avec un soin tout particulier dans les magasins des vivres du service colonial.

Je vous prie, de donner des ordres pour que les résultats des récolements trimestriels soient régulièrement transmis au Département sous le timbre de la présente dépêche et dans les formes réglementaires.

(20 novembre 1886)

DÉP. M. *Indications à porter sur les pièces justificatives de comptabilité. Matières fournies en exécution de l'arrêté du 29 décembre 1882.*

ARCH. GOUV.

L'examen des pièces justificatives des mouvements du matériel colonial a permis de remarquer qu'elles ne portent pas, pour la plupart, la désignation du service auquel ressortissent les matières ou objets qui donnent lieu à ces mouvements.

L'arrêté ministériel du 29 décembre 1882 répartit le matériel colonial entre cinq grandes divisions bien définies, à savoir :

Le service de l'habillement des troupes coloniales, des hôpitaux et des vivres, du matériel civil et militaire, pénitentiaire, des chemins de fer de l'État aux colonies.

Par application des prescriptions de l'arrêté susvisé et pour faciliter la vérification des pièces comptables, j'ai décidé que toutes les pièces devront porter à l'avenir en sous-titre la désignation du service auquel elles se rapportent.

Je vous prie de prendre les mesures nécessaires pour assurer immédiatement l'exécution de cette décision.

(13 janvier 1887)

DÉP. M. *Rappel aux prescriptions de l'arrêté ministériel du 29 décembre 1882 (joindre aux inventaires les états appréciatifs des mouvements d'entrée et de sortie).*

ARCH. GOUV.

L'administration des services militaires et maritimes, en Cochinchine, a transmis au Département les inventaires des matières et objets existant dans les différents postes de la colonie, sans y joindre les états appréciatifs des mouvements d'entrée et de sortie.

Cependant, aux termes de l'article 7 de l'arrêté ministériel du 29 décembre 1882, chaque dépositaire comptable doit dresser en fin d'année, au moyen de ses livres de comptabilité, un état appréciatif présentant les opérations de la gestion et appuyés d'inventaires détaillés.

J'ai l'honneur de vous prier de vouloir bien donner des ordres pour prévenir le retour de cette omission.

(21 avril 1887)

CIRC. M. *Les dépenses de charbon et de matières grasses faites par les bâtiments de la division navale chargés du ravitaillement des postes de l'Annam restent à la charge du protectorat.*

ARCH. DIV. NAV.

(27 juin 1887)

CIRC. M. *Les états appréciatifs (modèle E) prescrits par l'arrêté ministériel du 29 décembre 1882 sont supprimés pour la comptabilité des approvisionnements au service colonial.*

B. Col. p. 407.

Messieurs, j'ai l'honneur de vous faire connaître qu'après examen des documents qui me sont fournis par les comptables de la métropole pour le service colonial, j'ai constaté que l'on pouvait, dans un but de simplification d'écritures, supprimer les états appréciatifs (modèle E) prescrits par l'arrêté ministériel du 29 décembre 1882. Les renseignements que contiennent ces états se retrouvent, en effet, dans les relevés en valeurs et dans le compte récapitulatif des mouvements survenus pendant l'année écoulée, dont la production est exigée par la circulaire du 7 août 1884 (*B. O.* p. 255).

EUG. ÉTIENNE.

(25 juillet 1887)

CIRC. M. *Modifications apportées dans la rédaction des ampliations des factures d'envoi et des certificats de réception de matériel établi au titre du service colonial.*

B. Col. p. 515.

Jusqu'à ce jour, les mouvements de matériel effectués, à titre d'envoi, entre la métropole et les colonies, ont donné lieu à l'établissement des pièces comptables suivantes :

Ordre de recette provenant d'envoi (modèle n° 30 ter, circulaire du 22 novembre 1882).

Ordre d'expédition (modèle n° 46 de l'instruction du 1er octobre 1854).

Avis d'expédition (modèle n° 59 de l'instruction du 1er octobre 1854).

Facture d'envoi (modèle n° 58 de l'instruction du 1er octobre 1854).

Certificat de réception (modèle n° 29 de l'instruction du 1er octobre 1854).

L'importance des envois occasionne, pour la rédaction simultanée de ces pièces, des écritures qui sont parfois considérables. Je me suis demandé s'il ne serait pas possible, sans nuire à la marche du service, de réduire ces travaux qui sont appelés à prendre encore de plus grands développements en raison de l'extension de nos établissements coloniaux.

L'ordre de recette et l'ordre d'expédition qui doivent être mis à l'appui des relevés trimestriels dressés par les comptables, étant des documents indispensables pour la reddition des comptes annuels, ne peuvent subir aucune modification ; il en est de même pour l'avis d'expédition qui est dressé pour le comptable destinataire et qui ne saurait, par suite, fournir trop de renseignements; mais les deux autres pièces, qui se rapportent à la comptabilité des objets en cours de transport, m'ont paru pouvoir être établies dans une forme plus succincte, tout en présentant les éléments nécessaires pour la tenue du compte.

Dans ce but, j'ai arrêté les dispositions que j'ai l'honneur de vous indiquer ci-après :

Les ampliations des factures d'envoi et les certificats de réception (modèles 29 et 58 de l'instruction du 1er octobre 1854) établis au titre du service colonial et sur lesquels on avait jusqu'ici fait figurer le détail des envois par unités simples, ne devront plus porter, à l'avenir, que la désignation des numéros des unités sommaires de la nomenclature avec leur titre générique respectif, la valeur de chacune de ces unités, ainsi que les numéros et marques des caisses ou colis composant les envois.

Lorsque les différences en plus ou en moins, entre les quantités et les valeurs expédiées et celles reçues, seront constatées au port ou dans la colonie de destination, les administrations devront faire mention de ces différences dans les colonnes du certificat (modèle 29) spécialement réservées à cet effet.

En outre, afin de permettre de procéder, dans la comptabilité des objets en cours de transport, tant à l'inscription des certificats constatant des différences, qu'au rapprochement de ces documents des ordres de recette mis à l'appui des comptes trimestriels, on fera ressortir sur le certificat de réception et en un total par unités sommaires les valeurs reçues.

EUG. ÉTIENNE.

(13 août 1887)

DÉP. M. *Les comptes généraux en matériel appartenant au service colonial doivent être accompagnés désormais des pièces justificatives des mouvements d'entrée et de sortie des matières.*

ARCH. GOUV.

La vérification des *comptes généraux* du matériel appartenant au service colonial n'a pu être opérée jusqu'ici par le Département que d'une manière incomplète, les *pièces justificatives des mouvements d'entrée et de sortie des matières* n'étant pas annexées à ces documents.

Les comptabilités des colonies devant être soumises au contrôle de la Cour des comptes, il est indispensable que les pièces justificatives de toutes les opérations de la gestion soient fournies au service centralisateur en même temps que les *états appréciatifs*.

J'ai, en conséquence, l'honneur de porter à votre connaissance les dispositions suivantes que j'ai arrêtées par analogie avec les règles en vigueur pour la Métropole.

A la fin de l'année, chaque dépositaire comptable joindra à l'appui de *l'état appréciatif* prescrit par l'art. 7 de l'arrêté ministériel du 29 décembre 1882, les différentes pièces justificatives de recette ou de dépense des mouvements survenus pendant les cours de la gestion. Ces pièces porteront leur numéro d'inscription au livre-journal du comptable, seront classées par nature d'opération et indiqueront la valeur des matières ou objets qu'elles concernent ; les valeurs, récapitulées par division sommaire, seront additionnées sur chaque pièce timbrée des titres, chapitre et article auxquels elle se rapporte, d'après la nomenclature qui fait suite à l'arrêté de 1882 précité.

Les pièces justificatives qui devront concorder avec les inscriptions faites au journal et au grand-livre seront remises, en même temps que les états appréciatifs classés par service, à l'autorité administrative chargée de la surveillance des comptables, et adressées par vos soins à l'administration des colonies sous le timbre de la présente circulaire.

Ces dispositions seront applicables aux comptes à produire, pour l'année 1887.

ETIENNE.

(19 octobre 1887)

DÉP. M. *Rappel aux prescriptions de la loi du 1er octobre 1886 relative aux recensements du matériel. Procès-verbaux de recensements trimestriels sur une partie du matériel en approvisionnement.*

ARCH. GOUV.

(23 novembre 1887)

CIRC. M. *Les dispositions de la circulaire du 7 octobre 1887 du Ministre de la marine et des colonies sont applicables aux envois faits pour le compte du service colonial.*

B. Col. p. 959.

Une circulaire du Ministère de la marine et des colonies du 7 octobre 1887 (3e direction : comptabilité générale, 3e bureau : comptabilité matières) a prescrit, dans le but de simplifier les écritures de comptabilité, les dispositions suivantes applicables au matériel reçu en transit et réexpédié à des destinations d'outre-mer.

Lorsque le magasin central du ministère, les magasins des ports militaires ou ceux des établissements hors des ports effectueront des envois à l'extérieur par l'intermédiaire des ports secondaires, la sortie de leurs écritures sera timbrée, suivant le cas, « délivrances aux bâtiments » ou « envois faits à des dépôts établis hors du territoire continental. »

L'ampliation de facture à transmettre au ministère portera l'indication suivante : « Envoi à (par port de transit).

La même indication figurera sur l'avis d'expédition. Cette pièce sera adressée au port transitaire.

Le comptable de ce dernier port ne fera pas figurer sur ses livres et écritures de comptabilité le matériel reçu en transit, mais, lors de la réexpédition, il dressera une facture d'envoi portant évaluation et récépissé, qu'il conservera pour sa décharge et à titre de renseignement. Cette facture sera annotée d'un numéro d'ordre et figurera sur l'enregistrement sommaire tenu en exécution de la circulaire ministérielle du 25 février 1847 (n° 38). Elle devra mentionner le nom du port ou de l'établissement expéditeur et le numéro de l'avis d'expédition dressé par ce port ou cet établissement.

L'avis d'expédition sera transmis au destinataire définitif après avoir été annoté du numéro d'enregistrement et de la date de la facture conservée par le port transitaire, ainsi que du nom du bâtiment transporteur.

Aussitôt la réexpédition effectuée, il sera transmis au Ministère (bureau de la comptabilité des matières) un certificat de transit (modèle n° 29 bis), destiné à servir de décharge provisoire à la comptabilité des objets en cours de transport en attendant le certificat de réception du destinataire définitif.

Dans le cas où des différences auront été constatées, lors de l'arrivée au port transitaire, par la commission de visite instituée par l'article 120 de l'instruction du 1er octobre 1854, il en sera fait mention sur le certificat de transit. L'avis d'expédition sera rectifié à l'encre rouge et le nouvel arrêté de cette pièce sera certifié par le comptable, sous le visa du fonctionnaire chargé de la surveillance administrative de sa gestion.

Les présentes instructions ne sont pas applicables aux envois faits en transit par l'intermédiaire des ports militaires. Les règles actuellement en vigueur continueront donc à leur être applicables.

J'ai l'honneur de vous faire connaître que j'ai décidé que les mêmes règles seraient suivies, en ce qui concerne les envois effectués au titre colonial.

Il est bien entendu que lorsque le magasin central à Paris, les magasins des ports militaires ou des établissements hors des ports effectueront des expéditions aux colonies par l'intermédiaire des ports secondaires, la sortie des écritures sera timbrée : titre III. Sorties réelles. — Chapitre II. Sorties à titre d'envois entre la Métropole et les colonies. Art. 1er Envois de la Métropole aux colonies.

L'avis d'expédition devra porter les mêmes indications.

EUG. ÉTIENNE.

(24 février 1888)

DÉP. M. *Instructions et recommandations au sujet des justifications à produire à l'appui des pièces de dépenses à transmettre à la métropole. — Restreindre les achats locaux au strict nécessaire.*

ARCH. DIV. NAV.

COMPTABILITÉ DU MATÉRIEL (SERVICE LOCAL).

V. *Mobilier et matériel.*

COMPTABILITÉ DU MATÉRIEL DU SERVICE RÉGIONAL.

V. *Service Régional.*

COMPTABILITÉ DES COMMUNES.

V. *Communes.*

NATURE DES DOCUMENTS	DATES	RECUEILS A CONSULTER							OBSERVATIONS
		Bat.	B. C.	B.D.I.	J. C.	J.H.	B. M.	B.Col	
Circ. D. I.	1866	I-291		39					
Circ. D. I.	2 décembre 1866.	I-293		49					
A. G.	20 décembre 1866.	I-297		67					
Circ. D. I.	février 1867.	I-297	246						
Circ. D. I.	28 décembre 1868.	I-299		38					
Circ. D. I.	20 avril 1869.	I-300		14					
Circ. D. I.	28 mars 1871.			13					
Circ. D. I.	13 mai 1876.	I-304		74					
Circ. D. I.	16 mai 1878.	I-306		84					
Circ. D. I.	25 septembre 1878.	I-306		149					
Circ. D. I.	28 janvier 1879.			30					
Dép. M.	9 mai 1879.	I-291							
Dép. M.	16 avril 1880.								
Circ. D. I.	1er mai 1880.			47					
Décret.	5 juillet 1881.		337						
Dép. M.	19 août 1881.								
Dép. M.	25 novembre 1881.								
Dép. M.	21 mai 1885.								
Circ. D. I.	15 juin 1885.				834				
Circ. D. I.	8 janvier 1887.			2					
Circ. D. I.	10 janvier 1887.			4	80				

NATURE DES DOCUMENTS	DATES	RECUEILS A CONSULTER							OBSERVATIONS
		Bat.	B. C.	B.D.I	J. C.	J.H	B. M.	B.Col	
Dép. M.	30 mars 1887.								
Circ. D. I.	13 septembre 1887.			67					
Dép. M.	7 mai 1888.								
Dép. M.	8 août 1888.								
Dép. M.	22 septembre 1888.								
Circ. D. I.	10 août 1889.				771				

(1866)

CIRC. D. I. *Établissement des pièces de dépenses (personnel, matériel).*

BAT. I. p. 291.
B. D. I. p. 39.

PERSONNEL.

1° Les états de traitement doivent indiquer la solde annuelle, la durée du service fait, et, s'il y a mutation, la date de la nomination, celle de l'entrée en fonctions ou de la cessation des fonctions. S'il y a rappel, l'indiquer en signalant le motif.

2° Lorsqu'une indemnité permanente ou temporaire est accordée à un employé, produire une copie de l'ordre à l'appui du premier paiement.

3° Le décompte des sommes à payer à une même personne doit toujours ressortir clairement sur l'état. Pour les officiers inspecteurs, par exemple, il convient d'indiquer le grade dans l'armée et la classe d'inspecteurs, le décompte des deux traitements, dont la différence est la somme à payer.

4° Pour le personnel indigène, les allocations dans un même grade sont encore les unes nettes, les autres brutes. Faute d'une règle uniforme dans la manière de produire le décompte, les bureaux chargés de vérifier les états perdent un temps considérable et l'ordonnancement des pièces de fin de mois s'en trouve retardé. Pour obvier à cet inconvénient, la règle la plus simple consiste à porter en tête de chaque état les traitements nets, les additionner et abonder le total, porter à la suite les traitements bruts, additionner avec le premier total abondé, et déduire le 3 p. 100 du tout.

5° Les gratifications accordées aux élèves des écoles se payent sur états émargés, à l'appui desquels doit être produite la décision qui en fixe la répartition.

6° Les appointements des professeurs sont encore de deux soldes, solde fixe par mois pour les professeurs en titre, supplément par journée d'école pour les professeurs provisoires ; pour ces derniers, l'état de solde doit bien spécifier la qualité du professeur et le nombre de journées.

7° Toutes les fois que différents employés sont payés sur le même paragraphe du budget, ils doivent être portés sur le même état émargé.

Il doit être produit autant d'états qu'il y a de paragraphes intéressés ; toutefois, s'il n'y a qu'une seule personne à payer sur un paragraphe, le mandat étant dressé au nom de cette personne, qui l'acquitte, l'état émargé devient inutile ; il suffit d'envoyer un état décompté portant toutes les personnes d'une même inspection qui se trouvent dans ce cas, pour marquer au 2e bureau que ces personnes ont rempli pendant le mois les fonctions qui leur donnent droit à leur solde.

8° La signature en caractères annamites étant acceptée comme émargement, sous la condition qu'elle soit certifiée par les inspecteurs, il n'y a plus lieu de considérer comme illettrés les employés qui ne savent pas signer en caractères français. Toutefois, ce dernier émargement est toujours préférable, lorsqu'il est possible de l'employer. L'acquit devant témoins ne doit jamais être appliqué qu'à ceux qui ne savent pas du tout écrire leur nom.

MATÉRIEL.

9° Les états de salaire d'ouvriers doivent indiquer le travail auquel ils ont été employés et le temps que concerne la dépense, ces deux renseignements étant nécessaires pour un ordonnancement exact.

10° Les mémoires, pour la même raison, doivent indiquer à quels travaux se rapportent les fournitures et la date de la livraison. Ils doivent porter la nature des objets fournis, la quantité, le prix d'unité.

11° En règle, les mémoires doivent être établis par les fournisseurs eux-mêmes, en monnaie française autant que possible, arrêtés par eux en toutes lettres. L'inspecteur les fait revêtir de la prise en charge, s'il s'agit d'approvisionnements, ou d'une certification que les matières achetées ont été mises en œuvre immédiatement.

Les mémoires imprimés, fournis par la Direction, doivent être réservés pour le cas où les fournisseurs ne sont pas capables de dresser eux-mêmes leurs factures.

Le *vu payer* est inutile sur ces mémoires, le mandat étant fait au nom du fournisseur lui-même.

12° Les marchés doivent être passés par le Directeur de l'Intérieur ; lorsque les inspecteurs sont délégués par lui pour cette fonction, le marché doit en faire mention. Un marché n'est exécutoire que revêtu de l'approbation du Gouverneur.

13° Les marchés doivent être énoncés en monnaie française ; la retenue de 3 p. 100, imposée par une loi des finances, doit être stipulée, ou, s'il y a un empêchement, la dérogation doit y être consignée expressément.

14° Si les marchés stipulent un délai pour l'achèvement des travaux, le point de départ doit être notifié en marge de la copie du marché qui doit être envoyée au trésor en même temps que le premier mandat.

15° Tous les marchés doivent être soumis à l'enregistrement ; le délai pour l'accomplissement de cette formalité court du jour de la signature par le Gouverneur.

OBSERVATIONS GÉNÉRALES.

16° En règle générale, dans tout paiement, il ne doit pas y avoir d'intermédiaire entre les créanciers de l'État et le trésor. Les caisses des inspecteurs et les caisses d'avances doivent s'abstenir soigneusement de rien solder à des commerçants ou à des employés dont les paiements sont susceptibles de saisies légales déposées au bureau du trésorier-payeur.

Les seules dérogations à cette règle concernent les menus achats journaliers exécutés sur place à des marchands forains, illettrés pour la plupart, et les salaires d'ouvriers. C'est en vue de ces paiements qu'ont été instituées les caisses d'avances. Ils doivent toujours être faits devant deux témoins, qui en signent l'état avec l'agent du paiement.

Dans quelques circonstances exceptionnelles, il peut encore y être dérogé : 1° en faveur de quelques entrepreneurs nécessiteux, avant l'achèvement de leurs travaux, pour des sommes de peu d'importance et dans le cas seulement où il serait bien constaté que ces sommes leur sont indispensables pour payer leurs ouvriers ; encore est-il toujours préférable d'attendre l'ordonnancement ; 2° pour des achats urgents à des commerçants qui exigent le paiement immédiat contre facture acquittée ; 3° à des fonctionnaires ou employés qu'un départ brusque et imprévu empêche de payer sur ordonnancement régulier. Dans les trois cas, les états de dépense doivent porter l'acquit ou l'émargement de la partie prenante, ou être accompagnés des quittances données nominativement aux inspecteurs.

17° Lorsqu'une dépense n'est pas prévue au budget, ou qu'elle y est portée sous un titre vague, tel que : *Dépenses imprévues, secours, indemnités, etc.*, l'état doit être accompagné d'une copie de la décision du Gouverneur ordonnant cette dépense.

18° Lorsque des paiements successifs sont faits en vertu d'un marché pour travaux à l'entreprise, chaque certificat ou état de paiement doit indiquer le numéro de l'acompte, le montant total des travaux, les numéros, dates et montants des paiements antérieurs, de manière à faire ressortir clairement qu'on s'est tenu dans les conditions du marché.

S'il y a une augmentation de dépenses en cours d'entreprise, produire la décision qui l'autorise.

19° Lorsqu'un mandat est ordonnancé sans indication de nom, avec la simple désignation de la fonction de la personne qui donne quittance, cette personne doit exprimer sa qualité au-dessus de sa signature.

(2 décembre 1866)

CIRC. D. I. *Instruction sur la tenue des registres de comptabilité.*

BAT. I. p. 293.
B. D. I. p. 49.

Modèle n° 1. — Livre des quittances à souche. — A partir du 1er janvier 1867, les titres à souche pour *permis de séjour, permis d'armes, permis de barques* sont supprimés : la quittance extraite du registre en tiendra lieu. Chaque année, la couleur des quittances sera changée, les registres sont donc clos au 31 décembre et les nouveaux ouverts au 1er janvier. Les recettes de l'exercice antérieur sont inscrites sur le même registre que celles de l'exercice courant, dans une colonne spéciale, et totalisées avec elles. Toutes les sommes sont inscrites en monnaie française.

Ce livre se totalise par journée. Au-dessous du total de la journée, on reporte le total des journées précédentes à partir du 1er janvier, et l'on additionne. Le total particulier de chaque journée doit être le même que celui du *livre récapitulatif.*

Les erreurs ne doivent donner lieu à aucune rature, mais être annotées et relevées par augmentation ou déduction.

Modèle n° 2. — Rôle pour l'impôt foncier des centres. — Ce rôle n'est destiné qu'aux terrains urbains dans les centres cadastrés, tels que Saïgon, Cholon, Mytho, etc.

Les terrains ruraux vendus sous le régime de la commission des ventes sont reportés aux rôles des villages et payent l'impôt sous le titre : *Impôts des villages.*

Ces rôles doivent être dressés chaque année en triple expédition, avant le 31 décembre, et rendus exécutoires par l'approbation du Gouverneur.

Une des expéditions doit être déposée au trésor et une au 2e bureau.

Modèle n° 3. — Rôle des patentes de commerce et d'industrie. — Les paiements de la taxe des patentes donnant lieu à la délivrance d'une quittance à souche, les titres ne seront plus extraits d'un registre à souche, mais délivrés sur feuilles volantes.

Modèle n° 4. — Impôts des villages. — Les rentes des terrains ruraux concédés à des Européens font partie des impôts de villages et doivent figurer dans le total avec les cultures de même catégorie.

Toutefois, les contribuables européens n'accepteraient pas les reçus des maires annamites, il faut donc qu'ils puissent eux-mêmes se présenter à la caisse.

MM. les inspecteurs devront, en conséquence, dresser sur papier libre, par village, une liste des propriétaires européens, avec la somme à payer par chacun pour l'année. Il ne s'agit que d'une liste pour faciliter la perception, et non d'un rôle. Les sommes perçues sur cette liste seront enregistrées sur le rôle du village. Dans les localités où la perception se fait par un employé du trésor, le double de la liste lui sera remis. Lorsque, plus tard, les terrains de cette sorte seront plus nombreux, il y aura lieu de les séparer des rôles annamites et d'en faire l'objet d'un rôle spécial.

Modèle n° 5. — Barques de mer. — Le registre des barques de mer porte paiement de la totalité de la taxe au moment de la délivrance du titre ; il peut donc dispenser du report en détail sur le livre des *produits divers*. Il suffira de le totaliser à la fin de la journée et de reporter le total à la suite de l'inscription des barques de rivière, pour former sur le *livre des produits divers* le total des recettes du jour au titre *Barques annamites*.

Modèle n° 6. — Barques de rivière. — L'inscription des paiements sur ce registre ne peut se totaliser par journées comme les précédents. Elle est cependant nécessaire, pour permettre à l'inspecteur de suivre le recouvrement avec facilité.

Modèle n° 7. — Registre des transactions taxées entre Asiatiques. — Ce registre est établi en application de la décision du 28 janvier 1865, et ne se rapporte à aucune autre sorte de transactions. Cet impôt, perçu avec exactitude, doit devenir une source importante de revenus. Il doit être tenu dans les deux langues.

Modèle n° 8. — Registre des transactions. — Ce registre est tout à fait en dehors de la comptabilité. Il n'en est pas moins très important pour permettre de suivre l'assiette de la propriété. Il peut servir à la transcription des actes tant entre particuliers qu'entre ceux-ci et l'État. Conformément à l'arrêté du 5 décembre 1865, les titres de propriété délivrés à des Européens et les inscriptions d'hypothèques pour des Européens sur des immeubles appartenant à des Européens, doivent être également enregistrés à Saïgon. Toutefois, l'ordre du 22 février 1866 prescrit aux inspecteurs d'en percevoir les droits.

Modèle n° 9. — Registre des titres de propriété. — Ce registre remplace les anciens registres à souche. Au lieu de renseignements incomplets portés sur la souche, ils reproduisent identiquement le titre (1).

Modèle n° 10. — Registre des biens du domaine vendus. — Les ventes sont inscrites à mesure sur ce registre, destiné à tenir les comptes des acquéreurs vis-à-vis de l'État. Chaque paiement y est ensuite reporté à sa date. Le registre ne s'arrête ni se totalise : les recettes doivent donc être inscrites au livre des *produits divers*.

Modèle n° 11. — Perception des droits sur les actes, titres de propriété, etc. — Ce registre est destiné à la perception des droits d'enregistrement de tous les actes inscrits aux registres modèle n° 8 et aux droits de titres de propriété, modèle n° 9 (2). Ces diverses taxes étant payables immédiatement, le report détaillé *au livre des produits divers* est inutile ; le total de la journée y est seul reporté, pour être additionné avec celui du registre modèle n° 7.

Modèle n° 12. — Index renvoyant des numéros du cadastre aux registres des transactions. — Cet index sera de la plus grande utilité à mesure que le cadastre aura fixé la propriété. Il doit servir à constater, pour mémoire, l'état de chaque lot. Les numéros du cadastre seront d'abord inscrits, dans leur ordre naturel à la colonne de gauche, et lorsqu'il y aura lieu de les reporter ou de les diviser, le folio du report ou de la division devra être soigneusement inscrit à la colonne *observations*.

Modèle n° 13. — Livre des produits divers (3). — Ce livre est la main-courante des recettes qu'on ne peut totaliser jour par jour sur leur livre de détail. Il doit être divisé en autant de parties qu'il y a de divisions au budget concernant les recettes à faire dans les inspections. L'inspecteur réserve pour chaque division le nombre de pages présumées nécessaires et, pour plus de commodité, dispose sur la tranche des signets mobiles correspondant à ces divisions. Le livre s'additionne par journées, sans reports ; les reports se font au *livre récapitulatif*. Il ne doit comprendre que les opérations d'un

(1) Ce registre n'est plus en usage.
(2) V. mod. n° 9.
(3) Livre de détail.

même exercice ; au 1er janvier de chaque année, il en sera ouvert un nouveau, le précédent n'étant clos qu'au 30 juin.

Modèle no 14. — Livre récapitulatif. — Sur ce livre, une page comprend les opérations d'un mois, à une ligne par jour. Chaque nombre, dans la ligne d'une journée, est le total des recettes de la journée à un même titre. Les recettes de la journée se totalisent en ligne horizontale, dans la colonne *total des recettes.* Les avances faites par le trésor ont une colonne à part, en dehors des recettes de l'inspection. A la fin de chaque mois, on totalise en colonnes verticales, et les lignes portées au bas de la page préparent le versement du mois. S'il est fait plusieurs versements dans un mois, la page sur laquelle a été commencé le mois s'arrête au jour du versement et le mois se continue à la page suivante.

Ce livre s'ouvre le 1er janvier et ne comprend que les opérations du même exercice : du 1er juillet au 31 décembre, la colonne *total des recettes* reproduit le total journalier du *livre des quittances.* Mais du 1er janvier au 30 juin, ce dernier total est la somme des totaux des deux *livres récapitulatifs.* Pour faire ressortir l'exactitude des comptes pendant cette période, le *livre récapitulatif* ouvert au 1er janvier sera divisé, à la colonne *observations*, en deux colonnes : 1° *total des recettes, exercice 18...* (l'exercice précédent) ; et 2° *total des recettes.* La première servira au report du total de l'autre *livre récapitulatif*, qui sera additionné dans la 2e colonne avec le premier *total des recettes*, pour donner le chiffre du *livre des quittances.*

La dernière page du registre pourra être rayée à une ligne par mois, et former ainsi, par catégorie de produits, un tableau de la marche générale des recettes de mois en mois pendant l'exercice.

Modèle no 15. — Carnet de caisse (1). — Il manquait à l'ensemble de la comptabilité un livre de dépenses et de situation de caisse. Ces deux comptes sont réunis dans le carnet de caisse. A droite, les dépenses sont inscrites en détail avec tous les renseignements qui permettront de les suivre jusqu'à la rentrée des mandats.

Les dépenses se totalisent par journée, et à leur somme on ajoute l'état de la caisse vérifiée à la fin de la journée.

A gauche on porte l'état de la caisse du jour précédent, que l'on ajoute au total des recettes de la journée, relevé sur les livres de comptabilité, et la somme doit être identique avec celle de la colonne de droite.

Les traits horizontaux qui, dans le modèle, divisent la feuille en casiers, n'existent pas dans les registres. Ils sont faits à la main, pour séparer les comptes par journée.

Les modèles nos 16, 17, 18, 19, 20 et 22 n'ont besoin d'aucune explication ; le modèle no 21 est un simple cahier de renseignements à tenir mois par mois. Il est destiné à montrer la marche générale des recettes par rapport aux dépenses. Les prix officiels des matériaux pris en magasin seront envoyés aux inspecteurs, aussitôt qu'il sera possible.

A Saïgon, à Mytho, à Cholon et dans les localités où seront établis des employés du trésor, les rôles de contributions de toutes sortes, dressés en temps utile par les inspecteurs et rendus exécutoires par l'approbation du Gouverneur, seront déposés au trésor, qui est chargé du recouvrement. Les inspecteurs, toutefois, prêteront leur concours empressé aux percepteurs, lorsqu'il sera nécessaire, pour la rentrée des impôts.

Pour les recettes qui se présentent d'une façon accidentelle, et pour lesquelles il n'est pas possible de dresser des rôles à l'avenir, les contribuables reçoivent de l'inspecteur un *ordre de recette* avec lequel ils vont au trésor. Ils reviennent à l'inspection faire enregistrer le récépissé, et reçoivent alors le titre, s'il y a lieu. *Le récépissé reste entre les mains des contribuables.*

Il est particulièrement recommandé de remplir cette formalité par rapport *aux permis de séjour, permis d'armes, permis de barques*, sans quoi il se produirait des lacunes dans la tenue des livres nos 5, 6 et no 19, dont le dernier surtout est d'une grande importance. Les percepteurs ne recevront pas les taxes sans ces ordres de recettes, qui ne devront être délivrés qu'après inscription sur les registres de l'inspecteur. Le même ordre de recette peut être délivré à un groupe comprenant autant d'individus que l'imprimé en peut contenir.

Les récépissés délivrés à ces trois titres porteront l'empreinte d'un cachet sur lequel sera écrit, en caractères européens et chinois, le titre spécial auquel ils se rapportent. Ce sont trois cachets en bois à demander à la Direction, si les inspecteurs ne peuvent les faire confectionner eux-mêmes.

(1) V. *infrà*, Cir. D. I., 28 décembre 1868.

(20 décembre 1866)

A. G. *Ouverture dans les écritures du trésorier-payeur d'un compte particulier pour servir au règlement des cessions et fournitures que se font réciproquement l'administration française et le roi du Cambodge.*

BAT. I. p. 297.
B. C. p. 246.
(App. dép. m. 12 mars 1867)

Article premier. — Il sera ouvert dans les écritures du trésorier-payeur, à Saïgon, un compte spécial intitulé : *Sa Majesté le roi du Cambodge, s./c. courant*, destiné à recevoir l'imputation à son débit du montant des fournitures faites par l'Administration française au gouvernement du Cambodge, et à son crédit le montant des versements en espèces ou des fournitures faites par ledit gouvernement à l'Administration française.

Art. 2. — Les fournitures faites par l'Administration française seront constatées par des états de cession, dans les formes particulières à chaque service.

Ces états seront transmis à l'officier accrédité auprès du gouvernement du Cambodge, pour faire reconnaître l'exactitude de la cession, et serviront ensuite à l'émission d'un mandat de dépense au compte dudit gouvernement, et d'un ordre de recette au profit du service cédant.

Art. 3. — Les fournitures faites par le gouvernement du Cambodge à l'Administration française seront, après réception des objets fournis dans les formes ordinaires, l'objet d'états de liquidation qui serviront à l'émission d'un mandat de dépense au compte du service cessionnaire, et d'un ordre de recette au profit du gouvernement cédant.

Les versements en espèces qui pourront être faits par le gouvernement du Cambodge seront portés, sur simple ordre de recette, au crédit du compte ouvert par le débit de la caisse.

DE LA GRANDIÈRE.

(février 1867)

CIRC. D. I. (*Extrait*) *prescrivant l'envoi au trésor à la fin de chaque mois, du relevé des ordres de recette délivrés pendant le mois.*

BAT. I, p. 297.
B. D. I. p. 67.

....

État des ordres de recette à fournir au trésor. — Sur la demande de M. le trésorier-payeur, MM. les chefs de service qui délivrent des ordres de recette sont priés d'en tenir enregistrement, avec numéros de série. A la fin de chaque mois, ces Messieurs enverront au trésor le relevé des ordres de recette délivrés pendant le mois, afin que le percepteur puisse s'assurer que tous les droits constatés au profit de la colonie sont rentrés avec exactitude.

....

P. VIAL.

(28 décembre 1868)

CIRC. D. I. *Instruction sur la tenue des livres et documents de comptabilité.*

BAT. I. p. 299.
B. D. I. p. 38.

Je vous envoie avec la présente circulaire trois livres d'un nouveau type, qui doivent être mis en usage à partir de l'année prochaine, et dont le but est de faciliter la tenue régulière de votre caisse.

Livre de caisse. — Le livre de caisse ci-joint ne pourra être ouvert par vous qu'après l'établissement du compte final de l'année 1868, ainsi que l'indique la note imprimée en tête de ce livre. Vous devrez donc établir ce compte le plus tôt possible, puisque vous devez lui emprunter le premier article à porter dans le livre de caisse de l'année 1869. Je vous invite à lire avec attention la note imprimée en tête du livre de caisse de l'année, dans le but d'en faciliter la tenue, et à me soumettre tous les doutes et toutes les difficultés que vous pourrez rencontrer dans la pratique.

Livre de dépenses faites avant ordonnancement. — Le livre d'enregistrement des dépenses faites par l'inspecteur pour divers services urgents, avant ordonnancement du Directeur de l'Intérieur, est destiné à remplacer le carnet manuscrit que la plupart des inspecteurs tiennent aujourd'hui pour se rendre compte de la transformation de leurs états de dépenses en mandats réguliers visés par le trésorier-payeur. Il suffira de lire avec attention la note imprimée en tête de ce livre pour se rendre compte de son but et de la manière de le tenir. Ce livre a un double but. D'abord, il permet à l'inspecteur de suivre la transformation en mandats de paiement, acceptés et visés par le trésorier-payeur, des états de dépenses dont il a payé le montant sur les fonds de sa perception, avant ordonnancement du Directeur de l'Intérieur. Ensuite, il présente toujours, par l'excédent de la 5e colonne sur la 11e, le montant des états qui doivent être considérés comme du numéraire lorsque l'inspecteur veut vérifier la situation de sa caisse.

Livre de mandats payés pour compte du trésor. — Le livre d'enregistrement des mandats de toute nature acquittés par l'inspecteur pour compte du trésorier-payeur est destiné, ainsi que l'indique la note imprimée en tête de ce livre, à l'inscription de tous les mandats payés par l'inspecteur et de ceux qu'il reçoit de la Direction de l'Intérieur pour le couvrir des paiements qu'il a faits par anticipation. Cette inscription a pour but d'éviter la perte d'un mandat payé et de permettre à l'inspecteur de vérifier en un instant, quand il le juge utile, la situation de sa caisse.

Cette vérification s'accomplit en ajoutant au numéraire existant et aux états de dépense payés, non encore transformés en mandats, le montant des mandats réguliers acquittés, qui n'ont pas encore été versés au trésor.

Compte à établir en cas de mutation. — Vous recevrez, en même temps que ces trois livres, des formules imprimées destinées à l'établissement d'un compte que vous devrez rendre à votre successeur en cas de mutation. Ce compte est semblable au compte final. Je n'ai donc pas à vous en expliquer le mécanisme. Toutefois, je crois utile de vous donner quelques indications sur la *composition du reste à prendre en charge par l'inspecteur entrant en fonctions.* Le numéraire existant dans la caisse au moment de l'entrée en fonctions doit être représenté intégralement par des monnaies ayant cours. Les pièces de dépense payées et non encore ordonnancées à la date de l'entrée en fonctions, doivent former un total égal à l'excédent de la 5e colonne sur la 11e du livre d'enregistrement dont il est parlé au troisième alinéa de la présente circulaire. Le chiffre des mandats réguliers payés pour compte du trésorier-payeur et restant à verser au trésor doit être pris dans le livre d'enregistrement dont la tenue est indiquée au quatrième alinéa de la présente circulaire. Le total de la somme à prendre en charge, par l'inspecteur entrant en fonctions, doit être égal à l'excédent de la 5e colonne sur la 9e dans le livre de caisse.

Recettes. — Vous recevrez aussi, avec la présente circulaire, un approvisionnement de bordereaux de versement dont la contexture ne permet plus de faire un seul versement portant sur deux exercices. Vous devrez donc, lorsque vous aurez à verser des produits appartenant à deux exercices différents, établir un bordereau distinct pour chaque exercice et faire deux versements.

Pour mettre vos écritures en harmonie avec ces dispositions, vous ne devrez plus porter, pendant les six premiers mois de l'année, les recettes de l'exercice qui finit dans le livre récapitulatif de l'exercice qui commence. Les recettes des deux exercices devront toujours être portées séparément sur un livre récapitulatif spécial à chaque exercice. Ainsi, vous porterez les recettes de l'exercice 1868, que vous aurez encore à recouvrer en 1869, sur le livre récapitulatif dont vous vous servez actuellement pour l'exercice 1868, et vous n'inscrirez sur le livre récapitulatif de l'exercice 1869 que les recettes appartenant à cet exercice.

P. Vial.

(20 avril 1869)

CIRC. D. I. *Instruction aux inspecteurs-percepteurs au sujet de leurs rapports avec le trésor.*

BAT. I. p. 300.
B. D. I. p. 14.

Diverses notes et circulaires déjà anciennes ont, à différentes époques, réglé quelques questions touchant à vos rapports avec le trésor ; mais la plupart de ces instructions étant tombées en désuétude, il me paraît nécessaire de les renouveler et de les compléter en tenant compte des modifications survenues depuis quelques années dans la comptabilité locale.

Paiements pour compte du trésor. — Vous êtes appelé à payer pour le compte du trésor, au moyen des fonds que vous recevez en qualité de percepteur, des mandats de quatre catégories différentes :

1° Les mandats émis par le chef du service administratif, à titre d'*avances au service marine ;*

2° Les mandats émis par le même fonctionnaire sur le budget du *service colonial ;*

3° Les mandats émis par le Directeur de l'Intérieur sur le *budget local;*

4° Les mandats émis par le trésorier payeur et ses préposés, payables aux caisses des inspecteurs percepteurs.

Quittances des mandats. — Tous ces mandats ne peuvent être payés qu'aux titulaires eux-mêmes, sur un acquit donné devant vous, daté de votre résidence et du jour réel du paiement. Les mandats des trois premières catégories ne peuvent être payés par vous qu'aux personnes domiciliées dans votre circonscription, à moins qu'un *visa* spécial, *signé du trésorier-payeur ou de son suppléant*, n'autorise le paiement à votre caisse, à titre exceptionnel, de mandats appartenant à des personnes étrangères à votre arrondissement. Si le mandat est au nom soit du conseil d'administration, soit du capitaine commandant d'un corps ou d'un bâtiment, vous ne pourrez le payer qu'après avoir inscrit la mention du paiement sur le livre de solde du corps ou du bâtiment.

Quittance des illettrés. — Lorsque les titulaires des mandats seront illettrés, il conviendra de les payer en présence de deux témoins si la somme n'est pas supérieure à 150 francs. Lorsque le montant du mandat sera supérieur à cette somme, la quittance devra être donnée par un acte notarié que vous joindrez au mandat. Vous trouverez annexées à la présente instruction, sous les numéros 1 et 2, la formule de la quittance devant témoins, pour les sommes de 150 francs et au-dessous, et celle de la quittance notariée pour les sommes supérieures à 150 francs.

Quittances en caractères étrangers. — Lorsque les titulaires des mandats ne sauront pas signer en caractères latins, vous certifierez leur signature suivant la formule annexée à la présente circulaire.

Conditions dans lesquelles les mandats peuvent être payés. — Avant de payer les mandats des trois premières catégories ci-dessus, vous devrez vous assurer qu'ils portent le *vu bon à payer du trésorier-payeur*, et que l'exercice auquel ils appartiennent ne sera pas clos lorsque le versement dans lequel ils seront compris sera fait au trésor. Je vous engage à ne point vous abuser sur les dates auxquelles vos versements pourront être admis par le trésor et à ne pas perdre de vue celles de la clôture des exercices dont voici l'indication :

Clôture des exercices. — 1° Clôture de l'exercice des dépenses à titre d'avances au service marine : *le dernier jour de février de la deuxième année, chez les préposés du trésor et chez le trésorier-payeur ;*

2° Clôture de l'exercice des dépenses du service colonial : *le 26 mars de la deuxième année, chez les préposés du trésor, et le 31 du même mois, chez le trésorier-payeur;*

3° Clôture de l'exercice des dépenses du service local : *le 25 juin de la deuxième année, chez les préposés du trésor, et le 30 du même mois, chez le trésorier-payeur.*

Quant aux mandats émis par le trésorier-payeur et ses préposés, ils sont payables pendant cinq ans, à compter de leur émission.

Noms des inspections à employer dans les documents de comptabilité. — Je vous engage à employer, pour désigner votre inspection dans toutes les pièces de comptabilité, le nom qui lui est donné dans la décision du 24 décembre 1868 (1). Il est tout naturel que vous soyiez familier avec le nom du huyen ou du phu dont votre inspection est formée et que vous l'employiez souvent pour désigner votre inspection dans les documents que vous établissez ; mais ces noms indigènes sont, en général, peu connus à Saïgon, et ils rendent difficile et défectueux le classement de vos pièces de comptabilité.

Versements au trésor à faire chaque mois. — Il convient que vous fassiez régulièrement chaque mois, du 1er au 5, le versement soit de vos fonds disponibles, soit des mandats que vous aurez payés pour compte du trésor. Je vous recommande de vous conformer à cette disposition, même quand vous n'auriez à verser qu'un seul mandat. Tout retard dans le versement des mandats payés par vous, pour le compte du trésorier-payeur, met le trouble dans les écritures centrales du trésor et donne lieu à des travaux inutiles et complexes qu'il convient d'éviter.

Dates des bordereaux de versement. — Vous aurez soin de ne jamais dater vos bordereaux de versement et de veiller à ce que l'expédition qui vous est rendue soit datée par le trésor, du lieu et du jour du versement. Lorsque cette expédition vous parviendra ainsi datée par l'agent du trésor qui aura reçu votre versement, vous inscrirez le versement au livre de caisse dont je vous ai entretenu par ma circulaire du 18 décembre 1868, à la date réelle du versement. Il est utile que vos bordereaux de versement soient datés par le trésor et que vous ne les inscriviez au livre de caisse qu'à

(1) Mod. D. G., 7 juin 1871, et A. G., 30 avril 1872.

cette date, parce qu'il peut arriver que des irrégularités fassent rejeter votre versement et qu'il ne soit admis que longtemps après la date que vous lui auriez assignée dans vos écritures. Il se produirait dans ce cas, entre vos comptes et ceux du trésor, une discordance qu'il importe d'éviter.

Versements des recettes de l'exercice expiré. — Je vous recommande de verser, avant le 30 juin, les recettes de l'exercice qui expire à cette époque, afin de ne pas vous exposer à laisser passer cette date malgré vous, si des irrégularités viennent à causer le rejet de votre versement. Vous aurez soin, si des sommes susceptibles de recouvrement n'ont pu être versées avant la clôture de l'exercice, de les comprendre dans vos états de dégrèvements, en exprimant le motif de l'irrécouvrabilité en ces termes : *N'a pu être recouvré pendant le cours de l'exercice 18..., et est porté sur l'état des rétablissements de l'exercice 18...*; puis vous dresserez et me transmettrez en triple expédition l'état de ces sommes, conformément au modèle annexé à la présente circulaire, sous le numéro 4.

Ordonnances de dégrèvement. — Jusqu'à ce jour, la comptabilité des dégrèvements n'a pas été suivie pendant le cours de l'exercice, et les inspecteurs ont dressé de leur propre mouvement, à des époques et dans des formes indéterminées, des demandes qui, après approbation, ont été récapitulées en fin d'exercice dans un état dont le modèle a été inséré, sans aucune instruction à l'appui, dans le *Bulletin de la Direction de l'Intérieur*, année 1868, pages 15, 16 et 17. Il devient indispensable aujourd'hui de réglementer cette comptabilité, et je joins dans ce but, à la présente circulaire, sous les numéros 5 et 6, un modèle d'ordonnance de dégrèvement et un nouveau modèle de l'état à établir en fin d'exercice pour récapituler les dégrèvements accordés (1).

Les ordonnances de dégrèvement ne seront en usage qu'à partir de l'exercice 1869. — Ces modèles contiennent, soit dans leur contexture, soit dans des notes en forme de renvois, tous les renseignements propres à vous guider dans l'usage que vous aurez à en faire. Cependant, je crois devoir vous faire remarquer ici que les dégrèvements de l'exercice 1868 seront réglés comme ceux de l'exercice précédent, que les ordonnances de dégrèvement ne seront employées qu'à partir de l'exercice 1869, que ces ordonnances seront établies par vous dès que les réclamations des contribuables vous paraîtront entièrement justifiées, qu'elles me seront transmises par vous directement et qu'elles vous seront renvoyées par l'intermédiaire des agents du trésor aux caisses desquels vous faites vos versements, afin que ces agents les enregistrent et en tiennent compte lorsque vous ferez vos derniers versements sur les produits affectés par les dégrèvements.

Dispositions de la présente circulaire applicables aux inspecteurs non percepteurs. — La présente circulaire est envoyée aux inspecteurs non percepteurs seulement à titre de renseignements sur les quittances notariées, sur les quittances en caractères étrangers et sur l'établissement des ordonnances de dégrèvements dans les circonscriptions où la perception est faite par le trésor. Ces ordonnances seront établies par eux, ainsi que l'indique le modèle annexé à la présente circulaire, sous le numéro 5, puis remises aux préposés payeurs qui les transmettent au trésorier-payeur, chargé de les faire parvenir à la Direction de l'Intérieur.

PIQUET.

(28 mars 1871)

CIRC. D. I. *Envoi d'un nouveau modèle de bordereau pour versements. — Instructions.*

B. D. I. p. 13.

(13 mai 1876)

CIRC. D. I. *Paiements faits par les administrateurs pour le compte des services métropolitains. — Justifications et attestations d'une dépense et d'un paiement en pareille matière.*

BAT. I. p. 304.
B. D. I. p. 74.

Afin d'éviter les retards qu'occasionne le renvoi dans les inspections des bordereaux et pièces de dépenses provenant des paiements effectués dans les postes, pour le compte des services métropolitains, j'ai l'honneur de vous prier de vouloir bien vous conformer strictement aux instructions générales portées ci-dessous, en ce qui concerne les justifications communes et les attestations qui doivent justifier d'une dépense et d'un paiement en pareille matière.

Comme *agent de paiement*, vous n'avez pas à contrôler la nature de la dépense qui est sous la responsabilité du chargé du service, mais il importe de faire constater avec soin que les pièces sont

(1) V. les modèles au B. D. I. p. 14.

régulièrement et uniformément établies pour chaque dépense de la même catégorie, et qu'elles ne présentent pas d'erreurs matérielles.

Le *vu bon à payer* doit toujours porter la signature du commandant du poste ou du chargé du service administratif, et non celle de M. l'administrateur chargé du paiement.

Au-dessous du *vu bon à payer* du commandant du poste, il est essentiel de porter la mention :

L'administrateur chargé du paiement des dépenses certifie avoir payé la somme nette de

A , le 18 .

L'administrateur chargé du paiement des dépenses.

Enfin, dans la colonne *observations* et au-dessous de la signature de l'acquit, si la partie prenante est lettrée, ou des signatures des deux témoins si l'intéressé ou les intéressés sont illettrés, votre signature doit figurer sous la mention : *Certifié : l'agent de paiement.*

J'appelle également votre attention sur les prescriptions des articles 5, 6 et 8 de la décision du 16 mars 1876 (1).

PIQUET.

(16 mai 1887)

CIRC. D. I. *Un comptable ne peut se donner à lui-même les titres de paiement en vertu desquels il sort l'argent de sa caisse: A l'avenir les états de dépenses de personnel et de matériel seront signés par le 1er administrateur.*

BAT. I. p. 306.
B. D. I. p. 84.

Il arrive fréquemment que l'administrateur chargé du paiement des dépenses signe les états de dépenses du personnel et du matériel, comme liquidateur de la dépense d'abord et comme agent du paiement ensuite.

Cette manière d'opérer a été l'objet des critiques de l'inspection mobile ; il est, en effet, contraire aux règlements qu'un comptable se donne à lui-même les titres de paiement en vertu desquels il sort l'argent de sa caisse.

Afin de remédier à cet inconvénient, il est nécessaire que les états de dépenses soient, à l'avenir, signés par M. le 1er administrateur, qui, du reste, a le contrôle de toutes les pièces qui sont établies dans les bureaux de l'inspection.

M. le 2e administrateur continuant, comme par le passé, à signer en qualité d'agent chargé du paiement, lorsque cette formalité est exigée par les règlements, restera dans son véritable rôle de comptable.

Je vous prie de vous conformer à ces instructions, afin d'éviter tout retard dans la régularisation des dépenses.

BÉLIARD.

(25 septembre 1878)

CIRC. D. I. *On ne doit solder avant l'ordonnancement que les salaires d'ouvriers et les menus achats. Cette faculté peut être étendue, dans certains cas, au règlement des dépenses provenant de fournitures ou de travaux de peu d'importance exécutés par des Asiatiques.* (2).

BAT. I. p. 306.
B. D. I. p. 149.

(28 janvier 1879)

CIRC. D. I. *rappelant la prescription de la circulaire du 28 mars 1871 concernant l'époque du versement à faire au trésor et l'envoi à la Direction de l'Intérieur des bordereaux.*

B. D. I, p. 30.

Aux termes de la décision du 28 mars 1871 (*Bulletin de la Direction de l'Intérieur*, page 10), les Administrateurs percepteurs doivent faire leurs versements au trésor du 1er au 5 de chaque mois et

(1) V. Fonds d'avance.
(2) V. Dépenses urgentes.

m'adresser leurs bordereaux le 10 au plus tard. Il est important, pour la tenue des écritures, que les prescriptions de cette décision soient observées.

J'ai en conséquence l'honneur de vous prier de vouloir bien donner des ordres pour qu'on s'y conforme à l'avenir.

BÉLIARD.

(9 mai 1879)

DÉP. M. *au sujet de la forme du mandatement des paiements collectifs.*

BAT. I. p. 291.

L'inspection coloniale a constaté le procédé irrégulier employé par la plupart des administrations coloniales pour le mandatement des paiements collectifs.

Il m'a paru utile, après m'être concerté avec mon collègue des finances, de leur tracer la règle qu'il convient de suivre à cet égard, en leur signalant les points critiqués.

Ainsi, il a été constaté que l'état collectif et le mandat de paiement ne font souvent qu'une seule et même chose. Cette manière de procéder a pour inconvénient d'obliger parfois les trésoriers-payeurs à faire des paiements dans des conditions irrégulières, à moins que ceux-ci ne réunissent simultanément tous les dénommés dans cette seule et unique pièce comptable, ce qui est inadmissible.

Dans d'autres cas, les mandats de paiement ne portent la mention d'aucune partie prenante. Il en résulte que les comptables sont obligés de se référer pour les acquits aux états d'émargement dont ils sont accompagnés, ce qui n'est pas moins irrégulier.

Les mandats concernant une collectivité quelconque doivent être distincts et délivrés au nom d'un individu, mandataire accepté par les autres. La personne accréditée doit être le greffier pour les magistrats; pour les autres services, ce doit être l'économe ou le caissier. Le comptable qui effectue le paiement est ainsi libéré par l'acquit de cet intermédiaire auquel incombe la répartition des sommes touchées par ses soins entre les ayants droit, en s'assurant de leur identité.

Pour le ministre, etc.

MICHAUX.

(15 avril 1880)

DÉP. M. *portant observations sur le régime financier de la colonie.* (1).

ARCH. GOUV.

(1er mai 1880).

CIRC. D. I. *au sujet du versement dans les caisses de l'intérieur des recettes faites par les agents du service télégraphique.*

B. D. I. p. 47.

A compter du 1er mai prochain, les agents du service télégraphique effectueront le versement de leurs recettes dans les caisses des inspections.

Voici comment il sera procédé pour l'exécution de cette mesure prise de concert avec M. le trésorier-payeur et M. le chef du service télégraphique.

Votre rôle se bornera à l'émission de l'ordre de recette, lequel sera appuyé d'un état présentant : d'une part, le montant total des recettes au jour du versement; de l'autre, les dépenses, la somme conservée en caisse pour faire face aux dépenses futures et enfin la somme versée qui formera la balance des deux termes *recettes* et *dépenses*.

Quant à l'opportunité du versement, à la quotité de la somme conservée en prévision des besoins du service, vous n'aurez pas à vous en préoccuper.

La recette sera faite sous la rubrique : *Télégraphie, article 6 du budget des recettes.* Vous ouvrirez sur votre registre d'émission d'ordres de recettes, ainsi que sur vos relevés mensuels, une colonne spéciale pour l'inscription de ce produit.

(1) Se reporter aux délibérations du conseil privé, séances des 15 et 22 décembre 1879.

Quant à M. l'Administrateur percepteur, il délivrera une quittance à souche comme pour toutes les autres recettes, inscrira la somme versée sur un carnet que lui présentera l'employé du télégraphe, et devra toujours verser *intégralement* ce produit chaque mois. Je n'ai pas besoin de faire remarquer qu'il ne s'agit point d'une opération de trésorerie, mais d'une recette locale réelle, prévue, du reste, dans l'imprimé de bordereau.

NOUET.

(5 juillet 1881)

DÉCRET *portant établissement du budget local en piastres.*

(Promulg. A. G. 31 août 1881).
B. C. p. 337.

Article premier. — A partir de l'exercice 1882 inclusivement, le budget du service local de la Cochinchine sera établi en piastres.

En conséquence, la piastre sera l'unité de valeur servant de base à l'établissement, à la constatation et à la perception des contributions, droits, taxes et produits de toute nature compris à ce budget.

Les dépenses dudit budget seront également liquidées, ordonnancées et acquittées en piastres.

La comptabilité financière et le compte administratif de la Cochinchine seront tenus et rédigés exclusivement en piastres.

Art. 2. — En ce qui concerne les opérations effectuées pour le compte du service local hors de Cochinchine, les recettes et les dépenses du service colonial et de tous les services publics métropolitains, ainsi que les opérations de trésorerie se rapportant à ces divers services, le taux auquel la piastre est convertie en francs est fixé trimestriellement dans les dix premiers jours des mois de décembre, mars, juin et septembre de chaque année, à partir du mois de décembre 1881 inclusivement, par arrêtés du Gouverneur rendus en Conseil privé, sur la proposition du trésorier-payeur, et d'après la moyenne des cours effectifs du change pendant le dernier trimestre écoulé, sans fraction de centimes.

Toutefois, lorsque la moyenne des cours effectifs d'un trimestre ne diffère du cours en vigueur que de moins de cinq centimes par piastre, l'arrêté à intervenir maintient au même chiffre la valeur de la piastre pour le trimestre qui suit.

Le taux ainsi fixé est appliqué à partir du 1er janvier, avril, juillet et octobre suivant.

Art. 3.—Dans le cas où une variante importante du cours commercial de la piastre le rendrait nécessaire et urgent, le Gouverneur peut, exceptionnellement et sans attendre les époques réglementaires, modifier la valeur de cette monnaie par un arrêté rendu dans la forme indiquée à l'article 2.

Le Gouverneur fixe, dans ce cas, la date à partir de laquelle la valeur nouvelle de la piastre sera appliquée.

Art. 4. — Les arrêtés du Gouverneur portant fixation du cours de la piastre sont immédiatement notifiés au Département de la marine et des colonies, à celui des finances, aux gouverneurs et commandants des autres colonies et aux chefs de service de l'administration de la Cochinchine.

Art. 5. — Sont effectuées ou centralisées par un payeur particulier, qui prend le titre de receveur spécial du service local :

1° Les recettes et les dépenses du service local ;

2° Les recettes et les dépenses municipales de Saïgon ;

3° Les opérations de trésorerie qui se rattachent à ces deux services.

Il est alloué à ce comptable une indemnité de responsabilité fixée à 600 piastres par an.

Art. 6. — Le receveur spécial du service local est placé sous la direction, la surveillance et la responsabilité du trésorier-payeur de la colonie, pour le compte duquel il gère. Sa comptabilité est tenue en piastres, dans la forme prescrite par les articles 186 et suivants du décret du 26 septembre 1855.

Art. 7. — Les valeurs de caisse et de portefeuille, les titres et créances appartenant à la colonie à quelque titre que ce soit, ainsi que les valeurs et fonds libres des communes, établissements publics, caisses de prévoyance, etc., se rattachant au service local, sont déposés entre les mains du receveur spécial.

Il conserve dans la caisse de service les fonds présumés nécessaires aux besoins courants.

Tous autres fonds ou valeurs dont il est dépositaire sont conservés dans une caisse de sûreté, sous trois serrures et clefs ; une clef est remise au trésorier-payeur et une autre au Directeur de l'Intérieur.

Art. 8. — Les retenues exercées par le receveur spécial sur les traitements des agents du service local font l'objet, chaque mois, d'un état détaillé, et sont versées au trésorier payeur, qui en prend charge aux différents comptes de recette concernant les retenues, après avoir converti en francs, au cours en vigueur, les sommes portées audit état.

Art. 9. — Le visa auquel sont soumis les récépissés délivrés par le receveur spécial du service local, en exécution de l'article 312 du décret du 31 mai 1862, est confié au Directeur de l'Intérieur, qui transmet chaque mois au trésorier-payeur les talons des récépissés, et au Ministère des finances, les états prescrits par l'article 314 du même décret.

Art. 10. — Les payeurs particuliers en résidence dans les places et tous autres comptables de la colonie effectuent tous les recouvrements et paiements intéressant le service local, pour le compte du trésorier-payeur, qui est seul en relation directe avec le receveur spécial.

Le trésorier-payeur transmet immédiatement les pièces justificatives de ces opérations au receveur spécial, qui lui en tient compte, ainsi qu'il est dit aux articles 22 et 23 ci-après.

Art. 11. — Le montant total des recettes et des dépenses effectuées par le receveur spécial est porté chaque mois dans les écritures du trésorier-payeur, en un seul chiffre, après avoir été converti en francs au taux fixe de 5fr. 35 cent. par piastre (valeur intrinsèque par rapport à la pièce de 5 francs), savoir : les recettes au débit du compte courant du receveur spécial et au crédit du service local ; les dépenses au débit du service local et au crédit du compte courant du receveur spécial.

Le trésorier-payeur annexe à son compte de gestion un état de développement, en piastres, des opérations du receveur spécial, par nature de recettes et de dépenses. Les résultats de cet état, convertis en francs au taux de 5 fr. 35 cent., sont inscrits dans le compte général de l'administration des finances.

Art. 12. — Le montant des avances faites sur les fonds du service local, aux agents des services régis par économie, ne peut dépasser 2,500 piastres ; les justifications d'emplois doivent être fournies dans un délai de quarante-cinq jours.

Art. 13. — Les cautionnements des adjudicataires de fournitures ou travaux concernant le service local sont, au choix des intéressés, conservés, à titre de dépôts administratifs non productifs d'intérêts, par le receveur spécial, ou remis par lui au trésorier-payeur préposé de la caisse des dépôts et consignations.

Dans ce dernier cas, les versements, bien que faits en piastres, sont ramenés à leur valeur en francs au cours du jour ; les cautionnements sont ensuite remboursés pour la même valeur en francs, convertie en piastres au cours du jour du remboursement.

Art. 14. — Les ordonnateurs sont tenus d'établir en piastres, à partir du 1er janvier 1882, les ordres de paiement délivrés en France, en Algérie et dans les autres colonies, sur les fonds du service local de la Cochinchine, tant pour la somme à payer que pour les retenues à exercer, et doivent y porter en outre l'indication des sommes correspondantes en francs, d'après le dernier cours du change notifié, conformément à l'article 4 ci-dessus, au moment de leur délivrance. A partir de la même époque, les ordres de recette à encaisser hors du territoire de la Cochinchine, pour le compte du service local, sont également établis, par les ordonnateurs, en piastres, avec conversion en francs des sommes à recevoir, calculées ainsi qu'il vient d'être dit.

Les paiements et les recettes sont valablement effectués en francs, conformément aux indications portées sur lesdits ordres de paiements et de recettes.

Art. 15. — Le Directeur de l'Intérieur peut déléguer les crédits dont il est titulaire, au fonctionnaire qui sera désigné par arrêté spécial du Gouverneur rendu en Conseil privé.

Art. 16. — Le trésorier-payeur effectue seul, directement ou par l'intermédiaire des payeurs particuliers résidant dans les places, les recettes et les dépenses du service colonial et de tous les services publics métropolitains, ainsi que les opérations de trésorerie concernant ces divers services, y compris le paiement et la délivrance des mandats d'articles d'argent de ou sur tous bureaux de poste endehors de la colonie.

Sa comptabilité continue d'être tenue et rédigée en francs.

Art. 17. — La comptabilité des payeurs particuliers en résidence dans les places est tenue en piastres.

Toutefois, les opérations qu'ils effectuent pour le compte du trésorier-payeur, et qui concernent les services colonial et métropolitain, sont décrites en francs et en piastres, ainsi qu'il est dit à l'article 19 ci-après.

Art. 18. — Les arrêtés du Gouverneur fixant le taux de la piastre sont immédiatement notifiés par le trésorier-payeur aux comptables sous ses ordres, et la diminution ou l'augmentation de la valeur de son encaisse et de l'encaisse de ses préposés, qui est, en cas de modification de taux, la conséquence de l'application du nouveau cours, est portée au débit ou au crédit du compte : *Frais de négociation ou de change*.

Art. 19. — A partir du 1er janvier 1882, le trésorier-payeur, pour les opérations faites à sa caisse, et les payeurs particuliers dans les places convertissent en piastres le montant des titres de recette ou de dépense concernant les services métropolitains qui sont établis en francs ; cette conversion a lieu au moment même où sont effectués les encaissements et les paiements, et au cours notifié par le Gouverneur, ainsi qu'il est dit à l'article 4.

Les récépissés à talons délivrés pour ces opérations présentent à la fois, en francs et en piastres, la somme versée.

Les livres et carnets de détail tenus par les payeurs particuliers, sur lesquels sont enregistrées ces recettes et ces dépenses, présentent aussi pour chaque article, dans des colonnes distinctes, le montant des opérations en francs et en piastres ; il en est de même des bordereaux détaillés adressés au trésorier-payeur avec les pièces justificatives.

Art. 20. — Les fonctionnaires chargés du visa des récépissés délivrés par les payeurs particuliers inscrivent séparément sur leurs registres de contrôle :

1° En piastres, les récépissés délivrés au titre du service local et des opérations de trésorerie qui s'y rattachent, lesdits récépissés rédigés seulement en piastres;

2° En francs et en piastres, les récépissés présentant à la fois le montant en francs et en piastres des sommes versées, ainsi qu'il est prescrit par l'article 19 ci-dessus.

Les récépissés délivrés par le trésorier-payeur sont portés en francs seulement sur lesdits registres de contrôle.

Art. 21. — Les mandats d'articles d'argent payables hors de Cochinchine sont rédigés en francs; la partie versante n'a droit qu'au remboursement de la valeur versée en francs, calculée au cours du jour du remboursement. Il en est de même des mandats sur le trésor, des mandats du trésorier-payeur sur les payeurs particuliers, et réciproquement.

Art. 22. —Les payeurs particuliers continuent à adresser directement au trésorier-payeur toutes les pièces justificatives de leurs opérations.

Ce dernier les débite des recettes et les crédite des dépenses, savoir :

1° Pour les pièces établies en francs (services métropolitains), du montant en francs des sommes qui y sont indiquées;

2° Pour les pièces établies en piastres (service local), en convertissant les piastres en francs, au cours en vigueur au jour où les opérations ont été effectuées par les préposés.

Le trésorier-payeur remet ensuite au receveur spécial, ainsi qu'il est dit à l'article 10, les pièces justificatives qui doivent entrer dans sa comptabilité.

Art. 23. — Le trésorier-payeur ouvre au receveur spécial un compte intermédiaire, au débit ou au crédit duquel sont portés :

1° Les excédents de dépenses ou de recettes constatés au moment de chacune des remises de pièces mentionnées à l'article précédent;

2° Le montant des remises réciproques de fonds que le receveur spécial peut faire au trésorier-payeur, sur son ordre, ou le trésorier-payeur au receveur spécial, pour les besoins du service.

Ce compte peut être soldé, toutes les fois que le trésorier payeur le juge à propos, au moyen d'un versement en numéraire fait, suivant le cas, par le trésorier-payeur au receveur spécial ou par celui-ci au trésorier payeur. Ce règlement de compte a lieu obligatoirement :

1° A la fin de la journée qui précède celle où le cours de la piastre est modifié;

2° Le 30 juin au soir, dans la clôture de la gestion;

3° Le jour de la remise du service, en cas de mutation de comptables.

Art. 24. — Le trésorier-payeur débite le compte intermédiaire du receveur spécial, dont il est parlé à l'article précédent, du montant en francs des ordres de paiement acquittés hors de la colonie pour le compte du service local, et couvre les comptables qui ont effectué les dépenses. Il crédite le même compte du montant des ordres de recette recouvrés en francs hors de la colonie pour le compte du service local, et dont il lui est tenu compte par les comptables qui ont effectué les recettes.

Les différences existant dans la valeur de la piastre entre la date à laquelle les recettes et les paiements pour le compte du service local ont été opérés, soit dans les places, soit hors de la colonie, et l'époque du règlement du compte intermédiaire du receveur spécial, sont portées au débit ou au crédit du compte : *Frais de négociation et de change*.

Art. 25. — Le trésorier-payeur remettra, le 31 décembre 1881, au soir, aux mains du receveur spécial, le montant des soldes existant dans ses écritures, en ce qui concerne le service local de la Cochinchine, la recette municipale de Saïgon et les divers comptes de trésorerie qui s'y rattachent.

Ce versement sera effectué en piastres au cours auquel elles figureront à ladite époque dans la caisse du trésorier-payeur.

Les titres, créances, timbres-poste et toutes valeurs de portefeuille énumérées à l'article 7, seront en même temps remis au receveur spécial, qui prendra charge du nombre de piastres correspondant à la valeur pour laquelle lesdits titres et valeurs figurent dans le portefeuille du trésorier-payeur au cours légal en vigueur à l'époque de la remise.

Art. 26. — Les opérations du receveur spécial ne comprendront pas l'apurement de l'exercice 1881, dont le trésorier-payeur reste directement chargé.

Au 30 juin 1882, époque de clôture pour le service local des opérations complémentaires de l'exercice 1881, le receveur spécial remboursera au trésorier-payeur ou le trésorier-payeur remboursera au receveur spécial, au cours du jour, l'excédent de dépense ou de recette résultant desdites opérations.

JULES GRÉVY.

(19 août 1881)

DÉP. M. *rappelant qu'il est formellement interdit de faire payer en France, soit au moyen de traites, soit par tout autre moyen détourné, les dépensee de la colonie. — Lettre du ministre des finances à ce sujet.*

ARCH. GOUV.

Vous m'avez demandé par lettre du 22 juin dernier si l'interdiction de faire payer en France, soit au moyen de traites, soit par tout autre moyen déterminé, les dépenses de la colonie, devait être onsidérée comme absolue.

Les instructions que vous avez reçues du Département sont formelles et ne comportent pas d'exception. Je vous prie, en conséquence, d'interdire, désormais, l'insertion dans les marchés passés avec les fournisseurs, de toute clause qui spécifierait le remboursement des factures de ces derniers au moyen de traites du trésor.

Vous trouverez ci-joint copie de la lettre que vient de m'écrire M. le Ministre des finances à ce sujet et qui, comme vous le verrez, confirme de nouveau les instructions que nos deux Départements ont données de concert sur ce point spécial à l'administration de la Cochinchine.

A. PEYRON.

ANNEXE

(3 août 1881)

Monsieur le ministre et cher collègue, vous m'avez fait l'honneur de me communiquer le 22 juin dernier une lettre dans laquelle M. le Gouverneur de la Cochinchine vous soumet différentes observations au sujet de l'exécution des instructions que votre Département lui a fait parvenir sur ma demande et qui sont relatives à l'interdiction de faire payer en France, soit au moyen de traites, soit par tout autre moyen détourné, les dépenses de la colonie.

M. le général de Trentinian demande si cette interdiction doit être entendue d'une manière absolue, ou si, au contraire, l'administration locale peut, le cas échéant, continuer à prévoir dans les marchés qu'elle aura à passer, la possibilité pour les fournisseurs de faire mandater leurs créances en France sur le budget local.

Je ne reviendrai pas sur les inconvénients que présentent des stipulations de cette nature ; j'ai eu l'occasion à plusieurs reprises déjà d'en entretenir votre Département, notamment dans mes lettres des 10 janvier et 13 février dernier et vous avez bien voulu reconnaître avec moi la nécessité d'envoyer à Saïgon des instructions ne pouvant laisser à l'administration locale aucun doute sur les intentions de l'administration métropolitaine.

Ces instructions devront être rigoureusement observées dans leur sens le plus étendu ; l'interdiction d'introduire dans le marché à passer la condition du paiement en traites du trésor, deviendrait illusoire si l'on pouvait éluder cette interdiction en stipulant que les créances pourraient être mandatées à la volonté des parties prenantes, pour tout ou partie, sur les caisses de la métropole à un change fixe ; une pareille condition doit donc être absolument écartée des traites.

L'application du budget en piastres va, d'ailleurs, faire rentrer la Cochinchine dans des conditions normales, et les fournisseurs n'auront plus à faire entrer en ligne de compte dans leurs soumissions la différence existant actuellement entre le taux légal de la piastre et son cours commercial; la condition du paiement en France n'offrira donc plus pour le budget local les avantages abusifs dont les fournisseurs profitaient plus encore que la colonie ; les charges injustifiables que cette situation imposait au trésor disparaîtront ainsi, mais il convient de remarquer que ce dernier a dès aujourd'hui intérêt à ce que les dépenses soient directement ordonnées et payées dans la colonie pour arrêter l'accroissement incessant de l'encaisse du trésorier-payeur. Cette encaisse, comme vous le savez, immobilise à Saïgon une somme considérable et son rapatriement, par suite de sa composition, présentera des difficultés et occasionnera des frais qu'il importe de réduire autant que possible.

J'ai fait prendre note des renseignements contenus sur l'état que vous avez bien voulu me transmettre et qui présente le détail des travaux et fournitures dont le paiement doit être encore effectué en France ; le total de ces paiements s'élève à 2.533.851 francs.

Je regrette que l'administration de la Cochinchine n'ait pas cru devoir jusqu'ici tenir plus de compte des observations que nos deux Départements n'ont pas cessé de lui adresser à ce sujet.

Je vous serai reconnaissant, Monsieur le Ministre et cher collègue, de vouloir bien faire parvenir à M. le Gouverneur de la Cochinchine de nouvelles instructions dans les sens que je viens d'avoir l'honneur d'indiquer.

MAGNIN.

(25 novembre 1881)

DÉP. M. *Transmettant l'instruction pour l'exécution du décret du 5 juillet 1881, portant établissement du budget local en piastres ; recommandations au sujet de la notification du cours successif. Instructions. Lettre du ministère des finances.*

ARCH. GOUV.

J'ai l'honneur de vous adresser ci-joint un certain nombre d'exemplaires de l'instruction pour l'exécution du décret du 5 juillet 1881, portant établissement en piastres du budget local de la Cochinchine.

Je vous transmets également la copie d'une lettre des finances, relative à l'application du décret. Je vous invite aussi, afin qu'elles en soient informées plus promptement, à faire connaître directement les cours successifs aux colonies suivantes : Réunion, Nossi-Bé, Mayotte, Nouvelle-Calédonie et Inde, me réservant de les transmettre aux autres colonies.

Enfin, au lieu de me faire parvenir par lettre les nouveaux cours de change, vous me les ferez connaître par la voie télégraphique, attendu que le départ du courrier pouvant être postérieur au 10 du dernier mois du trimestre, ce cours ne me sera connu que vers le 15 du premier mois du trimestre suivant, alors que des paiements plus ou moins importants auraient dû déjà être préparées.

P. Le ministre.

MICHAUX.

1re ANNEXE

(3 novembre 1881)

INSTRUCTION *pour l'exécution du décret du 5 juillet 1881 portant établissement du budget local en piastres* (1).

La Commission instituée par le décret du 1er juin 1878, à l'effet d'étudier les réformes qu'il pouvait y avoir lieu d'introduire dans le régime monétaire des colonies, s'est préoccupée, dès le commencement de ses travaux, de la situation exceptionnelle de la Cochinchine, où la piastre mexicaine et ses équivalents (piastre espagnole et trade-dollar américain) sont les seules monnaies en circulation, par conséquent les seules en usage pour toutes les transactions entre particuliers, tandis que le franc est exclusivement employé dans les comptes officiels et sert de base aux relations du Trésor public avec ses débiteurs ou ses créanciers. Dans une note du 3 août 1878, à laquelle les Ministres des finances

(1) Cette instruction concerne également le décret du 7 octobre 1881 portant séparation du service des postes du service du Trésor.

et de la marine et des colonies ont donné leur adhésion, elle a fait remarquer que les inconvénients provenant de l'emploi simultané de ces deux instruments de compte sont encore aggravés par le défaut de fixité de la valeur commerciale de la piastre, et, pour atténuer autant que possible les préjudices qui peuvent en résulter pour le Trésor, elle a demandé que le budget local fût établi, et que la comptabilité administrative et financière de la colonie fût tenue en piastres, afin qu'au moins pour la partie la plus importante des services publics, il y eût accord entre le montant des titres de recette et de payement et la valeur de la monnaie qu'ils représentent.

Le décret du 5 juillet 1881, rendu sur la proposition du Ministre de la marine et des colonies et du Ministre des finances (voir l'annexe nº 1 ci-après), a pour but de donner satisfaction à ce vœu ; il consacre la réforme proposée, tout en maintenant les règles contenues dans le décret du 26 septembre 1855 sur le service financier des colonies, relativement à la centralisation des opérations du budget local dans les écrituresde l'administration des finances à la juridiction de la Cour des comptes sur les comptables coloniaux. Il détermine, en outre, les conditions de change dans lesquelles seront réglées à l'avenir les opérations des services métropolitains effectuées en Cochinchine.

Établissement du budget local en piastres. (Art. 1er du décret.) — 1. Aux termes de l'article 1er du décret précité du 5 juillet 1881, le budget du service local de la Cochinchine doit, à partir de l'exercice 1882, être établi en piastres ; la comptabilité financière et le compte administratif des recettes et des dépenses de chaque exercice doivent être tenus et rédigés exclusivement en piastres.

L'exécution de cette disposition a pour conséquence :

En ce qui concerne les RECETTES, l'inscription en piastres, sur les rôles des contributions, des sommes dues par les contribuables, et la revision des tarifs servant de base aux taxes et produits de toute nature perçus au profit du service local, que devront désormais être fixés en piastres, au lieu de l'être en francs ;

En ce qui concerne les DÉPENSES, la substitution de la piastre au franc pour l'évaluation des droits des créanciers du service local, et par suite, pour la liquidation, l'ordonnancement et le payement des dépenses.

2. — Les titres de recette et de dépense étant établis en piastres, la comptabilité des agents administratifs, chargés de les émettre et d'en dresser le compte, doit être tenue dans la même monnaie, mais aucun autre changement n'est apporté aux dispositions du chapitre 14 du décret du 26 septembre 1855, relatif à la comptabilité du service local ; les livres et relevés énumérés aux articles 102 à 107 continueront donc d'être en usage sans modification.

Fixation de la valeur de la piastre. (Art. 2 à 4 du décret.) — 3. — L'ancien état de choses est maintenu pour les services métropolitains ; mais, afin de rapprocher autant que possible la valeur officielle de la piastre de sa valeur commerciale, le taux auquel la piastre est convertie en francs *dans la colonie* (art. 2 et 3 du décret) doit être déterminé tous les trois mois, d'après la moyenne des cours du change pendant le dernier trimestre écoulé, et même plus souvent en cas de variations importantes des cours. Ce taux sert, en outre, à régler les conditions dans lesquelles les opérations concernant le service local sont effectuées *hors de la colonie ;* les recettes et les dépenses de cette nature sont, en effet, à l'inverse de ce qui se passe en Cochinchine pour les services métropolitains, opérées en francs par les comptables de France, d'Algérie ou des autres colonies en vertu de liquidations établies en piastres.

4. — Le trésorier-payeur devra suivre avec le plus grand soin les fluctuations du cours de la piastre, afin d'être toujours en mesure de proposer au Gouverneur, soit la modification de la valeur officielle de cette monnaie, soit son maintien si la différence avec le cours en vigueur est inférieure à 5 centimes ; toute négligence dans l'exécution de cette partie du service pourrait engager gravement sa responsabilité.

5. — Il importe (article 4 du décret) que les arrêtés du Gouverneur portant fixation du cours de la piastre soient notifiés par le premier courrier aux Départements de la marine et des finances, aux gouverneurs et commandants des autres colonies et aux chefs de service de l'administration de la Cochinchine. Le taux fixé dans les premiers jours du mois de décembre 1881, pour être appliqué le 1er janvier 1882, devra, exceptionnellement, être porté à la connaissance des Ministres de la marine et des finances *par la voie télégraphique.*

Recettes et dépenses du service local. (Art. 5 et 6 du décret). — 6. — L'établissement en piastres des titres de recette et de dépense et du compte administratif du service local entraîne, pour les agents financiers chargés des recouvrements et des payements, l'obligation de compter en piastres ; mais, d'un autre côté, il n'était pas possible de changer le mode de comptabilité du trésorier-payeur, dont les comptes sont centralisés dans les écritures de l'administration des finances, et soumis au contrôle judiciaire de la Cour des comptes. On a donc été amené à confier à un comptable distinct le soin de passer écriture de toutes les opérations concernant le service local, qu'elles soient effectuées à l'intérieur ou à l'extérieur de la colonie. Ce nouveau comptable, qui prend le titre de *receveur spécial du service local*, est placé sous la surveillance et la responsabilité du trésorier-payeur, pour le compte duquel il gère. Il tient sa comptabilité exclusivement en piastres, en se conformant d'ailleurs aux règles tracées par les articles 186 et suivants du décret du 26 septembre 1855.

Service municipal de Saïgon. (*Art. 5 du décret.*) — 7. — Les motifs qui ont fait décider l'établissement du budget local en piastres s'appliquent également au *budget municipal de Saïgon*, d'autant plus que les opérations intéressant ce budget font seulement l'objet d'un compte de correspondants administratifs dans les écritures du trésorier-payeur, et que les receveurs municipaux aux colonies sont justiciables du Conseil privé. Le budget de la ville de Saïgon devra donc, à partir de 1882, être établi en piastres, et les fonctions de receveur municipal seront naturellement dévolues au receveur spécial du service local, conformément à l'article 210 du décret du 26 septembre 1855. Les recettes et les dépenses municipales, détaillées sur des livres auxiliaires spéciaux, figureront pour leurs totaux journaliers dans ses écritures, au crédit et au débit du compte *Ville de Saïgon s/c courant;* le solde de ce compte sera, en fin de gestion, arrêté contradictoirement avec le maire.

Opérations de trésorerie. (*Art. 5 du décret.*) — 8. — Le receveur spécial du service local doit, en outre, comprendre dans sa comptabilité les *opérations de trésorerie* se rattachant aux deux services principaux dont il est chargé. C'est à lui, par exemple, que sont versés les produits des successions vacantes et des déshérences; les cautionnements provisoires des soumissionnaires de marchés ou adjudications intéressant le service local et le service municipal de Saïgon; les cautionnements définitifs des adjudicataires qui veulent user de la faculté, qui leur est accordée par l'article 13 du décret (voir art. 21 ci-après), de conserver leurs fonds dans la colonie; les retenues de diverses natures exercées sur les dépenses locales, etc.

9. — Les comptes relatifs à la *caisse de réserve du service local*, aux *fonds de réserve de la ville de Saïgon*, à la *caisse de prévoyance pour le service des affaires indigènes*, aux *avances faites aux agriculteurs par la banque de l'Indo-Chine*, à la réception des *timbres-poste* et à leur remise aux receveurs des postes, sont également ouverts dans les écritures du receveur spécial.

Relations du receveur spécial avec le service des postes. — 10. — Les relations du receveur spécial avec les receveurs des postes et des télégraphes nécessitent quelques explications.

En vertu du décret du 7 octobre 1881 (voir annexe n° 2), le service des postes en Cochinchine est, à partir du 1er janvier 1882, séparé de celui du Trésor, et est placé, comme dans toutes les autres colonies, sous la direction et la surveillance du Directeur de l'Intérieur, excepté en ce qui concerne la délivrance et le payement des mandats de poste *de* ou *sur* tous les bureaux en dehors de la colonie, qui continuent d'être effectués exclusivement par le trésorier-payeur et ses préposés. Les règles tracées par les articles 215 et 216 du décret du 26 septembre 1855 seront donc à l'avenir applicables en Cochinchine, et les receveurs des postes devront verser les produits de leur service à la caisse du receveur spécial.

11. — Toutefois, il y a lieu de faire une distinction entre les diverses opérations accomplies par les receveurs des postes. Le service des postes sera vraisemblablement réuni à celui des télégraphes, lequel relève déjà de la Direction de l'Intérieur; par suite, les receveurs des postes et des télégraphes, indépendamment de la perception des produits budgétaires du service local, seront chargés d'émettre et de payer les mandats télégraphiques, dont la création a été autorisée, pour l'intérieur de la colonie, par l'arrêté du Gouverneur du 28 juillet 1879. Or, l'émission et le payement de ces mandats constituent des opérations de trésorerie, qui ne seront pas, comme les produits budgétaires, centralisés par le receveur spécial, et dont le montant, appuyé des pièces justificatives, devra figurer dans le compte à rendre au Conseil privé par le receveur principal des postes et des télégraphes. Il en serait de même, s'il y avait lieu, des mandats de poste créés et payables dans la colonie.

12. — Les versements, faits tant à Saïgon que dans les places, des excédents d'encaisse des receveurs des postes et des télégraphes seront constatés dans les écritures du receveur spécial du service local au crédit d'un compte de correspondants intitulé: *Receveur des postes et des télégraphes l/c courant.* Ce compte sera débité des sommes remises aux receveurs des postes par le receveur spécial ou pour son compte par les payeurs particuliers, à titre de fonds de subvention pour l'acquittement des mandats d'articles d'argent. A la fin de chaque mois, le receveur principal des postes remettra au receveur spécial du service local, conformément aux dispositions de la circulaire de la direction générale de la comptabilité publique du 28 octobre 1869, un bordereau des produits budgétaires revenant au service local, réalisés par lui-même ou par les comptables sous ses ordres. Le receveur spécial fera recette au profit du service local, par le débit du compte précité: *Receveurs des postes et des télégraphes, l/c courant,* du montant de ce bordereau, attendu que les sommes qui le composent se trouvent comprises dans les versements faits au Trésor, sans distinction d'origine, par les comptables des postes, et figurent ainsi au crédit dudit compte.

Retenues exercées à divers titres. (*Art. 8 du décret.*) — 13. — Le receveur spécial fait recette des retenues exercées, soit en vertu de la loi sur les *pensions civiles*, soit au profit de la *caisse des invalides de la marine*, soit par suite d'*oppositions juridiques*, sur les dépenses des services dont il est chargé, mais ces recettes ne figurent que pour ordre dans ses écritures ; à la fin de chaque mois, il en verse le montant au trésorier-payeur, qui donne à ces retenues leur imputation définitive. Le receveur spécial ouvre, à cet effet, un compte de trésorerie intitulé : *Divers l/c de retenues à verser au trésorier-payeur;* ce compte est crédité des recettes journalières, et débité en fin de mois pour le versement au trésorier-payeur ; à l'appui de son versement, le receveur spécial remet au trésorier-payeur, pour chaque nature de retenue, un état présentant le détail des recettes effectuées. Il est dressé un état distinct *par exercice* pour les retenues concernant les pensions civiles. Le trésorier-payeur convertit en francs, au cours en vigueur (art. 3), le total de chaque état, et en crédite les différents comptes que les retenues concernent.

Valeurs de caisse et de portefeuille. (*Art. 7 du décret.*) — 14. — Les valeurs de caisse et de portefeuille, les titres et créances appartenant à la colonie à quelque titre que ce soit, ainsi que les valeurs et fonds libres des communes, établissements publics, caisses de prévoyance, etc., se rattachant au service local, sont remis entre les mains du receveur spécial. A l'exception des fonds présumés nécessaires aux besoins courants, toutes ces valeurs sont déposées dans une *caisse de sûreté*, sous trois serrures. L'une des clefs est conservée par le receveur spécial, une autre est remise au trésorier-payeur en vue de couvrir sa responsabilité, et la troisième est confiée au Directeur de l'Intérieur, en sa qualité de chef des services locaux de la colonie.

Visa des récépissés. (*Art. 9 du décret.*) — 15. — C'est également au Directeur de l'Intérieur qu'est attribué, pour le même motif, le *visa des récépissés* délivrés par le receveur spécial du service local. Les états prescrits par l'article 314 du décret du 31 mai 1862 lui seront en conséquence remis chaque mois, pour être adressés par ses soins au Ministre des finances (direction générale de la comptabilité publique).

Opérations faites pour le compte du service local par les agents du trésorier-payeur. (*Art. 10 du décret*). — 16. — Les payeurs particuliers en résidence dans les places, et les agents locaux chargés de la perception dans l'intérieur de la colonie, font tous les recouvrements concernant le service local ; ils acquittent également les mandats de payement visés payables à leur caisse par le receveur spécial. Mais ils ne sont pas en relations directes avec ce comptable ; ils opèrent *pour le compte du trésorier-payeur*, auquel ils transmettent les pièces justificatives des recettes et des dépenses locales ; c'est celui-ci seul qui en tient compte au receveur spécial, suivant le mode qui sera indiqué plus loin (voir art. 34).

Transport des opérations du receveur spécial dans les écritures du trésorier-payeur (*Art. 11 du décret*). — 17. — Le receveur spécial du service local n'étant qu'un préposé agissant pour le compte et sous la responsabilité du trésorier-payeur, auquel il remet chaque mois les pièces justificatives de ses recettes et de ses dépenses, le décret du 5 juillet 1881 a déterminé les conditions dans lesquelles sa comptabilité serait rattachée à celle du comptable supérieur, seul justiciable de la Cour des comptes. Il n'a pas semblé indispensable de calculer les opérations effectuées ou centralisées par le receveur spécial au taux exact qu'elles représentent en francs d'après le cours de la piastre au jour où elles ont été faites. Ces conversions multiples auraient donné lieu à un travail considérable, principalement à cause des changements survenus dans ce cours entre la date des recouvrements et des payements opérés dans les places, et l'époque de leur centralisation dans les écritures du receveur spécial ; le résultat qu'on aurait obtenu eût du reste été peu important, puisque les recettes et les dépenses constatées par le receveur spécial ne concernent pas le budget de l'État et ne figurent qu'à titre d'opérations de trésorerie dans le compte général rendu annuellement par l'administration des finances. Le point intéressant à connaître est la somme de piastres dont les services locaux de la Cochinchine seront créanciers ou débiteurs envers le Trésor, et il a paru qu'il serait beaucoup plus facile d'établir nettement cette situation, si l'on fixait d'une *manière invariable* le taux auquel les opérations accomplies en piastres sont transportées en francs dans les écritures centrales de la comptabilité publique. L'article 11 du décret prescrit, en conséquence, de prendre pour base de cette conversion le chiffre de 5 fr. 35 cent., qui représente à peu près exactement la valeur intrinsèque de la piastre par rapport à la pièce de 5 francs.

18. — Le trésorier-payeur devra donc transporter dans ses écritures à la fin de chaque mois, au taux de 5 fr. 35 cent. par piastre, le montant intégral des recettes et des dépenses du receveur spécial. Il débitera des recettes le *compte courant de ce receveur*, et en créditera le compte *Service local s/c de fonds*; les dépenses seront portées au débit de ce dernier compte et au crédit du *compte courant du receveur spécial*. Le compte *Service local s/c de fonds* se trouvera donc comprendre, dans les écritures du trésorier-payeur, non seulement les opérations propres au service local, mais aussi celles concernant la ville de Saïgon et les services de trésorerie confiés au receveur spécial. Aucune écriture n'étant passée par le receveur spécial pour constater la remise de ses éléments de comptes

mensuels au trésorier-payeur, les soldes des comptes *Receveur spécial du service local s/c courant*, et *Service local s/c de fonds* devront non seulement être semblables entre eux, mais encore être égaux à la différence existant entre les soldes débiteurs et les soldes créditeurs des comptes ouverts sur le grand livre et la balance du receveur spécial.

19. — L'imputation définitive aux comptes qu'elles concernent des recettes et des dépenses ainsi centralisées au compte *Service local s/c de fonds*, sera faite dans les écritures de l'administration des finances, à la fin de chaque gestion, au moyen d'un état de développement des opérations du receveur spécial, par nature de recette et de dépense. Ce développement, qui sera annexé par le trésorier-payeur à son compte final, sera naturellement établi en piastres par le receveur spécial, mais les résultats en seront convertis en francs, au taux de 5 fr. 35 cent. par le trésorier-payeur, qui devra vérifier avec le plus grand soin s'il y a accord entre les totaux de cet état et ceux accusés par ses écritures au débit et au crédit du compte *Service local s/c de fonds*.

Avances aux agents des services régis par économie. (*Art. 12 du décret.*) — 20. — Aux termes de l'article 12 du décret, le montant des avances à faire, sur les fonds du service local, aux *agents des services régis par économie*, ne peut dépasser *2,500 piastres;* ce chiffre diffère peu de celui qui a été fixé par l'article 78 du décret du 26 septembre 1855. D'un autre côté, on a cru devoir, en raison de l'étendue du territoire de la Cochinchine et des difficultés que les régisseurs peuvent éprouver pour réunir les pièces justificatives d'emploi des avances, porter d'un mois à *quarante-cinq jours* le délai de production des justifications.

Cautionnements des adjudicataires de fournitures et travaux. (*Art. 13 du décret.*) — 21. — Les *adjudicataires de fournitures et travaux* concernant le service local et le service municipal de Saïgon ont le choix de verser à la Caisse des dépôts et consignations le montant de leur cautionnement fixé en piastres, ou de le laisser entre les mains du receveur spécial.

Dans le premier cas, la somme déposée est remise par le receveur spécial au trésorier-payeur, qui la convertit en francs au cours du jour (article 25) et en fait recette au compte de la *Caisse des dépôts et consignations;* elle est productive d'intérêts, mais le capital est remboursé *pour la valeur reçue en francs*, convertie en piastres au cours du jour du remboursement.

Dans le second cas, la différence de valeur de la piastre entre l'époque du versement et celle du remboursement pouvant constituer une perte pour l'adjudicataire, celui-ci est autorisé à maintenir le dépôt de son cautionnement dans la caisse du receveur spécial, qui, au moment du remboursement, lui rendra le nombre exact de piastres qu'il aura versées ; mais alors il ne lui sera tenu compte d'aucun intérêt.

Établissement en piastres des ordres de recette et de payement concernant le service local, délivrés hors de la colonie. (*Art. 14 du décret.*) — 22. — On a vu (art. 3) que le taux de conversion de la piastre en francs, fixé trimestriellement pour l'exécution des services métropolitains dans la colonie, sert aussi à déterminer les conditions des opérations de recette et de dépense faites à l'extérieur sur les fonds du service local, et que, pour ce motif, les arrêtés du Gouverneur sont immédiatement portés à la connaissance du Ministre de la marine et des gouverneurs et commandants des autres colonies. Les ordonnateurs en France, en Algérie et dans les colonies sont tenus, à partir du 1er janvier 1882, de liquider en piastres les créances constatées, soit au profit, soit à la charge du service local de la Cochinchine, et d'établir dans la même monnaie les *ordres de recette* et de *payement* qu'ils ont à délivrer, tant pour les sommes à encaisser ou à payer, que pour les retenues à exercer au profit du service des pensions civiles ou de la caisse des invalides de la marine ; mais en même temps ils doivent indiquer sur ces titres, d'après le dernier cours du change qui leur a été notifié, la valeur correspondante en francs à recevoir ou à payer. Les recettes et les dépenses effectuées par les comptables de France, d'Algérie et des colonies, conformément à ces indications, libèrent les débiteurs du service local, ainsi que le service local lui-même.

Délégation des crédits du service local. (*Art. 15 du décret*). — 23. — L'article 15 du décret autorise le Directeur de l'Intérieur, en raison de l'importance du budget local, à déléguer une portion des crédits dont il dispose à un fonctionnaire spécialement désigné par un arrêté du Gouverneur rendu en conseil privé. Le receveur spécial remettra chaque mois au Directeur de l'Intérieur et au titulaire des crédits délégués, un bordereau sommaire distinct des payements effectués sur mandats délivrés par chacun de ces fonctionnaires, en exécution de l'article 297 du décret du 31 mai 1862.

Opérations concernant le service colonial et les services métropolitains. (*Art. 16 du décret.*) — 24. — Les recettes et les dépenses concernant le budget général de l'État, ainsi que les opérations de trésorerie qui s'y rattachent, y compris le payement et la délivrance des mandats d'articles d'argent *de* ou *sur* tous bureaux de poste en dehors de la colonie (art. 10), continueront d'être effectuées directement par le trésorier-payeur à Saïgon, et pour son compte par les payeurs particuliers dans les places.

Mode de comptabilité du trésorier-payeur.—25.—Aucun changement n'est apporté au mode de comptabilité du trésorier-payeur. Comme par le passé, il rédige ses écritures *en francs*.

Mais, les recouvrements et les payements étant matériellement effectués en piastres, il doit convertir en cette monnaie les titres de recette et de dépense aux taux fixé par les arrêtés du Gouverneur (art. 3).

Indications portées sur les récépissés. — 26. — A l'égard des recettes, on a pensé qu'il y avait intérêt, pour les parties versantes, à ce que le titre constatant leur libération envers le Trésor rappelât la somme de piastres réellement versée. Le trésorier-payeur doit dès lors inscrire, sur les récépissés, le *chiffre en piastres* du versement, à côté de la *somme en francs* représentant le montant de l'ordre de recette.

Modifications de la valeur de l'encaisse en cas de changement dans le taux de la piastre. (Art. 18 du décret.) — 27. — A chaque changement dans le taux de la piastre, le trésorier-payeur augmente ou diminue dans ses écritures la valeur représentative des piastres qui, d'après les procès-verbaux réglementaires, existent dans sa caisse et dans celle des payeurs particuliers; à cet effet, il crédite ou il débite de la différence entre les deux cours le compte *Frais de négociation et de change*.

Mode de comptabilité des payeurs particuliers. (Art. 17 du décret.) — 28. — Quant aux payeurs particuliers, comme la plus grande partie des opérations qu'ils sont appelés à effectuer intéresse le budget local, il a paru préférable de leur faire tenir leur comptabilité dans la monnaie qui sert de base aux titres de recette et de payement de ce service, c'est-à-dire en piastres. Ils n'ont donc à se préoccuper du change qu'en ce qui concerne les recettes et les dépenses du budget général et des services métropolitains, dont les titres sont établis en francs; à cet égard, ils agissent de la même manière que le trésorier-payeur (art. 25) qui, dans ce but, leur notifie immédiatement les arrêtés pris par le Gouverneur en exécution de l'article 2 du décret pour fixer le taux de la piastre.

Renseignements donnés sur les récépissés et les livres de détail des recettes et des dépenses. (Art. 19 du décret.) — 29. — Bien que les payeurs particuliers passent leurs écritures en piastres, les récépissés qu'ils délivrent pour les recettes de l'État présentant, *en toutes lettres*, le montant *en francs* des sommes reçues au profit des services métropolitains; mais l'indication *en chiffres* de la somme versée y est portée à la fois *en francs* et *en piastres*. Ce double renseignement est également inscrit, tant pour les recettes que pour les dépenses de l'État, dans les colonnes distinctes, sur les livres et carnets de détail tenus par les payeurs particuliers, ainsi que sur les bordereaux détaillés qu'ils adressent au trésorier-payeur avec les pièces justificatives des mêmes opérations.

Registres de contrôle des récépissés. (Art. 20 du décret.) — 30. — Les fonctionnaires chargés du visa des récépissés souscrits par les payeurs particuliers tiennent deux registres séparés, suivant la nature des recettes qu'ils ont à contrôler. L'un de ces registres est relatif aux récépissés concernant le *service local* et les opérations de trésorerie y afférentes, qui sont établis et visés exclusivement *en piastres;* l'autre, réservé aux recettes des *services métropolitains*, reproduit d'après les indications portées sur les récépissés, le montant des versements *en francs* et *en piastres*.

31. — Quant aux récépissés délivrés par le trésorier-payeur, comme ses écritures sont tenues *en francs*, et que la somme de piastres que représente le versement est indiquée seulement à titre de renseignement et dans l'intérêt de la partie versante, ils ne figurent *qu'en francs* sur les registres du contrôle.

Remboursement des articles d'argent et des mandats de trésorerie. (Art. 21 du décret.) — 32. — On a vu plus haut (art. 21) que les adjudicataires de fournitures ou travaux concernant le service local et le service municipal de Saïgon, qui verseraient leur cautionnement à la Caisse des dépôts et consignations, recevraient, lors du remboursement, la valeur en francs de leur versement, calculée au cours de la piastre en vigueur au jour dudit remboursement.

La même disposition s'applique aux *mandats du trésorier-payeur sur ses préposés* et réciproquement, ainsi qu'aux *mandats d'articles d'argent* et aux *mandats sur le Trésor*, dans le cas où ces mandats viendraient à être remboursés aux parties versantes. Toutes ces valeurs sont du reste exclusivement rédigées en francs.

Transport des opérations des payeurs particuliers dans les écritures du trésorier-payeur. (Art. 22 du décret.) — 33. — Les payeurs particuliers envoient au trésorier-payeur, aux époques fixées par ce comptable, toutes les pièces justificatives de leurs opérations.

Le trésorier-payeur les débite des recettes et les crédite des dépenses, savoir :

1° Pour les opérations concernant les services métropolitains dont les justifications sont établies en francs, du montant en francs desdites pièces;

2° Pour les opérations du service local, dont les justifications sont établies en piastres, du montant de ces piastres préalablement converties en francs, au cours qui était en vigueur *au moment où les opérations ont été effectuées par les préposés*, et non pas au cours du jour de la centralisation dans ses écritures. Les comptes des préposés sont ainsi débités ou crédités du montant exact de leurs recettes ou de leurs dépenses; car, si des changements étaient survenus dans le taux de la piastre entre les deux époques ci-dessus, ce serait seulement le solde en caisse constaté postérieurement à la date de ces opérations qui en serait affecté, et la valeur en aurait été modifiée par le débit ou le crédit du compte *Frais de négociation et de change*, ainsi qu'il a été expliqué ci-dessus (art. 27).

Compte intermédiaire du receveur spécial. (Art. 23 du décret.) — Opérations des payeurs particuliers. — 34. — Le trésorier-payeur transmet au receveur spécial les pièces justificatives des recettes et des dépenses intéressant le service local. Il ouvre en conséquence à ce comptable, parmi les correspondants administratifs, un compte intitulé *Receveur spécial du service local s/c intermédiaire*, qu'il débite ou crédite, suivant le cas, des excédents de dépense ou de recette constatés, au cours du jour, lors des remises de pièces.

35. — En cas de variation du taux de la piastre entre la date réelle des opérations et celle de l'envoi des justifications au receveur spécial, le montant du débit ou du crédit donné aux payeurs particuliers en exécution de l'article 33 ne correspond pas à la somme portée au crédit ou au débit du compte *Receveur spécial s/c intermédiaire*. La différence entre les deux cours constitue un bénéfice ou une perte dont le compte *Frais de négociation et de change* se trouve affecté (art. 27).

36. — De son côté, le receveur spécial porte dans ses écritures le montant des justifications qu'il reçoit du trésorier-payeur, au crédit ou au débit du compte *Trésorier-payeur s/c intermédiaire*.

37. — Les récépissés d'ordre que le receveur spécial délivre au profit du trésorier-payeur, et réciproquement, servent à justifier les dépenses faites au titre des deux comptes intermédiaires précités.

Le receveur spécial doit avoir soin de mentionner sur ses récépissés la période pendant laquelle les opérations ont été effectuées par les payeurs particuliers, afin de permettre au trésorier-payeur de convertir en francs, pour justifier le débit du compte *Receveur spécial s/c intermédiaire*, le montant desdits récépissés établis en piastres.

Remises réciproques de fonds. (Art. 23 du décret.) — 38. — Les comptes intermédiaires ouverts dans les écritures du trésorier-payeur et du receveur spécial, sont en outre employés pour constater les remises réciproques de fonds que ces deux comptables peuvent se faire, lorsque le trésorier-payeur juge que les besoins du service ou l'intérêt de sa responsabilité l'exigent.

Recettes et dépenses faites hors de la colonie. (Art. 24 du décret.) — 39. — Ces deux mêmes comptes permettent encore de retracer les *recettes et dépenses opérées hors de la colonie* pour le compte du service local.

Le trésorier-payeur étant seul en relations avec les comptables de la métropole ou des autres colonies qui ont reçu ou payé des sommes intéressant le budget local de la Cochinchine, c'est par son entremise que les pièces justificatives de ces opérations parviennent au receveur spécial, qui les rattache à sa comptabilité.

En ce qui concerne les dépenses, le Directeur de l'Intérieur délivre au nom du trésorier-payeur, sur le budget local, un *mandat de payement* rédigé en piastres, et le lui remet appuyé des pièces justificatives. Le trésorier-payeur convertit en francs, au cours du jour, le montant de ce mandat, et en débite le compte *Receveur spécial s/c intermédiaire*; il émet en même temps, pour la somme en francs portée sur l'ordre de payement établi hors de la colonie (art. 22), un *mandat sur le Trésor* au profit du comptable extérieur qui a effectué la dépense, et il a soin de mentionner l'émission de cette valeur sur le mandat budgétaire qu'il acquitte pour ordre.

Pour les recettes, le trésorier-payeur reçoit, par l'entremise de l'administration locale, le mandat sur le Trésor émis à son profit par le comptable extérieur qui a encaissé les fonds; il en fait dépense à titre d'*envois au caissier du Trésor*, et il crédite le compte *Receveur spécial s/c intermédiaire* du montant en piastres indiqué sur l'ordre de recette (art. 22), converti en francs au cours du jour. De son côté, le receveur spécial, dès que les pièces justificatives lui sont remises, doit, suivant le cas, débiter le compte *Mandats de payement du Directeur de l'Intérieur* au crédit du compte *Trésorier-payeur, s/c intermédiaire*, ou débiter ce dernier compte au crédit du compte *Recettes du service local*.

40. — Lorsque le taux de la piastre a varié entre l'époque de la délivrance des ordres de payement ou des ordres de recette par les ordonnateurs de la métropole, de l'Algérie ou des autres colonies, et celle de la remise des pièces justificatives au receveur spécial, cette variation produira les effets ci-après :

Ou la conversion en francs du mandat de payement délivré dans la colonie (laquelle doit être faite au cours en vigueur au moment de la régularisation) ne donnera pas une somme égale à celle du mandat sur le Trésor destiné à couvrir le comptable qui a fait l'avance ;

Ou bien le montant du mandat sur la caisse centrale émis au profit du trésorier-payeur pour transmission de la recette ne sera pas d'accord avec le crédit donné au compte *Receveur spécial s/c intermédiaire* :

Dans l'un et l'autre cas, ces différences sont portées par le trésorier-payeur au débit ou au crédit du compte *Frais de négociation et de change*.

Règlement du compte intermédiaire du receveur spécial. (Art. 23 du décret.) — 41. — Les comptes *Receveur spécial s/c intermédiaire* et *Trésorier-payeur s/c intermédiaire* peuvent être soldés, toutes les fois que le trésorier-payeur le juge à propos, au moyen d'un versement *en numéraire* fait, suivant le cas, par le trésorier-payeur au receveur spécial ou par celui-ci au trésorier-payeur. Ce règlement de compte a lieu obligatoirement :

1° La veille du jour où le taux de la piastre est modifié ;

2° Le 30 juin au soir, date de la clôture de la gestion ;

3° Le jour de la remise du service, en cas de mutation de comptable.

42. — Toutefois, en fin de gestion et lors d'une mutation de trésorier-payeur, le règlement fait aux dates qui viennent d'être indiquées n'est pas définitif, attendu que les opérations accomplies par les payeurs particuliers, soit jusqu'au 30 juin, soit jusqu'à la date de la remise du service du trésorier-payeur, sont rattachées à la gestion expirée au moyen d'écritures passées sur le journal supplémentaire. Un nouveau règlement de compte est donc nécessaire après la centralisation de ces opérations ; mais, comme les soldes du compte *Caisse*, tant chez le trésorier-payeur que chez le receveur spécial, ont été arrêtés par des procès-verbaux dressés le dernier jour de la gestion, il n'est plus possible de constater dans les écritures de cette gestion le versement en numéraire prescrit par l'article 41. En conséquence, le trésorier-payeur doit balancer le compte *Receveur spécial s/c intermédiaire*, soit par le crédit du compte *Recettes à classer*, soit par le débit du compte *Dépenses à régulariser*. De son côté, le receveur spécial débite ou crédite le compte *Trésorier-payeur s/c intermédiaire*, par le crédit ou le débit, suivant le cas, d'un compte transitoire intitulé : *Trésorier-payeur s/c d'opérations à régulariser*.

43. — Les comptes *Recettes à classer*, *Dépenses à régulariser*, et *Trésorier-payeur s/c d'opérations à régulariser*, seront soldés dans les écritures de la gestion nouvelle, par le débit ou le crédit du compte *Caisse*. Mais il peut encore arriver que le taux de la piastre ait varié entre la date des procès-verbaux de vérification de caisse et celle du règlement définitif de compte. La différence entre le montant des opérations figurant sur le journal supplémentaire au compte *Receveur spécial s/c intermédiaire* et la valeur du versement effectif est portée au débit ou au crédit du compte *Frais de négociation et de change*.

Remise de service par le trésorier-payeur au receveur spécial. (Art. 24 et 25 du décret.) — 44. — Le premier budget local dont le receveur spécial aura à comprendre les opérations dans ses écritures étant celui de l'exercice 1882 (art. 1er), le trésorier-payeur reste seul chargé de l'apurement de l'exercice 1881.

45. — En conséquence, le 31 décembre 1881 au soir, le trésorier-payeur déduira, *pour contre-partie*, du crédit et du débit du compte *Service local s/c de fonds*, la masse des recettes et des dépenses locales de l'exercice 1881, et il les transportera au crédit et au débit d'un nouveau compte à ouvrir parmi les services spéciaux sous le titre : *Opérations concernant le service local, exercice 1881*.

46. — Le trésorier-payeur soldera ensuite, par le crédit ou le débit du compte *Caisse*, les comptes des opérations transportées dans la comptabilité du receveur spécial. Ces comptes sont les suivants :

Service local s/c de fonds ;
Caisse de réserve du service local ;
Successions vacantes ;
Produits de déshérences ;
Receveurs des communes, hospices et établissements de bienfaisance ;
Dépenses à régulariser (service local) ;
Caisse de prévoyance pour le service des affaires indigènes.

Il versera en numéraire au receveur spécial l'excédent des soldes créditeurs sur les soldes débiteurs de ces différents comptes, et cette opération sera effectuée en piastres au cours du 31 décembre 1881.

Les comptes *Timbres-poste l/c de dépôt*, et *Timbres-poste l/c de distribution*, seront balancés l'un par l'autre, et il sera fait remise au receveur spécial des timbres-poste, ainsi que de tous les titres, créances et valeurs concernant le service local, qui existeraient entre les mains du trésorier-payeur.

Enfin, ce comptable se dessaisira, au profit du receveur spécial, de tous les dossiers pouvant lui être utiles au point de vue de la validité des payements ultérieurs, tels que ceux relatifs aux oppositions sur traitements et autres, aux procurations, transports de créances, délégations sur traitements, dates et clauses des marchés, etc.

47. — De son côté, le receveur spécial prendra charge du numéraire et des valeurs remis par le trésorier-payeur ; il débitera ou créditera de leur montant les différents comptes mentionnés à l'article précédent, par l'intermédiaire d'un compte d'ordre, tenant lieu du compte *Balance d'entrée*, qu'il ouvrira sous le titre de *Remise de service*. Il convertira en piastres le montant des valeurs et des

soldes ainsi transportés dans ses écritures, au cours du 31 décembre 1881, conformément à la marche suivie par le trésorier-payeur.

48. — La remise de service sera constatée au moyen d'un procès-verbal dressé par l'ordonnateur de la colonie, en présence du Directeur de l'Intérieur et des deux comptables.

49. — Une marche analogue à celle indiquée à l'article 42 sera suivie, à la fin de la gestion 1881-1882, pour solder dans les écritures du trésorier-payeur le compte *Opérations concernant le service local, exercice 1881*. Lorsque les dernières opérations des payeurs particuliers, concernant l'exercice 1881, auront été centralisées à Saïgon, le trésorier-payeur balancera, sur son journal supplémentaire, le compte précité, en constatant une recette au compte *Recettes à classer* ou une dépense au compte *Dépenses à régulariser*.

Puis, pendant la gestion 1882-1883, le receveur spécial remboursera au trésorier-payeur, ou le trésorier-payeur versera au receveur spécial, au cours du jour, l'excédent de dépense ou de recette résultant de l'apurement de l'exercice 1881. Cette dépense ou cette recette figurera dans les écritures du receveur spécial au débit ou au crédit du compte *Caisse de réserve du service local*.

50. — Pour prévenir toute incertitude dans le mode de description des écritures, il a paru utile de donner ci-après le modèle des articles à porter au journal du trésorier-payeur (annexe n° 3) et à celui du receveur spécial du service local (annexe n° 4) (1).

DEUXIÈME ANNEXE

LETTRE *du ministère des finances appelant l'attention sur les points suivants qui intéressent plus spécialement l'administration de la colonie.*

1° *Établissement des titres de recettes et de dépenses, visa des récépissés.* — La comptabilité du service local devant être tenue exclusivement en piastres, à partir du 1er janvier 1882, il est indispensable que tous les titres de recettes et de dépenses, concernant l'exercice 1882 et les suivants, soient établis en piastres. Le receveur spécial, qui n'a pas à intervenir dans les questions de change, ne pourrait faire aucun usage de titres en francs.

Le Directeur de l'Intérieur et les fonctionnaires chargés du visa des récépissés dans les places devront être invités à se conformer rigoureusement aux articles 9 et 20 du décret du 5 juillet 1881.

2° *Fixation de la valeur de la piastre.* — Il est nécessaire que le taux fixé conformément aux articles 2 à 4 du même décret, pour être appliqué le 1er janvier 1882, soit notifié télégraphiquement à nos Départements. Les fluctuations du cours de la piastre doivent faire l'objet d'une étude incessante et approfondie, et je n'ai pas besoin d'insister sur l'importance capitale qu'auront les taux adoptés.

Je rappellerai que, même au cas où la valeur de la piastre doit être maintenue, un arrêté du Gouverneur régulièrement notifié est indispensable pour chaque trimestre. (Articles 2, paragraphes 1er et 2.)

3° *Délivrance des mandats de poste.* — A partir du 1er janvier 1882, il n'y aura plus lieu d'établir aucune taxe additionnelle de change ; les mandats de poste, au lieu d'être délivrés au cours légal fixe de la piastre que cette taxe avait pour effet de corriger, seront invariablement et sans exception remis aux preneurs au change fixé par les arrêtés du Gouverneur trimestriellement ou même plus souvent, si c'était nécessaire.

4° *Délivrance des mandats sur le trésor.* — Ces mandats seront également délivrés dans les conditions de change ci-dessus, sans aucune exception. La situation nouvelle créée par le décret du 5 juillet 1881 ne motive aucune dérogation en faveur des fonctionnaires, qui recevront dorénavant leur traitement en piastres au cours variable auquel ces piastres seront elles-mêmes reçues.

5° *Délivrance des traites.* — En présence de l'accroissement énorme de l'encaisse du trésor à Saïgon, toute délivrance de traite doit, en principe, demeurer rigoureusement interdite. Dans les cas exceptionnels où il y aurait cependant lieu d'en émettre, il est bien évident que le trésor doit en recevoir la contrevaleur en piastres, au cours du jour de l'émission.

6° *Remise du service.* — La stricte exécution des articles 25 et 26, relatifs à l'installation du receveur spécial, est indispensable. Le trésorier-payeur doit se dessaisir, le 31 décembre au soir, des valeurs du service local figurant entre ses mains à cette date, au cours de 5 fr. 35 cent. par piastre.

7° *Matériel et locaux.* — Le service du receveur spécial ne pourra fonctionner dans des conditions satisfaisantes, sans une appropriation des locaux actuels. Le public et le service souffriraient également d'une confusion avec le service du trésorier-payeur, si des mesures n'étaient prises pour y parer.

(1) Ces modèles n'ont pas été reproduits dans ce recueil.

Je désirerai que le Gouvernement de la colonie fît à cet égard tout ce qui sera nécessaire à la bonne et prompte installation du nouveau comptable.

8° *Mesures transitoires.* — Dans le cas où la transition du régime actuel à celui qu'inaugure le décret du 5 juillet dernier nécessiterait quelques exceptions momentanées, il serait nécessaire qu'elles fussent consacrées par des décisions spéciales et motivées du Gouverneur, immédiatement notifiées à votre Département et au mien.

J'ai l'honneur de vous prier également, Monsieur le Ministre et cher collègue, de vouloir bien recommander aux divers services de votre Département l'application en ce qui les concerne du décret du 5 juillet 1881 et notamment de l'article 14, aux termes duquel les ordonnateurs sont tenus, à partir du 1er janvier 1882, d'établir en francs et en piastres les ordres de paiement ou de recette dont l'exécution est appelée à se poursuivre hors de la colonie.

MAGNIN.

(21 mai 1885)

DÉP. M. *Observations au sujet du renvoi d'ordres de paiement à régulariser (application du décret du 20 novembre 1882).*

ARCH. GOUV.

Par une lettre du 22 septembre dernier, vous avez rendu compte d'un refus du trésorier-payeur de régulariser 45 ordres de payement s'élevant ensemble à la somme de 49.492 fr. 93 qui étaient compris dans la première transmission de 1884. Ces ordres de paiement contiennent, aux yeux du comptable, des erreurs dans le taux auquel la conversion en piastres en a été faite et, en présence des instructions formelles qui lui auraient été adressées le 18 juillet 1884 par M. le Ministère des finances, l'administration locale n'a pas cru devoir passer outre. Depuis, vous m'avez saisi par différentes lettres, du refus de paiement du même comptable à l'occasion de mandats établis dans des conditions identiques. Ainsi que j'ai pu le constater, les différences de la nature de celles qui ont été relevées par le trésorier-payeur sont difficiles à éviter malgré les mesures prises en France pour la stricte observation des dispositions du décret du 5 juillet 1881, chaque fois qu'il se produit une modification dans le cours de la piastre. Ainsi, lorsque survient inopinément un changement de cours, soit dans le courant du trimestre, soit même au commencement d'un trimestre, il n'est pas possible de revenir sur des créances liquidées et pour lesquelles des mandats ont été déjà remis aux parties prenantes. Il arrive forcément que ces titres qui sont présentés au trésor, au gré des titulaires sont acquittés à un cours qui a cessé d'être exact au moment du paiement. Si des rectifications sont possibles pour les dépenses relatives au personnel, il n'en peut être de même pour les dépenses du matériel. Or, les ordres de paiement visés par le trésorier-payeur de la Cochinchine ne présentent d'autre particularité que d'avoir été calculés, suivant leur date d'émission, à des taux fixés antérieurement à celui qui devait être pris pour base au moment du paiement.

M. le Ministre des finances, à qui j'ai dû en référer, estime néanmoins que la régularisation de tous les paiements effectués dans les conditions dont je viens de parler, constituerait un excédent de dépense qui ne peut être mis à la charge de compte ouvert dans les écritures du Trésor sous le titre : « frais de négociation et de change ». C'est donc à ses yeux à l'administration locale qu'appartient le soin de suivre la régularisation des excédents de dépense qui en sont la conséquence. Mais il reconnaît qu'il importe de couvrir le plus promptement possible les comptables de France qui ont acquitté ces paiements, et afin ne pas attendre pour cette opération le résultat des démarches de l'administration, il est d'avis d'emprunter provisoirement au c. *Dépense du service local à régulariser* les excédents irréguliers de paiement actuellement constatés ou qui seraient reconnus dans l'avenir; l'administration de la colonie exercerait ensuite son recours contre qui de droit, et les reversements des sommes perçues en trop seraient portés en recette au même compte; en fin d'exercice un mandat de paiement serait émis au nom du trésorier-payeur sur les fonds du budget local pour l'imputation définitive à ce service des excédents de paiement non recouvrés.

Je ne vois, pour ma part, qu'un très grand avantage à ce qu'il en soit ainsi. J'ai, d'ailleurs, expliqué plus haut les motifs qui ne permettraient pas au Département de revenir sur des faits accomplis et je ne crois pas, d'autre part, qu'il y ait un grand inconvénient, ou le peu d'importance des excédents qui seront portés à ce compte, à en laisser définitivement le solde à la charge du service local.

Je vous renvoie ci joint tous les ordres de paiement qui m'ont été adressés par l'administration afin que vous fassiez procéder à leur prompte régularisation conformément à la marche que je viens d'indiquer. J'aime à espérer qu'il sera possible encore de rattacher au budget de la colonie, avant le 30 juin prochain, tous les paiements concernant l'exercice 1884.

En terminant, je vous annonce que le trésorier-payeur a reçu à ce sujet des instructions du Ministère des finances et qu'à l'avenir, pour ne pas entraver la marche du service, il est invité à passer outre au paiement chaque fois que les justifications jointes aux mandats de régularisation ne lui paraîtront pas régulières, sauf à provoquer du Directeur de l'Intérieur une réquisition de paiement ainsi que le prévoit, d'ailleurs, l'article 78 du décret du 20 novembre 1882. Je vous prie de veiller à ce que ces recommandations soient rigoureusement observées.

A. Rousseau.

(15 juin 1885)

CIRC. D. I. *prescrivant de ne pas établir les mandats en double expédition à la suite de réclamations faites par l'envoi de nouvelles pièces justificatives de dépense.*

J. C. p.834.

A diverses reprises, les mandats ont été établis en double expédition, à la suite de réclamations faites par l'envoi de nouvelles pièces justificatives de dépense.

Pour éviter le retour de ces irrégularités, qui nuisent à la bonne marche du service, j'ai l'honneur de vous prier, lorsqu'un mandat ordinaire ne vous sera pas retourné dans le temps normal d'ordonnancement (un mois), de vouloir bien m'en aviser par lettre, sans y joindre l'envoi d'aucun état de dépense.

Le bureau compétent pourra toujours vous redemander ces états dans le cas où ils ne lui seraient pas parvenus.

Nouet.

(8 janvier 1887)

CIRC. D. I. *Instructions aux administrateurs, aux percepteurs et autres comptables en vue de l'établissement de la comptabilité en francs.*

B. D. I. p. 2.

Un arrêté inséré au *Journal officiel* du 3 janvier prescrit qu'à partir de l'exercice 1887 inclusivement le budget local de la Cochinchine sera établi en francs tout en conservant la piastre comme monnaie libératoire.

En conséquence de cette mesure, il a été procédé le 31 décembre 1886 à la vérification des caisses des différents comptables, payeurs et percepteurs, afin de déterminer l'existant en francs au 1er janvier 1887 d'après le taux officiel de la piastre, qui a été fixé pour toutes les recettes et les dépenses à 4 fr. 20 cent. pour le mois de janvier.

A partir du 1er janvier, les caisses publiques ne paieront et ne percevront qu'en francs et, par suite, toute la comptabilité financière, tant du service local que des services régionaux et municipaux, devra être tenue et redigée en francs.

Il en sera de même pour les rôles et titres de perception quelconques servant à la perception des impôts directs et indirects, ainsi que pour les mandats et états de liquidation servant à l'acquittement des dépenses des divers services désignés ci-dessus.

Les nouvelles taxes en francs des divers produits du service local seront d'ailleurs insérées au *Journal officiel*, mais vous trouverez dès à présent dans le procès-verbal de la séance du Conseil colonial du 16 décembre (n° 104 du *Journal officiel*) le taux auquel chacune de ces taxes devra être convertie en francs. Vous pourrez dès maintenant vous conformer à ces indications qui ne seront pas modifiées.

Toutefois, en ce qui concerne l'exercice 1886, toutes les pièces de recette s'y rapportant continueront à être établies en piastres et, lors de la perception, le comptable mentionnera sur son quittancier le nombre de piastres indiqué sur le titre, en ayant soin de faire ressortir dans les colonnes de ce registre la somme équivalente en francs d'après le cours officiel de la piastre. Ce double renseignement est nécessaire pour la tenue des registres de 1886, (livre de détail, récapitulatif, etc.) qui continueront à être rédigés en piastres jusqu'à l'apurement de cet exercice, ainsi que pour la constatation sur le livre de caisse du montant des rentes évaluées en francs.

Exemple : Une recette de 2 piastres pour l'impôt foncier afférent à 1886 sera constatée ainsi, pendant le mois de janvier 1887 :

Reçu de M. , la somme de deux piastres = 8 fr. 40 cent. pour impôt foncier 1886.

Les dépenses du même exercice continueront également à être mandatées en piastres et, au jour du paiement, le comptable mentionnera dans ses écritures et dans des colonnes distinctes le nombre de piastres payées, ainsi que la somme équivalente en francs d'après le taux officiel. De ce qui précède, il résulte que les registres de l'exercice 1886 continueront à être tenus en piastres et ceux de l'exercice 1887 le seront en francs. Il en sera de même pour le quittancier et le livre de caisse qui, bien que résumant les opérations des deux exercices devront également être tenus en francs. Afin d'éviter toute confusion les comptables devront commencer de nouveaux registres à souches pour l'année 1887.

Le 25 de chaque mois, le taux officiel de la piastre sera fixé pour tout le mois suivant; ce taux sera immédiatement porté à la connaissance des intéressés dans tous les arrondissements.

Les taxes étant déterminées en francs, chaque fluctuation du cours de la piastre occasionnera nécessairement une variation dans le nombre de piastres à verser par les contribuables pour une même unité. Pour empêcher les erreurs involontaires ou non qui pourraient être commises par les autorités indigènes, des affiches indiquant le nouveau taux de la piastre ainsi que la quotité à verser suivant ce taux pour chaque produit seront apposées dans tous les villages par les soins de MM. les administrateurs. Des instructions spéciales leur seront envoyées en même temps que ces affiches.

Les comptables ne devront pas perdre de vue que les recettes effectuées à un taux ne pouront être versées au trésor à un taux différent. Chaque percepteur, dès qu'il aura été informé du changement de taux pour le mois suivant, devra donc, s'il a un versement de numéraire à faire, l'effectuer dans la forme ordinaire, avant la fin du mois.

Dans le cas cependant où par suite de difficultés de communication cette opération ne pourrait être terminée à temps, le versement ne comprendra que des pièces de dépenses, cette façon de procéder ne présentera aucun inconvénient, puisque l'encaisse en numéraire ne sera aucunement modifiée.

Des instructions analogues à celles qui précèdent devront être adressées aux maires des villages chargés du recouvrement de l'impôt. Ils devront verser régulièrement l'impôt aux caisses des percepteurs à la fin de chaque mois afin d'éviter qu'une différence dans le taux de la piastre pendant le mois suivant ne leur cause quelque préjudice.

Je vous prie de veiller à l'exécution de ces prescriptions et de me faire part des difficultés que vous pourriez rencontrer dans la pratique.

NOEL PARDON.

(10 janvier 1887)

CIRC. D. I. *Instructions aux administrateurs, percepteurs et autres comptables en vue de l'établissement de la comptabilité en francs.*

B. D. I. p. 4.
J. C. p. 80.

Ainsi que je vous l'ai déjà fait connaître, il résulte des instructions ministérielles et du vote du Conseil colonial que le taux auquel la piastre sera prise en recettes et donnée en dépenses par les caisses publiques devra être fixée par le Conseil privé le 25 de chaque mois pour toute la durée du mois suivant. Les avantages de ce système sur celui d'un taux annuel fixe, proposé tout d'abord pour les recettes, sont très notables et assurent une plus grande régularité dans la tenue des écritures, en même temps qu'une vérification plus rapide. Il existera dans ce système une égalité constante entre les recettes et les dépenses du trésor, tandis qu'avec la coexistence de deux taux différents, l'un mensuel pour les dépenses, l'autre annuel pour les recettes, la même monnaie, selon qu'elle aurait été donnée ou reçue aux mêmes caisses, aurait pu ne point garder la même valeur; il en serait résulté par exemple cette anomalie que, dans le même jour, un mandat de 100 francs n'aurait pas été suffisant pour acquitter une taxe de même somme, si le taux mensuel adopté pour les dépenses avait été supérieur au taux annuel prévu pour les recettes.

Je n'ignore pas que le système du taux mensuel a aussi ses inconvéniants, ce sont ces inconvénients mêmes qui avaient tout d'abord frappé l'Administration et l'avaient déterminée à adopter un taux annuel pour les recettes. Je me suis donc préoccupé tout d'abord de rechercher s'il n'apporterait pas de grands troubles dans la perception, telle qu'elle est faite actuellement par les maires des villages, et s'il ne donnerait pas lieu à des abus difficiles à découvrir.

J'ai réuni MM. les Administrateurs présents à Saïgon et je les ai consultés sur cette question, que je considère comme très importante. Ils m'ont tous répondu que les Annamites étaient déjà habitués aux fluctuations du cours de la ligature, que la mesure nouvelle les trouverait déjà préparés et que son application ne rencontrerait pas, par conséquent, beaucoup de difficultés.

En second lieu, je craignais que, si les Annamites étaient habitués à payer chacun exactement le même nombre de cents pour une unité de taxe, il ne fût dangereux de faire varier le nombre des espèces monétaires servant à l'acquittement de leurs contributions. Mais MM. les Administrateurs présents à Saïgon ont reconnu que la perception des impôts dans les villages ne se faisait presque jamais strictement suivant les indications des rôles et des extraits de rôles, que l'impôt dû par un contribuable se trouvait le plus souvent augmenté de quelques centimes pour frais de reçu, de cachet, de confection des rôles, etc., et, enfin, que les contribuables payaient entre les mains des maires, pour un même impôt, une taxe différente suivant leur état de fortune. Ainsi, dans un village, tel inscrit peut verser au maire 40 cents pour son impôt personnel, quand son voisin, moins riche que lui, paiera seulement 35 cents ou, s'il est plus fortuné, 45 cents. Officiellement ces différences ne doivent pas exister ; l'impôt est le même pour tous ; il nous suffit de constater que dans la pratique il en est quelquefois autrement.

Dans ces conditions, les fluctuations du cours de la piastre ne donneront pas lieu à des inconvénients nouveaux, et il conviendra seulement pour atténuer, dans la mesure du possible, ceux qui existent de donner exactement connaissance à la population des changements de taux qui devront se produire.

C'est dans ce but que j'ai fait préparer des affiches en quoc-ngu et en caractère chinois, qui vous seront envoyés très prochainement et qui sont destinées à indiquer le cours de la piastre et la quotité à verser, suivant ce cours, pour chaque espèce de produit déterminé en francs.

Dès que je vous aurai fait connaître, le 25 de chaque mois, le taux de la piastre pour le mois suivant, vous aurez à indiquer ce taux et à faire remplir les deux tableaux laissés en blanc sur chaque affiche : le premier contiendra la valeur correspondante en piastres et en cents des différentes unités de taxes indiquées en francs ; le deuxième contiendra les mêmes indications en caractères chinois. Il vous sera facile de faire à l'avance le travail préparatoire, de façon à n'avoir plus, en fin de mois, qu'un travail de copie à contrôler.

Si la conversion de l'unité de base donne une fraction de trois cinquièmes de cent, vous devrez arrondir le chiffre en portant le cent entier. Si la conversion donne une fraction inférieure aux trois cinquièmes du cent, vous devrez arrondir le chiffre en supprimant la fraction.

Vous ferez placarder aussitôt ces affiches dans chaque commune, en en mettant une dans chaque centre, quelle que soit son importance, et dans chaque marché. Je crois que la maison commune ou le marché est le lieu à choisir de préférence pour l'affichage.

Afin d'éviter autant que possible les malversations des notables, vous prendrez des dispositions pour que les affiches indiquant le cours de la piastre pour le mois suivant et la conversion des principales taxes n'arrivent dans chaque village, autant que possible, que le dernier jour du mois, de façon que les maires n'aient connaissance du changement de taux qu'au moment de l'application du taux nouveau.

Il serait à craindre, s'il en était autrement, en cas de hausse du taux de la piastre pour le mois suivant, que les notables ne cherchassent à effectuer des recettes pendant ces cinq jours au taux en cours pour n'en faire l'inscription et ne les faire entrer dans leurs comptes que le mois suivant, en bénéficiant de la différence. Il serait désirable qu'aucune perception ne se fît du 25 au 30 de chaque mois, les maires des villages profiteraient de cet intervalle pour régler leur comptabilité et faire leur versement à la caisse du percepteur ou du payeur.

Il ne vous échappera pas qu'en cas de hausse dans le taux de la piastre, d'un mois à l'autre, la question de la date des versements aura une grande importance. Il sera nécessaire d'exercer une surveillance active et de ne jamais viser aucun récépissé qui ne porte la date réelle de sa délivrance.

La même recommandation s'applique aux paiements à faire : les mandats ou états de dépenses à payer d'urgence devront toujours être datés au moment de l'acquit par le titulaire de la créance. Un mouvement de baisse dans le taux de la piastre pourrait amener des opérations sur le change qu'il est nécessaire d'éviter. Ces cas qu'il faut toutefois prévoir ne se produiront sans doute pas fréquemment, car il est probable que les fluctuations du cours de la piastre ne seront pas très nombreuses et que l'écart d'un mois à l'autre ne sera pas assez sensible pour produire une grande différence sur un mouvement de fonds relativement restreint.

En terminant, je vous prie, M. l'Administrateur, d'apporter tous vos soins à bien expliquer à la population, par l'intermédiaire des autorités indigènes, que le retour à l'établissement du budget en francs est le résultat de la dépréciation de la valeur de la piastre et n'a point du tout le caractère d'un impôt nouveau. Au contraire, les impôts qui pèsent directement sur l'habitant ont été convertis à un taux qui les rend de beaucoup inférieurs à ceux de même nature qui existaient avant 1881, au moment de l'adoption du budget en piastres, et qu'ils paieraient encore actuellement si rien n'avait été changé à notre régime financier.

Les tarifs de conversion ont même pour effet de réduire certains impôts par rapport à la somme de piastres par laquelle ils s'acquittaient jusqu'en 1887. Ainsi, en admettant que la piastre conserve encore pendant quelque temps le taux de 4 fr. 20 cent. qu'elle a atteint aujourd'hui, l'impôt personnel d'un inscrit, soit 1 fr. 60 cent. payé l'année dernière avec 40 cents, sera payé avec 38 cents. De même l'impôt d'une barque de 300 piculs payé l'année dernière avec 11 piastres 30 cents, sera payé, dans les conditions dont je viens de parler, avec 10 piastres 76 cents.

La mesure nouvelle, outre qu'elle était impérieusement exigée par les circonstances, est donc favorable aux contribuables. Elle a été nécessitée uniquement par la diminution de la valeur de la piastre; vos fonctionnaires indigènes pourront d'autant mieux s'en rendre compte, qu'ils vont toucher à partir de maintenant, pour leur solde de chaque mois, un nombre plus considérable de piastres.

Je ne me dissimule pas que certaines difficultés de détail et de forme pourront se rencontrer dans l'application de cette nouvelle mesure, mais je compte pour les aplanir sur tout votre zèle et sur tout votre dévouement aux intérêts de la colonie.

NOEL PARDON.

(30 mars 1887)

DÉP. M. *au sujet des dépenses acquittées en Cochinchine pour le compte du Tonkin.*

ARCH. GOUV.

Par lettre du 5 décembre 1886, vous m'avez fait connaître que les dépenses mandatées par le Directeur de l'Intérieur de la colonie, pour le service du Tonkin, étaient sur le point d'atteindre le crédit de 75,000 fr., délégué à ce fonctionnaire pour l'exercice 1886, par les soins du Département de la marine et des colonies. Vous avez ajouté que, dans ces conditions, les nouvelles dépenses du Tonkin à mandater en Cochinchine seraient classées au compte de trésorerie, « avances aux divers services des ministères ».

J'ai l'honneur de vous informer que M. le Ministre des affaires étrangères, à qui j'en ai référé, consent à l'adoption de cette manière de procéder en ce qui concerne les dépenses de l'exercice 1886 restant à payer par la Cochinchine pour le service du Tonkin. Quant aux opérations afférentes à l'exercice 1887, l'administration devra s'entendre avec le trésorier-payeur de la Cochinchine à qui le Ministre des finances a adressé des instructions conformes aux nouvelles mesures concertées avec son Département et celui des affaires étrangères, au sujet de la comptabilité des recettes et des dépenses du Tonkin.

L'ordonnancement direct et secondaire ayant cessé d'être employé pour les dépenses du protectorat, à partir du 1er janvier dernier, il ne sera plus fait de délégation de crédit à la colonie de Cochinchine. Le trésorier-payeur de Saïgon acquittera les ordres de paiement émis sur sa caisse au débit d'un compte courant qui lui sera ouvert par le payeur du Tonkin.

A. DE LA PORTE.

(13 septembre 1887)

CIRC. D. I. *au sujet des pièces comptables servant à la centralisation des recettes sur ordre et prescrivant l'envoi régulier des récépissés de recettes d'ordre.*

B. D. I. p. 67.

J'ai constaté, par l'examen des registres et pièces comptables servant à la centralisation des recettes sur ordres, que les récépissés de recettes d'ordre ne sont pas envoyés régulièrement à la Direction. Vous n'ignorez pas que cette partie du service est essentielle, car les bureaux liquidateurs doivent constamment être tenus au courant des crédits disponibles, et ce n'est qu'en établissant le plus rapidement possible les états d'annulation de paiement que ce résultat peut être obtenu.

Un point non moins essentiel sur lequel j'insisterai plus spécialement, c'est la réalisation immédiate des états de remboursement qui vous sont adressés de Saïgon. Vous devez vous assurer de la validité de la créance et faire établir sans retard l'ordre de versement. Dans le cas où le recouvrement vous paraîtrait douteux, vous devez m'en informer immédiatement.

Souvent les relevés mensuels d'ordres de recettes sont établis sans soin et à la hâte, de manière à être à peine lisibles; il en résulte pour la vérification des difficultés qu'il ne faudrait qu'un peu plus d'attention pour les éviter ; maintes circulaires ont déjà réglementé le mode de procéder pour l'établissement de ces pièces, et je vous prie de vouloir bien veiller à ce qu'elles soient observées.

NOEL PARDON.

(7 mai 1888)

DÉP. M. *au sujet des justifications à produire à l'appui des mandats acquittés par le trésorier-payeur pour régularisation des dépenses.*

(ARCH. GOUV.).

Il arrive fréquemment que les mandats acquittés par le trésorier-payeur de la colonie pour régularisation de dépenses faites pour le service marine par les agents secondaires du Trésor ne sont justifiés que par la mention du récépissé délivré au titre du compte « *avances aux agents spéciaux à régulariser* » et par un certificat constatant que le paiement a été effectué sur les fonds d'avances mis à leur disposition.

La Cour des comptes a fait observer avec raison, dans un arrêt du 22 novembre 1887, que cette manière d'opérer est irrégulière et que la production de la seule certification du paiement effectué n'est pas libératoire vis-à-vis du Trésor.

J'ai l'honneur de vous prier, en conséquence, de vouloir bien donner les instructions nécessaires pour qu'à l'avenir les dépenses de l'espèce soient appuyées des justifications exigées par le règlement financier du 19 janvier 1869, notamment des états émargés par les parties prenantes et des factures acquittées des fournisseurs revêtues de prises en charge des objets livrés.

(8 août 1888)

DÉP. M. *au sujet des paiements effectués à Saïgon pour le compte du protectorat de l'Annam et du Tonkin.*

ARCH. GOUV.

Par lettre du 17 juin dernier, vous me faites connaître que, par suite de la suppression du budget de l'Indo-Chine et du transport au budget du protectorat de l'Annam et du Tonkin des crédits afférents aux dépenses des services militaires et maritimes, l'administration a dû examiner la question de savoir quel était le mode à suivre pour le classement des dépenses à effectuer à Saïgon pour le compte de ces services. Vous avez décidé que ces dépenses seraient acquittées à titre d'opérations de trésorerie dans les conditions prévues par l'article 87 du décret du 20 novembre 1882, puis régularisées dans les formes prescrites par ce décret,

J'ai l'honneur de vous faire remarquer que ces opérations rentrent dans la catégorie de celles qui sont énoncées à l'article 2 de l'arrêté du 26 décembre 1887 déterminant les opérations effectuées par le trésorier-payeur de l'Indo-Chine et le payeur du protectorat de l'Annam et du Tonkin. Il n'y a donc qu'à se référer aux prescriptions dudit arrêté.

BILLICOCQ.

(22 septembre 1888)

DÉP. M. *Paiements effectués en France au compte de l'ancien budget de l'Indo-Chine. Renvoi d'un mandat pour être annulé.*

ARCH. GOUV.

Par lettre du 19 août dernier, vous m'avez adressé un mandat sur le trésor de la somme de 133.043 fr. 21, ayant pour l'objet de régulariser les paiements effectués en France pour le compte de l'Indo-Chine pendant le 1er trimestre 1888, au titre des services militaires et maritimes.

J'ai l'honneur de vous faire remarquer que les paiements effectués au compte de l'ancien budget de l'Indo-Chine ne comportent aucune régularisation. Comme l'indiquent les instructions du 11 février 1888 sur le fonctionnement du budget de l'Indo-Chine, les paiements en France sont opérés à titre d'avance par le caissier payeur central du trésor public, qui en est remboursé au moyen d'ordonnances émises directement sur les crédits de subvention. Les instructions précitées ont appelé spécialement votre attention sur ce point que les ordonnances délivrées dans ces conditions constituaient autant de versements à l'Indo-Chine, à valoir sur les crédits de subvention.

Par suite de la suppression du budget de l'Indo-Chine, les paiements acquittés aujourd'hui au compte unique du protectorat de l'Annam et du Tonkin n'entraînent pas davantage l'émission de mandats de régularisation, puisque ces paiements sont imputés sur les fonds en compte courant au trésor, fonds qui sont constitués au moyen de versements sur les crédits de subvention.

Je vous renvoie, en conséquence, le mandat de 133.043 fr. 21 afin qu'il soit annulé.

M. Housez.

(10 août 1889)

CIRC. M. *Les états de remboursement des sommes dues au service local devront être établis en triple expédition.*

J. C., p. 771.

Les états de remboursement des sommes dues au service local ont jusqu'ici été établis en double expédition, l'une destinée à être jointe au mandat de paiement et l'autre restant aux archives du 4e bureau.

Par plusieurs injonctions récentes, la Cour des comptes a exigé que cette même pièce fût également jointe à l'ordre de recette émis à la suite du mandat.

J'ai l'honneur en conséquence, de vous prier de vouloir bien donner des ordres pour que ces états me soient dorénavant adressés en triple expédition.

En ce qui concerne les avances faites aux Protectorats, un des états de remboursement devant en outre être adressé à la Résidence supérieure, c'est en quadruple expédition que ce document devra m'être fourni.

Danel.

CONCESSIONS DE BIENS DOMANIAUX.

V. *Propriété.*

CONCOURS ET EXAMENS.

(Consulter chaque titre principal de la présente table).

CONFÉRENCES PÉDAGOGIQUES.

V. *Instruction publique.*

CONDAMNÉS.

V. *Grâces et commutations de peines.*
Justice militaire.
Patronage des libérés (société de).
Prisons.
Récidivistes.
Réhabilitation.
Transportation et déportation.

CONFISCATION.

V. *Biens confisqués.*

CONFLITS.

NATURE DES DOCUMENTS	DATES	RECUEILS À CONSULTER							OBSERVATIONS
		Bat.	B. C.	B. D. I	J. C.	J. H.	B. M.	B. Col	
Ord.	1er juin 1828.		203						
Ord.	12 mars 1831.		203						
Règl.	26 octobre 1849.		203						
Loi.	4 février 1850.		203						
Loi.	24 mai 1872.		203						

(1er juin 1828)

ORDONNANCE *relative aux conflits.*

(Promulg. A. G. 8 mai 1882.)
B. C., p. 203.

Article premier. — A l'avenir, le conflit d'attribution entre les tribunaux et l'autorité administrative ne sera jamais élevé en matière criminelle.

Art. 2. — Il ne pourra être élevé de conflit en matière de police correctionnelle que dans les deux cas suivants : 1° lorsque la répression du délit est attribuée, par une disposition, à l'autorité administrative ; 2° lorsque le jugement à rendre par le tribunal dépendra d'une question préjudicielle dont la connaissance appartiendrait à l'autorité administrative, en vertu d'une disposition législative.

Dans ce dernier cas, le conflit ne pourra être élevé que sur la question préjudicielle.

Art. 3. — Ne donneront pas lieu au conflit :

1° Le défaut d'autorisation, soit de la part du Gouvernement, lorsqu'il s'agit de poursuites dirigées contre ses agents, soit de la part du Conseil de préfecture, lorsqu'il s'agira de contestations judiciaires dans lesquelles les communes ou les établissements publics seront parties ; 2° le défaut d'accomplissement des formalités à remplir devant l'Administration, préalablement aux poursuites judiciaires.

Art. 4. — Hors le cas prévu ci-après par le dernier paragraphe de l'article 8 de la présente ordonnance, il ne pourra jamais être élevé de conflit après des jugements rendus en dernier ressort ou acquiescés, ni après des arrêts définitifs. Néanmoins, le conflit pourra être élevé en cause d'appel, s'il ne l'a pas été en première instance, ou s'il l'a été régulièrement après les délais prescrits par l'article de la présente ordonnance.

Art. 5. — A l'avenir, le conflit d'attribution ne pourra être élevé que dans les formes et de la manière déterminées par les articles suivants : (V. article 13, brumaire, an X).

Art. 6. — Lorsqu'un préfet estimera que la connaissance d'une question portée devant un tribunal de première instance est attribuée par une disposition législative à l'autorité administrative, il pourra, alors même que l'Administration ne serait pas en cause, demander le renvoi de l'affaire devant l'autorité compétente. A cet effet, le préfet adressera au procureur du roi un mémoire dans lequel sera rapportée la disposition législative qui attribue à l'Administration la connaissance du litige. Le procureur du roi fera connaître, dans tous les cas, au tribunal la demande formée par le préfet, et requerra le renvoi, si la revendication lui paraît fondée.

Art. 7. — Après que le tribunal aura statué sur le déclinatoire, le procureur du roi adressera au préfet, dans les cinq jours qui suivront le jugement, copie de ses conclusions ou réquisitions, et du jugement rendu sur la compétence. La date de l'envoi sera consignée sur un registre à ce destiné.

Art. 8. — Si le déclinatoire est rejeté dans la quinzaine de cet envoi pour tout délai, le préfet du département, s'il estime qu'il y ait lieu, pourra élever le conflit ; si le déclinatoire est admis, le préfet pourra également élever le conflit dans la quinzaine qui suivra la signification de l'acte d'appel. si la partie interjette appel du jugement. Le conflit pourra être élevé dans ledit délai, alors même que le tribunal aurait, avant l'expiration de ce délai, passé outre au fond du jugement.

Art. 9. — Dans ce cas, l'arrêté par lequel le préfet élèvera le conflit et revendiquera la cause devra viser le jugement intervenu et l'acte d'appel, s'il y a lieu ; la disposition législative qui attribue à l'Administration la connaissance du point litigieux y sera textuellement insérée.

Art. 10. — Lorsque le préfet aura élevé le conflit, il sera tenu de faire déposer son arrêté et les pièces y visées au greffe du tribunal. Il lui sera donné récépissé de ce dépôt, sans délai et sans frais.

Art. 11. — Si, dans le délai de quinzaine, cet arrêté n'avait pas été déposé au greffe, le conflit ne pourrait plus être élevé devant le tribunal saisi de l'affaire.

Art. 12. — Si l'arrêté a été déposé au greffe en temps utile, le greffier le remettra immédiatement au procureur du roi, qui le communiquera au tribunal réuni dans la chambre du Conseil, et requerra que, conformément à l'article 27 de la loi du 21 fructidor an III, il soit sursis à toute procédure judiciaire.

Art. 13. — Après la communication ci-dessus, l'arrêté du préfet et les pièces seront rétablies au greffe, où elles resteront déposées pendant quinze jours. Le procureur du roi en préviendra de suite les parties ou leurs avoués, lesquels pourront en prendre communication, sans déplacement, et remettre, dans le même délai de quinzaine, au parquet du procureur du roi, leurs observations sur la question de compétence, avec tous les documents à l'appui.

Art. 14.— Le procureur du roi informera immédiatement notre Garde des sceaux, Ministre secrétaire d'État au Département de la justice, de l'accomplissement desdites formalités, et lui transmettra en même temps, s'il y a lieu, l'arrêté du préfet, ses propres observations et celles des parties, s'il y a lieu, avec toutes les pièces jointes. La date de l'envoi sera consignée sur un registre à ce destiné. Dans les vingt-quatre heures de la réception de ces pièces, le Ministre de la justice les transmettera au secrétariat général du Conseil d'État, et il en donnera avis au magistrat qui les lui aura transmises.

Art. 15. — Il sera statué sur le conflit au vu des pièces ci-dessus mentionnées, ensemble des observations et mémoires qui auraient pu être produits par les parties ou leurs avocats, dans le délai de quarante jours, à dater de l'envoi des pièces au Ministère de la justice. Néanmoins, ce délai pourra être prorogé sur l'avis du Conseil d'État et la demande des parties par notre Garde des sceaux ; il ne pourra, en aucun cas, excéder deux mois.

Art. 16. — Si les délais ci-dessus fixés expirent sans qu'il ait été statué sur le conflit, l'arrêté qui l'a élevé sera considéré comme non avenu et l'instance pourra être reprise devant les tribunaux.

Art. 17.— Au cas où le conflit serait élevé dans les matières correctionnelles comprises dans l'exception prévue par l'article 2 de la présente ordonnance, il sera procédé conformément aux articles 6, 7 et 8.

(12 mars 1831)

ORDONNANCE *modifiant celle du 2 février 1831 sur la publicité des séances du Conseil d'État et le mode de décision des affaires contentieuses et des conflits, etc.*

(Promulg. A. G., 8 mai 1882).
B. C., p. 203.

Articles 1er à 5. — Remplacés par le décret du 30 janvier 1852.

Art. 6. — Le rapport sur les conflits ne pourra être présenté qu'après la production des pièces ci-après énoncées, savoir : la citation, les conclusions des parties, le déclinatoire proposé par le préfet, le jugement de compétence, l'arrêté de conflit. Ces pièces seront adressées par le procureur du roi au Garde des sceaux, Ministre de la justice, qui devra, dans les vingt-quatre heures de la réception, lui adresser un récépissé énonciatif des pièces envoyées, lequel sera déposé au greffe du tribunal. Le Ministre transmettra aussitôt les pièces au secrétaire général du Conseil d'État.

Art. 7. — Il sera statué sur le conflit dans le délai de deux mois, à dater de la réception des pièces au Ministère de la justice.

Si, un mois après l'expiration de ce délai, le tribunal n'a pas reçu notification de l'ordonnance royale rendue sur le conflit, il pourra procéder au jugement de l'affaire.

(26 octobre 1849)

RÈGLEMENT *d'administration publique déterminant les formes de procéder du Tribunal des conflits.*

(Promulg. A. G., 8 mai 1882).
B. C., p. 203.

Dispositions générales.

Article premier. — Le tribunal des conflits se réunit sur la convocation du Ministre de la justice, son président.

Art. 2. — En cas d'empêchement, les membres du tribunal des conflits sont remplacés par des suppléants pris dans le Conseil d'État ou la Cour de cassation, selon la qualité des membres empêchés. A cet effet, deux suppléants sont élus par chacun des deux corps.

Art. 3. — Les fonctions du ministère public devant le tribunal des conflits sont remplies par deux commissaires du Gouvernement, pris dans le ministère public du Conseil d'État et de la Cour de cassation. Ils sont désignés, chaque année, par le Président de la République.

Art. 4. — Les avocats au Conseil d'État et à la Cour de cassation peuvent être chargés, par les parties intéressées, de présenter, devant le tribunal des conflits, des mémoires et des observations.

Art. 5. — Un secrétaire, nommé par le Ministre de la justice, est attaché au Tribunal des conflits.

Art. 6. — Les rapporteurs sont désignés par le Ministre de la justice, immédiatement après l'enregistrement des pièces au secrétariat du tribunal.

Art. 7. — Les rapports sont faits par écrit ; ils sont déposés par les rapporteurs au secrétariat, pour être transmis à celui des commissaires du Gouvernement que le Ministère de la justice a désigné pour chaque affaire.

Art. 8. — Le rapport est lu en séance publique ; immédiatement après le rapport, les avocats des parties peuvent présenter des observations orales. Le commissaire du Gouvervement est ensuite entendu dans ses conclusions.

Art. 9. — Les décisions du tribunal des conflits portent en tête la mention suivante : *Au nom du peuple français, le tribunal des conflits, etc.* Elles contiennent les noms et conclusions des parties, s'il y a lieu, le vu des pièces principales et des dispositions législatives dont elles font l'application. Elles sont motivées. Les noms des membres qui ont concouru à la décision y sont mentionnés. La minute est signée par le président, le rapporteur et le secrétaire. L'expédition des décisions est délivrée aux parties intéressées par le secrétaire du tribunal. Le Ministre de la justice fait transmettre administrativement aux Ministres, expédition des décisions dont l'exécution rentre dans leurs attributions.

Art. 10. — Les décisions du tribunal des conflits ne sont pas susceptibles d'opposition.

Art. 11. — Sont applicables au tribunal des conflits les articles 88 et suivants du Code de procédure civile sur la police des audiences.

Dispositions relatives aux conflits d'attributions positifs.

Art. 12. — Les arrêtés de conflits et les pièces continuent d'être transmis au Ministre de la justice par les procureurs de la République et les procureurs généraux, conformément à l'article 14 de l'ordonnance du 1er juin 1828 et à l'article 6 de l'ordonnance du 12 mars 1831 ; ils sont enregistrés immédiatement au secrétariat du tribunal des conflits. Dans les cinq jours de l'arrivée, les arrêtés de conflits et les pièces sont communiqués au Ministre dans les attributions duquel se trouve placé le service auquel se rapporte le conflit. La date de la communication est consignée sur un registre à ce destiné. Dans la quinzaine, le Ministre doit fournir les observations et les documents qu'il juge convenables sur la question de compétence. Dans tous les cas, les pièces seront rétablies au secrétariat du tribunal des conflits dans le délai précité.

Art. 13. — Les avocats des parties peuvent être autorisés à prendre communication des pièces au secrétariat sans déplacement.

Art. 14. — Dans les vingt jours qui suivent la rentrée des pièces, le rapporteur fait, au secrétariat, le dépôt de son rapport et des pièces.

Art. 15. — Il est statué par le tribunal des conflits, dans les délais fixés par l'article 7 de l'ordonnance du 12 mars 1831 et l'article 15 de l'arrêté du 30 décembre 1848. Ces délais sont suspendus pendant les mois de septembre et octobre.

Art. 16. — Lorsque la décision a été rendue, le Ministre de la justice pourvoit à la notification prescrite par l'article 7 de l'ordonnance du 12 mars 1831 et par l'article 16 de l'arrêté du 30 décembre 1848.

Art. 17. — Lorsque l'autorité administrative et l'autorité judiciaire se sont respectivement déclarées incompétentes sur la même question, le recours devant le tribunal des conflits, pour faire régler la compétence, est exercé directement par les parties intéressées. Il est formé par requête signée d'un avocat au Conseil d'État et à la Cour de cassation.

Art. 18. — Lorsque l'affaire intéresse directement l'État, le recours peut être formé par le Ministre dans les attributions duquel se trouve placé le service public que l'affaire concerne.

Art. 19. — Lorsque la déclaration d'incompétence émane, d'une part de l'autorité administrative, de l'autre, d'un tribunal statuant en matière de simple police ou de police correctionnelle, le recours peut, en outre, être formé par le Ministre de la justice.

Art. 20. — Le recours doit être communiqué aux parties intéressées.

Art. 21. — Lorsque le recours est formé par des particuliers, l'ordonnance de soit communiqué, rendue par le Ministre de la justice, président du tribunal des conflits, doit être signifiée, par les voies de droit, dans le délai d'un mois. Ceux qui demeurent hors de la France continentale ont, outre le délai d'un mois, celui qui est réglé par l'article 75 du Code de procédure civile.

Art. 22. — Lorsque le recours est formé par un Ministre, il en est, dans le même délai, donné avis à la partie intéressée par la voie administrative. Dans les affaires qui intéressent l'État directement, si le recours est formé par la partie adverse, le

Ministre de la justice est chargé d'assurer la communication du recours au Ministre que l'affaire concerne.

Art. 23. — La partie à laquelle la notification a été faite est tenue, si elle réside sur le territoire continental, de répondre et de fournir ses défenses dans le délai d'un mois à partir de la notification. A l'égard des colonies et des pays étrangers, les délais seront réglés ainsi qu'il appartiendra par l'ordonnance de soit communiqué.

Art. 24. — Les parties intéressées peuvent prendre, par elles-mêmes ou par leurs avocats, communication des productions au secrétariat sans déplacement et dans le délai déterminé par le rapporteur.

Des recours contre les arrêts de la Cour des Comptes.

Art. 25. — Les recours pour incompétence et excès de pouvoir, portés devant le tribunal des conflits en vertu de l'article 90 de la constitution, sont signés par un avocat au Conseil d'État et à la Cour de cassation. Il est donné connaissance de ce recours aux parties intéressées, dans les délais et les formes établis par l'article 21 et par le deuxième paragraphe de l'article 22.

Art. 26. — Si le recours est formé par le Ministre des finances ou par un autre Ministre, pour ce qui concerne son Département, le recours est introduit par un rapport du Ministre, et il est procédé, quant à l'avis à donner aux parties intéressées, conformément au paragraphe premier de l'article 22.

Art. 27. — Les articles 23 et 24 sont applicables aux recours contre les arrêts de la Cour des comptes.

Des revendications formées en vertu de l'article 17 de la loi du 3 mars 1849.

Art. 28. — Lorsque le Ministre de la justice estime qu'une affaire portée devant la section du contentieux du Conseil d'État n'appartient pas au contentieux administratif, il adresse au président de la section un mémoire pour revendiquer l'affaire. Dans les trois jours de l'enregistrement du mémoire au secrétariat de la section, le président désigne un rapporteur. Avis de la revendication est donné, dans la forme administrative, aux parties intéressées ; il peut en être pris communication dans le délai fixé par le président. Dans le mois qui suit l'envoi des pièces au rapporteur, le rapport est déposé au secrétariat de la section, pour être transmis immédiatement au ministère public. Le rapport est fait à la section en séance publique et il est procédé d'ailleurs, ainsi qu'il est établi au paragraphe 4 du titre IV de la loi du 3 mars 1849, et au paragraphe 4 du titre III du règlement du 26 mai 1849.

Art. 29. — La section du contentieux prononce dans le mois qui suit le dépôt du rapport. A défaut de décision dans ce délai, le Ministre de la justice peut se pourvoir conformément à l'article 47 de la loi du 3 mars 1849.

Art. 30. — Le dernier paragraphe de l'article 15 est applicable aux délais établis par les deux articles précédents.

Art. 31. — La décision de la section du contentieux est transmise par le président au Ministre de la justice. Dans la quinzaine de cet envoi, le Ministre fait connaître, par une déclaration adressée au président, s'il entend porter la revendication devant le tribunal des conflits. Lorsque la section a refusé de faire droit à la revendication qui lui a été soumise, il est sursis à statuer sur le fond jusqu'à ce que le Ministre ait fait connaître qu'il n'entend pas se pourvoir devant le tribunal des conflits, ou jusqu'à l'expiration du délai de quinzaine établi ci-dessus. Lorsque le Ministre a déclaré qu'il portait la revendication devant le tribunal des conflits, la section doit surseoir à statuer jusqu'à la décision de ce tribunal.

Art. 32. — Lorsque le Ministre de la justice se pourvoit devant le tribunal des conflits, il adresse à ce tribunal un mémoire contenant l'exposé de l'affaire et ses conclusions. A ce mémoire est jointe la demande en revendication qui a été soumise à la section du contentieux et la décision par laquelle cette section a refusé de faire droit à la demande du Ministre. Il est procédé conformément aux articles 13, 14, 15 et 16.

Art. 33. — La décision qui intervient est transmise au président de la section du contentieux du Conseil d'État. Il est fait mention en marge de la décision qui a donné lieu au recours du Ministre.

(4 février 1850)

LOI *sur l'organisation du tribunal des conflits.*

(Promulg. A. G. 8 mai 1882).
B. C., p. 203.

Article premier. — Le tribunal des conflits est présidé par le Ministre de la justice. Ses décisions ne peuvent être rendues qu'au nombre de neuf juges, pris également, à l'exception du Ministre, dans les deux corps qui concourent à sa formation.

Art. 2. — En cas d'empêchement du Ministre, il est remplacé, dans la présidence du tribunal des conflits, par le Ministre chargé du Département de l'instruction publique.

Art. 3. — Si un autre membre du tribunal est empêché, il est remplacé selon le corps auquel il appartient, soit par un conseiller d'État, soit par un membre de la Cour de cassation. A cet effet, chacun des deux corps élit, dans son sein, deux suppléants. Ces suppléants seront appelés à faire le service dans l'ordre de leur nomination. La durée de leurs fonctions sera la même que celle des membres titulaires, et ils seront nommés en même temps. Il sera procédé à cette nomination par le Conseil d'État et par la Cour de cassation dans les huit jours qui suivront la promulgation de la présente loi.

Art. 4. — Les décisions du tribunal des conflits ne pourront être rendues qu'après un rapport écrit fait par l'un des membres du tribunal et sur les conclusions du ministère public.

Art. 5. — Les fonctions de rapporteur seront alternativement confiées à un conseiller d'État et à un membre de la Cour de cassation, sans que cet ordre puisse être interverti.

Art. 6. — Les fonctions de ministère public seront remplies par deux commissaires du Gouvernement, choisis tous les ans par le Président de la République, l'un parmi les maîtres des requêtes au Conseil d'État, l'autre dans le parquet de la Cour de cassation. Il sera adjoint à chacun de ces commissaires un suppléant choisi de la même manière et pris dans les mêmes rangs, pour le remplacer en cas d'empêchement. Ces nominations devront être faites, chaque année, avant l'époque fixée pour la reprise des travaux du tribunal.

Art. 7. — Dans aucune affaire, les fonctions de rapporteur et celles du ministère public ne pourront être remplies par deux membres pris dans le même corps.

Art. 8. — Le délai fixé par l'article 7 de l'ordonnance du 13 mars 1831 est porté à trois mois pour le jugement des conflits actuellement pendant et de ceux qui pourront être élevés dans les trois mois qui suivront l'installation du tribunal des conflits.

Art. 9. — Le règlement du 26 octobre 1849 est modifié en tout ce qui ne serait pas conforme aux dispositions de la présente loi.

(24 mai 1872)

LOI *portant réorganisation du Conseil d'État* (*art. 25, 26 et 27*).

(Promulg. A. G. 8 mai 1882).
B. C. p. 203.

. . . .

Des conflits et du Tribunal des conflits.

Art. 25. — Les conflits d'attributions entre l'autorité administrative et l'autorité judiciaire sont réglés par un tribunal spécial, composé : 1° du Garde des sceaux, *président ;* 2° de trois conseillers d'État en service ordinaire, élus par les conseillers en service ordinaire ; 3° de trois conseillers à la Cour de cassation, nommés par leurs collègues ; 4° de deux membres et deux suppléants, qui seront élus par la majorité des autres juges désignés au paragraphe précédent. Les membres du tribunal des conflits sont soumis à réélection tous les trois ans et indéfiniment rééligibles. Ils choisissent un vice-président au scrutin secret et à la majorité absolue des voix. Ils ne pourront délibérer valablement qu'au nombre de *cinq membres* présents au moins.

Art. 26. — Les Ministres ont le droit de revendiquer, devant le tribunal des conflits, les affaires portées à la section du contentieux et qui n'appartiendraient pas au contentieux administratif. Toutefois, ils ne peuvent se pourvoir devant cette juridiction qu'après que la section du contentieux a refusé de faire droit à la demande en revendication qui doit lui être préalablement communiquée.

Art. 27.— La loi du 4 février 1850 et le règlement du 26 octobre 1849, sur le mode de procéder devant le tribunal des conflits, sont remis en vigueur.

Consulter en outre :
Conseil d'État. — Conseil du contentieux administratif.

CONGÉS ET PERMISSIONS.

NATURE DES DOCUMENTS	DATES	RECUEILS A CONSULTER Bat.	B. G.	B. D. I.	J. C.	J. H.	B. M.	B. Col		OBSERVATIONS
Circ. M.	22 août 1846.						RIV 104			
Dép. M.	20 septembre 1866.	II-646								
Circ. M.	24 juillet 1867.						93			
Circ. D. I.	23 août 1872.	I-61		47						
Circ. M.	25 septembre 1872.						401			
Circ. D. I.	3 mars 1873.	I-61		18						
Décret.	1er juin 1875.						665			
Circ. M.	22 décembre 1876.						770			
Circ. M.	8 janvier 1877.	II-414								
Circ. D. I.	22 mars 1877.	I-63		23						
Circ. M.	3 mai 1877.	II 650								
Décret.	7 mai 1879.	II-417					921			
Circ. M.	13 juillet 1879.						32			
Décret.	17 août 1879.						357			
Circ. M.	26 décembre 1879.						956			
D. G.	4 mars 1880.		14							
Circ. M.	4 septembre 1880.						399			
Rapp. M.	17 janvier 1881.									
Décret.	27 janvier 1881.						146			
Circ. M.	31 janvier 1881.									

NATURE DES DOCUMENTS	DATES	RECUEILS A CONSULTER							OBSERVATIONS
		Bat.	B. C.	B.D.I	J. C.	J.H.	B. M.	B.Col	
Dép. M.	21 juillet 1882.								
Dép. M.	23 décembre 1882.								
Dép. M.	11 mai 1883.						706		
Circ. M.	24 mai 1883.								
Dép. M.	7 mars. 1884								
Décret.	16 mars 1884.						449		
Circ. M.	31 mai 1884.						987		
Dép. M.	3 décembre 1884.								
Circ. D. I.	23 janvier 1885				106				
Circ. D. I.	8 août 1885.				981				
Décret.	20 septembre 1885.						682		
Circ. M.	28 septembre 1885.						632		
Dép. M.	29 mai 1887.								
Circ. D. I.	13 septembre 1888.				799				
Dép. M.	1er février 1889.				318				
Circ. D. I.	13 mars 1889.				317				

(22 août 1846)

CIRC. M. *au sujet des prolongations de congés.*

B. M. R. IV, p. 104.

(20 septembre 1866)

DÉP. M. *au sujet des règles applicables aux agents qui rentrent en France, soit en congé, soit pour être remis à la disposition des autres départements ministériels.*

BAT. II, p. 646.

A l'occasion de l'envoi en France de plusieurs agents et employés de la Cochinchine, porteurs de congés, ou destinés à être remis à la disposition des départements ministériels auxquels ils appartenaient originairement, j'ai remarqué que l'administration locale procède, en pareil cas, d'une manière qui s'écarte des règles suivies dans nos autres colonies.

Dans ces derniers établissements, quand la santé d'un fonctionnaire exige son retour en France, le Gouverneur lui accorde un congé, mais c'est une décision ministérielle qui en fixe ultérieurement la durée. La traversée peut, en effet, influer sur l'état du malade, et, à son arrivée, les officiers de santé du port de débarquement peuvent seuls, avec la compétence désirable, apprécier le temps de congé à leur accorder. Or, pour MM......, récemment venus en France pour raison de santé, l'administration de la Cochinchine avait agi différemment, en déterminant elle-même, dans des termes absolus, la durée de leur congé, et l'autorité maritime de Toulon a cru devoir, en conséquence, s'abstenir de soumettre ces agents à la visite du conseil de santé.

Quant aux agents appartenant à des départements autres que celui de la marine, et qui, ne retournant pas dans la colonie, doivent être remis à la disposition des services publics auxquels ils avaient été empruntés, il est de règle qu'ils reçoivent leur solde d'Europe jusqu'au moment où cette remise peut être effectuée. C'est dans ces conditions qu'a, en définitive, été traité, sur les observations de M. le Ministre des travaux publics, M. R..., que votre lettre du 12 mars dernier avait désigné comme ne devant pas recevoir de traitement postérieurement à son arrivée en France.

Enfin, je ferai observer que, d'après les dispositions en vigueur, le maximum de la solde d'Europe n'excède jamais la moitié du traitement colonial. D'après cette base, M. P..., secrétaire à la Direction de l'Intérieur, qui, ainsi que le constate son livret, jouit, dans la colonie, d'un traitement de 1,500 francs par an, n'aurait dû toucher en France qu'un traitement d'Europe de 750 francs, tandis que la décision locale relative à son congé lui a alloué, pendant la durée de ce congé, une solde de 1,200 francs.

Les règles que je viens d'indiquer, pour ce qui concerne le personnel colonial, me paraissent devoir être également appliquées aux officiers et agents servant en Cochinchine. Je vous prie, monsieur le Gouverneur, de vouloir bien tenir la main à ce qu'elles soient suivies à l'avenir.

M[al] VAILLANT.

(24 juillet 1867)

CIRC. M. *La durée des permissions comprend toujours le temps de l'aller et du retour.*

B. M., p. 93.

(23 août 1872)

CIRC. D. I. *Dispositions tendant à prévenir les absences irrégulières des employés et agents des affaires indigènes* (1).

BAT. I, p. 61.
B. D. I., p. 47.

Il arrive souvent que les employés des inspections s'absentent de leur poste, viennent séjourner plus ou moins longtemps à Saïgon, et en repartent sans que l'Administration centrale en soit avisée.

(1) V. *infrà*, Circ. D. I. 3 mars 1873.

Cette manière de procéder ne saurait se concilier avec les exigences d'un service régulier. Il importe, en effet, au plus haut point, que la Direction de l'Intérieur soit tenue au courant des mouvements de son nombreux personnel. Je crois n'avoir pas besoin d'insister sur ce point, et voici les dispositions que vous aurez à prendre pour éviter le retour des inconvénients qui se sont produits à la suite du fait que je viens de vous signaler.

A l'avenir, aucun employé européen ou indigène, secrétaire, interprète, lettré, gardien de caisse, etc., appartenant à votre inspection, ne pourra s'en absenter que muni d'une autorisation émanant de vous et mentionnant la date de son départ, le motif et la durée de son absence. Il devra faire viser cette pièce à la Direction de l'intérieur, 1er bureau, dès l'arrivée à Saïgon. Vingt-quatre heures avant l'expiration de son congé, un nouveau visa lui sera donné par le même bureau et constatera son départ. Un registre spécial sera tenu à cet effet à la Direction de l'Intérieur.

L'irrégularité que je viens d'indiquer pour les agents ou employés venant de Saïgon, se produit encore lorsqu'ils se rendent en service ou en permission d'une inspection à l'autre. Ils ne pourront, dorénavant, quitter votre circonscription sans votre autorisation écrite, qu'ils feront viser à leur arrivée et à leur départ, par votre collègue sur la circonscription duquel ils auront séjourné.

J'attache une grande importance à la ponctuelle exécution des prescriptions ci-dessus que je vous prie de notifier aux agents placés sous vos ordres. Ceux qui ne s'y conformeraient point seront considérés comme illégalement absents de leur poste et privés de leur solde pendant tout le temps qu'aura duré leur absence, sans préjudice de peines plus graves, s'il y a lieu.

GIBERT DES MOLIÈRES.

(25 septembre 1872)

CIRC. M. *Les congés ne comprennent pas dans leur durée le temps de l'aller et du retour. Il n'en est pas de même des permissions.*

B. M. p. 401.

(3 mars 1873)

CIRC. D. I. (*Extrait*). *Durée des permissions d'absence à accorder aux employés européens et indigènes dans les inspections.*

BAT., I, p. 61.
B. D. I., p. 18.

. . . .

. . . .

Quant aux permissions d'absence, vous pouvez les porter à *dix jours*, tant pour les Européens que pour les Asiatiques, en vous conformant toutefois à ma circulaire du 23 août dernier.

Lorsqu'il s'agira de demandes de congés de plus longue durée, vous voudrez bien me les transmettre, en ayant soin de me donner votre avis.

PIQUET.

(1er juin 1875)

DÉCRET *portant règlement sur la solde et les accessoires de solde des officiers, aspirants, fonctionnaires et divers agents du Département de la marine et des colonies* (*art.* 36 *à* 63 *et suiv.*) (1).

B. M., p. 665.

(22 décembre 1876)

CIRC. M. *Règles à suivre pour la concession des congés de convalescence* (2).

B. M., p. 770.

(1) V. *infrà*, décret 17 août 1879.
(2) V. *infrà*, Circ. M., 13 juillet 1879.

(8 janvier 1877)

CIRC. M. *Recommandation concernant le personnel appelé à servir d'une colonie à une autre. Les fonctionnaires et agents doivent se rendre à leur nouvelle destination par la voie directe et non en passant par la métropole.*

BAT., II, p. 414.

Vous n'ignorez pas que le crédit inscrit au budget colonial (chapitre XV) sous le titre : *Dépenses accessoires, Frais de premier établissement et de route, Vacations, Frais de passage et d'indemnité de lit de bord*, est loin de suffire, chaque année, aux nécessités en vue desquelles il a été établi. Cette situation commande, de la part de l'administration de la marine et des autorités coloniales, la plus grande réserve dans les concessions de passages accordés aux fonctionnaires et agents du département et à leurs familles. Cependant, des abus regrettables m'ont été signalés, et je crois devoir rappeler, de la façon la plus instante, les instructions précédemment adressées à ce sujet aux administrations coloniales, et dont il n'a pas été, je le répète, tenu un compte suffisant.

Aujourd'hui que plusieurs de nos colonies sont directement reliées entre elles par des services réguliers de paquebots soit nationaux, soit étrangers, il importe que le personnel appelé à servir d'une colonie à une autre se rende à sa nouvelle destination *par la voie directe* et non, comme cela n'a lieu que trop souvent, en passant par la métropole. J'appelle votre plus sérieuse attention sur cette recommandation. Déjà, à un autre point de vue, des instructions ont été adressées aux administrations coloniales (circulaire du 20 décembre 1873) relativement aux congés de convalescence accordés aux fonctionnaires coloniaux appelés à changer de résidence. Je vous rappelle sur ce point, en tant que de besoin, les instructions qui, dans diverses circonstances, n'ont pas été scrupuleusement observées.

Dans le cas, enfin, où un fonctionnaire changeant de colonie obtiendrait, dans un intérêt personnel, l'autorisation de se détourner de sa route, il importe que cette autorisation ne lui soit accordée qu'à la charge de rembourser au trésor l'augmentation de dépense devant résulter de cette mesure. Un exemple entre tous suffira pour justifier la stricte exécution de cette recommandation : Un magistrat eut à se rendre avec sa famille, dans le courant de 1874, de Taïti aux îles Saint-Pierre et Miquelon. Autorisé par l'administration coloniale à s'écarter de la voie directe qu'il avait à suivre pour rejoindre son poste et à s'arrêter aux Antilles, ce magistrat dépensa pour ce voyage une somme de 6,800 francs. Or, d'après les tarifs de chemins de fer américains et des paquebots se rendant de San-Francisco à notre établissement de Terre-Neuve, on peut évaluer à 3,600 francs la dépense à laquelle aurait donné lieu le passage de ce magistrat et de sa famille, s'il se fût rendu *directement* à son poste. Il est résulté de ce fait, pour le trésor, un excédant de dépenses de 3,200 francs.

Il importe que de pareils faits ne puissent se renouveler, et je vous prie de recommander de la façon la plus expresse que les prescriptions de la présente circulaire ne soient point perdues de vue.

Je tiens à ajouter que si des abus semblables à ceux que signale la présente circulaire venaient à se reproduire, je n'hésiterais pas à faire remonter jusqu'à l'autorité coupable d'un pareil abandon des intérêts du trésor, la responsabilité de ces faits, et à l'en rendre pécuniairement solidaire.

FOURICHON.

(22 mars 1877)

CIRC. D. I. *Les demandes de congés administratifs devront être adressées par les administrateurs des affaires indigènes six mois à l'avance.*

BAT., I, p. 63.
B. D. I., p. 23.

Dans le but d'éviter l'encombrement qui vient de se produire à bord du dernier transport, par suite du départ d'un grand nombre d'administrateurs et de fonctionnaires, et afin de permettre à l'Administration de pourvoir en temps et lieu au remplacement, dans les inspections, de ceux d'entre vous qui rentrent en France, M. le Gouverneur désire qu'à l'avenir les demandes de congés administratifs lui soient adressées six mois à l'avance.

J'ai, en conséquence, l'honneur de vous prier, lorsque vous aurez l'intention de prendre un congé de six mois, conformément à l'article 9 du décret du 2 juin 1876, de vouloir bien m'en aviser dans le délai fixé par M. le Gouverneur.

Je vous ferai connaître par quel transport l'Amiral vous aura autorisé à rentrer en France.

PIQUET.

(3 mai 1877)

CIRC. M. *La concession aux fonctionnaires des congés à 2/3 de solde est réservée au Ministre.*

BAT., II, p. 650.

Certaines administrations coloniales ont pensé qu'elles pouvaient, sans avoir recours à l'autorisation préalable du Ministre, accorder des congés à 2/3 de solde aux fonctionnaires qui ont accompli aux colonies la période de séjour exigée par l'article 37 du décret du 1er juin 1875.

Cette espèce de congé a été instituée par la circulaire du 18 mars 1836 qui, après avoir fixé la quotité de la solde et la durée du séjour aux colonies, se termine ainsi : « Quant à l'autorisation « d'accorder les congés dont il s'agit, elle doit être subordonnée aux besoins du service et elle ne « pourra être donnée que par le Ministre, sur les propositions individuelles de MM. les gouverneurs. »

Les décrets des 19 octobre 1851 et 1er juin 1875 ont modifié la quotité de la solde et la durée du séjour, mais aucun acte n'a dessaisi le Ministre du droit qu'il s'était réservé.

Les circulaires des 22 janvier 1852, 7 mars 1853 et 12 juin 1855 sont, au contraire, formelles à cet égard : elles maintiennent en vigueur les prescriptions antérieures. Enfin, en vue de cette réglementation, le législateur de 1875 a comblé une lacune du décret du 19 octobre 1851 : il a prévu l'intervention du Ministre pour accorder des congés aux fonctionnaires servant aux colonies (article 38 du décret du 1er juin 1875).

J'ajouterai que la concession de ces congés ne présente jamais un caractère d'urgence tel qu'elle ne puisse être subordonnée aux convenances du service dont le Département, qui embrasse l'ensemble des mutations à prévoir, peut seul apprécier exactement les besoins.

Dans cet ordre d'idées, je ne puis que maintenir les prescriptions de mes prédécesseurs.

FOURICHON.

(7 mai 1879)

DÉCRET *portant règlement des passages à accorder aux officiers, fonctionnaires, agents, etc., sur les bâtiments de l'État ou du commerce.*

BAT. II. p. 417.
B. M. p. 921.

. . . .

Art. 4. — Les congés motivés sur des affaires personnelles ne comportent aucune concession de passage à titre gratuit.

. . . .

(13 juillet 1879)

CIRC. M. *Nouvelles dispositions concernant la concession des congés de convalescence* (1).

B. M. p. 32.

(17 août 1879)

DÉCRET *modifiant les articles 42, 44 et 145 du décret du 1er juin 1875 sur la solde, en matière de concession de congé.*

B. M. p. 357.

(1) Les demandes de congé de convalescence et de prolongation doivent être appuyées *de deux certificats, un de visite et un de contre-visite*, délivrés par des officiers de santé des hôpitaux militaires, ou, à défaut, par des médecins des hôpitaux civils.

Pour les officiers et fonctionnaires résidant à Paris, les certificats sont délivrés par l'Inspecteur général du service de santé de la marine.

Même disposition pour obtenir l'autorisation d'aller prendre les eaux thermales.

(26 décembre 1879)

CIRC. M. *Prescriptions relatives à la concession des congés demandés pour aller faire usage des eaux thermales.*

B. M. p. 956.

(4 mars 1880)

D. G. *Les fonctionnaires et employés ayant accompli la période réglementaire de service dans la colonie, n'auront plus besoin d'entrer à l'hôpital pour obtenir un congé.*

B. C. p. 14.

Les fonctionnaires et employés qui, après l'accomplissement de la période réglementaire de service, solliciteront un congé de convalescence, n'auront plus besoin d'entrer à l'hôpital, ainsi qu'il avait été prescrit par la circulaire de mars ; ils devront se présenter avec un certificat du médecin traitant et une demande de leur chef hiérarchique.

LE MYRE DE VILERS.

(4 septembre 1880)

CIRC. M. *Renseignements à fournir au sujet de la durée du séjour des fonctionnaire dans les colonies.*

B. M. p. 399.

Il arrive fréquemment que des officiers, fonctionnaires et agents des administrations coloniales, renvoyés en France, à l'effet d'y jouir d'un congé de convalescence, ne sont porteurs d'aucune pièce autre que leur livret de solde, qui ne porte que des indications insuffisantes pour établir la durée de leur dernier séjour dans la colonie et les mouvements de nomination et d'avancement auxquels ils ont pris part.

Il résulte de cet état de choses que mon Département se trouve dans l'impossibilité de déterminer, d'une manière certaine, la quotité de solde de congé à laquelle peuvent avoir droit les officiers, fonctionnaires et agents dont il s'agit, l'application du 2e paragraphe de l'article 42, ne pouvant conséquemment, dans ce cas, lui être faite qu'approximativement.

Il convient de faire cesser, sans retard, cette situation irrégulière. A cet effet, vous voudrez bien donner des ordres pour qu'au moment même du départ, pour France, des agents autorisés à y passer un congé de quelque nature qu'il soit, mon Département reçoive un état nominatif indiquant, outre la durée de leur dernier séjour dans la colonie, les mouvements qui les concernent ainsi que la date de leur dernier avancement.

Je vous prie de tenir la main à l'exécution de ces dispositions qui devront être enregistrées dans tous les services de votre administration.

JAURÉGUIBERRY.

(17 janvier 1881)

RAPPORT M. *précédant le décret du 27 janvier 1881 modifiant le § 2 de l'article 42 du décret du 17 août 1879 sur les congés de convalescence.*

ARCH. GOUV.

(27 janvier 1881)

DÉCRET *modifiant le § 2 de l'article 42 du décret du 17 août 1879 sur les congés de convalescence.*

B. M. p. 146.

(31 janvier 1881)

CIRC. M. *Notification du décret du 27 janvier 1881 modifiant, en ce qui concerne les congés de convalescence accordés au personnel colonial, le § 2 de l'article 42 du décret du 17 août 1889 sur les congés de convalescence.*

ARCH. GOUV.

J'ai l'honneur de vous informer que M. le Président de la République a revêtu de sa signature, le 27 janvier 1881, un décret modifiant, en ce qui concerne les congés de convalescence accordés au personnel colonial, le § 2 de l'article 42 du décret du 17 août 1879 sur la solde.

Les dispositions de ce nouvel acte seront appliquées aux congés soumis à mon approbation à compter du 27 janvier précité.

CLOUÉ.

(21 juillet 1882)

DÉP. M. *prescrivant au Conseil de santé d'être très sévère dans la concession des congés aux officiers et fonctionnaires malades.*

ARCH. GOUV.

A la date du 10 mai dernier, vous avez cru devoir appeler mon attention sur les graves inconvénients, résultant, à votre point de vue, du fonctionnement du service de santé de la Cochinchine, lequel, mû par un sentiment de bienveillance exagéré, délivre avec une facilité souvent nuisible aux intérêts du service, des certificats de maladie aux officiers et fonctionnaires rentrant en France, et devient ainsi la cause de cette multiplicité de concessions de congés de convalescence dont la conséquence est une fausse application de l'esprit des règlements, souvent une atteinte portée à la discipline, et pour la colonie qui conserve ainsi une réputation d'insalubrité imméritée, un préjudice moral considérable.

En même temps, vous m'avez rendu compte de l'inefficacité des mesures que vous avez prises pour atténuer le mal et vous m'avez fait connaître qu'à votre avis, le seul remède à cette situation fâcheuse serait de décider qu'à l'avenir un congé de trois mois à solde entière sera accordé à tout officier, fonctionnaire, marin ou soldat de la marine qui aura accompli un séjour de deux années en Cochinchine.

J'ai examiné attentivement cette proposition qui, dût-elle produire les résultats attendus, ce dont il est permis de douter, entraînerait une modification profonde des dispositions du décret du 1er juin 1875, lequel a limité la concession de la solde de présence aux seuls officiers titulaires d'un congé de convalescence ou d'un congé pour eaux thermales.

J'ajouterai que concéder le bénéfice de la solde entière aux officiers, fonctionnaires, marins et soldats de la Cochinchine, rentrant en France pour y jouir d'un congé, à quelque titre que ce soit, serait instituer en faveur de ceux-ci un privilège que ne manqueraient pas de revendiquer leurs collègues appelés à servir dans d'autres parages non moins exposés aux rigueurs de la température.

Une exception de cette importance n'aurait-elle pas, en outre, pour résultat de justifier, en quelque sorte, la réputation d'insalubrité du climat que vous déclarez imméritée, non sans raison, et d'augmenter ainsi le préjudice moral causé à la colonie ?

Quoi qu'il en soit, j'estime qu'il convient d'agir d'une manière persévérante sur les conseils de santé en leur représentant les inconvénients graves nés de leur excessive indulgence, et en réclamant d'eux, par suite, une sévérité plus grande dans les constatations qui leur sont demandées. A plusieurs reprises déjà, ceux de la métropole ont été invités à se montrer moins faciles, et je ne doute pas qu'en faisant appel au bon esprit qui anime certainement les membres du Conseil de santé de la Cochinchine, vous n'obteniez, par ce moyen, le seul qui me semble pratique, une prompte amélioration de l'état de choses regrettable que vous m'avez signalé.

BERLET.

(23 décembre 1882).

DÉP. M. *au sujet des certificats individuels qui doivent accompagner les convalescents rentrant de Cochinchine.*

ARCH. GOUV.

Par une dépêche du 6 mai dernier, j'avais appelé l'attention de votre prédécesseur sur la nécessité de se conformer à la circulaire du 22 avril 1875, qui prescrit de pourvoir les marins, militaires ou agents renvoyés en France comme convalescents, de certificats médicaux établis par le conseil de santé de la colonie ; or, M. le Préfet maritime de Toulon me fait connaître que les officiers rentrant de Cochinchine sont seuls munis de cette pièce, qui n'est pas délivrée aux marins et militaires renvoyés en France dans les mêmes conditions.

Je vous prie de vouloir bien donner des ordres formels pour que, désormais, aucun militaire ou agent ne rentre en France comme convalescent sans être pourvu du certificat médical dont il s'agit.

(11 mai 1883)

DÉP. M. *au sujet des renseignements relatifs aux passages à mentionner sur les livrets des officiers, fonctionnaires et agents affectés au service colonial.*

B. M. p. 706.

(24 mai 1883)

CIRC. M. *Les instituteurs et institutrices congréganistes ne peuvent prétendre à la concession de congés.*

ARCH. GOUV.

J'ai remarqué que la plupart des instituteurs et institutrices congréganistes sont porteurs, au moment de leur rentrée en France, d'un congé de convalescence accordé par décision des administrations locales.

J'ai l'honneur de vous rappeler que dans les conventions passées entre le Département et les Congrégations religieuses, aucune disposition n'a étendu aux membres de ces communautés ni le droit d'obtenir de congés de convalescence ou autres, ni la concession d'une solde quelconque après leur départ de la colonie.

L'abonnement qui est payé à l'Institut des frères de l'instruction chrétienne et aux dames de St-Joseph de Cluny leur tient lieu de tout autre indemnité, et cet abonnement a été établi précisément en vue d'exonérer le Département des dépenses de cette nature.

Vous pourrez continuer comme par le passé à accorder aux instituteurs et aux institutrices congréganistes un passage gratuit lorsqu'ils auront fait constater la nécessité de rentrer en France pour cause de maladie, mais en aucun cas ils ne devront bénéficier d'un congé à titre quelconque.

Je vous prie de donner des ordres pour qu'on se conforme à l'avenir à ces instructions.

Je n'ai pas besoin d'ajouter que vous devrez aviser le Département de la rentrée en France des congréganistes dans les mêmes conditions que pour tout le personnel placé sous vos ordres.

(7 mars 1884)

DÉP. M. *recommandant de n'accorder des congés pour affaires personnelles qu'avec la plus grande réserve aux officiers des corps de troupes en service aux colonies.*

ARCH. GOUV.

J'ai eu l'occasion de constater la facilité avec laquelle des congés, pour affaires personnelles, sont accordés aux officiers des corps de troupe de l'armée de mer en service aux colonies.

Par suite de l'adoption de la mesure qui a abaissé la période de séjour des troupes aux colonies, notamment en Cochinchine, au Sénégal et à la Guyane, où cette période n'est que de deux années, il importe de n'accorder que dans des circonstances exceptionnelles et dûment justifiées, les autorisations de cette nature, qui ont pour effet de tenir éloignés de leurs postes des officiers dont la présence est cependant nécessaire.

J'ai, en conséquence, l'honneur de vous prier de donner des ordres formels dans ce sens et de me rendre compte des congés pour affaires personnelles qui pourraient être accordés, à l'avenir, dans ces conditions.

(16 mars 1884)

DÉCRET *portant modification des dispositions relatives à la concession des congés de convalescence et des congés pour aller faire usage des eaux.*

B. M. p. 449.

(31 mai 1884).

CIRC. M. *modifiant la circulaire du 13 juillet 1879 en ce qui concerne la concession des congés de convalescence et des congés pour les eaux thermales ; un séjour de 15 jours d'observation dans un hôpital n'est plus nécessaire.*

B. M., p. 987.

(3 décembre 1884).

DÉP. M. *Observations relatives au congé pour affaires personnelles accordé à M. C.., commis rédacteur de 1re classe. — Recommandations.*

ARCH. GOUV.

Par lettre du 5 octobre dernier, vous avez informé le Département que, par décision du 3 du même mois, vous aviez autorisé M. C.., commis rédacteur de 1re classe à la direction de l'Intérieur à s'embarquer à ses frais sur le paquebot des messageries maritimes le *Djemanh* pour aller en France jouir d'un congé pour affaires personnelles.

Eu égard au peu de temps depuis lequel M. C... se trouve dans la colonie (deux mois environ) j'ai peine à m'expliquer la décision prise à l'égard de cet employé. Cette décision grève en effet le budget de la Cochinchine de charges tout à fait hors de proportion avec les services rendus par l'intéressé.

Quoi qu'il en soit, j'ai accordé à M. C... un congé pour affaires personnelles à demi-solde d'Europe et qui expire le 5 février prochain, mais je vous recommande expressément de veiller à ce qu'à l'avenir et à moins de circonstances exceptionnelles l'administration locale n'autorise le personnel servant en Cochinchine à se rendre en France en congé pour affaires personnelles qu'après avoir préalablement pris et reçu les instructions du Département.

FÉLIX FAURE.

(23 janvier 1885)

CIRC. D. I. *au sujet des demandes de congé présentées par les fonctionnaires, employés et agents de service local* (1).

J. C., p. 106.

J'ai l'honneur de vous rappeler que les demandes de congés administratifs, formulées par les membres du personnel autres que les administrateurs des affaires indigènes, doivent m'être adressées au moins trois mois avant l'époque probable des départs des transports de l'État ou des paquebots qui doivent les rapatrier.

A l'avenir, toutes les demandes de cette nature seront classées à leur date d'arrivée et ajournées jusqu'au départ du transport qui partira au moins trois mois après leur enregistrement.

Les administrateurs des affaires indigènes et les chefs d'arrondissement resteront soumis aux règles antérieures, qui les obligent à produire leurs demandes six mois avant la date éventuelle de leur départ.

L'insertion de la présente circulaire au *Journal officiel* et au *Bulletin officiel* de la colonie tiendra lieu de notification.

NOUET.

(1) V. *infrà*, Circ. D. I. 13 septembre 1888.

(8 août 1885)

CIRC. D. I. *rappelant aux prescriptions de la circulaire du 23 août 1872 ayant pour objet de prévenir les absences irrégulières des employés et agents de l'administration.*

J. C. p. 981.

Les fonctionnaires, employés ou agents qui viennent à Saïgon en service commandé ou en permission, négligent fréquemment de se présenter au 1er bureau de l'Intérieur pour y faire viser leurs ordres de route ou leurs autorisations d'absence.

Cette façon de procéder est très irrégulière et absolument contraire aux instructions contenues dans l'article 214 du décret du 1er juin 1875 et dans la circulaire du 23 août 1872, qui exige formellement que les documents dont il s'agit soient visés par le chef du 1er bureau, à l'arrivée et au départ de Saïgon.

Je vous serais, en conséquence, obligé de vouloir bien inviter le personnel placé sous vos ordres à se conformer strictement aux prescriptions qui font l'objet de la présente circulaire.

NOUET.

(20 septembre 1885)

DÉCRET *modifiant celui du 1er juin 1875 en ce qui touche les concessions ou prolongations de congés et de permissions.*

B. M. p. 682

(28 septembre 1885)

CIRC. M. *au sujet de la concession des congés à 2/3 de solde qui est réservée au Ministre.*

B. M., p. 632.

(29 mai 1887)

DÉP. M. *Mode de concession de congé administratif pour le personnel des affaires indigènes et de la Direction de l'Intéreur.*

ARCH. GOUV.

M. V..., administrateur principal des affaires indigènes de Cochinchine, a été autorisé par vous, le 26 décembre 1886, à rentrer en France en congé administratif. Or, ce fonctionnaire ne se trouvait dans la colonie que depuis le 16 août 1885 ; il ne réunissait donc pas, au moment de son départ pour la Métropole, les trois ans de séjour exigés par l'article 33 du décret du 4 mai 1881, pour avoir droit à un congé de cette nature.

Il m'a été heureusement possible de régulariser la situation de M. V..., en lui accordant, après avis du Conseil supérieur de santé, un congé de convalescence de deux mois, à solde entière d'Europe, valable du 29 mars au 28 mai 1887.

Mais, je n'en dois pas moins regretter l'irrégularité commise à l'origine et appeler votre attention sur les prescriptions des circulaires des 3 mai 1887 et 28 septembre 1885, par lesquelles le Département s'est réservé le droit de concéder les congés de six mois auxquels peuvent prétendre les fonctionnaires qui ont accompli aux colonies une période de séjour réglementaire.

Vous voudrez bien, à l'avenir, vous conformer à ces prescriptions.

Je vous serai obligé de m'accuser réception de la présente dépêche.

A. DE LA PORTE.

(13 septembre 1888)

CIRC. D. I. *au sujet des demandes de congé administratif qui doivent, autant que possible, être formulées quatre mois avant leur exécution.*

J. C., p. 799.

Une circulaire du 23 janvier 1885 de M. Nouët, alors directeur de l'intérieur, a invité les fonctionnaires et employés de l'Administration locale à formuler leurs demandes de congé administratif trois mois avant l'époque qu'ils auraient fixée pour leur départ.

Cette circulaire me paraît avoir été perdue de vue depuis quelque temps. Aussi crois-je devoir vous la rappeler et vous prier de tenir la main à ce qu'elle soit strictement observée à l'avenir.

J'insiste d'autant plus sur l'observation des prescriptions de cette circulaire que, dans un dépêche en date du 28 septembre 1885, M. le Ministre de la marine et des colonies s'est réservé le droit exclusif de statuer sur les congés à deux tiers de solde susceptibles d'être accordés aux officiers, fonctiontaires et employés qui ont accompli aux colonies la période de séjour exigée par l'article 37 du traité du 1er juin 1875.

Par suite de l'obligation que cette dépêche impose à l'Administration de soumettre au Département toutes les demandes de congé administratif qui peuvent se produire et d'attendre sa réponse avant d'autoriser le départ de- postulants, je crois devoir porter à quatre mois le délai fixé par M. Nouët pour la présentation des demandes.

CÉLORON DE BLAINVILLE.

(1er février 1889)

DÉP. M. *au sujet du mode de concession des congés administratifs. C'est le Département qui statue et non l'Administration locale.*

J. C., p. 318.

L'inspection des services administratifs et financiers en Indo-Chine a entretenu le Département d'une divergence d'opinions qui s'est produite entre elle et la Direction du service local de Cochinchine, au sujet de la concession d'un congé administratif à un administrateur des affaires indigènes. S'appuyant sur les circulaires ministérielles des 3 mai 1877 et 28 septembre 1885, et plus spécialement sur une dépêche du 29 mai 1887, l'inspection a émis l'avis qu'il appartenait exclusivement au Ministre d'accorder des congés de l'espèce aux fonctionnaires et agents qui en feraient la demande et qui réuniraient les conditions de séjour dans la colonie exigées par les règlements en vigueur.

D'accord avec le service central de l'inspection, je ne saurais admettre la théorie soutenue par le Directeur du service local de Cochinchine ; en effet, le décret du 4 mai 1881 n'a modifié, en ce qui a rapport aux congés administratifs, que la quotité de la solde accordée pendant la durée du congé, mais n'a édicté aucune disposition nouvelle quant à la durée minima du séjour dans la colonie et au mode de concession. Dans ces conditions, j'ai l'honneur de vous prier de vouloir bien donner des ordres pour qu'à l'avenir le Département soit appelé à statuer sur les demandes de congé administratif qui vous seraient adressées par les fonctionnaires et agents des diverses administrations de la colonie

(13 mars 1889)

CIRC. D. I. *au sujet des demandes de congé administratif. Les fonctionnaires, employés ou agents devront adresser leur demande de congé quatre mois au moins avant l'époque à laquelle ils désirent l'obtenir, afin que le Département puisse statuer.*

J. C., p. 317.

Par dépêche ministérielle du 1er février dernier, M. le Sous-Secrétaire d'État aux colonies a fait connaître que désormais, conformément aux circulaires ministérielles des 3 mai 1887, 28 septembre 1885 et plus spécialement à une dépêche du 29 mai 1887, le Département seul est appelé à statuer sur les demandes de congé administratif.

Je vous prie, en conséquence, de vouloir bien prévenir les fonctionnaires, employés ou agents placés sous vos ordres qu'ils aient à présenter leurs demandes quatre mois au moins avant la date à laquelle ils désirent quitter la colonie, pour que le Département puisse statuer en temps utile sur les demandes présentées.

CÉLORON DE BLAINVILLE.

CONGÉDIEMENTS.

V. *Recrutement de l'armée et réserve.*
Inscription maritime.

CONGÉS RENOUVELABLES.

NATURE DES DOCUMENTS	DATES	RECUEILS A CONSULTER Bat.	B. C.	B.D.I	J. C.	J.H.	B. M.	B.Col	OBSERVATIONS
D. G.	15 janvier 1862.		37						
D. G.	1er février 1862.		41						
D. G.	11 août 1866.	II-602	124						
D. G.	30 septembre 1866.		152						
A. G.	7 décembre 1866.		221						
D. G.	22 avril 1871.	I-386	139						
D. G.	31 octobre 1874.	II-773	368						
A. G.	26 décembre 1874.	II-773	448						
Dép. M.	12 février 1875.	II-774							
D. G.	7 août 1878.	I-438	269						
D. G.	8 août 1882.		367						
Dép. M.	21 mai 1883.		730						

(15 janvier 1862)

D. G. *Les sous-officiers et soldats de toutes armes employés aux directions indigènes seront mis en congé provisoire renouvelable jusqu'à l'expiration de leur temps de service ou jusqu'à ce qu'il ait été définitivement statué sur leur position.*

B. C. p. 37.

(1er février 1862)

D. G. *Dispositions à prendre à l'égard des militaires en congé temporaire renouvelable.*

B. C. p. 41.

(11 août 1866)

D. G. *Le major de la garnison de Saïgon remplira les fonctions de commandant du dépôt de recrutement et de la réserve à l'égard des militaires en congé temporaire renouvelable. — Attributions* (1).

BAT. II. p. 602.
B. C. p. 124.

(30 septembre 1866)

D. G. *Classement dans les différentes salles de l'hôpital des militaires en congé renouvelable.*

B. C. p. 152.

(7 décembre 1866)

A. G. *Les militaires ou marins qui demandent à être mis en congé renouvelable pour entrer comme agents de création locale au service des subsistances, ne seront admis désormais, dans ce service, que comme distributeurs.*

B. C. p. 221.

(22 avril 1871)

D. G. *Allocation d'une indemnité de cent francs nets aux militaires mis en congé renouvelable pour occuper des emplois de secrétaires auxiliaires dans l'administration locale* (2).

BAT. I. p. 386.
B. C. p. 139.

Une somme de cent francs nets sera payée, à titre d'indemnité pour premier établissement, aux militaires mis en congé renouvelable pour occuper des emplois de secrétaires auxiliaires stagiaires dans l'Administration locale.

DUPRÉ.

(1) V. Recrutement et de la réserve (Bureau du).
(2) V. *infrà*, D. G., 8 août 1882.

(31 octobre 1874)

D. G. *Les militaires ne peuvent être mis en congé temporaire renouvelable que si la situation de leur masse est favorable. — Cas où la masse serait en débet.*

BAT., II, p. 773.
B. C., p. 368.

Article premier. — A l'avenir, les militaires appartenant aux divers corps de la garnison en station dans la colonie, ne pourront être mis en congé temporaire renouvelable que si la demande les concernant est appuyée d'un état indiquant la situation favorable de leur masse individuelle.

Art. 2. — Les hommes dont la masse serait en débet, et qui cependant désireraient être mis en congé renouvelable, seront tenus de verser le montant intégral de leur dette avant de quitter provisoirement le corps auquel ils appartiennent.

Ceux qui se trouvent déjà en congé dans la colonie et qui ont laissé à leur corps une masse en débet, devront également verser le plus tôt possible le montant de ce débet. Dans le cas contraire, des retenues d'office seront exercées sur la solde qui leur est attribuée dans les services auxquels ils sont maintenant attachés, sans que cependant ces retenues puissent excéder le cinquième de la solde brute.

KRANTZ.

(26 décembre 1874)

A. G. *Les sous-officiers et soldats du corps de troupe de la marine ne pourront, à l'avenir, former des demandes de congés renouvelables que pendant les trois derniers mois de la durée réglementaire de leur séjour dans la colonie. Ils devront, en outre, être libérables du service actif dans les douze mois qui suivront la date de leur demande. Cas spéciaux* (1).

BAT., II, p. 773.
B. C., p. 448.

Les sous-officiers et soldats des corps de troupe de la marine ne pourront, à l'avenir, former des demandes de congés renouvelables que pendant les trois derniers mois de la durée réglementaire de leur séjour dans la colonie. Ils devront, en outre, être libérables du service actif dans les douze mois qui suivront la date de leur demande.

Les sous-officiers et soldats libérables en 1875, et auxquels des congés renouvelables ont été déjà accordés, pourront être maintenus dans cette situation jusqu'à l'époque de leur libération.

Les sous-officiers et soldats non libérables en 1875, et auxquels des congés renouvelables ont été déjà accordés, pourront être maintenus dans cette situation jusqu'à l'expiration de la durée règlementaire de leur séjour dans la colonie, époque à laquelle ils rentreront à leur corps et seront renvoyés en France.

Par suite de ces dispositions, les sous-officiers et soldats actuellement en congé renouvelable et qui compteront deux années de séjour dans la colonie le 20 janvier 1875, rentreront au corps à cette date et partiront à bord du transport qui quittera Saïgon à la fin dudit mois.

Sont et demeurent rapportés les arrêtés et décisions contraires aux dispositions du présent arrêté.

DUPERRÉ.

(1) V. *infrà*, Dép. M., 12 février 1875.

(12 février 1875)

DÉP. M. *relative aux concessions de congés renouvelables aux sous-officiers et soldats du corps de troupe de la marine.*

BAT. II. p. 774.

Par lettre en date du 2 janvier dernier, vous m'avez entretenu d'une décision prise par vous relativement aux concessions de congés renouvelables aux sous-officiers et soldats des corps de troupe de la marine. Cette décision a pour but d'empêcher que ces hommes soient distraits de leur service militaire afin d'occuper des emplois civils pour lesquels il ne manque pas de sujets. Elle aura pour résultat de diminuer les effectifs que mon Département entretient dans la colonie, ou tout au moins de rendre moins pénible le service de place, par cela même qu'il y aura plus de monde à y concourir.

Les inconvénients du système auquel vous venez de mettre fin ne m'avaient pas échappé, mais en ordonnant de le changer, je craignais de susciter des embarras à l'autorité coloniale.

Je ne saurais donc trop applaudir à la mesure que vous avez prise. Je suis porté à croire comme vous que la période des expédients est passée, et qu'il est possible de constituer les diverses branches de l'Administration de la colonie tout en maintenant les principes de la hiérarchie dans le personnel militaire. Je vous prie de persévérer dans la voie où vous êtes entré : vous pouvez être assuré de recevoir mon approbation pour toutes les mesures que vous croirez pouvoir prendre en conséquence.

MONTAIGNAC.

(7 août 1878)

D. G. *Allocation d'une indemnité de 100 francs nets aux militaires mis en congé renouvelable pour occuper des emplois de commis aux écritures, d'écrivains ou de dessinateurs dans les administrations ou services compris dans le budget de l'État.*

BAT. I. p. 438.
B. C. p. 269.

Une somme de cent francs nets sera payée, à titre d'indemnité de premier établissement, aux militaires mis en congé renouvelable pour occuper des emplois de commis aux écritures, d'écrivains ou de dessinateurs dans les administrations ou services compris dans le budget de l'État.

Cette dépense sera imputée au chapitre du budget qui supporte la solde.

J. LAFONT.

(8 août 1882)

D. G. *modifiant la décision du 22 avril 1871 allouant une indemnité de 100 francs aux militaires mis en congé renouvelable.*

B. C. p. 367.

Les dispositions contenues dans la décision du 22 avril 1871 ne seront désormais applicables qu'aux militaires mis en congé renouvelable pour occuper dans l'Administration locale des emplois civils ne donnant pas droit à l'indemnité d'habillement, et dont la solde première ne dépassera pas 360 piastres (trois cent soixante piastres).

LE MYRE DE VILERS.

(21 mai 1883)

DÉP. M. *au sujet de l'instruction des demandes d'envoi en congé renouvelable à titre de soutien de famille.*

B. M. p. 730.

CONGRÉGATIONS.

NATURE DES DOCUMENTS	DATES	RECUEILS A CONSULTER							OBSERVATIONS
		Bat.	B. O.	B. D. I.	J. C.	J. H.	B. M.	B. Col.	
D. G.	3 avril 1873.	II-31	129						
A. G.	1er décembre 1877.	I-319	386						
A. G.	23 janvier 1885.				161				

(3 avril 1873)

D. G. *Les chefs de congrégations seront exempts de l'impôt de capitation. — Ne jouiront pas de l'exemption dont il est parlé ci-dessus :*

1° Les chefs de congrégations qui, pour un motif quelconque, quitteront leurs fonctions avant l'expiration du 1er semestre de l'année pour laquelle ils auront été nommés.

2° Ceux qui auront été nommés provisoirement, en attendant l'époque des élections annuelles.

3° Les sous-chefs de congrégations qui exerceront temporairement les fonctions de chefs.

BAT. II. p. 31.
B. C. p. 129.

(1er décembre 1877)

A. G. *Les élections des divers chefs et sous-chefs de congrégations auront lieu au mois de juillet de chaque année* (1).

BAT. I. p. 319.
B. C. p. 386.

Les élections des divers chefs et sous-chefs de congrégations auront lieu au mois de juillet de chaque année, à partir de l'année 1878.

J. Lafont.

(23 janvier 1885)

A. G. *Réglementation de l'immigration asiatique. (Articles 16 à 20).*

J. C. p. 161.

. . . .

. . . .

Art. 16. — Les chefs et sous-chefs de congrégation sont choisis par les Asiatiques résidant dans l'arrondissement et appartenant à la congrégation. Dans le 20e arrondissement, les chefs et sous-chefs de congrégation devront appartenir, avant l'élection, à la première catégorie ou au moins à la seconde.

Dans les arrondissements où le nombre des électeurs d'une ou plusieurs congrégations sera inférieur à 100, les Asiatiques se réuniront pour l'élection d'un seul chef commun à toutes les congrégations.

Art. 17. — Les élections des chefs et sous-chefs de congrégation auront lieu au mois d'octobre et seront soumises à l'approbation du Gouverneur.

Art. 18. — Les chefs de congrégation seront exempts de l'impôt de capitation. Toutefois, ceux qui, sans une excuse reconnue valable par l'Administration, quitteraient leurs fonctions sans avoir dirigé les congrégations pendant six mois consécutifs, seront exclus de cette faveur.

Le sous-chef remplace le chef en cas d'absence de peu de durée. Si l'absence se prolonge au delà de trois mois, il y aura lieu de procéder à de nouvelles élections.

Art. 19. — Les chefs et sous-chefs de congrégation concourent, avec les agents de l'Administration et les maires des villages, à la police de leur congrégation. Ils

(1) V. *infrà*, A. G. 23 janvier 1885.

exercent une surveillance directe sur les congréganistes, et recourent au besoin à la protection des autorités pour assurer leur intervention dans l'intérêt de l'ordre public.

Ils doivent toujours être à même d'indiquer, au moyen de leurs catalogues, les mouvements survenus parmi les membres de leurs congrégations et signaler, au fur et à mesure qu'ils se produisent, les changements de domicile, les décès, départs, fuites, etc.

Toute infraction à cette disposition, de même que toute déclaration inexacte, sera punie d'une amende de 2 à 10 piastres, et de 15 jours de prison en cas de récidive.

Toute demande de laisser-passer ou de passeport doit être présentée par le chef ou le sous-chef de la congrégation.

Art. 20. — La congrégation est civilement responsable dans la personne de son chef, et au besoin solidairement entre tous ses membres, de la totalité des contributions *personnelles* dues à la colonie par ses congréganistes.

Le chef de congrégation est l'intermédiaire désigné pour recevoir tout communication de l'Administration adressée à la collectivité des individus composant la congrégation.

. . . .

. . . .

Consulter en outre : *Émigration et immigration.*

CONGRÉGATIONS RELIGIEUSES.

I. DISPOSITIONS COMMUNES. — II. MISSIONS. — III. SŒURS DE ST-PAUL DE CHARTRES. — IV. CARMÉLITES.

I. — DISPOSITIONS COMMUNES.

NATURE DES DOCUMENTS	DATES	RECUEILS A CONSULTER							OBSERVATIONS
		Bât.	B. C.	B D I	J. C.	J.H.	B.M.	B Col	
Décret.	29 mars 1880.		266						
Décret.	29 mars 1880.		266						
Décret.	3 avril 1880.		266						
Dép. M.	13 avril 1880.								
Circ. M.	24 mai 1883.								

(29 mars 1880)

DÉCRET *portant que toute congrégation ou communauté non autorisée est tenue de faire les diligences nécessaires à l'effet d'obtenir la vérification et l'approbation de ses statuts et règlements et la reconnaissance légale pour chacun de ses établissements actuellement existant.*

(Promulg. A. G. 18 mai 1880).
[B. C. p. 266.

Article premier. — Toute congrégation ou communauté non autorisée est tenue, dans le délai de trois mois à dater du jour de la promulgation du présent décret, de faire les diligences ci-dessous spécifiées, à l'effet d'obtenir la vérification et l'approbation de ses statuts et règlements et la reconnaissance légale pour chacun de ses établissements actuellement existants de fait.

Art. 2. — La demande d'autorisation devra, dans le délai ci-dessus imparti, être déposé au Secrétariat général de la préfecture de chacun des départements où l'association possède un ou plusieurs établissements.

Il en sera donné récépissé.

Elle sera transmise au Ministre de l'intérieur et des cultes, qui instruira l'affaire.

Art. 3. — A l'égard des congrégations d'hommes, il sera statué par une loi.

A l'égard des congrégations de femmes, suivant les cas et les distinctions établies par la loi du 24 mai 1825 et par le décret du 31 janvier 1852, il sera statué par une loi ou par un décret rendu en Conseil d'État.

Art. 4. — Pour les congrégations qui, aux termes de l'article 2 de la loi du 24 mai 1825 et du décret du 31 janvier 1852, peuvent être autorisées par décret rendu en Conseil d'État, les formalités à suivre pour l'instruction de la demande seront celles prescrites par l'article 3 de la loi précitée de 1825, auquel il n'est rien innové.

Art. 5. — Pour toutes les autres congrégations, les justifications à produire à l'appui de la demande d'autorisation seront celles énoncées ci-dessous.

Art. 6. — La demande d'autorisation devra contenir la désignation du supérieur ou des supérieurs, la détermination du lieu de leur résidence ou la justification que cette résidence est et restera fixée en France. Elle devra indiquer si l'association s'étend à l'étranger ou si elle est renfermée dans le territoire de la République.

Art. 7. — A la demande d'autorisation devront être annexés : 1° la liste nominative de tous les membres de l'association ; cette liste devra spécifier, pour chaque membre, quel est le lieu de son origine et s'il est Français ou étranger ; 2° l'état de l'actif et du passif, ainsi que des revenus et charges de l'association et de chacun de ses établissements ; 3° un exemplaire des statuts et règlements.

Art. 8. — L'exemplaire des statuts dont la production est requise devra porter l'approbation des évêques des diocèses dans lesquels l'association a des établissements, et contenir la clause que la congrégation ou communauté est soumise, dans les choses spirituelles, à la juridiction de l'ordinaire.

Art. 9. — Toute congrégation ou communauté qui, dans le délai ci-dessus imparti, n'aurait pas fait la demande d'autorisation avec les justifications prescrites à l'appui, encourra l'application des lois en vigueur.

GRÉVY.

(29 mars 1880)

DÉCRET *accordant un délai à l'agrégation ou association non autorisée dite de Jésus, pour* *se dissoudre et évacuer les établissements occupés par elle. Prorogation de ce délai pour les établissements dans lesquels l'enseignement littéraire et scientifique est donné.*

(Promulg. A. G. 18 mai 1880).
B. C. p. 266.

Article premier. — Un délai de trois mois, à dater du présent décret, est accordé à l'agrégation ou association non autorisée dite de Jésus, pour se dissoudre, en exécution des lois ci-dessus visées, et évacuer les établissements qu'elle occupe sur la surface du territoire de la République.

Ce délai sera prolongé jusqu'au 31 août 1880 pour les établissements dans lesquels l'enseignement littéraire ou scientifique est donné, par les soins de l'association, à la jeunesse.

GRÉVY.

(3 mai 1880)

DÉCRET *rendant applicable aux colonies le décret du 29 mars 1880. — Rapport.*

(Promulg. A. G. 18 mai 1880).
B. C. p. 266.

Article premier. — Les décrets susvisés du 29 mars 1880 sont rendus applicables aux colonies françaises, sous les modifications suivantes :

Art. 2. — Le délai accordé à l'agrégation ou association non autorisée dite de Jésus pour se dissoudre est fixé à trois mois, à dater de la promulgation du présent décret dans chaque colonie

Art. 3. — Toute autre congrégation ou communauté non autorisée devra, dans le délai de trois mois, à dater du jour de la promulgation du présent décret dans la colonie, déposer sa demande en autorisation à la Direction de l'intérieur de chacune des colonies où l'association possédera un ou plusieurs établissements.

Les demandes seront examinées par le Gouverneur, en Conseil privé, et transmises au Ministre de la Marine qui instruira l'affaire, de concert avec M. le Ministre de l'intérieur et des cultes.

GRÉVY.

(13 avril 1880)

DÉP. M. *prescrivant l'exécution pleine et entière des décrets du 29 mars 1880 rendus applicables aux colonies par un décret en date du 3 avril.*

ARCH. GOUV.

Vous trouverez au *Journal officiel* du 4 avril un décret en date du 3 du même mois qui rend applicables aux colonies les décrets du 29 mars dernier relatifs aux associations ou agrégations religieuses non autorisées.

Je vous prie de vouloir bien assurer l'exécution de ce décret, et me rendre compte des dispositions que vous avez prises.

(24 mai 1883)

CIRC. M. *Les instituteurs et institutrices congréganistes ne peuvent prétendre à la concession de congés.*

J'ai remarqué que la plupart des instituteurs et institutrices congréganistes sont porteurs au moment de leur rentrée en France, d'un congé de convalescence accordé par décision des administrations locales.

J'ai l'honneur de vous rappeler que dans les conventions passées entre le département et les congrégations religieuses aucune disposition n'a étendu aux membres de ces communautés ni le droit d'obtenir des congés de convalescence ou autres, ni la concession d'une solde quelconque après leur départ de la colonie.

L'abonnement qui est payé à l'institut des frères de l'instruction chrétienne et aux dames de Saint-Joseph de C.., leur tient lieu de tout autre indemnité et cet abonnement a été établi précisément en vue d'exonérer le département des dépenses de cette nature.

Vous pourrez continuer comme par le passé à accorder aux instituteurs et aux institutrices congréganistes, un passage gratuit lorsqu'ils auront fait constater la nécessité de rentrer en France pour cause de maladie ; mais, en aucun cas, ils ne devront bénéficier d'un congé à un titre quelconque.

Je vous prie de donner des ordres pour qu'on se conforme à l'avenir à ces instructions : je n'ai pas besoin d'ajouter que vous devrez aviser le département de la rentrée en France des congréganistes, dans les mêmes conditions que pour tout le personnel placé sous vos ordres.

DISLÈRE.

II. — MISSIONS.

NATURE DES DOCUMENTS	DATES	RECUEILS A CONSULTER							OBSERVATIONS
		Bat.	B. C	B.D.I	J. C.	J.H.	B. M.	B.Col	
D. G.	28 août 1862.								
D. G.	19 octobre 1868.	I-562	213						
D. G.	14 décembre 1868.		320						
A. G.	22 août 1874.		295						
D. G.	1er novembre 1875.	I-570	381						
Circ. D. I.	20 décembre 1876.	I-320		176					
A. G.	15 juin 1878.	I-321	210						
Circ. G.	22 juillet 1878.	I-324		131					
Circ. D. I.	13 juin 1882.			27					

(28 août 1862)

D. G. *concédant à la mission de la Cochinchine occidentale d'un terrain situé dans la ville de Saïgon. — Situation dudit terrain; — conditions de la concession.*

ARCH. D. I.

Il est fait donation, à titre gratuit, et en toute propriété, à la mission de la Cochinchine Occidentale, de la portion quadrangulaire de terrain comprise entre les quatre rues portant les numéros : deux, quatre, dix-neuf et vingt-trois, telles que ces rues sont tracées et numérotées sur le plan originel de la ville de Saïgon, en date du dix mai mil huit cent soixante-deux. Ce terrain représentant une superficie d'environ cinq hectares, est concédé avec les maisons, bâtisses ou établissements quelconques existant dans son enceinte, au moment de la concession, sauf aux concessionnaires à payer, s'il y a lieu, l'indemnité prévue par l'article dix de la décision du vingt février mil huit cent soixante-deux, sur la vente des terrains.

Les droits de possession de la mission de la Cochinchine Occidentale sur le terrain concédé par le présent acte seront soumis aux dispositions du Code civil, sauf les modifications qui pourraient être introduites par les arrêtés ou décisions du commandant en chef, ainsi qu'il est dit dans l'article sept de la décision du vingt février mil huit cent soixante-deux.

La mission de la Cochinchine Occidentale sera exonérée de toute redevance annuelle, pour la propriété du terrain ci-dessus désigné.

Si la totalité ou une partie de la concession venait à être aliénée, par vente ou autrement, entre les mains de particuliers, les nouveaux propriétaires auraient à payer une redevance annuelle, conforme au tarif annexé à la décision du vingt février mil huit cent soixante-deux, sur la vente des terrains.

BONARD.

(19 octobre 1868)

D. G. *allouant à titre gratuit, la ration dite d'officier, aux pères de la mission chargés du service religieux auprès des malades dans les hôpitaux des provinces.*

BAT. I, p. 562.
B. C., p. 213.

Les pères de la mission qui, à défaut d'aumôniers de la marine dans les chefs-lieux de cercles, seront chargés du service religieux auprès des malades traités dans les hôpitaux militaires, recevront, à titre gratuit, la ration dite *d'officier* déterminée par l'arrêté du 3 décembre 1866.

G. OHIER.

(14 décembre 1868)

D. G. *réglant le traitement des membres du clergé de la colonie pendant la durée de leur congé de convalescence. Ils conserveront la moitié de leur traitement pendant les trois premiers mois de leur congé.*

B. C. p. 320.

(22 août 1874)

A. G. *mettant à la disposition de la mission de Cochinchine le terrain et les bâtiments de l'ancien palais du Gouvernement.*

B. C., p. 295.

(1er novembre 1875)

D. G. *allouant un supplément annuel de 1.000 francs aux deux ecclésiastiques qui rempliront les fonctions d'aumônier à Haïphong et à Hanoï.*

BAT. I, p. 570.
B. C. p. 381.

(20 décembre 1876)

CIRC. D. I. *État et attributions des missions et des diverses chrétientés et églises dépendant des missions dans les possessions françaises au point de vue des biens et des affaires temporelles.*

BAT. I, p. 320.
B. D. I., p. 176.

J'ai l'honneur de vous rappeler que les différentes missions de la congrégation des missions étrangères, dont le siège principal est sis rue du Bac, à Paris, ont une existence civile française légalement reconnue par lettres patentes de Louis XVI, en date de mai 1775, confirmées et approuvées par ordonnance royale de Louis XVIII, en date du 15 octobre 1823. Elles peuvent posséder et acquérir.

L'ordonnance du 15 octobre 1823 ne rapporte nullement l'ordonnance du 2 mars 1815, qui rétablit sur le pied du décret du 2 germinal an XIII la congrégation des missions étrangères, qui avait été officiellement supprimée le 26 septembre 1809.

D'après le décret du 2 germinal an XIII, article 3, les actes de fondations et donations acceptés par les supérieurs des missions étrangères seront soumis à la sanction du Chef de l'État.

En outre, l'article 110 du règlement de la congrégation, approuvé par ordonnance royale du 15 octobre 1823, dispose qu'il doit y avoir dans chaque mission, autant que possible, un missionnaire procureur chargé de l'administration des biens et des affaires temporelles, sous la direction du supérieur de ladite mission et selon les règles établies par lui.

De toutes ces pièces il résulte :

1° Que les différentes missions de la congrégation des missions étrangères établies dans les possessions françaises de la Cochinchine, ont une existence civile reconnue par la loi, et qu'elles peuvent posséder et acquérir ;

2° Que les églises particulières ou chrétientés dépendant de ces missions n'ont aucune existence civile reconnue par la loi, et qu'elles ne peuvent, par suite, posséder ni acquérir par elles-mêmes ;

3° Que les différents actes relatifs aux affaires temporelles de la mission doivent être faits au nom de la mission par le supérieur seul de la mission ou par son mandataire *ad hoc* dûment autorisé ;

4° Que toutes donations ou fondations en faveur de la mission doivent être acceptées par le supérieur de la mission et que les actes desdites fondations ou donations doivent, après acceptation du supérieur, être sanctionnés par le Chef de l'État ou par le Gouverneur de la colonie, représentant du Chef de l'État ;

5° Que toute cause, procès, etc., relatif aux affaires temporelles de la mission, est, dans les possessions françaises de la Cochinchine, exclusivement de la compétence des tribunaux français.

En ce qui concerne les biens dits *de l'Église*, leur existence légale n'existe pas, car les biens de cette nature doivent être administrés par des conseils de fabriques qui n'ont pas été institués en Cochinchine, où les paroisses n'ont pas été constituées. — L'inscription de ces biens sur les registres d'impôt au titre de *Biens d'Église* est donc une tolérance. Au point de vue des différends qui entraînent l'intervention de la justice, elle présente de sérieux inconvénients qu'il importe de faire cesser.

Toutefois, et jusqu'à ce qu'il en ait été statué autrement.

Quoiqu'il soit dès aujourd'hui reconnu que les églises ou chrétientés différentes qui dépendent des missions n'ont aucune existence civile légale, qu'elles n'ont, par suite, pu acquérir légalement par elles-mêmes.

Il y a lieu de maintenir les choses en l'état actuel et de continuer à porter sur les registres d'impôt les biens au nom de ces chrétientés ou églises, comme on l'a fait jusqu'à présent.

Je vais charger une commission d'étudier la situation des missions et des différentes chrétientés au point de vue dont il s'agit, et d'élaborer le projet d'une nouvelle loi organique qui règlera d'une façon définitive l'état et les attributions des missions et des diverses chrétientés et églises dépendant des missions dans les possessions françaises, et qui vous sera communiquée dès qu'elle aura reçu la sanction de la métropole.

DUPERRÉ.

(15 juin 1878)

A. G. *portant dispositions en ce qui concerne les immeubles de la congrégation des missions étrangères, situés dans les onze arrondissements de la colonie, formant le vicariat de la Cochinchine occidentale.*

BAT., I, p. 321.
B. C., p. 210.

Article premier. — La congrégation des missions étrangères de France, dont le siège légal est à Paris, rue du Bac, nº 128, sera à l'avenir représentée dans les arrondissements de Baria, Bienhoa, Bentré, Cholon, Mytho, Saïgon, Tanan, Tayninh, Thu-dau-mot, Travinh et Vinhlong, par Mgr Colombert, évêque de Samosate *in partibus*, demeurant et domicilié à Saïgon, désigné par elle comme son mandataire.

Art. 2. — Des titres de propriété français lui sont délivrés, par les administrateurs des affaires indigènes, pour chacun des lots ou parcelles de terrains bâtis ou non bâtis dont elle sera reconnue légitime propriétaire, en vertu de titres antérieurs ou postérieurs aux traités conclus les 5 juin 1862 et 15 mars 1874 (1), entre la France et l'Annam.

Art. 3. — En ce qui concerne les biens donnés à l'Église ou aux chrétientés, dont les revenus ont été affectés par les donateurs aux besoins du culte ou à des œuvres pies, et que ladite congrégation détient et administre, elle en sera déclarée seule et unique possesseur et pourra seule les gérer et les administrer, à la condition d'en consacrer les produits à l'acquittement des charges dont ils sont grevés, conformément à la teneur du titre originaire.

Ce droit de possession et d'administration lui appartiendra, à l'exclusion de toutes autres personnes, tant qu'elle sera représentée dans la colonie ou jusqu'à ce que les conseils de fabrique y soient institués.

Art. 4. — Des titres constatant son droit de possession légale et d'administration lui seront délivrés par les administrateurs des affaires indigènes pour chacun des immeubles spéciaux dont parle l'article précédent.

Art. 5. — Ces titres contiendront dans leur texte une traduction certifiée conforme de l'acte originaire en vertu duquel la congrégation des missions est devenue propriétaire ou simple possesseur desdits biens.

Dans le cas où cet acte originaire aurait été fait au nom d'une personne interposée, il sera fait mention de la déclaration de cette dernière ou du possesseur actuel, son héritier ou représentant, qu'il possède réellement pour le compte de la mission.

Art. 6. — Les lots ou parcelles de terrain seront portés sur les cahiers d'impôts des villages avec cette rubrique ou formule uniforme : *Hoi giang dao ngoai quoc la chu.* (La congrégation des missions étrangères, propriétaire).

Art. 7. — Lorsque ladite congrégation désignera une autre personne pour son mandataire, cette dernière devra être agrée par l'Administration. Son mandat devra lui conférer les pouvoirs les plus étendus.

Art. 8. — Les nouveaux titres de propriété ou de possession délivrés à la mission sur sa demande, par les administrateurs des affaires indigènes, seront soumis à un droit fixe d'enregistrement de 1 franc.

J. LAFONT.

(1) V. *infrà*, Circ. G. 22 juillet 1878 ; Circ. D. I. 13 juin 1882.

(22 juillet 1878)

CIRC. G. *Notification de l'arrêté du 15 juin 1878 édictant diverses mesures destinées à régulariser et à assurer les droits de la congrégation des missions étrangères sur les biens dont elle a la propriété ou simplement la possession et l'administration.*

BAT. I, p. 321.
B. D. I, p. 131.

J'ai l'honneur de vous adresser une copie de l'arrêté, en date du 15 juin dernier, qui édicte diverses mesures destinées à régulariser et à assurer les droits de la congrégation des missions étrangères sur les biens dont elle a la propriété pleine et entière et incontestée, ou simplement la possession et l'administration.

J'appellerai dès l'abord votre attention sur la distinction établie par cet acte, — entre les immeubles dont elle est propriétaire, en vertu, soit de titres valables légalement reconnus, soit d'une possession antérieure à la conquête, et ne soulevant aujourd'hui, de la part des familles, aucune réclamation (article 2), — et entre les biens dits *de l'Église*, c'est-à-dire les biens donnés aux églises et aux chrétientés pour les besoins du culte, ou pour des œuvres religieuses ou charitables (article 3).

Afin de vous faciliter l'application des prescriptions du nouvel arrêté, je vous adresse un modèle de chacun des deux titres que vous aurez à délivrer à la mission, suivant la distinction ci-dessus établie (*titre de propriété, titre de possession légale*). Ces modèles sont très explicatifs : ils contiennent toutes les indications nécessaires et prévoient tous les cas.

Ils doivent être rédigés en deux originaux, dont l'un remis au mandataire de la mission, et l'autre, devant rester déposé à vos archives, sera écrit sur un registre *ad hoc*, ainsi qu'il a été fait, jusqu'en 1871, pour les titres de propriété délivrés aux indigènes en vertu de l'arrêté du 16 mai 1863.

Vous délivrez ces titres, c'est là un point capital que je vous signale tout particulièrement, non point en qualité de *juge*, mais en votre double qualité de *chargé de l'administration* dans votre arrondissement et de *notaire*. (*A ce dernier titre, votre signature donne à ces actes le caractère d'authenticité conféré par la loi aux actes notariés*). Vous n'avez donc pas à rechercher si les titres d'acquisition qui vous sont présentés sont réguliers en la forme ; il doit vous suffire d'avoir la certitude qu'ils ne sont pas contestés. L'intervention à l'acte des personnes interposées ou de tous autres intéressés vous donnera cette certitude.

En délivrant ces titres de propriété ou de possession, vous constatez simplement des faits reconnus et des droits acquis, dont l'exactitude et la légitimité vous ont été démontrées déjà par les enquêtes préalables auxquelles il a été procédé au commencement de l'année, par vous ou par votre prédécesseur, en présence des intéressés et des chefs des villages. Ces titres sont *déclaratifs*, mais nullement *attributifs* de propriété. Par suite, toutes les fois qu'à propos de la délivrance d'un titre, s'élèveront soit une contestation sur la propriété du terrain, soit une réclamation quelconque soulevée sur son étendue ou sur ses limites, vous aurez à surseoir et à renvoyer les parties devant votre tribunal.

Parmi les biens dont la mission est propriétaire, et notamment parmi *les biens d'Église*, il en est un assez grand nombre pour lesquels il n'existe pas de titre d'acquisition, et sur lesquels, cependant, les droits de la mission sont incontestables, en vertu d'une possession antérieure à la conquête, et reconnue par les villages. Dans les titres que vous délivrerez concernant ces biens, vous ne pourrez évidemment insérer la traduction d'un acte originaire d'acquisition qui n'existe pas ; mais vous y suppléerez en faisant intervenir le chef du canton et deux notables de le commune, qui justifieront cette possession publique, paisible et incontestée, de la part de la congrégation des missions étrangères.

Dans ces dernières années, certains immeubles ont été acquis, suivant actes notariés, par MMgrs Miche et Colombert, et par d'autres missionnaires *français*. Ici, la délivrance d'un titre de propriété est naturellement inutile : nous rentrons dans le droit commun. Vous n'aurez, à propos de ces immeubles, qu'une formalité à remplir, à savoir : leur mention sur les cahiers d'impôts, sous la formule uniforme de l'article 6 de l'arrêté. Vous n'aurez pas à vous préoccuper davantage du point de savoir si les missionnaires français ont acquis en leur nom personnel ou pour le compte de la mission : dans le premier cas, en effet, ils sont libres de déclarer, par un nouvel acte notarié, qu'ils font abandon de leurs droits à la congrégation.

Je vous invite, en terminant, à l'observation stricte des règles suivantes :

1° Les Églises ou chrétientés dépendant de la mission n'ont pas d'existence civile reconnue par la loi ; elles ne peuvent, par suite, ni acquérir, ni posséder par elles-mêmes. De même, les biens dits *de l'Église* n'existent pas légalement, car ils doivent être administrés par des conseils de fabrique, et ni les conseils de fabrique ni les paroisses n'ont été constitués en Cochinchine. Le nouvel arrêté, tenant compte de l'existence de ces biens, de leur nature et de leur destination spéciales, et du fait qu'ils ont été possédés et administrés, dès l'origine, par les Pères de la mission, seuls ministres du culte catholique en Cochinchine, réglemente cette situation particulière, et consacre, en faveur de la congrégation des missions étrangères, ce droit exclusif de possession et d'administration, mais seulement à titre provisoire et jusqu'au jour où les paroisses seront constituées dons la colonie. L'inscription de ces biens sur les registres d'impôts, au titre de *Biens d'Église*, était une tolérance qui n'a plus sa raison d'être et présentait de sérieux inconvénients. Ils seront désormais inscrits, aux termes de l'article 6 de l'arrêté, au nom de la congrégation des missions étrangères.

2° A l'avenir, toutes les donations ou fondations en faveur de la mission, de l'Église, de la chrétienté, devront être acceptées par le mandataire de la congrégation, dûment agréé par l'Administration. Les actes de donation seront, quelle que soit la nationalité des donateurs, passés en la forme notariée, conformément à la loi française et aux dispositions du Code civil (Code civil, art. 931). Il en sera de même pour l'acceptation par le mandataire de la congrégation. Enfin, ces donations ou fondations devront être autorisées ensuite par le Chef de l'Etat ou par le Gouverneur, représentant du Chef de l'Etat.

3° Toute contestation, tout procès, relatifs aux affaires temporelles de la mission, en dehors du ressort des tribunaux de Saïgon, doivent être portés devant vous, en votre qualité de *juge français.*

4° En matière de contestations soulevées à propos de titres dans lesquels ne figureraient que des indigènes, quoique ces derniers ne soient en réalité que des personnes interposées au profit de la mission, vous devez appliquer la loi annamite.

La commission des biens de l'Église, instituée le 17 mai 1877, sur l'invitation de laquelle (circulaire du 13 octobre 1877) a eu lieu dans votre inspection l'enquête préalable sur les propriétés de la mission et des Églises et chrétientés, s'occupe du classement et de la traduction des titres de propriété que vous lui avec retournés, après les avoir vérifiés.

Ce travail terminé, ces titres vous seront adressés de nouveau par elle, avec leur traduction, et accompagnés des instructions nécessaires. Vous serez en même temps prévenu de l'époque à laquelle deux membres de la commission se transporteront dans votre arrondissement, dans le cas où ce transport devrait avoir lieu.

J. Lafont.

(13 juin 1882)

CIRC. D. I. *au sujet des immeubles détenus par la congrégation des Missions étrangères. — Modèle.*

B. D. I, p. 27.

Un arrêté, en date du 15 juin 1878, a prescrit la délivrance à la congrégation des Missions étrangères de titres destinés à constater ses droits à la propriété en possession légale des immeubles qu'elle détient. Un registre a été ouvert à cette époque à la Direction de l'Intérieur dans le but de centraliser les résultats de cette opération, et, bien que l'arrêté précité ne fût applicable qu'aux onze arrondissements formant le vicariat de la Cochinchine occidentale, il a semblé bon de profiter de cette occasion pour faire le relevé exact des propriétés possédées par la Mission dans toute la colonie.

Soit que les renseignements nécessaires n'aient pas été fournis, soit par toute autre cause, ce registre n'a pas été tenu avec une régularité parfaite, et j'ai tout lieu de le croire incomplet.

Pour remédier à cet état de choses, qui ne saurait se perpétuer sans danger, j'ai l'honneur de vous prier de m'adresser, le plus tôt possible, le relevé de toutes les propriétés immobilières de votre arrondissement détenues par la congrégation des Missions étrangères, qu'elles aient été ou non l'objet de la délivrance de titres en exécution de l'arrêté du 15 juin 1878, sus relaté. Cet état comprendra également les biens domaniaux affectés au service du culte ou mis, pour une cause quelconque, à la disposition de la Mission.

Vous devrez distinguer les immeubles dont cette congrégation est propriétaire de ceux dont elle n'a que l'administration. Les caractères distinctifs des uns et des autres sont clairement indiqués aux articles 2 et 3 de l'arrêté du 15 juin 1878.

Il conviendra également d'indiquer, dans la colonne des observations, l'affectation actuelle de tous les immeubles qui n'appartiennent pas en propre à la Mission.

Vous vous conformerez au surplus, pour la rédaction de cet état, aux indications du modèle ci-joint.

Béliard.

MODÈLE

(B. C., p. 28).

III. — SŒURS DE ST-PAUL DE CHARTRES.

NATURE DES DOCUMENTS	DATES	RECUEILS A CONSULTER							OBSERVATIONS
		Bat.	B. G.	B.D.I	J.C.	J.H.	B. M.	B.Col	
D. G.	29 mars 1877.	I-578	86						
Dép. M.	14 février 1879.	I-323							
Dép. M.	19 mai 1880.								
D. G.	24 janvier 1881.		63						
Dép. M.	14 février 1883.								
Dép. M.	26 avril 1883.								

(29 mars 1877)

D. G. *Deux sœurs de Saint-Paul de Chartres sont attachées à l'hôpital de Chaudoc.*

BAT. I, p. 578.
B. C. p. 86.

(14 février 1879)

DÉP. M. *Établissement et envoi au Département des états de présence des sœurs de Saint-Paul de Chartres.*

BAT. I, p. 323.

Les sœurs de Saint-Paul de Chartres, allant aux colonies ou en revenant, ont droit, dans le premier cas, à des frais de route et de trousseau, et, dans le second, à des frais de route seulement. Ces différentes allocations ont été jusqu'ici payées par mon Département sur la simple production par la congrégation d'états mentionnant les diverses mutations des sœurs.

Ce mode de contrôle ne me paraissant pas suffisant, j'ai décidé que les administrations coloniales transmettraient dorénavant à mon Département, directement et sans passer par l'intermédiaire de la congrégation, les états de présence des sœurs de Saint-Paul de Chartres aux colonies. Ces états seront établis par semestre. Ils indiqueront, non seulement le nombre des sœurs, la date de leur arrivée ou de leur départ, mais encore leur nom patronymique et celui qu'elles prennent en religion ; ils porteront la signature de la supérieure dirigeant le service dans chacune de nos colonies.

J'ai l'honneur de vous prier, Monsieur le Gouverneur, de veiller à ce que ces états soient établis avec le plus grand soin et transmis très exactement à mon département, sous le présent timbre, à la fin de chaque semestre.

JAURÉGUIBERRY.

(19 mai 1880)

DÉP. M. *au sujet du remplacement de quatre sœurs de charité, prescrivant que l'indemnité de 600 fr., due pour chacune d'elles, leurs frais de route de Chartres au port d'embarquement et leurs frais de nourriture pendant la traversée seront imputés sur les fonds du budget local.*

ARCH. GOUV.

Par lettre du 6 mars dernier, vous avez demandé l'envoi dans la colonie de quatre sœurs remplaçantes de Saint-Paul de Chartres, destinées à servir à l'Etablissement de la Sainte-Enfance.

Mme la Supérieure générale a mis ces religieuses à ma disposition, et elles se rendront en Cochinchine par le paquebot qui partira de Marseille le 13 juin prochain.

L'indemnité de 600 fr. due pour chacune de ces deux sœurs, leurs frais de route de Chartres au port d'embarquement et leurs frais de nourriture pendant la traversée seront imputés sur les fonds du budget local.

(24 janvier 1881)

D. G. *attachant une quatrième sœur de Saint-Paul de Chartres à l'hôpital militaire de Mytho.*

B. C., p. 63.

Article premier. — Une quatrième sœur de Saint-Paul de Chartres est attachée à l'hôpital militaire de Mytho.

LE MYRE DE VILERS.

(14 février 1883)

DÉP. M. *prescrivant l'envoi au Département d'états de mutations relatives aux sœurs de charité, de manière à éviter des erreurs d'imputation dans les paiements faits aux colonies.*

ARCH. GOUV.

Il arrive fréquemment que des sœurs envoyées aux colonies sont détournées du service pour lequel elles avaient été demandées et sont affectées à un autre emploi, sans que le Département en soit avisé.

Il en résulte, dans les paiements faits aux communautés, des erreurs d'imputation qu'il importe d'éviter.

Vous voudrez bien, en conséquence, prescrire les mesures nécessaires pour qu'à l'avenir toute mutation parmi ce personnel, qui serait de nature à modifier l'imputation de la dépense qui le concerne, soit portée sans retard à la connaissance du Département.

DISLÈRE.

(26 avril 1883)

DÉP. M. *Les sœurs de Saint-Paul de Chartres rentrant en France devront être munies d'un ordre de service qu'elles remettront personnellement à l'autorité maritime du port d'embarquement.*

ARCH. GOUV.

Jusqu'à présent les religieuses de la communauté de Saint-Paul de Chartres, qui se rendaient en service aux colonies ou qui rentraient en France, ne se présentaient pas à l'autorité maritime du port de la métropole où s'effectuait leur embarquement ou leur débarquement. Il était, par suite, impossible à l'autorité maritime de fournir au Département les éléments de contrôle qui lui sont indispensables pour payer à la communauté de Saint-Paul de Chartres les indemnités de trousseau et les frais de route qui lui reviennent en raison du nombre de sœurs dont les mutations se sont effectuées entre la France et les colonies, et réciproquement.

Pour remédier à ces inconvénients, j'ai adopté une disposition d'ordre aux termes de laquelle les religieuses de cette communauté partant à destination des colonies ou rentrant en France devront être munies d'une pièce administrative appelée à constituer les éléments du contrôle dont il s'agit.

Cette pièce, que les religieuses devront personnellement remettre à l'autorité maritime du port de la métropole où s'effectuera leur embarquement ou débarquement, contiendra toutes les indications de nature à justifier le paiement des indemnités dues à la communauté de Saint-Paul de Chartres.

A ce point de vue, lorsque les administrations coloniales auront à s'occuper des sœurs rentrant en France, elles délivreront à chaque religieuse, au moment de son départ, un ordre de service faisant nettement ressortir le motif de l'embarquement et indiquant le budget (local ou colonial) appelé, suivant le service auquel chaque religieuse était affectée dans la colonie, à supporter les frais de voyage et, par conséquent, les frais de route en France, du port de débarquement à Chartres.

L'ordre de service dont il s'agit devant ultérieurement être mis à l'appui du paiement, je crois utile de vous faire remarquer qu'il est indispensable de ne pas lui donner un caractère collectif pour des sœurs attachées à des services rétribués par des budgets différents.

Je tiens essentiellement à ce que ces prescriptions soient rigoureusement observées et j'ai l'honneur de vous prier de donner à qui de droit des ordres en conséquence.

CH. BRUN.

IV. — CARMÉLITES.

NATURE DES DOCUMENTS	DATES	RECUEILS A CONSULTER Bat.	B. G.	B.D.I	J. C.	J.H.	B. M.	B.Col		OBSERVATIONS
A. G.	28 mai 1867.	I-319	425							
A. G.	22 avril 1869.	I-320	158							

(28 mai 1867)

A. G. *autorisant la communauté des religieuses carmélites du monastère Saint-Joseph, à Saïgon, à inhumer les personnes défuntes appartenant à ladite communauté, dans une partie de la concession à elle faite* (1).

BAT. I, p. 319.
B. C., p. 425.

Article premier.— La communauté des religieuses carmélites du monastère Saint-Joseph, à Saïgon, est autorisée à consacrer à la sépulture de ses membres une surface de 200 mètres carrés prise sur la partie médiane de la concession lui appartenant, la concession tout entière étant entourée d'un mur plein.

Cet espace sera limité, dans l'intérieur, par une haie vive.

La communauté sera tenue d'entretenir les arbres existant sur cette surface et de les remplacer à mesure qu'ils viendront à disparaître.

Art. 2. — La présente autorisation ne saurait avoir d'effet qu'en ce qui touche la destination même du lieu; elle ne pourra, dans aucun cas, être considérée comme dégageant la communauté de l'accomplissement des formalités légales relatives aux déclarations et constatations de décès, aux demandes de permis d'inhumation et aux inhumations elles-mêmes.

Art. 3. — Le droit d'être inhumé sur le lieu autorisé par le présent arrêté est réservé aux seules personnes cloîtrées faisant partie de la communauté, à l'exclusion de tout individu de l'un ou de l'autre sexe qui pourrait être, à un titre quelconque, considéré comme attaché à ladite communauté.

Art. 4. — Le lieu des sépultures des sœurs carmélites du monastère Saint-Joseph restera sous le coup de l'article 16 (titre IV) du décret-loi du 23 prairial an XIII (12 juin 1804), ainsi conçu :

« Les lieux de sépulture, soit qu'ils appartiennent aux communes, soit qu'ils « appartiennent à des particuliers, seront soumis à l'autorité, police et surveillance « des administrations municipales. »

DE LA GRANDIÈRE.

(22 avril 1869)

A. G. *fixant les limites et l'étendue du terrain domanial concédé aux dames carmélites et sur lequel elles ont édifié le monastère Saint-Joseph.*

BAT. I, p. 320.
B. C., p. 158.

Article premier. — Il est fait concession aux dames carmélites de Saïgon, à titre de jouissance gratuite et perpétuelle, du terrain domanial sur lequel elles ont édifié le monastère Saint-Joseph, et dont l'étendue superficielle est de sept mille huit cent soixante-trois mètres carrés.

Ce terrain est borné : au nord, par le boulevard de la Citadelle, sur une façade de 59 mèt. 30 cent.; au sud, par la rue n° 6 projetée, sur 59 mèt. 30 cent.; à l'est, par des terrains vagues appartenant au domaine, sur 132 mèt. 60 cent., et à l'ouest, par les terrains domaniaux occupés par le service des constructions navales, sur 132 mèt. 30 cent. Il est désigné au plan ci-joint par le parallélogramme A, B, E, F.

(1) Les dames carmélites ont obtenu du vice-amiral Bonnard l'autorisation verbale de construire un monastère à Saïgon. Cette autorisation a été renouvelée en 1867, ainsi qu'il résulte d'une délibération du Conseil consultatif du 3 janvier 1868 (V. Arch. Conseil privé).

Art. 2. La concession est ainsi accordée aux dames carmélites sous les conditions suivantes :

1° D'occuper par elles-mêmes l'immeuble concédé ;

2° De ne pouvoir faire aucune réparation confortative au mur élevé pour enclore le terrain à l'Est (ligne brisée du plan B, C, F, J), et de le rétablir ultérieurement suivant la ligne droite B, F.

Art. 3. — A l'exception de l'arrêté du 28 mai 1867, sont rapportées toutes les décisions et autorisations précédentes, concernant l'établissement des dames carmélites de Saïgon.

G. Ohier.

CONNAISSEMENTS.

V. *Chartes-parties et connaissements.*

CONSEIL D'AMIRAUTÉ.

NATURE DES DOCUMENTS	DATES	RECUEILS A CONSULTER							OBSERVATIONS
		Bat.	B. G.	B.D.I.	J. C.	J.H.	B.M.	B.Col	
Rapp. M.	20 juillet 1887.				890				
Décret.	20 juillet 1887.				890				
A. M.	20 juillet 1887.				892				

(20 juillet 1887)

RAPPORT M. *précédant le décret du 20 juillet 1887 portant réorganisation du Conseil d'amirauté.*

J. C. p. 890.

(20 juillet 1887)

DÉCRET *portant réorganisation du Conseil d'amirauté.*

J. C. p. 890.

TITRE PREMIER. — CONSTITUTION DU CONSEIL

Article premier. — *Composition du Conseil.* — Le Conseil d'amirauté est composé ainsi qu'il suit :

Présidence. — Président : le Ministre de la marine et des colonies.

Membres titulaires. — Nombre. — Désignation. — Membres titulaires : six officiers généraux de la marine, un général d'artillerie de marine, un inspecteur général du génie maritime ou un directeur des constructions navales, un commissaire général de la marine.

Membres adjoints. — Nombre. — Désignation. — Membres adjoints : deux capitaines de vaisseau, ou un capitaine de vaisseau et un officier du rang de capitaine de vaisseau pris dans l'un des corps qui concourent à la formation du Conseil, lorsque les fonctions de secrétaire sont remplies par un capitaine de vaisseau.

Secrétaire. — Désignation. — Secrétaire : un capitaine de vaisseau ou un officier du rang de capitaine de vaisseau pris dans l'un des corps qui concourent à la formation du Conseil.

Art. 2. — *Vice-Président.* — En l'absence du Ministre, le Conseil est présidé par le plus ancien vice-amiral, qui porte le titre de vice-président.

Art. 3. — *Les officiers en activité de service peuvent seuls faire partie du Conseil.* — Les officiers des divers corps de la marine en activité de service peuvent seuls faire partie du Conseil d'amirauté.

Art. 4. — *Durée des fonctions des membres du Conseil.* — Les membres titulaires, les membres adjoints et le secrétaire du Conseil sont nommés pour trois ans.

Renouvellement de leurs fonctions. — Les membres titulaires et le secrétaire peuvent être nommés pour trois autres années. Ils ne peuvent rentrer au Conseil une troisième fois qu'après l'intervalle d'un an.

Les membres adjoints ne peuvent être nommés de nouveau qu'après avoir exercé pendant deux ans les fonctions de leur grade, soit à la mer, soit dans un port militaire.

Art. 5. — *Cessation de fonctions pour raisons de service.* — Avant le terme de trois années de fonctions, les membres titulaires et les membres adjoints du Conseil ne peuvent être remplacés que pour des raisons de service.

Art. 6. — *Émoluments des membres du Conseil.* — Les membres du Conseil d'amirauté sont traités, sous le rapport des émoluments, conformément au tarif en vigueur.

TITRE II. — ORDRE DES SÉANCES. — ADJONCTION AU PERSONNEL DU CONSEIL.

Art. 7. — *Réunion du Conseil.* — Le Conseil se réunit aussi souvent que l'exige l'examen des questions soumises à ses délibérations.

Membres ayant voix délibérative. — Les membres titulaires seuls ont toujours voix délibérative.

Remplacement des membres titulaires absents. — Lorsque l'un d'eux n'assiste pas au Conseil, il est remplacé, avec voix délibérative, par le plus ancien des officiers supérieurs du même corps attachés au Conseil comme membres adjoint, ou secrétaire; à défaut, le plus ancien des membres adjoints à voix délibérative à la place du membre titulaire absent.

Le rapporteur d'une affaire a également voix délibérative. — A également voix délibérative, le secrétaire ou le membre adjoint chargé du rapport d'une affaire.

Membres n'ayant que voix consultative. — Ces cas exceptés, le secrétaire et les membres adjoints n'ont que voix consultative.

Art. 8. — *Autorités appelées à prendre part momentanément aux travaux du Conseil. — Elles ont voix délibérative.* — Seront appelés à prendre part momentanément aux travaux du Conseil d'amirauté :

Le chef d'état-major général du Ministre ; les directeurs du Ministère ; les inspecteurs généraux des divers services ; le président du Conseil supérieur de santé ; et, lorsqu'il s'agira de la formation des tableaux d'avancement, les officiers désignés au titre IV. Chacun d'eux aura voix délibérative dans la discussion de l'affaire ressortissant à ses attributions particulières, soit qu'il ait été seul appelé à prendre part à la discussion, soit que plusieurs des personnes désignées ci-dessus aient été simultanément admises dans la même séance.

Ils peuvent être remplacés par leur sous-directeur ou par des officiers placés sous leurs ordres, mais avec voix consultative seulement. — Lorsque les personnes désignées ci-dessus seront dans l'impossibilité de prendre part aux travaux du Conseil, elles pourront se faire remplacer, mais avec voix consultative seulement : les directeurs, par l'un de leurs sous-directeurs ; le chef d'état-major général, les inspecteurs généraux et le président du Conseil supérieur de santé, par l'un des officiers généraux ou supérieurs placés sous leurs ordres.

Art. 9. — *Cas dans lequel un membre délégué du Conseil des travaux est appelé au Conseil avec voix consultative.* — Un membre du Conseil des travaux désigné par le président de ce conseil sera appelé au sein du Conseil d'amirauté, avec voix consultative, toutes les fois que le Conseil d'amirauté sera saisi d'une affaire sur laquelle le Conseil des travaux aura déjà donné son avis.

Art. 10. — *Audition de toute personne devant le Conseil.* — Toute personne peut, quand le Ministre l'aura prescrit, être appelée devant le Conseil d'amirauté, pour fournir des explications ou des renseignements jugés nécessaires par le Ministre ou par le Conseil. Aucune délibération n'a lieu en sa présence.

TITRE III. — COMPÉTENCE ET TRAVAUX DU CONSEIL.

Art. 11. — *Compétence du Conseil.* — Le Conseil d'amirauté donne son avis sur les mesures générales, et, lorsqu'il y a lieu, sur les mesures de détail qui ont rapport à l'administration de la marine et des colonies.

Art. 12. — *Formule dont doit être précédé tout acte sur lequel le Conseil a donné son avis.* — Hors les cas d'urgence, aucun projet de loi, sauf le budget et les comptes, ne sera présenté au Parlement, aucune mesure d'organisation concernant une branche quelconque du service de la marine ne sera convertie en décret, arrêté ou règlement, sans l'avis préalable du Conseil d'amirauté.

Le projet de loi, de décret, d'arrêté ou de règlement, devra être précédé de la formule : « Le Conseil d'amirauté entendu. »

Les avis du Conseil ne lient pas le Ministre. — Le Ministre, seul responsable, n'est jamais lié par les avis du Conseil d'amirauté.

TITRE IV. — DES TABLEAUX D'AVANCEMENT.

Art. 13. — *Tableaux d'avancement.* — Chaque année, et lorsque les rapports d'inspections générales, les notes individuelles et les propositions pour l'avancement émanant des autorités compétentes (1) seront parvenus à la direction du per-

(1) Les autorités énumérées ci-après ont seules qualité pour donner des notes valables, c'est-à-dire des notes qui doivent être surtout prises en considération par le Conseil d'amirauté (Décision ministérielle du 6 juillet 1887) :

Le Ministre.
Le chef d'état-major général.
Le directeur du personnel.
Le vice-président du Conseil d'amirauté.
Le président du conseil des travaux.
Le directeur général des torpilles.
Les préfets maritimes.
Les officiers généraux commandant en chef à la mer.
Les officiers généraux et autres délégués par le Ministre (arrêté ministériel du 11 mai 1885, § 3).
L'officier général de la marine, président de la commission d'examen de sortie de l'école d'application des aspirants.
Le commandant de la marine en Algérie.
Les capitaines de vaisseau, chefs de division.
Les inspecteurs généraux des corps de troupes.
L'inspecteur général du génie maritime et celui des travaux maritimes.
Le directeur du matériel.

Le Ministre notera directement :

Les directeurs appartenant aux divers corps de la marine (cabinet — personnel — matériel — torpilles).
Le vice-président du Conseil d'amirauté.
Le président du conseil des travaux.
Le contre-amiral président de la commission de règlement d'armement.
Les préfets maritimes.
Les officiers généraux commandant en chef à la mer.
Le commandant de la marine en Algérie.
Les capitaines de vaisseau, chefs de division.
Les officiers généraux, inspecteurs généraux des corps de troupes.
L'inspecteur général du génie maritime et celui des travaux maritimes.
Les officiers généraux non employés à un service actif.
Le président du Conseil supérieur de santé.

Le Chef d'état-major général, directeur du cabinet, notera :

Les officiers faisant partie de l'état-major général du Ministre.
Les officiers et fonctionnaires employés au service hydrographique.
Les attachés navals aux ambassades.
Les officiers détachés auprès des autres départements ministériels.

Le Directeur du personnel notera :

Les officiers placés sous ses ordres.
Les officiers détachés à l'observatoire de Montsouris.
Les commandants et officiers des transports du littoral.
Les directeurs des établissements hors des ports et les officiers employés dans les établissements, sauf ceux de Ruelle, qui sont notés par l'inspecteur général d'artillerie.
Le directeur de l'école du génie maritime.
Les ingénieurs professeurs des constructions navales et les professeurs attachés à cette école.
Les officiers et fonctionnaires des différents corps de la marine, membres des commissions siégeant à Paris (à l'exception de ceux attachés à la commission permanente des machines et du grand outillage).
Les examinateurs d'hydrographie.
Les membres du Conseil supérieur de santé.
Les vice-amiraux, préfets maritimss, investis, conformément aux dispositions de la décision présidentielle du 20 avril 1875, du commandement en chef des corps militaires de la marine stationnés dans leur arrondissement transmettent au Ministre le travail d'inspection générale qui leur est remis par les inspecteurs généraux de l'artillerie de marine. Ils notent les officiers supérieurs et les candidats aux grades supérieurs (Circulaire du 17 juillet 1875).

sonnel, le Conseil d'amirauté sera invité à procéder à la formation des tableaux d'avancement, par grade, des officiers de tous les corps de la marine susceptibles d'être avancés au choix.

Ces officiers généraux et les capitaines de vaisseau ne seront pas compris dans ce travail; il en sera de même des officiers des autres corps de la marine qui leur seront assimilés.

Nul ne pourra être avancé au choix, s'il n'est porté sur le tableau par le Conseil d'amirauté ou par le Ministre, conformément aux dispositions du paragraphe suivant.

En cas de guerre, de services extraordinaires, de missions spéciales, de commandements isolés, le Ministre pourra inscrire d'office sur le tableau d'avancement les officiers qui lui auront paru mériter cette récompense.

Art. 14. — *Règles déterminant le nombre des inscriptions à faire aux tableaux d'avancement.* — Les tableaux d'avancement des divers corps de la marine présenteront, pour chaque grade, un nombre total d'inscriptions égal au nombre des avancements certains par suite des retraites par limite d'âge, prévues pendant les dix-huit mois qui suivront la formation du tableau, augmenté d'un nombre égal à la moyenne des vacances qui se sont produites par retraites anticipées, démissions, décès et mises hors cadres pendant chacune des cinq années précédentes.

Art. 15. — *Formation des tableaux d'avancement des officiers des différents corps de la marine.* — Les tableaux d'avancement pour les différents corps de la marine seront arrêtés de la manière suivante :

Les six officiers généraux de la marine, membres titulaires du Conseil et le directeur du personnel, prendront part, pour tous les corps de la marine, à la formation des tableaux d'avancement et au classement des candidats inscrits.

Les personnes désignées ci-après seront admises à participer aux mêmes travaux, savoir :

1° Pour les officiers de marine :

Les capitaines de vaisseau remplissant les fonctions de membres adjoints ou de secrétaire du Conseil.

2° Pour les officiers mécaniciens :

Les capitaines de vaisseau remplissant les fonctions de membres ou adjoints de secrétaire du Conseil;

Un officier supérieur du corps des officiers mécaniciens, désigné par le Ministre.

3° Pour les officiers de l'artillerie de marine :

Le général de division, inspecteur général de l'artillerie;

Les généraux de brigade de l'artillerie employés à Paris, parmi lesquels le général membre titulaire du Conseil.

4° Pour les officiers de l'infanterie de marine et de la gendarmerie maritime :

Le général de division, inspecteur général;

Les officiers généraux d'infanterie de marine employés à Paris.

5° Pour les officiers du génie maritime :

L'inspecteur général ou le directeur des constructions navales, membre titulaire du Conseil;

Le directeur du matériel;

Un inspecteur général ou un directeur des constructions navales désigné par le Ministre.

6° Pour les officiers du commissariat :

Le commissaire général, membre titulaire du Conseil;

Le commissaire remplissant les fonctions de membre adjoint ou de secrétaire, ou, à défaut, un officier du commissariat du même grade désigné par le Ministre ;

Un commissaire général ou, à défaut, un commissaire désigné par le Ministre.

7° Pour les officiers du corps de santé :

Le président du Conseil supérieur de santé ;

Deux médecins en chef, ou deux pharmaciens en chef, désignés par le Ministre, selon qu'il s'agit d'examiner les titres de médecins ou des pharmaciens.

8° Pour le personnel administratif des directions des travaux :

L'inspecteur général ou le directeur des constructions navales, membre titulaire du Conseil ;

Le général d'artillerie de marine, membre titulaire du Conseil, ou, à son défaut, un colonel d'artillerie désigné par le Ministre ;

Le directeur du matériel.

9° Pour le commissariat colonial :

Le directeur des colonies, ou un chef de division de l'administration centrale des colonies désigné par le Ministre ;

Le commissaire général de la marine, membre du Conseil, et le commissaire de la marine, secrétaire du Conseil, ou, à défaut, un officier du commissariat de ce grade désigné par le Ministre.

Art. 16. — *Officiers figurant au tableau depuis moins de trois ans. Depuis plus de trois ans.* — Chaque année, lors de la formation des tableaux d'avancement, le Conseil d'amirauté appréciera de nouveau les titres des officiers qui y figurent depuis trois ans, et remplacera ceux qu'il ne jugera pas susceptibles d'y être maintenus.

Il maintiendra sur lesdits tableaux les officiers qui s'y trouveront inscrits depuis moins de trois ans.

Les officiers nouvellement inscrits seront classés par le Conseil, par rang de préférence, à la suite de ceux qui auront été maintenus et qui conserveront leur rang d'inscription.

Radiation du tableau pour faute grave ; elle est provoquée par le Ministre. — Les officiers inscrits ou maintenus au tableau peuvent être rayés pour faute grave et à la suite d'une délibération du Conseil provoquée par le Ministre.

Art. 16 *bis.* — (Dispositions transitoires). — Dans le but de ménager la transition entre l'état de choses en vigueur antérieurement au décret du 28 octobre 1886 et celui résultant du présent décret, les tableaux d'avancement seront ramenés aux chiffres résultant de l'application de l'article 14 au moyen de déductions successives, et, autant que possible, égales en nombre, portant sur les années 1888 et 1889, de telle sorte qu'au 1er janvier 1890 seulement, on soit rentré dans le fonctionnement normal du décret.

Art. 17. — *Communication au Conseil des pièces et documents nécessaires à ses travaux.* — Seront communiqués officiellement au Conseil toutes les pièces et tous les documents qui pourront être nécessaires à ses travaux.

Art. 18. — *Améliorations à apporter dans les diverses parties du service. Elles sont indiquées, s'il y a lieu, dans un rapport d'ensemble.* — Chaque année le Conseil d'amirauté réunira, s'il y a lieu, dans un rapport d'ensemble adressé au Ministre, les propositions et les vues qu'il jugerait utile d'émettre pour l'amélioration des diverses parties du service.

Art. 19. — *Règlement d'exécution.* — Un règlement arrêté par le Ministre déterminera les mesures àprendre et les formes à suivre pour assurer l'exécution du présent décret.

Jules Grévy.

(20 juillet 1887)

A. M. *sur la réorganisation du Conseil d'amirauté.*

J. C., p. 892.

TITRE PREMIER. — DE LA RÉPARTITION ET DE L'ÉTUDE DES AFFAIRES SOUMISES AU CONSEIL.

Article premier. — *Distribution des affaires pour étude.* — Les affaires soumises au Conseil sont distribuées par le vice-président pour être étudiées, selon leur importance, soit par un membre titulaire, soit par un membre adjoint ou par le secrétaire, soit enfin par une commission.

Documents qui doivent former les dossiers. — Elles sont accompagnées d'un rapport du directeur compétent, d'un avis de l'inspecteur général, s'il y a lieu, et de toutes les pièces, plans, calculs, éclaircissements nécessaires à leur examen.

Par qui ils doivent être réclamés quand ils n'ont pas été produits. — Les documents qui n'auraient pas été produits sont réclamés par le vice-président ou, en son nom, par les rapporteurs.

Art. 2. — *Composition des commissions.* — Toute commission se compose de trois membres; elle est présidée par l'officier le plus élevé en grade, ou, à grade égal, par le plus ancien ; elle désigne son rapporteur.

Art. 3. — *Remise du rapport au vice-président.* — Lorsque l'étude d'une affaire est terminée, le rapporteur en prévient le vice-président qui indique le jour où le rapport doit être lu au Conseil.

Lecture et dépôt du rapport. — *Forme des conclusions.* — A la suite de la lecture qui en est faite, le rapport reste déposé avec le dossier de l'affaire sur le bureau. Les conclusions du rapporteur sont développées et rédigées, autant que possible, sous forme de considérants.

Art. 4. — *Délai pour l'examen des affaires.* — Aucune affaire n'est examinée le jour même où le rapport est lu et déposé, sauf le cas d'urgence.

Art. 5. — *Affaires urgentes.* — *Délibération immédiate.* — Le Ministre ou le vice-président peut décider qu'il y a urgence; dans ce cas, la discussion a lieu immédiatement, sauf remise à une autre séance de la délibération à intervenir si l'importance de l'affaire le comporte.

TITRE II. — DE LA TENUE DES REGISTRES ET DE L'ORDRE INTÉRIEUR DES TRAVAUX.

Art. 6. — *Enregistrement sommaire des affaires transmises au Conseil.* — Le sommaire analytique des affaires déférées au Conseil est porté, par ordre de date et de numéro, avec indication du nombre de pièces comprises au dossier et du nom du rapporteur, sur un registre tenu au secrétariat du Conseil.

Enregistrement sommaire des affaires renvoyées au Ministre après examen. — *Récépissé des dossiers.* — Un second registre, conforme au précédent, sert à indiquer, avec la nature des affaires, le jour où les avis du Conseil seront remis au Ministre. Cette remise est parafée par le directeur du cabinet.

Registre des procès-verbaux des séances. — *Séances secrètes.* — Le procès-verbal sommaire de chaque séance est porté sur un troisième registre. Un quatrième est réservé pour les séances secrètes.

Obligations du secrétaire relativement à la tenue des registres. — Tous les registres sont tenus par les soins du secrétaire du Conseil.

Art. 7. — *Fixation des jours et heures des séances.* — Les jours et les heures des réunions du Conseil sont fixés par le vice-président qui, s'il y a lieu, reçoit à cet égard les ordres du Ministre.

Art. 8. — *Rôle des affaires.* — Il est dressé, pour chaque séance, par les soins du secrétaire, un rôle des affaires qui doivent être portées devant le Conseil.

Ce rôle indique :

1° Les affaires dont le Conseil a été saisi depuis la dernière séance ;

2° Celles qui sont à l'état de rapport ;

3° Celles dont le rapport a été lu précédemment et sur lesquelles il doit y avoir discussion définitive.

La veille de chaque séance une expédition du rôle est renvoyée au Ministre. — La veille de chaque séance, une expédition de ce rôle est envoyée au Ministre.

Art. 9. — *Nombre de membres nécessaires pour la validité des délibérations.* — Le Conseil peut délibérer, et ses délibérations sont valables quand cinq des membres titulaires sont présents.

Les membres adjoints et le secrétaire prennent part à la discussion ; ils ne participent aux délibérations que dans les cas prévus à l'article 7 du décret du Président de la République, en date du 20 juillet 1887.

Discussion des termes des conclusions. — Les termes des conclusions sont débattus verbalement.

Art. 10. — *Parole.* — Nul ne peut prendre la parole sans l'avoir obtenue du président.

Art. 11. — *Direction des débats.* — Le président dirige les débats, résume la discussion et pose les questions à résoudre.

Mode de votation. — Les votes ont lieu à la majorité des voix, en commençant par le grade inférieur. Le président donne son avis le dernier et proclame le résultat, dont il est fait mention au procès-verbal.

L'avis du vice-président est prépondérant. — Lorsque les avis des membres délibérants sont partagés, celui du vice-président prévaut, et, quand cette circonstance se présente, elle est relatée au procès-verbal.

Procès-verbal sommaire des séances. — *Il est lu au Conseil.* — Dans tous les cas, le secrétaire dresse un procès-verbal sommaire et rédige l'avis définitif. Cet avis et le procès-verbal de la dernière séance sont portés au registre des délibérations, après avoir été lus et approuvés en Conseil. Ils sont signés par le vice-président et le secrétaire.

Art. 12. — *Avis du Conseil.* — *Ils sont signés par le secrétaire, visés par le vice-président et remis au Ministre.* — Les avis du Conseil d'amirauté, signés du secrétaire et visés par le vice-président, sont remis au Ministre, qu'il ait ou non présidé le Conseil. Reçu de cet avis et des pièces qui l'accompagnent est donné, conformément à ce qui est dit au 2e paragraphe de l'article 6.

Art. 13. — *Place des membres du Conseil et des personnes appelées à prendre part aux délibérations.* — Les membres du Conseil sont répartis à droite et à gauche du président, suivant leur grade et leur rang d'ancienneté dans le même grade.

La place du secrétaire est en face du président ; celle d'un membre absent reste vacante.

Des places sont réservées à la suite de celles occupées par les membres titulaires : elles sont destinées aux personnes appelées à prendre part à la délibération, dans les cas prévus aux articles 8 et 15 du décret du 20 juillet 1887.

Art. 14. — *Avis des séances.* — Le chef d'état-major général, les directeurs et les inspecteurs généraux appelés à assister à une délibération sont prévenus officiellement du jour et de l'heure de la réunion du Conseil.

Art. 15. — *Absence des membres du Conseil. — Permissions, par qui elles sont accordées.* — Les membres du Conseil ne peuvent s'absenter sans une autorisation du vice-président, s'il s'agit d'une absence de moins de sept jours, et du Ministre si l'absence doit durer plus longtemps.

Les membres qui sont empêchés de se rendre à la séance en préviennent le vice-président.

Art. 16. — *Vacances du Conseil. — Durée.* — Le Ministre détermine chaque année l'époque et la durée des vacances du Conseil, lesquelles, dans aucun cas, ne peuvent être de plus de deux mois.

Art. 17. — *Séances ordinaires. — Nombre. — Séances extraordinaires.* — Les séances ordinaires ont lieu deux fois la semaine.

Le Conseil se réunit plus souvent s'il est nécessaire.

Dans ce dernier cas, les membres en sont prévenus par lettre de convocation; ils sont informés de la même manière, lorsque la séance ne doit pas être tenue un jour ordinaire.

Art. 18. — *Archives du Conseil. — Prêts.* — Aucun livre ou document appartenant au Conseil ne peut être emporté que sur reçu de la partie prenante et qu'autant qu'il en aura été pris note au secrétariat.

Les objets ainsi confiés sont réintégrés à la bibliothèque du Conseil ou à ses archives, lorsque la cause de leur déplacement n'existe plus. Dans aucun cas, les registres des délibérations ne peuvent être emportés hors du lieu des séances.

Art. 19. — *Les discussions sont secrètes.* — Les discussions du Conseil sont tenues secrètes. Il est interdit à ses membres d'en donner communication au dehors et d'indiquer le nom du rapporteur d'une affaire.

Obligations du vice-président à cet égard. — Chaque année, à la reprise des travaux du Conseil, le vice-amiral vice-président donnera lecture, en séance, des prescriptions du présent article.

Il aura soin également de les signaler à l'attention particulière de tout membre nouvellement nommé.

TITRE III. — DE LA FORMATION DES TABLEAUX D'AVANCEMENT.

Art. 20. — *Préparation des tableaux d'avancement pour les différents corps de la marine.* — Aussitôt que les éléments nécessaires à la formation des tableaux d'avancement ont été réunis, le Ministre informe le vice-président du Conseil s'il y a lieu de s'occuper de ce travail, et lui fait connaître, en même temps, les noms et grades des personnes étrangères au Conseil appelées à prendre part, conformément à l'article 15 du décret du 20 juillet 1887. Il lui indique, pour chacun des corps de la Marine, le nombre des inscriptions à faire sur les tableaux, pour chaque grade.

Le directeur du personnel adresse successivement au vice-président du Conseil les calepins des officiers qui figurent depuis trois ans au tableau, ainsi que ceux de tous les officiers qui ont été l'objet d'une proposition pour l'avancement.

Les calepins sont accompagnés de listes par ordre de préférence et, pour chaque grade, dressées par les préfets maritimes, par les commandants en chef des escadres ou divisions navales, par chacun des officiers généraux de l'artillerie et de l'infanterie de marine ayant été chargés d'une inspection générale, et par les autres autorités compétentes.

Les calepins et les listes dont il est fait mention ci-dessus sont mis immédiatement à la disposition des membres du Conseil, constitué ainsi qu'il est dit à l'article 15 du 20 juillet 1887.

Art. 21. — *Conditions pour l'inscription au tableau d'avancement.* — Tout officier, quelque soit son ancienneté de grade, peut être porté sur le tableau d'avancement s'il remplit les conditions voulues par la loi pour passer d'un grade à un autre, et s'il a été l'objet d'une proposition pour avancement de la part des autorités compétentes.

Toute proposition pour l'avancement formulée en faveur d'un officier est valable lorsque celui qui en est l'objet doit, au 1er janvier de l'année qui suivra ladite proposition, avoir rempli les conditions requises pour être promu au grade supérieur.

Les exceptions établies par la loi, pour l'avancement en temps de guerre, cessent d'être admises à partir du jour de la conclusion de la paix.

Art. 22. — *Validité des propositions.* — Le conseil d'amirauté n'aura à tenir compte que des notes données aux époques prescrites conformément aux règles en vigueur (1).

Art. 23. — *Mode de formation des tableaux d'avancement.* — Le vice-président réunit le Conseil pour procéder à la formation d'un tableau d'avancement dès qu'il a été informé que les personnes appelées à prendre part à ce travail ont pris connaissance des calepins des officiers dont les titres doivent être examinés.

Le Conseil examine d'abord les titres des officiers qui figurent sur le tableau depuis trois années ; il prononce leur maintien ou leur radiation.

Ce travail terminé, le Conseil procède à l'examen des titres des officiers proposés pour l'avancement. Le vice-président donne lecture des notes qui accompagnent les propositions et de toutes celles dont la lecture est demandée par un ou plusieurs membres du Conseil.

Le vice-président fait connaître également, s'il y a lieu, le numéro de préférence occupé par l'officier proposé sur une des listes dont il est fait mention en l'article 20 du présent arrêté.

Il est ensuite procédé au vote.

Le vote pour l'inscription au tableau a lieu par bulletin de liste et au scrutin secret.

Chacun des votants dresse une liste qui comprend un nombre de candidats ne dépassant pas celui des inscriptions à faire.

Nul ne pourra être inscrit au tableau s'il ne réunit la majorité absolue des votants.

(1) Les propositions émanant d'une autorité, après qu'elle a cessé les fonctions qui lui donnaient qualité pour présenter un officier pour l'avancement, ainsi que celles qui concernent un officier en dehors du commandement ou des attributions de cette même autorité, sont considérés comme non avenues.

Tout officier relevant directement du Ministre, lui adresse, aux époques réglementaires, en même temps que les notes concernant le personnel placé sous ses ordres, un bulletin individuel de notes à son nom, comportant les renseignements nécessaires.

Les appréciations supérieures sont données à cette officier par le Ministre ou par l'autorité compétente qu'il désigne à cet effet.

Les officiers de tous les corps de la marine, détachés dans un service quelconque, en dehors de l'autorité des préfets maritimes et des commandants en chef à la mer, sont notés par les chefs sous les ordres desquels ils servent directement. (Décision ministérielle du 11 mai 1885 modifiant l'article 26 de l'arrêté ministériel du 23 octobre 1871).

Toutes les fois qu'un commandant en chef remettra le service à son successeur, il devra envoyer au Ministre des bulletins de notes sur les officiers de sa division, pourvu qu'il se soit écoulé trois mois depuis la dernière inspection générale. Cette disposition ne saurait s'appliquer aux officiers du bâtiment sur lequel flotte son pavillon et qui seront notés lorsque le commandant en chef rentrera son pavillon avant le désarmement.

Le directeur du personnel signalera au Ministre les bâtiments qui se trouvent en mission ou détachés depuis plus de trois mois de leur division navale ; ces bâtiments, soit en cours de campagne, soit au désarmement, seront notés par l'autorité compétente que déléguera le Ministre. (Décision ministérielle du 7 avril 1886).

Art. 24. — *Ballottage.* — Toutes les fois que le premier vote donnera un nombre de candidats ayant obtenu la majorité absolue inférieur à celui des inscriptions à faire au tableau, il sera renouvelé.

Il aura lieu, dans ce cas, à la majorité relative des votants, et ne pourra concerner que ceux des candidats qui auront figuré sur deux au moins des premières listes.

Lors du dépouillement de ce scrutin, à nombre égal de voix, l'ancienneté prévaudra.

Toutes les fois que le premier vote donnera un nombre de candidats ayant obtenu la majorité absolue supérieure à celui des inscriptions à faire du tableau, il sera renouvelé.

Il aura lieu, dans ce cas, à la majorité relative des votants, et concernera ceux des candidats qui auront obtenu le nombre minimum de voix.

Lors du dépouillement de ce scrutin, à nombre égal de voix, l'ancienneté prévaudra.

Ces opérations terminées, il sera procédé par un nouveau vote au classement des officiers nouvellement élus, qui seront inscrits à la suite de ceux provenant des tableaux précédents et maintenus par le Conseil.

Chacun des votants dressera une liste des officiers dont on doit faire le classement par ordre de préférence, et le rang d'inscription résultera de la somme des points obtenus ; à nombre égal de points, l'ancienneté prévaudra.

Art. 25. — *Les tableaux sont arrêtés et remis au Ministre.* — Les tableaux d'avancement sont, autant que possible, arrêtés séance tenante ; ils sont remis immédiatement au Ministre. Les calepins sont, après la séance, renvoyés aux directeurs compétents.

Art. 26. — *Durée de l'inscription au tableau d'avancement.* — Les officiers portés sur le tableau d'avancement y resteront inscrits pendant trois années.

Ils peuvent en être rayés avant cette époque pour faute grave et à la suite d'une délibération du Conseil, provoquée par le Ministre.

E. Barbey.

CONSEIL COLONIAL.

NATURE DES DOCUMENTS	DATES	RECUEILS A CONSULTER							OBSERVATIONS
		Bat.	B. C	B.D.I	J. C.	J.H.	B. M.	B.Col	
Décret	8 février 1880.		220						
Dép. M.	2 avril 1880.								
A. G.	27 octobre 1880.		512						
Dép. M.	11 mars 1881.								
Décret.	12 mars 1881.		186						
Dép. M.	29 mars 1881.								
Dép. M.	17 août 1881.								
Dép. M.	27 septembre 1881.								
Dép. M.	27 septembre 1882.								
Dép. M.	6 avril 1883.								
Dép. M.	27 juillet 1883.								
Circ. M.	25 mai 1886.								
Décret.	19 juin 1886.				873				
Circ. M.	30 août 1886.								
Rapp.	2 juillet 1887.		614		850				
Décret.	2 juillet 1887.		614		850				
Dép. M.	16 juillet 1887.		613						
Rapp.	6 octobre 1887.				1074				
Décret.	6 octobre 1887.		787		1074				
Rapp.	23 septembre 1888.		787						
Décret.	23 septembre 1888.								

NATURE DES DOCUMENTS	DATES	RECUEILS A CONSULTER							OBSERVATIONS
		Batt.	B. C.	D. I	J. C.	J. H.	B. M.	B Col	
Dép. M.	1er octobre 1888.		946						
Décret.	7 décembre 1888.				1889 89				

(8 février 1880)

DÉCRET *instituant en Cochinchine un Conseil colonial. — Rapport.*

(Promulg. A. G. 5 mai 1880).
B. C., p. 226.

TITRE PREMIER. — DE LA FORMATION DU CONSEIL COLONIAL.

Article premier. — Il est institué en Cochinchine un Conseil colonial siégeant à Saïgon.

Il se compose de :

Six membres citoyens français ou naturalisés ;

Six membres asiatiques, sujets français;

Deux membres civils du Conseil privé qui seront nommés par décret.

Deux membres délégués de la Chambre de commerce et élus dans son sein.

Les uns et les autres sont nommés pour quatre ans ; tous les deux ans, ils sont renouvelés par moitié dans chaque catégorie, et indéfiniment rééligibles.

Art. 2. — Les circonscriptions électorales, tant pour les membres citoyens français que pour les membres indigènes et le mode de répartition entre elles du nombre des conseillers coloniaux à élire par chacune, seront déterminées par arrêté du Gouverneur, en Conseil privé.

Dans les circonscriptions où il y aura plusieurs conseillers coloniaux de même origine à élire, le vote aura lieu au scrutin de liste.

Art. 3. — Aucun fonctionnaire ou agent recevant un traitement quelconque de la métropole ou de la colonie ne peut faire partie du Conseil colonial.

Art. 4. — Les membres du Conseil colonial recevront, à titre de frais de déplacement, une indemnité dont la quotité sera fixée par arrêté du Gouverneur, en Conseil privé, en tenant compte des distances des circonscriptions au chef-lieu.

Art. 5. — Les membres français du Conseil colonial sont élus au scrutin secret par le suffrage universel et direct.

Sont électeurs, sans condition de cens, les citoyens français ou naturalisés, jouissant de leurs droits civils et politiques, n'étant dans aucun des cas d'incapacité prévus par la loi, domiciliés dans la colonie depuis un an au jour de la convocation des électeurs ; sont éligibles tous les citoyens inscrits sur les listes électorales ou justifiant qu'ils devraient y être inscrits avant le jour de l'élection, âgés de 25 ans accomplis et domiciliés dans la colonie depuis deux ans au moins au jour de l'élection.

Art. 6. — Ne peuvent être élus les citoyens pourvus d'un conseil judiciaire.

Art. 7. — Les élections ont lieu par circonscription.

Les listes électorales seront dressées et revisées conformément à la loi du 15 mars 1849, qui règlera provisoirement le régime électoral de la Cochinchine.

Les circonscriptions pourront être divisées en sections de vote par arrêté du Gouverneur en Conseil privé.

Art. 8. — Les époques d'ouverture et de revision des listes, celles de clôture et de leur publication sont fixées, dans la colonie, par des arrêtés rendus par le Gouverneur en Conseil privé.

Art. 9. — Les collèges électoraux sont convoqués par arrêté du Gouverneur, en Conseil privé.

L'intervalle entre la promulgation de l'arrêté de convocation et l'élection est de 15 jours au moins.

Le jour de l'élection doit être un dimanche.

Le scrutin est ouvert à 7 heures du matin et clos, le même jour, à 5 heures.

Le dépouillement des votes a lieu immédiatement.

Lorsqu'un second tour de scrutin est nécessaire, il y est procédé de droit le second dimanche après l'élection.

Art. 10. — Les collèges électoraux seront présidés par les maires, les adjoints, les conseillers municipaux de la commune, suivant l'ordre du tableau, les officiers de l'état civil et, à défaut, par un électeur de la circonscription désigné par le Gouverneur.

Art. 11. — Immédiatement après le dépouillement des votes, les procès-verbaux de chaque section, arrêtés et signés, sont portés au chef-lieu de la circonscription par deux membres du bureau.

Le recensement général des votes est fait par le bureau du chef-lieu de la circonstion, et le résultat est proclamé par son président, qui adresse tous les procès-verbaux et les pièces au Directeur de l'Intérieur.

Art. 12. — Nul n'est élu membre du Conseil colonial, au premier tour de scrutin, s'il n'a réuni :

1° La majorité absolue des suffrages exprimés ;

2° Un nombre de suffrage égal au quart des électeurs inscrits. Au second tour de scrutin, l'élection a lieu à la majorité relative, quel que soit le nombre des votants. Si plusieurs candidats obtiennent le même nombre de suffrage, l'élection est acquise au plus âgé.

Art. 13. — Les élections peuvent être arguées de nullité par tout électeur de la circonscription. La réclamation énonce les griefs ; si elle n'a pas été consignée aux procès-verbaux, elle doit être déposée à la Direction de l'Intérieur dans le délai d'un mois à partir du jour du recensement des votes. Il en est donné récépissé, et elle est immédiatement notifiée, par la voie administrative, à la partie intéressée.

Le Directeur de l'Intérieur peut également, dans le délai de trois mois, provoquer l'annulation de l'élection, s'il croit que les conditions et formalités légalement prescrites n'ont pas été observées.

Art. 14. — Les réclamations des électeurs et les instances en nullité du Directeur de l'Intérieur sont jugées par le Conseil du contentieux, sauf recours au Conseil d'État.

Elles sont instroduites, instruites et jugées sans frais, et dispensées de l'intermédiaire d'un Conseil agréé et avocat au Conseil d'État.

Art. 15. — Le conseiller colonial élu dans plusieurs circonscriptions est tenu de déclarer son option au président du Conseil dans les trois jours qui suivront la première réunion du Conseil. A défaut d'option dans ce délai, le Conseil colonial détermine, en séance publique et par la voie du sort, à quelle circonscription le conseiller appartiendra.

Art. 16. — Les membres indigènes sont élus dans chaque circonscription par un collège composé d'un délégué de chacune des municipalités désigné par le suffrage des notables.

Art. 17. — Chaque délégué aura droit, à titre de déplacement, à une indemnité dont la quotité sera fixée par arrêté du Gouverneur, en Conseil privé.

Art. 18. — A partir de 1886, nul Indigène ne pourra être élu s'il ne sait parler le français.

Jusqu'à cette époque, les Indigènes pourront choisir, pour les représenter au Conseil colonial, des citoyens français remplissant les conditions d'éligibilité définies à l'article 5, et non déjà pourvus du mandat de conseiller.

Art. 19. — Est déchu de son mandat tout conseiller élu qui, pendant la durée de ses fonctions, tombe dans un des cas d'incompatibilité prévus par la loi.

Art. 20. — En cas de mort, de démission ou de déchéance d'un conseiller élu, il est pourvu à son remplacement dans le délai de trois mois au plus tard.

Est considéré comme démissionnaire tout membre élu au Conseil colonial qui a manqué à une session ordinaire sans excuse légitime ou empêchement admis par le Conseil.

Art. 21.— Le Conseil colonial peut être suspendu, dissous ou prorogé par un arrêté du Gouverneur rendu en Conseil privé.

En cas de dissolution, il est procédé, dans le délai de trois mois, au plus tard, à de nouvelles élections.

Il en est rendu compte immédiatement au Ministre de la marine et des colonies.

TITRE II. — DES SESSIONS DU CONSEIL COLONIAL.

Art. 22. — Le président du Conseil colonial est nommé par le Gouverneur. Il est pris dans le sein du Conseil.

Le secrétaire est désigné par le Conseil.

Art. 23. — Le Conseil colonial se réunit une fois chaque année, en session ordinaire, sur la convocation du Gouverneur.

La durée de la session ordinaire ne pourra excéder 20 jours. Toutefois, le Gouverneur pourra la proroger par un arrêté pris en Conseil privé.

Le Gouverneur peut également convoquer le Conseil en session extraordinaire. L'arrêté de convocation, pris en Conseil privé, fixe la durée et l'objet de la session.

Art. 24. — L'ouverture de chaque session est faite par le Gouverneur ou, en cas d'empêchement, par son délégué.

Art. 25. — Le Directeur de l'Intérieur a entrée au Conseil colonial et assiste aux délibérations. Il est entendu quand il le demande.

Les autres chefs d'administration et de service peuvent être autorisés par le Gouverneur à entrer au Conseil pour y être entendus sur les matières qui rentrent dans leurs attributions respectives.

Art. 26. — Les séances du Conseil colonial ne sont pas publiques.

Art. 27. — Les délibérations du Conseil colonial ne sont valables qu'autant que la moitié plus un des membres ont pris part au vote et qu'elles ont réuni la majorité absolue des voix.

Art. 28. — Les délibérations ont lieu et sont rédigées en langue française.

Un interprète, commissionné à cet effet, traduira aux Indigènes ne parlant pas le français les discussions et les propositions mises aux voix.

Les procès-verbaux des séances seront publiés en français et en quoc-ngu.

Art. 29. — Tout acte et toute délibération du Conseil colonial relatifs à des objets qui ne sont pas légalement compris dans ses attributions sont nuls et de nul effet.

La nullité est prononcée par arrêté du Gouverneur en Conseil privé.

Le Gouverneur en rend compte immédiatement au Ministre de la marine et des colonies.

Art. 30. — Toute délibération prise par le Conseil colonial hors des réunions prévues et autorisées par la loi est nulle et de nul effet.

Le Gouverneur, par un arrêté pris en Conseil privé, déclare la réunion illégale, prononce la nullité des actes, prend toutes les mesures nécessaires pour que l'Assemblée se sépare immédiatement et transmet son arrêté au procureur général pour l'exécution des lois et l'application, s'il y a lieu, des peines déterminées par l'article 258 du Code pénal.

En cas de condamnation, les membres condamnés sont déclarés exclus du Conseil et inéligibles pendant les trois années qui suivront la condamnation.

Art. 31. — Le Conseil colonial peut adresser au Ministre de la marine et des colonies, par l'intermédiaire du Gouverneur, les réclamations qu'il aurait à présenter dans l'intérêt spécial de la colonie.

Il peut charger un ou plusieurs de ses membres de recueillir sur les lieux, dans le cours de la session, les renseignements qui lui sont nécessaires pour statuer sur les affaires placées dans ses attributions.

Toute délibération, tout vœu ayant trait à la politique lui sont interdits.

TITRE III. — DES ATTRIBUTIONS DU CONSEIL COLONIAL.

Art. 32. — Le Conseil colonial statue :

1° Sur les acquisitions, aliénations et échanges de propriétés mobilières et immobilières de la colonie, quand ces propriétés ne sont pas affectées à un service public ;

2° Sur le changement de destination et d'affectation de propriétés de la colonie, lorsque ces propriétés ne sont pas affectées à un service public ;

3° Sur le mode de gestion des propriétés de la colonie ;

4° Sur les baux des biens donnés ou pris à ferme ou à loyer, quelle qu'en soit la durée ;

5° Sur les actions à intenter ou à soutenir au nom de la colonie, sauf dans le cas d'urgence où le Gouverneur peut intenter toute action ou y défendre sans délibération préalable du Conseil colonial et faire tous actes conservatoires ;

6° Sur les transactions qui concernent les droits de la colonie ;

7° Sur l'acceptation ou le refus des dons et legs faits à la colonie sans charge ni affectation immobilière, quand ces dons et legs ne donnent pas lieu à réclamation ;

8° Sur le classement, la direction et le déclassement des routes ;

9° Sur les offres faites par les communes ou les institutions en tenant lieu, par des associations ou des particuliers, pour concourir à la dépense des routes, chemins ou d'autres travaux à la charge de la colonie ;

10° Sur les concessions à des associations, à des compagnies ou à des particuliers, de travaux d'intérêt colonial ;

11° Sur la part contributive de la colonie dans la dépense des travaux à exécuter par l'État, et qui intéressent la colonie ;

12° Sur les projets, plans et devis des travaux exécutés sur les fonds de la colonie ;

13° Sur les assurances des propriétés mobilières et immobilières de la colonie.

Le Conseil colonial vote également le tarif des taxes et contributions de toute nature nécessaires pour l'acquittement des dépenses de la colonie, et autres que ceux afférents aux droits de douane et d'octroi de mer.

Les délibérations prises sur ces matières sont définitives et deviennent exécutoires si, dans le délai d'un mois à partir de la clôture de la session, le Gouverneur n'en a pas demandé l'annulation pour excès de pouvoirs, pour violation des lois ou des règlements ayant force de loi.

Cette annulation est prononcée, sur le rapport du Ministre de la marine et des colonies, par décret du Président de la République.

Art. 33. — Le Conseil colonial délibère :

1° Sur les emprunts à contracter et les garanties pécuniaires à consentir ;

2° Sur l'acceptation ou le refus des dons et legs faits à la colonie, en dehors des conditions spécifiées au paragraphe 7 de l'article 25 ;

3° Sur le mode d'assiette et les règles de perception des contributions et taxes ;

4° Sur les frais de matériel de la justice et des cultes ; sur les frais de personnel et de matériel du secrétariat du gouvernement, de l'instruction publique, des ateliers de discipline et des prisons ;

5° Sur l'acquisition, l'aliénation, l'échange des propriétés de la colonie affectées à un service public.

Art. 34. — Les délibérations prises par le Conseil colonial sur les matières énumérées en l'article précédent sont approuvées :

1° Par décrets du Président de la République, en ce qui concerne les objets énumérés dans les articles 1, 2 et 3. Toutefois, un arrêté du Gouverneur, en Conseil privé peut rendre provisoirement exécutoires les délibérations sur le mode d'assiette et les règles de perception des contributions et taxes ;

2° Par arrêtés du Gouverneur, en Conseil privé, en ce qui concerne les matières énumérées dans les articles 4 et 5.

Art. 35. — Le Conseil donne son avis :

Sur les tarifs d'octroi de mer à établir sur les objets de toute nature et de toute provenance, ainsi que sur les tarifs de douane à appliquer dans la colonie ;

Sur les changements proposés à la circonscription des territoires des arrondissements, des cantons, des communes et à la désignation des chefs-lieux ;

Sur toutes les questions d'intérêt colonial dont la connaissance lui est réservée par les règlements et sur lesquels il est consulté par le Gouverneur.

Art. 36. — Le budget de la colonie est délibéré par le Conseil colonial et arrêté par le Gouverneur en Conseil privé.

Il comprend :

1° Les recettes de toute nature autres que celles provenant de la vente ou de la cession d'objets payés sur les fonds généraux du trésor et des retenues sur les traitements inscrits au budget de l'État ;

2° Toutes les dépenses autres que celles relatives au traitement du Gouverneur et du trésorier-payeur, et aux services militaires.

Art. 37. — La loi annuelle de finance règle la quotité du contingent imposé à la colonie.

Art. 38. — Le budget des dépenses est divisé en deux sections comprenant :

La première, les dépenses obligatoires ;

La seconde, les dépenses facultatives.

Sont obligatoires :

1° Les dettes exigibles :

2° Les dépenses de personnel et de matériel des différents services publics, telles qu'elles auront été fixées par un décret du Président de la République ;

3° Les fonds secrets ;

4° Le casernement de la gendarmerie ;

5° Les dépenses résultant de la constitution de la caisse de retraite ou de prévoyance établie ou à établir en faveur du personnel autre que le personnel emprunté aux services métropolitains ;

6° Les frais d'impression des budgets et comptes des recettes et des dépenses du service local, et les tables décennales de l'état civil ;

7° Les contingents qui peuvent être mis à la charge de la colonie, conformément à l'article précédent ;

8° Le remboursement des prélèvements faits sur la caisse de prévoyance ;

9° Toutes les dépenses de solde, de casernement, d'habillement, de nourriture, etc., occasionnées par le corps des tirailleurs annamites.

La première section comprend, en outre, un fonds de dépenses diverses et imprévues dont le Ministre détermine, chaque année, le minimum, et qui est mis à la disposition du Gouverneur.

Art. 39. — Si les dépenses obligatoires ont été omises ou si le Gouverneur, en Conseil privé, estime que les allocations portées pour une ou plusieurs de ces dépenses sont insuffisantes, le Gouverneur y pourvoit, provisoirement, à l'aide du fonds de dépenses diverses et imprévues.

En cas d'insuffisance de ce fonds, il en réfère au Ministre qui, sur sa proposition, inscrit d'office les dépenses omises ou augmente les allocations.

Il est pourvu par le Gouverneur, en Conseil privé, à l'acquittement de ces dépenses au moyen, soit d'une réduction des dépenses facultatives, soit d'une imputation sur les fonds libres, soit par un prélèvement sur les fonds de prévoyance, soit par une augmentation du tarif des taxes.

Art. 40. — Les dépenses votées par le Conseil colonial à la 2e section du budget ne peuvent être changées ou modifiées par le Gouverneur, sauf :

1° Dans le cas prévu par l'article précédent, et à moins que les dépenses facultatives n'excèdent les ressources ordinaires de l'exercice après prélèvement des dépenses obligatoires ;

2° Lorsque les projets se rapportant à ces dépenses auront paru au Ministre exiger un complément d'étude ou une nouvelle délibération.

Art. 41. — Dans le cas où le Conseil colonial ne se réunirait pas ou se séparerait sans avoir voté le budget, le Gouverneur, en Conseil privé, l'établirait d'office, et, provisoirement, les taxes et contributions continueraient à être perçues conformément aux tarifs de l'exercice précédent.

Il en rendrait compte immédiatement au Ministre de la marine et des colonies, qui statuerait définitivement.

TITRE IV. — DISPOSITIONS GÉNÉRALES.

Art. 42. — Dans les trois mois qui suivront la promulgation du présent décret, il sera procédé à l'élection des membres du Conseil colonial de la Cochinchine.

Art. 43. — Sont maintenues en vigueur toutes les dispositions organiques qui ne sont pas contraires au présent décret.

JULES GRÉVY.

(2 avril 1880)

DÉP. M. *faisant envoi du décret du 8 février 1880 portant institution d'un Conseil colonial en Cochinchine. — Instructions.*

ARCH. GOUV.

Par un télégramme du 10 février dernier, je vous ai fait connaître que le Président de la République a signé, le 8 février, le décret portant institution d'un Conseil colonial en Cochinchine. Je vous transmets ci-joint une copie de cet acte ainsi que du rapport dont il est accompagné. Vous aurez à pourvoir sans délai à sa promulgation dans la Colonie.

En répondant, le 2 octobre dernier, aux observations que vous avait suggérées la lecture du projet primitif, soumis à votre examen, je vous ai fait connaître les motifs qui, dans ma pensée, devaient conduire : à maintenir en nombre égal au Conseil la représentation des Français et des Indigènes ; à écarter les propositions que vous avez formulées quant aux questions de capacité électorale et de mode d'élection ; enfin à maintenir le droit de vote au personnel administratif. Je ne reviendrai donc pas sur ces divers points que dans votre lettre du 10 novembre vous avez reconnus vous-mêmes irréfutables comme doctrine. Je me bornerai à vous adresser aujourd'hui quelques indications complémentaires, et à tracer à grandes lignes à votre administration le rôle qu'elle est appelée à remplir par la suite en application du décret.

Les termes de citoyens français ou naturalisés et Asiatiques sujets français, employés dans le libellé de cet acte pour désigner les deux éléments appelés à constituer le Conseil, ne soulèveront, je l'espère, aucune équivoque. Vous aurez à déterminer dans quelles conditions les Chinois fixés en Cochinchine pourront être compris dans cette dernière dénomination.

Aux membres dont il vient d'être parlé ont été adjoints deux membres élus par la Chambre de commerce et deux membres civils du Conseil privé. Ces derniers devant être désormais nommés par décret, vous aurez à me faire parvenir le plus tôt possible vos propositions en vue de ces nominations. L'adjonction des quatre membres dont il vient d'être parlé donne satisfaction aux vues que vous avez exprimées, et permettra au Conseil de se préoccuper des intérêts généraux qui eussent pu être négligés si les six membres français appelés, par la force des choses, à servir pour ainsi dire exclusivement les intérêts locaux eussent seuls été appelés à siéger.

La réduction du mandat des conseillers à quatre ans, au lieu de six, et le renouvellement tous les deux ans, au lieu de trois, donnent satisfaction au désir de votre administration.

Sans déroger au principe de la gratuité du mandat, l'article 4 du décret met à la charge de la colonie le transport au chef-lieu des membres du Conseil colonial qui n'y ont pas leurs résidence. Cette obligation, sur laquelle je n'ai pas besoin d'insister, se justifie d'elle-même.

Je n'appuierai pas non plus sur les conditions d'électorat et d'éligibilité des membres français du Conseil colonial. En édictant qu'aucun fonctionnaire ou agent payé sur les fonds de la métropole ou de la colonie ne peut faire partie dudit Conseil, le décret a eu en vue de formuler le principe général en vertu duquel l'élément administratif doit être écarté de cette assemblée. Les observations que vous m'avez adressées à cet égard ont donc reçu satisfaction. J'ai également introduit dans le décret conformément à votre proposition, une disposition fixant à 1886 la période à partir de laquelle tout Indigène élu devra parler le français. Il m'a paru, toutefois, utile d'introduire une disposition transitoire aux termes de laquelle les Indigènes sont autorisés jusqu'à cette époque à se faire représenter par des Français éligibles.

Ainsi que vous l'avez demandé, la désignation du président du Conseil colonial est laissée à votre choix. Il devra toutefois être pris dans le sein du Conseil. En satisfaisant aux justes susceptibilités qu'aurait pu soulever la désignation d'un fonctionnaire ne faisant pas partie de l'assemblée, cette mesure vous laisse les moyens de mettre aux mains d'une personne ayant votre confiance la délicate mission dont il s'agit. Il ne vous échappera pas, en outre, qu'en confiant la présidence du Conseil à un fonctionnaire délégué par le Gouverneur, on eût bien difficilement, à l'aide de cette fixation, mis hors de cause la personne du chef de la colonie.

Les dispositions relatives à l'entrée au Conseil du Directeur de l'Intérieur (qui est de droit) et à celle des chefs d'administration (qui peuvent être autorisés par vous à cet effet) ont été empruntées à la législation sur la matière dans les autres colonies, et notamment à la Guyane. Il n'y a donc pas à s'y arrêter.

La présence d'un interprète, commissionné à cet effet, et traduisant aux Indigènes qui ne parlent pas le français les discussions et propositions mises aux voix, se justifie par le fait même de l'accession des Indigènes au Conseil colonial. Cette disposition se complète par celle aux termes de laquelle les procès-verbaux des séances doivent être publiés en français et en quoc-gnu.

Il a été tenu compte, dans la fixation des attributions du Conseil colonial, des modifications réclamées par vous et motivées par l'état d'autonomie des communes annamites. — Il n'en est pas de même en ce qui concerne les droits de douane et d'octroi de mer, sur lesquels, d'après les termes du décret, le Conseil ne peut être appelé à voter, mais peut, aux termes du 1er § de l'article 35, donner son avis. Je sais bien, ainsi que vous le faites remarquer, que l'octroi de mer et la douane n'existent pas en Cochinchine. Mais je ne vois aucun inconvénient, et, au contraire, je trouve avantageux à conserver une mention qui permette, le cas échéant, d'établir ces taxes. — Le silence du décret à cet égard aurait pu, en effet, être interprété comme un dangereux engagement.

Quant au contingent à fournir à la métropole par le budget local, bien que vous ayez jugé surabondant de mentionner dans le texte du décret un fait acquis, j'ai cru nécessaire de maintenir le principe de la fixation de ce contingent par la loi de finances. — Tel a été l'objet de l'article 37 du décret.

J'arrive maintenant à l'établissement du budget de la colonie. Ainsi que vous le remarquerez, au nombre des dépenses obligatoires figurent 2° « les dépenses de personnel et de matériel des différents services publics, telles qu'elles auront été fixées par un décret du Président de la République. » Cette disposition, qui remplace l'énumération étroite contenue dans les actes organiques de nos autres colonies, a été adoptée conformément à votre demande : elle nécessitera, toutefois, la présentation de décrets appelés à déterminer ceux des services qui seront rangés dans les dépenses obligatoires. Le remboursement des prélèvements faits par la caisse de prévoyance a été ajouté à la nomenclature desdites dépenses. Cette adjonction que vous avez avec raison réclamée se justifie par le fait même qu'il y a eu engagement pris.

Vous êtes investi du droit de pourvoir à l'acquittement des dépenses obligatoires non votées par le Conseil, en recourant à divers moyens énumérés dans l'article 39 du décret, § 3, et notamment par un prélèvement sur les fonds de prévoyance. — Il m'a paru què cette faculté, que vous avez vous-même indiquée, pouvait être utilement ajoutée à celle qui concerne l'augmentation du tarif des taxes.

L'importance considérable du budget de la Cochinchine m'a paru nécessiter, le cas échéant, pour les dépenses facultatives aussi bien que pour les obligatoires, le contrôle supérieur du Département. Tel est l'objet du § 2 de l'article 39 précité.

Quand les projets afférents à ces dépenses paraîtront dépasser la proportion requise par la prudence, ils pourront être soumis en France à un complément d'études et renvoyés à une délibération nouvelle. Cette garantie, destinée à mettre la colonie à l'abri des entreprises irréfléchies, assurera à l'administration le dernier mot sur des questions qui intéressent gravement la prospérité de la colonie et l'influence nationale..

Tels sont, Monsieur le Gouverneur, les points principaux sur lesquels il m'a paru nécessaire d'appeler plus particulièrement votre attention. J'ai la confiance que les mesures édictées par le décret, sagement appliquées, produiront d'heureux résultats, en montrant aux Indigènes notre constante préoccupation de leurs intérêts et de leurs besoins en opérant avec eux un rapprochement de plus en plus étroit, et contribueront puissamment à former, dans notre grande possession d'Extrême-Orient, une population dévouée à nos institutions, façonnée à nos mœurs, en un mot de plus en plus françaises, je compte, pour arriver à ce résultat, sur tout votre concours et sur celui de l'administration placée sous vos ordres.

JAURÉGUIBERRY.

(27 octobre 1880)

A. G. *fixant l'indemnité de déplacement à payer aux membres du conseil colonial lorsqu'il s'éloignent de leur résidence pour l'accomplissement de leur mandat.*

B. C. p. 512.

Article premier. — L'indemnité de déplacement à payer aux membres du Conseil colonial, lorsqu'ils s'éloignent de leur résidence pour l'accomplissement de leur mandat, est fixée à trente francs nets par jour.

Art. 2. — Cette allocation sera supportée par le crédit inscrit au budget local, chapitre premier, au titre du *Conseil colonial.*

LE MYRE DE VILERS.

(11 mars 1881)

DÉP. M. *au sujet de la constitution d'une commission permanente du conseil colonial.*

ARCH. GOUV.

Par lettre du 22 janvier dernier vous m'avez saisi d'un vœu émis par le conseil colonial, le 23 novembre dernier, en vue de la constitution d'une commission permanente à l'instar de la commission départementale de la Métropole.

Je partage absolument votre appréciation à l'égard du vœu dont il s'agit qui ne me paraît pas de nature à être accueilli. Ainsi que vous le faites ressortir, le conseil colonial de la Cochinchine s'est mépris en comparant les attributions dont il est investi à celles des conseil généraux en France.

Il n'y a entre les deux institutions qu'une analogie lointaine qui ne saurait justifier dans l'espèce l'application à la première d'un mode de fonctionnement spécial à la seconde et que justifie son caractère d'assemblée purement départementale.

G. CLOUÉ.

(12 mars 1881)

DÉCRET *portant modification à l'article 22 du décret du 8 février 1880 instituant un conseil colonial en Cochinchine.*

(Promulg. A. G., 23 avril 1881).
B. C. p. 186.

Article premier. — L'article 22 du décret du 8 février 1880, concernant le mode de nomination du président et du secrétaire du Conseil colonial de la Cochinchine, est abrogé et remplacé par la disposition suivante :

« A l'ouverture de chaque session, le Conseil colonial, sous la présidence de son doyen d'âge, le plus jeune faisant les fonctions de secrétaire, nomme au scrutin secret, à la majorité absolue des votes, son président, son vice-président et son secrétaire.

« Si les deux premiers tours de scrutin n'ont pas donné de résultat, il est procédé à un scrutin de ballottage entre les deux candidats qui ont obtenu le plus de voix.

« En cas d'égalité de suffrages, le plus âgé est nommé. »

JULES GRÉVY.

(29 mars 1881)

DÉP. M. *Envoi du décret du 12 mars 1881, accordant au conseil colonial la faculté d'élire son président. (Décret).*

ARCH. GOUV.

Par un décret rendu sur ma proposition le 12 de ce mois, dont j'ai l'honneur de vous transmettre ci-joint copie, M. le Président de la République a bien voulu souscrire au vœu récemment émis par le Conseil colonial dans le but d'être désormais appelé à élire son président.

J'ai pensé qu'il n'y avait aucune raison de priver cette assemblée d'un privilège dont jouissent tous les conseils analogues qui siègent dans les autres colonies.

Cette disposition me paraît de nature à donner plus de cohésion au conseil colonial et plus d'autorité à celui de ses membres qu'il investira du soin délicat de diriger ses débats et de faire la police de ses séances.

(17 août 1881)

DÉP. M. *prescrivant l'envoi par les voies les plus rapides et sans aucun retard au Département des procès-verbaux des délibérations du conseil colonial, du Journal officiel et de l'Annuaire* (1).

ARCH. GOUV.

(27 septembre 1881)

DÉP. M. *Interprétation du décret organique du conseil colonial. — Les membres du conseil privé appelés à siéger au conseil colonial doivent-ils, à l'expiration du premier de ces mandats, cesser en même temps leurs fonctions au conseil colonial?*

ARCH. GOUV.

Le décret du 8 février 1880 qui a institué un conseil colonial en Cochinchine, fixe à quatre années la durée des pouvoirs des membres de ce conseil. Deux membres du conseil privé, nommés par décret, sont appelés, aux termes du même acte à faire partie de ladite assemblée. — Or, les fonctions de ces derniers comme conseillers privés prenant fin au bout de deux années, vous m'avez demandé de vous fixer sur la question de savoir si, par tacite reconduction, le Gouverneur devra conserver à ces conseillers privés, ce qui dans la pratique, équivaudrait à l'inamovibilité, les deux nominations ne concordant pas, ou, si la délégation au conseil colonial doit cesser avec les fonctions des membres du conseil privé.

(1) V. journaux et bulletins officiels de l'Indo-Chine.

L'interprétation sur ce point du décret du 8 février 1880 ne saurait être douteuse : les membres du conseil privé appelés à siéger au conseil colonial, doivent, à l'expiration du premier de ces mandats, cesser en même temps leurs fonctions au conseil colonial. Cette mesure n'est pas, toutefois, inévitable, votre administration étant à même de confier aux conseillers privés sortants une nouvelle investiture leur permettant de continuer à siéger au conseil colonial ; il y a là une question d'opportunité dont l'administration supérieure de la colonie seule peut être juge.

G. Cloué.

(27 septembre 1882)

DÉP. M. *Notification d'un décret confirmant à nouveau dans la situation de membre du conseil colonial un membre civil du conseil privé nommé membre du conseil colonial en remplacement d'un de ses collègues dont les pouvoirs dans ladite assemblée ont pris fin par suite du renouvellement biennal.*

ARCH. GOUV.

J'ai l'honneur de vous informer que, par décret du 17 septembre 1882, M. M.., membre civil du conseil privé, a été nommé pour 4 années membre du conseil colonial.

M. M... avait été nommé membre du conseil colonial par décret du 26 janvier 1882, en remplacement de M. P... Les pouvoirs de celui-ci prenant fin en 1882, par suite du renouvellement biennal, il était nécessaire que M. M... se vît, par un nouveau décret, confirmé dans sa situation de membre du Conseil colonial.

Je vous prie de notifier à M. M.., le décret du 17 septembre courant.

Jauréguiberry.

(6 avril 1883)

DÉP. M. *au sujet de l'institution d'une commission permanente du conseil colonial. — Demande d'avis.*

ARCH. GOUV.

Dans sa séance du 23 novembre 1880, le conseil colonial de la Cochinchine avait émis le vœu que, dans l'intervalle des sessions, il fût créé une commission permanente, à l'instar des commissions départementales de la métropole. Ce vœu ne parut, ni à l'administration locale ni au Département, de nature a être accueilli, et par une dépêche du 18 août 1882 M. Le Myre de Vilers fut invité à saisir le conseil colonial, dans sa prochaine session, des motifs qui avaient dicté la décision de l'Administration.

Or, en prenant connaissance des délibérations du conseil colonial, je vois que dans la séance du 16 décembre un membre de cette assemblée a donné lecture d'un rapport concluant de nouveau à l'institution d'une commission permanente, rapport dont les conclusions ont été adoptées sans aucune discussion, etc., sans aucune observation de la part du représentant de l'Administration.

Les objections formulées par ce dernier eussent évidemment agrandi le cercle de la discussion et conduit le conseil à formuler une décision fortement motivée ; il est difficile de reconnaître ce caractère au rapport sommaire dont M. Jame a donné lecture à l'assemblée. Je ne puis donc que regretter qu'au cours de ladite séance, et contrairement aux instructions du Département M. le Directeur de l'Intérieur n'ait pas saisi l'occasion qui se présentait à lui d'éclairer le Conseil colonial sur le sentiment de l'administration

Bien que l'opinion du Département sur la question ne se soit pas modifiée, les objections formulées dès le principe et tirées du mode même de composition du Conseil suffisant pour la maintenir, je désirerais, avant de prendre une décision de rejet du vœu exprimé dans la séance du 16 décembre 1882, connaître votre avis personnel sur la question.

Ch. Brun.

(27 juillet 1883)

DÉP. M. *au sujet de l'institution d'une commission permanente du conseil colonial.*

ARCH. GOUV.

En me fournissant par lettre du 4 juin dernier, des explications sur les considérations qui ont conduit M. le Directeur de l'Intérieur à s'abstenir de discuter au sein du conseil colonial le vœu que ce dernier avait émis relativement à l'institution d'une commission permanente, vous me faites connaître que vous associant à l'opinion émise par le Département et aux considérations invoquées par votre prédécesseur contre cette création, vous n'hésitez pas à considérer comme inopportune la mesure réclamée par l'assemblée locale.

Le nouvel argument invoqué par vous à cet égard ne fait que confirmer les précédentes appréciations du Département sur la matière. Je vous prie, en conséquence, de faire connaître au conseil colonial que je me vois conduit à ne pas donner suite au vœu émis par lui dans sa séance du 23 novembre 1880, renouvelé le 16 décembre 1883 et concluant à l'institution d'une commission permanente.

CH. BRUN.

(25 mai 1886)

CIRC. M. *prescrivant l'envoi d'un rapport d'ensemble à fournir sur les travaux du conseil colonial après chaque cession de cette assemblée.*

ARCH. GOUV.

Le Département n'est généralement point renseigné d'une manière assez prompte sur les travaux des conseils généraux des colonies après chaque cession de ces assemblées.

Certaines colonies ne fournissent à ce sujet aucun rapport et se bornent à envoyer à Paris, dans un délai plus ou moins bref et sans y joindre aucune explication, les procès-verbaux imprimés des sessions. J'ai été amené, en conséquence, à décider que, dès qu'une session de l'assemblée coloniale serait close, vous auriez à me transmettre un rapport d'ensemble sur les affaires soumises au conseil et discutées par lui dans la session. Les propositions les plus importantes et les rapports auxquels elles auraient donné lieu seraient annexés au rapport : vous aurez, bien entendu, aussi à m'indiquer sommairement votre avis relativement à la solution qu'auront reçues ces affaires. Le rapport, dont la présente circulaire prescrit l'envoi, permettra au Département d'attendre les communications spéciales que vous devez lui faire parvenir au sujet de chacune des questions dont le conseil général est saisi. Je vous serai très obligé de veiller à ce qu'il soit préparé avec soin et exactitude. Veuillez m'accuser réception de la présente circulaire.

A. DE LA PORTE.

(19 juin 1886)

DÉCRET *portant addition à l'article 3 et modifiant l'article 18 du décret du 8 février 1880 instituant un conseil colonial en Cochinchine.*

(Promulg. A. G. 24 août 1886).
J. C. p. 873.

Article premier. — L'article 3 du décret du 8 février 1880 instituant un Conseil colonial en Cochinchine est complété par les paragraphes suivants :

« La même incompatibilité existe à l'égard des entrepreneurs de services et de travaux publics rétribués sur le budget de la colonie ;

« Les incompatibilités prévues au présent article s'appliquent à tous les membres du Conseil colonial, quel que soit le titre auquel ils y siègent. »

Art. 2. — L'article 18 dudit décret est modifié comme suit :

« A partir de 1892, nul Indigène ne pourra être élu s'il ne sait parler le français. Jusqu'à cette époque, les Indigènes pourront choisir, pour les représenter au Conseil colonial, des citoyens français remplissant les conditions d'éligibilité définies à l'article 5 et non encore pourvus du mandat de conseiller. »

JULES GRÉVY.

(30 août 1886)

CIRC. M. *rappelant que les procès-verbaux du conseil colonial doivent être envoyés avec la plus grande régularité à la fin de chaque session. Il doit être envoyé en outre pour la bibliothèque de la Cour des comptes, des extraits de toutes les délibérations ayant une portée financière.*

ARCH. GOUV.

A plusieurs reprises, je me suis vu dans l'obligation de rappeler aux administrations coloniales l'intérêt que j'attache à recevoir avec une grande régularité les procès-verbaux des séances des Conseils généraux. J'ai le regret de constater que mes recommandations n'ont pas toujours été observées.

D'une manière générale le Département doit pouvoir suivre les travaux des assemblées locales, il ne vous échappera pas, en outre, qu'en ce qui concerne la question financière, les comptes rendus des délibérations constituent le véritable élément de vérifications des pièces justificatives de la comptabilité des services locaux.

A ce dernier point de vue, M. le Premier Président de la Cour des comptes qui reçoit déjà les délibérations des Conseils généraux de France et d'Algérie m'a prié de lui transmettre les documents de cette nature établis aux colonies et qui sont indispensables à la Cour pour mener à bien la mission de contrôle qui lui incombe. En conséquence, je vous invite à donner des instructions formelles pour qu'il me soit adressé régulièrement à la fin de chaque session : 1° l'ensemble des procès-verbaux des séances du Conseil général de la colonie destinée à être répartis entre les divers services : 2° pour la bibliothèque de la Cour des comptes des extraits de toutes les délibérations ayant une portée financière. Vous voudrez bien m'accuser réception de la présente dépêche et veiller personnellement à l'exécution de ses prescriptions.

A. DE LA PORTE.

(2 juillet 1887)

RAPPORT *précédant le décret du 2 juillet 1887 qui rend applicable aux Conseils généraux de certaines colonies, aux conseils électifs de l'Inde et au Conseil colonial de la Cochinchine les dispositions contenues dans le décret du 1er août 1886 relatifs au Conseils généraux des Antilles et de la Réunion.*

B. C. p. 614.
J. C., p. 850.

Un décret du 1er août 1886, rendu après avis du Conseil supérieur des Colonies et du Conseil d'État a appliqué les dispositions édictées par la loi du 31 mars 1886 à nos colonies des Antilles et de la Réunion, dont les conseils généraux ne pouvaient, comme ceux de France, antérieurement à ladite loi, délibérer valablement qu'autant que la moitié plus un de leurs membres assistait aux séances.

Il paraît nécessaire d'assurer aux autres colonies dotées d'un conseil général le bénéfice des prescriptions nouvelles, en vue de permettre à leurs assemblées locales de se réunir utilement après deux convocations successives, quel que soit le nombre des membres présents.

J'ai, en conséquence, fait préparer un projet de décret tendant à étendre à la Guyane, au Sénégal, aux Établissements français dans l'Inde, à la Cochinchine, à Saint-Pierre et Miquelon, à la Nouvelle-Calédonie et à nos Etablissements de l'Océanie, les effets de la sage mesure appliquée en France par la loi du 31 mars 1886, et aux Antilles et à la Réunion par le décret du 1er août suivant.

J'ai l'honneur de vous prier de vouloir bien revêtir ce projet de décret de votre signature.

(2 juillet 1887)

DÉCRET *rendant applicable aux Conseils généraux de certaines colonies, aux Conseils électifs de l'Inde et au Conseil colonial de la Cochinchine des dispositions édictées par le décret du 1er août 1886 relatif aux Conseils généraux des Antilles et de la Réunion.*

B. C. p. 614.
J. C. p. 850.

Article premier. — Sont applicables aux conseils généraux de la Guyane, du Sénégal, de Saint-Pierre et Miquelon, de la Nouvelle-Calédonie, des Établissements français de l'Océanie, aux conseils électifs de l'Inde et au conseil colonial de la Cochinchine, les dispositions suivantes, qui prendront place aux articles ci-dessus visés des décrets constitutifs desdits conseils.

« Si le conseil ne se réunit pas, au jour fixé par l'arrêté de convocation en nombre suffisant pour délibérer, la session sera renvoyée de plein droit au lundi suivant. Une convocation spéciale sera faite d'urgence par le Directeur ou le chef du service de l'Intérieur et par le chef de service dans les établissements secondaires de l'Inde. Les délibérations alors seront valables, quel que soit le nombre des membres présents. La durée légale de la session courra à partir du jour fixé pour la seconde réunion.

« Lorsqu'en cours de session les membres présents ne formeront pas la majorité du conseil, les délibérations seront renvoyées au surlendemain, et alors elles seront valables quel que soit le nombre des votants.

« Dans les deux cas, les noms des absents seront inscrits au procès-verbal. »

JULES GRÉVY.

(16 juillet 1887)

DÉP. M. *Notification du décret du 2 juillet 1887 qui rend applicable aux conseils généraux de certaines colonies, aux conseils électifs de l'Inde et au conseil colonial de la Cochinchine, les dispositions contenues dans le décret du 1er août 1886 relatif aux conseils généraux des Antilles et de la Réunion.*

B. C. p. 613.

Vous trouverez au *Journal officiel de la République* du 7 juillet courant un décret rendant applicables aux conseils généraux de la Guyane, du Sénégal, de Saint-Pierre et Miquelon, de la Nouvelle-Calédonie, des Établissements français de l'Océanie, aux conseils électifs de l'Inde et au conseil colonial de la Cochinchine les dispositions contenues dans le décret du 1er août 1886, relatif aux conseils généraux des Antilles et de la Réunion.

J'ai l'honneur de vous prier de vouloir bien promulguer cet acte dans la colonie.

(6 octobre 1887)

RAPPORT *précédant le décret du 6 octobre modifiant le décret du 8 février 1880 instituant un Conseil colonial.*

B. C. p. 787.
J. C. p. 1074.

J'ai l'honneur de soumettre à votre haute approbation un projet de décret portant modification des articles 3, 23, 26, 32, 33, 38 et 40 du décret du 8 février 1880, qui a institué un Conseil colonial en Cochinchine.

Ces modifications ont, pour la plupart, été demandées par l'administration locale, sur l'avis conforme du Conseil privé, et ne portent aucune atteinte aux droits et prérogatives du conseil élu.

Art. 3. — La nouvelle rédaction de cet article a pour but de préciser une disposition inscrite dans le décret du 19 juin 1886, aux termes de laquelle les entrepreneurs de services et de travaux publics rétribués sur les fonds de la colonie ne peuvent faire partie du Conseil colonial. Par une interprétation erronée de ce texte, le conseil de contentieux de la colonie a jugé que cette prescription ne visait que les entrepreneurs de services ou de travaux publics liés par des marchés ayant un caractère permanent, tandis que, dans la pensée du Département, l'incompatibilité prévue par le décret de 1886 devait, en Cochinchine comme dans toutes nos autres colonies, s'étendre à toutes les personnes directement intéressées à l'exécution des travaux votés souverainement par les assemblées locales.

Art. 23. — Aux termes de l'article 23 du décret du 8 février 1880, « la durée de la session ordinaire du Conseil colonial est de vingt jours. Toutefois, le Gouverneur peut la proroger par un arrêté pris en Conseil privé. » En fait la session est, chaque année, prorogée à plusieurs reprises, ce qui est évidemment contraire à l'esprit du décret. Le Gouverneur a récemment appelé l'attention du Département sur les inconvénients que présente la prolongation exagérée des sessions du Conseil; pour remédier à cette situation, la rédaction nouvelle de l'article 23 ne laisse à l'administration locale que la faculté de proroger la session ordinaire pour une durée de dix jours.

Art. 26. — Aux termes de cet article, les séances du Conseil seront publiques, c'est l'application de la disposition libérale appliquée en France aux conseils généraux et aux conseils municipaux.

Art. 32 et 33. — Conformément au vœu émis par le Conseil colonial dans sa dernière session, le Gouverneur pourra, à l'avenir, procéder de sa propre autorité à la vente aux enchères publiques des biens domaniaux; cette disposition a été reconnue nécessaire pour éviter les retards qu'entraîne la consultation de l'assemblée locale pour chaque affaire de cette nature.

Le décret de 1880, reproduisant une distinction établie par le sénatus-consulte de 1866 pour les anciennes colonies, donnait au Conseil colonial le droit de statuer sur le tarif des taxes et contributions de toute nature nécessaires pour l'acquittement des dépenses de la colonie; par contre, il ne pouvait que délibérer sur le mode d'assiette et les règles de perception de ces mêmes taxes. La nouvelle rédaction proposée ne maintient pas cette distinction, qui ne me paraît pas fondée; j'estime qu'il n'est pas possible d'apprécier si l'assiette et les règles de perception d'un impôt méritent d'être approuvées sans tenir compte de la quotité de cet impôt. Telle taxe sera légitimement établie, si elle est modérée; elle pèsera lourdement sur le contribuable, si le taux en est exagéré. Dans l'intérêt des populations indigènes qui, en Cochinchine, supportent la charge principale de l'impôt et ne participent que dans une faible mesure aux délibérations de l'assemblée qui le vote, il paraît indispensable de réserver, en cette matière, le contrôle de l'autorité métropolitaine; c'est dans ce but qu'aux termes du nouvel article 33, le Conseil colonial devra simplement délibérer, à l'avenir, sur le mode d'assiette, les règles de perception et les tarifs des contributions et des taxes.

Les délibérations que le Gouverneur, en cas d'urgence, aura la faculté de rendre provisoirement exécutoires seront approuvées par décret du Président de la République.

Art. 38. — Cet article complète l'énumération des dépenses obligatoires que le décret de 1880 avait renvoyées à un décret ultérieur, pour tout ce qui concerne les dépenses de personnel et de matériel des différents services publics.

Le minimum obligatoire des dépenses de chaque service sera fixé par décision du Ministre.

Art. 40. — Le dernier paragraphe ajouté à cet article, sur la proposition du Gouverneur et sur l'avis unanime du Conseil privé, a pour but d'assurer l'indépendance des fonctionnaires de la colonie, en plaçant en dehors de l'action du Conseil colonial tout ce qui concerne la solde, les accessoires de solde, indemnités et libéralités diverses accordés aux agents en service dans la colonie.

Telles sont, Monsieur le Président, les dispositions principales du projet de décret ci-joint que je vous prie de vouloir bien revêtir de votre signature.

E. Barbey.

(6 octobre 1887)

DÉCRET *portant modification au décret du 8 février 1880 instituant un conseil colonial de la Cochinchine* (1).

(Promulg. A. G. 19 novembre 1887).

B. C. p. 787.
J. C. p. 1074.

Article premier. — L'article 3 du décret du 8 février 1880, modifié par l'article premier du décret du 19 juin 1886, et les articles 23, 26, 32 (n°s 1, 2 et 3 et paragraphe 2), 33, 38 et 40 du décret du 8 février 1880, instituant un Conseil colonial en Cochinchine, sont abrogés et remplacés par les articles et paragraphes suivants :

« Art. 3. — Aucun fonctionnaire ou agent recevant un traitement quelconque de la Métropole ou de la Colonie, aucun entrepreneur, à titre permanent ou temporaire, de services et de travaux publics rétribués sur le budget de la colonie ne peut faire partie du Conseil colonial.

« Art. 23. — Le Conseil colonial se réunit une fois chaque année en session or-

(1) V. Décret, 28 septembre 1888.

dinaire sur la convocation du Gouverneur. La durée de la session ordinaire ne peut excéder vingt jours. Toutefois, le Gouverneur peut la proroger pour une période de dix jours par un arrêté pris en Conseil privé.

« Le Gouverneur peut également convoquer le Conseil en session extraordinaire. L'arrêté de convocation pris en Conseil privé fixe l'objet de la session qui ne pourra durer plus de dix jours.

« Art. 26. — Les séances du Conseil colonial sont publiques. Mais, sur la demande de trois membres, du Président ou du Directeur de l'Intérieur, le Conseil peut décider qu'il se forme en comité secret. Le Président a seul la police de l'assemblée. Il peut faire expulser de l'audience tout individu qui troublerait l'ordre.

« Article 32, n° 1. — Le Conseil colonial statue sur l'acquisition, l'aliénation à titre gratuit ou de gré à gré, l'échange, le changement de destination ou d'affectation, le mode de gestion des propriétés mobilières et immobilières de la colonie, quand ces propriétés ne sont pas affectées à un service public. La vente aux enchères des terrains domaniaux pourra avoir lieu sur la seule autorisation du Gouverneur en Conseil privé.

« Art. 33. — Le Conseil colonial délibère :

« 1° Sur les emprunts à contracter et les garanties pécuniaires à consentir ;

« 2° Sur l'acceptation ou le refus des dons et legs faits à la colonie en dehors des conditions spécifiées au paragraphe 7 de l'article 25 ;

« 3° Sur le mode d'assiette, les règles de perception et le tarif des contributions et taxes de toute nature nécessaires à l'acquittement des dépenses de la colonie et autres que les droits de douane et d'octroi de mer.

« Les délibérations prises sur ces matières sont approuvées par décrets du Président de la République. Toutefois, le Gouverneur en Conseil privé, peut rendre, et en cas d'urgence seulement, provisoirement exécutoires celles relatives au mode d'assiette, aux règles de perception et au tarif des taxes et contributions.

« 4° Sur l'acquisition, l'aliénation, l'échange des propriétés de la colonie affectées à un service public.

« En cette matière, les délibérations sont approuvées par arrêtés du Gouverneur en Conseil privé.

« Art. 38. — Le budget des dépenses est divisé en deux sections comprenant :

« La première, les dépenses obligatoires ;

« La seconde, les dépenses facultatives.

« Sont obligatoires :

« 1° Les dettes exigibles ;

« 2° La solde et les accessoires de solde, supplément de fonctions, frais de service ou de représentation, frais de passage, frais d'hospitalisation, de route et de séjour, indemnités de logement allouées au personnel de tous les services publics de la colonie, dans les conditions prévues par les règlements ou les décisions ministérielles relatifs à ces matières.

« 3° Les frais de matériel et du service intérieur du Gouvernement, du secrétariat du Gouvernement, de la Direction de l'Intérieur, de la justice, des cultes, de l'instruction publique, de la police et des prisons, de l'assistance publique et du service hospitalier ;

« 4° Le loyer, le mobilier et l'entretien des bâtiments affectés aux services publics de la colonie ;

« 5° Les dépenses de matériel de tous les services publics de la colonie ;

« 6° Les dépenses d'entretien des ports, rades et phares ;

« 7° Les fonds secrets ;

« 8° Les frais d'impression des budgets et comptes des recettes et des dépenses du service local et des tables décennales de l'état civil ;

9° Les contingents qui peuvent être mis à la charge de la colonie, conformément à l'article 37.

« La première section comprend en outre un fonds de dépenses diverses et imprévues dont le Ministre détermine chaque année le minimum, et qui est mis à la disposition du Gouverneur.

« Art. 40. — Les dépenses votées par le Conseil colonial à la deuxième section du budget ne peuvent être changées ou modifiées par le Gouverneur, sauf :

« 1° Dans le cas prévu à l'article précédent et à moins que les dépenses facultatives n'excèdent les ressources ordinaires de l'exercice, après prélèvement des dépenses obligatoires ;

« 2° Lorsque les projets se rapportant à ces dépenses auront paru au Ministre exiger un complément d'étude ou une nouvelle délibération.

« Toutefois, toutes les dépenses ayant le caractère d'une disposition libérale à titre gratuit, telles que subventions, bourses, augmentation de traitements, de soldes ou accessoires de soldes, secours, gratifications, remises de dettes ou d'impôts, ne seront exécutoires qu'après avoir reçu l'approbation du Ministre, sur la proposition du Gouverneur en Conseil privé. »

Art. 2. — Sont maintenues en vigueur toutes les dispositions des décrets des 8 février 1880, 12 mars 1881 et 18 juin 1886, qui ne sont pas contraires au présent décret.

JULES GRÉVY.

(28 septembre 1888)

DÉCRET *modifiant celui du 6 octobre 1887 sur le conseil colonial en remplaçant certaines dispositions du décret organique du 8 février 1880.*

(Promulg. A. G., 12 novembre 1888).
J. C. p. 946.

Article premier. — Les articles 32, 33, 34 et 38 du décret du 8 février 1880, modifiés par le décret du 6 octobre 1887, sont remplacés par les dispositions suivantes :

« *Article 32.* — Le Conseil colonial statue : 1° Sur l'acquisition, l'aliénation à titre gratuit ou de gré à gré, l'échange, le changement de destination ou d'affectation, le mode de gestion des propriétés mobilières et immobilières de la colonie, quand ces propriétés ne sont pas affectées à un service public. La vente aux enchères des terrains domaniaux pourra avoir lieu sur la seule autorisation du Gouverneur, en Conseil privé ;

« 2° Sur les baux des biens donnés ou pris à ferme ou à loyer, quelle qu'en soit la durée ;

« 3° Sur les actions à intenter ou à soutenir au nom de la colonie, sauf le cas d'urgence, où le Gouverneur peut intenter toute action ou y défendre sans autorisation préalable du Conseil général et faire tous actes conservatoires ;

« 4° Sur les transactions qui concernent les droits de la colonie ;

« 5° Sur l'acceptation ou le refus des dons et legs faits à la colonie sans charges ni affectation immobilière, quand ces dons et legs ne donnent pas lieu à réclamation ;

« 6° Sur le classement, la direction et le déclassement des routes ;

« 7° Sur les offres faites par les communes ou les institutions en tenant lieu, par des associations ou des particuliers pour concourir à la dépense des routes, chemins ou autres travaux à la charge de la colonie ;

« 8° Sur les concessions à des associations, à des compagnies ou à des particuliers de travaux d'intérêt colonial;

« 9° Sur la part contributive de la colonie dans la dépense des travaux à exécuter par l'État et qui intéressent la colonie;

« 10° Sur les projets, plans et devis des travaux exécutés sur les fonds de la colonie.

« 11° Sur les assurances des propriétés mobilières et immobilières de la colonie.

« Le Conseil colonial vote également le tarif des taxes et contributions de toute nature nécessaires pour les dépenses de la colonie, et autres que ceux afférents aux droits de douanes et d'octroi de mer.

« Les délibérations prises sur ces matières sont définitives et deviennent exécutoires si, dans le délai d'un mois à partir de la clôture de la session, le Gouverneur n'en a pas demandé l'annulation pour excès de pouvoirs, pour violation des lois ou des règlements ayant force de loi. Cette annulation est prononcée sur le rapport du Ministre de la marine et des colonies par décret du Président de la République.

« *Article 33.* — Le Conseil colonial délibère : 1° Sur les emprunts à contracter et les garanties pécuniaires à consentir :

« 2° Sur l'acceptation ou le refus des dons et legs faits à la colonie en dehors des conditions spécifiées au paragraphe 7 de l'article 25 ;

« *Article 38.* — Le budget des dépenses est divisé en deux sections comprenant:

« La première, les dépenses obligatoires ;

« La seconde, les dépenses facultatives.

« Sont obligatoires :

« 1° Les dettes exigibles, y compris l'intérêt et l'amortissement des emprunts contractés par la colonie ;

« 2° Les frais du personnel de la Direction du service local, de l'Administration des affaires indigènes, des secrétariats du Gouvernement et du Conseil privé, de la justice, de la police générale, des contributions indirectes et des douanes, des ateliers de discipline et des prisons, tels qu'ils auront été déterminés par décrets ;

« 3° Le minimum, également fixé par décret, des frais de matériel de ces mêmes services.

« 4° Les frais de représentation du Gouverneur général, du Directeur du service local et du Procureur général, chef du service judiciaire en Indo-Chine, tels qu'ils auront été déterminés par décret ;

« 5° Le casernement de la gendarmerie ;

« 6° Toutes les dépenses de solde, de casernement, d'habillement, de nourriture du corps des tirailleurs annamites ;

« 7° Les frais d'impression des budgets et comptes des recettes et des dépenses du service local et des tables décennales de l'état civil;

« 8° Les sommes mises par décret à la charges du budget local pour les dépenses annuelles du dépôt central des archives coloniales de l'Exposition permanente des colonies ;

« 9° Le contingent mis à la charge de la colonie, conformément à l'article précédent et au décret du 11 mai 1888.

« La 1re section comprend, en outre, un fond de dépenses diverses et imprévues dont le Ministère détermine chaque année le minimum etqui est mis à la disposition du Gouverneur. »

Art. 2. — Le dernier paragraphe de l'article 40, modifié par le décret du 6 septembre 1887, est abrogé, ainsi que toutes les dispositions contraires au présent décret.

Art. 3. — Le Ministre de la marine et des colonies est chargé de l'exécution du présent décret, qui sera inséré au *Bulletin des Lois*, au *Bulletin officiel de l'Administration des colonies* et aux journaux officiels de la Métropole et de la colonie.

CARNOT.

(1er octobre 1888)

DÉP. M. *Notification du décret du 28 septembre 1888 portant modification à celui du 6 octobre 1887 sur le Conseil colonial et remplaçant certaines dispositions du décret organique du 8 février 1880.*

J. C. p. 946.

Vous trouverez inséré au *Journal officiel* du 3 octobre courant un décret, en date du 28 septembre 1888, portant modification à celui du 6 octobre 1887 sur le Conseil colonial de la Cochinchine.

Je vous prie de vouloir bien assurer la promulgation de ce nouveau texte.

Le but et la portée des modifications apportées au décret du 6 octobre 1887 sont suffisamment indiqués dans le rapport au Président de la République.

J'appellerai toutefois d'une façon toute particulière votre attention sur les dispositions insérées aux articles 34 et 38.

L'article 34 a pour objet d'ôter au Conseil colonial la faculté d'accorder, *sous quelque forme que ce soit*, aucun avantage direct ou indirect à un fonctionnaire ou à une catégorie de fonctionnaires, autrement que sur la proposition de l'Administration. Par avantages *indirects* il faut entendre, par exemple, les concessions de bourses ou de terrains, les dégrèvements de taxes ou d'amendes, les concessions de passages gratuits, les frais de missions, etc.

Il appartiendra au Directeur du service local de veiller, sous votre haute autorité, à la stricte application de ces dispositions qui m'ont paru essentielles pour assurer l'indépendance des fonctionnaires et prévenir le retour des abus qui ont été précédemment signalés.

C'est pour des motifs de même ordre que l'article 38 a classé dans les dépenses obligatoires les frais de représentation du Gouverneur général, du Directeur du service local et du Chef du service judiciaire en Indo-Chine, en même temps qu'il a compris dans cette même catégorie les frais de personnel et de matériel des principaux services, tels qu'ils auront été *déterminés par décrets*. Vous voudrez bien me faire parvenir, le plus promptement possible, vos propositions pour la fixation des cadres et des traitements qui devront faire l'objet de ces décrets spéciaux.

Vous remarquerez que le décret du 28 septembre 1888 n'a pas modifié la disposition de l'article 3 du décret du 6 octobre 1887, aux termes duquel : « Aucun entrepreneur, à titre permanent ou temporaire, de services et de travaux publics rétribués sur le budget de la colonie ne peut faire partie « du Conseil colonial. » Il me paraît utile toutefois de bien spécifier, pour éviter toute erreur d'interprétation, que cette disposition n'est pas applicable aux fournisseurs du service local.

A. DE LA PORTE.

(7 décembre 1888)

DÉCRET *réorganique du conseil supérieur de l'Indo-Chine. — Abrogation du premier paragraphe de l'article 36 du décret du 8 février 1880 instituant un conseil colonial en Cochinchine (art. 2 et 9).*

(Pomulg. A. G., 22 janvier 1889).
J. C., 1889, p. 89.

. . . .

Art. 2. — Le Gouverneur général arrête, en Conseil supérieur de l'Indo-Chine, le budget local de la Cochinchine délibéré par le Conseil colonial.

. . . .

Art. 9. — Sont abrogés : 1° le premier paragraphe de l'article 36 du décret du 8 février 1880.

. . . .

CARNOT.

CONSEIL CONSULTATIF.

NATURE DES DOCUMENTS	DATES	RECUEILS A CONSULTER Bat.	B. C.	B.D.I	J.C	J.H.	B. M.	B.Col		OBSERVATIONS
Décret.	10 janvier 1863.	II-357	366							
D. G.	12 janvier 1864.		16							
D. G.	1er décembre 1864.		154							
D. G.	6 mars 1865.		197							

(10 janvier 1863)

DÉCRET *sur l'organisation administrative et financière de la colonie. Création du trésorier*, du conseil consultatif *(art. 9 et 10)*.

(Promulg. A. G. 1er juillet 1863).

BAT. II, p. 357.
B. C. p 366.

(12 janvier 1864)

D. G. *Composition du conseil consultatif.*

B. C. p. 16.

(1er décembre 1864)

D. G. *Le Directeur de l'Intérieur remplace le Directeur des affaires civiles au conseil consultatif.*

B. C. p. 154.

(6 mars 1865)

D. G. *Le chef du service judiciaire est appelé à faire partie du conseil consultatif* (1).

B. C. p. 197.

(1) V. Conseil privé.

CONSEIL D'ÉTAT.

I. DISPOSITIONS GÉNÉRALES. — II. ARRÊTS ET AVIS.

I. DISPOSITIONS GÉNÉRALES.

NATURE DES DOCUMENTS	DATES	RECUEILS A CONSULTER Bat.	B. C.	B.D.I	J. G.	J.H.	B.M.	B Col	OBSERVATIONS
Décret.	22 juillet 1806.						R. I. 275		
O. R.	9 février 1827.	II-168	80						
O. R.	31 août 1828.		407						
O. R.	9 septembre 1831.						R. III 90		
Loi.	3 mars 1849.						R. V. 166		
Dép. M.	11 juin 1880.								
Décret.	5 août 1881.		477						
Circ. M.	23 février 1884.								
Circ. M.	20 mai 1887.				701				
Rapp.	13 janvier 1888.				490				
Décret.	13 janvier 1888.		264		489				

(22 juillet 1806)

DÉCRET *contenant règlement sur les affaires contentieuses portées au Conseil d'État.*

B. M. R. I. p. 275.

(9 février 1827)

ORDONNANCE *(extrait) concernant le gouvernement des Antilles (art. 177).*

(Promulg. A. G. 16 mars 1869).

BAT. II. p. 168.
B. C. p. 80.

(31 août 1828)

ORDONNANCE *sur le mode de procéder devant les conseils privés des colonies (art. 138 à 147)* (1).

(Promulg. A. G. 20 novembre 1869).

B. C. p. 407.

(9 septembre 1831)

ORDONNANCE *sur les formes des jugements, au Conseil d'État, des prises maritimes.*

B. M. R. III, p. 90.

(3 mars 1849)

LOI *organique du Conseil d'État.*

B. M. R. V. p. 166.

(11 juin 1880)

DÉP. M. *au sujet de l'action contentieuse intentée à l'administration de la Cochinchine par M. R..., ex-chef du service des travaux publics. — Renvoi du dossier. — Demande de renseignements. — Lettre de l'avocat au Conseil d'État.*

ARCH. GOUV.

J'ai transmis à M. D..., avocat au Conseil d'État, le dossier concernant l'action contentieuse intentée à l'Administration de la Cochinchine par M. R..., ex-chef du service des travaux publics, dossier que vous m'aviez fait parvenir dans votre lettre du 20 février, nº 158.

Mais cet avocat vient de me faire connaître que les renseignements qui lui ont été ainsi adressés ne sont pas suffisants pour défendre au pourvoi, dans le cas où le Conseil d'État viendrait à évoquer le fond du litige.

J'ai l'honneur de vous adresser ci-joint en copie la lettre de M. D..., en date du 31 mai dernier, ainsi que le mémoire qui lui a été signifié au nom de M. R...

Je vous serai obligé de me faire parvenir, par le retour du courrier, et en me renvoyant les pièces ci-annexées, les indications demandées par l'avocat de l'Administration.

JAURÉGUIBERRY.

(1) V. Décret 5 août 1881.

ANNEXE

(31 mai 1880)

Par dépêche en date du 1er de ce mois, vous avez bien voulu me charger de défendre, devant le Conseil d'État, les intérêts de la colonie de la Cochinchine, à l'occasion d'un recours formé par un sieur R... contre une décision rendue à son préjudice par le conseil privé de ladite colonie, le 1er septembre 1879.

Le conseil privé, pour rejeter la demande formée devant lui par le sieur R..., tendant à l'allocation d'une indemnité par le licenciement subit et immérité de ses fonctions de chef du service des travaux publics, sans examiner, au fond, le mérite de cette demande, s'est bornée à déclarer ladite demande non recevable comme s'étant produite après les délais légaux.

Le conseil privé se fonde, pour justifier sa décision, sur ce que les réclamations du sieur R... étaient basées sur des décisions prises soit avant la date du 26 octobre 1878, soit à cette date, et sur ce que le sieur R.... étant demeuré à Saïgon, depuis le mois d'octobre 1878 jusqu'au 25 février 1879, avait laissé passer le délai d'un mois qui lui était imparti par l'art. 4 du décret des 21 août-26 novembre 1869 sans former lesdites réclamations.

Il m'est indispensable, pour défendre à cet égard la décision attaquée, d'avoir la date exacte des décisions sur lesquelles étaient basées les réclamations du sieur R .., le texte, ainsi que la date de la notification à lui faite desdites décisions ou des récépissés par lui donnés de ces notifications.

Le sieur R... essayant, d'autre part, de justifier devant le Conseil d'État ses réclamations au fond, je me vois dans la nécessité de le suivre sur ce terrain pour le cas où le Conseil d'État, annulant la décision attaquée, évoquerait le fond du litige, ce que je ne puis faire jusqu'à la condition d'être nanti de tous les renseignements et de tous les documents se rapportant à cette affaire. Or, ces documents et éléments ne se trouvent pas dans le dossier que vous m'avez transmis, la défense de la colonie devant le conseil privé n'ayant porté que sur la fin de non-recevoir admise par cette juridiction.

Je vous serai donc infiniment obligé de réclamer à la colonie tous les renseignements et documents se rapportant à cette affaire, de nature à détruire les allégations du sieur R..., tant en ce qui concerne le fond du litige que la fin de non-recevoir.

Je vous communique à cette fin le mémoire qui vient de m'être signifié au nom du sieur R..., en vous priant de me le retourner au plus tôt avec les pièces et renseignements qui vous seront adressés de la colonie.

Signé : DAUCONGNÉE,
Avocat au Conseil d'État et à la Cour de cassation.

(5 août 1881)

DÉCRET *concernant l'organisation et la compétence des conseils du contentieux administratif et réglant la procédure à suivre devant ces Conseils (art. 86 à 93)* (1).

B. C. p. 477.

(23 février 1884)

CIRC. M. *Les envois au Département de pourvois et déclarations de recours au Conseil d'État doivent être accompagnés d'indications mentionnant la suite à donner à ces pourvois.*

ARCH. GOUV.

Les administrations coloniales font fréquemment envoi au Département de pourvois et déclarations de recours au Conseil d'État sans indiquer s'ils sont formés par l'Administration et doivent être transmis à la Haute Assemblée, ou si ce sont seulement des pourvois dans lesquels l'Administration est défenderesse et qui doivent, dès lors, être conservés par les bureaux ou transmis à l'avocat du Département dans les affaires en instance.

Pour éviter toute confusion à cet égard, je vous prie de vouloir bien donner des instructions pour

(1) V. Conseil du contentieux administratif.

qu'à l'avenir les envois de l'espèce soient accompagnés de toutes les indications de nature à faire connaître la suite qu'ils comportent. GOLSCHEIDER.

(20 mai 1887)

CIRC. M. *Formalités à remplir en matière de pourvoi au Conseil d'État (art. 86 et 93 du décret du 5 août 1881 organique des conseils du contentieux administratif aux colonies).*

J. C. p. 701.

Certaines formalités prescrites par les articles 86 et 93 du décret du 5 août 1881, en matière de pourvoi au Conseil d'État, étant omises dans la plupart des colonies, je crois utile de vous indiquer sur ce point la doctrine de la section du contentieux du Conseil d'État.

Les dossiers transmis au Département ne contiennent le plus souvent qu'une expédition de la déclaration de recours formulée conformément aux dispositions de l'article 86 du décret précité du 5 août 1881.

Or, si la partie qui veut se pourvoir doit, aux termes dudit article, en faire la déclaration au secrétariat du Conseil du contentieux de la colonie, elle est tenue, aux termes des articles 90 et 93, de déposer ensuite une requête soit au secrétariat du contentieux du Conseil d'État, soit, et pour les affaires dispensées du ministère d'avocat seulement, au secrétariat du Conseil du contentieux de la colonie.

Le Conseil d'État estime, en effet, que la combinaison des divers textes précités fait ressortir la nécessité de ces deux formalités, la déclaration de recours d'une part et, d'autre part, le dépôt d'une requête.

La section du contentieux du Conseil d'État ne se considère pas comme régulièrement saisie d'un recours, si cette dernière formalité n'a pas été remplie dans les délais prescrits.

Quoique le Conseil d'État n'y attache pas la même importance, je vous signale une autre formalité qui est également perdue de vue aux colonies, malgré les termes formels de l'article 93, § 4, du décret du 5 août 1881. Dans les affaires dispensées du ministère d'avocat le recours doit, s'il est déposé au secrétariat du Conseil du contentieux de la colonie, être marqué d'un timbre indiquant la date d'arrivée audit secrétariat. Le dossier une fois constitué est ensuite *transmis par le Gouverneur au secrétariat du contentieux du Conseil d'État*, ainsi que le porte le dernier paragraphe de l'article 93 précité.

Je ne vois aucun inconvénient à ce que, pour profiter de la franchise postale, ces dossiers continuent à être adressés au Département ; mais, pour rester dans l'esprit du décret, il serait nécessaire que ces pourvois fussent accompagnés d'une lettre du Gouverneur au Président de la section contentieuse. Je me bornerais alors à faire parvenir cette lettre et le dossier y annexé à destination.

J'ai l'honneur de vous prier de vouloir bien donner des ordres pour que les prescriptions contenues dans la présente dépêche reçoivent leur complète exécution. A. DE LA PORTE.

(13 janvier 1888).

RAPPORT *précédant le décret du 13 janvier 1888, déclarant suspensif le recours en matière d'élections au conseil colonial.*

J. C. p. 490.

Le projet de décret que j'ai l'honneur de soumettre à votre approbation a pour objet d'étendre au conseil colonial de la Cochinchine et aux conseils locaux de l'Inde les dispositions des décrets du 20 décembre dernier, qui ont rendu suspensifs les recours formés contre les élections des conseillers généraux et des conseillers municipaux dans les différentes colonies.

C'est par une simple omission que le conseil colonial de Saïgon et les conseils locaux de l'Inde n'ont pas été compris dans la rédaction du décret précité. KRANTZ.

(13 janvier 1888)

DÉCRET *déclarant suspensif le recours en matière d'élections au conseil colonial.*

(Promulg. A. G. 25 mai 1888).

B. C. p. 246.

J. C. p. 489.

Article premier. — En Cochinchine, les conseillers coloniaux et, dans les Établissements français de l'Inde, les conseillers locaux élus et proclamés restent en fonctions jusqu'à ce qu'il ait été définitivement statué sur les recours auxquels leur élection a pu donner lieu.

Art. 2. — Sont abrogées toutes les dispositions contraires au présent décret. CARNOT.

II. DÉCISIONS ET AVIS.

NATURE DES DOCUMENTS	DATES	RECUEILS A CONSULTER							OBSERVATIONS
		Bat.	B. O.	B.D.I	J. C.	J.H.	B. M.	B.Col	
Avis.	20 mars 1810.								
Avis.	7 février 1877.						368		
Décision.	14 mai 1880.						1001		
Avis.	21 février 1883.								
Décision.	13 avril 1883.								
Décision.	18 janvier 1884.								
Décision.	27 février 1884.								
Décision.	20 et 27 juin 1884.								
Décision.	28 mars 1888.					1078			

(20 mars 1810)

AVIS *sur la question de savoir si les effets de commerce échéant le dernier décembre peuvent être protestés, faute de paiement, le 1er janvier.*

ARCH. GOUV.

Le conseil d'État... est d'avis que le 1er janvier doit être considéré comme une des fêtes auxquelles s'applique l'article 162 du Code de commerce; et qu'en conséquence lorsqu'il y aura refus de paiement d'un effet de commerce échu la veille, cet effet ne pourra être protesté que le 2 janvier...

(7 février 1877)

AVIS *sur la question de savoir si un officier de l'armée territoriale admis à faire un stage volontaire dans un corps de troupe de l'armée active, a le droit, pendant la durée de ce stage, de prendre part aux votes qui ont lieu dans la commune où il est inscrit comme électeur.*

B. M. p. 368.

(14 mai 1880)

DÉCISION *statuant au contentieux, et prononçant le rejet d'un pourvoi formé par MM. A. Guillaume et Cie contre une décision du Ministre de la marine, qui a résilié deux marchés de carreaux, limes, râpes et faucillons, souscrits par ces fournisseurs, et ordonné la saisie d'une partie des cautionnements afférents à ces deux contrats.*

B. M. p. 1061.

Le Conseil d'État statuant au contentieux,

Sur le rapport de la section du contentieux;

Vu la requête et le mémoire ampliatif présentés par les sieurs Guillaume et compagnie, négociants à Douai, ladite requête et ledit mémoire enregistrés au secrétariat du contentieux du Conseil d'État, les 17 octobre 1878, et 11 mars 1879, et tendant à ce qu'il plaise au Conseil annuler une décision en date du 16 juillet 1878, par laquelle le Ministre de la marine a prononcé : 1° la résiliation de deux marchés passés par eux le 15 février 1877, pour la fourniture de carreaux, limes, râpes et faucillons destinés au port de Rochefort; 2° la saisie au profit du Trésor public d'une somme de 2,400 fr. sur la somme de 2,850 fr. formant les cautionnements afférents auxdits marchés :

Ce faisant, attendu, en la forme, que la décision attaquée n'est pas motivée; au fond, attendu que les délais fixés par les marchés pour la livraison des objets rebutés étaient notoirement trop courts; que les prolongations qui leur ont été accordées par l'administration étaient insuffisantes; que les requérants avaient proposé à l'administration de lui livrer gratuitement les limes rebutées en attendant la livraison des limes nouvelles; que cette proposition désintéressée a néanmoins été repoussée par l'administration; que la résiliation des marchés a été à tort prononcée le 16 juillet 1878, alors qu'un mois auparavant l'administration avait adressé un état des limes dont le besoin était le plus urgent, et que ces limes avaient été livrées et acceptées; annuler la décision attaquée, ordonner la restitution des sommes indûment saisies, avec les intérêts de droit, et condamner l'administration aux dépens;

Vu la décision attaquée;

Vu les observations présentées en défense par le Ministre de la marine, lesdites observations enregistrées comme ci-dessus le 19 avril 1879, et tendant au rejet du pourvoi par le motif, en la forme, que la décision attaquée est motivée; au fond, que les sieurs Guillaume et compagnie, dont les marchés avaient une durée de trois ans, s'étaient engagés, par leurs marchés, à livrer les fournitures dans les trois mois de la commande faite par l'administration, et à remplacer les objets rebutés dans un délai de 30 jours; que malgré ces prescriptions des marchés, l'administration a consenti à prolonger les délais, tant pour les livraisons primitives que pour le remplacement des objets rebutés; que, malgré ces prolongations, les requérants n'ont pu faire admettre en recette que 3,734 carreaux, limes et rapes, et 1.615 limes, râpes et faucillons, sur les quantités commandées, lesquelles s'élevaient à 10.918 pour le premier marché, et à 10.320 pour le second; que les requérants n'ont pas présenté de nouvelles livraisons à l'expiration du dernier délai qui leur avait été accordé; que le service de la marine se trouvant en souffrance à la suite de ces retards successifs, le Ministre était en droit, par application de l'article 68 des conditions générales du 10 juin 1870, de prononcer la résiliation des marchés et la saisie d'une partie du cautionnement;

Vu les marchés passés le 15 février 1877 par les sieurs Guillaume et compagnie avec l'administration de la marine, et les conditions générales arrêtées le 10 juin 1870, pour les fournitures à faire à la marine;

Vu le décret du 11 juin 1806;

Ouï M. Sauzey, auditeur, en son rapport;

Ouï Me Michaux-Bellaire, avocat des sieurs Guillaume et compagnie, en ses observations;

Ouï M. Le Vavasseur de Précourt, maître des requêtes, commissaire du Gouvernement, en ses conclusions;

Sur le moyen tiré de ce que la décision attaquée ne serait pas motivée :

Considérant qu'il résulte de la production de la décision attaquée que cette décision était motivée, et que si la notification qui en a été faite aux sieurs Guillaume et compagnie se bornait à en énoncer le dispositif, cette circonstance, qui aurait pu entraîner la nullité de la notification, n'était pas de nature à motiver l'annulation de la décision elle-même :

Au fond :

Considérant qu'aux termes de l'article 68 des conditions générales pour les fournitures de la marine arrêtées le 10 juin 1870, et déclarées applicables aux marchés des sieurs Guillaume et compagnie par l'article 17 desdits marchés, lorsque, dans le cours d'une année, les livraisons successives faites par le fournisseur ont été rebutées dans la proportion de plus de moitié des quantités définitivement admises en recette pendant cette année, le Ministre peut prononcer la résiliation du marché avec saisie de tout ou partie du cautionnement;

Considérant que, malgré les prolongations de délai qui leur ont été accordées par le Ministre de la marine, tant pour leurs livraisons primitives que pour le remplacement des objets rebutés, il résulte de l'instruction que sur un ensemble de 18.866 francs de fournitures présentées par les sieurs Guillaume et compagnie à la commission de recettes, pendant la première année d'exécution de leurs marchés, il n'en a été admis définitivement que pour une valeur de 6.220 francs; qu'ainsi le Ministre de la marine était en droit, par application de l'article 68 précité des conditions générales, de prononcer la résiliation des marchés et la saisie d'une partie des cautionnements fournis par les requérants pour garantir l'exécution de leurs marchés;

DÉCIDE :

Article premier. — La requête des sieurs Guillaume et compagnie est rejetée.

Art. 2. — Expédition de la présente décision sera transmise au Ministre de la marine et des colonies.

(21 février 1883)

AVIS *portant que le recours au Conseil d'Etat, en matière électorale est suspensif dans les colonies de la Martinique, de la Guadeloupe et de la Réunion et non suspensif dans les autres colonies.* (1)

ARCH. GOUV.

Les sections réunies des finances, des postes et télégraphes, de la guerre, de la marine et des colonies et de législation, de la justice et des affaires étrangères du Conseil d'Etat, qui sur la demande d'avis qui leur a été adressée par M. le ministre de la marine et des colonies, a examiné la question de savoir si, en cas d'annulation, par un conseil du contentieux administratif d'une élection au conseil général d'une colonie, le recours au Conseil d'État a un effet suspensif.

Vu les dépêches du ministre de la marine du 22 mars 1882 et du 30 janvier 1883;

Vu l'article 3 du décret du 22 juillet 1805;

Vu l'article 32 de l'ordonnance du 31 août 1828;

Vu l'article 54 de la loi du 22 juin 1833;

Vu le décret du 3 décembre 1870;

Vu l'article 24 de la loi du 21 mai 1872;

Vu l'article 76 du décret du 5 août 1881;

Vu les décrets des 23 décembre 1878, 25 janvier 1879, 4 février 1779, 8 février 1880 et 7 septembre 1881.

(1) V. Législation électorale, § 2, décret, 13 janvier 1888.

Considérant que la règle générale édictée par le décret du 22 juillet 1806 (art. 3) et reproduite par la loi du 24 mai 1862, suivant laquelle les pourvois formés devant le Conseil d'État ne sont pas suspensifs, n'est nullement exclusive des exceptions que des lois spéciales ont pu lui apporter.

Considérant, en effet que l'empire du décret et de la loi précités, il a toujours été reconnu, d'une part, qu'aux termes de l'article 54, § 1er de la loi du 22 juin 1833 sur l'organisation des conseils généraux et d'arrondissement, le recours devant le Conseil d'État était suspensif lorsqu'il était formé par un conseiller général dont l'élection avait été annulée ; d'autre part qu'aux termes de l'article 88 de la loi du 10 août 1871 relative aux conseils généraux, le recours au Conseil d'État était également suspensif, lorsqu'il s'agissait de décisions des commissions départementales attaquées pour excès de pouvoir ou violation de la loi ;

Considérant que la règle générale des décret de 1806 et loi de 1872 a été appliquée aux colonies par le décret du 5 août 1881 qui, réglant l'organisation de la compétence des conseils du contentieux administratif, a édicté, dans son article 76, que le pourvoi au Conseil d'État n'était pas suspensif.

En ce qui concerne les colonies de la Martinique, de la Guadeloupe, de la Rénnion :

Considérant que en vertu d'un décret du 3 décembre 1870, la disposition exceptionnelle de l'art. 54 de la loi du 22 juin 1833, qui déclare au contraire suspensif le recours formé devant le Conseil d'État par un conseiller général dont l'élection est annulée, a été également rendue applicable à ces colonies.

Considérant que le décret du 5 août 1881, qui n'a fait que reproduire la loi de 1872 sans y rien innover n'a pas, plus que celle-ci, voulu effacer l'exception de la loi de 1833, et que s'il est hors de doute que cette loi, dans la mesure de son application est encore en vigueur dans la métropole, après comme avant la loi de 1872, il n'est pas moins certain qu'elle est restée après comme avant le décret de 1881 en vigueur dans les colonies ;

Considérant d'ailleurs que cette exception est justifiée en fait par la faveur qui s'attache à toute élection au profit de l'élu et par les inconvénients qu'entraînerait avec elle l'exécution de la décision attaquée, c'est-à-dire le fait d'une élection nouvelle si la première soumise au Conseil d'État venait à être maintenue :

Considérant enfin que la disposition finale du décret du 5 août 1881 qui déclare abrogées toutes lois contraires à ses prescriptions, ne saurait faire obstacle à cette interprétation, le sens d'une pareille disposition, qui est d'ailleurs de style dans la plupart des lois ne pouvant s'entendre que des textes incompatibles avec les règles générales du décret et non des exceptions que des lois spéciales ont établies pour des cas particuliers ;

En ce qui concerne les autres colonies :

Considérant que le décret du 5 août 1881 leur a été rendu applicable par celui du 7 septembre de la même année, que la loi du 22 juin 1833 n'y a pas été promulguée et que les décrets spéciaux des 23 décembre 1878 pour la Guyane, 25 janvier 1879 pour l'Inde, 4 février 1879 pour le Sénégal et 8 février 1880 pour la Cochinchine ne contiennent aucune disposition dérogeant au principe général rappelé dans le décret de 1881 et d'après lequel le recours au Conseil d'État n'est pas suspensif :

Sont d'avis :

Que, dans l'état actuel de la législation, le recours au Conseil d'État par un conseiller général élu contre la décision du contentieux qui a annulé son élection est suspensif dans les colonies de la Martinique, de la Guadeloupe et de la Réunion et non suspensif dans les autres colonies.

(13 avril 1883)

DÉCISION *rejetant le pourvoi formé par le sieur D... contre un arrêté du conseil privé de la Cochinchine constitué en conseil du contentieux administratif.*

J. C. p.

Le Conseil d'État statuant au contentieux sur le rapport de la section du contentieux,

Vu la requête sommaire et le mémoire ampliatif présentés pour le sieur D..., entrepreneur de travaux et de fournitures à effectuer pour l'arsenal de Saïgon, ladite requête et ledit mémoire enregistrés au secrétariat du contentieux du Conseil d'État les 23 janvier et 29 avril 1882, et tendant à ce qu'il plaise au Conseil annuler un arrêté, en date du 25 juillet 1881, par lequel le Conseil privé de la Cochinchine, constitué en Conseil du contentieux administratif, a rejeté sa réclamation contre la décision du Gouverneur de la Cochinchine, en date du 2 avril 1881, prise après avis du conseil d'administration de l'arsenal, qui a prononcé la résiliation de son entreprise, la saisie totale de son cautionnement et son exclusion du concours aux adjudications et aux traités de gré à gré de la marine ;

Ce faisant, attendu qu'on ne saurait appliquer simultanément plusieurs pénalités ; qu'il n'y a pas eu de mise en demeure de la part de l'Administration ; que le Conseil privé, au lieu d'ordonner l'enquête demandée, s'est appuyé sur des états de situation qui ne sauraient faire foi ; que les retards allégués par l'Administration dans les déplacements de charbon tenaient au mauvais état du pont de déchargement et à l'insuffisance du personnel des bâtiments ; que si les fournitures de coolies ont été insuffisantes le 5 octobre, cela tient aux mauvais traitements infligés aux coolies par un employé de l'arsenal ; que les bœufs fournis par l'entrepreneur étaient de force suffisante ; que c'est à tort qu'on lui a donné l'ordre de les remplacer à un moment où cela n'était pas possible, et qu'on en a loué d'autres à ses frais ; qu'ainsi aucune raison n'existait pour prononcer la résiliation ; que, d'ailleurs, l'exclusion du concours aux marchés de la marine est une mesure qui n'est pas justifiée par le prétendu état d'insolvabilité du requérant ; annuler la décision précitée, avec toutes les conséquences de droit ; lui accorder, pour réparation du préjudice causé, une indemnité de 1,000 piastres, et condamner l'Administration aux dépens ;

Vu les observations en défense présentées par le Ministre de la marine, en réponse à la communication qui lui a été donnée du pourvoi, lesdites observations enregistrées comme ci-dessus le 16 juin 1882, et tendant au maintien de la décision attaquée, par les motifs que l'article 62 des conditions générales des marchés de la marine du 10 juin 1870 dispense l'Administration de toute mise en demeure ; que la résiliation du marché était justifiée par l'inexécution permanente du contrat ; qu'à la date du 9 novembre, le sieur D... avait déjà été condamné à une amende ; que les 25 janvier et 17 mars, l'Administration était obligée de louer des coolies aux frais et risques de l'entrepreneur, dont la négligence empêchait l'exécution des ordres de l'arsenal ; que, du 1er au 24 mars, sur un chiffre de commandes de 2,569,275 kilogrammes, les mouvements inexécutés s'élevaient à 1,147,000 kilogrammes ; que les impossibilités alléguées par l'entrepreneur et qui résulteraient soit de l'époque de l'année, soit de la faute de l'Administration, n'ont pas été produites dans le cours de l'instance, ne sont pas accompagnées de preuves et sont démenties par les pièces du dossier ;

Vu l'arrêté attaqué ;

Vu la délibération du conseil d'administration de l'arsenal de Saïgon du 30 mars 1881, approuvée par le Gouverneur de la Cochinchine le 2 avril 1881 ;

Vu le cahier des charges de l'entreprise ;

Vu les autres pièces produites et jointes au dossier ;

Vu le décret du 11 juin 1806 et les conditions générales des marchés de la marine du 10 juin 1870 ;

Vu l'arrêté du Ministre de la marine du 8 avril 1875 ;

Vu le décret du 21 août 1869 ;

Ouï M. R..., auditeur, en son rapport ;

Ouï Me L..., avocat du sieur D..., en ses observations ;

Ouï M. L..., maître des requêtes, commissaire du Gouvernement, en ses conclusions ;

Considérant que l'article 10 du cahier des charges du sieur D... dispose que, si le cas de non-exécution se renouvelle plus de trois fois, le marché pourra être résilié avec saisie totale ou partielle du cautionnement, et qu'aux termes de l'article 71 des conditions générales des marchés de la marine du 10 juin 1870, rendues applicables à l'entreprise du sieur D... par l'article 18 de son cahier des charges, tout fournisseur dont le marché a été résilié peut être exclu du concours aux adjudications et aux traités de gré à gré ;

Considérant qu'il résulte de l'instruction que l'Administration a relevé à la charge du sieur D... de nombreux retards dans les déplacements de charbon et des insuffisances notables dans les fournitures de manœuvres et d'attelages ; que notamment, à la date du 9 novembre 1880, une amende a été infligée au sieur D... pour inexécution de son contrat, et qu'aux dates des 25 janvier et 17 mars 1881, l'Administration a dû louer des manœuvres et des attelages aux frais et risques de l'entrepreneur, pour obtenir l'exécution du marché ;

Considérant que le requérant soutient que ces faits d'inexécution ne lui sont pas imputables, mais qu'il résulte de l'instruction que ses allégations ne sont nullement justifiées ; que, dans ces circonstances, le sieur D... n'est pas fondé à attaquer la décision par laquelle le Gouverneur de la Cochinchine, dispensé d'ailleurs de toute nouvelle mise en demeure par l'article 62 des conditions générales du 10 juin 1870, a prononcé la résiliation de son marché, la saisie totale de son cautionnement et son exclusion du concours aux adjudications et aux traités de gré à gré de la marine,

DÉCIDE :

Article premier. — La requête du sieur D... est rejetée.

Art. 2. — Expédition de la présente décision sera transmise au Ministre de la marine et des colonies.

(18 janvier 1884).

DÉCISION *concernant le cumul d'une pension de retraite avec un traitement d'activité.*

ARCH. GOUV.

AU NOM DU PEUPLE FRANÇAIS.

Le Conseil d'État statuant au contentieux;

Sur le rapport de la section du contentieux ;

Vu la requête sommaire et le mémoire ampliatif présentés pour le sieur A..., demeurant à Paris, ladite requête et ledit mémoire enregistrés au secrétariat du contentieux du Conseil d'État, les 20 novembre 1882 et 11 avril 1883, et tendant à ce qu'il plaise au Conseil annuler une décision, en date du 19 août 1882, par laquelle le Ministre de la marine et des colonies a rejeté sa demande en paiement des arrérages de la pension de retraite dont il est titulaire comme ancien soldat d'infanterie de marine et qui lui avaient été retenus du 1er avril 1878 au 1er avril 1880, temps pendant lequel il a occupé un emploi de commis à l'administration pénitentiaire de la Nouvelle-Calédonie.

Ce faisant, attendu que s'il y a prohibition de cumul entre une pension militaire et un traitement militaire d'activité, c'est exclusivement à la nature des services qu'il convient de s'attacher pour déterminer le caractère du traitement; que les fonctions du sieur A... à la Nouvelle-Calédonie étaient essentiellement civiles; qu'en conséquence, elles ne pouvaient mettre obstacle à ce qu'il continuât de jouir de sa pension ; ordonner la restitution au sieur A... de la somme de 1,200 francs qui lui a été indûment retenue ;

Vu la décision attaquée ;

Vu les observations du Ministre de la Marine et des colonies, en réponse à la communication qui a été donnée du pourvoi, lesdites observations enregistrées comme ci-dessus le 16 décembre 1882, et par lesquelles le Ministre déclare s'en référer à l'appréciation du Conseil d'État;

Vu les observations du Ministre des finances, en réponse à la communication qui lui a été donnée du pourvoi, lesdites observations enregistrées comme ci-dessus le 22 juin 1883, et tendant au rejet de la requête, par le motif que toutes les fonctions qui peuvent donner lieu à une pension régie par des lois exclusivement applicables à l'armée ont un caractère militaire; que celles de commis dans l'administration coloniale se trouvent placées sous le régime des lois du 18 avril 1831 et du 5 août 1879; qu'ainsi le traitement auquel elles donnent droit ne saurait se cumuler avec les pensions militaires;

Vu les autres pièces produites et jointes au dossier;

Vu la loi du 28 fructidor an VII, art. 4 ;

Vu les lois du 18 avril 1831 et du 5 août 1879 ;

Vu le décret du 21 mai 1880 ;

Ouï M. V..., auditeur, en son rapport;

Ouï Me R..., avocat du sieur A..., en ses observations;

Ouï M. G..., maître des requêtes, commissaire du Gouvernement, en ses conclusions;

Considérant qu'aux termes de l'article 4 de la loi du 28 fructidor an VII, il y a incompatibilité entre une pension pour services militaires et un traitement militaire d'activité;

Considérant que le sieur A..., qui est en possession d'une pension comme ancien soldat d'infanterie de marine, a fait partie, du 1er avril 1878 au 1er avril 1880, de l'administration pénitentiaire de la Nouvelle-Calédonie, en qualité d'écrivain et de commis; que ces fonctions rentrent, d'après les tarifs annexés à la loi du 26 juin 1861 et au décret du 27 avril 1878, dans la catégorie de celles auxquelles sont applicables, en tout ce qui concerne la retraite, les prescriptions de la loi du 18 avril 1821 et autres lois relatives aux pensions de l'armée de mer; qu'ainsi, il y a lieu de considérer le traitement afférent auxdites fonctions comme un traitement militaire d'activité; que, dès lors, c'est avec raison que le sieur A..., pendant la période dans laquelle il en a joui, n'a pas été admis à percevoir les arrérages de la pension de retraite dont il est titulaire.

DÉCIDE :

Article premier. — La requête du sieur A... est rejetée.

Art. 2. — Expédition de la présente décision sera transmise au Ministre de la marine et des colonies.

(27 février 1884)

DÉCISION *rejetant le pourvoi formé par le sieur F... contre un jugement du conseil du contentieux administratif de la colonie.*

. . . .

. . . .

Ouï Me C..., maître des requêtes en son rapport, Me C..., avocat du sieur F..., Me D..., avocat du Ministre de la marine et des colonies, Me M..., maître des requêtes, commissaire du Gouvernement,

Sur le grief, tiré de ce que le conseil du contentieux administratif aurait statué sur la réclamation du requérant sans que les trois conseillers privés, qui devraient en faire partie, fussent présents;

Considérant que d'après les dispositions combinées des décrets du 21 août 1869 et du 5 août 1881, le conseil du contentieux administratif de la Cochinchine ne comprend que deux conseillers privés;

Sur le grief tiré de ce que ladite réclamation aurait dû être jugée par le Conseil privé constitué en conseil du contentieux administratif, conformément à l'ordonnance du 9 février 1827, et non par le conseil du contentieux, conformément aux dispositions du décret du 5 août 1881 ;

Considérant que le décret du 5 août 1881 ayant été rendu applicable à la Cochinchine et promulgué dans la colonie le 14 décembre 1881, les règles posées par ledit décret pour la composition du conseil du contentieux et la procédure devant ledit conseil devaient être seules observées à partir de ladite date ;

Sur le grief tiré de ce que le Directeur de l'Intérieur qui avait signé le mémoire en réponse à la réclamation du requérant a siégé parmi les membres du conseil qui ont statué sur ladite réclamation ;

Considérant qu'aux termes de l'article 69 du décret du 5 août 1881, les chefs d'administration, membres du conseil du contentieux, ne peuvent jamais être récusés à l'occasion des actes de leur administration attaqués devant le conseil ;

Sur le grief tiré de ce que le conseil du contentieux aurait statué au fond sans qu'il ait été procédé à l'expertise demandée par le sieur F...;

Considérant que le sieur F... n'a pas requis la vérification par voie d'experts, mais qu'il a demandé à faire la preuve, en la forme ordinaire des enquêtes, des faits avancés par lui, qu'aucune disposition de loi ou de règlement ne prescrivait au conseil du contentieux d'ordonner cette mesure d'instruction et qu'il appartenait audit conseil d'apprécier s'il y avait lieu de procéder à l'enquête demandée ;

Au fond :

Considérant qu'il résulte de l'instruction que pendant l'exercice 1881, le sieur F... a exercé la profession d'escompteur, que dès lors c'est avec raison qu'il a été imposé et maintenu à la contribution des patentes pour ladite année,

Décide :

Article premier. — La requête du sieur F... est rejetée.

(20 et 27 juin 1884)

DÉCISION *rejetant le recours formé par la Société générale des Tramways à vapeur de la Cochinchine contre le décret du 24 août 1881 et la décision ministérielle du 28 septembre suivant relativement à la concession du chemin de fer de Saïgon à Mytho.*

ARCH. GOUV.

Le Conseil d'État statuant au contentieux;

Sur le rapport de la section du contentieux ;

Vu la requête sommaire et le mémoire ampliatif présentés pour la Société générale des Tramways à vapeur de la Cochinchine, dont le siège social est à Paris, rue Jean-Jacques Rousseau, no 14, et qui est représentée par le président du conseil d'administration, ladite requête et ledit mémoire enregistrés au secrétariat du contentieux du Conseil d'État les 31 octobre 1881 et 24 mars 1882, et tendant à ce qu'il plaise au Conseil annuler pour excès de pouvoirs, un décret, en date du 24 août 1881, approuvant la convention passée entre le Gouverneur de la Cochinchine et le sieur J... pour la concession d'un chemin de fer de Saïgon à Mytho et une décision en date du 28 septembre 1881, par laquelle le Ministre de la marine et des colonies a rejeté une protestation de ladite Société fondée sur des irrégularités qui auraient vicié l'adjudication du 28 août 1881;

Attendu qu'en vertu de l'article 32 du décret du 8 février 1880, le Conseil colonial de la Cochinchine doit statuer sur les concessions de travaux d'intérêt colonial ne peut, par suite, déléguer l'exécution de sa délibération au Gouverneur de la colonie, notamment au Gouverneur en congé; qu'ainsi l'adjudication faite à Paris, le 8 août 1881, doit être considérée comme nulle et non avenue; que, d'autre part, cette adjudication qui a précédé la concession d'un chemin de fer de Saïgon à Mytho n'a pas été passé conformément à la délibération du 22 novembre 1880, par laquelle le Conseil colonial de la Cochinchine avait accepté le principe d'une concession et avait voté l'établissement d'un chemin de fer prolongé jusqu'à Pinh-Long; qu'enfin cette adjudication a été faite sans publications suffisantes et de manière à laisser en dehors les concurrents les plus sérieux, c'est-à-dire ceux qui habitent la colonie; qu'il suit de là que le Gouvernement, en modifiant la délibération du Conseil colonial et en approuvant une adjudication irrégulière a excédé ses pouvoirs;

Vu le décret et la décision attaquée;

Vu les observations du Ministre de la marine et des colonies, en réponse à la communication qui lui a été donnée du présent pourvoi, lesdites observations enregistrées comme ci-dessus le 22 mai 1882, et tendant au rejet du pourvoi; attendu que la Société générale des Tramways à vapeur n'a pas qualité pour critiquer l'exécution donnée à la délibération du Conseil colonial, en date du 22 novembre 1880, et que l'inobservation de formalités édictées dans l'intérêt de l'État ou de la colonie ne saurait servir de base à un recours par la voie contentieuse;

Vu le mémoire en réplique présenté pour la Société générale des Tramways à vapeur de la Cochinchine, ledit mémoire enregistré comme ci-dessus le 22 janvier 1884, par lequel elle déclare persister dans ses précédentes conclusions; attendu que sa qualité de concessionnaire d'un tramway de Saïgon à Cholon, faisant en partie double emploi avec la ligne concédée de Saïgon à Mytho, lui donne un intérêt personnel et direct à faire valoir;

Vu les autres pièces produites et jointes au dossier;

Vu les lois des 7-14 octobre 1790 et du 24 mai 1872, article 9;

Ouï M. de R..., maître des requêtes, en son rapport;

Ouï M. L..., avocat de la Société des Tramways à vapeur de la Cochinchine, en ses observations;

Ouï M. Le V..., maître des requêtes, commissaire du Gouvernement, en ses conclusions;

Considérant que la requête présentée au nom de la Société générale des Tramways à vapeur de la Cochinchine tend à faire décider que le décret du 24 août 1881, approuvant la concession d'un chemin de fer de Saïgon à Mytho serait entaché d'excès de pouvoirs par les motifs que le Conseil colonial ne pouvait déléguer au Gouverneur de la Cochinchine le droit d'exécuter ses délibérations, et que la convention passée entre ledit Gouverneur et le sieur J... ne serait pas conforme à la délibération prise le 22 novembre 1880 par le Conseil colonial de la Cochinchine et approuvant l'établissement du chemin de fer jusqu'à Pinh-Long;

Considérant qu'en donnant mandat au Gouverneur de traiter avec une compagnie française des conditions d'exécution du chemin de fer, le Conseil colonial n'a violé aucune des dispositions du décret du 8 février 1880; que, d'ailleurs, par une délibération en date du 27 décembre 1881, ledit Conseil a approuvé les mesures prises par le Gouverneur, en exécution de ce mandat, et a consenti en même temps à ce que le chemin de fer ne soit construit que de Saïgon à Mytho; qu'il suit de là qu'il n'y a pas lieu de faire droit à la requête de la Société des Tramways;

Considérant, d'autre part, que la Société, qui n'a pas pris part à l'adjudication du 8 août 1881, n'a pas qualité pour se plaindre des prétendues irrégularités dont cette opération se trouverait entachée et n'est pas recevable à demander l'annulation de la décision du 28 septembre 1881, par laquelle le Ministre de la marine et des colonies a refusé de faire droit sur ce point à la réclamation de la Société des Tramways.

DÉCIDE :

Article premier. — La requête de la Société générale des Tramways à vapeur de la Cochinchine est rejetée.

Art. 2. — Expédition de la présente décision sera transmise au Ministre de la marine et des colonies.

(28 mars 1888)

DÉCISION *rejetant la requête du sieur L... pour n'avoir pas été introduite par l'intermédiaire d'un avocat au conseil.*

J. C. p. 1078.

Le Conseil, sur le rapport de la section du contentieux,

Vu la requête présentée par le sieur L..., demeurant à ladite requête enregistrée au secrétariat du contentieux du Conseil d'État le 1888 et tendant à ce qu'il plaise au Conseil annuler un arrêté en date du 1887 ; par lequel le Conseil du contentieux administratif de a rejeté sa réclamation contre la délimitation de la réserve des 50 pas géométriques effectuée dans la zone de sa propriété à

Ce faisant, attendu que la délimitation n'a pas été faite conformément à l'arrêté du décider que la réserve de 50 pas géométriques sera mesurée conformément à cet arrêté de

Vu l'arrêté attaqué ;

Vu les autres pièces produites et jointes au dossier ;

Vu le décret du 22 juillet 1806 et le décret du 5 août 1881 ;

Ouï M. R..., auditeur, en son rapport ;

Ouï M. V..., commissaire du Gouvernement, et ses conclusions ;

Considérant qu'aux termes de l'article 1er du décret du 22 juillet 1806, le recours des parties au Conseil d'État, sera formé par requête signée d'un avocat au Conseil ; que le recours dont il s'agit contre l'arrêté susvisé du Conseil du contentieux administratif ne rentre pas dans la catégorie de ceux qui peuvent, d'après l'article 93 du décret du 5 août 1881, être présentés au Conseil d'État sans l'intervention d'un avocat ; que, dès lors, la requête du sieur L... n'ayant pas été introduite par l'intermédiaire d'un avocat au Conseil doit être rejetée comme non recevable,

DÉCIDE :

Article premier. — La requête du sieur L... est rejetée.

CONSEIL DE DÉFENSE.

NATURE DES DOCUMENTS	DATES	RECUEILS A CONSULTER							OBSERVATIONS
		Bat	B. C.	B. D. I.	J. C.	J. H.	B. M.	B. Col	
D. G.	21 décembre 1862.		249						
Décret.	3 octobre 1882.		1883 29						
Décret.	23 octobre 1883.								
Décret.	5 juin 1884.				774				
Décret.	30 octobre 1889.								

(21 décembre 1862)

D. G. *nommant une commission de défense.*

B. C. p. 249.

Il est institué une commission de défense composée de :

MM. C..., général, commandant les troupes.
G..., colonel, commandant le génie.
S..., lieutenant-colonel, commandant l'artillerie.
P..., chef de bataillon, commandant des tirailleurs algériens.
V..., commissaire-adjoint, chef du service administratif.
G..., capitaine, aide-de-camp du général, secrétaire.

Cette commission présentera tous les motifs qui peuvent éclairer les décisions à prendre par le gouverneur sur l'armement, le casernement et sur toutes les mesures qui intéressent la sécurité des postes ou forts.

Les procès-verbaux des conférences, contenant les développements convenables, l'avis commun ou l'opinion respective des membres seront signés par eux.

S'il y a lieu, des plans seront annexés aux procès-verbaux.

La commission se réunira sur la convocation de son président.

BONARD.

(3 octobre 1882)

DÉCRET *modifiant l'organisation administrative des colonies de la Guyane française, du Sénégal, de la Nouvelle Calédonie, de Taïti, de Mayotte, de Nossibé et de Saint-Pierre et Miquelon. (Suppression de l'emploi d'ordonnateur).* (1)

(Promulg. A. G. 22 janvier 1883).
B. C. 1883. p. 29.

Art. 5. — Le chef du service administratif fait partie du conseil de défense.

(23 octobre 1883)

DÉCRET *sur le service des places de guerre et les villes de garnison.* (*Art. 211 et 212*). (2)

(publié à part)

(5 juin 1884)

DÉCRET *portant création d'un emploi de commandant de la marine en Cochinchine.*

J. C. p. 773.

Article premier.

§ 4. — Il fait partie du conseil de défense prévu par les ordonnances organiques des colonies.

(1) Ces dispositions sont applicables à la Cochinchine, dans l'Inde et au Gabon.
(2) Rendu applicable à la marine par Circ. M. du 22 nov. 1883 (B. M. p. 671).

COMPOSITION DU CONSEIL DE DÉFENSE.

Le Gouverneur-président.
Le Commandant supérieur des troupes.
Le Commandant de la marine.
Le Chef du service administratif.
Le Directeur de l'Intérieur.
Le Directeur de l'artillerie.
Le Directeur du génie (1)
Un officier-rapporteur.

Par décret, le lieutenant gouverneur de la Cochinchine, les résidents supérieurs de l'Annam, du Tonkin et du Cambodge font respectivement partie du conseil de défense de l'Indo-Chine, en qualité de membres titulaires, toutes les fois que ledit conseil se réunit sur le territoire des pays qu'ils administrent.

Le lieutenant gouverneur et les résidents supérieurs prennent rang individuellement, dans le conseil de défense, après le commandant en chef des forces navales.

(30 octobre 1889)

DÉCRET. *Le Lieutenant-Gouverneur et les Résidents supérieurs prennent rang, individuellement, dans le Conseil de défense, après le Commandant en chef des forces navales, toutes les fois que ledit Conseil se réunit sur le territoire des pays qu'ils administrent. — Rapport.*

(Non inséré).

(1) Supprimé en exécution de l'article 13 du décret du 23 juin 1880 portant remise au corps de l'artillerie de la marine du service des constructions militaires et de fortifications aux colonies.

CONSEIL DE SANTÉ.

NATURE DES DOCUMENTS	DATES	RECUEILS A CONSULTER Bat.	B. C.	B.D.I	J. C.	J. H.	B. M.	B. Col		OBSERVATIONS
A. G.	22 avril 1868.	II 615	80							
A. G.	12 décembre 1868.		320							
A. G.	21 décembre 1870.	II 616	353							
Dép. M.	13 septembre 1879.	II 618								
Dép. M.	21 juillet 1882.									

(22 avril 1868)

A. G. *Création et composition d'un conseil de santé* (1).

BAT. II. p. 615.
B. C. p. 80.

Article premier. — Il est institué au chef-lieu de la colonie un conseil de santé composé :

Du chef de service de santé, *président* ;

Du médecin de la marine le plus élevé en grade après lui, ou, à grade égal, du plus ancien parmi ceux en service à Saïgon.

Et du pharmacien chargé en chef du service pharmaceutique à l'hôpital militaire.

Un médecin de 2e classe ou, à défaut, un aide-médecin remplit les fonctions de secrétaire.

Art. 2. — Le conseil de santé délibère, avec l'autorisation de l'autorité supérieure, sur tout ce qui peut intéresser la salubrité des établissements de la marine au chef-lieu et sur tous les autres points de la colonie, et propose à ce sujet les mesures qui lui paraissent nécessaires.

Il constate l'état sanitaire des officiers, fonctionnaires, sous-officiers, caporaux et soldats, officiers mariniers et marins, et de toutes autres personnes appartenant aux services publics ou rétribuées, à un titre quelconque, soit sur les fonds de l'État, soit sur ceux du service local ou des communes.

Art. 3. — Le commissaire des hôpitaux est toujours appelé au conseil de santé lorsque des questions pouvant intéresser les détails d'administration doivent y être discutées.

G. OHIER.

(12 décembre 1868)

ORDRE *réglant les modes de présentation au conseil de santé des officiers, fonctionnaires ou employés des divers services de la colonie qu'il y aurait lieu de renvoyer en France.*

B. C. p. 320.

(21 décembre 1870)

A. G. *à l'époque du départ du transport il sera adjoint un quatrième membre au conseil de santé pour la visite du malade à rapatrier.*

BAT. II. p. 616.
B. C. p. 353.

Un quatrième membre est adjoint au conseil de santé pour la visite des malades présentés en vue des évacuations à faire par les transports qui partent périodiquement de la colonie.

Ce quatrième membre sera pris parmi les médecins de 1re classe présents au chef-lieu, et, à défaut, parmi les médecins de 2e classe.

DE CORNULIER-LUCINIÈRE.

(13 septembre 1879)

DÉP. M. *Rôle dévolu aux médecins-majors des transports de Cochinchine, lors de la visite par le conseil de santé de la colonie des malades à rapatrier.*

BAT. II. p. 618.

Par une dépêche du 16 mai dernier, j'avais entretenu votre prédécesseur d'observations présen-

(1) V. A. G., 21 décembre 1870.

tées par M. le commandant de l'*Annamite*, au sujet du rôle qui doit être dévolu aux médecins-majors des transports de Cochinchine, lors de la visite par le conseil de santé de la colonie, des malades à rapatrier.

M. le commandant S... exprimait le désir de savoir si les médecins-majors pouvaient s'opposer à l'embarquement de malades atteints d'affections contagieuses ou de ceux que la gravité de leur état indiquerait comme devant succomber à bref délai.

Ainsi que le faisait justement observer M. le contre-amiral Lafont dans la lettre qu'il m'a adressée le 28 juin, il est inadmissible que l'opinion du médecin-major puisse prévaloir sur celle du conseil de santé de la colonie, présidé par un médecin en chef, dont font partie un médecin principal, un pharmacien principal et un médecin de 1re classe, et qui certainement ne prescrira jamais l'embarquement sur un transport de malades atteints d'affections contagieuses; quant aux malades qui, en raison de la gravité de leur état, peuvent mourir pendant la traversée, bien qu'il me paraisse impossible de leur enlever la consolation de les faire partir pour France, et d'attrister leurs derniers moments par la certitude de mourir que leur donnerait le refus d'embarquement, je suis cependant d'avis de ne pas en faire une règle absolue, et j'estime qu'il faut s'en rapporter pour cela à la sollicitude de l'autorité locale, en lui laissant toute liberté à cet égard.

Par ces motifs, j'ai cru devoir modifier l'état de choses actuel, dans ce sens que le médecin-major du transport aura la faculté de faire des observations à l'égard des malades à rapatrier. Ces observations, faites en séance du conseil de santé, seront insérées au procès-verbal et soumises au Gouverneur de la colonie qui statuera en dernier ressort.

JAURÉGUIBERRY.

(21 juillet 1882)

DÉP. M. *prescrivant au conseil de santé d'être très sévère dans la concession de congés aux officiers et fonctionnaires malades.*

ARCH. GOUV.

En mai dernier, vous avez cru devoir appeler mon attention sur les graves inconvénients, résultant, à votre point de vue, du fonctionnement du service de santé de la Cochinchine, lequel mû par un sentiment de bienveillance exagérée, délivre avec une facilité souvent nuisible aux intérêts du service, des certificats de maladie aux officiers et fonctionnaires rentrant en France, et devient ainsi la cause de cette multiplicité de concessions de congés de convalescence dont la conséquence est une fausse application de l'esprit des règlements, souvent une atteinte portée à la discipline, et pour la colonie qui conserve ainsi une réputation d'insalubrité imméritée, un préjudice imméritée, un préjudice moral considérable.

En même temps, vous m'avez rendu compte de l'inefficacité des mesures que vous avez prises pour atténuer le mal et vous m'avez fait connaître qu'à votre avis le seul remède à cette situation fâcheuse serait de décider qu'à l'avenir un congé de trois mois à solde entière sera accordé à tout officier, fonctionnaire, marin ou soldat de la marine, qui aura accompli un séjour de deux années en Cochinchine.

J'ai examiné attentivement cette proposition qui, dût-elle produire les résultats attendus, ce dont il est permis de douter, entraînera une modification profonde des dispositions du décret du 1er juin 1875, lequel a limité la concession de la solde de présence aux seuls officiers titulaires d'un congé de convalescence ou d'un congé pour les eaux thermales.

J'ajouterai que concéder le bénéfice de la solde entière aux officiers, fonctionnaires, marins et soldats de la Cochinchine, rentrant en France pour y jouir d'un congé à quelque titre que ce soit, serait instituer en faveur de ceux-ci un privilège que ne manqueraient pas de revendiquer leurs collègues appelés à servir dans d'autres parages non moins exposés aux rigueurs de la température. Une exception de cette importance n'aurait-elle pas en outre, pour résultat de justifier, en quelque sorte la réputation d'insalubrité du climat que vous déclarez imméritée, non sans raison et d'augmenter ainsi le préjudice moral causé à la colonie ?

Quoi qu'il en soit, j'estime qu'il convient d'agir d'une manière persévérante sur les conseils de santé en leur représentant les inconvénients graves nés de leur excessive indulgence, et en réclamant d'eux, par suite, une sévérité plus grande dans les constatations qui leur sont demandées ; à plusieurs reprises, déjà, ceux de la métropole ont été invités à se montrer moins faciles, et je ne doute pas qu'en faisant appel au bon esprit qui anime certainement les membres du conseil de santé de la Cochinchine, nous n'obteniez par ce moyen, le seul qui me semble pratique, une prompte amélioration de l'état de choses regrettable que vous m'avez signalé.

NATURE DES DOCUMENTS	DATES	RECUEILS A CONSULTER								OBSERVATIONS
		Bat.	B. G.	B. D. I	J. C.	J. H.	B. M.	B. Col		
Arr. Consul.	6 Germinal an VIII						R. I. 172			
Décret.	18 juillet 1854.						R VII 176			
Décret.	9 mai 1859.						280			
Décret.	28 novembre 1861.						1873 709			

(6 germinal an VIII)

ARRÊT CONSULAIRE *portant création d'un conseil des prises.*

B. M. R. I. p. 172.

(18 juillet 1854)

DÉCRET *instituant un conseil des prises à Paris.*

B. M. R. VII. p. 176.

(9 mai 1859)

DÉCRET *relatif à l'organisation d'un conseil des prises.*

B. M. p. 280.

(28 novembre 1861)

DÉCRET *relatif au conseil des prises.*

B. M. 1873, 2e sem. p. 709.

CONSEIL D'HYGIÈNE.

V. *Hygiène publique*

CONSEIL DU CONTENTIEUX ADMINISTRATIF.

NATURE DES DOCUMENTS	DATES	RECUEILS À CONSULTER Bat	B. O.	B. D. I	J. C.	J. H.	B. M.	B. Col		OBSERVATIONS
Décret.	5 août 1881.		477							
Décret.	7 septembre 1881.		477							
Dép. M.	25 octobre 1881.									
Instr.	28 octobre 1881.						885			
Dép M.	13 janvier 1882.									
Décret.	17 septembre 1882.		437							
Circ. M.	13 août 1883.									
Circ. M.	25 octobre 1888.				1075					
A. G. G.	31 décembre 1888.				1889 2					

(5 août 1881)

DÉCRET *sur l'organisation et la compétence des Conseils du contentieux administratif dans les colonies de la Martinique, de la Guadeloupe et de la Réunion et réglementant la procédure à suivre.*

(Promulg. A. G. 12 décembre 1881).

B. C. p. 477.

TITRE PREMIER. — DE L'ORGANISATION ET DE LA COMPÉTENCE DES CONSEILS DU CONTENTIEUX ADMINISTRATIF.

Article premier. — Le Conseil du contentieux administratif reste composé des membres du Conseil privé, auxquels sont adjoints deux magistrats nommés, au commencement de chaque année et pour sa durée, par un arrêté du Gouverneur.

Le même arrêté désigne deux autres magistrats pour remplacer au besoin les premiers.

Le Gouverneur est président du Conseil du contentieux. Il y a voix prépondérante en cas de partage. En son absence, la présidence est exercée par le fonctionnaire qui vient immédiatement après lui dans l'ordre hiérarchique. Ce fonctionnaire peut en outre être investi, chaque année, par arrêté du Gouverneur, des différentes attributions réservées par le présent décret au président du Conseil du contentieux.

Le Conseil ne peut délibérer qu'autant que tous ses membres, à l'exception du Gouverneur, sont présents ou régulièrement remplacés.

Les membres du Conseil ne peuvent se faire remplacer qu'en cas d'empêchement absolu et motivé.

Les fonctions du ministère public près du Conseil sont remplies par l'inspecteur des services administratifs et financiers de la marine et des colonies, en résidence dans la colonie. Ce fonctionnaire prend le titre de commissaire du Gouvernement.

Le secrétaire archiviste du Conseil privé remplit l'office de greffier.

Art. 2. — Les actions intéressant l'État, soit en demande, soit en défense, sont soutenues par l'officier du commissariat le plus élevé en grade après l'ordonnateur; les mêmes actions intéressant la colonie sont soutenues par un fonctionnaire de la Direction de l'Intérieur désigné par le Gouverneur.

Art. 3. — Le Conseil privé, constitué en Conseil du contentieux administratif, connaît, en cette qualité, de toutes les matières énumérées aux articles 160 de l'ordonnance du 21 août 1825 et 176 de l'ordonnance du 9 février 1827, à l'exception de celles qui sont mentionnées aux paragraphes 1 et 11 desdits articles (1).

(1) DES MATIÈRES QUE LE CONSEIL JUGE ADMINISTRATIVEMENT.

Art. 150 et 176 des ordonnances du 21 août 1825 et 9 février 1827 (a).

Le Conseil privé connaît, comme conseil du contentieux administratif :

1° *Des conflits positifs ou négatifs élevés par les chefs d'administration, chacun en ce qui le concerne, et du renvoi devant l'autorité compétente, lorsque l'affaire n'est pas de nature à être portée devant le Conseil privé;*

2° *De toutes les contestations qui peuvent s'élever entre l'Administration et les entrepreneurs de fournitures ou de travaux publics, ou tous autres qui auraient passé des marchés avec le Gouvernement, concernant le sens ou l'exécution des clauses de leurs marchés;*

3° *Des réclamations des particuliers qui se plaignent de torts et dommages, provenant du fait personnel desdits entrepreneurs, à l'occasion de marchés passés par ceux-ci avec le Gouvernement;*

4° *Des demandes et contestations concernant les indemnités dues aux particuliers, à raison du dommage*

(a) L'ordonnance du 21 août 1825 concerne le gouvernement de l'île Bourbon ou de la Réunion. — L'ordonnance du 9 février 1827 concerne le gouvernement des Antilles (Martinique et Guadeloupe).

Ces deux ordonnances sont identiques sauf quelques dispositions de détail; le numérotage des articles diffère. V. B. M. R. vol. 2, p. 59.

Art. 4. — A l'avenir, les conflits d'attributions entre l'autorité administrative et l'autorité judiciaire, élevés dans les colonies de la Martinique, de la Guadeloupe et de la Réunion, seront jugé directement en France par le tribunal des conflits, conformément à l'article 25 de la loi du 24 mai 1872.

Le droit d'élever le conflit appartient au Gouverneur, dans les cas et suivant les formes prévues par l'ordonnance du 1er juin 1828.

Art. 5. — Le Conseil du contentieux cesse de prononcer comme commission d'appel.

Les affaires qui lui étaient déférées en cette qualité seront portées devant la Cour d'appel.

TITRE II. — DE LA PROCÉDURE DEVANT LES CONSEILS DU CONTENTIEUX ADMINISTRATIF.

CHAPITRE PREMIER.

DE L'INTRODUCTION DES INSTANCES ET DE L'AUDIENCE PUBLIQUE.

Art. 6. — Les requêtes introductives d'instances adressées au Conseil du contentieux, et en général toutes les pièces concernant les affaires sur lesquelles ce Conseil est appelé à statuer, doivent être déposées au secrétariat du Conseil.

Ces requêtes sont inscrites à leur arrivée sur le registre d'ordre, qui doit être tenu par le secrétaire archiviste ; elles sont en outre marquées, ainsi que les pièces qui y sont jointes, d'un timbre qui indique la date de l'arrivée.

Le secrétaire archiviste doit délivrer aux parties qui en font la demande un certificat constatant l'arrivée au secrétariat de la réclamation et des différents mémoires.

Art. 7. — La requête introductive d'instance doit contenir les nom, profession et domicile du demandeur, les nom et demeure du défendeur, l'exposé des faits qui

causé à leurs terrains pour extraction ou enlèvement des matériaux nécessaires à la confection des chemins, canaux et autres ouvrages publics ;

5° Des demandes et réunions de terrains au domaine, lorsque les concessionnaires ou leurs ayants droit n'ont pas rempli les clauses des concessions ;

6° Des demandes concernant les concessions de prises d'eau et de saignées à faire aux rivières pour l'établissement des usines, l'irrigation des terres et tous autres usages, la collocation des terres dans la distribution des eaux, la quantité d'eau appartenant à chaque terre, la manière de jouir de ces eaux, les servitudes et placements de travaux pour la conduite et le passage des eaux, les réparations et l'entretien desdits travaux ; l'interprétation des titres de concession s'il y a lieu, laissant aux tribunaux à statuer sur toute autre contestation qui peut s'élever relativement à l'exercice des droits concédés et à la jouissance des eaux appartenant à des particuliers ;

7° Des contestations relaitves à l'ouverture, la largeur, le redressement et l'entretien des routes royales, des chemins vicinaux, de ceux qui conduisent à l'eau, des chemins particuliers ou de communication aux villes, routes, chemins, rivières et autres lieux publics, comme aussi des contestations relatives aux servitudes pour l'usage de ces routes et de ces chemins ;

8° Des contestations relatives à l'établissement des embarcadères, des ponts, bacs et passages sur les rivières et sur les bras de mer, ainsi que de celles qui ont rapport à la pêche sur les rivières et sur les étangs appartenant au domaine ;

9° Des empiétements sur la réserve des cinquante pas géométriques et sur toute autre propriété publique ;

10° Des demandes formées par les comptables en mainlevée de séquestre ou d'hypothèques établies à la diligence du contrôleur ;

11° De l'état des individus dont la liberté est contestée, laissant aux tribunaux à connaître des cas où la possession de la liberté est appuyée sur un acte de l'état civil ;

12° Des contestations élevées sur les demandes formées par le contrôleur colonial, dans les cas prévus par l'article 1er, paragraphes 2 et 3 ;

13° En général, du contentieux administratif.

donnent lieu à la demande, les moyens et les conclusions, l'énonciation des pièces qui y sont jointes ; il y est fait élection de domicile dans le lieu de résidence du Conseil.

En cas de recours au Conseil du contentieux contre la décision d'une autorité qui y ressortit, une expédition de la copie signifiée de cette décision est toujours jointe à la requête, sinon ladite requête ne peut être reçue.

Art. 8. — Les requêtes doivent être accompagnées de copies certifiées conformes par le requérant, destinées à être notifiées aux parties en cause.

Lorsque aucune copie n'est produite, ou lorsque le nombre des copies n'est pas égal à celui des parties ayant un intérêt distinct, auxquelles le président du Conseil aurait ordonné la communication prévue par l'article 13, le demandeur est averti par le secrétaire archiviste qu'il ne peut être donné suite à sa demande tant que lesdites copies n'auront pas été produites.

Si la production n'est pas faite dans le délai d'un mois à partir de cet avertissement, le Conseil déclare la requête non avenue.

Art. 9. — Les parties peuvent faire signifier leur demande par exploit d'huissier. Dans ce cas, l'original de l'exploit est déposé au secrétariat. Si ce dépôt n'est pas fait dans le délai de huit jours à dater de la signification, l'exploit est périmée.

Les frais de la signification par huissier n'entrent pas en taxe.

Art. 10. — Lorsque l'Administration est demanderesse, le fonctionnaire chargé de soutenir l'action, conformément à l'article 2 du présent décret, introduit l'instance par un décret adressé au Conseil et déposé au secrétariat avec les pièces à l'appui et les copies exigées par l'article 8.

Art. 11. — Le recours au Conseil du contentieux contre une décision qui y ressortit n'est pas recevable après les délais suivants :

1° Si la décision a été rendue dans la colonie où le demandeur en recours demeure ou a élu domicile, le délai pour se pourvoir est de trois mois ;

2° Si le demandeur n'est pas domicilié dans la colonie où la décision a été rendue, les délais sont, en les augmentant de deux mois, ceux qui ont été fixés par les articles premiers des décrets du 22 avril 1864, portant modification, pour la Martinique, la Guadeloupe et la Réunion, de divers délais en matière civile et commerciale (1). Ils sont doublés en cas de guerre maritime.

(1) *Décrets du 22 avril 1863 portant modification pour les Antilles (Martinique et Guadeloupe) et la Réunion de divers délais en matière civile et commerciale.*

I

Article premier. — L'article 73 du Code de procédure civile, tel qu'il a été rendu exécutoire aux Antilles par l'article 8 de l'ordonnance susvisée du 19 octobre 1828, sera remplacé par les dispositions suivantes :

Si celui qui est assigné demeure hors du territoire de la colonie, le délai sera :

1° Pour ceux qui demeurent dans les îles du Vent, de deux mois ;

2° Pour ceux qui demeurent dans les Guyanes, dans les îles sous le Vent, les Grandes-Antilles et dans les pays qui bordent à la mer des Antilles et le golfe du Mexique, aux États-Unis d'Amérique, situés sur l'océan Atlantique, au Canada, aux îles Saint-Pierre et Miquelon, et à Terre-Neuve, de quatre mois ;

3° Pour ceux qui demeurent en Algérie, sur le continent et dans les îles de l'Europe, de cinq mois ;

4° Pour ceux qui demeurent dans tous les autres pays de l'océan Atlantique, de six mois ;

5° Pour ceux qui demeurent dans tous les pays situés entre les détroits de Malacca et de la Sonde et le cap de Bonne-Espérance, de sept mois ;

Et 6° Pour ceux qui demeurent dans les autres parties du monde, de dix mois.

Les délais ci-dessus seront doublés en cas de guerre maritime.

II

Article premier. — L'article 73 du Code de procédure civil, tel qu'il a été rendu exécutoire à l'île de a

Ces délais courent du jour de la notification de la décision à personne ou à domicile élu, pour ceux demeurant dans la colonie ou qui y ont élu domicile, et, pour ceux demeurant hors de la colonie, du jour de la notification de ladite décision au parquet du procureur général, lequel vise l'original et envoie la copie de la manière suivante :

Lorsque les correspondances entre la colonie d'origine et le pays de destination n'empruntent pas le territoire métropolitain, la copie est envoyée au chef du service judiciaire de la colonie destinataire, ou au consul résidant dans le pays étranger, lesquels la transmettent aux parties intéressées.

Lorsque les correspondances empruntent le territoire métropolitain, la copie est envoyée au Ministre de la marine, qui est chargé de la transmettre aux parties intéressées.

Le délai de trois mois court également contre le fonctionnaire chargé de soutenir l'action, à partir de la notification à lui faite de la décision par la partie.

Cette notification peut avoir lieu soit par exploit d'huissier, soit par le dépôt au secrétariat d'une expédition de la décision, dont il est donné récépissé.

Art. 12. — Immédiatement après l'enregistrement au secrétariat des requêtes introductives d'instance, le président du Conseil désigne un rapporteur, auquel le dossier est remis dans les vingt-quatre heures.

Ne peut être nommé rapporteur, le chef d'administration dont la décision est attaquée.

Le rapporteur est chargé, sous l'autorité du président, de diriger l'instruction de l'affaire. Il propose les mesures et les actes d'instruction. Avant tout il doit vérifier si les pièces, dont la production est nécessaire pour le jugement de l'affaire, sont jointes au dossier.

Art. 13. — Sur un exposé sommaire du rapporteur, le président ordonne la communication, aux parties intéressées, des requêtes introductives d'instance.

Il fixe, eu égard aux circonstances de l'affaire, le délai accordé aux parties pour fournir leurs défenses. Ce délai court du jour de la communication donnée au défendeur, à personne ou à domicile, s'il demeure dans la colonie, et au parquet du procureur général s'il demeure hors de la colonie et n'y a pas élu domicile.

L'arrêté de soit communiqué rendu par le président est mis en marge de la requête, signé par le président et scellé du sceau du Conseil.

Art. 14. — Dans les cas prévus par les paragraphes 6, 7 et 8 des articles 160 de l'ordonnance de 1825 et 176 de l'ordonnance de 1827, le président peut, s'il y a urgence, ordonner que la notification de cet arrêté sera faite au défendeur, en la personne du gérant de ses biens dans la colonie.

Réunion par l'article 8 de l'ordonnance susvisée du 26 décembre 1827, sera remplacé par les dispositions suivantes :

Si celui qui est assigné demeure hors du territoire de la colonie, le délai sera :

1° Pour ceux qui demeurent à l'île Maurice et ses dépendances, de deux mois ;

2° Pour ceux qui demeurent à Madagascar et dans les pays du littoral de la mer Rouge, de trois mois ;

3° Pour ceux qui demeurent dans l'Hindoustan, en Algérie, sur le continent et dans les îles de l'Europe, de cinq mois ;

4° Pour ceux qui demeurent dans les autres pays situés entre le cap de Bonne-Espérance et les détroits de Malacca et de la Sonde, de six mois ;

5° Pour ceux qui demeurent dans les pays situés sur la mer de Chine, la mer de Java et sur la côte orientale de l'Australie, de huit mois ;

6° Pour ceux qui demeurent dans toutes les autres parties du monde, de six mois.

Les délais ci-dessus seront doublés en cas de guerre maritime.

Si le gérant n'a pas de mandat spécial, il ne peut défendre que par le ministère d'un avoué ou d'un avocat.

Art. 15. — Si le mandataire d'une partie n'est ni avoué ni avocat, il doit justifier de son mandat par un acte sous seing privé, légalisé par le maire, ou par un acte authentique.

Art. 16. — Les parties ou leurs mandataires peuvent prendre connaissance au secrétariat, mais sans déplacement, des pièces de l'affaire.

Art. 17. — Les notifications à faire dans les instances engagées devant le Conseil du contentieux ont lieu dans la forme administrative.

Art. 18. — Les expéditions de la requête introductive d'instance, des mémoires qui y sont joints et de l'arrêté de soit communiqué sont notifiées par le secrétaire archiviste aux parties ou à leurs mandataires, dans le délai d'un mois, qui court de la date de l'arrêté de soit communiqué.

Les notifications sont faites, savoir :

1° Celles aux fonctionnaires chargés de soutenir l'action, en leurs bureaux ;

2° Celles aux parties privées, à leur personne ou à leur domicile ou au domicile qu'elles sont tenues d'élire par leur demande primitive devant l'autorité administrative, auquel domicile élu sont également faites toutes autres notifications.

Si la partie réside hors du chef-lieu de la colonie, la notification est faite par l'intermédiaire du maire de la commune.

3° Celles aux parties privées qui résident hors de la colonie et qui n'y ont pas élu domicile, au parquet du procureur général de cette colonie.

Art. 19. — La remise des notifications est constatée, savoir :

1° Si la notification est faite à personne ou à domicile, par un récépissé daté et signé par ladite personne ;

2° Si la notification est faite à un domicile élu, par un récépissé daté et signé par la personne chez laquelle a été faite l'élection de domicile ;

3° Si la notification est faite au parquet du procureur général, par un récépissé daté et signé par ce magistrat ou son substitut.

A défaut de récépissé, il est dressé procès-verbal de la notification par l'agent qui l'a faite.

Le récépissé ou le procès-verbal est transmis immédiatement au secrétariat du Conseil.

Art. 20. — Les mémoires en défense sont déposés au secrétariat dans les conditions fixées par les articles 6, 7, 8 et 9 du présent décret, et dans les délais impartis par le président, conformément à l'article 13.

Ils sont notifiés au domicile du demandeur ou à son domicile élu, dons la même forme que les requêtes introductives d'instance.

Les requêtes en défense doivent contenir élection de domicile dans la ville où siège le Conseil.

Art. 21. — Dans la quinzaine de la notification des mémoires en défense, le demandeur peut déposer un nouveau mémoire, et le défendeur peut déposer une réplique dans la quinzaine suivante.

Ces deux actes sont déposés et notifiés comme les mémoires en défense.

Il ne peut y avoir plus de deux requêtes entrant en taxe de la part de chaque partie, y compris la requête introductive d'instance.

Art. 22. — Les mises en cause ou les appels en garantie sont introduits ou notifiés dans la même forme que les demandes principales.

Art. 23. — Lorsque l'affaire soumise au Conseil est en état d'être jugée, ou lorsqu'il y a lieu d'ordonner des vérifications au moyen d'expertises, d'enquêtes ou autres mesures analogues, le rapporteur prépare un rapport et un projet de décision.

Le dossier, avec le rapport et le projet de décision, est remis au secrétaire archiviste, qui le transmet immédiatement au commissaire du Gouvernement.

Art. 24. — Les audiences du Conseil du contentieux sont publiques.

Le rôle de chaque audience publique est arrêté par le président, sur la proposition du commissaire du Gouvernement.

Il est divisé en deux parties :

1° Les affaires sommaires et urgentes ;

2° Toutes autres affaires contradictoirement instruites ou en état.

Les affaires sont présentées dans l'ordre de leur inscription au rôle.

Art. 25. — Toute partie doit être avertie par une lettre d'avis adressée à son domicile ou à celui de son mandataire ou défenseur, lorsqu'elle en a désigné un, du jour où l'affaire sera appelée en audience publique. Cet avertissement est donné huit jours au moins avant l'audience.

Art. 26. — Après le rapport qui est fait sur chaque affaire par un des conseillers, les parties peuvent présenter, soit en personne, soit par mandataire, des observations orales à l'appui de leurs conclusions écrites.

Si les parties présentent des conclusions nouvelles, le Conseil ne peut les admettre sans ordonner un supplément d'instruction.

Le commissaire du Gouvernement donne ses conclusions sur toutes les affaires.

Art. 27. — Sont applicables à la tenue et à la police des audiences du Conseil et aux crimes et délits qui pourraient s'y commettre, les dispositions des articles 88 à 92 et 1036 du Code de procédure civile (1).

(1) *Art. 88. — Ceux qui assisteront aux audiences se tiendront découverts, dans le respect et le silence : tout ce que le Président ordonnera pour le maintient de l'ordre sera exécuté ponctuellement et à l'instant. — La même disposition sera observée dans les lieux où, soit les juges, soit les Procureurs du Roi, exerceront des fonctions de leur état.*

Art. 89. — Si un ou plusieurs individus, quels qu'ils soient, interrompent le silence, donnent des signes d'approbation ou d'improbation, soit à la défense des parties, soit aux discours des juges ou du ministère public, soit aux interpellations, avertissements ou ordres des présidents, juge-commissaire ou procureur du Roi, soit aux jugements ou ordonnances, causent ou excitent du tumulte de quelque manière que ce soit, et si, après l'avertissement des huissiers, ils ne rentrent pas dans l'ordre sur-le-champ, il leur sera enjoint de se retirer, et les résistants seront saisis et déposés à l'instant dans la maison d'arrêt pour vingt-quatre heures. Ils y seront reçus sur l'exhibition de l'ordre du président, qui sera mentionné au procès-verbal de l'audience.

Art. 90. — Si le trouble est causé par un individu remplissant une fonction près le tribunal, il pourra, outre la peine ci-dessus, être suspendu de ses fonctions ; la suspension, pour la première fois, ne pourra excéder le terme de trois mois. Le jugement sera exécutoire par provision, ainsi que dans le cas de l'article précédent.

Art. 91. — Ceux qui outrageraient ou menaceraient les juges, ou officiers de justice dans l'exercice de leurs fonctions, seront, de l'ordonnance du Président, du juge-commissaire ou Procureur du Roi, chacun dans le lieu dont la police lui appartient, saisis et déposés à l'instant dans la maison d'arrêt, interrogés dans les vingt quatre heures, et condamnés par le tribunal, sur le vu du procès-verbal qui constatera le délit, à une détention qui ne pourra excéder le mois, et à une amende qui ne pourra être moindre de vingt-cinq francs ni excéder trois cents francs. — Si le délinquant ne peut être saisi à l'instant, le tribunal prononcera contre lui, dans les vingt-quatre heures, les peines ci-dessus, sauf l'opposition que le condamné pourra former dans les dix jours du jugement, en se mettant en état de détention.

Art. 92. — Si les délits commis méritaient peine afflictive ou infamante, le prévenu sera envoyé en état de mandat de dépôt devant le tribunal compétent, pour être poursuivi et puni suivant les règles établies par le Code d'instruction criminelle.

Art. 1036. — Les tribunaux, suivant la gravité des circonstances, pourront, dans les causes dont ils seront saisis, prononcer, même d'office, des injonctions, supprimer des écrits, les déclarer calomnieux, et ordonner l'impression et l'affiche de leurs jugements.

CHAPITRE II

DES ACTES D'INSTRUCTION ET DE DIFFÉRENTS MOYENS DE VÉRIFICATION.

SECTION PREMIÈRE. — *Des expertises.* — Art. 28. — Le Conseil du contentieux peut, soit d'office, soit sur la demande des parties ou de l'une d'elles, ordonner, avant de faire droit, qu'il sera procédé à une expertise sur les points déterminés par sa décision.

En matière de dommages résultant de l'exécution de travaux publics, l'expertise doit être ordonnée, si elle est demandée par les parties ou par l'une d'elles.

Art. 29. — Le Conseil décide, suivant la nature et les circonstances de l'affaire, si l'expertise sera faite par un ou par trois experts.

Dans le premier cas, l'expert est désigné par le Conseil, à moins que les parties ne s'accordent pour le désigner.

Si l'expertise doit être confiée à trois experts, l'un d'eux est nommé par le Conseil, et chacune des parties est appelée à nommer son expert.

Art. 30. — Lorsque les parties n'auront pas désigné d'avance leurs experts, elles devront le faire dans le délai de huit jours à partir de la notificatian de la décision ordonnant l'expertise ; faute de quoi, la désignation sera faite d'office par le Conseil.

Art. 31. — La décision du Conseil qui ordonne l'expertise et en fixe l'objet, et qui nomme, s'il y a lieu, les experts, désigne l'autorité devant laquelle ils doivent prêter serment, à moins que les parties ne les en dispensent.

Le Conseil fixe, en outre, le délai dans lequel les experts sont tenus de déposer leur rapport au secrétariat.

Art. 32. — Les fonctionnaires publics qui ont exprimé une opinion dans l'affaire litigieuse ou qui ont pris part aux travaux qui donnent lieu à une réclamation, les parents et alliés des parties, jusqu'au quatrième degré inclusivement, ne peuvent être désignés comme experts par le Conseil.

Art. 33. — Le secrétaire archiviste adresse aux experts une expédition de la décision qui les a nommés, et les invite, s'il y a lieu, à comparaître devant l'autorité désignée, à l'effet de prêter serment.

Art. 34. — Le procès-verbal de prestation de serment contient indication, par les experts du lieu, du jour et de l'heure du commencement de leurs opérations ; en cas de présence des parties, cette indication vaut sommation ; en cas d'absence ou lorsque les experts sont dispensés du serment, il est donné aux parties, en la forme administrative, quatre jours au moins à l'avance, avis de se trouver aux jour, heure et lieu que les experts ont indiqués.

Art. 35. — Dans le cas où un expert n'accepte pas la mission qui lui est confiée, il en est désigné un autre à sa place.

L'expert qui, après avoir prêté serment ou accepté sa mission, ne la remplit pas, et celui qui ne dépose pas son rapport dans le délai fixé par le Conseil, peuvent être condamnés à tous les frais frustratoires et même à des dommages-intérêts. L'expert est en outre remplacé, s'il y a lieu.

Art. 36. — Les observations faites par les parties dans le cours des opérations doivent être consignées dans le rapport.

Art. 37. — S'il y a plusieurs experts, ils procèdent ensemble à la visite des lieux et dressent un seul rapport.

Dans le cas où ils sont d'avis différents, ils indiquent l'opinion de chacun d'eux et les motifs à l'appui.

Art. 38. — Le rapport est déposé au secrétariat du Conseil. Les parties sont invitées, par une lettre d'avis, à en prendre connaissance et à fournir leurs observations dans le délai de quinze jours.

A l'expiration de ce délai, il est passé outre au jugement de l'affaire.

Art. 39. — Les experts joignent à leur rapport un état de leurs vacations, frais et honoraires.

La liquidation de ces frais et la taxe en sont faites par le rapporteur, conformément au tarif civil, et après la décision sur le fond. Avis en est donné aux experts et aux parties, qui peuvent les contester dans le délai de huit jours devant le Conseil du contentieux.

Art. 40. — En cas d'urgence, le président peut, sur la demande d'une partie intéressée, désigner un expert pour constater des faits qui seraient de nature à motiver une réclamation devant le Conseil.

Section II. — *Des visites des lieux.* — Art. 41. — Le Conseil peut, lorsqu'il le croit nécessaire, ordonner qu'il se transportera tout entier ou que l'un ou plusieurs de ses membres se transporteront sur les lieux pour y faire les constatations et vérifications déterminées par sa décision.

Dans le cas où le Conseil délègue un ou plusieurs de ses membres, le secrétaire archiviste leur remet une expédition de la décision qui a ordonné la visite de lieux.

Les parties sont averties, par une notification faite conformément aux articles 17 à 19, du jour et de l'heure auxquels la visite de lieux doit se faire.

Le Conseil ou les membres désignés par lui peuvent, dans le cours de la visite, entendre, à titre de renseignements, les personnes qu'ils désignent et faire faire, en leur présence, les opérations qu'ils jugent utiles.

Il est dressé procès-verbal de la visite de lieux, ainsi que des dires et observations des parties qui y ont assisté.

Ce procès-verbal est déposé pendant huit jours au secrétariat du Conseil, et les parties en sont informées dans la forme administrative.

Les frais de la visite de lieux sont compris dans les dépens de l'instance.

Section III. — *Des enquêtes.* — Art. 42. — Le Conseil peut, soit sur la demande des parties, soit d'office, ordonner une enquête sur les faits dont la constatation lui paraît utile à l'instruction de l'affaire. L'arrêté qui ordonne l'enquête indique les faits sur lesquels elle doit porter et décide, suivant les cas, si elle aura lieu soit devant le Conseil en séance publique, soit devant tel commissaire qui sera désigné par lui à cet effet.

Dans le cas où l'enquête n'a pas lieu devant le Conseil, le secrétaire archiviste remet une expédition de cette décision au commissaire.

Art. 43. — La décision qui ordonne l'enquête est notifiée aux parties, qui sont en même temps invitées à faire connaître au secrétaire archiviste, dans le délai de trois jours, les témoins qu'elles désirent faire entendre, et se présenter et à présenter leurs témoins aux jour et heure qui sont fixés, suivant le cas, par le Conseil ou par le commissaire.

Cette notification est faite huit jours au moins avant l'audition, si les parties sont domiciliées dans l'étendue de deux myriamètres du lieu où se fait l'enquête ; il est ajouté un jour par deux myriamètres pour les parties domiciliées à une plus grande distance. Dans le cas où la partie ne résiderait pas dans la colonie, elle est représentée par son mandataire.

Chaque partie reçoit du secrétaire archiviste, un jour au moins avant l'audition, copie des noms, professions et demeures des témoins produits par la partie adverse.

Les témoins sont assignés par actes administratifs à personne ou à domicile ; ceux domiciliés dans l'étendue de trois myriamètres du lieu où se fait l'enquête le sont au moins un jour avant l'audition. Il est ajouté un jour par deux myriamètres pour ceux domiciliés à une plus grande distance. Il est donné copie à chaque témoin de la décision du Conseil, en ce qui concerne les faits sur lesquels l'enquête doit porter.

Les parties peuvent, si elles le préfèrent, assigner les témoins à leurs frais, par exploit d'huissier.

Dans le cas où l'enquête a été ordonnée d'office, le commissaire enquêteur peut faire citer directement les témoins.

Art. 44.— Au jour indiqué pour l'audition, si l'une des parties demande une prorogation, l'incident est jugé sur-le-champ par le Conseil ou par le commissaire.

Tous autres incidents sont jugés par le Conseil, s'il est réuni, et, dans le cas contraire, par le président, qui prend l'avis du commissaire et qui peut joindre l'incident au principal pour y être statué par la même décision.

Art. 45.— Ne peuvent être entendus comme témoins les parents ou alliés en ligne directe de l'une des parties, ou leurs conjoints.

Toutes autres personnes sont admises comme témoins, à l'exception de celles que la loi ou des décisions judiciaires auraient déclarées incapables de témoigner en justice.

Art. 46. — Les témoins défaillants sont condamnés, par le Conseil ou par le commissaire, à vingt francs de dommages-intérêts envers la partie, et sont réassignés à leurs frais. En cas de récidive, ils sont condamnés à une amende qui ne peut excéder cent francs, et le président ou le commissaire peut décerner contre eux un mandat d'amener ; les condamnations ainsi prononcées ne sont pas susceptibles d'appel.

Néanmoins, en cas d'excuses valables, le témoin peut, après sa déposition, être déchargé des condamnations prononcées contre lui.

Si le témoin est éloigné ou empêché, le président ou le commissaire peut commettre pour l'entendre le juge de paix ou le maire de la commune où il réside.

Art. 47. — Dans le cas où l'enquête a eu lieu en audience publique, le secrétaire archiviste dresse un procès-verbal contenant la date du jour et l'heure de l'enquête, la mention de l'absence ou de la présence des parties, les noms, prénoms, professions et demeures des témoins, le serment par eux prêté ou les causes qui les ont empêchés de le prêter, leurs dépositions, les incidents qui se sont élevés dans le cours de l'enquête et les décisions dont ils ont été l'objet. Ce procès-verbal est visé par le président et annexé à la minute de la décision.

Art. 48. — Si l'enquête est confiée à un commissaire, il est dressé dans la même forme, un procès-verbal qui indique en outre le lieu de l'enquête. Ce procès-verbal dressé par le commissaire enquêteur, est déposé au secrétariat du Conseil.

Art. 49. — Dès la réception de ce procès-verbal, les parties sont averties, par une lettre d'avis, qu'elles peuvent en prendre connaissance au secrétariat, dans un délai de huit jours.

Art. 50. — La preuve contraire est de droit. Le Conseil ou le commissaire détermine les délais dans lesquels la contre-enquête sera commencée. Les règles ci-dessus fixées s'appliquent à la contre-enquête.

Art. 51. — Si les témoins entendus requièrent taxe, la taxe est faite par le président ou le commissaire enquêteur, conformément au tarif civil.

Art. 52. —Les témoins sont entendus séparément, tant en présence qu'en l'absence des parties. Chaque témoin, avant d'être entendu déclare ses nom, prénoms, profession âge et demeure ; s'il est parent ou allié des parties et à quel degré ; s'il est domestique ou serviteur de l'une d'elles. Il fait, à peine de nullité, le serment de dire la vérité.

Les individus qui n'ont pas l'âge de quinze ans révolus ne sont pas admis à prêter serment et ne peuvent être entendus qu'à titre de renseignements.

Les témoins peuvent être entendus de nouveau et confrontés les uns avec les autres.

Art. 53. — Le témoin déposera sans qu'il lui soit permis de lire aucun projet écrit. Il pourra faire à sa déposition tels changements et additions que bon lui semblera.

Sa déposition et les changements et additions, s'il en est, lui seront lus et seront signés par lui, par le président ou par le commissaire et par le secrétaire archiviste.

L'omission de ces formalités entraînera nullité.

Art. 54. — Lorsque le Conseil a ordonné une enquête avant de statuer sur la validité des opérations électorales qui sont contestées devant lui, le délai dans lequel il doit statuer sur la réclamation, en vertu de l'article 51 de la loi du 22 juin 1833 et de l'article 45 de la loi du 5 mai 1855, est porté à deux mois.

En cette matière, les enquêtes sont faites sans frais et sans citation, et les témoins ne peuvent requérir taxe.

Section IV. — *De l'interrogatoire sur faits et articles.* — Art. 55. — Le Conseil peut, soit d'office, soit sur demande des parties, ordonner que les parties ou l'une d'elles seront interrogées, soit à la séance publique, soit en chambre du Conseil, soit en tout autre lieu qu'il indique.

La décision énonce les faits sur lesquels la partie sera interrogée et désigne, s'il y a lieu, pour procéder à l'interrogatoire, soit un commissaire choisi dans le sein du Conseil, soit le juge de paix du canton où doit avoir lieu l'interrogatoire.

Le secrétaire archiviste lève une expédition de cette décision et la remet au commissaire, qui détermine les jour et heure de l'interrogatoire par une ordonnance rendue au bas de ladite décision.

Art. 56. — La décision du Conseil et l'ordonnance du commissaire sont notifiées dans la forme administrative à la partie, avec l'invitation de s'y conformer, vingt-quatre heures au moins avant l'interrogatoire, si ladite partie est domiciliée dans l'étendue de deux myriamètres du lieu où se fait l'interrogatoire. Il est ajouté un jour par deux myriamètres, si ladite partie est domiciliée à une plus grande distance.

Il est procédé, pour le surplus, conformément aux dispositions des articles 328 et 330 à 336 inclusivement du Code de procédure civile.

Le procès-verbal de l'interrogatoire est remis au secrétariat du Conseil par le commissaire ; dès sa réception, les parties sont informées du jour de la reprise de l'instance, qui est poursuivie sans autre formalité.

Section V. — *De l'audition des parties.* — Art. 57. — Lorsque le Conseil juge nécessaire que les parties soient entendues en personne, il les fait inviter en la forme administrative, si elles ne sont pas présentes, vingt-quatre heures au moins à l'avance, à comparaître devant lui, aux jour et heure qui sont indiqués dans sa décision.

Section VI. — *De la vérification d'écriture et de l'inscription de faux.* — Art. 58. — Le Conseil peut ordonner, soit d'office, soit sur la demande des parties, une vérification d'écritures en présence d'un des membres du Conseil désigné à cet effet.

La vérification est faite par un ou plusieurs experts nommés par le Conseil.

La décision du Conseil ordonne que la pièce à vérifier sera déposée soit au secrétariat du Conseil, soit au greffe du tribunal de première instance, après que son état aura été constaté et qu'elle aura été parafée par les parties en cause, ou par leurs mandataires, et par le secrétaire archiviste qui dresse procès-verbal ou par le greffier.

Art. 59. — Le commissaire nommé invite les parties, par lettres d'avis à comparaître devant lui aux lieu, jour et heure qu'il indique, pour convenir des pièces de comparaison. Si le demandeur en vérification ne comparaît pas, la pièce est rejetée ; si c'est le défendeu, la pièce peut être tenue pour reconnue. Dans ces deux cas, la décision est rendue à la plus prochaine audience, sur le procès-verbal qui a dû être dressé par le commissaire.

Le commissaire avertit également les experts et les dépositaires de se trouver aux lieu, jour et heure qu'il indique : les experts, à l'effet de prêter serment et de procéder à la vérification, et les dépositaires, à l'effet de représenter les pièces de comparaison.

Il est procédé à la vérification d'écritures devant le commissaire, dans la forme réglée par les articles 198, 200 à 203 et 205 à 213 inclusivement du Code de procédure civile.

Il est du tout dressé procès-verbal ; il en est donné aux dépositaire copie par extrait en ce qui les concerne, ainsi que du jugement ordonnant la vérification.

Art. 60. — La partie qui veut s'inscrire en faux contre une pièce produite dans l'instance le déclare par une requête adressée au Conseil.

Le Conseil fixe le délai dans lequel la partie qui a produit cette pièce est tenue de déclarer si elle entend s'en servir.

Si la partie déclare qu'elle n'entend pas se servir de la pièce ou ne fait pas de déclaration, la pièce est rejetée.

Si la partie déclare qu'elle entend se servir de la pièce, le Conseil peut soit surseoir à statuer sur l'instance principale jusqu'après le jugement du faux par le tribunal compétent, soit statuer au fond, s'il reconnaît que la décision ne dépend pas de la pièce arguée de faux.

CHAPITRE III.

DES INCIDENTS.

SECTION PREMIÈRE. — *Des demandes incidentes.* — Art. 61. — Les demandes incidentes sont formées par requêtes contenant les moyens et les conclusions, avec offre de communiquer les pièces justificatives sur récépissé ou par dépôt au secrétariat du Conseil. Le défendeur à l'incident donne sa réponse dans les huit jours de la notification de la demande.

Toutes demandes incidentes sont formées en même temps ; les frais de celles qui seraient proposées postérieurement et dont les causes auraient existé à l'époque des premières ne pourront être répétés.

Les demandes incidentes sont jugées par préalable ; cependant, le Conseil du contentieux peut, s'il y a lieu, ordonner qu'elles seront jointes au principal pour y être statué par la même décision.

SECTION II. — *Des demandes en sursis.* — Art. 62. — Le recours au Conseil du contentieux contre une décision administrative n'en suspend pas l'exécution.

Toutefois, dans le cas où l'exécution de ladite décision serait de nature à causer un tort irréparable, le Conseil peut, sur la demande de la partie et après communication à la partie adverse, accorder un sursis ou ordonner que l'exécution provisoire n'aura lieu qu'à la charge de donner caution.

La demande en sursis doit être formée en même temps que l'instance principal et par la même requête. Le défendeur peut s'opposer au sursis.

SECTION III. — *De l'intervention.* — Art. 63. — L'intervention est formée par requête qui contient les moyens et les conclusions, dont il est donné copie, ainsi que des pièces justificatives. Elle est notifiée aux parties en la forme prescrite par les articles 17 à 19 et elle ne peut retarder le jugement de la cause principale quand celle-ci est en état.

Si l'intervention est contestée par l'une des parties, l'incident est porté à l'audience.

SECTION IV. — *Des reprises d'instance.* — Art. 64. — La demande en reprise d'instance est faite par requête au Conseil du contentieux et notifiée dans la forme de la requête introductive d'instance.

Art. 65. — Faute par la partie adverse d'avoir repris l'instance dans la forme et les délais prévus pour les défenses, il est passé outre au jugement de l'affaire.

Si celui que la partie appelée en reprise d'instance représente, n'avait produit ni défense ni mémoire avant son décès, la décision qui interviendra sera par défaut.

Elle sera réputée contradictoire dans le cas où il y aurait production de défense ou mémoire, et elle ne pourra être attaquée que par la voie de recours au Conseil d'État.

Art. 66. — A défaut d'une déclaration expresse, l'instance est tenue pour reprise avec la partie appelée pour la reprendre, en vertu du premier acte qu'elle fait notifier dans ladite instance.

La partie qui veut reprendre l'instance sans attendre qu'elle soit appelée à cet effet, le déclare par un simple acte qui est déposé au secrétariat. Le secrétaire archiviste transmet cet acte au rapporteur, après quoi il est procédé à ladite instance selon les derniers errements.

Art. 67. — Si le demandeur est décédé avant que le défendeur ait produit sa défense, les héritiers, successeurs ou ayants cause du demandeur reprennent l'instance par un mémoire signé des parties et déposé au secrétariat du Conseil.

Il est passé outre au jugement.

Art. 68. — Seront, au surplus, applicables les dispositions des articles 342, 343, § 2, 344, 345, § 1er du Code de procédure civile.

SECTION V. — *Des récusations.* — Art. 69. — Les récusations peuvent être faites conformément aux dispositions des articles 378 à 383 du Code de procédure civile.

Toutefois, les chefs d'administration ne peuvent jamais être récusés à l'occasion des actes de leur administration, attaqués devant le Conseil du contentieux.

Art. 70. — Les récusations sont proposées par requête adressée au Conseil, et communiquées administrativement au membre de ce Conseil qui a été récusé, pour qu'il fasse sa déclaration sur les moyens de récusation. Il est entendu, à cet effet, en Chambre du Conseil, avant la décision sur la récusation, sans autre formalité et sans qu'il puisse être fait à ce sujet aucune procédure.

Le jugement rendu n'est pas susceptible d'appel.

La partie dont la demande en récusation a été déclarée inadmissible ou qui en a été déboutée faute de preuves, est condamnée à une amende qui ne peut excéder 300 francs.

SECTION VI. — *Du désistement.* — Art. 71. — Le désistement peut être fait et accepté par simple déclaration signée des parties ou de leurs mandataires et déposée au secrétariat.

Si le désistement est pur et simple, le Conseil peut dans tous les cas en donner acte.

Il emporte soumission de payer les frais, au paiement desquels la partie qui s'est désistée est contrainte, sur simple ordonnance du président ou du conseiller qu'il a délégué, mise au bas de la taxe, parties présentes ou dûment appelées.

L'ordonnance est exécutée nonobstant opposition ou appel.

CHAPITRE IV.

DU JUGEMENT.

Art. 72. — Le Conseil du contentieux délibère hors la présence des parties et prend ses décisions à la majorité des voix.

Il prononce ses décisions en audience publique.

Art. 73. — Les décisions du Conseil sont motivées. Elles mentionnent qu'il a été statué en séance publique.

Elles contiennent les noms et les conclusions des parties, le vu des pièces principales et des dispositions législatives dont il est fait application, la mention que les parties ou leurs mandataires et le commissaire du Gouvernement ont été entendus, les motifs de la décision et les noms des membres qui y ont concouru.

Lorsque le Conseil statue en matière de répression, les dispositions législatives doivent être textuellement rapportées.

Les décisions du Conseil sont portées sur un registre tenu spécialement à cet effet, et parafé par le président ou par un conseiller qu'il délègue. La minute est signée par le président, par le rapporteur et par le secrétaire archiviste.

Art. 74. — Les décisions du Conseil portent en tête la mention suivante :

« Au nom du peuple français,

« Le Conseil du contentieux administratif de............ »

Les expéditions des décisions, délivrées par le secrétaire du Conseil, portent la formule exécutoire suivante :

« La République mande et ordonne au Gouverneur de........., en ce qui le concerne, et à tous huissiers à ce requis, en ce qui concerne les voies de droit commun contre les parties privées, de pourvoir à l'exécution de la présente décision. »

Il est interdit au secrétaire archiviste de délivrer une expédition de la décision avant qu'elle ait été signée.

Art. 75. — La minute des décisions du Conseil est conservée au secrétariat pour chaque affaire, avec la correspondance et les pièces relatives à l'instruction.

Les pièces qui appartiennent aux parties leur sont remises, à moins que le Conseil n'ait ordonné que quelques-unes de ces pièces resteraient annexées à la décision.

La remise des pièces aux parties est constatée par une mention portée par le secrétaire archiviste sur le registre, en marge de la requête introductive d'instance, laquelle mention est datée et signée du secrétaire archiviste et de la partie ou de son mandataire.

Art. 76. Les décisions du Conseil du contentieux sont exécutoires par elles-mêmes et emportent hypothèque.

Le pourvoi au Conseil d'État n'est pas suspensif ; toutefois, le Conseil du contentieux peut, sur la demande de la partie intéressée et en présence de la partie adverse, ou elle dûment appelée, ordonner, suivant les circonstances, que sa décision ne sera exécutée qu'à la charge de donner caution ou de fournir un cautionnement.

Le montant du cautionnement est fixé et la caution reçue contradictoirement par le Conseil du contentieux.

La partie qui consigne le montant du cautionnement ou qui justifie que les immeubles situés dans la colonie sont suffisants pour en répondre, est dispensée de fournir caution, et, dans ce dernier cas, lesdits immeubles sont affectés hypothécairement jusqu'à concurrence du cautionnement.

Art. 77. — Lorsque l'instance a été engagée par l'État ou la colonie ou contre l'État ou la colonie, et lorsque le Conseil du contentieux a prononcé, en matière répressive, l'expédition des décisions, délivrée par le secrétaire archiviste, est notifiée aux parties en vertu des ordres du Gouverneur, dans la forme prévue par les articles 17 à 19, et dans la huitaine qui suit le prononcé de la décision.

Il en est de même de la notification des décisions en matière de contributions directes et taxes assimilées à ces contributions.

Dans les autres cas, la signification est faite par exploit d'huissier.

CHAPITRE V.

DE L'OPPOSITION ET DES DIVERS MODES DE RECOURS CONTRE LES DÉCISIONS DU CONSEIL DU CONTENTIEUX.

SECTION PREMIÈRE. — *Des décisions par défaut et de l'opposition.* — Art. 78. — Faute par le défendeur de produire lui-même ou par mandataire son mémoire en défense, dans le délai fixé par le président, l'affaire est envoyée au rapporteur pour être statué ensuite par le Conseil.

Art. 79. — Lorsqu'il y a plusieurs parties défenderesses assignées à pareils ou à différents délais et dont aucune n'a présenté de défenses, la décision ne peut être rendue par défaut qu'après l'échéance des plus longs délais.

Art. 80. — Les parties défaillantes peuvent former opposition à la décision par défaut dans les délais fixés par l'article premier des décrets du 21 avril 1863.

Ces délais courront à dater de la signification qui leur sera faite par exploit d'huissier.

L'acte de signification doit indiquer aux parties défaillantes qu'après l'expiration desdits délais elles seront déchues du droit de former opposition.

Pour former ladite opposition, les parties présentent au Conseil une requête suivant les règles établies par les articles 6 et 9, dans les délais ci-dessus indiqués, ladite requête, contenant les moyens d'opposition, à moins que les moyens de défense n'aient été déjà signifiés dans l'ignorance du défaut, auquel cas il suffira de déclarer qu'on les adopte comme moyen d'opposition.

Les communications sont ordonnées comme pour les requêtes introductives d'instance.

Art. 81. — La partie qui a obtenu le défaut doit signifier sa réponse à la requête, et la partie opposante signifier sa réplique dans la huitaine suivante Aucune autre requête n'entrera en taxe.

Après ces délais, les pièces sont transmises au rapporteur, pour l'affaire être rapportée dans la forme ordinaire au Conseil, qui statue sur l'opposition.

Dans tous les cas, les frais faits jusqu'à l'opposition restent à la charge de la partie défaillante.

Art. 82. — L'opposition ne suspend pas l'exécution, à moins qu'il n'en ait été autrement ordonné par la décision qui a statué sur le défaut. La suspension peut en outre être demandée par la requête en opposition. Il y est statué par le Conseil, après avis motivé du rapporteur.

Art. 83. — Lorsque la demande est formée contre deux ou plusieurs parties et que l'une ou plusieurs d'entre elles n'ont pas présenté de défenses, le Conseil surseoit à statuer sur le fond et ordonne que les parties défaillantes seront averties de ces sursis par une signification faite par exploit d'huissier, et invitées de nouveau à produire leurs défenses dans un délai qu'il fixe.

Après l'expiration du délai, il est statué par une seule décision, qui n'est susceptible d'opposition de la part d'aucune des parties.

Art. 84. — Sont réputées contradictoires les décisions rendues sur les requêtes ou mémoires en défense des parties, alors même que les parties ou leurs mandataires n'auraient pas présenté d'observations orales à l'audience publique.

SECTION II. — *De la tierce opposition.* — Art. 85. — Toute partie peut former tierce opposition à une décision qui préjudicie à ses droits et lors de laquelle ni elle ni ceux qu'elle représente n'ont été appelés.

Il est procédé à l'instruction dans les formes établies par les articles 6 à 21 du présent décret.

Le Conseil devant lequel la décision attaquée a été produite peut, suivant les circonstances, passer outre ou surseoir à l'exécution de la décision ou la suspendre.

La partie dont la tierce opposition est rejetée est condamnée à une amende qui ne peut excéder cent francs, sans préjudice des dommages et intérêts de la partie, s'il y a lieu.

SECTION III. — *Du recours au Conseil d'État.* — Art. 86. — Les décisions, du contentieux peuvent être attaquées devant le Conseil d'État. La partie qui veut se pourvoir est tenue d'en faire la déclaration au secrétariat du Conseil du contentieux, soit par elle-même, soit par un mandataire, dans les délais fixés par l'article 11, et qui courent à dater de la notification, lorsqu'elles sont contradictoires, et de l'expiration du délai d'opposition, lorsqu'elles ont été rendues par défaut.

Art. 87. — Le délai court dans tous les cas, contre l'État ou la colonie, à partir de la date de la décision.

Art. 88. — La déclaration énonce sommairement les moyens du recours et est inscrite sur un registre particulier, par ordre de dates et de numéros.

Les déclarations de recours, dans l'intérêt de l'administration, sont faites et signées par le fonctionnaire partie en cause dans l'instance.

Dans les huit jours de ladite déclaration, il en est délivré, par le secrétaire archiviste, une expédition qui, dans la huitaine suivante, est notifiée selon les formes prescrites par les articles 17 à 19 ou signifiée par voie d'huissier au défendeur au recours, à personne ou à domicile, s'il réside dans la colonie et s'il y a un domicile; s'il réside hors de la colonie et s'il n'y a pas élu domicile, la notification ou la signification est faite au parquet du procureur général.

Cette notification ou signification vaut sommation au défendeur au recours de constituer avocat au Conseil d'État.

Art. 89. — Le défendeur au recours doit constituer avocat au Conseil d'État dans les délais suivants, qui courent du jour de la notification ou de la signification à lui faite par le demandeur de sa déclaration en recours, savoir :

1° De trois mois, si le défendeur demeure dans la colonie, en Europe ou en Algérie ;

2° De quatre, si le défendeur demeure dans les pays situés à l'ouest du cap de Bonne-Espérance et à l'est du cap Horn ;

3° De six mois, si le défendeur demeure à l'est du cap de Bonne-Espérance et à l'ouest du cap Horn.

Ces délais sont doublés, pour les pays d'outre-mer, en cas de guerre maritime.

L'avocat ainsi constitué est tenu d'en faire la déclaration au secrétariat du Conseil d'État.

Art. 90. — La requête en recours est déposée, à peine de déchéance, au secrétariat du contentieux du Conseil d'État, dans les formes ordinaires et dans les délais fixés à l'article précédent, qui courront du jour de la signification de la déclaration du recours dans la colonie.

Dans tous les cas, une expédition ou une copie signifiée de la décision attaquée, une expédition de la déclaration de recours et l'original de la signification, ou le récipissé de la notification de cette déclaration, sont joints à la requête en recours, à peine de nullité.

Art. 92. — L'arrêté de soit communiqué obtenu par le demandeur est notifié dans les délais et au domicile ci-après indiqués, savoir :

1° Si le défendeur ne demeure pas en France et qu'il ait constitué avocat, il est notifié au domicile de cet avocat.

2° Si le défendeur ne demeure pas en France et qu'il n'ait pas constitué d'avocat, il est notifié au secrétariat du contentieux du Conseil d'État; mais il ne peut être statué par défaut que quinze jours après l'expiration des délais accordés au défendeur par l'article 89 ci-dessus pour constituer avocat au Conseil d'État.

Les décisions par défaut sont notifiées au secrétariat du contentieux du Conseil d'État; les oppositions sont formées dans le délai de trois mois, dans quelque lieu que les parties soient domiciliées.

3° Si le défendeur demeure en France, l'arrêté de soit communiqué est notifié à l'avocat constitué ou, s'il n'y a pas d'avocat constitué, à personne ou à domicile, dans les deux mois à compter de sa date, et, dans ce cas, les délais pour produire les défenses sont de quinze jours si le défendeur demeure à Paris ou n'en est pas éloigné de plus de cinq myriamètres, et d'un mois s'il demeure dans une autre partie de la France.

Art. 92. — Les dispositions du Code de procédure civile, relatives à l'appel des jugements préparatoires et interlocutoires, sont applicables aux recours formés contre les décisions du Conseil du contentieux.

Art. 93. — Les recours au Conseil d'État contre les décisions du Conseil du contentieux a lieu sans frais et peut avoir lieu sans l'intervention d'un avocat au Conseil d'État, en matière :

1° De contributions directes et de taxes assimilées à ces contributions pour le recouvrement;

2 D'élection;

3° De contravention dont la répression appartient au Conseil du contentieux.

Le recours doit être déposé dans le délai de trois mois, soit au secrétariat du contentieux du Conseil d'État, soit au secrétariat du Conseil du contentieux de la colonie.

Dans ce dernier cas, il est marqué d'un timbre qui indique la date de l'arrivée et il est transmis par le Gouverneur au secrétariat du contentieux du Conseil d'État. Il en est délivré récépissé à la partie qui le demande.

CHAPITRE VI.

DES DÉPENS.

Art. 94. — Toute partie qui succombe est condamnée aux dépens.

Le tarif qui règle les dépens en matière civile devant la cour d'appel est applicable pour tous les actes prévus par le présent décret.

Les dépens peuvent, en raison des circonstances de l'affaire, être compensés entre les parties.

Art. 95. — L'Administration peut être condamnée aux dépens dans les contestations qui sont relatives soit au domaine de l'État ou de la colonie, soit à l'exécution d'un marché passé pour un service public, soit à la réparation des dommages pour lesquels le Conseil du contentieux est appelé à se prononcer.

En matière de contributions directes, les frais d'expertise sont à la charge des communes ou de la colonie, suivant le cas, lorsque la demande en décharge ou réduction est reconnue fondée soit en totalité, soit en partie. La liquidation des frais d'expertise est faite par le rapporteur.

Art. 96. — Les dépens ne peuvent comprendre que les frais de timbre et d'enregistrement, les frais de copie de requêtes et mémoires, les frais d'expertise, d'enquêtes et autres moyens d'instruction, et les frais de signification de la décision.

Art. 97. — La liquidation des dépens est faite, s'il y a lieu, par la décision qui statue sur le litige.

Art. 98. — Si l'état des dépens n'est pas soumis en temps utile au Conseil du contentieux, la liquidation en est faite par le rapporteur.

Les parties peuvent former opposition à cette liquidation devant le Conseil, dans le délai de huit jours à dater de la notification.

CHAPITRE VII.

DE QUELQUES PROCÉDURES SPÉCIALES.

Art. 99. — Lorsqu'il s'agit de contraventions, il est procédé comme il suit à défaut de règles établies par des lois spéciales.

Dans les dix jours qui suivent la rédaction d'un procès-verbal de contravention et son affirmation quand elle est exigée, le gouverneur fait faire à l'inculpé notification de la copie du procès-verbal, ainsi que de l'affirmation, avec citation devant le Conseil du contentieux, dans un délai qui ne peut pas être moindre d'un mois.

La notification et la citation sont faites dans la forme administrative.

La citation doit indiquer à l'inculpé qu'il est tenu de fournir ses défenses écrites dans le délai de quinzaine à partir de la notification qui lui faite.

La notification de la citation doivent être adressées au secrétariat du Conseil et y être enregistrées comme il est dit en l'article 6.

Le président du Conseil du contentieux ordonne, s'il y a lieu, la communication à l'administration compétente du mémoire en défense produit par l'inculpé, et la communication à l'inculpé de la réponse faite par l'administration.

Art. 100. — Tout contribuable qui se croit surtaxé peut adresser au Directeur de l'Intérieur, dans les trois mois qui suivent la publication des rôles dans chaque commune, sa demande en décharge ou en réduction. Il y joint la quittance des termes échus de sa cotisation, sans pouvoir, sous prétexte de réclamation, différer le paiement des termes qui viendront à échoir pendant les trois mois suivants.

Si, à l'expiratinn de ces trois mois, l'affaire n'a pas été définitivement jugée par le Conseil, le contribuable n'est plus tenu au paiement des termes suivants.

Tout contribuable a également trois mois pour réclamer contre son omission au rôle.

Art. 101. — Immédiatement après sa réception, la pétition est envoyée par le Directeur de l'Intérieur au contrôleur des contributions, qui vérifie les faits et donne son avis, après avoir pris celui du maire.

Le contrôleur transmet l'affaire au chef du service des contributions, qui l'envoie à son tour au Directeur de l'Intérieur avec son avis.

Si le Directeur de l'Intérieur est d'avis qu'il y a lieu d'admettre la demande, il fait son rapport et le Conseil statue.

Dans le cas contraire, le Directeur de l'Intérieur exprime les motifs de son opinion, puis il invite le réclamant à en prendre communication à ses bureaux et à faire connaître, dans les dix jours, s'il veut fournir de nouvelles observations ou recourir à la vérification par voie d'experts.

Art. 102. — Si l'expertise est demandée, deux experts sont nommés : l'un par le Directeur de l'Intérieur, l'autre par le réclamant, et il est procédé à la vérification dans les formes suivantes :

Les experts se rendent sur les lieux avec le contrôleur, et, en présence du maire et du réclamant ou de son fondé de pouvoirs, ils vérifient les revenus objets de la cote du réclamant et des autres cotes prises ou indiquées par celui-ci pour comparaison, dans le rôle des contributions de même nature dans la même commune.

Le contrôleur rédige un procès-verbal des dires des experts et y joint son avis. Le chef du service des contributions, après avoir donné lui-même son avis, envoie le tout au Directeur de l'Intérieur, qui fait son rapport, et le Conseil statue.

Art. 103. — Les dispositions contenues aux deux articles précédents sont applicables aux réclamations relatives aux taxes qui sont assimilées aux contributions directes pour le recouvrement, et dont l'assiette est confiée à l'administration des contributions.

Les réclamations relatives aux taxes assimilées, dont l'assiette ne serait pas confiée à cette administration, sont instruites dans les formes établies par les articles 6 à 21 du présent décret.

Art. 104. — Dans les trois mois de la publication des rôles, les percepteurs des contributions doivent, s'il y a lieu, former, pour chacune des communes de leur perception, des états présentant, par nature de contribution, les cotes qui leur paraîtraient avoir été indûment imposées, et adresser ces états au Directeur de l'Intérieur, par l'intermédiaire du trésorier payeur général.

Les états dont il s'agit sont renvoyés au contrôleur des contributions, qui vérifie les faits et les motifs allégués par le percepteur, donne son avis après avoir pris celui du maire, et l'adresse avec les états au chef du service des contributions. Celui-ci transmet le tout avec son avis au Directeur de l'Intérieur, qui fait son rapport, et le Conseil statue.

Art. 105. — Les demandes concernant les concessions de prise d'eau et les saignées à faire aux rivières pour l'établissement des usines, l'irrigation des terres et tous autres usages, sont formées par une requête adressée au Conseil du contentieux, à laquelle sont joints les plans en triple expédition et toutes les pièces à l'appui.

Cette requête est signée par la partie ou son mandataire.

Elle est transmise au Directeur de l'Intérieur, qui est chargé de la faire afficher pendant six semaines dans la commune et dans le lieu où doit être établie la prise d'eau et dans les communes environnantes.

Pendant ce délai, toute personne est admise à présenter ses moyens d'opposition.

Après ce délai expiré, s'il n'y a pas d'opposition, le Directeur de l'Intérieur, après avoir pris l'avis du chef de service des ponts et chaussées et du chef du service des domaines, et recueilli, tant auprès des autorités locales qu'auprès des parties intéressées, tous les renseignements nécessaires, fait le rapport de l'affaire, et la concession est accordée par le Conseil, s'il y a lieu, sans autres procédures ni formalités.

Si, avant que la décision intervienne, il y a des oppositions, elles sont formées, suivies et jugées dans la forme et suivant les règles des instances ordinaires.

Dans les deux cas, la décision qui intervient ne peut être attaquée que par voie de recours au Conseil d'État.

Toutefois, la voie de tierce opposition est réservée à ceux qui se croiraient lésés par la décision intervenue et lors de laquelle ni eux ni ceux qui les représentent n'auraient figuré. Un exemplaire des plans reste déposé, avec les pièces de la procédure, au secrétariat du Conseil du contentieux.

Art. 106. — Toutes les règles du présent décret sont applicables aux articles du présent chapitre, en tant qu'elles n'ont rien de contraire à ses dispositions spéciales.

DISPOSITIONS GÉNÉRALES.

Art. 107. — Sont abrogées les ordonnances du 31 août 1828 et du 26 février 1838.

Sont en outre abrogés les articles 131, § 2 ; 160, § 1er et § 11 ; 162 et 163, § 2, de l'ordonnance du 21 août 1825 ; les articles 146, § 2 ; 176, § 1er et § 11 ; 178 et 179, § 2, de l'ordonnance du 9 février 1827 ; l'article 2 du décret du 15 avril 1873, faisant répartition des attributions du contrôleur colonial ; le § 3 de l'article 11 du décret du 23 juillet 1879, qui permet à l'inspecteur d'assister aux séances du Conseil du contentieux, et généralement toutes autres dispositions contraires au présent décret.

JULES GRÉVY.

(7 septembre 1881)

DÉCRET *rendant applicable à toutes les colonies françaises le décret du 5 août 1881 organique des Conseils du contentieux administratif.*

(Promulg. A. G. 12 décembre 1881)
B. C. p. 477.

Article premier. — Est rendu applicable à toutes les colonies françaises le décret du 5 août 1881, concernant l'organisation de la compétence des Conseils du contentieux administratif dans les colonies de la Martinique, de la Guadeloupe et de la Réunion, et réglementant la procédure à suivre devant ces Conseils.

Art. 2. — Dans les colonies de Mayotte et de Nossi-bé, le Conseil du contentieux administratif est composé des membres du Conseil d'administration, auxquels sont adjoints deux fonctionnaires nommés au commencement de chaque année, et pour sa durée, par un arrêté du Gouverneur.

A Saint-Pierre et Miquelon, le Conseil du contentieux administratif est composé des membres du Conseil d'administration, auxquels est adjoint le président du Conseil d'appel, et, à son défaut, le juge-président du tribunal de première instance.

Dans les colonies où ne réside pas l'inspecteur permanent des services administratifs et financiers, les fonctions du ministère public du Conseil du contentieux sont remplies par un officier du commissariat désigné par le Chef de la colonie.

Art. 3. — Dans le cas prévu par l'article 11, n° 2, du décret du 5 août 1881 susvisé, les délais pour les recours au Conseil du contentieux administratif sont fixés comme il suit :

Pour la Guyane, l'Inde, le Sénégal et les îles Saint-Pierre et Miquelon, les délais sont ceux fixés, en les augmentant de deux mois, par l'article premier des décrets du 29 août 1863, portant modification de divers délais en matière civile et commerciale.

Pour les autres colonies, les délais sont, en les augmentant de trois mois, ceux fixés par l'article premier des décrets du 29 août 1863 susvisé.

Ces délais sont doublés en cas de guerre maritime.

Dans les colonies où il n'existe pas de procureur général, les modifications des décisions du Conseil du contentieux administratif, pour les personnes demeurant hors de la colonie, sont faites au parquet du procureur de la République du siège du Conseil.

JULES GRÉVY.

(25 octobre 1881)

DÉP. M. *Notification du décret du 7 septembre 1881 rendant applicable aux colonies le décret du 5 août 1881 sur l'organisation et la compétence des Conseils du contentieux administratif.*

ARCH. GOUV.

Vous trouverez dans le *Journal officiel* du 7 de ce mois, un décret du 7 septembre 1881, rendant applicable aux colonies le décret du 5 août précédent sur l'organisation et la compétence des Conseils du contentieux administratif dans les colonies de la Martinique, de la Guadeloupe et de la Réunion et réglementant la procédure à suivre devant ces Conseils.

Je vous prie de promulguer cet acte dans la colonie.

Vous recevrez prochainement les instructions nécessaires pour en assurer l'exécution.

G. CLOUÉ.

INSTRUCTION

(28 octobre 1881)

(Publiée à part. V. arch. Conseil privé).

B. M. p. 885.

(13 janvier 1882)

DÉP. M. *Envoi des instructions concernant l'application du décret du 5 août 1881 organique des Conseils du contentieux administratif aux colonies. — Instruction.*

ARCH. GOUV.

J'ai l'honneur de vous transmettre trois exemplaires des instructions du 28 octobre dernier pour l'exécution du décret du 5 août 1881 concernant l'organisation et la compétence des Conseils du contentieux administratif, et réglementant la procédure à suivre devant ces Conseils.

J'appelle votre attention sur les promulgations que vous aurez à faire pour l'exécution du décret ; outre les textes qui sont cités dans la circulaire, vous aurez à pourvoir à la promulgation : 1° de l'ordonnance du 12 mars 1831 ; 2° du règlement d'administration publique du 26 octobre 1849, déterminant les formes de procédure du tribunal des conflits ; 3° de la loi du 4 février 1850 sur l'organisation du tribunal des conflits ; 4° des articles 25, 26 et 27 de la loi du 24 mai 1872.

Vous voudrez bien me rendre compte de l'exécution des présentes instructions.

ROUVIER.

(17 septembre 1882)

DÉCRET *attribuant au Conseil du contentieux de la Cochinchine le règlement des conflits survenus en matière de contentieux administratif entre le gouvernement cambodgien et les sujets européens ou américains, justiciables du tribunal de France.*

B. C. p. 437.

Article premier. — Le règlement des conflits survenus en matière de contentieux administratif entre le gouvernement cambodgien et les sujets européens ou américains, justiciables du tribunal de France, est attribué au Conseil du contentieux de Cochinchine siégeant à Saïgon, qui statuera en premier et dernier ressort.

Art. 2. — Le tribunal se conformera, pour le jugement des affaires du contentieux administratif désignées à l'article premier, à la législation en vigueur en Cochinchine, laquelle sera promulguée dans le royaume du Cambodge.

Art. 3. — Les contrats passés avant la déclaration du 21 décembre 1881 ne profiteront pas des présentes dispositions, sauf le cas où les parties intéressées seraient d'accord pour en faire la demande.

GRÉVY.

(13 août 1883)

CIRC. M. *au sujet de l'interprétation des articles 23 et 26 du décret du 5 août 1881 organique des Conseils du contentieux administratif aux colonies.*

ARCH. GOUV.

Le Département a été consulté sur la solution que comportent deux questions auxquelles a donné lieu l'application du décret du 5 août 1881 sur la procédure à suivre devant le Conseil du contentieux administratif aux colonies.

1° *Le commissaire du Gouvernement a-t-il le droit de discuter incidemment en séance publique les observations du président ?* — Aux termes de l'article 26 du décret du 5 août 1881, le commissaire du Gouvernement donne des conclusions sur toutes les affaires ; en outre, les instructions ministérielles du 28 octobre 1881 pour l'application de ce décret disposent expressément que « *le commissaire du*

Gouvernement doit donner ses conclusions et les développer en toute liberté ». Mais ce droit n'implique pas la faculté d'intervenir à tout propos et à chaque instant à l'occasion des indications et des explications que le Président peut être amené à donner. Le commissaire du Gouvernement ne doit pas perdre de vue que, si la loi lui reconnaît le droit de déposer des conclusions et de les développer, elle a formellement attribué au Président la police de l'audience et par suite la direction des débats; l'indépendance du ministère public ne doit pas aller jusqu'à la méconnaissance des droits et prérogatives du Président.

Il ne vous échappera pas, en effet, que si le commissaire du Gouvernement était investi du droit de prendre la parole à tout instant, il serait difficile de la refuser aux avocats des parties et que le prestige des tribunaux pourrait être gravement compromis par le spectacle de discussions qui seraient quelquefois inutiles et prendraient même souvent un caractère exclusivement personnel.

Le commissaire du Gouvernement doit donc se borner à déposer des conclusions et à les développer lorsque son tour de parole est arrivé; il ne doit parler qu'après avoir demandé la parole au Président. Il est bien entendu qu'il a toujours le droit de demander acte au Conseil des incidents qui lui paraissent de nature à être retenus aux débats.

2° *Le rapporteur doit-il faire connaître son opinion dans le rapport lu en séance publique?* — On s'est basé pour soutenir l'affirmative sur les dispositions de l'article 23 du décret du 5 août 1881 d'après lequel « *le rapporteur prépare un rapport et un projet de décision* » mais il y a lieu de rapprocher ce texte de l'article 26 du même décret qui est ainsi conçu : « *Après le rapport qui est fait sur chaque affaire par un des conseillers...* » Il n'est pas question dans cet article du projet de décision et si l'on se reporte à ce qui se passe dans la pratique dans les différentes juridictions supérieures, on peut se convaincre que, dans l'esprit du législateur, le projet de décision ne doit être communiqué au Conseil que lorsqu'il s'est retiré dans la chambre des délibérations. Le rapporteur n'est donc pas forcé de faire connaître son opinion en séance publique et peut se borner à exposer les faits et les moyens des parties sans conclure sur le fond, se réservant de le faire au moment où il communique à ses collègues le projet de décision qu'il a préparé.

L'insertion de la présente circulaire au *Bulletin officiel* de la marine, tiendra lieu de notification.

A. Peyron.

(25 octobre 1888)

CIRC. M. *Notification d'un arrêt du 28 mars 1888 dont la publication est ordonnée afin de renseigner les justiciables sur leurs obligations relativement aux récours qu'ils voudraient former devant le Conseil d'État.*

J. C. p. 1078.

Messieurs, par un arrêt dont vous trouverez le texte ci-dessous, le Conseil d'État a rejeté comme non recevable, faute d'avoir été présenté par un avocat au Conseil, un recours formé contre une décision du Conseil du contentieux administratif de l'une de nos colonies.

Je vous prie de faire publier cet arrêt afin de renseigner les justiciables sur leurs obligations relativement au recours qu'ils voudraient former devant le Conseil d'État.

de la Porte.

ANNEXE

(Décision du Conseil d'État) (1).

(31 décembre 1888)

A. G. G. *disposant que le Conseil du contentieux administratif siégera au palais de justice dans la salle d'audience de la Cour d'appel.*

J. C. 1889, p. 2.

Article premier. — Le Conseil du contentieux administratif siègera désormais au palais de justice, dans la salle d'audience de la Cour d'appel.

Richaud.

(1) V. Conseil d'État.

CONSEIL PRIVÉ.

I. CONSEIL PRIVÉ. — II. CONSEIL PRIVÉ RÉUNI EN CONSEIL DU CONTENTIEUX ADMINISTRATIF.

I. CONSEIL PRIVÉ.

NATURE DES DOCUMENTS	DATES	RECUEILS A CONSULTER							OBSERVATIONS
		Bat.	B. C.	B. D. I	J. C.	J. H.	B. H.	B Col	
O. R.	9 fév. 1827 et 22 août 1833	I-326	407						
Rapp.	21 août 1869.	I-325	407						
Décret.	21 août 1869.	I-325	407						
Dép. M.	10 juin 1871.								
Dép. M.	24 août 1871.								
Dép. M.	31 août 1871.	I-324							
Dép. M.	10 février 1873.	I-332							
Décret.	14 octobre 1874.	II-283	376						
Dép. M.	30 juillet 1875.	I-333							
Dép. M.	20 octobre 1881.								
Dép. M.	31 octobre 1881.								
Décret.	3 octobre 1882.		1883 29						
Dép. M.	13 juillet 1883.								
Dép. M.	27 octobre 1883.								
Dép. M.	13 mai 1884.						904		
Décret.	5 juin 1884.				773				
Dép. M.	19 août 1885.								
Circ. M.	19 octobre 1886.								

NATURE DES DOCUMENTS	DATES	RECUEILS A CONSULTER							OBSERVATIONS
		Bat.	B. C.	B.D.I	J. C.	J.H	B. M.	B.Col	
Rapp.	22 janvier 1887.		157		290				
Décret.	22 janvier 1887.				290				
Dép. M	11 février 1887.								
Rapp.	22 juin 1887.		534		833				
Décret.	22 juin 1887.		534		833				
Dép. M.	15 juillet 1887.								
Rapp.	19 novembre 1887.		1888		1888 42				
Décret.	19 novembre 1887.		1888		1888 42				
Dép. M.	26 novembre 1887.								
Décret.	16 juillet 1888.				678				
Décret.	26 août 1889.				943				

(9 février 1827 et 22 août 1833)

ORD. R. (*extrait*) *concernant le gouvernement des Antilles* (1).

(Promulg. A. G., 20 nov. 1867).
BAT. I, p. 326.
B. C. p. 407.

TITRE I.

. . . .
. . . .

TITRE VI

CHAPITRE PREMIER.

. . . .
. . . .

CHAPITRE II.

DES SÉANCES DU CONSEIL PRIVÉ ET DE LA FORME DE SES DÉLIBÉRATIONS.

Art. 158, § 1er. — Le Gouverneur est président du Conseil.

§ 2. — L'orsqu'il n'y assiste pas, la présidence appartient au commandant militaire, et, à défaut de celui-ci, à l'ordonnateur.

Art. 159.—Les membres du Conseil prêtent entre les mains du Gouverneur, lorsqu'ils siègent ou assistent pour la première fois au Conseil, le serment dont la formule suit :

« Je jure, devant Dieu, de bien et fidèlement servir le roi et l'État ; de garder et « d'observer les lois, ordonnances et règlements en vigueur dans la colonie ; de te- « nir secrètes les délibérations du Conseil privé, et de n'être guidé dans l'exercice « des fonctions que je suis appelé à y remplir que par ma conscience et le bien du « service du roi. »

Art. 160. — Les conseillers titulaires prennent rang et séance dans l'ordre établi à l'article premier.

Les suppléants et les membres appelés momentanément à faire partie du Conseil siègent après les membres titulaires.

Art. 161, § 1er. — Le Conseil s'assemble au gouvernement et dans un local spécialement affecté à ses séances.

§ 2. — Il se réunit le premier de chaque mois, et continue ses séances, sans interruption, jusqu'à ce qu'il ait expédié toutes les affaires sur lesquelles il a à statuer.

§ 3. — Il s'assemble, en outre, toutes les fois que des affaires urgentes nécessitent sa réunion et que le Gouverneur juge convenable de le convoquer.

Art. 162, § 1er. — Le Conseil ne peut délibérer qu'autant que tous ses membres sont présents ou légalement remplacés.

§ 2. — Toutefois, dans le cas où il n'est que consulté, la présence du Gouverneur n'est point obligatoire.

§ 3. — Les membres du Conseil ne peuvent se faire remplacer qu'en cas d'empêchement absolu.

Art. 163, § 1er. — Sauf les cas d'urgence, le président fait informer à l'avance les membres du conseil et les personnes appelées à y siéger momentanément, des affaires

(1) V. dans le B. M., édit. ref., tome II, p. 59, à la date du 21 août 1825, une ordonnance semblable concernant le gouvernement de l'île Bourbon qui, avec celles des 9 février 1827 et 22 août 1833, ne forme qu'un seul et même texte annoté des modifications postérieures.

qui doivent y être traitées ; les pièces et rapports y relatifs sont déposées au secrétariat du Conseil, pour que les membres puissent en prendre connaissance.

§ 2. — Le Conseil nomme, dans son sein, des commissions pour l'examen des affaires qui demandent à être approfondies. Le contrôleur peut en faire partie.

Art. 164, § 1er. — Le conseil a le droit de demander communication de toutes les pièces et documents relatifs à la comptabilité.

§ 2. — Il peut aussi demander que tous autres documents susceptibles de servir à former son opinion lui soient communiqués.

Dans ce dernier cas, le Gouverneur décide si la communication aura lieu ; en cas de refus, mention en est faite au procès-verbal.

Art. 165, § 1er. — Le président, avant de fermer la discussion, consulte le Conseil pour savoir s'il est suffisamment instruit.

§ 2. — Le Conseil délibère à la pluralité des voies ; en cas de partage, celle du Gouverneur est prépondérante.

§ 3. — Les voix sont recueillies par le président et dans l'ordre inverse des rangs qu'occupent les membres du Conseil. Le président vote le dernier.

§ 4. — Tout membre qui s'écarte des égards et du respect dus au Conseil est rappelé à l'ordre par le président et mention en est faite au procès-verbal.

Art. 166, § 1er. — Le secrétaire archiviste rédige le procès-verbal des séances. Il y consigne les avis motivés et les votes nominatifs ; il y insère même, lorsqu'il en est requis, les opinions rédigées, séance tenante, par les membres du conseil.

§ 2. — Le procès-verbal ne fait mention que de l'opinion de la majorité, lorsque le Conseil juge administrativement ou lorsqu'il participe aux pouvoirs extraordinaires conférés au Gouverneur par les articles 71, 72, 75, 76, 77, 78 et 79.

§ 3.— Le secrétaire archiviste donne lecture, au commencement de chaque séance, du procès-verbal de la séance précédente.

§ 4. — Le procès-verbal approuvé est transcrit sur un registre coté et paraphé par le Gouverneur, et est signé par tous les membres du Conseil.

§ 5. — Deux expéditions du procès-verbal de chaque séance, visées par le président et certifiées par le secrétaire archiviste, sont adressées au Ministre par des occasions différentes.

L'une est expédiée par le Gouverneur, l'autre par le contrôleur.

Art. 167, § 1er. — Le secrétaire archiviste a dans ses attributions la garde du sceau du Conseil, le dépôt de ses archives, la garde de sa bibliothèque et l'entretien du local destiné à ses séances.

§ 2. — Il est chargé de la convocation des membres du Conseil privé et des avis à leur donner, sur l'ordre du président, de la réunion de tous les documents nécessaires pour éclairer les délibérations et de tout ce qui est relatif à la rédaction, l'enregistrement et l'expédition des procès-verbaux.

Art. 168, § 1er. — Avant d'entrer en fonctions, le secrétaire archiviste prête, entre les mains du Gouverneur, en Conseil, le serment de tenir secrètes les délibérations du Conseil privé.

§ 2. — Il lui est interdit de donner, à d'autres personnes qu'aux membres du Conseil, communication des pièces et documents confiés à sa garde, à moins d'un ordre écrit du Gouverneur.

§ 3. — En cas d'absence ou d'empêchement qui oblige le secrétaire archiviste de cesser son service, il est remplacé par un officier ou employé de l'administration, au choix du Gouverneur,

CHAPITRE III

ATTRIBUTIONS DU CONSEIL PRIVÉ.

SECTION PREMIÈRE.— *Dispositions générales.* — Art. 169, § 1er.— Le Conseil ne peut délibérer que sur les affaires qui lui sont présentées par le Gouverneur ou par son ordre, sauf le cas où il juge administrativement.

§ 2. — Les projets d'ordonnances, d'arrêtés, de règlements et toutes autres affaires qu'il est facultatif au gouverneur de proposer en Conseil, peuvent être retirés par lui lorsqu'il le juge convenable.

Art. 170, § 1er.—Aucune affaire de la compétence du Conseil ne doit être soustraite à sa connaissance.

Les membres titulaires peuvent faire à ce sujet des réclamations ; le Gouverneur les admet ou les rejette.

§ 2. — Tout membre titulaire peut également soumettre au Gouverneur, en Conseil, les propositions ou observations qu'il juge utiles au bien du service. Le Gouverneur décide s'il en sera délibéré.

§ 3. — Mention de tout est faite au procès-verbal.

Art. 171. — Le Conseil ne peut correspondre avec aucune autorité.

SECTION II.— *Des matières sur lesquelles le Gouverneur peut, s'il le juge nécessaire, se dispenser de consulter le Conseil.* — Art. 172. — Modifié par l'ordonnance du 22 août 1833.

§ 1er. — Les pouvoirs et les attributions qui sont confiés au Gouverneur par les articles 17, § 3 ; 18, § 2 ; 24, §§ 1 et 2 ; 25, 26, § 1 ; 27, 28, § 2 ; 29, § 2 ; 33, 35, 36, § 3 ; 39, § 3 ; 42, § 1 ; 44, § 2 ; 59, 62, § 2 ; 63, § 1 ; 65, §§ 2 et 3 ; 69, 100, 118, § 2 ; 128, 140 et 153 (1), sont exercés par lui sans qu'il soit tenu de prendre l'avis du Conseil privé.

(1) Art. 17, § 3. — Il donne, lorsqu'il y a lieu, les ordres d'embargo.

Art. 18, § 2. — Il détermine l'envoi des bâtiments parlementaires et les commissions.

Art. 24, § 1. — Il émet les ordonnances mensuelles pour la répartition des fonds.

Art. 24. — § 2. — Il autorise, dans les limites de ses instructions, le tirage des traites en remboursement des avances faites par le trésor de la colonie pour le service à la charge de la métropole.

Art. 25, § 1. — Le gouverneur soumet chaque année, au conseil colonial, les comptes des recettes et dépenses du service intérieur

Art. 26, § 1. — Il convoque les conseils municipaux, fixe la durée de leur sessions et détermine l'objet de leurs délibérations.

Art. 27, § 2. — Il ordonne, lorsque des besoins extraordinaires l'exigent, des réquisitions de Noirs et de charrois ou autres moyens de transport.

Art. 28, § 2. — Ils distribuent les primes et encouragements accordés par le Gouvernement.

Art. 29, § 2. — Il signale au Ministre de la marine comme dignes de nos grâces, les habitants qui s'occupent avec le plus de succès de répandre l'instruction religieuse parmi les esclaves ; qui encouragent et facilitent entre eux les unions légitimes, et qui pourvoient avec le plus de soin à la nourriture, à l'habillement et au bien-être de leurs ateliers.

Art. 33. — Il adresse annuellement, au département de la marine, les tableaux statistiques de la population, ceux qui sont relatifs à l'agriculture, ainsi que les états d'importations et d'exportations.

Art. 35. — Il se fait rendre compte de l'administration du curateur aux successions vacantes.

Art. 36, § 3. — Il nomme aux bourses établies dans les pensionnats royaux de la colonie et propose au Ministre les candidats pour celles qui sont accordées aux jeunes colons de l'un et l'autre sexe dans les établissements de la métropole.

Art. 39, § 3. — Il propose au Gouvernement, conformément à notre ordonnance du 25 juin 1833, l'acceptation des dons et legs pieux ou de bienfaisance dont la valeur est au-dessus de 3,000 francs.

Art. 42, § 1. — Il ordonne les mesures générales de police sanitaire, tant à l'intérieur qu'à l'extérieur de la colonie.

Art. 44, § 2. — Il commissionne les imprimeurs, donne les autorisations de publier les journaux et les révoque en cas d'abus.

Art. 59, § 1. — Il prononce sur les différends qui peuvent s'élever entre les fonctionnaires de la colonie, à l'occasion de leur rang ou de leurs prérogatives.

Art. 62, § 2. — Le gouverneur pourvoit provisoirement, en cas d'urgence, et en se conformant aux

§ 2. — Il est également facultatif au Gouverneur de prendre l'avis du Conseil :

Sur le compte de la situation des différentes parties de l'administration de la colonie, qui doit être produit au Conseil colonial par les chefs d'administration, chacun en ce qui le concerne ;

Sur les propositions et les observations présentées par le conseil Colonial ;

Sur le meilleur emploi à faire des bâtiments flottants attachés au service de la colonie ;

Sur le mode le plus avantageux de pourvoir aux approvisionnements nécessaires aux différents services.

Section III. — *Des matières sur lesquels le Conseil doit être consulté et de celles sur lesquelles il statue.* — Les pouvoirs et les attributions qui sont conférés au Gouverneur par les articles 17, § 6 ; 20, 21, 23, §§ 1 et 2 ; 26, §§ 2 et 3 ; 30, 31, §§ 2, 3 et 4 ; 32, 34, 36, § 2 ; 39, §§ 1 et 4 ; 42, § 2 ; 50, 51, 61, §§ 1 et 2 ; 63, § 2 ; 75, 76, 77, 78 et 79 (1), ne seront exercés par lui qu'après avoir pris l'avis du Conseil, mais sans qu'il soit tenu de s'y conformer.

règles du service, aux vacances qui surviennent dans les emplois qui sont à notre nomination ou à celle de notre Ministre de la marine, mais il ne peut conférer aux intérimaires le grade ou le titre des fonctions qui leur sont confiées.

Il peut cependant, en temps de guerre, donner provisoirement ces grades ou titres des emplois vacants et en délivrer les commissions temporaires.

Art. 63, § 1. — Il adresse au Ministre les propositions relatives aux retraites, demi-soldes ou pensions.

Art. 65, § 2. — Il négocie, lorsqu'il y est autorisé, et dans les limites de ses instructions, toutes conventions commerciales ou autres ; mais il ne peut, dans aucun cas, les conclure que sauf notre ratification.

Art. 65, § 3. — Il traite des cartels d'échange.

Art. 69. — Le gouverneur peut faire des proclamations conformes aux lois, ordonnances royales et décrets coloniaux, et pour leur exécution.

Art. 100. — En cas de mort, d'absence ou d'empêchement qui oblige le commandant militaire à cesser ses fonctions, et lorsque nous n'y avons pas pourvu d'avance, il est remplacé par l'officier militaire le plus élevé en grade, et à grade égal, par le plus ancien.

Art. 118, § 2. — Si l'ordonnateur n'est empêché que momentanément, il est suppléé par l'officier d'administration de la marine le plus élevé en grade ; à grade égal, le choix appartient au Gouverneur.

Art. 128. — En cas de mort, d'absence ou de tout autre empêchement qui oblige le directeur de l'administration intérieur à quitter son service ou à le cesser momentanément, il est remplacé provisoirement ou suppléé par un des conseillers privés, désigné par nous ; et lorsque nous n'y avons pas pourvu d'avance, par un conseiller privé ou par un autre fonctionnaire, au choix du Gouverneur.

Art. 140, § 1. — En cas de mort, d'absence ou de tout autre empêchement qui oblige le procureur général à cesser son service, il est remplacé provisoirement par un magistrat désigné par nous et, à défaut, par celui que le gouverneur désigne.

§ 2. — S'il n'est empêché que momentanément, il est remplacé dans ses fonctions administratives par un officier du ministère public, aux choix du Gouverneur.

Art. 153. — En cas de mort, d'absence ou de tout autre empêchement qui oblige le contrôleur à cesser son service, il est remplacé par l'officier d'administration de la marine le plus élevé en grade ; à grade égal, le choix appartient au Gouverneur.

S'il n'est empêché que momentanément, il est suppléé par l'officier d'administration de la marine chargé du contrôle sous ses ordres.

(1) Art. 17, § 6. — Il délivre les actes de francisation, en se conformant aux ordonnances et aux instructions du Ministre de la marine.

Art. 20. — Il arrête chaque année, pour être soumis à l'approbation de notre Ministre de la marine :

L'état des dépenses à faire dans la colonie, pour le service à la charge de la métropole ;

Le projet du budget des recettes et des dépenses coloniales, les projets de travaux de toute nature.

Art. 21, § 1. — Les mémoires, plans et devis relatifs aux travaux projetés sont soumis à l'approbation de notre Ministre de la marine, lorsque la dépense proposée excède 5,000 francs et qu'elle doit être supportée par la métropole, ou lorsque cette dépense, étant à la charge de la colonie, excède 10,000 francs.

§ 2. — Le Gouverneur arrête les plans et devis relatifs aux travaux dont la dépense est inférieure aux sommes fixées ci-dessus.

Art. 23, § 1. — Il émet les ordonnances annuelles de contributions, rend les rôles exécutoires et statue sur les demandes de dégrèvement ; mais il ne peut, en matière de contributions indirectes, accorder ni remises ni modérations de droit.

§ 2. — Il arrête les mercuriales pour la perception des droits de douane.

Art. 174. — Le Conseil vérifie et arrête :

§ 1er. — Les comptes des receveurs, des gardes-magasins et de tous les comptables de la colonie, à l'exception de ceux du trésorier ;

§ 2. — Les comptes rendus par les commis aux revues ou autres comptables embarqués sur ceux de nos bâtiments qui sont attachés au service de la colonie.

Art. 175. — Le Conseil statue :

§ 1er. — Sur les marchés et adjudications de tous les ouvrages et approvisionnements, et les traités pour fournitures quelconques, au-dessus de quatre cents francs, ceux au-dessous de cette somme sont passés conformément aux règles établies, et soumis au Conseil à la fin de chaque mois ;

§ 2. — Sur la vente des approvisionnements et des objets inutiles ou impropres au service ;

§ 3. — Sur les augmentations de grade et de paie des marins, officiers mariniers et ouvriers classés, conformément aux ordonnances de la marine ;

SECTION IV. — *Des matières que le conseil juge administrativement.* — (1) Art. 176. — Le conseil privé connaît, comme conseil du contentieux administratif:

§ 1er. — Des conflits positifs ou négatifs élevés par les chefs d'administration, chacun en ce qui le concerne, et du renvoi devant l'autorité compétente, lorsque l'affaire n'est pas de nature à être portée devant le conseil privé ;

§ 2. — De toutes les contestations qui peuvent s'élever entre l'administration et les entrepreneurs des fournitures ou de travaux publics, ou tous autres qui auraient

Art. 26, § 2. — Il prononce, lorsqu'il y a lieu, la suspension des sessions des conseils municipaux, à la charge d'en rendre compte à notre Ministre secrétaire d'État à la marine.

§ 3. — Il approuve et rend exécutoires les budgets des recettes et des dépenses municipales, et les projets de travaux à la charge des communes.

Art. 30, § 2. — Il donne, en se conformant aux règles établies, les permissions pour l'affranchissement des esclaves et délivre des titres de liberté.

Art. 31, § 2. — Il tient la main à la stricte exécution des ordonnances qui déterminent les droits et privilèges des bâtiments nationaux, et ne permet l'admission, dans la colonie, des bâtiments étrangers et de leurs cargaisons, que dans les limites qui lui sont tracées par les ordonnances.

§ 3. — Il règle les tarifs du prix des charrois et des transports par chaloupes et pirogues.

§ 4. — Il soumet au Ministre de la marine les demandes ayant pour objet l'établissement des sociétés anonymes.

Art. 32. — Le Gouverneur se fait rendre compte de l'état des approvisionnements généraux de la colonie; défend ou permet, selon qu'il y a lieu, l'exportation des grains, légumes, bestiaux et autres objets de subsistances, et prend, en cas de disette, les mesures pour leur introduction, en se conformant aux ordonnances.

Art. 34, § 1. — Il propose au Ministre de la marine les acquisitions d'immeubles pour le compte de l'État ou de la colonie et les échanges de propriétés publiques ; il statue définivivement à l'égard des acquisitions et des échanges d'une valeur au-dessous de 3,000 francs et en rend compte au Ministre.

§ 2. — Il peut faire des concessions, mais le plus rarement possible. Lorsqu'il y a lieu, il propose au Ministre l'aliénation des terrains et emplacements vacants et des autres propriétés publiques qui ne sont pas nécessaires au service, et la vente en est autorisée ; elle a lieu avec concurrence et publicité.

Aucune portion des cinquante pas géométriques réservés sur le littoral ne peut être changée ni aliénée.

Art. 36, § 2. — Aucun collège, aucune école ou autre institution du même genre ne peuvent être formés sans autorisation.

Art. 39, § 1. — Il accorde les dispenses de mariage dans les cas prévus par les articles 145 et 164 du Code civil et en se conformant aux règles prescrites à cet égard.

§ 4. — Il autorise, s'il y a lieu, l'acceptation des dons et legs au-dessous de 1,000 francs et en rend compte au Ministre de la marine.

Art. 42, § 2. — Il prescrit l'établissement, la levée et la durée des quarantaines et des cordons sanitaires ; il fixe les lieux de lazarets.

Art. 50. — En matière criminelle, il ordonne en conseil privé l'exécution de l'arrêt de condamnation ou prononce le sursis lorsque le Conseil décide qu'il y a lieu de recourir à notre clémence.

Art. 51. — Il peut faire surseoir aux poursuites ayant pour objet le paiement des amendes lorsque l'insolvabilité des contrevenants est reconnue, à la charge d'en rendre compte au Ministre de la marine, qui statue définitivement.

(1) V. la note du § « Conseil privé constitué en Conseil du contentieux administratif ».

passé des marchés avec le Gouvernement, concernant le sens ou l'exécution des clauses de ces marchés ;

§ 3. — Des réclamations des particuliers qui se plaignent de torts et de dommages provenant du fait personnel des entrepreneurs, à l'occasion de marchés passés par ceux-ci avec le Gouvernement ;

§ 4. — Des demandes et contestations concernant les indemnités dues aux particuliers, à raison du dommage causé à leurs terrains par l'extraction ou l'enlèvement des matériaux nécessaires à la confection des chemins, canaux et autres ouvrages publics ;

§ 5. — Des demandes en réunion de terrains au domaine, lorsque les concessionnaires ou leurs ayants droit n'ont pas rempli les clauses des concessions ;

§ 6. — Des demandes concernant les concessions de prises d'eau et de saignées à faire aux rivières pour l'établissement des usines, l'irrigation des terres et tous autres usages ; la collection des terres dans la distribution des eaux, la quantité d'eau appartenant à chaque terre, la manière de jouir de ces eaux, les réparations et l'entretien desdits travaux ;

L'interprétation des titres de concession, s'il y a lieu, laissant aux tribunaux à statuer sur toute autre contestation qui peut s'élever relativement à l'exercice des droits concédés à la jouissance des eaux appartenant à des particuliers ;

§ 7. — Des contestations relatives à l'établissement des embarcadères, des ponts, bacs et passages sur les rivières et sur les bras de mer, ainsi que de celles qui ont rapport à la pêche sur les rivières et sur les étangs appartenant au domaine ;

§ 9. — Des empiétements sur la réserve des cinquante pas géométriques et sur toute autre propriété publique ;

§ 10. — Des demandes formées par le comptable et mainlevée de séquestre ou d'hypothèque établis à la diligence du contrôleur ;

CHAPITRE IV

DES CONSEILLERS PRIVÉS ET DE LEURS ATTRIBUTIONS PARTICULIÈRES.

. . . .

. . . .

(21 août 1869)

RAPPORT *précédant le décret du 21 août 1869 instituant un conseil privé en Cochinchine.*

BAT. I, p. 325.
B. C. p. 407.

Par un décret impérial du 10 janvier 1863, un conseil consultatif a été institué en Cochinchine dans le but d'assister le Gouverneur dans les actes de son administration ; mais les pouvoirs de délibération de ce conseil ne s'exercent que sur le projet de budgets des services au compte de l'Etat, les budgets et les comptes des recettes et des dépenses du service local, l'assiette des impôts, mode de perception et les tarifs des taxes à percevoir.

En toute autre matière, il n'intervient que lorsque le Gouverneur juge utile de le consulter, et en aucun cas, d'ailleurs, l'avis exprimé n'est obligatoire pour le Chef de la colonie.

Les conseils des autres colonies françaises ont une mission moins restreinte : la nomenclature des matières sur lesquelles ils peuvent être consultés est plus étendue, et si, en général, leurs avis n'engagent pas l'autorité locale, il est des cas où les pouvoirs des gouverneurs ne s'exercent que collectivement avec leurs conseils et conformément aux décisions de ces assemblées, notamment en ce qui concerne le contentieux administratif et lorsque les conseils interviennent comme commission d'appel.

Les garanties offertes par cette organisation me paraissent pouvoir être étendues à la Cochinchine.

D'autre part, le conseil actuel ne comprend que des fonctionnaires, alors que dans les autres colonies les intérêts civils sont, au sein des mêmes assemblées, représentés par des conseillers coloniaux choisis par les notables habitants et ayant voix délibérative. Les progrès constatés dans notre établissement permettent d'introduire ces utiles éléments dans la composition du conseil, et, comme le veut l'empereur, d'associer ainsi, dans la mesure du possible, la population à la gestion des affaires de la colonie.

Après avoir pris l'avis du comité consultatif des colonies, j'ai rédigé dans ce sens le projet de décret que j'ai l'honneur de soumettre à la signature de Votre Majesté.

RIGAULT DE GENOUILLY.

(21 août 1869)

DÉCRET *portant création d'un Conseil privé en Cochinchine* (1).

(Promulg. A. G. 20 novembre 1869).
BAT. I, p. 325.
B. C. p. 407.

Article premier. — Un Conseil privé est placé près du Gouverneur de la Cochinchine française.

Le conseil est composé :

Du Gouverneur, *président ;*

Du Commandant supérieur des troupes :

Du Chef du service administratif ;

Du Directeur de l'Intérieur ;

Du Procureur général ;

De deux conseillers coloniaux choisis parmi les notables habitants de la colonie et nommés par le Gouverneur.

Le contrôleur colonial assiste au Conseil ; il y a voix représentative dans toutes les discussions (2).

Un officier du commissariat, à la désignation du Gouverneur, tient la plume.

Deux suppléants, nommés par le Gouverneur, remplacent au besoin les conseillers titulaires.

La durée des fonctions des conseillers coloniaux et de leurs suppléants est de deux années ; ils peuvent être nommés de nouveau.

Lorsque le Conseil se constitue soit en Conseil de contentieux administratif, soit en commission d'appel, ou qu'il est saisi de questions relatives à l'exercice des pouvoirs extraordinaires du Gouverneur, il s'adjoint deux membres de l'ordre judiciaire. Ces deux membres sont désignés par le Gouverneur, en conseil, au commencement de chaque semestre.

Dans les deux premiers cas spécifiés au paragraphe précédent, les fonctions du ministère public sont exercées par le contrôleur colonial.

Art. 2. — Les membres du Conseil prennent rang et séance dans l'ordre établi par l'article premier.

Les suppléants et les personnes appelées momentanément à faire partie du Conseil siègent après les membres titulaires.

Art. 3. — Les chefs des services de la marine, des ponts et chaussées, des bâtiments civils, de l'artillerie, du génie, de santé, le trésorier et les chefs des services

(1) V. Décret 14 octobre 1874. — Décret 5 juin 1884.

(2) L'inspecteur a le droit d'assister, avec voix représentative, aux séances du Conseil privé. Les convocations de ce Conseil lui sont communiquées. Il siège en face du président (V. Décret 23 juillet 1879 (art. 11). Bat. vol. II, p. 89).

financiers, sont appelés de droit au Conseil, avec voix consultative, lorsqu'il s'y traite des matières de leurs attributions.

Le Conseil peut, en outre, entendre, à titre de renseignements et avec l'autorisation du Gouverneur, tous fonctionnaires et autres personnes.

Art. 4. — Pour l'introduction des instances devant le Conseil du contentieux administratif, les délais seront :

1° D'un mois, si le demandeur demeure dans la province de Saïgon ;

2° De trois mois, si le demandeur demeure dans les autres provinces de la Cochinchine française ;

3° De neuf mois, si le demandeur demeure dans l'Indoustan, à l'île de la Réunion et dans tous les autres pays situés à l'est du cap de Bonne-Espérance ;

4° D'un an, si le demandeur demeure en Europe et dans les pays situés à l'ouest du cap de Bonne-Espérance.

Pour les recours au Conseil d'État, les délais seront :

1° De trois mois, si le défendeur demeure en Europe ;

2° De six mois, si le défendeur demeure hors d'Europe, dans les pays situés à l'ouest du cap de Bonne-Espérance ;

3° De huit mois, si le défendeur demeure à la Réunion ;

4° D'un an, si le défendeur demeure dans un autre lieu.

En tout ce qui n'est pas contraire aux dispositions du présent décret, le Conseil privé de la Cochinchine a les mêmes attributions, donne son avis, délibère et statue dans les mêmes conditions et formes que le Conseil privé des Antilles françaises.

NAPOLÉON.

(10 juin 1871)

DÉP. M. *au sujet de l'envoi au Département des extraits des procès-verbaux des séances du Conseil privé, concernant des marchés passés pour fournitures de matériel.*

Vous m'avez adressé, dans ces derniers temps, à plusieurs reprises, et notamment le 1er avril, des extraits des procès-verbaux des séances du Conseil privé de la Cochinchine, concernant des marchés passés dans cette colonie pour fournitures de matériel.

Ces extraits, qui n'indiquent pas même les prix auxquels on a traité, ne présentent aucun intérêt; je vous prie donc de faire cesser l'envoi de pièces de cette nature, mais je vous recommande de tenir la main à l'exécution des prescriptions contenues dans la circulaire du 24 novembre 1869, d'après lesquelles des exemplaires de chacun des marchés passés à l'extérieur pour fournitures diverses, doivent m'être transmis avec un rapport détaillé.

(24 août 1871)

DÉP. M. *concernant la composition du Conseil privé en Cochinchine.*

ARCH. GOUV.

J'ai reçu votre lettre du 24 avril dernier, relative à la constitution du Conseil privé en Cochinchine.

Vous savez que cette création, en ce qui touche les notables, a eu pour effet d'associer la population de la colonie à l'administration de ses propres affaires et vous avez vous-même compris combien il serait difficile de la rapporter. Ce n'est pas en effet, alors que dans la métropole l'action de l'Administration tend à s'effacer devant celle des représentants de la population, que l'on pourrait songer à élaguer des Conseils les éléments indépendants que l'on a jugé nécessaires d'y introduire.

Je ne crois pas, d'ailleurs, que le choix de ces éléments présente des difficultés insurmontables, attendu qu'aucune prescription du décret du 21 août 1869 n'exclut les étrangers. Enfin, vous êtes autorisé à considérer l'art. 162, qui exige la présence de tous les membres du Conseil, comme s'appliquant uniquement au cas où le Conseil statue, soit au contentieux, soit sur le petit nombre de matières à l'égard desquelles le Gouverneur n'a pas la faculté de passer outre à l'avis du Conseil.

Dans ces conditions, M. le Gouverneur, j'espère que vous pourrez faire fonctionner, sans embarras et sans difficultés sérieuses, un rouage qui, justifié à l'époque à laquelle il a été organisé, emprunte à l'esprit du temps un nouvel et incontestable caractère d'opportunité.

Signé : POTHUAU.

(31 août 1871)

DÉP. M. *au sujet des extraits des registres des délibérations du Conseil privé qui devront être adressés séparément pour chaque question traitée.*

BAT. I, p. 332.

Le Département a remarqué que les extraits du registre des délibérations du Conseil privé, que vous lui transmettez, sont groupés dans un même cahier, ce qui en rend le classement difficile et souvent impossible. Ainsi, par exemple, l'un des derniers cahiers renferme le procès-verbal relatif à l'interprétation d'un traité passé entre la France et le Cambodge, et la délibération relative à l'interprétation des articles 11 et 13 du décret organique de la justice. La première de ces affaires concerne le 1er bureau des colonies, la seconde est de la compétence du 3e bureau. Cet exemple suffit pour vous démontrer combien il est désirable que le procès-verbal de chaque affaire soit établi séparément.

Tout en reconnaissant que ces travaux sont faits avec le plus grand soin, je vous prie, Monsieur le Gouverneur, de vouloir bien donner les ordres nécessaires pour qu'à l'avenir chaque extrait des registres des délibérations du Conseil privé me soit adressé séparément, pour chaque question traitée, de manière à ce qu'il puisse être classé dans le dossier de l'affaire par le bureau compétent.

MICHAUX.

(10 février 1873)

DÉP. M. *Les chefs de service appelés au Conseil en vertu de l'article 3 du décret du 21 août 1869 peuvent assister à la délibération pendant tout le temps qui précède le vote. — Ils doivent donc se retirer au moment du vote.*

BAT. I, p. 324.

Par lettre du 11 novembre dernier, vous m'avez fait l'honneur de m'adresser un extrait du registre des délibérations du Conseil privé de la colonie, relatif à la construction de la station télégraphique anglaise au cap Saint-Jacques pour le service des ponts et chaussées, et vous m'avez entretenu de l'incident soulevé par la présence du directeur de ce service dans la salle des séances au moment du vote, et qui a divisé d'opinion les membres du Conseil.

D'après l'avis de quelques-uns de ces membres, les membres titulaires seuls ont droit d'assister aux délibérations, et les chefs de service appelés au Conseil, en vertu de l'article 3 du décret du 21 août 1869, doivent se retirer aussitôt leur opinion donnée sur les matières de leurs attributions qui y sont traitées.

D'autres membres, et avec eux le contrôleur colonial, admettent à la rigueur qu'ils peuvent assister à la délibération pendant tout le temps qui précède le vote.

Vous m'avez prié de vous fixer au sujet de cette question.

En principe, les chefs de service appelés au Conseil privé pour fournir des explications sur les affaires de leur compétence, n'ont, aux termes de l'article 3 du décret précité, que voix consultative; cette voix ne comptant pas, il n'y a aucun intérêt à ce qu'ils assistent au dépouillement du scrutin, et ils doivent se retirer au moment du vote.

La prétention de M. le directeur des ponts et chaussées n'est donc pas justifiée.

Dans cette situation, je ne puis que partager l'avis de M. le contrôleur colonial, et vous inviter, à l'avenir, à trancher les questions de l'espèce dans le sens de la présente dépêche.

POTHUAU.

(14 octobre 1874)

DÉCRET *nommant le commandant de la marine membre du conseil privé où il prendra rang après le commandant supérieur des troupes* (1).

BAT. II, p. 283.
B. C. p. 376.

(30 juillet 1875)

DÉP. M. *Il n'y a pas lieu quant à présent de modifier l'article 3 du décret constitutif du 21 août 1869, en vue d'accorder aux chefs de service voix délibérative dans le conseil privé.*

BAT. I. p. 333.

Par lettre du 9 avril, vous avez fait ressortir la contradiction qui existe entre l'instruction du 26 janvier 1866, sur le service du génie aux colonies, et le décret du 20 août 1869, relatif à l'organisation du Conseil privé de la Cochinchine.

D'après les dispositions de l'article 2, paragraphe 4, de l'instruction appliquée à la cololonie, le directeur du génie est appelé de droit dans le sein du Conseil, avec voix *délibérative*, lorsqu'il y est traité de matières rentrant dans ses attributions, tandis qu'aux termes de l'article 3 du décret de 1869, les chefs de service ont seulement voix *consultative*.

En conséquence, vous demandez s'il n'y aurait pas lieu de mettre les dispositions de cet acte en harmonie avec celle de l'instruction de 1866 et d'admettre dans le Conseil privé la présence des chefs de service avec voix *délibérative*.

Cette dernière prérogative est, en effet, spécifiée dans les ordonnances organiques du Sénégal et de la Nouvelle-Calédonie, colonies auxquelles est également appliquée l'instruction en vigueur en Cochinchine; mais d'un autre côté, les ordonnances de la plupart des autres colonies n'ont admis le droit de présence des chefs de service dans le conseil qu'avec voix *consultative*. Ce dernier système est évidemment, au point de vue de l'homogénéité de cette assemblée et de l'unité de l'Administration, préférable au premier.

Telle a été, d'ailleurs, l'opinion qui a prévalu, après examen de cette disposition, lorsqu'on a préparé le décret de 1869. et bien que l'Administration coloniale eût proposé d'y inscrire la disposition que vous réclamez.

Je ne pense pas qu'il convienne de modifier aujourd'hui cet acte, en vue d'en concilier les termes avec ceux de l'instruction de 1866, et la disposition prévue dans cette dernière réglementation doit naturellement fléchir devant un acte organique édicté par une autorité plus élevée et d'une date postérieure. Je ne vois d'ailleurs pas un avantage bien sérieux pour le service dans la modification signalée, car, dans la situation actuelle, l'avis émis en conseil par les directeurs, sur les affaires qui les concernent, ont toute l'autorité voulue pour influencer, dans la mesure nécessaire, les délibérations de l'assemblée.

Du reste, l'Administsation de la Cochinchinchine a été invitée à préparer les éléments d'un nouveau décret d'organisation de la colonie : vous pouvez donc, à cette occasion, examiner l'utilité de concéder aux chefs de service (car il devrait en être ainsi pour tous) le droit d'assister, avec voix délibérative, aux séances du Conseil privé.

MONTAIGNAC.

(20 octobre 1881)

DÉP. M. *Certaines pièces dont l'envoi était prescrit auparavant ne seront plus désormais transmises au Département savoir :*

ARCH. GOUV.

1° . . . .

. . . .

2° Les extraits des délibérations des conseils privés relatifs aux dépenses municipales (routes, voirie

(1) V. D. M. 31 octobre 1881. — V. décret 5 juin 1884.

et établissements de bienfaisance) qui sont réglées dans la colonie sans l'intervation du Ministre. La mention de ces sortes d'affaires aux procès-verbaux *in extenso* suffira.

3° Les mêmes extraits en ce qui concerne les achats sur factures en autant que les dépenses ne seront pas imputées sur le budget l'État.

4° Les délibérations relatives aux distributions mensuelles de fonds.

5° Le rapport en Conseil pour l'établissement de ces distributions de fonds.

6° Les ouvertures de crédits pour acquittement de dépenses sur exercices clos.

7° Les délibérations et arrêtés concernant les virements de crédits entre les différents chapitres du service local ainsi que les mouvements d'ordre.

8° . . . .

. . . .

ARCH. GOUV.

(31 octobre 1881)

DÉP. M. *concernant les établissements entretenus par le département de la marine et modifiant la composition de la division navale de Cochinchine. (Suppression des fonctions de commandant de la marine* (1).

(3 octobre 1882)

DÉCRET *modifiant l'organisation administrative des colonies de la Guyane, du Sénégal, de la Nouvelle-Calédonie, de Taïti, de Mayotte, de Nossi-bé et de Saint-Pierre et Miquelon. (Suppression de l'emploi d'ordonnateur)* (2).

(Promulg. A. G., 22 janvier 1883).
B. C. 1883, p. 29.

. . . .

Art. 6. — Le Conseil privé ou d'administration reste composé des éléments autres que l'ordonnateur qui entrent dans sa composition aux termes des actes en vigueur dans chacune des colonies en cause.

Le chef du service administratif est appelé de droit au Conseil lorsqu'il y est traité des matières de ses attributions. Il y a voix consultative.

(13 juillet 1883)

DÉP. M. *au sujet de la transmission au Département des procès-verbaux des délibérations du Conseil privé. (Modifications aux actes organiques réglant le fonctionnement du Conseil privé dans les colonies).*

ARCH. GOUV.

Aux termes des actes organiques qui règlent le fonctionnement du Conseil privé dans les colonies « deux expéditions du procès-verbal de chaque séance visées par le président et certifiées par le secrétaire archiviste sont adressées au Ministre, l'une par le Gouverneur, l'autre par l'Inspecteur colonial. »

Mon attention a été appelée sur l'inexécution de cette prescription qui, déjà mise en oubli dans quelques-uns de nos établissements d'outre-mer, a naturellement cessé d'exister lorsque le contrôle colonial a été supprimé et remplacé par l'inspection mobile.

Je ne vois pas la nécessité de la faire revivre d'une part, en effet, l'Inspecteur colonial n'a pas, d'après l'acte organique qui lui est applicable, des attributions identiques à celle de l'ancien contrôleur et, de l'autre, le double envoi du procès-verbal dont il s'agit ne semble pas répondre aux mêmes nécessités aujourd'hui que la plupart de nos colonies sont rattachées à la France par les voies

(1) Fonctions rétablies par décret du 5 juin 1884.

(2) Ces dispositions sont applicables à la Cochinchine, dans l'Inde et au Gabon.

rapides. Il y aura donc lieu de se borner à l'avenir, à adresser au Département : 1° Un exemplaire du cahier général des procès-verbaux des délibérations du Conseil privé ; 2° les extraits de ces procès verbaux se rapportant à celles des affaires, mises en discussion, qui nécessitent l'intervention du Département. Ces extraits devront être accompagnés d'une lettre spéciale contenant les appréciations et les explications jugées nécessaires pour me renseigner complètement. Je ne saurais trop vous recommander de veiller à la régularité de ces envois dans les conditions qui précèdent. Je vous prie de m'accuser réception de la présente circulaire.

JULES FERRY.

(27 octobre 1883)

DÉP. M. *au sujet des procès-verbaux des séances du Conseil privé. — Rappel des dispositions prescrivant la lecture, au début de la séance du procès-verbal de la séance précédente.*

ARCH. GOUV.

Je crois devoir compléter la circulaire du 13 juillet dernier relative à la transmission au Département des procès-verbaux des délibérations du Conseil privé, en vous rappelant certaines dispositions des actes organiques qui paraissent avoir été perdues de vue dans plusieurs colonies.

Ce n'est pas sans raison que les ordonnances et décrets qui règlent le fonctionnement du Conseil privé ont prescrit la lecture, au début de chaque séance, du procès-verbal de la séance précédente. Cette lecture permet de juger si le secrétaire a rendu exactement le caractère de la séance, s'il a reproduit fidèlement les arguments dont chacun des membres s'est servi à l'appui de son vote. Les membres présents doivent ensuite apposer leur signature sur le procès-verbal, cette seconde formalité n'est pas moins essentielle que la première.

En indiquant à l'avance aux membres du Conseil privé les questions qu'ils auront à examiner on leur permet de préparer leur opinion par l'étude préalable des pièces déposées au secrétariat. C'est dans ce but que la législation prescrit au secrétaire de mentionner dans la convocation faite aux membres du Conseil, les affaires qui seront traités au cours de la séance. Je vous prie de tenir la main à ce que les dispositions des ordonnances et décrets soient, sur ces différents points, exactement observées à l'avenir. Enfin, j'aurais intérêt à recevoir, outre les extraits des procès-verbaux dont la circulaire du 13 juillet dernier vous prescrit l'envoi, ceux qui se rapportent à des affaires sur lesquelles l'inspecteur des services administratifs et financiers croit devoir appeler l'attention du Département. Dans ce but, je vous prie de m'adresser immédiatement les extraits qui vous seront signalés par les inspecteurs comme utiles à annexer à leurs cahiers d'observations et de leur en faire parvenir une copie sur leur demande. La comparaison des observations de l'inspection et des réponses qui auront pu être faites me permettra d'apprécier la valeur des premières, sans faire subir aux affaires les lenteurs d'un renvoi dans la colonie.

FÉLIX FAURE.

(13 mai 1884)

DÉP. M. *établissant que la prestation de serment doit avoir lieu en ce qui concerne les inspecteurs siégeant au Conseil privé ou au Conseil d'administration dans les colonies.*

B. M. p. 904.

(5 juin 1884)

DÉCRET *portant qu'un officier de marine, ayant le grade de capitaine de vaisseau, occupe en Cochinchine l'emploi de commandant de la marine. Ses attributions (Art. 1er).*

J. C. p. 773.

Le commandant de la marine est membre du Conseil privé, où il prend place avant ou après le commandant supérieur des troupes, selon son grade ou son ancienneté à grade égal.

(19 août 1885)

DÉP. M. *décidant que les procès-verbaux du Conseil privé continueront à être envoyés trimestriellement au Département.*

ARCH. GOUV.

Par lettre du 16 juin dernier, vous m'avez adressé les copies des procès-verbaux des délibérations du Conseil privé du premier trimestre 1884 en me demandant si ce mode de procéder est préférable à l'envoi annuel précédemment en usage.

En vous accusant réception de ces procès-verbaux, j'ai l'honneur de vous prier de vouloir bien donner des ordres pour que ces sortes de documents continuent à m'être transmis par trimestre.

Signé : . . . . .

(19 octobre 1886)

CIRC. M. *rappelant que les procès-verbaux de chaque séance des Conseils privés et Conseils d'administration doivent être appelés, au plus tard, un mois après leur date.*

ARCH. GOUV.

J'ai remarqué que certaines administrations coloniales mettent un retard considérable à transmettre les procès-verbaux des délibérations des Conseils privés et des Conseils d'administration.

Il importe cependant que ces documents me parviennent assez rapidement pour ne pas avoir perdu tout intérêt d'actualité et pour que mon Administration soit à même d'y puiser les indications qui lui sont souvent nécessaires pour l'étude des affaires qu'elle a à examiner.

J'ai, en conséquence, l'honneur de vous prier de vouloir bien prendre des mesures pour que le procès-verbal de chaque séance me soit expédié, au plus tard, un mois après sa date.

A. DE LA PORTE.

(22 janvier 1887)

RAPPORT *précédant le décret du 22 janvier 1887 modifiant la composition du Conseil privé de la Cochinchine.*

B. C. p. 157.
J. C. p. 290.

Il est de règle dans les colonies où existe un conseil privé, que le Directeur de l'Intérieur prend séance au Conseil immédiatement après le Gouverneur et que, par suite, l'intérim des fonctions de gouverneur lui appartient, en cas d'absence ou de décès du titulaire.

Cette règle n'admet que deux exceptions :

En Nouvelle-Calédonie, le Directeur de l'Intérieur occupe au Conseil privé le troisième rang ; en Cochinchine, il siège seulement au quatrième.

D'après les dispositions combinées des décrets du 21 août 1869 et du 14 octobre 1874, le Conseil privé de la Cochinchine est, en effet, constitué ainsi qu'il suit :

Le Gouvernenr, *président;*

Le Commandant supérieur des troupes ;

Le Commandant de la marine;

Le Directeur de l'Intérieur ;

Le Procureur général ;

Deux conseillers choisis parmi les habitants notables de la colonie et nommés par le Gouverneur ;

Le Chef du service administratif, qui en faisait partie à l'origine, a cessé d'y siéger depuis les décrets des 15 septembre et 3 octobre 1882.

Le rang qui est assigné au Directeur de l'Intérieur s'explique par la date même du décret du 21 août 1869 ; il était naturel, à cette date, d'attribuer à la marine et à l'armée l'administration du pays qu'elle venait de conquérir. Les intérêts civils n'avaient pas encore eu le temps de se développer dans notre nouvelle possession. La Cochinchine n'avait ni Conseil colonial, ni représentant au

Parlement. Les recettes du budget local qui atteignent aujourd'hui près de 24 millions de francs ne s'élevaient guère qu'à 10 millions.

Le simple rapprochement de ces chiffres montre combien s'est agrandi depuis 1869 le rôle du Directeur de l'Intérieur, chargé d'administrer un budget local dont aucun autre n'égale la richesse.

Le Gouverneur de la Cochinchine a demandé avec instance que cette colonie ne fût pas plus longtemps maintenue en dehors de la règle générale.

Le Conseil colonial vient de voter les crédits nécessaires pour mettre le traitement du Directeur de l'Intérieur en rapport avec le rang qui semble aujourd'hui devoir lui appartenir.

Le projet de décret ci-joint attribue, en conséquence, au Directeur de l'Intérieur la présidence du Conseil privé et l'appelle à remplacer provisoirement le Gouverneur en cas d'absence ou de décès.

Diverses autres modifications me paraissent devoir être introduites dans les textes relatifs au Conseil privé.

Je crois utile, à cause de l'importance des intérêts qui lui sont confiés, d'admettre de nouveau le Chef du service administratif au nombre des membres du Conseil privé.

La disposition du décret du 21 août 1869, qui fixe à deux ans la durée du mandat des conseillers privés, est en désaccord évident avec l'article 1er du décret du 8 février 1880, d'après lequel les membres du Conseil privé qui siègent au Conseil colonial, sont nommés pour quatre ans, membres de cette dernière assemblée. Un conseiller privé, siégeant en cette qualité au Conseil colonial, pourrait ainsi continuer d'y représenter, pendant deue ans, un conseil dont il aurait cessé de faire partie.

La nomination des conseillers privés est, de plus, réservée au Gouverneur par le décret du 21 août 1869, tandis que, d'après celui du 8 février 1880, un décret est nécessaire pour les nommer membres du Conseil colonial.

Pour mettre fin à ces anomalies, il y a lieu d'attribuer aux deux mandats la même origine et la même durée.

Je vous propose de décider que les conseillers privés, autres que les fonctionnaires ou officiers, seront nommés par décret et pour quatre ans.

Telles sont, Monsieur le Président, les principales dispositions du projet de décret que j'ai l'honneur de soumettre à votre signature.

AUBE.

(22 janvier 1887)

DÉCRET *modifiant la composition du Conseil privé et le rang assigné aux différents chefs d'administration et de service. — Durée des fonctions des conseillers privés.*

(Promulg. A. G. . . .)
J. C. p. 290.

Article premier. — Un Conseil privé est placé près du Gouverneur de la Cochinchine française.

Le Conseil est composé :

Du Gouverneur, *président ;*

Du Directeur de l'Intérieur, *vice-président ;*

Du Commandant supérieur des troupes ;

Du Commandant de la marine ;

Du Procureur général ;

Du Chef du service administratif ;

De deux conseillers privés, choisis parmi les notables habitants de la colonie et nommés par décret ;

L'Inspecteur des services administratifs et financiers de la colonie assiste au Conseil ; il a le droit de présenter ses observations dans toutes les discussions ;

Deux suppléants, nommés par décret, remplacent au besoin les conseillers titulaires.

La durée des fonctions des conseillers privés et de leurs suppléants est de quatre années. Ils peuvent être nommés de nouveau aux mêmes fonctions.

Art. 2. — Quand le Conseil doit connaître des questions relatives à l'exercice des pouvoirs extraordinaires du Gouverneur ou à l'application des décrets du 25 mai 1881 et du 5 octobre 1882, il s'adjoint deux membres de l'ordre judiciaire. Ces deux membres sont nommés, au commencement de chaque année et pour sa durée, par un arrêté du Gouverneur.

Le même arrêté désigne deux autres magistrats pour remplacer au besoin les premiers.

Les fonctions du ministère public près du Conseil sont remplies par l'inspecteur des services administratifs et financiers de la colonie.

Art. 3. — Les chefs des services des ponts et chaussées, des bâtiments civils, de l'artillerie, du génie, de santé, le trésorier et les chefs des services financiers sont appelés de droit au Conseil, avec voix consultative, lorsqu'il s'y traite des affaires de leurs attributions.

Le Conseil peut, en outre, entendre à titre de renseignements et avec l'autorisation du Gouverneur, tous fonctionnaires et autres personnes.

Art. 4. — Les membres du Conseil privé prennent rang et séance dans l'ordre établi par l'article premier.

Les suppléants et les personnes appelés momentanément à faire partie du Conseil siègent après les membres titulaires.

Art. 5. — En cas de décès du Gouverneur ou s'il est absent de la colonie, l'intérim des fonctions du Gouverneur appartient au Directeur de l'Intérieur.

A défaut du Directeur de l'Intérieur, le Gouverneur est remplacé provisoirement par l'un des autres membres du Conseil privé, fonctionnaires ou officiers, dans l'ordre indiqué à l'article 1er.

Art. 6. — Les décrets du 21 août 1869 et du 14 octobre 1874 sont abrogés, ainsi que toutes les dispositions contraires au présent décret.

JULES GRÉVY.

(11 février 1887)

DÉP. M. *Notification d'un décret en date du 22 janvier 1887 modifiant la composition du Conseil privé. (La durée des fonctions des conseillers privés est fixée à quatre années, les suppléants devront être nommés par décret pour la même période.*

ARCH. GOUV.

Vous trouverez au *Journal officiel* du 25 janvier dernier le texte d'un rapport au Président de la République et d'un décret en date date du 22 du même mois, modifiant la composition du Conseil privé de la Cochinchine. Ainsi que vous le verrez, cet acte fixe à quatre années la durée des fonctions des conseillers privés et de leurs suppléants, qui devront, à l'avenir, être nommés par décret.

Les considérations qui m'ont conduit à proposer cet acte à l'approbation du chef de l'État se trouvent exposées dans le rapport qui le précède ; vous en apprécierez assurément l'opportunité. J'ai l'honneur de vous prier de prendre des mesures pour sa promulgation et sa mise en exécution immédiate.

Vous voudrez bien, en outre, m'adresser d'urgence vos propositions, en ce qui concerne ceux des membres du Conseil privé dont il y a lieu de régulariser la situation par décret.

A. DE LA PORTE.

(22 juin 1887)

RAPPORT *précédant le décret du 22 juin 1887 modifiant les articles 1 et 5 du décret du 22 janvier 1887.*

B. C. p. 534.
J. C. p. 833.

Vous avez bien voulu revêtir de votre signature, le 22 janvier dernier, un décret modifiant la composition du Conseil privé de la Cochinchine.

Ce décret avait pour but d'établir en Cochinchine la règle qui existe dans la plupart des autres colonies, et d'après laquelle le Directeur de l'Intérieur prend séance au Conseil privé immédiatement après le Gouverneur et exerce l'intérim des fonctions de Gouverneur, en cas d'absence ou de décès du titulaire.

Sans vouloir revenir sur le principe dont s'est inspiré mon prédécesseur en vous soumettant le décret du 22 janvier dernier, il me paraît qu'il convient d'apporter aux dispositions nouvelles qu'il a édictées une modification nécessitée par la présence en Cochinchine d'un officier général de l'infanterie de marine qui y occupe le commandement supérieur des troupes.

S'il est juste, pour les motifs que vous a exposés mon honorable prédécesseur, de confier en premier lieu au Directeur de l'Intérieur l'intérim des fonctions de Gouverneur, il n'y a aucun inconvénient à rendre au Général commandant supérieur des troupes le premier rang dans le Conseil privé après le Gouverneur titulaire ou intérimaire, de manière qu'il occupe toujours la deuxième place dans la hiérarchie coloniale.

Les considérations d'ordre politique et administratif qui ont inspiré le décret du 22 janvier dernier ne font pas obstacle, à mes yeux, à la disposition que j'ai l'honneur de vous proposer, en vue de maintenir au représentant élevé de l'autorité militaire la situation qui doit lui appartenir dans notre colonie de Cochinchine.

Si telle est aussi votre manière de voir, je vous prie, Monsieur le Président, de vouloir bien revêtir de votre signature le projet de décret ci-joint.

E. Barbey.

(22 juin 1887)

DÉCRET *modifiant les dispositions des articles 1 et 5 du décret du 22 janvier 1887, concernant la composition du Conseil privé de la Cochinchine.*

(Promulg. A. G. . . . .).
B. C. p. 534.
J. C. p. 833.

Article premier. — Les articles 1er et 5 du décret du 22 janvier 1887 sont remplacés par les dispositions suivantes :

« Article premier. — Un Conseil privé est placé près du Gouverneur de la Cochinchine française.

Ce Conseil est composé :

Du Gouverneur, titulaire ou intérimaire, *président ;*

Du Général commandant supérieur des troupes ;

Du Directeur de l'Intérieur ;

Du Commandant de la marine ;

Du Procureur général ;

Du Chef du service administratif :

De deux conseillers privés choisis parmi les notables habitants de la colonie et nommés par décret.

Lorsqu'il n'assiste pas à la séance, le Gouverneur doit en déléguer spécialement la présidence au Directeur de l'Intérieur.

L'Inspecteur des services administratifs et financiers de la colonie assiste au Conseil ; il a le droit de présenter ses observations dans toutes les discussions.

Deux suppléants nommés par décret remplacent, au besoin, les conseillers titulaires.

La durée des fonctions des conseillers privés et de leurs suppléants est de quatre années. Ils peuvent être nommés de nouveau aux mêmes fonctions.

Art. 5. — En cas de décès du Gouverneur, ou s'il est absent de la colonie, l'intérim des fonctions de Gouverneur appartient au Directeur de l'Intérieur.

A défaut du Directeur de l'Intérieur, le Gouverneur intérimaire est désigné par le Ministre de la marine et des colonies.

Jules Grévy.

(15 juillet 1887)

DÉP. M. *Envoi du décret du 22 juin 1887 modifiant sur certains points les dispositions édictées par le décret du 22 janvier 1887 relatif à la composition du Conseil privé de la Cochinchine.*

ARCH. GOUV.

Vous trouverez au *Journal officiel* de la République du 1er juillet courant, le texte d'un décret en date du 28 juillet dernier modifiant sur certains points les dispositions édictées par le décret du 22 janvier 1887 relatif à la composition du Conseil privé de la Cochinchine.

Je n'a pas à insister sur les considérations qui m'ont amené à soumettre cet acte à l'approbation du chef de l'État et que vous trouverez exposées dans le rapport qui précède le décret.

J'ai l'honneur de vous prier de vouloir bien promulguer cet acte dans la colonie.

(19 novembre 1887)

RAPPORT *précédant le décret du 19 novembre 1887 reconstituant le Conseil privé de la Cochinchine.*

B. C. 1888, p.
J. C. 1888, p. 42.

J'ai l'honneur de soumettre à votre haute approbation un projet de décret qui reconstitue le Conseil privé de la Cochinchine, en vue de le mettre en harmonie avec l'organisation nouvelle de l'Indo-Chine française, telle qu'elle résulte des décrets des 17 et 20 octobre 1887.

Toutes les dépenses de la guerre et de la marine ayant été portées au budget de l'Indo-Chine, le Commandant supérieur des troupes, le Commandant supérieur de la marine et le Chef des services administratifs auront entrée au Conseil supérieur du Gouvernement général ; ils cesseront dès lors de faire partie du Conseil privé de la Cochinchine, qui n'aura plus à s'occuper des questions d'administration militaire.

Ce Conseil, qui conserverait toutes les attributions administratives et contentieuses qui lui sont dévolues par les décrets et règlements en vigueur dans la colonie, serait présidé par le Lieutenant-Gouverneur, et comprendrait : le Secrétaire général, le Procureur général et deux conseillers privés choisis parmi les notables habitants de la Cochinchine.

Ainsi reconstitué, le Conseil privé serait en mesure de remplir le rôle important qui lui est attribué par la constitution coloniale.

Si telle est votre manière de voir, j'ai l'honneur de vous prier de vouloir bien revêtir de votre signature le projet de décret ci-joint.

E. BARBEY.

(19 novembre 1887)

DÉCRET *reconstituant le Conseil privé de la Cochinchine.*

(Promulg. A. G. 10 janvier 1888).
B. C. 1888, p.
J. C. 1888, p. 42.

Article premier. — Un Conseil privé est placé près du Lieutenant-Gouverneur de la Cochinchine française.

Ce Conseil est composé :

Du Lieutenant-Gouverneur titulaire ou intérimaire, *président ;*

Du Secrétaire général de la Cochinchine ;

Du Procureur général ;

De deux conseillers privés choisis parmi les notables habitants de la colonie et nommés par décret.

Lorsqu'il n'assiste pas à la séance, le Lieutenant-Gouverneur doit en déléguer spécialement la présidence au Secrétaire général.

L'Inspecteur des services administratifs et financiers de la colonie assiste au Conseil ; il a le droit de présenter ses observations dans toutes les discussions.

Deux suppléants nommés par décret remplacent, au besoin, les conseillers titulaires.

La durée des fonctions des conseillers privés et de leurs suppléants est de quatre années. Ils peuvent être nommés de nouveau aux mêmes fonctions.

Art. 2. — Quand le Conseil doit connaître des questions relatives à l'application des décrets du 25 mai 1881 et du 5 octobre 1882, il s'adjoint deux membres de l'ordre judiciaire. Ces deux membres sont nommés au commencement de chaque année et pour sa durée par un arrêté du Gouverneur général.

Le même arrêté désigne deux autres magistrats pour remplacer, au besoin, les premiers.

Les fonctions du ministère public près du Conseil sont remplies par l'Inspecteur des services administratifs.

Art. 3. — Les chefs des divers services de la colonie sont appelés de droit au Conseil, avec voix consultative, lorsqu'il s'y traite des affaires de leurs attributions.

Le Conseil peut, en outre, entendre à titre de renseignements, et avec l'autorisation du Lieutenant-Gouverneur, tous fonctionnaires et autres personnes.

Art. 4. — Les membres du Conseil privé prennent rang en séance dans l'ordre établi par l'article premier.

Les suppléants et les personnes appelées momentanément à faire partie du Conseil siègent après les membres titulaires.

Art. 5. — En cas de décès du Lieutenant-Gouverneur, ou s'il est absent de la colonie, l'intérim de ses fonctions appartient au Secrétaire général de la Cochinchine.

A défaut du Secrétaire général, le Lieutenant-Gouverneur intérimaire est désigné par le Ministre de la marine et des colonies, sur la proposition du Gouverneur général de l'Indo-Chine.

Art. 6. — Quand le Conseil privé se constitue en Conseil du contentieux administratif, les dispositions des décrets du 7 septembre et du 5 août 1881 lui sont applicables.

Art. 7. — Les décrets des 22 janvier et 28 juin 1887 sont abrogés, ainsi que toutes les dispositions contraires à celles du présent décret.

JULES GRÉVY.

(26 novembre 1887)

DÉP. M. *Envoi de deux décrets en date du 19 novembre 1887 portant : l'un modification à la composition du Conseil supérieur de l'Indo-Chine, l'autre reconstitution sur de nouvelles bases du Conseil privé de la Cochinchine.*

ARCH. GOUV.

Vous trouverez au *Journal officiel* de la République du 22 novembre courant, deux décrets en date du 19 du même mois que je vous prie de vouloir bien promulguer en Indo-Chine.

Le premier de ces actes a pour but :

. . . .

Par le second décret, le Conseil privé de la Cochinchine a été reconstitué sur de nouvelles bases et a été mis en harmonie avec l'organisation politique et administrative de l'Indo-Chine.

Je vous adresse ci-joint le numéro du *Journal officiel* qui contient le texte des actes.

EUG. ÉTIENNE.

(16 juillet 1888)

DÉCRET *réorganisant le Conseil privé de la Cochinchine.*

(Promulg. A. G. 3 août 1888).
J. C. p. 678.

Article premier. — Le Conseil privé de la Cochinchine se compose :

Du Gouverneur général de l'Indo-Chine, *président ;*

Du Directeur du service local, *vice-président ;*

Du Commandant supérieur des troupes de la Cochinchine ;

Du Commandant de la marine ;

Du Procureur général ;

Du Chef du service administratif ;

De deux conseillers privés, choisis parmi les notables habitants de la colonie et nommés par décret ;

L'Inspecteur des services administratifs et financiers de la colonie assiste au Conseil ; il a le droit de présenter ses observations dans toutes les discussions ;

Deux suppléants, nommés par décret, remplacent au besoin les conseillers titulaires.

La durée des fonctions des conseillers privés et de leurs suppléants est de quatre années. Ils peuvent être nommés de nouveau aux mêmes fonctions.

Art. 2. — Quand le Conseil doit connaître des questions relatives à l'exercice des pouvoirs extraordinaires du Gouverneur général ou à l'application des décrets du 25 mai 1881 et du 5 octobre 1882, il s'adjoint deux membres de l'ordre judiciaire. Ces deux membres sont nommés au commencement de chaque année et pour sa durée par un arrêté du Gouverneur général.

Le même arrêté désigne deux autres magistrats pour remplacer au besoin les premiers.

Les fonctions du ministère public près du Conseil sont remplies par l'inspecteur des services administratifs et financiers de la colonie.

Art. 3. — Les chefs des services des travaux publics, de l'artillerie, de santé, le trésorier et les chefs des services financiers sont appelés de droit au Conseil, avec voix consultative, lorsqu'il s'y traite des affaires de leurs attributions.

Le Conseil peut, en outre, entendre à titre de renseignements et avec l'autorisation du Gouverneur général tous fonctionnaires et autres personnes.

Art. 4. — Les membres du Conseil privé prennent rang et séance dans l'ordre établi par l'article premier.

Les suppléants et les personnes appelées momentanément à faire partie du Conseil siègent après les membres titulaires.

Art. 5. — En cas de décès du Gouverneur général ou s'il est absent de la colonie, l'intérim des fonctions de Gouverneur général appartient au Directeur du service local.

A défaut du Directeur du service local, le Gouverneur général est remplacé provisoirement par l'un des autres membres du Conseil privé, fonctionnaires ou officiers, dans l'ordre indiqué à l'article premier.

Art. 6. — Sont abrogés le décret du 19 novembre 1887, ainsi que toutes les dispositions contraires au présent décret. CARNOT.

(26 août 1889)

DÉCRET *modifiant la composition du Conseil supérieur de l'Indo-Chine et du Conseil privé de la Cochinchine (Art. 2). — Rapport.*

(Promulg. A. G. 3 octobre 1889).
J. C. p. 943.

II. CONSEIL PRIVÉ CONSTITUÉ EN CONSEIL AU CONTENTIEUX ADMINISTRATIF.

NATURE DES DOCUMENTS	DATES	RECUEILS A CONSULTER							OBSERVATIONS
		Bat.	B. C.	B D. I.	J. C.	J. H.	B. M.	B. Col.	
O. R.	9 fév. 1827 et 22 août 1833	I-326	407						
O. R.	13 août 1828 et 26 fév. 1838		1869 418						
Décret.	21 août 1869.	I-325	407						
Décret,	15 avril 1873.	II-361	200						

(9 février 1827 et 22 août 1833)

ORD. R. *(extraits) concernant le gouvernement des Antilles (art. 146, § 2; 176, §§ 1 et 11; 178 et 179, § 2).*

BAT. I, p. 326.
B. C. p. 407.

(31 août 1828 et 26 février 1838)

ORD. R. *(extraits) sur le mode de procéder devant les Conseils privés constitués en Conseil du contentieux administratif et du recours au Conseil d'État contre ses décisions.*

(Promulg. A. G. 20 novembre 1869).
B. C. 1869, p. 418 et suiv.

(21 août 1869)

DÉCRET *portant création d'un Conseil privé en Cochinchine (art. 1, § 7 et § 8; et 4)* (1).

BAT. I, p. 325.
B. C. p. 407.

(15 avril 1873)

DÉCRET *faisant répartition des attributions qui étaient dévolues aux contrôleurs coloniaux* (2).

BAT. II, p. 361.
B. C. p. 200.

Art. 2. — Le substitut du procureur général ou, à défaut, un officier du commissariat, remplit les fonctions du ministère public auprès du Conseil privé lorsque celui-ci se constitue en Conseil du contentieux administratif ou en commission d'appel (3).

(1) V. décret 15 avril 1873.
(2) L'inspecteur n'assiste pas aux séances où le Conseil est constitué en Conseil du contentieux (décret 23 juillet 1879, art. 11, § 3, Bat. II, p. 89). Sont abrogés les articles 146, § 2; 176, §§ 1 et 11; 178 et 179, § 2 de l'ordonnance du 9 février 1827; les ordonnances du 31 août 1828 et du 26 février 1838; l'article 2 du décret du 15 avril 1873; l'art. 11, § 3 du décret du 23 juillet 1879.
(3) V. Conseil du contentieux administratif.

CONSEIL SUPÉRIEUR DE L'INDO-CHINE.

V. *Indo-Chine.*

NATURE DES DOCUMENTS	DATES	RECUEILS A CONSULTER Bat.	B. C.	B.D.I	J. C.	J.H.	B. M.	B.Col	OBSERVATIONS
Rapp.	19 octobre 1883.		403						
Décret.	19 octobre 1883.		404						
Décret.	19 octobre 1883.		405						

(19 octobre 1883)

RAPPORT *précédant le décret du 19 octobre 1883 instituant un Conseil supérieur des colonies près le Ministère de la marine et des colonies.*

B. C. p. 403.

Dans la plupart des départements ministériels, des conseils, commissions ou comités permanents sont établis près du Ministre, qui les consulte lorsqu'il le juge nécessaire et qui, parfois, est également obligé de prendre leur avis. C'est ainsi qu'à mon Département fonctionnent plusieurs institutions semblables, dont les deux plus importantes sont le Conseil d'amirauté et le Conseil des travaux. Mais ces institutions sont spéciales aux services divers de la marine, et il n'y a aucun conseil ou comité que le Ministre puisse consulter en matière coloniale.

Or, la lacune que j'ai l'honneur de vous signaler n'a point toujours existé. La loi du 24 avril 1833 a décidé que quatre de nos colonies auraient des « délégués près le gouvernement du roi », savoir : la Martinique, la Guadeloupe et l'île de la Réunion, deux délégués chacune ; la Guyane, un délégué. Les conseils coloniaux nommaient ces délégués qui, d'après l'article 19 de la loi, étaient chargés réunis en conseil, de « donner au Gouvernement les renseignements relatifs aux intérêts généraux des colonies et de suivre auprès de lui des délibérations et des vœux des conseils coloniaux ». Cette institution a cessé de fonctionner en 1848, les conseils coloniaux ayant été supprimés par le décret du 27 avril.

Le sénatus-consulte du 3 mai 1854 l'a rétablie. Son article 17 a créé près du Ministre de la marine, un « comité consultatif » composé de quatre membres nommés par le Chef de l'Etat et d'un délégué de chacune des colonies de la Martinique, de la Guadeloupe et de la Réunion, choisi par le conseil général. Un ou plusieurs des membres que nommait le Chef de l'Etat devaient être, aux termes du même article, spécialement chargés de remplir l'office de délégués pour diverses colonies qui ne jouissaient pas encore d'une constitution. Les attributions du comité consultatif ont été déterminées par un décret, en date du 26 juillet 1854, qui l'a appelé à « donner son avis sur les projets de sénatus-consulte, les projets de décrets relatifs aux matières coloniales qui étaient renvoyés à son examen par le Ministre de la marine et des colonies; à préparer lui-même ces projets d'après les vues générales qui étaient indiquées par le Ministre. » Il pouvait, en outre, être consulté sur toutes les questions concernant les colonies que le Ministre jugeait susceptibles d'être étudiées par ses membres. Les délibérations du conseil étaient secrètes ; il ne devait se réunir que sur la convocation du Ministre ou de son vice-président.

Le comité consultatif n'a pas fonctionné depuis 1870. Quant à la commission supérieure des colonies établie par décision du 23 décembre 1878, elle n'avait ni le caractère d'une institution permanente, ni le caractère d'une assemblée consultative. Chargée de procéder à l'étude des réformes qui pourraient être apportées dans l'organisation des colonies et de rechercher les moyens de « rapprocher le plus possible » cette organisation de celle de la Métropole, la commission avait un mandat temporaire et limité, quoique de la plus haute importance. Elle a cessé de siéger en 1881, après avoir donné à mon Département le concours le plus précieux. Quelque temps avant de se séparer, elle a émis le vœu qu'il fût créé un conseil supérieur des colonies.

L'unité de cette création est difficilement contestable. La législation coloniale demande à être révisée, simplifiée, réformée ; des mesures doivent être prises en vue du développement de la prospérité matérielle de nos colonies ; il est devenu nécessaire d'aborder résolument les difficultés multiples que soulèvent les questions d'immigration et de colonisation. Pour remplir, à la satisfaction de la Métropole et de la France coloniale, la tâche vraiment considérable qui lui incombe mon administration a besoin du concours d'hommes notoirement connus pour leur compétence en matière coloniale. C'est pour ce motif, autant que pour répondre à des vœux fréquemment formulés, que j'ai l'honneur de soumettre à votre signature le projet de décret ci-joint, qui institue un Conseil supérieur des colonies près de mon Département.

A. Peyron.

(19 octobre 1883)

DÉCRET *instituant un Conseil supérieur des colonies près le Ministère de la marine et des colonies. — Composition. — Attributions.*

B. C. p. 404.

Article premier. — Un Conseil supérieur des colonies est institué près du Ministère de la marine et des colonies.

Art. 2. — Le Conseil est présidé par le Ministre et, en l'absence de celui-ci, par le sous-secrétaire d'État au Département.

Il comprend :

1° Les sénateurs et les députés des colonies ;

2° Quatre délégués élus pour trois ans dans les quatre colonies suivantes : un délégué pour la Nouvelle-Calédonie, un délégué pour Tahiti, un délégué pour Saint-Pierre et Miquelon, un délégué pour Mayotte et Nossi-Bé ;

3° Dix membres nommés également pour trois ans par décret du Président de la République, rendu sur la proposition du Ministre de la marine et des colonies ;

4° Le président de la section de législation du Conseil d'État ;

Le président de la section des finances du Conseil d'État ;

Le chef d'état-major général du Ministre de la marine ;

Le directeur de la comptabilité générale au Ministère de la marine ;

Le président de la commission de surveillance des banques coloniales ;

Le directeur de l'administration pénitentiaire au Ministère de l'intérieur ;

Le directeur du commerce extérieur au Ministère du commerce ;

Les présidents des Chambres de commerce de Bordeaux, le Havre, Marseille, Nantes et Paris.

Art. 3. — Le Conseil a deux vice-présidents pris dans son sein et nommés par le Président de la République. Il a en outre un secrétaire et un secrétaire-adjoint que désigne le Ministre de la marine et des colonies.

Les sous-directeurs du service colonial de l'administration centrale assistent aux séances du Conseil avec voie consultative.

Art. 4. — Les délégués de la Nouvelle-Calédonie, de Tahiti, des îles Saint-Pierre et Miquelon, de Mayotte et Nossi-Bé sont élus par les citoyens français, âgés de 21 ans, jouissant de leurs droits civils et politiques, et résidant dans la colonie depuis six mois au moins.

Ces délégués doivent être français et âgés de 25 ans. Ils doivent jouir de leurs droits civils et politiques. Le mandat de délégué ne peut se cumuler avec une fonction publique rétribuée.

Art. 5. — Le Conseil donne son avis sur les projets de loi, de règlements d'administration publique ou de décrets concernant les colonies et, en général, sur toutes les questions coloniales que le Ministre soumet à son examen.

Il peut être chargé par le Ministre de procéder à des enquêtes sur ces questions.

Il présente annuellement un rapport sur ses travaux au Ministre de la marine et des colonies. Ce rapport est imprimé et distribué aux Chambres.

JULES GRÉVY.

(19 octobre 1883)

DÉCRET *donnant la composition du Conseil supérieur des colonies institué par décret de ce jour.*

B. C. p. 405.

Article premier. — En dehors des délégués des colonies ci-dessus énumérés, (1) le conseil supérieur des colonies sera composé de la manière suivante :

MM. le Ministre de la marine et des colonies, *président*,
le sous-secrétaire d'État de la marine et des colonies.
M..., sénateur de la Martinique.
le général de La J..., sénateur de la Guadeloupe.
M..., sénateur de l'Inde française.
J..., sénateur de l'Inde française.
B..., député de la Cochinchine.
G..., député de la Guadeloupe.
S..., député de la Guadeloupe.
F..., député de la Guyane.
P..., député de l'Inde française.
H..., député de la Martinique.
D..., député de la Martinique.
D..., député de la Réunion.
D..., député de la Réunion, ancien ministre.
G..., député du Sénégal.
B..., sénateur.
B..., sénateur.
S..., sénateur.
A..., député.
P..., député.
R..., député.
R..., député, ancien ministre.
T..., député,
R. ., député.
D..., conseiller d'État.
le président de la section de législation du Conseil d'État.
le président de la section des finances du Conseil d'État.

(1) Les considérants visent le décret en date de ce jour instituant un Conseil supérieur des colonies près du Ministère de la marine et des colonies et spécialement l'article 2, ainsi conçu :

Le Conseil..... comprend :

1° Les sénateurs et députés des colonies;

2° Quatre délégués élus pour trois ans par les colonies suivantes : un délégué pour la Nouvelle-Calédonie, un délégué pour Tahiti, un délégué pour Saint-Pierre et Miquelon, un délégué pour Mayotte et Nossi-Bé ;

3° Dix membres nommés également pour trois ans par décret du Président de la République, rendu sur la proposition du Ministre de la marine et des colonies;

4° Le président de la section de législation du Conseil d'État;
Le président de la section des finances du Conseil d'État ;
Le chef de l'état-major général du Ministre de la marine ;
Le directeur de la comptabilité générale au Ministère de la marine ;
Le président de la commission de surveillance des banques coloniales ;
Le directeur de l'administration pénitentiaire au Ministère de l'intérieur ;
Le directeur du commerce extérieur au Ministère du commerce ;
Les présidents des Chambres de commerce de Bordeaux, le Havre, Marseille, Nantes et Paris

le chef d'état-major général du Ministre de la marine,
le directeur de la comptabilité générale au Ministère de la marine.
le président de la commission de surveillance des banques coloniales.
le directeur de l'administration pénitentiaire au Ministère de l'Intérieur.
le directeur du commerce extérieur au Ministère du commerce.
le président de la Chambre de commerce de Bordeaux.
le président de la Chambre de commerce du Havre.
le président de la Chambre de commerce de Marseille.
le président de la Chambre de commerce de Nantes.
le président de la Chambre de commerce de Paris.

Art. 2. — MM. Schœlcher, sénateur, et Rouvier, député, ancien ministre du commerce et des colonies, sont nommés vice-présidents du conseil supérieur des colonies.

JULES GRÉVY.

CONSEILS D'ADMINISTRATION.

V. *Troupes.*

CONSEILS D'ARRONDISSEMENTS.

V. *Législation électorale et conseils d'arrondissements.*
Service Régional.

CONSEILS D'ENQUÊTE.

V. *Punitions disciplinaires.*

CONSEILS DE GUERRE ET DE REVISION.

V. *Justice militaire.*

CONSEILS DE JUSTICE.

V. *Justice militaire.*

CONSEILS MUNICIPAUX.

V. *Communes.*
Législation électorale.

CONSERVATEURS DES HYPOTHÈQUES.

V. *Hypothèques.*

CONSIGNATIONS.

V. *Amendes de consignation.*

CONSTATATIONS MÉDICO-LÉGALES.

V. *Médecine légale.*

CONSTITUTION DE LA COLONIE.

NATURE DES DOCUMENTS	DATES	RECUEILS A CONSULTER							OBSERVATIONS
		Bat.	B. C.	B.D.I	J. C.	J.H.	B. M.	BCol	
Sénat. cons.	3 mai 1854.								
Dép. M.	15 avril 1881.								

(3 mai 1854)

SÉNATUS-CONSULTE *qui règle la constitution des colonies de la Martinique, de la Guadeloupe et de la Réunion.*

B. des Lois. p. 1159.

TITRE PREMIER. — DISPOSITIONS APPLICABLES A TOUTES LES COLONIES.

Article premier. — L'esclavage ne peut jamais être rétabli dans les colonies françaises.

TITRE II. — DISPOSITIONS APPLICABLES AUX COLONIES DE LA MARTINIQUE, DE LA GUADELOUPE ET DE LA RÉUNION.

. . . .

TITRE III. — DES AUTRES COLONIES FRANÇAISES.

Art. 18. — Les colonies autres que la Martinique, la Guadeloupe et la Réunion, seront régies par décrets de l'Empereur jusqu'à ce qu'il ait été statué à leur égard par un sénatus-consulte.

(15 avril 1881)

DÉP. M. *repoussant un vœu émis par le Conseil colonial dans sa séance du 23 novembre dernier et tendant à ce que les dispositions constitutionnelles qui régissent la colonie ne puissent émaner que du pouvoir législatif métropolitain.*

ARCH. GOUV.

Par lettre du 12 février dernier, M. Le Myre de Vilers m'a saisi d'un vœu émis par le Conseil colonial, dans sa séance du 23 novembre dernier, tendant à ce que les dispositions constitutionnelles « qui régissent la colonie ne puissent émaner que du pouvoir législatif métropolitain ».

Ainsi que le fait très judicieusement observer M. le Gouverneur de la Cochinchine, l'Algérie, qui est placée sous la domination de la France depuis plus de cinquante ans, n'a pas encore été jugée apte à être admise au bénéfice d'une assimilation complète avec la métropole, et il en est de même de la plupart de nos autres établissements d'outre-mer. Les seules colonies des Antilles et de la Réunion ont pu, grâce à l'ancienneté de leur origine et à la parfaite homogénéité de leur population, être placées sous le régime de la loi, au point de vue de leur constitution. Ces avantages seraient évidemment prématurés pour la Cochinchine, qui, malgré les efforts les plus louables de ses colons et la rapidité des progrès accomplis par eux, doit encore être considérée comme traversant la période de transition entre la conquête et la souveraineté de plein exercice.

CLOUÉ.

CONSULS.

NATURE DES DOCUMENTS	DATES	RECUEILS A CONSULTER Bat.	B. C.	B.D.I	J. C.	J.H.	B.M.	B.Col	OBSERVATIONS
Loi.	8 juillet 1852.	II-176	350						
Loi.	15 mai 1858.	II-175	350						
Loi.	19 mars 1862.	II-175	350						

(8 juillet 1852)

LOI *relative à la juridiction civile, criminelle et de haute police des consuls de France en Chine et dans les États de l'Iman de Mascate (Titres I, III et art. 18, § 2).*

(Promulg. A. G. 1er octobre 1869).
BAT. II, p. 176.
B. C. p. 350.

TITRE PREMIER. — JURIDICTION EN CHINE.

CHAPITRE PREMIER

JURIDICTION CIVILE.

Article premier. — Les contestations en matière civile et commerciale qui s'élèveraient en Chine, entre Français, seront jugées par les tribunaux consulaires, conformément à celles des dispositions de l'édit du mois de juin 1778, qui sont encore en vigueur dans les échelles du Levant et de Barbarie, sauf les dispositions contenues aux trois articles suivants :

Art. 2. — Les tribunaux consulaires jugeront en dernier ressort : 1° toutes les demandes dans lesquelles les parties justiciables de ces tribunaux et usant de leurs droits, auront déclaré vouloir être jugées définitivement et sans appel ; 2° toutes les demandes personnelles ou mobilières dont le principal n'excèdera pas trois mille francs ; 3° les demandes reconventionnelles ou en compensation, lors même que, réunies à la demande principale, elles excèderaient trois mille francs. Si l'une des demandes principales ou reconventionnelles s'élève au-dessus des limites ci-dessus indiquées, le tribunal ne prononcera sur toutes qu'en premier ressort. Néanmoins, il sera statué en dernier ressort sur les demandes en dommages-intérêts, lorsqu'elles seront fondées exclusivement sur la demande principale elle-même.

Art. 3. — L'appel des jugements rendus en premier ressort par les tribunaux consulaires sera porté devant la Cour d'appel de Pondichéry. Il y sera procédé conformément aux lois et ordonnances qui régissent l'administration de la justice dans les établissements français de l'Inde.

Art. 4. — Le recours en cassation contre les jugements en dernier ressort rendus par les tribunaux consulaires n'est ouvert aux parties que pour excès de pouvoir.

Art. 5. — Les contestations entre Français et Chinois seront réglées conformément aux dispositions de l'article 25 du traité du 24 septembre 1844.

CHAPITRE II.

JURIDICTION CRIMINELLE.

Art. 6. — La loi du 28 mai 1836, relative aux contraventions, délits et crimes commis par les Français dans les échelles du Levant et de Barbarie, est applicable aux contraventions, délits et crimes commis par des Français en Chine, sauf les modifications résultant du premier chapitre.

Art. 7. — Les jugements par défaut en matière correctionnelle pourront être attaqués par la voie de l'appel, après les délais de l'opposition.

Art. 8. — Les attributions conférées par la loi de 1836 à la cour d'appel et au tribunal de première instance d'Aix appartiendront à la coup d'appel et au tribunal de première instance de Pondichéry, lesquels procéderont et statueront suivant les cas, conformément aux lois et ordonnances concernant l'organisation de l'ordre judiciaire et l'administration de la justice dans les établissements français de l'Inde, en observant néanmoins les dispositions des articles 62, § 2, 66, §§ 3 et suivants, et 68 de ladite loi du 28 mai 1836.

Art. 9. — En cas de contumace, l'ordonnance de contumace sera notifiée tant au domicile de l'accusé qu'à la chancellerie du consulat, où elle sera affichée.

Art. 10. — Ne pourront être cités comme témoins devant la cour ou le tribunal de Pondichéry que ceux qui seraient présents sur le territoire de Pondichéry.

Art. 11. — Les prévenus et condamnés qui, dans les cas prévus par les articles 58 et 64 de la loi du 28 mai 1836, devront être transférés à Pondichéry, pourront, à défaut de navires français ou dans le cas où les capitaines refuseraient de les embarquer, en vertu du paragraphe 2 de l'article 80 de ladite loi, être embarqués sur bâtiments étrangers, à la diligence du consul. En matière correctionnelle, le prévenu, s'il demande à n'être pas transféré, demeurera en état, au lieu de sa détention. En matière criminelle, la même faculté pourra être accordée au prévenu, sur sa demande, par le consul. Néanmoins, le procurer général et la cour pourront toujours ordonner que le prévenu soit transféré.

Art. 12. — Les consuls, indépendamment de l'extrait de leurs ordonnances et jugements, qu'aux termes de l'article 78 de la loi du 28 mai 1836 ils doivent adresser au Ministre des affaires étrangères, enverront directement pareil extrait au procureur général près la cour d'appel de Pondichéry, qui pourra réclamer l'envoi des pièces et procédures . . . .

TITRE III. — DE L'EXERCICE DU DROIT DE HAUTE POLICE.

Art. 16. — Les consuls de France en Chine et dans les États de l'Iman de Mascate seront investis du droit de haute police conférés aux consuls de France, dans les échelles du Levant, par les articles 82 et 83 de l'édit de 1778.

Art. 7. — En cas d'urgence, et s'il y a impossibilité absolue de renvoyer directement en France le Français expulsé en vertu de ce droit, le Français pourra être embarqué sur des bâtiments nationaux ou étrangers, pour être dirigé, suivant les circonstances, sur l'un des établissements français dans les Indes ou dans l'Océanie, ou sur un lieu de station navale française.

. . . .

Art. 18. — . . . . En cas de vacance des consulats, d'absence ou d'empêchement des consuls en Chine ou dans les États de l'Iman de Mascate, les officiers ou autres personnes appelées à remplacer, suppléer ou représenter les consuls, exerceront les fonctions qui sont attribuées à ces derniers par la présente loi.

(15 mai 1858)

LOI *rendant applicables aux consuls de France en Siam les dispositions des titres I, III et le § 2 de l'art. 18 de la loi du 8 juillet 1852.*

(Promulg. A. G. 1er octobre 1869).
BAT. II p. 175.
B. C. p. 350.

. . . .

Art. 2. — Les dispositions des titres I et III et le paragraphe 2 de l'article 18 de la loi du 8 juillet 1852, relative à la juridiction civile, criminelle et de haute police des consuls de France en Chine, sont applicables aux consuls de France dans le royaume de Siam.

(19 mars 1862)

LOI *rendant applicables aux consuls de France au Japon les dispositions des titres I, III et le § 2 de l'article 18 de la loi du 8 juillet 1852.*

(Promulg. A. G. 1er octobre 1869).

BAT. II, p. 175.
B. C. p. 350.

Article premier. — Les dispositions des articles 1, 2, 3, 4, 6, 7, 8, 9, 10, 11, 12 16 et 17, et celles du paragraphe 2 de l'article 18 de la loi du 8 juillet 1852, relatives à la juridiction civile, criminelle et de haute police des consuls de France en Chine, sont applicables aux consuls de France au Japon.

CONSULS ÉTRANGERS.

NATURE DES DOCUMENTS	DATES	RECUEILS A CONSULTER							OBSERVATIONS
		Bat.	B. C.	B.D.I	J.C	J.H.	B. M.	B.Col	
Dép. M.	15 mars 1866.	1-337							
Dép. M.	10 septembre 1866.	1-338							
D. G.	5 mars 1874.		87						

(15 mars 1866)

DÉP. M. *au sujet du remplacement intérimaire d'un consul étranger.*

BAT. I, p. 337.

A l'occasion du remplacement intérimaire d'un consul étranger résidant dans l'une de nos colonies, quelques hésitations se sont produites au sujet de la manière dont devait être faite la désignation de l'agent chargé d'exercer les fonctions pendant l'absence momentanée du titulaire.

J'ai l'honneur de vous transmettre ci-joint copie de la dépêche que j'adresse, sous la date de ce jour, au Gouverneur de la colonie intéressée. Je ne puis que vous recommander de vous conformer, le cas échéant, aux indications qu'elle contient.

DE CHASSELOUP-LAUBAT.

ANNEXE.

(29 janvier 1866)

Je m'empresse de répondre à la lettre que Votre Excellence m'a fait l'honneur de m'adresser le 19 de ce mois, au sujet des dispositions prises par M. H..., consul d'Angleterre à la Réunion, pour assurer le service de son poste pendant une absence momentanée.

Je dois reconnaître, Monsieur le marquis et cher collègue, qu'en se bornant à présenter à M. le Gouverneur de la colonie l'agent chargé de le remplacer à titre essentiellement provisoire, M. H... n'a fait que se conformer aux usages généralement suivis en pareille circonstance. Les choses ne se passent point autrement en Angleterre et dans les possessions britanniques, aussi bien que dans les autres pays où résident des consuls de France. L'*exequatur* ne se délivre jamais, en effet, qu'à un consul effectif muni d'une commission de son souverain, et toutes les fois qu'un agent régulièrement accrédité quitte son poste, il donne simplement avis de son départ aux autorités locales, en leur faisant connaître la personne à laquelle il a confié l'expédition des affaires, pendant la durée de son congé.

Je serai obligé à Votre Excellence de vouloir bien communiquer ces éclaircissements à M. le capitaine de vaisseau D... Je réponds dans le même sens à M. l'ambassadeur d'Angleterre à Paris, qui m'a également entretenu, au nom du gouvernement, de l'incident auquel a donné lieu le remplacement provisoire de M. H...

DROUYN DE LHUYS.

(10 septembre 1866).

DÉP. M. *Les consuls étrangers ne jouissent d'aucun rang défini dans les cérémonies publiques. — Recommandations et dispositions.*

BAT. I, p. 338.

Un consul d'Angleterre, établi dans l'une de nos colonies, ayant émis la prétention d'occuper, dans les cérémonies publiques, le rang le plus élevé après le représentant de Sa Majesté, j'ai consulté M. le Ministre des affaires étrangères sur la question de préséance qui était soulevée.

M. Drouyn de Lhuys a écarté cette prétention par des considérations que je crois devoir transcrire ici, pour le cas où une revendication de ce genre viendrait à se produire :

« En principe et en droit strict, les consuls ne jouissent d'aucun rang défini dans les réunions publiques. La France a signé avec les puissances étrangères de nombreuses conventions destinées à régler les fonctions et les droits des agents de cette classe ; jamais on n'a jugé à propos d'y introduire aucune disposition réglementaire qui prévoie, à l'égard des consuls, les questions de préséance. Purs agents commerciaux, les consuls n'ont aucun caractère diplomatique et ne sauraient prétendre aux privilèges de la diplomatie. L'*exequatur* qui leur est délivré est restrictif ; ils sont soumis, comme les autres Étrangers, à l'action des lois territoriales, et le droit des gens ne couvre de l'inviolabilité que leur chancellerie. Encore, l'Angleterre, nation cependant essentiellement commerçante, a-t-elle, sur ce dernier point même, des principes arrêtés tout à fait contraires.

. . . .

« Toutefois, la courtoisie supplée, à l'endroit des consuls, à tous règlements internationaux, et l'usage s'est montré plein d'égards envers eux dans les cérémonies publiques, surtout lorsqu'ils se présentent en corps. Les circulaires bienveillantes du Ministre de l'intérieur (1) leur ont ménagé des places exceptionnelles qui se règlent suivant les traditions locales dans nos départements, et je verrais avec plaisir qu'il en fût de même dans nos colonies. Mais il est essentiel de considérer que c'est uniquement le principe de la réciprocité qui peut avoir ici son application. Or, dans l'espèce, un agent anglais serait moins qu'aucun autre en droit de réclamer aucun privilége, car l'Angleterre n'en accorde aucun, de quelque nature que ce soit, même aux consuls généraux résidant chez elle : exclusion formelle des présentations à la cour ; refus, je ne dis pas de préséance, mais même d'aucune place réservée dans les cérémonies publiques. Tout agent consulaire, de quelque rang que ce fût, qui réclamerait à ce sujet, en Angleterre, serait éconduit. Dans les pays où il existerait un corps consulaire, le consul anglais (admis par simple courtoisie) marcherait naturellement à son rang d'ancienneté, avec ses collègues; mais, je le répète, il n'a droit à un privilège d'aucune sorte.

« Vous voudrez bien prendre ces indications pour règle de conduite. Mais, tout en vous recommandant de maintenir le principe, je ne puis que vous laisser le soin d'atténuer, autant que possible, dans la pratique, ce que son application étroite pourrait avoir de trop rigoureux. Vous vous inspirerez, en pareille circonstance, des sentiments de courtoisie et de haute convenance qui doivent présider à vos rapports avec les agents des puissances étrangères. »

VAILLANT.

(5 mars 1874)

D. G. *autorisant le Directeur du port de commerce, faisant fonctions de consul pour les nations non officiellement représentées, à percevoir les frais de chancellerie.*

B. C. p. 87.

CONTENTIEUX ADMINISTRATIF.

V. *Conseil du contentieux administratif.*

(1) Voici les recommandations inscrites dans la circulaire du 7 février 1859 :

« Vous pourrez, lorsque le corps consulaire vous en fera la demande, lui assigner, dans le cortège des autorités, une place exceptionnelle que vous déterminerez d'après une juste appréciation des convenances locales.

« Si les membres du corps consulaire désirent assister individuellement à la cérémonie, vous aurez soin qu'il leur soit réservé, selon l'usage, des places distinguées. »

Ces dispositions sont complétées par les instructions suivantes, adressées par le Ministre de la guerre, le 19 août 1859, aux généraux commandant les divisions militaires :

« La place qui conviendrait le mieux au corps consulaire sera celle qui existe entre les autorités ayant un rang individuel et les corps marchant collectivement par ordre de préséance. Cette place intermédiaire, en dehors de la hiérarchie, ne pourrait blesser aucune susceptibilité légitime, et je pense qu'elle sera généralement adoptée. »

M. le maréchal Randon établit, d'ailleurs, une distinction entre les membres du corps consulaire salariés par leur gouvernement et voués à l'exercice exclusif de leurs fonctions, et les négociants, armateurs ou banquiers remplissant les mêmes fonctions sans recevoir de traitement, et il ajoute :

« C'est surtout aux premiers qu'il s'agirait de faire honneur, afin que nos agents à l'étranger puissent profiter de la réciprocité. »

CONTRAINTE PAR CORPS.

NATURE DES DOCUMENTS	DATES	RECUEILS A CONSULTER							OBSERVATIONS
		Bat.	B. O.	B.D.I	J. C.	J.H.	B. M.	B.Col	
Loi.	17 avril 1832.								
Loi.	13 décembre 1848.								
Loi.	22 juillet 1867.								
Loi.	13 décembre 1871.								
A.G.	7 novembre 1881.								
Dép. M.	27 septembre 1882.								
Dép. M.	12 février 1883.								
A. G.	5 juillet 1883.		431						
Dép. M.	28 novembre 1883.		431						
A. G.	8 septembre 1887.				929				

(17 avril 1832)

LOI *sur la contrainte par corps* (1).

(B. des Lois, 9e série, no 158).

(13 décembre 1848)

LOI *sur la contrainte par corps* (2).

(B. des Lois, 10e série, no 946).

(22 juillet 1867)

LOI *relative à la contrainte par corps* (3).

(B. des Lois, p).

(19 décembre 1871)

LOI *sur la contrainte par corps en matière de frais de justice criminelle* (4).

(B. des Lois, p.)

(7 novembre 1881)

A. G. *relatif à la constatation et à la répression de la fraude en matière d'opium (art. 40)* (5).

(Non inséré au B. C.)

(27 septembre 1882)

DÉP. M. *au sujet de deux arrêtés en date des 7 novembre et 19 décembre 1881 relatifs : le premier, à la constation et à la répression de la fraude en matière d'opium ; le second, à l'organisation du service des contributions indirectes chargé du recouvrement des impôts sur l'opium et sur les alcools. — Lettres du Directeur général des contributions indirectes contenant diverses observations concernant notamment l'arrêté du 7 novembre 1881 (art. 15, 29, 40, 43, 50, 59, 102 et 106)* (6).

(12 février 1883)

DÉP. M. *au sujet de l'arrêté du 7 novembre 1881 relatif à la constatation et à la répression de la fraude en matière d'opium. (Observations sur l'application des articles 29 et 40 établissant la contrainte par corps et sur le droit de visite des fumeries d'opium pendant la nuit)* (7).

(1) V. L. 22 juillet 1867.

(2) Abrogée par la loi du 22 juillet 1867.

(3) Cette loi a abolie en France la contrainte par corps en matière civile, commerciale et contre les Étrangers et ne l'a maintenue que pour les condamnations prononcées au profit de l'État, pour des amendes, des restitutions et dommages-intérêts, en matière criminelle, correctionnelle ou de police et pour les condamnations prononcées au profit des particuliers pour réparation des crimes, délits ou contraventions.

Une loi du 10 décembre 1871 a rétabli la contrainte par corps pour le recouvrement des frais dus à l'État.

(4) Cette loi rétablit la contrainte par corps pour le recouvrement des frais dus à l'État et remet en vigueur les dispositions légales abrogées par l'article 18 § 1er de la loi du 22 juillet 1867.

(5) V. Opium.

(6) V. Opium.

(7 V. Opium.

(5 juillet 1883)

A. G. *réglementant à nouveau la constatation et la répression de la fraude en matière d'opium. (Modification aux arrêts des 7 novembre 1881 et 23 octobre 1882* (1).

B. C. p. 431.

Art. 29. — Les jugements portant condamnation au paiement des amendes et dommages-intérêts seront exécutés par corps, selon les dispositions des lois et règlements en vigueur dans la colonie. La durée de cette contrainte ne pourra excéder un an.

(28 novembre 1883)

DÉP. M . *approuvant l'arrêté du 5 juillet 1883 relatif à la constatation et à la répression de la fraude en matière d'opium. (Extrait).*

B. C. p. 431.

. . . .

. . . .

Vous avez pris en conséquence le 5 juillet 1883, un nouvel arrêté qui donne satisfaction aux observations visées ci-dessus et qui, en même temps supprime la contrainte par corps en matière de perception de droits et ne la laisse subsister que pour le paiement des amendes et dommages et intérêts prononcés par jugements.

. . . .

FÉLIX FAURE.

(8 septembre 1887)

A. G. *réglant l'exécution de la contrainte par corps en se basant sur la législation mise en vigueur dans la métropole par la loi du 22 juillet 1867.*

J. C. p. 929.

Article premier. — Les arrêts et jugements portant condamnation du paiement des amendes et dommages-intérêts prononcés à la requête des administrations fiscales, ne peuvent être exécutés par la voie de la contrainte par corps que cinq jours après le commandement qui est fait aux condamnés.

Dans le cas où le jugement de condamnation n'a pas été précédemment signifié au débiteur, le commandement porte en tête un extrait de ce jugement, lequel contient le nom des parties et le dispositif. Sur le vu du commandement et sur la demande du contrôleur ou du receveur du service fiscal, le procureur de la République adresse les réquisitions nécessaires aux agents de la force publique et aux autres fonctionnaires chargés de l'exécution des mandements de justice. Si le débiteur est détenu, la recommandation peut être ordonnée immédiatement après la notification du commandement.

Art. 2. — Les administrations fiscales de la colonie sont dispensées de toute consignation d'aliment.

Art. 3. — La durée de la contrainte par corps est réglée ainsi qu'il suit :

(1) Ce texte supprime la contrainte par corps établie en matière de perception de droits par l'article 40 de l'arrêté du 7 novembre 1881 et ne la laisse subsister que pour le paiement des amendes et dommages et intérêts prononcés par jugements. (V. Dép. M. 28 novembre 1883).

De deux jours à vingt jours, lorsque l'amende et les autres condamnations n'excèdent pas 50 francs ;

De vingt jours à quarante jours, lorsqu'elles sont supérieures à 50 francs et qu'elles n'excèdent pas 100 francs ;

De quarante jours à soixante jours, lorsqu'elles sont supérieures à 100 francs et qu'elles n'excèdent pas 200 francs ;

De deux mois à quatre mois, lorsqu'elles sont supérieures à 200 francs et qu'elles n'excèdent pas 500 francs ;

De quatre mois à huit mois, lorsqu'elles sont supérieures à 500 francs et qu'elles n'excèdent pas 2.000 francs ;

De huit mois à un an, lorsqu'elles s'élèvent au-dessus de 2.000 francs ;

Art. 4. — Les condamnés qui justifient de leur insolvabilité, suivant l'article 420 du Code d'instruction criminelle, sont mis en liberté après avoir subi la contrainte pendant la moitié de la durée fixée par le jugement, lorsque cette durée sera supérieure à six mois et que le condamné ne sera pas sous le coup d'une condamnation pour récidive.

Art. 5. — Si le débiteur a commencé sa soixantième année, la contrainte par corps est réduite à la moitié de la durée fixée par le jugement.

Art. 6. — La contrainte par corps ne peut être exercée simultanément contre le mari et la femme.

FILIPPINI.

CONTRAVENTONS.

NATURE DES DOCUMENTS	DATES	RECUEILS A CONSULTER							OBSERVATIONS
		Bat.	B. C.	B.D.I.	J.C.	J.H.	B. M.	B.Col	
A. G.	9 janvier 1865.	II-321	172						
Loi.	27 juin 1866.	II-198	200						
A. G.	19 juin 1877.	II-203	190						
Circ. G.	16 mai 1880.			49					
Décret.	5 août 1881.		477						
Circ. M.	28 octobre 1881.								

(9 janvier 1865)

A. G. (*Extrait*). *Les contraventions aux règlements de police ou de voirie des quais relèvent de l'office général de police ; les contraventions aux règlements du port ou de la rade relèvent du capitaine du port de commerce.*

BAT. II, p. 321.
B. C. p. 172.

(27 juin 1866)

LOI *concernant les crimes, les délits et les contraventions commis à l'étranger par des Français, modificative des articles 5, 6, 7 et 187 du Code d'instruction criminelle* (1).

(Promulg. A. G. 12 juin 1871)
BAT. II, p. 198.
B. C. p. 200.

(19 juin 1877)

A. G. *appliquant les peines de simple police aux contraventions prévues :*
1° Par l'arrêté du 1er janvier 1866, portant modification aux règlements de police ou de voirie de la ville de Saïgon ;
2° Par l'arrêté du 4 février 1876, relatif au règlement de police sur les filles soumises ;
3° Et par l'arrêté du 15 mars 1867 réglementant les ventes à l'encan.

BAT. II, p. 203.
B. C. p. 190.

Article premier. — Les peines édictées dans les arrêtés sus-indiqués sont supprimées.

Art. 2. — Les contraventions à ces arrêtés seront punies des peines de simple police, conformément à la loi.

DUPERRÉ.

(16 mai 1880)

CIRC. G. *au sujet de l'ordre public troublé par les tirailleurs en permission. — En dehors de la garnison, les autorités civiles ont seules qualité pour exercer les pouvoirs de police. — Mode de procéder lorsqu'un crime, délit ou contravention aura été commis par des tirailleurs.*

B. D. I, p. 49.

(5 août 1881)

DÉCRET *concernant l'organisation et la compétence des Conseils du contentieux administratif dans les colonies* (*art. 99*) (2).

B. C. p. 477.

(1) V. Codes français.
(2) V. Conseil du contentieux administratif.

(28 octobre 1881)

CIRC. M. *Instruction pour l'exécution du décret du 5 août 1881 concernant l'organisation et la compétence des Conseils du contentieux administratif dans les colonies. (Extrait).*

ARCH. GOUV.

Titre I. . . . .

Titre II. Chapitre VII. *De quelques procédures spéciales.*

Sous cette rubrique le chapitre VII comprend les règles de procédure spéciales, en matière :

1° De contraventions.

2° . . . .

. . . .

Des contraventions. — L'article 99 concerne la procédure à suivre pour réprimer les contraventions qui ressortissent aux Conseil du contentieux dans les colonies.

L'ordonnance de 1828 ne fait pas mention d'une procédure spéciale à suivre en cette matière, cela tient sans doute à ce que des contraventions ressortissant au contentieux administratif ne pouvaient pas exister alors faute d'objet.

Depuis cette époque on a promulgué aux colonies un certain nombre de lois sur la grande voirie.

Un contentieux administratif peut par conséquent naître prochainement aux colonies en matière de contravention de voirie.

Aux termes de l'article 99, le procès-verbal constatant la contravention vous sera remis pour la notification et la citation à faire à l'inculpé. Ce mode de procéder n'empêchera pas l'envoi préalable du procès-verbal au chef d'administration ou du service intéressé ; par exemple au chef du service des ponts et chaussées, s'il s'agit d'une contravention de grande voirie et par celui-ci au Directeur de l'Intérieur, son chef hiérarchique qui sera chargé de vous le transmettre.

Le délai qui vous est donné pour faire notifier le procès-verbal de contravention à l'inculpé est de dix jours, dans le cas, toutefois, où aucun autre délai n'a été fixé par une loi spéciale.

Des contributions directes. — Aux colonies. . . . .

. . . .

CLOUÉ.

CONTRIBUTIONS.

NATURE DES DOCUMENTS	DATES	RECUEILS A CONSULTER Bat.	B. C.	B D. I.	J. C.	J. H.	B. M.	B. Co.	OBSERVATIONS
Décret.	30 janvier 1867.	II-360	376						
Circ. M.	31 janvier 1873.	II-362							
Décret.	5 octobre 1882.		309						

(30 janvier 1867)

DÉCRET *relatif aux pouvoirs accordés aux Gouverneurs et Commandants de colonie, en matière de taxes et de contributions* (1).

(Promulg. A. G. 24 avril 1867)
BAT. II, p. 360.
B. C. p. 376.

Article premier. — Dans les colonies autres que la Martinique, la Guadeloupe et la Réunion, les gouverneurs et commandants sont autorisés à déterminer, par arrêtés pris en conseil d'administration, l'assiette, le tarif, les règles de perception et le mode de poursuites des taxes et contributions publiques.

Les droits de douane sont exceptés de cette attribution et réservés pour être réglés par des décrets.

Sont et demeurent confirmés les arrêtés rendus par les gouverneurs et les commandants sur les matières désignées au paragraphe premier du présent article.

Art. 2. — Les arrêtés rendus par les gouverneurs et les commandants, en vertu du paragraphe premier de l'article précédent, sont immédiatement soumis à l'approbation de notre Ministre secrétaire d'État de la marine et des colonies. Ces arrêtés sont toutefois provisoirement exécutoires.

Art. 3. — Toutes dispositions contraires sont et demeurent abrogées.

NAPOLÉON.

(31 janvier 1873)

CIRC. M. *Formalités à remplir pour l'instruction des projets d'arrêté, en matière de contributions, soumis à l'approbation ministérielle.*

BAT. II. p. 362.

Aux termes du décret du 30 janvier 1867, les gouverneurs et commandants des colonies qui ne sont pas régies par le sénatus-consulte du 4 juillet 1866, sont autorisés à statuer sur l'assiette, le tarif et les règles de perception des taxes et contributions publiques, sauf en matière de douanes ; les arrêtés qui sont rendus dans ce but doivent être soumis à mon approbation, mais ils sont provisoirement exécutoires.

J'ai remarqué que l'instruction de ces questions n'a pas été faite, jusqu'ici, avec toute la régularité

(1) Le caractère distinctif des contributions directes ne consistent pas en ce qu'elles atteignent directement les personnes ou les biens, mais en ce qu'elles sont perçues d'après un rôle nominatif des contribuables (Block).

L'arrêté local du 11 février 1867 (Bat. vol. I, p. 339) rend applicable aux contributions indirectes affermées, tant à l'égard des fermiers que de leurs cautions, la loi du 12 novembre 1808 relative au privilège du trésor public pour le recouvrement des contributions directes.

Taxes assimilées aux contributions directes. — On désigne sous ce nom un certain nombre d'impôts auxquels s'applique la définition des contributions directes.

Consulter le dictionnaire de l'enregistrement par les rédacteurs (Vol. II, p. 255).

Consulter, au surplus, le tableau D annexé à la loi annuelle des finances.

Le Conseil colonial vote également le tarif des taxes et contributions de toute nature nécessaires pour l'acquittement des dépenses de la colonie et autres que ceux afférents aux droits de douane et d'octroi de mer.

Les délibérations prises sur ces matières sont définitives et deviennent exécutoires si, dans le délai d'un mois à partir de la clôture de la session, le Gouverneur n'en a pas demandé l'annulation pour excès de pouvoirs, pour violation des lois ou des règlements ayant force de loi.

Cette annulation est prononcée sur le rapport du Ministre de la marine et des colonies, par décret du Président de la République (art. 32, *in fine*. Décret du 8 février 1880 instituant un Conseil colonial en Cochinchine. V. Conseil colonial).

désirable ; il en résulte que mon Département n'a reçu, très souvent, que des documents incomplets ou rédigés d'une manière trop sommaire pour qu'il fût possible de soumettre les différents règlements à l'examen sérieux qu'ils comportent.

Il devient nécessaire, dès lors, de poser une règle uniforme pour l'instruction des affaires de cette nature.

Les projets d'arrêtés, soumis au conseil d'administration, doivent être préparés par l'administration locale et rédigés par articles; il seront accompagnés d'un exposé des motifs indiquant, avec détail, l'état de la législation antérieure, avec la date exacte des dispositions citées, les modifications motivées qui y seront apportées par les nouvelles propositions et les résultats qu'ils fourniront au point de vue financier. Il importe que le conseil d'administration délibère sur les propositions de l'administration locale, et qu'il vote sur l'adoption ou le rejet de chaque article. Lorsque des modifications importantes sont proposées par le conseil, il serait préférable qu'elles fussent renvoyées à l'examen de l'Administration, qui serait ainsi mieux à même d'en faire apprécier l'opportunité ou les désavantages.

Lorsque, après l'examen du conseil, les arrêtés que vous aurez rendus provisoirement exécutoires seront soumis à l'approbation de mon Département, vous aurez soin de me faire parvenir à l'appui :

1° Une copie des pièces précitées ;

2° La délibération ou les délibérations du conseil municipal comprenant le compte rendu de la discussion générale, s'il y a lieu, et de la discussion de chaque article avec la constatation de son adoption ou de son rejet, ainsi que des modifications introduites dans le cours de la discussion ;

3° Une ou plusieurs ampliations de l'arrêté local.

Je vous prie en outre de m'adresser vos observations personnelles sur la disposition qu'il s'agit d'approuver, notamment en ce qui se rapporte aux changements proposés par le conseil.

Je vous serai obligé de donner des ordres pour que ces formalités soient, à l'avenir, rigoureusement observées.

DE CISSEY.

(5 octobre 1882)

DÉCRET *relatif à la répression des attentats, complots, rébellion, troubles ou désordres graves* (1).

(Promulg. A. G. 30 décembre 1882).
B. C. p. 509.

Consulter en outre : Impôts.

(1) V. Peines administratives.

CONTRIBUTIONS DIRECTES.

I. CONTRIBUTIONS DIRECTES (CONTROLE DES). — II. DES MOYENS DE RECOUVREMENT, III. DÉCLARATIONS Y RELATIVES.

I. CONTRIBUTIONS DIRECTES (CONTROLE DES)

NATURE DES DOCUMENTS	DATES	RECUEILS A CONSULTER							OBSERVATIONS
		Bat.	B. C.	D. I	J. C.	J. H.	M.	Co l	
A. G.	27 décembre 1873.	1-343	460						
D. G.	31 août 1876.	1-344	216						
A. G.	28 avril 1877.	1-450	235						
D. G.	5 août 1877.	1-344	234						
A. G.	9 septembre 1878.	1-344	350						
A. G.	22 décembre 1879.	1 345	512						
D. G.	12 janvier 1880.		11						
A. G.	13 décembre 1880.		396						
D. G.	15 janvier 1881.		55						
A. G.	22 mars 1882.				326				
A. G.	19 février 1883.		115						
A. G.	19 mars 1883.		154						
A. G.	27 novembre 1886.		341						
A. G.	13 décembre 1886.		375						
A. G.	24 mars 1887.				415				
A. G.	24 mars 1887.		237		415				
A. G.	20 avril 1887.								
A. L. G.	23 janvier 1888.								

(27 décembre 1873).

A. G. *Création d'un contrôle des patentes et de l'impôt foncier pour les villes de Saïgon et de Cholon. — Établissement et publication des rôles de l'impôt foncier et des patentes. — Délais et formalités de présentation des réclamations des contribuables contre la fixation de ces taxes* (1).

BAT. I, p. 343.
B. C. p. 460.

Article premier. — Dans les villes de Saïgon et de Cholon, les rôles des patentes et de l'impôt foncier sont établis par les soins du contrôleur des contributions directes.

Après avoir été vérifiés par le Directeur de l'Intérieur, ils sont, sur sa proposition, rendus exécutoires par le Gouverneur, en Conseil privé, et publiés immédiatement après au moyen d'affiches apposées dans l'intérieur des villes de Saïgon et de Cholon et par une insertion au *Journal officiel* de la colonie.

Art. 2. — Les patentés qui réclameront contre la fixation de leurs taxes seront admis à prouver la justice de leurs réclamations par la représentation d'actes de société légalement publiés, de journaux et de livres de commerce régulièrement tenus et par tous autres documents.

Art. 3. — Les réclamations des contribuables en décharge ou en réduction de leurs taxes ne seront admises qu'autant qu'elles seront présentées à l'Administration et reçues par elle dans les trois mois de la publication des rôles.

Elles devront, à peine de rejet sans examen, être appuyées de l'avertissement donné au contribuable ou d'un extrait du rôle et, sur la réquisition du contrôleur des contributions, de la quittance du terme échu lors de la demande.

Art. 4. — Les pétitions en remise ou modération de contributions pour pertes résultant d'événements extraordinaires devront être remises à l'Administration dans les quinze jours qui suivront ces événements.

Elles seront appuyées des pièces justificatives spécifiées en l'article précédent.

Art. 5. — Les délais ci-dessus fixés sont de rigueur ; ils ne pourront en aucun cas être réputés comminatoires et aucune autorité ne pourra relever les contribuables de la déchéance qu'ils auront irrévocablement encourue en les outrepassant.

Art. 6. — Les réclamations formées en temps utile et appuyées des justifications voulues, seront instruites et jugées dans le plus bref délai.

Le contrôleur des contributions à qui elles seront, dans tous les cas, communiquées, prendra, s'il y a lieu, l'avis du maire ou de l'administrateur de la localité. Cet avis lui sera fourni dans la huitaine et le dossier sera renvoyé à la Direction de l'Intérieur dans le mois de sa transmission au contrôleur.

Art. 7. — Le Gouverneur statue, en Conseil privé, sur les réclamations en décharge ou en réduction de taxes ; il juge seul les demandes en remise ou modération.

Les dégrèvements peuvent lui être présentés au moyen d'états collectifs par exercice et par nature de contributions.

L'Administration est tenue d'aviser sans retard les intéressés de la solution favorable donnée à leurs pétitions.

Art. 8. — A défaut de réclamations individuelles, et s'il s'agit des cotes indûment imposées ou irrécouvrables, les agents chargés du recouvrement en feront l'objet d'états collectifs.

(1) V. A. G. 9 septembre 1878 ; A. G. 22 décembre 1879 ; A. G. 24 mars 1887. — V. Impôt, § Réclamations relatives aux contributions directes.

Les états de cotes indûment imposées seront établis dans les trois mois de la publication des rôles ; celui des cotes irrécouvrables, dans les deux premiers mois faisant suite à l'exercice écoulé.

Ces états, dressés en triple expédition, seront vérifiés par le contrôleur des contributions, qui prendra, au besoin, l'avis du maire ou de l'administrateur, selon la localité.

Le Gouverneur, sur la proposition du Directeur de l'Intérieur, statuera en Conseil privé sur l'admission des cotes en non-valeurs, tant en principal, qu'en frais de poursuites, et sur la responsabilité des comptables.

DUPRÉ.

(31 août 1876)

D. G. *réunissant sous la même direction le service de l'enregistrement, des domaines et celui des contributions directes.*

BAT. I, p. 344.
B. C. p. 216.

Le service de l'enregistrement, du domaine et des hypothèques, ainsi que celui des contributions directes, seront, à partir du 1er septembre prochain, réunis sous la même direction.

DUPERRÉ.

(28 avril 1877)

A. G. *réunissant provisoirement, sous une même direction, le service de l'enregistrement et des domaines, le contrôle des contributions directes et le service du cadastre* (1).

BAT. I, p. 450.
B. C. p. 235.

(5 août 1877)

D. G. *rendant exécutoire, à titre définitif, l'arrêté local du 28 avril 1877.*

BAT. I, p. 344.
B. C., p. 234.

L'arrêté local du 28 avril 1877, réunissant provisoirement sous une même direction le service de l'enregistrement et des domaines, le contrôle des contributions directes et le service du cadastre, est rendu exécutoire à titre définitif.

DUPERRÉ.

(9 septembre 1878)

A. G. *Le chef du service de l'enregistrement et des domaines, des contributions directes, etc., aura dans ses attributions le contrôle et l'établissement des patentes et de l'impôt foncier de la ville de Cholon. — Organisation du service* (2).

BAT. I, p. 344.
B. C. p. 350.

Article premier. — L'arrêté susvisé du 27 décembre 1872 sera remis en vigueur

(1) V. A. G. 5 août 1877.
(2) V. D. G. 12 janvier 1880. — A. G. 24 mars 1887.

et, à partir du 1er janvier 1879, le chef du service de l'enregistrement et des domaines, des contributions directes, etc., aura dans ses attributions le contrôle et l'établissement des patentes et de l'impôt foncier de la ville de Cholon.

Art. 2.— Un premier commis ou secrétaire, détaché de la Direction de l'Intérieur, remplira les fonctions de contrôleur des contributions directes, sous les ordres du chef du service de l'enregistrement et des domaines, etc. Il jouira en cette qualité d'un supplément annuel de douze cents francs et des frais de déplacement réglementaires.

Art. 3.— En dehors de sa tournée de recensement général, le contrôleur se transportera à Cholon les mardi et vendredi de chaque semaine et y tiendra son bureau ouvert de sept à dix heures du matin.

Art. 4. — Un appariteur interprète pour les langues annamite et chinoise sera spécialement détaché au contrôle de Cholon. Il sera en même temps gardien du local affecté au contrôle et planton du service.

Art. 5. — Le service ainsi organisé procédera, dans le courant du 4e semestre 1878, à l'établissement des rôles primitifs des patentes et de l'impôt foncier pour les villes de Saïgon et Cholon.

J. LAFONT.

(22 décembre 1879)

A. G. *Les attributions du chef du service des contributions directes seront étendues aux limites du ressort des tribunaux français.*

BAT. I, p. 345.
B. C. p. 512.

Les attributions du chef du service des contributions directes seront étendues aux limites du ressort des tribunaux français, à partir du 1er janvier 1880.

LE MYRE DE VILERS.

(12 janvier 1880)

D. G. *modifiant l'article 3 de l'arrêté local du 9 septembre 1878 mettant dans les attributions du chef du service de l'enregistrement et des domaines, des contributions directes, etc., le contrôle de l'établissement des patentes et de l'impôt foncier de la ville de Cholon et organisant le service.*

B. C. p. 11.

L'article 3 de l'arrêté du 9 septembre 1878 est modifié comme suit :

« En dehors de sa tournée de recensement général, le contrôleur se transportera à Cholon les mardi, jeudi et samedi, et y tiendra son bureau ouvert de 7 à 10 heures du matin. »

LE MYRE DE VILERS.

(13 décembre 1880)

A. G. *créant un vingtième arrondissement.*

B. C. p. 596.

Art. 5. — Le chef du service des contributions directes reste chargé de l'établissement des rôles des patentes et de l'impôt foncier. Il sera chargé aussi d'établir les rôles des barques et de l'impôt personnel.

(15 janvier 1881)

D. G. *relative à la délivrance des ordres de recettes pour duplicata des livrets de barques dans le 20e arrondissement* (1).

B. C. p. 55.

Article premier. — Le service du contrôle des contributions directes à Saïgon et à Cholon est chargé de la délivrance des ordres de recettes pour duplicata de livrets de barques dans le 20e arrondissement, conformément à l'arrêté du 24 mars 1873 [(Art. 1er, § 3). Barques et jonques].

LE MYRE DE VILERS.

(22 mars 1882)

A. G. *faisant répartition des attributions dévolues au chef du service de l'enregistrement et des domaines, du service des contributions directes et du service du cadastre. — Allocations* (2).

J. C. p. 326.

(19 février 1883)

A. G. *rapportant l'arrêté du 22 mars 1882 et plaçant sous une direction unique les service de l'enregistrement et des domaines, des contributions directes et du cadastre.*

B. C. p. 115.

Article premier. — L'arrêté susvisé du 22 mars 1882 est et demeure rapporté. Les services de l'enregistrement, des domaines, des contributions directes et du cadastre sont réunis et placés sous une direction unique.

Art. 2. — Cette direction est confiée à M. Camouilly, sous-inspecteur de l'enregistrement, chef du service de l'enregistrement, des domaines et du cadastre.

CHARLES THOMSON.

(19 mars 1883)

A. G. *Le contrôle des contributions directes de Saïgon est supprimé* (3); *le contrôleur de Cholon est chargé de l'assiette des contributions directes du 20e arrondissement autres que celles abandonnées à la ville; la perception des contributions de la banlieue et de la ville de Saïgon continuera à être effectuée par le receveur spécial à Saïgon; livrets de barque; frais de recensement et de tournées des contrôleurs de Cholon.*

B. C. p. 154.

Article premier. — Le contrôle des contributions directes de Saïgon est supprimé.

Le contrôleur de Cholon sera chargé de l'assiette des contributions directes du 20e arrondissement, autres que celles abandonnées à la ville.

Art. 2. — La perception des contributions de la banlieue et de la ville de Saïgon

(1) V. A. G. 19 février 1883. — Ces dispositions ont été prises au décès de M. B..., chef de ces divers services.

(2) V. Division administrative et territoriale.

(3) La suppression du contrôle particulier des contributions directes à Saïgon a été une des conséquences de l'arrêté local du 28 décembre 1882 faisant abandon à la commune de Saïgon de la totalité de la contribution des patentes et de l'impôt foncier des centres dans les limites du territoire de la commune de Saïgon, plus d'une part proportionnelle sur le produit de l'impôt de capitation des Asiatiques étrangers.

continuera à être effectuée par le receveur spécial à Saïgon.

Art. 3. — Les livrets de barques pourront être visés soit au contrôle à Cholon, soit dans les bureaux du chef de service à Saïgon.

Art. 4. — Les frais de recensement et de tournées du contrôleur de Cholon sont portés à 400 piastres et ses frais de bureaux à 60 piastres.

CHARLES THOMSON.

(27 novembre 1886)

A. G. *rétablissant le contrôle des contributions directes de Saïgon. — Composition du personnel ; traitement. — Attributions du contrôleur.*

B. C. p. 341.

Article premier. — Le contrôleur des contributions directes de Saïgon est rétabli à compter du 8 novembre 1886.

Le contrôleur de Saïgon sera chargé, sous la direction du chef du service des contributions directes, de l'assiette de tous les impôts directs assis sur le territoire de la ville.

Art. 2. — Le personnel du contrôle, ainsi que les émoluments des employés sont fixés comme suit :

		Piastres.
1 Contrôleur..	Solde d'Europe	700 00
	Solde coloniale	700 00
	Frais de recensement et de tournées	200 00
	Frais de bureau	100 00
1 Interprète		300 00
1 Secrétaire		240 00
1 Planton		120 00

FILIPPINI.

(13 décembre 1886)

A. G. *Du contrôleur des contributions directes de Saïgon. — Traitement.*

B. C. p. 375.

Article premier. — M. H..., comptable, chargé des recettes des patentes et de l'impôt foncier de la ville de Saïgon, est nommé contrôleur des contributions directes.

Il est attaché plus particulièrement au service de la ville de Saïgon.

Il recevra, en cette qualité, un traitement total de mille sept cents piastres se décomposant comme suit :

	Piastres.
Solde d'Europe	700
Solde coloniale	700
Frais de recensement et de tournée	200
Frais de bureau	100
Total	1,700

FILIPPINI.

(24 mars 1887)

A. G. *Suppression du contrôle des contributions directes de Cholon à partir du 15 avril prochain* (1) *et création d'un contrôle unique des contributions directes du 20e arrondissement. — Supplément pour frais de tournée.*

J. C. p. 415.

Article premier. — Le contrôle des contributions directes de Cholon est supprimé à partir du 15 avril prochain. La remise des rôles de l'impôt foncier et de tous les documents qui s'y rattachent sera faite, à cette date, au géomètre contrôleur de cette localité.

Les autres documents et archives du contrôle supprimé seront remis au contrôleur de Saïgon.

Art. 2. — Le contrôleur de Saïgon est chargé du service des contributions directes, autres que l'impôt foncier, pour les villes de Saïgon, Cholon et tout le territoire du 20e arrondissement. Il prendra le titre de contrôleur des contributions directes du 20e arrondissement.

En raison de ces nouvelles fonctions, le supplément pour frais de tournées qui a été alloué à ce fonctionnaire par l'arrêté du 13 décembre 1886, est porté de 200 piastres (1,000 francs) à 1,500 francs.

Art. 3. — Le contrôleur se transportera, à jour fixé et plusieurs fois par semaine, s'il est nécessaire, à Cholon, où une salle de la mairie sera mise à sa disposition. Il fera connaître à l'avance les jours et heures de ces déplacements.

Art. 4. — Les dispositions des arrêtés des 27 décembre 1873 et 9 septembre 1878, contraires aux présentes, sont abrogées.

FILIPPINI.

(24 mars 1887)

A. G. *rattachant le service des vérification des poids et mesures au contrôle des contributions directes du 20e arrondissement.*

J. C. p. 415.

Article premier. — Le service de vérification des poids et mesures est rattaché au contrôle des contributions directes du 20e arrondissement.

Art. 2. — Les arrêtés des 21 février 1881 et 23 mai 1882 sont abrogés en ce qu'ils ont de contraire au présent arrêté.

FILIPPINI.

(20 avril 1887)

A. G. *fixant la composition du personnel du contrôle des contributions directes du 20e arrondissement.*

B. C. p. 257.

(1) La suppression du contrôle des contributions directes de Cholon est une des conséquences de l'arrêté du 24 mars 1887 créant un contrôle de l'impôt foncier dans toute la colonie et attribuant les fonctions de contrôleur aux géomètres du cadastre.

(23 janvier 1888)

A. L. G. *limitant les attributions du service des contributions directes et des poids et mesures aux communes de Saïgon et de Cholon.*

B. C. p.
J. C. p.

Article premier. — Les attributions du service des contributions directes des poids et mesures sont limitées aux communes de Saïgon et de Cholon.

Art. 2. — La remise des rôles et autres documents relatifs à l'établissement des impôts directs de toute nature, dans les cantons de Binh-chanh-thuong et de Duong-minh, sera faite par le chef du service des contributions directes aux administrateurs de Giadinh et de Cholon.

NAVELLE.

II. DES MOYENS DE RECOUVREMENT.

NATURE DES DOCUMENTS	DATES	RECUEILS A CONSULTER Bat.	B. C.	B.D.I	J. C.	J.H.	B. M.	B Col	OBSERVATIONS
Loi.	12 novembre 1808.	I-339	293						
A. G.	22 janvier 1873.	I-340	17						
A. G.	7 juillet 1873.	I-342	229						
Circ. D. I.	26 août 1873.	I-342							
A. G.	27 décembre 1873.	II-438	457						

(12 novembre 1808)

LOI *relative au privilège du trésor public pour le recouvrement des contributions directes.*

(Promulg. A. G. 11 février 1867).
BAT. I, p. 339.
B. C. p. 293.

Article premier. — Le privilège du trésor public, pour le recouvrement des contributions directes, est réglé ainsi qu'il suit, et s'exerce avant tout autre :

1° Pour la contribution foncière de l'année échue et de l'année courante, sur les récoltes, fruits, loyers et revenus des biens-immeubles sujets à la contribution ;

2° Pour l'année échue et l'année courante des contributions mobilière, des portes et fenêtres, des patentes, et toute autre contribution directe et personnelle, sur tous les meubles et autres effets mobiliers appartenant aux redevables, en quelque lieu qu'ils se trouvent.

Art. 2. — Tous fermiers, locataires, receveurs, économes, notaires, commissaires-priseurs et autres dépositaires et débiteurs de deniers provenant du chef des redevables, et affectés au privilège du trésor public, seront tenus, sur la demande qui leur en sera faite, de payer, en l'acquit des redevables et sur le montant des fonds qu'ils doivent ou qui sont en leurs mains, jusqu'à concurrence de tout ou partie des contributions dues par ces derniers. Les quittances des percepteurs, pour les sommes légitimement dues, leur seront allouées en compte.

Art. 3. — Le privilège attribué au trésor public, pour le recouvrement des contributions directes, ne préjudicie point aux autres droits qu'il pourrait exercer sur les biens des redevables, comme tout autre créancier.

Art. 4. — Lorsque, dans le cas de saisie de meubles et autres effets mobiliers pour le paiement des contributions, il s'élèvera une demande en revendication de tout ou partie desdits meubles et effets, elle ne pourra être portée devant les tribunaux ordinaires qu'après avoir été soumise, par l'une des parties intéressées, à l'autorité administrative, aux termes de la loi du 5 novembre 1790.

(22 janvier 1873)

A. G. *Réglementation des poursuites en matière de contributions directes dans les villes de Saïgon et de Cholon.*

BAT. I, p. 340.
B. C. p. 17.

Article premier. — Le recouvrement des contributions directes, dans les villes de Saïgon et de Cholon (1), sera poursuivi suivant les formes et d'après les règles ci-après déterminées.

Art. 2. — Les contributions directes sont exigibles dès l'ouverture de l'exercice, en vertu des rôles rendus exécutoires par le Gouverneur ; elles sont payables dans les termes et délais qui sont ou seront fixés par les arrêtés spéciaux à chacune d'elles.

Art. 3. — Les droits et privilèges attribués au trésor pour le recouvrement des contributions directes, par la loi du 12 novembre 1808, promulguée dans la colonie par l'arrêté du 11 février 1867, sont maintenus et s'étendent au recouvrement des frais de poursuite dûment liquidés et taxés.

Art. 4. — A compter de la publication du présent arrêté, il sera choisi, dans cha-

(1) V. *infrà*, A. G. 22 décembre 1879.

cune des villes de Saïgon et de Cholon, un porteur de contraintes chargé exclusivement de notifier celles qui seront décernées pour le paiement des contributions directes.

Les agents auront qualité pour suivre l'exécution des contraintes jusques et y compris la vente des meubles, effets mobiliers, fruits et récoltes des redevables.

Art. 5. — Les porteurs de contraintes, présentés par le trésorier-payeur, sont nommés par le Gouverneur, sur la proposition du Directeur de l'Intérieur.

Avant d'entrer en fonctions, ils prêteront serment devant le juge de première instance.

Dans l'exercice de leur profession, ils seront munis de leur commission, la mentionneront dans leurs actes et la représenteront à réquisition.

Ils seront placés sous la surveillance des fonctionnaires chargés du recouvrement de l'impôt, du trésorier-payeur, du Directeur de l'Intérieur.

Art. 6. — Les porteurs de contraintes rempliront les obligations imposées aux huissiers par la législation en vigueur sur l'enregistrement, en ce qui concerne la tenue d'un répertoire et l'enregistrement de leurs actes.

Art. 7. — Les porteurs de contraintes recevront un traitement fixe et annuel de 2,400 francs.

Il leur sera alloué en outre 50 centimes pour chacun des actes de poursuite qu'ils auront notifié, les avertissements exceptés, et un franc pour cent pour chaque vente de meubles.

Ils n'auront droit à aucune indemnité de déplacement.

Ces allocations leur seront payées sur des états trimestriels, vérifiés par le fonctionnaire chargé du recouvrement de l'impôt et arrêtés par le trésorier-payeur.

Art. 8. — Les poursuites ne seront commencées qu'autant qu'un avertissement, remis sans frais et à demeure, sera resté infructueux ; elles comprendront alors toutes les sommes à la charge du contribuable, quel que soit l'exercice.

Art. 9. — Les avertissements et les copies des actes de poursuite, en l'absence du redevable, seront remis à la personne qui le représente et, à défaut, au maire ou à l'inspecteur de la localité.

Art. 10(1). — Le premier acte de poursuite en matière de contributions directes est une contrainte décernée, à la demande du fonctionnaire chargé du recouvrement de l'impôt, par le trésorier-payeur et rendue exécutoire par le Directeur de l'Intérieur.

Elle ne sera notifiée que huit jours après la remise de l'avertissement ; l'acte de notification rédigé à la suite contiendra commandement de payer par toutes les voies de droit.

L'exécutoire apposé sur la contrainte par le Directeur de l'Intérieur emportera autorisation de continuer les poursuites jusques et y compris la vente des meubles, objets mobiliers, créances, fruits et récoltes du contribuable.

De nouveaux pouvoirs seront nécessaires pour faire procéder à la vente des immeubles.

Art. 11. — Vingt-quatre heures après la notification de la contrainte à personne ou à domicile, le contribuable pourra être poursuivi par voie de saisie et de vente de ses meubles, effets mobiliers, créances, fruits et récoltes pendants par racines, en observant toutefois les formalités prescrites par le Code de procédure civile (articles 557 à 655).

Art. 12. — La saisie comprend de droit toutes les sommes qui sont devenues exigibles au jour de la vente, bien que le commandement exprime des sommes moindres.

(1) V. *infrà*, A. G. 27 décembre 1878.

Art. 13. — La revendication des meubles et effets saisis, les contestations sur la validité de la vente et les oppositions sur le prix ne pourront être portées devant les tribunaux qu'après avoir été déférées à l'autorité administrative, qui statuera dans le plus bref délai possible, conformément à l'article 4 de la loi du 12 novembre 1808.

Art. 14. — S'il est nécessaire de recourir à la saisie et à la vente des immeubles des contribuables, le ministère des huissiers deviendra obligatoire.

La saisie réelle sera précédée d'un nouveau commandement spécial à trente jours.

Les formalités prescrites par les articles 673 et suivants du Code de procédure civile seront observées.

Art. 15. — Le coût des actes de poursuite notifiés par les porteurs de contraintes, non compris les droits d'enregistrement, est uniformément fixé à 2 fr. 50 cent. Il sera indiqué sur l'original et les copies ; les frais de vente sont tarifés à 2 p. 100 du prix. — Les autres frais et dépens seront taxés conformément à l'arrêté du 11 juillet 1865.

DUPRÉ.

(7 juillet 1873)

A. G. *Application de l'arrêté du 22 janvier 1873 dans toute la colonie au recouvrement des contributions directes dues par les Européens et assimilés, sous certaines modifications.*

BAT. I. p. 342.
B. C. p. 229.

Article premier. — L'arrêté du 22 janvier 1873, sur le mode de poursuites en matière de contributions directes, dans l'étendue des villes de Saïgon et de Cholon, est applicable dans toute la colonie au recouvrement desdites contributions dues par les Européens et les résidents assimilés, sous les seules modifications suivantes :

1° Les fonctions de porteurs de contraintes seront remplies dans chaque inspection, autre que Saïgon et Cholon, par un agent de la force publique ou, à défaut, par l'un des secrétaires de l'inspection, Français d'origine, et désigné, à la demande du fonctionnaire chargé du recouvrement de l'impôt, par l'administrateur-juge de la résidence.

L'agent prêtera serment et il en sera rédigé acte sans frais.

2° Les agents chargés des fonctions de porteurs de contraintes auront qualité pour notifier tous les actes de poursuites et exercer tous les actes d'exécution en matière de contributions directes ; ils pourront même, en l'absence de l'huissier, dans l'étendue de l'inspection, signifier les actes d'opposition ou défense à la requête des contribuables contre le trésor.

3° Il leur sera payé, indépendamment de l'allocation de 50 centimes par acte ou 1 p. 100 pour les ventes de meubles, des frais de déplacement, toutes les fois qu'ils seront appelés à instrumenter en dehors du chef-lieu de l'inspection. Ces frais seront tarifés et ordonnancés par le Directeur de l'Intérieur, conformément à l'arrêté du 19 mai 1871 (1), pour être ultérieurement recouvrés sur les débiteurs.

4° Le contrôle à exercer sur les actes des agents remplissant les fonctions de porteurs de contraintes, ailleurs qu'à Saïgon et Cholon, sera ultérieurement déterminé par une décision du Directeur de l'Intérieur.

Art. 2. — L'arrêté du 22 janvier 1873 reste et demeure applicable, dans toute l'é-

(1) V. Frais de conduite, de route et de séjour. — V. Circ. D. I. 26 août 1873.

tendue des villes de Saïgon et de Cholon, au recouvrement des contributions directes, à quelque nationalité qu'appartiennent les débiteurs.

Pour l'exécution du présent arrêté, les porteurs de contraintes des villes de Saïgon et Cholon auront qualité pour instrumenter dans toute l'étendue des inspections dont ces deux villes sont les chefs-lieux. Lorsqu'ils instrumenteront en dehors des limites des villes, ils auront droit aux frais de déplacement prévus par le 3e paragraphe de l'article premier du présent arrêté.

DUPRÉ.

(26 août 1873)

CIRC. D. I. *Notification de l'arrêté du 7 juillet 1873. Envoi d'un exemplaire de tous les actes susceptibles d'être notifiés par les porteurs de contraintes.*

BAT. I, p. 342.

Un arrêté pris par M. le Gouverneur, en Conseil privé, le 7 juillet courant, que vous trouverez inséré au *Courrier de Saïgon* du 20 du même mois, détermine le mode de recouvrement des contributions directes dues par les Européens ou résidents assimilés, dans toute l'étendue de la colonie.

Pour vous permettre d'appliquer, le cas échéant, les dispositions de cet arrêté, j'ait fait imprimer et j'ai l'honneur de vous adresser quelques exemplaires de tous les actes susceptibles d'être notifiés par les porteurs de contraintes.

En outre, pour me conformer au paragraphe 4 de l'article premier du même arrêté, j'ai décidé que le contrôle des actes des agents remplissant les fonctions de porteurs de contraintes, ailleurs qu'à Saïgon et Cholon, serait exercé de la manière suivante :

1o Ces agents seront astreints à la tenue d'un répertoire dont je vous envoie ci-joint un exemplaire, sur lequel ils inscriront jour par jour, et par ordre de numéro, tous les actes de leur ministère.

2o Ces actes devront être soumis à votre visa, dans les 24 heures de leur date, s'ils ont été notifiés au chef-lieu de l'arrondissement, et dans les 24 heures du retour de l'agent au chef-lieu, s'ils ont été notifiés dans l'intérieur. Au moment de leur visa, ils devront être enregistrés par vos soins sur le registre que je vous envoie à cet effet, lequel contient les mêmes indications que le répertoire.

Ce registre vous servira à contrôler le répertoire tenu par le porteur de contraintes et à vérifier les états d'allocations qui vous seront soumis à la fin de chaque trimestre.

DE MONTJON.

(27 décembre 1873)

A. G. *apportant certaines modifications aux arrêtés sur les patentes, l'impôt foncier et les poursuites en matière de contributions directes.*

BAT. II. p. 438.
B. C. p. 457.

A partir du 1er janvier 1874, la législation sur les patentes, l'impôt foncier et les poursuites en matières de contributions directes est complétée des dispositions suivantes :

Article premier. — Toute personne qui, après le 1er janvier, entreprendra une profession imposable, devra, dans la huitaine, se présenter au contrôle des contributions pour requérir son inscription au rôle et se munir d'une patente, sous peine de voir son établissement fermé par mesure administrative, jusqu'à régularisation de sa position et acquittement du premier terme exigible de sa contribution.

Art. 2. — La contribution des patentes de 7e et de 8e classe sera exigible en un seul terme et d'avance.

Art. 3. — La contribution de 25 francs établie sur chaque voiture de place sera pareillement exigible en un seul terme et d'avance.

Chaque voiture sera inscrite au rôle sous un article spécial. Tous les propriétaires ou détenteurs successifs de la même voiture, dans le cours de l'année, seront solidairement tenus au paiement de ladite contribution, sauf leur recours entre eux.

Toute voiture circulant sans être munie de la carte-patente prescrite par la décision du 8 août 1873, sera mise en fourrière ; avis en sera immédiatement donné au contrôleur qui, en cas de non-paiement de la contribution, provoquera auprès du percepteur les poursuites nécessaires.

Art. 4. — L'article 21, premier alinéa, de l'arrêté du 17 octobre 1872, s'étend à tous les marchands ambulants ou colporteurs, aussi bien à ceux qui vendent hors de leur domicile qu'à ceux qui vendent au lieu de leur domicile.

Les marchandises séquestrées en vertu de cet article, ainsi entendu, seront déposées au commissariat central de police ; elles y seront immédiatement inventoriées et un double de l'inventaire sera, séance tenante, adressé au contrôleur des contributions.

Le Directeur de l'Intérieur, en cas de non-paiement de la contribution, pourra, même avant l'émission du rôle, et au vu de l'ordre de recette du contrôleur, ordonner la saisie et la vente desdites marchandises par le ministère du porteur de contraintes.

Art. 5. — Tout patenté reconnu solvable qui, un mois après la publication du rôle, se sera mis dans le cas d'être poursuivi pour retard dans le paiement du premier terme de sa contribution, perdra le bénéfice des articles 17, premier alinéa, et 15, deuxième alinéa, de l'arrêté du 17 octobre 1872. En conséquence, la contrainte qui leur sera notifiée comprendra l'intégralité de la contribution annuelle devenue, par le fait de ce retard, immédiatement exigible et non sujette à répétition, quels que soient les événements ultérieurs.

Art. 6. — Les tarifs annexés à l'arrêté du 17 octobre 1872 sont ainsi modifiés, en ce qui concerne les industries suivantes :

Blanchisseurs de linge, 4e, 5e ou 6e classe ;
Cordonniers, 4e, 5e ou 6e classe ;
Ferblantiers, 4e, 5e ou 6e classe ;
Tailleurs d'habits, 4e, 5e ou 6e classe.

Le nombre des ouvriers servira de base à la classification de ces industries, de telle sorte que la 6e classe sera applicable à celles qui n'emploient que deux ouvriers, la 5e classe à celles qui en emploient de trois à cinq, et la 4e classe à celles qui en emploient un plus grand nombre.

Art. 7. — Les formules de patentes pour les villes de Saïgon et de Cholon seront remises aux intéressés par le contrôleur des contributions directes, au vu de la quittance constatant le paiement du premier terme à la caisse du percepteur de la localité. En conséquence, l'article 19 de l'arrêté du 17 octobre est abrogé.

Les avertissements seront de même remis aux destinataires, sous la direction du contrôleur, par les porteurs de contraintes, assistés, s'il y a lieu, des interprètes du contrôle.

Art. 8. — Les résidents asiatiques assujettis au livret ou à la carte de notable devront porter sur les rôles des patentes les mêmes noms que ceux inscrits sur lesdits livrets ou cartes. Le numéro du livret ou de la carte et la congrégation y seront de plus indiqués.

Il est défendu à tous fonctionnaires chargés de l'assiette de l'impôt de les dénommer autrement, et il est enjoint aux contribuables de représenter leurs livrets ou cartes à toute réquisition desdits fonctionnaires, sous peine de n'être pas inscrits et punis comme exerçant sans patentes. Les Asiatiques soumis aux livrets pourront toujours être conduits au contrôle des contributions pour faire vérifier ou régulariser leur position.

Art. 9. — Le vendeur et l'acquéreur d'un immeuble seront solidairement responsables, sauf leur recours entre eux, au paiement de l'impôt foncier de l'année pendant laquelle la mutation a eu lieu.

Art. 10. — Il est fait défense aux fonctionnaires de délivrer aucun passeport à l'extérieur sans la production par le requérant d'un certificat du percepteur de sa résidence constatant qu'il ne doit rien au trésor colonial. Ce certificat sera annoté sur la souche du passeport et conservé au secrétariat de la mairie ou de l'inspection.

Les contribuables qui seront dans l'impossibilité de payer devront faire constater leur insolvabilité et en remettre l'attestation au percepteur, qui en fera mention sur son certificat.

Art. 11. — Toutes les dispositions des arrêtés antérieurs, contraires à celles du présent arrêté, sont et demeurent abrogées.

Dupré.

III. RÉCLAMATIONS RELATIVES AUX CONTRIBUTIONS DIRECTES.

NATURE DES DOCUMENTS	DATES	RECUEILS A CONSULTER Bat.	B. C.	B	D. I	J. C.	J. H.	B. M.	B. Col		OBSERVATIONS
A. G.	27 décembre 1873.	1-343	460								
A. G.	6 décembre 1880.		588								
Décret,	5 août 1881.		477								
Circ. M.	28 octobre 1881.										

(27 décembre 1873)

A. G. *Création d'un contrôle des patentes et de l'impôt foncier pour les villes de Saïgon et de Cholon. Établissement et publication des rôles de l'impôt foncier et des patentes. Délais et formalités de présentation des réclamations des contribuables contre la fixation de ces taxes* (1).

BAT. I, p. 343.
B. C. p. 460.

(6 décembre 1880)

A. G. *modifiant le § 1 de l'article 16 de l'arrêté du 17 octobre 1872 règlementant la contribution des patentes et le § 1 de l'article 3 de l'arrêté du 27 décembre 1873. (art. 2).*

B. C. p. 588.

Art. 1er V. Patentes. . . . .

. . . .

Art. 2. — Le paragraphe 1er de l'article 3, de l'arrêté du 27 décembre 1873 (*Bull. off.*, n° 301), est abrogé et remplacé par les dispositions suivantes :

« Les réclamations des contribuables en décharge ou en réduction de leurs taxes « ne seront admises qu'autant qu'elles seront présentées à l'Administration dans le « délai d'un mois, à partir du jour de la publication des rôles. » (2)

Art. 3. — V. Patentes. . . . .

. . . .

Art. 4. — Les dispositions qui précèdent seront applicables à partir du 1er janvier 1881.

LE MYRE DE VILERS.

(5 août 1881).

DÉCRET *concernant l'organisation de la compétence des conseils du contentieux administratif dans les colonies. (art. 100 à 104)* (3).

(Promulg. A. G. 12 décembre 1881).
B. C. p. 477.

(28 octobre 1881)

CIRC. M. *Instruction pour l'exécution du décret concernant l'organisation et la compétence des Conseils du Contentieux administratif dans les colonies. (Extrait).*

ARCH. GOUV.

Titre I. . . . .

Titre II. Chapitre VII. *De quelques procédures spéciales.*

Sous cette rubrique le chapitre VII comprend les règles de procédure spéciales, en matière :

1° . . . .

(1) V. *infrà*, A. G. 6 décembre 1880. — Décret 5 août 1881 (art. 100 à 104 ; Circ. M. 28 octobre 1881.

(2) Le contribuable peut soutenir qu'il a été indûment taxé, ou bien en reconnaissant la légalité de la taxe, il fait valoir des circonstances propres à lui obtenir un adoucissement

S'il prétend avoir été imposé pour un bien qu'il n'a pas, sa demande est une *demande en décharge*.

S'il prétend que sa cote est trop élevée, il forme une *demande en réduction*.

Lorsque reconnaissant la justice de la taxe il allègue avoir perdu toutes ses facultés imposables il *demande la remise totale de sa côte* ; s'il s'appuie sur une perte partielle, il présente une *demande en modération*.

(3) V. Conseil du contentieux administratif.

2° De contributions directes.

3° . . . .

. . . .

Des contributions directes. — Aux colonies, comme en France, il y a des impôts directs, c'est-à-dire des impôts qui frappent les contribuables en vertu de rôles nominatifs ; les règles relatives à la confection du rôle, à sa mise à exécution, à son recouvrement sont analogues à la législation métropolitaine.

Par suite, il importe d'établir aux colonies un contentieux en matière de contributions directes, à l'exemple de celui qui existe en France, afin de donner aux contribuables de nos possessions d'outre-mer, les mêmes garanties que le législateur a données aux contribuables de la métropole.

En conséquence, toute réclamation émanée d'un contribuable qui se prétend lésé, toute revendication d'un droit qui aurait été méconnu par les agents chargés d'asseoir l'impôt ou de le percevoir, doit pouvoir faire l'objet d'un recours contentieux qui sera porté devant le tribunal administratif avec recours au Conseil d'État.

Cette mesure est d'autant plus équitable qu'aux colonies la compétence du Conseil du contentieux s'étend à tout le contentieux en général.

Ce Conseil serait donc de plein droit et depuis longtemps juge des contestations relatives aux contributions directes, si ces dernières ne lui avaient pas été expressément enlevées par les ordonnances organiques de 1825 et de 1827.

Le décret du 5 août dernier contient donc les dispositions relatives à l'organisation du contentieux des contributions directes aux colonies.

Les contribuables bénéficieront des améliorations introduites dans le mode de procéder devant le Conseil du contentieux ; désormais ils pourront réclamer devant des juges en séance publique et avec le droit de se défendre à l'audience s'ils se croient surtaxés ou indûment imposés.

L'organisation nouvelle de la procédure contentieuse devant les Conseils du contentieux au sujet de contributions directes, aura pour effet de mettre fin à la marche confuse suivie jusqu'ici en cette matière, lorsqu'il s'élevait des réclamations de la part des contribuables.

Elle mettra un terme aux règles diverses successivement introduites à chacun des principaux changements de l'organisation coloniale.

Soumises en 1825 et 1827 aux Conseils privés, les réclamations dont il s'agit finirent par être placées dans la compétence du Directeur de l'Intérieur qui statuait seul sur la valeur du recours. C'est, du reste, l'état actuel de la législation.

Un tel état de choses ne peut se prolonger et pour ce motif, j'ai tenu à compléter les réformes introduites dans la procédure devant le Conseil du contentieux en investissant ce Conseil d'une compétence nouvelle qui en France fait l'objet d'un grand nombre de réclamations devant les Conseils de préfecture.

Vous remarquerez toutefois que la compétence donnée au Conseil du contentieux ne porte que sur les demandes en décharge ou en réduction, c'est-à-dire sur celles qui se fondent sur un droit lésé. Quant aux demandes en remise et modération qui supposent un recours purement gracieux, elles continueront de vous être adressées, et vous aurez comme par le passé à apprécier les faits et à statuer suivant les circonstances comme il vous paraîtra équitable.

Le nouveau décret ne porte sur ce point aucune atteinte à vos droits ni à vos pouvoirs.

Vous pourrez profiter, Monsieur le Gouverneur, de la promulgation du nouveau décret dans la colonie pour veiller avec soin à l'exacte perception de l'impôt.

L'absence de recours sérieux contre les cotes indûment perçues, le vague qui régnait dans la législation pouvaient amener des retards et des difficultés dans la perception.

En ouvrant aux contribuables les moyens de recourir contre toute injustice le Gouvernement a, par contre, le droit d'exiger d'eux une plus grande exactitude pour le paiement de l'impôt, et de la part de ses agents une plus grande régularité dans la perception des droits.

Les règles inscrites dans les articles 100 à 104 sont empruntées aux lois du 21 avril 1832 (art. 28 et 29) du 12 juillet 1865 (art. 6) et du 24 floréal an VIII, qui régissent la matière dans la métropole. En les reproduisant ici, j'ai tenu à bien déterminer quelles sont les prescriptions à suivre par les contribuables et l'administration. Il est important que les intéressés aient sous les yeux les textes qui doivent être appliqués sans être obligés de se référer à des lois dont les dispositions ne sont pas toutes applicables et qui, par suite, peuvent donner naissance à de fausses interprétations.

Les articles concernant le contentieux des contributions directes comportent d'ailleurs, par eux-mêmes des développements suffisants pour qu'il soit inutile d'entrer dans de plus longues explications.

Des concessions de prises d'eau. — . . . .

. . . .

CLOUÉ.

CONTRIBUTIONS INDIRECTES (ADMINISTRATION DES)

I. ORGANISATION. — II. PERSONNEL, SOLDE ET ALLOCATIONS. — III. DROITS ET PRODUITS PERÇUS. ACTION ET RÉPRESSION.

I. — ALLOCATIONS.

NATURE DES DOCUMENTS	DATES	RECUEILS A CONSULTER							OBSERVATIONS
		Bat.	B. C.	B.D.I	J. C.	J.H.	B.M.	B Col	
Décret.	1er mai 1881.		267						
A. G.	19 décembre 1881.				852				
A. G.	26 décembre 1881.		535						
A. G.	30 décembre 1881.		545						
D. G.	5 janvier 1882.		31						
Circ. D. I.	31 mai 1882.			26					
A. G.	5 septembre 1882.		411						
Dép. M.	27 septembre 1882.								
A. G.	26 décembre 1882.				1226				
A. G.	19 septembre 1883.				925				
A. G.	6 septembre 1884.		369						
A. G.	8 décembre 1884.				1379				
D. G.	24 décembre 1884.		467						
Dép. M.	3 février 1885.								
A. G.	23 mai 1887.		339		577				
A. G. G.	18 mai 1889.				256				
Dép. M.	15 juin 1889.				714				

(1er mai 1881)

DÉCRET *approuvant la délibération du Conseil colonial du 10 février 1881 qui a supprimé la ferme de l'opium et établie la régie directe. — Rapport.*

(Promulg. A. G., 3 juillet 1881).
B. C. p. 267.

Article premier. — Est approuvée la délibération sus-visée du Conseil colonial de la Cochinchine, en date du 10 février 1881, portant suppression de la ferme de l'opium et établissant la régie à partir du 1er janvier 1882.

Art. 2. — Les dépenses du personnel et du matériel de service de la régie de l'opium sont comprise aux dépenses obligatoires du budget local de la Cochinchine.

Art. 3. — Le Gouverneur est autorisé à prendre, en Conseil privé, tous arrêtés nécessaires pour réglementer le service de la régie de l'opium, ainsi qu'a édicter toutes pénalités pour la répression de la fraude et des contraventions.

Ces arrêtés seront immédiatement soumis à l'approbation du Ministre de la marine et des colonies, conformément aux prescriptions du décret du 30 janvier 1867 ; ils seront, toutefois, provisoirement exécutoires.

JULES GRÉVY.

(19 décembre 1881)

A. G. *organisant l'administration des contributions indirectes chargée de l'exploitation des régies de l'opium et des alcools. — Tableau d'assimilation.*

J. C. p. 852.

TITRE PREMIER. — DISPOSITIONS GÉNÉRALES.

Article premier. — L'exploitation des régies de l'opium, des alcools, est confiée à une administration particulière qui prend le nom d'administration des contributions indirectes.

Elle fonctionnera sous l'autorité du Directeur de l'intérieur.

Ses attributions s'étendront en outre à la perception de l'impôt à la sortie sur les riz et paddys, et des droits frappant, à l'entrée dans la colonie, les alcools de toutes provenances.

Art. 2. — A la tête du service est placé un directeur investi d'une autorité générale.

Art. 3. — Le directeur des contributions indirectes est logé et meublé.

En raison des nécessités du service, des logements sont prévus dans les établissements de la régie pour le directeur de la manufacture de l'opium, le garde-magasin général, le magasinier comptable et tous les entreposeurs.

Les préposés européens pourront être casernés.

Aux uns et aux autres, il ne sera fourni aucun meuble autre que ceux de bureau.

Art. 4. Le directeur est nommé par le Ministre.

Les emplois d'inspecteur, de sous-inspecteur, de directeur de la manufacture de l'opium, de contrôleurs, d'entreposeurs et de commis de toutes classes, sont à la nomination du Gouverneur.

Les brigadiers, sous-brigadiers et préposés, magasiniers comptables et autres agents européens sont commissionnés par le Directeur de l'Intérieur.

Les agents asiatiques sont nommés, suspendus et révoqués par le directeur des contributions indirectes.

Art. 5. — Nul ne sera admis dans ce service avant l'âge de 21 ans ni après 30 ans.

Cette dernière limite sera reculée jusqu'à 35 ans pour ceux qui, justifiant de services antérieurs à l'État ou à la colonie, pourraient réunir à 55 ans d'âge, les droits à la pension de retraite.

Art. 6. — Les cadres et les traitements des fonctionnaires, employés et agents seront fixés par un arrêté spécial qui déterminera les conditions d'avancement, les mesures disciplinaires à appliquer, ainsi que la composition et les attributions des bureaux.

Ce personnel jouira, soit au point de vue du compte de prévoyance, soit en ce qui touche les congés, le droit à l'hôpital, les indemnités de route, etc., des mêmes avantages accordés aux autres fonctionnaires et agents de la Direction de l'Intérieur par des décrets et règlements organiques.

Art. 7. — L'assimilation pour le traitement à l'hôpital et à bord des bâtiments de l'État, ainsi que pour les indemnités de route et de séjour, est fixée conformément au tableau joint au présent arrêté.

Art. 8. — La gestion confiée à l'Administration des contributions indirectes constituant un service régi par économie, elle pourra disposer d'une caisse de fonds d'avances.

TITRE II. — ORGANISATION DU SERVICE.

Art. 9. — Le directeur de l'administration des contributions indirectes relève de l'autorité du Directeur de l'Intérieur.

Comme chef d'un service financier, il travaille avec le Gouverneur ; il est appelé au Conseil privé dans les conditions prévues au décret du 20 novembre 1869.

Il correspond avec toutes les autorités judiciaires, militaires et administratives de la colonie.

Art. 10. — Les demandes de transactions sont soumises, avec la proposition du directeur, à la décision du Gouverneur, en Conseil privé. Toutefois, l'approbation du directeur rend définitives les transactions n'excédant pas 300 piastres (amendes, dommages-intérêts et confiscations compris).

En cas de refus du directeur, la partie pourra se pourvoir auprès du Gouverneur, en Conseil privé.

Art. 11. — Un inspecteur est chargé, sous l'autorité du directeur, de la direction du service actif; son action de contrôle et sa surveillance s'étendent sur tout le service, à l'exception des bureaux et du service intérieur de la bouillerie de l'opium.

Le sous-inspecteur, les contrôleurs de circonscriptions, les entreposeurs, les préposés et les surveillants sont placés directement sous ses ordres.

Il assure l'exécution ponctuelle des règlements et des instructions du directeur, qu'il remplace en cas d'absence ou d'empêchement, à moins que le Gouverneur n'en ait autrement ordonné.

Art. 12. — Le sous-inspecteur supplée l'inspecteur et participe à l'exercice de ses attributions dans la limite des instructions qui lui sont données.

Art. 13. — Un contrôleur est établi dans chacune des inscriptions des tribunaux de première instance. Il soutient et défend les intérêts de l'administration des contributions indirectes devant la justice. Son action de surveillance s'étend sur tout le service et sur le personnel de sa circonscription.

Art. 14. — Un entreposeur comptable des valeurs et du matériel confiés à sa garde est institué dans chacun des postes de vente dont l'Administration aura reconnu l'utilité.

Il est chef du service dans son arrondissement et doit se conformer aux instructions de la direction. Tout le personnel lui est subordonné.

En cas d'absence ou d'empêchement du contrôleur, l'entreposeur dans sa résidence le remplace dans la partie des attributions qui lui sont dévolues pour les actions portées devant les tribunaux.

Art. 15. — L'entreposeur fait la recette générale de tous les produits appartenant au service des contributions indirectes et en verse chaque jour le montant entre les mains de l'agent du trésor.

Dans les localités où il n'existe pas de percepteurs, les versements auront lieu tous les dix jours. Pour Camau, le versement sera effectué tous les mois seulement, en raison des distances.

Art. 16. — La manufacture de l'opium est placée sous les ordres d'un fonctionnaire qui prend le titre de directeur de la bouillerie. (1)

Il assure l'exécution du service. Tout le personnel de l'établissement lui est subordonné. Sous ses ordres sont placés un entreposeur garde-magasin général et des magasiniers comptables, responsables des matières et des objets en service.

Il approvisionne les entrepôts de l'intérieur.

TITRE III. — DU CONSEIL DE SURVEILLANCE.

Art. 17. — Il est institué un conseil de surveillance composé de :

MM. le Directeur de l'Intérieur, *Président ;*

Le trésorier-payeur ;

Un administrateur principal ;

Deux conseillers coloniaux désignés par l'Assemblée.

Le directeur des contributions indirectes est admis de droit au conseil, qui peut, lorsqu'il le juge convenable, appeler aussi l'inspecteur, le directeur de la bouillerie et le chef de la comptabilité.

Le conseil se réunit une fois par mois ou plus souvent, si cela est nécessaire, sur la convocation du président.

A la suite de chaque séance, il adresse un rapport au Gouverneur.

Art. 18. — Le présent arrêté, exécutoire provisoirement à compter du 1er janvier 1882, sera soumis à l'approbation du ministre de commerce et des colonies.

LE MYRE DE VILERS.

ANNEXE.

TABLEAU *d'assimilation du personnel de l'administration des contributions indirectes pour le classement à bord des bâtiments de l'État et dans les hôpitaux de la colonie ainsi que pour les allocations d'indemnités de route et de séjour.*

OFFICIERS SUPÉRIEURS.	OFFICIERS SUBALTERNES.	ASPIRANTS.	MAITRES.	MATELOTS.
Directeur. Inspecteur.	Sous-inspecteur. Directeur de la manufacture d'opium. Contrôleurs principaux Contrôleurs. Entreposeurs. Commis principaux	Commis de toutes classes. Comptables de 1re et 2e classe. Commis de comptabilité. Commis auxiliaires.	Brigadiers, Sous-brigadiers. Patrons européens de chaloupes et canots. Magasiniers. Mécanicien européen. Préposés de 2e clas.	Préposés de 2e et de 3e classe. PERSONNEL INDIGÈNE. Lettrés. Interprètes. Écrivains. Brigadiers. Sous-brigadiers. Surveillants. Matelots. Peseurs. Ouvriers. Concierges. Plantons.

(1) Titre remplacé par celui de Régisseur de la manufacture d'opium (A. G. 8 décembre 1884. J. C. p. 1339).

(26 décembre 1881)

A. G. *confiant au Directeur des contributions indirectes la liquidation et l'ordonnancement des dépenses de son service.*

B. C. p. 535.

Article premier. — Le Directeur des contributions indirectes liquidera et ordonnancera, par délégation du Directeur de l'Intérieur, les dépenses de toute nature des diverses parties du service placé sous ses ordres.

Art. 2. — Il recevra mensuellement du Directeur de l'Intérieur ouverture des crédits qui seront présumés nécessaires pour faire face aux dépenses du mois suivant. Les demandes qu'il adressera à cet effet seront appuyées d'une situation présentant tous les éléments d'appréciation, et notamment le montant des dépenses mandatées et des crédits délégués depuis l'ouverture de l'exercice. Elles devront parvenir à la Direction de l'Intérieur le 15 de chaque mois. Un bordereau sommaire des dépenses ordonnancées et des paiements effectués sera en outre fourni, à la date du dernier jour de chaque mois, au Directeur de l'Intérieur, qui en fera la centralisation avec les autres dépenses du budget local.

Art. 3. — Par suite de la même délégation, le directeur des contributions indirectes passera, dans les formes et sous les conditions réglementaires, les marchés et procédera aux adjudications concernant son service.

Ces contrats seront soumis, par le Directeur de l'Intérieur, à l'approbation du Gouverneur, en Conseil privé.

LE MYRE DE VILERS.

(30 décembre 1881)

A. G. *autorisant les agents assermentés des contributions indirectes à saisir les armes et munitions.*

B. C. p. 545.

Article premier. — Les employés assermentés de la régie des contributions indirectes sont autorisés à partir de ce jour, à saisir les armes et munitions qu'ils découvriraient dans leurs perquisitions et à dresser procès-verbal de la saisie, au cas où les permis ne leur seraient pas représentés.

LE MYRE DE VILERS.

(5 janvier 1882)

D. G. *relative à la caisse des fonds d'avance des contributions indirectes.*

B. C. p. 31.

Article premier. — Une somme de 2.500 piastres sera mise à la disposition du chef de bureau de la comptabilité des Contributions indirectes, à titre d'avance, pour acquitter les dépenses urgentes à faire sur le chapitre XVIII du budget local.

Art. 2. — Les justifications d'emploi devront être fournies conformément aux dispositions de l'article 12 du décret du 5 juillet 1881 (1) ; les renouvellements de fonds auront lieu après régularisation des dépenses.

LE MYRE DE VILERS.

(1) V. Budget local.

(31 mai 1882)

CIRC. D. L. *La perception du droit de sortie des animaux mâles de l'espèce bovine est confiée au service des contributions indirectes.*

B. D. I. p. 26.

J'ai l'honneur de vous informer que la perception du droit de sortie des animaux mâles de l'espèce bovine, établi par un arrêté inséré au *Journal officiel* du 18 janvier dernier, est confiée, à partir du 1er juin 1882, au service des contributions indirectes.

La taxe de vingt cents par tête d'animal exporté sera encaissée à Saïgon par le bureau central, et, dans les arrondissements, par les entreposeurs.

BÉLIARD.

(5 septembre 1882)

A. G. *déterminant le cadre et le traitement du personnel de l'Administration des contributions indirectes. — Attributions des bureaux.*

B. C. p. 411.

Article premier. — (Cadre et traitement) (1). . . . .
. . . .

Art. 2. — Le service des bureaux est constitué comme suit :

1° *Administration générale, cabinet et secrétariat.* — Centralisation et expédition de la correspondance. — Ordres de service. — Nominations. — Instructions générales. — Rapport au Conseil colonial et au Conseil privé. — Préparation de la correspondance avec le Ministère. — Affaires réservées. — Dépenses secrètes. — Expédition de la solde et règlement des questions qui s'y rattachent. — Dossiers du personnel. — Tenue des matricules et du contrôle. — Compte de prévoyance. — Délégations. — Réquisitions de passage. — Frais de route et de séjour. — Revues de liquidation. — Compte de développement pour le personnel. — Conseil de surveillance. — Comptabilité des armes et munitions.

2° *Comptabilité générale et service du matériel.* — Service financier. — Mandatement et ordonnancement. — Tenue de tous les livres. — Caisse d'agent spécial des menues dépenses. — Résumés et situations de comptabilité à fournir au Directeur de l'Intérieur. — Projet de budget. — Compte général de l'exercice. — Rapports avec le Trésor.

Marchés et adjudications. — Commandes. — Réception des matières et des travaux. — Envois dans les postes. — Vérification de la comptabilité de la bouillerie. — Contrôle du garde-magasin général et des entreposeurs. — Tenue des inventaires. — États des besoins. — Apurement des comptes matières et de fabrication.

3° *Police générale et contentieux.* — Contrôle du service actif de Saïgon et de Cholon. — Armement et comptabilité des chaloupes et des jonques. — Régie des riz. — Droits d'importation sur les alcools. — Contentieux de la régie. — Saisies et confiscations. — Poursuites. — Transactions. — Rapports avec la justice.

Art. 3. — Pour le service des bureaux, les avancements auront lieu dans les mêmes conditions que ceux de la Direction de l'Intérieur, en prenant pour base d'assimilation le traitement.

En ce qui touche le service actif, une année de service sera nécessaire pour les avancements en grade et en classe, à l'exception des préposés de 3e classe qui, sur un rapport spécial, pourront être élevés à la seconde classe après une période d'essai.

LE MYRE DE VILERS.

(1) V. *infrà*, § II.

(27 septembre 1882)

DÉP. M. *au sujet de deux arrêtés en date des 7 novembre et 19 décembre 1881 relatifs : le premier à la constatation et à la répression de la fraude en matière d'opium ; le second à l'organisation du service des contributions indirectes chargé du recouvrement des impôts sur l'opium et sur les alcools. — Lettre du Directeur général des contributions indirectes.*

ARCH. GOUV.

Ainsi que je vous l'ai fait connaître par ma dépêche du 13 juillet dernier, j'ai communiqué à M. le Directeur général des contributions indirectes, pour avoir son avis, les deux arrêtés que vous avez pris, conformément au décret du 1er mai 1881, et qui ont pour objet, d'une part, la constatation et la répression de la fraude en matière d'opium ; d'autre part, l'organisation du service chargé du recouvrement des impôts sur l'opium et sur les alcools.

Ces deux arrêtés ont donné lieu à différentes observations qui sont indiquées dans une lettre du 1er septembre dont j'ai l'honneur de vous transmettre ci-joint copie.

Veuillez, je vous prie, faire préparer, en tenant compte autant que possible de ces observations, de nouveaux projets d'arrêtés et les soumettre à mon approbation.

DISLÈRE.

LETTRE

(1 septembre 1882)

Vous m'avez fait l'honneur de me communiquer, afin d'avoir mon avis avant de les approuver, deux arrêtés pris, en Conseil privé, par le Gouverneur de la Cochinchine, et ayant pour objet, d'une part, la constatation et la répression de la fraude en matière d'opium ; d'autre part, l'organisation du service chargé du recouvrement des impôts sur l'opium et sur les alcools.

Je n'ai aucune observation à formuler en ce qui concerne ce dernier arrêté qui ne présente rien d'anormal et qui doit répondre à des nécessités locales sur lesquelles je ne suis pas à même d'exprimer une opinion. A un point de vue de détail, j'ai remarqué l'omission du mot « et » dans l'article 1er qui doit vraisemblablement être ainsi conçu : « L'exploitation des régies de l'opium et des alcools..... ».

. . . .

. . . .

(26 décembre 1882)

A. G. *portant établissement d'un droit de 10 0/0* ad valorem *sur les armes, munitions et artifices importés.*

B. C. p.
J. C. p. 1226.

. . . .

. . . .

Art. 2. — Ce droit sera perçu par le service des contributions indirectes.

(19 septembre 1883)

A. G. *chargeant l'administration des contributions indirectes de la perception des droits frappant à l'entrée les liqueurs alcoolisées ou parfumées venant de Chine.*

J. C. p. 925.

Article premier. — La régie des contributions indirectes est chargée de la perception des droits frappant à l'entrée les liqueurs alcoolisées ou parfumées venant de Chine, en exécution du décret du 13 mai 1883.

Art. 2. — Sont et demeurent appliquées, à l'introduction en Cochinchine de ces liqueurs, les dispositions des titres II et III de l'arrêté du 19 décembre 1881, fixant les règles de perception des eaux-de-vie et autres spiritueux importés dans la colonie, ainsi que les mesures à suivre pour la constatation et la répression des contraventions.

Art. 3. — Le présent arrêté, exécutoire provisoirement, sera soumis à la ratification du Chef de l'État.

CHARLES THOMSON.

(6 septembre 1884)

A. G. *plaçant sous la direction immédiate de l'administration des contributions indirectes l'entrepôt des huiles minérales* (1).

B. C. p. 369.

(8 décembre 1884)

A. G. *modifiant l'arrêté du 19 décembre 1881 organique de l'administration des contributions indirectes. — Le « Directeur de la bouillerie » prend le titre de « Régisseur de la manufacture d'opium » ; — le service actif qui sera assujetti en même temps au contrôle des vérificateurs supérieurs, y compris le service des bureaux et le service intérieur de la manufacture, sera soumis à l'autorité du Directeur des contributions indirectes.*

(Non inséré au B. C.)
J. C. p. 1339.

(24 décembre 1884)

A. G. *Règlement sur l'ordre intérieur des travaux de la direction des contributions indirectes et établissant un contrôle dans certaines parties de la comptabilité* (2).

B. C. p. 467.

Article premier. — Le chef du 1er bureau de la direction prend le titre de : *chef du secrétariat.*

Il surveille l'ouverture des dépêches et s'assure de leur enregistrement sur un livre spécial dit de : *correspondance à l'arrivée.*

Toutes les minutes de lettres, rapports, etc., etc., émanant des divers bureaux, sont remises au chef du secrétariat et soumises par lui au directeur. C'est également par son intermédiaire que la correspondance au départ est présentée à la signature du directeur.

Les lettres et les rapports dont l'envoi est urgent doivent être remis au chef du secrétariat avant quatre heures du soir.

Les états et pièces de comptabilité continueront d'être soumis directement à la signature par les chefs de bureau et sous leur responsabilité.

Art. 2. — Les chefs de bureau sont autorisés à correspondre directement avec les différents chefs de service, mais seulement par *notes* pour les demandes de renseignements, réclamations de pièces, redressements d'erreurs.

Toutes les lettres sont signées par le directeur ; il en est de même des notes contenant un blâme ou un reproche quelconque.

(1) V. Huiles minérales.
(2) V. *infrà*, § III.

Les contrôleurs, les entreposeurs et les chefs de poste correspondent directement avec les chefs de bureau dans les conditions indiquées au paragraphe précédent (envoi de pièces, production d'états, envoi ou demande de renseignements).

Toutes les lettres sont adressées au directeur.

Art. 3. — Les bureaux de la direction conservent les attributions qui leur sont conférées par l'arrêté du 5 septembre 1882.

Art. 4. — La caisse des employés, instituée par l'arrêté du Gouverneur en date du 29 août 1882 continuera d'être gérée par le chef de la comptabilité, conformément aux dispositions arrêtées par le Conseil.

Les ordres de recettes émis pour le remboursement des avances faites aux employés seront détachés d'un carnet à souche.

Il sera donné quittance de la somme versée au dos du volant remis à l'employé débiteur.

Les sommes remboursées seront inscrites au journal et au compte courant. Un numéro de renvoi au folio de chacun de ces registres devra être inscrit en regard de chaque article.

Art. 5. — Tous les procès-verbaux de contravention ou de saisie sont inscrits dès leur réception sur un registre spécial indiquant :

1° Un numéro d'ordre ;

2° La date du procès-verbal ;

3° Les noms et qualités des verbalisants ;

4° Nom, prénoms et demeure des contrevenants ;

5° La nature de la contravention ;

6° Les objets saisis ;

7° Les condamnations encourues,

Et tous les autres renseignements que contient le registre actuel, relativement à la suite des procès-verbaux.

Art. 6. — Les sommes payées à titre de transactions ou par suite d'exécution de jugements sont versées à la caisse des entreposeurs, sur un ordre de recette délivré par le chef du bureau du contentieux.

Ces sommes figurent dans une colonne distincte du livre de caisse et ne doivent être confondues avec aucune autre perception.

Art. 7. — Les procès-verbaux qui ne donneront lieu à l'encaissement d'aucune amende ne seront apurés que sur la production d'un certificat de décès, de disparition ou d'insolvabilité ; en ce qui concerne les contrevenants ayant subi une peine corporelle, l'apurement a lieu en vertu d'un certificat constatant la levée de l'écrou.

Art. 8. — A l'expiration de chaque trimestre il sera dressé, par les soins du chef du 3e bureau, un relevé général du produit des amendes, confiscations et dommages-intérêts *encaissés* pendant le trimestre, soit en vertu de transactions, soit par suite d'exécutions de paiements.

Ce relevé mentionnera dans des colonnes distinctes :

1° Le numéro d'ordre de l'affaire ;

2° La date du procès-verbal ;

3° Le nom du contrevenant ;

4° Les sommes perçues ;

5° La résidence du comptable qui aura effectué le recouvrement ;

6° Le numéro et la date de la quittance. La 4e colonne sera additionnée et l'on reportera les antérieurs, de trimestre en trimestre, de telle sorte que le dernier état présente les résultats généraux depuis le commencement de l'année.

Art. 9. — Les entreposeurs dresseront également tous les trois mois un état des sommes perçues par eux à titre d'amendes et confiscations, et présentant les mêmes indications que le relevé général, avec cette seule différence que la colonne 5 mentionnera la date de l'ordre de recette au lieu de la résidence du comptable.

Les états particuliers seront envoyés, dans les cinq jours de la clôture du trimestre, au bureau de la comptabilité où ils seront centralisés et récapitulés. L'ensemble des sommes portées aux états individuels devra toujours concorder avec le total du relevé général établi par le bureau du contentieux.

Art. 10. — Lorsqu'une contravention aura été constatée à la suite d'indications ou de dénonciations de personnes étrangères à l'Administration, il sera fait mention de cette circonstance en marge du procès-verbal. Cette mention, certifiée par la signature des agents verbalisants, aura lieu dans les termes suivants : *Il y a un indicateur.*

Art. 11. — La prime à accorder au dénonciateur de la fraude continuera d'être payée immédiatement, avec imputation provisoire aux fonds d'avances. Le payement du chef du contentieux, au chef-lieu par le chef de bureau chargé des fonds d'avances et par les entreposeurs dans les postes de l'intérieur.

Art. 12. — Les dispositions qui précèdent seront exécutoires à partir de l'approbation de la présente décision par M. le Gouverneur.

Approuvé :

Saïgon, le 24 décembre 1884.

CHARLES THOMSON.

(3 février 1885)

DÉP. M. *approuvant l'arrêté du 8 décembre 1884 modifiant les articles 16 et 11 de l'arrêté du 19 décembre 1881, organique de l'administration des contributions indirectes.*

ARCH. GOUV.

Monsieur le Gouverneur, par lettre du 20 décembre dernier, vous exposez qu'il vous a paru nécessaire d'abroger les dispositions de l'article 16 de l'arrêté du 19 décembre 1881 sur l'administration qui donnent au fonctionnaire chargé de la manufacture d'opium le titre de Directeur de la Bouillerie, ainsi que celles de l'article 11 du même arrêté, en vertu desquelles les bureaux et le service intérieur de cette manufacture échappent au contrôle de l'inspecteur. Vous soumettez, par suite, à mon approbation, un arrêté pris en Conseil privé, le 8 décembre dernier, qui a pour but : 1° en remplaçant le titre de Directeur de la Bouillerie par celui de Régisseur de la manufacture d'opium, de prévenir les malentendus qui pourraient se produire au sujet de la véritable situation de ce fonctionnaire ; 2° d'établir l'autorité du Directeur de l'administration des contribution indirectes sur le service actif qui sera assujetti en même temps au contrôle des vérificateurs supérieurs, y compris le service des bureaux et le service intérieur de la manufacture.

J'ai l'honneur de vous faire connaître que ces dispositions me paraissent bien motivées et que je donne, en conséquence, mon approbation à votre nouvel arrêté du 8 décembre.

FÉLIX FAURE.

(23 mai 1887)

A. G. *établissant provisoirement une circonscription de contrôle à Baclieu.*

B. C. p. 339.
J. C. p. 577

Article premier. — Une circonscription de contrôle est provisoirement établi à Baclieu.

Elle comprendra tout le territoire de l'arrondissement.

Art. 2. — Le contrôleur en résidence fixe à Baclieu aura la direction de tout le personnel des entrepôts et des postes de surveillance de Baclieu et de Camau. En ce qui concerne les affaires contentieuses, les entreposeurs resteront sous l'autorité du contrôleur de Soctrang.

FILIPPINI.

(18 mai 1889)

A. G. G. *Modifiant les art. 13 et 14 de l'arrêté du 19 décembre 1881 portant organisation de l'administration des contributions indirectes.*

J. C. p. 562.

Article premier. — Les articles 13 et 14 de l'arrêté du 19 décembre 1881, portant organisation de l'administration des contributions indirectes, sont abrogés et remplacés par les articles suivants :

« Art. 13. — Le contrôle et la vérification des entrepôts seront assurés par des contrôleurs en résidence à Saïgon et placés sous la direction de l'inspecteur. Lorsqu'il seront envoyés en tournée, ils auront droit aux frais de route et de séjour prévus par les règlements en vigueur.

« Art. 14. — Un entreposeur, comptable des valeurs et du matériel confiés à sa garde, est institué dans chacun des postes de vente dont l'administration aura reconnu l'utilité

« Il est chef du service dans son arrondissement et doit se conformer aux instructions de la direction. Tout le personnel lui est subordonné.

« Dans les chefs-lieux de circonscription judiciaire, il est chargé, à moins d'empêchement spécial, de soutenir et de défendre les intérêts de l'administration des douanes et régies devant la justice. A ce titre, il correspond en franchise avec les entreposeurs des arrondissements relevant de ladite circonscription judiciaire.

« A Saïgon, l'administration est représentée près la cour et le tribunal par un fonctionnaire à la désignation du directeur des douanes et régies ».

RICHAUD.

(15 juin 1889).

DÉP. M. *relative au fonctionnement de l'administration des douanes et régies en Indo-Chine.*

J. C. p. 714.

J'ai l'honneur de vous faire connaître la manière dont devra fonctionner à l'avenir l'administration des douanes et régies en Indo-Chine.

Pour assurer l'unité de direction dans la marche de ce service qui est chargé d'appliquer, suivant des règles uniformes, le tarif général des douanes, il convient de maintenir l'institution d'une direction générale.

Le Directeur général doit être le collaborateur du Gouverneur général pour tout ce qui intéresse l'ensemble du service. Mais il n'a pas à cet égard d'autorité propre, et il est seulement placé près du Gouverneur général pour préparer la correspondance de ce dernier avec le Département et les Résidents supérieurs du Tonkin, de l'Annam, du Cambodge et le Lieutenant-Gouverneur de la Cochinchine.

Il en résulte que, dans chacun de ces quatre pays, le personnel du service des douanes et régies est placé sous l'autorité du représentant du Gouvernement, par l'intermédiaire duquel doit passer toute la correspondance relative aux douanes émanant ou a destination du Gouverneur général. A cet effet, un chef de service spécial, qui, pour la Cochinchine, est le Directeur général, centralise sous les ordres du Lieutenant-Gouverneur et des Résidents supérieurs le service au Tonkin, en Annam, au Cambodge et en Cochinchine.

En résumé, le Directeur général remplit deux fonctions distinctes : comme Directeur général, il est le collaborateur du Gouverneur général pour les diverses parties du service en Indo-Chine, et, comme chef du service en Cochinchine, il dépend du Lieutenant-Gouverneur, en dehors duquel il ne peut agir pour tout ce qui touche aux affaires de la colonie.

Telle me paraît devoir être l'organisation de l'administration des douanes en Indo-Chine, de manière, d'une part, à maintenir l'unité de direction nécessaire à l'ensemble du service ; et, d'autre part, à laisser aux Résidents supérieurs et au Lieutenant-Gouverneur la part d'autorité qui leur appartient sur le personnel de douanes placé sous les ordres de chacun d'eux.

E. Étienne.

Nota. — I. Les agents assermentés de l'Administration des Contributions indirectes ont aussi pour mission de visiter les jonques et barques qu'ils rencontrent et de se faire représenter les livrets dont doivent être nantis les patrons. A défaut de représentation du livret ou laisser-passer ils mettront à bord de la jonque en contravention un homme de leur escorte, armé, avec ordre de la faire conduire au lieu de son départ ou au chef-lieu d'arrondissement le plus voisin, pour être laissée à la disposition de l'administrateur de la localité.

II. Les agents assermentés du service des Contributions indirectes, lorsqu'ils trouveront dans leurs perquisitions des sacs ou boîtes de lettres, les saisiront pour être adressés au bureau de poste le plus voisin avec le procès-verbal constatant la saisie. Les sacs ou boîtes devront être mis sous scellés en présence des détenteurs.

II. PERSONNEL, SOLDE ET ALLOCATIONS.

NATURE DES DOCUMENTS	DATES	RECUEILS A CONSULTER Bat.	B. C.	B.D.I	J. C.	J.H.	B. M.	B.Col	OBSERVATIONS
Dép. M.	24 janvier 1879.	n-454							
Circ. M.	18 novembre 1879.	i-421							
A. G.	11 août 1881.		333						
Dép. M.	4 mars 1882.								
D. G.	26 avril 1882.		182						
A. G.	25 juillet 1882.		342						
A. G.	5 septembre 1882.		411						
Dép. M.	21 octobre 1882.								
A. G.	19 février 1883.		121						
Dép. M.	4 mai 1883.								
A. G.	24 mai 1883.		234						
Dép. M.	13 juillet 1886.								
Dép. M.	27 août 1887.								
Rapp. M.	7 septembre 1887.		721		961				
Décret.	7 septembre 1887.		721		961				
Dép. M.	9 septembre 1887.								
Circ. C. I. D.	13 décembre 1887.								
Dép. M.	26 décembre 1887.								
Circ. C. I. D.	3 janvier 1888.								
A. G. G.	13 avril 1889.				494				

(24 janvier 1879)

DÉP. M. *Le personnel des douanes du Tonkin (cadre métropolitain) est admis, en vue de bénéficier de la retraite, à verser au trésor la prestation réglementaire. — Prescription concernant les agents du service colonial et de formation locale.*

BAT. II. p. 454.

(18 novembre 1879)

CIRC. M. *Assimilation des sous-inspecteurs des douanes aux colonies.*

BAT. I. p. 421.

(11 août 1881)

A. G. *Fixant la solde du Directeur des contributions indirectes pour l'année 1881* (1).

B. C. p. 333.

Article premier. — En attendant le vote du budget local pour l'exercice 1882, le traitement du directeur des contributions indirectes est fixé comme suit pour l'année courante :

Solde égale à celle du chef du service administratif..	20,000 f. 00
Supplément de fonctions..........................	10,000 f. 00
Abonnement annuel pour frais de tournées.........	6,000 f. 00
Total........	36,000 f. 00

Ce traitement sera payé à M. B,.. à compter du 1er juin dernier, date à laquelle il a pris effectivement ses fonctions.

A. DE TRENTINIAN.

(4 mars 1882)

DÉP. M. *au sujet de l'envoi des notes des agents métropolitains des douanes détachés au Tonkin.*

ARCH. GOUV.

L'administration centrale n'a reçu jusqu'à ce jour aucun bulletin de notes pour le personnel métropolitain des douanes détaché au Tonkin. Il en résulte que le Département des finances ne possède aucun renseignement sur la manière de servir de ceux de ses agents qui sont ainsi détachés à la marine, et qu'il en peut résulter pour ceux-ci une situation préjudiciable à leurs intérêts.

Je ne puis que vous prier de m'adresser aussitôt que possible, sur chacun de ces agents un bulletin de notes pour le temps qui s'est écoulé depuis qu'ils sont à votre disposition, et je vous serai obligé de faire suivre ces bulletins de documents semblables qui me seront envoyés chaque année, aux époques ordinaires avec propositions d'avancement, lorsqu'il y aura lieu.

(26 avril 1882)

D. G. *portant suppression des fonctions d'interprètes sonneurs du service des contributions indirectes et fixant l'indemnité de caisse à accorder aux entreposeurs.*

B. C. p. 182.

Article premier. — Les fonctions d'interprètes-sonneurs de la régie sont supprimées (2).

(1) V. *infrà*, A.G. 5 septembre 1882.
(2) V. *infrà*, circ. C. I. D. 13 décembre 1887.

Art. 2. — Les entreposeurs recevront, à titre d'indemnité mensuelle de caisse, la somme indiquée au tableau ci-dessous, à charge par eux de choisir un employé indigène destiné à les aider pour la partie matérielle de leur fonction :

Entrepôts de Saïgon et de Cholon, 20 piastres par mois;

Entrepôts de Soctrang, Traving, Vinhlong, Cantho, Sadec, Mytho, Bentré, Chaudoc et Longxuyen, 12 piastres par mois;

Entrepôts de Caïbé, Baclieu, Gocong et Tanan, 10 piastres par mois;

Entrepôts de Thu-dau-mot, Bienhoa, Rachgia, Baria, Camau, Hatien, Tangbang et Tayninh, 8 piastres par mois.

LE MYRE DE VILERS.

(25 juillet 1882)

A. G. *fixant l'indemnité proportionnelle à accorder sur la vente de l'opium, aux entreposeurs et préposés chargés des dépôts* (1).

B. C. p. 342).

Article premier. — Les entreposeurs recevront une indemnité proportionnelle aux ventes, fixée comme suit :

50 cents pour 100 piastres sur les premières 20,000 piastres ;

40 cents pour 100 piastres sur les secondes 20,000 piastres ;

30 cents pour 100 piastres sur les troisièmes 20,000 piastres ;

10 cents pour 100 piastres sur le surplus des recettes.

Art. 2. — Les préposés chargés des dépôts annexes recevront également une indemnité calculée comme ci-dessus ; mais le tiers des sommes leur revenant à ce titre sera payé à l'entreposeur de l'arrondissement, chargé de la centralisation des fonds et de la vérification des écritures.

Art. 3. — L'indemnité à payer par an pour chaque entrepôt ne pourra pas être supérieure à 400 piastres, ni inférieure à 160 piastres.

Dans les cas où il y aura lieu d'allouer à un entrepôt soit le maximum, soit le minimum de la reprise, la réparation aura lieu au prorata de la vente entre l'entrepôt et les annexes, et il sera prélevé le tiers des sommes dues aux annexes pour être payé à l'entreposeur.

Art. 4. — Le paiement de cette allocation aura lieu trimestriellement, après l'apurement de la comptabilité des entrepôts.

Art. 5. — Le présent arrêté, applicable aux droits acquis depuis le 1er janvier 1882, sera communiqué et enregistré partout où besoin sera.

LE MYRE DE VILERS.

(5 septembre 1882).

A. G. *déterminant le cadre et le traitement du personnel de l'administration des contributions indirectes ; — attributions des divers bureaux.*

B. C. p. 411.

Article premier. — Le cadre et les traitements du personnel de l'administration des contributions indirectes sont déterminés conformément au tableau ci-après : (2)

(1) V. *infrà*, A. G. 24 mai 1883.
(2) V. *infrà*, A. G. 10 février 1883.

DÉSIGNATION des grades ou emplois.	Nombre de titulaires.	TRAITEMENT Solde d'Europe.	Solde coloniale.	Suppléments divers attachés à l'emploi.	TOTAL
ADMINISTRATION CENTRALE					
		Piastres	Piastres	Piastres	Piastres
Directeur	1	2,137 26	1,862 74	2,000 A 00 1,200 B 00	7,200 00
Inspecteur	1	1,800 00	1,800 00	600 A 00 400 B 00 600 C 00	5,200 00
Sous-Inspecteur	1	1,200 00	1,200 00	400 B 00	2,800 00
Pharmacien chimiste, directeur de la bouillerie (1)	1	1,000 00	1,000 00	1,000 A 00	3,000 00
Entreposeur garde-magasin général	1	600 00	600 00	200 D 00	1,400 00
Total	5				
SERVICE SÉDENTAIRE					
Contrôleur principal de 1re classe, chef de bureau	1	1,200 00	1,200 00	»	2,400 00
Contrôleur principal de 2e classe, chef de bureau	1	1,000 00	1,000 00	»	2,000 00
Contrôleur de 1re classe, sous chef-de bureau	1	900 00	900 00	»	1,800 00
Contrôleur de 2e classe, sous-chef de bureau	1	800 00	800 00	»	1,600 00
Commis principal	1	700 00	700 00	»	1,400 00
Commis de 1re classe	1	600 00	600 00	»	1,200 00
Commis de 2e classe	1	550 00	550 00	»	1,100 00
Commis de 3e classe	1	500 00	500 80	»	1,000 00
Comptable de 1re classe	1	700 00	700 00	»	1,400 00
Comptable de 2e classe	1	600 00	600 00	»	1,200 00
Commis de comptabilité de 1re classe	1	500 00	500 00	»	1,000 00
Commis de comptabilité de 2e classe	1	400 00	400 00	»	800 00
Commis auxiliaires de comptabilité	2	350 00	350 00	»	700 00
Total	14				
PERSONNEL INDIGÈNE					
		Piastres.	Piastres.	Piastres.	Piastres.
Secrétaire indigène principal de 2e classe	1	»	480 00	»	480 00
Secrétaires indigènes principaux de 2e classe	2	»	420 00	»	420 00
Secrétaires indigènes de 1re classe	2	»	360 00	»	360 00
Secrétaires indigènes de 2e classe	3	»	300 00	»	300 00
Secrétaires indigènes auxiliaires de 1re classe	2	»	240 00	»	240 00
Secrétaires indigènes auxiliaires de 2e classe	3	»	200 00	»	200 00
Élèves-secrétaires indigènes	2	»	120 00	»	120 00
Interprète principal de 1re classe	1	»	480 00	»	480 00
Interprète de 1re classe	1	»	350 00	»	350 00
Lettré de 1re classe	1	»	350 00	»	350 00
Plantons chef	1	»	180 00	»	180 00
Plantons	5	»	120 00	»	120 00
Total	24				

A. Supplément de fonctions.
B. Abonnement pour les frais de tournées.
C. Indemnité de logement.
D. Indemnité de responsabilité.

(1) Titre remplacé par celui de Régisseur de la Manufacture d'opium (A. G. 8 décembre 1884, J. G. p. 1359).

DÉSIGNATION des grades ou emplois.	Nombre de titulaires.	TRAITEMENT			TOTAL
		Solde d'Europe.	Solde coloniale.	Suppléments divers attachés à l'emploi.	
SERVICE ACTIF *Personnel européen.*					
Contrôleurs de 1re classe	2	900 00	900 00	300 A 00	2,100 00
Contrôleurs de 2e classe	2	800 00	800 00	300 A 00	1,900 00
Contrôleurs de 3e classe	2	700 00	700 00	300 A 00	1,700 00
Entreposeurs de 1re classe	11	600 00	600 00	»	1,200 00
Entreposeurs de 2e classe	12	500 00	500 00	»	1,000 00
Brigadiers	3	550 00	550 00	»	1,100 00
Sous-brigadiers	7	500 00	500 00	»	1,000 00
Préposés de 1re classe	19	450 00	450 00	»	900 00
Préposés de 2e classe	29	390 00	390 00	»	780 00
Préposés de 3e classe	30	340 00	340 00	»	680 00
Magasinier-comptable de 1re classe	1	450 00	450 00	»	900 00
Magasinier comptable de 2e classe	1	390 00	390 00	»	780 00
Maître, chef d'atelier à la bouillerie	1	550 00	550 00	»	1,100 00
Contre-maître, sous-chef d'atelier de la bouillerie	1	500 00	500 00	»	1,000 00
Concierge de la bouillerie (préposé de 2e classe)	1	390 00	390 00	»	780 00
Total	122				
PERSONNEL INDIGÈNE					
Brigadier de 1re classe	1	»	480 00	»	480 00
Brigadiers de 2e classe	2	»	420 00	»	420 00
Sous-brigadiers de 1re classe	3	»	360 00	»	360 00
Sous-brigadiers de 2e classe	3	»	300 00	»	300 00
Surveillants de 1re classe	20	»	240 00	»	240 00
Surveillants de 2e classe	25	»	180 00	»	180 00
Surveillants auxiliaires	26	»	144 00	»	144 00
Doïs, patrons de jonques de mer ou de chaloupes à vapeur de 1re classe	3	»	240 00	»	240 00
Doïs, patrons de jonques de mer ou de chaloupes à vapeur de 2e classe	5	»	210 00	»	210 00
Caïs, patrons de jonques, chaloupes et baleinières de 1re classe	6	»	180 00	»	»
Caïs, patrons de jonques, chaloupes et baleinières de 2e classe	9	»	168 00	»	»
Caïs, patrons de jonques, chaloupes et baleinières de 3e classe	9	»	144 00	»	»
Mécanicien de 1re classe	1	»	260 00	»	»
Mécaniciens de 2e classe	2	»	240 00	»	»
Aide-mécanicien	1	»	210 00	»	»
Chauffeurs de 1re classe	3	»	180 00	»	»
Chauffeurs de 2e classe	4	»	144 00	»	»
Gardes et matelots de 1re classe	30	»	96 00	»	»
Gardes et matelots de 2e classe	50	»	84 00	»	»
Gardes et matelots de 3e classe	80	»	72 00	»	»
Distributeur pour les magasins	1	»	400 00	»	»
Concierge garde meuble surveillant du dépôt à la direction générale	1	»	240 00	»	»
Chef d'équipe (Annamite)	1	»	200 00	»	»
Gardes	3	»	144 00	»	»
Conducteur de voitures assermenté	1	»	240 00	»	»
Conducteur de voitures	1	»	150 00	»	»
Total	291				

A. Abonnement pour frais de tournées.

RÉCAPITULATION.	PERSONNEL	
	Européen.	Indigène.
Administration centrale	5	»
Service sédentaire	14	24
Service actif	122	291
Total	141	315

Art. 2. — (Service des bureaux) (1)

. . . .

LE MYRE DE VILERS.

(21 octobre 1882).

DÉP. M. *au sujet de la solde d'Europe des agents métropolitains de la Douane, Tonkin.*

ARCH. GOUV.

(19 février 1883).

A. G. *Modifiant le tarif de solde déterminée par arrêté local du 5 septembre 1882 et inséré au journal officiel du 13 (Exécution de la libération du Conseil colonial du 14 décembre 1882 relative à l'abondement de 7 p.100 de la solde des fonctionnaires et employées européens du service local.)*

B. C. p. 121.

Article premier. — Le tarif de solde inséré au *Journal officiel* du 13 septembre 1882, n° 74, est modifié ainsi qu'il suit, compter du 1er janvier 1883 :

DÉSIGNATION des grades ou emplois.	TRAITEMENT			TOTAL
	Solde d'Europe.	Solde coloniale.	Suppléments divers attachés à l'emploi.	
ADMINISTRATION CENTRALE	Piastres	Piastres	Piastres	Piastres
Directeur	2,286 87	1,993 00	2,000 A 1,200 B	7,480 00
Inspecteur	1,926 00	1,926 00	600 A 400 B 600 C	5,452 00
Sous-inspecteur	1,284 00	1,284 00	400 B	2,968 00
Directeur de bouillerie (2)	1,070 00	1.070 00	300 A	2,440 00
Entreposeur garde-magasin général	642 00	642 00	200 D	1,484 00

(1) V. *suprà*, § I.

(2) Titre remplacé par celui de Régisseur de la manufacture d'opium (A. G. 8 décembre 1884; J. C. p. 1339.

A. Supplément de fonctions et supplément spécial.

B. Abonnement pour les frais de tournées.

C. Indemnité de logement.

D. Indemnité de responsabilité.

DÉSIGNATION des grades ou emplois.	TRAITEMENT			TOTAL
	Solde d'Europe.	Solde coloniale.	Suppléments divers attachés à l'emploi.	
SERVICE SÉDENTAIRE				
Personnel européen.				
Contrôleur principal de 1re classe, chef de bureau. .	1,284 00	1,284 00	»	2,568 00
Contrôleur principal de 2e classe, chef de bureau. .	1,070 00	1,070 00	»	2,140 00
Contrôleur de 1re classe, sous-chef de bureau. . . .	963 00	963 00	»	1,926 00
Contrôleur de 2e classe, sous-chef de bureau. . . .	856 00	856 00	»	1,712 00
Commis principal.	749 00	749 00	»	1,498 00
Commis de 1re classe.	642 00	642 00	»	1,284 00
Commis de 2e classe.	588 50	588 50	»	1,177 00
Commis de 3e classe.	535 00	535 00	»	1,070 00
Comptable de 1re classe.	749 00	749 00	»	1,498 00
Comptable de 2e classe.	642 00	642 00	»	1,284 00
Commis de comptabilité de 1re classe.	535 00	535 00	»	1,070 00
Commis de comptabilité de 2e classe.	428 00	428 00	»	856 00
Commis auxiliaires de comptabilité.	374 50	374 50	»	744 00
Personnel indigène				
Secrétaire indigène principal de 1re classe.	»	»	»	480 00
Secrétaires indigènes principaux de 2e classe. . . .	»	»	»	420 00
Secrétaires indigènes de 1re classe.	»	»	»	360 00
Secrétaires indigènes de 2e classe.	»	»	»	300 00
Secrétaires indigènes auxiliaires de 1re classe.	»	»	»	240 00
Secrétaires indigènes auxiliaires de 2e classe.	»	»	»	200 00
Élèves secrétaires indigènes.	»	»	»	120 00
Interprète principal de 1re classe.	»	»	»	480 00
Interprète de 1re classe.	»	»	»	350 00
Lettré de 1re classe.	»	»	»	350 00
Plantons chef.	»	»	»	180 00
Plantons.	»	»	»	120 00
SERVICE ACTIF				
Personnel européen				
Contrôleurs de 1re classe.	963 00	963 00	300 A	2,226 00
Contrôleurs de 2e classe.	856 00	856 00	300 A	2,012 00
Contrôleurs de 3e classe.	749 00	749 00	300 A	1,798 00
Entreposeurs de 1re classe.	642 00	642 00	»	1,284 00
Entreposeurs de 2e classe.	535 00	535 00	»	1,070 00
Brigadiers.	588 50	588 50	»	1,177 00
Sous-brigadiers.	535 00	535 00	»	1,070 00
Préposés de 1re classe.	481 50	481 50	»	962 00
Préposés de 2e classe.	417 30	417 30	»	834 00
Préposés de 3e classe.	363 80	363 80	»	727 00
Magasinier-comptable de 1re classe.	481 50	401 50	»	963 00
Magasinier-comptable de 2e classe.	417 30	417 30	»	834 00
Maître, chef d'atelier à la bouillerie.	588 50	588 50	»	1,177 00
Contre-maître, sous-chef d'atelier de la bouillerie. .	535 00	535 00	»	1,070 00
Concierge de la bouillerie (préposé de 2e classe). .	417 30	417 30	»	834 00

A. Abonnements pour frais de tournées.

DÉSIGNATION des grades ou emplois.	TRAITEMENT Solde d'Europe.	Solde coloniale.	Suppléments divers attachés à l'emploi.	TOTAL.
Personnel indigène				
Brigadiers de 1re classe	»	»	»	180 00
Brigadiers de 2e classe	»	»	»	420 00
Sous-brigadiers de 1re classe	»	»	»	360 00
Sous-brigadiers de 2e classe	»	»	»	300 00
Surveillants de 1re classe	»	»	»	240 00
Surveillants de 2e classe	»	»	»	180 00
Surveillants auxiliaires	»	»	»	144 00
Doïs, patrons de jonques de mer ou de chaloupes à vapeur de 1re classe	»	»	»	240 00
Doïs, patrons de jonques de mer ou de chaloupes à vapeur de 2e classe	»	»	»	210 00
Caïs, patrons de jonques, chaloupes et baleinières de 1re classe	»	»	»	180 00
Caïs, patrons de jonques, chaloupes et baleinières de 2e classe	»	»	»	168 00
Caïs, patrons de jonques, chaloupes et baleinières de 3e classe	»	»	»	144 00
Mécanicien de 1re classe	»	»	»	260 00
Mécanicien de 2e classe	»	»	»	240 00
Aide-mécanicien	»	»	»	210 00
Chauffeurs de 1re classe	»	»	»	180 00
Chauffeurs de 2e classe	»	»	»	144 00
Gardes et matelots de 1re classe	»	»	»	96 00
Gardes et matelots de 2e classe	»	»	»	84 00
Gardes et matelots de 3e classe	»	»	»	72 00
Distributeur pour les magasins	»	»	»	400 00
Concierge garde-meuble, surveillant du dépôt de la direction générale	»	»	»	240 00
Chef d'équipe (annamite)	»	»	»	200 00
Gardes	»	»	»	144 00
Conducteur de voitures (assermenté)	»	»	»	240 00
Conducteur de voitures	»	»	»	150 00

(4 mai 1883).

DÉP. M. *au sujet de l'intérim des fonctions de Directeur des douanes et régies.*

ARCH. GOUV.

Un conflit s'étant élevé dans une colonie entre deux vérificateurs des douanes à l'occasion du remplacement provisoire du chef de ce service qui aurait quitté son poste avant l'arrivée de son successeur, j'ai dû consulter M. le Ministre des finances sur les règles suivies dans l'administration des douanes métropolitaines pour déterminer le choix d'un intérimaire entre deux fonctionnaires de même grade et de même ancienneté dans le grade.

Il résulte de la réponse qui vient de m'être faite par mon collègue des finances que, lorsque l'occasion se présente de confier à un intérimaire la gestion d'un emploi du cadre supérieur, l'administration des douanes a pour règle de choisir parmi les employés du grade immédiatement inférieur de la résidence ou, le cas échéant, de la Direction, celui qui est le plus apte, sous tous les points de vue, à remplir cette mission temporaire sans s'arrêter à l'ancienneté de service ou de grade.

Je vous prie de faire prendre note de cette disposition pour le cas où la question viendra à se présenter.

Dislère.

(24 mai 1883)

A. G. *réglant à nouveau l'indemnité proportionnelle à accorder aux entreposeurs sur la vente de l'opium, ainsi qu'aux préposés chargés des dépôts annexes (modification à l'arrêté du 25 juillet 1882).*

B. C. p. 324.

Article premier. — Les entreposeurs recevront une indemnité proportionnelle aux ventes, fixée comme suit :

50 cents pour 100 sur les premières 20,000 piastres ;
40 cents pour 100 sur les secondes 20,000 piastres ;
30 cents pour 100 sur les troisièmes 20,000 piastres,
Et 20 cents pour 100 sur le surplus des recettes.

Art. 2. — Les préposés chargés des dépôts annexes recevront également une indemnité calculée comme ci-dessus ; mais le tiers des sommes leur revenant à ce titre sera payé à l'entreposeur de l'arrondissement chargé de la centralisation des fonds et de la vérification des écritures.

Art. 3. — L'indemnité à payer par an pour chaque entrepôt ne pourra pas être supérieure à 400 piastres ni inférieure à 160 piastres.

Dans le cas où il y aura lieu d'allouer à un entrepôt soit le maximum, soit le minimum de la remise, la répartition aura lieu au prorata de la vente entre l'entrepôt et les annexes, et il sera prélevé le tiers des sommes dues aux annexes pour être payé à l'entreposeur.

Art. 4. — Le paiement de cette allocation aura lieu trimestriellement, après l'apurement de la comptabilité des entrepôts.

Cette allocation sera calculée comme suit pour les trois premiers trimestres :

50 cents pour 100 sur les premières 5,000 piastres ;
40 cents pour 100 sur les secondes 5,000 piastres ;
30 cents pour 100 sur les troisièmes 5,000 piastres,
Et 20 cents pour 100 sur le surplus des ventes,

sans que la somme à payer pour chaque entrepôt puisse être supérieure à 100 piastres ni inférieure à 40 piastres.

Pour le quatrième trimestre, l'allocation sera décomptée sur les ventes de l'année entière, déduction faite des sommes payées pour les 1er, 2e et 3e trimestres.

CHARLES THOMSON.

(13 juillet 1886)

DÉP. M. *relative à l'exécution d'une circulaire en date du 16 mars 1886 qui prescrit d'adresser périodiquement (mensuellement) au Département un état concernant l'effectif et les mutations du personnel des contributions indirectes.*

ARCH. GOUV.

Par une dépêche en date du 16 mars dernier, je vous ai invité à adresser au Département, par le retour du courrier, l'état nominatif de tous les agents sans exception comptant à l'effectif du service des contributions indirectes.

Ces documents auxquels j'attache le plus grand prix et qui doivent servir à établir une matricule ne me sont pas encore parvenus.

Je vous serai en conséquence obligé de vouloir bien me les adresser d'urgence.

Vous aurez aussi à me faire connaître le motif de ce retard ainsi que le nom du fonctionnaire auquel il doit être imputé.

Je profiterai de la circonstance pour vous prier de donner des ordres les plus précis en vue de l'établissement et de l'envoi au Département, le 1er de chaque mois, de l'état (modèle no 2) présentant les mutations de toute nature qui auront eu lieu dans le personnel des contributions indirectes.

Ces états qui devront être fournis avec la mention « Néant » quand aucune mutation ne se sera produite, devront au contraire porter tous les renseignements de nature à permettre au Département d'établir ou de compléter les feuillets matriculaires des agents qui y seront inscrits.

C'est ainsi qu'il y aura lieu de faire figurer sur ledit état, pour les agents nouvellement admis dans le service, qu'ils aient été nommés par l'administration de la colonie ou par le Département, tous les renseignements que comporte l'état no 1.

Quand il s'agira d'une mutation (avancement en grade ou classe, changement de résidence embarquement ou débarquement), concernant un agent déjà en fonctions dans la colonie, il y aura seulement lieu de mentionner, selon le cas, la date de la nomination, l'autorité qui l'aura prononcée, le montant détaillé du nouveau traitement, la date d'embarquement ou de débarquement dans la colonie, en indiquant s'il est accompagné ou non de sa femme et de ses enfants.

Vous voudrez bien tenir la main à ce que chaque état mensuel fasse l'objet d'une lettre spéciale adressée au Département sous le timbre de la présente dépêche.

J'appelle d'une facon toute particulière votre attention sur cette recommandation.

A. DE LA PORTE.

(27 août 1887)

DÉP. M. *au sujet de la solde d'Europe des fonctionnaires et agents des contributions indirectes en congé administratif.*

ARCH. GOUV.

J'ai l'honneur de vous accuser réception de votre lettre du 16 juillet dernier tendant à obtenir que tout le personnel des contributions indirectes soit autorisé à profiter des avantages conférés en matière de congé par le décret du 4 mai 1881. (1)

Je ne puis que me référer aux instructions qui vous ont été notifiées à ce sujet le 16 octobre dernier.

Ainsi que mon prédécesseur vous le rappelait, les diverses catégories du personnel appartenant au service local, sauf celles limitativement désignées dans le décret 1881, sont régies pour les congés par les décrets des 1er juin 1875 et 16 mai 1884.

L'article 3 du décret du 1er mai 1881 que vous avez invoqué attribuait au Gouverneur la faculté de réglementer par voie d'arrêté le service de la régie de l'opium, mais ne pouvait lui donner la faculté de modifier par des arrêtés les dispositions d'un décret, c'est-à-dire d'un acte signé du Chef de l'État.

D'autre part, la mesure que vous proposez constituerait une perte au préjudice de l'État, comme le faisait remarquer la dépêche précitée, attendu que les retenues de solde afférentes au congé du personnel local sont exercées au profit du trésor.

Les contrôles extérieurs ayant du reste signalé déjà l'importance des charges auxquelles le trésor devra faire face pour subvenir au paiement des pensions du personnel local, il n'y a pas lieu d'infirmer maintenant les dispositions réglementaires qui sont destinées à garantir une certaine compensation à l'Etat.

Je regrette donc de ne pouvoir accueillir la proposition que vous avez adressée au Département.

ÉTIENNE.

(7 septembre 1887)

RAPPORT M. *précédant le décret du 7 septembre relatif a l'organisation du personnel de l'administration des contributions indirectes et des douanes en Cochinchine.*

B. C. p. 721.
J. C. p. 961.

J'ai l'honneur de soumettre à votre haute approbation un décret relatif à l'organisation du personnel de l'administration des contributions indirectes et des douanes en Cochinchine.

La dernière loi de finances a décidé que le tarif métropolitain serait appliqué en Cochinchine à dater du 1er juin dernier, sous réserve de certaines modifications que détermineront des règlements d'administration publique.

(1) V. Administration locale.

Dans un but d'économie, la perception des droits de douane sera confiée, en Cochinchine et au Cambodge, au personnel déjà existant de l'administration des contributions indirectes : il m'a paru nécessaire, dans ces conditions, de modifier le mode de recrutement des agents de ce service, qui, jusqu'à présent, ont été laissés à la nomination du Gouverneur, et de réserver un certain nombre d'emplois aux agents détachés des administrations métropolitaines.

L'organisation du service et la fixation des cadres resteront provisoirement réglées par arrêtés du Gouverneur, jusqu'à ce qu'une expérience pratique de quelques mois ait permis d'apprécier les dispositions qu'il conviendra de sanctionner par un décret.

E. Barbey.

(7 septembre 1887)

DÉCRET *organisant le personnel de l'administration des contributions indirectes et des douanes en Cochinchine. — Tableau des grades, classes et traitements.*

(Promulg. A. G. 11 octobre 1887).
B. C. p. 721.
J. C. p. 961.

Article premier. — L'administration des contributions indirectes et des douanes en Cochinchine comprend les grades, classes et traitements énumérés au tableau ci-après :

Art. 2. — Tous les emplois du personnel européen de ladite administration sont à la nomination du Ministre de la marine et des colonies.

Les avancements en grade et en classe sont également conférés par le Ministre, sur la proposition du Gouverneur.

Les agents asiatiques sont nommés, suspendus et révoqués par le Gouverneur.

Art. 3. — Le personnel européen de l'administration des contributions indirectes et des douanes est recruté, soit parmi les fonctionnaires détachés des administrations métropolitaines des contributions indirectes ou des douanes, soit parmi les candidats dont les demandes auront été instruites par l'Administration des colonies.

Les fonctionnaires détachés des administrations métropolitaines seront nommés aux emplois auxquels est affectée une solde coloniale correspondant au triple de leur solde de gradé en France. Leur solde d'Europe pendant tout le temps qu'ils seront détachés au service des colonies sera fixée à la moitié du traitement colonial qui leur sera assigné.

Art. 4. — Les avancements ont lieu au choix, de la 1re classe d'un grade à la dernière classe du grade immédiatement supérieur, ou dans chaque grade de la classe inférieure à la classe immédiatement supérieure.

Art. 5. — A partir du grade de contrôleur de 1re classe, nul ne peut obtenir un avancement en grade ou en classe que s'il réunit au moins deux ans de services effectifs dans son grade et dans sa classe.

Art. 6. — En dessous du grade de contrôleur de 1re classe, les avancements pourront être obtenus après dix-huit mois de grade et de classe. Une seule année sera exigée pour le personnel porté au service actif dans le tableau ci-joint.

Sur un rapport spécial, les préposés de 3e classe pourront être élevés à la 2e après une période de six mois.

Art. 7. — Pour passer au grade de contrôleur principal, tous les agents non détachés des administrations métropolitaines devront satisfaire à un examen d'aptitude dont le programme sera déterminé par le Gouverneur, en Conseil privé. Cet examen aura lieu deux fois par an, en mars et septembre.

Art. 8. — Pour la solde et les accessoires de solde, le personnel européen de l'administration des contributions indirectes et des douanes est régi par les dispositions du décret du 1er juin 1875 ; il est soumis pour les retraites à la loi du 9 juin 1853.

Art. 9. — Toutefois, le personnel non détaché des administrations métropolitaines jouit des avantages de la caisse de prévoyance conformément aux dispositions du décret du 4 mai 1881.

Art. 10. — En cas de faute grave, les fonctionnaires et employés de l'administration des contributions indirectes et des douanes peuvent être suspendus ou révoqués.

A partir du grade de contrôleur principal, la suspension est prononcée par le Gouverneur, en Conseil privé ; le Ministre de la marine et des colonies en fixe la durée.

Pour les emplois inférieurs à celui de contrôleur principal, la suspension est prononcée par le Gouverneur.

La révocation de tous les agents européens est prononcée par le Ministre de la marine et des colonies, sur le rapport du Gouverneur, en Conseil privé, et après avis d'une commission d'enquête.

Art. 11. — Toutes les dépenses du personnel et du matériel de l'administration des contributions indirectes et des douanes sont comprises aux dépenses obligatoires du budget local de la Cochinchine.

Art. 12. — Des décrets ultérieurs, rendus après avis du Gouverneur, fixeront :

1° Les cadres de l'administration des contributions indirectes et des douanes ;

2° La répartition du service des bureaux ;

3° L'organisation et le fonctionnement du service des contributions indirectes et des douanes, qui restera provisoirement réglé par des arrêtés actuellement en vigueur.

Art. 13. — Sont et demeurent abrogées les dispositions contraires au présent décret.

JULES GRÉVY.

ANNEXE

TABLEAU *des grades, classes et traitements de l'administration des contributions indirectes et des douanes en Cochinchine.*

GRADES	ASSIMILATION	SOLDE d'Europe	SOLDE coloniale	SUPPLÉMENT
		Francs	Francs	Francs
Directeur	L'assimilation, pour les passages, le traitement dans les hôpitaux et les frais de séjour, est celle indiquée dans les tableaux annexés à la circulaire ministérielle du 23 février 1887, pour le classement à bord des bâtiments de l'État (*Bulletin officiel* de l'administration des colonies, 1er sem., p. 147).	10.000 »	20.000 »	»
Inspecteur		7.500 »	15.000 »	(1) 1.500
Sous-inspecteur de 1re classe		6.000 »	12.000 »	(1) 1.200
Sous-inspecteur de 2e classe		5.500 »	11.000 »	(1) 1.200
Régisseur de la manufacture		4.500 »	9.000 »	(2)
Entreposeur garde-magasin principal		3.000 »	6.000 »	1.000
SERVICE SÉDENTAIRE				
Contrôleur principal de 1re classe, chef de bureau	»	5.000 »	10.000 »	»
Contrôleur principal de 2e classe, chef de bureau	»	4.500 »	9.000 »	»
Contrôleur de 1re classe, sous-chef de bureau	»	4.000 »	8.000 »	»
Contrôleur de 2e classe, sous-chef de bureau	»	3.500 »	7.000 »	»
Commis principal	»	3.000 »	6.000 »	»
Commis de 1re classe	»	2.500 »	5.000 »	»
Commis de 2e classe	»	2.250 »	4.500 »	»
Commis de 3e classe	»	2.000 »	4.000 »	»
Comptable de 1re classe	»	3.000 »	6.000 »	»
Comptable de 2e classe	»	2.500 »	5.000 »	»
Commis de comptabilité de 1re classe	»	2.000 »	4.000 »	»
Commis de comptabilité de 2e classe	»	1.850 »	3.700 »	»
Commis auxiliaire de comptabilité	»	1.750 »	3.500 »	»

(1) Frais de tournée. — (2) 2.000 francs si le régisseur est titulaire du diplôme de pharmacien de 1re classe.

GRADES	ASSIMILATION	SOLDE d'Europe	SOLDE Coloniale	SUPPLÉMENTS
		Francs	Francs	Francs
SERVICE ACTIF (PERSONNEL EUROPÉEN)				
Contrôleur de 1re classe	»	4.000 »	8.000 »	(1) 1.000
Contrôleur de 2e classe	»	3.500 »	7.000 »	(1) 1.000
Contrôleur de 3e classe	»	3.000 »	6.000 »	(1) 1.000
Entreposeurs de 1re classe	»	2.500 »	5.000 »	»
Entreposeurs de 2e classe	»	2.000 »	4.000 »	»
Brigadiers	»	2.500 »	5.000 »	»
Sous-brigadiers	»	2.250 »	4.500 »	»
Préposés de 1re classe	»	2.000 »	4.000 »	»
Préposés de 2e classe	»	1.800 »	3.600 »	»
Préposés de 3e classe	»	1.650 »	3.300 »	»
Magasinier-comptable de 1re classe	»	2.000 »	4.000 »	»
Magasinier-comptable de 2e classe	»	1.750 »	3.500 »	»
Maître chef d'atelier à la bouillerie	»	2.500 »	5.000 »	»
Contre-maître sous-chef d'atelier à la bouillerie	»	2.000 »	4.000 »	»
SERVICE SÉDENTAIRE (PERSONNEL INDIGÈNE).				
Secrétaire indigène principal de 1re	L'assimilation, pour les pas-	1.200 »	2.364 »	»
classe	sages, le traitement dans			
Secrétaire indigène principal de 2e	les hôpitaux et les frais	1.050 »	2.068 50	»
classe	de séjour, est celle indi-	900 »	1.773 »	»
Secrétaire indigène de 1re classe	quée dans les tableaux	750 »	1.477 5[illegible]	»
Secrétaire indigène de 2e classe	annexés à la circulaire			
Secrétaire indigène auxiliaire de 1re	ministérielle du 23 fé-	600 »	1.182 »	»
classe	vrier 1887, pour le clas			
Secrétaire indigène auxiliaire de 2e	sement à bord des bâti-	500 »	985 »	»
classe	ments de l'État (*Bulletin*	300 »	591 »	»
Élève secrétaire indigène	*officiel* de l'administra	1.200 »	2.364 »	»
Interprète principal de 1re classe	tion des colonies 1er sem.,	900 »	1.773 »	»
Interprète de 1re classe	p. 147).	360 »	709 20	»
Planton chef	»	240 »	472 80	»
Planton	»	960 »	1.891 20	»
Brigadier de 1re classe	»	840 »	1.654 80	»
Brigadier de 2e classe	»	720 »	1.418 40	»
Sous-brigadier de 1re classe	»	600 »	1.182 »	»
Sous-brigadier de 2e classe	»	480 »	945 60	»
Surveillant de 1re classe	»	360 »	709 20	»
Surveillant de 2e classe	»	288 »	567 36	»
Surveillant auxiliaire de 1re classe	»	240 »	472 80	»
Surveillant auxiliaire de 2e classe	»			
Doïs, patrons de jonques de mer ou de		480 »	945 60	»
chaloupes à vapeur de 1re classe	»			
Doïs, patrons de jonques de mer ou de		420 »	827 40	»
chaloupes à vapeur de 2e classe	»			
Caïs, patrons de jonques, chaloupes et		360 »	709 20	»
baleinières de 1re classe	»			
Caïs, patrons de jonques, chaloupes et		336 »	661 92	»
baleinières de 2e classe	»			
Caïs, patrons de jonques, chaloupes et		288 »	567 36	»
baleinières de 3e classe	»			
Mécanicien de 1re classe	»	520 »	1.024 40	»
Mécanicien de 2e classe	»	480 »	945 60	»
Aide-mécanicien	»	420 »	827 40	»
Chauffeurs de 1re classe	»	360 »	709 20	»
Chauffeurs de 2e classe	»	288 »	567 36	»
Gardes et matelots de 1re classe	»	192 »	378 24	»
Gardes et matelots de 2e classe	»	168 »	330 96	»
Gardes et matelots de 3e classe	»	144 »	283 68	»
Distributeur pour les magasins	»	800 »	1.576 »	»
Concierge, garde-meubles, surveillant du dépôt à la direction générale	»	480 »	945 60	»
Chef d'équipe (annamite)	»	480 »	945 60	»
Conducteur de voiture (assermenté)	»	480 »	945 60	»
Conducteur de voiture	»	360 »	709 20	»

(1) Frais de tournée.

(9 septembre 1887)

DÉP. M. *Notification du décret en date du 7 septembre 1887 organisant le personnel des contributions indirectes et des douanes. (Instructions).*

ARCH. GOUV.

(13 décembre 1887)

CIRC. C. I. D. *Mise à exécution d'une dép. m. du 26 octobre 1887 portant que les interprètes sonneurs seront nommés sur la présentation des entreposeurs.*

ARCH. C. I. D.

Aux termes de la dépêche ministérielle en date du 26 octobre dernier, les interprètes sonneurs devant être nommés sur la présentation des entreposeurs, j'ai l'honneur de vous prier de me faire connaître sous le timbre du secrétariat le nom de l'Indigène que vous aurez choisi pour remplir cet emploi à votre entrepôt.

Il est inutile de vous dire que le candidat sur lequel votre choix se sera porté doit, pour être commissionné, réunir les conditions de moralité suffisante.

L. Fontaine.

(26 décembre 1887)

DÉP. M. *confirmant un télégramme annonçant l'envoi d'un arrêté classant le personnel des contributions indirectes et des douanes dans le grade correspondant au traitement actuel.*

ARCH. GOUV.

J'ai l'honneur de vous confirmer mon télégramme du 14 octobre courant ainsi conçu :

« Recevrez, prochain courrier, arrêté classant personnel contributions indirectes dans grades correspondant à traitement actuel. »

Jusqu'à l'arrivée de ce travail dans la colonie les agents du service des contributions indirectes et des douanes admis antérieurement au décret du 7 septembre dernier, conserveront leur ancien grade et continueront à percevoir le traitement qu'ils recevaient à la date précitée.

Il demeure bien entendu toutefois que les agents nommés par le Département depuis le 7 septembre, recevront le traitement alloué au grade dont ils sont titulaires par le décret précité.

Étienne.

(3 janvier 1888)

CIRC. C. I. D. *Mise à exécution d'une décision supprimant les matières servant à l'éclairage des entrepôts et postes, — les fournitures de bureau, et les remplaçant à partir du 1er janvier 1888 par une indemnité représentative qui sera payée mensuellement à chacun des chefs de bureau, contrôleurs de la circonscription et entreposeurs. L'éclairage des bureaux de la Direction, des chaloupes et embarcations et la fourniture des imprimés de toute nature ne sont pas visés par la présente circulaire.*

ARCH. C. I. D.

(13 avril 1889)

A. G. G. *Fixation de l'uniforme des agents européens des douanes et régies, remplissant un service actif.*

J. C. p. 494.

Article premier. — L'uniforme des agents européens des douanes et régies, remplissant un service actif, est composé comme suit :

Pantalon en lainage bleu foncé avec une bande en soutache de soie noire d'une largeur d'un centimètre de chaque côté ;

Dolman de même étoffe et de même couleur avec brandebourgs en gros cordonnets de soie noire sur la poitrine ; six boutons de métal blanc sphériques, portant les lettres D. R. En relief sur chaque angle du col seront placées les lettres D. R., entourées d'une branche de pavot ; cet écusson sera brodé en cannetille d'argent fin sur drap rouge, suivant croquis annexé au présent arrêté (modèle n° 1).

Casque blanc de la forme en usage dans l'armée coloniale, avec les lettres D. R. (modèle n° 2 du croquis) en métal blanc, entourées de deux branches de pavot entrelacées.

Au-dessus du grade de sous-brigadier, les agents porteront sur chaque manche un galon en soutache noire, posé en trèfle.

Les sous-brigadiers et préposés porteront un galon en soutache noire d'un centimètre de large comme celui du pantalon et faisant le tour de la manche.

Art. 2. — Les agents pourront, à leur gré, porter en service ordinaire la tenue blanche, sur laquelle les brandebourgs en cordonnet noir et les insignes figurant sur les manches seront remplacées par des cordonnets blanc crème.

Art. 3. — La tenue des agents indigènes sera composée comme suit :

Un veston en flanelle bleu foncé, avec boutons en métal blanc sphériques portant les lettres D. R. en relief, garni de galons jaunes en laine d'une largeur de 3 centimètres et posés en pointe sur les manches.

Le col du veston sera droit et garni d'un galon jaune de même dimension, faisant le tour du cou et portant également les lettres D. R. en métal argenté (suivant modèle n° 3 du croquis).

Les brigadiers, sous-brigadiers, doïs et caïs porteront, selon leur grade, un ou deux galons en argent sur la manche, à la place des galons en laine dont ils devront avoir la largeur.

Art. 4. — Les effets d'uniforme seront achetés directement par les intéressés ; mais ils doivent être conformes aux modèles-types déposés dans les magasins de l'administration.

Art. 5. — Les employés et agents européens pourront être armés du revolver modèle 1874.

Dans le service ordinaire, les agents indigènes ne seront armés que du sabre ; en cas de nécessité absolue seulement et quand ils accompagneront un agent français, ils pourront être porteur d'un revolver.

Art. 6. — L'uniforme est obligatoire pour tous les agents en service ordinaire.

Le directeur des douanes et régies pourra dispenser du port de l'uniforme les agents chargés de missions spéciales pour lesquelles ils ne doivent pas être revêtus de marques extérieures.

RICHAUD.

III. — DROITS ET PRODUITS PERÇUS. ACTION ET RÉPRESSION ; — RÉPARTITION DES PRODUITS D'AMENDES ET TRANSACTIONS.

NATURE DES DOCUMENTS	DATES	RECUEILS A CONSULTER								OBSERVATIONS
		Bat.	B. C.	B.D.I.	J. C.	J.H.	B.M.	B.Col		
Tarif.										
A. G.	7 novembre 1881.									
A. G.	29 août 1882.									
D. D. I.	29 août 1882.									
A. G.	5 juillet 1883.		431							
A. G.	9 mai 1887.		332		535					

TARIF *des droits et produits perçus par l'administration des contributions indirectes.*

NUMÉRO D'ORDRE du bordereau C. I. n° 14	NATURE DES DROITS ET PRODUITS	DROITS ET PRODUITS Bases de perception.
	1° Droits sur l'opium.	
1	Vente d'opium aux débitants	Le kilogramme.
	boîte de 20 grammes	La boîte.
	boîte de 40 grammes	La boîte.
	boîte de 100 grammes	La boîte.
	boîte de 200 grammes	La boîte.
2	Vente d'écorces aux débitants	Le kilogramme.
	boîte de 100 grammes	La boîte.
	boîte de 200 grammes	La boîte.
3	Licences de débitants d'opium	Prix du placement.
4	Licences spéciales de vente de dross	10 0/0 de la licence principale.
5	Droit de transit et d'entrepôt de l'opium en caisses — Droits d'entrepôt des caisses d'opium admises en transit ou en entrepôt — Pendant les huit premiers jours	Par caisse et par jour.
	Droit de transit et d'entrepôt de l'opium en caisses — Droits d'entrepôt des caisses d'opium admises en transit ou en entrepôt — Pendant les jours suivants	id.
	Droit de transit et d'entrepôt de l'opium en caisses — Permis de débarquement desdites caisses	La caisse.
	Droit de transit et d'entrepôt de l'opium en caisses — Droits de plombage desdites caisses	id.
	Droit de transit et d'entrepôt de l'opium en caisses — Permis de circulation pour l'exportation — Caisses sortant de l'entrepôt	id.
	Droit de transit et d'entrepôt de l'opium en caisses — Permis de circulation pour l'exportation — Caisses transbordées sans passer par l'entrepôt	id.
	Droit de transit et d'entrepôt de l'opium en caisses — Frais d'escorte	Par homme d'escorte.
	2° Droits sur les alcools fabriqués dans la colonie.	
13	Droits de fabrication sur les alcools de — 35 et 36°	Hectolitre.
	37 à 41°	id.
	42 à 47°	id.
	48 à 53°	id.
	54 à 59°	id.
	60 à 65°	id.
	Alcool doux coloré	id.
14	Redevance annuelle des distillateurs	Procès-verbal d'adjudication.
15	Licences de… — Distillateurs — Dans Saïgon et Cholon (villes)	Annnée.
	Licences de… — Distillateurs — Dans les autres localités	id.
16	Licences de… — Marchands en gros — Dans Saïgon et Cholon (villes)	Semestre
	Licences de… — Marchands en gros — Dans les autres localités	id.
	Licences de… — Débitants au détail — Dans Saïgon et Cholon (villes)	Année.
17	Licences de… — Débitants au détail — Dans les autres chefs-lieux d'arrondt.	id.
	Licences de… — Débitants au détail — Dans les autres localités	id.
18	Licences de… — Débitants ambulants	id.

NUMÉRO D'ORDRE du bordereau C. 1. n° 14	NUTURE DES DROITS ET PRODUITS	DROITS ET PRODUITS Bases de perception
	3° Droits sur les alcools importés dans la colonie.	
30	Droits d'importation....... Sur les alcools autres que les vins de Chine de.......... 50° et au-dessous...	Litre.
	51 à 60°..........	id.
	61 à 70°..........	id.
	76 à 80°..........	id.
	81 à 90°..........	id.
	91 à 100°..........	id.
31	Sur les vins de Chine....... dits de Tient-sin en jarres ou en caisses...	id.
	en sacs de 6 flacon ne dépassant pas 5 litres.......	Sac.
	dits de Canton parfumés ou d'imitation...........	Litre.
32	Délivrance de permis de débarquement..............	Quelle que soit la quantité.
33	d'embarquement ou de transbordement......................	id
	5° Droits de sortie sur les bœufs et buffles.	
25	Riz et paddys exportés par navire français à destination de la France et des colonies françaises..................	Picul de 60kilog. 400.
26	Riz et paddys autrement exportés..............................	id.
	4° Droits de sortie sur les riz et paddys.	
38	Droits de sortie....................................	Tête d'animal.
	6° Droits sur les pétards, les armes, les poudres et les artifices.	
42	Droits d'entrée...	La valeur.
	7° Droits d'entrepôt des huiles minérales et des poudres de commerce.	
45	Droits d'entrepôt Huiles minérales......................	Par caisse pour les six premiers mois.
	id.	Par caisse pour une seconde période de 6 mois.
46	Poudres de commerce..............	Par mètre cube et par mois.
47	Assurance sur les huiles minérales......................	Par caisse.
	8° Recettes accessoires.	
55	Vente de livrets de débitants d'opium 1er livret en remplacement de livret terminé................	Livret.
56	Remplacement de livret perdu..	id.
57	Vente de livrets de débitants d'alcool au détail 1er livret ou remplacement de livret terminé.......	id.
58	Remplacement de livret perdu................	id.
59	Vente de registres de permis de circulation en français..	Registre.
60	de permis de circulation en caractères chinois.........................	id.
61	de ventes en caractères chinois......	id.
63	Remboursement du prix des alcoomètres ou thermomètres cédés aux débitants...........	L'instrument.
64	des frais d'indicateur..............	Par distillerie et par mois.
65	des frais de transport des agents.......	id

(7 novembre 1881)

A. G. *relatif à la constatation et à la répression de la fraude en matière d'opium (art. 44)* (1).

(non inséré)

Art. 44. — Les produits des amendes par suite des constatations faites par les préposés ou agents de la Régie seront distribués comme suit :

Un cinquième entre tous les agents ou préposés assermentés de la Régie à l'exclusion des fonctionnaires de cette même administration.

Un cinquième au saisissant plus le tiers des objets confisqués.

Le surplus sera acquis à la caisse coloniale.

(29 août 1882)

A. G. *réglant le mode de répartition des amendes, confiscations et dommages-intérêts* (2).

(non inséré)

Article premier. — La part revenant à la Régie pour dommages-intérêts, sur les sommes encaissées, est fixée à la moitié de la recette.

L'autre moitié est jointe aux produits des amendes et confiscations pour être répartie conformément à l'article 44 de l'arrêté précité.

Art. 2. — Le cinquième à distribuer entre tous les agents ou préposés assermentés de la Régie à l'exclusion des fonctionnaires de cette administration, sera versé, au règlement de chaque trimestre, à une caisse spéciale désignée sous le nom de : « caisse des agents des Contributions indirectes ».

Elle sera administrée sous la surveillance et le contrôle du Directeur par un conseil composé de :

MM. l'inspecteur des Contributions indirectes, *président* ;

Le chef du bureau de la comptabilité, *secrétaire-trésorier* ;

Le contrôleur chargé de la police générale ;

Les deux plus anciens brigadiers ou sous-brigadiers présents à Saïgon et le plus ancien préposé, *membres.*

Art. 3. — Les délibérations du conseil, pour être valables, devront être approuvées par le Directeur de l'Intérieur.

Art. 4. — Une indemnité de caisse de 60 piastres par an sera payée au secrétaire-trésorier.

Elle sera réglée par trimestre sur procès-verbal du conseil d'administration.

Art. 5. — A la fin de chaque année, il sera fait, sous la déduction d'un fonds de prévoyance déterminé par le Conseil d'administration, une répartition du solde en caisse entre tous les agents et préposés.

LE MYRE DE VILERS.

(29 août 1882)

D. D. I. *rendus pour l'application de l'arrêté du même jour relatif aux répartitions d'amendes.*

(non inséré)

Article premier. — Lorsque les saisies et constatations auront été faites par plu-

(1) V. *infrà*, A. G. 29 août 1882. — D. D. I. 29 août 1882.
(2) V. *infrà*, A. G. 9 mai 1887.

sieurs agents, la répartition du cinquième des produits d'amendes et du tiers des objets confisqués réservés par le § 3 de l'article 44 de l'arrêté du 7 novembre 1881 aura lieu entre eux comme suit :

Si les coopérateurs sont tous Européens ou tous Asiatiques, le partage sera fait à parts égales.

Si un ou plusieurs agents indigènes sont en concurrence avec un ou plusieurs préposés européens, la division aura lieu d'après le tableau ci-après :

1 Européen et 1 Asiatique	2 tiers 1 tiers	2 Européens et 1 Asiatique	4 cinquièmes. 1 cinquième.
1 Européen et 2 Asiatiques	4 sixièmes 2 sixièmes	2 Européens et 2 Asiatiques	6 huitièmes. 2 huitièmes.
1 Européen et 3 Asiatiques (et au delà)	3 cinquièmes 2 cinquièmes	2 Européens et 3 Asiatiques	6 neuvièmes. 3 neuvièmes.

Art. 2. — En fin d'année, la répartition du solde en caisse aura lieu entre tous les agents et préposés, comptant au moins six mois de présence, au prorata de leur solde de grade et du temps passé effectivement au service.

Les agents licenciés dans le cours de l'année ne peuvent prétendre à aucune part.

En cas de démission acceptée, le Conseil d'administration fixe la somme à payer à l'agent qui se retire volontairement après six mois de services accomplis.

BÉLIARD.

(5 juillet 1883)

A. G. *réglementant à nouveau la constatation et la répression de la fraude en matière d'opium (art. 44)* (1).

B. C. p. 431.

. . . .

Art. 44. — Les produits d'amendes, par suite de constatations faites par les préposés ou agents de la Régie, seront distribués comme suit :

Un cinquième entre tous les agents ou préposés assermentés de la Régie, à l'exclusion des fonctionnaires de cette même administration ;

Un cinquième au saisissant, plus le tiers des objets confisqués ;

Le surplus sera acquis à la caisse coloniale (art. 45) . . . .

. . . .

(9 mai 1887)

A. G. *supprimant la caisse des employés des contributions indirectes et établissant le mode de répartition des produits d'amendes et de transactions.*

B. C. p. 332.
J. C. p. 535.

Article premier. — La caisse des employés des contributions indirectes est supprimée.

(1) V. *infrà*, A. G. 9 mai 1887.

Art. 2. — L'article 44 de l'arrêté du 5 juillet 1883 est ainsi modifié :

Les produits d'amendes et de transactions, par suite de constatations faites par les préposés ou agents de la régie, seront distribués comme suit :

3/12 à la caisse des retraites ;

4/12 aux saisissants ;

5/12 à la colonie.

Art. 3. — La part revenant aux saisissants sera payé d'urgence et sans retenue, dès le recouvrement opéré.

Art. 4. — Les sommes constituant la caisse supprimée par le présent arrêté, y compris celles à encaisser, seront réparties avant le 1er juillet prochain, et ne seront passibles d'aucune retenue. La liquidation fera l'objet d'un procès-verbal dressé par le conseil d'administration. Sont maintenues en vigueur les bases fixées par la décision du 29 août 1882 pour la répartition entre agents saisissants.

Art. 5. — Le présent arrêté sera mis en vigueur à partir du 1er mai 1887, et ne sera définitivement exécutoire qu'après l'approbation du Ministre de la marine et des colonies.

FILIPPINI.

IV. — INSTRUCTIONS.

NATURE DES DOCUMENTS	DATES	RECUEILS A CONSULTER								OBSERVATIONS
		Bat.	B. C.	B.D.I	J. C.	J.H.	R. M.	BCol		
Circ. C. I. D.	5 janvier 1881.									
Circ. C. I. D.	26 décembre 1881.									
Circ. C. I. D.	29 décembre 1881.									
Circ. C. I. D.	5 janvier 1882.									
Circ. C. I. D.	17 février 1882.									
Circ. C. I. D.	17 février 1882.									
Circ. C. I. D.	1er juin 1882.									
Circ. D. I.	21 août 1882.			54						
Circ. C. I. D.	16 septembre 1882.									
Circ. D. I.	9 novembre 1882.			70						
Circ. D. I.	28 mai 1883.			36						
Circ. C. I. D.	20 novembre 1883.									
Circ. C. I. D.	6 octobre 1884.									
Circ. C. I. D.	1er janvier 1885.									
Circ. C. I. D.	23 janvier 1886.									
Circ. C. I. D.	27 janvier 1886.									
Circ. C. I. D.	20 février 1886.									
Circ. C. I. D.	25 mars 1886.									
Circ. C. I. D.	22 janvier 1887.									
Circ. C. I. D.	6 avril 1887.									
Circ. C. I. D.	1er mai 1887.									

NATURE DES DOCUMENTS	DATES	RECUEILS A CONSULTER							OBSERVATIONS
		Bat.	B. C.	B.D I	J. G.	J.H	B. M.	B.Col	
Circ. C. I. D.	25 mai 1887.								
Circ. C. I. D	18 juin 1887.								
Circ. C. I. D.	30 juillet 1887.								
Circ. C. I. D.	août 1887.								
Circ. C. I. D.	25 août 1887.								
Circ. C. I. D.	25 janvier 1888.								
Circ. C. I. D.	30 juillet 1888.								
Circ. C. I. D.	7 août 1888.								
Circ. C. I. D.	18 septembre 1888.								
Circ. C. I. D.	18 septembre 1888								
Circ. C. I. D.	21 septembre 1888.								

(5 janvier 1881)

CIRC. C. I. D. *Pièces à fournir par les entreposeurs et les préposés aux distilleries. — Instructions.*

ARCH. C. I. D.

(26 décembre 1881)

CIRC. C. I. D. *Prescriptions concernant : 1° les licences de débitants d'opium et d'alcools ; 2° les vente et consommation d'opium ; 3° la vente d'alcools de riz.*

ARCH. C. I. D.

(29 décembre 1881)

CIRC. C. I. D. *Instructions sur le mode de constatation des contraventions. — Tableau des contraventions emportant la peine de l'emprisonnement. — Modèle de procès-verbal ; formule d'affirmation et d'assignation.*

ARCH. C. I. D.

(5 janvier 1882)

CIRC. C. I. D. *Instructions pour la comptabilité des entreposeurs. — Nomenclature des registres de comptabilité.*

ARCH. C. I. D.

(17 février 1882)

CIRC. C. I. D. *Procédure à suivre dans les cas de contraventions aux arrêtés des 7 novembre et 19 décembre 1881 sur la fabrication et la vente de l'opium et des alcools.*

ARCH. C. I. D.

(17 février 1882)

CIRC. C. I. D. *Envoi des procès-verbaux constatant des contraventions aux règlements sur l'importation, la fabrication et la vente de l'opium ou des alcools. — Procédure à suivre.*

ARCH. C. I. D.

(1er juin 1882)

CIRC. C. I. D. *Instructions au sujet de l'application de l'arrêté du 29 mai dernier fixant la surtaxe à appliquer aux alcools fabriqués dans la colonie au-dessus de 40°.*

ARCH. C. I. D.

(21 août 1882).

CIRC. D. I. *Instructions relatives aux ordres de recette émis par l'administration des contributions indirectes. — Mode de procéder.*

B. D. I. p. 54.

L'administration des contributions indirectes est appelée à émettre des ordres de recette au titre de l'article 2 : *Recettes d'ordre sur les caisses de l'intérieur.*

Afin d'assurer le bon fonctionnement de ces opérations et de leur donner tout le caractère de contrôle qu'elles réclament, j'ai cru devoir vous charger de la surveillance à exercer. Voici le mode de procéder arrêté de concert avec M. le trésorier-payeur.

Les ordres vous seront adressés par mes soins sous bordereau d'envoi ; vous les enregistrerez *pour mémoire*, aux dernières pages de votre livre d'enregistrement des ordres de recette, et les remettrez au percepteur chargé d'en opérer le recouvrement.

Lorsque le percepteur aura retiré le récépissé qui se rapporte à chaque recette, il vous en fera la remise, et après avoir mentionné le paiement en regard de l'ordre déjà enregistré, vous en ferez l'envoi à M. le directeur des contributions indirectes, chargé de procéder à l'établissement des états d'annulation de dépenses du chapitre XVII, ainsi que des relevés mensuels d'émission à fournir au trésor.

Vous resterez chargé d'exercer des poursuites contre les débiteurs, si besoin est, et vous ferez rendre compte, à la fin de chaque mois, des restes à payer.

M. le trésorier-payeur adresse des instructions à MM. les payeurs et percepteurs à ce sujet.

BÉLIARD.

(16 septembre 1882)

CIRC. C. I. D. *Instructions pour combattre la fraude sur les alcools fabriqués dans la colonie. — Du rôle des préposés attachés aux distilleries.*

ARCH. C. I. D.

(9 novembre 1882)

CIRC. D. I. *au sujet du transfert des prévenus pour contraventions aux arrêtés sur les contributions indirectes. — Modèle de réquisition.*

B. D. I. p. 70.

Des difficultés se sont produites au sujet du transfert des prévenus de la régie et des pièces à conviction. Pour en éviter le renouvellement, j'ai dû m'entendre avec le directeur de ce service, et je vous prie de vous conformer désormais aux prescriptions suivantes :

Lorsque, dans un arrondissement dépourvu de tribunal, un prévenu de contravention aux arrêtés sur les contributions indirectes sera maintenu en état d'arrestation, c'est à vous qu'il appartiendra d'en assurer, sur la réquisition du service intéressé, le transfert au chef-lieu où siège le parquet. Vous agissez alors, non comme officier de police judiciaire, mais comme administrateur. Aussi ai-je pensé qu'il était inutile d'exiger une copie du procès-verbal. Nous ne devons pas oublier que les agents de la régie fournissent déjà trois exemplaires de cette pièce et qu'il est de bonne administration de ne pas compliquer les écritures. Vous vous contenterez d'une réquisition signée du contrôleur ou de l'entreposeur.

Le modèle de la réquisition en usage est annexé à la présente circulaire.

BÉLIARD.

ANNEXE.

L'Administration des contributions indirectes, représentée à
par M.
Vu le procès-verbal n° dressé par le préposé
contre le nommé
constatant une contravention ;
Vu la décision motivée de M. le juge de paix, en date du
maintenant le nommé
en état d'arrestation,
Prie M. l'administrateur de de vouloir bien recevoir et faire conduire sous bonne escorte le susnommé à la disposition de M. le procureur de la République de
ainsi que les pièces à conviction dont ci-dessous le détail.

Le 188 .

Le

(28 mai 1883)

CIRC. D. I. *modifiant les instructions contenues dans la circulaire du 21 août 1882 au sujet des ordres de recette à émettre par l'administration des contributions indirectes.*

B. D. I. p. 36.

Les instructions contenues dans la circulaire du 21 août 1882, insérée au *Bulletin de la Direction*, page 54, nº 60, au sujet des ordres de recette à émettre par l'administration des contributions indirectes, seront remplacées par celles-ci :

Les ordres de recette à émettre par l'administration des contributions indirectes, ne concernant que des recettes d'ordres dont le montant est à rétablir après acquittement au chapitre XVII, seront dorénavant tous payables à la caisse de M. le receveur spécial du service local à Saïgon. Les précomptes seront portés sur les mandats des intéressés par les soins de cette administration, qui se chargera également de les faire parvenir aux titulaires.

A la réception des mandats précomptés, dont les retenues y figurant auront été opérées par les payeurs des places et les percepteurs, M. le trésorier-payeur adressera à cette administration les récépissés de versement, afin de lui permettre d'établir en triple expédition les états d'annulation de dépense. Ces documents seront envoyés à la Direction de l'Intérieur, sous le timbre du 4e bureau, ainsi que le relevé des ordres de recette recouvrés ou non recouvrés, émis pendant le mois écoulé, dressé en deux expéditions. Ces dernières seront remises du 1er au 5 de chaque mois.

Lorsque des ordres devront être émis au nom des personnes n'ayant aucune somme à toucher sur les crédits inscrits au chapitre XVII, les diligences nécessaires pour en opérer le recouvrement seront faites, à Saïgon, par la Direction de l'Intérieur; dans les arrondissements, par les administrateurs. Ces ordres devront être transmis à la Direction de l'Intérieur, qui avisera les débiteurs soit directement soit par l'intermédiaire de ces fonctionnaires.

Les sommes versées dans l'intérieur donneront lieu à la délivrance immédiate d'un récépissé provisoire établi sur papier libre et signé des administrateurs, qui enverront en un groupe cacheté à la cire, par les bateaux de la compagnie des Messageries fluviales, à M. le trésorier-payeur à Saïgon, le numéraire reçu, accompagné de la lettre d'avis de percevoir qui leur aura été adressée précédemment. Il leur sera retourné en échange, pour remplacer la quittance provisoire, une déclaration de versement destinée à être remise au débiteur, lequel se trouvera ainsi libéré envers la colonie.

Votre rôle se bornera désormais, dans les cas de l'espèce qui se présenteront rarement, à poursuivre la rentrée de certaines créances, seulement, ainsi qu'il a été expliqué plus haut, lorsque l'administration des contributions indirectes n'aura pas à sa disposition les moyens suffisants pour en obtenir elle-même le recouvrement.

Vous n'aurez aucun compte à tenir ni aucune pièce à fournir à l'occasion de ces recettes.

De son côté, le percepteur n'aura aucun ordre à réclamer pour retenir le montant des précomptes portés sur les mandats ; il agira, en cette circonstance, conformément aux instructions qui lui ont été données par M. le trésorier-payeur à cet effet.

BÉLIARD.

(20 novembre 1883)

CIRC. C. I. D. *Instruction relative aux boîtes de laiton employées comme récipients de l'opium de la régie. Moyen à employer pour ouvrir lesdites boîtes.*

ARCH. C. I. D.

(6 octobre 1884)

CIRC. C. I. D. *Conditions que doivent remplir les distilleries.*

ARCH. C. I. D.

(1er janvier 1885)

CIRC. C. I. D. *Instructions sur la tenue des nouveaux registres et imprimés de comptabilité, à partir du 1er janvier 1885. Comptabilité-deniers. Comptabilité-matières.*

ARCH. C. I. D.

(23 janvier 1886)

CIRC. C. I. D. *prescrivant certaines mesures en vue de faciliter l'expertise des opiums saisis dans les débits.*

ARCH. C. I. D.

(27 janvier 1886)

CIRC. C. I. D. *Laisser-passer à délivrer pour la circulation en mer des jonques chargées de riz ou de paddy dans l'intérieur de la Cochinchine pour un point quelconque de la colonie.*

ARCH. C. I. D.

(20 février 1886)

CIRC. C. I. D. *Création de jardins potagers dans les postes des contributions indirectes.*

ARCH. C. I. D.

(25 mars 1886)

CIRC. C. I. D. *Interprétation de la décision du Conseil colonial en date du 13 janvier 1886 qui limite à 30 litres le minimum des ventes d'alcool dans les distilleries.*

ARCH. C. I. D.

(22 janvier 1887)

CIRC. C. I. D. *au sujet de la remise par les agents du service actif, démissionnaires et licenciés de leur carte et commission.*

ARCH. C.I. D.

(6 avril 1887)

CIRC. C. I. D. *Remboursement aux notables des frais de route pour escorte des contrebandiers aux chef-lieux.*

ARCH. C. I, D.

(1er mai 1887)

CIRC. C. I. D. *Comptabilité des entrepôts ; — instructions.*

ARCH. C. I. D.

(25 mai 1887)

CIRC. C. I. D. *L'indemnité représentative de 15 piastres, payée par le distillateur pour moyen de transport, sera affectée au service des tournées.*

ARCH. C. I. D.

(18 juin 1887)

CIRC. C. I. D. *Des tournées auxquelles sont astreints les préposés détachés aux distilleries ; des perquisitions ou visites domiciliaires ; des perquisitions à opérer chez les notables, précautions à prendre.*

ARCH. C. I. D.

(30 juillet 1887)

CIRC. C. I. D. *Mesures à prendre par suite de la suppression de la garde de nuit fournie par les tirailleurs.*

ARCH. C. I. D.

(Août 1887)

CIRC. C. I. D. *Du fonctionnement des entrepôts particuliers institués par arrêté local du 24 mars 1884.*

ARCH. C. I. D.

(25 août 1887)

CIRC. C. I. D. *Prescriptions en vue de faciliter l'analyse de l'opium saisi ; Remboursement tant en nature qu'en valeur de la quantité d'opium dont le débitant sera privé ; scellage du récipient à envoyer.*

ARCH. C. I. D.

(25 janvier 1888)

CIRC. C. I. D. *au sujet du dépôt au greffe des tribunaux des pièces à conviction.*

ARCH. C. I. D.

(30 juillet 1888)

CIRC. C. I. D. *prescrivant de restreindre progressivement la délivrance des boites d'opium de 0,20 grammes.*

ARCH. C. I. D.

(7 août 1888)

CIRC. C. I. D. *au sujet des échantillons d'opium à prélever chez les débitants et du remboursement des quantités saisies chez eux.*

ARCH. C. I. D.

(18 septembre 1888)

CIRC. C. I. D. *au sujet des sommes encaissées, à titre de transaction, — Rappel aux prescriptions de la circulaire du 1er mai 1887.*

ARCH. C. I. D.

(18 septembre 1888)

CIRC. C. I. D. *Mesures à prendre dans les perquisitions domiciliaires.*

ARCH. C. I. D.

(21 septembre 1888)

CIRC. C.I.D. *rappelant aux entreposeurs que la circulaire du 2 juillet 1887 ne les autorise à fermer le guichet que l'après-midi de dimanches et jours fériés. Les bureaux de vente doivent par suite être ouverts tous les dimanches sans exception de 7 à 10 h. 1/2 du matin.*

ARCH.C. I. D.

CONTROLE.

V. *Inspection des services administratifs et financiers*

COOLIES.

V. *Ouvriers.*

CORPS DE GARDE.

V. *Bâtiments militaires. — Casernement.*

CORPS (TRANSLATION DE)

NATURE DES DOCUMENTS	DATES	RECUEILS A CONSULTER								OBSERVATIONS
		Bat.	B. C.	B.D.I	J.C	J.H.	B. M.	B.Col		
Circ. M.	16 novembre 1853.						R VII 1170			
Circ. M.	1er décembre 1855.						R VII 884			
Circ. M.	25 janvier 1856.						100			
Circ. M.	15 avril 1858.						257			
Circ. M.	19 mars 1881.						721			
Circ. M.	29 janvier 1884.						124			
Circ. M.	15 juin 1887.							291		
Note.										

(16 novembre 1853)

CIRC. M. *au sujet de l'embarquement, à bord des navires de guerre, des dépouilles mortelles de personnes décédées dans les colonies.*

B. M. R. VII, p. 1170.

(1er décembre 1855)

CIRC. M. *Instructions ministérielles sur le transport en France des restes des personnes décédées dans les colonies, en pays étranger ou à bord des bâtiments de la marine impériale et du commerce.*

B. M. R. VII, p. 884.

(25 janvier 1856)

CIRC. M. *sur l'admission dans les lazarets, le transport et la réinhumation, dans l'intérieur de la France, des personnes mortes hors du territoire continental de l'Empire.*

B. M. p. 100.

(14 avril 1858)

CIRC. M. *Dispositions relatives aux formalités prescrites par l'instruction du 1er décembre 1855 pour la translation des corps.*

B. M. p. 257.

(19 mars 1881)

CIRC. M. *relative aux demandes en autorisation de transport de corps.*

B. M. p. 721.

(29 janvier 1884)

CIRC. M. *au sujet du transport des dépouilles mortelles à bord des bâtements de l'État.*

B. M. p. 124.

(15 juin 1887)

CIRC. M. *Envoi d'instructions sur le transport en France des restes mortels des personnes décédées dans les colonies ou à bord des bâtiments de l'État. — Instructions.*

B. C. p. 291.

L'attention du Département a été appelée sur l'intérêt qu'il y avait à fixer d'une façon définitive, et à mettre en harmonie avec les progrès réalisés depuis un certain nombre d'années par la science, les instructions relatives au transport en France des restes mortels de personnes décédées dans les colonies ou à bord des bâtiments de l'État.

C'est dans ce but qu'ont été rédigées les instructions ci-après, dont je vous prie d'assurer l'exécution.

Il y aura lieu de se conformer également à ces instructions quand il s'agira du transport d'un corps d'une colonie dans une autre.

L'insertion de la présente circulaire aux *Bulletins officiels de la Marine et de l'Administration des Colonies* tiendra lieu de notification.

E. Barbey.

ANNEXE.

(8 juin 1887)

Article premier. — Le corps d'une personne décédée aux colonies et dont la mort a été causée par le choléra, la fièvre jaune, la peste ou une autre maladie grave réputée transmissible et importable, telle que le typhus, la variole, ne peut, en aucun cas, être exhumé et transporté en France.

Art. 2. — Lorsque le décès n'a pas été occasionné par une des maladies désignées ci-dessus, l'exhumation et la translation peuvent être autorisées dès que le corps a séjourné en terre pendant un an au moins.

Toutefois, ce délai ne sera pas exigé lorsque le corps aura été enseveli avec les précautions indiquées par les articles 5 et 6 ci-après, qu'il ait été inhumé ou non.

Art. 3. — Le Chef de la colonie, qui reçoit du Ministre l'autorisation de laisser transporter hors de son territoire le corps d'une personne qui y est décédée, fait remettre copie des présentes instructions à l'autorité municipale, pour qu'elles soient communiquées aux médecins, chirurgiens et pharmaciens chargés d'en exécuter les dispositions.

Il demeure toujours libre d'interdire une exhumation qui paraîtrait, pour une cause quelconque, offrir des dangers pour la santé publique.

Art. 4. — Les médecins chargés des précautions à prendre pour l'exhumation des corps destinés à être transportés en France, seront accompagnés au lieu de la sépulture par un magistrat qui, avant tout constatera, dans les formes voulues, l'identité de l'individu.

Art. 5. — Les corps doivent être placés dans un cercueil en plomb, renfermé lui-même dans une bière en bois ; ils sont mis en contact avec des matières désinfectantes ou conservatrices, ainsi qu'il est dit à l'article 6, de manière à prévenir ou arrêter la putréfaction et éviter le dégagement des gaz à l'extérieur.

Le cercueil en plomb est confectionné avec des lames de ce métal, de trois milimètres au moins d'épaisseur, parfaitement soudées entre elles.

Le cercueil extérieur est en chêne ou en tout autre bois présentant une égale solidité. Les parois ont quatre centimètres au moins d'épaisseur ; elles sont fixées avec des clous à vis et maintenues par trois freins en fer serrés à écrou.

Art. 6. — Lorsqu'on procède à l'exhumation, si le cercueil se trouve entier et en bon état de conservation, il suffit de l'ouvrir et d'y introduire un mélange fait, à parties égales, de sciure de bois desséchée et de sulfate de zinc (couperose blanche), dont on recouvre tout le corps, de manière à combler la bière qui, refermée, est placée dans le cercueil en plomb sur une couche de deux ou trois centimètres du même mélange désinfectant.

Si, au moment de l'exhumation, la châsse est ouverte et détériorée, il faut, après en avoir retiré le corps ou ses débris, les placer dans le cercueil en plomb, sur une couche épaisse du mélange ci-dessus spécifié et les en recouvrir, comme il a été dit plus haut, de manière à éviter tout ballottement dans le transport. Il est ensuite procédé à la soudure du cercueil en plomb.

Dans le cas où l'on ne peut se procurer du sulfate de zinc, il suffit de le remplacer par le sulfate de fer (couperose verte), employé de la même manière et dans les mêmes proportions.

Le cercueil principal est scellé du sceau de l'autorité.

Art. 7. — Le transport des restes mortels par un bâtiment de l'État étant formellement interdit, les parents du défunt ou leur représentant doivent s'entendre avec le capitaine d'un bâtiment du commerce, pour l'embarquement du cercueil et son transport en France.

Le capitaine du navire de commerce sur lequel le cercueil est déposé est tenu de se rendre dans un port muni de lazaret.

Art. 8. — Il est dressé, dans la colonie, un procès-verbal de l'état dans lequel le corps est trouvé, et des précautions qui ont été mises en pratique pour son ensevelissement ou son exhumation et son transport.

Ce procès-verbal doit mentionner, en outre, d'après l'attestation des médecins qui ont soigné le malade, ou, en l'absence du médecin, d'après des témoignages dignes de foi, à quelle maladie le défunt a succombé. Si le corps a été embaumé, il doit indiquer avec quelle substance l'embaumement a été effectué. Ce document est remis au Chef de la colonie, qui en fait donner une copie certifiée par lui conforme à l'original au capitaine du navire sur lequel le corps est déposé pour être transporté en France.

Art. 9. — A son arrivée en France, le capitaine remet le procès-verbal ci-dessus mentionné à l'autorité sanitaire, qui autorise, s'il y a lieu, l'admission à la libre pratique, sous les conditions déterminées par le Ministre du Commerce et de l'Industrie.

Art. 10. — Le corps d'un officier général ou supérieur tué dans un combat ou mort de maladie sur son vaisseau, le corps d'un fonctionnaire public mort de maladie pendant la traversée sur un bâtiment de l'État, peut être conservé à bord, sur la décision de l'état-major réuni en conseil, en le plongeant dans une liqueur alcoolique (eau-de-vie, rhum ou tafia).

Le tonneau employé à cet effet est placé dans une soute dont la clef reste entre les mains de l'officier chargé du détail.

Art. 11. — L'état-major, dans sa délibération, doit avoir égard à l'état de la température et à la durée du temps que le navire pourra encore passer à la mer.

Si le retour en France ne doit pas avoir lieu immédiatement, le corps est débarqué et enterré, en attendant une autre occasion pour la translation en France.

Dans la supposition que le corps doit être premièrement enterré, on peut en retirer le cœur, que l'on enferme, avec le mélange désinfectant indiqué à l'article 6 ci-dessus, dans une boîte en plomb, qui serait elle-même enchâssée dans une autre enveloppe en bois.

Art. 12. — A l'arrivée en France, le corps sera déposé au lazaret, pour qu'il soit procédé, conformément aux instructions données par le Ministre du Commerce et de l'Industrie et par le Ministre de l'Intérieur, concernant l'administration, le transport et la réinhumation des restes des personnes mortes en pays étranger.

Art. 13. — Les demandes d'exhumation et de transport en France du corps d'une personne décédée aux colonies sont adressées au Ministre de la Marine et des Colonies. Elles doivent préciser les noms et prénoms du décédé, sa position ou son grade, et être accompagnées des pièces désignées ci-après, savoir :

1° Un permis d'inhumation délivré par le maire de la commune où se trouve le cimetière dans lequel le corps sera déposé ;

2° Un certificat médical constatant la nature de la maladie à laquelle le défunt à succombé ;

3° Si le corps n'a pas séjourné un an en terre, un certificat dûment légalisé constatant que les précautions visées par les articles 5 et 6 ci-dessus ont été prises ;

4° L'engagement de supporter les frais, de quelque nature qu'ils soient, qu'entraînent l'ensevelissement, l'exhumation et la translation du corps.

Art. 14. — Les mesures précédemment prescrites qui seraient contraires à celles qui précèdent sont abrogées.

E. Barbey.

NOTE. *Formalités à remplir pour obtenir l'autorisation de faire exhumer et transporter en France les restes mortels d'une personne décédée aux colonies.*

ARCH. GOUV.

Aux termes des règlements en vigueur, les restes mortels d'une personne décédée aux colonies ne sauraient être ramenés dans la Métropole que si le corps a séjourné en terre pendant au moins un an ; c'est seulement après l'expiration de ce délai que les familles peuvent se mettre utilement en instance auprès du Département de la marine et des colonies en vue d'être autorisées à faire procéder à l'exhumation et au transport en France du corps du décédé.

La demande devra alors être envoyée au Ministre de la marine et accompagnée des deux pièces suivantes :

1° Un permis d'inhumation délivré par le maire de la commune où se trouve le cimetière dans lequel le corps sera déposé ;

2° Un certificat médical constatant la nature de la maladie à laquelle le défunt a succombé.

Ladite demande contiendra, en outre, les noms et prénoms du décédé et l'indication de la position qu'il occupait au moment du décès.

Les décisions ministérielles interdisant formellement le transport des restes mortels par un bâtiment de l'État, les familles devront s'entendre avec l'armateur d'un navire de commerce pour la translation du corps en France ; les intéressés feront connaître au Ministre le nom du bâtiment et le port d'où il partira. A son retour, ce navire sera tenu d'aborder dans un port français pourvu d'un lazaret et seulement pendant les mois de novembre, décembre, janvier, février.

Les familles doivent constituer un représentant dans la colonie où le corps du défunt est enterré ; ce mandataire assiste à l'exhumation et assure le transport des restes mortels en France ; tous les frais qu'entraînent l'exhumation et la translation sont à la charge des intéressés qui sont tenus de se conformer strictement aux prescriptions sur la matière.

L'autorité locale, chargée de veiller à l'exécution des mesures sanitaires demeure toujours maîtresse d'interdire une exhumation qui paraîtrait pour une cause quelconque offrir des dangers pour la santé publique.

CORRESPONDANCE OFFICIELLE

NATURE DES DOCUMENTS	DATES	RECUEILS A CONSULTER Bat.	B. O	B.D.	J. C.	J.H.	B. M.	B.Col	OBSERVATIONS
D. M.	19 mars 1817.						B! 380		
Circ. M.	6 mars 1856.						147		
O. G.	1er septembre 1863.		382						
Dép. M.	5 novembre 1866.	II-516							
Circ. M.	2 mai 1872.						439		
Circ. G.	9 mai 1875.	II-741	189						
A. G.	29 janvier 1876.	I-509	35						
Circ. M.	4 décembre 1878.						842		
Circ. G.	21 août 1879.	I-512	319						
Circ. D. I.	23 août 1879.	I-513		83					
Dép. M.	18 février 1880.								
Dép. M.	10 mars 1880.								
Dép. M.	19 avril 1880.								
Circ. M.	23 octobre 1880						602		
Circ. D. I.	15 janvier 1881.			2					
Dép. M.	18 février 1881.								
Circ. M.	22 novembre 1881.						1034		
Dép. M.	30 décembre 1881.								
Circ. M.	11 mai 1882.						653		
Circ. M.	21 janvier 1883.						142		
Dép. M.	28 avril 1883.								

NATURE DES DOCUMENTS	DATES	RECUEILS A CONSULTER							OBSERVATIONS
		Bat.	B. C.	B. D. I	J. C.	J. H.	B. M.	B Col	
Dép. M.	18 mai 1883.								
Circ. G.	1er décembre 1883.				1117				
Circ. M.	9 avril 1884.						554		
Circ. M.	21 novembre 1884.				1885 126				
Circ. M.	30 septembre 1886.								
Circ. D. I.	11 janvier 1887.				58				
Dép. M.	20 juillet 1887.				849				
Dép. M.	20 octobre 1887.								
Circ. M.	19 novembre 1887.								
Circ. G. G.	8 mars 1888.				222				
Dép. M.	17 avril 1888.								
A. G.	1er mai 1888.		223		430				
Circ. G. G.	31 mai 1888.		277		502				
Dép. M.	19 juin 1888.								

(19 mars 1817)

D. M. *relative à l'ordre de la correspondance, numérotage et analyse des lettres et dépêches.*

B. M. R. I, p. 380.

(6 mars 1856)

CIRC. M. *Adoption d'un nouveau mode pour la transmission au Ministre des documents périodiques et autres.*

B. M. p. 147.

(1er septembre 1863)

ORDRE G. *La correspondance officielle ne devra plus être envoyée par les paquebots anglais.*

B. C. p. 382.

(5 novembre 1866)

DÉP. M. *C'est au Gouverneur* seul *qu'il appartient de signaler à l'autorité métropolitaine les faits relevés par ses subordonnés.*

BAT. II. p. 516.

. . . .

. . . .

Je crois devoir faire remarquer que le trésorier-payeur des établissements de la Cochinchine, lorsqu'il agit comme chef du service des postes, ne peut correspondre avec le directeur général des postes. Il est de son devoir de rendre compte à l'Administration locale des erreurs qui viennent à se produire dans ce service ; mais là doit se borner son initiative. C'est au Gouverneur *seul* qu'il appartient de signaler à l'autorité métropolitaine les faits relevés par ses subordonnés.

DE CHASSELOUP-LAUBAT.

(2 mai 1872)

CIRC. M. *Éviter d'envoyer des lettres sous plusieurs timbres, dans le cas où cette manière de faire est indispensable, envoyer la lettre en double expédition.*

B. M. p. 439.

(9 mai 1875)

CIRC. G. *Les correspondances par la voie télégraphique doivent concerner exclusivement les affaires ayant un caractère d'urgence. La rédaction des télégrammes doit être très concise.*

BAT. II. p. 711.
B. C. p. 189.

Le contre-amiral Gouverneur et commandant en chef rappelle à MM. les chefs d'administration et de service que les correspondances par la voie télégraphique doivent concerner exclusivement les affaires ayant un caractère d'urgence. Les communications entre Saïgon et les différents postes militaires sont assurées par le service des trains et par la voie des bateaux de la compagnie subventionnée, dont les départs et les arrivées ont lieu avec une parfaite régularité ; il n'est donc pas nécessaire de multiplier les télégrammes de telle sorte que le personnel du service des lignes télégraphiques est devenu insuffisant.

Il y a lieu également de rappeler, à tous les fonctionnaires et agents, que la rédaction des télégrammes doit être très concise, et que ce mode de communication officielle ne comporte pas les détails réservés aux correspondances écrites.

J'appelle l'attention de MM. les chefs d'administration sur les abus que je leur signale, et je n'hésiterai pas, pour les faire disparaître, à imputer aux différents services les frais de transmission des télégrammes, ainsi que cela a lieu en France.

DUPERRÉ.

(29 janvier 1876)

A. G. *réglementant la franchise télégraphique, des télégrammes officiels, rédaction, dépêches classées comme abusives* (1).

BAT. I. p. 509.
B. C. p. 35.

(4 décembre 1878)

CIRC. M. *au sujet du mode de correspondance avec la grande chancellerie de la Légion d'honneur.*

B. M. p. 842.

(21 août 1879)

CIRC. G. *Les communications relatives au service ne peuvent être transmises par télégraphe que dans les cas urgents. — Dépêches présentées comme officielles et classées comme abusives* (2).

BAT. I, p. 512.
B. C. p. 319.

(23 août 1879)

CIRC. D. I. *rappelant que les communications relatives au service ne peuvent être transmises par télégraphe que dans les cas urgents et lorsque le service des postes ne peut les transmettre en temps utile* (3).

BAT. I, p. 513.
B. D. I. p. 83.

(18 février 1880)

DÉP. M. *rappelant que le Gouverneur* présent *a seul qualité pour correspondre directement avec le Ministre et que ce droit ne peut être délégué à personne, même avec mention spéciale.*

ARCH. GOUV.

Par lettre en date du 10 janvier, M. le Général, commandant supérieur des troupes de toutes armes stationnées dans la colonie, m'a transmis le rapport annuel sur l'école régimentaire de tir du régiment de marche d'infanterie de marine.

J'ai remarqué que cette lettre, ainsi que certains autres documents émanant du gouvernement de la Cochinchine, m'ont été adressés par M. le Général de Trentinian et portent sa signature avec cette indication : *par délégation du Gouverneur.*

Je ne saurais admettre que, lorsque vous êtes présent sur les lieux, vous autorisiez le commandant supérieur des troupes à correspondre directement avec moi.

Toute correspondance entre le Gouverneur et le Ministre doit être revêtue de votre signature.

JAURÉGUIBERRY.

(1) V. Franchise postale et télégraphique.
(2) V. Franchise postale et télégraphique.
(3) V. Franchise postale et télégraphique.

(10 mars 1880)

DÉP. M. *rappelant que le Gouverneur ne doit employer la voie télégraphique que dans des circonstances exceptionnelles et pour des affaires demandant à être résolues immédiatement.*

ARCH. GOUV.

J'ai l'honneur de vous accuser réception de votre télégramme du 6 mars, ainsi conçu :

« Commandant du *Ducouëdic* malade, envoyer successeur. Symphor malade, remplacé par Vongny ; régiment reste avec un seul chef de bataillon. »

A cette occasion, je crois utile de vous rappeler que vous ne devez employer la voie télégraphique que dans des circonstances exceptionnelles et pour des affaires qui demandent à être résolues immédiatement. J'attache d'autant plus d'importance à ce que vous vous conformiez, à cet égard, aux prescriptions des circulaires ministérielles des 20 août 1878 (B. M. p. 241) et 22 avril 1879 (B. M. p. 798), qu'en raison du prix élevé des taxes des dépêches provenant ou à destination de la Cochinchine, l'emploi du télégraphe est très onéreux pour le budget de mon Département.

Je ne saurais donc trop vous recommander d'user de cette dernière voie avec la plus grande réserve, surtout lorsqu'il s'agit, comme dans le cas présent, de questions qui peuvent être traitées, sans inconvénient, par la poste.

Signé : ILLISIBLE.

(19 avril 1880).

DÉP. M. *prescrivant d'adresser au Département, à l'arrivée de chaque courrier, un bordereau contenant la date, le mémoire, l'analyse et la désignation du Bureau d'où émanent les dépêches.*

ARCH. GOUV.

Il est arrivé à plusieurs reprises que les administrations coloniales ont signalé des retards dans les envois des correspondances adressées par le Département aux colonies.

Je désire me rendre compte des causes de ces retards, et à cet effet je vous prie de donner les ordres les plus précis pour qu'à l'arrivée de chaque courrier, un bordereau contenant la date, le numéro, l'analyse et la désignation du bureau d'où émanent les dépêches me soit adressé, sous le présent timbre, par le plus prochain départ qui suivra l'arrivée des plis dans la colonie.

Je vous prie de m'accuser réception de cette dépêche.

JAURÉGUIBERRY.

(23 octobre 1880)

CIRC. M. *Communications télégraphiques. Rappel à l'observation des prescriptions contenues dans les circulaires des 5 et 20 août 1878 et du 22 avril 1879* (1).

B. M. p. 602.

(15 janvier 1881)

CIRC. D. I. *au sujet de la franchise télégraphique* (2).

B D. I. p. 2.

(18 février 1 81)

DÉP. M. *rappelant qu'il ne doit être fait usage de la correspondance télégraphique que lorsque des circonstances imprévues l'exigent.*

ARCH. GOUV.

Le compte des dépenses occasionnées par l'échange de dépêches télégraphiques entre les colonies

(1) V. Circ. M., 5 août 1879. B. M., p. 169. 20 août 1878. B. M., p. 241. 22 avril 1879. B. M., p. 798.
(2) V. Franchise postale et télégraphique.

et mon Département s'élève chaque année d'une manière croissante, et menace de dépasser les crédits dont je dispose.

Je crois devoir vous rappeler qu'il ne doit être fait usage de ce procédé de correspondance que dans des cas exceptionnels, et lorsque des circonstances impérieuses l'exigent. De mon côté, je suis déterminé à procéder à cet égard avec la même réserve.

CLOUÉ.

(22 novembre 1881).

CIRC. M. *La qualification « d'Excellence » employée parfois dans la correspondance officielle sera remplacée par celle de « M. le Ministre. »*

B. M. p. 1034.

J'ai eu l'occasion de remarquer que le titre « d'Excellence » est parfois donné au Ministre dans la correspondance officielle qui m'est adressée.

J'ai décidé que cette qualification ne sera plus employée et sera remplacée, à l'avenir, par celle de : « Monsieur le Ministre. »

Je vous prie de porter cette décision à la connaissance de qui de droit.

GOUGEARD.

(30 décembre 1881).

DÉP. M. *rappelant que les commandants de compagnies et détachements de la gendarmerie coloniale n'ont le droit de communiquer directement ni avec le Ministre de la marine, ni avec le Ministre de la guerre. Toutes les propositions, demandes, réclamations, etc., doivent passer par le Gouverneur.*

ARCH. GOUV.

Des commandants de compagnies et détachements de la gendarmerie coloniale adressent des communications, soit directement, soit par mon intermédiaire à M. le Ministre de la guerre.

J'ai l'honneur de vous prier de rappeler à M. le commandant du détachement de la Cochinchine que toutes les propositions, réclamations, demandes, etc., doivent vous être soumises pour m'être adressées lorsqu'il y a lieu.

Dans les cas de correspondance directe avec le Ministre, prévus par les règlements c'est au Ministre de la marine seul que doivent être transmises ces communications.

Je vous prie d'assurer, en ce qui vous concerne, l'exécution de ces dispositions.

(11 mai 1882)

CIRC. M. *au sujet des communications télégraphiques relatives aux naufrages.*

B. M. p. 653.

M. le Ministre des postes et télégraphes s'est plaint récemment de l'abus qui est fait des télégrammes par l'Administration. Les circulaires des 7 mars et 19 juillet 1854 (B. M. p. 285 et 148) ont déjà appelé sur ce point l'attention des autorités maritimes ; elles recommandent de n'avoir recours à la voie du télégraphe que dans les cas urgents et lorsque les affaires ne pourraient pas être traitées, en temps utile, par le courrier.

Or, j'ai remarqué que le nombre des télégrammes se multipliait d'une façon excessive pour la notification des accidents qui surviennent aux navires du commerce et aux bateaux de pêche sur le littoral. En pareil cas, les commissaires de l'inscription maritime télégraphient fréquemment, non seulement au Département, mais encore au préfet maritime ou au chef du service de la marine de qui dépend leur quartier, et même au port d'armement du navire. Ces notifications sont assurément utiles ; il convient d'en maintenir l'usage ; mais elles n'ont pas un caractère d'urgence suffisant pour motiver l'emploi de la voie télégraphique, et elles devront désormais être faites par le courrier. L'envoi d'un télégramme devra être limité aux faits d'une gravité exceptionnelle, ou bien au cas où il y aurait lieu d'appeler des secours pour assister un navire en péril, dans l'espèce prévue par la circulaire du 27 octobre 1862 (B. O. p. 285).

JAURÉGUIBERRY.

(21 janvier 1883)

CIRC. M. *au sujet de la correspondance officielle des chefs de colonie avec le Ministre. — La correspondance doit émaner d'eux directement; ils ne doivent pas se borner à signer des documents préparés par les divers chefs de service.*

B. M. p. 142.

(28 avril 1883)

DÉP. M. *Les documents périodiques concernant l'artillerie doivent passer par le général commandant supérieur des troupes.*

ARCH. GOUV.

Les documents périodiques mensuels que vous m'adressez, concernant les effectifs, mutations et situations du personnel de l'artillerie en Cochinchine, ne portent pas l'attache du général commandant supérieur, sous l'autorité duquel sont placées les troupes de toutes armes stationnées dans la colonie.

J'ai l'honneur de vous prier de donner des ordres pour que cette irrégularité ne se produise plus.

CH. BRUN.

(18 mai 1883)

DÉP. M. *Toutes les affaires ou pièces concernant les corps de troupes doivent porter l'attache de M. le général, commandant supérieur.*

ARCH. GOUV.

Vous m'avez adressé, par bordereau du 13 avril dernier, diverses pièces périodiques établies par par M. le lieutenant colonel, commandant, par intérim, le régiment de marche d'infanterie de marine.

Me référant à ma dépêche du 28 avril, j'ai l'honneur de vous prier d'inviter M. le général, commandant supérieur des troupes, à revêtir de son attache, comme le faisaient ses prédécesseurs, toutes les affaires qui émanent des corps de troupes de la garnison et qui sont destinées à me parvenir.

CH. BRUN.

(1er décembre 1883)

CIRC. G. *A l'avenir la désignation « Direction des colonies » qui était portée sur les imprimés en usage, sera remplacée par la mention « Colonies. »*

J. C. p. 1117.

J'ai l'honneur d'appeler l'attention de MM. les chefs d'administrations et de services sur le décret de M. le Président de la République, en date du 18 octobre dernier, et sur l'arrêté de M. le Ministre de la marine et des colonies du même jour, dont les textes suivent, et qui sont relatifs à la constitution du service colonial du Département de la marine et des colonies.

Je les prie de vouloir bien tenir compte, dans les envois à faire au Département, des attributions dévolues à chacun des bureaux du nouveau service.

A l'avenir, la désignation *Direction des colonies*, qui était portée sur les imprimés en usage, sera remplacée par la mention *Colonies*.

CHARLES THOMSON.

(9 avril 1884)

CIRC. M. *Recommandations concernant la correspondance officielle. — Adoption d'un nouveau libellé* (1).

B. M. p. 554.

Messieurs, dans le but d'activer le dépouillement et la répartition de la correspondance, il m'a paru nécessaire de modifier le protocole actuellement en usage et j'ai décidé, par suite, que les

(1) V. Circ. M. 11 novembre 1884.

lettres officielles du personnel relevant de mon Département, quel qu'en soit du reste le destinataire, seront désormais libellées de la manière suivante :

(1). . . . . *Le* *18*
(2). . . . .
A Monsieur (3) . . . .
(4). . . . .
Monsieur le (5) . . . . ou Amiral, Commandant, etc.,

(*Texte de la lettre*) (6)

. . . .

(Courtoisie)

(Signature.)

Le modèle n° 22, annexé au décret du 20 mai 1868, sur le service à bord, dont on étudie en ce moment la revision, sera mis en concordance avec les termes de la présente circulaire. A cette occasion, je vous prie de rappeler aux officiers et fonctionnaires placés sous vos ordres qu'ils doivent, autant que possible, s'abstenir de traiter, dans la même lettre, d'affaires concernant différents services.

Vous voudrez bien également recommander, à qui de droit, de ménager à l'extrémité de chaque ligne un blanc d'un centimètre environ, en vue de faciliter la reliure des documents qui doivent être déposés aux archives et d'en assurer la conservation.

L'insertion de la présente circulaire au *Bulletin officiel de la Marine* tiendra lieu de notification.

(1) *Localité d'origine, ou à bord de... rade de...*
(2) *Qualité de l'expéditeur.*
(3) *Qualité du destinataire...*
(4) *Timbre du service destinataire.*
(5) *Timbre du service expéditeur.*
(6) *Analyse de la lettre.*

(21 novembre 1884)

CIRC. M. *au sujet de la correspondance officielle. — Protocole adopté.*

J. C. 1885, p. 126.

Je vous ai indiqué par circulaire du 9 avril 1884 les règles à suivre en ce qui concerne le libellé de la correspondance officielle du personnel relevant du Département de la marine et des colonies.

D'un autre côté, comme il arrive souvent que les lettres sont signées d'une manière illisible j'ai arrêté les dispositions suivantes qui ont pour but de compléter les prescriptions de la circulaire précitée.

En tête de toute dépêche officielle, on mentionnera : le *grade*, le *nom* et l'*emploi du signataire* de la dépêche ; le *grade* et *emploi* de la personne à laquelle elle est adressée,

Par exception, le ministre sera désigné par son titre seul dans toutes les dépêches.

L'insertion de la présente circulaire au *Bulletin officiel de la marine* tiendra lieu de notification.

PEYRON.

(30 septembre 1886)

CIRC. M. *A l'avenir les mots République Française, Liberté, Égalité, Fraternité, devront être mis dorénavant en tête de toutes les correspondances et de tous les actes officiels émanant, soit de l'administration centrale des colonies, soit des colonies elles-mêmes.*

ARCH. GOUV.

J'ai décidé le 20 courant que les mots ;

RÉPUBLIQUE FRANÇAISE.

LIBERTÉ. — ÉGALITÉ. — FRATERNITÉ.

Seraient dorénavant inscrits en tête de toutes les correspondances, de tous les actes officiels émanant soit de l'Administration centrale des colonies; soit des colonies elles-mêmes.

J'ai l'honneur de vous prier de vouloir donner des instructions pour assurer l'exécution immédiate de cette décision. Les formules anciennes pourront servir, les mentions indiquées ci-dessus jusqu'à réimpression seront faites au moyen d'une griffe. Je vous serai obligé de m'accuser réception de la présente circulaire.

A. DE LA PORTE.

(20 juillet 1887)

DÉP. M. *(Extrait). Les correspondances entre le département et le Général commandant supérieur des troupes ou réciproquement, sont échangées directement, lorsqu'elles ont pour objet des questions techniques. — Mode de transmission de ces correspondances.*

J. C. p. 849.

. . . .

. . . .

Les correspondances entre le Département et le Général, commandant supérieur des troupes ou réciproquement, sont échangées *directement*, lorsqu'elles ont pour objet des questions techniques.

Il y a lieu de comprendre, sous cette dénomination, les questions suivantes, et en général toutes celles qui concernent le service intérieur des troupes :

Les ordres généraux de service ;

Les demandes de personnel;

Les rapports, états et situations concernant les troupes;

Les notes confidentielles et les feuillets du personnel des officiers ;

Les congédiements, retraites des sous-officiers et soldats ;

Les congés de convalescence accordés aux militaires ;

Les rapatriements ;

Les propositions régulières pour l'avancement, la Légion d'honneur, la médaille militaire, les palmes académiques, les médailles d'honneur et les témoignages de satisfaction. Toute proposition extraordinaire devra passer par l'intermédiaire du Gouverneur;

Les mesures disciplinaires ;

Les questions d'état civil concernant les militaires de tout grade ;

La recherche des déserteurs, l'envoi de signalements;

Les mutations parmi les hommes de troupe (toutefois, le Gouverneur devra être informé de tous les mouvements de personnel qui auraient pour résultat d'augmenter ou de diminuer l'effectif des troupes sur un point quelconque du territoire de la colonie);

Les questions relatives à la nourriture des troupes, ainsi qu'au traitement des malades dans les hôpitaux militaires ;

Le service du recrutement et de la réserve ;

L'administration des hommes soumis à la loi de recrutement.

Afin d'éviter tout retard dans la transmission des correspondances, les documents d'un caractère technique doivent porter en tête le mot « technique » inscrit d'une manière bien apparente, et l'enveloppe destinée à les renfermer doit être revêtue de la même mention.

Sont maintenues en vigueur toutes les dispositions des circulaires et arrêtés ministériels qui ne sont pas contraires aux prescriptions édictées ci-dessus. Les présentes instructions seront insérées au *Bulletin officiel de la Marine*, au *Journal officiel* et au *Bulletin officiel de la Cochinchine.*

Barbey.

(20 octobre 1887)

DÉP. M. *rappelant que la correspondance officielle doit être adressée directement au Ministre et en aucun cas au Sous-Secrétaire d'État.*

ARCH. GOUV.

Parmi les plis officiels arrivés de Cochinchine, aujourd'hui 19 octobre, s'en trouve un portant la suscription « Monsieur le Secrétaire d'État aux colonies », avec la mention « confidentiel ».

J'ai l'honneur de vous rappeler que toute la correspondance officielle, sans aucune exception, doit être adressée directement au Ministre de la marine et des colonies.

Je vous prie de donner des ordres pour que cette règle de bonne administration soit observée strictement à l'avenir.

Barbey.

(19 novembre 1887)

CIRC. M. *recommandant de supprimer la signature dans les télégrammes et d'user de toute la concision possible. (Modèle).*

ARCH. GOUV.

Afin de faciliter la transmission des dépêches télégraphiques, et en vue de réduire les charges qu'impose au trésor public ce mode de correspondance, il y a lieu d'adopter, pour les télégrammes un libellé d'adresse uniforme, aussi concis que possible et de surprimer la signature.

J'ai, en conséquence, l'honneur de vous prier de vouloir bien donner des ordres pour que les télégrammes échangés, soit avec le Département, soit avec les autorités maritimes, soit avec l'escadre d'évolutions, soit avec les divisions et stations navales, soit avec les bâtiments naviguant isolément, soit enfin avec les colonies, portent, selon la destination, l'une des suscriptions suivantes :

Marine (localité) à Marine (localité) et réciproquement;

Gouverneur (localité) à Marine (localité) et réciproquement ;

Nom du bâtiment (localité) à Marine (localité) et réciproquement;

Par suite, un télégramme du Gouverneur de la Martinique devra porter l'adresse suivante :

Gouverneur Martinique, à Marine, Paris.

Si ce même télégramme venait de la division navale du Pacifique, l'adresse serait :

Duquesne (localite) à Marine, Paris.

(8 mars 1888)

CIRC. G. G. *au sujet de la correspondance des chefs d'administration destinée au Département et aux autorités de l'extérieur.*

J. C. p. 222.

J'ai l'honneur de porter à votre connaissance les mesures que j'ai prises afin de me permettre d'exercer la direction et le contrôle effectif de tous les services publics de l'Indo-Chine, tout en modifiant le moins possible l'organisation actuelle.

Toutes les correspondances destinées au Département et aux autorités de l'extérieur sont signées par vous et me sont adressées par les services expéditeurs.

Les correspondances qui ne comportent qu'une simple transmission sont visées au Secrétariat général du Gouvernement.

Les dépêches qui contiennent des appréciations ou des propositions que je crois devoir appuyer sont revêtues de mon approbation pure et simple.

Quant aux correspondances qui traitent des questions importantes, sur lesquelles il me paraît nécessaire de formuler un avis motivé, elles sont retenues au Gouvernement général et transmises au Département accompagnées de lettres spéciales à chaque affaire, rédigées à mon cabinet ou au Secrétariat général du Gouvernement.

En procédant ainsi, je puis, sans intervenir dans des détails de l'administration et sans diminuer en rien votre initiative et votre responsabilité, surveiller l'ensemble des différents services, étudier toutes les questions importantes susceptibles d'engager les revenus du budget général et des budgets locaux et indiquer le sens dans lequel chacune d'elles doit être traitée et résolue.

Vous voudrez bien veiller à la stricte observation de ces instructions qui me semblent présenter l'avantage de ne pas troubler l'ordre de choses établi, de me tenir au courant de toutes les questions en instance et de ne pas retarder la marche des affaires.

CONSTANT.

(17 avril 1888)

DÉP. M. *Les affaires adressées au Département doivent être transmises distinctement sous le timbre des différentes directions qu'elles concernent.*

ARCH. S. AD.

(1er mai 1888)

A. G. *autorisant dans toute l'étendue de l'Indo-Chine la transmission de télégrammes officiels en groupes de chiffres représentant des caractères chinois pour la correspondance avec les fonctionnaires indigènes* (1).

B. C. p. 223.
J. C. p. 430.

(31 mai 1888)

CIRC. G. G, *au sujet de la correspondance des chefs d'administration et de service.— Instructions modifiant et complétant la circulaire du 8 mars dernier.*

J. C. p. 502.
B. C. p. 277.

La mise en vigueur des instructions qui vous avaient été données par la circulaire en date du 8 mars dernier ayant soulevé dans l'exécution certaines difficultés, il me paraît nécessaire de la modifier et de la compléter de façon à assurer la marche régulière de tous les services.

A l'avenir, toutes les correspondances, sans exception, pour le Département ou l'extérieur, seront préparées en mon nom et signées par moi.

Les Directeurs généraux continueront à correspondre directement avec les chefs de service résidant dans les pays de Protectorat placés sous leurs ordres, et ceux-ci correspondront également directement avec eux pour les questions purement techniques ne concernant aucun autre service et n'offrant aucun intérêt d'ordre général.

Lorsqu'il s'agira, au contraire, d'un échange de correspondance ou de la transmission d'ordres concernant le personnel ou d'intérêt général, cette correspondance sera préparée par vous ou vos subordonnés et signée, suivant son origine, par moi ou les Résidents généraux. Ceux-ci, de même que mon cabinet, transmettront les dépêches originales aux services intéressés, qui les enregistreront, feront la mention de cet enregistrement sur les originaux, et les retourneront, soit au Gouvernement, soit aux Résidences générales.

Les imprimés de lettres devront porter comme entête : *Gouvernement général de l'Indo-Chine* ou *Résidence générale de.....* et au-dessous l'indication du service d'où elles émanent.

Les propositions pour l'avancement ou les distinctions honorifiques devront être adressées, aux époques réglementaires, directement au Gouverneur général pour le personnel de la Cochinchine, et par l'intermédiaire des Résidents généraux pour le personnel des Protectorats.

Je vous prie de vouloir bien m'accuser réception de cette circulaire, et vous recommande de tenir la main à ce que les instructions qu'elle renferme soient strictement suivies par les chefs de service sous vos ordres.

Je ne saurais trop insister, en terminant, sur la nécessité pour les fonctionnaires de tout ordre d'apporter dans les relations de service l'esprit de conciliation et de modération, qui, seul, peut nous permettre de mener à bien la lourde tâche que nous poursuivons, et d'éviter tout ce qui de près ou de loin ressemble à un conflit et peut être, par suite, préjudiciable à la prompte expédition des affaires. En présence de la grandeur du but à atteindre, les susceptibilités doivent s'effacer, et la seule préoccupation doit être la réalisation, chacun dans notre sphère, de la mission qui nous a été confiée.

RICHAUD.

(19 juin 1888)

DÉP. M. *rappelant que toutes les demandes engageant les finances de la colonie doivent être adressées à l'Administration centrale par l'intermédiaire du Gouverneur.*

ARCH. GOUV.

Par lettre du 31 décembre dernier, M. le Directeur du service des postes et des télégraphes, à

(1) V. Franchise postale et télégraphique.

Hanoï, a adressé directement à M. le Directeur général des postes à Paris une demande de timbres-poste et chiffres-taxes nécessaires à la colonie pour l'exercice 1888.

M. le Directeur général des postes m'a transmis cette demande en me priant de lui faire connaître s'il y avait lieu d'y donner suite.

A diverses reprises des ordres très précis ont été donnés pour que toutes les demandes engageant les finances de la colonie soient adressées à l'Administration centrale en passant par votre intermédiaire, et je vois avec regret que M. le Directeur des postes du Protectorat ne s'est pas conformé à cette règle.

Je vous prie de donner à nouveau, s'il y a lieu, aux divers fonctionnaires placés sous votre autorité, et plus spécialement à M. le Directeur des postes d'Hanoï, des instructions formelles pour qu'à l'avenir ces irrégularités ne se reproduisent plus.

Consulter la table générale du *Bulletin officiel* de la marine et des colonies.

Voir en outre : *Demandes et réclamations.*

CORVÉES

V. *Impôts*, § *Impôts personnels.*

COUCHAGE ET CAMPEMENT

NATURE DES DOCUMENTS	DATES	RECUEILS A CONSULTER							OBSERVATIONS
		Bat.	B. C.	B D.I	J.C.	J.H.	B. M.	B.Col	
Règl. M.	21 novembre 1854.						R VII 536		
D. G.	13 octobre 1866.		166						
D. G.	1er mai 1867.	I-82	409						
A. G.	5 juin 1868.	II-779	122						
A. G.	6 juin 1871.	II-777	186						
A. G.	24 avril 1872.	II-778	116						
A. G.	26 juin 1874.	II-782	212						
Dép. M.	31 mars 1876.	II-782							
Dép. M.	18 mars 1878.	II-783							
Circ. M.	2 avril 1880.						630		
Circ. M.	14 septembre 1880.						450		
Circ. M.	15 juillet 1881.						27		
Circ. M.	12 octobre 1881.						820		
Circ. M.	16 mai 1882.						637		
Dép. M.	17 août 1883.								
Dép. M.	30 novembre 1883.								
Circ. M.	12 janvier 1884.						58		
Dép. M.	12 mars 1884.								
Circ. M.	2 avril 1885.								

(21 novembre 1854)

RÈGLEMENT MINISTÉRIEL *sur le service des lits militaires en ce qui concerne les troupes de la marine* (1).

B. M. R. VII, p. 536.

(13 octobre 1866)

D. G. *accordant un supplément de 300 francs par an au magasinier du service du campement.*

B. C. p. 166.

(1er mai 1867)

D. G. *constituant le service des approvisionnements généraux de la flotte en détail distinct et y rattachant le service de l'habillement de la flotte et celui du casernement et du campement* (2).

BAT. I, p. 82.
B. C. p. 409.

(5 juin 1868)

A. G. *Service du couchage des troupes.*

BAT. II, p. 779.
B. C. p. 122.

Article premier. — L'ordre de service du 24 novembre 1886, en vertu duquel le 3e régiment d'infanterie de marine a été chargé de centraliser la comptabilité des effets de couchage en service dans les portions des quatre régiments de l'arme stationnées en Cochinchine, est et demeure rapporté.

Art. 2. — A Saïgon, dans les chefs-lieux de cercles et dans les postes où l'Administration entretient des agents, le service du couchage des troupes sera exécuté dans les conditions et selon les formes prescrites par le règlement du 21 novembre 1854 (3).

Art. 3. — Dans les postes où l'Administration n'a pas de service constitué, le nombre des fournitures de couchage sera réglé d'après l'effectif réglementaire des garnisons. Les chefs ou commandants des postes en auront charge et seront responsables de leur entretien et de leur conservation.

Art. 4. — Lors des changements de garnison, dans les postes désignés à l'article précédent, il sera procédé contradictoirement par l'officier sortant et par l'officier entrant au récolement des effets de couchage et à la constatation de leur état d'entretien. Il sera dressé procès-verbal de cette opération.

Les dégradations survenues depuis la dernière mutation seront soigneusement signalées et décrites dans le procès-verbal de récolement, pour servir, d'une part, à l'application des responsabilités encourues, conformément aux articles 34 et suivants du règlement du 21 novembre 1854, et, d'autre part, à la détermination d'un point de départ pour les responsabilités à venir.

(1) V. D. M. 16 mai 1882.
(2) V. Approvisionnements généraux et travaux (bureau des).
(3) V. B. lég., 14 février 1879; B. O. M., premier semestre 1879, p. 47.

Ce procès-verbal sera dressé en trois expéditions, dont une pour l'officier sortant, une pour l'officier entrant et la troisième pour l'Administration. Cette dernière sera transmise sans délai par l'officier prenant charge au conseil d'Administration du corps auquel il appartient, qui la transmettra au commissaire aux approvisionnements à Saïgon.

Art. 5. — Chaque cercle ou poste extérieur aura un compte courant ouvert dans les écritures de l'Administration centrale à Saïgon.

Ce compte sera débité de toutes les fournitures mises à la disposition du cercle ou poste, et crédité des réintégrations au magasin central, ou des pertes dûment constatées et régulièrement justifiées.

Art. 6. — Dans les premiers jours de chaque trimestre, les chargés du service administratif des cercles, les agents de l'Administration ou les commandants dans les postes, établiront un état de situation présentant distinctement le nombre des objets en service dans les corps ou détachements et celui des objets en magasin.

Cette situation sera accompagnée d'un rapport faisant connaître l'état de conservation de ce matériel, ainsi que les besoins auxquels il y aurait à pourvoir.

Les états de situation et les rapports seront adressés au chef du service administratif, qui prescrira ou provoquera les mesures nécessaires pour qu'il soit donné satisfaction aux besoins signalés.

Art. 7. — Provisoirement, et jusqu'à ce que l'approvisionnement général permette d'entretenir sur tous les points le couchage réglementaire complet, les cercles et postes compteront avec les corps ou détachements par objets distincts et non par fournitures complètes.

Art. 8. — Nos arrêtés des 17 juillet et 9 août 1867, relatifs au blanchissage des draps et à la fourniture de la paille par les hommes de troupe, continueront à recevoir leur exécution sur les points où il ne pourra être pourvu directement et dans des conditions avantageuses à ces deux objets par les soins de l'Administration.

G. Ohier.

(6 juin 1871)

A. G. *Distribution et entretien des ustensiles de campement dans les corps de troupe* (1).

BAT. II, p. 777.
B. C. p. 186.

Article premier. — A l'avenir, il ne sera plus mis, d'une manière permanente, à la disposition des corps de troupes, en fait de matériel de campement, que les objets ci-après, savoir :

Petits bidons, un par homme comptant à l'effectif.

Gamelles	Huit par compagnie (!).
Marmites	
Grands bidons	
Faulx montées	Deux par compagnie
Haches	

Art. 2. — La durée des ustensiles est fixée ainsi qu'il suit :

	Neufs	Bons
Bidons grands et petits	3 ans (!),	2 ans (!).
Gamelles		
Marmites		

Il n'est point assigné de durée réglementaire aux faulx et aux haches, faute d'éléments suffisants de détermination.

(1) V. A. G. 24 avril 1874.

Les unes et les autres seront délivrées aux corps toutes emmanchées, mais il ne sera point délivré de manches de rechange en cours de durée. Les corps y pourvoient eux-mêmes en cas d'accident.

Art. 3. — Les ustensiles de campement seront soumis, dans les corps, aux mêmes règles de comptabilité que les effets du service de l'habillement (instruction du 22 septembre 1863. — Circulaire guerre du 7 février 1833).

Ils seront classés au chapitre X : *Mobilier du corps, effets divers, ustensiles.*

Le prix des réparations et la valeur des objets perdus ou mis hors de service seront imputés, selon le cas, au compte de l'État, au compte du corps ou à celui de la masse individuelle. Ces imputations seront faites d'après les fixations des tarifs annexés à l'instruction susvisée du 22 septembre 1863, augmentés de 50 p. 100.

Art. 4. — Les corps se conformeront, pour les soins d'entretien et de conservation des ustensiles en magasin, aux prescriptions de l'article 7 de l'instruction du Ministre de la guerre du 22 septembre 1863.

Art. 5. — A défaut de moyens à la disposition des corps, les réparations des ustensiles pourront être exécutées par l'atelier annexé au magasin central de campement.

Art. 6. — Les ustensiles régulièrement réformés seront versés au magasin central du campement, pour être vendus au profit du trésor, dans les formes réglementaires, à l'exception de ceux qu'il sera utile de conserver pour servir aux réparations.

Art. 7. — Indépendamment des ustensiles qui, aux termes de l'article 1er du présent arrêté, doivent être entretenus à titre permanent dans les corps, il sera établi dans chaque poste ou fort occupé par des troupes à la solde de l'État, un dépôt de matériel de campement proportionné à l'importance de la garnison.

Ce dépôt sera placé sous la garde et la responsabilité de l'agent comptable dans les postes où il en existe, et sous celle de l'officier commandant le poste dans les localités où il n'y a pas d'agent relevant directement de l'Administration.

Art. 8. — Ce matériel sera entretenu avec soin et ne devra être mis à la disposition des troupes que dans le cas où celles-ci seraient appelées à prendre part à une expédition qui les obligerait à rester en marche pendant un temps plus ou moins long.

La délivrance aura lieu sur la demande du chef du corps ou de détachement, appuyée de l'ordre de marche délivré par l'autorité militaire.

A leur retour au lieu de station qui leur est assigné, les corps ou détachements remettront en dépôt les effets de campement qui leur auront été délivrés au moment de leur départ, et seront responsables des pertes ou dégradations reconnues lors de cette remise, à moins qu'elles ne soient le résultat d'évènements de force majeure dûment constatés.

Art. 9. — Toutes dispositions antérieures contraires à celles du présent arrêté, et notamment l'arrêté susvisé du 18 novembre 1869, sont et demeurent rapportés.

DUPRÉ.

(24 avril 1872)

A. G. *modifiant l'arrêté du 6 juin 1871 concernant la distribution et l'entretien des ustensiles de campement dans les corps de troupes.*

BAT. II, p. 778.
B. C. p. 116.

Article premier. — Le nombre des gamelles et marmites à mettre à la disposition des corps de troupes est réduit à six par compagnie au lieu de huit fixé par l'arrêté du 6 juin 1871.

Les autres fixations de l'article 1er dudit arrêté sont et demeurent maintenues.

Art. 2. — La durée assignée aux ustensiles par l'article 2 du même arrêté est également maintenue pour ceux de ces ustensiles qui sont en fer battu.

Mais elle est réduite pour les ustensiles en fer-blanc, savoir :

Ustensiles neufs..................................	un an et demi.
Ustensiles réparés...............................	un an.

Toutefois, ces fixations ne sont déterminées que pour ordre, et aucun ustensile ne pourra être remplacé qu'autant qu'il aura été réformé par un inspecteur général, sur la proposition du chef du service administratif.

Art. 3.— Les autres dispositions de l'arrêté du 6 juin 1871 sont maintenues, mais elles ne sont applicables, de même que celles du présent, qu'à l'arme de l'infanterie de marine.

Les troupes d'artillerie ne concourant pas au service des postes extérieurs, ne reçoivent pas d'ustensiles de campement tant qu'elles restent stationnées à Saïgon. Dans le cas où elles seraient appelées à servir momentanément hors du chef-lieu, le magasin central de campement leur fournirait, sur demandes spéciales, les objets nécessaires à charge de réintégration audit magasin aussitôt la rentrée des détachements dans leurs quartiers.

Ch. d'Arbaud.

(26 juin 1874)

A. G. *Durée réglementaire de divers effets de literie (couvertures, moustiquaires).*

BAT. II, p. 782.
B. C. p. 212.

Article premier. — La durée réglementaire en Cochinchine des effets de literie ci-après désignés, est exceptionnellement fixée comme suit :

Couvertures pour soldats, trois années ;

Moustiquaires pour soldats, une année.

La durée de rebattage des traversins est fixée à six mois.

Art. 2. — Les couvertures et les moustiquaires seront lavées par les soins de l'Administration, et seront déposées à cet effet au magasin central du casernement, savoir :

Les couvertures, tous les six mois ;

Les moustiquaires, tous les trois mois.

Art. 3. — A l'avenir, les moustiquaires détériorées et dont la valeur est mise à la charge des corps de troupes, seront remboursées au prix d'achat dans la colonie, lorsque cette somme sera inférieure au prix officiel.

Krantz.

(31 mars 1876)

DÉP. M. *Adoption de la plate-forme en bois pour les lits des troupes de Cochinchine. — Augmentation de la quantité de crin entrant dans la confection des matelas.*

BAT. II. p. 782.

Il ressort du rapport dressé par M. le général de division R..., à la suite de son inspection générale des troupes de toutes armes en Cochinchine, que la *plate-forme*, composée de planches juxtaposées et placées sur le lit en fer servant au couchage des hommes, est préférable au *sommier Tucker*.

En conséquence, et tenant compte des essais comparatifs faits depuis 1872, j'ai décidé l'adoption définitive de la plate-forme pour les lits des troupes d'infanterie et d'artillerie de la marine stationnées dans la colonie.

Par suite, la paillasse actuellement en usage sera supprimée, ainsi que l'indemnité de 0 fr. 60 cent. par homme et par an, allouée pour le renouvellement de la paille. Le matelas, dont l'enveloppe sera recouverte d'une natte commune, sera garni de 8 kilogrammes de laine-mère séparés par une couche horizontale de 5 kilogrammes de crin, au lieu des 2 kilogrammes déterminés par le devis nº 4 annexé au règlement du 21 novembre 1854, sur le service des lits militaires de la marine.

FOURICHON.

(18 mars 1878)

DÉP. M. *Modifications apportées au mode de couchage des troupes dans certaines colonies. — Adoption d'une plate-forme en bois et d'un matelas unique. — Mise en essai de couvertures de coton*

BAT. II. p. 783.

A la suite des inspections générales auxquelles il a été procédé en 1876, mon prédécesseur a apporté les modifications suivantes au mode de couchage des troupes en station dans certaines colonies, savoir :

1º Une plate-forme en bois remplacera à l'avenir le fond en toile, le transfilage en corde ou le fond en fer feuillard des couchettes ;

2º La paillasse et le matelas actuels seront supprimés et remplacés par un matelas unique composé de huit kilogrammes de laine-mère séparés par une couche horizontale de cinq kilogrammes de crin ;

3º Des couvertures en coton, destinées à remplacer les couvertures en laine qui sont trop lourdes et trop chaudes, seront mises en essai dans les colonies. Un marché a été passé pour la fourniture de ces objets de couchage et des ordres ont été donnés pour l'envoi en Cochinchine de 400 couvertures en coton.

Lorsque ces couvertures auront été mises en essai pendant une année, vous devrez me faire parvenir un rapport indiquant les avantages ou les inconvénients qu'elles auront présentés, tant sous le rapport du bien-être des hommes, qu'au point de vue de la dépense et de la conservation en magasin.

POTHUAU.

(2 avril 1880)

CIRC. M. *Dispositions relatives à la délivrance et à la remise des effets de couchage et autres aux troupes passagères sur les bâtiments de l'État.*

B. M. p. 630.

J'ai eu l'occasion de remarquer que les opérations relatives à la délivrance des objets de couchage et autres aux troupes embarquées comme passagères sur les bâtiments de l'État, à l'entretien et à la conservation de ces objets pendant la traversée, enfin à leur remise à l'arrivée à destination, ne sont pas entourées de toutes les précautions nécessaires.

Il en résulte que parfois un certain nombre de ces objets sont perdus ou détériorés en cours de campagne, sans qu'il soit possible de se prononcer sur la question de responsabilité, et par suite d'imputer à qui de droit les pertes ou détériorations, lesquelles restent à la charge de l'État.

Il importe de mettre un terme à un état de choses aussi préjudiciable au bien du service qu'aux intérêts du trésor, et contraire, d'ailleurs, à l'ordre qui doit régner à bord de tous les bâtiments de la flotte.

Dans ce but, j'ai arrêté les dispositions suivantes :

Au départ, la distribution des effets de couchage sera faite en présence des chefs de détachement ou de compagnie. Il ne sera délivré que les quantités allouées par le règlement d'armement, savoir :

Une couverture de laine (*par homme*) ;

Un hamac simple, *sans matelas (par 2 hommes)*, garni d'un raban, de deux araignées et de boucles en fer.

Le hamac et la couverture seront numérotés.

Il en sera dressé une liste indiquant les noms des détenteurs et le nombre d'objets qui auront été ainsi délivrés. Cette liste sera revêtue du récépissé du chef de compagnie ou de détachement qui restera responsable du matériel pendant toute la traversée.

Lorsque la nature du voyage nécessitera la délivrance, dans certains parages, des capotes en drap, bas de laine, et autres effets supplémentaires prévus par les circulaires des 22 janvier 1866 (*Bull. offic.* p. 23), 27 novembre 1876 (*Bull. offic.* p. 689) et 4 avril 1879 (*Bull. offic.* p. 598), il sera procédé de la même manière, et les chefs de détachement prendront la même responsabilité, pendant tout le temps que lesdits effets resteront en la possession des hommes.

A l'arrivée, et avant le débarquement, la remise à l'autorité du bord des effets de couchage et autres, devra s'effectuer en présence des chefs de détachement, au moyen de la liste nominative dressée lors de la délivrance et sur laquelle on annotera, s'il y a lieu, les pertes ou les détériorations constatées.

Dans ce dernier cas, il sera dressé immédiatement un procès-verbal indiquant la nature et le nombre des objets manquants ou détériorés, les causes présumées du dommage et les noms des hommes qui en étaient détenteurs. Ce procè-verbal, établi en deux expéditions, sera signé par les membres de la commission de visite, certifié par les chefs de détachement et transmis ensuite, pour la suite à y donner, soit au Gouverneur, soit au Préfet maritime, selon que le débarquement aura lieu dans une colonie française ou dans un port de France.

J'ai l'honneur de vous prier de tenir la main à la stricte observation des dispositions qui précèdent.

JAURÉGUIBERRY.

(14 septembre 1880)

CIRC. M. *Envoi d'un nouveau modèle d'état de situation des lits militaires et des objets de campement.*

B. M. p. 450.

Aux termes des articles 38 et 103 du règlement du 14 février 1879 sur le service du casernement des équipages de la flotte et des corps de troupe de la marine, il est pourvu à l'ameublement des bâtiments militaires, en France, par les soins et sur les fonds de la direction des travaux hydrauliques, et dans les colonies par le service du génie.

L'état trimestriel qui m'était adressé sous le timbre de la présente dépêche, conformément aux dispositions de l'article 15 du règlement du 21 novembre 1854 sur le service des lits militaires, doit, par suite, cesser de comprendre les objets divers composant l'ameublement des chambres d'officiers, adjudants, premiers-maîtres, etc., etc.

J'ai fait modifier ledit état en conséquence. Vous trouverez ci-joint la nouvelle formule qui sera mise en usage à partir du 1er janvier prochain, et dont vous aurez à demander le nombre d'exemplaires qui vous sera nécessaire, sous le timbre de la comptabilité générale.

J'ai l'honneur de vous inviter à donner les ordres les plus formels pour que ce document périodique me soit régulièrement adressé, et pour que les renseignements qu'il contient soient l'expression exacte de la situation de l'approvisionnement existant en service dans les corps et dans les magasins.

Les objets de campement qui ne figurent pas sur l'imprimé devront être ajoutés à la main, de manière à me permettre d'apprécier en parfaite connaissance de cause les ressources de chaque port ou de chaque colonie.

Ces dispositions rendent désormais inutile la production de l'état semestriel des objets de campement de toute espèce qui m'est adressé en exécution d'une circulaire manuscrite du 8 janvier 1874.

Il est entendu que le nouvel imprimé ne doit pas comprendre les objets de campement appartenant au stock de réserve qui font l'objet d'un état semestriel distinct.

JAURÉGUIBERRY.

(15 juillet 1881)

CIRC. M. *Dispositions complémentaires relatives à la comptabilité des couvertures délivrées aux marins et militaires voyageant en détachement par chemins de fer.*

B. M. p. 27.

Une lacune m'a été signalée dans la circulaire du 19 mai 1869 (B. M. p. 414) concernant la régularisation dans les écritures des délivrances de couvertures de hamac faites aux marins et militaires de l'armée de mer voyageant en détachement sur les voies ferrées du 15 octobre au 15 avril.

Les règles tracées dans cette circulaire, en vue de détachements dirigés d'une division des équipages de la flotte ou d'un corps de troupe de la marine sur une autre division ou sur un autre corps, ne trouvent pas leur application lorsque les militaires ou les marins sont envoyés dans un port de commerce pour y être embarqués à destination des colonies.

L'administration locale n'est pas toujours avisée des quantités de couvertures délivrées au point de départ, et la remise de ces objets à l'arrivée ne paraît pas soumise à des formalités présentant des garanties suffisantes.

D'un autre côté, j'ai été informé que des modes différents ont été adoptés pour la tenue de la comptabilité des dépôts de couvertures constitués à Saint-Nazaire et à Bordeaux. Dans le premier de ces ports, les mouvements d'entrées et de sorties ont été suivis, pour ordre, au moyen d'écritures auxiliaires, tandis que, dans le second, ils ont été rattachés aux opérations du garde-magasin comptable relatives au service du casernement.

Il y a intérêt à placer ce matériel dans des conditions prévues et définies par les règlements de comptabilité, et, à cet effet, j'ai arrêté les dispositions suivantes :

Les couvertures en dépôt à Saint-Nazaire seront prises en charge par le préposé comptable du garde-magasin de Nantes, comme elles le sont à Bordeaux, au titre du service du casernement des équipages de la flotte et des troupes de la marine.

Les délivrances faites dans les ports militaires à des détachements dirigés sur l'un de ces points d'embarquement, au lieu d'être portées en sortie, dans les écritures de la division ou du corps, comme versements à un autre corps, ainsi que le prescrit la circulaire du 18 mai 1869, le seront sous le titre de remises en magasin. Le corps établira un billet de remise et l'adressera au port destinataire. L'opération sera justifiée provisoirement par le récépissé du chef de détachement.

A l'arrivée à Saint-Nazaire ou à Bordeaux, l'état des couvertures sera constaté contradictoirement par le commissaire de l'inscription maritime ou le commissaire aux approvisionnements et par le chef du détachement.

Il sera dressé procès-verbal de cette constatation. Le duplicata du billet de remise des couvertures versées en magasin, revêtu du récépissé du comptable, sera renvoyé à la division ou au corps pour servir à sa décharge (article 31 du règlement du 21 novembre 1854).

Les pertes et avaries qui se seraient produites pendant le voyage seront régularisées, sous la réserve de la question de responsabilité, dans les écritures de la division ou du corps, au vu d'une ampliation du procès-verbal mentionné dans le paragraphe précédent et conformément aux dispositions des articles 34 et suivants du règlement du 21 novembre 1854 précité.

La prise en charge dans les écritures du magasin sera effectuée, suivant les formes prescrites par l'article 107 de l'instruction générale du 1er octobre 1854, au titre 1er, chapitre 3, article 4 de la nomenclature des mouvements : remises faites par les équipages de la flotte et par les troupes de la marine.

Les couvertures délivrées aux détachements revenant des colonies seront portées en sortie, dans la comptabilité de Saint-Nazaire ou de Bordeaux, aux délivrances faites aux équipages de la flotte et aux corps de troupe de la marine (article 196 de l'instruction générale précitée). Elles feront l'objet dans les écritures de la division ou du corps, à l'arrivée du détachement, d'une recette qui devra, conformément aux dispositions de l'article 59 du règlement du 21 novembre 1854 ci-dessus visé, être en concordance avec le mouvement corrélatif constaté par le compte du garde-magasin du port secondaire.

Les pertes ou avaries seront régularisées dans les écritures de la division ou du corps qui prendra charge des couvertures.

Si, par exception, un détachement venait à être dirigé sur un port de commerce ne possédant ni comptable, ni préposé comptable, la division ou le corps en informera l'administration locale, ne tiendra compte de la délivrance que dans ses écritures intérieures, et les couvertures seront immédiatement renvoyées par le commissaire de l'inscription maritime au port expéditeur.

L'officier du casernement veillera à ce que la réintégration ait lieu dans un délai normal. En cas de retard, il fera auprès de l'administration des diligences nécessaires pour obtenir le reversement des couvertures en magasin ou la régularisation de la perte.

Je vous prie de donner des ordres pour assurer l'exécution des prescriptions contenues dans la présente circulaire dont l'insertion au *Bulletin officiel* tiendra lieu de notification.

CLOUÉ.

(12 octobre 1881)

CIRC. M. *Question de responsabilité. — Compétence des commissaires aux revues et aux approvisionnements en matière de casernement (lits militaires).*

B. M. p. 820.

Une divergence d'opinion s'étant produite dans l'administration supérieure d'un de nos ports sur la question de savoir à qui incombe, du corps ou de l'officier de casernement, la responsabilité des pertes et des dégradations constatées dans le matériel en service des lits militaires et au sujet des attributions respectives des commissaires aux revues et aux approvisionnements, j'ai fait étudier à nouveau les textes en vigueur.

Les corps de troupe sont seuls responsables vis-à-vis de l'État des effets de couchage mis à leur disposition, ainsi qu'il résulte des articles 34, 35, 36 et 37 du règlement du 21 novembre 1854, et les capitaines de compagnie, aux termes de l'article 650 de l'ordonnance du 22 juin 1847, sont, envers le corps, comptables et responsables de ces effets, comme cela a lieu à la guerre.

L'officier de casernement n'est appelé, d'après l'article 35 du règlement précité, qu'à constater contradictoirement avec l'officier du commissariat les pertes survenues dans le matériel en service. Ce qui excède les besoins du corps est placé sous la garde et la responsabilité du concierge de l'établissement, lequel remplit, près du garde-magasin général, les fonctions de magasinier.

L'officier de casernement, dont les attributions sont définies par l'ordonnance du 2 novembre 1833 sur le service intérieur des troupes d'infanterie, ne peut donc être considéré comme un officier comptable. Il est seulement chargé de certains détails d'exécution, et, à ce titre, il n'encourt d'autre responsabilité que celle résultant d'un acte qui lui est personnel.

Dans ces conditions, il ne convient d'appliquer les dispositions édictées par le décret du 30 novembre 1857 et la circulaire du 25 novembre 1879 (*Bull. offic.* p. 790), pour les remises et les reprises de service des dépositaires comptables, que lors d'un changement de résidence du corps ou du détachement, car c'est seulement en ce cas qu'il y a, à proprement parler, mutation de dépositaire de valeurs mobilières, et la procédure à suivre est explicitement prévue par les articles 30 et suivants du règlement du 21 novembre 1854.

Lorsque des pertes ou des dégradations sont constatées, le commissaire aux approvisionnements intervient pour constituer le corps débiteur (art. 35), et s'assurer que le remboursement est opéré (art. 37). Au commissaire aux revues appartient de prendre les mesures (art. 38) pour le versement au trésor; c'est lui qui établit les certificats administratifs, pour pertes résultant de force majeure, devant décharger le corps vis-à-vis du commissaire aux approvisionnements (art. 39).

L'action de ce dernier ne s'étend donc pas au delà de l'être collectif qui s'appelle le corps; celle du commissaire aux revues s'exerce, au contraire, pour pénétrer dans l'organisation intérieure et atteindre des responsabilités effectives.

Il résulte de ce qui précède :

1° Que le corps est seul responsable envers le trésor; que les capitaines de compagnie sont responsables vis-à-vis du corps, sauf recours par eux contre les hommes de leur compagnie dans les cas prévus par l'article 35 du règlement du 21 novembre 1854 ;

2° Que l'officier de casernement n'est point comptable dans le sens étroit de ce mot : qu'il n'est responsable que pour les faits qui doivent lui être personnellement imputés ;

3° Qu'il n'y a pas lieu, par suite, d'appliquer les dispositions de la circulaire du 25 novembre 1879 à chaque mutation d'officier de casernement, mais seulement dans le cas de départ du corps ou du détachement ;

4° Qu'il appartient au commissaire aux approvisionnements d'ordonner les recensements périodiques ou inopinés, mais que c'est au commissaire aux revues chargé du contrôle et de la surveillance administrative qu'incombe le soin de mettre en cause les responsabilités encourues, en ce qui concerne le matériel des lits militaires en service.

CLOUÉ.

(16 mai 1882)

CIRC. M. *Modification aux dispositions de l'article 55 du règlement du 21 novembre 1854 sur le service des lits militaires.*

B. M. p. 637.

Aux termes de l'article 55 du règlement du 21 novembre 1854, la comptabilité du mobilier du service des lits militaires à la disposition des corps de troupe de la marine est suivie sur double inventaire, dont l'un reste entre les mains de l'officier de casernement (carnet modèle n° 2), et l'autr est tenu au détail des approvisionnements.

En principe, les corps doivent être pourvus de fournitures et de demi-fournitures complètes, et il n'est pas fait mention, sur le carnet de l'officier de casernement, des parties de fournitures remises en magasin pour être échangées. Mais, dans la pratique, il peut arriver que, en dehors des fournitures ou demi-fournitures complètes, il soit délivré aux corps certains objets de couchage qui, à raison de la contexture du carnet, ne peuvent y être inscrits.

En pareil cas, il est évident que l'officier de casernement ne peut se rendre compte des objets mis à la disposition du corps, et que, lorsqu'il y a lieu de procéder à un récolement ou à un recensement le rapprochement entre les indications présentées par le carnet et les écritures tenues par le détail des approvisionnements, devient impossible.

Afin de remédier à cet état de choses, j'ai décidé qu'il ne sera plus fait usage à l'avenir du modèle n° 2, annexé au règlement du 21 novembre 1854, et que les officiers de casernement suivront la comptabilité des objets de couchage en service, sur l'imprimé n° 8 qui sert au détail des approvisionnements.

Toutefois, quand des objets remis en magasin pour cause de dégradation, de perte, etc., seront *immédiatement* remplacés, lorsque, en d'autres termes, il ne s'agira que d'un simple échange, on pourra continuer, ainsi que le stipule l'article 56 du règlement précité, à n'en pas faire mention sur l'inventaire de l'officier de casernement.

J'ai l'honneur de vous prier de donner des ordres pour assurer l'exécution des prescriptions contenues dans la présente circulaire, dont l'insertion au *Bulletin officiel de la marine* tiendra lieu de notification.

JAURÉGUIBERRY.

(17 août 1883)

DÉP. M. *au sujet de l'emploi de la bourre de coton pour confection des objets de couchage.*

(ARCH. GOUV.).

En me rendant compte, le 14 juin dernier, d'un appel à la concurrence fait à Saïgon, en vue de se pourvoir de coton égrené destiné à la confection de matelas et de traversins, vous m'avez fait connaître les dispositions prises par l'administration coloniale pour expérimenter cette matière.

D'après les renseignements contenus dans votre lettre, les matelas et les traversins mis en essai renfermeraient exclusivement du coton.

Il est à craindre que les essais faits dans ces conditions, ne soient pas absolument concluants. En effet, le coton ne paraissait pas avoir une élasticité suffisante pour empêcher le matelas ou le traversin de se comprimer rapidement; il semble préférable de ne pas supprimer la couche horizontale de 5 k de crin qui, d'après les instructions de la circulaire du 18 mars 1878, doit se trouver au milieu de la laine du matelas, et de laisser également dans les nouveaux traversins les 500 grammes de crins qui entrent dans la confection de ceux en laine.

La laine seule serait, par suite, remplacée par du coton qui serait employé dans la même proportion.

Des matelas ainsi composés de 8 kil. de bourre de coton et de 5 kil. de crin sont depuis quelque temps mis en service dans d'autres colonies, notamment aux Antilles, et ont donné de très bons résultats. Vous aurez à mettre en essai des matelas ainsi confectionnés concurremment avec d'autres ne contenant que du coton.

Quant au prix de revient du coton acheté sur place, il est supérieur à celui que l'on obtient sur les marchés de France, lequel varie de 120 francs à 140 francs les cent kilogrammes vendus à Toulon. Peut-être pourrait-on s'en procurer en Cochinchine à des conditions moins onéreuses, si, par suite de l'usage général du coton pour la confection des objets de couchage, on avait des commandes beaucoup plus importantes à faire; mais, dans le cas où il n'y aurait pas à espérer de diminution il serait plus avantageux d'envoyer de France la bourre de coton nécesssaire à la colonie.

J'ai l'honneur de vous prier de vouloir, en me transmettant un rapport sur les essais qui vont se poursuivre à Saïgon, me faire connaître si le prix de 2 francs le kilogramme demandé par les négociants de la localité est susceptible de diminution.

PEYRON.

(30 novembre 1883)

DÉP. M. *au sujet d'une demande de matériel de campement.*

ARCH. GOUV.

J'ai reçu l'état que vous m'avez adressé le 16 octobre dernier en réponse à mon télégramme du 6 du même mois, au sujet de la situation du matériel de campement existant à Saïgon.

L'examen de ce document a donné lieu de remarquer de l'administration coloniale semble délivrer de préférence des ustensiles de nouveau modèle pour conserver en magasin ceux qui ne sont plus réglementaires. Ainsi on a expédié au Tonkin 148 marmites à 8 hommes et 10 seulement à 16 hommes, alors qu'on pouvait disposer encore de ces dernières. On y a envoyé, d'autre part, 48 seaux en toile, et 18 grands bidons seulement, tandis que le magasin général de Saïgon possédait 305 de ces derniers qui auraient dû être délivrés tout d'abord.

Il y aurait, en outre, au magasin général, 618 gamelles qui ne sont pas dénommées dans l'état dont il s'agit, mais que je suppose être des ustensiles pour 16 hommes, puisque les gamelles moulins à café et les gamelles individuelles font l'objet d'articles distincts. Or, si cette supposition est exacte, le Tonkin aurait reçu 60 gamelles à 8 hommes, et 2 seulement à 16 hommes.

Cette manière de procéder a pour conséquence d'immobiliser dans les magasins une quantité importante de matériel parfaitement utilisable, et qui s'y détériore. Il en résulte pour le Trésor des pertes que l'on devrait s'attacher à éviter.

Je vous prie d'adresser des recommandations formelles afin que, lors des délivrances, et ainsi que l'exigent les règles les plus élémentaires de la comptabilité des magasins et les principes économiques les plus simples, l'on mette tout d'abord à la disposition des corps les objets les plus anciens, c'est-à-dire en ce qui concerne les ustensiles, ceux à 16 hommes puis ceux à 8 hommes. Ce n'est qu'à défaut de ce modèle que l'on devra recourir à ceux 4 hommes, les seuls actuellement réglementaires, sauf les grands bidons à 4 hommes qui ont cessé de l'être par suite de l'adoption des seaux en toile.

On devra agir de même pour les outils. Aucun doute ne peut subsister sur la question de savoir quels sont les objets réglementaires, puisque seuls, ils figurent dans la nomenclature du service de l'habillement et du campement, arrêtée le 22 août 1881.

Je ne crois pas nécessaire de prescrire l'envoi de tentes demi-abris, l'existant à Saïgon étant très-élevé, non plus que de tentes à 16 hommes, les 199 tentes à 20 hommes que le magasin général possède pouvant être utilisées. Quant aux accessoires de tentes, de quelque nature qu'ils soient, il semble facile de les faire confectionner ou acheter sur place; mais on devra se borner à se pourvoir des quantités strictement suffisantes pour que les tentes disponibles puissent être munies des accessoires indispensables pour les monter.

Les manches d'outils, de rechange, doivent être également confectionnés dans la colonie, conformément à l'autorisation contenue dans la dépêche du 17 avril 1882.

. . . .

En terminant, je ferai observer que l'examen de l'état de situation dressé dans la colonie a été rendu difficile par la confusion apportée dans la nomenclature : des objets similaires font l'objet d'articles distincts, séparés par d'autres articles relatifs à des objets d'une nature toute différente, il peut en résulter des omissions ou des doubles emplois. Le travail aurait été plus aisé, aussi bien pour l'Administration coloniale que pour mes bureaux, si l'on eût adopté l'ordre et les dénominations de la nomenclature officielle précitée.

J'ai l'honneur de vous prier de tenir personnellement la main à l'exécution des dispositions contenues dans cette dépêche dont vous voudrez bien m'accuser réception.

A. Peyron.

(12 janvier 1884)

CIRC. M. *Délivrance d'objets de couchage aux ordonnances des officiers montés qui ont des écuries en ville.*

B. M. p. 58.

Messieurs, par une circulaire insérée au *Journal militaire officiel*, partie réglementaire, sous la date du 3 septembre 1883, page 247, M. le Ministre de la guerre a autorisé la délivrance d'effets de literie, hors des casernements, aux ordonnances des officiers *montés*, pourvus ou non du commandement de troupes, qui ont la faculté ou qui se trouvent dans l'obligation de louer des écuries en ville et d'y faire coucher leurs ordonnances pour assurer la surveillance de leurs chevaux.

J'ai l'honneur de vous faire connaître qu'il conviendra, le cas échéant, de faire application de ces dispositions aux ordonnances des officiers montés des corps de troupe de la marine, et il est entendu que les objets de literie délivrés dans ces conditions devront subir les manutentions périodiques règlementaires.

J'ai été informé que sans attendre ma décision à cet égard, quelques officiers se sont crus autorisés à profiter de la faculté accordée à leurs collègues de l'armée de terre, et ont fait sortir des arsenaux les objets de couchage nécessaires à leurs ordonnances.

Je rappelle à cette occasion, que, conformément au principe affirmé à diverses reprises, et notamment dans le dernier paragraphe d'une circulaire du 26 novembre 1873 (B. O. p. 621), les mesures adoptées par le Département de la guerre ne sont applicables aux corps organisés de l'armée de mer qu'après que le Ministre de la marine a donné des instructions expresses à ce sujet.

Je vous prie de tenir la main à ce que cette recommandation ne soit pas perdue de vue.

A. Peyron.

(12 mars 1884)

DÉP. M. *Instructions relatives aux situations de literie. Rappel à la dépêche du 30 novembre 1883.*

ARCH. GOUV.

En me rendant compte, le 31 janvier dernier, des mesures que vous avez prises, conformément aux instructions contenues dans ma dépêche du 30 novembre 1883, nº 2403, vous m'avez informé que les livres-balances tenus dans la colonie en ce qui concerne le matériel de couchage et de campement ont été établis de manière que les objets similaires, réglementaires ou non, ne soient plus séparés par des articles d'une nature différente.

J'ai l'honneur de vous faire remarquer que, dans ma dépêche précitée, je n'ai pas prescrit de modifier les règles qui sont tracées, pour la comptabilité des matières, par la note préliminaire mise en tête de la nomenclature officielle arrêtée le 22 août 1881; j'ai parlé seulement des états de situation des lits, états qui sont des documents purement administratifs et non des pièces comptables.

Comme il n'y a aucun intérêt à ce que les uns et les autres soient présentés dans un ordre identique, les modifications apportées dans la contexture des premiers n'ont pas pour conséquence forcée de faire modifier les secondes.

Sans doute, les écritures du garde-magasin servent de base pour l'établissement des états de situation, mais il n'est pas difficile, après avoir reproduit dans ceux-ci la nomenclature des articles réglementaires figurant aux livres-balances, d'y intercaler les objets de même nature non réglementaires, ce qui permet d'apprécier d'un seul coup d'œil les ressources et les besoins, et d'éviter des erreurs dans les envois. Ce groupement sera rendu d'ailleurs plus aisé, après que l'on aura fait disparaître du service du couchage et du campement tous les objets et matières étrangers à ce service, ainsi que je l'ai recommandé dans ma dépêche du 15 février dernier, nº 362.

En résumé, les instructions contenues dans ma dépêche du 30 novembre 1883 s'appliquent uniquement et exclusivement aux états de situation des lits militaires, dressés par le commissaire aux approvisionnements, et n'affectent en rien les documents à tenir par les comptables, qui doivent continuer à se conformer aux règles indiquées dans les règlements, notes et circulaires émanant de la direction de la comptabilité générale, bureau de la comptabilité des matières.

Je vous prie de vouloir bien donner des ordres en ce sens.

A. Peyron.

2 (avril 1885)

CIRC. M. *recommandant la plus grande économie au sujet des dépenses du couchage des troupes.*

ARCH. GOUV.

Les crédits précédemment alloués pour le couchage des troupes de toutes armes relevant du Département, et qui étaient déjà insuffisants, ont été réduits dans une notable proportion par le Parlement, lors du vote du budget de l'exercice 1885,

D'autre part, l'examen des résumés des dépenses d'entretien faites dans les colonies a donné lieu de constater que le total de ces dépenses dépasse le montant des crédits prévues pour cet objet au chapitre 10 de la 1re section.

Il y a donc *nécessité absolue* d'apporter la plus grande économie dans la gestion du service des lits militaires aux colonies, et, dans ce but, de ne faire effectuer que les réparations strictement indispensables ; il conviendra aussi de veiller, avec le plus grand soin, à ne pas prononcer de condamnations anticipées.

J'ai l'honneur de vous prier d'adresser à cet égard les recommandations les plus pressantes à l'Administration placée sous vos ordres.

COUPS ET VIOLENCES

V. *Violences.*

COURS D'APPEL

V. *Service judiciaire.*

COURS CRIMINELLES

V. *Service judiciaire.*

COUR DE CASSATION

I. ORGANISATION, RÉGLEMENTATION. — II. ARRÊTS.

I. ORGANISATION, RÉGLEMENTATION.

NATURE DES DOCUMENTS	DATES	RECUEILS A CONSULTER								OBSERVATIONS
		Bat.	B. C.	B D I	J. C.	J. H.	B. M.	B Col		
Ord. R.	Août 1737.									
Décret.	1er décembre 1790.									
Loi.	2 brumaire an IV.									
Loi.	14 brumaire an V.									
Loi.	2 juin 1862.	II-194	525							
Décret.	7 mars 1868.	II-167	80							
Décret.	25 juin 1879.	II-205								
Dép. M.	2 août 1879.	II-204								
Décret.	3 avril 1880.		273							
Décret.	25 mai 1881.		298							
Circ. M.	26 janvier 1883.									
Circ. M.	23 novembre 1883.									
Dép. M.	20 décembre 1883.									
Circ. M.	25 janvier 1887.									

(août 1737)

ORDONNANCE *concernant les règlements de juges, soit en matière civile soit en matière criminelle.*

(1er décembre 1790)

DÉCRET *portant institution d'un tribunal de cassation et réglant sa composition, son organisation et ses attributions.*

(2 brumaire an IV)

LOI *concernant l'organisation du tribunal de cassation.*

(14 brumaire an V)

LOI *portant que les demandes en cassation seront toujours précédées d'une consignation d'amende.*

(2 juin 1862)

LOI *concernant les délais des pourvois devant la Cour de cassation en matière civile.*

(Promulg. A. G., 23 décembre 1869).
BAT. II. p. 194.
B. C. p. 525.

Article premier. — Le délai pour se pourvoir en cassation sera de deux mois, à compter du jour où la signification de la décision, objet du pourvoi, aura été faite à personne ou à domicile.

A l'égard des jugements et arrêts par défaut qui pourront être déférés à la Cour de cassation, le délai ne courra qu'à compter du jour où l'opposition ne sera plus recevable.

Art. 2. — Le demandeur en cassation est tenu de signifier l'arrêt d'admission à personne ou à domicile, dans les deux mois après sa date ; sinon, il est déchu de son pourvoi envers ceux des défendeurs à qui la signification aurait dû être faite.

Art. 3. — Le délai pour comparaître sera d'un mois, à partir de la signification de l'arrêt d'admission faite à la personne ou au domicile des défendeurs.

Art. 4. — Les délais fixés par les articles 1 et 3, relativement au pourvoi en cassation et à la comparution des défendeurs, seront augmentés de huit mois en faveur des demandeurs ou défendeurs absents du territoire français de l'Europe ou de l'Algérie, pour cause de service public, et en faveur des gens de mer absents de ce même territoire pour cause de navigation.

Art. 5. — Il est ajouté au délai ordinaire du pourvoi, lorsque le demandeur sera domicilié en Corse, en Algérie, dans les Iles Britanniques, en Italie, dans les Pays-Bas et dans les États ou confédérations limitrophes de la France continentale, un mois.

S'il est domicilié dans les autres États, soit de l'Europe, soit du littoral de la Méditerranée et de celui de la mer Noire, deux mois.

S'il est domicilié hors d'Europe, en deçà des détroits de Malacca et de la Sonde, ou en deçà du cap Horn, cinq mois.

S'il est domicilié au-delà des détroits de Malacca et de la Sonde, ou au delà du cap Horn, huit mois.

Les délais ci-dessus seront doublés pour les pays d'outre-mer en cas de guerre maritime.

Art. 6. — Les mêmes délais seront ajoutés :

1° Au délai ordinaire accordé au demandeur lorsqu'il devra signifier l'arrêt d'admission dans l'un des pays désignés en l'article précédent ;

2° Au délai ordinaire réglé par l'article 3, lorsque les défendeurs domiciliés dans l'un de ces pays devront comparaître sur la signification de l'arrêt d'admission.

Art. 7. — Lorsque le délai pour la comparution sera expiré sans que le défendeur se soit fait représenter devant la Cour, l'audience ne pourra être poursuivie que sur un certificat du greffier constatant la non-comparution du défendeur.

Art. 8. — Les arrêts de la Chambre des requêtes, contenant autorisation d'assigner en matière de règlement de juges ou de renvoi pour suspicion légitime, seront signifiés dans le mois de leur date aux défendeurs, sous peine de déchéance. Les défendeurs devront comparaître dans le délai fixé par l'article 3. Néanmoins ces délais pourront être réduits ou augmentés, suivant les circonstances, par l'arrêt portant permission d'assigner.

Art. 9. — Tous les délais ci-dessus énoncés seront francs ; si le dernier jour du délai est un jour férié, le délai sera prorogé au lendemain. Les mois seront comptés suivant le calendrier grégorien.

Art. 10. — Il n'est pas dérogé aux lois spéciales qui régissent les pourvois en maière électorale et d'expropriation pour cause d'utilité publique.

Art. 11. — Sont abrogés dans leurs dispositions contraires à la présente loi l'ordonnance d'août 1737, le règlement du 28 juin 1738, les lois des 27 novembre 1790, 2 septembre 1793, 1er frimaire an II, 11 juin 1859, et autres lois relatives à la procédure en matière civile devant la Cour de cassation.

(7 mars 1868)

DÉCRET *portant création d'une Cour impériale à Saïgon. — Suppression du tribunal supérieur (art. 5)* (1).

(Promulg. A. G., 16 mars 1869).
BAT. II. p. 167.
B. C. p. 80.

(25 juin 1879)

DÉCRET *portant ouverture en Cochinchine du recours en cassation en matière criminelle et correctionnelle et du recours en annulation en matière de simple police (art. 1 à 20)* (2).

BAT. II. p. 205.

TITRE PREMIER. — DES DEMANDES EN ANNULATION.

Article premier. — Les jugements rendus en dernier ressort par les tribunaux de

(1) V. Décret, 25 juin 1879. — V. Décret, 3 avril 1880. — V. Service judiciaire.

(2) V. Dép. M., 2 août 1879. — En matière de simple police le recours en annulation donne lieu à une amende de 100 francs lorsqu'il s'agit d'un pourvoi contre un jugement rendu contradictoirement (Circ. D. I., 2 mai 1884).

En matière civile le recours en annulation ne donne lieu qu'à une amende de 50 francs (Circ. D. I., 2 mai 1884).

simple police français, en Cochinchine, pourront être attaqués devant la Cour d'appel de Saïgon par la voie de l'annulation.

Art. 2. — La voie d'annulation est ouverte au ministère public contre les jugements rendus en dernier ressort par les tribunaux de police pour incompétence, excès de pouvoir et violations de la loi.

La même voie est ouverte au procureur général, mais seulement dans l'intérêt de la loi, contre les jugements de ces tribunaux qui auraient acquis force de chose jugée.

Art. 3. — Lorsque le renvoi de l'inculpé aura été prononcé, nul ne pourra se prévaloir contre lui de la violation ou omission des formes prescrites pour assurer la défense.

Art. 4. — Lorsque la peine prononcée sera la même que celle portée par les lois, décrets ou arrêtés qui s'appliquent à la contravention, l'annulation du jugement ne pourra être demandée sous le prétexte qu'il y aurait erreur dans la citation du texte de la loi.

Art. 5. — Le recours en annulation contre les jugements préparatoires et d'instruction ne sera ouvert qu'après le jugement définitif ; l'exécution volontaire de tels jugements préparatoires ne pourra, en aucun cas, être opposée comme fin de non-recevoir.

La présente disposition ne s'applique point aux jugements rendus sur la compétence.

Art. 6. — Le délai de pourvoi en annulation sera, pour le ministère public et les parties, de trois jours francs, après celui où le jugement aura été prononcé. En cas de défaut, le délai courra du jour de la signification à personne ou à domicile.

Pendant ces trois jours, et s'il y a eu recours jusqu'à la réception de l'arrêt de la cour, il sera sursis à l'exécution du jugement. La déclaration du recours sera faite au greffe par la partie condamnée, et signée d'elle et du greffier, et si le déclarant ne peut ou ne veut signer, le greffier en fera mention.

Cette déclaration pourra être faite, dans la même forme, par un fondé de pouvoirs spécial ; dans ce dernier cas, le pouvoir demeurera annexé à la déclaration.

Elle sera inscrite sur un registre à ce destiné. Ce registre sera public et toute personne aura le droit de s'en faire délivrer des extraits.

Art. 7. — Lorsque le recours en annulation sera exercé soit par la partie civile, s'il y en a une, soit par le ministère public, ce recours, outre l'inscription énoncée dans l'article précédent, sera, dans le délai de trois jours, notifiée à la partie contre laquelle il sera dirigé, soit à personne, soit au domicile par elle élu. Le délai sera augmenté d'un jour par chaque distance de trois myriamètres.

Art. 8. — La partie civile qui sera pourvue en annulation est tenue de joindre aux pièces une expédition authentique du jugement.

Elle est tenue, à peine de déchéance, de consigner une amende de 100 francs ou de la moitié de cette somme, si le jugement est rendu par défaut. Les condamnés et les personnes civilement responsables sont également tenus de consigner l'amende.

Art. 9. — Sont dispensés de l'amende les agents publics, pour affaires qui concernent directement l'Administration et les domaines ou revenus de l'État ou de la colonie.

A l'égard de toutes autres personnes, l'amende sera encourue par celles qui succomberont dans leur recours. Seront néanmoins dispensées de la consigner celles qui joindront à leur demande en annulation un certificat constatant qu'elles sont, à raison de leur indigence, dans l'impossibilité de consigner l'amende. Ce certificat leur sera délivré sans frais : à Saïgon, par le Direcreur de l'Intérieur, et dans les provinces, par son représentant.

Art. 10. — Le condamné ou la partie civile, soit en faisant sa déclaration, soit dans les dix jours suivants, pourra déposer, au greffe du tribunal qui aura rendu le jugement attaqué, une requête contenant ses moyens d'annulation. Le greffier lui en donnera reconnaissance et remettra sur-le-champ cette requête au magistrat chargé du ministère public.

Art. 11. — Après les dix jours qui suivront la déclaration, ce magistrat fera passer au procureur général les pièces du procès et les requêtes des parties, si elles en ont déposé.

Le greffier du tribunal qui aura rendu le jugement attaqué rédigera sans frais et joindra un inventaire des pièces, sous peine de 100 francs d'amende, laquelle sera prononcée par la cour d'appel.

Dans les vingt-quatre heures de la réception de ces pièces, le procureur général les déposera au greffe de la Cour d'appel.

Les condamnés pourront aussi transmettre directement au greffe de la Cour d'appel soit leur requête, soit les expéditions ou copies signifiées tant du jugement que de leur demande en annulation.

Art. 13. — La Cour d'appel pourra statuer sur le recours en annulation aussitôt après l'expiration des délais portés au présent titre et devra y statuer dans la quinzaine au plus tard, à compter du jour où ces délais seront expirés.

Art. 14. — La Cour d'appel rejettera la demande ou annulera le jugement, sans qu'il soit besoin d'un arrêt préalable d'admission.

Art. 15. — L'affaire sera jugée sur rapport d'un des membres de la Cour, en audience publique. Les parties feront valoir leurs moyens. Le procureur général sera toujours entendu.

Art. 16. — Lorsque la Cour d'appel annulera un jugement rendu en matière de police, elle renverra le procès devant un autre tribunal de police, qui se conformera à la décision de la Cour d'appel sur le point de droit jugé par cette Cour. Lorque l'annulation sera prononcée pour cause d'incompétence, la Cour d'appel renverra les parties devant les juges qui devront en connaître.

Lorsque le jugement sera annulé parce que le fait qui aura donné lieu à l'application de la peine ne constituera ni délit, ni contravention, le renvoi, s'il y a une partie civile, sera fait devant la juridiction civile. Dans ce cas, le tribunal civil sera saisi sans citation préalable en conciliation. S'il n'y a pas de partie civile, aucun renvoi ne sera prononcé.

Les dispositions du présent article ne seront point applicables au cas où l'annulation serait prononcée dans l'intérêt de la loi.

Art. 17. — La partie civile qui succombera dans son recours en annulation sera condamné à une indemnité de 100 francs et aux frais envers la partie acquittée, absoute ou renvoyée. La partie civile sera de plus condamnée envers l'État à une amende de 100 francs ou de 50 francs seulement si le jugement a été rendu par défaut.

Les administrations ou régies de l'État ou de la colonie et les agents publics qui succomberont, ne seront condamnés qu'aux frais de l'indemnité.

Art. 18. — Lorsque le jugement aura été annulé, l'amende consignée sera rendue sans aucun délai, en quelques termes que soit conçu l'arrêt qui aura statué sur le recours et quand même il aurait omis d'en ordonner la restitution.

Art. 19. — Lorsqu'une demande en annulation aura été rejetée, la partie qui l'avait formée ne pourra plus se pourvoir en annulation contre le même jugement, sous quelque prétexte et par quelque moyen que ce soit.

Art. 20. — L'arrêt de la Cour d'appel qui aura rejeté la demande sera délivré dans le délai de trois jours au procureur général près cette Cour, qui l'adressera au greffe du tribunal qui aura rendu le jugement attaqué.

Lorsque le jugement aura été annulé, expédition de l'arrêt d'annulation sera, à la diligence du procureur général, transcrite en marge ou à la suite du jugement annulé. Le greffier devra certifier au procureur général de l'exécution de cette disposition.

TITRE II. — DES DEMANDES EN CASSATION.

Art. 21. — Le recours en cassation est ouvert au ministère public, aux condamnés, à la partie civile, aux personnes civilement responsables, contre les arrêts ou jugements en dernier ressort rendus par la Cour et les tribunaux français de la Cochinchine, en matière criminelle et correctionnelle, dans les formes et suivant les règles prescrites par la législation de la métropole.

Art. 22. — Sont promulgués en Cochinchine les articles 416, 417, 418, 519, 420, 421, 422, 423, 424, 425, 426, 427, 428, 429, 430, 434, 435, 436, 437, 438, 439, 440, modifiés par la loi du 1er avril 1837 ; 441, 442, 473 du Code d'instruction criminelle métropolitain, sauf les modifications suivantes :

Art. 417. — La déclaration de recours sera faite au greffier par la partie condamnée, et signée d'elle et du greffier, et si le déclarant ne peut ou ne veut signer, le greffier en fera mention.

Cette déclaration pourra être faite dans la même forme par la partie condamnée ou par un fondé de pouvoir spécial ; dans ce dernier cas, le pouvoir demeurera annexé à la déclaration.

Elle sera inscrite sur un registre à ce destiné ; ce registre sera public et toute personne aura le droit de s'en faire délivrer des extraits.

Art. 420. — Sont dispensés de l'amende : 1° les condamnés en matière criminelle ; 2° les agents publics pour affaires qui concernent directement l'Administration et les domaines de l'État.

A l'égard de toutes autres personnes, l'amende sera encourue par celles qui succomberont dans leur recours. Seront néanmoins dispensés de la consigner : 1° les condamnés, en matière correctionnelle et de police, à une peine emportant privation de la liberté ; 2° les personnes qui joindront à leur demande un certificat constatant qu'elles sont, à raison de leur indigence, dans l'impossibilité de consigner l'amende. Ce certificat leur sera délivré sans frais : à Saïgon par le Directeur de l'Intérieur, et dans les provinces, par son représentant.

Art. 423. — Après les dix jours qui suivront la déclaration, ce magistrat adressera au procureur général les pièces du procès et les requêtes des parties, si elles ont été déposées. Le procureur général les transmettra au Gouverneur, qui les fera parvenir au Ministre de la marine par la voie la plus rapide.

Dans les vingt-quatre heures de la réception des pièces, le Ministre de la marine les transmettra au Ministre de la justice.

Le greffier de la Cour ou du tribunal qui aura rendu l'arrêt ou le jugement attaqué, rédigera sans frais et joindra un inventaire des pièces, sous peine de 100 francs d'amende, laquelle sera prononcée par la Cour de cassation.

Art. 427. — Lorsque la Cour de cassation annulera un jugement du tribunal, elle renverra le procès devant un tribunal de même qualité ou devant le même tribunal composé d'autres juges.

Art. 428. — Lorsque la Cour de cassation annulera un arrêt rendu par la Cour d'appel ou la Cour criminelle, elle renverra l'affaire devant la même Cour. A défaut d'un nombre suffisant de magistrats n'ayant pas connu de l'affaire, le Gouverneur y pourvoira en appelant à siéger des membres du tribunal de première instance ou des fonctionnaires.

Art. 429. — La Cour de cassation prononcera le renvoi du procès, savoir : devant le tribunal de première instance, si l'arrêt et l'instruction sont annulés aux chefs seulement qui concernent les intérêts civils ; si l'arrêt et la procédure sont annulés pour cause d'incompétence, la Cour de cassation renverra le procès devant les juges qui doivent en connaître, et les désignera.

Lorsque l'arrêt sera annulé parce que le fait qui aura donné lieu à une condamnation se trouvera n'être pas un délit qualifié par la loi, le renvoi, s'il y a une partie civile, sera fait devant le tribunal de première instance, et s'il n'y a pas de partie civile, aucun renvoi ne sera prononcé.

Art. 434. — Si l'arrêt a été annulé pour avoir prononcé une peine autre que celle que la loi applique à la nature du crime, la Cour à qui le procès sera renvoyé rendra son arrêt sur la déclaration de culpabilité faite par la première.

Si l'arrêt a été annulé pour une autre cause, il sera procédé à de nouveaux débats devant la Cour à laquelle le procès sera renvoyé.

La Cour de cassation n'annulera qu'une partie de l'arrêt lorsque la nullité ne viciera qu'une ou quelques-unes de ses dispositions.

Art. 435. — L'accusé dont la condamnation aura été annulée et qui devra subir un nouveau jugement au criminel, sera traduit, soit en état d'arrestation, soit en exécution de l'ordonnance de prise de corps, devant la Cour à qui son procès sera renvoyé.

Art. 439. — L'arrêt qui aura rejeté la demande en cassation sera délivré dans les trois jours au procureur général près la Cour de cassation, par simple extrait signé du greffier, lequel sera adressé au Ministre, qui le fera parvenir par la voie hiérarchique au magistrat chargé du ministère public près la Cour ou le tribunal qui aura rendu l'arrêt ou le jugement attaqué.

Art. 441. — Lorsque sur l'exhibition d'un ordre formel à lui donné par le Ministre de la justice, sur la demande du Ministre de la marine, le procureur général près la Cour de cassation dénoncera à la section criminelle des actes judiciaires, arrêts ou jugements contradictoires à la loi ; ces actes, arrêts ou jugements pourront être annulés et les officiers de police ou les juges poursuivis, s'il y a lieu.

Art. 442. — Lorsqu'il aura été rendu, par la Cour de Saïgon ou par un tribunal correctionnel, un arrêt ou jugement en dernier ressort sujet à cassation et contre lequel, néanmoins, aucune des parties n'aurait réclamé dans le délai déterminé, le procureur général près la Cour de cassation pourra aussi d'office, et nonobstant l'expiration du délai, en donner connaissance à la Cour de cassation. L'arrêt ou le jugement sera cassé sans que les parties puissent s'en prévaloir pour s'opposer à son exécution.

Art. 23. — Le pourvoi contre l'arrêt de renvoi ne pourra avoir lieu qu'après l'arrêt de condamnation. S'il est formé auparavant, il ne sera pas suspensif.

Les moyens de cassation contre les actes de procédure et contre l'arrêt de renvoi pourront être invoqués sur le pourvoi contre l'arrêt de condamnation. La Cour de cassation annulera, s'il y a lieu, la procédure, depuis et y compris le premier acte nul.

Art. 24. — L'article 26 du décret du 25 juillet 1864, concernant l'organisation judiciaire de la Cochinchine, et l'article 5, paragraphe 2, du décret du 7 mars 1868, sont abrogés.

Art. 25. — En dehors du ressort des tribunaux français, les fonctions du ministère public seront remplies, sous la surveillance du procureur général, par un fonctionnaire désigné par le Gouverneur (1).

JULES GRÉVY.

ANNEXE

(*Articles du Code d'instruction criminelle maintenus par l'article 22 du décret*).

Art. 416. — Le recours en cassation contre les arrêts préparatoires et d'instruction ou les jugements en dernier ressort de cette qualité, ne sera ouvert qu'après l'arrêt ou jugement définitif ; l'exécution volontaire de tels arrêts ou jugements préparatoires ne pourra en aucun cas être opposée comme fin de non-recevoir.

La présente disposition ne s'applique point aux arrêts ou jugements rendus sur la compétence.

Art. 418. — Lorsque le recours en cassation contre un arrêt ou jugement en der-

(1) V. Décret 7 novembre 1879.

nier ressort, rendu en matière criminelle, correctionnelle ou de police, sera exercé soit par la partie civile, s'il y en a une, soit par le ministère public, ce recours, outre l'inscription énoncée dans l'article précédent, sera notifié à la partie contre laquelle il sera dirigé, dans le délai de trois jours.

Lorsque cette partie sera actuellement détenue, l'acte contenant la déclaration de recours lui sera lu par le greffier; elle le signera, et si elle ne le peut ou ne le veut, le greffier en fera mention.

Lorsqu'elle sera en liberté, le demandeur en cassation lui notifiera son recours par le ministère d'un huissier, soit à sa personne, soit au domicile par elle élu; le délai sera, en ce cas, augmenté d'un jour par chaque distance de trois myriamètres.

Art. 419. — La partie civile qui se sera pourvue en cassation est tenue de joindre aux pièces une expédition authentique de l'arrêt.

Elle est tenue, à peine de déchéance, de consigner une amende de 150 francs ou de la moitié de cette somme si l'arrêt est rendu par contumace ou par défaut.

Art. 421. — Les condamnés, même en matière correctionnelle ou de police, à une peine emportant privation de la liberté, ne seront pas admis à se pourvoir en cassation lorsqu'ils ne seront pas actuellement en état ou lorsqu'ils n'auront pas été mis en liberté sous caution.

L'acte de leur écrou ou de leur mise en liberté sous caution sera annexé à l'acte de recours en cassation.

Néanmoins, lorsque le recours en cassation sera motivé sur l'incompétence, il suffira au demandeur, pour que son recours soit reçu, de justifier qu'il s'est actuellement constitué dans la maison de justice du lieu où siège la Cour de cassation; le gardien de cette maison pourra l'y recevoir sur la représentation de sa demande adressée au procureur général près cette Cour et visée par ce magistrat.

Art. 422. — Le condamné ou la partie civile, soit en faisant sa déclaration, soit dans les dix jours suivants, pourra déposer, au greffe de la Cour ou du Tribunal qui aura rendu l'arrêt ou le jugement attaqué, une requête contenant ses moyens de cassation. Le greffier lui en donnera reconnaissance et remettra sur-le-champ cette requête au magistrat chargé du ministère public.

Art. 424. — Dans les vingt-quatre heures de la réception de ces pièces, le Ministre de la justice les adressera à la Cour de cassation, et il en donnera avis au magistrat qui les lui aura transmises.

Les condamnés pourront aussi transmettre directement au greffe de la Cour de cassation, soit leurs requêtes, soit les expéditions ou copies signifiées tant de l'arrêt ou du jugement que de leurs demandes en cassation; néanmoins, la partie civile ne pourra user du bénéfice de la présente disposition sans le ministère d'un avocat à la Cour de cassation.

Art. 425. — La Cour de cassation, en toute affaire criminelle, correctionnelle ou de police, pourra statuer sur le recours en cassation, aussitôt après l'expiration des délais portés au présent chapitre, et devra y statuer dans le mois au plus tard, à compter du jour où ces délais seront expirés.

Art. 426. — La Cour de cassation rejettera la demande ou annulera l'arrêt ou le jugement, sans qu'il soit besoin d'un arrêt préalable d'admission.

Art. 430. — Dans tous les cas où la Cour de cassation est autorisée à choisir une cour ou un tribunal pour le jugement d'une affaire renvoyée, ce choix ne pourra résulter que d'une délibération spéciale prise en la chambre du conseil immédiatement après la prononciation de l'arrêt de cassation, et dont il sera fait mention expresse dans cet arrêt.

Art. 436. — La partie civile qui succombera dans son recours soit en matière criminelle, soit en matière correctionnelle ou de police, sera condamnée à une indemnité de 150 francs et aux frais envers la partie acquittée, absoute ou renvoyée ; la partie civile sera de plus condamnée envers l'État à une amende de 150 francs, ou de 75 francs seulement si l'arrêt ou le jugement a été rendu par contumace ou par défaut.

Les administrations ou régies de l'État et les agents publics qui succomberont, ne seront condamnés qu'aux frais et à l'indemnité.

Art. 437. — Lorsque l'arrêt ou le jugement aura été annulé, l'amende consignée sera rendue sans aucun délai, en quelques termes que soit conçu l'arrêt qui aura statué sur le recours, et quand même il aurait omis d'en ordonner la restitution.

Art. 438 —Lorsqu'une demande en cassation aura été rejetée, la partie qui l'avait formée ne pourra plus se pourvoir en cassation contre le même arrêt ou jugement, sous quelque prétexte et par quelque moyen que ce soit.

Art. 440. — Modifié par la loi du 1er avril 1837, ainsi conçu :

« Article premier. — Lorsqu'après la cassation d'un premier arrêt ou jugement rendu en dernier ressort, le deuxième arrêt ou jugement rendu dans la même affaire, entre les mêmes parties procédant en la même qualité, sera attaqué par les mêmes moyens que le premier, la cour de cassation prononcera toutes les Chambres réunies.

« Art. 2. — Si le deuxième arrêt ou jugement est cassé pour les mêmes motifs que le premier, la Cour royale ou le tribunal auquel l'affaire est renvoyée se conformera à la décision de la cour de cassation sur le point de droit jugé par cette Cour.

Art. 3. — La Cour royale statuera en audience ordinaire, à moins que la nature de l'affaire n'exige qu'elle soit jugée en audience solennelle. »

. . . .

Art. 473. — Le recours en cassation ne sera ouvert contre les jugements de contum ce qu'au procureur général et à la partie civile, en ce qui la regarde.

(2 août 1879)

DÉP. M. *Notification du décret du 25 juin 1879 portant ouverture du recours en annulation en matière de simple police et recours en cassation en matière correctionnelle et criminelle.*

BAT. II. p. 204.

J'ai l'honneur de vous adresser, avec deux ampliations, dix exemplaires du décret du 25 juin dernier, qui ouvre en Cochinchine : 1° le recours en annulation en matière de simple police ; 2° le recours en cassation en matière correctionnelle et criminelle.

Je vous prie de faire promulguer ce décret dans la colonie.

Ces nouvelles dispositions, qui forment le complément naturel du recours en matière civile et commerciale autorisé par le décret du 7 mars 1868, placent la Cochinchine sous l'empire du droit commun, comme la plupart de nos possessions d'outre-mer, et donnent ainsi aux justiciables des tribunaux français toutes les garanties légales.

J'appelle votre attention sur l'article 25 du décret du 25 juin précité, qui a pour objet de combler une lacune dans l'organisation actuelle des tribunaux français dans les provinces.

En effet, le décret du 25 juillet 1864, par son article 15, en attribuant aux inspecteurs des affaires indigènes, chargés de la justice dans chaque province, la connaissance des « délits et contraventions commis par les Européens hors du ressort des tribunaux français », n'a pas spécifié quel devait être le fonctionnaire chargé de remplir les fonctions du ministère public auprès de cette juridiction correctionnelle et de simple police.

Cette omission, qui ne semble pas avoir été rectifiée par un acte postérieur, était de nature à compromettre la légalité des décisions judiciaires rendues dans ces tribunaux, auquel le législateur prescrit de se conformer à la procédure du Code d'instruction criminelle.

Pour remédier à cet inconvénient, l'article 25 du décret du 25 juin dernier confie ces attributions à un des fonctionnaires de la province désigné par vous, et qui sera placé, sous ce rapport, sous la surveillance du procureur général.

Il importerait que le fonctionnaire qui se trouvera chargé de cet important service fût pris, autant que les circonstances le permettront, parmi ceux des inspecteurs des affaires indigènes qui seront pourvus du diplôme de licencié en droit.

Je vous prie de me faire connaître les mesures que vous aurez prises à cet égard.

JAURÉGUIBERRY.

(3 avril 1880)

DÉCRET *portant que la Cour d'appel de Saïgon connaît de l'appel des jugements rendus par les tribunaux indigènes (art. 4)* (1).

(Promulg. A. G. 18 mai 1880).
B. C. p. 273.

(25 mai 1881)

DÉCRET *réorganisant l'administration de la justice et de l'ordre judiciaire (art. 13)* (2).

(Promulg. A. G. 18 juillet 1881).
B. C. p. 298.

(26 janvier 1883)

CIRC. M. *au sujet de la législation sur les règlements de juges, rappelant à l'exécution des prescriptions contenues dans une circulaire en date du 28 octobre 1881.*

ARCH. GOUV.

(23 novembre 1883)

CIRC. M. *au sujet des pourvois en cassation en matière d'enregistrement.*

ARCH. GOUV.

M. le Ministre des finances vient d'appeler mon attention sur les conséquences d'un arrêt prononcé par la Cour de cassation le 29 mai dernier au sujet d'un pourvoi formé par le service de l'enregisment d'une colonie contre un arrêt rendu par la Cour d'appel de la même colonie au profit d'une société.

L'arrêt de la Cour souveraine établit en matière d'enregistrement une jurisprudence qui peut avoir une influence fâcheuse sur le produit de l'impôt non seulement dans les colonies, mais aussi dans la métropole et il est regrettable, ainsi que l'a fait remarquer M. le Ministre des finances, que cette affaire n'ait point été soumise préalablement à l'examen de la direction générale d'enregistrement qui a toute la compétence voulue pour apprécier les avantages ou les inconvénients d'un recours contre les décisions rendues à l'égard de ce service.

Il importe de prévenir le retour des inconvénients que signale M. T.... et, dans ce but, j'ai décidé qu'à l'avenir, lorsque les colonies croiraient devoir introduire des pourvois contre des décisions rendues en matière d'enregistrement, les dossiers en seraient communiqués préalablement à la direction générale de l'enregistrement.

FÉLIX FAURE.

(1) V. Service judiciaire.
(2) V. Service judiciaire.

(20 décembre 1883)

P. M. *Rejet de deux pourvois en cassation formés par l'administration des contributions indirectes de la colonie. — Observations.*

ARCH. GOUV.

J'ai l'honneur de vous faire connaître qu'il résulte d'une lettre que je viens de recevoir de M. D..., avocat du département, que, par un arrêté en date du 8 de ce mois, la Cour de cassation a rejeté les pourvois formés par l'administration des contributions indirectes de la Cochinchine contre deux arrêts de la Cour d'appel de la colonie en date du 6 juillet dernier qui a acquitté :

1° Les nommés Ngo-Gia-Thanh et Ly-Thuong comme reconnus coupables de colportage d'opium de contrebande.

2° Les nommés Tran-Van-Phuông et Tran-Van-Lœ comme reconnus coupables de contrebande d'alcool.

Je ne dois pas vous cacher qu'après examen du dossier, cet avocat avait appelé mon attention, dans une lettre dont je vous envoie ci-joint la copie, sur les motifs qui lui paraissaient de nature à faire rejeter ce pourvoi. L'arrêt de la Cour souveraine confirme aujourd'hui les appréciations qu'il avait judicieusement formulées.

Sans vouloir critiquer la ligne de conduite de l'administration dans cette affaire, je crois devoir vous faire part des observations que me suggère le rejet de ce pourvoi.

Le délai accordé par la loi pour former les pourvois n'étant que de 3 jours à partir de la date de la décision à attaquer, on conçoit que l'administration ne puisse pas, dans un si court délai, apprécier les chances et l'opportunité d'un pourvoi. Si je ne vois aucun inconvénient à ce que l'administration use de la faculté qui lui est ouverte en déposant des pourvois dans les délais réglementaires, il me paraît au moins nécessaire que le Département se réserve à l'avenir le soin d'apprécier si ces pourvois présentent des chances suffisantes ou s'il y a lieu de se désister.

Je compte donc adopter cette règle qui est d'ailleurs suivie dans la métropole et sur laquelle l'attention des administrations coloniales a été appelée tout particulièrement par une circulaire en date du 23 novembre dernier relativement aux pourvois en matière d'enregistrement.

Je vous enverrai aussitôt que je l'aurai reçue la copie de l'arrêt du 8 décembre sur les pourvois dont il s'agit.

FÉLIX FAURE.

(25 janvier 1887)

CIRC. M. *prescrivant l'envoi au Département des dossiers de pourvois qui seront de là transmis au greffe de la Cour de cassation.*

ARCH. GOUV.

La Cour de cassation a été directement saisie d'un pourvoi formé par l'administration des contributions indirectes de l'une de nos colonies contre un arrêt en matière correctionnelle. Cette même administration s'est ultérieurement désistée de son pourvoi, mais comme elle a négligé d'en aviser la Cour, celle-ci aurait pu statuer sur le pourvoi sans que l'administration fut représentée, puisque le Département, non prévenu, n'avait pas constitué d'avocat.

Cette manière de procéder peut entraîner de sérieuses complications et, pour les éviter, il importe que tous les dossiers de pourvois soient adressés au département qui les fera parvenir au greffe de la Cour de cassation, et suivra l'instance jusqu'au prononcé de l'arrêt définitif.

Les dossiers des pourvois introduits par l'administration devront être envoyés par lettre spéciale au bureau compétent du service central des colonies.

La nomenclature des pièces jointes au dossier devra être inscrite sur un bordereau numéroté.

Vous voudrez bien donner des ordres en conséquence et m'accuser réception de la présente circulaire.

HAUSSMANN.

Consulter en outre : *Amendes de consignation.*

II. — ARRÊTS.

NATURE DES DOCUMENTS	DATES	RECUEILS A CONSULTER								OBSERVATIONS
		Bat.	B. C.	B.D.I	J. C.	J.H.	B. M.	BCol		
Arrêt.	24 novembre 1864.	I-469								
Arrêt.	29 février 1868.	II-322								
Arrêt.	4 juillet 1871.	II-179								
Arrêt.	12 juillet 1872.	II-256								
Arrêt.	12 novembre 1877.	II-204								
Arrêt.	10 mai 1880.	II-699								
Arrêt.	19 novembre 1883.						51			
Arrêt.	10 avril 1884.									
Arrêt.	14 mai 1884.						338			

(24 novembre 1864)

ARRÊT *déclarant non recevable, aux termes de l'article 81 du Code de justice militaire (art. 111 du Code de justice maritime), le pourvoi d'un négociant à Saïgon : 1° contre un jugement du 1er conseil de guerre permanent du corps expéditionnaire en Cochinchine qui l'a condamné pour faux en écriture de commerce; 2° contre la décision du conseil de revision confirmative de ce jugement.*

BAT. I. p. 469.

A l'audience publique de la chambre criminelle de la Cour de cassation, tenue au palais de justice, à Paris, le 24 novembre 1864,

Sur le pourvoi de L. T...,

En cassation : 1° d'un jugement rendu, le 14 mai dernier, par le 1er conseil de guerre permanent, séant à Saïgon (Cochinchine) ; 2° et d'une décision du conseil permanent de revision, séant au même lieu, en date du 20 du même mois, qui l'ont condamné à deux ans de prison, etc...,

Est intervenu l'arrêt suivant :

Ouï M. le conseiller Lascoux en son rapport, Me Bellaigue, avocat, en ses observations, et M. l'avocat général C... en ses conclusions ;

Vu les mémoires produits à l'appui du pourvoi ;

En ce qui touche l'effet dévolutif du pourvoi :

Attendu que le droit de se pourvoir contre les jugements des conseils de guerre et des conseils de revision, quoique interdit, d'une manière générale, par l'article 80 du Code de justice militaire, est néanmoins réservé par l'article 81 du même Code, pour cause d'incompétence ;

Qu'il suit de là que les pourvois formés contre les jugements dont s'agit doivent toujours être transmis à la Cour de cassation, juge souverain de leur recevabilité, et gardienne attentive de ce principe que nul ne peut être distrait de ses juges naturels ;

Attendu que si, d'après les articles 145 et 146 du Code précité, l'autorité militaire a le pouvoir de passer outre à l'exécution du jugement de condamnation, nonobstant le pourvoi en cassation, ces articles ne font que déroger partiellement à l'effet suspensif du pourvoi, mais ne portent aucune atteinte à son effet dévolutif ;

Attendu que le pourvoi de T... a été formé dans le délai de la loi ;

La Cour se déclare légalement saisie du pourvoi ;

Sur la recevabilité du pourvoi :

En ce qui touche le moyen tiré de l'incompétence du conseil de guerre, et fondé sur ce que le demandeur, n'étant ni militaire, ni assimilable à un militaire, et n'ayant pas été poursuivi pour un crime militaire, n'était pas justiciable dudit conseil ;

Attendu qu'à la date du 19 mai 1861, le vice-amiral, commandant en chef l'expédition de Cochinchine, a pris un arrêté portant établissement de l'état de siège dans la province de Saïgon, de Mytho, et tous les territoires occupés par les troupes françaises qui soutenaient une guerre étrangère ;

Attendu que cet état de siège a été établi en vertu de l'article 5 de la loi du 9 août 1849, qui, combiné avec l'article 10 de la même loi, renvoie, quant aux effets de la mesure, aux dispositions du décret du 24 décembre 1811 ;

Que, dès lors, il a eu pour conséquence nécessaire et légale d'attribuer au conseil de guerre la connaissance de tous crimes ou délits soit militaires, soit de droit commun, commis par des individus militaires ou non militaires dans l'étendue du territoire soumis à l'état de siège ;

Attendu que cet état, non modifié ultérieurement par le commandant de l'expédition, durait encore en fait malgré le traité de paix du 5 juin 1862, au moment où les poursuites ont été dirigées contre T... ;

Qu'ainsi le 1er conseil de guerre permanent du corps expéditionnaire de Cochinchine, séant à Saïgon, lieu du domicile de T..., était compétent pour connaître du crime de faux en écritures de commerce, dont le demandeur a été déclaré coupable, et qui intéressait la perception de l'une des branches du revenu public en Cochinchine ;

Attendu que la Cour de cassation, en cas de pourvoi contre un jugement de conseil de guerre, n'a pour mission que de rechercher si les règles de la compétence ont été violées ;

Sans qu'il y ait lieu de statuer sur les autres moyens du pourvoi :

La Cour déclare non recevable le pourvoi formé par T... contre le jugement du conseil de guerre, séant à Saïgon, en date du 14 mai 1864, et contre le jugement du conseil de revision, en date du 20 du même mois.

(29 février 1868)

ARRÊT *portant cassation dans l'intérêt de la loi, d'un jugement du tribunal supérieur de Saïgon, rendu le 29 janvier 1867 dans l'affaire du matelot anglais D. de la corvette le « Pearl. »*

La question que soulève le pourvoi consiste à savoir dans quelles circonstances un matelot étranger, employé sur un bâtiment étranger, peut être soumis à la juridiction française pour la répression d'un crime ou d'un délit dont il se rend coupable.

BAT. II. p. 322.

La Cour de cassation a rendu l'arrêt suivant, sur le réquisitoire dont suit la teneur :

CHAMBRE CRIMINELLE.

Le procureur général impérial près la Cour de cassation expose qu'il est chargé, par ordre formel de M. le Garde des sceaux, ministre de la justice, de requérir, en vertu de l'article 441 du Code d'instruction criminelle, l'annulation, dans l'intérêt de la loi, d'un arrêt du tribunal supérieur de Saïgon (Cochinchine), rendu le 29 janvier dernier, dans les circonstances suivantes :

Dans la soirée du 20 janvier dernier, un rassemblement considérable, qui s'était formé sur le quai Napoléon, en face du *Café de Paris,* avait appelé l'attention du gendarme M... Il apprit que ce rassemblement avait été causé par un matelot anglais de la corvette *le Pearl,* alors en rade de Saïgon, qui venait de frapper violemment un habitant de la ville. A la sommation de le suivre qui lui fut faite par le gendarme, ce matelot, nommé D..., répondit par un refus formel et lança en même temps un coup de poing à l'agent de la force publique. Celui-ci se disposait à repousser cette agression, lorsqu'il fut entouré par cinq autres matelots anglais et renversé à terre. Ce fut alors que D..., se précipitant de nouveau sur lui, déchira tous ses vêtements et lui fit une blessure au front.

Traduit devant le tribunal de police correctionnelle sous la prévention de violences et voies de fait dirigées contre un agent de la force publique, pendant que celui-ci exerçait son ministère, et à cette occasion, D... fut condamné, par jugement en date du 23 janvier, à neuf mois d'emprisonnement et à seize francs d'amende, par application des articles 228 et 230 du Code pénal.

Sur l'appel de ce jugement, formé par le prévenu, le tribunal supérieur a annulé, pour incompétence, le jugement qui lui était dénoncé et déchargé le matelot D... des condamnations prononcées contre lui, sans dépens.

L'arrêt est ainsi conçu :

« Le tribunal. . . . .

« Attendu que si l'article 3 du Code Napoléon consacre la souveraineté territoriale pour la répression des crimes et délits commis sur le territoire français, même par des étrangers, il existe également un principe de droit international rappelé dans le décret du 21 février 1808, par lequel le militaire sous les drapeaux et les marins en activité de service à bord des bâtiments de l'Etat sont considérés comme étant dans leur patrie et relèvent de la juridiction de leur pavillon pour des délits qu'ils commettent, même à terre, dans un pays neutre ou ami ;

« Attendu que ce principe de la juridiction du pavillon, admis pour les armées françaises de terre et de mer, s'applique, par réciprocité, aux armées étrangères des nations civilisées;

« Attendu, en fait, que le 20 janvier 1867, plusieurs matelots de la corvette de guerre anglaise *le Pearl,* mouillée dans le port de Saïgon, se trouvant en état d'ivresse, faisaient du tapage à dix heures du soir devant un café du quai Napoléon, en vue et à peu de distance de la corvette sur laquelle ils sont embarqués ;

« Attendu que le gendarme M..., qui est accouru, a saisi D..., l'un d'eux, pour le conduire en prison, mais que ce matelot a résisté au gendarme, l'a frappé d'un coup de poing et lui a déchiré son pantalon et sa vareuse en flanelle ;

« Attendu qu'en vertu du principe ci-dessus rappelé, le tribunal correctionnel de Saïgon était incompétent pour connaître du délit imputé à D...; que cette incompétence est d'ordre public et peut être déclarée d'office en tout état de cause;

« Par ces motifs, annule pour incompétence, etc. »

C'est cet arrêt que M. le Garde des sceaux nous charge de déférer à la Cour suprême, dans l'intérêt de la loi.

DISCUSSION.

La question que soulève le pourvoi, considérée à un point de vue général, consiste à savoir dans quelles circonstances un matelot étranger, employé sur un bâtiment étranger, peut être soumis à la juridiction française pour la répression d'un crime ou d'un délit dont il se rend coupable. La solution de cette question résulte de quelques distinctions consacrées par la jurisprudence de la Cour suprême et par la doctrine.

Et d'abord, en pleine mer, les crimes et délits commis par un homme de l'équipage d'un navire, soit de guerre, soit de commerce, sont de la compétence exclusive des tribunaux de la nation à laquelle le navire appartient.

La raison en est que les vaisseaux de guerre et les navires de commerce, lorsqu'ils voguent en pleine mer, doivent être réputés la continuation du territoire national. En conséquence, ils demeurent exclusivement soumis aux lois et à la police de leur nation. Ils maintiennent sa souveraineté sur leur bord ; ils sont indépendants de toute juridiction étrangère ; ils ne relèvent que de leurs juges naturels.

Mais il en est autrement si le crime a été commis par un homme de l'équipage d'un navire étranger entré *dans les eaux qui sont la propriété d'un État étranger,* comme les ports et les rades ou la mer territoriale.

Dans ce cas, il faudra distinguer, pour déterminer la compétence, si le crime ou le délit a été commis à bord d'un *navire de commerce* ou s'il a été commis à bord d'un *bâtiment de guerre.*

Les navires de commerce sont bien la continuation du territoire de la nation dont ils portent le pavillon, mais ils ne renferment pas dans leur sein une partie de la puissance publique de leur pays, un corps organisé de fonctionnaires ; ils ne le représentent pas, ils n'en sont pas les agents, ils ne sont donc pas affranchis, si ce n'est en ce qui concerne leur régime intérieur, de l'action de la puissance publique du territoire sur lequel ils sont pour l'exécution des lois de police et de sûreté qui sont en vigueur sur ce territoire (1).

La Cour a consacré ce principe dans un arrêt rendu sur un savant rapport du regrettable M. le conseiller F...

Il s'agissait, dans l'espèce de cette affaire, d'un crime commis à bord d'un navire de commerce, mouillé dans le port du Havre, par un sieur J..., capitaine en second de ce navire, contre un matelot faisant partie de son équipage. Les magistrats du Havre dirigèrent des poursuites contre le coupable, et la chambre des mises en accusation le renvoya devant la cour d'assises de Rouen. J... se pourvut en cassation par le motif que les tribunaux français seraient incompétents pour connaître d'un crime commis à bord d'un *navire étranger*, entre homme faisant partie de l'équipage.

Mais la Cour rejeta le pourvoi par un arrêt fortement motivé, dont voici le principal considérant :

« Attendu que tout Etat est intéressé à la répression des crimes et délits qui peuvent être commis « dans les ports de son territoire, non-seulement par des hommes de l'équipage d'un bâtiment de « commerce étranger envers des personnes ne faisant pas partie de cet équipage, mais même par « des hommes de l'équipage entre eux, soit lorsque le fait est de nature à compromettre la tran- « quillité du port, soit lorsque l'intervention de l'autorité locale est réclamée, soit lorsque le fait « constitue un crime de droit commun que sa gravité ne permet à aucune nation de laisser impuni, « sans porter atteinte à ses droits de souveraineté juridictionnelle et territoriale, parce que ce crime « est par lui-même la violation la plus manifeste comme la plus flagrante des lois que chaque na- « tion est chargée de faire respecter dans toutes les parties de son territoire, etc. » (Arrêt du 25 février 1859, paragraphes 59, 1, 183).

Ces principes sont-ils encore de nature à recevoir leur application lorsqu'il s'agit d'un crime ou d'un délit commis, non par un homme de l'équipage *d'un bâtiment de commerce,* mais par un homme de l'équipage *d'un bâtiment de guerre étranger* dans un port de France ?

Si, dans l'espèce actuelle, il s'agissait en effet d'un crime commis à bord d'un navire de guerre, la question qui, du reste, ne nous paraît pas encore avoir été soumise à la Cour (car l'affaire du *Carlo Alberto* se présentait à un point de vue particulier), la question, disons-nous, présenterait une difficulté réelle quant à la compétence de la juridiction territoriale.

La raison de douter se tirerait de cette grande considération que les navires de guerre, à la différence des navires de commerce, portent dans leur sein une partie de la puissance publique de l'État auxquels ils appartiennent et des fonctionnaires ou agents de cette puissance dans l'ordre administratif et dans l'ordre militaire. Soumettre ce navire et ce corps organisé de fonctionnaires aux lois et aux autorités du pays dans les eaux duquel il entre, ne serait-ce pas soumettre l'une de ces puissances à l'autre ?

Si la question se présentait franchement dans ces termes, nous pensons que ce serait le cas d'examiner quelle est la nature du délit ou du crime qui aurait été commis *à bord* du navire de guerre,

(1) *Traité de l'instruction criminelle,* tome II, p. 512, M. Dupin ; *Réquisitoire,* tome Ier, p. 477.

et si, nonobstant cette circonstance de la perpétration du crime *à bord*, il ne faudrait pas, reprenant les hautes considérations invoquées dans l'arrêt du 25 février 1859, faire prévaloir le principe de la souveraineté territoriale du port sur le principe de la souveraineté juridictionnelle du pays étranger dont le navire porte le pavillon, soit lorsque le fait serait de nature *à compromettre la tranquillité du port*, soit lorsque l'intervention *de l'autorité locale serait réclamée*, soit lorsque le fait constituerait un crime de droit commun que sa *gravité* ne permet à aucune nation de laisser impuni.

Mais la difficulté ne se présente pas dans ces termes.

Ce n'est pas à bord du navire de guerre *le Pearl* que le délit a été commis, mais *à terre*, sur le port.

Or, dans ce cas, la compétence de la juridiction territoriale ne peut plus être l'objet d'un doute. Il s'agit, en effet, de l'application du grand principe de droit public écrit dans l'article 3 du Code Napoléon, d'après lequel « les lois de police et de sûreté obligent tous ceux qui habitent le territoire. »

Aussi, l'honorable auteur du *Traité de l'instruction criminelle*, après avoir constaté, en s'appuyant sur l'autorité de Vattel, que, pour les crimes et délits commis *dans les eaux d'un autre État, à bord des bâtiments de guerre*, la juridiction d'un État *se conserve sur ses vaisseaux*, même quand ils se trouvent dans des parties de la mer *soumises à la domination étrangère*, s'empresse-t-il de dire : « Il est inutile d'ajouter que si les crimes et délits avaient été commis hors du bord et sur *le territoire étranger* par les hommes de l'équipage, *la juridiction locale* reprendrait immédiatement *sa compétence.* »

Et peu importe que, dans l'affaire actuelle, le délinquant ne se trouvât que passagèrement sur le port. La souveraineté juridictionnelle saisit les Étrangers comme les Nationaux, à l'instant même où ils mettent les pieds sur le territoire.

C'est ce qu'explique parfaitement le savant professeur de la faculté de Caen, dans son *Cours de droit civil :* « L'effet des lois de police et de sûreté, dit-il, est d'obliger tous ceux qui habitent le territoire, *tous*..., étrangers ou nationaux, *qui habitent*, c'est-à-dire qui s'y trouvent, même *accidentellement*, même *passagèrement.*

« Et il faut bien qu'il en soit ainsi : 1° il n'y aurait sans cela ni ordre ni police possibles ; 2° ces mêmes lois protègent tous les individus sans distinction, car, non seulement l'Étranger est obligé par elles, mais il en profite et il peut les invoquer. Les devoirs de l'hospitalité, de l'humanité, l'ordre public enfin du pays, c'est-à-dire notre propre intérêt, le commandant, et telle est certainement la pensée de l'article 3 du Code Napoléon. (*Cassation, 17 novembre 1883.*) Dès lors, aussi, la réciprocité et le propre intérêt de l'Étranger lui-même exigent qu'il se soumette à ces lois, car c'est tout à la fois la condition et le moyen de la protection qu'il reçoit d'elles... *Intrasti urbem, ambula juxta ritum ejus.* » (V. article 272, Code pénal, tome 1er, page 83.)

Si ces principes sont incontestables, il est évident que, dans l'état des faits, la compétence de la juridiction française dans la cause n'a pu être déniée par l'arrêt dénoncé sans méconnaître et violer ces mêmes principes d'intérêt général, et que, d'un autre côté, le décret du 21 février 1808, sur lequel le tribunal supérieur de Saïgon s'est fondé, était absolument sans application à l'espèce, comme le démontre parfaitement du reste la lettre ministérielle ;

Par ces motifs et considérations :

Vu :

1° La lettre de M. le Garde des sceaux,

2° L'article 3 du Code Napoléon,

3° L'article 77 de la loi du 4 août 1857,

4° L'article 441 du Code d'instruction criminelle,

Et toutes les pièces du procès ;

Nous requérons, pour l'Empereur, qu'il plaise à la Cour annuler, dans l'intérêt de la loi, le jugement dénoncé ; ordonner qu'à la diligence du procureur général l'arrêt à intervenir sera imprimé et transcrit sur les registres du tribunal supérieur de Saïgon (Cochinchine).

Fait au parquet, le 20 novembre 1867.

Le procureur général : DELANGLE.

La Cour : ouï M. le conseiller N... en son rapport, et M. l'avocat général C... en ses conclusions ;

Vu la dépêche, en date du 20 juillet dernier, de S. Exc. M. le Garde des sceaux, Ministre de la justice et des cultes, ensemble le réquisitoire, en date du 20 novembre suivant, du procureur général impérial près la Cour de cassation ;

Vu également l'article 3 du Code Napoléon, d'après lequel les lois de police et de sûreté obligent tous ceux qui habitent le territoire ;

Attendu que cette disposition est générale, absolue et d'ordre public ;

Qu'elle n'est point touchée, soit par le décret du 21 février 1808, qui règle la compétence pour tout militaire marchant avec son corps sous les drapeaux, soit par les exceptions admises, dans le droit des gens et le droit international, pour les faits commis à bord de navires étrangers, naviguant sous le pavillon de leur nation, tant en pleine mer que dans cette partie du voisinage des côtes d'une autre nation que l'on est convenu d'appeler *mer territoriale*, ou se trouvant dans l'une de ses rades ou l'un de ses ports ;

Que ces diverses exceptions ont été introduites dans les législations réglant les rapports de peuple à peuple pour des circonstances de fait essentiellement différentes de celles qui ont servi de base à la poursuite dirigée contre D..., marin de la corvette de guerre anglaise *le Pearl*;

Qu'il ressort, en effet, de toutes les pièces de la procédure suivie contre lui, et spécialement des motifs de la décision attaquée devant la Cour, que D... aurait commis, vis-à vis d'un agent de la force publique française, les actes de rébellion et de violence à lui reprochés, alors que *le Pearl*, étant mouillé dans le port de Saïgon, D... était descendu à terre sur le quai Napoléon, en face le café de Paris, au milieu d'un rassemblement causé par un acte de brutalité auquel D... s'était laissé entraîner sur un habitant de la ville ;

Qu'en cet état, toutes ces violences étaient soumises à l'empire de l'article 3 ci-dessus visé, et que c'est dès lors en violation dudit article que le tribunal supérieur de Saïgon, au lieu de les réprimer, a décliné toute compétence pour l'autorité judiciaire française ;

Par ces motifs, la Cour casse et annule, mais dans l'intérêt de la loi seulement, le jugement de ce tribunal du vingt-neuf janvier mil huit cent soixante-sept, et ordonne qu'à la diligence du procureur général près la Cour, le présent arrêt sera imprimé et transcrit en marge de la décision annulée.

Ainsi fait et jugé en audience publique de la Cour de cassation, Chambre criminelle le vingt-neuf février mil huit cent soixante-huit.

(4 juillet 1871)

ARRÊT *portant cassation, dans l'intérêt de la loi, d'un arrêt rendu par la chambre criminelle de la Cour d'appel dans l'affaire des nommés T... et N...*

BAT. II. p. 179.

La Cour de cassation a rendu l'arrêt suivant sur le pourvoi formé, dans l'intérêt de la loi, par M. le procureur général près la Cour d'appel de Saïgon (Cochinchine française), en cassation d'un arrêt rendu, le 16 février 1871, par la Chambre criminelle de ladite Cour, dans l'affaire des nommés T... et N...;

Ouï M. le conseiller de C..., en son rapport, et M. l'avocat général B..., en ses conclusions ;

Sur le pourvoi en cassation formé dans l'intérêt de la loi par le procureur général près la Cour d'appel de Saïgon (Cochinchine française), contre l'arrêt, en date du 16 février 1871, pour lequel la Chambre criminelle de ladite Cour a déclaré l'incompatibilité des fonctions d'adjoint au maire de Saïgon avec celles d'assesseur au criminel ;

Vu les articles 26 du décret du 25 juillet 1864, 5 du décret du 7 mars 1868, 441 et 442 du code d'instruction criminelle ;

Attendu qu'aux termes de ces deux derniers articles et selon le droit commun qu'ils établissent, un pourvoi en cassation ne peut être formé dans l'intérêt de la loi que par le procureur général près la Cour de cassation, soit d'office, soit en vertu d'un ordre du Ministre de la justice ;

Attendu qu'il n'a nullement été dérogé à ces dispositions par les décrets spéciaux relatifs au service judiciaire dans les possessions françaises en Cochinchine ;

Qu'il résulte, au contraire, des articles précités des décrets de 1864 et 1868, que le pourvoi en cassation dans l'intérêt de la loi, le seul autorisé contre les arrêts rendus au criminel par la Cour d'appel de Saïgon, ne peut être formé que conformément aux dispositions des articles 441 et 442 du Code d'instruction criminelle ;

Attendu dès lors, que, dans l'espèce, le demandeur était sans qualité pour se pourvoir ;

Par ces motifs : la Cour déclare le pourvoi non-recevable ;

Mais, statuant sur le pourvoi formé d'office à l'audience, dans l'intérêt de la loi, par le procureur général près la cour ;

Vu les articles 14 et 16 de l'arrêté pris, le 7 mars 1865, par le Gouverneur de la Cochinchine française, en vertu de l'article 4 du décret du 14 janvier de la même année ;

Attendu que si le premier de ces articles a déclaré que les fonctions d'assesseur sont incompatibles avec celles de membre de l'ordre judiciaire, on ne peut en induire qu'il ait entendu étendre cette incompatibilité jusqu'aux fonctions d'adjoint au maire ; qu'un adjoint au maire ne peut, en effet, être considéré comme faisant partie de l'ordre judiciaire ;

Qu'aux termes de la loi organique du 20 avril 1810, on ne doit, en général, attribuer ce caractère qu'aux membres des cours d'appel, des tribunaux de première instance et aux juges de paix, et que c'est dans ce sens que la loi du 4 juin 1853, sur la composition du jury, a déclaré, par son article 3, que sont incompatibles avec les fonctions de juré celles *de juge*, officier du ministère public près les cours et tribunaux de première instance ;

Que s'il est vrai que les adjoints peuvent, dans certains cas, être appelés à remplir les fonctions du ministère public soit devant le tribunal de police du juge de paix, soit devant celui du maire, cette attribution purement éventuelle, et dont la loi de 1853 n'a pas tenu compte, ne peut suffire à modifier le caractère principal de leurs fonctions, qui est surtout administratif, et les faire considérer comme membres de l'ordre judiciaire ;

Qu'il en est de même en ce qui concerne leur qualité d'officiers de police judiciaire ;

Qu'en effet, aux termes de l'article 392 du Code d'instruction criminelle, la prohibition d'être juré n'existe, à l'égard d'un officier de police judiciaire, que pour le jugement des affaires dans lesquelles il a rempli un acte de ses fonctions, et que cette disposition restrictive, reproduite textuellement dans l'article 16 de l'arrêté précité, démontre qu'il ne doit pas en être autrement pour les assesseurs en Cochinchine ;

Attendu, dès lors, que l'arrêt attaqué, en déclarant que les fonctions d'adjoint au maire dont était investi le sieur L... étaient incompatibles avec celles d'assesseur, a faussement appliqué, et, par suite, violé la disposition de l'article 14 de l'arrêté précité du 7 mars 1865 ;

Par ces motifs, la Cour casse et annule, mais dans l'intérêt de la loi seulement, l'arrêt du 16 février 1871, contre lequel est dirigé le pourvoi.

(12 juillet 1872)

ARRÊT *aux termes duquel la Cour réglant de juges dans l'affaire J... et consorts, renvoie tous les prévenus devant le 2e conseil de guerre permanent de Saïgon.*

BAT. II. p. 256.
ARCH. GOUV.

Est non-recevable le pourvoi en cassation formé par un individu de l'ordre civil, en vertu de l'article 111 du Code de justice maritime, contre un jugement de conseil de guerre dont il n'a point un intérêt actuel à demander l'annulation.

Aux termes des articles 98 et 368 dudit Code, sont justiciables des conseils de guerre de la flotte tous individus auteurs ou complices de vols commis sur un bâtiment de l'État ou sur une prise amarinée ; toutefois, dans les cas prévus à l'article 67, la compétence des juridictions de bord passe en entier aux conseils de guerre maritimes permanents, qui y sont légalement substitués.

La Cour de cassation a rendu l'arrêté suivant sur le pourvoi formé par A. J..., en cassation d'une décision rendue, le 27 janvier 1872, par le conseil de revision réuni à bord du vaisseau de l'État *le Fleurus*, en rade de Saïgon, qui a annulé un jugement d'incompétence rendu, le 22 du même mois, par un conseil de guerre assemblé sur ledit vaisseau, et sur la demande en règlement de juges formée par M. le Ministre de la marine.

Sur le pourvoi en cassation formé par A. J..., boucher à Saïgon, contre la décision, en date du 27 janvier 1872, par laquelle le conseil de revision réuni à bord du vaisseau de l'État *le Fleurus*, en rade de Saïgon, a annulé un jugement d'incompétence rendu, le 22 du même mois, par un conseil de guerre assemblé sur ledit vaisseau, sur une poursuite pour vols d'objets appartenant à l'État dirigée, en vertu de l'article 98 du Code de justice militaire pour l'armée de mer, tant contre ledit J... et contre le nommé B..., son domestique, que contre divers marins embarqués sur des bâtiments faisant partie de la flotte ;

Attendu que si, en règle générale, et aux termes de l'article 111 du Code de justice maritime, le droit de se pourvoir en cassation contre des jugements de conseils de guerre ou de conseils de revision maritimes appartient aux individus de l'ordre civil qui ne sont compris dans aucune des désignations de l'article 110 dudit Code ; ce droit ne peut cependant être exercé que par ceux qui ont un intérêt actuel à l'annulation de ces jugements ;

Attendu que, après une longue involution de procédure, le demandeur a été traduit, le 22 janvier 1872, avec le nommé B..., son domestique, et les nommés R..., M..., S..., L..., D..., G... et G..., tous marins au service de l'État, embarqués su *le Fleurus*, devant un conseil de guerre réuni à bord dudit vaisseau, sous accusation de crimes prévus par l'article 331 du Code de justice militaire pour l'armée de terre ;

Attendu que ce conseil de guerre s'est, ledit jour, déclaré incompétent ;

Attendu que J... n'a pas formé de recours en révision contre ce jugement d'incompétence, lequel n'a été attaqué que par B..., M..., S... et L...;

Attendu, dès lors, que ce jugement a acquis, quant à J..., force de chose jugée, et que la décision du conseil de revision du 27 janvier 1872, rendue sur le recours des quatre demandeurs sus-dénommés, ne s'appliquant à cet accusé ni directement ni indirectement, il est sans droit pour le déférer à la Cour de cassation ;

Par ces motifs, la Cour le déclare non-recevable en son pourvoi ;

Sur la demande en règlement de juges formée par M. le Ministre de la marine ;

Attendu que, au mois d'août 1871, le procureur général près la cour d'appel de Saïgon a traduit devant la Chambre criminelle de cette Cour les marins dénommés ci-dessus, et les nommés J... et B..., sous accusation de vols qualifiés, mais que, par un arrêt en date du 4 septembre suivant, cette Chambre s'est déclarée incompétente en se fondant sur l'article 98 du Code de justice militaire pour l'armée de mer, qui rend justiciables des conseils de guerre siégeant à bord des bâtiments de l'État, tous individus prévenus, soit comme auteurs, soit comme complices, de l'un des crimes spécialement énoncés audit article, lorsque le fait a eu lieu sur un bâtiment de l'État ;

Attendu que, en exécution de cet arrêt, les pièces ayant été renvoyées à l'autorité maritime de la colonie, les accusés, en vertu d'un ordre de mise en jugement délivré par le contre-amiral Gouverneur, ont été traduits devant le 1er conseil de guerre maritime permanent de la Cochinchine ; mais que ce conseil, par un jugement du 2 novembre 1871, s'est, à son tour, déclaré incompétent, en se fondant spécialement sur les dispositions de l'article 103 du Code de justice maritime ;

Attendu que, dans ces circonstances, le contre-amiral Gouverneur a traduit les accusés devant un conseil de guerre convoqué à bord du vaisseau *le Fleurus*, lequel conseil de guerre s'est également déclaré incompétent en se fondant sur les articles 78, paragraphe 2, et 107 du Code précité ;

Attendu que ce jugement a été annulé sur un recours en revision formé par les nommés M..., S... et L..., mais il a été accepté par les autres accusés qui n'avaient pas formé de recours ;

Que cependant tous les accusés, sans distinction, ont été de nouveau traduits devant un conseil de guerre de bord, dont le jugement, prononçant ainsi une décision d'incompétence, a été le premier annulé sur le recours en revision formé par B..., M..., S... et L...;

Attendu que les arrêts et jugements qui viennent d'être énumérés ont acquis aujourd'hui l'autorité de la chose jugée, et que, à raison de l'indivisibilité des frais poursuivis, il en résulte un conflit négatif de juridiction qui interrompt le cours de la justice et qu'il importe de faire cesser ;

Vu les articles 525 et suivants du Code d'instruction criminelle ;

Attendu que de l'acte d'accusation dressé le 1er août 1871, par le procureur général près la Cour d'appel de Saïgon, de l'arrêt rendu par cette Cour le 4 septembre suivant, des deux jugements rendus par les conseils de revision du bord, le 19 décembre 1871 et 27 janvier 1872, et de tous les autres documents du procès, il résulte que les vols, objets des différentes poursuites, ont été commis sur des bâtiments de l'État, en rade française de Saïgon, et que, dès lors, aux termes de l'article 98 du Code de justice précité, tous les individus prévenus d'y avoir participé, à quelque titre que ce soit, et quelle que soit leur qualité, étaient justiciables d'un conseil de guerre convoqué à bord d'un bâtiment de l'État ;

Mais attendu qu'il résulte d'une lettre du contre-amiral, Gouverneur de la Cochinchine, qu'il n'est pas possible de composer actuellement, en rade de Saïgon, un troisième conseil de guerre siégeant à bord ;

Vu l'article 67 du Code de justice militaire pour l'armée de mer ;

La cour réglant de juges ;

Sans s'arrêter aux deux jugements d'incompétence rendus par les conseils de bord, les 11 décembre 1871 et 22 janvier 1872, lesquels seront considérés comme non avenus, dit qu'il y a lieu de renvoyer les accusés devant un conseil de guerre de bord, conformément à l'article 98 du Code précité, et attendu l'impossibilité constatée de composer ce conseil dans l'état actuel des forces maritimes en Cochinchine, renvoie lesdits accusés et les pièces de la procédure qui les concerne devant le deuxième conseil de guerre maritime permanent de ladite colonie, lequel, sur l'instruction déjà faite et d'après tout supplément qui pourra être ordonné s'il y a lieu, statuera, à titre de conseil de guerre de bord, sur la poursuite, conformément à la loi ;

Ordonne que le présent arrêt sera notifié aux prévenus, etc.

(12 novembre 1877)

ARRÊT *rendu sur le pourvoi formé par A. F... contre un arrêt rendu par la Cour d'appel de Saïgon au profit de M. de R..., trésorier-payeur, et dame J. P... et A. T...*

BAT. II, p. 204.

Sur le pourvoi de A. F..., employé de commerce, demeurant à Saïgon (Cochinchine française), contre un arrêt rendu le 20 septembre 1875 par la Cour d'appel de Saïgon, au profit de M. de R..., trésorier-payeur général de la colonie de Cochinchine, dame J. P... et A. T..., tous trois demeurant à Saïgon,

Est intervenu l'arrêt suivant :

La Cour,

Ouï le rapport de M. le conseiller B...; les observations de l'avocat du demandeur et les conclusions de M. l'avocat général R... de C...;

Sur le premier moyen pris de la violation de l'article 34 du décret du 25 juillet 1864, et de la nullité de l'arrêté pris le 4 juin 1869 par le Gouverneur de la Cochinchine ;

Attendu, en fait, que l'arrêt, après avoir mentionné la présence du président de la Cour d'appel de Saïgon et d'un conseiller, affirme l'empêchement des autres membres de la Cour, ce qui comprend nécessairement le conseiller auditeur, et que, dès lors, la nécessité d'appeler un troisième juge pour remplacer les absents est légalement constatée ;

Attendu qu'il est reconnu que ce remplacement a eu lieu conformément aux prévisions de l'arrêté règlementaire du Gouverneur de la Cochinchine, en date du 4 juin 1869, expressément visé par l'arrêt lui-même ;

Attendu que le pourvoi conteste vainement la légalité de ce règlement promulgué au *Journal officiel* de la colonie et inséré par le Ministère de la marine dans la publication officielle des lois et règlements en vigueur dans la colonie ;

Attendu que le texte de cet arrêté, en fixant limitativement le mode de remplacement des magistrats, proteste contre la prétention du demandeur de le faire considérer comme une transmission, par le Gouverneur à un fonctionnaire de l'ordre judiciaire, le président de la Cour, de sa prérogative de pourvoir aux besoins du service, et par suite, comme une délégation de fonctions contraire au principe de la séparation des pouvoirs et de l'indépendance de l'Administration ;

Attendu que, d'après le pourvoi, le décret du 25 juillet 1864, article 34, imposerait au Gouverneur l'obligation de nommer individuellement des suppléants par arrêté spécial, chaque fois qu'une absence vient à se produire et au moment précis ou se manifeste l'empêchement; mais que l'article 34 charge le Gouverneur d'une façon absolue de pourvoir au remplacement des magistrats, et que ses termes ne comportent nullement une interprétation qui serait incompatible avec les besoins journaliers du service judiciaire et avec les autres devoirs du Chef de la colonie ;

Attendu, enfin, qu'on ne peut soutenir l'illégalité des arrêtés réglementaires en cette matière, en présence de l'article 6 du décret du 14 janvier 1865, qui autorise le Gouverneur à assurer l'exécution du décret de 1864 par voie de règlements, à la seule condition (à laquelle s'est conformé l'arrêté de 1869) d'agir sur la proposition du chef du service judiciaire ;

Rejette le pourvoi et condamne le demandeur à l'amende.

(10 mai 1880)

ARRÊT *portant cassation, dans l'intérêt de la loi, d'un arrêt de la Cour d'appel de Saïgon, le 21 juin 1878, dans l'affaire de la Société des commissions, consignations et transports contre le sieur G..., décédé, inspecteur des affaires indigènes, pour obtenir paiement d'une somme de 311 piastres, montant de deux billets à ordre.*

BAT. II, p. 699.

La Cour de cassation a rendu l'arrêt suivant sur le réquisitoire dont suit la teneur :

Le procureur général près la Cour de cassation expose que, suivant la lettre du 8 de ce mois, il a été chargé par M. le Garde des sceaux, ministre de la justice, de requérir l'annulation dans l'intérêt de la loi, de l'arrêt du 21 juin 1878, de la Cour d'appel de Saïgon (Cochinchine), infirmatif d'un jugement du 5 septembre 1877.

Cet arrêt a été rendu dans les circonstances suivantes ;

Pour obtenir paiement d'une somme de trois cent onze piastres, montant de deux billets à ordre qui auraient été souscrits le 19 mai 1877 à son profit, par le sieur G..., décédé inspecteur des affaires indigènes à Saïgon, la Société des commissions, consignations et transports a opéré une saisie-arrêt entre les mains du trésorier-payeur général de la colonie. Elle a assigné le commissaire aux revues pour faire déclarer cette saisie-arrêt valable sur toutes les sommes qui pourraient être dues au sieur G... par le trésorier-payeur général.

Le commissaire aux revues a opposé une fin de non-recevoir résultant de ce qu'il n'aurait aucune qualité pour acquitter ou même pour reconnaître la dette réclamée.

Le tribunal de Saïgon a accueilli cette fin de non-recevoir.

Mais la Cour d'appel de Saïgon a réformé le jugement et a accueilli l'action de la Société des commissions, consignations et transports, sans dénier au sieur G... la qualité d'agent de la marine et sans examiner si ledit sieur G... avait ou non conservé son domicile en France.

L'arrêt qui vous est dénoncé assimile aux successions d'individus étrangers à l'administration de la marine, qui sont ouvertes dans les colonies, les successions des officiers et agents de cette administration qui meurent dans les colonies sans y être domiciliés. Il applique ainsi à des successions pour lesquelles il n'est pas fait, et en dehors des raisons qui ont motivé son établissement, un régime absolument exceptionnel qui ne comporte aucune extension.

Cet arrêt décide que le commissaire aux revues a qualité pour acquitter, aux dépens de l'actif qu'il recueille, pour le remettre au trésorier général de la colonie, en sa qualité de caissier des gens de mer, non seulement les dettes qui sont garanties par le privilège de l'article 2102 du Code civil, mais toutes les dettes qui ne paraissent pas soulever de contestations sérieuses.

Cette solution impliquerait l'existence d'un véritable droit de prélèvement au profit des créanciers présents ou représentés dans le lieu du décès des fonctionnaires ou agents qui résident dans les possessions françaises, pour l'exercice temporaire de leurs emplois, sans vouloir s'y établir et sans pouvoir s'y livrer au commerce ou à l'industrie.

L'acquit par le commissaire aux revues, aux dépens du gage qui y est affecté, des créances investies d'un privilège, constitue une exception qui repose sur une raison toute spéciale. Elle ne saurait, sans danger, être transformée en droit commun, par une application abusive aux créances non privilégiées.

L'arrêt du 21 juin 1878 viole l'article 25 du décret du 27 janvier 1855, ainsi que les formes et les règles spéciales déterminées par les lois et ordonnances de la marine auxquelles cet article se réfère. Il viole les articles 811, 812, 882 du Code civil et l'article 59 du Code de procédure. Il inspirerait, comme conséquence, la nécessité de deux liquidations, l'une dans la possession française où le fonctionnaire ou agent serait décédé, l'autre au lieu du *de cujus*, c'est-à-dire au lieu de l'ouverture de la succession.

Cette doctrine a déjà été condamnée par un arrêt de la chambre civile du 16 juillet 1849 (Dalloz, 49, 1, 201). Elle est aussi victorieusement combattue dans un avis, en date du 18 mars 1879, du comité consultatif du contentieux du Ministère de la marine et des colonies, avis dont M. le Garde des sceaux, ministre de la marine, invoque et s'approprie les motifs.

Par les considérations qui précèdent et par celles développées dans l'avis du 18 mars 1879, le procureur général conclut à ce qu'il plaise à la Cour : annuler dans l'intérêt de la loi, en conformité de l'article 88 de la loi du 27 ventôse an VIII, l'arrêt du 21 juin 1878 ; ordonner qu'à sa diligence, l'arrêt d'annulation sera transcrit sur les registres du greffe de la Cour d'appel de Saïgon, en marge de la décision annulée.

Fait au parquet, le 13 août 1879.

Le procureur général,
Signé : BERTAULD.

En tête de ce réquisitoire, se trouve la mention suivante, nº 36,265, déposé au greffe le 14 août 1879. — Signé : A. Coulon.

La Cour :

Ouï M. le conseiller Baudouin en son rapport, M. l'avocat général Desjardins en ses conclusions, et après en avoir délibéré en chambre du conseil, conformément à la loi ;

Vu le réquisitoire qui précède ;

Vu les articles 25 du décret du 27 janvier 1855, 633 de l'ordonnance sur la marine, du 25 mars 1765, 110 du Code civil, lesquels sont ainsi conçus :

« Art. 25. — Si le décédé est un fonctionnaire ou un agent civil ou militaire, toute personne chez laquelle le décès a eu lieu, tout directeur d'hôpital, doivent transmettre les avis, renseignements et déclarations mentionnées en l'article 22, à l'officier de l'état civil et à l'officier d'administration de la marine chargé des revues, lequel procède à l'apposition des scellés et administre la succession suivant les formes et règles spéciales déterminées par les lois et ordonnances de la marine.

« Art. 633.— L'intendant fera apposer les scellés, par le commissaire chargé du détail des revues, sur les effets des officiers de la marine et autres entretenus qui mourront dans le port, ainsi que sur ceux des commis, des trésoriers généraux, des munitionnaires et autres comptables de la marine, et en fera faire les inventaires, sauf, en cas de contestation entre les héritiers ou créanciers de la succession, de les renvoyer devant les juges pour y être par eux pourvu. Le major de la marine sera présent aux scellés et inventaires des officiers de la marine.

« Art. 110. — Le lieu ou la succession s'ouvrira sera déterminé par le domicile. »

Attendu, en fait, que le sieur G..., chef de bataillon d'infanterie de marine, inspecteur des affaires indigènes à Saïgon (Cochinchine), y est décédé le 26 juin 1877 ; que l'arrêt ne dénie pas qu'il eût à cette époque la qualité d'agent de la marine ; qu'il ne constate pas qu'il eût transporté son domicile à la colonie, d'où suit qu'il l'avait conservé en France, et qu'aux termes de l'article 110 du Code civil, sa succession s'y est ouverte ;

Attendu que la Cour d'appel a décidé que, par cela seul que G... était décédé à Saïgon, l'Administration de la marine, par suite de la gestion qu'elle était appelée en un tel cas à exercer, remplissait l'office d'une véritable curatelle à successions vacantes, régie par les règles spéciales de la législation coloniale et représentait juridiquement la succession de G... à la colonie ;

Attendu, en droit, qu'aux termes de l'article 25 du décret du 27 janvier 1855 susvisé, en cas de décès dans la colonie d'un fonctionnaire ou d'un agent civil ou militaire, l'Administration de la marine est chargée de procéder à l'apposition des scellés et d'administrer la succession suivant les formes et règles spéciales déterminées par les lois et ordonnances de la marine, et que ce soin est remis à l'officier chargé du détail des revues dans la colonie ;

Attendu que ces dispositions légales, qui forment un droit particulier applicable aux officiers et agents de la marine française, en quelque lieu qu'ils se trouvent, n'organisent pas la représentation de la succession par l'Administration de la marine, mais seulement une gestion officieuse destinée particulièrement à subvenir aux mesures d'urgence à prendre dans l'intérêt des héritiers et des créanciers ;

Attendu que si, par dérogation aux articles 811 et 812 du Code civil, la législation coloniale dispose, relativement aux successions vacantes qui s'ouvrent dans les colonies, que des curateurs en titre d'office sont chargés de remplir les fonctions définies aux articles 813 et 814 dudit Code, lorsque, au cas de décès du *de cujus* et sans attendre l'expiration d'aucun délai, il ne se présente ni héritiers, ni légataire universel, ni exécuteur testamentaire, ces règles exceptionnelles déterminées par des considérations spéciales applicables aux successions d'individus étrangers à l'Administration de la marine ne sauraient être étendues aux successions des fonctionnaires ou agents civils ou militaires qui résident dans les possessions françaises, pour l'exercice temporaire de leur emploi et que, pour ces derniers, subissent les règles du droit commun ;

D'où suit que, en décidant qu'un créancier de la succession du sieur G..., agent de l'Administration de la marine, décédé à Saïgon, sans y être domicilié, avait pu légalement poursuivre en justice le recouvrement de sa créance contre l'officier chargé du détail des revues, considéré comme remplissant, d'après la législation coloniale, la curatelle d'une succession vacante, ouverte dans la colonie, l'arrêt attaqué a expressément violé les dispositions légales susvisées ;

Par ces motifs, casse et annule, mais dans l'intérêt de la loi seulement, l'arrêt rendu par la Cour d'appel de Saïgon, le 21 juin 1878 ; ordonne qu'à la diligence du procureur général près la Cour de cassation, le présent arrêt sera imprimé et sera transcrit sur les registres de la Cour d'appel de Saïgon, en marge de l'arrêt annulé.

Ainsi fait, jugé et prononcé par la Cour de cassation, chambre civile, dans son audience publique du lundi dix mai mil huit cent quatre-vingt.

Présents : MM. Mercier, 1er président ; Baudouin, rapporteur ; Massé, Merville, Greffier, Gouget, Sallé, Guérin, Onofrio, Rohault de Fleury, de Legrevol, Legendre et Blondel, conseillers à la Cour.

En conséquence, le Président de la République française mande et ordonne à tous huissiers, sur ce requis, de mettre ledit arrêt à exécution ; aux procureurs généraux et aux procureurs de la République près les tribunaux de première instance, d'y tenir la main ; à tous commandants et officiers de la force publique, de prêter main-forte, lorsqu'ils en seront légalement requis.

En foi de quoi, le présent arrêté a été signé par le président, le rapporteur et le greffier.

Au bas de la minute de cet arrêt est écrit : Enregistré à Paris, le quatorze mai mil huit cent quatre-vingt, f° 175 r°, c° 8. — Signé : Duville.

Pour expédition conforme délivrée à M. le procureur général, le greffier de la Cour de cassation, signé : C. Ridel.

(19 novembre 1883)

ARRÊT *de la Cour de cassation portant application du principe constitutionnel de la séparation des pouvoirs administratifs et judiciaire, et établissane que les tribunaux ordinaires sont incompétents pour connaître des actes de l'autorité maritime. — Frais de rapatriement.*

B. M. 1884 p. 51

(10 avril 1884)

ARRÊT *de la Cour de cassation annulant pour excès de pouvoirs un jugement de Conseil de justice.*

ARCH. GOUV.

La Cour de cassation a rendu l'arrêt suivant, sur le réquisitoire dont la teneur suit :

Le Procureur général après la Cour de cassation expose qu'il est chargé par M. le Garde des sceaux, Ministre de la justice, par lettre en date du 19 mars 1884, de déférer à la Chambre criminelle, conformément à l'article 441 du Code d'instruction criminelle, deux jugements rendus par un Conseil de justice assemblé, le 19 janvier 1884, à bord du *Chasseur* et d'en requérir l'annulation, tant dans l'intérêt de la loi que dans l'intérêt des condamnés.

Les faits sont suffisamment exposés dans la lettre de M. le Garde des sceaux ainsi conçu :

« M. le Procureur général, j'ai l'honneur de vous communiquer, avec diverses pièces, deux jugements rendus par un Conseil de justice assemblé, le 19 janvier, à bord du *Chasseur*, et portant condamnation des nommés Icher (Joseph-Paul-Justin) et Ninan (Jean-François), matelot de troisième classe, le premier à deux ans, le second à un an d'emprissonnement, pour usage illicite d'embarcation.

Ces condamnations ont été prononcées par application de l'article 228 du Code de justice militaire pour l'armée de mer, ainsi conçu : Est puni d'un emprissonnement de deux mois à deux ans, tout individu porté au rôle d'équipage d'un bâtiment de l'État ou d'un navire convoyé, coupable de s'être servi sans autorisation d'une embarcation appartenant à un bâtiment de l'État ou à un navire convoyé au mouillage.

Les sus-nommés s'étaient, dans la nuit du 16 janvier, emparés de l'un des canots du bord, appelé plate.

Cette embarcation ayant chaviré, le nommé Ninan réussit à nager jusqu'au *Chasseur*. Icher fut sauvé et ramené à bord de ce navire par le patron du *Charly Wood*, à qui le commandant du *Chasseur* fit verser à titre de récompense la somme de cinquante-deux francs cinquante centimes.

La plate et son matériel furent perdus.

Après avoir prononcé la peine indiquée, le Conseil de justice, se fondant sur les articles 169 du Code de justice maritime et 18 du décret du 21 juin 1858, condamne :

Icher individuellement *aux frais de son arrestation* et solidairement avec le sieur Ninan pour ce qui leur est commun, savoir la plate et son matériel ;

2° Ninan *aux frais envers l'État solidairement avec le sieur Icher pour ce qui leur est commun, savoir : la plate et son matériel.*

En présence des articles 15 et 16 du décret du 21 juin 1858, j'estime que c'est à tort que le Conseil de justice, considérant la gratification donnée au patron du *Charly Wood* comme constituant des frais de justice, a appliqué l'article 169 précité.

L'article 15 dispose en effet que : Les militaires de la gendarmerie... reçoivent, à titre de gratification, une somme de vingt-cinq francs *toutes les fois qu'ils opèrent l'arrestation d'un déserteur.*

La même gratification est accordée à tout individu qui la réclame pour *avoir arrêté un déserteur*...

Art. 16. — Une gratification est également accordée aux personnes qui arrête un condamné...

Le dernier paragraphe de l'article 17 ajoute : sont... comprises dans ces frais de justice les gratifications mentionnées aux articles 15 et 16.

Ainsi donc, la loi exige que la gratification, pour qu'elle puisse revêtir le caractère de frais de justice ait été allouée à l'occasion de *l'arrestation d'un déserteur ou d'un condamné.*

Or, le nommé Icher n'étant pas déserteur, n'a pu être l'objet d'une arrestation dans le sens de l'article 17, il en résulte que le Conseil de justice, en condamnant cet individu *aux frais de son arrestation*, a fait une fausse application de la loi.

Il a, en outre, violé une disposition formelle de la loi, en condamnant Ninan et Icher à rembourser à l'État la valeur de la plate et de son matériel. En effet, l'article 74 du Code de justice maritime, à la différence de l'article 53 du Code de justice militaire, décide sans exception que les tribunaux de la marine ne peuvent statuer que sur l'action publique. Quant à l'action civile pouvan naître de l'infraction elle ne peut être poursuivie aux termes de l'article 75 que devant les tribunaux civils. C'est donc cette dernière juridiction qui, dans l'espèce, était seule compétente pour condamner les nommés Icher et Ninan à la réparation du dommage que, par leur fait, ils avaient occasionné à l'État.

Dans ces circonstances, je vous charge, conformément à l'article 441 du Code d'instruction criminelle, de déférer à la Chambre criminelle de la Cour de cassation les deux jugements dont il s'agit, et en requérir l'annulation dans l'intérêt de la loi et des condamnés. »

Nous n'avons rien à ajouter aux considérations invoquées par M. le Garde des sceaux, à l'appui du pourvoi.

Le Conseil de justice réuni à bord du *Chasseur* était compétent, aux termes de l'article 102 du Code justice maritime, les peines de deux années et d'une année d'emprisonnement ont été légalement appliquées aux matelots Icher et Ninan, mais le Conseil de justice, en considérant la gratification volontaire donnée au patron du *Charly Wood* par le commandant du *Chasseur* pour le sauvetage d'Icher, comme frais de justice, a manifestement violé les articles 15 et 16 du décret du 21 juin 1858 qui ne sont applicables qu'à *un déserteur* ou à *un condamné*. Or, Icher quoique coupable d'un fait prévu et puni par le Code de justice maritime, n'était ni déserteur ni condamné au moment de son arrestation.

Les deux jugements précités ont également violé la loi et commis un véritable excès de pouvoirs, en condamnant Icher et Ninan à rembourser à l'État la valeur de la plate et de son matériel. En effet, l'article 169 du Code de justice maritime visé par les deux jugements, ne prévoit que le cas de confiscation et de restitution des objets saisis ; or, dans notre espèce, tout avait été englouti.

Le Conseil de justice, en faisant une fausse application de l'article 169 a donc formellement violé les articles 74 et 75 du Code de justice militaire, ainsi conçue : « Article 74 : Les tribunaux de la marine ne statuent que sur l'action publique. — Article 75 : L'action civile ne peut être poursuivie que devant les tribunaux civils. »

Dans ces circonstances et par ces considérations ;

Vu la lettre de M. le Garde des sceaux, en date du 19 mars 1884 ;

Vu les articles 15 et 16 du décret du 21 juin 1858, l'article 18 du même décret, les articles 169, 74 et 75 du Code de justice maritime.

Et les pièces du dossier ;

Le Procureur général requiert qu'il plaise à la Cour, Chambre criminelle, casser et annuler *dans l'intérêt de la loi et des condamnés*, les deux jugements rendus, le 19 janvier 1884, à bord du *Chasseur*, mais dans la partie seulement qui a condamné Icher aux frais de son arrestation, opérée par un sauvetage, et dans la disposition qui a condamné Icher et Ninan à la réparation du dommage qu'ils avaient, par leur fait, causé à l'État.

Ordonnons que l'arrêt à intervenir sera imprimé, qu'il sera transcrit sur les registre du greffe à bord *du Chasseur* et que mention sera faite en marge des décisions annulées.

Fait au parquet, le 21 mars 1884.
Le Procureur général,
Signé : J.-C. Barbier.

La Cour,

Ouï le rapport de M. le conseiller Lescouvé et les conclusions de M. l'avocat général Rousselier ;

Vu la lettre de M. le Garde des sceaux, ministre de la justice, en date du 19 mars 1884 ;

Vu la requête de M. le Procureur général, en date du 21 mars 1884 ;

Vu les articles 15, 16, 17 du décret du 21 juin 1858 et les articles 74, 75 du Code de justice maritime.

Sur le premier moyen tiré de la violation des articles 15 et 16 du décret précité :

Attendu que, de la procédure suivie contre le nommé Icher, matelot à bord du navire de guerre *Le Chasseur*, il résulte que ce matelot n'était pas déserteur et qu'il n'avait subi aucune condamnation, lorsqu'il a été sauvé et ramené à bord du *Chasseur* par le patron du *Charly Wood ;*

Attendu que ce dernier a reçu du commandant du *Chasseur* une somme de cinquante-deux francs cinquante centimes, à titre de récompense, mais que cette somme ne saurait, à aucun titre, être considérée comme ayant le caractère de la gratification que le décret ci-dessus visé, accorde à ceux qui opèrent l'arrestation d'un condamné ou d'un déserteur ;

Que, dans ces circonstances, c'est contrairement aux dispositions des articles 15, 16 et 17 du décret du 21 juin 1858, que le jugement attaqué, en date du 19 janvier 1884, a compris dans les frais de justice mis à la charge d'Icher la somme de cinquante-deux francs cinquante centimes, montant de la gratification qui a été allouée au patron du *Charly Wood*.

Sur le moyen tiré de la violation des articles 74 et 75 du Code de justice maritime ;

Attendu que les matelots Ninan et Icher, embarqués sur l'aviso *Le Chasseur*, ont été condamnés par les jugements attaqués, en date du 19 janvier 1884, sous l'inculpation de s'être emparés, sans autorisation, d'un canot du bord appelé *plate*, lequel canot, ayant chaviré, avait été perdu avec son matériel ;

Attendu que le préjudice subi par l'État à raison de la perte *de la plate* ne pouvait, aux termes des articles 74 et 75 du Code de justice maritime, donner lieu qu'à une action devant les tribunaux civils et que la juridiction maritime était incompétente pour statuer sur la réparation du dommage résultant de l'infraction commise par les inculpés, et *punie* par l'article 288 du Code de justice maritime ; que, c'est donc à tort que le Conseil de justice, assemblé à bord du *Chasseur*, a condamné solidairement Ninan et Icher, à la réparation du dommage que, par leur faute, ils avaient occasionné à l'État ;

Par ces motifs, casse et annule, dans l'intérêt de la loi et des condamnés, les deux jugements rendus le 19 janvier 1884, à bord du *Chasseur*, mais seulement dans la partie qui a condamné Icher aux frais de son arrestation, et dans la disposition qui a condamné Ninan et Icher à la réparation des dommages qu'ils avaient, par leur faute, causés à l'État.

Ordonne l'impression du présent arrêt, dit qu'il sera transcrit sur les registres du greffe à bord du *Chasseur*, et que mention en sera faite en marge des décisions annulées.

Ainsi fait et prononcé à l'audience publique de la Cour de cassation, Chambre criminelle, le dix avril mil huit cent quatre-vingt-quatre.

(14 mai 1884)

ARRÊT *de la Cour de Cassation. — Annulation d'un jugement rendu le 23 février 1884 par le tribunal maritime commercial de Dinan. — Incompétence des tribunaux maritimes commerciaux dans les cas prévus par les articles 63 § 3, 72 § 3 et 73 § 4 du décret. — Loi du 24 mars 1852 (Voies de fait ayant occasionné une incapacité de travail de plus de trente jours).*

B. M. p. 338.

COURTIERS

NATURE DES DOCUMENTS	DATES	RECUEILS A CONSULTER							OBSERVATIONS
		Bat.	B. G.	B.D.I	J.C	J.H.	B. M.	BCol	
Loi.	18 juillet 1866.	1-346	333						
A. G.	15 mars 1867.	1-345	333						
A. G.	15 mars 1867.		337						
A. G.	26 décembre 1881.		538						

(18 juillet 1866)

LOI *sur les courtiers de marchandises.* (*Titre I*).

(Promul., A. G. 15 mars 1867)
BAT. I, p. 346.
B. C. p. 333.

TITRE Ier. — DE L'EXERCICE DE LA PROFESSION DE COURTIER DE MARCHANDISES.

Article premier. — A partir du 1er janvier 1867, toute personne sera libre d'exercer la professsion de courtier de marchandises, et les dispositions du Code de commerce, des lois, décrets, ordonnances et arrêté actuellement en vigueur, seront abrogés.

Art. 2. — Il pourra être dressé, par le tribunal de commerce, une liste des courtiers de marchandises de la localité qui auront demandé à y être inscrits.

Nul ne pourra être inscrit sur ladite liste s'il ne justifie : 1° de sa moralité par un certificat délivré par le maire ; 2° de sa capacité professionnelle par l'attestation de cinq commerçants de la place faisant partie des notables chargés d'élire le tribunal de commerce ; 3° de l'acquittement d'un droit d'inscription une fois payé au trésor. Ce droit d'inscription, qui ne pourra excéder 3,000 francs, sera fixé pour chaque place, en raison de son importance commerciale, par un décret rendu en la forme des règlements d'administration publique, et cessera d'être exigé à l'époque où sera amortie l'avance du trésor, dont il sera parlé à l'article 17.

Aucun individu en état de faillite, ayant fait abandon de biens ou atermoiement sans être depuis réhabilité, ou ne jouissant pas des droits de citoyens français, ne pourra être inscrit sur la liste dont il vient d'être parlé.

Tout courtier inscrit sera tenu de prêter, devant le tribunal de commerce, dans la huitaine de son inscription, le serment de remplir avec honneur et probité les devoirs de sa profession.

Il sera également tenu de se soumettre, en tout ce qui se rapporte à la discipline de sa profession à la juridiction d'une chambre syndicale, qui sera établie comme il est dit à l'article suivant.

Art. 3. — Tous les ans, dans le courant d'août, les courtiers inscrits éliront parmi eux les membres qui devront composer, pour l'année, la chambre syndicale.

L'organisation et les pouvoirs disciplinaires de cette chambre seront déterminés dans un règlement dressé pour chaque place par le tribunal de commerce, après avis de la chambre de commerce ou dans la chambre consultative des arts et manufactures.

Ce règlement sera soumis à l'approbation du Ministre de l'agriculture, du commerce et des travaux publics.

Le règlement relatif à l'organisation et aux pouvoirs disciplinaires de la chambre syndicale sera soumis à l'approbation du Gouverneur.

Art. 4. — Les droits de courtage pour les ventes publiques et la quotité de chaque vacation due au courtier pour l'estimation des marchandises déposées dans les magasins généraux, seront fixés comme il est dit en l'article 6, paragraphe 2, de l'arrêté en date de ce jour portant promulgation des lois du 28 mai 1858 et du décret du 12 mars 1859.

Art. 5. — *Abr. A. G., 30 septembre 68, article 9* (*Chambre de commerce*).

Art. 6. — Il sera pourvu aux règlements nécessaires pour l'exécution de la loi promulguée par arrêtés du Gouverneur pris en Conseil.

Art. 7. — Le présent arrêté, provisoirement exécutoire, sera soumis à l'approbation de S. Exc. le Ministre de la marine et des colonies.

DE LA GRANDIÈRE.

(15 mars 1867)

A. G. *promulguant et appliquant sous certaines modifications le titre 1er de la loi du 18 juillet 1866 sur les courtiers de marchandises* (1).

BAT. I. p. 345.
B. C. p. 333.

Article premier. — Le titre premier de la loi du 18 juillet 1866, sur les courtiers de marchandises, intitulé : *De l'exercice de la profession de courtier de marchandises*, est promulgué en Cochinchine et sera exécuté sous les modifications suivantes :

Art. 2. — Il n'est exigé aucun droit d'inscription pour être inscrit sur la liste des courtiers de marchandises dressée par le tribunal de commerce.

La capacité professionnelle de l'individu qui demande à être inscrit sera justifiée par l'attestation de cinq notables européens, commerçants de la place, pris parmi les patentés de 1re classe.

Nul ne pourra être inscrit sur la liste dont il vient dêtre parlé s'il ne réside depuis deux ans en Cochinchine.

Les Étrangers qui rempliront les conditions prescrites par le présent arrêté et par la loi du 18 juillet 1866, pourront être inscrits sur ladite liste.

Art. 3. — L'élection des membres qui devront composer la chambre syndicale aura lieu tous les ans, dans le mois de décembre.

Toutefois si, avant cette époque de l'anné courante, le nombre des courtiers inscrits permettait de la constituer, il serait immédiatement procédé à l'élection, et la chambre syndicale resterait constituée pour l'année suivante.

La Chambre syndicale pourra prononcer, sauf appel devant le tribunal de commerce, les peines disciplinaires suivantes :

L'avertissement,

La radiation temporaire,

La radiation définitive, suns préjudice des actions civiles à intenter par les tiers intéressés, ou même de l'action publique s'il y a lieu.

Si le nombre des courtiers inscrits n'est pas suffisant pour la constitution d'une Chambre syndicale, le tribunal de commerce en remplira les fonctions.

Art. 4. — Les ventes publiques des marchandises aux enchères et en gros qui, dans les divers cas prévus par la loi, doivent être faites par un courtier, ne pourront être confiées qu'à un courtier inscrit sur la liste dressé conformément à l'article 2, ou, à défaut de liste, désigné sur la requête des parties intéressées, par le président du tribunal de commerce.

Art. 5. — A défaut d'experts désignés d'accord cetre les parties, les courtiers inscrits pourront être requis pour l'estimation des marchandises déposées dans un magasin général.

Si le courtier requls dans le cas prévu par le paragraphe qui précède réclame plus d'une vacation, il sera statué par le président du tribunal de commerce, sans frais et sans recours.

(1) V. A. G. 26 décembre 1881.

Art. 6. — Le courtier chargé de procéder à une vente publique, ou qui aura été requis pour l'estimation de marchandises déposées dans un magasin général, ne pourra se rendre acquéreur, pour son compte, des marchandises dont la vente ou l'estimation lui aura été confiée,

Le courtier qui aura contrevenu à la disposition qui précède sera rayé par le tribunal de commerce, statuant disciplinairement et sans appel, sur la plainte d'une partie intéressée ou d'office, de la liste des courtiers inscrits, et ne pourra plus y être inscrit de nouveau, sans préjudice de l'action des parties en dommages-intérêts.

Art. 7. — Tout courtier qui sera chargé d'une opération de courtage pour une affaire où il y avait un intérêt personnel, sans en prévenir les parties auxquelles il aura servi d'intermédiaire, sera poursuivi devant le tribunal de police correctionnelle et puni d'une amende de 500 à 3,000 francs, sans préjudice de l'action des parties en dommages-intérêts.

S'il était inscrit sur la liste des courtiers dressée conformément à l'article 2, il en sera rayé et ne pourra plus y être inscrit de nouveau.

Art. 8. — Les droits de courtage pour les ventes publiques et la quotité de chaque vacation due au courtier, pour l'estimation de marchandises déposées dans un mrgasin général, continueront à être fixés, pour chaque localité, par le Ministre de l'agriculture, du commerce et des travaux publics, après avis de la Chambre et du Tribunal de commerce.

Art. 9. — Dans chaque ville où il existe une bourse de commerce, le cours des marchandises sera constaté par les courtiers inscrits, réunis, s'il y a lieu, à un certain nombre de courtiers non inscrits et de négociants de la place, dans la forme qui sera prescrite par un règlement d'administration publique.

(15 mars 1867)

A. G. *fixant la patente à payer par les courtiers de marchandises.*

B. C. p. 337.

(26 décembre 1881

A. G. *abrogeant l'article 2 § 4 de l'arrêté du 15 mars 1867.*

B. C. p. 337.

Article premier. — Le quatrième paragraphe de l'article 2 de l'arrêté du 15 mars 1866 promulguant et appliquant sous certaines modifications la loi du 18 juillet 1866 (titre I) sur les courtiers de marchandises. LE MYRE DE VILERS.

Consulter en outre : *Magasins généraux ; Vente publique.*

CRÉDIT FONCIER.

(Projet d'établissement en Cochinchine).

13 et 14 mars et 14 décembre 1882.

DÉLIB. C. P. *sur le projet d'établissement d'un crédit foncier en Cochinchine.*

ARCH. C. P.

CRIMES ET DÉLITS.

NATURE DES DOCUMENTS	DATES	RECUEILS A CONSULTER							OBSERVATIONS
		Bat.	B. C.	B D.I	J.C.	J.H.	B. M.	B.Col	
A. G.	9 janvier 1865.	II-321	172						
Loi.	27 juin 1866.	II 198	200						
D. G.	29 juillet 1874.	II-216	278						
Decret.	16 mars 1880.		153						
Circ. G.	16 mai 1880.			49					
Circ. D. I.	10 juin 1880.			76					
A. G.	7 novembre 1881.		433						

(9 janvier 1863)

A. G. (*Extrait*). *Les crimes et délits commis à Saïgon, soit en rade, soit à terre, par un marin étranger embarqué sur un navire de commerce, sont du ressort des tribunaux ordinaires.*

BAT. II, p. 321.
B. C. p. 172.

(27 juin 1866)

LOI *concernant les crimes, les délits et contraventions commis à l'étranger par des Français, modification des articles 5, 6, 7 et 187 du Code d'instruction criminelle.*

(Promulg. A. G. 12 juin 1871).
BAT. II, p. 198.
B. C. p. 200.

Article premier. — Les article 5, 6, 7 et 187 du Code d'instruction criminelle sont abrogés et seront remplacés ainsi qu'il suit :

Art. 5. — Tout Français qui, hors du territoire de la France, s'est rendu coupable d'un crime puni par la loi française, peut être poursuivi et jugé en France.

Tout Français qui, hors du territoire de la France, s'est rendu coupable d'un fait qualifié délit par la loi française, peut être poursuivi et jugé en France, si le fait est puni par la législation du pays où il a été commis.

Toutefois, qu'il s'agisse d'un crime ou d'un délit, aucune poursuite n'a lieu si l'inculpé prouve qu'il a été jugé définitivement à l'étranger.

En cas de délit commis contre un particulier français ou étranger, la poursuite ne peut être intentée qu'à la requête du ministère public ; elle doit être précédée d'une plainte de la partie offensée ou d'une dénonciation officielle à l'autorité française par l'autorité du pays où le délit a été commis.

Aucune poursuite n'a lieu avant le retour de l'inculpé en France, si ce n'est pour les crimes énoncés à l'article 7 ci-après :

Art. 6. — La poursuite est intenté à la requête du ministère public du lieu où réside le prévenu ou du lieu où il peut être trouvé.

Néanmoins, la Cour de cassation peut, sur la demande du ministère public ou des parties, renvoyer la connaissance de l'affaire devant une cour ou un tribunal plus voisin du lieu du crime ou du délit.

Art. 7.—Tout étranger qui, hors du territoire de la France, se sera rendu coupable, soit comme auteur, soit comme complice, d'un crime attentatoire à la sûreté de l'État, ou de contrefaçon du sceau de l'État, de monnaies nationales ayant cours, de papiers nationaux, de billets de banque autorisés par la loi, pourra être poursuivi et jugé d'après les dispositions des lois françaises, s'il est arrêté en France ou si le Gouvernement obtient son extradition.

Art. 187. — La condamnation par défaut sera comme non avenue si, dans les cinq jours de la signification qui en aura été faite au prévenu ou à son domicile, outre un jour par cinq myriamètres, celui-ci forme opposition à l'exécution du jugement et notifie son opposition tant au ministère public qu'à la partie civile.

Les frais de l'expédition de la signification en jugement par défaut et de l'opposition pourront être laissés à la charge du prévenu.

Toutefois, si la signification n'a pas été faite à personne ou s'il ne résulte pas d'acte d'exécution du jugement que le prévenu en a eu connaissance, l'opposition sera recevable jusqu'à l'expiration des délais de la prescription de la peine.

Tout Français qui s'est rendu coupable de délits et contraventions en matière forestière, rurale, de pêche, de douanes ou de contributions indirectes, sur le territoire de l'un des États limitrophes, peut être poursuivi et jugé en France, d'après les lois françaises, si cet État autorise la poursuite de ses régnicoles pour les mêmes faits commis en France.

La réciprocité sera légalement constatée par des conventions internationales ou par un décret publié au *Bulletins des lois*.

(29 juillet 1874)

D. G. *Lorsqu'il se commettra sur le territoire de la colonie un crime, l'administrateur sur le territoire duquel le crime aura été commis, devra en prévenir par le télégraphe le Directeur de l'Intérieur, le procureur général, le chef du service de la justice indigène, le représentant du Protectorat français au Cambodge et les administrateurs chargés de la justice dans les autres provinces. — Libellé du télégramme* (1).

BAT. II, p. 216.
B. C. p. 728.

Article premier. — Toutes les fois qu'il se commettra, sur le territoire de la Cochinchine, un crime dont les auteurs n'auront pu être immédiatement arrêtés, l'administrateur des affaires indigènes chargé de la justice, sur le territoire duquel le crime aura été commis, ou l'administrateur chargé de la jusiice qui, le premier, en aura eu connaissance, devra en prévenir immédiatement, par le télégraphe, MM. le Directeur de l'Intérieur, le procureur général, le chef du service de la justice indigène, le représentant du Protectorat français au Cambodge et les administrateurs chargés de la justice dans les autres provinces de la Basse-Cochinchine.

Art. 2. — La dépêche télégraphique devra mentionner les circonstances importantes du crime, les noms des auteurs présumés, leur signalement, la direction probable qu'ils ont prise, et généralement toutes les circonstances propres à amener leur capture.

KRANTZ.

(16 mars 1880)

DÉCRET *rendant applicables en Cochinchine les dispositions du Code pénal en ce qui concerne les crimes et délits commis par les Indigènes ou Asiatiques, sousles modifications y insérées* (2).

(Promulg. A. G. 22 avril 1880).
B. C. p. 153.

(16 mai 1880)

CIRC. G. *au sujet de l'ordre public troublé par les tirailleurs en permission. — En dehors de la garnison, les autorités civiles ont seules qualité pour exercer les pouvoirs de police. — Mode de procéder lorsqu'un crime, délit ou contravention aura été commis par des tirailleurs.*

B. D. I. p. 49.

Plusieurs de vos collègues m'ont consulté sur la marche à suivre lorsque l'ordre public est troublé dans les villages par des tirailleurs en permission, et j'ai pensé qu'il était nécessaire, pour assurer l'unité dans le service, de vous faire connaître mes instructions à cet égard.

En dehors de la garnison, les autorités civiles ont seules qualité pour exercer les pouvoirs de po-

(1) V. Circ. D. I. 10 juin 1880.
(2) V. Législation appliquée aux Annamites et Asiatiques.

lice ; lorsqu'un crime, délit ou contravention aura été commis par des tirailleurs, vous ou vos délégués indigènes, vous procéderez, s'il y a lieu, à l'arrestation, et après avoir rédigé un procès-verbal en due forme, vous prendrez les mesures nécessaires pour que dans les 24 heures, si les distances le permettent, le prévenu soit remis entre les mains de ses chefs, auxquels vous délivrerez un extrait du procès-verbal ; l'original me sera transmis directement par vos soins.

LE MYRE DE VILERS.

(10 juin 1880)

CIRC. D. I. *Les télégrammes-circulaires annonçant des crimes seront adressées aussi au Procureur de la République ; ils ne le seront plus au chef de la justice indigène.*

B. D. I. p. 76.

A l'avenir, les dépêches-circulaires annonçant des crimes seront adressées aussi au Procureur de la République ; elles ne le seront plus au Chef de la justice indigène.

NOUET.

(7 novembre 1881)

A. G. *concernant l'exécution des dispositions du décret du 25 mai 1881 relatives à la nouvelle organisation de la Cour criminelle de Saïgon* (1).

B. C. p. 433.

Consulter en outre : *Cour de cassation,* § *Arrêts et notamment l'arrêt du 29 février 1868* (*Bat. vol. II. p. 322*).

(1) V. Service judiciaire, § Cour criminelle.

CULTES.

(18 germinal an X)

LOI *relative à l'organisation des cultes.*

B. M. R. I. p. 191.

(18 janvier 1883)

CIRC. M. *au sujet du nom de curé donné improprement aux desservants de la colonie.*

ARCH. GOUV.

Dans sa séance du 14 novembre dernier, la Chambre des députés a, sur la proposition de M. Paul Bert, adopté l'amendement suivant au budget des cultes.

Traitement des curés :

Allocations aux vicaires généraux, chapitres, desservants et vicaires.

Par ce vote, la Chambre a voulu marquer une distinction entre le traitement des curés, seul prévu par le concordat, et celui des autres membres du clergé.

Vous n'ignorez pas que dans nos colonies, les fonctions de curés, n'existent pas d'une manière réglementaire, et que le culte catholique est exercé par des prêtres qui ont le titre officiel de desservants.

En conséquence, j'ai l'honneur de vous prier de vouloir bien donner des ordres pour que dans les actes et documents officiels de la colonie, le nom de prêtre ou de desservant soit substitué désormais à celui de curé.

JAURÉGUIBERRY.

V. *Congrégations religieuses.*

CUMUL.

NATURE DES DOCUMENTS	DATES	RECUEILS A CONSULTER Bat.	B. O.	B. D.	J. C.	J. H.	B. M.	B. Col	OBSERVATIONS
Circ. M.	6 septembre 1836.						320		
Circ. M.	14 septembre 1882.						429		
Circ. M.	2 avril 1884.								
Dép. M.	26 mars 1886.								
Circ. M.	12 avril 1886.								
Dép. M.	20 septembre 1888.								

(6 septembre 1836)

CIRC. M. *Règles générales sur le cumul au Département de la marine.*

B. M. R. III, p. 320

(14 septembre 1882)

CIRC. M. *Les frais fixes de tournés ne peuvent être alloués cumulativement avec les indemnités de route et de séjour.*

B. M. p. 429.

(2 avril 1884).

CIRC. M. *Notification d'une décision du Conseil d'État du 18 janvier 1884. (Règles à observer relativement à la pratique du cumul d'une pension avec un traitement d'activité). Décision.*

ARCH. GOUV.

Dans une circulaire du 6 novembre 1872, inséré au *Bulletin officiel*, page 745, un de mes prédécesseurs a retracé les règles applicable au cumul d'une pension de retraite avec un traitement d'activité. Un point toutefois, restait à déterminer relativement à la pratique de ce cumul, celui de savoir quel était le caractère d'après lequel on devait considérer comme militaire ou civil un traitement d'activité ou une pension de retraite.

Ce point était alors l'objet d'un débat entre mon Département et celui des finances et ce débat vient seulement d'être tranché par une décision du Conseil d'État en date du 18 janvier 1884, jugeant au contentieux.

Deux systèmes étaient en présence : l'un faisant considérer comme militaire tout service conduisant à une pension de forme militaire, l'autre reliant ce caractère à la nature même des services et non au régime de retraite corrélatif.

Ce dernier système qui avait déjà reçu quelques applications dans la marine, avait été adopté d'une manière générale par mon Département, sur un avis conforme de la section des finances, des postes et télégraphes, de la guerre, de la marine et des colonies du Conseil d'État, en date du 24 mai 1882, et il était devenu de principe d'autoriser le cumul lorsqu'il était reconnu que l'emploi ne comportait ni l'assujettissement par le lien militaire ni l'assimilation judiciaire. Le Département des finances s'en était tenu au contraire, au premier système, et la loi du 8 août 1883 sur les pensions du personnel inférieur de l'armée de mer, était venue renforcer son opinion en rendant, par son article 2, susceptibles du cumul avec un traitement civil d'activité, des pensions de forme militaire accordées pour des services absolument civils par eux-mêmes. Aussi est-ce cette doctrine qui a prévalu. Vous trouverez reproduite à la suite de la présente circulaire, la décision du 18 janvier dernier qui la consacre.

Désormais, les traitements de tous les grades et emplois conduisant à des pensions des lois des 11 et 18 avril 1831 doivent, ainsi que ces pensions, être considérés comme militaires et il n'y a plus d'autres pensions ou services civils dans le Département que les services rémunérés ou les pensions liquidées d'après le décret du 2 février 1808 et la loi du 9 juin 1853.

Vous voudrez bien, en conséquence, suspendre, à la réception de la présente circulaire, l'effet des autorisations de cumul qui auront été accordées contrairement à cette règle. Il n'y aura pas, toutefois, à exercer des reprises pour cette cause sur les sommes qui auraient été perçues antérieurement par les intéressés.

En ce qui concerne les demi-soldes, elles ne rentrent plus, depuis 1862, ni dans la catégorie des pensions militaires, ni dans celle des pensions civiles puisqu'elles ne peuvent plus rémunérer des services exclusivement rendus à l'État. Mais tant que les régles qui président à leur concession ne seront pas changées, il est indispensable, au point de vue du cumul, de les laisser dans l'une ou dans l'autre de ces deux catégories de pensions. Or, les services accomplis à bord des bâtiments de commerce étant admis à titre de bénéfices de campagne dans la liquidation des pensions maritimes, ont encore plus d'affinité avec ceux rémunérés par la loi de 1853.

Vous devrez donc continuer à considérer les demi-soldes comme des pensions militaires.

Ces divers points se trouvant aujourd'hui nettement fixés, la direction de l'établissement des Invalides, par analogie avec ce qui se pratique au département de la guerre, mentionnera dorénavant, sur les brevets délivrés en vertu des lois de 1831 et de 1791, si les pensions qui en font l'objet ne sont pas susceptibles de cumul avec des traitements civils d'activité. En l'absence de cette mention, le cumul s'exercera de plein droit sans qu'il y ait lieu de solliciter mon autorisation préalable.

A. PEYRON.

(26 mars 1886)

DÉP. M. *Rappel aux prescriptions réglementaires relatives à la déclaration de cumul sur des états ou quittance de solde* (1).

ARCH. GOUV.

(12 avril 1886)

CIRC. M. *Dispositions relatives au cumul d'une pension avec un traitement d'activité* (2).

ARCH. GOUV.

(20 septembre 1888)

DÉP. M. *La gratification de réforme renouvelable peut se cumuler avec un traitement civil d'activité.*

ARCH. GOUV.

Consulter en outre : *Pensions de retraite et notamment circulaire ministérielle du 6 novembre 1882.*

CURATELLE DES SUCCESSIONS ET BIENS VACANTS (SERVICE DE LA)

V. *Successions et biens vacants.*

CURÉS, DESSERVANTS.

V. *Cultes.*

(1) V. Traitement, solde et access. de solde.
(2) V. Pension de retraite.

Imp. G. Saint-Aubin et Thevenot, Saint-Dizier (Haute-Marne). 30, passage Verdeau, Paris.

CERCLE DES OFFICIERS.

NATURE DES DOCUMENTS	DATES	RECUEILS A CONSULTER Bat.	B. C.	B. D. I	J. C.	J. H.	B. M.	B. Col	OBSERVATIONS
A. G. G.	21 mai 1888.		260		478				

www.ingramcontent.com/pod-product-compliance
Lightning Source LLC
LaVergne TN
LVHW021000300926
849160LV00007B/201
* 9 7 8 2 0 1 3 7 5 3 1 4 2 *